2013年12月6日，江苏省产业技术研究院成立大会在南京举行。江苏省委书记、省人大常委会主任罗志军出席成立大会，并为研究院揭牌。

2013年12月6日，江苏省委书记、省人大常委会主任罗志军出席江苏省产业技术研究院成立大会，向欧阳平凯院士颁发研究院院长聘书。

2013年12月6日，江苏省委副书记、省长李学勇出席江苏省产业技术研究院成立大会并作重要讲话。

2014年2月12日，全省科学技术奖励大会在南京隆重举行。省委书记、省人大常委会主任罗志军为2013年度国家科技进步特等奖项目参与完成者颁奖，省委副书记、省长李学勇在大会上讲话。省领导张连珍、樊金龙、张卫国出席会议。省委常委、常务副省长李云峰主持会议。省政协副主席、省政府党组成员、省科技厅厅长徐南平宣读《省政府关于2013年度江苏省科学技术奖励的决定》。

2013年12月2日，江苏省政府在南京大学举行苏北科技与人才支撑工程启动活动。江苏省委副书记、省长李学勇出席活动并作重要讲话。

2014年1月13日，全省科技工作会议在南京召开。会议深入学习贯彻党的十八届三中全会和省委十二届六次全会精神，聚焦“深化科技体制改革、加快创新驱动发展”主线，紧扣“两个推进、一个提升”目标方向，着力推进创新型省份建设，努力开创全省科技工作的新局面。

2014年9月13日，江苏省政协副主席、省政府党组成员、省科技厅厅长徐南平在南京会见了1997年诺贝尔经济学奖得主迈伦·斯科尔斯博士。

2013年12月26日，中国科学技术发展战略研究院江苏分院在南京成立。省政协副主席、省政府党组成员、省科技厅厅长徐南平，中国科学技术发展战略研究院常务副院长王元共同为分院揭牌。

2014
江苏科技年鉴

江苏省科学技术厅　主编

科学技术文献出版社
SCIENTIFIC AND TECHNICAL DOCUMENTATION PRESS
·北京·

图书在版编目(CIP)数据

江苏科技年鉴. 2014 / 江苏省科学技术厅主编. — 北京 : 科学技术文献出版社, 2015.1
ISBN 978-7-5023-9764-7

Ⅰ. ①江… Ⅱ. ①江… Ⅲ. ①科学研究事业—江苏省—2014—年鉴Ⅳ. ①G322.753-54

中国版本图书馆 CIP 数据核字(2015)第 008693 号

江苏科技年鉴 2014

策划编辑:周国臻 责任编辑:周国臻 夏理实 王雪芬 责任校对:赵 瑗 责任出版:张志平

出 版 者 科学技术文献出版社
地 址 北京市复兴路 15 号 邮编 100038
编 务 部 (010)58882938, 58882087(传真)
发 行 部 (010)58882868, 58882874(传真)
邮 购 部 (010)58882873
官方网址 www. stdp. com. cn
印 刷 者 中共江苏省委办公厅印刷厂
版 次 2015 年 1 月第 1 版 2015 年 1 月第 1 次印刷
开 本 880 × 1230 1/16
字 数 1190 千
印 张 42 彩插 4 面
书 号 ISBN 978-7-5023-9764-7
定 价 380. 00 元

编 辑 部 江苏省科学技术情报研究所《江苏科技年鉴》编辑部
地 址 南京市龙蟠路 171 号 邮 编 210042
电 话 (025)85430796

编 辑 说 明

一、《江苏科技年鉴》是江苏省科学技术厅组织编纂的地方科学技术综合性年鉴，是江苏省科技管理、科学研究、科学普及、科技开发等工作具有权威性、指导性、资料性的参考工具书。其编辑宗旨是全面系统地记载江苏省科学技术事业发展的历史进程，为社会各界了解江苏的科学技术活动提供丰富翔实的资料信息。

二、《江苏科技年鉴》1989 年创刊，每年出版一卷，逐年排列卷次：2014 年为第 26 卷。本卷年鉴设特载、科技管理、科技计划与项目、科技奖励、行业科技、地区科技、科技人物、科技机构、科学普及与科技团体、科技统计、科技政策与法规、大事记等 12 个篇目，内容主要反映 2013 年度江苏科技活动的基本情况、最新科技成就、重大事件以及发展趋势。《江苏科技年鉴》文稿均由有关部门、单位提供，专人撰写，并经领导审阅。

三、2014 年版《江苏科技年鉴》按篇目、栏目、条目 3 个层次分类编辑，今后还将不断改进、完善。

四、《江苏科技年鉴》的征稿和编辑工作得到全省有关部门和单位的热情支持，在此深表谢意。希望继续得到社会各界的关心和帮助，欢迎读者提出宝贵意见。

《江苏科技年鉴》编辑部

2014 年 12 月

《江苏科技年鉴》编辑部

《江苏科技年鉴》编审人员

目 录

特 载 Special Publications

科技管理 Management of Science & Technology

2013年江苏省科技工作综述

创新型省份建设

江苏省产业技术研究院建设

苏南国家自主创新示范区筹备与建设

高新技术与产业

国家级高新技术产业开发区

科技成果

江苏省科技成果转化专项资金

科技机构与条件

重点实验室

企业研发平台

科研机构与公共服务平台

实验动物管理

科技计划

产学研合作

长三角科技合作

高校协同创新

中国科学院南京分院

基础研究与社会发展

农业与农村科技

国际科技合作与交流

科技政策与软科学研究

科技政策与科技体制改革

软科学研究

科技进步考核

创新方法推广与应用

科技人才

科技服务业

科技服务示范区

科技金融

知识产权

知识产权(专利)管理与保护

党风廉政与行风建设

科技计划与项目 Programs of Science & Technology

2013 年度江苏省科技计划执行情况及 2014 年结转项目统计

2013 年度江苏省科技计划项目统计

项目指南

科技奖励 Awards of Science & Technology

2013 年度国家自然科学奖（江苏省获奖项目）

2013 年度国家科学技术发明奖（江苏省获奖项目）

2013 年度国家科学技术进步奖（江苏省获奖项目）

2013年度江苏省科学技术奖

2013年度江苏省企业技术创新奖

行业科技 Industrial Science & Technology

经济与信息科技

国土资源科技

环境保护科技

建设科技

交通运输科技

电力科技

医学科技

中医药科技

计划生育科技

防震减灾科技

气象科技

水利科技

农林科技

江苏省农业科学院

农业机械科技

粮食科技

海洋与渔业科技

广播电视科技

质量技术监督

煤炭科技

测绘科技

地 区 科 技　Regional Science & Technology

南京市

无锡市

徐州市

常州市

苏州市

南通市

连云港市

淮安市

盐城市

扬州市

镇江市

泰州市

宿迁市

科技人物 Personages of Science & Technology

2013年江苏省新当选中国科学院院士

2013年江苏省新当选中国工程院院士

表彰和奖励人物

逝世知名人物

科技机构 Organizations of Science & Technology

机构名录

科学普及与科技团体 Popularization and Groups of Science & Technology

科普工作

科技团体活动

科技统计 Statistics of Science & Technology

2013 年江苏省科技统计公报

2013 年各市科技进步统计监测综合评价结果

2013 年江苏省高新技术产业主要数据统计公报

2013 年江苏省科学技术与研究开发机构统计年报

2013年江苏省规模以上工业企业科技活动统计

2013年江苏省高校科技活动统计

2013年江苏省咨询业统计简报

2013年江苏省民营科技企业统计

2013年江苏省科技成果登记统计分析报告

科技政策与法规 Policies and Laws of Science & Technology

大 事 记 Major Events

索 引 Index

特 载

Special Publications

坚持稳中求进改革创新 推动经济持续健康发展

——在2013年全省经济工作会议上的讲话(摘要)

中共江苏省委书记、江苏省人大常委会主任 罗志军
(2013年12月20日)

一、准确把握宏观经济走势

今年以来,面对复杂多变的宏观经济环境,全省上下以习近平同志为总书记的党中央坚强领导下,认真贯彻落实党的十八大精神,紧紧围绕主题主线,按照稳中求进、开拓创新、扎实开局的要求,深入实施“八项工程”,扎实做好稳增长、调结构、抓创新、促改革、惠民生各项工作,经济运行总体平稳,经济转型升级取得新的进展,改革开放向纵深推进,人民生活继续改善。

在经济工作中,省委注重把握了四个方面:

一是坚决贯彻落实中央关于发展的新要求。党的十八大以来,中央对推动经济社会发展提出了一系列新要求。习近平总书记反复强调,“中央看一个地方工作做得怎么样,不会仅仅看生产总值增长率,而是要看全面工作,看解决自身发展中突出矛盾和问题的成效”。省委认真领会和贯彻中央的意图,着力营造更加清醒理性务实抓发展的氛围。工作中突出问题导向,要求各级更多地看到差距和不足,解决好发展中存在的矛盾和问题,扎实推进各项事业发展。修订完善“两个率先”指标体系,调整“八项工程”统计监测指标体系,进一步强化了科学发展导向,引导各地立足社会主义初级阶段这个最大实际,以功成不必在我的胸襟,一张蓝图绘到底,一任接着一任干,一步一个脚印推进“两个率先”实践。

二是牢牢把握转型升级这个主攻方向。按照习近平总书记对江苏转型发展“三项重点任务”和对东部地区“凤凰涅槃、腾笼换鸟”的要求,坚定不移地推进经济转型升级。在今年经济下行压力较大的情况下,主动利用倒逼压力,坚持把调结构、抓创新、转方式作为克服矛盾困难、促进经济持续健康发展的根本之策,在支持实体经济发展、推进科技创新、缓解部分新兴产业困难、化解过剩产能等方面,加强政策协同配套,打好组合拳,推动经济增长加快转到以提高质量和效益为中心上来,着力构建长远发展的竞争优势。

三是加强对全局性重大问题的谋划和指导。省委立足发展全局,把方向、定调子、抓大事。围绕迎接和贯彻十八届三中全会精神,加强对重大改革问题的研究,深入全省各地开展调研,广泛征求各方面意见,制定出台我省贯彻中央决定的《意见》。积极争取苏南现代化建设示范区规划得到国家批复,并在规划获批后及时召开会议做出部署。明确提出推进苏中新一轮发展、提升生态文明建设水平的目标任务和政策举措。结合开展群众路线教育实践活动,对事关全局和长远的重大课题,进行深入调研并形成一批成果,为谋划明年和更长时期发展打下了好的基础。

四是营造齐心协力抓发展的良好环境。省委注重发挥好各方面的创造性积极性主动性,集思广益、凝聚共识,调动各方、形成合力。加强正面舆论引导,及时发现和推出正面典型,稳定市场和社会预期,提振干部群众和市场主体的发展信心。以

开展群众路线教育实践活动为契机，推动各级干部大力转变作风，增强服务发展、服务群众的意识和能力，以优良作风带动广大群众齐心协力抓发展。

根据中央对明年宏观经济形势的判断，结合江苏实际，省委认为，明年国内外经济环境仍然比较严峻复杂，机遇与挑战并存。我们要牢牢抓住机遇，主动应对各类风险和挑战，努力实现更有效率、更加公平、更可持续的发展，使江苏经济行稳致远。

把江苏发展放到国内外经济环境的大背景下来看，明年乃至更长一段时期，有几个问题需要引起高度关注、深刻思考。

第一，如何在转型升级中把经济增长稳定在合理区间？我省正处在经济增长速度换挡期和结构调整阵痛期，这个过程将持续较长时间。如何界定全省和各地经济增长的合理区间，根据经济运行情况，把握好促转型与稳增长的平衡点，掌握好力度、节奏和侧重点，需要深入研究、科学把握。

第二，如何应对国际经济形势变化对江苏经济带来的影响？江苏经济外向度高，受国际经济影响更大更直接。总体上明年全球贸易依然低迷，国际市场的争夺和竞争更加激烈，贸易保护和贸易摩擦更加突出。世界经济大格局的变化，对我省开放型经济发展有利有弊，能否抓住机遇，趋利避害，是对我们的重大考验。

第三，如何在改革发展中主动防范和化解各种经济风险？中央在肯定国内经济形势中稳中有进、稳中向好的同时，指出稳中也有忧、稳中也有险，并把化解产能过剩和防范债务风险作为明年经济工作的重要任务。从我省来看，经济运行总体是健康稳定的，也具有较强的抗风险能力，但对可能出现的风险点，也要予以足够的重视，做到未雨绸缪、心中有数、防控在先，防止个别领域、个别行业、个别企业出问题影响到区域甚至全省发展大局。

第四，如何利用倒逼机制改善生态环境？现在改善生态环境已经成为人民群众的迫切愿望。环境问题也是重大的民生问题，人民群众对解决环境问题的诉求，既对我们的工作形成了很大的倒逼压力，同时也为我们解决积累的矛盾和问题提供了契机。要善于运用倒逼机制，拿出实招、力见实效，努力打造天蓝、地绿、水净的共同家园。

第五，如何在经济增速放缓的情况下保持财政收支平衡、促进居民增收和民生改善？在经济增长的换挡期，如果把握不当，财政收入和居民收入增长会受到一定影响，加之社会保障、医疗卫生等刚性支出增长较快，改善民生的压力还会持续加大。实现我们对人民群众做出的收入倍增承诺，还要付出更大的努力。

总之，我们要看到形势总体好的一面，也要清醒认识面临的风险和挑战，加强研判、找准根源、重点突出、有序化解，做最充分的准备，争取较好的结果，牢牢把握经济工作主动权。

二、明年经济工作的总体要求

做好明年我省经济工作的总体要求是，深入贯彻落实党的十八大和十八届二中、三中全会精神，按照中央经济工作会议和省委十二届六次全会部署，坚持稳中求进工作总基调，把改革创新贯穿于经济社会发展各个领域各个环节。以“八项工程”为主抓手，以转型升级为主攻方向，以科技创新为核心驱动力，加快转方式调结构，着力激发市场活力，着力改善民生，切实提高经济发展质量和效益，加强基本公共服务体系建设，促进经济持续健康发展、社会和谐稳定。

做好明年经济工作，最核心的是要坚持稳中求进、改革创新。要坚持发展仍是解决所有问题的关键这一重大战略判断，坚持以经济建设为中心不动摇，把稳中求进和改革创新有机结合起来，既着力巩固稳中向好的发展态势，为全面深化改革创造条件，又积极推动全面深化改革，以改革促发展、促转方式调结构、促民生改善。重点要把握好四个方面：

一是以提质增效为中心，促进经济持续健康发展。要在保持经济稳定增长的同时，把注意力更多地放到提高增长的质量和效益上来，努力追求实实在在、没有水分的速度，民生改善、就业比较充分的速度，劳动生产率同步提高，经济活力增强、结构调整有成效的速度，经济发展质量和效益得到提高又不会带来后遗症的速度。苏南、苏中、苏北处于不同的发展阶段，要从各地实际出发，不要盲目攀比，不要层层加码，不要把预期性指标变为约束性指标。

二是以创新驱动为核心，加快经济转型升级。

我省区域创新能力已连续5年位居全国前列,要下更大的功夫把创新的优势变成推动转型升级的直接动力,变成发展和竞争的现实优势。特别是要更多运用市场和社会力量,推动科技与经济、科技与金融紧密结合,促进创新资源高效配置和综合集成,健全区域创新体系,加快实现发展动力的转换,使创新驱动成为江苏转型发展最强大的引擎和最鲜明的特征。

三是以经济体制改革为重点,充分激发市场活力。紧紧围绕使市场在资源配置中起决定性作用和更好发挥政府作用,深化经济体制改革,努力在重要领域和关键环节改革上取得实质进展,以此牵引和带动其他领域改革,使各方面改革协同推进、形成合力,不断释放改革红利。把深化改革与扩大开放紧密结合起来,以改革带动开放,以开放倒逼改革。

四是以群众普遍得益受惠为标尺,检验改革发展实际成果。明年改革发展的任务十分繁重。在这一过程中,做决策、定政策、办事情,都要始终贯彻群众路线,坚持以人民为中心的工作导向,把增进人民福祉、促进社会公平正义作为出发点和落脚点,解决好事关人民群众切身利益的问题,进一步改善人民生活,使改革发展的成果更多更公平惠及全体人民。

三、更大力度推动经济转型升级

要进一步优化经济增长的动力结构。现在经济发展的内外部条件都发生了很大的变化,努力释放有效需求,必须把拉动增长的消费、投资、外需这“三驾马车”掌控好。发挥好消费的基础作用,把扩大消费作为扩大内需的重心和主要着力点。要因势利导、借机发力,在提高居民消费能力、稳定消费预期的同时,大力培育新型消费业态和消费增长点。要发挥好投资的关键作用,关键是要优化投资结构,解决好谁投资、投向哪里的问题。政府投资主要应是在基础设施、民生保障、生态环保等方面,体现公益性、导向性,市场领域的投资要交给企业,让企业来决定投什么、投向哪里、怎么投,充分释放民间投资潜力。要引导好投资方向,鼓励企业加大对战略性新兴产业、现代服务业、科技创新的投入力度。要发挥好出口的支撑作用,这对于江苏这样的开放性经济大省来说尤为重要。要坚定不移优化出口结构,形成江苏产品和服务新的比较优势和竞争优势。

经济转型升级的关键是优化产业结构,构建现代化产业体系。农业问题尤其是粮食安全,事关全局。要深入实施农业现代化工程,鼓励农村发展合作经济,创新农业经营主体,扶持发展农业龙头企业,促进农业持续增效。农民持续增收、农村持续发展。发展战略性新兴产业,要坚持规划引导,实行资源、政策、力量聚焦,引导和支持光伏、造船等产业走出困境,引导和支持技术有优势、市场有前景的产业尽快做大做强,形成核心竞争力和品牌影响力。同时,继续推进传统产业的改造提升。服务业是我省竞技发展的潜力所在。加快发展现代金融、现代物流、商务服务、总部经济、平台经济等新兴服务业态,促进制造业与服务业融合发展、同步提升。优化产业结构,既要“扬长”,又要“避短”,要以壮士割腕的勇气化解过剩产能。要把使市场在资源配置中起决定性作用和更好发挥政府作用有机结合起来,通过市场竞争实现优胜劣汰,通过产业政策树立鲜明导向。

推动经济转型升级,既要做“加法”,发展先进产业,又要做“减法”,淘汰落后产能,更要做“乘法”,发挥创新驱动的倍增效应。要引导创新资源和创新要素向企业集聚,使企业成为技术创新和成果转化的主体力量。政府既要集中力量支持战略性、基础性、前瞻性创新项目,更要完善和落实支持科技创新的政策,深化科技体制改革,营造有利于创新的环境。

促进区域协调发展,是经济结构调整的重要内容。要通过优势互补、协调互动,不仅为各个领域的发展拓展新空间,而且使全省经济整体竞争力得到新提升。苏南地区要认真实施现代化建设示范区规划,在全面深化改革上先行先试,在增强自主创新能力、优化产业结构上加快突破,同时统筹协调好跨行政区域的重大载体和项目建设,确保达到推进计划确定的序时进度。苏北地区要把推动发展与促进转型有机结合起来,继续做大经济总量,提高发展质量。“一市一试点”是苏中新一轮改革发展的创新举措,省委、省政府已经制定出台了苏中三市综合改革试点的总体方案和行动计划,相关部门和苏中三市要认真抓好实施,大力推进政策创新和体制机制创新,不断取得新的进展。深入实施脱贫奔小康工程,提高扶贫工作的精确性、有效性、持续性,加大对重点县和集中连片地区的扶贫开发力度，让贫困地区群众生活不断好起来。

明年省委、省政府将对推进全省新型城镇化和城乡发展一体化进行专题部署。要认真落实中央要求,加强相关重大问题研究,组织编制好我省新型城镇化和城乡发展一体化的规划，在已有的实践探索基础上，进一步总结经验，完善制度安排，努力走出一条符合江苏实际的新型城镇化和城乡发展一体化路子。

四、推动新一轮改革开好局起好步

明年是贯彻三中全会精神、落实省委六次全会部署、全面深化改革的开局之年。要牢固树立进取意识、机遇意识、责任意识,以更大的勇气和智慧,敢于啃硬骨头,敢于涉险滩,对看准的事情不等不靠,大胆闯、大胆试。要正确处理胆子要大和步子要稳的关系,战略上勇于进取,战术上稳扎稳打,正确、准确、有序、协调地推进改革。该统一安排的不要抢跑,该尽早推进的不要拖延,该试点的不要仓促面上推开，该深入研究后再推进的不要急于求成,该先得到法律授权的不要超前推进。要从最急迫事项改起,从老百姓最期盼的领域改起,从制约经济社会发展最突出的问题改起，从社会各界能够达成共识的环节改起,坚持先易后难,扎扎实实把改革向前推进。

要抓紧研究制定分类推进改革的实施方案,拿出年度行动计划。对正在推进的改革,要扎扎实实地抓到位。对已经明确方向又立即可行、属于地方和部门可以授权操作的改革,不要等待观望,积极主动推进。对中央明年和近期将要推进的改革,要做到心中有数、准备在先。对认识不深入、但又必须推荐的改革,要大胆探索、试点先行。

五、在国家对外开放大布局中抓机遇创优势

党的十八大以来，中央从全局和战略高度出发,对实施新一轮对外开放做出重大部署与布局,对改革开放和现代化建设将产生深远影响。国家对外开放的大布局，为我们提供了大有可为的广阔舞台。

要用好“三大国家战略”。长三角区域一体化、江苏沿海地区发展、苏南现代化建设示范区三大国家战略在我省叠加,这既是发展的重要载体,也是改革开放的重要平台。要按照大开放理念,积极主动融入中央经济外交部署和布局,推进多形式、多内涵、多元化的国际交流与合作。要把我省的开放平台与国家的开放战略对接起来，加强战略谋划,进一步推进企业国际化、城市国际化、人才国际化,在参与全球分工中占据有利地位,在国际经济合作争取中增创优势。

要抓住“三个重大机遇”。一是中国上海自由贸易试验区建设的机遇。对接上海自贸区,不仅仅要承接溢出效应，更重要的是学习借鉴改革的理念,在创新体制机制上下功夫,把该放的权力放下去。二是建设丝绸之路经济带和21世纪海上丝绸之路、依托长江建设中国经济新支撑带的机遇。这“两带一路”建设,交汇于长三角地区,都与江苏密切相关。要积极响应中央的战略构想,在主动参与“两带一路”建设中,拓展对内外开放新空间。三是新一轮“走出去”的机遇。现在的“走出去”,不再是传统意义上的产品、产业和劳务输出,也不限于国际产业与技术的合作，而是要充分融入世界经济大循环和全球资源优化配置,发挥比较优势,提升经济国际竞争力。要确立企业及个人对外投资主体地位，培育和形成一批具有国际竞争力的跨国公司,推动优势企业加快“走出去”步伐。

六、切实增进民生幸福

一是把提高就业质量和推动创新摆到突出位置。明年仍是高校毕业生就业的高峰期,要不断推进新的政策和措施，努力创造更多更好的就业岗位,吸纳更多高校毕业生就业创业,同时统筹做好农村转移劳动力、城镇就业困难人员就业工作。要大力提倡创业,进一步降低门槛,优化环境,鼓励更多的人通过创业致富。

二是加强基本公共服务体系建设。加快发展教育、文化、医疗卫生、养老等社会事业,推进新一轮教育现代化建设。进一步健全社会保障体系,抓好制度整合和政策完善,提升社会保障服务效能。更加注重改善困难群众生活，适度提高企业退休人员基本养老金和城乡居民社会养老保险基础养老金最低标准、城乡低保标准、最低工资标准,完

善社会救助体系,对困难群众做到及时救助、应保尽保。

三是加大污染防治力度。认真落实省委关于推进生态文明建设工程的决策部署,深入实施"七大行动",做到责任具体化、措施具体化、工程具体化,逐步改善生态环境质量。全面加大治理空气、水和土壤污染的力度,认真执行中央出台的大气污染防治十条措施,完善从水源地到水龙头的安全保障机制,推进土壤环境保护和综合治理工作。冰冻三尺非一日之寒,治理污染也非一日之功。但一定要让群众感到,我们决心大、措施硬,雷声大、雨点也大,是要实实在在解决问题的。

四是提高社会治理水平。要着眼于最大限度增加和谐因素,增强社会活力,坚持系统治理、依法治理、综合治理、源头治理,提高社会治理科学化、法治化水平。

做好明年经济工作,必须加强和改进党对经济工作的领导。各级党委要发挥总揽全局、协调各方的作用,切实增强工作的预见性、主动性、创造性,不断提高领导经济工作的水平。一要把握发展大势,主动奋发作为。一方面,要保持定力,冷静观察,沉得住气,只要经济增长不出现大的波动、就业形势基本稳定,就要承受住速度换档压力,不能因经济指标的一时变化而改变我们大的发展思路和工作举措。另一方面,更要激发动力。要大力弘扬"三创三先"精神,不管前进道路上遇到什么困难和挑战,都要坚定信心、振奋精神、奋发作为,不断开创改革发展新局面。二是坚持底线思维,维护大局稳定。要始终保持清醒头脑,增强忧患意识,牢固树立底线思维,提高驾驭复杂局面的能力,不管是经济发展还是社会稳定都要见微知著,对各种风险点做到防控在先、化解于未然。三要加强舆论引导,稳定社会预期。我们要按照中央要求,牢牢把握经济舆论引导主动权,学会用市场经济所接受的方式,准确解读我省经济发展速度变化和结构调整趋势,既正视困难和问题,又以客观数据说明我省经济基本面是好的,明确政策导向,稳定市场主体预期,增强干部群众发展信心。四要切实改进作风,推动工作落实。要通过开展教育实践活动,推动各级干部进一步改进作风,密切联系群众,把改革的方针政策向群众宣传好,把群众反映强烈的突出问题解决好,以钉钉子的精神抓好各项制度规定的执行,以优良作风推动改革发展各项任务的落实。

在苏北科技与人才支撑工程启动活动上的讲话

中共江苏省委副书记、江苏省省长　李学勇

(2013年12月2日)

同志们:

在党的十八届三中全会和省委十二届六次全会召开不久,我们在这里举行苏北科技与人才支撑工程启动活动,目的是将创新驱动战略向苏北纵深推进,着力推动科技资源向苏北集聚,加快提升苏北发展内生动力,为苏北经济社会发展和全面小康建设提供有力支撑。参加今天活动的既有苏北各市政府和科技部门,也有高校院所和企业,既有科技供给方,又有需求方;这个活动既是工程启动会,也是对接会。刚才,苏北五市政府、部分高校院所、有关企业主要负责同志做了交流发言,讲得都很好。

党的十八届三中全会审议通过的《中共中央关于全面深化改革若干重大问题的决定》,描绘了全面深化改革的新蓝图、新愿景、新目标,提出了全面深化改革的新思想、新论断、新举措,反映了社会呼声、社会诉求、社会期盼,凝聚了全党全社会关于全面深化改革的思想共识和行动智慧,是具有划时代意义的纲领性文件。全会把深化科技体制改革作为全面深化改革的重要任务,进一步强化了科技创新在国家发展全局中的战略核心位置。通过学习领会,我感到,《决定》从“三个进一步解放”的高度,强调了深化科技体制改革对于实施创新驱动发展战略、支撑引领经济社会发展的重大意义。具体要求体现在这样几个方面:**一是明确提出深化改革的目标**,即突破科技和经济社会发展结合的体制机制障碍,建设国家创新体系。**二是强调发挥两种作用**,即发挥市场在配置创新资源中的决定性作用,发挥政府在优化创新环境、完善创新政策和制度机制方面的引导作用。**三是提出健全四大机制**,即以鼓励创新为重点健全技术创新市场导向机制、以强化知识产权运用保护和创新成果评价为重点健全技术创新激励机制、以整合资源为重点健全政府对基础研究、战略研究和共性技术研究的支持机制、以建立创新调查制度和创新报告制度为重点健全科研资源管理和项目评价机制。这些要求,都为我们深化科技体制改革、促进科技和经济社会发展紧密结合、加快建设创新型省份,指明了前进方向,提供了强大动力。

“十二五”以来,省委、省政府坚决贯彻中央决策部署,坚持把科学技术放在优先发展的战略位置,加强整体部署,明确发展重点,落实关键举措,凝聚各方面力量实施创新驱动战略、推进科技创新工程,创新型省份建设取得新的重要进展,区域创新能力实现“四连冠”,“五连冠”在望;知识产权综合发展指数年均增长率位居全国第一,总体水平位居全国第二;人才竞争力由全国第4位上升到第2位,研发人员超过50万人、居全国首位。**企业技术创新主体地位得到加强**,大中型工业企业研发机构建有率达82%、总量居全国首位,外资研发机构近500家,高新技术企业数占全国的比重超过1/8 。**科技创新支撑产业转型升级能力不断提升**,建有国家级高新区10家、数量居全国首位,过去三年新兴产业年均增长20%以上,2012年高技术产业产值占全国1/5以上。**产学研协同创新加快推进**,这几年年均实施产学研合作项目1万多项,8万多名科技人才常年活跃在基层和企业;我省加强了省部、省院、校地、区域等合作,并与一些发达国家建立政府间产业研发合作机制。**创新创业人才队伍建设取得重要突破**,累计引进国家“千人计划”人才385人、其中创业类占全国的29.7%;选聘200多位优秀科技企业家到高校担任“产业教授”,首批选派40名行业专家担任企业“科技副总”,高校院所和企业之间的人才互动交流加快。**科技体制改革进一步深化**,推进南京国家科技体制综合改革试点,制定出台“1+8”系列政策、“科技九条”,支持宿迁、淮安探索建立“科技创新券”制度,支持苏州开展科技和金融结合试点,这些改革在全国产生了较大影响。**科技创新环境明显优化**,2012年通过落实创新政策减免企业税收202亿元,首次超过财政科技资金对企业的支持;科技支行、科技小贷公司实现省辖市和高新区全覆盖;创业投资管理资金规模达1200多亿元、列全国第一。**知识产权产出水平和先导效应凸显**,2010年以来全省专利申请量和授权量、企业专利申请量和授权量、发明专利申请量五项指标连续三年保持全国首位。

在推进科技创新过程中,我们高度重视优化区域创新布局,把创新驱动战略贯穿到苏南转型、苏中崛起、苏北振兴和沿海开发的实践之中,进一步完善区域创新体系。加快苏南自主创新示范区建设,充分发挥其对推动全省创新发展的支撑、带动和辐射作用。在苏中加快建设产业技术创新带、沿江创新创业走廊,引导苏中地区更大力度集聚创新要素、培育特色产业。支持苏北地区大力引进技术和人才,加强科技成果转化和产业化,切实以科技创新支撑振兴发展。这些年来,苏北各地按照省委省政府的部署要求,认真落实创新驱动战略,研究采取一系列政策措施,扎实推进科技进步与创新,取得了显著成绩,省级高新区实现省辖市全覆盖,科技特色产业基地占全省的2/5,过去三年,专利申请量和授权量年均分别增长49.3%、52.5%,高于全省7.7个百分点和12.8个百分点;高新技术产业产值年均增长51.6%,高于全省近30个百分点,科技创新正成为苏北经济社会发展的重要引擎。苏北地区科技创新取得的这些成绩,是苏北五市党委政府高度重视、深入实施创新驱动战略的结果,是苏北广大干部群众自强不息、埋头苦干、持续奋斗的结果,也是与全省高校院所、企业和省级机关等各方面大力支持、主动服务分不开的。

今年7月召开的苏北发展协调小组第九次会议提出实施苏北科技与人才支撑工程,前不久省政府常务会议又进行专门研究,审议通过了《关于加快推动科技资源向苏北集聚的意见》。今天我们举行这项工程启动活动,将创新驱动战略向苏北纵深推进，这既是破解苏北发展结构性矛盾的重要举措，也是提升苏北长远竞争力、增创发展新优势的战略之策。省有关部门及苏北各地要从全局和战略的高度，充分认识实施这一工程的重大意义，主攻薄弱环节，破解瓶颈制约，加快推动科技资源向苏北集聚，推动苏北经济社会持续健康发展，努力服务于“五位一体”总体布局，服务于苏北全面小康建设。**在战略布局上，**要立足苏北区位特点、资源禀赋和创新基础，着眼苏北经济转型升级需求，合理配置科技、教育、人才等创新要素，加快建设创新型城市、创新型县(市)、创新型乡镇，不断提升创新型园区发展水平，积极构建充满活力、优势互补的多层次区域创新体系。**在战略重点上，**要围绕“四化”同步，根据产业链部署创新链，提升创新整体效能，突破关键核心技术，加速科技成果转化，更好地支撑引领苏北经济社会发展；紧紧围绕科技惠民，着力解决关系民生的重大科技问题，提升环境科技创新能力，更好地使科技造福苏北广大人民群众。**在战略支撑上，**要强化教育支撑，加大教育投入，提高教育质量，促进教育公平，推动苏南苏北各级各类教育结对帮扶，加快完善苏北终身教育体系，提高全民科学文化素质，为苏北创新驱动发展厚植土壤；强化人才支撑，进一步集聚创新创业人才，推动科技大军到苏北，构建人才发展体制机制，加快建设一支规模大、结构优、素质高的创新人才队伍，努力以人才优势构筑苏北创新发展优势。围绕这些要求，要重点采取以下五项战略举措：

一、紧紧依靠科技大力推进新型工业化。总的来看，苏北地区的产业基础相对薄弱且结构不够合理，高新技术企业不够多，产业竞争力还不强。要坚持走科技含量高、经济效益好、资源消耗低、环境污染少、人力资源优势得到充分发挥的新型工业化道路，使做大总量的过程成为同步提质增效的过程。**一是**努力以科技创新推动产业转型升级。强化高端引领，主攻高端技术，加大科技成果转化应用力度，加强重大创新产品应用示范，积极培育壮大战略性新兴产业和特色产业，做大做强做优主导产业，打造一批新的经济增长点；运用高新技术和先进适用技术改造提升传统产业，促进传统产业向产业链高端攀升；加快发展现代服务业，建设一批特色鲜明的现代服务业集聚区，促进现代服务业与先进制造业、战略性新兴产业互动并进、融合发展。**二是**进一步强化企业技术创新主体地位。着力建设省级以上工程中心、技术中心、企业重点实验室等研发平台，加快建设企业院士工作站、博士后工作站、研究生工作站等人才载体，引导企业建立研发管理标准体系，提升企业研发机构发展水平和支撑企业转型升级的能力。集成创新资源，着力打造一批具有核心竞争力、引领产业发展的创新型领军企业。**三是**加快提升创新型园区建设水平。推动完善苏北高新园区规划，有针对性地加大扶持力度，形成各具特色、错位发展的产业格局；支持符合条件的省级高新区申报建设国家级高新区，扶持建设一批省级高新区，鼓励苏南、苏北共建高新区；统筹推进大学科技园、科技企业孵化器、科技产业园、农业科技园建设，促进各类开发区向创新型园区转型，努力建设创新型经济发展新高地。

二、紧紧依靠科技加快推进农业现代化。科技创新是推进农业现代化的重要力量。苏北农业资源禀赋和基础条件都比较好，农业增加值占全省的一半，是江苏发展现代农业的“主阵地”。要强化科技支撑，提升科技创新能力，推动传统农业向现代农业转变。**一是**推进产学研结合、农科教结合，加快建立现代农业技术创新体系，强化种子种苗、高效种养、农产品加工流通、食品安全、生态安全等重点领域的科技创新和关键技术集成创新，大力发展高效设施农业，着力培育种源农业、生物农业、信息农业、休闲观光农业等新兴产业，做大做强农业特色产业和主导产品，提高农业可持续发展能力。**二是**加强农业科技园区、农产品加工集中区和市场体系建设，培育壮大农业创新型企业，积极发展农产品现代流通业态，进一步扩大农业产业化经营规模。**三是**实施“挂县强农富民工程”、“农业科技入户工程”，深入开展“送科技下乡、促农民增收”活动。强化农村科技服务超市网络建设，壮大科技特派员队伍，完善新型农业科技服务体系，鼓励科技人员到苏北农村开展科技服务。**四是**创新农业经营体制机制，深化农业科技推广体系改革，扶持发展家庭农场、农民专业合作组织、种养大户等新型经营主体，不断提高农业生产经营集约化、专业化、组织化、社会化水平。

三、紧紧依靠科技有效推进信息化。信息化是当今世界发展的大趋势，信息技术本身就是高新技术。加快信息化进程，对推进工业化、城镇化、农业现代化及改善民生具有重要意义。目前苏北地区信息化发展速度还不快，这种状况与苏北总体发展水平有直接关系，但也说明苏北在这方面具有较大的空间和潜力。要进一步创造条件，大幅度提升信息化水平，在“三个加快”上下功夫。**一是**加快信息技术推广应用。运用传感、通信、计算机和网络技术，促进农业生产的全面感知、智能处理。围绕重点农产品，扶持建立跨区域、专业化特色农业网站和农产品交易网络，形成以批发市场、商贸中心、物流调度中心和商品集散地为依托的农业电子商务服务体系。完善农村综合信息服务平台，加强涉农信息资源整合，推动开展涉农信息公益性、增值性开发利用。**二是**加快推进信息化和工业化融合。以制造业为重点，大力实施研发设计和生产装备数字化、生产过程智能化。支持企业发展网络营销、远程服务、整体解决方案等，实现创新能力、技术装备层次、经营管理水平和规模效益提档升级。**三是**加快培育壮大信息产业。以物联网、云计算、三网融合、新一代移动通信等为重点，加大自主研发力度，推动产业链上下游各环节协同发展，向产业链高端延伸。促进电子商务广泛应用，加快建设电子商务交易平台，鼓励工业、商贸流通领域骨干企业开展网络集中采购和集中消费，加强供应链协同运作；推动大型骨干企业利用电子商务降低经营成本，实现资源优化配置，促进转型升级。

四、紧紧依靠科技稳妥推进城镇化。推进以人为核心的城镇化，是苏北全面小康建设的历史任务，也是苏北发展的主要动力之一。习近平总书记在今年“两会”期间参加江苏代表团审议时，充分肯定了我省在推进城镇化方面取得的显著成绩，同时也指出城镇化质量还不高，特别是城镇规划建设和管理水平同发达国家相比还有很大差距，人民群众在这方面还有不少不满意的地方。苏北地区处于城镇化加快发展阶段，一定要按照总书记的要求，从一开始就重视抓好城镇的规划、建设和管理。我在苏北调研时，不少市县负责同志跟我讲，苏北城乡规划方面的人才非常缺乏，编制规划都要到外地请规划设计单位，并且规划具体实施中的相关人才也严重不足。下一步，要加大苏北城乡规划、建设、管理方面专业人才的培养、引进和集聚力度，通过科学的规划引领，努力构建大中小城市和小城镇协调发展的城镇体系，并大力推进城乡统筹发展。同时，坚持以城促产、以产兴城、产城融合、协调发展，进一步完善各类园区基础设施和综合配套功能。苏北推进城镇化，还有一项工作需要高度重视，就是要把生态文明理念融入城镇化全过程，大力实施绿色建筑科技支撑工程，加强绿色建筑关键技术攻关和成果转化应用，扶持绿色建筑高新技术企业加快发展，努力走出一条集约、低碳、宜居的绿色城镇化道路。

五、紧紧依靠科技增进人民福祉。推进科技进步与创新的根本目的在于改善群众生活，要坚持把科技创新与保障改善民生、创新社会管理紧密结合起来，着力解决关系民生的重大科技问题。**一是**突出抓好民生科技产业。围绕人口健康、公共安全、防灾减灾、安全生产等与人民群众利益相关的重点领域，加强技术研发和转化运用，推广应用先进适用技术和产品，让人民群众切身感受到科技进步带来的实惠。同时，加强环保领域技术创新，建设一批示范工程，切实提高人居环境质量。**二是**突出抓好科技社区建设。围绕智慧生活、平安生活、低碳生活，加强科学知识普及，积极运用新技术新成果，加快建设科技社区和村镇，使之成为民生科技成果的展示区、先进适用技术的示范区和科技惠民的先行区。**三是**突出抓好文化与科技有机结合。着力运用高新技术发展文化事业和文化产业，进一步丰富文化表现力、提高文化感染力、增强文化传播力，不断提升文化产业创新发展水平，更好地满足人民群众的精神文化需求。**四是**突出抓好社会管理科技创新。强化技术研发，转化科技成果，推进智慧城市和平安城市建设；加强物联网、云计算等技术在资源环境、基础设施、交通运输、产业园区等领域的推广应用，努力提升社会管理和公共服务的智能化水平。

实施苏北科技与人才支撑工程，事关区域协调发展、推进“两个率先”的大局，必须凝聚各方面合力加以推进。**要加强统筹协调。**省有关各部门和单位要把这项工作摆上重要位置，认真履行职责，研究制定具体实施意见，并采取有力举措，推动各项工作任务落到实处；要以党的群众路线教育实践活动为契机，进一步转变工作作风，深入苏北、深入基层、深入企业，提供优质高效服务，尽心尽力办实事、解难题，特别是要加强对事关苏北创新发展重大事项的统筹协调。苏北各地要抓住机遇、主动对接，切实加强科技管理能力建设，推动县市区健全科技计划体系,完善工作机制,加强乡镇科技管理队伍建设,加大科技公共服务、科技中介服务、科技信息服务、科技金融服务平台建设力度,为实施科技与人才支撑工程、加快集聚科技资源提供有力保障。高校院所要转变观念、提高认识,把实施科技与人才支撑工程作为提升服务经济社会发展能力的有效途径,作为强化学科建设、人才培养和科技创新的重要举措,切实加强与苏北政府、企业的战略合作,健全苏南苏北高校共建合作机制,在苏北设立更多的科研平台,同时建设产学研合作的有效载体,构建利益共同体,促进创新要素与生产要素在产业层面的有机衔接;不断深化科研体制改革,创新组织形式,加强以应用和产业化为导向的评价考核,使科研活动更好地面向实际需求。**要创新体制机制**。统筹发挥政府和市场两方面作用,抓住科技创新规律和市场经济规律的结合点,一方面以市场为导向推进科技创新和成果转化,促进科技资源的优化配置和高效利用,激发全社会的创新创造活力;另一方面强化政府宏观引导和服务功能,完善科技政策法规体系,营造更加公平、开放、包容的创新环境。同时,要强化企业技术创新主体地位,引导支持苏北企业利用协同创新平台增强自主创新能力。**要抓好责任落实**。建立健全工作责任制,加强督促检查,使每项工作有部署、有要求、有检查;加强工作创新,以改革的思路和创新的办法,着力破解制约科技资源向苏北集聚的瓶颈;及时总结推广工程实施中的经验做法,充分发挥示范带动作用。**要营造良好环境**。大力弘扬"三创三先"新时期江苏精神,着力提升全民科学素质,切实把各方面的智慧和力量凝聚到推进苏北科技创新的实践上来。同时,强化宣传和舆论引导,大力宣传为苏北创新发展做出重大贡献的单位,大力宣传扎根苏北、服务群众、致力于苏北脱贫致富和小康建设的科技教育工作者及广大创新创业人才,形成支持科技与人才支撑工程实施的浓厚氛围。

同志们,实施科技与人才支撑工程、提升苏北发展内生动力,意义重大,使命光荣,任务艰巨。让我们紧密团结在以习近平同志为总书记的党中央周围,深入贯彻落实党的十八大和十八届三中全会精神,认真落实省委省政府的工作部署和政策措施,锐意进取、开拓创新、扎实工作,努力开创苏北科技进步与创新新局面,为加快苏北全面小康建设、推进区域协同发展、谱写好"中国梦"江苏篇章做出新的更大贡献!

在全省科技工作会议上的讲话

江苏省政协副主席、省政府党组成员、省科技厅厅长 徐南平

(2014 年 1 月 13 日)

同志们:

在全省上下深入学习贯彻党的十八届三中全会和省委十二届六次全会精神的关键时期,今天我们召开会议,主要是回顾过去三年科技创新工程实施情况,谋划深化科技体制改革、拓展科技创新工程的思路举措,部署今年科技改革发展工作。参加今天会议的既有高校、科研院所,也有企业、园区和地方科技管理部门,既有科技供给方,又有创新需求方;可以说,这个会议既是科技创新工程的阶段总结会,也是再部署、再动员的推进会。这里,结合中央和省委、省政府的部署要求,我讲几点意见。

一、充分肯定科技创新工程实施工作取得的阶段性成绩

"十二五"以来,省委、省政府紧紧围绕科学发展主题和加快转变经济发展方式主线,牢牢把握

江苏发展的阶段性特征，做出了实施创新驱动核心战略和科教与人才强省基础战略的重大决策，并于2011年召开实施创新驱动战略推进科技创新工程大会,2012年召开全省科技创新大会,2013年举行创新型省份建设试点部省工作会商。省委、省政府一系列重大战略部署，充分体现了科技创新在发展全局中的核心位置逐步确立。为认真贯彻省委、省政府部署要求,我们坚持高起点谋划,高标准启动,高要求推进,研究提出**"一个环境、两个支撑、三个体系、四个落脚点"**的科技创新工程总体推进思路,制定细化"10+2"专项行动计划,以项目化方式扎实推进,确保"每年都有新进展、五年实现大突破"。经过全省上下共同努力,科技创新工程实施工作取得阶段性进展，省委确定的统计监测指标全部达到或超过序时进度，总体进入科技创新活跃期,江苏成为我国创新活力最强、创新成果最多、创新氛围最浓的省份之一。对于成绩可用两句话作一简要概括：

第一句话是,科技创新综合性指标争先进位。

——区域创新能力实现"五连冠",成为全国首个创新型省份建设试点省，全社会研发投入占地区生产总值比重达2.35%,科技进步贡献率提高到57.5%;

——知识产权综合指数五年增长率全国第一,综合水平跃居全国第二;

——人才综合竞争力由全国第4位上升到第2位,研发人员超过50万人、规模全国第一。

第二句话是,重点领域亮点纷呈。

企业创新能力和运行质态显著提升。我们毫不含糊地把增强企业创新能力作为全部工作的重中之重,研究出台加快技术创新体系建设的20条重大举措,实施科技企业培育"百千万"工程,最大程度激发企业创新活力。**加大企业研发机构建设力度**,确立"两推进、双提升"的目标方向,大中型工业企业研发机构建有率提高50个百分点,达85%、跃居全国第一。**加大高新技术企业培育力度**,总量三年翻一番,累计达6769家、约占全国1/9。**加大科技政策落实力度**，推行政策落实与项目立项、工作会商和科技进步考核"三挂钩",企业科技税收减免额连跨两个百亿台阶,去年达215亿元、约占全国1/6。这几年,全省70%以上的新增境内上市企业为高新技术企业,一批科技"小巨人"加快成长。

科技创新引领产业转型升级步伐加快。我们坚持把产业技术创新作为主攻方向，紧紧围绕产业升级"三大计划",**着力获取自主知识产权核心技术**,整合设立前瞻性研究专项资金,组织实施云计算、3D打印等十大前瞻先导技术专项，试行项目经理制,纳米科技、生命科学、太阳能光伏、物联网等跻身国际前沿,碳纤维、海工平台、智能电网、深海潜水器等取得战略突破。**着力推动科技成果转化和产业化**,改革项目形成机制,聚焦地方重大需求,采取联合招标、海外招标等多种方式,集成实施417个重大科技成果转化项目，围绕产业链部署创新链,引领产业转型升级。**着力完善产业布局**,率先启动建设"两部一省"科教结合产业创新基地,培育7个国家创新型产业集群试点,推动形成"一区一战略产业、一县一主导产业、一镇一特色产业"的发展格局。这几年我省获国家科技奖励数均居全国省份第一,2012年累计专利申请量突破百万件,2013年高新技术产业产值超过5万亿元。

基层创新活力竞相迸发。我们大力推动科技管理工作重心下移，省政府召开全省基层科技工作会议,**加强创新型省份纵深部署**,统筹推进创新型城市、创新型县(市、区)和创新型乡镇建设,国家创新型试点城市达10个、占全国1/6以上,支持南京推进科技体制改革综合试点，支持苏州开展科技金融结合试点,支持宿迁、淮安等地建立科技创新券制度,基层改革活力和服务水平明显提升。**优化区域创新发展格局**，筹划建设苏南自主创新示范区,启动实施苏北科技与人才支撑工程,加快建设沿海科技走廊，将创新驱动战略贯穿于苏南转型、苏中崛起、苏北振兴和沿海开发的实践。**大力提升高新区发展水平**，新获批4个国家级高新区,总数达11家、居全国首位;23家省级以上高新区集聚了全省40%以上的高新技术企业、60%以上的国家"千人计划"创业类人才，创造了全省20%的地区生产总值。**推动科技大军下基层**,加大"科技镇长团"选派力度,在全国首创建设研究生工作站等人才站点,推动千名科技管理干部、万名研究生、8万多名专家教授常年活跃在基层和企业一线。

创新体系整体效能明显增强。我们注重发挥江苏科教优势和开放优势，统筹国际国内两种资源,**完善产学研合作体系**,积极与以色列、芬兰等建立政府间产业研发合作机制，探索发展与美国麻省理工学院的技术合作联系，大力提升与中科院、清华大学等的战略合作层次，着力打造“产学研合作成果展示洽谈会”和“跨国技术转移大会”两大工作品牌。这几年，全省每年发展产学研合作关系100个，新增“校企联盟”1000个，实施产学研合作项目超过10000项。**完善科技服务体系**。启动建设苏州自主创新广场、扬州科技广场等科技服务示范区，推动科技公共服务平台向高新区、县(市、区)集聚。全省技术合同成交额较2010年翻两番、达580亿元。**完善科技金融体系**，创建全国首个促进科技和金融结合试点省，设立首期2亿元的省天使投资引导资金，科技支行、科技小贷公司实现省辖市和高新区全覆盖，创投管理资金规模较2010年翻一番、达1500亿元。

高层次创业创新人才加快涌现。我们坚持把人才作为战略资源，加快载体、项目、金融和服务等“四位一体”联动，鼓励更多的人才到江苏创新创业。**突出青年人才培养**，新设杰出青年科学基金和青年科学基金专项，采取及早选苗、重点扶持、跟踪培养等特殊措施，累计投入3.9亿元资助1550位青年科研骨干，储备优秀学术带头人。**突出人才创业扶持**，举办首届江苏科技创业大赛，下大力气发展创业孵化载体，各类孵化器数量和孵化场地面积均占全国1/3，年均入驻企业4000家以上，形成了引进高层次人才、创办高科技企业、发展高技术产业的链式效应。三年来，全省新入选国家“千人计划”320名、累计达385名，其中创业类占全国的近30%、稳居首位。

科技惠及民生取得良好成效。我们坚持把科技创新与推动现代农业发展、提高人民生活质量紧密结合起来，**着力建设现代农业科技创新体系**，加强农业品种创新，实施粮食丰产科技工程，大力发展高效设施农业，加快建设农村科技服务超市，育成超级稻品种占全国近1/6，农业科技进步贡献率达63.2%，为实现粮食“十连增”提供重要支撑。**着力解决重大民生科技问题**，组织实施节能减排、太湖治理、科技强警、绿色建筑等民生科技示范项目，累计建设15个国家可持续发展实验区、16个临床医学中心、80个科技社区，为提高人民生活质量和健康水平提供重要保障。

总之，推进科技创新工程的三年，是我省科技创新蓬勃发展的三年，是科技实力增长最快的三年，是科技地位和作用日益突出的三年，全省科技工作已经站在了一个更高的起点上。全省科技系统的同志们为此付出了艰苦努力，奉献了聪明才智，做出了重要贡献，国家有关部委和省委、省政府对我省科技工作取得的显著成绩给予了充分肯定，广大企业、高校、科研院所和基层同志对科技系统提供的指导服务给予了高度评价。在此，我代表省政府，代表省科技厅党组，向在座各位并通过大家向全省科技系统的同志们表示衷心的感谢和崇高的敬意！

二、深刻分析科技创新存在的瓶颈制约和突出问题

科技创新工程实施三年来，我省科技创新综合实力迈上了新台阶，走在了全国前列，有力推动了“两个率先”。但放在全球的坐标系上去衡量，放在中央的最新要求上去对照，放在江苏发展的阶段性特征中去分析，差距和问题依然突出。

首先，创新动力不足，突出表现为创新投入强度不高和结构不合理。从企业层面看，大中型企业的研发投入占销售额比例一直徘徊在1%左右，不到发达国家的四分之一。研发活动主要以试验发展为主，应用研究偏少，基础研究则基本空白。从地方政府层面看，去年有超过半数的地方政府科技投入比上年减少，1/3县市政府科技投入强度未达规定要求。从高校院所层面看，科研有意愿，创业缺动力。成果评价多以论文、项目、获奖等作为衡量标准。据对部分高校抽样调查显示，年均纵向经费增幅超过横向经费增幅13个百分点。从社会层面看，金融资本更加偏好成熟行业和大型企业，对新兴领域、初创期企业供给意愿不足。

其次，创新能力不强，突出表现为企业创新产出质量不高和整合资源能力薄弱。与发达国家和地区相比，企业自主创新能力依然薄弱，研发环节的缺失是瓶颈制约。**一是**企业研发机构质量不高。这几年我们狠抓企业研发机构建设，建有比例远高于全国平均水平，但提升质量和发挥作用仍然任重道远。**二是**企业高层次创新人才不多。科技活动人员总量领先，但大多集中在科教事业单位，受职称评定、工资待遇、社会保障等限制，还不能完全按市场规律合理配置。**三是**企业整合创新资源的能力不强。尤其是缺少面向全球整合创新资源

的方法和手段,收购高科技公司、参与重大标准制定、组织跨国技术研发等战略合作明显不足。

第三,创新机制不畅,突出表现为创新体系不够健全和创新环境亟待优化。科技和经济发展之间的通道还不够顺畅。**一是**市场配置资源的决定性作用没有充分发挥。人才引进、成果转化等还比较多地依靠政府主导、政策拉动,政府与市场的关系还有待进一步理清。**二是**科技创新中的“孤岛现象”比较突出。创新资源碎片化,上下游企业之间、产学研之间的协同难度比较大,条块分割、资源分散,难以形成重大成果。**三是**政策环境不够完善。高新技术企业认定、研发费用加计扣除、股权分红激励等政策在落实上仍有较多障碍。**四是**社会化服务体系有待健全。科技服务机构的能力和水平不高,难以满足企业旺盛的创新服务需求。

我省区域创新能力五连冠的光环与产业、企业发展水平处于中、低端的现状形成鲜明反差,这清楚地表明,科技与经济结合的问题在江苏显得尤为突出,也是我们面临的最大挑战。究其原因,既有创新体系建设和创新制度完善的问题,更在于企业的主体地位还没有充分发挥好,亟须通过深化改革寻求新的突破。

三、在深化科技体制改革中拓展科技创新工程

自 20 世纪 80 年代开始,科技体制先后经历了多次重大变革,从 1985 年中央做出“经济建设必须依靠科学技术、科学技术工作必须面向经济建设”的方针,到 1995 年确立实施科教兴国战略,再到 2006 年,把“提高自主创新能力、建设创新型国家”作为国家发展战略的核心和提高综合国力的关键。尤其是在新的重要历史关头,党的十八大旗帜鲜明地提出“实施创新驱动发展战略”,强调“科技创新是提高社会生产力和综合国力的战略支撑,必须摆在国家发展全局的核心位置”,从全局和战略高度赋予了科技创新前所未有的定位和责任。可以说,这几次大的科技体制改革,其思路都是一脉相承的,目标只有一个,就是要促进科技与经济紧密结合,不断解放和发展科技第一生产力。

党的十八届三中全会明确提出,经济体制改革的核心问题是处理好政府和市场的关系,使市场在资源配置中起决定性作用,同时更好地发挥政府作用。对江苏来说,企业是市场的主体,推动企业成为技术创新的主体,形成企业整合创新资源的体制机制是市场化改革的主攻方向;更高起点、更高水平谋划创新型省份和知识产权强省建设,构建充满活力的区域创新体系和创新制度,既是政府的责任,也是更好发挥政府作用的着力点。为此,当前和今后一段时间,实施创新驱动战略、拓展科技创新工程,必须认真贯彻落实十八届三中全会和省委十二届六次全会精神,聚焦**“深化科技体制改革、加快创新驱动发展”**这一主线,紧扣**“两个推进、一个提升”**这一目标方向,着力推进创新型省份建设,健全区域创新体系,优化创新环境,提高科技创新体系整体效能;着力推进知识产权强省建设,营造激励创造、保护产权的制度环境,形成激发全社会创新创造活力的动力机制;全面提升企业自主创新能力,让企业真正成为技术创新的主体和创新驱动发展的主导者,促进科技与经济的紧密结合,切实依靠科技进步提升经济发展的质量和效益。到“十二五”末,通过全面推进创新型省份建设,确保我省区域创新能力全国第一的位置,率先基本建成创新型省份;通过全面推进知识产权强省建设,确保我省知识产权发展综合水平继续走在全国前列,构建与国际接轨的知识产权体制机制;集成全省科技资源,努力在企业创新方面取得实质性突破,形成以百家创新型领军企业、千家科技型拟上市企业、万家高新技术企业为核心的创新型企业集群。

这几年,省委、省政府相继出台了《关于实施创新驱动战略推进科技创新工程加快建设创新型省份的意见》、《关于加快企业为主体市场为导向产学研相结合技术创新体系建设的意见》、《创新型省份建设推进计划(2013—2015)》,正在着手制定知识产权强省建设的相关意见。应该说,大政方针已定,方向任务明确,谋篇布局展开,关键是要抓好各项工作落实。要继续坚持科技创新工程“1234”基本思路,一张蓝图绘到底,已经部署的要确保有力有效推进,该制定细化方案的要抓紧研究提出具体措施,尤其是要对照“每年都有新进展、五年实现大突破”的工作要求,找准切入点和突破口,以改革释放创新活力,在重点领域和关键环节率先形成体制机制的新优势。这里,我初步进行了一些梳理,不面面俱到,着重强调以下几个方

面:

(一)着力增强企业创新能力。这是改革的核心问题,也是推动科技与经济紧密结合的着力点。关于强化企业技术创新主体地位，去年中央6号文件和省委17号文件都做了系统部署,提出了许多重要政策举措,我们要逐项落实到位。在此基础上,要按照三中全会提出的“健全技术创新市场导向机制,发挥市场对技术研发方向、路线选择、要素价格、各类创新要素配置的导向作用”的要求,旗帜鲜明地支持企业创新，动员和集成一切科技资源和社会力量,力求取得实质性进展。重点主抓三个关键环节:**一是**加快培育高新技术企业。把高新技术企业作为技术创新的主力军，启动科技企业“小升高”计划,促进一批成长期小企业加快成为高新技术企业，着力构建以高新技术企业为主体的企业创新集群。**二是**加快建设高水平研发机构。按照“稳定规模、提升质量、发挥作用”的要求,培育建设百家以上国家级、千家左右省级、万家左右各类企业研发机构。省里主要负责百、千层次的培育和认定,各地要加大引导建设力度,在“质”的提升和作用发挥上狠下功夫，形成国家和省级的后备队。**三是**加快落实科技政策。要在已有工作基础上,总结经验,创新方法,开展监测评估,加大落实力度,做到应减则减、应免尽免,确保通过科技政策兑现的税收减免额增长率超过财政收入的增长率。

(二)着力推进产业技术创新。要坚定不移地按照“一区一战略产业、一县一主导产业、一镇一特色产业”的布局要求,强化高端引领,主攻高端技术,加大科技成果转化应用力度,加强重大创新产品应用示范，紧紧依靠科技加速推进新型工业化。当前一个重大举措就是成立省产业技术研究院，探索新型产业技术研发创新的体制机制,省委、省政府将其定位为落实三中全会精神、全面深化改革的“第一枪”。要着力发挥研究院改革“试验田”作用,在改革上动真格、见真章,真正与传统的科研院所、事业单位区别开来。要统筹产业研发资源,通过会员制、合同研发、项目经理制等市场化手段,突破产业瓶颈问题和关键共性技术,成为产业先锋、创新中心;要创建自己的独特文化，凝聚团队精神,形成一种大力协同、勇于突破的特质和禀赋;要注重发展与企业的合作伙伴关系,在服务中提高水平、获得尊重;要致力于开展产业发展战略研究,以全球视野把握趋势,为江苏未来产业发展提供决策支撑。各地也要学会利用好产业研究院的资源，积极动员各类研发机构参与研究院建设,主动帮助研究院密切与企业的长期合作联系,为研究院开拓更为广阔的发展空间，共同打造世界有影响、走在全国前列的产业技术研发组织。

(三)着力谋划知识产权强省建设。要按照实施创新驱动战略要求,立足当前、着眼长远,认真谋划,找准路径和抓手,扎实推进知识产权强省建设。要把握好以下几个方面:**一是**认识要到位。各级政府部门要把知识产权工作摆上突出位置,企业要把知识产权作为核心竞争力，社会各界要切实做到尊重创造、参与创造、保护创造,努力营造有利于知识产权发展的良好氛围。**二是**制度要完善。牢固树立知识产权制度是一种基本财产权制度的理念,完善评估评价、市场交易、投融资等知识产权价值实现链条。**三是**体系要健全。管理体系要职责明晰、组织协调有力，服务体系要专业规范、运行保障高效,形成自主创新和成果转化的群体优势。**四是**能力要提升。自主知识产权和自主品牌产品持续大量涌现，知识产权成果加快流动和转化运用，市场主体能主动运用知识产权制度和规则参与国际国内竞争。**五是**成效要显著。在助推产业转型升级、促进企业加快发展、提高经济发展的质量和效益方面充分发挥作用。根据这一思路,我们要积极借鉴发达国家和地区的做法经验,汇聚全社会的聪明才智，尽快研究制定出一个符合中央精神、切合江苏实际的建设规划,保证知识产权强省建设顺利推进。

(四)着力提升基层科技管理和服务水平。基层科技工作已经成为全省科技创新的突出亮点。要在创新型省份建设的整体框架下，以更高的标准、下更大的决心,坚持不懈地将基层科技工作抓紧、抓实、抓好,把创新驱动战略向纵深推进,提升创新体系的整体效能。在**战略布局**上,要加快推进创新型城市、创新型县(市、区)、创新型乡镇建设,各类科技计划、科技项目和创新资源要更多投向这些区域,让它代成为创新的典范,成为一块“金字招牌”。在**战略重点**上,要把高新区作为科技创新主阵地,创新管理体制,不断提升创新型园区发展水平,优化“一区一战略产业”布局,强化综合服务功能和科技创新促进功能，建设创新驱动发展的先行区。高水平建设苏南自主创新示范区,着力打造创新型经济高地。在**战略支撑**上,要更大力度选派"科技镇长团",加快建设研究生工作站、博士后工作站、院士工作站,形成千军万马下基层的生动局面,为地方转型升级注入新的动力。

(五)着力优化人才发展环境。人才的流向决定了事业的兴衰成败。要坚定不移地弘扬"三创三先"新时期江苏精神,建立更为灵活的人才管理机制,破除人才流动、使用、发挥作用中的体制机制障碍,最大限度地支持和帮助科技人员创新创业。**要千方百计支持人才创业**,坚持以人才创业带动人才工作的全面发展,大力推进民营孵化器、专业孵化器、国际创业园建设,推动社会力量常态化举办科技创业大赛,进一步发挥好省中青年人才创业促进会等社会化组织的作用,争取国家最新政策在江苏先行先试,形成全国最优的人才创业制度环境。**要千方百计支持青年人才成长**。创新的希望在青年。这几年,我们不遗余力地支持青年人创新,收到了很好的效果。要进一步加大青年科学基金、杰出青年科学基金的支持力度,让更多青年人才挑大梁,为他们潜心研究提供更有力的保障,为他们的脱颖而出开辟一条"绿色通道"。这里,我也提三点建议:一是希望青年科技人员要立志献身科学,在创新创业的大潮中施展才华、建功立业;二是希望相关部门和地方在职称、公租房等分配中,多向青年人才倾斜;三是希望给予青年人一个公平公正的发展环境,为青年人才的成长创造更好的平台。

(六)着力深化科技金融结合。这几年,全省科技金融发展势头迅猛,一条重要经验就是科技金融的顶层设计与基层的创新实践相互促进,这是我们的最大优势所在。尽管我们的资本市场不如国外发达、风险投资体系也还不如国外完善,但只要充分利用好这样的联动机制,充分释放各地的首创活力,就可以大有作为。要大力引导资金流向,以风险补偿资金池为着力点和突破口,通过省、市、县联动,逐步构建百亿元的科技金融风险补偿资金池,吸引和推动千亿元社会资金支持数万家科技型中小微企业创新发展,在市场失灵之处更好地发挥政府引导作用,构建形成"首投、首贷、首保"为重点的科技投融资体系,努力使江苏成为技术与资本要素最密集、科技与金融发展最活跃的地区。

(七)着力扩大科技开放合作。开放也是改革,在经济全球化深入发展的大背景下,创新要素在世界范围内加快流动,要注重学习一切有益经验、吸收一切优质资源、汇聚一切先进成果为我所用。要研究新形势下深化国际科技交流合作的具体办法和措施,以全球视野搭建合作创新平台,大力发展与重点国别、国际知名大学、有影响的研发机构的战略合作关系,优化有利于以企业为主导整合全球创新资源的政策环境,在更高起点上推进创新型省份建设。要建立健全产学研协同创新机制,发挥好规划、政策、标准、考核等在创新管理中的重要作用,使高校、科研院所的力量更多按照市场需求来配置,提高创新的集群效立。

(八)着力推动科技惠民富民。要把促进民生改善作为科技创新的根本目的,抓住现代农业和新农村建设、人口健康、资源环境、文化发展、生态建设等方面亟须解决的重点难点问题,加强科技开发应用,努力取得实实在在的成果。针对目前已经迫在眉睫的雾霾问题,要在大气污染治理、清洁能源利用、工业节能减排等方面,集中力量开展联合攻关,强化生态保护和修复,切实提高人居环境质量,使江苏山更绿、水更清、天更蓝、空气更清新、人民生活更美好。

同志们,改革的接力棒历史性地传到了我们的手中,任务艰巨、责任重大、使命光荣。我们要从党和人民的事业出发,以对江苏发展高度负责的精神,勇敢担负起改革的历史重任,解放思想、开拓进取、扎实工作,同心协力推进科技创新工程,开创我省科技改革发展新局面,为实施创新驱动战略、打造江苏经济升级版、谱写好中国梦江苏篇章做出新的更大贡献!

科 技 管 理

Management of Science & Technology

2013 年江苏省科技工作综述

Summary of Jiangsu Science & Technology Work in 2013

【概　况】 2013 年以来,省科技厅认真贯彻落实党的十八大精神和省委省政府关于科技创新的总体部署,深入实施创新驱动战略,大力推进科技创新工程,着力加强核心关键技术突破,强化企业创新主体地位,加快产学研协同创新,进一步完善区域创新体系,创新型省份建设取得新的重要进展。2013 年预计我省全社会研发投入占 GDP 比重达 2.35%以上,高新技术产业产值占规模以上工业比重超过 38%,万人有效发明专利拥有量达 7 件,科技进步贡献率达 57.5%,区域创新能力继续位居全国前列。在具体工作中,重点强化了九个方面的工作部署。

【启动开展创新型省份建设试点工作】 在科技部的支持指导下,制定我省创新型省份试点实施方案,于 2013 年 5 月正式获批列入国家首个创新型省份建设试点。8 月份省政府制定了《创新型省份建设推进计划(2013—2015 年)》,按照"加快产业转型升级、增强企业创新能力、优化区域创新布局、提高社会发展水平、构建创新政策环境"的思路,加强系统设计,加快改革突破,推动江苏在资源禀赋、产业层次、政策制度和创新环境等方面实现新的更大跨越。制订达标考核指标体系,推动已批 29 个省级创新型县(市)、60 个创新型乡镇加快科技进步步伐,依靠科技创新提高经济增长的质量和效益。

【规划建设苏南自主创新示范区】 按照《苏南现代化建设示范区规划》要求,组织编制苏南自主创新示范区专项规划和工作推进方案,加大政策先行先试,着力打造人才高地、产业高地和创新高地。省政府于 8 月份向国务院正式提交申请建设苏南国家自主创新示范区的报告,11 月初,省政府与科技部在南京召开部省专题工作会商会议,科技部表示将支持并报请国务院尽快批准设立苏南国家自主创新示范区。

【启动建设产业技术研究院】 在学习借鉴德国弗劳恩霍夫应用研究促进协会、美国国防部高级研究计划局(DARPA)等先进经验的基础上,完善产业技术研究院建设规划,成立省产业技术研究院建设工作领导小组,组建研究院首届理事会,制定《江苏省产业技术研究院章程》,进一步整合已有各类产业研究机构、重点实验室、工程技术研究中心等研发力量,在创新组织方式、财政经费配置、干部人事管理、考核分配激励等方面先行先试。江苏省产业技术研究院于 2013 年 12 月 6 日正式成立。

【大力培育战略性新兴产业】 以培育经济增长点和抢占发展制高点为目标,加强战略性新兴产业的前瞻性部署,围绕十大战略性新兴产业组织省科技项目超过 1000 项,抢占发展制高点。今年以来共认定 447 项省级重点新产品,有效引导企业在战略性新兴产业加强新产品研发,提升核心竞争力。以战略性新兴产业领域为重点,布局建设 20 个省产学研协同创新基地。围绕高性能膜分离材料、先进碳材料等前沿领域,以及稀土功能材料、高性能纤维等高端环节,启动了 10 个新材料产业创新集群培育建设,推动泰州、连云港、南京、苏州、常州等生物技术与新医药产业集聚区的发展。预计 2013 年新材料产业产值达 12500 亿元,生物技术和新医药产业产值达 6000 亿元。

【加快培育创新企业集群】 深入推进科技企业培育百千万工程行动计划,加快形成以创新型领军企业、科技型上市企业、高新技术企业和民营科技企业为骨干的企业创新梯队，使之成为战略性新兴产业发展的中坚力量。加快高新技术企业认定，今年新认定高新技术企业1099家，总数达6245家。扶持民营科技企业加快发展,全省经确认备案的省级民营科技企业达5万多家。推进企业研发机构建设，大中型工业企业研发机构建有率达85%以上。

【推进高新园区创新发展】 加强分类指导,推进苏州工业园区、无锡高新区等国家创新型科技园区和江阴高新区、江宁高新园等国家创新型特色园区建设，组织全省新建省级高新区围绕特色战略产业编制发展规划,加快推动其转型发展、创新发展。加快创新核心区建设,重点支持苏州纳米科技园、无锡传感网科技园、泰州医药城等建设。围绕创新型园区建设的总体要求，组织开展全省高新区首次评价工作，加快建立健全以创新绩效为主的考核评价机制。出台省级科技企业孵化器新管理办法,新认定15家省级科技企业孵化器。围绕前瞻性战略新兴产业培育，新建南京节能环保等4家省级科技产业园，全省省级科技产业园达140家,成为战略性新兴产业发展的重要基地。

【加快科技资源向苏北集聚】 积极落实《省政府关于支持苏北地区全面小康建设的意见》,制订了加快推动科技资源向苏北集聚的意见并由省政府办公厅转发。加大对苏北地区扶持力度,今年累计支持苏北实施省科技计划项目557个，省拨经费近4亿元。围绕新兴产业和特色产业创新发展,实施关键技术攻关及成果转化项目143个，建设68家区域综合性科技企业孵化器，孵化面积近350万平方米。鼓励和支持高端人才到苏北创新创业,累计选派4300名科技特派员到苏北开展科技服务。

【深入推进科技体制改革】 设立海外技术成果转化专项,推动企业创新国际化。建立联动机制,与7个国家高新区共同组织成果转化省地联合招标项目。积极推进南京国家科技体制综合改革试点城市建设,着力破除瓶颈制约因素,激发科技创新活力,试点工作取得了阶段性成效。大力发展创业投资,成立“江苏省天使投资联盟”,首期设立2亿元的省天使投资引导资金，加大对初创期的科技型小微企业的支持,预计2013年全省创投机构管理资金规模达1500亿元。

【加强科技人才队伍建设】 启动国家创新人才推进计划推荐工作,我省11名中青年科技创新领军人才、4名科技创新创业人才、7个重点领域创新团队以及1个创新人才培养示范基地入围首批创新人才推进计划名单,位居全国前列;入选国家“千人计划”人才总数达385名，其中创业类173名,占全国29.7%。组织遴选50名江苏省杰出青年科技人才和1000名青年科技人才予以重点支持,努力造就具有国际影响力、冲击世界科技前沿的优秀学术带头人。

（江苏省科学技术厅办公室）

创新型省份建设

Construction of an Innovative Province

【概　况】 2013年初,成立专门工作班子,研究起草《江苏创新型省份建设试点方案(代拟稿)》及其指标体系，组织做好科技部领导多次来苏开展专题调研工作。4月底,报请省政府致函科技部申请开展创新型省份建设试点。5月10日,科技部批复同意我省的试点方案，江苏成为全国首个创新型省份建设试点省。按照省政府要求,牵头起草了《创新型省份建设推进计划（2013—2015年)》,8月26日,省政府正式印发实施。及时开展专题宣传,推动各地认真组织实施。各市贯彻落实,制定实施方案,出台政策举措,召开工作会议,创新型省份建设加速推进。根据中国科技发展战略研究小组发布的《中国区域创新能力报告2013》,江苏区域创新能力排名实现“五连冠”。

【纵深推进创新型试点城市建设】 按照苏南创新提升、苏中创新跨越、苏北创新突破的要求,推动国家创新型试点城市以培育发展创新型经济为突破口,加快实现经济转型升级。2013年,扬州市、泰州市、盐城市被科技部批准为国家创新型试点城市,全省试点城市累计达10个,占全部省辖市的

77%,实现苏南、苏中地区全覆盖,试点城市数位居全国第一,遥遥领先于其他省(市、区)。指导和支持徐州市、淮安市、宿迁市积极创造条件,加快创建国家创新型试点城市。

【大力推进省级创新型试点县(市、区)和试点乡镇建设】 根据《创新型省份建设推进计划(2013—2015年)》确定的目标和省委省政府2013年初确定的重点任务,加强调查研究,上半年组织3个调研组分别到南京、苏州、扬州等苏南、苏中7个省辖市的创新型县(市、区)和创新型乡镇开展专题调研。深入基层一线了解试点工作进展情况、成效和经验、存在问题、下一步工作打算等,现场调研特色主导产业、骨干企业、载体平台、产学研合作等情况,总结典型案例等,受到了基层的欢迎。在调查研究的基础上,进一步扩大创新型县(市、区)和乡镇的试点规模,认真组织相关县(市、区)和乡镇申报第三批江苏省创新型试点县(市、区)和试点乡镇。经专家评审和答辩,办公会审定,确定新增创新型试点县(市、区)14个,累计达43个;创新型试点乡镇59个,累计达119个。苏中、苏北的试点地区占比较2012年有所提高,全省区域创新布局进一步优化。

【强化理论研究】 通过软科学计划安排重点项目,组成由著名经济学家洪银兴教授领衔,南京大学、省科技发展战略研究院资深专家组成的专家组,开展创新型经济和江苏创新型省份建设规划专题研究,为创新型省份建设提供理论指导,努力打造国内创新型省份研究的理论高地。

(江苏省科学技术厅政策法规与体制改革处)

江苏省产业技术研究院建设

Construction of Jiangsu Industrial Technology Research Institute

【概　况】 产业技术研究院是伴随着新兴产业发展、经济结构转型等应运而生的新型研发组织,美国、德国、日本、韩国和我国台湾地区,都在经济转型的关键时期建立政府主导的产业技术研发机构,为这些国家和地区产业高端跨越发挥了至关重要的作用。

借鉴国际先进经验,针对江苏省产业发展、企业创新的迫切需求,江苏省产业技术研究院(以下简称“省产研院”)于2013年12月6日经省人民政府批准成立,是全省科技创新体系的重要组成部分。

【建设宗旨】 江苏省产业技术研究院以集聚创新资源、培育发展新兴产业、支撑传统产业转型升级为宗旨,以产业应用技术研究开发为重点,以引领产业发展和服务企业创新为根本,组织开展产业技术研究和集成攻关,创新体制机制,着力先行先试,建成需求引导、多元共建、统分结合、体系开放、接轨国际、水平一流的研发机构,努力成为世界有影响、全国最前列的新型产业技术研发组织。

2013年12月30日,江苏省产业技术研究院工作推进会在南京召开,省政协副主席、省政府党组成员、省科技厅厅长徐南平出席会议。

坚持一个方向。围绕构建技术创新的市场导向机制这一根本方向,坚持课题来自市场需求、成果交由市场检验、绩效通过市场评估、财政支持由市场决定,着力处理好政府和市场的关系这一核心问题,充分发挥市场对技术创新研发方向、路线选择、要素价格、各类创新资源要素配置的导向作用。

突出两大功能。即服务企业和引领产业的功能,通过共性、关键性和前瞻性技术的突破,加强产业技术发展预判和趋势把握,不断引领江苏产业向高端攀升,做到“顶天”;通过开展合同科研、技术转移、成果转化等专业化服务,努力服务于广大科技中小微企业发展,做到“立地”。

引导三类资源。针对江苏科教资源丰富,需要进一步得到释放和发挥的实际,通过改革举措,加快引导高校学科平台、科研院所以及海内外高层次人才等这三类优质创新资源向企业和产业集聚。把注意力主要集中在努力使江苏现有高校院所科教资源更多地从实验室、工程中心,引向车间、企业和园区上,着力把江苏的科教优势转化为创新发展优势。

实施四项改革。一是“一所两制”,引导高校院所资源服务地方经济建设。研究所一方面依托设在高校院所的国家工程技术研究中心或重点实验室,开展基础和应用基础研究;另一方面通过企业化管理、市场化运作的独立法人实体,将高校院所原创性科研成果,进行“二次开发”、中试放大,从而做到学术研究顶天,服务企业立地。二是“项目经理”,针对战略必争领域,招聘一流领军人才担任项目经理,通过赋予其组织研发团队、提出研发课题、决定经费分配等权力,着力攻克重大关键技术,实现产业由跟跑向并行和领跑的转变。三是“合同科研”,根据研究所服务企业的合同科研绩效给予研究所研究经费的后补助支持,发挥市场在创新资源配置中的决定性作用,构建技术创新的市场导向机制。四是“股权激励”,省产研院不与高校争学术之名,不与企业争产品之利,让研究所拥有科技成果的所有权和处置权,鼓励科技人员更多地享有技术升值的收益,激发科技人员的创新创业激情。

【发展目标】 产业技术发展的战略智库。发挥战略规划和产业组织功能,瞄准国际产业前沿,研究提出产业战略分析报告和前瞻性政策建议,成为引领产业高端发展的智库平台。

产业共性关键技术的策源地。建立与国际接轨的研发组织方式,在若干产业前沿技术、共性关键技术领域率先实现突破,促进重大科技成果转化和产业化,不断培育新兴业态和新的增长点。

高水平研发机构的共同体。进一步统筹产业创新资源,搭建省与地方创新合作的联动平台,加快培养专业化、特色化、国际化的新型科研机构,构建产业研发创新网络,从整体上提升产业技术水平和发展层次。

高科技企业的孵化中心。发挥智力和资本密集优势,完善创业孵化功能,实施载体、项目、金融、服务联动配套,成为高科技企业成长壮大的重要源泉。

产业技术人才的聚集高地。通过引进高层次人才,提高项目研发和管理的水平;通过人员培养和流动,向业界不断输送创新人才资源。

【组织架构】 在管理架构上,省产研院采用总院加专业研究所形式,总院和专业研究所不设行政级别,院长和高级管理人员全球市场化招聘。总院为省属事业单位,人员与编制不挂钩,主要负责专业研究所遴选、推进研究所改革和组织集成攻关。专业研究所建在创新资源和产业需求集聚的区域,是企业、事业等多种属性的法人实体,主要负责产业技术研发、为企业提供技术服务。

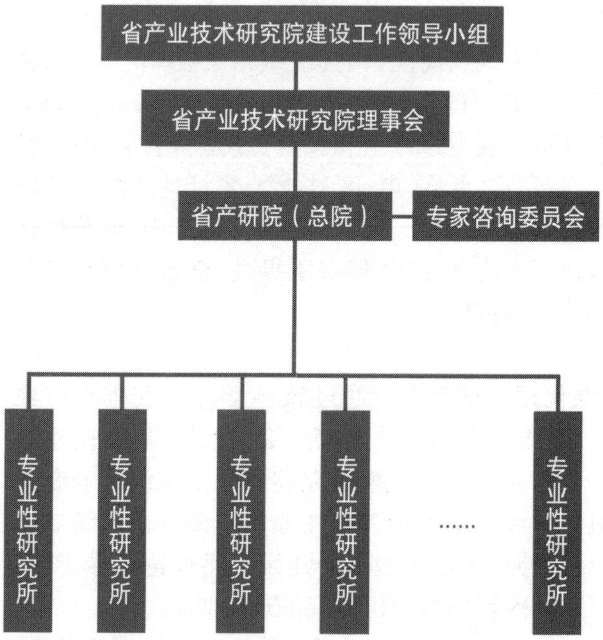

江苏省产业技术研究院组织机构图

【专业研究所】 截至2013年年底,省产研院在新材料、新医药与生物技术、电子信息、高端装备、节能环保等产业领域遴选了14家首批预备研究所,现有专职研发人员1500余人,其中中科院院士、工程院院士、国家863、973项目首席专家、国家千人计划级的领军人物共计51人;拥有场所面积32.2万平方米,仪器设备总值近20亿元;2012—2013年共承担省级以上科技项目1100项,其中863、973以及国家重大专项136项,获授权发明专利近1500件,开展合同科研到账收入4.15亿元,服务孵化企业92家。

(江苏省产业技术研究院)

苏南国家自主创新示范区筹备与建设

Preparations and Construction of Self-dependent Innovation Demonstration Area in the South of Jiangsu

【苏南国家自主创新示范区筹备与建设】 贯彻省委、省政府《关于贯彻落实〈苏南现代化建设示范区规划〉的实施意见》,组织编制苏南自主创新示范区专项规划和工作推进方案,加大政策先行先试,着力打造人才高地、产业高地和创新高地。省政府于2013年8月份向国务院正式提交申请建设苏南国家自主创新示范区的报告,11月初,省政府与科技部在南京召开部省专题工作会商会议,共同推进苏南创建国家自主创新示范区。

(江苏省科学技术厅发展计划与财务处)

高新技术与产业

High & New Technologies and Industries

【概　况】 2013年,在省委省政府的正确领导下,全省科技系统锐意进取,深入贯彻科学发展观,大力推进科技创新工程,实施创新驱动战略,战略性新兴产业发展保持稳步提升,企业自主创新产出继续大幅提升,质量进一步提高,超额完成了全年的目标任务。全年高新技术产业实现产值51899.10亿元,同比增长15.23%,比工业高4.43个百分点,占工业比重38.5%。全省高新技术产业结构进一步优化,呈现"三个比重提高"的良好态势:一是高新技术产业产值占工业比重达38.5%,比2012年提高1个百分点;二是内资企业实现产值占高新技术产业的比重达54.65%,比2012年提高1.2个百分点;三是苏中苏北高新技术产业产值占全省比重达38.34%,比2012年提高2个百分点。

【高新技术产业化(企业创新部分)】 一是进一步加大创新型领军企业培育力度。集成实施68项省级科技计划,省拨经费20893万元,支持创新型领军企业开放配置全球创新资源,突破关键核心技术,牵头组建产业技术创新联盟和企业科技园。深入推进国家技术创新工程试点省工作,重点培育拥有自主知识产权和自主品牌的国家创新型(试点)企业31家、省级创新型企业1583家。二是进一步加强科技上市企业培育工作。联合省证监局实施科技企业上市培育计划,为高成长性科技企业上市开辟绿色通道,组织遴选南京三宝科技集团有限公司等523家企业,列入省科技型企业上市培育计划后备库,入库企业达839家。支持入库企业上市科技题材项目研发,实施省级科技计划项目148项,省拨经费29583万元,加快入库企业成长发展。三是加大高新技术企业认定力度。全力组织开展高新技术企业新申报和到期复审工作,新认定高新技术企业1797家,全省高新技术企业总数达6769家。积极争取科技部支持,新认定国家火炬计划重点高新技术企业121家,累计达504家。全面启动省高新技术(后备)企业认定工作,认定省高新技术(后备)企业1665家。加强高新技术企业培育工作,首批进入高新技术企业培育库的3851家培育企业中,已有1104家顺利通过高新技术企业认定。四是加快培育民营科技企业及科技型中小企业。加大民营科技企业培育力度,全省民营科技企业总数达73858家,成为全省技术创新的生力军。加强科技型中小企业培育,启动江苏省科技型中小企业备案工作,形成省、市、县三级联动的工作机制,确认备案科技型中小企业6334家。积极争取国家科技部支持,372个项目获得国家科技型中小企业技术创新基金立项支持,资助金额5.25亿元。五是引导企业加大新产品开发力度。新认定省级重点新产品426项,省级重点新产品总数达2948项。加大高新技术产品认定力度，全年认定高新技术产品8827项。积极争取国家支持，3项产品被新认定为国家战略性创新产品，187项产品被新认定为国家重点新产品，累计国家重点新产品总数达到了5025项。

【前沿领域技术创新部署】 围绕科技创新工程行动计划，积极推进战略高技术部署，重点面向未来网络、云计算与物联网、纳米材料与器件、智能电网等十大前沿技术领域，组织实施省科技支撑计划（工业）项目227项，总投资223973万元，安排省拨经费22470万元。加强前瞻技术布局，围绕北斗导航系统应用、三维打印制造等领域，采用项目+课题和产学研联合攻关的方式，部署了15个重点项目，努力抢占未来产业发展技术制高点。借鉴国际先进做法，探索按项目经理制，以江南石墨烯研究院为依托，由产业领军人才冯冠平作为项目经理人，统筹协调科技与产业创新资源，组织实施“石墨烯在大尺寸移动智能终端中的应用关键技术”重点项目。积极争取国家重大科技项目，全省共有64个项目（课题）获国家重大专项、科技支撑、863计划立项，获国拨经费6.3亿元。

【产业技术创新组织建设】 着力推进产业技术创新战略联盟建设，2013年重点围绕战略性新兴产业，依托行业骨干企业，新建三维打印、石墨烯等3个省级产业技术创新战略联盟，微纳加工与制造、特种分离膜等2个产业技术创新战略联盟被批准为第三批国家试点联盟，重载机车车辆产业技术创新战略联盟被列入国家重点培育联盟。截至2013年年底，全省国家和省级产业技术创新战略联盟达44个。

【节能减排工作】 围绕国家和省节能减排总体部署，深入实施节能减排科技支撑行动，在高效工业烟气除尘、废水处理等领域，组织实施节能减排关键技术研发项目20项，安排省拨经费1380万元，加快突破高能效工业烟气除尘核心装置、有机化工废弃物焚烧处理余热发电等节能减排关键技术，提升传统产业节能减排水平。积极支持南京、常州、苏州、南通、盐城、扬州等城市组成城市集群申报国家新能源汽车推广应用区域；推荐泰州申报国家“十城万盏”试点城市，积极支持扬州、常州“十城万盏”试点工作，改造安装城市街道节能照明灯具23000余盏，累计51000余盏。

【省科技支撑计划（工业）项目基本情况】 2013年度省科技支撑计划（工业）项目紧紧围绕推进重大技术突破和引领未来新兴产业发展，加强高技术前沿领域战略部署，重点在未来网络、纳米材料及器件、三维打印、智能机器人等十大前沿领域，组织实施省科技支撑计划（工业）项目227项，总投资223973万元，安排省拨经费22470万元，项目平均资助强度为98.9万元。其中标准项目13项，省拨经费850万元。主要突出4个方面工作。一是突出了为全省战略性新兴产业发展提供技术支撑与技术储备的计划定位。围绕有望成为全省未来产业增长点的前瞻性新兴产业领域加强超前部署，以产业技术研究院等重大创新平台和产业技术创新战略联盟为主要依托，采取产学研联合攻关的方式，按项目经理制组织了“石墨烯在大尺寸移动智能终端中的应用关键技术”重点项目，部署了15个前瞻性战略产业先导技术重点项目，积极抢占未来发展制高点。同时，在全省具有先发优势的新兴产业，部署了一批产业前沿技术研发项目，加快形成未来产业技术储备，安排前沿先导项目119项，占全部项目的53.1%。二是强化了区域创新布局的工作导向。所立项目中，属于各类科技园区的项目共有127项，占57%，其中，国家和省级高新园区有68项。三是加大创新型企业集群培育。所立项目中，创新型领军企业承担的项目为14项，创新型领军企业申报项目的立项率为93%。高新技术企业项目111项，占全部拟立企业项目的50.4%。四是加强了对创新人才和自主技术的培育。所立项目充分体现了对自主创新和高层次创新团队的支持，拥有留学回国团队的申报单位共65家，占29.1%。注重自主知识产权的获取，起点高、创新性强，各申报单位已拥有发明专利1898件。该批项目完成时预期将再申请专利1380件，其中发明专利688件，标准项目可形成国家和行业标准12项左右。

【省科技型企业技术创新资金项目实施】 为深入实施创新驱动战略,推进科技创新工程,加快建设创新型省份,2013年省科技型企业技术创新资金围绕“十二五”科技规划和科技创新工程行动计划,进一步加强对科技型中小企业,尤其是对科技型小微企业技术创新的扶持,加快推进高端科技人才创业,切实增强全省科技型中小企业自主创新能力,营造有利于科技型中小企业技术创新和科技人员创业的良好环境。2013年度省创新资金项目的组织,坚持“支持创新、鼓励创业、营造环境、竞争择优”的原则,围绕战略性新兴产业培育,支持省级以上科技创业园内高成长性科技型中小企业开发具有自主知识产权的创新产品,提升企业竞争力,共组织实施229项科技型企业技术创新资金项目,省拨经费6000万元。

【高新技术产业开发区】 2013年省科技厅充分发挥高新技术产业开发区(以下简称“高新区”)的示范带动作用,集聚创新资源,大力推进高新区创新发展。12月,国务院同意南通高新区升级为国家高新区,全省国家级高新区达到11家,位居全国第一。目前,全省省级以上高新区达到23家。以创新型园区建设为目标,大力推进高新区创新核心区建设,江阴高新区、江宁高新园获批国家创新型特色园区。按照“一区一战略产业”和错位发展的要求,着力培育发展战略特色产业,苏州工业园纳米、无锡高新区智能传感网、苏州高新区医疗器械等7个产业集群被列为国家创新型产业集群试点。全年省级以上高新区实现技工贸总收入、产值分别达42503亿元和34934亿元,以占全省3.66%的土地面积,完成了全省20.44%的地区生产总值、28.03%的工业总产值和35.31%的出口总额,集聚了41.8%的高新技术企业、55.4%的科技企业孵化面积、64.3%的“千人计划”创业类人才,成为全省最具战略性的人才高地、创新高地、产业高地。

【科技创业园】 2013年全省不断加大科技企业孵化器建设力度,科技型中小企业成长步伐明显加快。无锡高新技术创业服务中心、江阴高新技术创业园被批准为全国首批“苗圃–孵化器–加速器”科技创业孵化链条建设示范单位。新获批常州生物医药孵化器等13家国家级科技企业孵化器,国家级孵化器达107家,居全国第一。新认定张家港沙洲湖科创园等35家省级科技企业孵化器,省级孵化器达253家。新筹建徐州工业职业技术学院省级大学科技园,省级以上大学科技园达33家,其中国家级11家。截至2013年年底,全省共有各类科技企业孵化器446家,孵化场地面积2416万平方米,在孵企业2.49万家,孵化器数量、孵化面积和在孵企业数分别占到全国的三分之一、三分之一和四分之一,均居全国第一。

【特色产业基地】 2013年全省高新技术特色产业基地建设成绩显著,对全省推进自主创新、培育战略性新兴产业和发展创新型经济发挥了重要作用。当年获批南通家纺研发设计、太仓特种功能材料等2家国家高新技术产业化基地,常熟生物医药、张家港节能环保装备等15家获批国家火炬特色产业基地,如皋软件园获批国家火炬软件产业基地,全省国家级高新技术特色产业基地达121家,继续保持全国第一。基地拥有企业1.7万家,全年实现产值25000亿元,平均产业规模达261亿元,其中千亿级2家、百亿级达68家。

(江苏省科学技术厅高新技术发展及产业化处)

国家级高新技术产业开发区

【南京高新技术产业开发区】 南京高新技术产业开发区(以下简称“南京高新区”),成立于1988年,1991年3月被批准为国家级高新区,是国家首批、江苏首家、南京唯一的国家级高新区。目前园区规划面积160平方公里,拥有注册企业2500余家,初步形成了软件及电子信息、生物医药、新能源新材料三大特色产业集群。

2013年,南京高新区紧紧围绕深化综合改革、加快推进科技创新,坚持“人才引领、创新驱动、内生增长、绿色发展”,经济运行质效稳步提升,主导产业集中集聚,区域创新能力持续加强,园区产业发展增速位列全市四个国家级开发区之首。全年园区实现GDP 232亿元,同比增长13%;财政总收入67.58亿元,同比增长10.2%;公共财政预算收入41.44亿元,同比增长13.7%;全社会固定资产投资302.1亿元、其中工业固定资产投资156.4亿元,同比分别增长16.4%、18.7%;外贸出口10.8亿美元,服务外包执行额7.7亿美元。高新技术产业产值占规模以上工业产值的比重达到52%,全社会研发投入占地区生产总值比例达到4.5%。园区绝大多数为科技型企业,2013年新认定高新技术企业10家,入选省高新技术后备企业4家。以南京高新区为申报主体,南京获批"国家级文化和科技融合示范基地";南京高新区先后获批成为"国家重点布局北斗产业基地"、首批"江苏省创新型开发区"、首批"省级科技金融服务中心"以及"江苏省产学研协同创新基地""江苏省新型工业化产业示范基地""江苏省开发区文明单位"。国家生态工业示范园区通过国家验收。

主导产业。以南京软件园、南京生物医药谷、中国北斗卫星导航(南京)产业基地等特色园中园为载体,大力发展软件及电子信息(含智能电网)、生物医药、新能源新材料三大主导产业和北斗卫星应用特色产业。其中,软件及电子信息(含智能电网)产业重点发展创意产业、IC设计产业、电力自动化及交通信息化产业、互联网服务产业、软件和信息服务外包产业、通信导航及信息安全产业六大企业集群,高成长性北斗卫星应用产业集群初具规模;生物医药产业重点发展生物制药、化学新药、现代中药、医疗器械和保健品等领域,2013年全国首个与丹麦合作共建的中丹生态生命科学园启动建设;新能源新材料产业重点发展以轨道交通为代表的装备制造业及精密机械加工制造业。2013年三大主导产业全年实现销售收入1350亿元,占全区技工贸收入的60%,其中,软件产业收入433亿元,增幅23.4%,生物医药产业收入50亿元,增幅25%。新引进重点产业项目372家,其中软件类企业101家,生物医药类企业57家,北斗时代、中寰卫星、含悦电子等10余家北斗企业入驻北斗大厦,同仁堂入驻南京生物医药谷,星火智谷、明发通达信息港与中企联福青科创中心入驻南京软件园。

创新平台载体。拥有各类孵化器10余个,包括南京国家科技创业服务中心、南京留创园、南京软件园和江苏鼎业百泰生物医药科技孵化器等4个国家级孵化器。2013年新建各类创新创业载体80万平方米,新认定市级科技企业孵化器2家,新增孵化面积5万平方米,各类创新创业平台载体面积累计达150万平方米,南京紫金(高新)科技创业特别社区先导区1.4万平方米载体全面投入使用,入孵企业33家,其中"321"人才创办企业16家。新增市级以上工程技术研究中心9家,区内企业累计设有研发中心近290家,拥有省部级以上企业技术中心、工程技术研究中心以及以国家遗传基因工程小鼠资源库为代表的重点实验室等一批公共技术服务平台53个,北斗卫星应用产业和生物医药两大特色公共技术服务平台启动建设。

2013年6月21日,中国北斗产业化应用联盟成立大会在南京举行。工信部电子信息司副司长刁石京、总参测绘导航局副局长杨宝峰、南京市副市长罗群等领导出席了联盟成立大会。与会领导嘉宾们共同触动启动球,标志着中国北斗产业化应用联盟的正式成立。

政产学研协同创新。围绕园区三大主导发展,2013年先后与北京大学产研院、东南大学、南京大学、南京理工大学等国内重点高校和科研院所共建各类创新创业合作平台,孵化项目达10余项,实施产学研合作项目55个,新建省级企业研究生工作站6家。2013年高新区北斗卫星产业基地获批江苏省产学研协同创新基地。2014年将重点推进与南京信息工程共建北斗气象应用创新中心。

科技服务。以南京紫金(高新)科技创业特别社区为抓手,整合南京科技创业服务中心、中国南京留学人员创业园等创业创新资源,构建涵盖基础服务、科技金融服务等全链条孵化服务模式,为孵化企业提供全方位、一站式服务,打造完整的创业创新孵化链条。公共服务平台方面,南京高新区科技创新综合服务平台日均点击量超过300次,生物医药公共技术服务平台年均服务总量超过5000项次,南京高新区科技金融服务中心获批成为首批江苏省级科技金融服务中心。帮助企业获得科技支行贷款达9800万元,6家企业成功争取省科技成果转化风险补偿资金贷款1700万元,60余家科技型中小企业获得各项融资超过2.5亿元;新培育新三板储备企业40余家,4家企业材料已上报北交所,江苏省铁路发展股份有限公司和南京赛格微电子有限公司2家单位已成功挂牌。

知识产权成果。2013 增挂“南京高新区知识产权局”牌子,成立南京高新区知识产权维权中心,出台了《南京高新区知识产权维权援助中心维权援助暂行办法》,引进 6 家知识产权中介机构入驻中心为企业提供维权援助。实现专利申请总量 970 件,其中发明专利申请 530 件,专利授权总量 430 件,其中发明专利授权 140 件。成功组织各类科技计划项目申报,获得市级以上科技奖项 17 项,4 项重大专利技术产业化项目获得省级重大科技成果转化专项立项。

科技人才队伍。2013 年共引进和培育“321”人才 38 名,其中“千人计划”特聘专家 8 人,领军型科技创业人才 25 人,科技创业家 5 人,当年已累计集聚国家“千人计划”21 名,省“双创”人才 27 名,321 领军人才 60 名, 2 人入选第九批 “千人计划”创业类人才。修订了《南京高新区科技创业家培养工作制度》,建立科技创业家服务专员联络机制,2013 年园区科技创业家全部受聘南京紫金(高新)科技创业特别社区为创业导师。

2013 年 10 月 11 日,南京市委副书记靳道强到南京高新区调研南京紫金(高新)科技创业特别社区,并实地考察了南京紫金(高新)科技创业特别社区南自园。

人才政策。入选南京市“321 计划”人才,择优给予 50 万~100 万元的项目发展资金支持;入围高新区“高创计划”的人才,给予 50 万元创业启动资金和 50 万元项目发展资金, 提供 50~100 平方米工作场所和 1 套人才公寓,3 年内免收租金 (或提供补贴);鼓励申报国家、省市各类人才计划,给予资助金额相应比例配套扶持, 并给予相应申报费用补贴。

(陈晓路 李光军)

【苏州国家高新技术产业开发区】 苏州国家高新技术产业开发区(以下简称“苏州高新区”)是苏州市委、市政府为加快推进苏州经济社会发展而决定开发建设的,1992 年被批准为国家高新技术产业开发区,2002 年实施新一轮区划调整,成立苏州高新区、虎丘区。全区行政区域面积 258 平方千米,户籍人口 34.75 万,下辖 3 个镇、4 个街道办事处和浒墅关经济技术开发区、苏州科技城、苏州高新区综合保税区,苏州西部生态城。

2013 年,全区科技创新工作紧紧围绕“国家创新型科技园区”建设和全年科技工作目标,切实把工作重点放在加大重大科技项目引进力度、加快科技成果转化、提升企业技术创新能力上,较好地完成了区党工委、管委会下达的年度各项指标,科技创新创业取得了较好的成绩。

全区财政科技投入占财政支出的比例达到 11.1%,列全市第一;全社会 R&D 占 GDP 比重达到 3.3%,创高新区历史最高,连续五年保持苏州市第一名;成功获批“国家知识产权示范园区”、第一批战略性新兴产业知识产权集群管理工作试点单位、省首批科技金融服务中心; 连续第四次获评“全国科技进步考核先进县(市)”称号。

科技投入力度持续加大。苏州高新区为鼓励创新, 制订完善了一系列关于促进科技创新的扶持政策,形成了产业培育、人才引进、平台建设、产学研合作、知识产权、科技服务等六大类扶持体系。科技政策惠企效果明显,2013 年,全区落实研发费用加计扣除政策企业 240 家、加计扣除额达 7.64 亿元,同比增长分别为 26.98%、25.51%,折合减免企业所得税近 2 亿元; 有 138 家高新技术企业享受企业所得税减按 15%征收的优惠政策,减免企业所得税 4.67 亿元。

对上争取取得新突破。全年获批各级各类项目 470 余项,争取上级资金达到 2.3 亿元,其中科技条线省级以上项目立项 115 项,获批资金达 1.6 亿元,同比增长 33%,省级以上资金占全部获批资金的 86%以上。苏州天准精密技术有限公司、苏州纽迈电子科技有限公司和苏州瑞派宁科技有限公司获批国家重大仪器专项,争取国家资金 5000 万元;省成果转化项目获批 5 项(其中联合招标项目 4 项,面上项目 1 项),获批省级资金 2600 万元;浙江大学工业技术研究院申报的省产学研重大创新载体项目获批资金 2000 万元。

企业为主体的创新体系日趋完善。着力打造企业创新梯队：全年新增高新技术企业64家，累计达278家，列全市第三，80家企业列入2013年省高企培育；新增创新先锋企业9家，列全市第二，累计20家；新增软件企业31家，累计151家；15家企业成为全市“瞪羚计划”重点挂钩企业，120家企业入选“雏鹰计划”企业库。全区174家大中型企业完成研发机构建设，覆盖率达到96%，全年获批市级以上各类研发机构135家，同比增加47%，累计获批各类研发机构达到571家。

战略性新兴产业加速发展。全区高新技术产业产值、新兴产业产值占规模以上工业总产值的比重均超过54%。截至2013年年底，全区共集聚医疗器械相关企业138家，累计医疗器械一、二、三类产品已有500多个，医疗器械产业保持20%以上的年增幅。服务外包工作取得新突破：全区共新增服务外包注册企业32家，累计达330家，完成服务外包接包合同额超过16亿美元，离岸执行额8.2亿美元，均同比增长超过50%，列全市第二位。

科技项目招商亮点频现。2013年，全区新增科技型企业476家，同比增长10%。区内重大载体项目相继落户：8月24日，苏州地理信息与文化科技产业基地成立；11月18日，华东理工大学与苏州高新区签订共建协议；11月21日，与江苏产业技术国际研究院合作签约。此外，还深入洽谈了中科院沈阳自动化所、中科院兰州化物所、长城宽带、自仪泰雷兹、GE研究院、德国临床检测中心、博雅生物、迪尔医学园等一批重点科技项目，科技招商工作迅速推进。

高层次科技人才加速集聚。2013年，在科技部首批“创新人才推进计划”中，全区有苏州大市唯一一名入围的青年科技创新领军人才。2013年度已组织申报各级各类人才计划近400项，目前，全区已累计集聚各级领军人才388人次，其中国家“千人计划”30名(自主申报获批13人)、省“双创”人才42名、省创新团队7个、姑苏领军人才63名。创新团队数量列全市第一，“千人计划”“姑苏人才”数量列全市第二。2013年区领军人才立项50人，区级领军人才累计立项达到262项。

产学研合作创新不断推进。获评院省合作先进单位称号。全年新增产学研合作项目259项，新增合作高校院所2家，新建各类政产学研联合体50个，区内博士后科研工作站达21家，成立苏州首家“千人计划”研究院。产学研重大科技创新载体的产业化工作稳步推进:中科院医工所研究人员总量超过300人，承担国家、省、市各类项目80余项，争取科研经费近4亿元，成立成果转化处，设立总额达3亿元的“苏州分享高新医疗器械产业发展投资基金”；浙江大学苏州工研院人员队伍近600人，注册成立38家产业化公司，实现销售额近3亿元。2013年8月，苏州高新区迎来了第二批“科技镇长团”，通过调研、对接，有效促进了大学、企业、政府三者相互渗透、相互协作、相互促进。

科技金融结合取得新进展。2013年，区内注册登记的创业投资企业和专业管理公司超过110家，资本规模超过120亿元；累计有92家(次)企业享受区科技保险政策补贴，这些企业投保的科技保险保费超过3700万元，可转移的风险金额累计近650亿元，区财政补贴超过400万元。继2012年成为江苏省首批科技金融合作创新示范区后，2013年6月，苏州高新区科技金融服务中心成功获批首批江苏省科技金融服务中心，中心网络平台建设稳步推进，着力引入专业信用评级机构，建立区域信用体系，为区域企业成长，提供一站式、全过程、深层次、专业化的集成服务。

知识产权创造、保护、运用迈上新台阶。2013年是全区建设国家知识产权示范园区的第一年，5月，全区获批全国第一批战略性新兴产业知识产权集群管理工作试点单位，知识产权创造和服务水平迈上了一个新台阶。全年新增专利申请13243件，获得专利授权6277件。国家知识产权服务业集聚发展试验区工作不断推进：集聚区位于苏州科技城智慧谷的核心区一期载体主体建设完工，累计进驻知识产权服务机构达32家，全国前20强和品牌服务机构占近30%，后续还将进一步推动知识产权全领域服务机构入驻，初步形成完整的知识产权服务产业链。

2013年重大科技活动。2月27日，国家知识产权局副局长贺化来高新区考察调研专利审查协作江苏中心建设情况，市委常委、副市长、高新区党工委书记浦荣皋，区领导周旭东、钮跃鸣陪同考察。贺化对审协江苏中心一年来的工作给予了充分肯定，他认为审协江苏中心推进顺利，共建各部门配合默契，希望审协江苏中心在下一步工作中加强基本建设、审查业务建设和人才队伍建设，与苏州市和高新区共同将审协江苏中心建设好，争取早日建成早出成效，为我国知识产权事业和地方经济发展多做贡献。

3月28日，由科技部、卫生和计划生育委员会、省政府举办的国家创新医疗器械产品应用示范工程(江苏)启动会在高新区召开，市委常委、副市长、高新区党工委书记浦荣皋，区领导钮跃鸣出席会议。苏州高新区在国家和省、市的大力支持下，秉承“高技术、低成本、惠民生”的理念，把医疗器械产业作为第一新兴产业予以重点培育。目前，苏州高新区以中科院苏州医工所为技术支持平台、以国家级的江苏医疗器械产业园为产业化平台，建立了江苏省医疗器械检验所苏州分所的检测平台，引进了一大批医疗器械生产和研发企业，形成了从研发到转化，从检测到生产的完善产业链。高新区医疗器械产业园既是苏州医疗器械产业的重要集聚地，又是全省唯一的医疗器械科技产业园，为此，会议明确，苏州将高新区医疗器械产业园作为这次示范工程的示范产品基地，将园内所有企业纳入示范工程，园内企业的创新产品全部进入示范工程备选目录。

2013年3月28日，由科技部、卫生和计划生育委员会、省政府举办的国家创新医疗器械产品应用示范工程(江苏)启动会在苏州高新区召开。

6月4日，“根在基层·中国梦”科技部赴苏州高新区调研实践活动启动仪式在高新区举行，科技部办公厅副主任李桂华，区领导钮跃鸣、张雪芹出席启动仪式。此次科技部承担的“创新中国”专题调研是中央国家机关团工委“根在基层·中国梦”青年干部调研实践活动的一部分，苏州高新区为全国高新区中唯一入选的调研点。

8月24日，苏州地理信息与文化科技产业基地成立活动在苏州高新区举行，高新区与中科院地理资源所签署了共建苏州地理信息与文化科技产业基地协议。中科院地理资源所所长葛全胜，苏州市委常委、高新区党工委书记浦荣皋，苏州市政协副主席王跃山，高新区领导周旭东、王蔼先、钮跃鸣、陈明等出席活动。苏州地理信息与文化科技产业基地是苏州高新区与中科院地理资源所合作共建的战略新兴产业研发与产业化基地，由研究院、产业园公司和一批与地理信息、地理文化和环境保护领域相关的产业集群构成。2012年6月，双方签署了战略合作协议，9月签署并实施了《工作推进协议》，在双方的共同推进和努力下，苏州基地发展迅速，相继注册成立了中科苏州地理科学与技术研究院和10家产业化公司，总注册资本超过2亿元。预计到2020年，将形成由100名博士、500名硕士和1500名本科毕业人才集聚的创新高地；孵化培育有30多家龙头企业集聚的产业集群，其中有2~3家成为国内外上市公司；苏州基地年产值规模达到30亿元以上，成为引领中国地理信息与文化科技产业发展的重要战略基地。

2013年8月24日，苏州地理信息与文化科技产业基地成立活动在苏州高新区举行。

10月11日，国家知识产权局局长田力普一行来高新区考察国家知识产权局专利局专利审查协作江苏中心建设进展，对工程建设情况表示十分满意。省政协副主席、省科技厅厅长徐南平，市委常委、高新区党工委书记浦荣皋，副市长徐美健，区领导周旭东、钮跃鸣陪同考察。审协江苏中心位于科技城智慧谷的国家知识产权服务业集聚发展试验区内，工程总面积约6万平方米，于2013年1月启动建设，预计年底完工。与此同时，审协江苏中心的人员招聘和业务工作也在积极推进，中心现有职工1249人，已签订意向协议639人，累计完成审查标准件46116件。

11月18日,苏州高新区金秋经贸活动产学研对接会举行,高新区党工委副书记、管委会主任周旭东致辞,区领导钮跃鸣、宋长宝、陈明、张雪芹出席对接会。会议邀请了华东理工大学、华北电力大学、上海理工大学、上海交通大学、西安交通大学、哈尔滨工程大学、苏州大学、中科院沈阳自动化所、中科院地理信息与环境研究所、中科院苏州生物医学工程技术研究所、浙江大学工业技术研究院、中国传媒大学苏州研究院等高校院所的领导、专家,以及区内高新技术企业、银行、担保公司、风险投资公司的代表,开展校地、院企、校企项目对接。

11月21日,美国IBM国际商业机器公司、江苏产业技术国际研究院、苏州高新区管理委员会三方举行签约合作仪式。江苏省经信委副主任龚怀进,苏州市委常委、苏州高新区党工委书记浦荣皋,区领导周旭东、徐炳兴、钮跃鸣、陈明,IBM副总裁Bradley McCredie,苏州中晟宏芯信息科技有限公司首席执行官郑茳出席签约仪式。根据协议,苏州中晟宏芯信息科技有限公司和江苏产业技术国际研究院将加入OpenPOWER联盟,苏州中晟宏芯则计划采用IBM POWER架构提供中国的定制芯片设计解决方案,推动在大数据、云计算以及新一代数据中心领域的服务器技术创新。苏州高新区将围绕IBM技术合作项目,规划打造高端服务器产业园,与IBM公司、苏州中晟宏芯、江苏产业技术国际研究院等合作方一起,带动芯片、软件、中间件、云计算、应用、硬件、数据中心等全产业链提升。

2013年11月21日,美国IBM国际商业机器公司、江苏产业技术国际研究院、苏州高新区管理委员会三方在苏州举行签约合作仪式。

12月16~17日,苏州高新区科技局组织科技镇长团及相关企业赴华北电力大学、北京邮电大学,开展科技人才交流与产学研合作活动。华北电力大学副校长孙忠权、组织部部长张天兴,北京邮电大学副校长杨放春、技术转移处处长闫东升等会见了高新区考察团一行。

(李斌斌)

【无锡高新技术产业开发区】 无锡高新技术产业开发区(以下简称"无锡高新区")成立于1992年。1995年,根据省政府批示精神,在无锡高新技术产业开发区、无锡新加坡工业园的基础上成立无锡新区,实行"两块牌子、一套人马"运作体制。经过1995年、2002年、2005年区划调整,目前高新区区域面积220平方千米。

经过20多年的开发建设,无锡高新区现已成为无锡市重要的经济增长极、对外开放窗口、科技创新基地和转型发展引擎,打造形成了光伏太阳能产业、微电子产业、汽车零部件产业、物联网产业、新材料产业和生物医药产业六大支柱产业,成为江苏唯一国家火炬计划实施20周年先进开发区。成功获批国家传感网创新示范区、国家创新型园区、国家知识产权示范园区,全省首批入选中央"千人计划"海外高层次人才创新创业基地的开发区,全省唯一成功入选国家创新人才培养示范基地的高新区,智能传感系统产业集群成为全省唯一入选科技部首批认定10个创新型产业集群试点单位。

2013年,无锡高新区在科技部、省市各级党委政府的坚强领导下,紧紧围绕打造东方硅谷、建设创新型科技园区的总目标,迎难而上、积极应对,以创新为驱动,科技创业为引领,大力推动科技与经济的融合。全区实现地区生产总值1300亿元,财政一般预算121.5亿元,各类新兴产业产值超过1200亿元,高新技术产业产值占规模工业产值的比重达到61.5%,科技研发投入占GDP的比重超过4.1%,建成创业孵化载体50万平方米,万人发明专利拥有量达到44件。发展综合排名连续八年保持全省开发区第二位,成为省内唯一的国家创新型产业集群试点实施单位。

一是以高层次人才创业引领创新型产业集群发展。面对无锡高教科研人才资源相对匮乏的客观现实,无锡高新区始终坚持以高层次人才创新创业作为推动新兴产业培育聚集的重要突破口,以"千人计划"作为工作的主要抓手,以"530"人才引进为品牌,形成了具有无锡高新区特色的"530"

“后530”“泛530”区域创业体系。2013年,成功引进2个诺贝尔奖得主科技创新项目,新兴产业内累计引进各类创新创业团队1000多个,其中培育和引进入选国家“千人计划”的创业领头人52人,江苏省“双创”人才67个,省创新团队10个,“530”企业350多家,其中年销售超10亿元企业1家,超亿元7家,超千万的企业超过50家,无锡高新区成为名副其实的“科技创业家的摇篮”。

二是以政产学研合作夯实产业发展基础。围绕建设国家创新型园区,无锡高新区以招研引智为重要突破口,与国内外顶尖高校、科研院所开展全方位的合作,通过建立政府、科研院所、产业三者功能互补的合作体系,园区创新产业化进程大大加快,打造出了以政府为引导,以企业为主体,以市场为导向,以产学研为支撑,以发展高新技术产业为目的的创新发展模式,在缺乏创新资源的情况下实现自主创新和产业化的突破,汇集了一大批代表国内顶尖水平的创新资源。中澳轻合金联合研究中心(3D打印)揭牌,将为新区乃至全国的先进快速制造产业带来革命性变化。无锡医疗物联网研究院的成立将推进物联网技术和标准在医疗行业的研究、开发和应用,正在形成“感知医疗”示范基地。2013年,与清华大学、南京大学、复旦大学、上海交通大学等国内外40多所重点高校、院所新开展重点产学研合作项目100余项,新设立14家省级研发中心,省级以上研发机构累计达到92家,规上工业企业研发机构建有率超过80%。尤其在物联网领域,无锡高新区集聚了“五网”“中科院八大所”“十大院校”“三大集团”以及省、市物联网研究发展“大小两中心”,形成了物联网研发应用的“国家队”。

三是以科技成果转化推动产业化进程。无锡高新区根据自身资源禀赋和发展基础,推动当地科技企业与科研院所进行技术合作,一批科研成果通过合作迅速落地实现产业化。以省科技成果转化专项为例,截至2013年年底,无锡高新区共有43个项目获得省科技成果转化专项资金立项,拉动企业、金融投资等社会投入36.13亿元。42个项目累计获得授权发明专利153件,共制定技术标准43件,其中国家标准12件,累计实现销售收入320亿元,实现利税8.17亿元。大力推动国际创新成果的转移转化,建设了中欧技术转移中心、中日(无锡)YRP-ICT技术转移中心、中澳新材料中心等6家国际技术转移机构,全力打造国际先进成果的产业化基地,累计实施项目超过50项。同时结合产学研机构的创新资源,关联引进了一批拥有重大创新成果的高技术企业。经过这几年的扎实推进,打造了12家本土上市公司,开启了“感知中国”中心建设的大幕。

四是以开放式创新推动先进制造业转型升级。无锡高新区始终坚持把推进开放型经济转型发展作为重要课题,大力实施引进消化吸收再创新,尤其金融危机过后,无锡高新区紧紧抓住国际资本洗牌重组的机遇,在土地等资源极为有限的环境下,摸索出了一条通过大力发展外资研发总部经济,推动开放型经济转型升级的道路。一方面立足区域产业基础,实施国际化的产业链招商,大量引进海内外科研机构、高技术公司和跨国公司研发项目,海翼飞机研发中心成功获批省内首家超亿美元独立研发中心,世界500强在内的各类研发总部机构50余家,无锡高新区成为全省外资研发中心最密集的地区之一,形成了高附加值、强竞争力产业链的产业生态环境。另一方面,加快外资创新资源的优化配置,通过外资研发机构建设,培育了一大批高端创新创业人才,推动了外资和民营资本、国资的合作,培育了一批牢牢掌握核心技术,与国际创新企业合作配套的民营科技企业,形成了外资、国资、民资等各种所有制互动并进、共同发展的新格局。

五是以科技体制创新完善创新创业服务体系。无锡高新区高度重视加强创新“软硬件”环境建设,集中财力聚焦科技人才工作,先后出台了支持引进人才、鼓励创新创业、科技金融、企业上市、专利申报和科技保险等方面的优惠政策,科技专项预算每年保持在5亿元左右。2013年,新建成创新创业载体达到50万平方米,创业中心的苗圃-孵化器-加速器建设体系成为国家首批示范试点单位之一,新增江苏矽太服务中心1家国家级孵化器,国家级孵化器累计达到7家。“Park”园区管理体制不断完善,按照专业产业园区公司化、市场化运作,探索出了一条引进、孵化、加速、产业化的成功运营模式。以科技金融创新帮助破解企业发展融资难题,以新发集团为平台的全国首批、无锡首家“小微企业扶持债券”成功落地,首期发行10亿元,扶持各类小微企业300家。新区科技金融服务中心获批为首批江苏省科技金融服务中心,创投基金总规模达到178亿元。第三方支付全国第一家外资艾登瑞德、全国第一家内资金禧智能卡获批国家牌照,全年新增挂牌企业2家。“新三板”累计上报科技型企业11家。大力构建促进企业发展的产品研发-成果转化-企业孵化-风险创投-科技咨询完整服务链,建设了创新驿站,集成创业保姆工作站、导师工作站、中介服务,通过政府购买服务,使创业硬件资源最优转向创业服务最优方向转变。新区知识产权营运交易中心成立,加快实现专利技术成果的交易、转化和产业化。

2014年,无锡高新区将围绕打造创新型园区的总体目标,提质增效,以创新为驱动,以创业引领,以改革创新思路打造创新型园区。对当前影响到新区发展的一些具体的科技体制机制问题,坚持问题导向,率先改革创新,建立形成创新增效、激发科技创新驱动力的制度设计,推动科技体制改革。重点完善产学研协同创新机制,完善科技投入机制,探索建立创新创业载体的市场化运行模式,进一步优化科技创新政策及考核评估体系,加强科技专项资金的绩效管理,建立合理的人才考评体系和激励约束机制。继续推动科技金融创新、创新型产业集群培育、开放创新融合等重点领域工作,努力打造新兴产业集聚区和高端产业标志区,不断巩固和提升自身独特竞争优势,在争创国家创新型科技示范园区过程中,继续走在全省、全国的前列。

一是着力打造高层次创业人群。继续大力引进高层次创业人才,在注重量的同时更加注重质的提升,更加注重高端人才创业的“稳心留根”。更加注重国际高端顶尖科技产业化人才引进。创新引才用才聚才模式,以研引才、以才聚才、以产融才,大力促进项目产业化。依托本土跨国公司和民营科技企业,实现领军人才项目嫁接式发展。以推动创新增效为目标,大力支持高新区领军人才创业企业全方位开拓市场、整合资源、塑造国际竞争力,努力培育一批销售超亿元、超十亿元的“高新区创造”企业。鼓励有条件的领军人才创业企业“从海外来、再到海外去”,通过赴境外直接投资、收购参股、合资合作等方式,拓展海外生产、销售、研发、服务网络,加速企业国际化进程。加速推动领军创业企业资本化运作的“上市工程”,提供“上市保姆”“上市导师”服务,让高层次创业者成为资本运作的能手。2014年,计划新引进领军人才创业团队超过30个,引进培育10名国家“千人计划”人才,新增领军人才创业上市企业2~3家。

二是着力打造创新型产业集群。无锡高新区将重点发展物联网、新能源、微电子、软件及服务外包等超千亿级产业集群,同时发展生命科技、低碳环保、文化创意等百亿级新兴产业,以国家智能传感系统创新型产业集群建设试点为蓝本,2014年实现战略性新兴产业“倍增计划”,创新型产业集群产值规模达1500亿元。其中,按照“应用牵引、创新驱动”总思路,加快推进国家传感网创新示范区建设,以“感、知、传、用”的共性技术和产品为重点加快建设智能传感系统创新型产业集群,2014年产业规模达到600亿元,累计引进培育骨干企业500家以上;围绕打造“中国IC设计第一区”,建立集成电路创新型产业集群完备产业链,优先发展集成电路设计业,优化提升封装测试业,打造真正的“东方硅谷”,2014年产业规模达到500亿元以上。

三是着力打造跨国企业总部研发群。以吸收国外先进技术为主线,实现由“规模扩张型”向“质量效益型”转变,积极转变利用外资结构,战略性新兴产业引进外资规模占新增外资规模的80%以上。大力实施外资企业研发中心随同制造工厂在高新区的基地化发展战略,充分发挥政府对研发机构的政策引导优势,加强知识产权的利用和保护,着力推进研发本土化、生产本土化、销售本土化、人才管理本土化,最终实现国际企业本土化。增强本地企业的自主研发动力和能力,建立有利于接纳外资研发机构转移的发展平台,着力营造适合外资研发机构转移的服务环境。2014年,力争实现40%以上新区500强企业设立独立研发中心,入驻国内外各类知名企业研发总部达100家以上,努力打造一批年营业额10亿美元以上区域总部,发展一批1000人以上的外资研发中心,优化提升外商投资结构。

四是着力打造专业产业园区(PARK)群。继续深化专业产业园区的运营机制改革,坚持错位差别化发展战略,以专业园区运营推进产业园区分工发展。发挥专业园区的招商特长、产业特长,招引专业领域顶尖的创新创业项目、培育细分行业出类拔萃的领军企业。着力推进国家传感网创新示范区、生命科技园、光伏产业园、国家软件外包园、超大规模集成电路产业园“一区四园”建设。继续坚持“PARK经济”发展路径,按照“一个专业园区、一个重点产业、一套工作班子、一个发展规划、一个专项政策”的“五个一”工作机制推进、督查考核。同时,进一步提升园区国际化高品质人居创业环境,将专业园区打造成为引导国内企业打入国际高端市场、承接国际技术转移和丰富国际合作交流的重要平台。

五是着力打造区域科技创新服务群。充分发挥企业科技创新主体作用,完善鼓励企业家和科技人才科技创新的激励政策,激发企业创新活力。加大支持研发创新的公共投入,2014年新增区街两级财政科技创新支持经费投入超过10亿元,引导企业加大研发投入。完善创新服务体系,全链条支撑产业集群发展服务需求,大力发展技术交易市场、人才市场、资本市场、产权交易市场、科技中介服务广场等各类知识服务型中介组织,形成全面完善科技服务体系。完善科技金融服务体系,积极发挥政府引导作用,继续打造“首投、首贷、首担、首保、首购”“五首型”科技金融服务体系,打造具有无锡高新区特色的科技金融服务样板示范区。到2014年,新区股权基金规模将达到220亿元,债权基金规模达到160亿元。

(张胜亚)

中国宜兴环保科技工业园 中国宜兴环保科技工业园(以下简称“环科园”)于1992年11月经国务院批准设立,是全国唯一以发展环保产业为特色的国家高新技术产业开发区。先后列入国家科技部和环保部“共同管理和支持”单位、《中国二十一世纪议程》第一批优先项目计划。园区初期规划面积4平方千米,后拓展到15平方千米。2011年与新街街道实施“园街一体”整合,扩展到102平方公里,2012年4月份与高塍镇实施“统筹发展”,区域面积扩至212平方千米。园区按照“环保产业园、科技创新园、循环经济园”的发展定位,大力推进高新技术产业、高端服务业、高层次人才和高品质人居环境的联动发展。园区集聚各类创新资源,积极建设智慧园区,承担国家各类科技计划项目,已形成了以环保产业基地为发展平台,集聚电子信息、节能技术、新材料研发的特色产业群。

2013年,环科园重构发展战略,积极探索科技创新发展新模式,科技工作取得了多方面的进步。

优势产业特色鲜明,集群建设卓有成效。环科园是宜兴环保产业中高端最为集中的区域。经多年建设,环科园形成了以水处理为主,包括固体废弃物处理装置、大气污染防治、环保药剂、环保新材料、环保监测仪器仪表六大类几百个系列、规格比较齐全的环保工业体系。2013年,环科园抓住全球环保产业发展趋势,响应国家产业结构调整政策,聚焦重点细分领域,强化核心竞争力打造,围绕环保产业,在环保装备制造与服务、水处理细分领域、环保新材料、循环经济与总部经济等方面快速获得更大影响力。

环科园拥有国内最大、产业链最完整的环保装备集聚区,环保装备产品有200多个系列,覆盖了水、气、固废、噪声治理四大领域,占到国内10%的市场份额,并远销美国、东南亚、中东等20多个国家和地区,使宜兴市环保装备的规模和实力在全国排名第一。在水处理方面,环科园水处理装备占全国市场份额的40%,装备配套率98%,也是全国水处理领域最大、最密集的产业集聚地。借助环科园环保装备和水处理装备的快速集聚,环保微生菌种开发利用、环保新材料开发等细分领域也获得了较快发展。江苏三强环境工程公司、宜刚环保工程材料公司、江苏新天地生物肥料公司、江苏中超环保公司、江苏碧程环保工程公司等一批企业迅速汇聚。另一方面,环科园针对全球环保产业发展趋势及市场需求的变化,积极推动区内企业以水务业商业模式探索为突破,加快环保产业向纵深改造。在园区骨干企业——江苏一环集团有限公司、江苏鹏鹞环保集团有限公司、凌志环保股份有限公司等的带动下,园区以设计-建设-运营-移交(DBO)为代表的环保服务业正在兴起,加快对投资-建设-运营-移交(BOT)模式的替代和改造,推动国内环保产业发展模式快速转型,环保总部经济也由此初具雏形。目前,环科园已经成为宜兴及周边区域环保企业的总部基地和研发中心,产业结构调整优化成效突出。

环科园集群建设卓有成效。环科园突破对环保产业原有的狭义理解,加快培育环保产业集群,不仅注重发展环保生产企业,更注重环保科研、工艺设计、创意产业、风险投资企业的入驻扎根,形成环保产业链和环保企业的生态群落。如果将环科园规模以上工业企业按二位数行业代码分类并按照产值进行排序,可以看出产值较高的行业集中在设备制造行业,其中,环保设备制造企业集中度较高。近年来,环保装备制造与快速发展的环保服务业紧密联系，成为环科园集聚优势最为突出的领域。

2013年3月13日，宜兴召开环保产业转型发展推进会。政府将连续三年，每年拿出2000万元专项资金，鼓励企业开展技术创新，实施土壤修复、废气处理、污泥处置等项目，推动环保产业发展壮大。当天，宜兴环保产业集团挂牌成立。成立环保产业集团后，宜兴将采取整合资源、抱团出击、联合开展区域总承包等方法，提升宜兴环保产业的竞争力。专项基金将对获得省级以上环保工程技术研究中心、重点实验室、科技进步奖、科技成果转化专项资金项目、“863”项目的企业给予奖励；鼓励企业引进先进技术和产品，对进口额达100万~3000万美元的企业，分别给予10万~30万元奖励；如被列入“国家鼓励发展的重大环保技术装备目录”等，一次性奖励10万元；市外环保上市企业总部或区域总部进驻园区最高一次性奖励200万元。技术领先的规模企业，可优先享受国家进出口银行15亿元贷款优惠计划。

加快环科园品牌建设，竞争力快速提升。环科园经过多年探索，不断加深对环保产业发展规律，尤其是其特殊而激烈的市场竞争规律的认识，强化了品牌及影响力建设，竞争优势日益突出。环科园面对宜兴市域资源有限，国内外产业竞争日趋激烈，区域保护壁垒重重等现实情况，主动强化环科园环保科技品牌建设。

环科园积极创办环保产业主题活动，开设国际级环保主题高层论坛和学术交流，先后举办了中荷、中丹清洁技术交流会、中欧清洁技术合作交流会等一系列活动，为欧洲先进环保技术进入中国打开通道；在首届国际水工业发展宜兴论坛、中日韩环保圆桌会议、中国东盟环保技术和产业发展示范基地研讨会等高层次、高规格专业论坛上，发出了中国环保产业的“宜兴之声”，也为广大环保企业对接国内外先进环保技术架设了互动和沟通的桥梁，在德国慕尼黑环保博览会等国际活动中也开始活跃着“宜兴环保”的身影。

环科园加强了与国家环保部、科技部、联合国环境署及相关环保机构的对接，不断打响国家级环保科技产业园的品牌，“宜兴·中国环保之都”的品牌影响力不断提升。

2013年10月，为贯彻落实国务院《关于加快发展节能环保产业的意见》，围绕“科技支撑环境保护，创新引领产业升级”主题，首届“中国环保技术与产业发展推进会”在江苏宜兴举行，科技部与江苏省人民政府联合发布了《共同推进中国宜兴环保科技工业园创新发展合作计划(2013—2015年)》(以下简称“合作计划”)，明确双方将在三年内，通过实施一批国家科技计划及省科技成果转化专项、战略性新兴产业发展专项等，重点扶持环科园及宜兴环保产业创新发展，力争把环科园打造成创新驱动环保产业发展的试验田和展示窗口。“合作计划”为宜兴环科园快步迈上发展新台阶奠定了重要基础。同时，环科园针对环保产业区域竞争特色，积极探索“跳出园区、发展园区”的发展模式，加强与周边园区的沟通，充分利用周边较好的环保产业配套、强大的环保产品加工制造能力，运用环科园的国家级政策优势、品牌优势、城市功能配套优势和创新创业平台优势，吸引更多国内外环保企业来园区设立总部、研发中心、培训中心、采购中心、销售中心等，在周边设立加工制造基地，实现“双赢”。

立足本土培育与外引共建，龙头效应突出。宜兴是著名的“中国环保设备之乡”，具有良好的产业发展基础，环科园以环保科技引领，坚持自主培育与外引共建两促进，培养、汇聚创新能力较强的环保企业。截至2012年年底，环科园(含委托管理区)环保产业领域拥有企业1500余家，3000多家配套企业，从业人员达到4万多人。其中环科园核心区拥有工业企业348家，规上工业企业132家。高新技术企业41家，10多家企业获得国家环境工程设计资质证书。目前，环科园仅在水处理领域就拥有全国环保百强企业17家，在全国十大水处理设备企业中占据4家，即江苏一环集团有限公司、凌志环保股份有限公司、宜兴泉溪环保设备有限公司、江苏鹏鹞环保集团有限公司。其中，江苏一环集团有限公司是国内最早研制环保污染防治设备的专业企业，目前仍然在此领域多个方面名列第一。废气处理领域的江苏三环实业股份有限公司、台鹰环保，固体废弃物处理领域的宜兴市二环环保设备有限公司、宜兴格兰登环境工程有限公司、江苏裕隆环保有限公司、宜兴恒茂环保机械设备厂等都具有较强的竞争力。以凌志环保股份有限公司、江苏锦益环保设备有限公司、江苏中超环保有限公司等为代表的“域总包”企业发展迅速。大批科技企业快速成长，为环科园打造创新型特色园区奠定了基础。

江苏三强环境工程有限公司参与完成的“污染物微生物净化增强技术新方法及应用”项目获得2013年度国家技术发明二等奖，全省首家“千人计划”环保产业研究院、全国首家“千人计划”股权基金等数个全省乃至全国“第一”相继落户环科园。科技和人才的结合，转化为巨大的推动力，一批科技含量高、发展速度快、创新能力强的科技型企业迅速壮大。远航集团的镍合金系列产品技术世界领先，江苏天鸟高新技术股份有限公司、凌志环保股份有限公司等一批企业，纷纷抓住创新机遇，研发出国内独创或领先的高新技术产品，成为行业标杆。

在2014年1月召开的2013年度国家科技奖励大会上，南京大学宜兴环保技术研究院的“污染物微生物净化增强技术新方法及应用”，荣获国家技术发明奖二等奖。由南京大学、宜兴市人民政府和环科园三方共同组建的南宜环保技术研究院成立于2006年，是全市首个环保产学研创新平台。近年来，该院充分利用南京大学及自身的科技研发优势，不断加大与宜兴环保企业的合作步伐，在环保技术成果的转化及应用方面取得了显著成效，此次获奖已是该院继2009年“化工园区废水处理技术”获得该奖项之后的“梅开二度”。

2013年，江苏省(宜兴)环保产业研究院进入提升建设阶段，江苏省有机固体废弃物资源化协同创新中心在环科园成立，新天地公司“国家有机类肥料工程技术研究中心”成为全市首家由科技部认定的国家级研发机构。

建设环科园创新体系，创新高地优势渐显。环科园创造了“一品一所一公司”的产学研合作创新模式，提高了技术、资本和企业家的耦合效率；从环保产业发展趋势及特色出发，围绕“域总包”优化环科园创新环境，强化与国内外创新资源的对接，并在创新资源汇聚的基础上，更为关注创新资源整合后的有效运用，创新创业高地优势逐渐显现。

环科园为加快带动宜兴从“中国环保设备之乡”，向“中国环保之都”蜕变，高举“科技支撑环境保护，创新引领产业升级”旗帜。针对区域科技资源有限的情况，与国内十大著名高校、著名科研院所组建了专业化分校、分所、产业技术研究院等新型研发组织，加快了创新资源的汇聚和有效利用。中国环境科学院“国家环境保护湖泊工程技术中心”、中科院“环境控制与污染治理工程中心”、南京大学宜兴环保研究院、哈尔滨工业大学宜兴环保研究院、清华大学宜兴环保新技术应用联合研究中心等相继成立。

环科园“一品一所一公司”模式，即“一个科研产品+一个研究所（团队)+一家实施产业化的企业”，孕育了快速崛起的科技型企业，打造出行业“单打冠军”，开发了具有国际先进水平的拳头产品，推动传统环保产业显著迈向高端化。同时，针对环科园及周边环保小企业较多，公共技术服务需求量大的情况，建立了“三个中心和一张协作网”(宜兴国际环保博览中心、环保信息中心、环保设备检测中心、科技研发仪器设备协作网)等公共技术服务平台，服务区域产业优化升级。

为抢占环保领域细分产业高地，环科园加快围绕“域总包”优化创新环境，与七大国际环保技术领先国家建立了清洁技术对接中心，推进与清华大学、南京大学、东南大学等8所高等院校及中科院生态环境研究中心、中国环境科学研究院等的紧密合作，组建“8+2”技术合作联盟和独立的研发机构，积极承担国家各类科技计划项目，利用产品、品牌、技术、人才等优势，完善产业链，以“域总包”方式逐步实现“卖产品”向“卖技术和服务”转变，提升宜兴环保产业的整体竞争力，创新高地优势逐步显现。

环科园探索了符合环保产业特色的创新创业孵化模式。按照孵化-加速-产业园的三级孵化理念，结合环保产业发展趋势，从源头开始，重点孵化两大类企业，一是拥有核心技术优势的产业链重要环节企业，一是以“域总包”为目标的专业化制造与服务企业，通过技术创新、并购重组和品牌战略，做强做大一批具有工程总承包能力的大型企业集团。各类风险投资，以及总规模50亿元的环保产业基金“宜兴中科环保产业基金”分别进入不同环节给予孵化扶持。科技孵化园、留学生创业园、哈宜产业研究院公司、欧洲环保产业园等多个孵化、加速和专业园载体快速发展。

2013年7月4日，省科技厅确认了首批共23家江苏省产学研协同创新基地，环科园申报的“江苏省环保与装备产业产学研协同创新基地”正式获批。

产学研协同创新基地将主要围绕本土特色产

业,通过规划引导和政策扶持等手段,有效集聚相关创新资源,以创新集聚带动产业集聚,促进创新要素和产业要素实现无缝衔接,打造产业特色鲜明、规模集聚明显、产学研合作紧密、科技服务体系完善、产业竞争优势显著的创新要素和产业要素集聚区,成为江苏省战略新兴产业发展和传统产业升级的重要基地。

宜兴环科园作为中国唯一以发展环保产业为特色的国家级高新技术产业园区,拥有科技孵化园、人才培训基地等多个载体平台,与国内外80多所高等院校、研究所形成紧密型产学研合作,担当起推动中国环境产业发展、建设绿色生态文明的主力军作用。成为江苏省首批产学研协同创新基地后,将继续以发展具有科技、服务、绿色低碳为特质的区域环保产业及装备产业链为目标,以战略型新兴环保产业及高端环保装备为实施载体,围绕国家环境保护目标、节能减排目标以及发展战略性新兴产业的需求,以国家重大环境保护工程和项目建设为契机,建立一整套促进环保产业健康可持续发展的长效创新机制,建设和完善"政、产、学、研、用"新平台,引导和推动环保产业与装备基础和创新能力建设,为我国建设生态文明和小康社会以及可持续发展模式提供强有力的基础和技术保障,实现环保创新产业强国的目标。

(刘 涛)

【常州国家高新技术产业开发区】 常州国家高新技术产业开发区(以下简称"常州高新区")是1992年11月经国务院批准最早成立的全国52个国家级高新区之一,规划用地面积5.63平方千米。经2次区划调整后,2002年4月,在高新区基础上设立了常州市新北区,地域面积扩大至439.16平方千米,目前下辖6镇3街道,常住人口61.75万人。

近年来,常州高新区在市委市政府的正确领导下,始终秉承"发展高科技、实现产业化"的建区宗旨,全面实施创新驱动战略,加快推进国家创新型科技园区建设,区域创新活力持续迸发。2012年全区创新能力在全省125家省级以上开发区中名列第四,2013年全区科技创新工作在全市科技创新考核中名列第二。

主体作用日益凸显。以增强企业自主创新能力为核心,积极引导和支持企业加大科技投入、建立研发中心,推动广大企业走创新崛起之路。2013年,全区新认定高新技术企业50家,累计数达331家,稳居全省开发区第二位。高新技术产业产值达到1010亿元,占规模以上工业产值比接近50%。光伏、创意、生物、动力装备等四大创新园区实现营业收入725.9亿元,同比增长26%。申请专利突破万件大关,授权专利近5000件,位居全市第二。全区每万人发明专利拥有量18.72件,位居全市第一。

平台载体攻坚突破。加快推进产学研协同创新,着力招引一批支撑产业创新发展的重大平台和项目,进一步完善科技创新体系。2013年,常州高新区成功引进浙江大学常州工业研究院、常州印刷电子产业研究院、兰州交通大学国家绿色镀膜技术与装备工程技术研究中心等5家重大创新载体。新增省级以上研发机构25家,大中型工业企业研发机构覆盖率达97%,天合光能国家级重点实验室通过科技部验收。新增孵化器(加速器)面积29.95万平方米,创业载体总面积达159.35万平方米,孵化器(加速器)16家,其中国家级孵化器4家。

高端人才加速集聚。坚持人才强区战略,加大领军型人才引进培育力度,进一步激发科技创新活力。2013年,引进4名外籍院士来区创新创业,设立院士工作室;引进培育"龙城英才计划"领军人才项目151个,其中新增国家"千人计划"专家55名,位居全市第一,总数累计达77名,位居全省开发区第二;建成千人计划(常州)生物医药产业研究院,成功创建省人才工作先进县(市、区),引育市领军人才创业重点项目41个,占全市的59%。

科技金融紧密结合。科技金融服务中心启动运营,2013年组织企业获得省风险补偿资金5项、贷款1050万元,项目数量、金额均位列全省高新区第一,促成企业与知名创投机构开展合作,募集风投、创投资金达3.34亿元,连续四年全市第一。在全市率先试点科技型中小企业贷款保证保险工作。全面推进"新三板"企业上市培育工作,目前全区已有9家企业已完成股改,3家企业已将材料上报股权交易中心,初步确定"新三板"企业上市培育名单43家。

创新环境不断优化。区委区政府高度重视科技创新,先后召开了科技创新大会、高新技术企业培育大会、"新三板"上市企业推进会等全区重大会议,相继出台了《常州国家高新区创新驱动战略提升三年行动计划（2013—2015年）》（常开委〔2013〕13号）、《关于进一步支持科技创新的若干政策意见》（常开委〔2013〕16号）和《常州国家高新区科技创新贡献奖评定办法》（常开工委〔2013〕31号）等一系列鼓励科技创新、引领产业发展的政策文件，进一步优化区域创新环境。

重大科技创新载体建设。2013年，常州高新区加大重大科技创新载体引进建设工作力度，通过洽谈引进外部优质科技创新资源，围绕全区重点产业和新兴产业方向，启动建设了浙江大学常州工业研究院等一批产业研究院。其中，与浙江大学合作建设的浙江大学常州工业研究院以及依托海归人才团队建设的常州印刷电子产业研究院已于年内启动了场地装修和项目团队引进工作。新引进的兰州交通大学国家绿色镀膜技术与装备工程技术研究中心（常州基地）基地也将于2014年5月完成土建。四川大学常州生物医药技术转移中心等项目正加快推进中。这批科技创新载体将以常州高新区的重点产业和新兴产业技术需求为导向，集聚一批高层次创新创业项目团队，以提升产业创新发展能力为重点，强化科技创新资源与产业发展的有效结合，为区域经济发展提供有力的科技创新支撑。

2013年重大科技活动。5月15日，常州高新区召开科技创新大会，高新区党工委书记、新北区委书记张东海在会上做了题为《让科技创新成为高新区发展的强大引擎》的重要讲话。高新区管委会主任、新北区区长吴晓东主持大会并在会议结束时做简短讲话。李西宁、汤建龙、安春燕、许峥、沈禾、高纪凡等出席大会并在主席台就座。张东海书记的讲话共分3部分：一、科技创新刻不容缓；二、狠抓创新务求实效；三、机制创新尤为重要。张东海强调科技创新产业是基础，企业是主体，人才是关键，要求全区加快科技金融、资源配置、政府服务、园区管理、领导协调的体制创新，要求各级、各部门担负起建设全国一流的国家创新型科技园区的重要责任，勇于担当、敢于作为，各级、各部门要明确目标任务，严格考核、督查、奖惩机制，建立一支高素质的科技干部队伍。区管委会副主任、副区长许峥做科技工作报告，并宣读《关于2012年度科技创新先进单位的通报》。会上，天合光能有限公司、滨江经济开发区、常州创意产业基地、浙江大学工业技术研究院做了交流发言。

2013年5月18日，由在国际大数据研究和应用领域拥有深厚学术背景及丰富跨国公司管理服务经验的英国伯明翰大学计算机学院终身教授、智能计算和数据分析应用研究卓越中心主任姚新先生，原IBM全球企业咨询服务部大中华地区政府与公众事业部总经理梅昕先生等资深人士领衔发起的常州伯明翰数据科技研究院正式签约落户常州国家高新区。发展高科技，实现产业化，是国家赋予国家级高新区的光荣使命和重大责任。此次常州国家高新区与常州伯明翰数据科技研究院项目团队签订合作协议，建立常州伯明翰数据科技研究院，正是常州高新区抢抓机遇，紧跟世界高技术发展趋势，加快产业转型升级的又一次重大实践。签约会后，市委书记阎立会见了项目团队，常州国家高新区党工委书记张东海、管委会副主任王宇伟、创意产业基地党工委书记蒋献国参加了会见。

2013年9月9日，常州高新区召开中国印刷电子产业发展峰会暨常州印刷电子产业研究院成立大会。会上，印刷电子研究院成立，阎立书记和邹竞院士为常州印刷电子产业研究院揭牌。

2013年9月9日，常州高新区召开中国印刷电子产业发展峰会暨常州印刷电子产业研究院成立大会。中国工程院院士、天津大学教授邹竞，科技部国际合作司参赞莫鸿钧，外交部欧洲司参赞倪晓京，国家信息中心评估部主任任茂松，江苏省科技厅副厅长周贡生，华东理工大学副校长涂善东，中科院半导体研究所副所长陈弘达，原中国建材集团公司总经理葛铁铭，中共常州市委书记阎立，常州市人民政府副市长王成斌，常州高新区管委会主任吴晓东，常州印刷电子产业研究院院长张霞昌出席大会。芬兰驻上海领事馆的代表，国内知名院校、科研院所的专家,高新区高新技术企业负责人代表,常州市和常州高新区有关部门的负责同志参加了本次大会。会议由常州高新区党工委书记张东海主持。市委书记阎立和中国工程院院士邹竞为常州印刷电子产业研究院成立揭牌。副市长王成斌为研究院院长张霞昌颁发聘书。会上,高新区管委会与中国印刷电子产业技术创新联盟签订共建中国印刷电子产业技术创新联盟基地(常州)框架协议,常州研究院还与苏州纳米所签订全面合作协议,印刷生物芯片、纳米银浆等4个项目签约入驻研究院。常州印刷电子产业研究院院长张霞昌、华东理工大学副校长涂善东分别致辞,市委书记阎立做重要讲话。阎立指出,印刷电子产业研究院的成立抓住了未来我国信息产业摆脱"低端锁定"的历史机遇,将使常州在这一战略性新兴产业的竞争中赢得发展先机,为常州的转型升级增添动力。

(朱咏梅)

【苏州工业园区】　苏州工业园区(以下简称"园区")于1994年2月经国务院批准设立,同年5月实施启动,行政区划面积278平方千米,其中,中新合作区80平方千米,下辖4个街道,常住人口约76.2万人。

2013年,园区经济社会继续保持平稳较好发展态势,实现地区生产总值1910亿元,比2012年增长10%;公共财政预算收入206.9亿元,增长11.8%;实现社会消费品零售总额272亿元,增长16%;实际利用外资19.6亿美元,完成进出口总额超800亿美元,固定资产投资740亿元,基本保持稳定;城镇居民人均可支配收入增长9.1%。

目前,园区以占苏州市3.4%的土地、5.2%的人口创造了15%左右的经济总量,并连续多年名列"中国城市最具竞争力开发区"排序榜首,综合发展指数位居国家级开发区第二位,在国家级高新区排名居全省第一位。

2013年,园区经济社会发展呈现"平稳较好、质效提升、民生改善、活力增强"的特点。全年实现地区生产总值1900亿元,比2012年增长9.4%;公共财政预算收入206.9亿元,增长11.8%;实际利用外资19.6亿美元,保持稳定;完成进出口总额超805亿美元,比2012年增长1.2%;完成固定资产投资742亿元,保持较大规模;实现社会消费品零售总额278亿元,增长16.2%;城镇居民人均可支配收入达4.9万元,增长9.2%。

科技创新。2013年,园区坚持创新驱动战略,加快提升科技创新能力。R&D投入占GDP比重达3.3%(火炬中心统计口径约为5%)。建立完善综合性政策投融资平台,推出全国首单知识产权综合责任险,帮助600多家企业融资超25亿元,获得"国家中小企业公共服务示范平台""江苏省科技金融服务中心""苏南科技企业股权路演中心"等称号。50家重点科技型自主品牌企业销售增长约30%。发明专利占专利申请比重达58%,新增发明专利授权1118件,万人有效发明专利拥有量超45件,PCT国际专利申请达115件,获批"国家专利导航纳米技术产业发展实验区"和全国开发区唯一入选的"全国重大经济科技活动知识产权评议工作优秀试点单位"。新增13人入选第九批国家"千人计划",7人入选第十批"创业类千人",园区累计申报入选各类"千人计划"人才总数近百名,继续保持省市第一;东南大学-蒙纳士大学苏州联合研究生院、东京工业大学-东南大学苏州资源化学研究所揭牌成立,洛加大先进技术研究院、乔治·华盛顿大学中国研究院、卡尔斯鲁厄理工学院中国研究院等入驻园区,苏州牛津大学研究中心顺利签约。

(邹和成)

【泰州医药高新技术产业开发区】　泰州医药高新技术产业开发区(以下简称"泰州医药高新区"),是全国首个国家级医药高新区,由国家科技部、国家卫生和计划生育委员会、国家食品药品监督管理总局、国家中医药管理局与江苏省人民政府共同建设。2009年3月18日,经国务院批准,泰州医药高新区正式成为国家级高新区。2010年11月,泰州医药高新区党工委、管委会成立。泰州医药高新区下辖正处级泰州医药园区、泰州经济开发区、泰州出口加工区、泰州高等教育园区和泰州市周山河街区,副处级泰州数据产业园区和泰州滨江工业园区等7个功能性园区,以及野徐镇和寺巷、明珠、凤凰、沿江4个街道。全区土地总面积115.42平方千米,总人口18万人、其中城镇人口14.3万人。2013年,全区实现地区生产总值130.1亿元,同比增长14.8%;完成公共财政预算收入22.32亿元,同比增长18.3%;完成固定资产投资

198.4亿元,同比增长26.1%;完成规模以上工业总产值396.4亿元、主营业务收入380亿元、利税49.2亿元、利润21.45亿元,增速分别高于全市平均水平。“十二五”期间,泰州医药高新区将奋力打造“产城一体的医药名城”,努力建成全省生物技术与新医药产业核心区、综合改革试验区、转型升级先导区,基本确立泰州生物技术与新医药产业发展全国领先地位。

2013年,全区高新技术产业产值168亿元,同比增长33.3%,增速高于全市平均9.6个百分点,占规模以上工业总产值的42.37%;新增科技孵化器面积14万平方米,引进新兴产业项目20余项;科技服务业产值6亿元;新增省级以上高新技术企业12家,其中国家级高新技术企业7家;新增省科技型中小企业27家、省民营科技型企业26家、市级创新型企业8家;新增省高新技术产品31个;新增专利申请量440件,同比增长47.7%,其中发明专利175件,同比增长44.6%;新建产学研联合体16个;新建市级以上研发机构18个,其中省级工程技术研究中心1个;组织申报各类科技计划项目126项,获得国家立项6项,其中重大新药创制3项,“863”项目1项,战略性新兴产业1项,中小企业技术改造1项,累计上争各类科技计划资金9000万元;科技金融渠道不断拓宽,10家企业获江苏省科技成果转化风险补偿专项资金贷款资助1425万元,11家企业获农业银行科技贷款资助10500万元;人才特区政策得到有效落实,累计引进高层次人才583名,其中国家“千人计划”专家28名,省“双创计划”专家12人,2个团队入选省“创新团队”。

(贾爱存)

【昆山高新技术产业开发区】 昆山高新技术产业开发区(以下简称“昆山高新区”)是昆山大力实施开放条件下的自主创新、加快高新技术产业集聚发展、推动经济发展方式转变的重要载体。2010年9月经国务院批准成全国县级市首家国家高新区,被列为国家科技服务体系试点园区、海外高层次人才创新创业基地。昆山高新区位于昆山市中西部,东与昆山经济技术开发区相连,西与苏州工业园区接壤,区域面积118平方千米,沪宁高速、苏昆太高速、312国道、京沪高铁、沪宁城际穿区而过,区位优越、交通便捷,是人流、物流、资金流和信息流的重要集散地。

2013年,在省科技厅的关心和指导下,昆山高新区围绕“建设一流高科技园区”发展目标,积极实施科技引领、创新驱动战略,推进以自主创新能力为核心的“二次创业”,打造产业、技术、人才、金融“四大高地”,不断提高科技进步对经济发展贡献度。全年完成地区生产总值742亿元、工业总产值2180亿元、公共财政预算收入65亿元,分别增长5.1%、10%、9.8%,高新技术产业、新兴产业产值占规模以上工业产值比重分别达64%、50%,成功获批国家知识产权试点园区、江苏省科技金融创新合作示范区。

科技创新成果。新认定国家“863”计划及重大专项4项、火炬计划项目9项、高新技术企业63家、高新技术产品281个、研发机构超100家,支持研华科技区域研发中心、华测新药临床前研究平台等一批企业研发机构建设运营,3家企业获国家中小企业创新基金支持,完成专利申请11500件,授权5600件。

公共技术服务平台。依托昆山市工业技术研究院、清华科技园、高新技术创业服务中心等科技载体,高效运作新型平板显示、小核酸生物技术、工业和智能机器人、感知技术等研究所,建成机器人研发楼、小核酸研发实验楼,建设模具质量监督检验中心、新能源检测中心等公共技术平台,昆山市工业技术研究院获批国家中小企业公共服务示范平台,阳澄湖科技园成为省级大学科技园。

产学研协同创新。与高等院校、科研院所深度合作,运营昆山产业创新研究院、南京大学昆山创新研究院、西安电子科技大学昆山创新研究院、浙江大学昆山创新中心、中国科学院电子设计自动化中心等产业智库,建设浙江大学六大研发中心及产业化项目,成立浙江大学昆山智能装备产业创新基地、北斗产业园,启用南京大学染料敏化太阳能电池联合实验室。

一区一战略产业。培育以机器人及精密装备制造产业为重点的一区一战略产业,获批筹建省级机器人大学科技园,完善机器人产业基地、大学科技园、科技产业园、产业科普馆、专业孵化器、专业加速器“六位一体”发展机制,集聚机器人项目超50个,产值突破300亿元。

特色产业基地。模具产业基地全年实现销售160亿元人民币,占全国模具产业销售的九分之一,昆山国际模具城获批省级模具创业服务中心,成为全省第一家省级民营科技孵化器;小核酸产业集群入围国家创新型产业集群试点,其中苏州瑞博生物技术有限公司、苏州泽璟生物制药有限公司获国家新药创制重大专项;可再生能源产业基地成功引进CSA集团中国首个光伏实验室,弗尔赛能源公司获国家863计划立项及科技支撑计划支持,参与国家重大科学仪器项目开发。

招才引智。开展赴北京大学、清华大学、南京大学等高校招才活动,运营硅谷人才办事处,集聚海外留学归国人才和紧缺型创新创业人才,新增国家“千人计划”人才11名,累计达29名,省市“双创”人才40名、省博士集聚计划6名,西安电子科技大学昆山研究生院正式揭牌,维信诺首席科学家邱勇教授当选中科院院士。

人才培育。设立国家高新区人力资源开发工作站,引进杜克大学、加拿大国际学校等国际教育机构合作办学,中国人民解放军外国语学院、昆山登云职业技术学院等高校与产业发展深度融合,引进德国先进的“双元制”教育模式,建成福伊特中国培训中心。发挥博士后工作总站作用,增设2家博士后分站,新增高技能人才超2000人,万名劳动力中高技能人才数超611人。

科技金融。2013年,启动建设8万平方米财富广场,高效运作昆山红土高新创业投资有限公司、昆山常春藤产业投资基金、昆山市创业科技小额贷款有限公司等产业投资基金,昆山高新技术产业开发区资产经营有限公司债券通过国家发改委审批。推进“新三板”工作,年内新增3家股改企业,累计7家完成股改,2家企业递交挂牌材料,形成“培育、股改、上市”企业梯队,昆山乙盛机械有限公司成功返台上市。

（沈睿智）

【江阴高新技术产业开发区】　江阴高新技术产业开发区(以下简称“江阴高新区”)前身为江阴经济开发区,成立于1992年。2002年,江苏省委、省政府赋予国家级经济开发区的经济审批权限和行政级别。2011年6月15日,江阴高新区获国务院正式批复,成为继昆山高新区之后的全国县级市第二家国家高新区。目前,江阴高新区管辖面积53平方公里,下辖1个街道,为江苏省所辖面积最小的国家级开发区之一。

2013年,江阴高新区紧紧围绕“二次创业”总体要求,积极应对各种不利因素叠加影响和经济下行巨大压力,深入推进“招商引资年”“项目推进年”“投入产出年”主题活动,全力保持经济社会发展稳中向好态势。全年完成地区生产总值391.26亿元,比2012年增长13.9%;规模以上工业产值928.86亿元,同比增长7.37%;公共财政预算收入24.6亿元,同比增长9.6%;到账外资超2.6亿美元;全社会固定资产投资129.18亿元,同比增长33%,其中工业投入70.09亿元、服务业投入59.08亿元,分别增长30.9%、35.7%;到位注册外资2.61亿美元。2013年,江阴高新区成功创建为国家生态工业示范园区、国家特钢新材料产业集群培育点和国家科技孵化链条建设创新示范园区,并获批江苏省首批产学研协同创新基地、省首批科技金融服务中心、省科技金融合作创新示范区、省级出口金属制品质量安全示范区、省金属新材料产业园、省文化科技产业园、省级海智工作基地,在2012年度全省开发区科学发展综合考评中名列第12位,比2011年提升7位。

主导产业发展。2013年,江阴高新区依托金属新材料、电子信息、精密机械等已形成的产业优势,加快培育“双千双百”新兴产业集群,即千亿级特钢及高端装备产业集群、千亿级创新与生产性高端服务业集群、五百亿级新一代信息技术产业集群和百亿级现代生物医药产业集群,大力构筑高新技术产业与传统优势产业融合发展、主导优势产业与战略性新兴产业互动发展的现代产业体系。其中,特钢新材料产业以江阴兴澄特种钢铁有限公司、江苏法尔胜股份有限公司、贝卡尔特集团、江阴中南重工股份有限公司等为依托,加快推进兴澄特钢深加工和钢板热处理、新型地锚集成智能系统等一批重大项目,总投资2亿美元的年产24万吨单晶硅切割丝、高级帘线、悬挂簧新型合金材料项目竣工投产,总投资12.8亿元,年产5万吨产法兰、2.6万吨压力容器的高端装备制造基地项目建成投运,全年实现开票销售555.83亿元;新一代电子信息产业以江苏法尔胜光子有限公司、江苏长电科技股份有限公司、瀚宇博德科技(江阴)有限公司等为依托,总投资15亿元的普天法尔胜光通信和总投资超百亿元的长电高脚位集成电路项目开工建设,全年完成开票销售113.71亿元;生物医药产业以江阴天江药业有限公司等为依托,加快推进天江药业二期、香港基因港生物医药等一批重大项目，总投资5亿元的年产3000吨中药配方颗粒产业化项目建成达产，全年实现开票销售224.77亿元。年末，全区拥有工业企业836家,完成工业总产值1211.53亿元,实现工业开票销售1019.58亿元,从业人数8万多人,其中规模以上企业111家,完成工业产值928.86亿元。现代服务业实现开票销售678.7亿元，比2012年增长38.92%;完成服务业增加值119.8亿,同比增长13.5%，服务业增加值占地区生产总值的30.98%。

科技创新创业。2013年,江阴高新区突出创新驱动,强化人才引领,加快转型升级,被科技部批准同意开展创新型特色园区建设，成为江苏省首批率先启动并开展创新型特色园区建设工作的国家高新区。出台《关于进一步推动高新技术产业发展和鼓励科技创新创业的奖励政策》,推动科技成果向现实生产力转化，全年完成高新技术产业产值708亿元,拥有省高新技术企业98家,新认定省高新技术企业46家;新批民企科技企业37家,新增高新技术产品36只;新培育"新三板"后备企业21家，新增销售超亿元的科技创业企业8家、超5000万元企业10家。深入实施自主知识产权、自主品牌、自主创新"三自"战略,激发企业自主创新活力，全区完成全社会研发投入25.26亿元,拥有各类研发机构128家，新增省级工程技术研究中心4家、无锡市工程技术研究中心9家、院士工作站1家，其中江阴兴澄特种钢铁有限公司获批江苏省国家连铸连轧特殊钢工程技术研究中心培育点；组织企业成功申报省级以上各类科技计划项目74个,其中国家级科技计划项目15个,获得省级以上各类科技项目经费1.15亿元，占到全市的90%以上;先后与美国斯坦福大学、哈佛大学、杜克大学、中科院、上海交通大学、东南大学等国内外重点高校和科研院所建立各类合作平台,落实重点产学研合作项目35项;申报专利2300件,其中发明专利637件,发明专利授权80件。坚持科技领军人才战略，促进科技创新创业企业裂变发展,2013年新批省创新团队4个,新引进各类高层次人才65人,其中:诺贝尔奖得主2位,国家千人计划2名、共计14名,省"双创"人才2名,由诺贝尔奖得主分别牵头组建的科里生物医药中国(江阴)研究院和塞缪森生命科学中国(江阴)研究院相继落户，千人计划江阴物联网研究院等一批公共技术服务平台组建运行。完善科技金融服务，打造"企业家+科学家+金融家=大赢家",累计引进国内外知名风险投资、私募股权投资基金等各类投资机构20多家,集聚各类创业投资、股权投资规模50亿以上,全年投资各类科技项目20亿元。

（阮　波）

【徐州国家高新技术产业开发区】 徐州国家高新技术产业开发区(以下简称"徐州高新区")成立于1992年,1993年被江苏省人民政府批准为省级开发区,2012年8月19日被国务院批准升级为国家高新技术产业开发区，是江苏省较早的省级开发区,也是苏北地区唯一一家国家高新区。位于江苏省规划的徐州都市圈中心城市徐州市南部，总体规划面积180平方公里，建成面积50平方千米。拥有20万常住人口、6万产业工人,2万高学历人才。经过20年的建设发展,高新区已成为先进制造业基地、苏北科技创新高地和徐州南部主城区。

作为徐州市重点打造的现代工业基地和科技创新高地，高新区培育发展了工程机械、车辆制造、电子信息、现代服务业四大主导产业,形成了从配套件到整机生产的工程机械产业链条，集聚了从研发到制造的电子电气产业集群，搭建了从配件到整车生产的车辆制造产业架构，形成了完善的现代服务业发展和科技创新支撑体系。美国阿文美驰汽车工业公司、约翰迪尔公司、肯纳金属(中国)有限公司、爱斯科(徐州)耐磨有限公司等知名外资企业,徐工集团、上汽集团、江苏恩华药业股份有限公司等国内大型企业均在区内建设了基地和工厂。在运用现代科技提升主导产业的同时,徐州高新区积极发挥区内高校云集、研发能力强的优势，与国家安监总局联合建设了国家安全科技产业园,形成了集研发、制造、培训于一体的新兴产业集群。

为支撑现代产业快速发展，徐州高新区先后建设了银山都市工业园、龙山科技工业园、娥山机电工业园3个现代工业园区和娇山湖高档商务区、珠江路总部集聚区、大学路科教集聚区、北京路文化创意产业园、彭祖路现代中介服务区、国家安全科技产业园等6个功能服务园区。各园区按照产业链条科学规划，形成了相互区别又相互结合的有机整体,集聚和承载了近千家企业。

徐州高新区科技资源丰富，是苏北乃至淮海经济区最大的科教集聚区，拥有中国矿业大学、江苏师范大学等12所高校，是江苏省高层次人才创新创业基地和首批科技金融创新合作示范区。

2013年，徐州高新区始终以科技部、省科技厅对国家高新区工作要求为目标，以"创新创业、平台建设、产学研合作、服务企业"为抓手，激发科技创新原动力，打造协同创新特色体系，取得显著成效。全年共实现业务总收入1350亿元，同比增长9.4%，完成高新技术产业产值570亿元，同比增长10%，实现地区生产总值355亿元，同比增长14.5%，财政总收入34亿元，同比增长15%，公共预算收入24.6亿元，同比增长17.9%，实际到账外资1.9亿美元，自营出口额3.2亿美元。先后获批国家火炬安全技术与装备特色产业基地、江苏省产学研协同创新基地、江苏省文化科技产业园、江苏省知识产权示范园区、江苏省首批科技金融合作创新示范区。

产业基地。2013年7月，徐州高新区"江苏省安全科技产业产学研协同创新基地"被省科技厅确认为首批省级产学研协同创新基地。该基地以徐州中矿大传动与自动化有限公司、徐州中矿大华洋通信设备有限公司、徐州五洋科技股份有限公司等一批龙头企业为骨干，发挥中国矿业大学等高校院所科研优势，打造了一批具有较强市场影响力的安全科技产业品牌。

2013年12月，徐州高新区"国家火炬徐州高新区安全技术与装备特色产业基地"被科技部火炬中心认定为国家火炬特色产业基地。该基地拥有徐州高新区与中国安全生产科学研究院联合建立的"徐州国家安全科技产业园"，中国矿业大学建立的"安全科技国家地方联合工程实验室"；现有矿用机械、电子电器、矿山物联网企业近50余家，固定资产投资40.6亿元。已建成投产运行的企业38家，完成固定资产投资25.14亿元；在建企业10家，预计固定资产投资15.46亿元。

科技创新载体。2013年6月，徐州高新区与中国矿业大学合作共建了徐州中矿大矿山安全技术与装备研发中心，注册为民办非企业法人机构，主要从事矿山安全技术开发、技术咨询服务、软件开发、矿山安全机械设备及配件研发等业务。同年8月，该中心承担的"徐州中矿大矿山安全技术与装备研发中心建设" 项目获省科技厅前瞻性研究专项资金立项支持。

2013年12月，徐州高新区科教集聚区主体封顶，预计2014上半年可建成投入使用。科教集聚区占地12万平方米，总建筑面积14.5万平方米，可提高新技术研发、成果转化、中小企业孵化、投融资、专业人才培训等服务。

科研机构。2013年，徐州高新区成立了"淮海科技创新研究院"，事业单位性质，编制30人。研究院以浙江大学、吉林大学、华中科技大学、北京科技大学、中国矿业大学等高校为依托，在新材料、新能源、矿山物联网、高端装备制造、现代物流等领域实现共性技术、关键技术和前瞻性技术的突破，进一步推进产学研合作，服务高校、服务企业、服务人才、服务创新。

2013年，徐州高新区已累计拥有省级以上研发机构40个，其中江苏省企业院士工作站3家，博士后创新实践基地10个；市级研发机构126个，率先实现了研发机构规模以上企业全覆盖。

科技金融。2013年1月，徐州丰禾回转支承股份制造有限公司继江苏财发铝业股份有限公司、三维医疗科技江苏股份有限公司在天津股权交易所成功挂牌后，成为全区第三家在天津股权交易所成功挂牌的企业。

2013年1月，江苏省科技厅会同省金融办、财政厅等7部门联合发文，确认徐州国家高新区入选首批"省级科技金融合作创新示范区"。

2013年5月，徐州高新区与市人民银行共同举办了徐州市首届科技金融合作创新暨银企专场对接会，15家金融机构与30家科技型企业签订了意向贷款协议。

产学研合作。2013年年初，7位科技镇长团团员进驻徐州高新区，分别在高新区招商局、经发局、科技局担任副局长职务，推动了徐州高新区各项工作创新发展。

2013年9月25日，由徐州市人民政府、中国矿业大学和中国安全生产科学研究院主办，徐州市科技局、徐州市安全生产监督管理局和铜山区人民政府协办，徐州高新技术产业开发区管理委员会承办的第三届安全科技协同创新推进会暨安全科技成果产学研用对接会在铜山区会议中心隆重召开。会议中，国家工信部解析了国家安全科技产业发展政策，国家科技部讲解了科学技术对安全科技产业的服务支撑，国家安监总局阐述了安全科技的需求和重点任务，中国煤炭工业协会领导发布了煤炭企业技术需求，徐州国家高新区领导推介了高新区安全科技类产品并发布了企业技术需求。会议最后，徐州高新区企业和研发机构发布了包括矿山安全科技“四个一批”新技术在内的一大批科技成果，并和高校洽谈投资及签订产学研合作协议。

2013 年 8 月 16 日，徐州高新区举办“百所高校徐州行”对接会，来自吉林大学、中国科技大学、南京农业大学、河海大学、中国矿业大学、南京理工大学、武汉大学等 50 余家高校的专家学者参加了会议，并与徐州高新区内的 40 余家企业签订了产学研合作协议。

2013 年 9 月 2 日，在徐州市铜山区人民政府的指导下，组织召开了科技人才特派员启动仪式，选派包括科技镇长团成员在内的第一批科技特派员 30 名挂靠 50 余家企业，帮助企业解决科技、管理等各方面的难题。

2013 年 9 月 25 日，由徐州市人民政府、中国矿业大学和中国安全生产科学研究院主办，徐州市科技局、徐州市安全生产监督管理局和铜山区人民政府协办，徐州高新技术产业开发区管理委员会承办的第三届安全科技协同创新推进会暨安全科技成果产学研用对接会在铜山区会议中心隆重召开。

2013 年 12 月 26 日，徐州高新区召开了主题为“才赋铜山—人才强区”“千人计划”专家科技成果对接会。来自华中科技大学、哈尔滨工程大学、浙江大学、中国矿业大学、南京理工大学、吉林大学、大连理工大学的 30 余名“千人计划”专家齐聚铜山参加会议。会后，“千人计划”专家利用 2 天时间走访了高新区 20 余家企业，并签订了产学研合作协议。

2013 年 12 月，徐州高新区组织企业赴吉林大学、中科院长春研究所进行了专项对接。

科技创新。2013 年，徐州高新区新增国家高新技术企业 11 家、省高新技术企业 10 家，省高新技术产品 105 个。申报省级及以上科技计划项目 37 项，荣获国家科技进步二等奖 1 项，获得批准立项国家火炬计划项目 2 项、国家 863 科技计划项目 1 项、国家创新基金项目 2 项、国家星火计划项目 5 项，省科技支撑计划项目 2 项。

申报专利 2068 件，其中发明专利 507 件、实用新型 770 件、外观设计 791 件，授权专利 764件。

区内企业完成研发投入 1.2 亿元，企业 R&D 支出占规模以上企业销售收入比重达 2.46%。

科技人才。2013 年 9 月 14 日，徐州高新区举办徐州“海智”洽谈会，聘请有海外留学经验的 8 位专家学者来高新区创办“海外智力为国服务行动计划工作基地”。会后，8 位专家参观了徐州协鑫太阳能材料有限公司、徐州康盛农业有限公司等数十家企业，并签署了专项合作协议。

2013 年 9 月 14 日，徐州高新区举办徐州“海智”洽谈会。市委常委、组织部长杨时云和省科协副主席阮仁良为徐州海智基地揭牌。

2013 年，全年引进江苏省双创人才 20 人，苏北急需人才 76 人，申报江苏省博士集聚计划项目 13 个，江苏省科技企业家 16 人；申报徐州创新型科技企业家 18 人，铜山区双创人才计划项目 20 个。

（李　彬　郭　军）

【武进国家高新技术产业开发区】 武进国家高新技术产业开发区（以下简称“武进高新区”）地处长三角核心区域，紧邻风景秀丽的西太湖和创新活力迸发的常州科教城，1996 年 3 月由江苏省人民政府批准设立，2012 年 8 月，经国务院批准升级为国家高新区，目前规划控制面积 182 平方千米。

建区以来，武进高新区坚持“集聚、集约、创新、开放、生态”的发展之路，综合实力不断攀升，产城融合步伐加快，初步打造了一个规划科学、功能齐全、产业集聚、环境优美、生态和谐、充满生机和活力的现代产业开发区，已经拥有17个世界500强投资项目和8家上市企业，成为常州新兴产业发展的主力军和对外开放的主阵地，成功跻身于长三角先进开发区之列。

创新园区建设不断推进。根据高新区管委会下发的“三定方案”，创新园区办公室综合处由科技局扎口管理，目前，除每季度园区企业数据填报外，其余创新园区工作已经和科技局工作有机融合，由科技局统一开展实施。2013年年初，根据常州市创新园区建设领导小组办公室下发的《关于优化完善常州国家创新型科技园区发展定位的指导意见》的要求，完成了高新区三大产业园的调整工作。2013年，125家入库企业实现营业收入410.9亿元，完成年计划的102.7%，其中智能装备产业园实现营业收入278.9亿元，在“一核八园”中高居首位；三园实现净利润31亿元，占营业收入的比例达到7.54%；三园企业研发投入22.6亿元，占营业收入的比例达到5.5%；三园125家入库企业中，高新技术企业61家，占园区企业总数的48.8%，高新技术企业营业收入288亿元，占园区企业营业总收入的比例达到70.1%；三园共有从业人员45630名，其中理工科本科及以上学历人员9527名，每万名从业人员中理工科本科及以上学历人数达2088名；三园新增申请发明专利316件，其中新增授权发明专利136件，每万名从业人员拥有的当年新增授权发明专利数为30件。

大力推进高新技术产业。2013年，武进高新区累计完成高新产值522.6亿元，完成年计划的101.5%，高新产值占规模以上工业产业比重达77.4%。

积极申报科技计划项目。一是在省、市项目都实行限额申报的要求下，通过同上级科技部门的努力对接，全年，组织申报市级以上科技计划项目295项，完成年计划的128.3%，其中省级科技项目142项。二是组织园区企业申报江苏省民营科技企业，完成申报115家，完成年计划的115%；组织园区企业申报江苏省科技型中小企业，认定59家。三是组织园区企业申报高新技术产品，获批省级高新技术产品68只，市级高新技术产品110只。四是开展高新技术企业复审和申报工作，完成2010年认定的7家高新技术企业复审申报工作；全年新认定高新技术企业20家。

深入开展知识产权工作。成功申报“常州市机器人及智能装备产业集聚区”；组织5家企业申报“2013年度江苏省企业知识产权管理标准化示范创建企业”，并成功获批；玉柴桩工(常州)有限公司、常州欧密格光电科技有限公司等4家企业获批“2013年常州市知识产权创新企业”；全年，园区企业申报专利5280件，完成年计划的188%，其中授权专利1652件，完成年度计划的103.3%；发明专利申请1660件，完成年计划的138%；其中有效发明专利拥有量416件，完成年计划的118.9%。

实施产学研合作。坚持“小分队、常态化”的理念，大力开展产学研对接，结合“5·18”、7月科技创新月等专题活动，组织了多场产学研对接活动，如“武进—香港大学新能源、LED技术专题报告会暨对接洽谈活动”“机械装备产业重大科技成果信息发布会”“武进国家高新区—同济大学轨道交通产学研对接”以及常州先进制造成果展示洽谈会等，签署合作意向43项，完成年计划的143%；正式实施15项，完成年计划的100%。其中：新誉集团有限公司的高档数控机床用直驱电机样机开发项目、常州创胜特尔数控机床设备有限公司的门式五轴联动加工中心(TOM-HV1060)项目、光宝光电(常州)有限公司的LED抗硫化技术开发项目、常州森旭自动化科技有限公司的无缝管穿孔顶头堆焊机开发项目、江苏中科友特机器人科技有限公司的数字化粉体配料包装及智能机器人码垛生产线关键技术研究项目等5个项目获批常州市产学研补助项目。

推进创新载体建设。一是加大对高新区现有孵化器、加速器的调研，按照“集约发展、创新服务”的理念，把孵化器、加速器建设作为高新区创新体系建设的重点。截至2013年年底，武进高新区拥有各级各类科技企业孵化器12家，其中国家级2家、省级5家。累计孵化场地面积达27.5万平方米，在孵企业210家。二是推进园区企业建立研究机构，组织申报省、市工程技术研究中心16家，江苏爱特恩高分子材料有限公司和常州市武进五洋纺织机械有限公司研究生工作站获得立项。目前园区市级以上“三站三中心”累计达到70家。三是配合做好武进科创中心整体搬迁入驻天安数码城服务工作。四是启动开展科技支行专题对接、天使资金申报入库等业务工作，推进科技金融创新合作示范区建设。

加快优秀人才汇聚。科技局以第四批、第五批“龙城英才计划”申报为契机，发挥高新区创新高地优势和产业优势，引进赵汉民等“国家千人计划”人才 31 名，新增省双创人才 4 名，引进高层次创业团队 135 个，其中金石机器人等 A、B 类项目 13 个，分别占全区引进数的 67.2%和 81.3%。“5·18”期间完成了“千人计划”半导体照明产业研究院签约工作，目前研究院已经引进 6 名“国家千人计划”专家。

2013 年重大科技活动。2 月 27 日，中国机械工程学会华东智能制造创新发展中心在武进高新区成立，常州市副市长王成斌和中国机械工程学会副理事长兼秘书长张彦敏共同为中国机械工程学会华东智能制造创新发展中心揭牌。该中心旨在立足武进高新区，带动长三角，辐射华东地区，为装备制造转型升级、提高企业创新能力和开展企业人才培训提供支持。

2013 年 2 月 27 日，中国机械工程学会华东智能制造创新发展中心在武进高新区成立，常州市副市长王成斌和中国机械工程学会副理事长兼秘书长张彦敏共同为中国机械工程学会华东智能制造创新发展中心揭牌。

2013 年 6 月 15～17 日，两院院士、全国人大常委会原副委员长路甬祥一行到武进高新区专题调研创新设计。

6 月 15~17 日，两院院士、全国人大常委会原副委员长路甬祥一行到武进高新区专题调研创新设计，先后参观了常州快克锡焊股份有限公司、创生医疗器械（江苏）有限公司、江苏钱璟医疗科技发展集团有限公司和武进工业设计园等高新区重点企业和主要科技平台。调研期间，路甬祥还专门做了题为《提升创新设计能力、促进创新驱动发展》的专题讲座。

7 月 8 日，武进高新区被省科技厅确认为江苏省半导体照明产业产学研协同创新基地，成为首批省产学研产业协同创新基地(共 23 个)。武进高新区将建设重大公共技术服务平台作为节能环保产业园年度重点工作，牵头国家半导体照明联合创新重点实验室（常州基地）、常州光电所、南京大学常州研究院、常州化学所、国家半导体照明产品检测中心等机构，联合打造省半导体照明产学研协同创新基地，整合利用创新资源，开展前沿性技术研究和产业化共性关键技术开发，建立体制机制创新的开放式公共技术研发平台；提供政策支撑，打造现代服务业体系，促进科技与产业的无缝对接；通过内孵外引，加速产业集聚，做大产业规模，做强“衬底-外延片、芯片-封装-应用”整条产业链。

2013 年 7 月 19 日，“千人计划”半导体照明产业研究院揭牌仪式在常州武进举行，武进区委书记，武进国家高新区党工委书记周斌、国家半导体照明工程研发及产业联盟秘书长吴玲为“千人计划”半导体照明产业研究院揭牌。

7 月 19 日，“千人计划” 半导体照明产业研究院在武进高新区揭牌成立。该研究院由武进高新区与半导体照明联合创新国家重点实验室共同组建，通过成立“千人计划”专家顾问委员会、设立“千人计划”专题工作室等举措,集聚以“千人计划”专家领衔的领军型创新创业团队,采取课题合作、单独研发等方式,重点围绕半导体照明产业链下游应用共性技术及创新应用技术,开展关键技术及设备的研究开发,打造开放式公共研发平台,为全区半导体照明产业发展提供重要支撑和强大动力。

2013年10月18日,由中国科学院与江苏省人民政府共建的江苏中科院智能科学技术应用研究院成立仪式在江苏省常州市举行。中科院副院长施尔畏,江苏政协副主席、省政府党组成员、省科技厅厅长徐南平,常州市委书记阎立,常州市代市长费高云等出席仪式,共同为智能研究院揭牌。

10月18日,江苏中科院智能科学技术应用研究院成立。江苏中科院智能科学技术应用研究院坐落在常州科教城,由中国科学院与江苏省政府共建,致力于打造国家级机器人及智能装备产业技术创新基地。该研究院实行理事会领导下的院长负责制,建设发展将立足常州、服务江苏、辐射长三角,在机器人及智能制造技术领域促进科技、产业、人才、金融等创新资源高效整合,努力培育一批具有核心竞争力的高成长性创新创业企业和高科技企业集群,计划到2018年实现“三个一千”目标,即科技人员总数达到1000人,年服务产学研合作企业1000家以上,通过技术输出和辐射带动江苏产业新增产值1000亿元。

10月23日,江苏中德创新中心在武进高新区天安数码城揭牌成立。江苏中德创新中心是在江苏省商务厅与德国北威州经济部支持下,针对高科技的集技术转让合作、企业投资合作、企业孵化合作和高校产学研合作于一体的一个国际合作平台,将依托德国数十家大学、经济机构、行业协会、研究所和7000多家相关企业,系统地吸引德国技术和企业落户江苏。

2013年10月23日,江苏中德创新中心在武进高新区天安数码城揭牌成立。中德创新中心(江苏)公司总经理周向前、常州市科教城党工委书记徐光辉为江苏中德创新中心揭牌。

11月21日,常州市与德国埃森市在北京人民大会堂签订《中欧城镇化合作城市项目意向书》,双方围绕创新、教育、智慧、绿色、人文与宜居主题,加强规划、科技、教育、商务、旅游方面合作,建设中德友好合作示范区。同时,双方在《中欧城镇化伙伴关系共同宣言》框架下,共同推进中德创新园区合作计划。中德创新园区依托常州科教城和武进高新区两大主体优势,借鉴德国鲁尔地区转型升级的成功经验,按照“科教先行、产业支撑”的发展思路,突出转型与创新,注重生态与文化,引领创业与创造,努力建成科技创新先导区、高端产业集聚区、人文生态宜居区和中德产业合作示范区。

(虞昕琦)

【南通国家高新技术产业开发区】 南通国家高新技术产业开发区(以下简称“南通高新区”),原名通州经济开发区,成立于1992年,是首批省级开发区。2011年9月,经省政府批准更名为南通高新区。2013年12月,经国务院批准升级为国家高新区。

南通高新区与上海、苏州一江之隔,东临黄海,南临长江,区域周边港口、码头、机场、铁路高速公路一应俱全。在近20年的发展过程中,南通高新区经济规模持续壮大,高新技术产业蓬勃发展,产业结构不断优化,区域创新体系日臻完善,科技创新成果不断涌现,辐射带动作用更加显著,初步成为南通创新驱动发展示范区和经济建设重要增长极。

2013年,南通高新区紧紧围绕“国家创新型科技园区”建设和全年科技工作目标,以全面深化改革为契机,加快推进“以升促建”,年底被国务院批准升级为国家高新区。

高新技术产业加快发展。以高新技术产业发展“双倍增”计划为指导,加强科技产业园的规划布局,大力培育高新技术企业和高新技术产品,加强高新技术产业的运行分析和统计监测,组织实施高新技术产业规模化和传统产业高新化发展战略,高新技术产业保持快速增长态势。2013年,实现高新技术产业产值591.83亿元,占规模工业产值的52.1%,全社会研发投入占GDP比重达到3.01%。抓好高新技术企业的培育。以增强企业自主创新能力为核心,积极引导和支持企业加大科技投入、建立研发中心,推动企业走创新崛起之路。2013年全区新认定江苏甬金金属科技有限公司、广东鸿图南通压铸有限公司、南通威尔电机有限公司、江苏辰星海洋生物科技有限公司等高新技术企业20家,累计达77家,同时对区内高新技术产业和新兴产业等领域内创新基础好、发展潜力大、成长性好,有望达到高新技术企业认定标准的江苏博悦物联网技术有限公司、沃太能源南通有限公司、南通大富豪纺织科技有限公司、南通鸿劲金属铝业有限公司等26家科技型中小企业重点培育,积极申报“瞪羚企业”“科技成长性企业”。组织南通森蓝环保科技有限公司、南通金驰机电有限公司、江苏蒙哥马利电梯有限公司、江苏德明新材料有限公司、沃太能源南通有限公司、大富豪酿酒科技发展公司18家企业申报省民营科技企业。江苏蒙哥马利电梯有限公司、南通森蓝环保科技有限公司等9家企业申报南通市第六批科技型中小型企业。共4批次34只产品申报高新技术产品,获批高新技术产品26只,广东鸿图南通压铸有限公司的精密压铸汽车发动机油底壳铝合金压铸件喜获省重点新产品立项。

科技园区加快建设。南通高新区加快实施创新驱动战略,坚持以科技和人才支撑引领经济社会发展,进一步突出了科技园区建设,取得明显成效。区内科技之窗、创业大厦、综艺金融港、桑夏软件园、综艺科技孵化器及东大科技创业园等“三创”载体,总面积达85万平方米。东大科技创业园在孵企业达52家,主要集中在新能源与节能产业、光机电一体化产业、电子信息产业、新材料产业等领域。高新区科技之窗正在建设,占地面积约15.7万平方米,总投资约16亿元,总规划建筑面积约31万平方米,功能包含有:研发孵化、商务办公、中试基地、配套服务,努力建设凸显现代科技产业特色、国内一流的都市型高科技公共服务平台。综艺金融港是江苏综艺集团的全资投资项目,总投资6亿元,总建筑面积9万平方米,将积极引入银行、保险、证券、创投等金融和现代服务业企业入驻,形成区域性的金融服务集聚区,成为通州区首个大型5A级智能化城市建筑综合体。科创大厦:占地面积2.2万平方米,总建筑面积63683平方米,该项目是高新区为企业、为技术人才提供科技创业、科技孵化、科技成果转化的一个技术公共平台,主要承载推动科技研发、创业孵化和教育培训的功能。

科技计划项目加快实施。南通高新区始终把科技项目的实施和管理作为重要工作加以组织推进,积极组织和引导企业加大研发投入,注重科技政策的引导支持,科技项目建设取得了显著成效。2013年,全区组织申报市级以上科技计划项目49项,其中32个项目列入市级以上计划,共争取经费3400多万元,其中,江苏华宇印涂设备集团有限公司研发的“精密高速多色环保型金属薄板印涂成套生产线研发及产业化”项目列入省重大成果转化资金计划,2个项目获省科技进步奖。

知识产权战略加快推进。围绕提升企业自主创新能力,大力推进知识产权战略,组织实施企业专利全覆盖工程,加强知识产权示范企业建设,全区知识产权的创造、保护、管理和应用水平不断提升。7家重点领域企业实施了省知识产权战略推进计划;11家企业通过了“省企业知识产权管理标准化”验收。2013年,国内专利申请量和授权量稳步增加,专利申请量达3450件,其中发明专利申请量为357件,专利授权量为2877,其中发明专利授权量为83件。南通家纺城“知识产权快速维权中心”被国家知识产权局正式获批。2013年12月23日,南通高新区被江苏省商务厅、江苏省知识产权局评为江苏省知识产权试点园区。

创新平台载体加快搭建。近年来,南通高新区不断推进科技创新体系和载体建设,建成省级科技孵化器2家,省级留学人员创业园1个,建成“江苏省电机能效定级及故障诊断服务中心”“江苏省家纺设计及新材料公共技术服务中心”等省、市级公共服务平台8家,建有“省家纺产业技术研究院”“江苏通创现代建筑产业技术研究院”“南通江苏科技大学海洋工程装备研究院”等产业研究院3家,建成5家省企业院士工作站、6家国家级博士后科研工作站、2个省级引智成果示范推广基地。累计建成省级工程技术中心15家、南通市级工程技术研究中心34家。

创新人才(团队)加快集聚。南通高新区深入实施人才强区战略,不断完善引才政策,建立区级人才发展专项资金5000万元,用于人才引进和培养以及对重点人才创新创业项目的支持。2013年,全区有6个国家“千人计划”专家及25个高层次人才(团队)落户区内创新创业。截至2013年年底,全区已拥有省“双创”人才8名、国家“千人计划”19名、南通市“江海英才”计划23名。

产学研合作不断深化。充分发挥行政推动作用,认真组织开展各类产学研活动,不断推动科技成果的转化和实施。目前,全区200多家企业与国内120多所高校院所建立了各种形式的产学研合作关系。江苏辰星海洋生物科技有限公司与中科院海洋研究所合作开发的海藻多糖植物空心胶囊,列入国家“863”计划项目,填补了国内空白;南通华盛高聚物科技发展有限公司与中科院长春应用化学研究所、上海交通大学合作,成功开发的熔纺氨纶切片,产品技术达到国际先进水平,并成功获省重大成果转化资金项目立项。

科技金融环境不断优化。先后制定了《加快全区科技孵化器建设意见》《关于企业研发经费投入奖励办法》等一系列科技创新创业政策意见,不断加大对科技成果引进、科技项目实施、专利申请、创新平台等引导支持。2013年11月21日,南通高新区又被江苏省科技厅、江苏省人民政府金融工作办公室、江苏省财政厅等7家单位列入开展第二批“省级科技金融合作创新示范区”建设的试点园区。同时,认真贯彻落实好国家高新技术企业税收优惠政策和企业研发投入加计抵扣政策,近3年,落实企业加计抵扣额近3.5亿元,减免税收2.1亿元。

2013年重大科技活动。10月15日,科技部副部长曹健林率队来南通高新区调研“以升促建”工作。他希望高新区进一步加快建设、突出特色,加强国际交流合作,力争成为新一批国家级高新区中加速发展的典型。曹健林充分肯定了南通高新区“以升促建”的各项工作。在深入分析了当前高新区发展面临的新形势、新机遇后,曹健林指出,南通高新区基础好、环境好、发展态势好,科技部对南通高新区的发展寄予厚望,希望南通高新区高点定位,创新发展,争当新一批国家级高新区加速发展的典型。

曹健林要求,南通高新区要进一步加快建设,特别是要加快科技之窗等研发平台和高端孵化器的建设,树立园区发展新形象。要进一步突出特色,船舶海工要延伸产业链,积极向船用机械、整船制造等方向发展;现代家纺要将创意设计、物流、电商等新业态做深做透;建筑业要加强工法、标准、民居模块化建设等的研究;医药机械要有效向康复装备、康复产品拓展。要进一步加快国际化进程,引进来、走出去,加强与欧洲等地的交流合作,吸引更多的国际商会组织落户通州,提升园区发展的国际化水平。

2013年7月27日,绿色建筑(南通)论坛暨江苏通创现代建筑产业技术研究院揭牌仪式在通州区隆重举行。住建部房产司副司长王玉平、南通市政府副市长沈雷为江苏通创现代建筑产业技术研究院揭牌。

7月27日,绿色建筑(南通)论坛暨江苏通创现代建筑产业技术研究院揭牌仪式在通州区隆重举行。住建部房产司副司长王玉平、南通市政府副市长沈雷为江苏通创现代建筑产业技术研究院揭牌。这是南通高新区实施创新驱动战略的又一重要平台。

江苏通创现代建筑产业技术研究院实行公司制,由南通高新区受区委、区政府委托牵头,与南通四建集团有限公司、通州建总集团有限公司、南通新华建筑集团有限公司、江苏通州四建集团有限公司等4家公司共同出资参股成立。目前,依法选举产生董事会、监事会,聘任了总经理(院长),明确了常务副总经理(副院长)和咨询委员会、专家技术委员会,并于7月18日正式通过工商注册成立。研究院首任院长由中国建筑业协会副会长、达海投资有限公司董事长、南通四建集团董事长耿裕华担任。

建立现代建筑产业技术研究院是顺应国家建筑业发展趋势的重要举措,是加快通州建筑业转型升级的必然之路,是推动南通高新区科技创新的特色平台。新成立的江苏通创现代建筑产业技术研究院将围绕行业、企业需求,整合优质科技资源,建立多个开放式研究平台,汇集国内外建筑科技、产业领域的精英,突破共性关键技术,加速成果转化和企业孵化。力争通过3~5年的努力,打造国内一流、国际知名的集现代建筑技术研发、成果转移转化、公共技术服务、人才引进与培养于一体的建筑产业技术研究院,立足南通,服务全省,辐射全国,为建筑业的转型升级提供强有力的支撑和示范。

(谢冬梅 王 斐)

科技成果

Achievements of Science & Technology

【概 况】 2013年度江苏省有199个项目获省科学技术奖,其中一等奖20项、二等奖58项、三等奖121项;10家企业获省企业技术创新奖;2人获省国际科学技术合作奖。

【江苏省科学技术奖】 2013年度省科学技术奖获奖项目主要特点:一是获国家和省科技计划支持的项目占比较高。199个获奖项目中,获得“863”“973”等国家科技计划支持的项目有97项,占全部获奖项目49%;获得省科技成果转化资金支持项目有40项。二是企业创新主体地位得到体现。199个获奖项目中,企业作为第一完成单位的项目有95项,占47.5%,与2012年相当,高校项目占24.5%,研究院所项目占14%,医疗机构项目占14%。三是知识产权产出继续上升。199个获奖项目拥有各类知识产权2461件,其中授权发明专利996件,比2012年度增长26.3%。四是青年科技人才不断涌现。在199个拟获奖项目第一完成人中,35岁以下科技人员54人,占27%,在一等奖获奖项目的第一完成人中,35岁以下的占10%。

【江苏省企业技术创新奖】 2013年度江苏省企业技术创新奖获奖企业主要特点:一是大部分拟获奖企业属于新兴产业领域。17家企业中,属于新能源、新材料、生物技术和新医药、节能环保、新一代信息技术、高端装备制造领域的企业11家,占65%。二是企业均为高新技术企业或创新型企业,且全部建有研发机构,与高校院所建立了紧密的产学研合作关系。三是企业创新投入与产出较为突出。17家企业2011年研发经费投入为56.85亿元,平均每家企业3.34亿元,研发经费占主营业务收入的比例为3.7%,最高达到9.7%;近三年申请专利数4560件,授权专利3701件,平均每家企业拥有授权专利217件、发明专利29件。四是拟获奖企业经济效益良好,17家拟获奖企业近三年主营产品销售收入稳步增长,其中反映技术创新能力的新产品销售收入年平均增幅均在22%以上,平均每家企业新产品销售收入为31亿元,占主营业务收入的比例为34%;2011年新产品利润为52.45亿元,新产品新增税收为50.70亿元,利税率为19.57%。

【江苏省国际科学技术合作奖】 2013年度省国际科学技术合作奖获奖者主要特点为:一是候选人有很高的学术地位或行业威望。候选人中有世界知名的海洋工程专家、国际顶尖的干燥研究专家,有中国工程院外籍院士、美国工程院院士,还有获得泰国国王奖章的农业科学家。二是候选人在促进行业技术进步、产业发展提升等方面成效显著。三是候选人和本省的合作产生了突出的社会影响和经济效益。

【江苏省获国家奖励情况】 2013年度全省共有48项通用科技成果获得了国家科技奖励。

(江苏省科学技术厅科技成果与技术市场处)

江苏省科技成果转化专项资金

Special Funds for Achievements Transformation of Science & Technology in Jiangsu Province

【2013 年度项目组织遴选】 2013 年专项资金项目的组织,注重核心技术突破和产业前瞻布局,重点支持带动产业整体升级的突破性和原创性的科技成果转化及产业化,加强探索与创新,在项目组织遴选方式上有 3 个方面的改进和变化:一是首次设立了海外技术成果转化专项项目。引导和支持省内企业与国外创新水平较高的科研机构开展跨国技术合作和转移转化。二是进一步扩大了省地联合招标的范围和规模。与苏州工业园区、苏州高新技术产业开发区、无锡高新技术产业开发区、泰州国家医药高新技术产业开发区等 7 个国家级高新区,重点培育纳米科技、医疗器械、物联网、新型环保、智能装备、生物医药、现代通信等前瞻性领域。三是首次在综合评审环节实行大领域分组评审。有效提高了评审效率和科学性。2013 年专项资金立项下达项目 144 个(包括 30 个招标项目),安排专项资金总额 11.79 亿元,其中拨款资助 7.9 亿元,贷款贴息 2.45 亿元,有偿资助 1.44 亿元。这批项目实施引导带动新增总投入 113.58 亿元,预计实施期内将累计实现销售收入 335.95 亿元,利税 74.14 亿元,创汇 3.05 亿美元。

【专项资金项目的实施管理】 2013 年,会同省科技项目管理中心,继续大力加强专项资金项目的实施管理。一是召开省科技成果转化专项资金管理工作座谈会。省政协副主席、省政府党组成员徐南平出席会议并讲话。省科技成果转化专项资金设立 10 年来,资金管理工作取得显著成效,有力推动了国内外创新资源向江苏集聚,促进了科技成果转化和产业化,对提升自主创新能力、发展高新技术产业、强化企业技术创新主体地位,发挥了重要作用。二是做好转化资金项目的跟踪管理。截至 2013 年第 4 季度,1118 个专项资金项目累计投入资金 1337.65 亿元,实现销售收入 5152 亿元,利税 889 亿元,授权专利 12129 件,制订国家标准 540 件。三是努力抓好转化资金的日常管理。重点强化项目的跟踪检查、财务管理、执行情况与重大事项报告、有偿资金回收等管理工作。截至 2013 年年底,共收回专项资金经费 10.41 亿元,其中有偿资助经费 9.78 亿元。

【2012 年度项目中期检查】 委托省科技项目管理中心,完成了往年度 122 个项目的中期检查工作,对按合同实施的 104 个项目,下达分年度拨款经费共计 24450 万元,并及时会同财政厅向相关部门和企业以及所在省辖市及县(市、区)政府通报了中期检查考核情况。

【下达 2013 年度贷款贴息及项目验收】 按照专项资金项目贷款贴息审核拨付办法,组织完成了 197 个项目的贷款贴息审核工作,下达 144 个项目贷款贴息共计 18218 万元,专项资金在吸引带动社会资金服务科技创新方面起到了更加积极的作用。按照项目验收管理办法,进一步加强项目的结题验收工作,2013 年完成 91 个项目的财务审计和现场考核验收,累计验收项目 354 项。

(江苏省科学技术厅科技成果与技术市场处)

科技机构与条件

Science & Technology Institutions & Conditions

【概　况】 2013 年,在厅党组的领导下,条件处深入贯彻落实创新驱动战略和科技创新工程的决策部署,着力完善科技创新平台体系,有力支撑全省科技创新水平提升和产业转型升级。特别是在列入省委省政府重点工作的企业研发机构和省产业技术研究院建设上加大工作力度、采取有效措施,大中型工业企业研发机构数量跃居全国第一,省产业技术研究院挂牌正式启动建设,顺利完成预期目标。科技创新平台集聚了近六成科技类创新团队、38%的千人计划、27%的双创人才,承担了近半数的国家 973 计划项目和省重大成果转化资金项目,江苏新增的 4 位院士中有 2 人来自重点实验室,为增强企业自主创新能力、提升产业技术引领能力打下了良好基础。

科技创新平台建设体系日趋完善。重点实验室建设再上新台阶。谋划长期稳定发展规划,完成编制《进一步加强省重点实验室建设的工作方案》,在稳定重点实验室总体规模的基础上,进一步优化领域分布规划,制定《江苏省重点实验室绩效评估规则》,建立绩效评估、优胜劣汰的动态管理机制和稳定持续支持机制。进一步优化布局,突出未来战略性新兴技术培育和学科交叉领域,在3D打印、先进激光材料、航空动力系统等领域启动7项省重点实验室建设。目前,全省共建有省级及其以上重点实验室共100家,其中国家级28家,基本覆盖了生物医药、新材料、节能环保、高端装备制造等战略性新兴产业和社会民生领域。企业研发机构建设不断提速。加快创新工作机制,加大推进力度,继续做好"两促进",企业研发机构数量跃居全国第一。着力推进"双提升",提升企业研发机构质量与水平。引领产业高端发展,启动省产业技术研究院建设,突出持续支持,优化专业性产业研发机构布局。科技服务体系不断完善。在深入调研需求和剖析问题的基础上,研究制定《进一步加强科技公共服务平台建设的工作方案》,对科技公共服务平台今后3年的工作做了工作部署和规划。推动科技服务业集聚发展,启动建设无锡(太湖)国际科技园、南通高新区科技新城、扬州广陵新城等3个科技服务示范区,每项支持经费500万元。首次探索科技公共服务平台网络建设,由骨干龙头科技服务机构牵头,跨平台整合资源,着力加强服务标准和模式研究,提高服务水平。科技服务业稳定快速增长。围绕五大业务,进一步调研并梳理科技服务业的服务对象、服务内容和薄弱环节,加快健全科技服务业统计体系,建立科技服务机构评价体系。

科技条件工作稳步发展。科技资源平台开放服务水平不断提升,研究草拟《江苏省科技资源开放共享条例》,力争从法律层面规范科学仪器、科技文献、自然资源等资源共享。设立专项对全省科技基础条件资源进行系统优化,将建立统一的科技资源门户网站,制定统一检索模块、服务标准和服务模式,实现"零难度""零距离""零拒绝"的一站式服务。实验动物管理加快法制化、规范化和标准化建设,联合卫生、农业等7部门编制发布了《江苏省突发实验动物生物安全事件应急预案(试行)》,组织召开了全省实验动物管理工作培训会议,开展了《实验动物雪貂》等8个地方标准的研究制定工作,并修订发布了《江苏省实验动物许可证现场验收规则》。长三角科技合作持续广泛深入,技术交易网建设初显成效,实现长三角技术经纪人资质互认,并围绕新材料、新能源等战略新兴产业,择优遴选20项长三角科技联合攻关项目。省属公益院所业务建设稳步推进,以服务民生为重点,围绕水利生态、体育健康、水产育种等社会公益领域,继续支持公益类院所特色业务的分期实施和能力提升,实施研究和服务建设项目7项,总投入4000万元,提升支撑民生发展的公共服务能力,推动院所跻身国内一流方阵。

重点实验室

【概　况】 江苏省重点实验室是依托科教单位建设的科研实体,是江苏区域科技创新体系的重要组成部分,是国家重点实验室的有益补充和后备军。旨在围绕国家战略和区域经济社会发展的重大科技需求,开展重大科技前沿性问题研究和应用基础研究,获取原创成果和自主知识产权,聚集和培养优秀科技人才,抢占未来技术制高点。

2013年,是进一步优化省重点实验室管理的重要一年。我们紧紧围绕提升全省原始创新能力总目标,制定了进一步加强省重点实验室建设的工作方案,坚持"基础性、前沿性、原创性"的定位,明确"稳定规模,优化布局,创新管理,提升能力"的工作思路,建立绩效评估、优胜劣汰的动态管理机制和稳定支持机制,促进全省重点实验室上层次、上水平、上规模。

2013年,是省重点实验室进一步优化领域布局的一年。突出未来战略性新兴技术培育和学科交叉领域,围绕智能交通、三维打印、激光材料、航空动力、重大神经精神疾病诊疗技术、恶性肿瘤防治、食品先进装备制造等领域布局建设了7家省重点实验室,总投入1.61亿元,其中省拨款2800万元。

2013年,是省重点实验室产出重要成果的一年。一是在人才队伍建设方面涌现出一批杰出人才和创新团队。新增中国科学院院士1人、工程院院士1人,计算机软件新技术国家重点实验室的吕建主任晋升为中国科学院院士,江苏省药代动力学研究重点实验室的王广基主任晋升为中国工程院院士,新增数量占江苏当年新增院士总数的50%;获得国家杰出青年科学基金资助10人,国家千人计划8人、省双创人才计划24人、江苏省创新团队4个。二是承担了一批国家重大科研任务。全省重点实验室共承担省级以上科技计划项目2230项,获资助金额24.35亿元,其中国家级科技计划项目1394项,占总数62.5%,获资助金额19.14亿元,占总经费的78.6%。承担的国家科技重大专项课题150项、973计划课题253项、863计划课题147项。三是在科学研究方面取得了一批具有影响力的成果。在有机半导体理论与应用研究、抗肿瘤分子OSW-1研究、生物质材料关键技术研发、农业机械关键技术与装备等方面取得重大突破和重要进展。全省重点实验室共获国家级科技奖励18项,占当年全省获国家级奖励总数的37.5%;在国内外学术期刊上发表SCI论文5503篇,占当年全省重点实验室发表学术论文总数的65.26%;获授权发明专利1621件,较2012年度增长34.9%。重点实验室正努力成为全省原始创新的基地、聚集和培养创新人才的高地和产业发展的策源地。

截至2013年年底,全省共建省级及以上重点实验室100家,其中,国家级重点实验室28家(含国家重点实验室22家、省部共建国家重点实验室培育基地4家,军民共建国家重点实验室2家),省级重点实验室72家。国家级重点实验室(以下简称“国重”)数量位居全国省份第一;总投入37.37亿元,其中国家拨款13.36亿元、省拨款3.56亿元、引导社会投入20.45亿元。

表2-1 国家级重点实验室按地域分布情况

单位:家

所属地区	数量	所属地区	数量	所属地区	数量
北京市	84	天津市	8	上海市	37
重庆市	8	河北省	4	山西省	5
辽宁省	11	吉林省	14	黑龙江省	7
江苏省	26	浙江省	15	安徽省	5
福建省	10	江西省	2	山东省	8
河南省	4	湖北省	22	湖南省	10
广东省	16	广西壮族自治区	3	海南省	2
四川省	12	贵州省	5	云南省	6
西藏自治区	2	陕西省	16	甘肃省	10
青海省	3	宁夏回族自治区	3	新疆维吾尔自治区	8
内蒙古自治区	3				

备注:1. 国家级重点实验室包括国家重点实验室、省部共建国家实验室及省部共建国家实验室培育基地。本表数据来源于2013年《国家重点实验室年报》《省部共建国家实验室培育基地年报》。公开统计不含军民共建数据。

2. 在国家统计口径中,由于煤炭资源与安全开采国家重点实验室计入北京;污染控制与资源化研究国家重点实验室计入上海,因此江苏的国家重点实验室数量为20家;在江苏统计口径中,将上述2家国家重点实验室计入江苏,因此江苏的国家重点实验室数量为22家。

【布　局】 学科领域分布。重点实验室按学科领域分布情况为:工程32家(国重5家),生物24家(国重6家),医学13家(国重1家),信息11家(国重5家),材料8家(国重1家),地学6家(国重5家),化学4家(国重3家),数理2家(国重2家)。

技术领域分布。重点实验室按技术领域分布情况为:生物医药29家(国重5家),新材料14家(国重2家),装备制造11家(国重1家),电子信息10家(国重4家),环境保护与资源综合利用9家(国重2家),新能源与高效节能7家,社会事业7家(国重6家),基础学科7家(国重6家),现代农业6家(国重1家)。

表 2-2 重点实验室按技术领域分布情况

单位:家

技术领域	数量	技术领域	数量
电子信息	10	装备制造	11
计算机与网络	1	机械制造	4
软件	1	轨道交通	1
通信	2	船舶	1
信息功能材料与器件	1	动力装备	1
传感网	4	机器人	1
3D 打印	1	仪器仪表	2
新能源与高效节能	7	农业装备	1
风能	1	环境保护与资源综合利用	9
生物质能	3	大气污染防治	2
智能电网	2	固体废弃物处理及综合利用	1
动力电池与新能源汽车	1	环境监测及环境生态保护	5
新材料	14	环保装备	1
新型功能材料	6	现代农业	6
化工新材料	2	农业信息化技术	1
金属材料	2	畜牧兽医	1
纳米材料	3	作物栽培	3
无机材料	1	园艺	1
生物医药	29	社会事业	7
生物技术	11	公共安全	4
新医药	11	生产安全	2
生物医学工程	7	人口与健康	1
基础学科	7	合　计	100

地区分布。重点实验室按地区分布情况为:南京 60 家,无锡 10 家,徐州 5 家,常州 2 家,苏州 8 家,南通 1 家,连云港 1 家,淮安 4 家,盐城 2 家,扬州 2 家,镇江 4 家,泰州 1 家。

依托单位类型分布。重点实验室按依托单位类型分布情况:高校 81 家,占总数的 80.2%,其中部属高校 45 家,省属高校 35 家;科研院所 18 家,其中部属院所(含中科院系统)9 家,省属院所 9 家;医院 1 家。

【固定资产】 研发场所。截至 2013 年年底,全省重点实验室拥有固定研发场所 51.99 万平方米,平均每家实验室研发场所 5147 平方米。

仪器设备。截至 2013 年年底,全省重点实验室拥有 30 万元以上仪器设备 2534 台(套),仪器装备面向社会共享服务量达到 57.91 万小时,平均共享服务机时为 228.53 小时。

【人员情况】 截至 2013 年年底,全省重点实验室的工作人员共有 7984 人,其中固定人员 4977 人,占 62.3%,流动人员 3007,占 37.7%。固定人员中,两院院士 46 人,占全省院士总数的 50.5%;高级职称 3611 人、博士 3632 人,占固定人员总数的比例分别达到 72.6%、73.0%。

【研发投入】 2013 年,重点实验室研发经费年度投入达 11.36 亿元,其中团队建设、基础条件经费分别为 1.43 亿元、3.90 亿元,分别占 12.6%、34.4%。

【人才成长】 2013 年,全省重点实验室新增中国科学院院士 1 人、工程院院士 1 人,分别为计算机软件新技术国家重点实验室的吕建院士和江苏省药代动力学研究重点实验室的王广基院士,新增数量占江苏当年新增院士总数的 50%;当年获得国家杰出青年科学基金资助 10 人、国家千人计划 8 人、省双创人才计划 24 人、江苏省创新团队 4 个。

表 2-3 重点实验室人才建设情况 单位:人

人才类型	累计数量	2013 年新增数量
中科院院士	25	1
工程院院士	21	1
高级职称	3611	272
博士	3632	371
获省部级及以上政府人才计划支持	515	112
其中:国家杰出青年科学基金获得者	150	10
国家千人计划	32	8
教育部长江学者奖励计划	96	13
国家百千万人才工程	57	16
省双创人才	56	24
省“333 工程”第一层次培养对象	32	13
基金委创新研究群体	14	0
江苏省“创新团队计划”	19	4

【科研任务】 2013 年,全省重点实验室承担省级科技计划项目 836 项,获资助金额 5.21 亿元;承担的国家级科技计划项目 1394 项,获资助金额 19.14 亿元,其中国家科技重大专项课题 150 项、973 计划课题 253 项、863 计划课题 147 项。

【科研产出】 获奖情况。2013 年,全省重点实验室共获省级以上奖项 109 项,其中国家级科技奖励 18 项,占当年全省获国家级奖励总数的 37.5%。主持或参与的项目获国家自然科学奖二等奖 5 项、国家技术发明奖二等奖 5 项、国家科技进步奖一等奖 2 项、国家科技进步奖二等奖 6 项。

表 2-4 2013 年度重点实验室获得国家科技奖励情况

序号	成果编号	成果名称	成果类型	获奖等级	获奖人姓名及排序	重点实验室名称
1	Z-107-2-01	有机半导体的设计原理、高效制备与光电器件	国家自然科学奖	二等奖	黄 维(1),赖文勇(2),解令海(3),范曲立(4),唐 超(5)	有机电子与信息显示国家重点实验室省部共建培育基地
2	Z-106-2-04	热休克蛋白和 DNA 损伤修复基因在环境应激和疾病中的作用	国家自然科学奖	二等奖	沈洪兵(2),胡志斌(3)	生殖医学国家重点实验室
3	Z-107-2-04	基于不充分信息的机器学习理论与方法研究	国家自然科学奖	二等奖	周志华(1),黎 铭(2)	计算机软件新技术国家重点实验室
4	Z-103-2-01	荧光染料识别与响应调控的理论与应用基础研究	国家自然科学奖	二等奖	白志平(5)	现代配位化学国家重点实验室
5	Z-109-2-07	广义协调与新型自然坐标法主导的高性能有限元及结构分析系列研究	国家自然科学奖	二等奖	龙志飞(3)	深部岩土力学与地下工程国家重点实验室
6	F-301-2-05	油菜联合收割机关键技术与装备	国家技术发明奖	二等奖	李耀明(1)	江苏省农业装备与智能化重点实验室

续表 2-4

序号	成果编号	成果名称	成果类型	获奖等级	获奖人姓名及排序	重点实验室名称
7	F-304-2-04	污染物微生物净化增强技术新方法及应用	国家技术发明奖	二等奖	任洪强(1)	污染控制与资源化研究国家重点实验室
8	F-306-2-04	生物法生产富马酸及其衍生物的关键技术及应用	国家技术发明奖	二等奖	黄　和(1)	材料化学工程国家重点实验室
9	F-305-2-03	基于风味导向的固态发酵白酒生产新技术及应用	国家技术发明奖	二等奖	徐　岩(1)	食品科学与技术国家重点实验室
10	F-30801-2-03	大行程、高精度、快响应直线压电电机	国家技术发明奖	二等奖	赵淳生(1),姚志远(2),金家楣(4),黄卫清(6)	机械结构力学及控制国家重点实验室
11	J-202-2-02	农林剩余物多途径热解气化联产炭材料关键技术开发	国家科技进步奖	二等奖	蒋剑春(1)	江苏省生物质能源与材料重点实验室
12	J-22102-1-01	三索面三主桁公铁两用斜拉桥建造技术	国家科技进步奖	一等奖	黄　卫(3)	江苏省城市智能交通重点实验室
13	J-231-2-01	湖泊底泥污染控制理论技术与应用	国家科技进步奖	一等奖	范成新(3)	湖泊与环境国家重点实验室
14	J-235-2-01	抗肿瘤新药盐酸吉西他滨及制剂的研制和产业化	国家科技进步奖	二等奖	吕爱锋(3)	江苏省生物药物重点实验室
15	J-214-2-03	混凝土裂缝分龄期防治新材料和新技术及其应用	国家科技进步奖	二等奖	钱春香(1)	江苏省土木工程材料重点实验室
16	J-25202-2-03	多流态梯级强化浮选技术开发及应用	国家科技进步奖	二等奖	刘炯天(1)	江苏省煤基 CO_2 捕集与地质储存重点实验室
17	J-231-2-02	生活垃圾能源化与资源化关键技术及应用	国家科技进步奖	二等奖	陈泽智(2)	江苏省机动车尾气污染控制重点实验室
18	J-25202-2-01	煤矿岩巷全断面高效掘进关键技术与装备	国家科技进步奖	二等奖	杨仁树(1),郭东明(9)	深部岩土力学与地下工程国家重点实验室

专利情况。2013 年,全省重点实验室共申请专利 3314 件,其中发明专利 2659 件,占申请总数的 80.3%;获授权发明专利 1621 件,较 2012 年度增长 34.9%。

学术论文及其他。2013 年,全省重点实验室在国内外学术期刊上发表学术论文 8433 篇,其中被

SCI检索收录论文5503篇,占65.26%;被EI检索收录论文2106篇,占24.97%。

此外,制定技术标准67项,其中国家标准17项、地方标准12项、行业标准38项;获新药证书4个,自主研制科研仪器设备396台(套);自立课题713项,资助经费2.23亿元;培养研究生4995人,其中博士1165人。

【学术交流与开放服务】 2013年,全省重点实验室牵头举办"第14届超导磁通物质国际研讨会""先进激光材料与技术国际学术研讨会"等国际国内学术交流活动384场次。

2013年,全省重点实验室设立开放课题808项,开放基金6021.2万元;承担社会横向项目2725项,获得横向课题经费7.75亿元;面向社会提供技术服务5881项次,服务收入2.49亿元,其中技术转让224项,转让收入1.47亿元,平均每家实验室提供技术服务58项次,服务收入246.3万元。

2013年,全省重点实验室开展社会培训2.3万人次,接受企业兼职研究生导师209人,固定人员受聘企业长期技术顾问292人。

企业研发平台

【概　况】 江苏是全国较早地普遍推进大中型工业企业建立研发机构的省份,2010年更是将企业研发机构建设列为科技创新工程的重点任务。截至2013年年底,建有研发机构的大中型工业企业和规模以上高新技术企业10684家,建有率达到84.1%,比2010年提高47.8个百分点,建有国家级企业研发机构101家,省重点企业研发机构388家,位居全国前列;大中型工业企业研发机构拥有的硕博士数、研发经费投入、发明专利申请数均超过2010年的2倍,企业新产品销售收入比2010年增长80%,为提升企业自主创新能力、推动产业转型升级提供了有力支撑。

全省企业研发机构建设取得如此成效,得益于全省上下的高度重视和积极努力。近几年,全省坚持把企业研发机构作为企业创新发展的核心动力、作为产业转型升级的策源地,不断加快企业研发机构建设,强化企业技术创新主体地位。罗志军书记、李学勇省长亲自策划,多次作出指示;省政府办公厅专门出台《关于进一步加强企业研发机构建设的意见》,提出"扎实促进大中型工业企业、规模以上高新技术企业普遍建设研发机构,大力提升企业研发机构建设水平,大力提升支撑企业转型升级的能力"的"两促进、双提升"总体思路;成立由科技厅、发改委、经信委等10部门组成的推进企业研发机构建设省政府工作联席会议,建立省、市、县三级工作体制,加强政策落实、加大资金支持、强化培训辅导、引入社会中介服务等全方位支持企业建设研发机构。

特别是2013年以来,在数量大幅增长的情况下,及时将工作重点由数量转向质量。组织召开省推进企业研发机构建设工作联席会议第二次会议,研究部署下一阶段建设任务,提出"稳定规模、合力推动、提升质量、发挥作用"的工作思路;启动实施企业研发机构建设"百千万"行动计划,突出培育百家国家级企业研发机构,重点建设千家左右省级重点企业研发机构,稳定发展万家左右各类企业研发机构,集成支持、分类指导、分级管理;突出抓人才、抓投入、抓管理、抓产出等"四抓"能力建设,全面提升企业研发机构的建设水平和创新能力。制发"江苏省重点企业研发机构"建设方案,启动第一批重点企业研发机构遴选工作,从各地推荐备选的500家优秀企业研发机构中遴选省级重点企业研发机构388家;加快国家级企业研发机构培育工作,遴选国家工程技术研究中心和国家级企业技术中心培育点超过20家。引导企业完善创新战略和管理,支持企业制定战略技术路线图,研究制定企业研发管理标准;推动企业研发机构加强信息沟通和经验交流,积极筹备省企业研发机构促进协会,引导有关科技资源共享平台面向企业开放3100多台(套)大型科学仪器和48000GB科学文献数据。建立省级企业研发机构的绩效评价体系和动态管理制度,对1500多家省工程技术研究中心、企业技术中心等进行奖优罚劣。同时,为表彰先进、鞭策后进,对8家"优秀组织"单位、28个"先进集体"和139名"先进个人"进行表彰。

【企业重点实验室(企业研究院)】 为加快推进以企业为主体、市场为导向、产学研紧密结合的技术创新体系建设,从2006年开始,重点围绕全省创新需求,启动全省企业研究院建设计划。2013年,为更好地与国家级创新平台体系接轨，全省启动了企业重点实验室建设，新建企业重点实验室12家。企业重点实验室(企业研究院)建设依托省行业龙头骨干企业，面向行业未来发展的需求，重点开展应用基础研究和竞争前共性技术研究，开发重大战略目标产品，抢占产业技术制高点，从而引领和带动行业技术进步。

截至2013年年底，全省依托龙头骨干企业共启动建设企业重点实验室（企业研究院)47家，其中企业国家重点实验室6家，总投资62.75亿元，其中省拨款2.83亿元，引导社会投入59.47亿元。目前已有9家企业重点实验室(企业研究院)成为国家企业技术中心，2家成为国家工程技术研究中心，为江苏打造创新高地、构建以企业为主体的研发创新体系、推动江苏创建创新型省份发挥重要的支撑引领作用。

分布情况 按地区分布：企业重点实验室(企业研究院)已在苏南布局28家、苏中11家、苏北8家，南京、苏州、南通建设数量最多，分别为13家、9家、5家，占比27.66%、19.15%、10.64%。

表2-5 企业重点实验室(企业研究院)按地区分布情况

单位：家

地区	数量	地区	数量
南京市	13	苏州市	9
南通市	5	其中：昆山市	3
其中：如皋市	2	吴江区	3
海安县	1	张家港市	2
连云港市	3	常熟市	1
常州市	2	淮安市	2
其中：金坛市	1	其中：涟水县	1
无锡市	2	扬州市	2
其中：宜兴市	1	其中：仪征市	1
镇江市	2	泰州市	4
其中：丹阳市	1	徐州市	1
盐城市	1	宿迁市	1
合　计		47	

按领域分布：主要分布在新材料、生物技术与新医药、新能源、节能环保等领域，其中新材料、生物技术与新医药领域最多，各占29.79%、17.02%。

能力建设 研发场所：截至2013年年底，全省企业重点实验室(企业研究院)拥有固定研发场所54.95万平方米，平均每家机构研发场所1.22万平方米，均有相对独立集中的研发区域。

仪器装备：截至2013年年底，全省企业重点实验室(企业研究院)拥有仪器设备总数12711台(套)，总价值30.85亿元。

人才队伍：截至2013年年底，全省企业重点实验室(企业研究院)累计在职人员达8753人，专职研发人员达6587人，占总人数的75.25%；其中院士4人、海归166人、博士学历405人、正高级职称693人；列入国家千人计划的10人，列入省双创人才计划的42人，获得省创新团队计划支持的9个；引进或培养高级职称186人、博士63人；平均每家机构在职人员195人，专职研发人员147人。

研发投入：2013年度，省企业重点实验室(企业研究院)研发经费投入共109.48亿元，平均研发投入占销售收入比例为4.18%。

产出成效 承担科技项目：2013年度，全省企业重点实验室(企业研究院)承担国家级科技计划项目46项，获资助金额15919万元，其中主持或参与“863”项目6项，获政府拨款4332万元；承担省部级科技计划项目58项，获资助金额11140万元；承担其他重大项目8项，获资助金额3666万元。

表 2-6 企业重点实验室(企业研究院)按领域分布情况

单位:家

领域	数量	领域	数量
高端装备制造	5	生物技术与新医药	8
新能源	5	电子信息	2
新材料	14	节能环保	4
新能源汽车	1	智能电网	2
其他	6	合 计	47

表 2-7 企业重点实验室(企业研究院)承担科技项目情况

政府纵向课题	项目数(项)	总经费(万元)	其中:财政拨款(万元)
1.国家级科技计划	46	136489	15919
其中:“863”计划	6	24320	4332
“973”计划	2	435	182
科技支撑计划	12	45038	4632
其他重大专项	8	33178	3666
2.省部级科技计划	58	166847	11140
其中:省科技成果转化专项资金	7	55080	3950
省科技支撑计划项目	13	7320	895

专利情况:2013 年度，全省企业重点实验室(企业研究院）共申请专利 958 件，其中发明专利 480 件，占申请总量的50.1%;获得授权专利 594 件，其中发明专利 206 件，占授权总量的 34.68%。平均每家申请发明专利 11 件、获授权发明专利 5 件。

标准情况:2013 年度，全省企业重点实验室(企业研究院）共主持或参与制修订国家标准 14 项、行业标准 20 项、地方标准 23 项。

获奖情况:2013 年度，全省企业重点实验室(企业研究院)共获国家级科技奖励 8 项，省部级科技奖励 12 项。

表 2-8 企业重点实验室(企业研究院)获国家科技进步奖及技术发明奖情况

序号	所获奖励类别	获奖课题名称	企业重点实验室(企业研究院)名称
1	国家科技进步特等奖	特高压交流输电关键技术、成套设备及工程应用	省(神马)电力复合材料及装备研究院
2	国家科技进步二等奖	现代轧制技术、装备和产品研发创新平台	省(沙钢)钢铁研究院
3	国家科技进步二等奖	长大跨桥梁结构状态评估关键技术与应用	省公路运输工程试验室
4	国家科技进步二等奖	冷却肉品质控制关键技术及装备创新与应用	肉品加工与质量控制国家重点实验室
5	国家科技进步二等奖	土木工程用高性能纤维复合材料制备及应用关键技术	特种纤维复合材料国家重点实验室
6	国家科技发明二等奖	基于风味导向的固态发酵白酒生产性技术及应用	省(洋河)生物酿酒技术研究院
7	国家科技发明二等奖	现代混凝土流动性调控与超早强关键技术及应用	省建筑安全高技术研究重点实验室
8	国家科技发明二等奖	新型自密实混凝土设计与制备技术及应用	高性能土木工程材料国家重点实验室

新产品和新技术:2013 年度,全省企业重点实验室（企业研究院）共形成重大目标产品和技术 169 项,在国际国内核心期刊发表论文 242 篇。

开放交流:2013 年度，全省企业重点实验室(企业研究院)共设立开放课题 122 项,开放课题经费 12825 万元，牵头举办国际国内学术会议 62 场。

产学研合作:截至 2013 年年底,全省企业重点实验室(企业研究院)共建有企业院士工作站17个、博士后工作站(流动站)37个、企业研究生工作站16个，与高校院所签订产学研合作协议313个,在海外建有研发机构的企业重点实验室(企业研究院)有3个。

【工程技术研究中心】 工程技术研究中心（以下简称“工程中心”)建设旨在以促进全省企业科技创新为目标,加强工程化研发平台建设,开展工程技术研究、试验和成套技术服务,开发产业发展中的共性、关键技术,持续提供成熟配套的技术、工艺、装备和产品,促进成果转化和技术辐射,带动行业技术提升和科技进步，增强企业创新能力和市场竞争力。

2013年，为进一步引导企业建设高水平企业研发机构,强化企业技术创新的主体地位,全省在持续做好新上工程中心项目立项评审、建设期满项目验收及项目日常动态管理等工作的基础上，重点开展了省级工程中心绩效考评工作，首次选取了装备制造、生物医药、现代农业3个领域建设期满的省工程中心开展了运行情况绩效考评,并对运行情况良好的工程中心给予经费奖励，对运行情况较差的给予限期整改及摘牌，进一步强化了省级工程中心的优胜劣汰机制。

截至2013年年底,全省共建有省级以上工程中心2480家,其中,国家级工程中心29家,省级工程中心2451家。总投入480.87亿元,其中国家拨款1.41亿元、省拨款3.69亿元、引导社会投入475.92亿元。

新建情况 2013年，在进一步围绕省政府企业研发机构建设推进工作建设的过程中，加大了对企业类省级工程中心建设力度,2013年全省在电子信息、新材料、生物医药、装备制造、现代农业等领域共新建工程中心391家，其中新建企业类工程中心375家,累计总投入经费76.15亿元。

另外,截至2013年年底,省经信委会同省科技厅、省发改委组织认定企业技术中心1125家,其中国家级75家,省级1050家;省发改委组织建设的省级以上工程研究中心及工程实验室309家，其中国家工程研究中心及国家工程实验室15家、国地联合工程实验室21家、省工程研究中心及省工程实验室273家；省教育部门组织高校建设的省级以上工程类技术中心168家，其中部级29家、省级139家。

分布情况 按地区分布:苏州、无锡、南京建设的工程中心数量位居全省前三名，分别是430家、424家、297家。苏南、苏中、苏北地区共建设1545家、527家及408家，分别占比62.3%、21.3%、16.4%。

按领域分布:全省工程中心在装备制造、新材料、新能源高效节能3个技术领域建设数量最多，分别是773家、624家、299家,分别占全省工程中心总数的31.2%、25.2%及12.1%。

表2-9 工程技术研究中心按领域分布情况

单位:家

技术领域	项目数	技术领域	项目数
装备制造	773	纺织机械	27
泵阀技术	32	机器人	5
精密模具	27	轻工	4
机械制造	302	激光加工	4
动力装备	49	现代农业	158
自动控制	30	作物育种	10
数控机床	31	海洋	3
轨道交通	25	农业装备	17
工程机械	76	林木加工	11
液压技术	11	园艺	10
仪器仪表	36	农产品加工	50
汽车	74	生物质利用	12
船舶	17	水产	12
海洋工程装备	23	土肥	4

续表 2-9

单位:家

技术领域	项目数	技术领域	项目数
畜牧兽医	17	固体废弃物处理及综合利用	16
农业信息化技术	1	大气污染防治	22
作物栽培	11	环保装备	31
生物医药	244	环境监测及生态保护	11
新医药	84	清洁能源与循环经济	11
生物技术	126	生物质应用	5
生物医学工程	34	电子信息	261
新能源与高效节能	299	传感网	24
石油、天然气	2	集成电路	34
平板显示	2	软件	45
太阳能	63	通信	48
风能	20	计算机与网络	28
核电	6	信息功能材料与器件	45
生物质能	11	云计算	9
动力电池与新能源汽车	24	平板显示	28
海洋与地热	2	新材料	624
智能电网	66	金属材料	153
煤炭	8	无机材料	99
建筑节能	14	纳米材料	10
工业节能	66	高分子材料	166
半导体照明	10	高性能纤维材料	117
低碳技术	5	化工新材料	79
环境保护与资源综合利用	119	其他	2
水污染防治	23	合计	2480

按依托单位性质分布：有 96.5%依托企业建设，共 2392 家；依托高校、科研院所及科技中介机构分别为 53 家、34 家、1 家。

按企业类型分布：大多数建在高新技术企业和大中型工业企业。其中依托大中型工业企业及规模以上高企(销售额超过 2000 万元)的共 1960 家，占 79%。

能力建设 研发场所：截至 2013 年年底，全省工程中心拥有固定研发场所 710 万平方米，平均每家工程中心研发场所 2862.9 平方米。

仪器装备：截至 2013 年年底，全省工程中心拥有 10 万元以上的设备 5.5 万余台(套)，比 2012 年增长近三成，平均每家工程中心拥有仪器设备 27 台(套)，比 2012 年度增长 18.51%。

人才队伍：截至 2013 年年底，全省工程中心共拥有研发人员 18.4 万人，其中固定研发人员 16.8 万人，平均每家工程中心 68 人；其中中级职称人员最多，为 47575 人，占 28.31%；外聘/兼职共 14895 人，占全省工程中心研发人员的 8.9%，其中博士 8784 人、高级职称 25432 人。

表 2-10 2013 年度工程技术研究中心人才队伍情况

单位:人

固定研发人员				
总数	博士	硕士	高级职称	中级职称
168000	8784	18481	25432	47575

建设投入:截至2013年年底,全省工程中心累计总投入480.87亿元,比2012年度增长16.7%,2013年新增投入68.64亿元。

研发投入:2013年,全省工程中心研发总投入385.85亿元,平均每家工程中心投入1555.6万元,与2012年度平均投入基本持平。

产出成效 承担科技项目:2013年度,全省工程中心仍保持快速发展态势,新增研发项目再创新高,共新增项目20355项,其中自主研发15525项,占76.3%。承担省级以上科技计划项目3680项,获政府资助52亿元,其中国家级1660项、省级2020项。

表2-11 2013年度工程技术研究中心获政府支持计划情况

项目总数		国家级		省级	
数量(家)	资助金额(亿元)	数量(家)	资助金额(亿元)	数量(家)	资助金额(亿元)
3680	52	1660	30.6	2020	21.4

专利情况:2013年度,全省工程中心共申请专利3.1万件,其中发明专利超过1.3万件,占申请总数的41%;授权专利近1.2万件,其中发明专利4325件,占授权总数的36.5%。2013年度全省工程中心申请专利及授权专利数分别比2012年增长14.8%和8.3%。

标准情况:2013年度,全省工程中心参与制修订各类标准2025项,其中国家标准785项,较2012年有较大幅度提升。

创新产品产出:2013年度,全省工程中心开发新产品近8000个,平均每家工程中心开发新产品3.2个;形成新工艺3865项,平均每家工程中心形成新工艺近2项,与2012年基本持平。

开放合作情况:2013年度,全省工程中心共承担委托合作项目2584项,合作研发项目5310项,分别占项目总数的12.6%、26.1%;合作/依托单位常驻人员14980人,流动人员14640人,占总研发人员的8.9%、7.2%。

其他知识产权:2013年度,全省工程中心获得新药批件30件,动植物新品种审定近50个,集成电路设计版权50余件,软件著作权超过1800件。

管理与评价 2013年,省科技厅对431家2010年立项的省工程中心进行验收,402家省工程中心通过验收,29家省工程中心验收结果不合格,取消工程中心资格。此外,2013年,针对装备制造、生物医药和现代农业3个领域的258家省工程中心开展了绩效评估,择优对85家省级工程中心给予一次性后补助,支持经费3400万元,用于技术研发、成果转化、创新人才培养等方面,并对评估结果不合格的10家工程中心取消工程中心资格。2013年累计撤销39家省级工程中心,进一步完善“奖优罚劣”的动态管理机制。

【企业技术中心】 企业技术中心建设旨在确立企业技术创新和科技投入的主体地位,加快完善以企业为主体、市场为导向、产学研相结合的技术创新体系,充分发挥江苏省认定企业技术中心在企业技术创新体系和企业自主创新能力建设中的引导与示范作用。截至2013年年底,全省拥有省级以上企业技术中心1293家,其中国家级技术中心75家,居全国第二位;省级技术中心1218家。全年新认定省级以上企业技术中心304家,其中新认定国家级技术中心10家。目前,全省累计已有国家技术创新示范企业12家,数量居全国前列,其中,新认定国家技术创新示范企业5家。

【企业工程研究中心(工程实验室)】 江苏省企业工程中心的建设旨在推动全省科技创新体制改革,建设公共研发平台,促进科研成果向现实生产力的转化。企业工程中心以行业技术为导向,对具有市场价值的重要应用科研成果进行后续的工程化研究和系统集成;开发研究具有产业化前景的共性技术、关键技术,加快科技成果的产业化步伐;促进技术扩散,最大限度地实现共性技术的社会和经济效益。截至2013年年底,全省拥有省级企业工程研究中心170家,国地联合建设企业工程研究中心11家,国家级企业工程研究中心4家。2013年,新增省级企业工程研究中心50家,其中,新增国地联合建设企业工程研究中心1家。

企业工程实验室建设旨在开展重点产业核心

技术攻关和关键工艺试验研究,研制重大装备样机及其关键部件,开展产业技术标准研究,培养工程技术创新人才,促进重大科技成果的转化和应用,为行业、企业提供技术服务。截至2013年年底,全省拥有省级企业工程实验室18家,国家工程实验室4家。2013年新增省级企业工程实验室8家。

【企业院士工作站】 为促进规模企业与高校院所建立产学研长效合作机制,加快建立以企业为主体的技术创新体系,推进创新型省份建设,全省从2009年开始启动企业院士工作站建设,致力于引进高端智力团队服务于企业技术创新,联合攻关重大关键技术难题,转化院士及其创新团队成果,开展产业及企业发展战略咨询和技术指导,与院士及其创新团队共建人才培养基地,推动企业加快发展。截至2013年年底,全省共建企业院士工作站328家,引进两院院士340名,集聚院士团队3424人,总投入44.89亿元,其中省拨款2.76亿元、引导社会投入42.18亿元。江苏省企业院士工作站在建设规模、聚集的院士团队、经费投入力度等方面均位居全国前列。

分布情况 按地区分布:苏州、无锡和南京建设的企业院士工作站数量位居全省前三名,分别是55家、48家、42家。

按行业分布:装备制造领域建有量最多,为69家,占21.0%;其次是新材料和生物医药领域,分别为68家和65家;十大战略新兴产业领域建有267家,占81.4%。

表2-12 企业院士工作站按行业分布情况 单位:家

技术领域	项目数	技术领域	项目数
装备制造	69	新能源	45
机械制造	16	太阳能	8
动力装备	4	动力电池与新能源汽车	8
激光加工	3	智能电网	15
机器人	2	煤炭	1
数控机床	3	半导体照明	5
轨道交通	7	风能	3
工程机械	6	工业节能	3
仪器仪表	5	核电	2
汽车	9	电子信息	34
船舶	3	软件	8
海洋工程装备	7	传感网	6
纺织机械	2	通信	10
泵阀技术	1	计算机与网络	1
精密模具	1	平板显示	1
新材料	68	信息功能材料与器件	8
金属材料	30	环境保护与资源综合利用	19
无机材料	11	废弃物处理及综合利用	2
高分子材料	20	大气污染防治	1
高性能纤维材料	6	环保装备	11
纳米材料	1	环境监测及环境生态保护	1
现代农业	22	水污染防治	4
作物育种	3	生物医药	65
农业装备	1	生物技术	29
水产	4	新医药	29
园艺	3	生物医学工程	7
农产品加工	7	社会事业	6
畜牧兽医	3		
林木加工	1	总计	328

能力建设　研发场所：截至2013年年底，全省企业院士工作站拥有固定研发场所84.43万平方米，平均每家拥有研发场所2574平方米。

仪器装备：截至2013年年底，全省企业院士工作站拥有10万元以上的仪器设备6501台(套)，平均每家拥有仪器设备20台(套)。

人才队伍：截至2013年年底，全省企业院士工作站共引进院士340名，其中工程院院士220名(含双院院士4名)、科学院院士124名(含双院院士4名)；省外院士293名，省内院士47名；其中苏州、无锡、南京引进的院士数位居全省前三名。全省企业院士工作站拥有院士团队人员3424人，平均每家拥有院士团队人员10人，高级职称和博士的占比最大，分别为2052人、1743人，占59.9%、50.9%；拥有企业研发人员9149人，平均每家拥有企业研发人员28人，其中高级职称2100人，占23.0%，博士688人，占7.3%。2013年度，院士进站时间2450天，平均每位院士进站时间7.5天；院士团队进站工作时间9.72万天，平均每家院士团队进站时间296人·日/年。院士及其团队累计为设站单位培养博士319人、硕士1181人。

研发投入：全省企业院士工作站建设总经费44.89亿元，研发投入33.1亿元，占总投入的73.7%，其中团队建设经费2.7亿元，仪器设备购置经费7.3亿元。

产出成效　承担科技项目：2013年度，全省企业院士工作站新增研发项目共1420项，其中自主研发1136项，占新增总项目的80.0%。承担国家级科技计划项目129项，获政府资助资金2.6亿元，其中"973"计划1项、"863"计划15项、科技支撑计划18项；承担省级科技计划项目183项，获政府资助3.0亿元，其中省科技成果转化专项资金40项。

专利情况：2013年度，全省企业院士工作站共申请专利2412件，其中发明专利1154件，占申请总数的47.8%；获得授权专利1278件，其中发明专利378件，占授权总数的29.6%，平均每家申请与授权的专利分别是8.3件和4.8件。

标准情况：2013年度，全省院士工作站主持或参与制修定各类标准189项，其中国家标准35项，地方标准27项，分别占18.5%、14.3%。

获奖情况：2013年度，全省企业院士工作站获各类奖项218项，其中国家级奖项33项，省部级奖项155项，分别占15.1%、71.1%。

创新产品产出：2013年度，全省企业院士工作站开发新产品988个，平均每家3个；产生销售额451.4亿元，实现利税78.8亿元；形成新技术649项，平均每家2项；形成新工艺586项，平均每家1.8项。

其他知识产权：2013年度，全省企业院士工作站获各类新药证书39个，其中医药证书10个，农药证书28个，兽药证书1个。获动植物新品种审定8个，软件著作权140件。

新建情况　2013年度，全省继续加大企业院士工作站建设，根据省大中型工业企业研发机构建设总体目标，重点支持销售过亿且与院士团队有一年以上合作基础的高新技术企业和首批省重点企业研发机构。

2013年度，重点围绕电子信息、生物医药、新材料、新能源、装备制造等领域，新建18家企业院士工作站，引进两院院士18名，其中科学院院士8名，工程院院士10名，省外院士16名，省内院士2名。

【企业研究生工作站】　企业研究生工作站建设旨在加快区域创新体系建设、实施创新驱动战略，提升企业自主创新能力，承担研究生培养单位主动服务地方经济社会发展，培养高层次创新人才、提高研究生培养质量。截至2013年年底，全省拥有省级企业研究生工作站1293家，其中全省新认定企业研究生工作站594家。

【博士后工作站】　博士后工作站建设旨在完善博士后工作体系，充分发挥博士后制度在高层次人才队伍建设和技术创新工作中的重要作用，加快建立以企业为主体的技术创新体系，促进产学研结合，促进科技成果转化为生产力，培养高层次人才、促进产学研结合、加快科技成果转化。截至2013年年底，全省设有博士后工作站298个，2013年全省新设58个。

【科技副总(企业创新岗)】　"科技副总"是充分利用省企业产学研项目合作的基础，面向全省企业设立技术副总或副总工程师兼职岗位，从国内一流高校院所柔性引进一批高层次科技人才，指导企业开展技术创新，强化创新管理，提升创新能力，充分发挥一流高校院所钻家的技术专长，依托派出单位的学科技术和创新管理优势，为企业提供科技创新方面的全方位服务，促使企业创新由“碎片化”向“体系化”转变,加快提升企业创新能力,为实施创新驱动战略、建设创新型省份提供支撑。截至2013年年底,全省已启动两批“科技副总”试点工作,共通过申请岗位40个。

科研机构与公共服务平台

【概　况】 科研机构与公共服务平台是江苏科技创新、经济建设和社会发展的一支重要力量。科研机构围绕全省产业发展需求，重点开展产业共性技术研发、科技成果转化、合同研发服务等活动。公共服务平台依托各类服务机构，组织各种科技资源和科技力量,为创新、生产和民生提供技术、知识、信息、管理和投融资等服务,具有基础性、公益性和开放性的基本特点，是科技服务体系的重要组成部分。

2013年,全省首次探索跨地区、跨部门整合资源,在科技咨询、科技创业、知识产权服务等领域布局5个科技公共服务平台网络,探索了不同骨干服务机构的协同发展;为强化各类公共服务平台运行绩效管理,突出市场导向,以社会服务量或服务收入的总额和增速、平台人才团队、重大服务案例等为考察重点,制定了《江苏省科技公共服务平台绩效评估细则》。截至2013年年底,全省共有56家部属院所(未转制19家,转制37家)、82家省属院所(未转制56家,转制26家)、161家新型研发机构、8个科技条件服务平台、289个技术创新服务平台和5个网络化服务平台。这些机构和平台的建设,为全省中小企业创新创业提供了高效服务,在培育新兴产业、提升传统产业中发挥了重要作用。

科研机构是全省科技创新工程的重要组成部分,是全省科技人才和科研成果集聚的主要载体,充分发挥科研机构在全省科技创新中的骨干地位和引领作用，对增强全省自主创新能力和加快创新型省份建设具有重要的战略意义。科研机构成为创新成果的重要产出源。全省科研机构申请专利4599件，获得授权专利2092件，分别较2012年度增长15.3%、5.5%；获省部级以上奖励为221项，较2012年度增长7.3%；发表学术论文9528篇,在研科技计划项目(课题)数为12079个,总经费为83.58亿元;当年承担横向课题5893项,获经费15.02亿元，分别较2012年度增长37.1%、5.8%;转化科技成果7829项,技术服务量为4.17万项次,技术服务收入为14.4亿元。

公共服务平台依托各类服务机构，组织各种科技资源和科技力量,为创新、生产和民生提供技术、知识、信息、管理和投融资等服务,具有基础性、公益性和开放性的基本特点,是科技服务体系的重要组成部分。2013年,省科技公共服务平台建设按照“整合资源,优化布局,分类管理,提升能力”的工作思路,整合各方资源,围绕主导产业、重点区域和民生领域,省财政投入4100万元,组织新建了5个科技公共服务平台网络，优化了全省公共服务平台体系。截至2013年年底,全省共建有公共服务平台302个,其中科技条件服务平台8个(国家级2个)、技术创新服务平台289个、科技公共服务平台网络5个,总投入49.03亿元,其中国家拨款3400万元,省拨款6.83亿元。公共服务平台成为服务中小企业的生力军。2013年,全省有16家平台入选国家中小企业公共服务示范平台。南京鼎泰、苏州西山中科、药明康德、太仓昭衍、江苏省药物研究所等5家平台均获得国家GLP认证；国家遗传工程小鼠资源库是国家科技部唯一认证的国家级遗传工程小鼠种子中心,成为“亚洲小鼠突变与资源联盟”主席单位;江苏佰腾科技有限公司已成为国内中小企业知识产权服务的知名服务品牌企业。全省科技平台拥有仪器设备3.85万台(套),集聚科学仪器设备、工程文献、农业种质、知识产权等各类科技资源总值达40.23亿元。新增科技计划项目(课题)4730项,承担横向课题5393项,共服务单位或个人29.9万个,开展技术培训27.4万人次,实现服务收入25.78亿元。近三年年均服务量和服务收入增长分别达到24.4%和23.7%。

新型研发机构和平台网络服务机制不断探索。近年来涌现出一批由省内外知名高校、科研院所在江苏省单独或与地方政府部门合作设立的新型研发机构,围绕相关产业领域方向,以研发、技术服务、科技型企业孵化为主要业务,凭借体制新颖、机制灵活、管理先进、运行高效、人才富集等鲜明特点,在全省科技创新活动中崭露头角,2013年获科研课题570项,课题经费4.18亿元,申请专利2002件,授权专利591件,提供技术服务7696项(次),累计收入2.28亿元;网络化服务平台网络,充分整合市县(尤其是创新型城市)的相关资源,突出“研发设计、技术转移、创业服务、科技金融、科技咨询”等服务业务,形成统一的服务标准和模式,实现资源集成、经验共享,做到协同推进、互利共赢。

【部属科研机构】 **分布情况** 驻苏部属科研院所(简称“部属院所”)是江苏科技创新、经济建设和社会发展的一支重要力量。2013 年,全省共有 56 家部属院所(未转制 19 家,转制 37 家),其中苏南 53 家、苏中 1 家、苏北 2 家;19 家部属未转制机构均地处苏南;37 家部属转制机构中,苏南 34 家、苏中 1 家及苏北 2 家。

表 2–13 部属科研机构按地区分布情况

单位:家

地区	总数量	未转制院所	转制院所
南京市	29	15	14
无锡市	12	2	10
徐州市	0	0	0
常州市	3	0	3
苏州市	8	2	6
南通市	0	0	0
连云港市	1	0	1
淮安市	0	0	0
盐城市	0	0	0
扬州市	1	0	1
镇江市	1	0	1
泰州市	0	0	0
宿迁市	0	0	0
合　计	56	19	37

能力建设 2013 年度国家机构调查中,除 14 家军工单位,全省共有 42 家中央部门属科学技术研究与开发机构(未转制 19 家,已转制 23 家)上报数据,共拥有从业人员 12899 人。全省部属 19 家未转制科研机构拥有从业人员 5501 人,R&D 人员 5209 人。全省上报数据的部属转制科研机构共 23 家。全省部属转制科研机构拥有从业人员 7398 人,R&D 人员 2878 人。

产出成效 2013 年部属科研机构经费收入总额为 101.34 亿元,经费支出总额为 90.95 亿元;共设立各类科研课题 4184 项,课题经费支出 26.67 亿元,课题投入 6502 人年,新增各类计划项目 1928 项,当年计划项目总经费为 25.05 亿元;当年承担横向课题 4728 项,获课题经费 11.03 亿元;提供技术服务量为 12152 次,当年转化科技成果 7265 项,转化收入为 19.84 亿元;申请专利 1508 项,专利授权数 842 项,截至 2013 年年底,部属科研机构总共拥有有效发明专利数 1623 项;发表论文 4171 篇,获省级以上奖励 107 项。

部属未转制科研机构。2013 年部属未转制科研机构经费支出总额为 33.56 亿元,R&D 经费内部支出为 19.62 亿元,机构办经济实体有 27 家,经费收入总额为 36.44 亿元 (其中政府资金为 21.05 亿元);发表科技论文 3229 篇,专利申请受理数为 865 件,专利授权数为 392 件,当年获省级以上奖励为 67 项,当年技术服务量为 6979 次,技术服务收入为 5.34 亿元,当年转化科技成果 461 项,获收入 1.57 亿元;课题数为 3695 个,课题经费支出为 17.99 亿元,当年新增各类计划项目为 1737 项,总经费为 19.55 亿元;当年承担横向课题 4099 项,获经费 4.88 亿元。

从户均值上看,2013 年,全省部属未转制科研机构拥有户均从业人员 290 人,户均 R&D 人员 274.16 人,户均经费支出总额为 1.77 亿元,户均 R&D 经费内部支出为 1.03 亿元,户均经费收入总额为 1.92 亿元(其中户均政府资金为 1.11 亿元);户均发表科技论文 169.95 篇,户均专利申请受理数为 45.53 件,户均专利授权数为 20.63 件,户均当年技术服务量为367.32次，户均技术服务收入为0.281亿元，户均当年转化科技成果24.26项，获收入0.083亿元;户均课题数为194.47项,户均课题经费支出为0.95亿元，户均当年新增各类计划项目为91.42项，户均新增项目总经费为1.029亿元;户均当年承担横向课题215.74项,户均横向课题获收入0.26亿元。

与省属未转制科研机构相比，部属未转制机构由于个体规模大、人员多,科研实力雄厚,更易获得国家支持,故部属未转制机构的R&D经费内部支出、国外发表论文数、有效发明专利数、课题数、课题经费内部支出、R&D课题数及R&D课题内部支出等指标总量在省级以上未转制机构中的占比较大,户均值也较省属具有明显优势。

部属已转制科研机构。2013年部属已转制科研机构经费支出总额为57.39亿元,R&D经费内部支出为9.27亿元，机构办经济实体有10家,机构经费收入总额为64.90亿元（其中政府资金为4.15亿元);发表科技论文942篇,专利申请受理数为643件,专利授权数为450件,当年获省级以上奖励为40项,当年技术服务量为5173次;课题数为489个,课题经费支出为8.68亿元,当年新增各类计划项目为191项,总经费为5.50亿元;当年承担横向课题629项,获收入6.15亿元。

从户均值上看,2013年,全省部属转制科研机构拥有户均从业人员321.65人，户均R&D人员125.13人，户均经费支出总额为2.50亿元，户均R&D经费内部支出为0.40亿元,户均经费收入总额为2.82亿元(其中户均政府资金为0.18亿元);户均发表科技论文40.96篇,户均专利申请受理数为27.96件,户均专利授权数为19.57件,户均当年技术服务量为224.91次，户均技术服务收入为0.51亿元;户均课题数为21.26个,户均课题经费支出为0.38亿元，户均当年新增各类计划项目为8.30项,户均新增项目总经费为0.24亿元;户均当年承担横向课题27.35项,户均获收入0.27亿元。

与省属转制科研机构相比，部属转制机构优势突出,从总量上看,从业人员、R&D人员、经费收支总额、R&D经费内部支出、发表论文数、专利申请及授权数、有效发明专利数、课题数、课题经费内部支出、R&D课题数及R&D课题内部支出等主要指标均占全省省级以上转制部门属的比重较大。从户均值上看,户均从业人员、户均R&D人员、户均经费支出总额、户均R&D经费内部支出、户均经费收入总额、户均政府资金支持、户均科技论文、户均专利申请受理数、户均专利授权数、户均课题数、户均课题经费支出及户均新增计划项目经费等指标都明显优于省属转制科研机构。

【省属科研机构】 **分布情况** 2013年,全省共有82家省属院所(未转制56家,转制26家),其中,苏南65家、苏中4家、苏北13家;56家省属未转制机构中,苏南41家,苏中4家,苏北11家;26家省属转制机构中,苏南24家,苏北2家。

表2-14 省属科研机构按地区分布情况 单位:家

地区	总数量	未转制院所	转制院所
南京市	52	33	19
无锡市	8	4	4
徐州市	4	2	2
常州市	1	1	0
苏州市	1	1	0
南通市	3	3	0
连云港市	2	2	0
淮安市	1	1	0
盐城市	5	5	0
扬州市	2	2	0
镇江市	2	1	1
泰州市	0	0	0
宿迁市	1	1	0
合　计	82	56	26

能力建设 在2013年度国家机构调查中，全省共有82家省级政府部门属科学技术研究与开发机构(未转制机构56家，已转制机构26家)上报数据，共拥有从业人员14463人，其中科技活动人员9415人。2013年，全省上报数据的省属未转制科研机构共56家，全省省属未转制科研机构拥有从业人员9919人，R&D人员4312人。全省上报数据的省属已转制科研机构共26家，全省省属转制科研机构拥有从业人员4544人，R&D人员1748人。

产出成效 2013年全省省属科研机构共获得经费收入总额为81.47亿元，经费支出总额为71.54亿元；提供技术服务量为21854次，当年转化科技成果282项；共承担各类课题3165项，当年新增各类计划项目2232项，当年承担横向课题665项；申请专利1089项，专利授权数659项，机构总共拥有有效发明专利数1661项；发表论文4372篇，出版科技著作78种，当年获省级以上奖励有90项。

省属未转制科研机构。2013年省属未转制科研机构经费支出总额为49.08亿元，R&D经费内部支出为12.43亿元，机构办经济实体有51家，经费收入总额为53.55亿元（其中政府资金为20.35亿元)；发表科技论文3876篇，专利申请受理数为789件，专利授权数为507件，当年获省级以上奖励为56项，当年技术服务量为17026次，技术服务收入为3.75亿元，当年转化科技成果104项，获收入0.48亿元；课题数为2841个，课题经费支出为13.83亿元，当年新增各类计划项目为2075项，总经费为6.67亿元；当年承担横向课题497项，获横向课题经费0.88亿元。

从户均值上看，2013年，全省省属未转制科研机构拥有户均从业人员177.13人，户均R&D人员77.0人，户均经费支出总额为0.88亿元，户均R&D经费内部支出为0.22亿元，户均经费收入总额为0.96亿元(其中户均政府资金为0.36亿元)；户均发表科技论文69.21篇，户均专利申请受理数为14.09件，户均专利授权数为9.05件，户均当年技术服务量为304.04次，户均技术服务收入为0.067亿元，户均当年转化科技成果1.86项，获收入0.0087亿元；户均课题数为50.73个，户均课题经费支出为0.25亿元，户均当年新增各类计划项目为37.05项，户均新增项目总经费为0.12亿元；户均当年承担横向课题8.88项，户均横向课题获收入0.015亿元。

与部属未转制科研机构相比，从总量上看，省属未转制科研机构由于家数多，其从业人员数、科技活动人员、经费内部支出总额、经费收入总额、科技活动收入、政府资金、发表科技论文、出版科技著作、专利申请数及专利授权数等指标均高于全省部属未转制机构。但从户均值上看，省属未转制科研机构各项指标均落后于部属院所，与部属院所的科研实力还存在较大差距。

省属已转制科研机构。2013年，省属已转制科研机构经费支出总额为22.46亿元，R&D经费内部支出为3.68亿元，机构办经济实体有7家，经费收入总额为27.92亿元（其中政府资金为0.55亿元)；发表科技论文496篇，专利申请受理数为300件，专利授权数为152件，当年获省级以上奖励为34项，当年技术服务量为4828次，技术服务收入为3.03亿元，当年转化科技成果178项，获收入7.46亿元；课题数为324个，课题经费支出为3.89亿元，当年新增各类计划项目为157项，总经费为3.29亿元；当年承担横向课题168项，获收入0.44亿元。

从户均值上看，2013年，全省省属转制科研机构拥有户均从业人员174.77人，户均R&D人员67.23人，户均经费支出总额为0.86亿元，户均R&D经费内部支出为0.14亿元，户均经费收入总额为1.07亿元（其中户均政府资金为0.021亿元)；户均发表科技论文19.08篇，户均专利申请受理数11.54件，户均专利授权数5.85件，户均当年技术服务量为185.69次，户均技术服务收入为0.12亿元；户均课题数为12.46个，户均课题经费支出为0.150亿元，户均当年新增各类计划项目为6.04项，户均新增项目总经费为0.13亿元；户均当年承担横向课题6.46项，户均横向课题获收入0.017亿元。

与部属转制科研机构相比，省属转制科研机构各项指标普遍偏弱。从总量上看，仅在生产经营活动人员、当年技术成果转化、当年技术成果转化收入等6项指标上占全省省级以上转制部门属的比重稍高。从户均值上看，仅在户均技术服务量、户均技术服务收入2项指标方面稍具优势。

省属公益类科研机构 截至2013年年底，全省共拥有公益类省属科研机构18家，为社会提供公益服务,共拥有研发服务面积109万平方米,专职研发人员1665人,其中拥有博士以上学历人才201人,高级职称以上人才513人,拥有仪器设备总值4.7亿元,年科研研发经费支出7.9亿元,2013年,公益院所共新增科技项目567项,项目经费2.2亿元,承担各类横向课题101项,项目经费2162万元,申请专利172件,其中发明专利130件,获得省级以上奖励39项,对外开发服务13363次,获得服务收入3.1亿元,科技成果转化39项,科技成果转化收入1.82亿元。

2013年省科技厅进一步加大了对省属公益类科研机构特色业务能力建设的支持力度,深入实施省属公益类科研机构公益特色业务发展规划,聚焦院所主导业务,按照"一次规划、持续支持"的原则,推进江苏省公益类院所特色业务建设,围绕水产种质、公共安全、地理测绘、科技服务等公益领域,对省淡水所、省水科所、省生产力促进中心等7家省属公益院所设立特色业务项目7项,总投入3900万元,其中省拨款2400万元,推动院所瞄准国内一流水平,力争跻身国内一流方阵。

表2-15 2013年度省属公益类科研机构特色业务能力建设情况

单位:万元

序号	项目名称	承担单位	立项年份	项目总经费	其中:省拨款
1	江苏省水产种质创新与新品种选育研究特色业务建设	江苏省淡水水产研究所	2013	900	400
2	江苏省河湖生态监测及健康评估特色业务建设	江苏省水利科学研究所	2013	800	400
3	江苏省科技资源汇交特色业务建设	江苏省工程文献信息中心(江苏省科学技术情报所)	2013	300	300
4	江苏省突发实验动物生物安全事件应急体系特色业务建设	江苏省实验动物管理委员会办公室(江苏省生产力促进中心)	2013	300	300
5	江苏省天地一体化地面沉降动态监测特色业务建设	承担单位:江苏省测绘研究所 共建单位:教育部虚拟地理环境重点实验室(南京师范大学)	2013	600	300
6	江苏农业科技成果展示与转化中心建设	承担单位:江苏省农业科学院; 共建单位:江苏省生产力促进中心、农业部南京农业机械化研究所	2013	400	300
7	江苏省体质健康评价与运动干预服务特色业务建设	江苏省体育科学研究所	2013	600	400

【新型研发机构】 新型研究开发机构是指省内外知名高校、科研院所在江苏省单独或与地方政府部门合作设立的,围绕相关产业领域方向,以研发、技术服务、科技型企业孵化为主要业务的,具有独立法人资格的研究院(所)、中心、研究开发公司。新型研发机构是一类有利于政产学研用紧密合作、有利于技术创新与科研成果产业化紧密结合、有利于科技与经济紧密结合的研发组织。凭借体制新颖、机制灵活、管理先进、运行高效、人才富集等鲜明特点,已在全省科技创新活动中崭露头角,保持了良好的发展势头,并在科技创新的各个环节发挥着重要作用。

经初步统计,目前全省共建有新型研发机构161家,从业人员7845人,从事科研人员6080人,资产总额37.71亿元,拥有大型科学仪器528台(套),当年机构总收入达18.88亿元,当年获科研课题570项,课题经费4.18亿元,发表论文985篇,申请专利2002件,授权专利591件。

分布情况 新型研发机构建在苏南100家、苏中22家、苏北39家,苏州、常州建设数量最多,分别为49家、27家,占比30.43%、16.77%。

表 2-16 新型研发机构按地区分布情况 单位:家

地区	数量	地区	数量
南京市	5	苏州市	49
常州市	27	镇江市	6
无锡市	13	扬州市	5
南通市	13	泰州市	4
盐城市	6	宿迁市	7
淮安市	11	徐州市	4
连云港市	11		
合 计		161	

能力建设 仪器装备:截至 2013 年年底,全省新型研发机构资产总额达 37.71 亿元,拥有各类科学仪器设备总价值达 20.89 亿元,拥有价值 50 万元以上大型科学仪器设备 528 台(套)。

人才队伍:截至 2013 年年底,全省新型研发机构累计从业人员达 7845 人,从事科技活动人员达 6587 人,占总人数的 83.97%;其中杰出人才(含院士、国家杰青、国家 863/973/重大专项首席专家、国家千人计划、省双创计划、省 333 工程、省突出贡献中青年专家等)249 人、博士以上学历 1813 人、硕士以上学历 2650 人,当年引进硕士及高级职称以上人才 829 人;高级职称以上人数 1530 人。

产出成效 收入与支出:2013 年度,全省新型研发机构当年总收入 18.88 亿元,其中生产经营收入 4.46 亿元。R&D 经费支出 7.41 亿元,占总收入的 39.2%。

科技服务情况:2013 年度,全省新型研发机构提供技术服务 7696 项(次),平均每家提供技术服务 48 项(次),累计收入 2.28 亿元;完成科技成果转化 282 项,平均每家完成科技成果转化 2 项,累计收入 1.07 亿元。

承担科技项目:2013 年度,全省新型研发机构承担科技计划项目及课题 570 项,获资助金额 4.18 亿元,其中国家级科技计划项目级课题 58 项,获资助金额 6370 万元;省部级科技计划项目级课题 116 项,获资助金额 1.11 亿元;另外值得提出的是,全省新型研发机构当年共获得横向课题 500 项,课题经费 2.67 亿元。

专利情况:截至 2013 年年底,全省新型研发机构拥有有效专利数 3279 件,当年申请专利 2002 件,其中发明专利 1254 件,占申请总量的 62.64%;获得授权专利 591 件,其中发明专利 151 件,占授权总量的 25.55%。平均每家申请发明专利 13 件、获授权发明专利 1 件。

其他科技产出:2013 年,全省新型研发机构共获省级以上科技奖励 24 项,另取得软件著作权、新药证书、国家/行业标准、动植物新品种等其他科技产出 125 项(件)。

【科技条件服务平台】 科技条件服务平台涵盖了大型科学仪器、科技文献、生物种质、知识产权等科技资源,共建有 8 家。

江苏省大型科学仪器设备共享服务平台 资源情况:截至 2013 年年底,全省大型仪器协作共用网拥有成员单位 393 家,其中专业测试服务中心 16 家、入网仪器设备 3500 台(套)、入网仪器原值33 亿元。

表 2-17 2013 年度省仪器平台入网仪器按地区分布情况

地区	占比(%)	地区	占比(%)	地区	占比(%)
苏 南		苏 北		苏 中	
南京市	45	徐州市	7.0	扬州市	8.7
苏州市	9.7	盐城市	2.6	泰州市	3.2
常州市	3.6	淮安市	2.9	南通市	6.7
无锡市	2.7	连云港市	3.4		
镇江市	3.5	宿迁市	1.0		
合 计	64.5	合 计	16.9	合 计	18.6

运行服务:2008年以来,对外开放运行服务总量一直保持10%以上增幅。2013年,仪器平台总开机时达到138万个小时,测试样品总数达到178万个。

联合评议:2013年,全省将大型仪器联合评对2013年度省科技基础设施项目中产业技术研究院、科教类重点实验室及企业委托共15个项目中82台/套仪器设备进行专家联合评议,设备总原值达到1.35亿元。评议结果57台/套"优先购置",16台/套"调整购置",9台/套"不宜购置",共优化财政资金1586万元。推进对2013年度省科技基础设施项目中产业技术研究院、科教类重点实验室及企业委托共15个项目中82台/套仪器设备进行专家联合评议,设备总原值达到1.35亿元。评议结果57台/套"优先购置",16台/套"调整购置",9台/套"不宜购置",共优化财政资金1586万元。联合评议工作有利于从源头上控制大型科学仪器设备的重复购采购,优化仪器设备资源配置。

宣传推广:2013年,仪器平台为更好地服务地方经济建设,直接面向产业创新服务,开展多种形式的技术交流研讨活动,一是举办环境专题学术报告会、科技资源共享服务和创新方法研讨会、质量检控与设备管理技术交流会,同时与南京师范大学专业测试中心合作举办大型分析仪器(生物医药)应用技术培训;针对企业需求,定期开展免费检测技术培训服务,举办了产品环境可靠性、质量检控与设备管理等5场免费专业技术交流会,共500多名中小企业技术人员参加了培训,通过免费为企业送服务的方式,以最低的成本帮助中小企业掌握先进的检测技能、为企业排忧解难。二是为大力宣传全省仪器平台各成员单位和入网仪器在开放服务过程中的典型经验、先进事迹,仪器平台理事会办公室通过简报的方式,把平台成员单位的典型事例报道出来,大力促进平台成员的工作经验交流。三是紧紧围环境监测、电子电气和食品安全快速检测领域,组织开展分析测试新技术新方法课题研究。这些新检测方法的研究,将有力推动大型科学仪器设备为全省科技进步、经济社会发展提供支撑的能力,促进材料与生物医药领域检测技术的发展。四是推进科学仪器设备自主研发。全省借助组织申报国家重大科学仪器设备开发专项契机,根据全省既有优势,组织仪器研发、生产、供应、使用等方面的专业人员联合开展科学仪器的自主研发。2013年成功申报了4项国家重大科学仪器设备开发专项,国家拨款8742万元,积极推进省国产仪器自主研发。

表2-18　2013年度国家重大科学仪器设备开发专项江苏省立项项目名单

序	项目名称	承担单位	年份	国拨经费(万元)
1	高性能核磁共振弛豫分析仪的开发和应用	苏州纽迈电子科技有限公司	2013	1501
2	超临界流体色谱仪的研制与应用开发	江苏汉邦科技有限公司	2013	2431
3	复合式高精度坐标测量仪器开发和应用	苏州天准精密技术有限公司	2013	1952
4	水体生物学质量参数电化学在线监测仪器研制开发与应用	无锡市光大分析技术有限责任公司	2013	2858
合　计				8742

江苏省工程技术文献信息中心　资源情况:截至2013年年底,拥有本地电子信息资源总量超过63700GB,拥有的联合目录及元数据量超过6100万条。

运行服务:2013年,科技文献全文服务量达到398万篇,其中网上原文传递提供量共8365715页,网下原文文献服务量达659035页。

宣传推广:2013年,举办"中心"联合相关单位通过各种形式举办了丰富多彩的宣传培训活动,发表宣传文稿或论文110多篇。培训用户203场次,培训技术人员23248人次。完成定题服务、专利分析报告、产业信息跟踪与分析、专题研究报告等深层次服务1833项次。

江苏省农业种质资源保护与利用平台　资源情况:截至2013年年底,江苏省农业种质资源保护与利用平台共建有专业种质资源库(圃)47个,其中国家级24个、省级23个。数据特征项信息超过145万个,比2012年增长4%,信息系统访问总人次达39000次,比2012年增长18%。

运行服务:2013年,对外提供包括农作物、林木、家养动物、水产等48051份农业种质资源信息共享服务；累计向各科研单位及高校提供实物种质5769份次，其中农作物3493份次、林木1058份次、水产1054份次、家养动物164份次。

江苏省知识产权公共服务平台 资源情况：截至2013年年底,江苏省知识产权公共服务平台拥有专利数据总量为7476万条，比2012年增加613万条，收录国内数据1017万条、国外数据6459万条。

运行服务:2013年,江苏省专利信息服务中心围绕构建全省知识产权三级服务体系、服务产业创新升级、企业创新,以打造省级示范公共服务平台为引领，为全省各类创新主体及政府管理机关提供知识产权服务，促进了全省专利产出稳步上升,企业创新不断提高。2013年,全省专利申请量504500件，同比增长6.74%，占全国申请总量的22.58%。专利授权量239645件,占全国授权总量的19.51%，有效发明专利62112件，同比增长37.3%，有专利申请企业20374家，同比增长16.54%。依托公共服务平台,2013年省专利信息服务中心具体开展了如下特色工作：一是开展知识产权咨询服务工作。依托4008-869-661服务热线为全省公众提供400余次咨询，对全省629家企业进行了知识产权贯标绩效评价服务与指导,出具了800余份评价报告。二是开展企业专利数据库建设工作。2013年为9家企业安装了专利数据库,为50家企业提供了创新数据。三是开展知识产权数据统计与分析工作。定期对全省专利发展状况开展统计和分析工作，发布专利月度统计报告和年度统计报告共84篇。四是开展各类知识产权培训工作。制作并发布知识产权培训课件,以上门宣讲、专题培训等多种方式相结合,赴连云港、南通、淮安、常州等地专题培训,共培训企业800多家,达2000人次。五是开展知识产权应用系统建设工作。依据各地方知识产权服务部门的需求，整合地方资源，集成符合地方发展方向和地区技术特点的行业产业专题数据库,2013年陆续建立了启东、溧水、盐城、徐州和宿迁5个公共服务平台分平台，使知识产权信息更好地服务于地方经济的发展，此外还根据各地方知识产权服务部门实际业务的需求，为其研制开发了项目申报管理系统、专利监控系统、专利管理与资助系统等业务系统,实现了办公自动化,极大简化了业务办理流程,有效提高了业务办理效率。六是知识产权战略研究的工作不断深化。承担了“高性能膜材料”的专利战略研究的国家级课题的研究。从膜材料、膜制备、膜应用和组件进行技术分解,对膜行业领域专利现状、技术发展趋势、专利诉讼、申请人合作和并购分析和国外企业在华合作等进行了全面的分析，为整个膜材料的技术特点和各技术分支的优势提供了指引，为膜领域产业产学研和知识产权发展做了很好铺垫；承担了江苏省优势技术——无机膜领域的战略研究工作，对重点热点技术领域、技术发展路线、专利布局区域和主要竞争对手等进行了分析，为江苏省膜产业的发展提供了知识产权方面的指导，提升江苏省膜产业的自主创新能力和核心竞争力。七是开展重大成果转化项目知识产权审查工作。2013年依托平台完成了省科技厅592项重大成果转化项目所涉及的5964件专利的知识产权审查；为省委组织部高层次创新创业人才引进项目提供了知识产权审查工作，完成了1191个拟引进人才所涉及的9040件专利(申请)的审查任务,有效避免了人才引进单位在专利实施中涉及知识产权纠纷，便于政府全面、充分了解申报人的科研能力,为人才的筛选、引才资金的投入提供了重要依据。

国家遗传工程小鼠资源库 资源情况：资源库拥有小鼠品系1678种,部分从国际著名资源库JAXJAX、CRL、Taconic、MMRRC等引进,自主创制超过700种突变/转基因/基因剔除小鼠品系,以及糖尿病小鼠模型,生殖缺陷模型,心力衰竭模型,生长迟缓模型,贫血骨模型,骨密度异常模型,肢体发育缺陷模型,听力与眼发育异常模型等。

运行服务：资源库拥有固定服务场地30000平方米,固定人员160人,项目研发人员58人,其中博士26人,硕士32人,高级职称22人,海归25人,引进研究生、副高职称及以上的高层次人才6人。2013年度，国家遗传工程小鼠资源库保持AAALAC国际认证资质，年度服务对象总量2000个,服务收入3074万元,服务量2143项(次),其中研发设计服务1915项，技术培训和人才培养118人次;制定国家标准24项,行业标准2项,发表论文25篇。

研发情况:2013年度,国家遗传工程小鼠资源库开发新Cas9技术,成功完成小鼠、大鼠的多位点敲除,CKO和基因敲入,并利用CRISPR/Cas9系统对孪生食蟹猴进行精确的基因修饰。资源库持续整合小鼠资源，开发收集小鼠品系达1824种，包括捐赠品系438种，进口品系281种，代理繁育品系129种，自主知识产权品系180种，技术服务制作品系796种。资源库作为中国唯一的国际小鼠表型分析联盟(IMPC)成员及亚洲小鼠表型分析联盟(AMPC)发起者之一，正式搭建起了小鼠胚胎9.5天至成体16周范围的全球标准化活体小鼠表型分析平台，完成17个突变品系的表型分析，筛选得到多种人类疾病小鼠模型。

国家非人灵长类实验动物种子中心苏州分中心 资源情况：截至2013年年底，国家非人灵长类实验动物种子中心苏州分中心引入猴种群10000只，培育种猴群8000只，年供应猴群3000只。购买维普等优秀国内外文献数据库，建立有国内外知名学者、专家组成的专家咨询库60人左右。中心拥有固定服务场地14000平方米，新增仪器设备785万元。

运行服务：该中心拥有固定人员80人，其中博士6人，硕士25人，高级职称6人，引进研究生、副高职称及以上的高层次人才31人。2013年度，中心通过AAALAC国际认证、农业部和环保部两个部委的GLP认证，并获国家计量认证CMA证书。中心年度服务对象总量60个，服务收入8000万元，服务量400项(次)，其中检验检测服务290项，科技咨询服务10项，技术培训和人才培养100人次；制定行业标准1项，发表论文3篇。

研发情况：2013年度，中心建立了5个国内领先的心脑血管新药评价方法：通过ApoEε4等位基因检测出易发高脂食蟹猴，以高脂饲料成功诱导高脂血症模型；建立猴、仓鼠高脂血症模型，猴和家兔动脉粥样硬化模型及ox-LDL诱导的大鼠胸主动脉血管平滑肌细胞增殖模型；利用DSA及微球囊技术建立脑卒中防治新药研究平台；通过体外H9C2细胞及原代心肌细胞缺氧-复氧损伤模型进行抗心肌缺血新药药效及机制研究；建立了食蟹猴抑郁症判定标准，并发现一个可能与抑郁症发病重要相关的差异表达蛋白。中心建立了3个单靶点和1个多靶点抗肿瘤新药评价新方法：基于蛋白激酶单靶点和多靶点的小分子药物筛选体系；肿瘤血管生成抑制剂和肿瘤转移抑制剂筛选体系；基于免疫学技术的生物反应调节剂筛选评价体系；耐药细胞模型及耐药基因和耐药蛋白P-gp表达的RT-PCR和流式细胞术检测平台。

江苏省金陵科技著作出版基金 江苏省金陵科技著作出版基金紧紧围绕省委、省政府的战略部署，与时俱进，在资金规模、管理制度、资助成果等方面取得长足的进步，为推动经济建设、科技进步及提高全民科技文化素质发挥重要作用。

基金管理严谨科学，资金规模逐步扩大。基金自建立以来，印发了《江苏省金陵科技著作出版基金章程》《江苏省金陵科技著作出版基金管理办法》《江苏省金陵科技著作出版基金申请、审批办法》《江苏省金陵科技著作出版基金章程和基金申请、审批、管理办法的实施细则》，成立基金管理委员会，并下设基金管委会办公室。2013年底，为适应发展形势，基金管委会对基金章程、管理办法、申请、审批办法及实施细则进行修订整合，发布了最新的《江苏省金陵科技著作出版基金章程》《江苏省金陵科技著作出版基金管理办法》(苏科条发〔2014〕23号)。基金面向社会公开征集优秀选题，每批次资助100万元，用于选题出版。在资助图书的审批上，每一本需得到金陵基金资助的图书选题，都严格按章办事，履行了必备项目审批手续，保证了金陵基金资助图书的高质量。同时基金也要求出版社在编、校、印、装等方面以优质为标准进行操作，提高了金陵基金图书的综合质量。定期组织对所有已出版基金图书的评奖工作，通过对图书的科学性、学术性、编校质量、装帧设计、印刷质量等方面综合评判，全面总结基金工作，完善管委会和专家评审组对评审的条件和标准，促进基金健康发展。

图书出版成果丰硕，专著助力科技发展。截至2013年年底，基金共审批通过21批、共计178种基金选题，已出版160种(丛套书计一种)。

挖掘了一批具有影响力的专家学者。在多年的工作中，基金管委会团结了大批高水平专家队伍。他们中，既有顶尖的院士级作者，例如“中国小麦之父”、国家最高科技奖获得者李振声院士(通过金陵基金，出版专著《中国旱区农业》)；“农学泰斗”卢良恕院士等泰斗级专家(通过金陵基金，出版专著《中国农业发展理论与实践》)；也有全国乃至国际上某个学科专业的知名专家，如我国第一位深入南极腹地、探索南极第一高峰——“文森峰”的女地质探险家金庆民(通过金陵基金，出版《南极菲尔德斯半岛火山作用及岩浆演化》《南极埃尔斯沃思山脉文森峰地区地质特征》两本专著);“国内器官移植第一人”夏穗生等(通过金陵基金,出版专著《联合器官移植学》)。在这些高水平专家团队的支持下,基金图书科技含量高,具前沿性、先进性、实用性,很好地推动了经济发展、科技进步,一大批具有全国水平的科技著作在出版界、科技界引起了广泛的关注,产生了很好的反响。

促进江苏区域经济社会发展与科技进步。《斜梁结构分析》一书介绍的斜梁桥建筑理论,在江阴长江大桥、沪宁高速公路建设中已成功运用,创造了巨大的经济效益。《南水北调——东线源头探索与实践》南水北调总体布局和东线规划,真实、全面地反映了南水北调工程东线江苏段的建设、运行和管理创新情况,对今后全面建设、实施这一国家重点工程的工程管理和工程技术人员具有很高的参考和实用价值。《南京直立人》由中科院院士、世界著名古人类学家吴汝康和世界著名生物地层学家李星学院士共同主编,全面介绍了“南京直立人”及其生存环境等方面的最新研究成果,为世界古人类研究做出贡献。《江苏当代老中医经验选》集江苏著名老中医经验之大成,不仅是名中医经验资料的抢救整理,也是为江苏乃至全国的中医事业的发展提供了不可多得的文献史料。《江苏实施星火计划的实践与探索》回顾、总结、展示了江苏实施星火计划十五年经历、经验和成就,全面反映了江苏农村地区乡镇工业经济依靠科技进步发展的历程。

助推国家科技发展和现代化建设。著名中青年学者张光鉴的首创理论《相似论》出版后,在实际应用中取得了惊人的效果。著名科学家杨振宁的博士生、中国科技大学理论力学教研室教授杨沐霖,把理论力学按相似原理重新系统地编写了讲义,学生使用后,从原来的怕学、难学变为学得轻松、记得牢;太原钢铁公司利用相似理论改革了生产中的薄弱环节,使得这个厂的钢材产量比上一年递增11%,利润递增45%。相似论与我国机械行业推广的成套先进技术相结合,为其找到了理论基础。邹家华副总理批示“由国家经贸委向机械部拨专款开办相似工程研究中心”。

我国土壤学泰斗李庆逵院士和蒋柏藩、鲁如坤写下的《中国磷矿的农业利用》,其中介绍的磷矿粉直接利用到农业生产中的先进技术在推广中,取得了显著的社会效益和经济效益,最高年份的推广面积达1000多万亩。使用这项技术使豆类作物普遍增产近1倍,甘薯、麦类、油菜等增产30%~40%。

薛禹胜院士的《运动稳定性量化理论》阐述了攻克世界难题的EEAC法,得到很高的评价:国家大电网会议评估后认为这是解决电网暂态安全分析的最佳方法;国际著名的电力系统稳定专家称“这个由中国人创造的方法无疑将成为世界性的标准”;这一方法也被命名为“薛氏方法”,全面进入国际舞台。

《光合作用原初光能转化过程的原理与调控》,中国科学院院士匡廷云所著,前中科院院长周光召院士亲自作序,书中的研究成果被国际学术界权威杂志《自然》作为封面发表。

金陵基金图书出版后奖励丰硕。基金资助的科技著作出版后得到了国内各大出版奖项的肯定。其中,《运动稳定性量化理论》《中国农业自然资源与区域发展》获国家图书奖提名奖;《相似论》《光合作用原初光能转化过程的原理与调控》获中国图书奖;《中国南方小麦》获中国出版政府奖提名奖;《中国农业发展理论与实践》获得中华优秀出版物奖;《中国旱区农业》《中国蔬菜作物图鉴》获中华优秀出版物奖提名奖;《太阳能科学开发与利用》《口腔颌面——头颈部功能性重建设》入选“三个一百”原创出版工程;《东方的智慧》获全国社会科学优秀图书二等奖;《南京直立人》获全国优秀科技图书奖二等奖。据统计,80%以上的基金资助图书出版后获省优秀科普作品奖、华东地区优秀科技图书奖等各类奖项。

另外,由于具有较高的科研学术和出版价值,金陵基金项目还同时入选了各个级别的政府出版基金项目,包括4个国家出版基金项目(《太阳能科学开发与利用》《中国草业跨媒体出版工程》《中国野生动物生态保护——国家动物博物馆精品研究、当代中国食物安全》)、4个国家科学技术学术著作出版基金项目(《江苏植物志》《中国蔬菜图鉴》《中国南方小麦》《草业科学论纲》),1个新闻出版改革发展项目库项目(“金凤凰”农业三新出版工程,其中的《新农村实用科技示范读本丛书》是基金书)。

江苏省高层次人才信息管理服务平台 该平台正在建设中。

【技术创新服务平台】 技术创新服务平台面向产业集聚明显、要素集中突出的国家和省级园区、创新型县市、创新型乡镇、特色产业基地、现代农业科技园等,围绕集聚区内中小企业的需求,找准产业技术链关键环节,为中小企业提供研发设计、检验检测、共性加工、试验验证、模板制作、成果转移转化、融资等系列公共技术服务,共建有289家。

建设情况 截至2013年年底,技术创新服务平台累计总投入48.64亿元,其中省拨款及运行补贴共6.93亿元,平均每家平台支持强度达233万元。

布局情况 按地区分布:南京、无锡、苏州的建设数量位居全省前三名,分别是75家、30家、28家。技术创新服务中心覆盖了75%的重点产业集聚区。

按产业领域分布:电子信息47家,生物医药41家,环境保护与资源综合利用18家,社会事业19家,现代农业34家,新材料26家,新能源与高效节能16家,装备制造27家,其他69家。

按依托单位性质分布:依托高校建设的有28家,依托科研院所建设的有51家,依托其他事业单位建设的有109家,依托企业建设的有98家。

固定资产 服务场所:截至2013年年底,技术创新服务平台拥有固定服务场地187.58万平方米,平均每个平台服务场所达6581.6平方米。

服务资源:截至2013年年底,全省技术创新服务平台拥有科学仪器设备38502台(套),平均每家130台(套),较2012年增加了4310台(套),增长12.6%。

截至2013年年底,全省技术创新服务平台拥有各类科技数据1.3亿件,科技文献5008万条,种质62796份,技术标准13576件,行业专有技术11855件。

人才队伍建设 截至2013年年底,全省技术创新服务平台拥有专职服务人员11353人,平均每家平台拥有专职人员38人;其中博士1545人,硕士3239人,高级职称3059人,海归405人。引进研究生、副高职称及以上的高层次人才1575人。

社会服务情况 服务资质:全省共有97家平台已取得各种服务资质或许可,以CNAS认证为主,占资质总数的35.1%,另有4家平台通过AAALAC国际认证,5家平台通过GLP认证。

表2-19 科技公共服务平台通过权威资质认证情况

序号	科技公共服务平台名称	依托单位	服务资质名称
1	国家遗传工程小鼠资源库	南京大学	AAALAC国际认证
2	国家非人灵长类实验动物种子中心苏州分中心	苏州西山中科实验动物有限公司	AAALAC国际认证、GLP认证
3	江苏苏州药物非临床研究及评价公共服务中心	苏州药明康德新药开发有限公司	AAALAC国际认证、GLP认证
4	江苏省苏州新药研发外包技术服务中心	昭衍(苏州)新药研究中心有限公司	AAALAC国际认证、GLP认证
5	江苏省药物临床前毒理研究公共技术服务中心	江苏鼎泰药物研究有限公司	GLP认证
6	江苏省药物安全性评价中心	江苏省药物研究所	GLP认证

服务绩效:2013年度,全省技术创新服务平台共服务单位或个人298903家(人),平均每家平台服务1056家(人),较2012年增长11.3%;全省技术创新服务平台服务总收入25.78亿元,比2012年增长了13.3%,平均每年平台服务收入868.2万元。

技术服务。2013年度,全省技术创新服务平台主要以试验检测服务为主。试验检测服务量612518项(次),试验检测服务收入12.47亿元;研发设计服务量30772项,研发设计服务收入6.63亿元;成果转移转化服务量10311项(次),成果转移转化服务收入2.06亿元。

中介服务。2013年度,全省技术创新服务平台科技中介服务主要以科技咨询服务为主。科技咨询服务量367627项(次),科技咨询服务收入2.74亿元;技术培训和人才培养服务量274170人次,技术培训和人才培养服务收入0.75亿元;科技金融服务量51459项(次),科技金融服务收入0.71

亿元;科技创业服务量 11951 项(次),科技创业服务收入 0.42 亿元。

标准情况 2013 年度,全省平台共参与制定标准 647 项,平均每家 2 项,其中国家标准 171 项,地方标准 186 项,行业标准 290 项。

专利情况 2013 年度,全省平台共申请专利 6936 项,平均每家 23 项,其中发明专利申请数 2411 项;获得软件著作权 538 项。

【网络化服务平台】 江苏省科技咨询服务平台网络 主要服务业务:江苏省科技咨询服务平台网络有四大主体业务,分别为:(1)战略类咨询。主要包含区域发展战略咨询,行业发展战略咨询,企业战略咨询。(2)创新类咨询。主要包含创新顾问与创新培育,知识产权咨询。(3)技术类咨询。主要包含标准研制,产品技术咨询,低碳技术咨询,企业研发能力建设,技术评估服务。(4)管理类咨询。主要包含标杆管理咨询,财务咨询,营销咨询,企业文化咨询,业务流程优化,人力资源咨询,运营改进,企业标准化咨询,信息化咨询。

网络构建机制:江苏省科技咨询服务平台网络构建以江苏省生产力促进中心牵头,各地分平台因地制宜开展科技咨询服务网络体系。截至 2013 年年底,第一批次分平台利用本地渠道与优势业务拓展科技咨询服务。

常州高新区生产力促进中心通过共建方式进行科技资源的整合,构建一系列公共服务平台。通过科技创新服务联盟模式,整体提升创新服务能力,吸引包括技术、金融、财税、法律、知识产权、管理咨询等各个服务机构入驻常州高新区,为企业开展各类咨询服务。

南通生产力促进中心根据企业的需求和市场的发展趋势,开展了诸如工程投标、商务谈判、知识产权数据库构建、专利申请等服务内容,为企业提供全方位的科技支持;筹建"南通知识产权科技创业企业(人才)知识产权托管服务平台",为企业知识产权工作提供全方位服务。

东海县生产力促进中心积极优化区域内硅材料企业相关商业资源、服务机构之间的合作结构,建立服务平台和各类创新资源、服务机构之间的新型合作关系;构建操作层次上的开放式平台,将企业技术创新过程中急需的各种创新要素和资源,通过平台共享和模块化服务,集成在一个综合服务体系中。

无锡生产力促进中心联手科技园区,地区商会、行业协会以及银行风投等逐步延伸服务内容,拓展服务领域。

江苏省机械生产力促进中心利用其在行业内的技术优势,积极为开展技术创新、工艺咨询、技术标准、技术改造可行性咨询等技术咨询服务。

建设运行情况:一是科技咨询服务基础得到夯实。与德国弗劳恩霍夫合作成立的江苏标杆管理中心及信息化网络平台将为企业及同业咨询机构提供科学的诊断分析工具和合作平台。二是科技咨询服务能力得到提升。通过与德方的合作与技术交流,及省中心与分平台之间的互动与资源整合,平台各咨询机构能力均得以增强。三是科技咨询服务团队得到壮大。平台通过培训产出 15 名标杆分析师,组建 10 人平台工作团队,科技咨询队伍 60 人;引进硕士、博士以上咨询师 5 人,带动咨询师团队成长,增加了战略咨询、标杆管理咨询及研发管理体系咨询、两化融合咨询等方面的新能力。四是科技咨询服务业绩实现增长。2013 年度省生产力促进中心及各分平台共为 1300 余家企业提供了战略咨询、创新咨询、技术咨询、管理咨询等科技咨询服务,并开展政策咨询、创新咨询的公益培训,培训量达 2200 人次,取得了良好的社会效益。

江苏省科技创业公共服务平台网络 主要服务业务:江苏省科技创业公共服务平台有九大服务业务,分别为:(1)研究科技创业奇才的选拔标准体系。主要围绕创业奇才征集、评价指标构建、专家评审、创业辅导优化等内容,做好科技创业源头——科技创业人才选拔的启动试点工作。(2)设计科技创业培训课程体系。主要引入斯坦福、硅谷等国际先进创业培训理念,围绕不同发展阶段企业需求,为科技创业人才提供量身定制、系统化、实战性的创业培训课程。(3)建设科技创业导师服务标准体系。主要开展科技创业导师服务标准化体系框架构建研究、科技创业导师选聘原则及选聘流程研究、科技创业导师服务流程的研究、科技创业导师服务内容的界定、服务标准的研究、科技创业导师服务评价指标体系的研究、科技创业导师库的建设等工作。(4)建设科技创业项目路演服务标准体系。主要围绕科技创业项目路演流程界定、评价指标体系等方面的内容开展。(5)建设天使投资服务平台。主要以共建单位现有深度孵化服务为基础,通过互联网、移动客户端等媒介,整合金融资源和服务,开创一种线上与线下紧密结合、即时信息与实时服务良性互动、天使投资与孵化服务密切结合的投融资模式,吸引全社会关注并参与天使投资。重点建设天使投资服务系统等。(6)建设科技创业区域示范服务窗口。以共建单位现有服务能力为基础,依托平台网络“江苏科技创业”服务品牌,按照平台网络“服务标准统一、服务模式统一、服务窗口统一、服务标识统一、服务网络系统统一、服务收费标准统一、服务流程统一”的要求,创建区域示范服务窗口,面向区域开展项目落地孵化对接工作。(7)建设项目采集服务平台。主要依托省创业中心现有科技创业服务优势,面向海内外,常年征集创业项目,并围绕团队、技术可行性、市场可行性等方面组织专家对项目进行筛选,探索形成科技创业大赛可持续发展机制和江苏品牌。重点建设江苏科技创业大赛门户网站、科技创业项目申报系统、科技创业项目评审系统、科技创业项目统计分析系统、科技创业项目库和科技创业项目采集及筛选标准体系等。(8)建设项目优化服务平台。主要采用“创业训练营”的方式,对入选项目围绕“商业计划书的制定”“如何进入市场”“创业团队组建”“融资实务”等主题,开展辅导、培训工作。(9)建设江苏省科技创业公共服务平台信息服务系统。重点开发科技创业大赛信息服务系统、项目采集、项目优化、项目路演、天使投资、科技创业咨询、科技创业资源库、科技创业信息发布、科技创业信息检索等模块。

网络构建机制:江苏省高新技术创业服务中心为本项目的承担单位,苏州工业园区中小企业服务中心、江苏博济堂科技创业服务有限公司、源创国际研究院、泰兴市科技创业服务中心为共建单位。

江苏省高新技术创业服务中心作为承担单位负责平台网络全面建设工作及建设江苏省科技创业公共服务平台信息服务系统、研究科技创业奇才的选拔标准体系、建设项目采集服务平台、建设科技创业导师服务标准体系。

苏州工业园区中小企业服务中心负责建设科技创业项目路演服务标准体系。通过投融资对接、技术交易、融资能力培育等多种方式结合,向企业提供全方位的金融服务。

江苏博济堂科技创业服务有限公司负责建设天使投资服务平台。平台旨在促进创业者实现资本和技术的有效对接。目前已成立天使资金,并为企业提供投融资服务。

源创国际研究院负责建设项目优化服务平台,组织项目在国内进行基础优化集训及进阶优化集训,并选出优秀项目团队前往美国硅谷进行海外优化集训。

泰兴市科技创业服务中心负责建设科技创业区域示范服务窗口,完成了泰兴市科技创业服务中心区域示范服务窗口建设,编写区域示范服务窗口建设方案,包括建设目标、建设内容、建设成效等。

建设运行情况:一是科技创业服务运营机制多元。各共建单位已签署平台网合作协议,自主开展服务,协同完成任务。搭建微博、微信、QQ群等现代网络通信技术,实现即时信息与实时服务良性互动。同时启动平台网络理事会筹建工作。二是科技创业服务团队壮大。引入高层次人才5人,项目优化服务团队2人,路演服务团队10人,天使投资团队3人,科技管理、管理咨询、创新顾问服务团队12人。三是科技创业服务成效显著。举办2013年首届江苏科技创业大赛、创业训练营1场、路演对接17场;成立天使资金2000万元,开展4场天使投资投融资对接会,为3家企业提供投融资服务。

江苏省优生优育公共服务平台网络 主要服务业务:江苏省优生优育公共服务平台网络有三大服务业务:(1)出生缺陷预防。包括收集全省参加孕前优生健康检查者服务信息,开展产前胎儿系统筛查、B超检查,外周血检查、羊水检查等。(2)妇幼健康。包括开展乳腺癌早期筛查、宫颈癌早期筛查,0~3岁儿童发育筛查、高危人群致聋基因筛查等。(3)生殖健康。包括“心身疗法”的推广、不孕不育病因评估、流动人口优生优育知识和服务等。

网络构建机制:江苏省优生优育公共服务平台网络由省计划生育科研所牵头,江苏省人民医院、江苏大学基础医学研究所、南京军区总医院、江苏省中西医结合医院等4个单位加盟,通过整合各加盟单位优势资源,形成统一的服务标准、流程和模式,实现“普通问题在基层(世代服务中心),复杂问题转医院(加盟骨干单位)”的发展目标。平台网络建设以公共服务为落脚点,通过建立专家团队数据库、省市县乡五级平台网络信息共享共建机制、优生优育网站等网络平台,完善省、市、县三级中心实验室,尤其是培训高层次技术人才、辐射培训各级骨干技术人员,将全面提升基层技术能力和公共服务水平。

建设运行情况:一是省孕前优生实验室临床检验的质量管理体系建立。指导和规范孕前优生实验室开展临床检验室内质控,加强实验室室内质控数据的管理,提高了示范点实验室临床检验质量管理的能力。承担和开展全省免费孕前优生临床检验室间质评活动。项目实施阶段开展了2次“飞行检查”的临床检验室间质评活动,项目示范点在2次室间质评中优良率达100%,室间质评成绩有明显提高。二是省孕前优生健康检查数据中心的建设得到完善。孕前优生信息上报系统已投入试运行。截至2013年12月底,全省完成孕前健康检查654096人,目标人群覆盖率达到109.02%。2014年上半年,全省已完成孕前优生健康检查382538人,目标人群覆盖率达到66.5%。三是项目点和基层优生优育公用技术服务水平提升。举办“江苏省孕前优生临床检验专题”和“风险评估及咨询指导培训班”共7期,培训近250人,为项目示范点培养了一批风险评估咨询指导骨干力量。开展0~3岁儿童发育筛查培训、致聋基因筛查培训班、心身疗法培训班,拓展和提升服务水平。

江苏省知识产权公共服务平台网络 主要服务业务:江苏省知识产权公共服务平台网络有四大服务业务:(1)知识产权信息服务。主要包括开发专利检索系统、一站式企业创新综合服务系统、企业个性化专利数据库、产业专利数据库、战略性新兴产业专题服务频道、区域知识产权监控管理服务系统等。(2)知识产权运营服务。主要实现专利收购、托管、许可、转化、评估、质押融资全过程的服务。(3)区域服务示范窗口。主要通过“知识产权服务连锁(泰州)中心”区域服务示范窗口,形成一站式服务能力,辐射整个苏北。(4)产业服务示范窗口。主要依托“知识产权服务连锁(无锡)中心”,面向物联网产业开展深层次的知识产权服务,形成一站式服务能力,建立物联网产业专利数据库和专利池、开展物联网专利预警分析,建成物联网知识产权联盟。

网络构建机制:江苏省知识产权公共服务平台网络构建以江苏佰腾科技有限公司牵头负责,与江苏省高新技术创业服务中心、南京工业大学、泰兴市知识产权服务中心、江苏物联网研究发展中心、江苏五星资产评估有限公司签订了合作合同。组织加盟单位召开了3次平台网络建设协调工作会议,讨论确定了各自工作职责、业务分工、业务协作、平台网络建设、网点布局、绩效考核等相关事宜。按照项目要求中的网点“形象统一”的要求,完成了“江苏省知识产权公共服务平台网络VI体系”设计工作,并组织加盟单位讨论确定,已印刷成册;整合了各加盟单位的知识产权产品和服务,编印了“江苏省知识产权公共服务平台网络产品和服务手册”;为了推动更多网点在省内外的布局,制定了“江苏省知识产权公共服务平台网络加盟手册”,面向社会公布,吸纳优秀科技机构加盟平台网络。

建设运行情况:一是主导制定江苏省企业专利数据库服务规范标准。此标准已列入江苏省行业标准计划中,目前标准制订工作处于专家意见征求过程中,年内将出台。二是荣获两项国家级资质。江苏佰腾科技有限公司荣获两项国家级资质和一个国家级先进集体称号。分别是:国家知识产权局授予的“全国知识产权分析评议示范创建机构”“国家专利运营试点企业”;国家知识产权局、国家人力资源和社会保障部授予的“国家知识产权战略推进工作先进集体”。三是平台网络业务协同处理系统进展顺利。江苏佰腾科技有限公司与国内最大的业务协同处理系统供应商——上海泛微网络科技股份有限公司合作,签订了开发合同,完成了需求分析,系统将于6月30日前上线。四是开发完成江苏省高新技术企业知识产权服务系统。系统已正式上线,该系统在全国尚属首家,得到了科技部、省科技厅领导的高度评价。并完成了新一代专利搜索引擎的升级工作,已正式上线。

江苏省企业知识服务平台网络 主要服务业务:江苏省企业知识服务平台网络有六大主体服务业务:(1)企业信息平台快速生成服务。包括利用企业信息服务网站,迅速建成企业信息服务网站,检索、下载包括论文、专利、标准、研究报告、产业报告等各类科技文献和部分市场情报,以及在该网站上发布本企业的各类信息。(2)专利分析服务。包括研发时的专利保护,避免重复和侵权;技术引进与转让时分析确保项目的先进性、合法性;

竞争情报方面,可以挖出市场情报、技术情报、业务团队情报,竞争对手情报等。(3)企业竞争情报服务。包括根据企业发展的不同时期和需求,对企业提供竞争环境、竞争对手和竞争策略的研究报告,为企业规避风险提供决策参考。(4)决策咨询服务。围绕江苏新兴产业发、江苏科技创新创业、区域发展规划和高端人才引进,运用"专家智慧+数据基础+分析工具"开展各类决策咨询服务。产品包括:产业发展研究报告、区域规划发展报告、科技人才水平评价报告等。(5)企业技术路线图制订。为企业进行产品规划、技术升级方面制订了技术路线图创新思路。下一步将完成"企业技术路线图制订的标准"。(6)企业战略咨询标准工作。包括就标准制订程序进行辅导训练,进行企业创新诊断服务,对企业进行针对性的指导与培训。

网络构建机制:江苏省企业知识服务平台网络于2013年上半年由江苏省科技厅立项,江苏省科技情报所协同江阴市科技创新服务中心在内的5家地方科技服务单位承建。平台建设期形成了"一理事会""一办法""七统一"。

建立了"江苏省知识服务平台网络理事会"。理事会成员由各加盟单位联合组成,下设有综合性服务管理办公室。采用"理事会领导下的主任负责制和技术委员会咨询制"的管理方式。

制订了《江苏企业知识服务平台网络服务站建设管理办法》,明确了服务站建设标准,明确了各加盟单位的具体职责,并制订了考核与激励措施。

用"七个统一"协同加盟单位步调,即:全部加盟单位的服务标准、服务模式、服务窗口、服务标识、服务网络系统、服务收费标准、服务流程等七个主面必须相同。

建设运行情况:一是服务场地、团队配备到位。各加盟单位已利用已有或改造提升,服务场地累计面积达4450平方米。组建了专职的服务团队96人,基本满足要求项目开展的要求。开展了包括培训、科技咨询、产学研对接等各项服务800余项。二是服务能力不断提高。各加盟单位开展了深入基层服务行动。走访企业数百家。走访过程中,向企业人员详细介绍了相关科技政策、科技资源服务、科技基础设施建设要求等等,并对企业人员提出的问题进行了细致的解答。同时利用平台资源服务政府机构。上半年通过平台提供的自助式服务文献下载量达200万篇。三是参考咨询能力得到肯定。平台网络为领导决策提供参考,先后完成《关于建立江苏科技报告制度,优化区域创新生态环境的建议》《新能源汽车发展研究报告》等数十篇咨询报告,得到了主管部门相关领导的肯定。为特色产业提专业咨询。定期出版《石墨烯译文速报》《石墨烯科技信息汇编》和《石墨烯专题研究成果》内刊,定期推送相关信息,已经得到相关院所和部门的肯定。

实验动物管理

【概　况】 2013年,全省进一步完善了全省实验动物管理体系,推进实验动物生物安全应急工作,完善实验动物设施运行全过程管理,不断提高全省从业人员技术水平,全省实验动物法制化、规范化和标准化工作得到进一步发展。

【运行管理】 实验动物许可证管理。2013年,共受理35家单位54份实验动物许可证申请材料,审批发放了33家单位51份许可证,考核发放实验动物从业人员岗位证书2116份。目前,全省共拥有许可证209份,拥有从业岗位证书1.3万份。

2013年,对全省158份实验动物许可证开展了年检,145份许可证通过年检,有6份许可证设施因抽检不合格暂缓年检,7份许可证取消许可资格;对32份实验动物许可证设施开展了质量抽检;对198份许可证设施年度运行情况进行了绩效考核,共有58份考核优良的许可证设施获得了运行补贴。

表 2-20 江苏省实验动物许可证按地区分布情况 单位:份

序号	地区	使用许可证	生产许可证	笼器具生产许可证	小 计
1	南京市	58	10	0	68
2	无锡市	20	1	0	21
3	徐州市	9	3	0	12
4	常州市	9	2	0	11
5	苏州市	25	6	9	40
6	南通市	7	1	0	8
7	连云港市	7	0	0	7
8	淮安市	4	0	0	4
9	盐城市	6	0	0	6
10	扬州市	15	2	0	17
11	镇江市	4	1	0	5
12	泰州市	9	1	0	10
13	宿迁市	0	0	0	0
总 计		173	27	9	209

实验动物基础设施。2013 年,全省实验动物基础设施建设稳步增长，全省实验动物专用设施面积达 18.1 万平方米,比 2012 年增长 19.9%,其中,生产设施 4.9 平方米,使用设施 6.2 平方米,辅助设施面积 7.0 平方米。在建实验动物设施近 10 万平方米。

实验动物行政管理。一是发布新版《江苏省实验动物许可证现场考核验收规则》,根据《江苏省实验动物管理办法》和 2010 年、2011 年版实验动物新国标,修订发布了新的验收规则;二是加强了实验动物质量抽检,2013 年对全省 32 份许可证设施进行了质量抽检，强化了实验动物质量源头保障；三是强化全省实验动物管理工作资料的归档整理。根据省政府法制办要求,对实验动物行政许可、行政执法、日常管理资料进行了归档整理。

【实验动物生物安全】 发布实施了《江苏省突发实验动物生物安全事件应急预案(试行)》。近两年来，全省着力开展突发实验动物生物安全事件应急预案的研究,预案从编制到发布实施,历经了 2 次省动管会审核,4 次多部门集中会商,11 次专题研讨会,36 次修改完善。2013 年 10 月 9 日,《江苏省突发实验动物生物安全事件应急预案（试行)》由省科技厅、卫生厅、农业委员会、教育厅、食品药品监督管理局、质量技术监督局、江苏出入境检验检疫局等 7 部门联合发布实施。

开展实验动物生物安全应急体系建设。一是组建实验动物生物安全应急领导小组和专家组，明确各实验动物许可证单位生物安全责任人、报告人员和工作人员，构建覆盖全省的实验动物生物安全队伍;二是结合《江苏省突发实验动物生物安全事件应急预案》的发布实施,2013 年 12 月,对全省实验动物管理部门和分及各实验动物许可证单位 260 余名负责人进行了培训，培训部署构建全省实验动物生物安全应急体系；三是指导全省实验动物许可证单位编制本单位预案，收集整理各许可证单位应急预案；四是编制了实验动物生物安全应急演练脚本初稿，筹备开展实验动物生物安全应急演练。

【实验动物产业化】 实验动物相关企业。2013 年,全省高校、科研院所、企业与有关单位签订各类服务协议 1100 份,开展各类动物实验服务 1800 多项,服务内容涉及动物模型制备、药物安全性评价、医疗器械临床前安全性评价等长期复杂性动物实验;全省实验动物产业产值达 21 亿元,其中,笼器具产值 3.3 亿元，实验动物生产销售 0.8 亿元,实验动物 CRO 企业服务收入 2.5 亿元,高校、科研院所及有关机构开展动物实验服务收入 6.3 亿元,净化工程产值 2.9 亿元,其他各类服务收入 5.2 亿元。

实验动物生产使用。2013 年,全省拥有实验动物许可证的设施生产销售实验动物数量 75.1 万只,使用实验动物数量 87.7 万只。

表 2-21 2013 年度全省实验动物许可证设施生产使用情况

单位:只

序号	动物品种	销售数量	生产销售			使用数量	来源		
			内供	省内外单位	外省单位		省内外单位	外省单位	境外
1	大鼠	100406	72610	24705	3091	187686	20781	85899	9020
2	小鼠	459720	173479	245410	40831	526461	237077	127901	1867
3	豚鼠	93000	0	58000	35000	62611	57176	5511	0
4	兔	85164	1965	61828	21371	67645	60687	5139	0
5	犬	2751	498	1287	966	3220	1870	1266	0
6	猴	1300	900	400	0	2671	598	1583	0
7	鸡	7700	7400	300	0	22852	313	14822	0
8	猫	0	0	0	0	477	158	0	0
9	猪	1120	300	644	176	1366	741	465	0
10	其他	0	0	0	0	1560	1560	0	0
总计		751161	257152	392574	101435	876549	380961	242586	10887

备注:统计数据为全省获得实验动物许可证单位实验动物设施生产、销售及使用情况

笼器具生产。截至 2013 年年底,全省实验动物笼器具生产企业共获得发明专利 6 件,实用新型专利 30 件,2013 年全省实验动物笼器具销售总额达 3.3 亿元。

咨询设计。2013 年,依托省实验动物协会的技术优势,为 12 家单位提供了技术咨询、设计、监理等服务,在注重生物安全、优化设施布局、强化节能减排,节约企业成本等方面为企业提供服务,服务满意度达 98.8%。与此同时通过协会咨询设计工作,增加实验动物协会收入,全年累计创收 16 万元。

表 2-22 全省部分服务单位及服务内容

序号	单位名称	服务项目	服务类别
1	无锡傲锐东源生物科技公司	屏障环境	设施设计
2	南京中医药大学	普通、屏障环境	设施设计
3	江苏勃林格殷格翰生物制品有限公司	普通、屏障环境	设施咨询
4	苏州大学	普通、屏障环境	设施咨询
5	江苏康淮生物科技有限公司	普通、屏障环境	设施咨询
6	江苏省医疗器械检验所	普通、屏障环境	设施咨询
7	南京中医药大学	普通、屏障环境	设施咨询
8	华益制药	屏障环境	设施咨询
9	张家港市华天药业有限公司	普通、屏障环境	设施咨询
10	西图建筑工程(上海)有限公司	普通、屏障环境	设施咨询
11	徐州莱恩药业有限公司	普通、屏障环境	设施咨询
12	中国药科大学	普通、屏障环境	设施设计

【科研与技术交流】 人才培训。2013 年,全省分别在南京、苏州、扬州、南通、镇江等地开展了 16 场次实验动物从业人员上岗培训以及豚鼠饲养专业技能、实验动物笼器具操作技能等多次专题培训,有 2116 人取得江苏省从业人员岗位证书。目前,全省共拥有实验动物从业人员上岗资格证书 1.3 万份。

实验动物科研工作。一是积极推进实验动物标准化研究。会同有关单位对《实验用雪貂》等 8 项标准进行了研究,不断提升全省实验动物标准研究工作;二是积极支持国家及省级平台建设。通过不断提升培育,苏州西山中科实验动物有限公司获得了国家科技支撑计划的支持,获得国家支持经费 2500 万元。2013 年,立项新建了“江苏省屏障设施空调系统节能工程技术研究中心”等科技计划。

(江苏省科学技术厅科技机构与条件处)

科技计划

Science & Technology Programs

【计划管理】 贯彻落实党的十八大及十八届三中全会精神和省委省政府关于科技创新的总体部署，围绕推进科技创新工程组织实施年度科技计划，全年共立项下达各类省科技计划项目3271项，总投入300多亿元，预计项目完成后可获得发明专利、重要技术标准等自主知识产权8600多件，实现新增销售收入1290亿元、利税235亿元。创新科技项目管理方式，探索科研合同制、项目经理制和管办分离改革，建立科技信用评价制度。积极推行联合招标和海外招标，提高科技资源配置的有效性。加强科技诚信建设，制定印发《江苏省科技计划项目相关责任主体信用管理办法（试行）》。完善省科技计划管理信息系统，新增申报智能查重、立项流程追溯、信用管理等功能。2013年我省共争取国家科技计划项目（课题）4500多个，获国拨经费超过47亿元，其中，国家科技重大专项新上项目50多项，国拨经费超过10亿元。

【科技统计】 加强全省创新产出统计，完成对科技创新工程监测指标中R&D经费支出占GDP比重、科技进步贡献率等8个指标，以及对江苏“两个率先”进程监测统计指标中高新技术产业产值占规模以上工业产值比重等3个指标的监测统计。同时，积极开展全省企业科技创新调查，组织对全省大中型企业和高新技术企业共9000多家企业进行调查，大中型工业企业研发机构建有率达84.1%，较2010年增加49个百分点，大中型工业企业累计实施各类科技项目24000多项，比2010年增长60%。

【科技经费使用管理】 推进科技经费管理改革，会同省财政厅进一步整合省级科技专项资金，修订出台《江苏省省级科技专项资金管理暂行办法》。改进项目经费使用方式，对科研经费开支参照国家建立了间接成本补偿机制，将项目经费预算开支分为直接经费和间接经费，对科研人员的绩效支出进行了明确，进一步激发科研人员的积极性。积极推进绩效管理，完成2013年预算绩效目标自评审工作，省科技厅2013年度省级专项资金预算绩效目标和组织管理工作取得优秀等级。研究制定了2014年省级4个科技专项资金及有关计划绩效评价指标体系，编制完成2014年预算绩效目标申请表。

（江苏省科学技术厅发展计划与财务处）

产学研合作

Industry-Academia-Research Collaboration

【概　况】 2013年，在省委、省政府的正确领导下，按照党的十八届三中全会和省委十二届六次全会有关深化科技体制改革的决策部署，全省上下继续深入学习贯彻全国和全省科技创新大会精神，围绕加快以企业为主体、市场为导向、产学研相结合技术创新体系建设的有关要求，坚持“把推动产学研紧密结合作为实施科技创新工程的主要途径”，以重点培育发展新兴产业和亟须优化提升传统产业为聚焦点，激发企业、高校院所、科技人员等产学研合作主体的积极性，大力推进战略性科技创新资源向江苏集聚、各类科技创新资源向基层集聚，积极探索产学研合作的新机制和新模式，为创新驱动战略实施、创新型省份建设提供支撑。

截至2013年年底，全省各级政府部门（县级以上）共与高校院所签订的合作协议达1300多份，各地政府、园区与高校院所共建创新载体、工作机构累计达700多个，其中共建新型研发机构280多个；有980多家高校院所与省内企业建立长期稳定合作关系，全省实施各类产学研项目15000多项，其中与中科院的合作项目达1300多项，年产出达789亿元，继续保持各省（市、区）第一。

【省产学研联合创新专项资金】 2013年度省产学研联合创新资金工作，围绕“十二五”科技规划和科技创新工程行动计划，大力推动国内外科技资源加快向江苏集聚、各类创新资源加快向园区和企业集聚，加快提升自主创新能力，主要支持重大创新载体建设和前瞻性联合研究项目，共立项263项（含重大创新载体启动期建设项目继续建设6项），安排经费22625万元，带动社会投入20多亿元。

产学研联合重大创新载体建设。与省产学研产业协同创新基地建设工作联动，主要聚焦国家科教结合产业创新基地、苏南自主创新示范区、省级以上高新区和创新型城市建设，面向重点产业的创新需求，按照“一区一战略产业、一县一主导产业”的要求，支持省级以上高新区(园)等各类科技园区，依托海内外一流高校院所，共建各类新型研发机构以及产业特色鲜明的综合性产学研联合创新载体，推动各地错位发展、差别化集聚创新资源，以创新资源的集聚带动产业集聚，促进创新要素与产业要素紧密结合，建设各具特色的创新集群和产业集群，探索战略性新兴产业培育、促进传统产业优化升级的有效途径，为创新驱动发展提供有力支撑。2013年，围绕光电产业、半导体照明产业、物联网产业、矿山安全产业、环保产业等立项支持重大创新载体7个，支持地方政府、科技园区引进了中科院上海光机所、清华大学、中国矿业大学、复旦大学、上海大学等高校院所的一流创新资源，安排省拨经费7300万元，带动社会投入超10亿元。

产学研前瞻性联合研究项目。2013年分两类组织实施，一是面上引导项目，重点与《江苏省“十二五”科技发展规划》衔接，主要是引导高校院所专家教授开展企业需求导向的前瞻性科学研究与技术开发，鼓励企业主动介入早期研发，以高校院所为申报主体。二是重大战略产品产学研联合攻关，鼓励省内企业围绕全省特色支柱产业发展过程中具有战略意义的重大产品、亟待突破的产业重大关键技术和装备，整合国际国内创新资源，组织产学研联合攻关，突破一批制约行业发展的重大关键技术，开发一批产业带动作用强、市场规模大、技术水平高并具有行业标志性意义的重大战略产品(装备或系统)，引导全省重点骨干企业向科技创新高端攀升。2013年，支持面上研究项目246项，安排省拨经费7125万元；支持重大战略产品产学研联合攻关项目4项，安排省拨经费2300万元，带动社会投入近1.3亿元。

【重点科教单位合作】 2013年，全省进一步加强与中国科学院、清华大学、北京大学、浙江大学等重点科教单位的战略性合作，为实施创新驱动战略、推进科技创新工程提供了有力支撑，取得了较为显著的成效。

中国科学院。与中科院科技促进发展局、中科院南京分院等协同合作，加强工作推进，取得了积极成效。一是做好“企业创新岗”试点工作。按照《关于开展“企业创新岗”试点工作的通知》有关要求，推动78家省内企业与中科院系统27家研究所的47名科技人员开展岗位对接，并组织达成初步意向的40名科技人员与设岗企业、派出单位签订了《实施“企业创新岗”合作协议书》，明确了具体任务。组织召开了“企业创新岗”培训班，向科技人员颁发了聘书，就特聘专家转变角色定位、更好开展工作进行了辅导。二是院地共建研发机构取得进展，江苏中科院智能科学技术应用研究院、中科苏州地理科学与技术研究院、中科院半导体所镇江新区激光技术研发中心、中科院生物物理所淮安研究中心等在省内落户，将为全省地方产业发展提供强劲的科技支撑。三是院地对接合作与交流洽谈更加活跃，南京市、扬州市、镇江市等分别与中科院系统签订了合作协议，院地合作的顶层工作设计进一步加强；省地方政府、企业等积极与中科院系统开展产学研合作对接，由中科院支持的活动达到30多场，仅第四届中国江苏产学研合作成果展示洽谈会就有中科院系统的48个团队、55名专家教授参会，促成了一批合作项目和意向。

其他重点科教单位。北京大学、清华大学、中国电子科技集团、浙江大学积极组团参加了由省政府主办的第四届中国江苏产学研合作成果展示洽谈会，前期征集并网上展示有意向到江苏省开展合作创新的专家团队41个、科技成果125项，共有37个专家团队、49名专家教授参会并与省内企业进行了现场洽谈。各级地方政府、科技园区等加快集聚重点科教单位创新资源，南京市与北京大学共建了生物医药技术转移中心，苏州市与北京大学共建了国际大学联合技术转移中心，扬中市与北京大学地球与空间科学学院签订产学研合作战略框架协议，扬州市与清华大学签订了全面合作协议，常州市与浙江大学共建了浙江大学常州工业技术研究院，校(院、所)地举办了一系列技术对接会、对接洽谈会，取得了显著成效。

【重大产学研活动】 一是举办了第四届中国江苏产学研合作成果展示洽谈会。在全省上下深入开展党的群众路线教育实践活动、落实中央八项规定和省委十项规定的新形势下,2013年11月15~16日,以"集聚资源促合作、协同创新谋发展"为主题的第四届中国江苏产学研合作成果展示洽谈会成功举行,大会前期共征集和网上展示了省内外101家高校院所的最新成果909项、专家团队278个,发布省内企业技术需求1200项,企业与专家成功开展网上对接1104项次。大会现场展示面积5000多平方米,共有78家高校院所230个专家团队的310名专家代表参与现场对接,吸引了1780多位企业负责人参与洽谈。大会期间还举办了江苏省产学研合作圆桌会议、促进科技资源向苏北聚集专项活动、医疗器械智能制造主题沙龙、专家江苏行等专项活动,通过展览展示、现场洽谈、座谈交流、考察走访等多种形式,进一步展现了江苏产学研合作的良好氛围、环境和政策。本届大会累计达成企业产学研合作项目及意向957项、协议金额4.1亿元,促成一批重大技术成果在省内企业落地转化,得到了各方好评,进一步巩固了集聚科教资源、服务企业创新的活动品牌。二是组织举办了智能制造装备技术成果专题洽谈会。联合扬州市政府,围绕智能制造装备产业领域,共征集了清华大学、上海交通大学、浙江大学、西南交通大学、东南大学、武汉大学、哈尔滨工业大学、华中科技大学、北京航空航天大学、北京机电研究所等34家高校院所的639项科技成果,组织企业进行了预对接。2013年5月10日,活动在扬州成功举办,有关高校院所的近50名专家与全省登记对接的近200家相关企业负责人开展了面对面交流洽谈,共有25个课题组与省内企业达成合作意向60个,拟进一步洽谈53个,一半以上专家接受企业邀请于会后深入企业进一步洽谈。

【产学研协同创新基地建设】 按照《省科技厅党组关于贯彻落实全省科技创新大会精神和省委十七号文件的实施意见》中提出的"加快集聚科教资源,错位发展,建设一批产学研协同创新基地"的工作要求,于2013年年初启动了省级产学研产业协同创新基地建设工作,选择产业特色鲜明、发展基础较好的地区,进一步引导各地按照"一区一战略产业、一县一主导产业"的创新发展要求,差别化集聚创新资源、错位发展,培育产业特色鲜明、规模集聚明显、产业链和创新链完善、创新活力旺盛、竞争优势显著的产业高地。经组织申报、专家评审、现场考察等程序,围绕南京通信与网络产业、无锡传感网产业、武进半导体照明产业、苏州纳米技术产业、苏州医疗器械产业、泰州生物医药产业等确定了23个产学研产业协同创新基地。同时,积极推动科教结合苏州纳米技术产业创新基地、泰州生物医药产业创新基地、南京通信与网络产业创新基地建设,召开了专门的工作座谈会议,并赴科技部、教育部争取支持。

【"校企联盟"建设】 "校企联盟"是江苏省广泛组织科技人员服务企业、服务基层、服务社会,推进产学研合作的一面旗帜,通过"校企联盟"行动,旨在最广泛地动员和引导高校、院所科技人员深入基层、走向社会,重点在合作开展技术研发、加快科技成果转化、共建技术创新平台、培养企业技术和管理人才、提升企业产学研合作积极性等5个方面帮助企业提高发展水平。自2009年启动以来,全省不断丰富工作内涵、强化工作支撑,2012年继续加强"校企联盟"与省各类科技计划的集成力度,并积极推动有关省辖市在组织实施市以下科技计划时加强与"校企联盟"的联动。截至2013年年底,全省各地企事业单位与省内外高校院所共建立校企联盟8478个,参与高校院所400多家,学科团队4000多个,服务企业科技人员超过40000人·企。

(江苏省科学技术厅产学研合作处)

长三角科技合作

【概　况】 2013年,江苏省在长三角区域创新体系建设联席会议办公室的框架下,围绕长三角经济社会发展需求,组织筹备开展科技联合攻关,积极探索区域科技合作模式转变,深化和完善科技资源共享服务系统建设,优化区域科技创新创业氛围,切实推进长三角科技合作相关工作。

【科技资源共享】 长三角大型仪器网不断完善。在长三角区域创新体系建设框架下,上海市科委继续会同江苏、浙江和安徽三省科技厅,推动"长三角大型科学仪器协作共用网"等公共科技基础设施建设,入网仪器数和跨区域服务量都有了显著提高。截至2013年11月底,"长三角大仪网"已集聚区域内三省一市1271家单位的15564台

(套)大型科学仪器设施,其中,价值在 50 万元以上的仪器设施达 7751 台(套),“长三角大仪网”仪器台(套)总量年平均增幅达 5.5%。

孵化器培训成为长三角科技合作金名片。充分发挥培训一期横跨三地的模式优势,继续开展孵化器从业人员培训工作,2013 年共开展四期孵化器从业人员培训工作,参加培训人数 368 人。该培训始于 2008 年,已累计举办九期培训,师资水平囊括现有全国一线国家级孵化器领军人物,为江浙沪三地近 675 名孵化器管理人员提供了培训,得到学员的欢迎和科技部领导的高度认可。目前,该培训教材已入选国家级孵化器专业管理上岗培训教材,其运行模式也正在全国推广。

三省一市技术经纪人资质互认工作继续领跑全国。实现了“统一培训教材、统一培训标准、统一考试形式、统一认证”,在自愿、平等、协作的原则下,实现互通互认。2013 年,共开展三期培训工作,共计培训技术经纪人近 400 人。同时对《技术经纪人培训教材》(长三角区域创新体系建设联系会议办公室编著)进行改版,内部发行 350 本,并已用于第二、三期的培训工作。

长三角技术转移系统建设不断推进。“长三角技术转移系统”于 2011 年运行以来,在各方共同努力下,长三角区域内的技术转移工作蓬勃开展,据统计,2013 年,仅上海向浙江、江苏、安徽输出技术总计达 1490 项,累计成交金额达 35.44 亿元。

【联合攻关】 重点聚焦对长三角区域的社会发展、公共安全、民生保障和科技进步起到促进支撑作用的共性关键技术展开联合攻关。经过公开征集和专家评审等严格流程,在公共安全、民生保障、环境保护三大领域遴选 23 项,支持资金达 1780 万元,带动社会投入 6974.6 万元,预期产生经济效益 90258.5 万元,申请专利 82 项,引进高端创新人才 88 人。江苏省在省科技成果转化专项资金、产学研联合专项资金中遴选 20 项作为长三角科技联合攻关项目,共安排财政拨款 17600 万元。

首次启动四地科技联合攻关项目备案。其中,备案上海与江苏联合攻关项目 10 项,安徽与江苏联合攻关项目 24 项。实现四地科技联合攻关项目备案,不仅为四地掌握共同攻关项目情况提供了必要的信息,还为建设长三角共享科技项目数据库打开了良好的局面。

【学术与工作交流】 成功举办“第四届中国江苏产学研合作成果展示洽谈会”。会议是江苏聚集科教资源、服务企业创新的标志性活动,每两年举办一次。本届会议以“集聚资源促合作、协同创新谋发展”为主题,集中展示了长三角及海外高校院所的最新科技成果,并组织开展对接洽谈活动。来自包括上海、浙江、安徽在内的 78 家高校院所 230 个专家团队的 310 名专家代表参会,超过 1500 家企业的负责人参与洽谈,累计达成产学研合作项目及意向 957 项,协议金额达 4.1 亿元。会后还举办了江苏省产学研合作圆桌会议、专家江苏行等专项活动,通过展览展示、考察走访等多种形式,推动产学研合作与协同创新。

(江苏省科学技术厅科技机构与条件处)

高校协同创新

【江苏高校协同创新计划】 2013 年省教育厅深入贯彻落实教育部、财政部《关于实施高等学校创新能力提升计划意见》,围绕省委、省政府创新驱动发展战略决策部署,进一步提升全省高校的协同创新能力,实施江苏高校协同创新计划,支撑创新型省份和人力资源强省建设。一是评审认定江苏高校协同创新中心。省教育厅会同财政厅共同组织开展了首批江苏高校协同创新中心的评审认定工作。经组织专家评审答辩、协同创新计划领导小组审定并向社会公示,由省政府办公厅发文,公布了首批立项建设 29 个江苏高校协同创新中心、培育建设 11 个江苏高校协同创新中心。4 月 25 日,省教育厅召开“江苏高校协同创新计划实施情况新闻通气会”,向新闻媒体通报了江苏高校协同创新计划的实施背景、总体思路、主要目标、工作举措、初步成效和下一步工作思路等情况。二是召开江苏高校协同创新计划推进会。5 月 24 日,省教育厅组织召开“江苏高校协同创新计划推进会”,江苏高校协同创新计划领导小组成员、全省 91 所高校及职能部门负责人、各协同创新中心负责人、协同单位代表共 240 余人参加了会议。会议对江苏高校协同创新中心建设工作进行了部署,对首批立项的中心进行了授牌,5 所高校交流发言。教育部杜占元副部长、省政府曹卫星副省长出席会议并做重要讲话。杜占元副部长指出:“江苏启动实施江苏高校协同创新计划,在全国起步早、动作快、力度大,走在了全国的前列”。三是组织江苏高校实施国家“2011计划”。5月17日,国家教育部、财政部正式发文公布了首批认定的“2011协同创新中心”。南京大学、苏州大学、南京工业大学牵头的3个协同创新中心分别入选国家首批认定的14个协同创新中心,占全国首批协同创新中心总数的21%,入选的3个中心均占全国同类型中心数量的50%,江苏高校入选数量位居全国省市第二。7月22日,教育部在杭州组织召开了“2011计划”推进座谈会,省教育厅厅长沈健出席会议并做了题为“扎实推进协同创新计划、大力提升高校创新能力”的交流发言,南京大学常务副校长张荣代表高校做了题为“协力同心、共创新篇”的交流发言。四是开展首批立项建设的江苏高校协同创新中心发展规划编制和审核论证工作。在组织有关专家审核论证的基础上,江苏高校协同创新计划领导小组办公室对29个立项建设的江苏高校协同创新中心的发展规划逐一进行了审核批复。

2013年5月24日,江苏高校协同创新计划推进会在南京召开。教育部副部长杜占元、省政府副省长曹卫星出席会议并讲话。

2013年5月24日,江苏高校协同创新计划推进会在南京召开。参会领导为首批立项建设29个“江苏高校协同创新中心”授牌。

【高校科技人员创新创业】 省教育厅会同省科技厅、南京市委、南京市政府与部分在宁高校,共同研究制定“科技九条”实施细则,吸引、引导一大批高校科技人员投身创业创新。12月18日,省教育厅、省人力资源社会保障厅与南京江宁区共同举办了战略合作签约暨江苏首届“百名教授创业江宁”活动。南京大学、东南大学等27所高校160余名教授携带科技成果、高技术项目参加活动。活动中,省教育厅与江宁区共同签订了战略合作协议,沈健厅长与周谦书记共同为“江苏省高校创业创新示范基地”揭牌,东南大学等高校的9个项目与江宁区合作签约,31名教授与江宁各园区达成项目合作意向。

【高校产学研合作和科技成果转化】 省教育厅组织高校积极参与各类产学研合作对接及科技成果转化活动,大力促进政产学研和校地、校企紧密合作,增强高校服务地方经济发展能力。一是组织开展“江苏高校科技服务高新区”活动。组织全省30所本科院校的相关领导及技术转移中心负责人,面向高新园区产业需求,与海安高新技术产业开发区开展产学研合作对接活动,提升园区科技和产业发展水平;组织14所高校参加四川绵阳2013中国科技城科技博览会;组织24所高校参加第四届中国江苏产学研合作成果展示洽谈活动。二是组织省内高校科技服务苏北经济社会发展。省内26所高校参加“百所名校徐州行”活动;16所高校与盐城阜宁进行科技创新创业恳谈签约活动;19所高校参加了连云港市“推进新特产业技术创新联盟暨政产学研用合作恳谈活动”;17所高校与淮安市进行产学研协同创新对接。三是充分发挥高校成果来源和技术依托作用。全省高校2013年与省内企业共同承担省科技成果转化专项资金项目46项,获省财政补助资金3.8亿元,全省高校参与承担的项目占产学研项目总数的近50%。四是组织高校科技服务“三农”并配合做好高校科技“三下乡”活动。会同有关部门组织“科技强农富民工程”及“送科技下乡,促农民增收”等活动。全省10所涉农院校(共15个工程项目)因工作突出、成效显著被评为全省强农富民工程挂县突出单位;省教育厅推荐的高校及教授被省委宣传部、省文明办、省教育厅等15个单位通报表扬为江苏省文化科技卫生“三下乡”先进集体和先进个人(全省共3

所高校、9名教师受到通报表扬)。

2013年4月，中国技术市场协会公布了第六届中国技术市场协会金桥奖获奖名单，省高校科技发展中心和南京大学、南京航空航天大学、南京农业大学、中国矿业大学、江苏大学、南通大学等6所高校的技术转移中心等机构及个人荣获第六届中国技术市场金桥奖。

【科技创新基地和创新人才团队】 省教育厅积极组织高校申报工程研究中心等科技创新基地平台。2013年全省高校新增4个国家地方联合工程研究中心(依托南京师范大学建设的"生物功能材料国家地方联合工程研究中心"、依托江苏大学建设的"混合动力车辆技术国家地方联合工程研究中心"、依托南京中医药大学建设的"中药资源产业化与方剂创新药物国家地方联合工程研究中心"、依托南京农业大学建设的"绿色农药创制与应用技术国家地方联合工程研究中心")、1个国家工程技术研究中心(依托江南大学建设的"国家功能食品工程技术研究中心")、2个国家级国际联合研究中心(依托江南大学建设的"光响应功能分子材料国际联合研究中心"、依托南京财经大学建设的"电子商务信息处理国际联合研究中心")、1个教育部工程研究中心(依托南京邮电大学建设的"泛在网络健康服务系统工程研究中心")。新增6个省重点实验室、7个省工程实验室、11个省工程技术研究中心。会同省科技厅组织江苏高校做好申报国家大学科技园的有关工作，获批新增6个国家级"高校学生科技创业实习基地",新增数量位居全国省市第一。会同省经信委共同批准建设9个"江苏省高校中小企业公共技术服务平台",建立健全全省中小企业技术创新服务支撑体系。

为切实增强高校科技自主创新能力，进一步集聚、培育和建设一批优秀科技创新群体,省教育厅遴选确定2013年度江苏高等学校优秀科技创新团队31个。同时继续开展了教育部科技创新团队、新世纪优秀人才等优秀评选推荐工作。82名(省属高校12名)中青年学术骨干入选教育部2013年度"新世纪优秀人才支持计划",入选数量位居全国第二。9个创新团队(省属高校南京工业大学1个创新团队)入选教育部2013年度"创新团队发展计划",入选数量位居全国第二。全省高校共有3名教授荣获2013年度何梁何利奖,其中解放军理工大学钱七虎院士获科学与技术进步奖、江南大学陈坚教授、南京工业大学邢卫红教授获科学与技术创新奖。

【科技管理和科技项目】 省教育厅组织开展了2013年度省属高校自然科学研究项目申报工作,经专家评审、公示审核,确定立项资助2013年度省属高校自然科学研究重大项目62项、面上资助项目461项、面上自筹经费项目88项。对2009年立项的47个省属高校自然科学基础研究重大项目检查验收。开展高校重点实验室、工程实验室、工程技术研究中心年报工作,对2010年立项建设的25个江苏高校重点实验室检查验收。

组织江苏高校积极申报教育部科学技术研究项目,江苏9所高校14个项目入选教育部科学技术研究项目,占总项目数的13%。江苏高校331个项目获教育部2013年度高校博士点专项科研基金资助立项,占立项总数的10.9%,资助总经费达2992万元。10所高校22个项目获2013年度高校博士点基金联合资助课题立项，立项数位居全国第三。

组织召开苏北部分高校科技工作座谈会,研讨对口支持苏北高校的长效机制、运行模式和有效举措,推进高校科技协同创新,服务区域经济发展。会同有关部门召开新闻通气会,向新闻媒体通报并解读《江苏省省属高校科研经费管理办法》。

【高校知识产权】 江苏高校3项专利获第十五届中国专利优秀奖,5所高校的7个项目入选第八届江苏省专利项目奖。教育部发布了2013年度高校获发明专利授权量情况统计，江苏8所高校发明专利授权量进入全国高校前50名(高校数居全国第二),共获发明专利授权2564项。江苏7所高校的有效发明专利拥有量进入全国高校前50名(高校数居全国省市第二)，有效发明专利拥有量共8274项。

省教育厅会同江苏高校知识产权研究会、南京市相关部门在第13个"4·26世界知识产权日"活动期间，组织开展了"知识产权专题报告会""2013年南京市大学生专利成果展"等系列活动，营造"尊重知识、鼓励创新、保护知识产权"的良好氛围。召开2013年度全省高校知识产权研究会年度常务理事会,研讨交流高校知识产权管理工作。

完成省政府商标战略领导小组布置的高校实施商标战略的课程设置和相关专业的人才培养工作。

(江苏省教育厅 方 亮)

中国科学院南京分院

【概 况】 中国科学院南京分院的前身是中国科学院华东办事处。1950年,中国科学院接管原中央研究院在南京的科研单位,成立了中国科学院华东办事处。1969年,华东办事处撤销,全部业务交由江苏省科技主管部门管理。1978年11月,经国务院批准恢复成立中国科学院南京分院。

南京分院是中国科学院机关的派出机构,负责联络和协调中国科学院在南京地区的中科院紫金山天文台、南京地质古生物研究所、南京土壤研究所、南京地理与湖泊研究所、中科院南京天文仪器有限公司、国家天文台南京天文光学技术研究所、中国科学院苏州纳米技术与纳米仿生研究所、中国科学院苏州生物医学工程技术研究所和江苏省中国科学院植物研究所(双重领导)等单位。截至2013年年底,南京分院共有在职职工2170人,其中科技人员1602人,包括中国科学院院士10人,研究员及正高级工程技术人员327人,副研究员及高级工程技术人员416人。

加强领导班子建设。(1)组织建设。加强所级领导班子选拔、管理和监督工作,在院党组领导下,顺利完成南京地质古生物研究所、中科院南京天文仪器有限公司、中科院紫金山天文台、南京地理与湖泊研究所换届考核,完成南京土壤研究所、南京地质古生物研究所、苏州生物医学工程技术研究所党委纪委换届选举及苏州生物医学工程技术研究所地方领导考核工作。

(2)思想建设。紧抓群众路线教育实践活动有利契机,加强思想建设。认真学习总书记重要讲话和有关文件精神,领会精神实质。开好民主生活会,领导班子成员充分交换意见,坦诚交流思想,积极开展批评与自我批评,触动思想实际。

(3)作风建设。结合党的群众路线教育实践活动,分院党组带头加强理论学习、进一步统一思想、提高认识。党组成员深入各所联系点进行专题调研,广泛征求意见,对照征求到的意见和建议,研究分析原因,制定整改措施,切实解决实际问题。

深入推进院地合作,助力地方经济发展。(1)集聚创新资源,提升创新能力。已有共建平台稳步发展。中国科学院在江苏的5个平台型中心发展势头良好,已集聚1909人,2013年度获研发经费8866万元,转化项目48个,孵化企业27个,技术转让收入1.3亿元,全年转移项目实现销售收入6.5亿元,利税5798万元。能源动力中心和物联网中心2个研究型中心已有1004人,2013年,共申请143项专利,软件著作权2项;专利获得授权75件;转让专利32件、许可专利9件。提案国际标准1项。全年成果技术转让收入2338万元,转移项目实现销售收入1040万元,利税183万元。一批所地共建创新载体成为区域产业创新发展的支撑平台。协调推动一批所地、所企共建平台落地:江苏中科院智能科学技术应用研究院、沈阳自动化研究所苏州研究院成立。张家港能源环境材料与装备研发中心、自动化所中自孵化器扬州研发中心、苏州纳米科技协同创新中心等获得认定,中科院理化技术研究所、中科院金属研究所、中科院南京土壤研究所分别与靖江市联合成立科技成果转化中心及7个工程技术研究中心和2个院士工作站。海门中科创新科技园、中科院理化所(靖江)产业园分别落成。

(2)围绕地方科技和产业发展重点,拓宽渠道强化院市合作。促成中科院与南京市政府签署新一轮战略合作协议,动员30多名中科院高端人才申报了南京321人才计划,其中有十几名入选。协调促成软件所与南京市共建南京软件科技大学,即将签署三方协议。围绕节能环保产业,引进中科实业集团(控股)有限公司在盐城投资建设中科循环经济产业园。响应省政府推进苏北五市创新和人才支撑计划号召,积极调动力量,支援苏北发展。

(3)积极推动系统内研究所成果转化和产业化。中国科学院苏州纳米技术与纳米仿生研究所转移转化许可发明专利3件,推进全所20项专利技术国际商业化运营进程,创立两家高技术产业化公司。中国科学院苏州生物医学工程技术研究所成立全资公司,联合深圳分享投资设立了共计3亿元的“苏州分享高新医疗器械产业发展投资基金”,新成立2家公司。中科院南京土壤所在广东、广西、湖北开展了万亩有机农业和生态高值农业模式示范推广。

(4)积极搭建院地交流平台,加强成果转化和人才交流。全年参与主办或组团参与了20多场各类科技对接活动,达成合作意向100多个;选聘全院40名科技人员成为首批江苏"企业创新岗"特聘专家;26名人才入选江苏省第六批科技镇长团;推荐就任科技副职3人,在任科技副职为地方引进院内项目43项,引进资金4480万元,组织开展各类对接活动128次,为地方撰写各类调研报告42篇。

(5)加强与江西省合作,推进院省共建江西省科学院。围绕中科院院长白春礼与江西省委书记强卫确定的2个院省合作重点突破,组织专家完成产业和区域发展科技需求调研,凝练重大合作项目,撰写调研报告;大力推进院省共建江西省科学院,成立科学院联盟领导小组。积极加强人才交流,选派4名挂职干部,派出江西省科学院人才参加联想学院实训班;3个项目已获得全国科学院联盟项目支持。

大力加强党建工作。注重实效,抓好评议整改落实工作,大力加强党的建设,全力开展党的群众路线教育实践活动,以活动凝聚力量,狠抓干部作风建设,切实解决群众关心的实际问题。

分院纪检组对系统各单位贯彻落实中央"八项规定"精神和分院"12项要求"的贯彻落实情况进行监督检查。深入推进廉洁从业风险防控和重点领域监督,组织编印《南京分院重点领域廉洁从业风险防控交流材料汇编》,为系统各单位相关领域廉洁从业风险防控体系建设提供参考和借鉴。

全力做好党务工作,同换届所领导班子签订《党风廉政建设责任书》,全面履行党风廉政建设职责;成立中科院党建暨政研会南京分院分会;加强统战工作,召开分院系统民主党派负责人会议,发挥民主党派建言献策、科技咨询等方面的作用。

充分发挥桥梁纽带作用,积极凝聚院士专家智慧。分院院士联络处工作紧密结合国家和地方战略需求,大力推进院士决策咨询、人才培养、支持企业发展和科学传播等工作,充分发挥院士群体科学思想库作用。通过组织院士考察调研,积极为省、市地方政府提供决策咨询,由院士提出的江苏中学教育改革意见报省政府,受到高度重视,有关部门专门到分院听取院士意见,并同院士座谈改革措施。分院院士联络处组织院士向省领导建言献策,已形成制度,并得到江苏省委、省政府的欢迎和肯定,院士建议被研究采纳和反馈。

全年组织不同性质的院士会议30多场,开展咨询考察活动6次,接待多批企业来访,在院士和企业之间架起有效沟通桥梁。推进院士服务属地化,进一步落实院士待遇,细化院士医疗、保健和疗养"绿色通道"。坚持拜会看望院士,全年累计走访、慰问院士达300多人次。

全力推进新园区建设工作。在院党组的关心和相关部门的大力支持下,南京分院麒麟科技园项目建设工作有效推进,取得了阶段性进展。分院工作小组多次与南京市发改委、规划、国土、园区建设指挥部等单位协调商谈,层层突破,完成了项目选址调整工作,现已取得选址调整后的南京市规划局核发的《建设项目选址意见书》,建设用地由11.67公顷增加到16.11公顷,并通过了南京市、区国土部门的土地初审和预审,目前正全力推进项目的设计、环评、能评、稳评等各项工作。

(朱飞飞 王京明)

【中国科学院紫金山天文台】 中国科学院紫金山天文台(以下简称"紫台")成立于1950年5月20日。前身是1928年2月成立的国立中央研究院天文研究所。紫台是我国自己建立的第一个现代天文学研究机构,被誉为"中国现代天文学的摇篮"。党和国家领导人毛泽东、朱德、邓小平、江泽民和胡锦涛等都曾到紫台视察。

紫台是以天体物理和天体力学为主要研究方向的研究所,1999年3月成为中国科学院知识创新工程试点单位之一。依据"十二五"发展规划和"创新2020"组织实施方案,紫台总体发展目标是:到2020年,紫台进入国际天文研究机构的先进行列,成为满足国家特定需求的核心机构之一。近期,紫台将努力建成国际先进或国内领先的以暗物质粒子探测为核心的空间天文探测研究基地;以太赫兹探测技术为支撑,面向天文学重大科学问题的南极天文和射电天文研究基地;以人造天体动力学和探测技术为支撑,面向国家战略需求的空间目标和碎片观测研究中心;以近地天体探测研究为基础,面向深空探测的行星科学研究中心。

紫台设4个研究部:暗物质和空间天文研究部、应用天体力学和空间目标与碎片研究部、南极天文和射电天文研究部、行星科学和深空探测研究部;5个实验室:毫米波和亚毫米波技术实验室、暗物质和空间天文实验室、天体化学和行星科学实验室、CCD相机研制实验室、行星科学与深空探测实验室;7个野外业务观测台站：南京紫金山科研科普园区、青海观测站、盱眙天文观测站、赣榆太阳活动观测站、洪河天文观测站、姚安天文观测站和南极Dome A天文台。其中青海观测站是全国最大的毫米波射电天文观测基地，盱眙观测站是全国唯一的天体力学实测基地。各野外台站运行13.7米毫米波望远镜、1米近地天体望远镜、多台套设备组成的空间目标与碎片观测网、Hα太阳精细结构望远镜、太阳射电频谱仪、近红外太阳光谱仪等观测设备。

紫台建设和运行中国科学院射电天文重点实验室、中国科学院空间目标与碎片观测重点实验室、中国科学院暗物质与空间天文重点实验室、行星科学与深空探测实验室，是中国科学院空间目标与碎片观测研究中心、中国科学院南极天文中心以及中国天文学会的挂靠单位。紫台图书馆拥有图书和期刊数十万册，是东亚地区最大最全的天文图书馆。

截至2013年年底，紫台共有在职职工324人。其中科技人员266人、科技支撑人员147人，包括中国科学院院士3人、研究员及正高级工程技术人员53人、副研究员及高级工程技术人员54人;全台进入创新岗位173人。

共有国家海外高层次人才引进计划("千人计划")入选者1人、青年"千人计划"入选者2人;中国科学院"百人计划"入选者19人(新增1人);国家杰出青年科学基金获得者12人。

紫台是国务院学位委员会批准的首批博士、硕士学位授予权单位之一。现设有1个天文学一级学科博士、硕士研究生培养点，控制工程、电子与通讯等2个专业一级学科硕士学位工程培养点，天体物理、天体测量和天体力学、天文技术与方法等3个专业二级学科硕士、博士研究生培养点，并设有天文学博士后流动站，共有在学研究生134人(其中硕士生68人、博士生66人)、在站博士后10人。

2013年，紫台共有在研项目259项(包括新增项目97项)。其中，主持国家重点基础研究发展计划(973)项目3项和子项5项;主持(或承担)中国高技术研究发展计划（863）项目32项（新增12项);主持(或承担)国家其他项目11项;主持(或承担)国家自然科学基金项目103项(新增42项)，其中重大项目1项、重点项目6项(新增2项)、主任基金项目3项、面上项目31项(新增12项)、杰出青年基金2项，承担国家自然科学基金重大科研仪器设备研制专项1项；承担中科院空间科学战略先导科技专项7项(新增1项)，主持(或承担)中科院知识创新工程重要方向项目5项，"百人计划"项目5项(新增1项)，承担重大国际合作项目1项;承担江苏省自然科学基金11项;横向项目16项(新增8项)。

2013年，紫台共发表科技论文236篇，其中国际合作论文56篇。SCI论文160篇，影响因子3.0以上的106篇，被引用138篇次;申请专利5件，其中发明专利5件，申请软件著作权3件;专利授权数6件，其中发明专利6件。

主要科研项目进展:(1)战略性先导科技专项A类"暗物质粒子探测卫星"项目于2013年4月工程正式转初样阶段。(2)国家重大科技基础设施"十二五"规划项目——中国南极天文台项目建议书通过中科院专家评审。(3)空间目标与碎片观测系统建设取得重要阶段性进展。具有自主创新概念的二代光电阵正式投入运行，大幅度提高了全网的探测能力。2013年5月至6月，紫台牵头负责的中科院空间碎片观测网参加了"天宫一号/神舟十号"空间碎片危险目标监测预警任务，保障了"天宫一号/神舟十号"的安全飞行。(4)参加国家探月工程取得新进展。完成国家探月二期工程嫦娥三号粒子激发X射线谱仪(APXS)配套月夜生存装置和定标装置研制，12月2日随嫦娥三号成功发射。利用自主研制的嫦娥二号伽马谱仪对月球表面大型撞击坑及其周围溅射物放射性元素含量的观测，提出新观点认为月球深层次的物质是在撞击事件中被挖掘出来的。相关文章发表于Nature杂志子刊Scientific Reports上。(5)国家重大科研仪器设备研制专项项目"太赫兹超导阵列成像系统"取得重要进展。完成850微米波段超导探测器单元的设计与制备及初步实验表征；完成实验测试用0.3K低温制冷单元的研制。(6)银河系本地臂首获高精度测量。利用国际上空间分辨率最高的甚长基线干涉阵(VLBA)，首次精确测定了距离地球最近的银河系本地臂的形态和运动学性质。发现本地臂是一个独立的臂，其形态和运动学性质与其他主臂类似，此研究成果彻底排除了天文学界长期以来认为本地臂只是主臂上一个分叉的观点,引起国际天文学界广泛关注。(7)中科院行星科学重点实验室成立。上海天文台和紫金山天文台同为该重点实验室依托单位。

在 Nature 杂志子刊 Scientific Reports 发表 2 项利用嫦娥二号科学数据取得的重要研究成果:通过分析自主研制的嫦娥二号伽玛谱仪对月球表面大型撞击坑及其周围溅射物放射性元素含量的观测资料,提出撞击事件挖掘出月球深层物质的新观点;利用嫦娥二号探测器对 4179 号小行星图塔蒂斯飞越探测获取的光学图像,揭示了该小行星的物理特性、表面特征、内部结构以及可能的起源等新的结果。银河系本地臂首获高精度测量,发现距离地球最近的银河系本地臂是一个独立的臂,其形态和运动学性质与其他主臂类似,此成果彻底排除了国际天文学界长期以来认为本地臂只是主臂上一个分叉的观点。首次在宇宙深处的爆发天体中发现引力波辐射迹象。

2013 年,紫台与俄罗斯、美国、瑞士、意大利、芬兰、荷兰、澳大利亚、日本 8 个国家(地区)共有在签协议 9 项(新增 4 项)。联合发表论文 66 篇。主办或协办各类国际会议 6 个,包括"第 13 届东亚地区亚毫米波接收机技术研讨会""日球中高能粒子的探测和研究""东亚核心天文台(EACOA)中等口径望远镜科学讨论会""高能天体物理:亚洲天文学家培优学校的 COSPAR 能力建设研讨会""第 2 届南极巡天望远镜合作会议"和"第 10 届中澳科技研讨会——天文与天体物理",参会国外学者 128 人次。执行"爱因斯坦讲席教授"1 项、"外国专家特聘研究员计划"2 项、"外籍青年科学家计划"1 项,完成国际合作重点项目 1 项;全年出访申请 158 人次,完成出访任务 147 人次,来访人员 127 人次。执行中欧联合培养博士研究生 6 人,其中 2013 年新增 2 人,公派留学 2 项。紫台共有国际天文联合会(IAU)正式会员 64 人。

紫台是我国开展天文科学普及的重点单位、全国科普教育基地、全国重点文物保护单位,以紫金山科研科普园区、青岛观象台等重点科普基地为骨干,开展科普宣传,面向社会开放。2013 年共接待青少年和社会公众约 20 万人次。开展了流星雨观测等多项科普活动,协助青海德令哈、云南姚安等地天文馆建设项目的策划、选址、方案修改、组织设计、建设运行等工作。

2013 年 11 月 8 日紫金山天文台仙林园区奠基开工。

紫台是《天文学报》(双月刊)和英文刊 Chinese Astronomy and Astrophysics 的承办单位。

(朱爱仲)

【中国科学院南京地质古生物研究所】 中国科学院南京地质古生物研究所(以下简称"南京古生物所")下设基础研究部(含古植物与孢粉学研究室、古动物学研究室、微体古生物学研究室)、现代古生物学和地层学国家重点实验室、中国科学院资源地层学与古地理学重点实验室 3 个科研机构,拥有图书资料信息中心、公共技术服务中心、南京古生物博物馆以及澄江古生物研究站。

截至 2013 年年底,南京古生物所有在职职工 141 人,包括中国科学院院士 3 人、研究员及正高级工程技术人员 38 人、副研究员及高级工程技术人员 45 人。有中国科学院"百人计划"入选者 7人,国家杰出青年科学基金获得者 7 人。设有"古生物学与地层学""地球生物学"和"地质工程"3 个专业二级学科硕士研究生培养点,"古生物学与地层学"和"地球生物学"2 个博士研究生培养点,并设有博士后流动站,共有在学研究生 71 人(其中硕士生 38 人、博士生 33 人)、在站博士后 11 人。

截至 2013 年年底,南京古生物所有在研项目 112 项(包括新增项目 33 项)。其中,承担国家重大科技专项课题 2 项,承担国家重点基础研究发展计划(973)课题 3 项(新增 1 项)、参加课题 4 项,承担国家科技基础性工作专项课题 2 项(新增 2 项);主持国家自然科学基金重点项目 3 项(新增 1 项)、面上项目 32 项(新增 9 项)、国家自然科学基金重大研究计划项目 1 项、重大项目 1 项、国家基础科学人才培养基金项目 1 项、创新研究群体科学基金项目 1 项、国家重大科研仪器设备研制专项 1 项、优秀青年科学基金项目 1 项、专项项目 1 项、中德科学中心项目 1 项、青年科学基金项目 19 项(新增 5 项)、科普基金项目 5 项(新增 3 项),主任基金项目 1 项;承担中国科学院战略性先导科技专项课题 6 项(新增 1 项),主持院重点部署项目 1 项、院知识创新重要方向项目 5 项,院科技创新交叉与合作团队项目 1 项(新增 1 项),院"百人计划"D 类入选者项目 2 项(新增 2 项),院青年创新促进会项目 2 项(新增 1 项);主持江苏省自然科学基金项目 6 项(新增 2 项),地方政府委托项目1项（新增1项）；承担大中型企业委托项目9项(新增4项)。

南京古生物所全年共发表论文292篇，其中SCI论文155篇,科普文章31篇,出版专著7部。Nature杂志刊登了该所主持完成的“侏罗纪两栖蚊子及其幼态特征”研究成果,根据新发现于我国内蒙古宁城道虎沟中侏罗统九龙山组（距今约1.65亿年)的恐怖虫化石,解决了恐怖虫这一长期困扰古昆虫学家的科学难题。“阐明二叠-三叠纪之交生物大灭绝及其复苏模式和原因”研究成果入选2012年度“中国科学十大进展”。“蓝田生物群”系列研究成果获得2013年度“江苏省科学技术一等奖”。《远古的悸动——生命起源与进化》科普图书被科技部评为“2013年全国优秀科普作品”。南京古生物所被中国科协评为“2012年度优秀全国科普教育基地”。

获批中国科学院“外国专家特聘研究员计划”4项、“外国青年科学家计划”2项和“发展中国家访问学者计划”1项。主办“第二届定量地层学与古生物学国际讨论会”和“第八届中美地质古生物学合作研讨会”，与德国古生物学会共同主办“2013中德古生物学会国际学术研讨会”。共有78批162人次先后出访27个国家和地区参加国际会议或进行学术交流，接待来自17个国家的外宾95人次来访。目前有20余位专家担任40多个国际学术组织的主席、副主席、选举委员等职。

南京古生物所是中国古生物学会挂靠单位。主办的学术期刊有《古生物学报》《微体古生物学报》《地层学杂志》、Paleoworld,科普期刊有《生物进化》,科普网站有“化石网”。

南京古生物所图书馆收藏古生物学与地层学专业图书期刊约28万册(期)，其中外文期刊近2500种,约20万册(期),是亚洲最大的古生物学专业图书馆。标本馆馆藏标本约20万件,是世界上古生物标本收藏的重要机构。拥有扫描电子显微镜、透射电子显微镜、软X射线显微镜、激光共聚焦显微镜、大型精密光学显微镜、激光剥蚀机、同位素质谱仪、气相色谱-质谱仪、全自动DNA遗传分析仪、基础古生物学实验室、同位素地球化学实验室、地球生物学实验室等众多大型先进仪器设备和实验装置。

（陈孝政）

【中国科学院南京土壤研究所】 2013年,是中国科学院南京土壤研究所(以下简称“南京土壤所”)建所60周年,也是南京土壤所继往开来、传承创新、推动实施“一三五”规划、实现“创新2020”目标非常关键的一年。在中国科学院党组的领导下,全所职工认真贯彻落实党的十八大及十八届三中全会精神,深入开展党的群众路线教育实践活动,紧紧围绕习近平总书记对中国科学院提出的“四个率先”要求和“创新2020”总体规划,深刻分析发展中面临的新形势和新挑战,解放思想,扎实工作。全所同志共同努力,全面推动“一三五”规划实施,在科研工作、平台建设、人才培养、创新文化建设和规范管理工作等方面均取得了新的进展，科技创新整体能力和综合竞争实力进一步增强，为全面实现“十二五”规划和“创新2020”目标奠定了良好的基础。

院省合作。2013年全所的院地合作工作取得明显进展。截至2013年年底,与全所建立合作关系的企业包括江苏绿陵化工集团有限公司、江苏省中东集团有限公司、江苏省亿海肥业有限公司、江苏省镇江跨克肥业有限公司、江苏省宿迁沃绿宝有机农业开发有限公司、江苏省仪征多科特水性化学品有限责任公司、江苏省南京丰海洋特种水产发展有限公司等。主要工作包括“调生健植控病”绿色施肥技术体系在全国部分地区高效农业中的推广与应用、苏北滨海滩涂盐碱地持续改良利用与作物高效抗盐栽培、创建新型肥料研发与示范平台,以及控释BB肥在江苏南京等地区高效农业中的推广与应用等。

科技成果。南京土壤所全年发表SCI论文306篇、CSCD论文200余篇、著作5部,其中《土壤学大辞典》问世。共申请专利36项,其中发明专利申请25项；授权专利36项，其中发明专利26项。《创新2050:科学技术与中国的未来》系列战略研究报告荣获第三届中国出版政府奖图书奖，该奖项是中国出版最高奖。赵其国院士主编其中的《中国至2050年农业科技发展路线图》。组织申报国家科技奖项2项,其中“黄淮地区农田地力提升与大面积均衡增产技术及其应用”作为全院2014年度国家进步奖的推荐项目;“农田土壤中典型持久性毒害物的污染过程和生物修复机理”作为申报国家自然奖的推荐项目。提交2份国家重要咨询报告,即“我国土壤重金属污染问题与治理对策”和

“中国科学院关于开展我国盐碱地分类治理科技示范工程的建议”，得到了国家领导人的重要批示。

科研项目。南京土壤所2013年度在研项目418项目，到所经费1.86亿元。新开课题92个。获得批准的项目中有2个973项目（东南丘陵区红壤酸化过程与调控原理-1500万元、青年973项目——稻田生态系统对大气CO_2升高的高应答机制及其可持续性研究-500万元），科技部基础性专项1项（我国土系调查与《中国土系志（中西部卷）》编制-1500万元），国家科技支撑项目2项（崩岗侵蚀区生态修复关键技术集成与示范-200万元、东南城郊环保型集约化生态高值农业模式研究与示范-850万元），中国科学院重点部署项目2项（农田地力提升与大面积均衡增产共性技术的研发与转化、河南扩展示范县中低产田地力提升与丰产节资技术体系）。2013年度新批准的国家基金35项，其中青年基金15项，面上基金16项，杰出青年1项，重大研究计划集成项目1项，国际合作交流项目2项。江苏省杰出青年基金1项，其他基金项目15项，省各类项目6项。从项目争取的情况看，2013年全所项目经费主要来源于科技部、国家基金委、农业部及中科院等部门，经费总量保持平稳略有上升。同时，南京土壤所作为承担单位组织申报了中国科学院战略性先导科技专项（B类）“土壤-微生物系统功能及其调控”项目，已完成课题和项目层面实施方案的论证。

人才引进工作。申请获批短期“千人计划”1人；引进到位“项目百人计划”1名；2位“引进杰出人才”获得百人计划择优支持；引进“海外优秀青年人才”3名。1人获得国家杰出青年基金资助。1人获得2012年度江苏省有突出贡献中青年专家称号。1人获得2013年度中科院卢嘉锡青年人才奖。11人增选进入江苏省“333”高层次人才系统工程，其中二层次1人，三层次10人。4位青年科技人员新入选中国科学院青年创新促进会。

重点实验室建设。2013年继续加强土壤与农业可持续发展国家重点实验室建设，为国际评估做好准备工作；准备中国科学院土壤环境与污染修复重点实验室2014年评估工作；做好土壤与养分资源高效利用国家工程实验室的验收准备工作；推进农业部耕地保育重点实验室建设，加快建设中国科学院土壤生物重点实验室。

科技合作与交流。2013年度全所出访人数为89人，出访国家及地区涉及美国、英国、法国、瑞士、芬兰、南非、意大利、德国、日本、韩国、印度尼西亚、乌拉圭、土耳其、丹麦、波兰、乌干达及中国台湾等国家和地区。

承办及协办国际会议情况。承办了“中国发展论坛·2013”，论坛的主题为“加快农业现代化，推动‘新四化’同步发展”。主办“土壤结构及其生态功能”国际研讨会，促进了国际土壤结构最新研究进展的交流，提升了中国在该领域的学术地位和国际影响力。主办了中国土壤学会第十二届二次理事扩大会议暨土壤科学与生态文明建设学术研讨会。联合主办了农业面源污染控制与清洁生产国际研讨会，进一步奠定了南京土壤所在该领域的学术地位。参加了在印度尼西亚召开的第十一届东亚及东南亚土壤学联合会会议；获得了第十二届东亚与东南亚土壤学大会的申办权。执行中科院外籍青年科学家计划项目1项，外籍特聘研究员计划项目1项，执行CAS-TWAS计划1项；成功申报2014年爱因斯坦给讲席教授1项。

重大科技活动。(1)积极推动实施“一三五”规划，推进先导性科技专项立项工作。2013年，南京土壤所对全所“一三五”规划进行了系统分析和进一步凝练，组建了相应的研究团队（包括领军人物和主要骨干），进一步明确了研究重点、产出目标和核心举措，综合判断了目前研究目标预期实现的可行性。同时，作为承担单位组织申报了中国科学院战略性先导科技专项（B类）“土壤-微生物系统功能及其调控”项目，已完成课题和项目层面实施方案的论证工作。(2)针对黄淮海平原潮土区的土壤障碍问题，系统集成了土壤障碍因子消减与地力提升关键技术，为农田地力的大面积均衡增产提供了核心技术支撑。研究成果已经通过中国科学院的初评并被推荐申报2014年度国家科技进步奖。(3)针对我国盐碱地障碍因子，研发和创制了多项新型实用技术，取得了很好应用及推广示范效果。完成了“中国科学院关于开展我国盐碱地分类治理科技示范工程的建议”，得到了李克强总理，张高丽、刘延东、汪洋副总理的重要批示。已将“盐碱地改造计划”纳入2014年中科院科发局的重点工作。(4)2013年科技部基础性工作专项“我国土系调查与《中国土系志》编制”基本完成了东部16个省区的土系志编制工作，并在12月对课题进行了预验收检查；在数字土壤制图研究方面，依托与FAO的国际合作，组织亚洲国家开展了世界土壤图亚洲部分的更新工作，并取得显著进展。(5)全国政协副主席、致公党中央主席、科技部部长万钢来到南京土壤所考察工作。万钢副主席对全所的工作给予了充分肯定，希望能为全国的农业现代化建设和土壤环境保护做出新的贡献。

2013年11月4日，全国政协副主席、致公党中央主席、科技部部长万钢来到中国科学院南京土壤研究所考察工作。

知识产权。2013年申请数量再创新高，全年共申请专利36项，其中发明专利申请25项；授权专利36项，其中发明专利26项。2013年南京土壤所的工作重点不再仅仅围绕着申请量指标的完成，而是着重进行了知识产权知识的培训和已有专利的转化工作。

2013年全所的专利转化工作有了长足的发展。发明专利“一种生态沟渠净化污水的方法”(专利授权号:ZL200610097845.2)，该专利已经成功转让给了江苏大千景观生态股份有限公司，为全所第一项转让的专利，并且南京土壤所还与该公司签订了长期技术合作合同，这预示着长期以基础研究为主的南京土壤研究所，很多基础研究正在或即将为技术和生产力服务。

(秦江涛)

【中国科学院南京地理与湖泊研究所】 中国科学院南京地理与湖泊研究所（以下简称“南京地理所”）的前身系1940年8月在重庆北碚成立的中国地理研究所，1958年更名为中国科学院南京地理研究所，1988年改为现名。中国科学院院士黄秉维、任美锷、周立三曾先后担任过所长。

南京地理所是全国唯一以湖泊-流域系统为主要研究对象的综合研究机构，其战略定位是：以探索自然和人文要素驱动下湖泊（含人工湖泊水库）-流域系统过程、格局及其相互作用规律为基础，开展湖泊资源、环境及区域可持续发展研究，努力将研究所建成学科综合优势显著、地域特色鲜明、国家知识创新体系中不可替代的国际著名湖泊科学综合研究和高层次人才培养基地，国家湖泊资源利用与环境治理工程技术研究中心，经济发达地区可持续发展科学研究与决策咨询中心。

南京地理所的科技创新发展总体布局为长期聚焦“湖泊环境关键过程与多要素相互作用机理、湖泊-流域系统演变及对人类活动的响应与综合管理”两大基础科学问题研究；重点发展“湖泊沉积与环境演化、湖泊水文与水动力、湖泊生物与生态、湖泊环境与工程、湖泊-流域过程与调控、流域资源环境与区域发展以及湖泊-流域监测与数字流域”7个学科方向；支撑“湖泊环境保护与资源利用、湖泊-流域系统演变与调控以及区域可持续发展”三大战略研究领域，奠定南京地理所在国家知识创新体系中引领湖泊-流域科学创新发展的地位。

南京地理所现设有湖泊与环境国家重点实验室、湖泊生态与环境工程研究中心、区域发展与规划研究中心、湖泊野外观测与数据中心(含太湖湖泊生态系统国家野外观测研究站、鄱阳湖湖泊湿地观测研究站、抚仙湖高原深水湖泊研究站和湖泊流域数据集成与模拟中心)。研究所现有30万元以上的大型仪器设备100余台/套。图书馆馆藏图书期刊12万多册，各种地形图63000多幅，航卫片77000多张。此外，还馆藏地方志4262种44000多册，其中善本近百种，孤本十余种。

截至2013年年底，南京地理所共有在职职工234人。其中科技人员205人、科技支撑人员14人，包括研究员47人、副研究员及高级工程技术人员70人。研究所有中国科学院“百人计划”入选者11人(新增2人)，“国家杰出青年科学基金”获得者4人(新增1人)。

南京地理所现设有自然地理学、人文地理学、地图学与地理信息系统和环境科学等4个学科博士研究生培养点以及自然地理学、人文地理学、地图学与地理信息系统、环境科学、环境工程和建筑与土木工程等6个学科、领域专业硕士研究生培养点，并设有“地理学”博士后流动站，现有在学研究生174人(其中硕士生71人、博士生103人、博士留学生5人)，在站博士后20人。

2013年，南京地理所面向国家需求，抢抓发展机遇，积极建议和承担国家各类重大科研项目。主持“十二五”国家重大水专项湖泊主题“太湖河网水环境安全调控与决策业务化平台”项目。主持国家科技基础性工作专项“中国湖泊沉积物底质调查与评估”项目。主持中国科学院重点部署项目“太湖水质目标管理平台研制与应用检验”。此外，申请国家自然科学基金项目继续取得好成绩。共34份申请获得资助，其中面上项目20项、青年基金12项、杰出青年基金1项、优秀青年基金1项，总资助率显著超出基金委平均水平。

2013年，南京地理所狠抓项目管理，重大科研项目实施取得重大进展。“太湖水环境的演化过程与驱动机制”获得江苏省科技进步二等奖。“湖泊底泥污染控制理论技术与应用”参与获得国家科技进步二等奖。主持的“十一五”湖泊主题“巢湖水污染治理与富营养化综合控制技术及工程示范”项目完成专家验收。主持的973项目“长江中游通江湖泊江湖关系演变及环境生态效应与调控” 和国家重大科学研究计划项目“湖泊与湿地生态系统对全球变化的响应及生态恢复对策研究”完成中期评估。主持的国家“十二五”水专项课题“太湖‘湖泛’与水华灾害应急处置技术研究及工程示范”、主持的“十二五”水专项课题“巢湖重污染河道旁路净化”、主持的“十二五”水专项课题“巢湖重污染汇流湾区污染控制” 等相关课题也均顺利实施并取得重要进展。据统计，2013年研究所共发表论文330篇，其中，SCI论文185篇；TOP SCI论文27篇，出版专著5部；申请和授权专利75项，软件著作权9项。

2013年，在科研支撑平台方面。湖泊与环境国家重点实验室规范运行，新进设备总值700余万元；所级公共技术分析测试中心连续四年获得中科院所级中心的年度择优经费支持。联合南京大学污染控制与资源化研究国家重点实验室成功举办了学术交流研讨会。太湖站新建水上移动在线观测平台、修缮了沿湖所有办公用房，进行了码头扩建、道路改造以及大型实验平台建设等。鄱阳湖站建成大型湿地受控试验场并投入运用，与南昌大学和江西师范大学2个教育部重点实验室达成协议，建立“一站两室”联合学术年会制，并成功承办首届联合学术年会。抚仙湖站2013年起得到中国生态系统研究网络(CERN)日常运行经费支持。

2013年，南京地理所国际合作十分活跃，分别与加拿大、德国、美国、英国、日本、荷兰、韩国、丹麦、新西兰、葡萄牙、布隆迪、坦桑尼亚、刚果(金)、赞比亚等20个国家和地区进行了深入的学术交流与合作研究。2013年新增国际合作研究项目2项，总经费超过300万元。研究所在非洲坦噶尼喀湖研究基地的水环境监测示范实验室正式揭牌并投入使用，坦湖研究工作纳入中科院非洲研究中心，并负责其中6个分中心之一的生态环境研究分中心建设。此外，南京地理所还参与了中科院中亚研究中心和东南亚研究中心的相关工作。举办“气候变化下大湖环境响应”国际学术研讨会、“第十三届全国II类水体水色遥感研讨会”，参与承办“第一届中国淡水生态学学术研讨会”；成功申办了“第五届海峡两岸经济地理学研讨会”“第23届国际硅藻会议”“中澳洪泛平原湿地系统研讨会”。

南京地理所目前是江苏省海洋湖沼学会、江苏省地理学会、江苏省遥感与地理信息系统学会、中国地理学会长江分会、全国第四纪研究会全新世专业委员会挂靠单位。主办《湖泊科学》学术期刊。

(胡笑琪)

【中科院南京天文仪器有限公司】 中科院南京天文仪器有限公司(NAIRC)(以下简称“南京天仪”)是中科院直属的科技型企业。公司注册资本3856万元，法人资产2.4亿元，占地面积11.13公顷，总建筑面积8.9万平方米。下设耐尔思、天富、物业公司等3个全资或控股子公司和8个研发、销售、生产、管理等部门。

截至2013年年底，南京天仪共有在职职工237人，其中科技人员77人，包括中国工程院院士1人，副高级以上专业技术人员28人。现设有天体物理专业学科硕士培养点。

南京天仪是以研制大中型天文仪器为主，兼研制和生产其他光机电、计算机一体化仪器、设备的技术研发基地，主要研制生产三大类产品：大精专仪器设备：大型天文专业仪器、空间观测仪器、大气环境监测仪器、大中型系列平行光管、军用光电仪器、光学制品、轻量化主镜、高精度大口径光学冷加工、离轴非球面光学加工、大中型转台等;天文科普仪器设备:天文科普望远镜、天文圆顶、光学天象仪系列产品、数字天象仪、天幕、球幕影院、古典天文仪器模型及产品等;专用电子产品:系列圆光栅编码器、系列燃气灶具电子脉冲点火控制装置等。

2013年1月8日,公司正式更名为"中科院南京天文仪器有限公司",强化了科学院的品牌效应,被列为江苏省科普产品研发基地。公司继续全面实施新的战略发展规划,积极开拓市场,强化生产管理,加强队伍建设,试点创新模式,完善内部管理,各项工作取得良好进展,实现营业收入10160万元,利润总额621万元。

南京天仪自身形象和实力不断提高。全年专利获批和受理共18项,其中,获国家知识产权局授权的发明专利3项,实用新型8项,获授权软件著作权4项。另外,南京天仪研制的"超长焦距真空平行光管"和"1米口径车载激光雷达望远镜"获认"江苏省高新技术产品","50米焦距真空平行光管技术开发和设备研制"被列入"南京市2013年度科技发展计划——应用技术研究与开发计划"。同时,1.8米口径标准球面镜及1.6米标准平面镜和50米变焦真空平行光管等100多项目顺利交付验收。更值得一提的是,"江苏省(中科)光电仪器设计与制造工程技术研究中心"也顺利在公司正式落户。

南京天仪内控体系建设,以完善流程为基础,制定相关细则和制度,加强培训和交流,加大整治力度为主,在充分调研的基础上,以座谈会、个别谈话等多渠道方式进行,经过多次修改,公司形成了12项内部控制调查评估诊断报告。

天仪公司内控建设的思路为:建设以"项目管理"为中心,以"预算管理"和"合同管理"为手段,以"资金管理"和"成本费用"管理为内容,强化"外协管理"和"资产管理",辅以其他模块的内控体系,形成了13个内控模块,18项制度、17项细则和37个表单。

南京天仪在提升公司实力的同时,始终坚持构建和谐企业环境,扎实开展争先创优及全民活动,加强企业文化建设,营造了稳定的良好氛围,促进公司健康持续发展。

(朱　慧)

【中国科学院国家天文台南京天文光学技术研究所】 中国科学院国家天文台南京天文光学技术研究所(以下简称"南京天光所")于2001年4月由原南京天文仪器研制中心科研部分组建而成,1998年首批进入中国科学院知识创新工程。设有中国科学院天文光学技术重点实验室。

截至2013年年底,南京天光所有在职人员168人,其中专业技术人员110人。院士3人,研究员18人,副研究员及高级工程师32人。中国科学院"百人计划"入选者3人。现有"天文学""光学工程"2个一级学科和"天体物理""天文技术与方法""精密仪器及机械"3个二级学科的硕士、博士培养点,以及"光学工程""仪器仪表工程"2个全日制专业学位的培养点。有研究生导师31名(其中博士生导师10名),在学研究生61人,其中:博士生21人,外国留学生2人。在站博士后3人。

在研科研项目130余项,新承接项目67项,包括:国家自然科学基金项目16项,省自然科学基金项目2项,863项目1项,大科学装置运行与改造1项,院级项目12项,横向委托研制项目35项。

在南极天文仪器研制领域,完成了"十二五"国家重大科技基础设施——南极天文台2.5光学红外米望远镜建议书编写及关键技术预研工作;继首台南极巡天望远镜AST3-1(Antarctic Survey Telescope)在2012年初成功安装在南极昆仑站后,2013年11月12日完成第二台南极巡天望远镜AST3-2的研制及出所验收,与会验收专家一致认为,该望远镜的设计具有较鲜明的特色,充分考虑了南极的极端运行环境,各项指标满足设计要求。已安装在中国极北的漠河地区进行国内试观测。南极巡天望远镜阵由三架入瞳500毫米、主镜680毫米的望远镜构成,此次通过验收的AST3-2是在AST3-1基础上做了进一步优化设计改进。

下一代极大望远镜关键技术研究方面,预应力环抛子镜取得阶段性进展,已完成预应力加载机构、检测装置及环抛机改造工作,开始抛光子镜;超大惯量精密跟踪直接驱动控制平台完成加工调试,即将开始实验研究;国家自然科学基金科学仪器基础研究专项"离子束抛光设备研制"项目通过验收,自主研制成功国内目前口径最大的2.6米离子束抛光设备,可对1.5米口径镜面进行精密抛光。

在系外行星探测技术研究领域，基于美国NOAO天文台1.6米McMP太阳望远镜，开展了“超级”自适应光学试观测，对Sirius A/B双星系统开展高对比度成像观测，首次在H波段获得了白矮星SiriusB的图像，观测对比度达到10^{-4}；基于VLT/NaCo和Keck观测数据，采用自主研发的IRS图像处理算法，成功处理出了围绕HR8799的四颗行星的图像，其信噪比与国际同类研究小组水平相当。

国家自然科学基金重点项目“大口径主动光学亚毫米波/毫米波望远镜方案和关键技术研究”通过验收，已入选中国“2012年度十大天文科技进展”。验收专家组认为，该项目的研究成果为中国建造高精度大口径亚毫米波望远镜提供了若干重要的关键技术。

“中国SONG望远镜”顺利通过出所验收。国际SONG(Stellar Observations Network Group)计划有丹麦、西班牙、美国、中国等多国参加，在赤道附近南北半球各放4架1米口径望远镜组成全球观测网络，连续不间断跟踪观测星体，进行星震学和系外行星探测等方面的时域研究。10月10日，作为国际SONG计划的节点之一，由南京天光所承担研制的“中国SONG望远镜”通过出所验收，研制团队在青海德令哈完成望远镜的现场安装和初步调试，成功得到了初步的跟星观测结果。

系列光谱仪及其他光学仪器研制取得重要进展。泰国2米望远镜光谱仪在所内基本完成调试；2.16米望远镜新光谱仪新卡焦完成安装；云台2.4米望远镜高分辨率光谱仪开始加工；SONG终端仪器完成所内验收和台址安装；LAMOST高分辨光谱仪完成缝前像切分器实验样机的试制。为韩国天文和空间科学研究所(KASI)研制的HD3线5875.6埃滤光器顺利交付，现场通过调试与验收。研制团队两次赴俄罗斯现场安装调试中法合作研制的2.5米光学望远镜，克服了诸多困难，初步完成望远镜的吊装和调试。大口径天文和空间光学先进制造技术取得新的突破，特别是在镜面轻量化和大口径碳化硅镜面研制方面。系列空间光学系统地检设备，如离轴三反平行光管等顺利交付。

全年申请专利16项(其中发明15项)，已授权专利15项(其中发明13项)；获得软件著作权1件；发表学术论文22篇(3篇为第二单位)。

积极开展国际、地区间的学术交流，举办系列研讨会。全年出访39人次，接待来访63人次；崔向群院士应邀赴阿根廷参加了发展中国家科学院第24届院士大会，担任Presentations by Young Affiliates (Physics-Mathematics) Session的主席，并被邀请担任了2013—2015年期间物理科学领域的TWAS奖独立专家委员会委员。成功举办第5届海峡两岸天文望远镜及仪器学术研讨会、2013年中国科学院大学“天文仪器与技术”研究生学术论坛和首届“南极星”青年科学家论坛。

2013年，研究所获“江苏省模范职工之家”荣誉称号，LAMOST运维部被授予“江苏省工人先锋号”荣誉称号。崔向群院士当选第12届全国人大代表，李新南研究员当选江苏省第11届政协委员。崔向群院士获2013年度何梁何利奖“科学与技术进步奖”。获国务院政府特殊津贴1人，入选“现有关键技术人才”计划1人，入选省“333高层次人才培养”第二层次1人，入选第三层次3人。1人评为“江苏省突出贡献中青年专家”，1人入选“现有关键技术人才”计划。获2013年度“国家奖学金”的博士生和硕士生各1人，获“中国科学院院长优秀奖”1人，2名外国留学生分获“中科院大学留学生奖学金”和“南京市政府外国留学生奖学金”。

(郑　健)

【中国科学院苏州纳米技术与纳米仿生研究所】 中国科学院苏州纳米技术与纳米仿生研究所(以下简称“苏州纳米所”)由中国科学院、江苏省人民政府和苏州市人民政府于2006年共同出资筹建，于2009年7月22日获中央编制委员会办公室批复正式成立，2009年12月9日通过中国科学院、江苏省人民政府、苏州市人民政府组织的筹建工作验收。

苏州纳米所定位于纳米科技的应用基础研究和产业化，在学科布局上坚持“应用需求牵引学科建设，学科建设支撑应用发展”的原则，主要围绕能源、环境、信息、生命与医学等领域开展研发工作；学科方向主要包括纳米器件及相关材料、纳米生物技术与纳米医学、纳米仿生技术和纳米安全技术。

2013年，根据国家经济社会发展需求和中科院“创新2020”战略部署，苏州纳米所全力推进“一三五”发展规划落实执行，相关研究项目取得良好进展;作为“苏州纳米科技协同创新中心”的主要参与单位,入选国家首批“2011 计划”;纳米真空互联实验站筹建工作取得突破,预研建设立项通过专家论证,并获得江苏省财政厅专项资金支持;切实加强质量体系建设,通过中国新时代认证中心组织的质量管理体系再认证及扩大范围审核。

2013 年,苏州纳米所继续加大人才引进与培养力度,人才队伍建设情况良好。截至 2013 年年底,苏州纳米所在职职工达到 522 人(含项目聘用),其中研究员 75 人,副高 93 人。职工中博士学历占 50%,硕士学历占 30%,平均年龄 32 岁,人才队伍年轻化特征明显;人才队伍素质持续提高,2013 年,1 人获得国家杰出青年基金资助,新增“千人计划”2 人,“青年千人计划”3 人(公示),中科院“百人计划”和“现有关键技术人才”7 人,“江苏省高层次创新创业人才”6 人,江苏省“333”工程人才 9 人,苏州市“姑苏创新创业领军人才”2 人,苏州市其他相关人才计划入选者 14 人;研究生和博士后培养工作快速推进,在读研究生达到 358 人(含联合培养),在站博士后 80 人。

2013 年,苏州纳米所组织申报国家部委、国家自然科学基金、中国科学院、江苏省、苏州市等各类科研项目(课题),获得批准 135 项,争取横向项目 68 项,合同经费 1.6 亿元。2013 年,苏州纳米所共计发表学术论文 265 篇。全年申请中国专利 219 项,其中发明专利申请 215 项;申请国际专利 3 件。获得专利授权 78 项,其中发明专利 77 项,实用新型 1 项。

2013 年,苏州纳米所的纳米加工、测试分析与计算平台继续面向社会全方位开放,3 个平台除完成研究所的科研任务外,累计为国内高校、科研机构和企业提供加工测试服务 89271 机时,培训人员 2960 余人次,为纳米科研发展和纳米技术相关产业发展提供了强有力的技术支撑。

2013 年,苏州纳米所积极开展国际交流与合作。全年共有 87 人次出国出访;接待 120 余人次国外知名学者、访问团队来所访问交流;成功承办第 4 届中德双边研讨会等国际会议;1 人荣获中科院“青年科学家国际合作奖”。

2013 年,苏州纳米所主动聚集社会优势创新要素,积极推动研究所与企业开展项目合作,全年争取横向项目 68 项,合同经费 2768 万元;修订完善了相关规章制度,进一步规范了研究所知识产权管理、转移转化等方面的工作;深化对外投融资管理,完成了佛山中科微纳的投资后续工作,配合 2 家参股公司开展新一轮融资,利用知识产权入股方式,新成立 2 家高技术产业化公司;推进专利运营管理,实现发明专利实施许可 3 件,发明专利权转让 2 件。

2013 年,苏州纳米所积极抓好中科院苏州产业技术创新与育成中心工作,服务地方经济发展。中心引进中科院及中科院相关项目近 40 个,其中近半数项目获得苏州工业园区领军项目支持;促成上海药物所苏州中心、中德纳米器件中心等机构落户苏州;中心荣获中科院院地合作先进集体称号。

2013 年,苏州纳米所运行情况良好,年末净资产实现了保值增值,无变更登记情况、受奖惩情况、涉及诉讼情况和社会投诉等情况,以及其他需要报告的事项发生,发挥了一个国立科研机构应有的作用。

(曾光强)

【中国科学院苏州生物医学工程技术研究所】 中国科学院苏州生物医学工程技术研究所(简称“苏州医工所”)由中国科学院、江苏省人民政府、苏州市人民政府三方共同筹建。2008 年 4 月,三方签署《共建中国科学院苏州生物医学工程技术研究所协议书》。2012 年 7 月,中央机构编制委员会办公室正式批复成立“中国科学院苏州生物医学工程技术研究所”。2012 年 8 月 29 日,中科院发文正式成立中国科学院苏州生物医学工程技术研究所。

苏州医工所定位于“面向我国生物医学的重大需求,开展先进生物医学仪器、试剂和生物材料等方面的基础性、战略性、前瞻性的研究工作,引领我国生物医学工程技术的发展,建成医疗仪器科技创新与成果转化平台”。

截至 2013 年年底,苏州医工所共设有 5 个管理部门和 7 个研究室。5 个管理部门分别为:综合管理处、科研管理处、资产财务处、人事教育处、成果转化处;7 个研究室分别为:江苏省医用光学重点实验室、中科院生物医学检验技术重点实验室、医学影像技术研究室、医用电子技术研究室、医用声学研究室、医用微纳技术研究室、医用精密机械研究室(其中包括精密机械技术和医用微纳技术 2 个工程技术支撑平台)。

科研条件建设方面,一期基建总建筑面积6.9万平方米已投入使用。二期基建总建筑面积9000平方米,现主体工程已经竣工,包括:用于PET/CT及医用回旋加速器安装调试的PET/CT总装中心和光栅刻划机安装调试的医用光栅调试中心。研究所科研装备投入已达1.8亿元。

截至2013年年底,苏州医工所共有在职职工206人。其中科技人员176人,科技支撑30人,包括研究员及正高级工程技术人员27人、副研究员及高级工程技术人员21人;全所进入创新岗位189人。共有国家海外高层次人才引进计划(千人计划)入选者1人(新增1人),中国科学院"百人计划"入选者12人(新增6人)。苏州医工所现设有光学工程1个专业一级学科博士研究生培养点,光学工程、生物医学工程、仪器仪表工程3个专业一级(或二级)学科硕士研究生培养点,共有在学研究生88人(其中硕士生65人、博士生23人)。

2013年,苏州医工所共承担国家、中科院、江苏省、苏州市各类项目44项,合同额近2.1659亿元。其中国自然项目7项;863支撑计划1项;国家国际合作项目1项;财政部仪器专项项目1项;中科院项目7项,江苏省和苏州市项目18项,横向项目9项;申请专利167项(其中,发明专利111项、实用新型51项、外观设计5项),新授权专利33项(其中,发明专利8项、实用新型20项、外观设计5项);发表高水平论文97篇。

为积极探索我国医疗器械科技成果转化新模式,以机制创新加快推动医疗器械的产业化发展,2013年,苏州医工所成立成果转化处负责科技成果的转移转化管理、知识产权管理与运营等工作;并成立科技成果工程化主体平台——苏州国科医疗科技发展有限公司(简称"国科医疗");联合深圳分享投资和苏州高新创业投资集团有限公司共同设立了总额3亿元的"苏州分享高新医疗器械产业发展投资基金",依托国科医疗平台,对具有良好市场前景及较高成熟度的国内外创新科研成果进行项目投资和成果孵化。旨在苏州建成集聚国内外医疗器械领域高新技术成果的中试基地,大幅降低企业投资风险,显著提高成果转移转化效率,为完善产业链条、带动区域经济社会发展、提升我国医疗器械行业水平做出积极贡献。

对外交流合作方面,2013年国外专家来所学术交流48人次,国内同行专家百余人次;全所专家出访国外学术交流11人次;举办海外高层次人才交流报告会40余次;与美国约翰霍普金斯大学和泰国国立法政大学签订国际合作协议;与吉林大学附属第一医院、苏大一、二附院等建立长期合作伙伴关系。

(袁艳明)

基础研究与社会发展

Basic Research and Social Development

【概　况】 2013年,按照推进科技创新工程的总体部署和要求,深入实施民生科技行动计划,鼓励支持青年科技人才开展基础研究,加快发展生物技术和新医药产业,圆满地完成了各项目标任务,科技支撑民生发展的能力进一步提升,生物技术和新医药产业预计实现产值超过6000亿元,基础研究工作迈上了一个新台阶。

【民生科技行动计划】 加强生命健康科技支撑。加大省临床医学科技专项组织实施力度,加快医学科研成果的临床转化应用。2013年新启动建设了"江苏省医学影像与介入放射诊疗中心""江苏省神经内科临床医学研究中心"等4个省临床医学研究中心,组织开展了12个重点病种的规范化诊疗项目的研发和24项常见病与多发病的新型临床诊疗技术攻关。先期启动的12个省级临床医学研究中心针对慢性肾病、血液病、不育不孕等疾病的临床诊疗,已形成5个国家级和省级诊疗指南以及4个专家共识,其中慢性肾病矿物质与骨异常诊疗指南已在全国推广,南京军区慢性肾病临床研究中心批准成为国家临床医学研究中心。临床医疗科技水平得到新的提升,全省有省人民医院、鼓楼医院等6家医院入选全国百强,9个医院科室排在全国前10名,其中省人民医院康复医学排第一。同时,以"创新发展,惠及百姓"为宗旨,组织推动"国家创新医疗器械产品应用(江苏)示范工程"工作,国家科技部、国家卫生与计划生育委员会与江苏省人民政府在苏州联合召开了工程启动会议。目前,示范工程进展顺利,已组织医疗机构17家,医疗器械企业166家,示范应用的医疗器械产品394台套,价值6060万元。覆盖人口达到150万,直接受益累计45万人次,其中示范社区服务人数达30万。

加强生态文明建设科技支撑。组织开展了"江苏民生科技发展现状与对策研究"和"$PM_{2.5}$污染防治科技对策"的专题调研,参与编制了省生态文明建设规划。省政府、科技部在宜兴共同召开了"中国环保技术与产业发展推进会",双方签订了《关于共同推进宜兴环保科技工业园创新发展的合作计划(2013—2015年)》,集中力量提升宜兴环保科技工业园的发展质量和水平,打造中国环保产业高地。加强关键技术研究与应用示范,重点针对生态环境保护组织开展了240多项新技术应用研究与示范转化,真正让科技成果惠及广大百姓。科技青奥项目为2013年亚青会期间南京市空气质量保障提供了重要科技支撑。

组织实施国家科技惠民重大项目。重点围绕创新医疗器械产品推广与应用示范、生活垃圾处理、农村水环境治理监管等民生需求,积极组织申报国家科技惠民计划项目,目前有4个项目得到科技部立项支持,项目数和国拨经费数都位于全国前列,这批项目的实施将进一步推动全省科技惠民工作,促进科技惠及更多的百姓生活。2012年全省启动实施的国家科技惠民计划"锡山区城乡协同医疗服务体系建设"项目,目前网络平台建设和设备改造工作正在稳步推进。

【基础研究工作】 进一步加大省青年科技人才培养支持力度。突出扩大省青年科技人才资金规模,营造创新氛围,鼓励有志于科学研究的青年自主选题、自由申报、自由探索,开展创新研究,2013年立项支持了1000名优秀青年科研人员,资助人数比2012年翻了一番,30岁及30岁以下的人数占33%。遴选支持了50名有较大国内外影响的优秀杰出青年科研人才。进一步完善基金管理,试行管办分离。2013年共有571个省自然科学项目通过了专家验收,共发表科技论文5026篇,其中SCI论文2248篇;申请专利1316项,获得授权发明专利530项;获软件著作权70项。在纳米功能材料、干细胞移植、网络信息安全、先进材料、生物药设计与合成等科学问题方面取得了一批重要阶段性成果,稳定和培养了一批优秀科研人才。

进一步加大国家基础类研究项目组织实施力度。针对国家社会、经济和科技自身发展的重大战略需求,瞄准重大科学前沿问题,结合全省新兴产业发展需要,在发挥全省学科优势与特色基础上,积极联合省高校、院所及有关单位,从指南征集、材料编写、答辩准备等各个环节,精心组织了国家973项目申报工作。2013年,全省有17个项目(含重大科学研究计划和青年科学家专题)获国家973计划项目资助,获得国家专项经费2.7亿元,立项数和经费资助位居全国前列。组织推动国家自然科学基金项目的申报工作,2013年共争取国家自然科学基金计划项目3459项,经费总额18.5亿多元,其列项总数和经费总额分别比2012年增长了13.48%、10.06%,在全国位居省份第一。特别是2013年全省又有16名国家杰出青年基金获得者。

【关键技术研发】 按照《江苏省生物技术和新医药产业专项推进方案》要求,集成各类科技计划加大对生物医药产业的支持力度,重点研发生物技术新药,加强药物临床新用途研究,组织开展60项生物技术和新医药产业关键技术攻关生物技术和新医药产业关键技术攻关,突破一批重大技术瓶颈。组织遴选6个重大项目申报国家"重大新药创制"科技重大专项,其中"创新药国际合作集成创新平台"等5个项目已通过科技重大专项实施管理办公室组织的第一轮专家评审。同时,积极组织高校、企业和科研院所申报国家863计划、科技支撑计划2014年生物医药领域备选项目,共推荐上报40个项目。2013年全省生物技术和新医药产业预计实现产值超过6000亿元,比2012年增长18.7%。1~11月,全省共申请新药697个,占全国16.5%,同比增长53.2%,获得临床试验批件61个,占全国22.1%,获批上市新药数28个,占全国20.7%,均保持全国第一。

(江苏省科学技术厅社会发展与基础研究处)

农业与农村科技

Agricultural and Rural Science and Technology

【概　况】 2013年，深入贯彻落实党的十八大精神，按照省委、省政府对“三农”工作的总体部署，围绕率先实现农业现代化的目标，突出企业的技术创新主体地位，大力开展粮食科技创新和农村科技服务超市建设，深入推进品种、技术和装备创新，加快培育农业新兴产业，深入实施科技富民强县专项计划，发展壮大农业特色产业，积极推进农业科技创新创业载体建设，进一步完善农业科技创新与服务体系，农村科技工作取得了显著成效。

【科技支撑粮食丰产增收】 在推进实施国家粮丰工程“粳稻持续丰产”和“稻麦周年高产”2个项目的基础上，2013年“江淮东部(江苏)水稻小麦丰产节水节肥技术集成与示范(2013BAD07B09)”项目又获得科技部立项支持，获国拨经费915万元，国家粮丰工程江苏实施区3个项目累计获得国拨经费2653万元。同时，科技厅继续组织实施江苏粮食丰产科技增收专项，围绕稻麦新品种选育、栽培技术研发和粮食精深加工等，配套实施13个项目，安排经费1240万元。2013年，国家粮丰工程项目“一田三区”实施面积111.08万公顷，新增稻谷72.26万吨、小麦13.2万吨，新增效益23.98亿元。兴化市百亩杂交粳稻钵苗机栽超高产栽培攻关田验收亩产达961.2千克，最高田块亩产达992.6千克，再次刷新我国稻麦两熟条件下水稻高产纪录。项目组发表论文84篇，申请专利9项，制定标准5项，形成涵盖江苏不同生态区、不同稻麦耕作方式的稻麦周年高产和防灾技术明白图7套，建设科技特派员工作站10个，选派粮食丰产科技特派员233名，开展培训142次，直接受训人员14000人次。江苏省农垦集团有限公司、江苏大华种业集团有限公司、江苏红旗种业有限公司、江苏双兔食品股份有限公司、江苏苏三零面粉集团等一大批企业参与项目实施，江苏红旗种业有限公司依托国家粮丰工程项目平台，示范推广“宁粳4号”面积超13.33万公顷，企业增效600万元。项目凝练的品种及高产高效栽培技术在江西、安徽、湖北等地示范应用效果良好，为长江流域“籼改粳”开辟了新路。

表2-23　2013年度国家粮丰工程项目“一田三区”增产情况

地点	作物	面积（万亩）	亩产（千克）	总产（吨）	前三年亩产（千克）	增产（%）	增产量（吨）	增加效益（亿元）
超高产核心区	水稻	0.0716	848.77	607.47	594.9	42.68	181.7	0.00527
	水稻	1.82	756.7	13760.7	598.1	26.53	2885.1	0.0837
示范区	水稻	119.6	698.0	834431.4	585.0	19.32	135109.7	3.9182
	小麦	6.57	414.3	27217.4	364.2	13.73	3286.6	0.075
辐射区	水稻	1032.5	642.9	6637693.1	586.3	9.66	584619.6	16.9657
	小麦	505.75	417.6	2111985.94	392.1	6.49	128767.33	2.9359
水稻合计		1153.8	648.8	7485885.2	586.2	10.68	722614.5	20.968
小麦合计		512.32	417.6	2139203.34	391.8	6.58	132053.9	3.01
总计		1666.2		9625088.52			854668.4	23.98

【农业优良品种培育】 2013年启动优良品种培育项目29项，安排经费1940万元，重点支持抗黑条矮缩病水稻、抗赤霉病小麦、优质抗病设施蔬菜等品种的选育。据统计，2013年共育成农作物新品种120个，其中主要农作物新品种45个，包括水稻品种16个、小麦品种8个、玉米品种6个、油菜品种4个、大豆品种4个、棉花品种2个、辣椒品种3个、西瓜品种2个。目前，全省育成的超级稻品种达到16个，占全国超级稻品种总数16%。淮阴农科所选育半冬性中熟小麦品种“淮麦33”，区试平均亩产达501.3千克，知识产权以1033万元转让给江苏明天种业科技有限公司独家经营，创

造了全省单个小麦新品种经营权转让价格之最。江苏畜牧兽医职业技术学院选育的优质瘦肉型品系“苏姜猪”已正式通过国家审定,是继全省“苏太猪”“苏淮猪”后又一个通过国家审定的猪新品种;省家禽所完成的“我国地方鸭种遗传资源的评价与创新利用”成果,获2013年省科技进步一等奖。江苏省大华种业集团有限公司、新沂市骆马湖水产品发展股份有限公司等企业获2013年省重大科技成果转化项目支持。江苏大华种业集团有限公司跻身中国种业十强,实现了江苏种业企业的突破。

【重大关键技术攻关】 围绕农业产业中的重大关键共性技术需求,组织实施生态农业、生物农业、信息农业、农产品绿色精深加工、农业废弃物生物技术处理等领域的项目73项,省拨经费3573万元。通过项目的组织实施,攻克了一批现代农业产业发展重大关键共性技术,如稻壳绿色生态循环综合利用关键技术、农作物秸秆饲料化高效利用关键技术、设施农业中烟粉虱高效生物防控新技术、网络型数字化生猪养殖过程监控技术、稻麦生长信息无损获取与实时诊断技术研究、粮食作物丰产高效的数字化管理技术,温室内作物生长参数监测与智能技术、基于物联网的花卉栽培环境精细管理技术、家禽健康养殖关键技术、蚕蛹生物加工关键技术等。这些关键技术的突破,有力地促进了高效、优质、生态、安全的现代农业产业发展,引领全省农业向高端化发展。南京农业大学通过研究猪繁殖与呼吸综合征病毒(PRRSV)的遗传变异与分子流行病,PRRSV新诊断方法及编码蛋白免疫特性,成功研发出的“猪繁殖与呼吸综合征活疫苗(R98株)技术”,并先后两次转让给省外兽药企业,合同额达1000万元;省农业科学研究院通过实施“优质粳稻穗期重大病害生物防控技术研究与枯草芽孢杆菌干悬浮剂的研发”项目明确了枯草芽孢杆菌T429、SF62和YD4-6等菌株的抑菌机制,构建了枯草芽孢杆菌T429的高效发酵工艺,研发出具有自主知识产权的微生物杀菌剂,并进入农药登记程序,防治水稻稻瘟病、纹枯病效果显著。南京农业大学通过实施“稻麦生长信息无损获取与实时诊断技术研究”项目,构建了基于生长信息的实时诊断模型和监测系统,开发出便携式稻麦生长参数智能监测与诊断仪,在江苏、河南、江西等省份建立核心示范区5个,辐射示范区10个,累计应用面积3.33万公顷,节氮10%、增产6%,经济社会效益显著。江苏雨润肉类产业有限公司通过实施“基于物联网的生鲜猪肉安全溯源关键技术研究”项目,首次实现对生猪养殖、运输、屠宰及产品加工、储藏、运输、销售进行全程监控,形成生鲜猪肉生产、流通的全程供应安全可溯源的信息化技术体系;河海大学通过实施“基于InSAR和GPS时空集成的滩涂动态变化监测关键技术研究”项目,实现了滩涂湿地水位变化监测2~3厘米精度和沿海区域地表形变监测亚厘米级精度,大大提高了江苏沿海滩涂大范围动态监测的能力,形成了滩涂动态变化监测-研究-统筹规划网络体系。

【重大装备研发】 2013年重点支持智能农机装备与信息化,安排项目8项,省拨经费460万元。江苏沃得农业机械有限公司承担的“切纵流谷物联合收获机关键技术及其智能化”项目,通过研制切流与纵轴流装置顺畅脱粒技术、高效清选技术、清选损失实时监测、作业流程故障诊断系统设计等关键技术,研制了4LZ-6型切纵流谷物联合收割机。项目获得国家教育部科技进步二等奖,获得8项授权专利,年新增产值7500万元。盐城金莱动力机械有限公司承担的“智能农田精准复合变量施肥机的研发”项目,研制出了氮、磷、钾3种养分同时自动精准配比施肥控制器。项目实施期间已申报相关专利3项,形成批量生产能力,并建立了相应的示范点。这些高效多功能现代农机装备的研制开发,进一步提高了机械化装备水平,为提升全省农业机械化、自动化、智能化水平奠定了基础。

【苏北科技发展计划】 围绕苏北涉农特色产业的科技需求,集成实施科技型企业创新资金、科技富民强县专项资金,开展产业链及产业集群的关键技术集成创新,重点培育农业科技型企业、现代农业科技园、科技型农业专业合作社等创新载体。全年围绕苏北特色产业,组织实施苏北科技发展计划项目148项,安排经费4265万元,其中重点围绕农机装备、食品加工、饲料加工、新型肥料等苏北支柱产业,共安排新上项目55项,省拨经费1610万元;围绕新能源、节能环保、软件开发等新兴产业,共安排新上项目12项,省拨经费390万元;围绕设施果蔬、林木花卉、特色畜禽、特色水产及加工、意杨及加工等优势特色产业,安排新上项目114项,省拨经费3200万元。项目的实施有力推动了县域经济发展和工业化进程。

【科技富民强县专项行动】 按照高效、优质、外向、生态、安全的现代农业发展要求,充分利用当地优势特色资源,以培育壮大县域特色产业为主线,以实施省级重点县和国家试点县建设为推进方式,加强产业规划与布局,重点实施了一批科技富民示范项目,有效促进了县域特色产业发展和农民增收致富。2013年启动建设了新沂市等8个省级科技富民强县重点县,安排经费960万元,实施重点项目32项。积极争取国家科技富民强县专项行动计划的支持,南京市高淳区、徐州市贾汪区、阜宁县、扬州市江都区和泰兴市等5个县(区)被科技部、财政部列为2013年度国家科技富民强县专项行动计划试点县,洪泽县、大丰市经绩效考核获得后续奖励支持,7个县(市、区)共争取中央财政拨款940万元。

表2-24 2013年度苏北专项(苏北科技富民强县)重点县项目

序号	县(市)	项目名称
1	邳州市	邳州木材综合加工利用关键技术集成与示范
2	新沂市	特色水产养殖及深加工技术集成与应用
3	东海县	家畜高效养殖技术集成创新与示范
4	金湖县	水禽、水生蔬菜产业化技术开发与集成
5	响水县	苏北海水名优品种高效健康养殖产业技术集成与示范
6	东台市	茧丝绸产业创新提升技术集成开发及推广
7	泗阳县	果蔬种植及加工技术集成创新与示范
8	泗洪县	设施蔬菜优质高效栽培与加工技术集成与产业化开发

【农村科技服务超市建设】 江苏农村科技服务超市被写入2013年中央一号文件,是中央对江苏探索农业科技社会化服务模式的认可。按照“优化布局、集聚资源、协同运行、规范服务”的思路,强化组织领导,成立了科技超市领导小组及办公室,进一步加强示范分店建设,完善超市服务功能。联合省财政厅启动实施了“江苏省农业科技社会化服务易购奖补资金”,共奖补贾汪分店、灌云分店、东台分店、清浦分店、启东分店、铜山三堡便利店等科技超市40家,奖补金额1000万元。2013年,全省超市累计组织新品种、新技术展示活动460余场,转化示范新成果477项,开展咨询培训活动1180多场次,直接培训农民3.9万人次,辐射带动农户数达12.1万户,带动农民增收致富总额达8.6亿元。同时,总店功能进一步彰显,累计收集入库国内外科技成果4911项,组织开展省级万村行活动13场,建成网上超市及4个示范基地,全年累计接受电话与网络咨询4.17万次,展示发布信息1.8万条,总浏览量达389万人次,累计为农民解决各类问题7000多个。超市分店、便利店动态管理考评机制逐步完善,管理更加规范化,农村科技服务超市服务成效和社会影响进一步扩大。

表2-25 农村科技服务超市(分地区)确认分布情况

单位:家

省辖市	数量	省辖市	数量
南京市	8	无锡市	9
徐州市	23	常州市	5
苏州市	15	南通市	18
连云港市	29	淮安市	15
盐城市	39	扬州市	12
镇江市	10	泰州市	22
宿迁市	10		
合计	220		

备注:合计总数中包含总店和省农科院信息中心建设的分店和便利店4家。

【创新创业载体建设】 2013年,继续加强农业科技创新创业载体建设,加强现代农业科技园区建设,培育和壮大农业科技型企业、科技型农业专业合作社和农业产业技术创新战略联盟,突出提升了园区"创新、创业、服务"平台功能,进一步增强了企业的创新主体地位,提高了合作社转化科技成果和带领农民增收致富的能力。

一是农业科技园区建设工作获得新进展。常熟、白马国家农业科技园区顺利通过科技部考核评估,均获得优良等次,淮安、盐城两家园区获得科技部批复建设,全省国家农业科技园区增至4家。建设省级农业科技示范园52家。加大对现代农业科技园区建设的支持力度,组织实施农业科技支撑计划(35项,1050万元)、苏北科技发展计划(85项,2210万元)等科技计划项目120项,安排经费3260万元,园区创新、创业与服务能力得到显著提升。据统计,2013年园区引进示范推广新品种1150个,推广各类新品种、新技术9.5万公顷次,培训农民30.5万人次。太仓现代园艺科技园引进安佑生物科技集团有限公司、太仓戈林农业科技有限公司、江苏绿丰生物药业有限公司等农业高技术企业,使园区龙头企业达到22家,其中国家级2家,省级5家,2012年龙头企业实现销售收入71.9亿元,形成生态休闲、设施园艺、生物农业、食用菌等四大产业,成功举办第23届中国兰花博览会,建成国家"4A"级旅游景区。赣榆海洋资源综合利用科技园依托中科院海洋研究所、中国海洋大学、省海洋所等单位,累计实施各级各类海洋科技项目130项,建设研发平台11个,创业孵化基地1个,科技服务超市分店、便利店4家,组建海洋水产品产业技术联盟1个,2013年带动全县实现海产品总量45万吨,总产值106亿元。

表2-26 国家级现代农业科技园区

序号	园区名称	建设情况
1	江苏常熟国家农业科技园区	通过科技部考核评估
2	江苏南京白马国家农业科技园区	通过科技部考核评估
3	江苏盐城国家农业科技园区	2013年获批
4	江苏淮安国家农业科技园区	2013年获批

表2-27 省级现代农业科技园区(分地区)确认分布情况 单位:家

省辖市	数量	省辖市	数量
南京市	5	无锡市	3
徐州市	3	常州市	4
苏州市	6	南通市	5
连云港市	5	淮安市	4
盐城市	3	扬州市	4
镇江市	3	泰州市	4
宿迁市	3		
合计	52		

二是农业科技型企业培育工作稳步推进。新确认江苏省农业科技型企业80家,目前农业科技型企业总数达到501家,高新技术企业110家,涵盖了生物农药、饲料加工、农产品精深加工、农业装备、品种繁育等领域。据不完全统计,2013年全省农业科技型企业已建成各级研发机构403个,实施各级各类科技项目748项,获得授权专利910件,农业科技型企业的技术创新主体地位进一步突出,涌现出了一批好的典型。江苏立华牧业有限公司与多家高校院所开展产学研合作,建有江苏省优质禽工程技术研究中心、江苏省农科院立华家禽研究所、江苏省院士工作站等"两所两站一中心一基地"六大研发平台,成立了集团研发部,以项目形式对生产中出现的难题进行重点攻关,2013年该公司实施各类项目20项,研发投入近800万元,全面提升了企业的技术创新水平;江苏

田娘农业科技有限公司运用高温好氧发酵工艺，实现了畜禽粪便和秸秆的联合高效、快速发酵，既解决了秸秆、畜禽粪便的处理难题，又生产出了优质的有机肥料，目前企业已具备年处理固体有机废弃物12万吨，年产有机肥料5万吨的规模，成为行业中规模最大、技术最先进、影响力最大的企业之一；南京老山药业股份有限公司牵头组建了江苏省蜂业工程技术研究中心、国家蜂产品加工技术研发分中心、江苏省蜂产业技术创新联盟和全国蜂产品标准化工作组，先后自主研发了“蜂王浆及冻干粉活性生物测定方法”等16项专利技术，获得“蜂王浆冻干粉指纹图谱技术”等10多项科技成果，制定国家标准3项，并正代表中国牵头制定《蜂王浆》国际标准。

表2-28 2013年度江苏省第六批农业科技型企业名单

序号	企业名称	省辖市	序号	企业名称	省辖市
1	江苏瑞华农业科技有限公司	南京市	37	江苏金万禾农业科技有限公司	连云港市
2	南京帅丰生物科技有限公司	南京市	38	连云港市连发机械有限公司	连云港市
3	南京隆盛植物油脂有限公司	南京市	39	连云港玉柏旅游食品有限公司	连云港市
4	南京甘汁园糖业有限公司	南京市	40	江苏马陵山畜禽生态养殖有限公司	连云港市
5	南京龙力佳农业发展有限公司	南京市	41	连云港市金陵饲料有限公司	连云港市
6	无锡华源凯马发动机有限公司	无锡市	42	连云港众利水产养殖有限公司	连云港市
7	无锡市富华科技有限责任公司	无锡市	43	赣榆县佳信水产开发有限公司	连云港市
8	江阴市振江生物科技有限公司	无锡市	44	江苏金都食品有限公司	淮安市
9	徐州绿健乳业有限责任公司	徐州市	45	淮安正昌饲料有限公司	淮安市
10	江苏派乐滋食品有限公司	徐州市	46	江苏李龙食品有限公司	淮安市
11	徐州市芭田生态有限公司	徐州市	47	江苏圣农禽业发展有限公司	淮安市
12	徐州林泉绿色食品饮料厂	徐州市	48	江苏三森食品有限公司	淮安市
13	徐州黎明食品有限公司	徐州市	49	金湖县永祥种鸡有限公司	淮安市
14	邳州鑫源生物制品有限公司	徐州市	50	洪泽县国瑞绿色食品有限公司	淮安市
15	新沂市骆马湖水产品科技有限公司	徐州市	51	盐城明天种业科技有限公司	盐城市
16	江苏久思乡食品科技有限公司	徐州市	52	江苏绿叶农化有限公司	盐城市
17	常州市金土地农牧科技有限公司	常州市	53	江苏大丰盐土大地农业科技有限公司	盐城市
18	江苏春晖乳业有限公司	常州市	54	扬州创日动物营养有限公司	扬州市
19	金坛市种子有限公司	常州市	55	扬州三和四美酱菜有限公司	扬州市
20	江苏省激素研究所股份有限公司	常州市	56	扬州市苏灵农药化工有限公司	扬州市
21	溧阳市天目湖肉类制品有限公司	常州市	57	江苏洁澜现代农业装备有限公司	扬州市
22	吴江东之田木农业生态园	苏州市	58	扬州市嘉丰罗氏沼虾良种繁殖有限公司	扬州市
23	苏州锦华宠物用品有限公司	苏州市	59	江苏新天宝机械有限公司	扬州市
24	苏州市未来水产养殖场	苏州市	60	江苏润扬种业有限公司	扬州市
25	苏州稼乐植保机械科技有限公司	苏州市	61	仪征方顺粮油工业有限公司	扬州市
26	苏州金麦穗食品有限公司	苏州市	62	扬州名佳食品有限公司	扬州市
27	常熟耐素生物材料科技有限公司	苏州市	63	高邮市平安开沟机制造有限公司	扬州市
28	昆山益群农产品有限公司	苏州市	64	扬州市康弘农业发展有限公司	扬州市
29	鲜活果汁工业(昆山)有限公司	苏州市	65	镇江培蕾基质科技发展有限公司	镇江市
30	南通万通食品科技有限公司	南通市	66	镇江浮玉麻油有限公司	镇江市
31	江苏森茂生态科技有限公司	南通市	67	丹阳市清云农业发展有限公司	镇江市
32	南通双弘纺织有限公司	南通市	68	江苏圆通农机科技有限公司	镇江市
33	南通缘生堂生物科技有限公司	南通市	69	镇江水中仙渔业发展有限公司	镇江市
34	江苏城中园林建设有限公司	南通市	70	泰州市润禾食品科技有限公司	泰州市
35	南通千鹤食品有限公司	南通市	71	泰州市梅香食品有限公司	泰州市
36	启东市吉利饲料有限公司	南通市	72	江苏姜丰种业有限公司	泰州市

续表 2-28

序号	企业名称	省辖市	序号	企业名称	省辖市
73	兴化市联富食品有限公司	泰州市	77	泗洪县原种场丰收种业有限公司	宿迁市
74	靖江市江心洲生态工程发展有限公司	泰州市	78	江苏苏微食品有限公司	宿迁市
75	江苏健谷化工有限公司	宿迁市	79	江苏华绿生物科技股份有限公司	宿迁市
76	绿雅(江苏)食用菌有限公司	宿迁市	80	江苏省泗棉种业有限责任公司	宿迁市

表 2-29 农业科技型企业(分地区)确认分布情况

单位:家

省辖市	数量	省辖市	数量
南京市	31	无锡市	25
徐州市	44	常州市	36
苏州市	44	南通市	51
连云港市	38	淮安市	32
盐城市	39	扬州市	54
镇江市	34	泰州市	42
宿迁市	31		
合 计	501		

三是科技型农业专业合作社稳定发展。新确认科技型农业专业合作社 96 家,目前科技型合作社总数达到 297 家。2013 年共组织实施农业科技支撑计划和科技富民强县专项项目 10 项,安排省拨款 250 万元。据不完全统计,2013 年全省农业科技型专业合作社共引进新品种 545 个,推广新品种 457 个,引进和推广新技术 378 项,拥有专利数 196 件,实施各级各类计划项目 239 项。合作社依靠科技带动促进自身发展、带动农民致富的能力显著增强,涌现出了一批好的典型。张家港市神园葡萄专业合作社为社员提供产前、产中、产后全方位技术服务,2013 年推广优质葡萄品种面积 500 公顷,通过培训高效栽培技术、病虫害综合防治技术,使亩均成本下降 500 元,显著提高社员经济效益;无锡市益家康蔬菜专业合作社成立了“无锡市高效蔬菜农业科技创新中心”,以先进科技促进农业快速高效发展,为农民的生产提供全方位的技术支持、服务和销售渠道,社员收入大幅度提高;海安县泓寿食用菌专业合作社与省农业科学院、上海农科院建立了长期产学研合作关系,推广珍稀食用菌栽培技术,年培训农民 500 人次,以科技创新带动农民创业致富。

表 2-30 2013 年度确认省科技型农业专业合作社名单

序号	企业名称	省辖市	序号	企业名称	省辖市
1	南京市六合区新禹河鸽业专业合作社	南京市	10	无锡喜洋洋果蔬专业合作社	无锡市
2	南京市六合区新篁镇林牧村果树农地股份专业合作社	南京市	11	无锡市马山灵丰富民果品专业合作社	无锡市
3	南京溧水区惠民蔬菜专业合作社	南京市	12	江阴市信联养猪专业合作社	无锡市
4	溧水县宁佳青梅专业合作社	南京市	13	宜兴市华丰养殖专业合作社	无锡市
5	溧水天丰食用菌专业合作社	南京市	14	宜兴市丰沃水产专业合作社	无锡市
6	高淳县富农水产专业合作社	南京市	15	宜兴市太华壹号生态种植专业合作社	无锡市
7	高淳县苏峰经济林果专业合作社	南京市	16	宜兴市西乡白芹生态种植专业合作社	无锡市
8	高淳县沿河茶叶专业合作社	南京市	17	宜兴市丰汇水芹专业合作社	无锡市
9	无锡南村花卉苗木专业合作社	无锡市	18	徐州市贾汪区金黄土果品专业合作社	徐州市

续表 2-30

序号	企业名称	省辖市	序号	企业名称	省辖市
19	徐州市贾汪区康田农产品营销专业合作社	徐州市	58	盱眙县金莱农蔬菜种植专业合作社	淮安市
20	徐州兴阳奶牛养殖专业合作社	徐州市	59	盱眙县淮河镇丰硕农园蔬菜专业合作社	淮安市
21	丰县凯宇果蔬专业合作社	徐州市	60	金湖县金农村藕业专业合作社	淮安市
22	睢宁县官山镇惠农食用菌种植专业合作社	徐州市	61	盐城科特果蔬专业合作社	盐城市
23	新沂市骆马湖天盈水产专业合作社	徐州市	62	大丰市华辰渔业专业合作社	盐城市
24	新沂市恒鑫水产专业合作社	徐州市	63	射阳县联农水产专业合作社	盐城市
25	邳州市运河镇伟楼大蒜种植专业合作社	徐州市	64	建湖县华盛河虾养殖专业合作社	盐城市
26	邳州市农家福畜禽养殖专业合作社	徐州市	65	阜宁县东升蔬果专业合作社	盐城市
27	常州太湖明珠水产专业合作社	常州市	66	响水县兴旺小杂粮农民专业合作社	盐城市
28	常州市黄天荡螃蟹专业合作社	常州市	67	扬州市圣灵农业科技特种经济作物专业合作社	扬州市
29	金坛市三德利养鸡专业合作社	常州市	68	扬州市广陵区上品食用菌专业合作社	扬州市
30	金坛市万叶水产专业合作社	常州市	69	扬州市万隆虾业专业合作社	扬州市
31	金坛市海之客农机专业合作社	常州市	70	扬州市江都区丁沟镇润骅花木种植专业合作社	扬州市
32	苏州市相城区兴湖生态农业专业合作社	苏州市	71	扬州市苏合万禾农产品直销专业合作联社	扬州市
33	苏州东山吴侬碧螺春茶叶专业合作社	苏州市	72	宝应县宝应湖大闸蟹产销专业合作社	扬州市
34	张家港市东航农林农民专业	苏州市	73	宝应兴牧蛋鸡养殖专业合作社	扬州市
35	常熟市董浜镇里睦蔬菜专业合作社	苏州市	74	仪征市新集镇福裕经济林果土地股份专业合作社	扬州市
36	常熟市吉健葡萄专业合作社	苏州市	75	扬州市白沙玉叶茶叶专业合作社	扬州市
37	昆山市花桥镇天福蔬菜专业合作社	苏州市	76	高邮市志兴养鸡专业合作社	扬州市
38	太仓市东林农场专业合作社	苏州市	77	镇江市丹徒区横塘湖虾业专业合作社	镇江市
39	太仓市绿阳蔬果专业合作社	苏州市	78	镇江市丹徒区醉园春茶叶专业合作社	镇江市
40	南通和盛农产品专业合作社	南通市	79	丹阳市红太阳山羊专业合作社	镇江市
41	南通天泰粮食种植专业合作社	南通市	80	句容市万山红遍应时鲜果专业合作联社	镇江市
42	南通中宝速冻蔬菜专业合作社	南通市	81	扬中市绿野秧草专业合作社	镇江市
43	海门大地辉旺现代农业专业合作社	南通市	82	扬中市元亨蔬果专业合作社	镇江市
44	启东市阳大畜牧专业合作社	南通市	83	泰州市珠联种植专业合作联社	泰州市
45	如皋市范氏生态水产专业合作社	南通市	84	泰州市姜堰区君鹏鸵鸟养殖专业合作社	泰州市
46	如皋市长蝶观赏鱼专业合作社	南通市	85	兴化市绿松果蔬稻谷专业合作社	泰州市
47	海安县苏鹏禽业专业合作社	南通市	86	靖江市顺禾蔬菜种植专业合作社	泰州市
48	灌云县民发甘薯专业合作社	连云港市	87	靖江市绿禾蔬菜专业合作社	泰州市
49	灌南县朝阳食用菌专业合作社	连云港市	88	泰兴市金穗蔬菜专业合作社	泰州市
50	灌南县冠昊牛羊专业合作社	连云港市	89	泰兴市绿泰蔬菜专业合作社	泰州市
51	东海县苏东淮猪养殖专业合作社	连云港市	90	宿迁市闽绿食用菌生产专业合作社	宿迁市
52	赣榆县三禾果蔬生产专业合作社	连云港市	91	宿迁市肖桥花卉专业合作社	宿迁市
53	赣榆县丰瑞泥鳅养殖专业合作社	连云港市	92	宿迁市宿豫区鑫润蚕桑专业合作社	宿迁市
54	淮安广达秸秆固化专业合作社	淮安市	93	宿迁市明海花木专业合作社	宿迁市
55	淮安市淮农薯业专业合作社	淮安市	94	沭阳县珍品花卉专业合作社	宿迁市
56	淮安市渔博士观赏鱼专业合作社	淮安市	95	泗阳县百春锦蔬菜专业合作社	宿迁市
57	洪泽县众兴食用菌专业合作联社	淮安市	96	泗阳县众联食用菌专业合作联社	宿迁市

表 2-31 农业科技型专业合作社(分地区)确认分布情况 单位:家

省辖市	数量	省辖市	数量
南京市	25	无锡市	26
徐州市	24	常州市	22
苏州市	24	南通市	24
连云港市	16	淮安市	22
盐城市	24	扬州市	24
镇江市	23	泰州市	23
宿迁市	20		
合 计	297		

四是农业产业技术创新联盟运行良好。对产业技术创新战略联盟申报科技支撑计划(农业)项目给予额外指标，优先推荐联盟申报国家有关科技计划项目，如推荐茶产业技术创新联盟骨干企业江苏鑫品茶业有限公司申报国家星火计划项目,获得国拨经费165万元,推荐肉制品产业技术创新战略联盟、生物有机肥产业技术创新战略联盟申报国家农业科技成果转化资金项目等。同时,指导联盟制定产业技术发展规划，扎实推进省级农业产业技术创新战略联盟建设。推荐速生材产业技术创新战略联盟、河蟹产业技术创新战略联盟申报国家级试点联盟，速生材联盟获得重点培育的联盟指标。

【国家科技项目申报与管理】 积极做好“十二五”农村领域2014年备选项目的推荐工作,全省有14个项目成功进入科技部项目储备库（其中由科技厅推荐的有5项),截至2013年年底,全省累计入库项目已达184项，这为争取更多的国家科技支持奠定了良好的基础。据不完全统计,2013年全省获得科技部各类涉农项目47项，获国拨经费11062万元。江苏大学承担的“高生物利用蛋白制备关键技术研究与开发”等11个国家863、科技支撑项目获得科技部立项支持,获国拨经费8307万元。南京农业大学承担的“粮食作物系统数字模拟与设计技术”项目以水稻、小麦、玉米三大作物为研究对象，研发基于生理生态过程的作物生长模型、结构-功能模型及可视化技术,构建作物生产力需求、预测、预警模型,对保障国家高产稳产、优质高效的作物生产具有极其重要的作用和意义。国家农转资金、星火项目立项总数和经费总量均位居全国前列,省科技厅推荐的24个农转资金项目、442个星火项目(其中重点项目10项)获得立项,获得国拨经费2155万元。江阴联业生物科技有限公司承担的“畜禽粪便库快速发酵制肥工艺及成套设备中试与示范”项目获得农转资金重点项目支持，获国拨经费100万元，项目使用畜禽粪便、秸秆混合堆置、快腐菌种快速起爆的无槽条垛式堆肥发酵技术，实现畜禽粪便等农业固体废弃物的资源化、无害化高效综合利用,可年处理畜禽粪便、秸秆废弃物3000万吨,实现产值1.18亿元,利税3500多万元。

【农业农村科技服务】 以农业优势特色产业发展为导向,以农业增效农民增收为目标,通过深入开展“送科技下乡 促农民增收”活动,大力选派科技特派员到基层服务，农村基层创新创业的活力得到进一步激发。

一是积极开展“送科技下乡 促农民增收”活动。作为省联席会议办公室单位,科技厅积极发挥组织协调作用,组织编制了2012年度工作总结和2013年度计划，细化各部门的年度目标和工作任务,集成各成员单位的资源优势,不断提升“送科技下乡”活动的组织程度和整体推进力度。定期组织召开联络员工作会议，组织开展中期调研等活动,及时解决了活动开展过程中出现的新问题、新矛盾,进一步加强了省市县的联动、沟通与协作,重点推进了科技帮扶农民职业化科技培训等一系列品牌活动。会同省委农工办、省财政厅、省农委表彰“科技富民突出贡献单位”等先进单位30家,“优秀科技特派员”等先进个人235名。

二是推进科技特派员农村科技创业行动。按照科技部对科技特派员工作的部署，扎实推进科技特派员农村科技创业行动工作。截至2013年年底,已累计选派科技特派员 12859 名,其中省级科技特派员 9832 名、法人科技特派员 422 名。直接培训农民 433.9 万人次,发放科普资料 16603.6 万份,带动辐射农民 492.9 万人次,科技特派员在促进农民增收中的贡献份额日益增大。建设了 215 家科技特派员工作站,为广大科技特派员深入到农村生产一线、农业科技园区、农业科技型企业、科技型农业专业合作社等开展科技创新创业和服务提供基层落脚点,以工作站为载体,科技特派员累计组织实施科技开发项目 3975 项,引进新品种、新技术 9437 个(项),吸引 8.1 亿元社会资本投入农业领域,与农民结成的利益共同体 2016 家,其中创办企业 327 家、组建合作经济组织 1689 个,科技特派员当年获利 4.2 亿元,提高了农业经营组织程度和抵御风险的能力,有效带动了产业发展。

【重大科技活动】 充分整合多方资源,组织开展各类大型科技活动,加强工作宣传,营造了良好的农村科技工作氛围。

一是组织召开国家粮丰工程(江苏)项目部署会。扬州大学、南京农业大学等课题承担单位分别汇报了项目目标、任务、实施方案等基本情况和课题承担、组织实施、人才队伍等方面的进展。29 个项目实施县(市、区)代表分别汇报了 2012 年度工作进展和 2013 年度工作计划。在此基础上,项目技术组专家分组讨论,研究制定了 2013 年度实施方案。

二是组织召开农村科技服务超市推进工作会议。会议全面总结了四年来科技超市工作取得的成效,对下一阶段主要工作任务作了安排,表彰了 60 名优秀店长并进行了典型经验交流,省农科院郑建初副院长为参会代表做了题为"国内外现代农业发展现状与趋势"的专题讲座。

三是积极参加科技部组织的各项活动。2013 年根据科技部的有关要求,认真组织有关单位参加科技部举办的各项专题活动。参加在湖南长沙召开的国家粮食丰产科技工程南方区现场观摩会,扬州大学张洪程教授做了课题交流发言;组团参加第二十届中国杨凌农业高新科技成果博览会,全省 11 家单位共展示、推介各类农业科技成果 50 多项,收集整理国内外最新科技成果 500 多项,升科技厅获得优秀组织奖,新沂市绿苑苗圃场获得优秀展示奖;组团参加第七届中国科学院-新疆科技合作洽谈会,16 家单位共展示、推介科技成果 34 个,连云港振兴花卉有限公司"郁金香种球繁育"、盐城绿苑海蓬子开发有限公司"盐碱荒漠生态治理农业工程"等 2 个项目在大会上签约;组团参加昆明中国-东盟现代农业新技术与新品种技术转移对接活动等。

(江苏省科学技术厅农村科技处)

国际科技合作与交流

International Scientific & Technological Cooperation & Exchange

【概　况】 2013 年,围绕集聚国际创新资源、服务企业需求,全省加大开拓探索力度,积极推进与重点国家的深度合作,进一步加强与国际著名创新机构的合作关系,大力实施产业创新国际化,实现了新的进展与突破。

【省国际科技合作计划】 2013 年度省国际科技合作计划受理项目 220 项,经批准立项 72 项,包括江苏-以色列产业研发合作项目、江苏-芬兰产业研发合作项目、国际技术转移及联合研发项目、创新国际化服务体系项目等类型。主要有以下特点:

1. 落实与以色列、芬兰签署的产业研发合作协议,大力支持与以色列、芬兰合作项目,推动与创新强国的深度合作。

2. 在支持具体技术研发合作项目的同时,加强全省创新国际化服务体系建设,推动地方引进境外高水平的大学、研究机构、跨国公司来江苏建设跨国技术转移中心等国际合作载体,继续支持省内有条件的企业到境外设立研发机构。

【对外科技交流】 2013 年全省对外科技交流活跃,与重点国家交流合作取得新进展,与国际著名创新机构合作实现重要突破,举办了一批有影响的交流对接活动。

1. 与以色列、芬兰产业研发合作深入发展。江苏-以色列产业研发合作计划继续稳步推进,截至

2013年年底，双方共同支持的项目数累计已超过40项。与以色列著名科研机构开展早期技术合作研发方面取得突破，江苏江华集团与以色列魏兹曼研究院耶达技术转移公司达成两项技术授权协议，致力于将以色列先进的污水处理技术在中国进行合作开发和商业化。中以双方在合作载体建设方面取得重大突破，已初步就合作共建中以医疗器械创新园达成共识。与以色列共同组织了多项对接交流活动：在南京开展"2013以色列信息通讯技术项目路演"；江苏高校技术转移机构代表赴以色列开展技术转移及商业化专题培训；受科技部委托，省跨国技术转移中心组织全国5个省市的企业代表赴以参加生物医药及医疗器械展；省科技厅与以色列驻沪总领馆合作组织特拉维夫国际创业大赛中国赛区选拔，首次遴选产生中国代表赴以参加大赛活动。与芬兰正式启动产业研发合作计划，顺利完成了首轮合作项目的征集、评审与共同立项支持；"芬兰清洁技术江苏路演活动"及"赴芬兰清洁技术对接交流"成功举行。

2. 与国际著名创新机构合作实现重要突破。省科技厅与世界著名高校美国麻省理工学院签署产业技术合作协议，正式建立了产业合作伙伴关系。到2016年的三年内双方将组织江苏企业与麻省理工学院教授专家积极开展互访交流、技术对接与战略咨询服务，推动一批龙头企业与该院优秀研究团队形成长期的战略合作关系。省科技厅与世界著名研究机构德国弗朗霍夫应用研究促进协会签署关于访问科学家交流计划的合作协议，确定开展双向人员交流，为未来双方在应用研发和创新领域开展进一步合作奠定基础。双方每年选派一批江苏科学家赴弗朗霍夫协会研究所开展为期至少一年合作研究的计划，2014年正式派员赴德国合作研究。省生产力促进中心与弗朗霍夫协会生产设备和结构技术研究所(IPK)签署合作协议，将共同组建江苏标杆分析中心。

3. 各类科技交流活动亮点纷呈。2013年南京市举办了"第二届全球(南京)研发峰会"，无锡市举办了"第十届中国(无锡)国际设计博览会"，常州市在"2013第八届中国常州先进制造技术成果展示洽谈会"期间集中举办了系列国际技术交流活动，苏州市举办了"第四届中国国际纳米技术产业发展论坛暨纳米技术成果展"。省跨国技术转移中心瞄准创新能力强的国家，重点拓展以色列、芬兰、美国、俄罗斯、法国、英国、德国、加拿大等国的合作渠道，全年组织或参与了近20场专题对接交流活动，服务企业创新国际化发展。

(江苏省科学技术厅国际科技合作处)

科技政策与软科学研究

Scientific & Technological Policy and Soft Science Research

科技政策与科技体制改革

【深化科技体制改革】 学习贯彻党的十八届三中全会精神和深化改革的决定，按照省委办公厅的要求，认真总结全省科技体制改革的主要成效、存在问题，研究提出深化科技体制改革的思路和建议，在此基础上报送了《全面深化科技体制改革 加快建设创新型省份》的报告。

贯彻落实省委17号文件。按照省委省政府两办确定的贯彻《中共江苏省委江苏省人民政府关于加快企业为主体市场为导向产学研结合技术创新体系建设的意见》任务分工方案，加强与省相关部门的协调联系，切实推进省委17号文件的贯彻落实。

按照促进科技创新与经济社会发展紧密结合的要求，大力破除体制机制障碍，有效发挥科技创新的战略支撑作用。成立省产业技术研究院，健全技术创新市场导向机制。鼓励地方先行先试，支持南京深入推进科技体制综合改革试点，支持苏州等地开展科技金融结合试点，支持宿迁、淮安等地建立科技创新券制度，基层改革活力和服务水平明显提升。

【深入开展科技政策落实行动】 深入实施"科技政策落实行动计划"，健全"两员两团"工作机制，进一步加大科技政策落实工作力度。2013年年初，省科技厅专门对13个省辖市科技局(委)下达了2013年度全省落实科技税收优惠政策工作目标。加强政策宣传和服务，继续深入开展"千人万企"行动，全省136个政策宣讲团1500多名政策辅导员累计进行政策宣讲2300多次，向全省16000多家企业宣传了科技创新税收优惠政策；开展政策宣传工作激励，会同省国税、地税部门联合表彰了

121 名 2012 年度全省科技政策落实工作先进个人，编印了《江苏省企业科技税收政策工作年报 2012》。全省共有 10453 家企业享受到科技税收优惠政策,落实科技减免税 230.18 亿元,较 2012 年度增长 13.79%,实现连续 5 年持续增长,全省享受科技税收优惠企业数和减免税总额均列全国前列。

【加强依法行政工作】 认真做好依法行政工作。按照省政府关于深化行政审批制度改革的要求和省行政审批制度改革联席会议办公室的布置,认真做好省科技厅行政审批事项的摸底清查工作,在此基础上,对照国务院取消和下放的行政审批事项,会同相关业务处室,结合全省科技工作实际，研究提出了省科技厅建议取消的行政审批事项。

软科学研究

【着力加强科技发展战略研究】 围绕实施创新驱动战略,推进科技创新工程,加快建设创新型省份等全省创新发展的重大课题和重点工作决策需求,进一步加强宏观战略研究。一是支持省科技发展战略研究院加强与中国科技发展战略研究院的业务联系,通过整合内部资源和人才队伍,建设成为中国科技发展战略研究院江苏分院，利用国家级平台提高全省的战略研究水平。二是加强科技思想库建设，安排经费 220 万，继续支持首批 10 个科技思想库，进一步加强监督管理，突出全局性、重大性和持续性。三是组织实施好 2013 年软科学计划项目，认真编制项目指南，强化目标导向,突出创新型省份建设、区域创新布局、企业技术创新主体建设、科技体制改革和管理创新等重点领域的研究,共下达面上项目 89 项,安排经费 380 万元,12 月中旬完成 2013 年度软科学面上项目的验收工作。四是依托高校、院所、协会等载体,举办科技创新沙龙，不定期组织专家学者进行专题研讨。

科技进步考核

【组织做好 2013 年全国县市科技进步考核工作】 制定《2013 年县(市、区)科技进步考核工作实施方案》,邀请国家科技进步考核专家组成员仲伟俊教授对全省各省辖市、县(市、区)科技局相关工作人员进行了业务培训。通过自查、定量指标审核、定性指标评审、专家评审,确定全省推荐为“通过考核”和“先进”的市、县(市、区)的名单。根据科技部公布的考核结果,全省 13 个省辖市全部被确定为全国县市科技进步考核先进市,100 个县(市、区)全部通过科技部 2013 年全国县市科技进步考核,其中 54 个县(市、区)被确定为全国县市科技进步考核先进县(市、区),278 名同志被确定为全国县市科技进步考核先进个人。全省县市考核优秀率由上届 48%提升到 54%,高出全国平均数 16 个百分点。省科技厅被科技部确定为全国县(市)科技进步考核优秀组织单位。

创新方法推广与应用

【积极推进创新方法推广与应用】 2013 年,江苏被批准为全国五个国家级区域创新方法示范基地之一。通过创新方法的推进,全省共培育了 162 家试点企业和 15 家示范企业，培养企业种子师资 221 名,企业研发骨干 3500 余人。据不完全统计,经培训的研发人员运用创新方法共解决技术难题 935 个,产生专利 1158 项,其中发明专利 509 项,成果应用数 166 项,新产品、新工艺、新装置、新仪器等 139 项,增加企业收入逾 16 亿,部分成果填补国内空白,达到国际先进水平。全省创新方法各项工作走在了全国的前列，得到了科技部的高度评价,多次在全国创新方法会议上推广江苏经验。

(江苏省科学技术厅政策法规与体制改革处)

科技人才

Scientific & Technological Talents

【组织实施科技部创新人才推进计划】 2012 年全省组织了首批创新人才推进计划的推荐工作,共有 11 名中青年科技创新领军人才、7 个重点领域创新团队、4 名科技创新创业人才、1 个创新人才培养示范基地入选。2013 年,根据科技部的通知要求,严格按照标准和要求进行了遴选和推荐,共有 21 名中青年科技创新领军人才、4 个重点领域创新团队、28 名科技创新创业人才、2 个创新人才培养示范基地入选。

【省级人才计划】 实施省创新团队计划,2013年新立项支持53个创新团队,其中科技创新团队18个,由省科技厅从承担省科技成果转化项目、省科技基础设施项目、省产学研联合创新资金项目等重大科技项目的单位中推荐,同时组织做好2011年立项的科技创新团队中期检查工作。配合省委组织部组织开展2013年度"江苏省高层次创新创业人才引进计划""博士集聚计划"的组织遴选工作,共立项支持引进503名"双创"人才和400名企业博士到江苏创新创业。

【院士工作】 一是做好2013年两院院士候选人的遴选和推荐工作。根据两院2013年增选结果,全省有4人入选。二是做好两院院士例行体检工作。9月份,会同中国科学院南京分院和省卫生厅组织了在苏两院院士健康检查。

(江苏省科学技术厅政策法规与体制改革处)

【自然科学研究系列(含实验系列)专业技术人员队伍建设】 2013年,在省职称工作领导小组的指导和监督下,全省自然科学研究系列(含实验系列)高、中级专业技术资格评审工作着力规范评审程序、严格评审质量、强化过程监督,经过材料受理、资格审查、评委会评审、公示等阶段,共107人通过高级专业技术资格评审,其中34人获得研究员资格,60人获得副研究员资格,13人获得高级实验师资格;84人通过中级专业技术资格评审,其中78人获得助理研究员资格,6人获得实验师资格。专业技术人员整体素质不断提高,在已获得专业技术资格的191人中,硕士及以上学历人员126人,占总人数66%左右。

(江苏省科学技术厅人事处)

【专家选拔工作】 "百千万人才工程"。根据国家人力资源和社会保障部部署,省人力资源和社会保障厅组织了2013年"百千万人才工程"国家级人选的选拔工作并上报人社部,全省共有8人(不含部属单位)获批入选,并被授予国家"有突出贡献的中青年专家"荣誉称号。入选人数在全国名列前茅。

国家"高层次人才特殊支持计划"。根据国家人力资源和社会保障部部署,省人力资源和社会保障厅组织了2013年国家"特支计划"人选的选拔工作并上报人社部,全省共有4人(不含部属单位)入选,入选人数在全国名列前茅。

江苏省"有突出贡献的中青年专家"。根据《江苏省有突出贡献的中青年专家选拔和管理办法》(苏政发〔1999〕71号)精神,省人力资源和社会保障厅组织了2012年江苏省有突出贡献的中青年专家的选拔工作。经省政府批准,200名高层次人才入选省有突出贡献中青年专家。

【高层次人才载体建设】 博士后科研工作站。根据国家人力资源和社会保障部有关通知,省人力资源和社会保障厅在全省范围内组织开展了国家级博士后工作站申报工作。经广泛宣传发动,精心组织实施,认真审核筛选,并经国家人社部组织专家评审,批准58个单位设立国家级博士后工作站。截至2013年年底,全省设站总数累计298个,名列全国第二,覆盖全省十大新兴产业。

江苏省博士后创新实践基地。根据《江苏省博士后科研工作站管理工作实施办法》有关规定,省人力资源和社会保障厅组织开展了申报工作,经有关单位申报、市人社局或省有关部门审核,并经专家评议、筛选,共新批准70个单位设立博士后创新实践基地。累计建立基地320个。

江苏省博士后科研成果转化基地。首次在全国开展博士后科研成果转化基地试点工作,探索建立机制灵活的区域性集政、产、学、研、资为一体的博士后科研成果转化基地,试点工作在苏州相城区开展。

留学人员创业园。新建"中国常州留学人员创业园"省部共建留学人员创业园,全省部省共建留学人员创业园总数已达6家,位列全国第一。新建江苏省扬州邗江留学人员创业园、江苏省中关村(溧阳)留学人员创业园、江苏省常熟高新技术产业开发区留学人员创业园3家留学人员创业园,全省省级留学人员创业园已达51家。

【高层次人才资助工作】 博士后资助。充分利用各类经费的导向作用,扶持资助一批原创性、创新性课题和项目。组织博士后研究人员申报国家博士后项目,全省617名博士后人员获得资助,共计

4485万元。全省共有3人入选“香江学者”计划，获得总计45万元的国家资金资助；9人入选国家“博士后国际交流计划”，获得总计135万元的国家资金资助。完成省博士后科研资助计划、省资助招收博士后研究人员有关项目和人员的评审工作，下达年度省级博士后资助2500万元。会同省委组织部组织实施“企业博士集聚计划”项目的面试、评审工作，共有194名自主创业类、企业博士后类和境外世界名校类博士得到推荐。

留学人员资助。根据人社部有关文件精神，开展了留学人员科技项目择优资助、中国留学人员回国创业启动支持计划、海外赤子为国服务行动计划及留学人员科技项目小额资助，共争取到资助经费188万元。

【高层次人才为经济建设服务工作】 万名专家服务基层行动计划。组织110多名专家赴常州、连云港、盐城、宿迁等市开展专家服务基层活动，为120家企业和单位开展科技服务和对接活动，解决200多个技术难题，达成合作意向78项。为深入落实国家“万名专家服务基层行动计划”，拟定了全省关于深入开展千名专家进千企活动的通知，计划3年时间，组织1000名左右专家到中小企业一线，开展科技咨询、成果对接、合作开发、人才培训、共建载体等多种形式的服务活动。

新兴产业专家境内外研修。着眼全省环保产业发展实际需要，组织100多名环保产业专家进行学习交流。拓展专家境外研修渠道，首次组织16名新材料产业专家赴美进行为期20天的研修，实地了解美国材料产业发展与教育现状。

（江苏省人力资源和社会保障厅）

科技服务业

Science & Technology Service Industry

【概　况】 科技服务业具有技术含量和附加值高、产业渗透性和创新性强、发展潜力大、辐射带动作用突出等特点，加快发展科技服务业对于深化科技体制改革、加快科技成果转移转化、培育发展战略性新兴产业、推动产业结构优化升级，对全省实施创新驱动战略和建设创新型省份具有重要的支撑作用。2013年，全省科技服务业总收入达820.52亿元，同比增长32.16%，远高于GDP增速，完成750亿元的年度考核目标。科技服务业占全省GDP比重为1.39%，比2012年提高了0.15个百分点。全省科技服务技术合同成交额较2010年翻两番、达585亿元；创投管理资金规模较2010年翻一番、达1500亿元；各类孵化器数量和孵化场地面积均占全国的三分之一，年均入驻企业4000家以上。从事科技服务的单位共1690家，机构平均收入4855.15万元。

【研发设计服务】 五大类业态中，最能代表创新性科技服务的研发设计服务占比最大。研发设计作为企业技术性投入的主要内容之一，是提升产品附加值、提高企业核心竞争力和维持竞争优势的关键所在。2013年全省研发设计服务业共有相关单位749家，数量占全省机构数的44.32%；全年收入额达到581.54亿元，占总收入的70.87%，远超过其他业态，比2012年增长23.69%。全省依托丰富的基础设施、人才以及科技资源，涌现出了一批在国内外具有重大影响力的机构，2013年收入超亿元的研发设计服务机构达到50家，总收入占全省研发设计服务全年收入的35.5%，其中江苏省电力设计院、江苏省建筑科学研究院有限公司、中蓝连海设计研究院，2013年营业收入分别达到10亿元、7亿元和5亿元。

【技术市场】 技术市场是技术商品和服务的流通领域，涉及与技术转让、技术开发、技术咨询、技术服务相关的技术交易活动，技术市场的发展对于科技服务的产业化进程具有重要的推动作用。2013年全省技术市场共登记技术合同31427项，成交金额585.56亿元，较2012年增长了10.08%，较2010年翻两番。四类技术合同中技术开发合同仍位居第一，成交金额达到347.12亿元，占成交总额的59.28%。一是企业成为技术交易主体。2013年江苏省企业法人机构输出技术交易额超过吸纳技术交易额，达到515.37亿元，占总输出技术交易额的88.01%；江苏省企业法人机构吸纳技术交易额286.51亿元，占总吸纳技术交易额的48.93%。二是技术出口呈现区域高端态势。2013年的数据显示，全省向北京输送技术成交额居第二位，达到36.43

亿元,占总成交额的 6.22%。全省向境外、上海、广东、浙江、山东等地输出的技术成交额紧随其后,与经济发达地区对技术吸纳能力明显高于其他地区。

【高校院所技术转移】 江苏科技资源丰富,推进科技创新的重要内容就是推进高校科技成果的就地转化,2013 年全省高校技术转移中心横向在研项目合同金额达到 54 亿元,成果转化合同金额近 20 亿元,其中中国矿业大学技术转移项目金额以 12 亿元位居全省高校首位。全省有 21 家机构被评为国家级技术转移示范机构。2013 年大学、科研院所输出技术交易项数为 16954 项,成交金额为 59.55 亿元,占全省技术市场成交项数的 53.95%,占全省技术市场成交总额的 10.17%,居全省大学技术交易前三位的分别为东南大学、南京大学、南京航空航天大学,居全省科研院所前三位的分别是南京水利科学研究院、江苏省环境科学研究院、环境保护部南京环境科学研究所。

【科技咨询服务】 全省各类科技咨询服务机构围绕全省科技和产业创新需求,面向企业及政府致力于知识产权、资质认证、技术培训、项目评估、法律咨询、决策咨询等服务,2013 年全省科技咨询服务总收入达到 94 亿元,占科技服务业总收入占比为 10.48%。据统计,2013 年全省科技咨询服务机构中,苏州市美华认证有限公司以年营业收入 7 亿元居首位,江苏艾凯艾国际标准认证有限公司年营业收入超过 7000 万元。全省共有知识产权服务机构 29 家,占科技咨询服务机构总数的 10%;全年知识产权服务收入为 4.9 亿元,占科技咨询服务总收入占比仅为 5%。全省科技咨询服务机构排名前 10 位的机构中,知识产权服务类就有 4 家,分别为国家知识产权局专利局专利审查协作江苏中心、常州市新益知识产权咨询服务有限公司、苏州创元专利商标事务所有限公司、常州佰腾科技有限公司,总收入超过 3 亿元,龙头企业收入占比达到 60%。

【科技创业服务】 江苏省近年来大力推进科技创业服务,企业孵化器建设规模和服务效益位于全国前列,全省国家级孵化器已达 80 家,各类科技企业孵化器突破 400 家,全省孵化器数量、孵化场地面积、在孵企业数量等多项指标均位居全国第一。全省孵化器的建设和发展向大专院校、科研院所、国有大企业、民营企业等多元化投资主体发展,以合建、共建、租赁、委托管理等形式的孵化器不断涌现。出现了如苏州博济科技创业园、常州天宁新动力高新技术创业服务中心、金坛红太阳高新技术创业服务中心等一批具有一定影响力的民营科技企业孵化器,全省民营企业投资建设的孵化器达 91 家。全省在软件、生物医药、集成电路、动漫、环保、光机电等产业领域,建立了 90 多家专业型的孵化器,孵化器内各类专业技术平台和服务机构数已达到 1380 个,孵化小微企业 1 万余家,其中毕业企业 3100 家。

【科技金融服务】 全省围绕促进科技成果转移转化、壮大科技型中小企业、培育战略性新兴产业为核心,加快发展具有中国特色的创业投资,发展多层次资本市场,建立健全综合性科技金融服务平台,积极吸引各类创新资源投入全省科技创新。2008 年设立的科技型中小企业创业投资引导资金,以及省政府设立的新兴产业创业投资引导资金,培育了一批以投资科技型中小企业和新兴产业为重点的创投机构。目前全省 13 个省辖市的省级以上高新园区全部建有创投机构,全省各类创投机构累计投资金额超过 300 亿元,涌现出江苏省高投、苏州创投等一批综合实力位于全国前列的创投龙头企业。2013 年,全省共有各类创投机构超过 550 家,创投管理资金规模达 1500 亿元,苏州、南京、无锡及常州是全省创业投资集聚的地区,其中苏州一直是省创投机构和创投资金最集中的地区,多年来一直位居第一。

【科技服务业产业结构】 全省科技服务业围绕市场化和企业化发展的原则,不断去行政化,建立现代企业制度。2013 年,全省企业性质的科技服务单位达到 961 家,占总数的 56.86%,收入 711.11 亿元,占比达 86.66%,同比增长 34.4%;事业性质的 694 家,占总数的 41.07%,收入 108.45 亿元,占比为 13.12%,同比增长 16%。其中,总收入超亿元企业达到 164 家,超过 10 亿元的龙头企业 20 家。表明民营科技机构已经成为全省科技服务业发展的生力军,并与非民营公共科技机构互为补充、共同发展,呈现多经济形式、多元化的良好态势。

科技服务示范区

【概　　况】 为加快构建服务专业化、组织网络化、功能社会化的现代科技服务体系,进一步推动科技服务业集聚发展。2013 年,江苏省继续加强科技服务示范区建设试点,启动建设无锡(太湖)国际科技园、南通市科技广场、扬州市科技广场等 3 个科技服务示范区。目前,全省共建有科技服务示范区 5 个,总投入 4.35 亿元,其中省拨款 5500 万元。5 家科技服务示范区均初步探索出具有地方特色的科技服务业发展新路:一是以市场为导向,牢牢把握住产业发展和企业创新需求。二是以集聚完善体系、以体系提升能力。三是以机制创新为突破口,积极探索需方补贴机制,如企业创新服务券等。四是培植专业化服务队伍,不断加强技术经纪人、专利代理人、管理咨询师等专业服务人才的引进与培养。

【总体情况】 科技服务示范区分别布局在南京、无锡、苏州、南通和扬州,其中苏南 3 家,苏中 2 家。

南京市麒麟科技创新园以打造"中国硅谷"为目标,对示范区实行统一管理,建成"智慧城市体验馆""麒麟生态城规划展示馆"及"机器人展示体验馆",瞄准电子信息产业提供电子产品检测、智能云、三网融合、软件测评、气象等公共技术服务。

无锡(太湖)国际科技园着眼物联网产业打造"六园一城",通过建载体、引资源、建平台、抓重点、配政策等五大举措,构建全产业链的一站式服务体系,并通过"企业服务券",引导企业使用科技服务。

苏州科技广场着眼电子信息、生物医药等苏州市重点产业,开展科技金融、成果转化、信息咨询、科技资源共享等服务,整合科技镇长团、重点挂钩企业科技专员和技术经纪人队伍,初步建立了一支全流程的专业服务队伍,开发出"科贷通""科易通"等科技金融产品,解决中小企业融资难问题。

南通高新区科技新城以现代纺织、智能建筑、船舶海工为特色主导,以智能装备、新能源为新兴引擎,加强服务机构集聚,做强产业发展支撑。

扬州科技广场推动市财政设立科技服务业引导资金,探索知识产权质押贷款、科技保险等新型科技金融产品。

【能力建设】 2013 年度,示范区地方政府总投入 1.285 亿元,完成研发服务场所建设 54 万平方米,专职运营团队 54 人,集聚服务机构 43 家,引进专职服务人员 705 人,其中硕士学历以上 236 人,海归人才 30 人。

【服务产出】 2013 年,科技服务示范区累计提供服务 3.22 万项次,实现服务收入 2.84 亿元。

【机制建设】 截至 2013 年年底,科技服务示范区制定并实施了《苏州市技术经纪人奖励实施细则(试行)》《无锡(太湖)国际科技园科技补贴奖励券发放使用办法》等办法 18 条,为科技服务示范区的良性发展做了有益的探索和尝试。

(江苏省科学技术厅科技机构与条件处)

科技金融

Technology and Finance

【概　　况】 2013 年,江苏科技与金融部门紧紧围绕省委省政府的战略部署,围绕加快推进国家促进科技和金融结合试点省建设目标,进一步聚焦科技型小微企业,创新科技和金融结合体制机制,着力推进"首投""首贷"为重点的创业投资和科技信贷,为推动金融业转型升级、加快科技成果转化、培育战略性新兴产业、增强全省自主创新能力做出了积极贡献。

【政策环境】 2013 年,省科技厅会同省财政厅先后出台了《江苏省天使投资引导资金管理暂行办法》《江苏省科技成果转化风险补偿专项资金管理办法》和《关于在江苏省科技成果转化风险补偿专项资金中开展"苏科贷"试点工作的实施方案》等专项政策文件,为加快全省科技金融发展提供了有力的政策保障,营造了良好的科技金融发展环境。

【创业投资】 全面启动实施省天使投资引导资金，首批入库常州龙城英才等专业化天使投资机构41家，通过省地联动，安排2.5亿元的投资风险准备金，引导天使投资9亿元，投资常州二维碳素等128个种子期初创期科技型小微企业。成立江苏省天使投资联盟，20家在省内具有较强影响力的天使投资机构和天使投资人成为首批联盟成员，为省天使投资发展构建了全新的互动交流平台。安排省中小企业创业投资引导资金5000万元，引导创投机构投资10.6亿元，支持了260家科技型中小企业。全省创业投资管理资金规模达到1672亿元。

【科技信贷】 深入实施省科技成果转化风险补偿专项资金，印发《关于在江苏省科技成果转化风险补偿专项资金中开展“苏科贷”试点工作的实施方案》，进一步突出支持科技型小微企业，切实缓解科技型小微企业“首贷”难问题。省专项资金规模增至3亿元，合作银行增至5家，2013年新增发放项目贷款732笔，贷款总额16.43亿元，四年来引导合作银行向科技型中小企业累计发放项目贷款1937笔，贷款总额达44.19亿元。“苏科贷”企业库建设稳步开展，筛选入库科技型中小微企业超8000家。充分发挥财政资金的杠杆撬动作用，协助省财政厅发放省科技贷款增长风险奖励资金5431万元，带动银行新增科技贷款余额54.3亿元。

【科技金融组织和产品】 加快发展科技支行、科技信贷业务部等专营机构，全省新建科技支行2家，总数达31家，推动省内银行发展科技信贷专营品种，推出了江苏银行“科技之星”、交通银行“科贷通”、农业银行“金科通”等科技信贷专营品种达67种。加快科技小额贷款公司发展，新增19家，全省科技小贷公司达70家。新批科技保险支公司1家，总数达2家，全省科技保险保费收入1.5亿元，为500多家科技企业提供了1000多亿元的科技创新风险保障。

【科技金融服务体系】 省科技金融信息服务平台内容不断丰富，入库科技企业达2.8万家，汇集银行、创投、科技小贷公司、科技保险、证券等700多家机构的金融创新产品与服务信息。省科技厅会同省金融办、财政厅、“一行三局”，以国家和省级高新区为重点，布局建设无锡高新区科技金融服务中心等12家省级科技金融服务中心，集聚多种科技和金融资源，为科技人才和企业创新创业提供一站式科技金融服务，打造出了“领军秀”“天使下午茶”等品牌活动。目前，以省科技金融信息服务平台为核心，各地服务中心为骨干，辐射全省的科技金融服务体系已初步形成。

【区域试点】 深入开展科技金融合作创新示范区建设，新布局常州市、南通高新区等省级示范区11家，全省科技金融合作创新示范区达26家，实现国家级高新区全覆盖。支持科技金融合作创新示范区先行先试，积极探索适合当地的科技金融有效结合方式。苏州高新区被国家保监会批准为全国首家开展“保险与科技结合”综合创新试点地区，在全国率先探索建设多层次科技保险市场。

（江苏省科学技术厅高新技术发展及产业化处）

知识产权

Intellectual Property

知识产权(专利)管理与保护

【概　况】 2013年，江苏省各级知识产权管理部门以党的十八大、十八届三中全会精神为指导，认真落实省委、省政府的决策部署，开拓创新，勇于实践，扎实推进知识产权强省建设，全省知识产权工作保持健康发展的良好态势。

知识产权战略实施工作有效推进，部省合作不断深化。专利产出质量稳中有升，全省发明专利授权量16790件，同比增长3.4%，占全国11.7%，居全国第三位；PCT专利申请1186件，同比增长29.6%，占全国5.7%，实现了由四进三的目标；有效发明专利量62112件，同比增长37.3%，占全国11.4%，居全国第三位；万人发明专利拥有量7.84件，同比增长36.8%。专利结构不断优化，全年全省专利申请量、授权量，企业专利申请量、授权量，发明专利申请量五项指标继续保持全国第一，分别为504500件、239645件、325090件、172787件、141259件,企业专利申请量、授权量占总量比分别达到64.4%和72.1%,发明专利申请、授权占总量比例分别为28%、7%,比2012年分别提高4.6个、1个百分点。企业知识产权工作扎实有效,逐步实现从省标向国标过渡。知识产权保护成效显著,知识产权服务能力明显提升,知识产权宣传培训全面展开,知识产权交流合作不断深化。

【知识产权战略实施】 2013年9月6日,省长李学勇率省有关部门负责人赴国家知识产权局举行了部省合作创建实施知识产权战略示范省工作会商。会上,国家知识产权局、江苏省人民政府签发了部省合作年度计划,国家工信部、国家知识产权局、江苏省人民政府签订了共建南京理工大学知识产权学院合作协议,李学勇省长、田力普局长分别做了重要讲话,确定了部省合作的新目标、新任务、新领域,着手共建知识产权强省。

2013年,省知识产权局与苏州、徐州等省辖市开展了以深入实施知识产权战略为主题的共建工作,与苏州市共建知识产权强市,与徐州市共建以自主知识产权为支撑的创新型城市。截至2013年年底,省知识产权局已与南京、苏州、徐州、南通、泰州、盐城6市开展了共建工作。合作协议紧紧围绕各地经济发展特点,结合区域产业发展的特色以及知识产权工作发展现状而制定。

根据国家知识产权局、国家工商总局、国家版权局关于知识产权战略实施阶段性评价工作的要求,制定了《江苏省知识产权战略实施评估工作方案》,组织知识产权相关研究机构对全省知识产权战略实施工作开展了阶段性评价,对省级战略各项目标任务以及省辖市各项知识产权指标开展了摸底调查和全面评价,对知识产权战略促进经济社会的贡献度进行了深入分析。

【知识产权试点示范】 2013年,通过前期培育,无锡、泰州、常熟、昆山4个城市被评为第二批国家知识产权示范城市,其中,常熟、昆山是全国唯一的县级示范城市;南京市江宁区、常州市武进区被评为首批国家知识产权强县工程示范区;连云港和宜兴等7个地区新列入国家知识产权试点城市行列;徐州泉山区、南通崇川区等7个地区新列入国家知识产权强县工程试点区。12个省辖市、14个县级市被列入国家知识产权试点示范城市,14个县(区)被列入国家知识产权强县工程试点示范县(区),总数列全国之首。

省知识产权局印发了《关于2013年度开展实施知识产权战略区域试点示范工作的通知》,围绕知识产权战略实施对县(市、区)试点示范申报条件、组织形式和考核验收标准均提出了明确要求,进一步提高了区域试点示范的标准,将战略规划、机构建设、执法队伍、专利申请质量等指标作为省级试点示范的必要条件,2013年新增13个县(市、区)开展实施知识产权战略试点示范工作,截至2013年年底全省共65个县(市、区)开展了此项工作。

为推进各类园区有效实施知识产权战略,2013年,省知识产权局会同省商务厅新批准32个开发区为省级实施知识产权战略区域试点园区,并制定了实施知识产权战略试点园区考核标准以及示范园区评价标准。截至2013年年底,全省共84个园区开展实施知识产权战略试点,9个园区被列入国家知识产权试点示范园区。2013年,国家知识产权局首次开展示范园区评定工作,全省3家园区被评为国家知识产权示范园区,占国家知识产权局年度评定总数的30%,知识产权战略实施逐步由市县向园区延伸。

【企业知识产权工作】 为深入推进江苏省企业知识产权管理标准化(以下简称"贯标")工作,促进由省标向国标过渡,2013年7月国标出台后,江苏省及时启动了国标贯标推进工作,在贯标培训中增加了国标解读、国标与省标的异同分析。进一步加强了贯标工作体系建设,为深入推进企业知识产权管理工作提供支撑。

2013年,省知识产权局将省辖市及县(市、区)管理机关人员纳入贯标业务培训范畴,提升管理人员指导企业贯标工作的业务水平和能力,为推广和指导企业贯标工作提供了保障。向新申请贯标的企业推荐了28家企业满意度高、贯标咨询服务较好的机构和人员。全年新增贯标创建单位1199家,完成贯标绩效评价企业659家,合格192家,先进169家。

2013年,省级财政安排的贯标工作专项经费为1000万元,南京、无锡、徐州等省辖市先后设立了配套专项工作经费,加大对本地区贯标咨询服务人员和企业内审员的业务培训，对贯标达标企业给予一定金额的补贴和奖励，多数省辖市局将企业贯标列为承担其他知识产权或科技项目的必要条件。

受国家知识产权局委托,江苏组织了以国家知识产权培训(江苏大学)基地为主体,镇江畅远信息科技有限公司为咨询服务机构,金东纸业(江苏)有限公司为企业实训范例的国标宣讲团，赴国内部分省、市开展企业贯标宣讲。以镇江市知识产权局和国家知识产权培训(江苏大学)基地为基础,承担了来自新疆维吾尔自治区、山东、云南等省、市代表团15批次140余人次的考察交流和贯标培训。

2013年,企业知识产权战略推进工作在原“一个知识产权管理团队、一面专利墙、一个专利信息数据库、一份主导产品关键技术专利信息分析报告、一份三年期企业知识产权战略规划”的“五个一”任务基础上,新增了培育和设置一名知识产权总监、进行一次企业知识产权资产评估的内容。形成了省市县三级管理模式，省知识产权局负责立项、专项培训和项目验收；省辖市局负责中期检查;县(市、区)局负责具体服务保障和管理。经专家评审择优选择了54家贯彻《企业知识产权管理规范》达标的、具有以知识产权促进转型升级需求的规模以上工业企业承担项目。

2013年,考核2011年度期满的知识产权战略计划承担单位,60家企业万人发明专利拥有量为121.2件；企业发明专利申请量占总申请量的30.3%,发明专利授权量占总量的14%,发明专利拥有量占总量的15.6%。2012年度60家企业知识产权战略推进计划承担单位专利申请2358件,发明专利申请量793件，发明专利申请量占比为33.6%，高于当年全省企业同比数据近10个百分点，发明专利申请量占全省企业发明专利申请量的比例为1.07%;授权专利1457件,发明专利授权274件,发明专利授权占比为18.8%,高于同年全省企业同比数据近13个百分点,发明专利授权占全省企业发明专利授权的比例为2.78%。

2013年，省专利实施专项经费由400万元增加到1000万元,立项时优先考虑被列为“国家专利导航产业发展实验区”“国家战略性新兴产业知识产权集群管理试点”“江苏省战略性新兴产业知识产权集群管理试点”园区内的企业。通过各市初评推荐,当年立项45项。其中,专利权质押融资贷款项目3项,经费70万元;企业专利实施项目41项,经费910万元;扶贫项目1项,经费为20万元,引导各市、县及企业配套经费投入超过4.5亿元。

南京、无锡、苏州、常州、镇江等地区成立了专利运营机构,江苏佰腾科技有限公司、常熟紫金知识产权服务有限公司被列入首批国家专利运营试点企业。

2013年,省知识产权局进一步修改完善《江苏省重大经济科技活动知识产权评议暂行办法》,建立健全了重大经济科技活动知识产权评议成果发布机制,对经济活动知识产权评议结果进行宣讲、产业协会推广,形成了评议成果共享机制;建立了省新兴产业知识产权动态发布机制,对13个省辖市按季发布产业技术领域专利动态、研究热点及重点创新主体专利战略等信息，为相关部门编制发展规划，实施重大项目产业化以及相关企业进行专利布局和防范专利风险等提供决策参考。省专利信息服务中心和江苏佰腾科技有限公司成为国家知识产权分析评议示范创建机构。

2013年，省知识产权局继续承担了国家知识产权局重大经济科技活动知识产权评议试点任务,建立了集知识产权检索、预警分析、评议服务、成果发布为一体的公共服务平台，完成江苏省物联网产业和南京市轨道交通产业知识产权评议项目。完成了省科技厅、发改委、经信委等部门委托的重大经济科技活动知识产权评议工作。指导和推动泰州市出台《关于加强全市重大经济科技活动知识产权评议工作意见》,苏州工业园区出台了建设科技领军人才知识产权评议制度。

【知识产权保护】 2013年,省知识产权局大力推进知识产权地方立法工作。一是启动《江苏省知识产权促进条例》研究制定工作。年初向省人大、省政府报送了该法案的立法必要性、可行性、立法基本框架以及立法规划建议，被列入省人大常委会2013—2017立法规划调研项目;将《江苏省知识产权促进条例》作为软科学研究项目进行了立项,组织启动了相关研究报告起草工作。二是继续推进专利行政执法办法制定工作。形成了《江苏省专利行政执法办法》初稿,并将其作为2014年度省政府规章制定计划建设项目向省政府法制办进行了报送。三是会同省人大对《江苏省专利促进条例》

的实施进行检查和评估。对南京、南通、扬州等地条例实施情况进行了检查,形成了专题调研报告。

2013年,与各省辖市知识产权局签订《专利行政执法目标责任书》,明确了机构建设与制度建设、执法能力建设、案件处理与执法检查、"正版正货"承诺推进计划、知识产权重点联系单位推进工作、知识产权维权援助、知识产权风险预警研究、执法数据的报送、案卷的整理归档等方面的内容。按照《目标责任书》的具体要求和部署,省知识产权局指导省辖市局完成当地专利行政执法工作目标和任务,派人员分赴13个省辖市及部分县(市、区)督导检查,与各市局的执法人员进行交流,了解各类案件处理的数量及进展情况,解答基层执法人员在执法过程中遇到的难题,进一步推进了专利行政执法工作常态化、制度化、规范化建设。

2013年,完成了国家知识产权局委托的"组织实施专利行政执法能力提升工程项目"。省知识产权局与省高级人民法院共同印发了《关于人民法院委托或者邀请知识产权维权援助中心调解涉知识产权民事纠纷案件的意见》,常州、镇江、南通、徐州4个省辖市成立了调解委员会。启动了专利侵权判定咨询专家库建设,组建了109人的专利侵权判定专家库。在省专利行政执法案件报送系统的基础上,升级建设了全国专利行政执法案件报送系统,4月投入使用,实现了地(市)、省、国家三级执法案件报送的系统化和统计分析自动化。完成了国家知识产权局委托的"组织执法专项行动项目"。建立了华东地区专利侵权判定咨询服务机制,制定了《华东地区专利行政执法协作调度中心工作方案》和《华东地区专利行政执法协作调度中心工作办法》。针对流通领域推动开展联合执法,省知识产权局会同市、县(区)局开展三级联合执法,督促13个省辖市局会同商务、工商、公安、质检、药监等部门联合开展执法专项行动。大力推广12330公益电话,在南京、扬州、徐州、连云港、淮安和宿迁等6个省辖市的地铁公交等移动媒体同步播放12330公益广告,日覆盖人数700万人。

2013年,在全省知识产权系统开展了知识产权执法维权"护航"专项行动。年初印发《江苏省2013年知识产权执法维权"护航"专项行动计划》,着力打击群体侵权、反复侵权、假冒专利及知识产权诈骗行为。印发《关于在省辖市建立专利行政执法巡回审理庭的通知》,推动各省辖市建设巡回审理庭,无锡、徐州、苏州等8个省辖市局已展开巡回口审庭建设工作。推动全省知识产权局系统加强执法检查,加大对流通环节、生产环节执法检查力度,指导南京、镇江、南通、常州、淮安市知识产权局联合市工商、公安、药监等部门共同开展了为期一周的"护航民生"专利行政执法突击专项行动。全省累计出动专利行政执法人员4757人次,检查商业场所4576家,商品208016件,立案查处各类专利违法案件2393起,其中假冒专利案件1979起,专利纠纷案件414起。

2013年,省编办批复在省专利信息服务中心加挂江苏省知识产权维权援助中心牌子。在淮安、江阴设立了分中心。全年,8个维权援助中心共接听12330电话7759个,其中,省知识产权维权援助中心接听电话726个,移交知识产权举报投诉案件144起,立案成功率超过78%,受理维权援助案件39起,出具专家意见书16份。开发完成了专利侵权判定电子档案库,在省内展开工作,提供专利侵权判定服务9次。

【知识产权预警及维权援助】 2013年,中国(江苏)知识产权维权援助中心接受知识产权咨询726次,咨询来自12330热线的609次,面访71次,邮寄29次,电子邮件14次,网络在线平台3次。其中,举报投诉69次,其中,知识产权投诉59起,立案22起。涉及专利的46起,涉及商标的5起,涉及版权的8起;维权援助412次,其中,智力援助400起,经济援助12起。涉及专利的339起,涉及商标的32起,涉及版权的52起,涉及地理标志、不正当竞争5起、商业秘密等9起。

【正版正货承诺】 2013年,省知识产权局继续会同工商、版权部门新认定了11家省级"正版正货"示范创建街区,省级"正版正货"示范创建街区总数达到了36家。4月份,全国专业市场保护能力提升工作考评中,江苏省荣获第一。市级"正版正货"示范街区创建工作取得了较大的进展,2013年,各省辖市相继培育了27家市级"正版正货"示范创建街区,市级示范创建街区总数达到了64家。省知识产权局会同省工商联新选定了2家行业协会推进行业"正版正货"工作,新认定行业"正版正货"承诺企业600家,行业"正版正货"承诺企业总数已突破1000家。11月,举办了全省"正版正货"

示范街区创建工作经验交流会,6家单位进行了现场交流。

【知识产权宣传】 2013年,省知识产权局组织制定了"4·26"宣传周活动方案,联合23个省级部门印发全省实施。宣传周组委会借助省知识产权局门户网站举办了2013年知识产权宣传周启动仪式,并在人民网江苏视窗作同步播出。组织开展了长三角地区知识产权发展与保护状况新闻发布会的宣传工作,协调中央及地方媒体对江苏省2012年知识产权创造、运用、保护和管理方面取得的成效和十大典型案例进行集中报道。组织召开了全省知识产权局系统知识产权执法维权"护航"专项行动新闻发布会,介绍全省知识产权局系统在知识产权保护方面采取的重大举措、取得的成效,发布了执法维权"护航"专项行动的目标要求、重点任务、落实措施,以及具体的行动计划和方法、步骤。在新华日报开辟纪念"世界知识产权日"专版。组织制作并在江苏电视台公共频道"新财经"栏目播出了世界知识产权日特别节目,从知识产权日的渊源、专利保护和专利转化最受关注、"金点子"的金效应、江苏省知识产权工作成绩斐然、服务至上知识产权之路任重道远五个方面,对江苏知识产权工作集中进行了全方位的演绎。组织部分专利代理机构开展了知识产权服务进高校、进企业活动。指导各市、县(市、区)按照全省宣传周活动的整体部署,组织开展了形式多样、内容丰富的宣传活动,彰显全省知识产权工作的成效,营造知识产权事业发展的舆论氛围。

与江苏科技报合作开设了知识产权专版周刊,全年刊登专版50期,发稿300余篇。部省合作工作会商期间,新华日报头版头条刊出了《五个第一,江苏迈向知识产权大省》文章,人民网、中国经济网、中国网、网易新闻、搜狐滚动等20多家知名网站转载。2013年,中央媒体发布江苏知识产权新闻近20篇次;江苏卫视新时空、省公共频道新财经等省级媒体发稿200余篇;全省通讯员在《中国知识产权报》发稿180余篇,制作完成了"部省合作四周年"汇报片。

利用国家知识产权局网站、省政府网站、省知识产权局网站等政府门户网络载体,广泛宣传创建实施知识产权示范省、建设知识产权强省的政策措施,工作动态、进展和成效。全年在省知识产权局门户网站发布各类信息1000多条,被国家知识产权局门户网站首页刊用各类信息100余篇,刊稿量继续保持全国领先。拓宽网络宣传渠道,在人民网江苏视窗开设了知识产权频道,发布新闻报道213篇,其中原创新闻报道45篇,视频新闻报道5篇,图片超过40张。在新浪网、人民网、腾讯网同步开通了江苏知识产权实名认证政务微博,发布信息80余条。

【知识产权政务信息】 2013年,围绕知识产权战略实施和知识产权强省建设,开展政务信息撰写和报送工作,全年共有《江苏成为国家战略性新兴产业集群管理试点单位》《我省7个县(区)入围2013年度国家知识产权强县工程试点》《我省知识产权综合发展指数年均增长率位居我国第一》等14篇信息被省委《江苏信息》或《快报》采用,《2012年我省3市发明专利授权量居全国前十位》《我省有效发明专利拥有量突破5万件》《南京无锡苏州3市万人有效发明专利拥有量突破12件》等16篇信息被省政府《信息简报》采用,省委省政府累计采用30余篇。《江苏成功探索专利运营新模式》《国家知识产权局江苏省人民政府举行创建实施知识产权战略示范省2013年工作会商》《江苏知识产权试点示范工作取得新成效》《江苏构筑知识产权人才高地助推知识产权强省建设》等20余篇信息被国家知识产权局《知识产权工作动态》采用。

【知识产权培训】 2013年,省知识产权局组织省相关部门知识产权管理人员分别赴美国、德国、韩国进行业务培训或访问交流,全年5批23人次。10月,组织省内知识产权管理人员赴美国全球知识产权学院进行为期13天的短期培训。培训班8名学员,分别来自省知识产权局、科技厅等相关知识产权管理部门。学习了知识产权数据库和检索平台、美国专利诉讼、商业秘密保护、商标保护与审查、美国联邦巡回上诉法院在知识产权判决中充当的角色等课程。12月,组织知识产权管理工作人员赴德国慕尼黑进行为期13天的短期培训,学习了德国知识产权管理先进经验,拓宽知识产权管理工作人员知识结构。11名学员分别来自省知识产权局和连云港、宿迁市知识产权局。学习了欧洲专利制度、德国专利诉讼制度、技术转移、申请海外专利的不同途径、专利诉讼费用节省策略、展会知识产权保护策略等课程。

2013年9月,省政府与国家工业和信息化部、国家知识产权局三方合作共建南京理工大学知识产权学院,开创了知识产权学历人才培养新模式。李学勇省长出席签字仪式,省政协副主席、省政府党组成员徐南平代表省政府签署协议,独立建制的南京理工大学知识产权学院为高端合作培养国际化、专业化、复合型知识产权人才树立了标杆。11月,集知识产权学院、知识产权维权中心和专利转化中心为一体的苏州大学知识产权研究院正式成立;南京工业大学知识产权学院建设方案出台。苏州工业园区独墅湖图书馆获批成为全省第10家知识产权培训基地。截至2013年年底,全省国家级知识产权学院1家,省级知识产权学院、研究院、研究中心3家;国家级知识产权培训基地2家,省级知识产权培训基地10家。

2013年,省知识产权局指导各省辖市举办知识产权工程师培训班16期,3090人参加培训,2582人取得培训结业证书,通过率为84%,超额完成指标61%。实施知识产权战略五年来,全省共培训知识产权工程师12179人,其中10942人取得培训结业证书。针对知识产权管理规范"贯标"企业和知识产权战略推进企业组织了2期知识产权总监培训试点班,培训企业高管100名,为全省知识产权总监培训工作全面推开积累了经验。2013年,组织完成了省级知识产权高、中级工程师评审,16人通过知识产权高级工程师资格评审,23人通过知识产权工程师资格评审。

依托南京工业大学国家知识产权培训基地,完成了专利代理人考前全脱产培训工作。2013年度全国专利代理人资格考试脱产培训班应试学员105人。经全国统一考试,参加考前班培训学员的双科(专利法律知识和相关法律知识、专利代理实务)通过率为59.4%,高出全国通过率33.5%,法律单科通过率为90.1%,高出全国通过率45.4%,实务单科通过率为62.75%,高出全国通过率30.6%。全省有1651人参加全国专利代理人资格考试,387人双科通过,通过人数位居全国第三。按照全国专利代理人实务技能培训工作计划,组织机械、电学、化学3个专业省内140名专利代理人进行了执业专利代理人实务技能培训;组织88名取得专利代理人(省内执业)资格证书的人员进行了上岗培训。

委托江苏省知识产权研究会、江苏省知识产权研究中心举办了专利运用促进产业发展论坛和专利价值分析培训,分别有120人和60人参加论坛与培训;对承担省企业知识产权战略推进计划的300名企业管理人员开展了专题培训;组织了100名知识产权行政机关执法人员开展了专利行政执法培训;遴选了100名知识产权宣传通讯员进行业务提高培训。

2013年,南京市知识产权局举办了第7期、第8期企业家知识产权高层研修班及专利信息分析师培训班和知识产权公共服务平台检索利用培训班;无锡市知识产权局举办了专利运营和专利资本化运营培训班;常州市知识产权局举办了流通领域保护知识产权监管员培训班,乡镇科技助理知识产权培训班和5期企业知识产权管理规范贯标培训班;苏州市知识产权局举办了企业总裁知识产权培训班、专利分析和侵权判定培训班;南通市知识产权局举办了专利代理人考前培训班和专利信息分析利用培训班;淮安市知识产权局举办了专利行政执法人员培训班和3期企业知识产权管理规范贯标培训班;盐城市知识产权局举办了14期如何挖掘发明专利专题培训班;镇江市知识产权局采取"一企一训"的方法为10多家企业进行了针对性培训;泰州市知识产权局开展了创新型企业专利运用培训班和流通领域保护知识产权监管员培训班。

【知识产权国际交流与合作】 2013年,组织大型知识产权涉外交流活动4次,与美国、韩国和德国进行了深入的知识产权交流与合作,6月,韩国知识产权局官员访问省知识产权局,10月,美国专利商标局代理局长瑞亚访问江苏并在南京发表演讲。举办知识产权论坛讲座7场,分别邀请来自韩国、美国、德国知识产权专家在南京、苏州、无锡、南通、镇江等地先后举办了韩国知识产权宣介会、美国知识产权保护演讲会、德资企业知识产权管理与保护培训会、专利资本化与企业专利战略培训会、境外展会知识产权保护与风险防范培训会、亚太知识产权论坛、三江知识产权国际论坛等活动。

拓展和深化知识产权对外合作新领域,支持建设中欧知识产权合作平台和中美知识产权服务平台,开展知识产权推介对接、技术转移、法律咨询以及研发外包、供应链、产业链合作等衍生服务,促进创新资源双向流动,为省及国内外企业提供高质量的知识产权综合服务。2013年,通过整合江苏省与欧盟范围内的政府组织、企业、高校、科研单位、知识产权服务机构资源,在石油化工、生物技术、环境技术、生物医药、可再生能源、绿色建材、新材料等领域,开展了国际知识产权推介对接、技术转移以及研发外包、供应链、产业链合作等衍生服务,促进双方创新资源互补共赢,加快促使一批与江苏经济科技发展密切相关的技术及知识产权落户,实现产业化。支持中美知识产权服务平台建设,聚合知识产权注册申请、法律咨询、转化交易等方面的服务资源,有效整合中美等国家和地区知识产权服务机构的相关业务信息,发挥平台跨国、跨地区知识产权服务功能,为江苏以及国内外企业提供高质量的知识产权综合服务。

【知识产权服务】 2013年,江苏省专利信息服务中心在建设国家知识产权局区域专利信息服务(南京)中心、国家知识产权局(江苏)专利信息传播利用基地的基础上,获批为“国家知识产权分析评议服务示范创建机构”。

区域专利信息服务(南京)中心围绕“立足江苏、服务区域、辐射全国”的建设与服务目标,建成了区域中心门户网站,建设了区域中心服务与管理系统、专利检索与分析系统及配套IT设施,开发了移动终端门户系统和检索系统,筹建了由区域内各省知识产权行政管理部门负责人组成的南京中心理事会,面向全国招募了区域知识产权服务联盟盟员和专家顾问委员会专家,2013年新增46家单位、76名专家,南京中心已通过了国家知识产权局的验收。

以专利信息传播与利用江苏基地为依托,省专利信息服务中心全面展开了知识产权软课题研究和知识产权审查评议工作。参与了国家知识产权局《重大经济科技活动知识产权评议指南》的编制,完成国家知识产权局重大经济科技活动知识产权评议试点课题。承担了国家知识产权局文献部企业专利信息人才培养培训大纲标准化研究、专利信息传播利用基地服务长三角重点产业发展、专利信息讲座推广与合作机制等课题的研究,开展了江苏省知识产权局重大项目知识产权审议规范、江苏省知识产权战略实施中期评估、江苏省知识产权强省路径选择与举措、2012年江苏省发明专利申请法律状态调查等课题的研究,承担了江苏省重大科技成果转化、创新创业人才引进等重大经济科技活动知识产权审查评议。

完成了国家知识产权局发展研究中心的高性能膜材料、文献部的新材料产业2个专利分析课题,以及江苏省物联网、海洋工程、城市交通管理控制系统、高端装备制造焊接等产业技术领域的专利战略预警分析。完善了产业专利战略研究与预警分析发布体系,将高性能膜材料、新材料产业最新战略预警研究成果,通过政府专报、宣讲会、产业协会等形式推广,及时推送至政府部门、行业协会和创新主体。省专利信息服务中心将战略预警分析延伸至企业专利信息服务上,承接了江苏白雪电器等9家企业的知识产权战略课题,引导企业跟踪技术研发热点、规避知识产权风险。

2013年,省专利信息服务中心扩充了省知识产权公共服务平台数据资源,新建了电动工具、海工装备2个行业专题专利数据库,截至2013年年底,平台行业专题专利数据库累计达到了20个。开展了启东、溧水、盐城等9个地区知识产权公共服务分平台建设;根据企业需求启动了新版企业知识产权信息管理平台建设。为国家知识产权局建设了全国专利行政执法案件报送系统、全国知识产权举报投诉与维权援助管理系统、国家知识产权局电子档案库;为省知识产权局建设了专利资助管理系统、知识产权工作统计管理系统、知识产权贯标管理系统等10余个业务系统;为江苏省维权援助中心建设了12330电话呼叫系统。建设了江苏省知识产权局英文网站和南京专利代办处、江苏省知识产权维权援助中心、江苏省发明协会等4个协会的门户网站。

2013年,省专利信息服务中心继续承担了企业贯标评价工作,对往年贯标企业情况进行了全面盘点,建立了全省贯标企业台账。协助省知识产权局完成了全省1199家企业的贯标示范创建备案登记,以及765家企业贯标半年工作进展表审核;接受了全省659家企业递交的国标纸件申报材料,完成了全部企业的纸件材料审核及其中300余家企业的现场审核,于7月、12月公布了2个批次共计192家贯标合格企业名单。做好了国标和省标衔接准备工作,拟定了《江苏省企业知识产权管理规范从省标过渡国标的指导意见》，编写了《知识产权贯标评估与认证中心建设方案》《江苏省企业知识产权管理标准化绩效评价体系建设操作规程(省标版/国标版)》《企业知识产权标准化绩效评价工作操作规程》等系列材料，制订了《江苏省企业知识产权管理标准化绩效评价试点机构管理办法》《试点机构年度考核操作规程》。

2013 年，省专利信息服务中心通过咨询服务大厅窗口、4008869661 知识产权服务热线、门户网站等多种渠道，为企业和社会公众提供了免费咨询服务 2300 余次。围绕专利信息在企事业单位工作环节的运用，编制设计了体系合理、内容丰富、形式多样、对象广泛的专利信息利用培训课程。采取“集中培训”和“个性化辅导”等方式，在全省范围内开展知识产权培训。全年累计培训人数近 2 千人次，参训企事业单位达 700 余家。

2013 年，省知识产权局制定出台了《江苏省知识产权服务能力提升工程实施意见》，研究制定了《江苏省专利代理服务质量管理规范》，已由江苏省发展和改革委员会与省质量技术监督局批准，列为《江苏省专利代理服务质量管理规范》，报国家立项。开展了专利代理服务机构试点示范和贯标工作，组织专利代理服务机构进行了贯标培训，并在 6 家代理服务机构开展了贯标试点工作。开展了“优秀发明专利申请文件评选”，评出了 105 件“江苏省百件优秀发明专利申请文件”。全省 14 个单位推荐了 342 份文件参评，其中，无锡大为专利商标事务所 74 件、南京知识律师事务所 73 件、南京天华专利代理有限责任公司 50 件、南京天翼专利代理有限责任公司 27 件、苏州创元专利商标事务所有限公司 25 件；优秀文件比例最高的前 5 位是：常州天龙专利事务所有限公司 62.5%(5/8)、淮安科文知识产权事务所 50%(2/4)、南京苏高专利商标事务所 45.5%(10/22)、南京天华专利代理有限责任公司 44%(22/50)，苏州创元专利商标事务所有限公司 40%(10/25)、宜兴天宇专利事务所 40%(2/5)。开展了“专利代理机构星级评定”，评选出经纬、苏高、纵横、苏科、知识、众联、天华、创元等 8 家全省首批三星级专利代理机构、天翼、大为、维益、广正、圣典 5 家二星级专利代理机构。召开了专利代理人换届大会，调整了秘书处管理部门，配备了专职协会管理人员，强化了协会制度建设，促进协会管理工作正常化。

截至 2013 年年底，全国首个国家知识产权服务业集聚发展试验区苏州高新区建设已初具规模，国家专利审查协作江苏中心已完成近 1326 人的录用工作，完成第一次审查意见通知书 78612 自然件，结案 36105 自然件，全年业务收入约 2.03 亿元。区域专利信息南京中心初步完成了 103 多个国家和地区的专利原始数据的拷贝、区域中心门户网站、数据资源统一存储平台和远程设备管理 KVM 系统的建设工作，启动建设了区域中心“专利检索分析系统”和“管理与服务系统”，开展了区域中心信息系统安全建设工作。国家专利战略推进与服务(泰州)中心，人员已达到 20 多人。依托 3 个国家级中心，构建了省市县三级知识产权信息公共服务平台。据统计 2013 年，全省接受知识产权举报投诉和法律咨询近 8000 人次，移交案件超过 212 起，立案成功率超过 90%，受理维权援助案件 138 起，出具专家意见书 24 份，为省内 3 家在涉外专利纠纷中胜诉的企业提供了总计 100 万元的援助资金。

2013 年，全省新增专利代理机构 8 家，分支机构 12 家，新增执业专利代理人 92 名。截至 2013 年年底，全省专利代理机构 67 家(地方代理机构 65 家，国防代理机构 2 家)，专利代理分支机构 51 家，执业专利代理人达到 475 名。专利代理机构中，代理人超过 10 人的 16 家，超过 20 人的 3 家。2013 年，全省专利代理机构代理专利申请量 267756 件，占全省专利申请总量的 55.51%，全年专利电子申请率已达 92.64%，代收专利申请费 3.4 亿元。苏高、纵横、广正、经纬、众联、创元、维益 7 家事务所，代理国内专利申请量均超过 1 万件。全省专利代理机构营业收入总量达 2.5 亿元，同比增长 13.2%。永衡昭辉、爱信、知识、威世朗、利丰、瑞弘、天华等单位，发明专利代理率均超过 50%，知识产权服务机构工作范围得到拓展，专利保险、专利托管、专利咨询等业务内涵不断增加。

在苏州、南京两地分别组织了《江苏省专利代理机构服务质量管理规范》知识培训，全省专利代理机构负责人 100 余人参加，推动管理规范试点工作的开展。通过代理服务机构申请，专家评审，经纬、天华、纵横、广正、众联、支点 6 家被列为贯标试点单位，经纬所同时引入了 ISO9001 质量管理体系。

2013 年，全省 50 名专利代理服务机构负责人赴北京参观学习,拓展视野。9月,在国家知识产权局副局长贺化、中华全国专利代理人协会的率领19家国内有影响力的专利代理服务机构调研了南京、镇江、常州、无锡、苏州、南通6市知识产权服务情况,开展了工作交流。

2013年,省知识产权研究会、省知识产权保护协会、省发明协会先后开通了各协会的门户网站,《江苏知识产权》杂志全面改版升级。

省知识产权研究会与东南大学联合主办了"专利运用促进产业发展"论坛,承担了《建设知识产权强省的路径选择和举措研究报告》《城市交通管理控制系统知识产权战略研究与预警分析》《企业并购中的知识产权处置研究》等软课题研究项目。

省知识产权保护协会牵头与省高院、公安厅、质监局、南京市中院等单位领导及专家对全省高新技术企业知识产权保护现状进行实地调研;配合国家知识产权局条法司、农业部、工信部、中国专利保护协会针对《职务发明条例(草案)》立法相关问题进行立法调研。举办了"长三角"知识产权维权联盟研讨会;设立了"江苏省知识产权高端服务研究中心"。

省发明协会组织开展2012年度"江苏省百件优质发明专利"评选活动;举办江苏省第三届民间发明创新奖评选活动;组织推荐参加全国"第八届发明创业奖·人物奖"评选,全省有8名参评者获奖,省发明协会荣获"伯乐奖";组织参加第九届宋庆龄少年儿童发明奖评选活动;启动了省第四届青少年发明家评选活动。

(江苏省知识产权局)

表2-32 2013年度江苏省各省辖市专利申请量统计 单位:件

地 区	申请量	位次	同比增长(%)	发明	实用新型	外观设计
南京市	54784	3	28.28	22378	14923	17483
无锡市	80271	2	0.50	20959	21461	37851
徐州市	23472	8	30.30	6012	6169	11291
常州市	41705	4	5.87	11840	16972	12893
苏州市	141076	1	−2.82	44477	36235	60364
南通市	40771	5	−18.33	8029	9392	23350
连云港市	9396	12	56.39	1046	1171	7179
淮安市	12075	11	29.49	2337	2146	7592
盐城市	16689	10	7.98	3056	3184	10449
扬州市	22825	9	20.16	5159	5268	12398
镇江市	28255	6	46.89	9190	4811	14254
泰州市	25626	7	5.99	5496	5301	14829
宿迁市	7551	13	72.40	1280	1862	4409
*其他	4	/	/	0	3	1
全 省	504500	/	6.74	141259	128898	234343

备注:1.* 为国家局提供数据中无法归类的部分;
2.此表由专利信息服务中心统计中心提供。

表 2-33　2013 年度江苏省各省辖市专利授权量统计

单位:件

地　区	授权量	位次	同比增长(%)	发明	实用新型	外观设计
南京市	19484	4	4.97	4729	10505	4250
无锡市	39828	2	-22.58	2713	15819	21296
徐州市	10647	7	6.47	567	5341	4739
常州市	18207	5	18.39	1173	11817	5217
苏州市	81666	1	-17.03	4413	30083	47170
南通市	22086	3	-39.06	746	6651	14689
连云港市	4410	13	11.93	290	1183	2937
淮安市	4573	11	45.64	278	1617	2678
盐城市	4718	10	-4.96	283	2173	2262
扬州市	11416	6	41.10	406	4024	6986
镇江市	9809	8	6.22	874	3682	5253
泰州市	8309	9	-1.25	248	3806	4255
宿迁市	4488	12	114.22	70	1545	2873
*其他	4	/	/	0	0	4
全　省	239645	/	-11.22	16790	98246	124609

备注:1.* 为国家局提供数据中无法归类的部分;

2.此表由专利信息服务中心统计中心提供。

表 2-34　2013 年度江苏省各省辖市专利密度统计

单位:件

地　区	总人口(万人)	每万人口				
		专利申请量	专利授权量	发明专利申请量	发明专利授权量	发明专利拥有量
南京市	816.10	67.13	23.87	27.42	5.79	21.08
无锡市	646.55	124.15	61.60	32.42	4.20	14.96
徐州市	856.41	27.41	12.43	7.02	0.66	1.85
常州市	468.68	88.98	38.85	25.26	2.50	10.21
苏州市	1054.91	133.73	77.42	42.16	4.18	14.23
南通市	729.73	55.87	30.27	11.00	1.02	6.41
连云港市	440.69	21.32	10.01	2.37	0.66	2.25
淮安市	480.30	25.14	9.52	4.87	0.58	1.58
盐城市	721.63	23.13	6.54	4.23	0.39	1.39
扬州市	446.72	51.09	25.56	11.55	0.91	3.70
镇江市	315.48	89.56	31.09	29.13	2.77	9.69
泰州市	462.98	55.35	17.95	11.87	0.54	3.22
宿迁市	479.80	15.74	9.35	2.67	0.15	0.48
全　省	7919.98	63.70	30.26	17.84	2.12	7.84

备注:1.总人口数据来自《江苏统计年鉴(2013)》;

2.此表由专利信息服务中心统计中心提供。

表 2-35 2013 年度江苏省各省辖市每亿元研发经费专利产出统计 单位:件

地 区	研发经费(亿元)	每亿元研发经费		
		发明专利申请量	发明专利授权量	发明专利拥有量
南京市	209.97	106.58	22.52	81.94
无锡市	200.23	104.67	13.55	48.30
徐州市	64.66	92.98	8.77	24.48
常州市	99.05	119.54	11.84	48.29
苏州市	300.00	148.26	14.71	50.04
南通市	103.31	77.72	7.22	45.26
连云港市	22.38	46.74	12.96	44.37
淮安市	24.35	95.98	11.42	31.09
盐城市	46.66	65.50	6.07	21.47
扬州市	60.00	85.98	6.77	27.55
镇江市	60.63	151.58	14.42	50.40
泰州市	55.24	99.49	4.49	26.97
宿迁市	15.40	83.12	4.55	15.00
全 省	1288.02	109.67	13.04	48.22

备注:1.研发经费数据来自江苏省统计局;
2.此表由专利信息服务中心统计中心提供。

表 2-36 2013 年度江苏省五类申请人专利申请 / 授权量统计 单位:件

类别	种类	主体类型					合 计
		大专院校	科研机构	企业	机关团体	个人	
申请量	发明	15889	2771	97822	1219	23558	141259
	实用新型	7764	885	97729	1098	21422	128898
	外观设计	3165	975	129539	400	100264	234343
	小计	26818	4631	325090	2717	145244	504500
授权量	发明	4494	756	10096	130	1314	16790
	实用新型	5959	728	78767	679	12113	98246
	外观设计	1663	338	83924	1448	37236	124609
	小计	12116	1822	172787	2257	50663	239645

备注:此表由专利信息服务中心统计中心提供。

表 2-37 2013 年度江苏省企业专利申请量前 10 名 单位:件

排序	申请人名称	专利申请量	专利类型			地 区
			发明	实用新型	外观设计	
1	东台市高科技术创业园有限公司	801	1	1	799	盐城市
2	泰兴市和庆机械配件厂	686	0	0	686	泰州市
3	昆山好利达包装有限公司	620	120	0	500	苏州市
4	昆山美邦搪瓷有限公司	603	0	3	600	苏州市
5	昆山天龙电子科技有限公司	600	0	0	600	苏州市
6	昆山市优仕宝路实业有限公司	597	0	0	597	苏州市
7	昆山市津沃进出口贸易有限公司	591	0	0	591	苏州市
8	昆山市圣光新能源科技有限公司	565	284	281	0	苏州市
9	好孩子儿童用品有限公司	552	43	290	219	苏州市
10	爱迪宠物用品(昆山)有限公司	550	0	0	550	苏州市

备注:此表由专利信息服务中心统计中心提供。

表 2-38 2013 年度江苏省大专院校专利申请量前 10 名

单位:件

排序	申请人名称	专利申请量	专利类型			地 区
			发明	实用新型	外观设计	
1	东南大学	2932	2030	399	503	南京市
2	江南大学	2623	1331	344	948	无锡市
3	江苏大学	1904	1540	349	15	镇江市
4	中国矿业大学	1300	665	623	12	徐州市
5	河海大学	1215	812	402	1	南京市
6	南京理工大学	1021	678	121	222	南京市
7	苏州大学	1002	698	296	8	苏州市
8	南京航空航天大学	956	796	154	6	南京市
9	金陵科技学院	854	109	428	317	南京市
10	南京工业大学	787	613	173	1	南京市

备注:此表由专利信息服务中心统计中心提供。

表 2-39 2013 年度江苏省科研机构专利申请量前 10 名

单位:件

排序	申请人名称	专利申请量	专利类型			地 区
			发明	实用新型	外观设计	
1	苏州家和农业生物科技研究中心	400	0	0	400	苏州市
2	南京地久科技开发中心	385	7	6	372	南京市
3	江苏省农业科学院	259	214	36	9	南京市
4	中国科学院苏州纳米技术与纳米仿生研究所	244	240	4	0	苏州市
5	中国科学院苏州生物医学工程技术研究所	167	114	48	5	苏州市
6	江苏物联网研究发展中心	149	124	21	4	无锡市
7	南京理工大学(沭阳)工业设计与创意产业研究院	146	10	10	126	宿迁市
8	中国水产科学研究院淡水渔业研究中心	132	99	33	0	无锡市
9	中国林业科学研究院林产化学工业研究所	96	91	5	0	南京市
10	南京农业大学灌云现代农业装备研究院	89	46	41	2	连云港市

备注:此表由专利信息服务中心统计中心提供。

表 2-40 2013 年度江苏省企业专利授权量前 10 名

单位:件

排序	申请人名称	专利申请量	专利类型			地 区
			发明	实用新型	外观设计	
1	吴江市永利工艺制品有限责任公司	565	0	0	565	苏州市
2	无锡市伊莱富洁具有限公司	505	0	0	505	无锡市
3	常熟市亚欧进出口贸易有限公司	504	0	0	504	苏州市
4	江苏东钢新材料有限公司	504	0	0	504	盐城市
5	常熟市沪联印染有限公司	498	0	0	498	苏州市
6	好孩子儿童用品有限公司	438	24	232	182	苏州市
7	星谊精密陶瓷科技(昆山)有限公司	429	5	8	416	苏州市
8	南通伊悦纺织有限公司	409	0	15	394	南通市
9	苏州德利轻纺有限公司	403	0	0	403	苏州市
10	常熟市方园纺织器材厂	402	2	0	400	苏州市

备注:此表由专利信息服务中心统计中心提供。

表 2-41 2013 年度江苏省大专院校专利授权量前 10 名

单位:件

排序	申请人名称	专利申请量	专利类型			地 区
			发明	实用新型	外观设计	
1	东南大学	1080	700	265	115	南京市
2	中国矿业大学	881	182	692	7	徐州市
3	无锡商业职业技术学院	801	1	419	381	无锡市
4	河海大学	624	256	365	3	南京市
5	江南大学	565	377	183	5	无锡市
6	江苏大学	558	300	245	13	镇江市
7	金陵科技学院	500	12	300	188	南京市
8	南京理工大学	455	145	100	210	南京市
9	苏州大学	438	225	202	11	苏州市
10	南京航空航天大学	396	265	129	2	南京市

备注:此表由专利信息服务中心统计中心提供。

表 2-42 2013 年度江苏省科研机构专利授权量前 10 名

单位:件

排序	申请人名称	专利申请量	专利类型			地 区
			发明	实用新型	外观设计	
1	苏州家和农业生物科技研究中心	183	0	0	183	苏州市
2	江苏省农业科学院	151	102	49	0	南京市
3	南京理工大学(沭阳)工业设计与创意产业研究院	109	0	2	107	宿迁市
4	国网电力科学研究院	92	62	27	3	南京市
5	中国科学院苏州纳米技术与纳米仿生研究所	88	85	3	0	苏州市
6	江苏物联网研究发展中心	76	10	62	4	无锡市
7	农业部南京农业机械化研究所	72	15	57	0	南京市
8	中国水产科学研究院淡水渔业研究中心	70	41	29	0	无锡市
9	中国林业科学研究院林产化学工业研究所	58	51	7	0	南京市
10	中国科学院南京土壤研究所	51	35	16	0	南京市

备注:此表由专利信息服务中心统计中心提供。

表 2-43 全国 2013 年度百强县江苏省入围县发明专利授权及拥有量

单位:件

排序	百强县名称	全国百强县中排名	发明专利申请		发明专利授权		发明专利拥有		所属地区
			数量	排名	数量	排名	数量	排名	
1	昆山市	1	10459	1	741	1	2916	1	苏州市
2	江阴市	2	4575	2	306	4	1558	3	无锡市
3	张家港市	3	3330	3	497	2	1528	4	苏州市
4	太仓市	4	2371	5	285	6	893	6	苏州市
5	宜兴市	6	1497	11	300	5	1061	5	无锡市
6	丹阳市	23	2050	6	92	10	364	12	镇江市
7	扬中市	26	1039	15	68	13	350	13	镇江市
8	海安县	33	1597	7	33	20	717	7	南通市
9	如皋市	40	1590	8	135	7	609	8	南通市
10	启东市	44	1103	14	81	11	412	10	南通市
11	大丰市	53	449	25	63	14	190	19	盐城市

续表 2-43　　单位:件

排序	百强县名称	全国百强县中排名	发明专利申请		发明专利授权		发明专利拥有		所属地区
			数量	排名	数量	排名	数量	排名	
12	邳州市	56	279	33	49	17	89	26	徐州市
13	句容市	63	1175	13	101	9	286	16	镇江市
14	兴化市	67	332	31	16	35	94	25	泰州市
15	高邮市	72	878	17	25	23	118	22	扬州市
16	仪征市	76	618	21	20	30	137	21	扬州市
17	赣榆县	86	39	45	21	26	46	35	连云港市
18	沛　县	87	451	24	23	24	44	36	徐州市

备注:此表是基于江苏省45个县(市)的排名。

表 2-44 各省辖市战略性新兴产业发明专利申请公开与授权量　　单位:件

产业名称	南京		无锡		徐州		常州		苏州		南通		连云港		淮安		盐城		扬州		镇江		泰州		宿迁	
	申请	授权	申请	授权	申请	授权	申请	授权	申请	授权	申请	授权	申请	授权	申请	授权	申请	授权	申请	授权	申请	授权	申请	授权	申请	授权
新能源	211	116	274	105	52	9	228	76	535	120	83	31	24	7	7	5	35	12	86	17	125	30	56	10	19	4
新材料	725	296	600	160	142	18	488	80	1999	401	379	51	36	10	190	28	71	16	115	30	547	94	105	16	45	9
生物技术和新医药	2844	956	629	240	391	37	351	59	2360	384	870	63	265	73	108	25	83	56	202	43	372	75	177	57	23	7
节能环保	1208	446	1107	269	310	48	809	112	2025	238	609	45	50	21	134	98	154	34	309	33	385	83	185	16	44	2
物联网与云计算	1651	534	998	149	193	9	258	32	2362	217	157	13	12	1	11	3	17	1	99	7	315	38	51	1	7	1
新一代信息技术与软件	827	238	319	55	46	7	89	13	741	111	53	7	5	3	3	1	9	–	32	1	166	23	8	–	2	–
高端装备制造	469	151	403	89	201	38	247	33	890	92	147	28	18	5	27	3	55	13	81	16	155	37	76	10	5	2
新能源汽车	24	6	28	7	12	8	28	2	64	6	16	1	2	–	–	1	5	2	10	4	26	8	11	3	1	–
智能电网	183	89	71	22	27	6	84	11	164	24	45	5	–	3	2	–	8	3	47	2	68	14	25	1	2	–
海洋工程装备	70	20	166	22	84	29	52	8	128	27	112	23	7	4	10	2	34	6	54	14	62	3	50	4	1	–
总　计	8212	2852	4595	1118	1458	209	2634	426	11268	1620	2471	267	419	127	492	166	471	143	1035	167	2221	405	744	118	149	25

党风廉政与行风建设

Improvement of the Ethical Standard and Work Style of the Party

【概　况】 2013年,在省纪委监察厅的正确领导和省科技厅党组的大力支持下,驻科技厅纪检组、监察室围绕省委省政府实施科技创新工程大局,全面落实党风廉政建设各项任务,扎实推进全省科技系统惩防体系建设,为江苏深入推进科技创新工程、率先建成创新型省份提供坚强政治保障。

【注重长效,切实改进工作作风】 按照省委部署以及省科技厅党组安排,积极参加群众路线教育实践活动,协助厅活动办抓好相关工作,确保作风建设取得实实在在的成效。一是扎实抓好学习教育:认真学习党的十八大、十八届三中全会、习近平总书记系列重要讲话以及教育实践活动辅导资料,积极参加专题讲座、学习交流、集中研讨、理论测试等活动,通过深入学习进一步深化对马克思主义群众路线方针观点的认识。二是认真开展对照检查:聚焦反对“四风”,广泛征求各方面意见建议,切实找准“四风”方面存在问题;召开专题支部生活会,组室处级以上干部严肃认真地开展批评与自我批评,并在此基础上制定切实可行的整改措施。三是努力做到边查边改:针对专题支部会查找的问题和前期征求的意见建议,制定监察室整改方案,严格对照、一一整改,以整改落实实际成效助推全厅教育实践活动扎实有效开展。四是加强督察检查:把中央八项规定、省委十项规定以及厅党组十条措施落实情况的监督检查作为2013年重点任务,按照党组从严从紧的要求,结合行政监察、日常检查等活动,采取自查自纠、明察暗访、随时抽查等方式,加大监督检查力度,确保各项规定要求不折不扣落到实处。

【层层分解,全面落实党风廉政建设各项任务】 推动廉政建设落实到位。一是召开全省科技系统作风暨廉政建设视频会议,省科技厅机关及直属单位全体人员、各省辖市科技局机关全体人员、各县(市、区)科技局主要负责同志、各省级以上高新园区分管领导及科技局主要负责同志共1000多人参加会议,省政协副主席、省政府党组成员、科技厅长徐南平对加强全省科技系统作风建设和党风廉政建设进行全面部署。二是制定《省科技厅2013年党风廉政建设工作任务及责任分解意见》,将省纪委监察厅以及省科技厅党组对党风廉政建设责任制的部署要求,细化分解为十大类、48项具体任务,实现任务明确到位、处室任务到位、完成时间到位,使党风廉政建设的各项工作全面落实、不留盲区。三是筹备并承办全国科技管理系统2013年度纪检监察工作会议,科技部纪检组长郭向远同志以及省纪委弘强书记、省政协徐南平副主席出席会议,驻厅纪检组做典型交流;会议组织省科技厅全体干部、直属单位领导以及各省辖市科技局纪检组组长、监察室主任参加,认真贯彻科技部对2013年全国科技管理系统纪检监察工作的部署,虚心学习兄弟省市科技部门纪检监察先进经验。四是积极争取厅党组对党风廉政建设工作的指导和支持,2013年年初向厅党组专题汇报省科技厅2012年度信访举报、行政监察及内部审计、直属单位落实党风廉政建设责任制考核等3项年度工作情况,认真分析省科技厅党风廉政建设工作面临的形势和存在的问题、研究进一步加强全厅党风廉政建设的相关工作。对纪检组监察室提出的工作意见和建议,厅党组积极支持采纳。

推动廉政建设责任到人。一是落实厅党组抓党风廉政和惩防体系建设的主体责任,2013年年初由省政协副主席、省政府党组成员、科技厅长徐南平分别与分管厅长、直属单位主要领导签订《2013年党风廉政建设责任书》,明确一把手“第一责任人”和分管领导职责范围内“一岗双责”的重点任务。二是落实分管副厅长根据职责分工,与分管处室签订《2013年党风廉政建设责任书》,全面细化和落实党风廉政建设各项具体任务。三是把党风廉政建设与全厅年度重点工作统筹推进,将落实党风廉政建设责任制、推进惩防体系建设、加大政务公开力度、推进行政权力网上运行等重点工作列入《江苏省科技厅2013年主要任务》,进行责任分解和目标考核,予以重点推进。

推动廉政建设工作到边。一是严格执行《省科技厅党风廉政建设责任制实施细则》《省科技厅机关党风廉政建设责任制考核办法》等制度规定,明确省科技厅党风廉政建设的责任机制、考评机制和分工负责制、责任追究制等长效机制,推动党风廉政建设规范化、制度化。二是将党风廉政建设有机融入科技行政管理业务,结合行政监察、审计监督、信访举报、述职述廉等工作的开展,协助厅党组对省科技厅机关党风廉政建设责任制履行情况进行监督检查。三是按照年初责任分解、年中检查督促、年底考核奖惩的工作要求,协助厅党组在半年和年终党风廉政建设责任履行情况进行检查考核,强化督查、抓好落实。

【标本兼治,推动权力反腐向制度反腐转变】 扎实推进廉政宣传教育。一是认真贯彻省纪委关于加强党风廉政宣传的部署以及厅党组《关于进一步加强省科技厅反腐倡廉宣传教育制度建设的意见》,2013年初制定《2013年省科技厅纪检监察宣传教育计划安排》,科学部署全年反腐倡廉宣传教育的总体要求、主要任务及具体要求。二是强化重点岗位廉洁和勤廉警示教育,组织厅机关及直属单位全体干部观看《忠诚与背叛》《迷失的坐标》等廉政教育片，用反面典型教育广大干部；对厅机关近三年新进人员进行专题廉洁教育，通报省内外科技部门发生的腐败案例，用身边人和身边事来惊醒机关干部。依托省科技厅内网资源，开设廉政公园、法律法规、廉政动漫、视频点播、国际反腐等8个栏目，增强廉政教育实效。三是强化教育方式方法创新。利用厅机关电子大屏幕平台，滚动播放廉政格言、廉政通知、廉政纪律等内容，全方位营造廉政教育氛围。结合教育实践活动，组织开展"坚持为民务实清廉，谱写中国梦的江苏新篇章"大讨论，切实增强机关干部廉洁从政的自觉性、坚定性。

扎实推进权力规范运行。一是加大行政监察力度。在2013年省科技厅项目申报、遴选专家、评审咨询、现场考察、立项公示、经费审计、结题验收等各个关键环节以及项目管理、行政审批、行政奖励等科技行政管理过程，全方位、全过程加强监督，全年实施监察活动130人次，比2012年增加11人次。在专家遴选关键环节上全面推行廉政承诺制度，由监察室与具体专家遴选人员、业务处室领导三方签订承诺书，明确职责、要求及问责措施；在省级医学临床研究中心、省杰出青年基金评审前，均由监察室向参加评审的专家发送廉政短信，提出廉政要求和保密要求，着力营造项目评审的公平公正环境。二是建立巡视制度。围绕加强科技项目实施管理和经费使用监督，创新建立科技项目巡视制度，由驻厅纪检组长带领计划、监察等处室到镇江、无锡等地开展专项巡视，形成巡视总结、提出整改建议，对巡视发现的问题责成有关业务处室及项目承担单位组织整改。三是加大经费审计监督力度。严格执行《省重大科技项目专项经费审计暂行规定》和《省科技厅内部审计管理办法》，2013年开展省拨款100万以上科技项目的经费审计206项，审计总金额81.57亿元，保证科技项目经费的科学性和合理性。加强对直属单位的审计监督，委托第三方会计师事务所对省高新技术创业服务中心开展专项审计，推动提升省创业中心财务管理的规范化水平。

扎实推进预防腐败工作。一是根据群众路线教育实践活动整改落实、建章立制环节的要求，牵头对厅内现有制度的梳理完善，拟订《省科技厅教育实践活动制度建设计划》，提出新制定各类制度13个、修订15个，加强对廉政风险点的有效管控；通过对所有科技项目立项全部实行厅长办公会票决、所有立项科技项目全部实行网上公示并接受社会监督，以完善的制度设计保证科技行政权力的规范运行。二是在原有《省科技厅机关工作人员廉政纪律"十不准"规定》《省科技成果转化专项资金项目现场考察论证"六不准"规定》《省科技计划项目管理"四不得"规定》等廉政纪律的基础上，整合制定并颁布《全省科技管理系统"六条禁令"》，努力遏制腐败现象和不良之风的发生。三是在项目立项和经费安排的敏感阶段，制定《关于重申省级科技计划项目咨询结果及立项方案保密纪律的通知》，给所有业务处长群发短信廉政，重申纪律要求；严格执行科技项目实施管理办法、中期检查考核办法、项目经费监理办法、项目验收管理办法等一系列制度和规定，加强项目资金过程监理，确保经费用到实处。

扎实推进纠风监督工作。一是加强关键节点监督。坚持教育在先和警示在前，抓住节日关口、关键节点，制定下发《关于中秋国庆节期间坚决刹住公款请客送礼等不正之风的通知》以及《关于切实加强2014年元旦春节期间党风廉政建设工作的通知》，严明纪律要求，强化廉政观念，进一步筑牢机关干部思想防线。二是加强倡俭治奢工作。根据省政府廉政工作会议以及省监察厅开展反浪费反奢侈专项整治行动的精神，切实抓好厉行节约、反对浪费工作，切实抓好精简会议活动等6个方面任务，省科技厅会议费用、公务接待、因公出国(境)、公车使用等费用大幅减少。三是加强重大活动监督。创新推行重大活动派驻监察制度，因参加2013年首届江苏科技创业大赛并获奖的项目列入明年科技计划立项后备库，根据厅党组部署，派员全程参与大赛并开展全过程监督，有效保证了大赛的公平工作和顺利举办。

扎实构建惩治预防机制。一是发挥信访举报的治本功能。认真贯彻《2013—2016年全省纪检监察信访举报工作绩效管理意见》，畅通网上厅长信箱、网上举报信箱和24小时移动热线，及时配备录音办公电话，拓展信访渠道，全时段受理群众举报来信来访；2013年收到群众举报44件全部办结，信访举报办结率继续保持100%。二是发挥廉政谈话的预防功能。坚持新提任干部、新进机关干部廉政谈话制度，对厅机关新提拔的处级干部，由厅主要领导进行任前谈话，强调廉洁从政纪律要求;在群众路线教育实践活动中,省政协副主席、省政府党组成员、科技厅长徐南平召开近三年新进机关人员座谈会,征求意见并进行廉政谈话。在科技项目立项敏感阶段,由陶静组长召集有关业务处领导进行廉政谈话提醒,并根据强化廉政纪律的实际需求及时进行个别廉政谈话。三是发挥社会监督的防控功能。严格执行《省科技厅行政权力网上公开透明运行管理办法》,省科技厅行政权力全部实行网上运行;加强网络电子监察功能,省级科技项目申报、专家咨询、立项决策、计划公示、立项办理、结题验收等整个管理过程实行"一站式"网上管理服务。省科技厅门户网站被评为省级机关优秀网站。完善省科技厅政务公开特邀监督员、省科技奖励评审监督委员会制度,邀请监督员参加重大科技活动、科技计划招投标、科技奖励评审等,对科技管理的关键节点实施监督。

【上下联动,优政风、促行风、带作风】 构建"全省一盘棋"的评议格局。一是层层发动到位。召开全省科技管理系统"四位一体"评议政风行风创新行动工作座谈会,认真贯彻省政府纠风办《2013年全省纠风工作要点》《关于开展"四位一体"评议政风行风创新行动的实施方案》精神;13个省辖市科技局均召开各自系统的作风建设动员大会,对迎接政风行风评议工作进行周密部署。二是组织领导到位。省科技厅召开厅长办公会,通报省监察厅、省政府纠风办相关文件和有关领导讲话精神;加强对政风行风评议的组织领导,成立由厅主要领导任组长的省科技厅"四位一体"评议政风行风领导小组,研究部署民主评议工作;陶静组长带队赴上海专题学习调研政风行风建设及评议工作,学习借鉴外地科技系统政风行风评议工作经验,扎实推进"四位一体"评议政风行风工作。三是责任细化到位。制订《省科技厅"四位一体"评议政风行风创新行动工作方案》以及《省科技厅2013年"四位一体"评议政风行风创新行动工作计划分解》,明确重点工作的牵头部门、时间节点、责任人员,以强化责任来推动政风行风评议工作落实到位。结合项目审计、行政监察等活动,先后到厅各直属单位以及苏州市、无锡市、南通市、淮安市、常熟市、昆山市、洪泽县等十多家单位进行明察暗访,及时发现问题,立即督促整改,随后跟踪督查,切实做到问题发现在基层、解决在基层。

营造"全方位参与"评议氛围。一是拓展征求意见建议的渠道。把评议活动纳入群众路线教育实践活动之中,在征求意见活动环节中融入评议政风行风内容,通过多种方式征求国家科技部、省人大代表、省政协委员、省相关部门、厅直属单位、高等学校、科研院所、高新企业、省辖市党委政府、各级科技部门以及社会各有关方面的意见建议1100多条。二是拓展与服务对象互动的渠道。省科技厅向社会公布"六项承诺"以及全省科技管理系统"六条禁令",接受社会各界监督,号召全系统都做到"人人知道评议活动,个个都是参评对象",以省科技厅的率先践行承诺带动全省科技系统作风转变。为扎实推进"四位一体"评议政风行风工作,在厅门户网站开设政风行风评议专题网页,设立工作部署、公开承诺、职能设置、工作动态、征求意见等5个栏目,及时发布评议工作动态,通报评议工作情况。公布省科技厅政风行风热线电话、24小时投诉电话、电子邮箱,广泛接受社会对科技系统作风建设的建议和投诉。三是拓展社会监督的渠道。根据省政府纠风办安排,制订专题工作方案,在2013年8月14日、19日分别由常务副厅长王秦带领计划处、高新处、监察室等10个处室走进政风热线直播室,诚恳接受咨询和投诉,对上线接收到的投诉咨询件都通过电话方式或面对面地与投诉咨询人作了反馈,投诉或咨询人对省科技厅回复均表示认同或满意。

形成"整改不反弹"评议成效。一是根据省纠风办在对科技系统明察暗访中发现的7个问题,及时督促相关科技部门开展自查自纠和限期整改,并举一反三、以点带面,确保评议成效不反弹、见实效。二是坚持把政风行风评议与教育实践活动相结合,一手抓解决问题,一手抓建章立制,牵头制订《省科技厅教育实践活动制度建设计划》,努力从根本上解决机关作风建设中存在的问题。三是把创新服务作为评议政风行风的落脚点,围绕打造"公平、公开、公正"评审氛围,对科技计划从指南制定和发布、项目申报、形式审查、组织评审、立项公示等整个过程进行严格规范,并通过优化工作程序和采取一系列有针对性的服务举措,彰显"四位一体"评议政风行风的实际成效。经省纠风办组织的政风行风综合测评,省科技厅取得第三名的好成绩。

(驻江苏省科学技术厅纪检组监察室)

科技计划与项目

Programs of Science & Technology

2013年度江苏省科技计划执行情况及2014年结转项目统计

Implementation of Jiangsu Science & Technology Programs in 2013
and the Transfer Project Statistics in 2014

表3–1 2013年度江苏省科技计划执行情况及2014年结转项目统计 单位:项

计划类别	2013年计划安排			完成及中止项目			结转项目
	合计	上年结转项目	新上项目	验收	总结	中止	
合 计	9054	6098	2956	1353	99	27	7575
一、基础研究计划	3656	2190	1466	410		4	3242
二、科技支撑计划	2142	1620	522	442	41	12	1647
工业	841	607	234	156	13	10	662
农业	559	408	151	152	1	1	405
社会发展	742	605	137	134	27	1	580
三、科技成果转化专项资金	681	537	144	76	13	4	588
四、科技基础设施建设	458	386	72	139	14	3	302
重大研发机构	29	18	11	8			21
高技术研究重点实验室	61	42	19	6			55
科技公共服务平台	151	134	17	22		1	128
院士工作站	208	190	18	103	14	2	89
其他	9	2	7	2			7
五、国际科技合作	249	179	70	43	20	3	183
六、科技型企业技术创新资金(工业)	667	438	229	79	9	1	578
七、苏北科技发展专项	416	268	148	120			296
富民强县	224	143	81	62			162
科技型企业技术创新资金(农业)	192	125	67	58			134
八、产学研联合创新资金	674	409	265	44	2		628
九、临床医学科技专项	111	71	40				111

2013 年度江苏省科技计划项目统计

2013 Annual Statistics on Scientific & Technological Projects of Jiangsu Province

表 3-2 2013 年度各省辖市承担省科技计划项目

单位:个

	合计	基础研究计划	科技支撑计划	科技基础设施建设计划	科技成果转化专项资金	科技型企业技术创新资金	苏北科技发展计划	软科学研究计划	国际科技合作计划	产学研联合创新资金	临床医学科技专项
合 计	2040	694	437	54	144	229	148	39	69	202	24
南京市	191	71	38	5	20	32		3	10	7	5
无锡市	266	83	46	7	23	40		4	14	48	1
徐州市	179	89	16	3	6	9	34	4	1	12	5
常州市	183	42	40	4	16	25		6	13	36	1
苏州市	424	183	94	14	24	59		9	11	23	7
南通市	96	24	31	7	10	8			4	11	1
连云港市	88	13	25	1	6	5	25	2	3	8	
淮安市	76	18	16	1	1	6	25	2	2	4	1
盐城市	101	15	15	1	7	10	34	3	3	13	
扬州市	139	46	45	4	14	12		2	2	12	2
镇江市	197	107	33	4	9	13		2	3	25	1
泰州市	48	3	25	1	6	7		2	2	2	
宿迁市	52		13	2	2	3	30		1	1	

表 3-3 2013 年度各省辖市新上省科技计划项目经费拨款汇总

单位:万元

	合计	基础研究计划	科技支撑计划	科技基础设施建设计划	科技成果转化专项资金	科技型企业技术创新资金	苏北科技发展计划	软科学研究计划	国际科技合作计划	产学研联合创新资金	临床医学科技专项
合 计	222855	12835	31070	20900	117900	6000	4265	135	3460	21930	4360
南京市	30718	1159	3060	2400	16300	850		9	390	4790	1760
无锡市	30807	1506	3195	2600	17700	1025		16	580	4135	50
徐州市	11537	1705	860	800	6100	250	990	12	30	540	250
常州市	25288	680	4205	1900	12400	650		18	740	4645	50
苏州市	37707	3724	6020	6400	15500	1525		33	770	3085	650
南通市	17465	375	2700	2400	9300	200			260	980	1250
连云港市	9308	230	1180	100	6400	125	695	8	160	410	
淮安市	3784	283	845	100	1500	150	715	6	60	75	50
盐城市	10270	229	1375	100	6500	250	990	11	90	725	
扬州市	19184	848	3010	2100	12200	325		6	130	315	250
镇江市	15419	2066	2370	800	8000	350		8	90	1685	50
泰州市	7073	30	1420	100	4700	225		8	60	530	
宿迁市	4295		830	1100	1300	75	875		100	15	

表 3-4 江苏省 2013 年度新上基础研究计划项目

项目编号	项目名称	承担单位
BK20130001	碳水化合物高效利用中的糖基转移与异构催化体系构建	江南大学
BK20130002	非线性反应扩散方程若干问题的研究	江苏师范大学
BK20130003	关于频谱高效和节能的下一代光网的综合性研究	苏州大学
BK20130004	蛋白泛素化和去泛素化通路在 IFNs 抗病毒信号中的角色	苏州大学
BK20130005	无机功能纳米材料在医学应用中的探索研究	苏州大学
BK20130006	能源纳米材料与器件的扫描探针研究	中国科学院苏州纳米技术与纳米仿生研究所
BK20130007	高性能多孔分离膜的结构设计与应用研究	中国科学院苏州纳米技术与纳米仿生研究所
BK20130008	表面引发聚合反应机理研究及其在生物界面中的应用	中国科学院苏州纳米技术与纳米仿生研究所
BK20130009	分形树状微小结构中传热传质机理研究	扬州大学
BK20130010	食品、农产品无损检测研究	江苏大学
BK20130011	高转矩密度永磁容错游标电机及其高效容错控制	江苏大学
BK20130012	半导体纳米材料的光学特性研究	南京大学物理学院
BK20130013	极性氧化物异质界面极化调控和器件应用	南京大学电子科学与工程学院
BK20130014	度量驱动的软件可信性增强技术研究	南京大学计算机科学与技术系
BK20130015	研发基于 DNA 条形码的化学品污染生态监测和风险预测技术	南京大学环境学院
BK20130016	石墨烯 / 二硫化钼层状材料生长机理与光电性质及其在太阳能利用方面的研究	东南大学
BK20130017	基因表达时间序列数据的建模、估计和鲁棒控制研究	东南大学
BK20130018	干扰观测控制理论及其工业应用研究	东南大学
BK20130019	无线通信信号处理研究	东南大学
BK20130020	多模态情感信息处理	东南大学
BK20130021	功率 SOI-LIGBT 器件可靠性机理研究	东南大学
BK20130022	加压中高温稠密气固反应体系的基础科学问题研究	东南大学
BK20130023	大跨钢桥全寿命周期疲劳可靠度的评估与优化	东南大学
BK20130024	汉黄芩苷抗 AML 的作用及作用机制研究	中国药科大学
BK20130025	中药活性成分群发现与质量评价新模式研究	中国药科大学
BK20130026	炎症小体在非可控性炎症恶性转化中关键作用的研究	中国药科大学
BK20130027	不结球白菜分蘖关键基因的发掘与功能验证	南京农业大学
BK20130028	褐飞虱乙酰胆碱受体与杀虫剂的分子互作机制研究	南京农业大学
BK20130029	除草剂溴苯腈代谢质粒的进化与脱卤机制	南京农业大学
BK20130030	功能内生细菌调控植物体内 PAHs 代谢的机制及效能优化	南京农业大学
BK20130031	石墨烯基铁电材料	南京理工大学
BK20130032	正电型环糊精键合高分子手性整体柱的基础研究	南京理工大学
BK20130033	多指标约束的不确定非线性受限系统鲁棒输出跟踪控制	南京航空航天大学
BK20130034	基于机器学习的多模态神经影像分析及应用	南京航空航天大学
BK20130035	激光增材制造与快速成形	南京航空航天大学
BK20130036	远程激光充电系统研究	南京航空航天大学
BK20130037	有机半导体激光材料与器件	南京邮电大学
BK20130038	过渡金属配合物光电信息材料与应用	南京邮电大学
BK20130039	靶向 α-synuclein 及其介导的炎性信号调控帕金森病中的神经再生	南京医科大学
BK20130040	nNOS 与转接蛋白的相互作用对焦虑的调控	南京医科大学
BK20130041	环境烷基酚暴露与代谢酶易感谱对精子生成的交互作用及其分子机制	南京医科大学

续表 3-4

项目编号	项 目 名 称	承 担 单 位
BK20130042	基因组调控区遗传变异与胃癌易感机制研究	南京医科大学
BK20130043	基于多金属氧簇的功能配合物	南京师范大学
BK20130044	DNA 损伤修复与抗肿瘤研究	南京师范大学
BK20130045	智能响应吸附新材料的构筑及性能研究	南京工业大学
BK20130046	基于石墨烯场效应晶体管的纳米电子生物传感器研究	南京工业大学
BK20130047	全球变暖背景下陆面热力异常与东亚季风年代际变化的影响	南京信息工程大学
BK20130048	高性能混凝土化学外加剂分子构建及性能调控关键科学问题	江苏省建筑科学研究院有限公司
BK20130049	RIP1/RIP3 激酶复合物调节慢性淋巴细胞白血病细胞程序性坏死(Necroptosis)的机制研究	江苏省人民医院
BK20130050	土壤胶体悬液 Wien 效应及其应用	中国科学院南京土壤研究所
BK20130051	西部煤炭高强度开采下地质灾害防治与环境保护基础研究	中国矿业大学
BK20130052	基于硅基纳米荧光探针的肿瘤标志物高灵敏联合检测的应用基础研究	苏州大学
BK20130053	高效光催化太阳能转换和环境净化材料的研究	南京大学物理学院
BK20130054	光电分子体系的量子调控研究	南京大学化学化工学院
BK20130055	半导体纳米结构的非可见光波段光电器件研究	南京大学电子科学与工程学院
BK20130056	古扬子大三角洲沉积体系研究	南京大学
BK20130057	多模态影像技术在缺血性脑卒中半暗带量化研究中的运用	东南大学
BK20130058	肠道微生物介导的不同氮源物质在猪肠道中代谢规律的研究	南京农业大学
BK20130059	脂代谢紊乱与精子发生障碍的分子关联研究	南京医科大学
BK20130060	癌-睾丸蛋白作用机制和调控网络研究	南京医科大学
BK20130061	FEN1 精氨酸去甲基化酶的鉴定和功能研究	南京师范大学
BK20130062	化工新视野下低劣生物质高效转化生物甲烷过程的速率和效率研究	南京工业大学
BK20130063	EGFR 信号通路在阴道念珠菌病发病过程中的作用机制研究	中国医学科学院皮肤病研究所
BK20130064	风应力对东海海平面年际变化的强迫机制研究	中国人民解放军理工大学
BK20130065	盐岩疲劳-蠕变耦合损伤机制及其对储气库影响研究	中国人民解放军理工大学
BK20130066	地震作用下地下工程应急施工风险分析及预警机制研究	中国人民解放军理工大学
BK20130067	面向绿色无线通信网络的博弈中继管理方法研究	中国人民解放军理工大学
BK20130068	4G 网络中基于 OFDMA 的位置服务中信号同步关键技术研究	中国人民解放军理工大学
BK20130069	时变复杂环境下基于自适应压缩采样的宽带频谱快速感知	中国人民解放军理工大学
BK20130070	应对多种节点行为状态的 ad hoc 网络信任模型研究	中国人民解放军理工大学
BK20130071	核-壳协同阻燃剂对生物基硬质聚氨酯泡沫的阻燃增韧机理研究	中国林业科学研究院林产化学工业研究所
BK20130072	降雨诱发滑坡的弹塑性分析与预测方法	水利部交通运输部国家能源局南京水利科学研究院
BK20130073	卵泡微环境 iNOS 致颗粒细胞增殖分化障碍的机制研究	南京医科大学附属南京妇幼保健院
BK20130074	miR-519d 调控自噬致乳腺癌细胞耐药的作用机制研究	南京医科大学附属南京妇幼保健院
BK20130075	miR-1275 通过抑制 ELK1 调节人脂肪细胞分化的机制研究	南京医科大学附属南京妇幼保健院
BK20130076	miR-375 致胚胎心脏畸形的 Notch 信号通路的机制研究	南京医科大学附属南京妇幼保健院
BK20130077	Zn-α2 糖蛋白介导肾病综合征激素耐药机制的研究	南京医科大学附属南京儿童医院
BK20130078	QCD 真空性质及有限温度密度 QCD 性质研究	南京晓庄学院
BK20130079	磁性四氧化三铁纳米复合基因载体靶向治疗口腔鳞状细胞癌的研究	南京市口腔医院
BK20130080	外胚间充质细胞维持自我更新与影响牙胚发生的分子机制	南京市口腔医院
BK20130081	组织工程化模型探讨咀嚼压力促牙周成骨 WNT 通路研究	南京市口腔医院
BK20130082	荷载 90Y-DOTA-2P4G-RGD4 的聚 L 乳酸粒子缓释模型的构建及靶向治疗脑胶质瘤的实验研究	南京市第一医院

续表 3-4

项目编号	项 目 名 称	承 担 单 位
BK20130083	TLR3、p53 与 HIF-1α 的相互调控作用在光致癌发生机制中的意义	南京市第一医院
BK20130084	高超声速飞行器尖锐前缘迎风凹腔阵列热防护机理研究	南京炮兵学院
BK20130085	创伤性颅脑损伤后脂质运载蛋白 2 的上调机制及其调节脑内铁代谢的实验研究	南京脑科医院
BK20130086	肝星状细胞在急性肝损伤修复期的作用机制研究	南京大学医学院附属鼓楼医院
BK20130087	炎症小体介导皮肌炎合并间质性肺疾病发病的机制研究	南京大学医学院附属鼓楼医院
BK20130088	损伤相关分子模式关键分子在肝脏胰岛素抵抗中的作用及其原始释放机制的实验研究	南京大学医学院附属鼓楼医院
BK20130089	乏氧诱导 α1-抗胰蛋白酶促进肺腺癌转移的机制研究	南京大学医学院附属鼓楼医院
BK20130090	基于幼猪脊柱侧凸模型的新型生长棒治疗技术的研究	南京大学医学院附属鼓楼医院
BK20130091	透明质酸通过促进颗粒细胞 PGRMC1 表达治疗原发性卵巢功能不全	南京大学医学院附属鼓楼医院
BK20130092	骨髓间充质干细胞复合肝脏脱细胞支架制备可移植组织工程肝脏的实验研究	南京大学医学院附属鼓楼医院
BK20130093	白菜卷叶性状形成的分子机理及其与耐逆境胁迫的关系	金陵科技学院
BK20130094	乳腺癌联合化疗用纳米复合水凝胶体系的构建及研究	金陵科技学院
BK20130095	智能型长余辉发光-光子纳米功能材	金陵科技学院
BK20130096	基于稀疏学习理论的无线传感器网络高效数据收集技术	金陵科技学院
BK20130097	高耐候利废型环氧砂浆抗冲耐磨材料的构筑及机理研究	江苏苏博特新材料股份有限公司
BK20130098	基于模型预测控制的公交信号优先与动态调度协调控制方法研究	江苏省交通规划设计院有限公司
BK20130099	Rogowski 线圈电子式互感器在智能变电站中抗干扰问题研究	江苏省电力试验研究院有限公司
BK20130100	亲代长期低剂量暴露于 PBDEs 后对子代斑马鱼内分泌干扰机制研究	环境保护部南京环境科学研究所
BK20130101	免耕和绿肥种植对有机农业生产中土壤微生物活性及群落结构的影响	环境保护部南京环境科学研究所
BK20130102	青霉素菌渣堆肥过程中 β-内酰胺酶基因型菌群的演变机制研究	环境保护部南京环境科学研究所
BK20130103	生境胁迫条件下高寒沙地植被恢复潜力综合评估模型研究	环境保护部南京环境科学研究所
BK20130104	改性纳米零价铁对污染土壤中重金属的稳定化效率和机制	环境保护部南京环境科学研究所
BK20130105	强酸性茶园土壤酸度调控与酸化阻控关键技术研究	环境保护部南京环境科学研究所
BK20130106	PB2011002 抗肿瘤细胞增殖及抗血管生成作用的研究	南京天易生物科技有限公司
BK20130107	基于语义主题模型的影像质量评价方法研究	南京南瑞集团公司
BK20130108	平面阵列目标位置控制原理及误差分析	南京长峰航天电子科技有限公司
BK20130109	柔性储液容器的气-液-固三相流固耦合非线性动态响应特性研究	中国船舶重工集团公司第七〇二研究所
BK20130110	KCa3.1 作为支架植入后再狭窄治疗新靶点的机制研究	无锡市人民医院
BK20130111	雾霾转换的宏微观物理过程研究	无锡市气象局
BK20130112	miRNA 靶基因(ALAD 和 PON1)SNPs 与职业性铅中毒发生机制的研究	无锡市疾病预防控制中心
BK20130113	基于肿瘤干细胞标记物 Lgr5 的结肠干细胞的分离及功能测试	无锡傲锐东源生物科技有限公司
BK20130114	PVX_097025 在间日疟原虫抗氯喹中的作用及机制研究	江苏省血吸虫病防治研究所
BK20130115	纳米材料中的热电效应	江南大学
BK20130116	基于斜入射光反射差法高通量快速检测丙烯酰胺的扫描显微镜研制	江南大学
BK20130117	CAD 中“双三角”拟 Bézier 曲面的理论及应用研究	江南大学
BK20130118	几类不适定问题的正则化理论及算法研究	江南大学
BK20130119	群的结构及 Fitting 类中若干问题的研究	江南大学
BK20130120	金催化的 sp3 碳-氢键的不对称交叉脱氢偶联	江南大学
BK20130121	以弯曲 DNA 为基础的新型拓扑异构酶 I 抑制剂的研究	江南大学
BK20130122	乙醇历史积累抑制毕赤酵母表达蛋白的机制及解抑制策略	江南大学
BK20130123	双酸中心分子筛负载离子液体催化剂的构筑及其催化合成生物柴油的研究	江南大学

续表 3-4

项目编号	项 目 名 称	承 担 单 位
BK20130124	光引发淡水藻降解有机污染物的作用机制研究	江南大学
BK20130125	配体引导金催化剂的类型完善和金催化的应用拓展	江南大学
BK20130126	固体废弃生物质厌氧消化联产氢气甲烷关键技术问题研究	江南大学
BK20130127	氮杂糖类糖苷酶抑制剂的规模化制备	江南大学
BK20130128	弱相互作用对 Gemini 表面活性剂自组装行为的调控机制	江南大学
BK20130129	手性仲烯丙醇的立体选择性合成研究及其应用	江南大学
BK20130130	三孢布拉霉源番茄红素生物合成途径调控及优化	江南大学
BK20130131	新型大肠杆菌动态代谢调控系统的构建	江南大学
BK20130132	调控 Streptomyces hygroscopicus 谷氨酰胺转胺酶折叠速率强化异源分泌的研究	江南大学
BK20130133	膳食脂肪与宿主防御肽在胰腺 beta 细胞功能和糖尿病预防中的作用与机制研究	江南大学
BK20130134	基于蛋白质组学的樟芝液态发酵活性代谢产物的生物合成机制研究	江南大学
BK20130135	阪崎克罗诺杆菌类脂 A 的结构和功能研究	江南大学
BK20130136	强化酿酒酵母固定二氧化碳生产二元羧酸的“生物分子阀门”研究	江南大学
BK20130137	钝齿棒杆菌 NAGK 抗反馈抑制定点改造及其催化机理解析	江南大学
BK20130138	内源酶介导的蛋白质变化与冰藏淡水鱼品质间的关系研究	江南大学
BK20130139	L–苯丙氨酸解氨酶分子改造及对映体选择识别机制研究	江南大学
BK20130140	不同链长的直链淀粉对玉米支链淀粉回生重结晶的影响	江南大学
BK20130141	微波致淀粉碳自由基的生成及稳定性研究	江南大学
BK20130142	PHBV 基嵌段共聚物杂化纤维的凝聚态结构构筑与力学性能调控	江南大学
BK20130143	辐照交联 UHMWPE / 石墨烯人工关节材料的抗氧化机理及其生物摩擦学行为研究	江南大学
BK20130144	基于多层光子晶体的染料敏化太阳能电池光阳极研究	江南大学
BK20130145	仿生水草对富营养化水体中氮磷及藻类的去除作用与机制研究	江南大学
BK20130146	石墨烯/Er^3+掺杂 TiO_2 纳米纤维光阳极的制备及其光电转换机理研究	江南大学
BK20130147	流动场下自组装型有机成核剂诱导聚乳酸结晶的基础研究	江南大学
BK20130148	高速旋转强负压空间内长丝与短纤维复合的非线性振动力学模型研究	江南大学
BK20130149	大气除尘装备中考虑墙板蒙皮作用的壳体立柱稳定性研究	江南大学
BK20130150	变工况轴流叶轮叶顶间隙噪声机理及预测	江南大学
BK20130151	单层结构 BiOX(X=Cl,Br,I)二维纳米材料的可控制备与光催化性能研究	江南大学
BK20130152	基于力–热–冶金协同作用的冷喷涂层粒子/基体结合机理研究	江南大学
BK20130153	UV 固化型聚噻吩/碳纳米管/聚氨酯三元复合导电材料的制备与应用	江南大学
BK20130154	复杂环境下多扩展目标连续跟踪方法研究	江南大学
BK20130155	面向食品安全话题演化脉络挖掘的快速耦合软子空间聚类新方法	江南大学
BK20130156	高速高精度 ADC 频域特性评测方法研究	江南大学
BK20130157	计算式颜料建模及创作工具研究	江南大学
BK20130158	保边界图像滤波算子的数值逼近理论及并行算法研究	江南大学
BK20130159	主/被动轮臂混合机构救援机器人主动地形自适应控制基础研究	江南大学
BK20130160	面向 C/C 复合材料的 ICT 仿真系统中的不完全投影图像重建研究	江南大学
BK20130161	概率一致性保持的流数据约简及在线分类学习	江南大学
BK20130162	高灵敏度等离激元干涉传感器的研究	江南大学
BK20130163	一类复杂动态网络系统的拓扑结构与参数估计	江南大学
BK20130164	无线网络中的联合网络编码优化技术	无锡智感星际科技有限公司

续表 3-4

项目编号	项 目 名 称	承 担 单 位
BK20130165	大规模无线传感网去同步在线时延测量理论与关键技术	无锡清华信息科学与技术国家实验室物联网技术中心
BK20130166	基于多维效应的无线异构自组织网络机会路由问题研究	无锡清华信息科学与技术国家实验室物联网技术中心
BK20130167	无线传感网络被动式轻量级诊断技术研究	无锡清华信息科学与技术国家实验室物联网技术中心
BK20130168	修正流体运动方程模型模拟涡轮机械流场机理研究	中国矿业大学
BK20130169	多资源环境中的在线排序问题研究	中国矿业大学
BK20130170	无穷维动力系统指数吸引子的研究	中国矿业大学
BK20130171	煤直接液化高效固体酸催化剂的制备及氢转移机理研究	中国矿业大学
BK20130172	褐煤脱水提质中羧基热分解对褐煤结构影响的理论研究	中国矿业大学
BK20130173	聚乙烯醇/羟基磷灰石复合微球的合成及生物性能研究	中国矿业大学
BK20130174	基于多基线干涉SAR的老采空区地表变形时空演化规律及稳定性评价	中国矿业大学
BK20130175	基于地震的煤矿采区应力分布预测方法研究	中国矿业大学
BK20130176	江苏省农村家庭能源消费及其环境效应研究	中国矿业大学
BK20130177	成熟度对页岩气储层微观非均质性影响机理研究	中国矿业大学
BK20130178	变化环境条件下大尺度土壤水资源数量评价	中国矿业大学
BK20130179	深部土体变形对井筒稳定性影响及加固研究	中国矿业大学
BK20130180	电法扫描成像技术在各向异性煤层的应用研究	中国矿业大学
BK20130181	射流法微藻混凝共聚气浮采收的动力学研究	中国矿业大学
BK20130182	裂尖约束效应对高钢级管线钢韧性断裂行为影响的研究	中国矿业大学
BK20130183	冲击地压震动波层析成像监测预警技术研究	中国矿业大学
BK20130184	基于曲面流线场的激光再制造数据测量与数控规划研究	中国矿业大学
BK20130185	复杂加载史下土工格栅加筋砂土的界面特性研究	中国矿业大学
BK20130186	炼钢厂含锌烟尘碱浸处理回收锌超细粉体的基础研究	中国矿业大学
BK20130187	燃用瓦斯燃气轮机系统稳定性分析及其鲁棒容错控制	中国矿业大学
BK20130188	自由高效无线平面供电网关键技术研究	中国矿业大学
BK20130189	考虑开挖卸荷效应的深部高应力巷道围岩弱化规律研究	中国矿业大学
BK20130190	浅埋煤层采动诱发上层房式煤柱失稳致灾机制研究	中国矿业大学
BK20130191	煤矿密闭空间爆炸风险评估模型	中国矿业大学
BK20130192	纳晶材料剪切带化损伤动态结构与力学模型	中国矿业大学
BK20130193	富水砂层隧道围岩渐进破坏机理及动态压力拱效应研究	中国矿业大学
BK20130194	圆窗激振式人工中耳振子介入耦合系统的力学行为及参数优化研究	中国矿业大学
BK20130195	离子掺杂 WO_3 的氧空位、晶面结构与气敏性能的研究	中国矿业大学
BK20130196	浓密气固流化床多相多尺度微观分离机理及调控机制研究	中国矿业大学
BK20130197	导电聚合物基电化学 DNA 生物传感器中的关键技术研究	中国矿业大学
BK20130198	Ag_3PO_4/TiO_2 核壳纳米棒阵列的制备及其光电性能研究	中国矿业大学
BK20130199	煤矿井下基于编码协作 OFDM-CDMA 无线抗多径传输技术研究	中国矿业大学
BK20130200	医用新型 DLC/HA 纳米复合涂层的构筑及生物摩擦学研究	中国矿业大学
BK20130201	基于多源信息的煤与瓦斯突出多尺度预测方法研究	中国矿业大学
BK20130202	基于 CFD-DEM 的综掘面粉尘运移规律及风幕控尘优化研究	中国矿业大学
BK20130203	煤矿巷网火灾烟流的控制机理及远程调控系统研究	中国矿业大学
BK20130204	湍流烟羽环境下多机器人主动嗅觉实现方法研究	中国矿业大学
BK20130205	非线性奇异摄动切换系统基于 T-S 模糊模型的控制方法	中国矿业大学
BK20130206	纳米有机增益薄膜激光辐射特性和光学非线性效应研究	中国矿业大学

续表 3-4

项目编号	项 目 名 称	承 担 单 位
BK20130207	基于谱图理论的强化学习研究及其应用	中国矿业大学
BK20130208	移动对象活动发现与轨迹预测关键技术研究	中国矿业大学
BK20130209	面向医学图像融合的自适应脉冲耦合神经网络模型研究	中国矿业大学
BK20130210	基于约束项的鲁棒模糊聚类算法及其在生物医学数据分析中的应用	中国矿业大学
BK20130211	基于适配体功能化银纳米簇的肿瘤细胞多色成像检测	徐州医学院
BK20130212	神经胶质瘤细胞中 GDNF 基因启动子Ⅱ区甲基化变化致其基因高转录的机制研究	徐州医学院
BK20130213	毒素-抗毒素系统 MazEFBif 在长双歧杆菌 JDM301 酸应激调控中的作用研究	徐州医学院
BK20130214	5-氨基乙酰丙酸(ALA)通过 CO/HO-1 及 NO 信号系统提高拟南芥盐适应性机理研究	徐州医学院
BK20130215	HIV-1 Nef 调控 lncRNAs 在 KSHV K1 诱导肿瘤血管生成中的作用及其分子机制	徐州医学院
BK20130216	Aurora A/B 激酶抑制剂吡唑-咪唑类衍生物的设计、合成、生物活性及作用机制研究	徐州医学院
BK20130217	多功能纳米分子探针的制备及对肿瘤微小 RNA 的检测与细胞成像研究	徐州医学院
BK20130218	CUE 结构域蛋白 2(CUEDC2)调控胶质瘤干细胞干性和胶质瘤发生的机制研究	徐州医学院
BK20130219	细胞色素 P450 还原酶参与 β 淀粉样蛋白 1-42 作用于星形胶质细胞中的研究	徐州医学院
BK20130220	黄酮类新化合物 LFG-500 基于炎症微环境诱导上皮间质转化的抗肿瘤转移研究	徐州医学院
BK20130221	miR-30 调控 Th17 分化在多发性硬化发病中的作用和机制	徐州医学院
BK20130222	ECAP 制备时效硬化型铝合金微观损伤机理及工艺研究	徐州工程学院
BK20130223	二元半导体 Mg_3X_2(X=N,P,As)的高压结构及性能研究	江苏师范大学
BK20130224	具有新型 peakon 解的可积系统研究	江苏师范大学
BK20130225	两类迁移扩散方程组初值问题的定性研究	江苏师范大学
BK20130226	两亲性 BODIPY 衍生物的设计合成、自组装及应用	江苏师范大学
BK20130227	基于三螺旋 DNA 的电化学生物传感器研制	江苏师范大学
BK20130228	微生物絮凝剂高产菌株定向育种及其在油藻采收中的应用	江苏师范大学
BK20130229	突变工况自适应的银前驱体型润滑油添加剂设计	江苏师范大学
BK20130230	基于联合稀疏表示的诱发电位少次提取算法研究及其在术中监护中的应用	江苏师范大学
BK20130231	癌基因 p42.3 通过 Cyclin B1 调控有丝分裂的分子机制	江苏省肿瘤生物治疗研究所
BK20130232	阻断 ADDLs 和 EphB2 相互作用对阿尔茨海默病的干预研究	江苏省麻醉医学研究所
BK20130233	压力条件下 $MoSi_2$ 合金的成键行为及合金优化	江苏理工学院
BK20130234	面向控制的多刚体航天器关联系统动力学建模与姿态协调控制方法研究	江苏理工学院
BK20130235	基于局部自我相关与水平边缘特征的车辆检测与追踪	江苏理工学院
BK20130236	六角氮化硼复合对石墨烯性质的调制作用的研究	江南石墨烯研究院
BK20130237	基于液固耦合的复合结构减振元件减振机理研究	河海大学常州校区
BK20130238	基于谐波的语音稀疏通信模型关键技术研究	河海大学常州校区
BK20130239	不确定模糊中立随机时滞系统的鲁棒 H∞ 滤波设计	河海大学常州校区
BK20130240	基于畸变校正和水平集方法的侧扫声呐图像分割研究	河海大学常州校区
BK20130241	面向老龄患者的认知助听器关键算法研究	河海大学常州校区

续表 3–4

项目编号	项 目 名 称	承 担 单 位
BK20130242	基于区间Ⅱ型模糊判断矩阵的群决策方法及其应用研究	河海大学常州校区
BK20130243	NF–kB/YY1/miR–181a/b 反馈通路在弥漫大 B 细胞淋巴瘤中的作用及分子机制研究	常州市第一人民医院
BK20130244	载脂蛋白 M 参与高密度脂蛋白抗炎作用的机制研究	常州市第一人民医院
BK20130245	车用锂电池膜厚机器视觉测量机理研究	常州工学院
BK20130246	自抛光低表面能环境友好型涂料的合成及性能研究	常州大学
BK20130247	光敏性表面活性剂的自组装行为及与血红蛋白的相互作用	常州大学
BK20130248	基于 CDK2/HDAC 多靶点抗肿瘤化合物的设计、合成及生物活性评价	常州大学
BK20130249	聚合物载药胶束制备过程中溶剂的影响及释放机理研究	常州大学
BK20130250	高分散 Ni_2P/石墨烯复合材料制备及其加氢性能研究	常州大学
BK20130251	卤代官能团修饰 ZIFs 材料合成及正构–异构烷烃吸附分离研究	常州大学
BK20130252	环境水体溶解性有机物(DOM)水质预警的荧光光谱和分子尺度研究	常州大学
BK20130253	生物电化学方法研究电子穿梭体促进铁氧化物/有机氯多相反应的电子传递机制	常州大学
BK20130254	界面组装石墨烯基三维有序异质结构及电容式去离子性能研究	常州大学
BK20130255	有机/无机杂化成核剂的杂化机理及其对聚乳酸成核机理	常州大学
BK20130256	基于苝酰亚胺衍生物的超分子自组装及其光控电存储性能研究	北京化工大学常州先进材料研究院
BK20130257	黑胸散白蚁踪迹信息素全组分鉴定及行为功能研究	江苏省农用激素工程技术研究中心有限公司
BK20130258	LED 照明系统的鲁邦诊断方法研究	常州市武进区半导体照明应用技术研究院
BK20130259	CD40/CD40L 信号促进巨噬细胞介导肝癌 TACE 术后新生血管生成的作用研究	苏州市立医院
BK20130260	交易对手信用违约风险的度量和信用衍生产品的定价	苏州科技学院
BK20130261	一级磁相变稀土基 R5X4 体系的价电子密度效应研究	苏州科技学院
BK20130262	光子晶体增强固态弱光上转换发光材料的制备与性能研究	苏州科技学院
BK20130263	Yb,Er,Ce 三元掺杂 GaN 微纳米晶的制备、发光性能和机理研究	苏州科技学院
BK20130264	融合波动模式与射流模式的多柔性鳍推进技术研究	苏州科技学院
BK20130265	自旋–轨道耦合的 PT 对称物质波孤子的研究	苏州科技学院
BK20130266	气流辅助取向制备生物材料的研究	苏州大学附属儿童医院
BK20130267	甲羟戊酸途径在汗孔角化症发病中的作用机制研究	苏州大学附属儿童医院
BK20130268	VASH2 基因促进肝癌细胞上皮–间质转化的作用及机制研究	苏州大学附属第一医院
BK20130269	AGEs 与糖尿病性勃起功能障碍的关系及防治研究	苏州大学附属第一医院
BK20130270	新候选抑癌基因 NLK 在肠癌中的功能及其表观遗传学调控研究	苏州大学附属第一医院
BK20130271	泛素因子 SCRAPPER 对于 HIV–1 生活周期的影响及机理研究	苏州大学附属第一医院
BK20130272	诱导前房相关免疫偏离抑制糖尿病视网膜病变的机制研究	苏州大学附属第一医院
BK20130273	T 细胞 IL–7 信号通路在 Allo–HSCT 后淋巴细胞增殖性疾病发病中作用机制研究	苏州大学附属第一医院
BK20130274	携带 LMP–1 基因的脐血干细胞移植对椎间盘退变生物学修复的实验研究	苏州大学附属第一医院
BK20130275	Sema 3A 壳聚糖微球–丝素基磷酸钙骨水泥制备及成骨机制研究	苏州大学附属第一医院
BK20130276	CDKAL1 基因对骨骼肌胰岛素敏感性的影响及其机制研究	苏州大学附属第二医院
BK20130277	PTEN 在银屑病过渡增殖细胞 proNGF/NGF 失衡中的作用机制研究	苏州大学附属第二医院
BK20130278	Size Modified Poisson–Nernst–Planck 方程组的计算方法研究	苏州大学
BK20130279	电离辐射前后肿瘤细胞在四维时空中生长模式的实验比较和建模分析	苏州大学

续表 3-4

项目编号	项 目 名 称	承 担 单 位
BK20130280	同步辐射光谱预测方法的新发展以及用于新能源材料器件的优化设计	苏州大学
BK20130281	二维和三维双零折射率光子晶体中的特殊电磁性质的研究	苏州大学
BK20130282	复杂网络在神经信息处理中的作用	苏州大学
BK20130283	类石墨烯体系物理特性和输运现象研究	苏州大学
BK20130284	各向异性特异纳米颗粒体系的光操控研究	苏州大学
BK20130285	绝缘表面上的超分子配位自组装的研究	苏州大学
BK20130286	活性阴离子聚合法快速高效制备 POSS 基星形聚合物	苏州大学
BK20130287	对称性缺失的金属纳米粒子结构的可控组装及表面等离子体性质研究	苏州大学
BK20130288	基于有机、无机 P 型掺杂的高效有机光电子器件	苏州大学
BK20130289	界面电荷转移态对聚合物太阳能电池光电转换过程的影响	苏州大学
BK20130290	基于质谱技术的棕榈酰化蛋白质组定量分析方法研究	苏州大学
BK20130291	柔性沸石咪唑酯骨架材料的动力学特性及其吸附和分离性能的理论研究	苏州大学
BK20130292	基于高分子单晶的催化剂载体的研究	苏州大学
BK20130293	表面涂层多尺度形貌在线软测量技术研究	苏州大学
BK20130294	醇或醚类直接生成碳氮、碳碳键反应地研究	苏州大学
BK20130295	新型内嵌硫化物富勒烯的合成及其结构性质与电化学研究	苏州大学
BK20130296	二硒代酯调控 RAFT 聚合及末端官能化修饰	苏州大学
BK20130297	利用手性两亲小分子制备单手螺旋的纳米碳管	苏州大学
BK20130298	荧光硅纳米颗粒的生物安全性研究	苏州大学
BK20130299	帕金森病相关蛋白 Omi 在线粒体上的功能研究	苏州大学
BK20130300	老年男性骨质疏松症的标记蛋白鉴定及其功能机制研究	苏州大学
BK20130301	PSD95 结合肽 CN2097 对自闭症模型小鼠的治疗作用及机制研究	苏州大学
BK20130302	促甲状腺激素在斑马鱼中的节律研究	苏州大学
BK20130303	高分辨率星载 SAR 中城市主干道提取理论与方法研究	苏州大学
BK20130304	氮微合金化对于 CuZr 基非晶合金各演变过程的影响	苏州大学
BK20130305	具有磁靶向肿瘤治疗的功能稀土复合纳米材料的构建与应用	苏州大学
BK20130306	复合双亲性氧化石墨烯的聚乳酸微泡药物载体研究	苏州大学
BK20130307	最优化 LED 系统设计的理论方法的研究	苏州大学
BK20130308	富铌渣中 Nb、Fe 元素电化学选择性还原和分离	苏州大学
BK20130309	取向丝蛋白水凝胶可控递送物理信号调控神经干细胞命运	苏州大学
BK20130310	基于半导体薄膜材料的杂化光伏器件制备及研究	苏州大学
BK20130311	光转换纳米复合材料在有机太阳电池中的光谱操作研究	苏州大学
BK20130312	人体绘图(Body Mapping)运动服装设计机理及性能评价	苏州大学
BK20130313	织物表面 TiO_2 涂层特殊浸润性构建、调控及运用研究	苏州大学
BK20130314	高介电钛酸铜铋钠/聚偏氟乙烯复合材料的制备与性能研究	苏州大学
BK20130315	纳米强化钢激光-GMA 复合焊接热影响区的相变机理及性能控制	苏州大学
BK20130316	基于多层语义的复杂运动轨迹表示与识别方法研究	苏州大学
BK20130317	基于混杂模型的电力电子变换器显式预测控制研究	苏州大学
BK20130318	纳米复合体作为电荷捕获层在有机场效应晶体管存储器中的应用研究	苏州大学
BK20130319	新型高电流驱动能力多晶硅薄膜晶体管的研制	苏州大学
BK20130320	多尺度光学系统可缩放实时成像技术及实现方法研究	苏州大学
BK20130321	有机/无机近红外成像器件研制	苏州大学
BK20130322	一类微分包含系统的区间观测器设计研究	苏州大学
BK20130323	基于概率优化的立体放疗机器人的肿瘤实时跟踪技术研究	苏州大学
BK20130324	介观荧光分子层析的建模与基于压缩感知的重建方法研究	苏州大学

续表 3-4

项目编号	项 目 名 称	承 担 单 位
BK20130325	融合肌电和脑血氧信号的人体下肢运动意识识别方法研究	苏州大学
BK20130326	基于波导式人工电磁媒质的新型天线研究	苏州大学
BK20130327	透明光学自由曲面虚拟双目条纹反射绝对面形测量研究	苏州大学
BK20130328	新型非对称石墨烯光探测器制备及光电流产生机制研究	苏州大学
BK20130329	基于视觉注意机制的移动机器人语义分割方法研究	苏州大学
BK20130330	薄膜型微透镜阵列与图文阵列耦合成像关键技术研究	苏州大学
BK20130331	复杂切换系统的鲁棒控制器设计与快速收敛算法研究	苏州大学
BK20130332	DRAM 1 在帕金森病中神经保护作用机制的研究	苏州大学
BK20130333	造血干细胞自噬在急淋白血病发病中的作用研究	苏州大学
BK20130334	谷物膳食纤维对小肠胆固醇吸收和代谢的调控作用及其机制研究	苏州大学
BK20130335	PEG 可脱落的 pH 与氧化还原双敏感化疗药物与 siRNA 的共运输纳米载体的构建与评价	苏州大学
BK20130336	KLF5 在 Flagellin 介导的肠道辐射损伤防护中的作用机制研究	苏州大学
BK20130337	Erbin 在结直肠癌细胞增殖调控中的作用及机制	苏州大学
BK20130338	新型 G9a/GLP 抑制剂的设计与合成及"靶向"抗肿瘤研究	苏州大学
BK20130339	胆固醇转运子 ABCA1 抗动脉粥样硬化的新机制研究	苏州大学
BK20130340	基于 MEMS 工艺的新型离子源超强场非对称波形离子迁移谱技术的研究	浙江大学苏州工业技术研究院
BK20130341	带有接触散热装置压电变压器关键技术的研究	苏州生物医学工程技术研究所
BK20130342	用含有 AAVS1 位点定点整合外源基因的成人细胞诱导多能干细胞	苏州生物医学工程技术研究所
BK20130343	非红细胞依赖型 Mur 血型抗原抗体检测技术的研究	苏州生物医学工程技术研究所
BK20130344	天然生物活性化合物对蚕丝纤维的功能修饰	苏州经贸职业技术学院
BK20130345	基于环境响应性高分子膜的表面增强拉曼传感基底的构筑与应用	中国科学院苏州纳米技术与纳米仿生研究所
BK20130346	双功能稀土，过渡金属离子掺杂金属氧化物薄膜的研制及其在有机太阳能电池中的应用	中国科学院苏州纳米技术与纳米仿生研究所
BK20130347	基于磁共振/近红外荧光的双模态影像探针的制备及应用	中国科学院苏州纳米技术与纳米仿生研究所
BK20130348	金属性、半导体性单壁碳纳米管 / 二氧化钛复合材料的光催化机理研究	中国科学院苏州纳米技术与纳米仿生研究所
BK20130349	基于光敏染料与多孔纳米结构半导体材料相互作用的适配体光电化学传感器的研究	中国科学院苏州纳米技术与纳米仿生研究所
BK20130350	基于大尺寸、强荧光的石墨烯量子点的多功能纳米载药系统研究	中国科学院苏州纳米技术与纳米仿生研究所
BK20130351	基于微流控芯片和多价适配体的循环肿瘤细胞的捕获和释放的研究	中国科学院苏州纳米技术与纳米仿生研究所
BK20130352	基于螺[4,4]双环戊二噻吩的高性能有机太阳能电池给体分子的设计合成及其光伏性质研究	中国科学院苏州纳米技术与纳米仿生研究所
BK20130353	纳米尺寸富锂层状正极材料的制备及电极/电解液界面改性的研究	中国科学院苏州纳米技术与纳米仿生研究所
BK20130354	纤维素直接制备异山梨醇的高效催化技术研究	中国科学院苏州纳米技术与纳米仿生研究所
BK20130355	铝表面纳米阵列结构强化泡核沸腾传热性能研究	中国科学院苏州纳米技术与纳米仿生研究所
BK20130356	新型高性能有机半导体的合成及其薄膜晶体管的研究	中国科学院苏州纳米技术与纳米仿生研究所

续表 3-4

项目编号	项 目 名 称	承 担 单 位
BK20130357	基于核酶开关的酶突变文库高通量筛选方法的研究	中国科学院苏州纳米技术与纳米仿生研究所
BK20130358	载 PSGL-1-VEGF 纳米粒/rt-PA 的复合脂质体治疗深静脉血栓的基础研究	中国科学院苏州纳米技术与纳米仿生研究所
BK20130359	用于微生物筛选及优化的一体化芯片实验室系统	中国科学院苏州纳米技术与纳米仿生研究所
BK20130360	磷酸锰锂多孔纳米片正极材料的制备及电化学性能研究	中国科学院苏州纳米技术与纳米仿生研究所
BK20130361	高热导率石墨管有序结构的可控制备及其在热界面材料中的应用	中国科学院苏州纳米技术与纳米仿生研究所
BK20130362	面向激光显示的 GaN 基绿光量子点激光器宏观和微观结构问题研究	中国科学院苏州纳米技术与纳米仿生研究所
BK20130363	三维硅光子集成技术及关键器件研究探索	中国科学院苏州纳米技术与纳米仿生研究所
BK20130364	基于高质量 GaN 自支撑衬底的大功率垂直型整流二极管的制备及其反向特性研究	中国科学院苏州纳米技术与纳米仿生研究所
BK20130365	硅基强局域性亚波长波导电光调制器的技术研究	中国科学院苏州纳米技术与纳米仿生研究所
BK20130366	靶向肿瘤血管的 Ag_2S 近红外量子点载药系统的构建及应用	中国科学院苏州纳米技术与纳米仿生研究所
BK20130367	新型有机无机杂化阻燃体系的原位构建、性能与阻燃机理研究	中国科学技术大学苏州研究院
BK20130368	以植物纤维为模板、金属离子为原料、用热分解合成-热分解自组装工艺制备三维纳米金属海绵材料技术的研发	西安交大苏州研究院
BK20130369	新型细胞膜靶向型金属离子荧光探针的设计合成及分析应用	武汉大学苏州研究院
BK20130370	新型氨基硼烷化合物的合成和储氢性能研究	武汉大学苏州研究院
BK20130371	基于无线通信的湖泊水质在线自动监测与预警系统研究	武汉大学苏州研究院
BK20130372	用户可感知的云计算数据安全机制研究	武汉大学苏州研究院
BK20130373	光纤陀螺用光纤环检测及绕制关键技术的研究	苏州光环科技有限公司
BK20130374	基于光学相干断层扫描的组织光学特性与血糖浓度三维相关模型建立、优化及实验验证	苏州光环科技有限公司
BK20130375	基于神经网络与查表技术的微波毫米波功率器件建模研究	苏州工业园区新国大研究院
BK20130376	基于稀土铜氧化物体系的第二代高温超导带材的应用研究	南京大学(苏州)高新技术研究院
BK20130377	多场作用下粘性土变形开裂的三维离散元建模和模拟	南京大学(苏州)高新技术研究院
BK20130378	渐变孔径梯度微孔金属分离膜孔结构的调控基础	江苏云才材料有限公司
BK20130379	基于 PCR 技术的汞离子检测新方法的研究	常熟理工学院
BK20130380	代谢工程改造大肠杆菌合成 R-2-羟基-3-苯基丙酸的基础研究	常熟理工学院
BK20130381	基于元素分析的进口植物油地域信息因子筛选与验证研究	张家港出入境检验检疫局综合技术中心
BK20130382	16 比特 1500 兆数字模拟转换器芯片关键技术研究	苏州云芯微电子科技有限公司
BK20130383	高功率氮化镓微波器件开发	苏州能讯高能半导体有限公司
BK20130384	不对称 Mannich 反应合成手性 α,β-二氨基酸研究	中美冠科生物技术(太仓)有限公司
BK20130385	叶酸受体及肿瘤血管内皮细胞特异性受体介导的双靶向载药缓释微球的制备及评价	健雄职业技术学院
BK20130386	Pax3 对神经胶质瘤中胶质纤维酸性蛋白基因的转录调控机制的研究	南通大学附属医院
BK20130387	有限温有限密下三维 QED 中手征相图的研究	南通大学
BK20130388	斯氏艾美耳球虫保护性抗原的高通量筛选与鉴定	南通大学

续表 3-4

项目编号	项 目 名 称	承 担 单 位
BK20130389	植物抗病相关激素的电化学原位检测及其在番茄 NAC 转录因子抗病功能分析中的应用	南通大学
BK20130390	含神经营养因子缓释体系的构建及其在周围神经损伤中的应用	南通大学
BK20130391	准晶对镁合金的强韧化作用研究	南通大学
BK20130392	基于复合结构长周期光纤光栅锁模掺镱光纤激光器研究	南通大学
BK20130393	结合盲源分离与冗余字典稀疏表示的合成图像盲取证研究	南通大学
BK20130394	基于双发射稀土掺杂 ZnO 纳米材料的细胞温度计	南通大学
BK20130395	miR-17-3p 对肿瘤血管生成调控的作用与机制研究	南通大学
BK20130396	益母草碱抗心肌缺血作用及药效物质基础的代谢组学研究	南通大学
BK20130397	蛋白磷酸酶 2A 抑制机制及其在环境污染物引起的阿尔茨海默病中的作用研究	南通大学
BK20130398	用于水产养殖系统节水减排的生态净化组合工艺研究	江苏省海洋水产研究所
BK20130399	自升式多功能服务平台研发	宏华海洋油气装备(江苏)有限公司
BK20130400	薄膜型声学超材料结构性能与机理研究	中国船舶重工集团公司第七一六研究所
BK20130401	浅海复杂海况下大气到海水的蓝绿激光传输特性	中国船舶重工集团公司第七一六研究所
BK20130402	CAF1 在 Tristetraprolin 调控 ICAM-1 和 IL-8 表达中的作用及其对急性肺损伤的影响	连云港市第一人民医院
BK20130403	以谷胱甘肽捕获反应性代谢物研究中药肝损伤的可能机制	江苏康缘药业股份有限公司
BK20130404	铜催化二级、三级烷基氯化物碳(sp3)-碳偶联研究	淮海工学院
BK20130405	人 Nramp1 蛋白的晶体结构解析和功能研究	淮海工学院
BK20130406	用于先导化合物筛选的噬菌体纳米颗粒展示平台	淮海工学院
BK20130407	表面微结构的飞秒激光制造及 LIBS 实时调控技术研究	淮海工学院
BK20130408	预应力干式连接新型框架受力性能	淮海工学院
BK20130409	波浪的非线性对瞬时床面切应力及近底泥沙输运的影响	淮海工学院
BK20130410	水葫芦叶片蛋白的提取及其酶解产物功能特性的研究	江苏食品职业技术学院
BK20130411	污染环境中随机生物种群模型的动力学性质	淮阴师范学院
BK20130412	扩散与反射扩散模型统计估计中的极限理论研究	淮阴师范学院
BK20130413	双模腔电机械系统中的量子光学效应及质量传感器研究	淮阴师范学院
BK20130414	蜜蜂传粉影响油菜基因扩散的机理	淮阴师范学院
BK20130415	高强度面孔表情绪识别能力的个体差异及其神经机制	淮阴师范学院
BK20130416	马克斯克鲁维酵母同时利用菊芋茎秆和根块产乙醇的代谢改造	淮阴师范学院
BK20130417	面向乳腺癌的生物医学文本挖掘技术研究	淮阴工学院
BK20130418	混合励磁高速高精永磁型无轴承电机及其驱动控制	淮阴工学院
BK20130419	竖向受荷 PCC 桩与土相互作用宏细观机理研究	淮阴工学院
BK20130420	光波导用新型聚硅烷嵌段共聚物的合成及其材料性能研究	淮阴工学院
BK20130421	生物黑炭对江苏沿海新围垦土地的固碳减排作用研究	盐城师范学院
BK20130422	围垦后滩涂大型土壤动物多样性与群落演替的环境响应	盐城师范学院
BK20130423	氮掺杂 p 型 $CuAlO_2$ 薄膜的制备与性能研究	盐城师范学院
BK20130424	冷原子气体中 Weyl 费米子关联相的研究	盐城工学院
BK20130425	高稳定 ZnO 基磁性复合材料的可控制备及可见光催化性能调控机理研究	盐城工学院
BK20130426	苏北滨海滩涂土地利用变化对磷关键界面过程的影响研究	盐城工学院
BK20130427	基于缓蚀剂插层纳米钛酸的自修复涂层及其作用机制研究	盐城工学院
BK20130428	微晶改性无机聚合物修补混凝土裂缝的性能及机理研究	盐城工学院
BK20130429	基于盐胁迫下转录组测序的棉花新标记开发与耐盐关键基因挖掘	江苏沿海地区农业科学研究所

续表 3-4

项目编号	项 目 名 称	承 担 单 位
BK20130430	芦苇—ZWL73 菌联合修复系统对硝基苯污染底泥的修复研究	中国科学院水生生物研究所扬州水环境与渔业研究分中心
BK20130431	直接固体碳燃料电池电极层流内层传质研究	扬州中科院能源与材料研究院
BK20130432	OPN 在缺氧诱导肿瘤血管生成拟态形成中作用机制的研究	扬州市第一人民医院
BK20130433	Cantor 集的平移交与 beta 展式的应用与研究	扬州大学
BK20130434	多级激光尾波场电子加速器输出的电子束性能的调控	扬州大学
BK20130435	金融保险中的大偏差和定价	扬州大学
BK20130436	非牛顿多相流动的光滑粒子动力学方法应用研究	扬州大学
BK20130437	靶向杀伤肿瘤的多功能纳米凝胶递药系统的构建及性能研究	扬州大学
BK20130438	三维铁磁性石墨烯基纳米吸附材料的制备及应用研究	扬州大学
BK20130439	两种广西三宝木属植物中新颖结构天然产物的发现与研究	扬州大学
BK20130440	药物敏感型噬菌体 T4 DNA 聚合酶的构建及其应用的研究	扬州大学
BK20130441	水稻条纹病毒的传毒相关蛋白在病毒介体传播中的功能研究	扬州大学
BK20130442	2.3.4 分支 H5N1 病毒的抗原变异与免疫保护研究	扬州大学
BK20130443	改性壳聚糖纳米胶束的合成、表征及载药化研究	扬州大学
BK20130444	NA264 位潜在糖基化对 H9N2 传播性及免疫逃避影响	扬州大学
BK20130445	仙台病毒诱生 IFN-β 干扰 SCID 小鼠黑色素瘤模型建立的分子机制	扬州大学
BK20130446	南水北调东线江苏境内梯级泵站群级间输水河道水位优化研究	扬州大学
BK20130447	剧烈塑性变形(SPD)诱发镁锌合金相变研究	扬州大学
BK20130448	梯级泵站电-机-水系统耦合运行优化模型与算法研究	扬州大学
BK20130449	破碎电子废弃物多形状有色金属碎片涡流分选分离模型及应用	扬州大学
BK20130450	荷载与环境侵蚀耦合作用下 ECC-FPR 筋混凝土复合梁受弯性能研究及其优化分析	扬州大学
BK20130451	辅助盲人感知室内环境的神经形态视觉协作认知方法研究	扬州大学
BK20130452	蛋白质相互作用网络的分析算法研究	扬州大学
BK20130453	多波长全固态连续拉曼激光器的研究	扬州大学
BK20130454	Laptm5 作为 ceRNA 参与 miR-17-3p 调控小鼠 B 细胞淋巴瘤的增殖及凋亡研究	扬州大学
BK20130455	基于药物代谢和代谢组学的灯盏乙素对 Aβ 所致痴呆模型大鼠的神经保护作用机制研究	扬州大学
BK20130456	miR-137 调控 AMPK/自噬通路在非小细胞肺癌顺铂耐药中的作用及机制研究	江苏省苏北人民医院
BK20130457	小麦抗纹枯病 QTL 分析与育种利用价值研究	江苏里下河地区农业科学研究所
BK20130458	锂空气电池中石墨烯电极材料催化性能的掺杂改性研究	大连理工大学扬州能源研发中心
BK20130459	$Ca(ClO)_2$ 电解再生法脱除并回收燃煤烟气中单质汞的研究	扬州晨光特种设备有限公司
BK20130460	超级电池 PbO_2 基复合正极材料的制备及其性能研究	江苏科技大学
BK20130461	土壤微生物对入侵植物紫茎泽兰化感物质的降解与响应机制	江苏科技大学
BK20130462	焦炉煤气改质用于低 CO_2 排放的铁矿石直接还原的研究	江苏科技大学
BK20130463	基于饱和砂土孔隙重构机理的缓坡场地地震液化大变形研究	江苏科技大学
BK20130464	Ti 和 Hf 在钴基沉淀强化型高温合金中的作用机制	江苏科技大学
BK20130465	深冷处理下 6XXX 系铝合金焊接接头组织演变规律及强韧化机理研究	江苏科技大学
BK20130466	基于混杂 Petri 网的微网用户侧能量优化管理方法研究	江苏科技大学
BK20130467	基于时、空及变换域稀疏特性的水声目标高分辨方位估计技术研究	江苏科技大学
BK20130468	热 / 电场耦合对铜互连多层膜界面扩散的影响机制	江苏科技大学
BK20130469	NbC 颗粒复合镍基非晶涂层激光熔覆制备及其强韧化机制	江苏科技大学

续表 3-4

项目编号	项 目 名 称	承 担 单 位
BK20130470	超细晶镁铝复合板的界面结构及强韧化机理研究	江苏科技大学
BK20130471	用于类不平衡场景的主动学习方法研究	江苏科技大学
BK20130472	支持向量机改进算法的研究	江苏科技大学
BK20130473	基于视觉感知的形状分析理论、方法及应用研究	江苏科技大学
BK20130474	NFAT2 沉默机制及对肝癌细胞凋亡影响	江苏大学附属医院
BK20130475	胰腺癌中 SPARC 调节细胞周期分子机制的研究	江苏大学附属医院
BK20130476	脓毒症时单核/巨噬细胞代谢重编程的机制及积雪草酸调控作用	江苏大学附属医院
BK20130477	L10 相 CoPt 及 FePt 纳米磁性材料的结构及性质研究	江苏大学
BK20130478	仿水黾水上行走的流体动力建模及其分析	江苏大学
BK20130479	斜拉桥固有特性突变下的非线性动力学分析	江苏大学
BK20130480	$ZnS:Mn^{2+}$ 纳米线 / Fe_3O_4 量子点 / SiO_2 生物靶标材料的制备及光磁性能研究	江苏大学
BK20130481	基于信号增强新型多功能探针的典型真菌毒素检测研究	江苏大学
BK20130482	基于金属-有机框架构筑多孔过渡金属氧化物/碳复合材料及其储锂性能研究	江苏大学
BK20130483	新型钴三元卟啉配合物的合成与氧催化性能研究	江苏大学
BK20130484	手性壳聚糖季铵盐的设计合成及在不对称相转移催化中应用	江苏大学
BK20130485	新型多孔配位聚合物的设计合成及其在水氧化中的应用	江苏大学
BK20130486	具有底物识别功能的磁性纳米催化剂的制备及性能研究	江苏大学
BK20130487	磁性导电印迹复合光催化剂的制备及其选择性光解硫醇类有机污染物的研究	江苏大学
BK20130488	双酚 A 对鱼体雄激素合成的干扰及影响生殖的分子机制研究	江苏大学
BK20130489	基于持久性有机污染物降解的碳基/硫化物复合光催化剂的设计及介尺度行为研究	江苏大学
BK20130490	埃米级复合粒子/三维石墨烯的电催化集成功能研究	江苏大学
BK20130491	磁性纳米载体的构建及其与蛋白质相互作用机理研究	江苏大学
BK20130492	微生物燃料电池模式菌糖代谢突变的机制及代谢途径重建研究	江苏大学
BK20130493	成孔毒素刺激响应型纳米脂质体微胶囊的制备及作用机制	江苏大学
BK20130494	界面土豆多肽化学作用及乳状液经模拟消化的化学稳定性	江苏大学
BK20130495	干扰素对不同 HBV 基因型应答的关键差异蛋白及其调控方式	江苏大学
BK20130496	利用数字基因表达谱技术,优化三角帆蚌珍珠囊体外培养	江苏大学
BK20130497	葡萄糖促进伤寒沙门菌 QseBC 系统增强侵袭力的机制研究	江苏大学
BK20130498	纳米探针电化学适配体传感器及其对农产品中霉菌毒素检测研究	江苏大学
BK20130499	外源极耐热性酶的表达对能源植物生物质降解的影响	江苏大学
BK20130500	酸雨背景下入侵植物对固氮菌群落结构、代谢功能的影响及与其入侵力的耦合	江苏大学
BK20130501	激光探测变量喷雾多信息融合决策方法研究	江苏大学
BK20130502	猪链球菌噬菌体裂解酶在抗菌和检测中的应用	江苏大学
BK20130503	簇毛麦抗病基因类似物 DvRGA1 和 DvRGA2 的功能鉴定	江苏大学
BK20130504	伤寒沙门菌 sRNA1068 的作用及分子机制研究	江苏大学
BK20130505	高光谱图像技术诊断氮磷钾镁元素亏缺初期黄瓜叶片的缺素症状	江苏大学
BK20130506	基于生物组学方法研究铁代谢调控家蚕免疫和生长的分子机制	江苏大学
BK20130507	环境中超痕量抗生素及其耐药基因联动检测方法研究	江苏大学
BK20130508	寄生菌 Wolbachia 在社会性昆虫白蚁中的多样性分布与功能研究	江苏大学
BK20130509	镁合金表面原位构筑生物活性涂层及其耐腐蚀性能调控	江苏大学

续表 3-4

项目编号	项 目 名 称	承 担 单 位
BK20130510	旋转爆轰发动机中爆轰波结构及传播特性的研究	江苏大学
BK20130511	氮化碳填充聚苯并咪唑基摩擦材料的制备和导热性能研究	江苏大学
BK20130512	Ag/AgX/GO 双功能复合材料的构筑及其原位光催化过程监测研究	江苏大学
BK20130513	类石墨烯复合光催化剂的可控制备及其光催化降解多环芳烃类污染物研究	江苏大学
BK20130514	柴油机交叉孔喷油嘴内部流动及喷雾机理的研究	江苏大学
BK20130515	数控机床用新型磁悬浮高速直驱主轴及其控制系统研究	江苏大学
BK20130516	汽液两相工况下核主泵流固热耦合动力特性研究	江苏大学
BK20130517	液力透平叶轮内部流动与设计理论研究	江苏大学
BK20130518	应用于碟式聚光系统的液冷接收器中密排Ⅲ-V 电池组件性能研究	江苏大学
BK20130519	稀土镁合金变形加工中的再结晶行为与织构演变规律研究	江苏大学
BK20130520	气固两相撞击流内颗粒碰撞与旋转特性研究	江苏大学
BK20130521	“惯容—弹簧—阻尼”可控悬架系统的惯容与阻尼协调控制研究	江苏大学
BK20130522	钡空位调控非钴基双钙钛矿材料氧输运和电化学性能研究	江苏大学
BK20130523	基于负热膨胀薄膜的设计、制备及其离子掺杂、替代与性能调控的研究	江苏大学
BK20130524	微凹槽织构化粗糙表面热流体动力润滑及减摩机理研究	江苏大学
BK20130525	锥形血管中支架扩张耦合系统的力学行为与实验研究	江苏大学
BK20130526	pH 敏感壳聚糖包载超顺磁性纳米管构建智能型给药系统	江苏大学
BK20130527	离心泵内细长颗粒的运动及其取向分布的研究	江苏大学
BK20130528	面向下一代社交网络的资源共享关键技术研究	江苏大学
BK20130529	粗糙集和非参数正交多项式模型病理学图像处理研究	江苏大学
BK20130530	认知网络频谱共享混合模型关键技术研究	江苏大学
BK20130531	基于 NIRS 的发酵过程生物量软测量模型动态补偿方法研究	江苏大学
BK20130532	基于量子光学表象与变换理论的光学相关器研究	江苏大学
BK20130533	随机非线性小增益控制及其应用研究	江苏大学
BK20130534	微纳电子制造中金属氧化物界面传热及调控机制研究	江苏大学
BK20130535	切换不连通图上非线性多个体系统的一致性问题	江苏大学
BK20130536	动态受限的多机器人领航-跟随编队控制研究	江苏大学
BK20130537	电子封装中不同材料界面结构传热及失效机理多尺度研究	江苏大学
BK20130538	建筑节能中的室内热环境建模与优化控制问题研究	江苏大学
BK20130539	心尖穿刺型心室内轴流血泵的结构设计与实验研究	江苏大学
BK20130540	microRNA 再编程骨髓间质干细胞转分化及机制研究	江苏大学
BK20130541	HDL 纳米粒作为肝癌靶向共输送载体的构建及机制的研究	江苏大学
BK20130542	幽门螺杆菌 IV 型分泌系统两种伴侣蛋白的功能研究	江苏大学
BK20130543	基于 microRNA 调控途径探讨丹皮酚和芍药苷配伍干预心肌缺血损伤的作用机制研究	江苏大学
BK20130544	悬浮石墨烯周期结构的物性调控研究	南京大学物理学院
BK20130545	多物种分支过程与随机游动	南京大学
BK20130546	自行中的光行差效应对高精度天体测量和天文参考系的影响	南京大学
BK20130547	年轻疏散星团中的行星系统动力学	南京大学
BK20130548	分散多通道有源噪声控制系统宽带降噪性能研究	南京大学电子科学与工程学院
BK20130549	金属氧化物纳米材料表面氧空位类型相关的拉曼散射研究	南京大学物理学院
BK20130550	高维数据挖掘中的优化理论和技术	南京大学
BK20130551	沉积物拟雄激素活性评价及毒物鉴别技术研究	南京大学环境学院
BK20130552	细胞器靶向性双色比率硫化氢荧光探针的构筑及造影	南京大学

续表 3-4

项目编号	项 目 名 称	承 担 单 位
BK20130553	能量转移过程用于构建新型光电化学生物检测方法及其应用研究	南京大学化学化工学院
BK20130554	靶向 EGFR 和 c-Met 的多靶点抗肿瘤化合物的设计、合成及生物活性研究	南京大学生命科学学院
BK20130555	ZnO 纳米线基复合结构的设计、制备及其在人工光合中的应用研究	南京大学物理学院
BK20130556	时间分辨流变学研究苯胺甲基 POSS 聚氨酯纳米复合物交联特性	南京大学化学化工学院
BK20130557	耐酸型磁性壳聚糖复合小球的可控制备及其除重金属特性的研究	南京大学环境学院
BK20130558	仿生学技术/人体胃肠模拟液体外法研究化工企业污染场地中持久性有机物的生物/人体有效性	南京大学环境学院
BK20130559	基于生物组学整合技术的再生水环境健康评价基础研究	南京大学环境学院
BK20130560	过氧化氢酶模拟物调控 HIF-1α 介导的特定肿瘤信号通路的研究	南京大学化学化工学院
BK20130561	纳米材料用作新型模拟酶及其生物应用研究	南京大学
BK20130562	过渡金属团簇的合成与应用研究	南京大学化学化工学院
BK20130563	纳米管状金属磷酸盐微孔分子筛材料的设计与合成	南京大学化学化工学院
BK20130564	Importin-8 介导 miRNA 进核及功能的作用及机制研究	南京大学生命科学学院
BK20130565	CC-NBS-LRR 型抗病基因在被子植物中的多样性扩张与功能演化研究	南京大学生命科学学院
BK20130566	遥感支持下城市地下热环境的时空格局与剖面耦合研究	南京大学
BK20130567	基于 3S 技术极端气候下农业用水安全与水资源配置研究——以里下河地区为例	南京大学
BK20130568	基于地理加权回归模型的江苏省 $PM_{2.5}$ 质量浓度分布反演研究	南京大学
BK20130569	江苏大丰潮滩盐沼-光滩过渡带滩面侵蚀和淤积过程研究	南京大学
BK20130570	页岩气压裂微地震监测中微震信号提取及定位研究	南京大学
BK20130571	土壤含水率和地下水位的时间尺度性研究	南京大学
BK20130572	基于温室气体减排的秸秆资源利用布局与政策优化	南京大学环境学院
BK20130573	可控平面半导体纳米线及其在高性能薄膜电子器件中的应用	南京大学电子科学与工程学院
BK20130574	用于去除水中硝酸盐类污染物的纳米金属复合电极的研发及应用研究	南京大学环境学院
BK20130575	选择性去除饮用水中硝酸盐的聚合物树脂构建及应用	南京大学环境学院
BK20130576	金属/氧化物异质结的阻变性能稳定性研究	南京大学物理学院
BK20130577	新型亚硫酸盐/UV 体系脱氮性能与技术	南京大学环境学院
BK20130578	一种基于磁性光子晶体的单向亚波长慢光波导的实现	南京大学电子科学与工程学院
BK20130579	纸质衬底上溶液法制备高性能有机场效应管存储器	南京大学电子科学与工程学院
BK20130580	汉语句法分析中基于主动学习技术的数据标记方法研究	南京大学计算机科学与技术系
BK20130581	前列腺图像分割中的新型机器学习技术研究	南京大学计算机科学与技术系
BK20130582	基于现货市场的供应链违约风险形成和防范机制研究	南京大学
BK20130583	平面视频立体转换研究	南京大学电子科学与工程学院
BK20130584	大尺度三维几何尺寸的压缩感知测量原理与方法研究	南京大学
BK20130585	用于光子集成的新型波导光栅研究	南京大学
BK20130586	锗基 p 型沟道量子阱场效应晶体管的制备及其性能优化的研究	南京大学电子科学与工程学院
BK20130587	面向专利预警的中文本体学习研究	南京大学
BK20130588	高动态范围视频生成和编码技术的研究	南京大学计算机科学与技术系
BK20130589	基于高阶矩框架的资产定价研究	南京大学
BK20130590	基于众包的分类技术研究	南京大学
BK20130591	HIV-1 特异的 $CD4^+$ 细胞毒性 T 细胞抗 HIV 感染的细胞学机制研究	南京大学
BK20130592	H5N1 高致病性流感病毒编码 miRNA 的发现及其生物学功能研究	南京大学生命科学学院
BK20130593	靶向乏氧微环境治疗实体肿瘤的多尺度生物力学研究	东南大学
BK20130594	基于 Helmholtz 方程组的波场逆散射及数值解	东南大学

续表 3-4

项目编号	项 目 名 称	承 担 单 位
BK20130595	基于间歇通信的多智能体系统一致性控制及应用	东南大学
BK20130596	分数阶扩散方程的反问题及其在图像处理中的应用	东南大学
BK20130597	基于电射流的3D生物打印技术的流体动力学研究	东南大学
BK20130598	带强记忆项的变系数黏弹性波方程的正则性探讨	东南大学
BK20130599	环的内射性与相关正则性	东南大学
BK20130600	分子铁电材料的构筑与高性能化研究	东南大学
BK20130601	小分子药物与磷脂双层膜相互作用的非线性光谱研究	东南大学
BK20130602	基于超临界二氧化碳的制备两亲嵌段聚合物载药胶束的应用基础研究	东南大学
BK20130603	含功能氮杂环配体的单核及双核抗肿瘤铂(Ⅱ)配合物的研究	东南大学
BK20130604	缠结高分子熔体的弛豫过程的研究	东南大学
BK20130605	CtBP拮抗Polycomb介导转录阻遏的机制研究	东南大学
BK20130606	脆性X综合征致病基因PQBP1的功能研究	东南大学
BK20130607	Parkin对中心体蛋白Cep70的功能调控及机制研究	东南大学
BK20130608	应力介导的磁性微纳材料成骨效应研究	东南大学
BK20130609	儿童意志控制与问题行为:基因与抚养环境的病因学研究	东南大学
BK20130610	从行为抑制性到社交退缩:基因与环境的影响	东南大学
BK20130611	圆筒形直线旋转复合运动永磁电机及其控制系统研究	东南大学
BK20130612	富氧燃烧循环流化床动态模型与控制特性研究	东南大学
BK20130613	海浪发电用新型超导混合励磁直线发电机设计及最大能量捕获控制策略研究	东南大学
BK20130614	大跨度几何可变屋盖结构的形体设计、运动过程与受力性能研究	东南大学
BK20130615	微孔沸石催化剂在生物质液化中烃池和结焦的形成与调控	东南大学
BK20130616	地铁施工安全风险自动识别方法及关键技术研究	东南大学
BK20130617	分子刷型嵌段共轭聚电解质的合成及其对光伏器件的界面调控	东南大学
BK20130618	微纳米结构表面微流体浸润特性的电学控制研究	东南大学
BK20130619	聚合物材料分子偶极矩的调控及其光电性能研究	东南大学
BK20130620	基于光纤超声波传感器的桥梁沉降分布式监测技术研究	东南大学
BK20130621	微小结构中毛细驱动蒸发-冷凝耦合相变传热机理研究	东南大学
BK20130622	盾构法隧道衬砌换热器传热特性及其与结构相互作用研究	东南大学
BK20130623	耐碱玄武岩纤维的组分、结构、性能研究	东南大学
BK20130624	适用于微电网的源储荷多时间尺度协调控制策略与方法研究	东南大学
BK20130625	相变材料部分熔化时降温特性与蓄能墙体非对称模型研究	东南大学
BK20130626	载铁活性炭同步去除水中典型抗生素和重金属的研究	东南大学
BK20130627	基于模块化多电平技术的高压电机拖动系统控制策略研究	东南大学
BK20130628	海洋动基座重力实时测量与匹配方法研究	东南大学
BK20130629	时序彩色显示中的视觉感知理论及其在三维显示中的应用研究	东南大学
BK20130630	基于等离子激元纳米波导的SERS近场成像技术	东南大学
BK20130631	毫米波差分馈电平面天线关键技术研究	东南大学
BK20130632	超高频射频识别准确定位技术研究	东南大学
BK20130633	剖析复杂路径的关键技术研究	东南大学
BK20130634	带电压调整延迟与动态能量约束的能耗最优化算法研究	东南大学
BK20130635	超低功耗光学电流互感器核心技术研究	东南大学
BK20130636	基于异步多传感器信息融合的组合导航技术研究	东南大学
BK20130637	太赫兹混频接收中的一体化技术研究	东南大学
BK20130638	面向用户规划的虚拟人群行为建模及仿真技术研究	东南大学

续表 3-4

项目编号	项 目 名 称	承 担 单 位
BK20130639	社交网络环境下的人脸识别技术研究	东南大学
BK20130640	2-金刚烷胺通过脂筏信号通路逆转唑类耐药的作用机制	东南大学
BK20130641	miR-21 基因启动子区多态变异与宫颈癌遗传易感性及其机制探讨	东南大学
BK20130642	信号通路 PKCβ-P66Shc-NADPH 氧化酶在肾小管上皮细胞损伤中的作用探讨	东南大学
BK20130643	“天线”型石墨烯量子点免疫荧光探针检测肝癌标志物—甲胎蛋白	中国药科大学
BK20130644	复合电纺纳米纤维固相萃取环境介质中抗生素残留	中国药科大学
BK20130645	环境友好的 β-咔啉氧化反应及在天然产物合成中的应用	中国药科大学
BK20130646	微藻-好氧活性污泥耦合技术处理抗生素废水的机制研究	中国药科大学
BK20130647	嵌合鞭毛蛋白在 Hp 疫苗中的佐剂效应及作用机制研究	中国药科大学
BK20130648	新型超支化多臂共聚物的合成、自组装及其载药性能研究	中国药科大学
BK20130649	新型抗胰岛素抵抗药物 tPep-VEGF-B 的制备及作用机制研究	中国药科大学
BK20130650	GLP-1 受体介导 FOXO 活性调控在糖尿病认知障碍代谢记忆中作用及机制	中国药科大学
BK20130651	苦楝内生真菌的抗真菌活性代谢产物研究	中国药科大学
BK20130652	丹参新酮抗白血病作用机制及其代谢处置规律研究	中国药科大学
BK20130653	血管紧张素 AT1 受体阻断剂改善大脑炎症的作用机制研究	中国药科大学
BK20130654	基于新型杂化介孔硅球固定芳香化酶的高通量候选药物筛选模型的构建	中国药科大学
BK20130655	以脑 Aβ 为靶点的双级靶向多功能纳米递药系统的研究	中国药科大学
BK20130656	NQO1 酶代谢活化的类天然邻醌的设计、合成及构效关系研究	中国药科大学
BK20130657	胡黄连苷Ⅱ调控 UGTs 的保肝作用及机制研究	中国药科大学
BK20130658	重组 Reg 蛋白促胰岛 β 细胞增殖、抗凋亡作用及其机制的研究	中国药科大学
BK20130659	中药复方新型药物多元给药系统及其质量评价体系的构建	中国药科大学
BK20130660	在汉黄芩素诱导肝癌细胞凋亡中,E2F-1 对 p53 蛋白表达的调控机制研究	中国药科大学
BK20130661	pH 响应和肿瘤靶向的配位交联白蛋白纳米颗粒的研究	中国药科大学
BK20130662	新型丙二酰胺类 KDR 激酶抑制剂的研究	中国药科大学
BK20130663	复乳前体自组装系统的构建及其促吸收机制的研究	中国药科大学
BK20130664	若干常见中草药活性成分的酶促生物转化研究	中国药科大学
BK20130665	Ermarkov 系统及其在微分方程中的应用	南京农业大学
BK20130666	基于纳米材料的新型无线电致化学发光传感器的研制及应用	南京农业大学
BK20130667	污泥生物沥浸体系中丝状真菌促进重金属浸出和改善污泥脱水性能的机制研究	南京农业大学
BK20130668	胚胎期肌肉发育与鸡品种间肉质差异形成的研究	南京农业大学
BK20130669	DExH/D-box RNA 解螺旋酶 RHA 重塑 RNA 结构与调控口蹄疫病毒 RNA 复制的分子机制	南京农业大学
BK20130670	基于果树靶标特征的施药气雾流场仿形化研究	南京农业大学
BK20130671	ROCK 对猪卵子极性的调控及机制	南京农业大学
BK20130672	一个水稻金属耐受蛋白基因的克隆与功能分析	南京农业大学
BK20130673	BcMAF2 基因防止不结球白菜先期抽薹的调控机制	南京农业大学
BK20130674	miRNA 调控黄瓜单性结实的分子机理研究	南京农业大学
BK20130675	灵芝中环境信号调控相关转录因子基因的克隆及作用分析	南京农业大学
BK20130676	马链球菌兽疫亚种 ATCC35246 株 Fic 结构域蛋白对细菌毒力的影响及其在感染过程中的功能研究	南京农业大学

续表 3-4

项目编号	项 目 名 称	承 担 单 位
BK20130677	番茄根际有益菌与青枯病致病菌竞争机制研究	南京农业大学
BK20130678	淫羊藿多糖及其衍生物对鸡树突状细胞的调控作用及机理研究	南京农业大学
BK20130679	小麦粒重主效 QTL QHgw.nau-4B 的精细定位和效应研究	南京农业大学
BK20130680	基于细胞自噬的还田后秸秆腐解抑制土传病害的机理研究	南京农业大学
BK20130681	山羊胃 ICC 的细胞学特征及其介导神经调控中的分子机理	南京农业大学
BK20130682	新分离的法氏囊五肽调控体液免疫的分子机制研究	南京农业大学
BK20130683	氢气提高紫花苜蓿耐镉性的分子机理及其应用	南京农业大学
BK20130684	gma-miRNA1507 调控大豆疫病抗性的作用机制研究	南京农业大学
BK20130685	脂滴含量对猪胚胎早期发育的影响	南京农业大学
BK20130686	马立克氏病病毒 meq 基因与宿主微卫星不稳定性关系的研究	南京农业大学
BK20130687	NF-κB 介导的甘草次酸对团头鲂免疫应激调节机制研究	南京农业大学
BK20130688	纳米电化学生物传感器的构建及其在兽药残留检测的应用	南京农业大学
BK20130689	梨低温响应转录因子 bHLH 的功能鉴定及其抗寒机理解析	南京农业大学
BK20130690	五指风送式果园喷雾机变量风速控制系统的研究	南京农业大学
BK20130691	脑心肌炎病毒 3C 蛋白抑制宿主 IFN-β 的分子机制	南京农业大学
BK20130692	秸秆板/秸秆纤维砌块复合墙体日光温室热环境特性研究	南京农业大学
BK20130693	microRNA-206 在猪骨骼肌纤维形成中的调控机制研究	南京农业大学
BK20130694	纤维素酶基因工程乳酸菌的构建及青贮表达效果研究	南京农业大学
BK20130695	稻田转变为鱼/蟹养殖湿地甲烷和氧化亚氮减排潜力评估	南京农业大学
BK20130696	基于光声光谱的杂交稻种质量快速无损检测技术及机理研究	南京农业大学工学院
BK20130697	TLR4 信号通路调控脓毒症休克时血管紧张素 V1a/V2 受体表达的机制	中国人民解放军南京军区南京总医院
BK20130698	E2F3b/miR-200b 负反馈通路参与调控人肺腺癌细胞化疗耐药的分子机制研究	中国人民解放军南京军区南京总医院
BK20130699	利用置换系精细定位棉花抗黄萎病相关 QTL	江苏省农业科学院
BK20130700	桃 microRNA166 调节靶基因参与维管束发育的机理研究	江苏省农业科学院
BK20130701	蔬菜中多农药残留累积暴露风险评估基础研究	江苏省农业科学院
BK20130702	vlp 家族介导猪鼻支原体黏附宿主细胞功能研究	江苏省农业科学院
BK20130703	新 miR0155 在番茄与 TYLCV 侵染互作中的多分子调控作用研究	江苏省农业科学院
BK20130704	ILV 基因在禾谷镰孢菌生长发育与致病过程中的作用机制研究	江苏省农业科学院
BK20130705	表达 RV-CPV 嵌合型 VLPs 的重组狂犬病毒拯救及生物特性研究	江苏省农业科学院
BK20130706	水稻半矮秆新基因 sd-lt 的图位克隆	江苏省农业科学院
BK20130707	单端孢霉烯族毒素分子印迹聚合物的制备及其在免疫分析中的应用	江苏省农业科学院
BK20130708	转 PEPC 基因水稻耐低氮的叶片蛋白质组学研究	江苏省农业科学院
BK20130709	Ca^{2+}-ATP 酶介导的肉桂醛靶向辣椒疫霉抑菌机理研究	江苏省农业科学院
BK20130710	鸭坦布苏病毒感染差异蛋白筛选与功能分析	江苏省农业科学院
BK20130711	毒死蜱抗性提高灰飞虱高温适应性的分子机制研究	江苏省农业科学院
BK20130712	异养条件下己糖激酶 HXK 促进小球藻油脂合成的调控机理	江苏省农业科学院
BK20130713	解淀粉芽孢杆菌表面活性素合成调控基因及其功能研究	江苏省农业科学院
BK20130714	寄主诱导的 RNA 沉默抑制禾谷镰刀菌产毒的机制研究	江苏省农业科学院
BK20130715	携带外源抗根肿病基因不结球白菜渐渗系稳定机制	江苏省农业科学院
BK20130716	抗旱相关基因 DREB 在甘薯中的分子克隆和功能分析	江苏省农业科学院
BK20130717	类胰蛋白酶 AlSP4 在绿盲蝽适应 Bt 棉取食过程中的功能研究	江苏省农业科学院
BK20130718	内毒素影响鹅卵巢免疫反应和生殖功能的机制研究	江苏省农业科学院
BK20130719	油菜菌核病抗病基因 PGIPs 家族的克隆及功能分析	江苏省农业科学院
BK20130720	响应番茄黄化曲叶病毒侵染的番茄 F-box 基因的发掘及其功能鉴定	江苏省农业科学院

续表 3-4

项目编号	项 目 名 称	承 担 单 位
BK20130721	转 WYMV-Nib8 基因抗病毒小麦对根际土壤微生物的影响	江苏省农业科学院
BK20130722	草莓 Agamous 基因内含子(FvAGI)基因与植株不育的关系及机制研究	江苏省农业科学院
BK20130723	水稻植保素合成基因 OsPPB 调控稻瘟病抗性的机制研究	江苏省农业科学院
BK20130724	CYP6CW1 及分子变异介导的灰飞虱抗噻嗪酮机理研究	江苏省农业科学院
BK20130725	水稻每穗粒数 QTL GN2 的精细定位和图位克隆	江苏省农业科学院
BK20130726	萝卜-芜菁属间远缘杂交基因资源的创制及其评估	江苏省农业科学院
BK20130727	大豆 Cd 胁迫应答基因 GmORG2 的分子机制研究	江苏省农业科学院
BK20130728	利用小麦品种自然群体进行纹枯病抗性 QTL 的关联分析	江苏省农业科学院
BK20130729	猪 viperin 抑制猪瘟病毒复制的作用机制研究	江苏省农业科学院
BK20130730	漂浮植物影响下水华蓝藻毒素释放与消减的动力学特征与机制	江苏省农业科学院
BK20130731	微生物发酵法改善秸秆塑性的机理研究	江苏省农业科学院
BK20130732	沟叶结缕草 FOX 捕捉系统的构建及抗盐基因的筛选	江苏省中科院植物研究所
BK20130733	兔眼蓝莓对淹水逆境的响应机制研究	江苏省中科院植物研究所
BK20130734	马蔺铅耐性的转录组分析及相关基因功能研究	江苏省中科院植物研究所
BK20130735	云服务组合隐私一致性检测与度量研究	南京审计学院
BK20130736	可压缩跨音速流体运动机理的数学研究	南京工程学院
BK20130737	硒掺杂石墨烯负载过渡金属硒化物的协同电催化氧还原性能研究	南京工程学院
BK20130738	表面原位合金化多尺度组织结构的应力-热耦合效应研究	南京工程学院
BK20130739	偏心环形间隙内温粘效应引起的不稳定振动机理研究	南京工程学院
BK20130740	基于大容量 DC/DC 变换器的海上风电场直流汇聚控制研究	南京工程学院
BK20130741	基于边界滑移间隙流动的液压挖掘机多路阀泄漏机理研究	南京工程学院
BK20130742	面向低碳的独立发电系统混合储能优化配置与能量控制研究	南京工程学院
BK20130743	基于电液-压电混合伺服驱动的并联机构关键技术研究	南京工程学院
BK20130744	基于分数阶微积分理论的新型直线电机运动控制研究	南京工程学院
BK20130745	长周期堆垛结构镁合金的生物耐蚀行为与均匀腐蚀机理	南京工程学院
BK20130746	基于等效性与增效性构建车辆部件振动谱的共性机理研究	南京工程学院
BK20130747	基于光电催化还原 CO_2 的功能化 g-C_3N_4 纳米线的构建	南京工程学院
BK20130748	分子片量子化学方法及对超分子自组装和协同性的计算研究	江苏教育学院
BK20130749	芳基吡唑甲氧基丙烯酸酯类杀菌剂创制及氟化机理研究	东南大学成贤学院
BK20130750	微通道结构与表面属性影响下气液两相流的介观方法研究	南京理工大学
BK20130751	激光冲击波碰撞增强效应机理研究	南京理工大学
BK20130752	缺陷结构及镶嵌金属原子对硅烯电磁性能的影响	南京理工大学
BK20130753	不确定多层资源受限项目调度问题建模与算法研究	南京理工大学
BK20130754	卟啉类石墨烯仿生分子探针的设计及电致发光核酸分析应用研究	南京理工大学
BK20130755	固体推进剂用硝酸酯类高能量密度组分的理论设计	南京理工大学
BK20130756	数字化微流体芯片上包裹液滴的组装及其生物检测应用	南京理工大学
BK20130757	具有负载自适应特性的电磁直线振荡执行器耦合特性研究	南京理工大学
BK20130758	燃料化学结构对生物柴油模型替代物 C5 酯类/生物丁醇混合燃料燃烧的影响机理	南京理工大学
BK20130759	螺旋聚氨酯基梳状固体电解质的制备及其吸波性能研究	南京理工大学
BK20130760	爆轰法合成可控粒径球形纳米 CeO_2 机理研究	南京理工大学
BK20130761	强力热耦合下帘线-橡胶复合材料力学特性研究	南京理工大学
BK20130762	无凸轮发动机的米勒循环分析与系统集成优化研究	南京理工大学
BK20130763	吸收式空调系统膜再生过程传质传热机理研究	南京理工大学
BK20130764	软体适形柔顺夹持技术基础研究	南京理工大学

续表 3-4

项目编号	项 目 名 称	承 担 单 位
BK20130765	网络视觉伺服系统基于混杂系统的观测与控制研究	南京理工大学
BK20130766	非线性随机系统约束方差滤波与控制及其在现代火控系统中的应用	南京理工大学
BK20130767	高量子效率 NEA AlGaN 紫外光电阴极制备及其理论研究	南京理工大学
BK20130768	辐射计射频干扰检测方法研究	南京理工大学
BK20130769	分布式多传感器成像探测关键技术研究	南京理工大学
BK20130770	基于“双重服务”的动态感知决策支持系统框架设计及方法研究	南京理工大学
BK20130771	基于时空网络的季节性流感药品采购与供应交互协调优化	南京理工大学
BK20130772	认知无线电系统高效多频多模包络跟踪功率放大器及其线性化研究	南京理工大学
BK20130773	超高速无线局域网自适应速率机制的研究	南京理工大学
BK20130774	惯性/卫星超紧组合导航系统关键技术研究	南京理工大学
BK20130775	彩色红外与微光图像融合及目标探测概率特性研究	南京理工大学
BK20130776	基于多源时序与方位配对的湿地珍稀鸟类声定位研究	南京理工大学
BK20130777	细胞代谢转录调控网络的结构与功能的统计物理学研究	南京航空航天大学
BK20130778	多相流中多尺度复杂粒子的运动机理研究	南京航空航天大学
BK20130779	非线性双曲守恒律中的燃烧问题和交通流问题	南京航空航天大学
BK20130780	偏微分方程反源问题及在光学成像中的应用	南京航空航天大学
BK20130781	少数层石墨烯及其与氮化硼复合体系热电性质的研究	南京航空航天大学
BK20130782	流体诱导石墨烯产生电压的多场耦合机理研究	南京航空航天大学
BK20130783	基于贝叶斯理论的结构疲劳损伤识别不确定性方法研究	南京航空航天大学
BK20130784	层合复合材料结构的黏聚区扩展有限元模型研究	南京航空航天大学
BK20130785	基于灰色不确定性解构的小样本时间序列灰色预测理论与模型研究	南京航空航天大学
BK20130786	基于粗糙集的应急决策方法与模型技术研究	南京航空航天大学
BK20130787	纤维增强复合材料筋混凝土梁的混杂分离单元及仿真研究	南京航空航天大学
BK20130788	碳基光电转换复合材料的制备与性能研究	南京航空航天大学
BK20130789	低轨道辐射环境下薄膜态介质材料的辐射损伤机制研究	南京航空航天大学
BK20130790	超声速喷管中激波与气膜射流相互作用机理研究	南京航空航天大学
BK20130791	环境振动能量回收技术及其应用研究	南京航空航天大学
BK20130792	提高中小型风电机组控制性能及可靠性的关键技术研究	南京航空航天大学
BK20130793	基于人类视觉三维成像机理的变尺度立体视觉测量技术研究	南京航空航天大学
BK20130794	基于梯度分布涡流场的导电材料缺陷无损检测方法的研究	南京航空航天大学
BK20130795	高效率、高功率密度宽输入逆变技术原理研究	南京航空航天大学
BK20130796	柔性胸鳍波动推进仿生机器鱼高效游动机制研究	南京航空航天大学
BK20130797	考虑损伤的新型内加劲风力机塔筒的动力稳定性能研究	南京航空航天大学
BK20130798	钢管混凝土相贯节点基于耗能机制的抗震设计方法研究	南京航空航天大学
BK20130799	复合动力联产冷/热系统热力学集成特性及优化分析	南京航空航天大学
BK20130800	锂离子电池富锂锰基正极材料的绿色制备及其可控的包覆改性研究	南京航空航天大学
BK20130801	氮化镓功率晶体管应用技术研究	南京航空航天大学
BK20130802	解析模型/数据驱动融合的发动机健康监视诊断机理研究	南京航空航天大学
BK20130803	无槽圆筒型永磁同步直线电机的精确分析及设计方法	南京航空航天大学
BK20130804	气液分相输运双层流场的微型燃料电池研究	南京航空航天大学
BK20130805	超硬磨料工具高速珩磨技术研究	南京航空航天大学
BK20130806	分布式驱动变形翼的协同变形控制研究	南京航空航天大学
BK20130807	基于范德华力非合作交会对接组合多体的卫星姿控研究	南京航空航天大学
BK20130808	不确定高维多目标优化算法及其应用研究	南京航空航天大学
BK20130809	支持多关键字搜索的可搜索公钥加密的研究	南京航空航天大学

续表 3-4

项目编号	项 目 名 称	承 担 单 位
BK20130810	多种运动方式移动对象查询算法研究	南京航空航天大学
BK20130811	面向适航审定的动态、相关、多状态机载系统概率安全性分析方法研究	南京航空航天大学
BK20130812	模糊描述逻辑混合近似推理及其度量评估技术	南京航空航天大学
BK20130813	张量表示降维方法现存关键性问题及其应用研究	南京航空航天大学
BK20130814	繁忙终端空域的冲突探测与分类研究	南京航空航天大学
BK20130815	超高分辨率机载合成孔径雷达空变运动补偿技术研究	南京航空航天大学
BK20130816	基于复杂网络的集群卫星智能编队技术研究	南京航空航天大学
BK20130817	高超声速飞行器多学科优化设计中的建模与控制方法研究	南京航空航天大学
BK20130818	航空运输系统中管制员操作行为模式识别与预测研究	南京航空航天大学
BK20130819	时空弱可用性信息管理若干关键技术研究	南京航空航天大学
BK20130820	分布式多天线系统中基于有限反馈的链路自适应技术研究	南京航空航天大学
BK20130821	计算系统细粒度多级嵌套抗衰技术研究	南京航空航天大学
BK20130822	变厚度功能梯度压电结构的热-机-电耦合特性分析	河海大学
BK20130823	辐射流体力学方程组弱解的适定性及定性分析	河海大学
BK20130824	超导多晶材料临界电流密度应变敏感性研究	河海大学
BK20130825	非线性 Schrödinger 方程(组)的研究	河海大学
BK20130826	γ-PGA 生物有机肥对江苏沿海滩涂盐碱土壤水盐运移规律的影响研究	河海大学
BK20130827	稳恒水波的 Stokes 解通式和最优定解条件研究	河海大学
BK20130828	超顺磁性碳纳米管在水环境中的形态分布特性研究	河海大学
BK20130829	基于光学影像和激光点云的快速三维表面重建方法研究	河海大学
BK20130830	多孔介质非达西流下反应性溶质运移模拟研究	河海大学
BK20130831	地基 InSAR 水利工程高边坡三维变形信息提取方法研究	河海大学
BK20130832	现浇混凝土大直径管桩桩身变形分布式测量及其桩土作用机理研究	河海大学
BK20130833	加筋草皮护坡抗侵蚀机制与越浪抵御的研究	河海大学
BK20130834	人工湿地堵塞过程中水力特征与净化效果的响应机制	河海大学
BK20130835	电催化/臭氧耦合处理化学合成类制药废水效能与机理	河海大学
BK20130836	典型环境下水工混凝土植筋系统的承载力退化机理研究	河海大学
BK20130837	冻融循环作用下饱水度对水泥砂浆微观结构损伤及宏观力学性能影响的研究	河海大学
BK20130838	滨海地区咸淡轮灌下土壤结构变化规律及作物生理响应研究	河海大学
BK20130839	城市排水管道内含气体作用的明满交替流研究	河海大学
BK20130840	考虑极小攻角影响的立轴风轮气动性能改善方法研究	河海大学
BK20130841	颗粒组成的混凝土微细观结构和传输行为的定量表征技术	河海大学
BK20130842	江苏沿海滩涂水资源现状及开发利用潜力研究	河海大学
BK20130843	隔离桩对负摩阻力桩基的影响机理研究	河海大学
BK20130844	车辆荷载下公路桥梁时变状态评估研究	河海大学
BK20130845	双钢板-混凝土组合剪力墙的抗火性能与设计方法研究	河海大学
BK20130846	高速公路层状软弱岩质边坡水弱化灾变演化机理研究	河海大学
BK20130847	基于综合集成管理方法论的重大水利工程建设全生命周期组织管理体系研究	河海大学
BK20130848	应力路径影响非饱和土小应变模量的机理与应用研究	河海大学
BK20130849	沿海城市过境洪水资源利用效益量化及风险评估研究	河海大学
BK20130850	考虑应力时序的正交异性桥面板疲劳评估方法研究	河海大学
BK20130851	基于仿生智能的光谱-偏振成像目标位移测量方法及应用研究	河海大学

续表 3–4

项目编号	项　目　名　称	承 担 单 位
BK20130852	非线性元胞自动机及其应用于图像加密的关键技术研究	河海大学
BK20130853	多类型降水粒子宽波段电磁特性快速仿真研究	河海大学
BK20130854	新型人工电磁材料的高效仿真与设计算法研究	河海大学
BK20130855	Co–Zn 共掺杂 LaOFeAs 超导材料的同步辐射谱学研究	南京邮电大学
BK20130856	基于非精确信息的分布式多智能体凸优化算法研究	南京邮电大学
BK20130857	基于复杂网络的异质系统建模、同步分析与控制	南京邮电大学
BK20130858	新型材料 $CaMn_7O_{12}$ 多铁性物理机制的同步辐射研究	南京邮电大学
BK20130859	AlGaN/GaN 异质结纳米线的 HEMT 器件基础研究	南京邮电大学
BK20130860	时间分数阶偏微分方程的高精度差分算法设计及理论分析	南京邮电大学
BK20130861	MoS_2 纳米探针构建及其在肺癌标志物联合检测中的应用研究	南京邮电大学
BK20130862	高性能量子点生物探针的纳米生物界面可控构建及其在肝癌标志物检测中的应用	南京邮电大学
BK20130863	多聚干扰 RNA 包封多功能药物递送系统克服乳腺癌多药耐药研究	南京邮电大学
BK20130864	基于变分的全局最优干涉相位解缠方法	南京邮电大学
BK20130865	具有陷光和转光双功能透明陶瓷复合材料的制备及其应用研究	南京邮电大学
BK20130866	基于 GaN 衬底的 Fe_3N 薄膜的自旋极化 Andreev 反射研究	南京邮电大学
BK20130867	基于人眼视觉特性的视频编码技术研究	南京邮电大学
BK20130868	基于半耦合字典学习的图像超分辨率非参数回归建模与算法研究	南京邮电大学
BK20130869	面向大数据分析问题的异构数据统计建模方法研究	南京邮电大学
BK20130870	基于硅衬底氮化物材料集成制备微机电可调谐振光栅的研究	南京邮电大学
BK20130871	高性能 SERS 探针的构建及其在肿瘤早期检测中的应用研究	南京邮电大学
BK20130872	宽带天线中的多模技术研究	南京邮电大学
BK20130873	非线性模型预测控制的在线优化策略研究及应用	南京邮电大学
BK20130874	基于干扰对齐算法的多用户中继协作通信研究	南京邮电大学
BK20130875	认知无线网络能效建模与基于能效的 MAC 协议优化研究	南京邮电大学
BK20130876	面向电信的云环境下用户隐私保护方法与机制研究	南京邮电大学
BK20130877	基于传感器网络的水华防治综合集成研讨厅关键技术研究	南京邮电大学
BK20130878	无参考时钟连续速率自适应并行时钟与数据恢复电路技术研究	南京邮电大学
BK20130879	面向软件测试及调试过程的组合测试用例生成及演化技术	南京邮电大学
BK20130880	亚采样型数模混合锁相环频率综合器的研究	南京邮电大学
BK20130881	基于混合稀疏表示的非线性图像超分辨率方法研究	南京邮电大学
BK20130882	物联网隐私安全保护技术研究	南京邮电大学
BK20130883	锥束 CT 系统构建及散射校正问题研究	南京邮电大学
BK20130884	基于可极化力场研究药物–蛋白质的相互作用	南京医科大学
BK20130885	miRNA 异构体 isomiRs 的生物学特点及功能研究	南京医科大学
BK20130886	缺血性脑卒中后 PKC 介导的 AMPA 受体转运分子机制的研究	南京医科大学
BK20130887	Galectin–1 与 L 型钙离子通道 CaV1.2 相互作用调节微血管张力及其在高血压中应用	南京医科大学
BK20130888	ATP 敏感钾通道促进认知治疗抑郁症的研究	南京医科大学
BK20130889	FoxO1 新靶基因 Pdcd2l 在胰岛 β 细胞中的功能研究	南京医科大学
BK20130890	ADMs 介导 miRNA 调控巨噬细胞极化表型的作用机制研究	南京医科大学
BK20130891	海马一氧化氮参与出生前应激调控不同性别小鼠情感行为的机制研究	南京医科大学
BK20130892	载 miR–122 的石墨烯–磷化铟纳米新型材料对耐药肝癌细胞的靶向促凋亡研究	南京医科大学
BK20130893	米格列奈介导的自噬调节对脑缺血再灌注损伤的保护作用	南京医科大学

续表 3-4

项目编号	项 目 名 称	承 担 单 位
BK20130894	染料木黄酮调控 miR-200s 致精子生成障碍的作用及机制	南京医科大学
BK20130895	Trop-2 与卵巢肿瘤发生的相关性及其在卵巢癌靶向治疗中的研究	南京医科大学
BK20130896	日本血吸虫 SjHSP60 抗原通过刺激巨噬细胞表达 PD-L1 来促进 Treg 细胞诱导的机制研究	南京医科大学
BK20130897	肿瘤相关巨噬细胞通过旁分泌 TIMP-1 影响乳腺癌化疗敏感性	南京医科大学
BK20130898	牙龈卟啉单胞菌协同钛腐蚀行为在种植体周围炎发生发展中的作用机理研究	江苏省口腔医院
BK20130899	导出模范畴上的粘贴结构及应用	南京师范大学
BK20130900	锂离子电池用微纳分级结构锡基合金负极材料的绿色制备及储锂性能研究	南京师范大学
BK20130901	微(纳)级介孔羟基磷酸铁负载金催化剂的制备及其催化性能研究	南京师范大学
BK20130902	文昌鱼 TLR 信号通路相关 miRNA 的筛选鉴定及功能研究	南京师范大学
BK20130903	基于压缩感知的矢量地理数据水印信息生成模型研究	南京师范大学
BK20130904	地理分析模型的流程化服务模式研究	南京师范大学
BK20130905	磁流化床烟气联合脱硫脱硝及脱碳技术的机理研究	南京师范大学
BK20130906	基于湿法烟气脱硫系统协同脱除重金属和 $PM_{2.5}$ 的研究	南京师范大学
BK20130907	碱 / 碱土金属及卤素的沉积对 Mn/Ti 系低温 SCR 脱硝催化剂性能影响的机理研究	南京师范大学
BK20130908	可撤销的基于身份加密及在云计算群组数据共享中的应用	南京师范大学
BK20130909	纤维加筋膨胀土剪胀规律的试验研究及其本构描述	南京工业大学
BK20130910	粒子/微纳米曲面作用势的双参数展开曲率化研究	南京工业大学
BK20130911	大型风电叶片动力学分析的绝对节点有限元传递矩阵法	南京工业大学
BK20130912	新颖缺电子型氮杂稠环芳烃的设计、合成、自组装及其光电性质	南京工业大学
BK20130913	基于动态组合化学开发可抑制 VEGFR-2 的 3-芳香席夫碱吲哚-2-酮衍生物	南京工业大学
BK20130914	可控释放的生物玻璃-介孔二氧化硅核-壳多功能生物活性材料的合成及其生物体硬组织修复研究和应用	南京工业大学
BK20130915	基于中空纤维分子筛膜反应器的甲苯歧化及芳烃烷基转移反应的研究	南京工业大学
BK20130916	新结构膜反应器中洁净燃料二甲醚的合成及机理研究	南京工业大学
BK20130917	基于全局转录机器工程的酿酒酵母抗铅表型分子机制研究	南京工业大学
BK20130918	稀土配合物分子合金:结构设计、合成及上转换发光调控	南京工业大学
BK20130919	以噁二唑为核的多维星形有机光电材料的设计合成及应用	南京工业大学
BK20130920	高性能中空纤维陶瓷光催化膜研制及光催化性能研究	南京工业大学
BK20130921	用于苯羟基化过程的介孔有机杂多酸盐新催化剂研究	南京工业大学
BK20130922	微流控 ChIP 用于心脏祖细胞的研究	南京工业大学
BK20130923	专一识别与灵敏检测 Aβ 聚集的镧系荧光探针的构筑及应用	南京工业大学
BK20130924	活泼联烯中间体参与的催化串联反应研究及在复杂分子合成中的应用	南京工业大学
BK20130925	有机无机渗透汽化复合膜超疏水表面设计制备及性能研究	南京工业大学
BK20130926	新型非线性吸收材料铂炔配合物的合成及光学性质研究	南京工业大学
BK20130927	基于二维纳米材料的新型疾病症诊断装置	南京工业大学
BK20130928	ZIF-8 膜用于真实丙烯 / 丙烷混合物分离的基础研究	南京工业大学
BK20130929	介孔氧化钛界面调控对固定化腺苷脱氨酶性能的影响	南京工业大学
BK20130930	反相微乳浊液体系构筑核-壳型纳米贵金属反应器及其烃类氧化催化性能研究	南京工业大学
BK20130931	厌氧消化对城市污泥中典型多环芳烃的降解效果及机制	南京工业大学

续表 3-4

项目编号	项 目 名 称	承 担 单 位
BK20130932	基于解除 CCR 效应的高效玉米芯水解液转化体系的构建	南京工业大学
BK20130933	考虑加卸荷历史的 TBM 开挖深埋长大隧道软岩挤压特性及预测	南京工业大学
BK20130934	基于碳材料柔性电存储器件的全湿法制备与性能研究	南京工业大学
BK20130935	碳基厚膜离子镀层内应力自释放的电场构建与调控机制研究	南京工业大学
BK20130936	拉挤成型轻木夹芯复合材料桥面板的力学性能及计算方法	南京工业大学
BK20130937	城市桥梁地震落梁机理及多级控制系统研究	南京工业大学
BK20130938	全悬浮水平轴风力发电机转子振动控制研究	南京工业大学
BK20130939	燃烧控制参数对重型柴油机燃烧过程和排放控制的影响	南京工业大学
BK20130940	面向超纯氢应用的钯复合膜气压烧结致密化规律及其透氢动力学研究	南京工业大学
BK20130941	相变微纳胶囊及其悬浮液的高效传热研究	南京工业大学
BK20130942	新型聚磷腈介电材料的开发及其在有机薄膜晶体管中的应用	南京工业大学
BK20130943	地铁隧道带裂缝钢筋混凝土的非均匀锈蚀机理和理论模型	南京工业大学
BK20130944	考虑高阶振型影响的高层 RC 框架结构地震损伤跨层次演化机理研究	南京工业大学
BK20130945	AE42 镁合金次生相的腐蚀电化学行为研究	南京工业大学
BK20130946	基于 LBM 方法的空气过滤器纤维滤料过滤性能机理研究	南京工业大学
BK20130947	多因素作用下跨海大桥水位区混凝土劣化机理和寿命预测	南京工业大学
BK20130948	低渗土体中的地下水浮力作用机理研究	南京工业大学
BK20130949	具有复杂转移概率的 Markov 跳变系统有限频控制与滤波	南京工业大学
BK20130950	基于可编织柔性基底的高效薄膜太阳电池的研究	南京工业大学
BK20130951	花生四烯酸为靶标的代谢网络介导 OPG/RANK/RANKL 对绝经后骨重建过程的调控机制研究	南京工业大学
BK20130952	维生素 E 置于脂质双层体中的电化学机理研究	南京中医药大学
BK20130953	组胺 H_3、H_4 受体参与致痒及 pirt 蛋白调控的离子机制研究	南京中医药大学
BK20130954	天然产物 Peperomin E 诱导胃癌细胞凋亡的机制和结构修饰研究	南京中医药大学
BK20130955	基于肠道微生物宏基因组学的健脾泄浊法治疗 NAFLD 机制研究	南京中医药大学
BK20130956	基于组蛋白去乙酰化酶(HDACs)的电针抗脑损伤研究	南京中医药大学
BK20130957	青礞石中金属离子对于中医痰证、癫痫的干预作用及药效物质基础研究	南京中医药大学
BK20130958	基于保留时间-毒性关系模型的匹配性提取模式对中药毒性组分快速筛选和毒理作用研究	南京中医药大学
BK20130959	基于脂质代谢网络研究雷公藤复方配伍减毒作用机制	南京中医药大学
BK20130960	以热毒血瘀证为例探讨“证的细胞模型”的构建及其系统生物学评价	南京中医药大学
BK20130961	有机质“微反应器”介导的三氯生光转化机制及生物效应研究	南京林业大学
BK20130962	基于金催化氢迁移反应高效构筑四氢嘧啶吲哚化合物的研究	南京林业大学
BK20130963	基于双金属-碳氢池分步催化的木质素降解提质机理研究	南京林业大学
BK20130964	石墨烯量子点为纳米载体介导外源基因转染杂交鹅掌楸细胞的研究	南京林业大学
BK20130965	基于喷雾模型交互效应的精确施药方法研究	南京林业大学
BK20130966	一维纳米材料增强共挤出木塑复合材料的尺寸效应	南京林业大学
BK20130967	秸秆黑炭内源氮的释放及其利用机制	南京林业大学
BK20130968	柳树性别决定遗传基础研究	南京林业大学
BK20130969	基于聚合物组装松墨天牛诱杀微胶囊剂的制备及性能研究	南京林业大学
BK20130970	嗜热芽孢杆菌木糖发酵制备乳酸代谢途径关键节点的研究	南京林业大学
BK20130971	木材横纹压缩时吸能特性与影响机制研究	南京林业大学
BK20130972	中国特有植物短丝木樨遗传多样性与种群动态研究	南京林业大学
BK20130973	氮沉降对杨树人工林 SOC 同位素效应的影响	南京林业大学
BK20130974	生物炭对杨树人工林土壤微生物学特性的影响及其机制	南京林业大学

续表 3-4

项目编号	项目名称	承担单位
BK20130975	金属有机骨架纳米多孔材料吸附甲醛孔道结构机制研究	南京林业大学
BK20130976	织构化摩擦表面的磨合过程动态模型与优化设计研究	南京林业大学
BK20130977	TTCAN 时滞对车辆底盘集成控制性能影响的研究	南京林业大学
BK20130978	竹材集成材梁的破坏机理与力学计算模型研究	南京林业大学
BK20130979	基于介电弹性体的柔性触觉传感器研究	南京林业大学
BK20130980	基于宏细观一体化分析的沥青路面高温永久变形行为研究	南京林业大学
BK20130981	头盔显示器助力跟踪系统的关键技术研究	南京林业大学
BK20130982	胶合竹-木组合梁受力性能的试验研究	南京林业大学
BK20130983	群环与群的 Morphic 性研究	南京信息工程大学
BK20130984	基于复平面上复小波函数理论及相关问题的研究	南京信息工程大学
BK20130985	复对称线性系统问题的快速迭代算法研究	南京信息工程大学
BK20130986	小分子有机碱催化不对称 Henry 反应及用于生物活性化合物的合成	南京信息工程大学
BK20130987	太阳诱导叶绿素荧光与光能利用率的关系及影响机制研究	南京信息工程大学
BK20130988	南京地区积云中夹卷混合过程的大涡模拟研究	南京信息工程大学
BK20130989	全自动太阳跟踪技术及其在太阳辐射测量中的应用	南京信息工程大学
BK20130990	CINRAD C 波段雷达资料在 GRAPRS 模式中的同化研究	南京信息工程大学
BK20130991	南京城市近地层湍流多尺度结构及其对通量交换的贡献研究	南京信息工程大学
BK20130992	基于多角度遥感的农田 NPP 估算模型关键参数提取	南京信息工程大学
BK20130993	基于 CALIPSO 星载雷达和 AIRS 高光谱探测器的主被动联合雾霾遥感	南京信息工程大学
BK20130994	伴随切断低压的重力波特征及平流层-对流层交换研究	南京信息工程大学
BK20130995	玉米田蒸散的测定及模拟	南京信息工程大学
BK20130996	江苏沿海滩涂蒸散发空间格局及尺度效应研究	南京信息工程大学
BK20130997	我国西北干旱区地面“热垫”作用对东亚副热带夏季风活动的影响	南京信息工程大学
BK20130998	灰霾天气过程中颗粒物干沉降对污染物的清除作用研究	南京信息工程大学
BK20130999	复杂大气扰动下的涵道式无人飞行器稳定性研究	南京信息工程大学
BK20131000	编解码器不匹配系统的量化反馈滑模容错控制器设计	南京信息工程大学
BK20131001	MEMS 电场传感器品质因数调谐及驱动控制机理研究	南京信息工程大学
BK20131002	仿生控制算法中针对记忆系统与免疫系统的研究	南京信息工程大学
BK20131003	基于结构化低秩稀疏分解的视频对象分割研究	南京信息工程大学
BK20131004	智能电网需求侧实时反馈关键方法及节能激励策略研究	南京信息工程大学
BK20131005	基于压缩感知的星载稀疏 MIMO 雷达空间碎片探测方法研究	南京信息工程大学
BK20131006	稻米中铅的化学形态、生物有效性及其细胞毒性研究	南京财经大学
BK20131007	基于气味分析的稻谷黄曲霉毒素污染快速检测方法研究	南京财经大学
BK20131008	土地城镇化与人口城镇化协调研究:基于财政分权视角	南京财经大学
BK20131009	基于多目标进化算法的地面沉降条件下地下水管理模型研究——以南通市为例	江苏地调院
BK20131010	基于多聚糖的水泥水化调控材料的制备和作用机理研究	江苏省建筑科学研究院有限公司
BK20131011	混凝土表面非异氰酸酯聚氨酯(NIPU)防护涂层的构筑及性能研究	江苏省建筑科学研究院有限公司
BK20131012	干湿交变下混凝土表面氯离子的富集机理与寿命预测研究	江苏省建筑科学研究院有限公司
BK20131013	聚合物杂化纳米粒子改性混凝土的效应和机理研究	江苏博特新材料有限公司
BK20131014	基于外显子测序技术的儿童 B-急性淋巴细胞白血病的易感性及机制研究	南京医科大学第二附属医院
BK20131015	基于 MFH 联合 NIR 热疗技术的 Fe_3O_4@Au-C225 复合靶向磁性纳米粒子介导胶质瘤综合治疗研究	南京医科大学第二附属医院

续表 3-4

项目编号	项 目 名 称	承 担 单 位
BK20131016	多基因组联合循环肿瘤细胞多标志物诊断预测乳腺癌术后复发转移的研究	江苏省肿瘤防治研究所
BK20131017	高强度聚焦超声非线性声场的理论建模及实验测量研究	江苏省医疗器械检验所
BK20131018	干扰素基因刺激因子多个启动子和剪接异构体特性研究	江苏省人民医院
BK20131019	解析 β-catenin/EZH2/miR-181d 环路在胶质瘤细胞增殖过程中的调控机理	江苏省人民医院
BK20131020	干扰素调节因子-3 调控哮喘易感基因 ORMDL3 表达的分子机制研究	江苏省人民医院
BK20131021	PUMA 在慢性胃炎癌性转化中的作用及其参与相关信号通路的机制研究	江苏省人民医院
BK20131022	细胞自噬在缺氧缺血性脑损伤中的作用与机制研究	江苏省人民医院
BK20131023	BIX 激活内质网应激促进大鼠小体积肝移植物中脂肪代谢稳定并减轻移植物的脂毒性损伤	江苏省人民医院
BK20131024	肝缺血再灌注损伤中 IL-17 对肝再生的影响及其机制研究	江苏省人民医院
BK20131025	染色体 1p12 和 4q31.1 区域遗传变异与先天性心脏间隔缺损发病机制研究	江苏省人民医院
BK20131026	长链非编码 RNA GAS5 竞争性结合孕激素受体-A 参与分娩发动机制	江苏省人民医院
BK20131027	人源性乳腺微环境的靶点基因核糖体蛋白 L32 的机制研究	江苏省人民医院
BK20131028	冷休克蛋白 YB-1 调控 CCL5 高表达诱发结缔组织疾病相关肺动脉高压血管重塑的机制研究	江苏省人民医院
BK20131029	分泌型 miR-24 在去分化脂肪细胞改善皮肤老化中的作用及其机制研究	江苏省人民医院
BK20131030	线粒体分裂在肾小球足细胞损伤中的作用机制研究	江苏省人民医院
BK20131031	长三角西部典型城市大气细颗粒物化学组分、光学特征及动态变化规律	江苏省环境科学研究院
BK20131032	基于空气介电常数理论研究湿度对静电放电现象的影响	江苏省计量科学研究院
BK20131033	2011 年日本 Honshu Mw9.0 地震对江苏及邻区地震活动性影响的三维数值模拟	江苏省地震局
BK20131034	基于 microRNA 差异表达探讨再障免疫异常机制及与中医证型、治疗反应的相关性研究	江苏省中医院
BK20131035	基于 UPLC-TOFMS 代谢组学方法的黄芪注射液在荷瘤大鼠化疗中减毒增效的作用机理研究	江苏省中医院
BK20131036	单核/巨噬细胞在腹膜纤维化中作用机制研究	江苏省中医院
BK20131037	海葵毒素 APETx2 与离子通道相互作用的结构基础及多肽药物设计	江苏省中医药研究院
BK20131038	具有 MMP-9 抑制活性的蝎毒素 AGAP 抑制神经胶质瘤细胞侵袭转移的机制研究	江苏省中医药研究院
BK20131039	日冕局部等离子体电流系统的形成及其耗散机制	中国科学院紫金山天文台
BK20131040	普通球粒陨石中富铝球粒的氧同位素研究	中国科学院紫金山天文台
BK20131041	江苏省主要类型土壤中汞对蚯蚓生物可利用性的研究	中国科学院南京土壤研究所
BK20131042	典型污染物在膨润土上的吸附和迁移的分子动力学研究	中国科学院南京土壤研究所
BK20131043	工业淋溶模式下土壤“纳微溶介质”阻控重金属传输的微界面机制	中国科学院南京土壤研究所
BK20131044	3-芳基丙烯酸及衍生物对设施菜地土壤氮转化过程的影响	中国科学院南京土壤研究所
BK20131045	植茶年限对茶园土壤氮素初级转化速率及 N_2O 排放途径的影响	中国科学院南京土壤研究所
BK20131046	尖孢镰刀菌黄瓜转化型 NPS6 和 CPS1 基因的克隆与功能研究	中国科学院南京土壤研究所
BK20131047	河网平原地区大气氮沉降来源辨析	中国科学院南京土壤研究所
BK20131048	病原菌与土壤矿物的界面作用及其对细菌迁移的影响	中国科学院南京土壤研究所

续表 3-4

项目编号	项　目　名　称	承 担 单 位
BK20131049	植物-微生物协同降解土壤中生物炭吸附态氯苯的机制	中国科学院南京土壤研究所
BK20131050	基于时间稳定性概念研究红壤坡耕地径流尺度上推模式	中国科学院南京土壤研究所
BK20131051	大气 CO_2 浓度和温度升高对江苏地区青蒿生长代谢的影响	中国科学院南京土壤研究所
BK20131052	埃迪卡拉纪瓮安生物群中动物胚胎化石同步辐射显微断层成像研究	中国科学院南京地质古生物研究所
BK20131053	华南埃迪卡拉纪陡山沱期同位素地层相间差异及古环境	中国科学院南京地质古生物研究所
BK20131054	水体富营养化产物微囊藻毒素在肝脏肿瘤发生中的作用及作用机制	中国科学院南京地理与湖泊研究所
BK20131055	湖泊氮磷浓度升高对附着生物——铜锈环棱螺关系的影响及其机理	中国科学院南京地理与湖泊研究所
BK20131056	基于频谱能量的高分辨率遥感图像地物识别和提取方法研究	中国科学院南京地理与湖泊研究所
BK20131057	江苏沿海污水深海排放密度效应及扩散机制研究	中国科学院南京地理与湖泊研究所
BK20131058	盐城滨海湿地黑碳及其稳定同位素的累积历史和来源解析	中国科学院南京地理与湖泊研究所
BK20131059	微囊藻对湖泊水生食物网的食源贡献与碳流途径研究	中国科学院南京地理与湖泊研究所
BK20131060	望远镜自由曲面镜面的条纹反射测量技术	中国科学院国家天文台南京天文光学技术研究所
BK20131061	光束在多边形光纤传输中的光场特性研究	中国科学院国家天文台南京天文光学技术研究所
BK20131062	高速压力机滑块超精密运行关键技术研究	徐州锻压机床厂集团有限公司
BK20131063	人皮肤恶性黑素瘤组织和细胞中 HINT1 基因对细胞自噬及其调控分子影响作用的研究	中国医学科学院皮肤病研究所
BK20131064	角质形成细胞 UVB 损伤中自噬对相关信号通路的交互对话研究	中国医学科学院皮肤病研究所
BK20131065	卫星遥感资料集合变分反演方法的关键技术研究	中国人民解放军理工大学
BK20131066	海面流速对风应力的影响及在浪流耦合模式中的应用	中国人民解放军理工大学
BK20131067	受限空间中多个危险重气释放源的快速辨识方法及其影响因素研究	中国人民解放军理工大学
BK20131068	星地融合移动通信网中的高效率协同传输关键问题研究	中国人民解放军理工大学
BK20131069	云基础设施可信增强技术的研究	中国人民解放军理工大学
BK20131070	松香低聚物基 RAFT 试剂的合成和纳米乳液聚合应用机理研究	中国林业科学研究院林产化学工业研究所
BK20131071	松香基金纳米棒复合纳米凝胶的制备及其抗菌性能的研究	中国林业科学研究院林产化学工业研究所
BK20131072	一种新型 GaN 毫米波 HEMT 结构及材料生长研究	中国电子科技集团公司第五十五研究所
BK20131073	乙烯在 GABA 诱导桃果实采后抗冷性中的作用研究	农业部南京农业机械化研究所
BK20131074	重性抑郁症脑结构网络小世界属性的研究	南京医科大学附属脑科医院
BK20131075	miR-30c/Shh 信号通路在 PCBs 暴露致子代心脏发育缺陷中的机制	南京医科大学附属南京妇幼保健院
BK20131076	miR-128 调控 Syncytin-2/MFSD2a 双靶标致滋养细胞侵袭力降低的机制研究	南京医科大学附属南京妇幼保健院
BK20131077	miR-1976 在阴道黏膜感染与防御中的作用与机制研究	南京医科大学附属南京妇幼保健院
BK20131078	基于多角度光谱和纹理信息的林地植被结构分层遥感反演研究	南京晓庄学院
BK20131079	β 防御素抑制牙龈卟啉单胞菌脂多糖对巨噬细胞的促炎症反应	南京市口腔医院
BK20131080	HIF 修饰的 BMSCs 对放射性骨坏死颌骨重建的实验研究	南京市口腔医院
BK20131081	难治性颞叶癫痫患者癫痫网络模型构建及致痫机制研究	南京脑科医院
BK20131082	Akt1/Akt2 表达失衡调控内毒素诱导急性肺损伤的新机制	南京明基医院
BK20131083	SDF-1 壳聚糖靶向缓释粒子联合过表达 CXCR4 基因骨髓干细胞移植治疗肝功能衰竭的研究	南京大学医学院附属鼓楼医院
BK20131084	IL-1 siRNA 联合 CXCR4-MSCs 移植对急性肝衰竭的作用及机制研究	南京大学医学院附属鼓楼医院
BK20131085	miRNA 介导的 DTI 影像表型在预测 AD 转化中的研究	南京大学医学院附属鼓楼医院
BK20131086	GOAT 调节 Ghrelin 途径介导的胃酸分泌及机理研究	金陵科技学院

续表 3-4

项目编号	项　目　名　称	承　担　单　位
BK20131087	福寿螺(Pomacea)系统发育关系及种间渐渗杂交研究	环境保护部南京环境科学研究所
BK20131088	长江江苏段中华绒螯蟹栖息地适合度评价	中国水产科学研究院淡水渔业研究中心
BK20131089	基于耳石微化学的长江江苏段刀鲚洄游生态学研究	中国水产科学研究院淡水渔业研究中心
BK20131090	花卉规模化组培过程中的污染物识别技术研究	无锡中科智能农业发展有限责任公司
BK20131091	带蓄压腔高喷油速率电控共轨喷油器关键技术研究	无锡油泵油嘴研究所
BK20131092	血糖波动对大鼠肾动脉 TRPC1-BK 复合体功能的影响及其分子机制研究	无锡市人民医院
BK20131093	乳化异氟醚预处理和后处理对肺缺血再灌注损伤的影响	无锡市临床医学实验研究所
BK20131094	Toll 样受体介导的炎症反应在疱疹病毒感染引起的男性不育中作用的研究	无锡市妇幼保健院
BK20131095	新抑癌基因 SLC5A8 甲基化在肝癌发生发展中的作用及机制研究	无锡市第三人民医院
BK20131096	染色质解旋酶 DNA 结合蛋白 7(CHD7)与 2 型糖尿病相关性的研究	无锡市第二人民医院
BK20131097	基于动力学的网络拥塞控制系统稳定性分析	江苏信息职业技术学院
BK20131098	纳米森林结构制备方法及其 MEMS 红外传感器应用基础研究	江苏物联网研究发展中心
BK20131099	基于等离子体共振理论单片集成式气体传感器关键技术研究	江苏物联网研究发展中心
BK20131100	药物分子多晶型结晶的机理及控制研究	江南大学
BK20131101	近平滑假丝酵母(R)-和(S)-羰基还原酶结构与功能关系研究	江南大学
BK20131102	植物乳杆菌吸附重金属镉与缓解镉毒性的机制研究	江南大学
BK20131103	毕赤酵母蛋白质分泌途径调控胰岛素前体生产的生理机制	江南大学
BK20131104	食品油炸过程中油脂的吸入途径与吸收机理分析	江南大学
BK20131105	基于可修复性的钢套管混凝土桥墩抗震性能研究	江南大学
BK20131106	动态环境下求解多目标优化问题的群体智能算法研究与应用	江南大学
BK20131107	多目标优化工业无线传感器网络安全防御群智建模研究	江南大学
BK20131108	基于 keating 模型的硅纳米梁高频振荡特性分析及关键影响因素研究	东南大学无锡分校
BK20131109	双率非线性系统的辨识方法研究	无锡科技职业学院
BK20131110	炎症致胰岛 β 细胞功能障碍的新机制-异常折叠胰岛素原积聚	江阴市人民医院
BK20131111	反应过程中活性硫物质的追踪与动力学机理	中国矿业大学
BK20131112	甲醇燃料电池杂原子掺杂碳载体和阳极低铂催化剂设计	中国矿业大学
BK20131113	基于无线传感网络的地质封存 CO_2 气体泄漏源定位方法	中国矿业大学
BK20131114	硅基 MEMS 器件的纳米磁性液体磁控润滑研究	中国矿业大学
BK20131115	瓦斯煤尘多相爆炸的超前感知与主动控制机理研究	中国矿业大学
BK20131116	水射流高速冲击和多刀具铣削耦合破岩机理研究	中国矿业大学
BK20131117	薄型可燃物竖向燃烧动力学过程研究	中国矿业大学
BK20131118	HMGB1 在骨髓基质干细胞加重糖尿病脑缺血再灌注损伤中的作用及其作用机制	徐州医学院附属医院
BK20131119	硫化氢通过 CaMKKβ/AMPK 信号通路延缓血管老化的实验研究	徐州医学院
BK20131120	肿瘤通透肽修饰的低氧反应原件调控及携带 Decorin 基因的溶瘤腺病毒抗肾癌作用研究	徐州医学院
BK20131121	p38MAPK/NF-κB 通路在 Ghrelin 抗糖尿病神经病理性疼痛中的作用	徐州医学院
BK20131122	急性心肌梗死后心脏神经重构与电重构及室性心律失常发生相关性的实验研究	徐州市心血管病研究所
BK20131123	深冷轧制铝合金关键技术及强韧化机理研究	徐州工程学院
BK20131124	矿山安全环境协同感知传感网关键技术研究	徐州工程学院
BK20131125	EMS 诱变创制甘薯耐盐新材料	江苏徐州甘薯研究中心
BK20131126	基于投影类技术的数据降维算法及在图像处理中的应用	江苏师范大学

续表 3-4

项目编号	项 目 名 称	承 担 单 位
BK20131127	HDAC5 介导肝脏损伤的分子机制及花青素干预研究	江苏师范大学
BK20131128	纳米流体中粒径和定向流速的实时在线光学测试技术的研究	江苏师范大学
BK20131129	水体氨氮原位快速检测方法的研究	江苏师范大学
BK20131130	交互式遗传算法的用户认知动态变化及其应用	江苏师范大学
BK20131131	A10 介导的纳米递释系统构建及其对 CRPC 靶向增敏的实验研究	江苏省肿瘤生物治疗研究所
BK20131132	miR-219/Dnmt3a 调控 MCT1 参与少突胶质细胞分化及髓鞘形成的分子机制	江苏省麻醉医学研究所
BK20131133	双室连续流耦合型微生物燃料电池处理含铜废水及铜回收机理研究	江苏理工学院
BK20131134	城市环境下光伏阵列发电影响因子及输出功率模型研究	河海大学常州校区
BK20131135	非稳态环境下降雨空间插值信息熵模型研究	河海大学常州校区
BK20131136	微陀螺传感器智能自适应控制的关键技术研究	河海大学常州校区
BK20131137	水下传感器网络中多锚节点动态协同的精确定位机制	河海大学常州校区
BK20131138	基于团簇模型的氮化用铜合金成分设计	大连理工常州研究院有限公司
BK20131139	锂-空气二次电池体系关键问题研究	常州盈华高科储能材料科技有限公司
BK20131140	可俘获强磁场的高温超导块材复合结构应力分析	常州工学院
BK20131141	含气软土的卸荷力学响应与灾变机理研究	常州工学院
BK20131142	油气吸附分离用 ZIFs 材料的筛选及吸附机理研究	常州大学
BK20131143	金属卡宾在糖化学中的应用	常州大学
BK20131144	GRF 与中间合金相耦合作用下纯铝凝固组织细化机理	常州大学
BK20131145	温敏型核壳结构纳米纤维的设计及其药物控释性能研究	北京化工大学常州先进材料研究院
BK20131146	低表面张力光固化含氟低聚物的设计与制备	北京化工大学常州先进材料研究院
BK20131147	一维纳米二氧化钛 / 碳纳米纤维柔性薄膜电极材料的结构调控及性能关联性研究	北京化工大学常州先进材料研究院
BK20131148	肝癌干细胞识别、分离及其分子标志的实验研究	常州天磊生物技术有限公司
BK20131149	跨损伤合成途径 DNA 聚合酶 ι 增加食管癌细胞放射抗拒性机理及逆转措施研究	苏州市消化系疾病与营养研究所
BK20131150	靶向 MAdCAM-1 超声成像评价炎症性肠病的实验研究	苏州市消化系疾病与营养研究所
BK20131151	富含半胱氨酸蛋白 61 基因 3′ 端调控序列多态及其互作 miRNAs 与早产的遗传相关性研究	苏州市立医院
BK20131152	人工纳米 SiO_2 对磷在土壤多孔介质中迁移与转化的影响与机制	苏州科技学院
BK20131153	金属-陶瓷纳米复合物的低温烧结与宽频微波吸波研究	苏州科技学院
BK20131154	GPCR 跨膜螺旋结构预测的计算方法研究	苏州科技学院
BK20131155	陶瓷基高温自润滑耐磨复合材料涂层的制备工艺、组织演变及减摩抗磨研究	苏州工业职业技术学院
BK20131156	以软骨干细胞来源的微囊泡改善组织工程软骨生成微环境的实验研究	苏州大学附属儿童医院
BK20131157	共刺激分子 B7-H3 在胰腺损伤和修复过程中的作用和机制研究	苏州大学附属第一医院
BK20131158	B7-H3$^+$MDSC 在肺癌“预转移小生境”形成中的作用机制	苏州大学附属第一医院
BK20131159	非小细胞肺癌中调控 Dab2 的 MicroRNA 的表观遗传机制研究	苏州大学附属第一医院
BK20131160	多活性中心高度参与的杂环骨架的高效构建	苏州大学
BK20131161	在体调控和药物抑制 LRRK2 激酶活性保护帕金森氏病的实验研究	苏州大学
BK20131162	基于石墨烯/硅纳米阵列新型碳/硅复合光伏器件的研究	苏州大学
BK20131163	具有准同型相界 $BiFeO_3$ 薄膜光电化学性能增强的研究	苏州大学
BK20131164	自适应网络的分布式估计研究	苏州大学
BK20131165	IGF-1R 缺失细胞自发获得放射抵抗性及其调控机制的研究	苏州大学
BK20131166	设计合成双重生物响应氨基酸聚氨酯纳米药物载体	轻工业化学电源研究所

续表 3-4

项目编号	项 目 名 称	承 担 单 位
BK20131167	血栓形成过程中 VWF 的分子调控及其信号传递机制研究	江苏省血液研究所
BK20131168	急性红白血病的分子遗传学特征及发病机制研究	江苏省血液研究所
BK20131169	WGM 体系硅基光磁式生物传感器实现无标单分子检测研究	苏州生物医学工程技术研究所
BK20131170	全固态腔内和频 578nm 黄激光技术研究	苏州生物医学工程技术研究所
BK20131171	优化脉冲的开发及其在磁共振中的应用	苏州生物医学工程技术研究所
BK20131172	轻质高导电单、双壁碳纳米管宏观薄膜可控制备技术	中国科学院苏州纳米技术与纳米仿生研究所
BK20131173	面向微流控芯片控制的光驱动纳米异质结构性能研究	中国科学院苏州纳米技术与纳米仿生研究所
BK20131174	延迟容忍的车载移动社会网络数据传输机制研究	中国科学技术大学苏州研究院
BK20131175	静电纺纳米多孔材料制备过程的力学机理研究	现代丝绸国家工程实验室(苏州)
BK20131176	丝素蛋白弹性水凝胶快速凝胶化机制及其生物学性能的研究	现代丝绸国家工程实验室(苏州)
BK20131177	构建蚕丝丝素蛋白材料的促进微血管再生功能	现代丝绸国家工程实验室(苏州)
BK20131178	酶促天然多酚对甲壳胺纤维的功能改性	现代丝绸国家工程实验室(苏州)
BK20131179	颗粒材料粘弹塑性碰撞破损细观力学数值研究	西交利物浦大学
BK20131180	有机化合物的不对称三氟甲基化反应的研究	西交利物浦大学
BK20131181	免疫接头蛋白 SLP-76 的 SUMO 化修饰及其在 T 细胞信号传导中调控作用的研究	西交利物浦大学
BK20131182	抵干扰高促进机器学习之研究与应用	西交利物浦大学
BK20131183	消化道内胶囊内窥镜天线的电磁辐射特性研究	西交利物浦大学
BK20131184	基于新型纳米铜复合材料技术的净水滤芯材料的研发	西安交大苏州研究院
BK20131185	太阳聚光光伏 / 光热综合利用基础理论和关键技术研究	西安交大苏州研究院
BK20131186	新型金属硫属化物二维晶体的低温制备及有机光伏电池研究	武汉大学苏州研究院
BK20131187	高强度水凝胶关节软骨组织工程支架材料构建及性能研究	武汉大学苏州研究院
BK20131188	大规模口语考试机器自动评估技术研究	苏州思必驰信息科技有限公司
BK20131189	CASCADE 复合体的组装和结构解析	苏州工业园区新国大研究院
BK20131190	高转化效率射频能量采集方法研究	苏州工业园区新国大研究院
BK20131191	多功能石墨烯复合薄膜的制备及柔性生物传感器的构建	常熟理工学院
BK20131192	基于入侵与非入侵近缘种比较的自主结实特性与草本外来植物的入侵性研究	常熟理工学院
BK20131193	热焓平衡条件下强制对流过程中游离晶粒的形成机制	张家港江苏科技大学产业技术研究院
BK20131194	细胞内吞路径中生物膜形变机制的计算机模拟研究	苏州大学应用技术学院
BK20131195	基于深度视觉的室内动态环境实时三维重构研究	苏州大学应用技术学院
BK20131196	基于听觉谱特征和反馈式学习的汉语耳语音感知研究	苏州大学应用技术学院
BK20131197	脱氮填料在生活污水处理中污泥减量化机理及动力学模型	苏州苏净环保新材料有限公司
BK20131198	基于 Z-pinning 技术的纤维增强复合材料可逆修复研究	南通南京大学材料工程技术研究院
BK20131199	miR-181 靶向 KLF6 在骨肉瘤中的作用及机制研究	南通大学附属医院
BK20131200	双功能金属螯合剂防治阿尔茨海默病的分子机制研究	南通大学
BK20131201	曝气对污染河道沉积物-水界面及硝化-反硝化的影响	南通大学
BK20131202	水-甘油通道蛋白 AQP7、AQP9 基因多态与肥胖及 2 型糖尿病遗传易感性的研究	南通大学
BK20131203	自发性脊髓再生模型中 HMGB1 非炎性功能研究	南通大学
BK20131204	棉花重要农艺性状 QTL 精细定位及高产优质抗病分子育种	南通大学
BK20131205	基于目标物三维模型的视觉触觉联合控制机器人预抓取	南通大学
BK20131206	HSPA12B 对 NF-kappa B 的调节在中枢神经系统炎症中的作用	南通大学

续表 3–4

项目编号	项 目 名 称	承 担 单 位
BK20131207	功能化磁性离子液体萃取耦合电化学聚合用于燃油脱硫的研究	启东晋盛大公化工有限公司
BK20131208	来自淋巴管内皮细胞的硫酸乙酰肝素在调控树突状细胞迁移中的功能研究	江苏省海洋资源开发研究院(连云港)
BK20131209	基于成像原理的数字图像复原算法研究	淮海工学院
BK20131210	中国西施舌亚种的线粒体基因组证据	淮海工学院
BK20131211	多功能诊疗一体化纳米生物探针的合成及其应用研究	淮阴师范学院
BK20131212	高效咔唑基金属配合物光敏化剂的设计合成与光伏性能研究	淮阴师范学院
BK20131213	产甲烷菌中甲基辅酶 M 还原酶(MCR)的活化机理的研究	淮阴师范学院
BK20131214	高能高效核壳纳米催化剂/铝燃料复合材料	淮阴师范学院
BK20131215	高效磁分离型复合光催化剂的设计合成及其应用基础研究	淮阴师范学院
BK20131216	凹土对酞酸酯污染农田土壤生态毒理效应的影响	淮阴工学院
BK20131217	多工况下电动客车循环球式 EHPS 节能机理与 H2/H∞ 混合控制研究	淮安信息职业技术学院
BK20131218	流体自发电池及电化学生物传感研究	盐城工学院
BK20131219	江苏沿海滩涂湿地重金属污染物的环境行为及其通量模型研究	盐城工学院
BK20131220	基于原子层活化制备类石墨烯 MAX 纳米片及其电化学应用研究	盐城工学院
BK20131221	基于工况的电动汽车轮边驱传动系统动态能耗机理研究	盐城工学院
BK20131222	三维生物打印制备结构可控丝蛋白小口径血管支架材料关键技术的研究	盐城纺织职业技术学院
BK20131223	多孔印迹聚合物的绿色、可控合成及其靶向分离/富集与检测进出口农产品中塑化剂的研究	盐城出入境检验检疫局综合技术服务中心
BK20131224	控制水稻花序发育基因 NSP 的克隆及调控途径初步研究	扬州市职业大学
BK20131225	抗纹枯病粳稻新种质创制	扬州大学实验农牧场
BK20131226	银掺杂介孔二氧化钛 / 碳纳米管 / 活性炭复合泡沫的制备及降解偏二甲肼的性能研究	扬州大学
BK20131227	基于 MOFs 材料选择性吸附分离噻吩类硫 / 苯的实验及分子模拟研究	扬州大学
BK20131228	活性氧介导的柑橘原生质体再生能力差异的机理研究	扬州大学
BK20131229	火鸡组织滴虫致弱株选育及其形成的分子基础研究	扬州大学
BK20131230	Stra8 在精子发生中的作用机制	扬州大学
BK20131231	茄果类蔬菜土传病害发病机制与石灰氮和生物菌肥联合防治研究	扬州大学
BK20131232	机器人臂万向磁悬浮球形主动关节的关键技术研究	扬州大学
BK20131233	全喉切除“全喉再造”喉功能重建的动物实验研究	江苏省苏北人民医院
BK20131234	阻断 TLR4 和 HIF-1α 对话研究南蛇藤素抗 RA 滑膜细胞侵袭的机制	江苏省苏北人民医院
BK20131235	棉籽粕饲料致鸡蛋品质劣化的生物学机制研究	江苏省家禽科学研究所
BK20131236	不同毒力新城疫病毒 V 蛋白拮抗 IFN 作用差异研究	江苏省家禽科学研究所
BK20131237	鸡就巢行为遗传标记筛选与验证	江苏省家禽科学研究所
BK20131238	水氮互作调控超级稻弱势籽粒充实的生理机制	江苏里下河地区农业科学研究所
BK20131239	偏振近红外光谱检验肉品物理属性方法的研究	中国农业科学院蚕业研究所附属蚕药厂
BK20131240	基于 RNA-seq 技术研究家蚕茧丝量相关基因	中国农业科学院蚕业研究所
BK20131241	miR-137 对卵巢癌细胞耐药的影响及机制	镇江市第四人民医院
BK20131242	血浆 miRNA 在慢性乙型肝炎早期诊断的价值及其对肝脏炎症的调控	镇江市第三人民医院
BK20131243	脯氨酸增强甜瓜耐盐性的生理和分子生物学机制研究	江苏农林职业技术学院
BK20131244	手性配体诱导合成分子基铁电材料及其铁电、介电性质研究	江苏科技大学
BK20131245	lncRNA H19 调控 Th17 诱导上皮-免疫细胞转分化在食管癌免疫逃逸中的作用研究	江苏大学附属医院
BK20131246	CD36 介导 CML 致斑块内泡沫细胞外迁受抑的机制研究	江苏大学附属医院

续表 3-4

项目编号	项 目 名 称	承 担 单 位
BK20131247	MiR-200 家族调控 Akt 信号途径诱导胰腺上皮间质转化的机制研究	江苏大学附属医院
BK20131248	甲状腺上皮-免疫细胞转分化及其自噬改变在自身免疫性甲状腺疾病中的作用研究	江苏大学附属医院
BK20131249	石墨烯基多孔复合膜的模板法电沉积制备及生物传感	江苏大学
BK20131250	声电复合场助滤机理及其膜损优化控制基础研究	江苏大学
BK20131251	PPARγ 终止 Bcl2 信号通路机制	江苏大学
BK20131252	硅纳米线 / 石墨烯 / 硫化物复合结构的光电化学制氢性能	江苏大学
BK20131253	微尺度下气相反应和表面反应的耦合机理	江苏大学
BK20131254	可调速磁力偶合器的调速机理及设计方法研究	江苏大学
BK20131255	多能域 IAS 车辆车身高度切换系统的矩稳定机理及其容错控制	江苏大学
BK20131256	低比转数离心泵叶轮近壁边界层动力学特性的数值与实验研究	江苏大学
BK20131257	高选择性纳米线气体传感器的构筑与机理研究	江苏神龙光电科技有限公司
BK20131258	新型二元混合双水相体系分离/富集环境中抗生素残留及机理研究	江苏联合化工有限公司
BK20131259	量子点负载石墨烯新型光催化材料的制备及其对酚类内分泌干扰物降解的研究	江苏康祥集团公司
BK20131260	块体非晶合金微纳米热塑成形若干基础问题研究	泰州南京理工大学研究院
BK20131261	基于纳米多层膜自蔓延反应原位增强连接 SiCp/Al 机理	泰州南京理工大学研究院
BK20131262	Liguzinediol 基于心肌细胞钙泵的正性肌力作用机理的研究	泰州中国医药城中医药研究院
BK20131263	恒星及黑洞活动驱动的星系外流研究	南京大学
BK20131264	早期宇宙背景原始扰动的基本动力学性质:稳定性,对偶性和对称性的研究	南京大学物理学院
BK20131265	自相似分形区域上 Laplace 算子的谱刻划与谱渐近	南京大学
BK20131266	可见光促进的光氧化还原反应	南京大学化学化工学院
BK20131267	新颖金属 Salen 催化不对称 C-H 键胺化反应	南京大学化学化工学院
BK20131268	基于特征化学组分和同位素示踪的南京市灰霾细颗粒物的来源与迁移研究	南京大学
BK20131269	高分子物理老化过程的微观机理研究	南京大学化学化工学院
BK20131270	饮用水中铁对砷生物有效性及毒性的影响研究	南京大学环境学院
BK20131271	饮用水卤代硝基甲烷类消毒副产物的形成机制及其影响因素研究	南京大学环境学院
BK20131272	细胞分泌微囊泡(microvesicle)主要生物活性成分鉴定及功能研究	南京大学生命科学学院
BK20131273	地球核幔边界热通量研究	南京大学
BK20131274	金属纳米晶体 / 氧化物的制备及其热稳定性的界面效应研究	南京大学
BK20131275	Cu_2ZnSnS_4 量子点"墨水"在新型二、三代太阳能电池中的应用研究	南京大学
BK20131276	太湖流域水系结构与河湖连通变化及其对洪涝影响研究	南京大学
BK20131277	云计算环境中工作流协同的关键技术研究	南京大学
BK20131278	弱采样软件缺陷挖掘技术研究	南京大学计算机科学与技术系
BK20131279	基于模式的实际环境中增量式推理系统研究	南京大学计算机科学与技术系
BK20131280	空间显示中的关键科学问题研究	南京大学电子科学与工程学院
BK20131281	miR-7 的表达下调在前列腺癌发生中的机制研究	南京大学
BK20131282	蛋白磷酸酶 SHP-2 调控肿瘤免疫机制及肿瘤靶向治疗的研究	南京大学生命科学学院
BK20131283	杂化磁响应特异介质中的光学特性研究	东南大学
BK20131284	复合拓扑超导体与马约拉纳费米子输运性质研究	东南大学
BK20131285	随机系统正规形理论的推广及其应用	东南大学
BK20131286	非对称核物质状态方程与相关核天体物理的研究	东南大学
BK20131287	治理高盐分芳香磺酸废水的离子交换树脂研制与性能研究	东南大学

续表 3-4

项目编号	项 目 名 称	承 担 单 位
BK20131288	基于双功能调控机制的 Pt 基多孔催化剂制备及反应性能研究	东南大学
BK20131289	具有多手性元素螺旋链的构筑及其在不对称催化反应中的应用	东南大学
BK20131290	触觉分子机制研究	东南大学
BK20131291	hnRPUL1 拮抗 XRCC1 参与紫外线损伤修复的分子机制	东南大学
BK20131292	规模化 V2G 入网变换器的谐振抑制技术研究	东南大学
BK20131293	基于结构成色的彩色隐形眼镜制备及功能化研究	东南大学
BK20131294	苏锡常地面沉降区西气东输管线灾变机理及预警技术研究	东南大学
BK20131295	6 自由度单片集成微惯性测量单元研究	东南大学
BK20131296	基于稀疏特征学习和概率图模型的目标检测与分类研究	东南大学
BK20131297	超快微流混合器联合多光谱探针蛋白质 PMP22 折叠早期事件研究	东南大学
BK20131298	基于不定性的多核学习研究	东南大学
BK20131299	基于协作的绿色无线通信系统能效关键技术研究	东南大学
BK20131300	南极科考支撑平台运行控制与健康维护研究	东南大学
BK20131301	创新扩散与社会网络的适应性演化机制研究:建模与干预	东南大学
BK20131302	CXCL12/CXCR7 通过自分泌机制促进 MSC 特异性向 ALI 肺组织定植研究	东南大学
BK20131303	rEPO-NPs 通过 SDF-1/CXCR-4 对于 MSCs 治疗早产儿脑白质损伤的归巢研究	东南大学
BK20131304	人软骨细胞和骨髓间充质干细胞共培养构建组织工程软骨的成瘤和促瘤作用的研究	东南大学
BK20131305	多样性导向的氮杂环卡宾催化的类天然杂环化合物库构建	中国药科大学
BK20131306	刺人参抑制结肠炎癌性转化的药效物质基础及作用机制研究	中国药科大学
BK20131307	基于 PPARδ 的抗抑郁药潜在新靶标及其调节机制的研究	中国药科大学
BK20131308	参麦注射液促肿瘤血管正常化的药动-药效机制研究	中国药科大学
BK20131309	“小清空膏”酒炙增效的炮制机理研究	中国药科大学
BK20131310	基于脑-肠轴代谢网络分析的大承气汤治疗长春新碱所致药源性肠梗阻的作用机制研究	中国药科大学
BK20131311	肠道菌群介导的地榆皂苷代谢处置及其抗炎作用机理 PK-PD 结合研究	中国药科大学
BK20131312	αvβ3 受体介导的抗肿瘤血管新生靶向纳米药物研究	中国药科大学
BK20131313	丝状真菌 Penicillium simplicissimum 生物沥浸处理重金属污染土壤的作用机制解析	南京农业大学
BK20131314	新型“含氮大环-多酸”配合物的构建及催化性能研究	南京农业大学
BK20131315	大豆苷元介导 Nrf2 信号通路保护硝基酚类对公鸡生殖细胞氧化损伤的作用机理	南京农业大学
BK20131316	小麦品种望水白中抗赤霉病扩展基因 Fhb2 的精细定位	南京农业大学
BK20131317	猪瘟病毒囊膜糖蛋白介导病毒入胞的分子机制研究	南京农业大学
BK20131318	介导棉纤维发育耐高温能力形成的生理基础研究	南京农业大学
BK20131319	蜡质芽孢杆菌 AR156 外泌蛋白的鉴定及其诱导番茄系统耐旱机理解析	南京农业大学
BK20131320	新型生防因子 Serratia nenatodiphila R187 菌株的杀虫机制及关键基因的功能鉴定	南京农业大学
BK20131321	土壤胶体中非晶形纳米矿物的形成机制和结构特征研究	南京农业大学
BK20131322	不同品种小麦砷耐性和积累的遗传学差异及其机制	南京农业大学
BK20131323	硒蛋氨酸影响 PCV2 感染的自噬机制	南京农业大学

续表 3-4

项目编号	项 目 名 称	承 担 单 位
BK20131324	线粒体 DNA 激活的 TLR9 信号通路在肾小球足细胞损伤中的作用及其机制	中国人民解放军南京军区南京总医院
BK20131325	纳米级磨损微粒诱导的内质网应激在人工关节假体无菌性松动发生过程中的作用及机制研究	中国人民解放军南京军区南京总医院
BK20131326	SLE 相关血栓性微血管病内皮细胞损伤机制的研究	中国人民解放军南京军区南京总医院
BK20131327	肥大细胞在抗 GBM 肾炎间质纤维化形成中的作用机制	中国人民解放军南京军区南京总医院
BK20131328	趋化因子在慢性疼痛时前扣带皮层星形胶质细胞活化中的作用及机制研究	中国人民解放军南京军区南京总医院
BK20131329	沉积结构对杀虫剂生物效率的影响及机制研究	江苏省农业科学院
BK20131330	猪肺炎支原体和 PRRSV 共感染激活 IL-1β 的分子机制研究	江苏省农业科学院
BK20131331	鲜食无核葡萄白藜芦醇合成的光质生物学研究	江苏省农业科学院
BK20131332	猪 CYP3A29 基因表达改变对肺炎支原体感染的影响及信号通路分析	江苏省农业科学院
BK20131333	广谱识别有机磷类农药的基因工程抗体研究	江苏省农业科学院
BK20131334	鸭瘟病毒的外源基因插入位点研究	江苏省农业科学院
BK20131335	喀西茄 WRKY 转录因子基因的分离及其黄萎病抗性调控机制	江苏省农业科学院
BK20131336	黄萎病抗性基因 Gbve1 核心 LRR 区筛选与抗性机制研究	江苏省农业科学院
BK20131337	农村环境杂草水花生防治适期及其化学防除配方研究与示范	江苏省农业科学院
BK20131338	变形三萜海蓬子皂苷甲促进肝癌细胞凋亡作用的机制研究	江苏省中科院植物研究所
BK20131339	带有保险与金融风险的离散时风险模型的破产理论与统计分析	南京审计学院
BK20131340	含微观噪音过程的两维度幂变差理论及其金融高频数据应用	南京审计学院
BK20131341	基于介观热力效应的无模型切削温度预测研究	南京工程学院
BK20131342	非控环境下基于视觉建模的人脸图像光照处理研究	南京工程学院
BK20131343	氨基功能化离子液体-MDEA 吸收剂性能与传递过程研究	南京大学金陵学院
BK20131344	蛹虫草多糖-纳米硒复合物的制备及其抗肿瘤活性研究	江苏教育学院
BK20131345	基于指标类半参数测量误差模型的统计推断及应用	南京理工大学
BK20131346	氟功能化介孔硅胶合成及其负载催化研究	南京理工大学
BK20131347	基于晶面与氧物种的结构匹配性设计高效可见光催化剂	南京理工大学
BK20131348	与多相流场耦合的多管发射膛口二次燃烧及冲击波形成机理研究	南京理工大学
BK20131349	全固态薄膜锂离子电池用新型高能量密度薄膜正极的研究	南京理工大学
BK20131350	基于非线性动态系统状态估计的风电机组故障诊断研究	南京理工大学
BK20131351	基于多模态数据的脑功能网络分析技术研究	南京理工大学
BK20131352	月球平动点晕轨道卫星自主导航技术研究	南京理工大学
BK20131353	多用户环境下数字签名的新构造与安全性研究	南京理工大学
BK20131354	低照度下抗大气扰动成像方法研究	南京理工大学
BK20131355	γ 辐射高级氧化还原技术降解水中氟喹诺酮抗生素的研究	南京航空航天大学
BK20131356	力电热耦合作用下石墨烯表面褶皱和摩擦性能研究	南京航空航天大学
BK20131357	图的拓扑指标与图参数的极值问题及相关问题	南京航空航天大学
BK20131358	电活性高分子驱动器件微型化的关键问题研究	南京航空航天大学
BK20131359	超磁致伸缩电静液一体作动输出多物理场耦合机理研究	南京航空航天大学
BK20131360	分布式发电系统中电力电子装置谐波振荡与稳定性研究	南京航空航天大学
BK20131361	多线微细电解线切割加工技术基础研究	南京航空航天大学
BK20131362	压电纤维的制备及其在复合材料结构健康监测中的应用	南京航空航天大学
BK20131363	输入串联型逆变器系统的分布式控制及其容错技术研究	南京航空航天大学
BK20131364	基于频域分析的主动容错控制及其在直升机中的应用研究	南京航空航天大学
BK20131365	基于正则化方法的二维条码图像盲目复原技术研究	南京航空航天大学

续表 3-4

项目编号	项 目 名 称	承 担 单 位
BK20131366	复杂低空飞行态势适应演化机理研究	南京航空航天大学
BK20131367	振荡试验确定含水层渗透参数的薄壁效应研究	河海大学
BK20131368	江苏省大范围旱情监测预测方法研究	河海大学
BK20131369	太阳能 DSG 吸热管内嵌金属泡沫的均化温度场机理与方法研究	河海大学
BK20131370	太湖近底边界紊动对悬浮物关键动力过程影响机理研究	河海大学
BK20131371	湿度-温度耦合下码头 CFRP 加固桩基钢筋锈蚀性能研究	河海大学
BK20131372	摩擦滑移接触与切削大变形精细模拟的 SPH 无网格法	河海大学
BK20131373	实现纳米 / 超细晶块体金属“腐蚀自抑制”的显微因素研究	河海大学
BK20131374	基于结合氯离子失稳特性的高效脱盐方法研究	河海大学
BK20131375	外围取代基团电子云密度对咔唑类功能材料的性能调控	南京邮电大学
BK20131376	用于高效光降解有机物的纳米复合材料	南京邮电大学
BK20131377	融合压缩感知的网络编码稳健性技术研究	南京邮电大学
BK20131378	基于多核 Map-Reduce 的半监督模块化集成学习研究	南京邮电大学
BK20131379	高密度单光子雪崩二极管阵列探测器关键技术研究	南京邮电大学
BK20131380	低压下穿孔微机械谐振器件的挤压膜阻尼机理	南京邮电大学
BK20131381	基于事件触发机制的多群组刚体姿态协同控制方法研究	南京邮电大学
BK20131382	面向信息物理融合系统的多 Agent 协作模型与验证技术研究	南京邮电大学
BK20131383	聚合物波导中偏振分光与光学混频多功能集成及器件制备	南京邮电大学
BK20131384	甲状旁腺素相关肽核定位序列与 C 末端通过抑制氧化应激和 DNA 损伤发挥延缓衰老的机制研究	南京医科大学
BK20131385	融合多水平组学数据系统识别介导药物应答变异的 microRNA 多态	南京医科大学
BK20131386	TRAF6 调控补体 C5b-9 复合物致大鼠 Thy-1 肾炎增生病变的分子机制	南京医科大学
BK20131387	酒精暴露对外侧缰核谷氨酸能递质信号的影响及其分子机制研究	南京医科大学
BK20131388	先天性巨结肠发生新机制:miR-218-1 介导肠神经嵴细胞迁移和增殖障碍	南京医科大学
BK20131389	FoxO1 靶基因 Ppa1 在胰岛 β 细胞中的功能及其作用机制研究	南京医科大学
BK20131390	新型依达拉奉-NMDA 受体 NR2B 选择性拮抗剂孪药的设计、合成及生物活性研究	南京医科大学
BK20131391	室旁核 Ang-(1-7)在慢性心力衰竭大鼠增强的心交感传入反射和交感神经过度激活中的调控作用研究	南京医科大学
BK20131392	E2/ER 调控轴调节人牙髓干细胞定向分化和牙髓再生的 NF-κB 通路机制研究	江苏省口腔医院
BK20131393	可分解设计及其应用	南京师范大学
BK20131394	具有诊疗功能的竹红菌甲素纳米复合体系的研究	南京师范大学
BK20131395	铂、钯纳米粒子表面化学功能化:氧还原反应活性及耐醇性研究	南京师范大学
BK20131396	稀土 Eu 纳米材料的电致化学发光性能及应用研究	南京师范大学
BK20131397	一种聚氨酯心、血管补片材料的设计及生物相容性研究	南京师范大学
BK20131398	磁性光子晶体微球液相芯片固相富集，净化及高通量检测农产品中多元真菌毒素研究	南京师范大学
BK20131399	气候变化与土地利用对滨海湿地外来入侵植物潜在分布的影响	南京师范大学
BK20131400	北部湾中华白海豚 Fishion-Fushion 的社会网络模式及驱动力分析	南京师范大学
BK20131401	三角帆蚌非补体 C1q 在先天免疫中的功能	南京师范大学
BK20131402	基于不连续动力学系统理论的混沌电路系统同步与保密通信应用	南京师范大学
BK20131403	时间与事件混合驱动的网络控制系统通信与控制研究	南京师范大学

续表 3-4

项目编号	项 目 名 称	承 担 单 位
BK20131404	钪的氟化物纳米晶的合成与应用	南京工业大学
BK20131405	基于合成生物学构建花生四烯酸异源生物合成新途径研究	南京工业大学
BK20131406	基于全局转录机器工程的大肠杆菌耐酸表型的分子机制研究	南京工业大学
BK20131407	介电弛豫谱方法实时监测微、纳米核 / 壳药物释放体系的动电性质的研究	南京工业大学
BK20131408	水凝胶的设计合成及其自愈合性能研究	南京工业大学
BK20131409	楔形 TiO_2 纳米管组装宽光谱太阳能电池	南京工业大学
BK20131410	土-建筑群动力相互作用机理及其地震响应特征研究	南京工业大学
BK20131411	NiTi 合金垫片本构模型及其法兰接头设计准则研究	南京工业大学
BK20131412	大气压高活性射流阵列放电等离子体特性研究及应用基础	南京工业大学
BK20131413	有机半导体器件中磁阻现象的研究	南京工业大学
BK20131414	基于 SGLT2 的不同构型抑制剂的构效关系研究	南京中医药大学
BK20131415	GFP 示踪结合 EphA2 靶向干扰研究麦冬皂苷 B 对 A549 细胞的体内迁移抑制和凋亡诱导作用	南京中医药大学
BK20131416	基于癌毒病机的消癌解毒方干预肿瘤微环境的分子机制	南京中医药大学
BK20131417	葛根素对靶向成骨细胞 Runx2 的 miRNA 的调节作用	南京中医药大学
BK20131418	桑柏生发方对毛发再生中 VEGF、IL-1 等信号通路干预的研究	南京中医药大学
BK20131419	基于 Caveolin-1/PI3K/AKt 和 Fas 信号通路探讨骨痹方治疗膝骨关节炎的分子机制	南京中医药大学
BK20131420	高温二维单原子层磁性材料的研究	南京林业大学
BK20131421	分月扇舟蛾气味结合蛋白基因的克隆和功能分析	南京林业大学
BK20131422	航空喷雾雾滴飘移行为及控制机理研究	南京林业大学
BK20131423	黑曲霉调控 GH 72 家族耐高糖 β-葡萄糖苷酶基因表达的分子机制	南京林业大学
BK20131424	有机栽培基质氮素矿化和有效性变化的酶学机理	南京林业大学
BK20131425	基于纤维素气凝胶为载体的光催化剂的制备及构效关系	南京林业大学
BK20131426	米根霉嗜热性进化及木质纤维基高温同步糖化发酵研究	南京林业大学
BK20131427	冷等离子体助离子液体活化木质素改性胶黏剂	南京林业大学
BK20131428	石墨烯和类石墨烯结构在外场下的电学和光学性质及其器件设计研究	南京信息工程大学
BK20131429	离子液体超支化及树形聚合物捕获雾霾空气污染物中氮氧化物(NOx)的特性研究	南京信息工程大学
BK20131430	稻田甲烷产生对 UV-B 增强和施硅交互作用的响应机制	南京信息工程大学
BK20131431	东印度洋—西太平洋暖池增暖对东亚夏季风影响的机理研究	南京信息工程大学
BK20131432	由春至夏南亚高压建立的年际变化特征及其对我国东部夏季降水的影响	南京信息工程大学
BK20131433	毫米波云雷达反演层云云滴有效半径	南京信息工程大学
BK20131434	基于碳博弈视角的江苏省碳减排路径及相关审计问题研究	南京财经大学
BK20131435	超高压对沙门氏菌的影响及杀菌机理研究	南京财经大学
BK20131436	白杨素基于 PP2A-PI3Kδ/AKT-HDAC2 途径逆转支气管哮喘激素不敏感的机制研究	南京医科大学第二附属医院
BK20131437	miR-491/αB-crystallin 调控 EMT 过程中肿瘤细胞干性获得在肝癌转移中的作用及机制	南京医科大学第二附属医院
BK20131438	内皮祖细胞促进胃癌肝转移发生及其机制的实验研究	江苏省肿瘤防治研究所
BK20131439	hOGG1 基因遗传变异与Ⅱ型卵巢癌易感机制研究	江苏省肿瘤防治研究所
BK20131440	血小板特异性抗原基因多样性与献血者 HCV 感染的相关性研究	江苏省血液中心

续表 3–4

项目编号	项 目 名 称	承 担 单 位
BK20131441	胃旁路术中小肠糖异生的作用及机制研究	江苏省人民医院
BK20131442	DAZ1/DAZ2 和 DAZ3/DAZ4 在生精机制中的作用研究	江苏省人民医院
BK20131443	α7–nAChRs 对脑内神经胶质细胞功能的调节及与帕金森病的相关性研究	江苏省人民医院
BK20131444	lncRNA 2700086A05Rik 参与百草枯致肺纤维化的分子机制研究	江苏省人民医院
BK20131445	内质网应激分子 CHOP 在急性肝功能衰竭中作用及机制研究	江苏省人民医院
BK20131446	Tenascin–C 在动脉粥样硬化斑块及心肌缺血梗死组织中表达的 MR 成像实验研究	江苏省人民医院
BK20131447	let–7a/PKM2 信号通路在胃癌血管新生中作用及机制研究	江苏省人民医院
BK20131448	原肌球蛋白 1(TPM1)在胆管癌中失调的表观遗传学机制及其调控胆管癌失巢凋亡的机制研究	江苏省人民医院
BK20131449	S1P 信号通路与脓毒症心功能障碍的关系	江苏省人民医院
BK20131450	发热伴血小板减少综合征感染相关 miRNA 抗干扰素分子机制研究	江苏省疾病预防控制中心
BK20131451	microRNA 在 HIV 早期诊断及抗病毒中的作用研究	江苏省疾病预防控制中心
BK20131452	环太湖城市群空气污染物扩散的局地热力环流影响研究	江苏省环境监测中心
BK20131453	克氏原螯虾 RNAi 通路关键蛋白–Argonaute 的分子克隆、互作蛋白筛选及其在抗病毒感染中的功能	江苏省淡水水产研究所
BK20131454	郯庐断裂带中段(苏鲁段)岩石圈小尺度介质非均匀性研究	江苏省地震局
BK20131455	纳米粒联合 131I–antiAFP McAb 标记靶向治疗肝癌的实验研究	江苏省中医院
BK20131456	基于上调 Sirt1 改善脂肪组织微环境探讨血脂康干预高血压代谢紊乱的作用机制	江苏省中医院
BK20131457	温肾消癥汤抑制异位子宫内膜间质干细胞增殖和迁移的作用及其机制	江苏省中医药研究院
BK20131458	针刺抑制基质金属蛋白酶可延长脑梗死溶栓时间窗的研究	江苏省第二中医院
BK20131459	登陆台风低压维持再度引发暴雨机理及预报技术研究	江苏省气象台
BK20131460	GPS 射电源的 VLBI 多波段偏振研究	中国科学院紫金山天文台
BK20131461	深空导航与测控中光信号传播的相对论架构	中国科学院紫金山天文台
BK20131462	多环芳烃污染农田土壤中氨氧化微生物群落特征与活性研究	中国科学院南京土壤研究所
BK20131463	厌氧环境中 DOM 与汞络合及氧化/还原作用机制	中国科学院南京土壤研究所
BK20131464	太湖草、藻型湖区沉积物反硝化中氧化亚氮还原差异研究	中国科学院南京地理与湖泊研究所
BK20131465	太湖荇菜根际有机磷转化特征及其影响机制研究	中国科学院南京地理与湖泊研究所
BK20131466	蓝藻水华来源有机物微生物可利用性的转化及对湖泊碳存储的影响	中国科学院南京地理与湖泊研究所

表 3–5 江苏省 2013 年度新上科技支撑计划项目

项目编号	项 目 名 称	承 担 单 位
BE2013001	北斗卫星导航系统在工业控制领域的应用技术研究	南京南瑞集团公司
BE2013002	新一代功率电力电子器件关键技术研究	无锡华润华晶微电子有限公司
BE2013003	多功能冗余自由度双臂工业机器人开发及示范应用	常州先进制造技术研究所
BE2013004	石墨烯在大尺寸(5~15 英寸)移动智能终端中的应用关键技术研究	江南石墨烯研究院
BE2013005	分布式光伏发电并网系统技术、系统智能检测及运行技术研究	江苏正辉太阳能电力有限公司
BE2013006	高性能锂离子电池用关键材料的研发与制备	中国科学院苏州纳米技术与纳米仿生研究所
BE2013007	基于半导体激光器的下一代微投影显示全产业链核心关键技术开发	中国科学院苏州纳米技术与纳米仿生研究所
BE2013008	低功耗射频标签设计及制造技术	南通富士通微电子股份有限公司
BE2013009	自补偿数控超大型精密剪切成套装备及关键技术研究	江苏中威重工机械有限公司

续表 3-5

项目编号	项 目 名 称	承 担 单 位
BE2013010	新一代轻型无人直升机关键技术研发	扬州德可达科技有限公司
BE2013011	大功率中高压海工电力驱动系统关键技术研究	镇江中船设备有限公司
BE2013012	基于数字化微喷工艺的三维打印设计与制造技术及其装备研发	江苏省生产力促进中心
BE2013013	江苏省 IPTV 集成播控内容平台关键技术研发及应用示范	江苏省广播电视集团有限公司
BE2013014	面向广电网络的智能交互电视技术研发及应用示范	江苏省广电有线信息网络股份有限公司
BE2013015	基于云技术的数字教学系统研发及应用	江苏凤凰信息技术有限公司
BE2013016	大屏展示可视化调度系统关键技术研发	江苏电力信息技术有限公司
BE2013017	全媒体数字网报云服务平台关键技术研发	江苏联著实业有限公司
BE2013018	制造链协作云服务支撑系统研发	江苏省金思维信息技术有限公司
BE2013019	面向业务的多终端动态协同构造机制研究	江苏省邮电规划设计院有限公司
BE2013020	云计算固件关键技术的研发	南京百敖软件股份有限公司
BE2013021	基于微脉冲技术的高能效工业烟气除尘核心装置研发	南京国电环保科技有限公司
BE2013022	宁天城际地铁车辆研制	南京南车浦镇城轨车辆有限责任公司
BE2013023	高速高精度贴片机建模仿真及运动控制关键技术研究	江苏南极星科技有限公司
BE2013024	高性能镀膜用镍铬稀土溅射靶材制备及应用研究	南京达迈科技实业有限公司
BE2013025	电磁共振式无线电能传输充电装置开发	江苏雅迪科技发展有限公司
BE2013026	基于厚膜工艺的玻璃微熔压力传感器开发	无锡华阳科技有限公司
BE2013027	第三代“针头可回缩式安全注射器”全自动化生产的高精密模具的研发	无锡星创生物技术有限公司
BE2013028	废(污)水资源化 MBR 技术高品质膜材料的创新研发	江苏碧水源环境科技有限责任公司
BE2013029	非制冷红外图像传感集成系统的研究	无锡艾立德智能科技有限公司
BE2013030	绿色高性能纳米复合环氧微电子封装材料	无锡创达电子有限公司
BE2013031	新型中空纤维纳滤膜制备及其应用关键技术	江阴市向阳科技有限公司
BE2013032	基于水浴淬火+热镀锌技术的高性能金属线材制品新技术研究	江苏法尔胜泓昇集团有限公司
BE2013033	低频振动速度传感器与旋转机群信号同步采集监测分析系统的关键技术研究	江阴市第三电子仪器有限公司
BE2013034	国产第三代核电蒸汽发生器用 690 合金 U 形管研制及关键技术研究	宝银特种钢管有限公司
BE2013035	超高层建筑钢结构制造、施工全过程建模仿真及关键技术研究	江苏沪宁钢机股份有限公司
BE2013036	精密铸造废弃型砂综合利用关键技术及其应用研究	江苏省陶瓷研究所有限公司
BE2013037	多酶耦合催化生产高值丙氨酸的短流程工艺开发	宜兴市前成生物有限公司
BE2013038	GD6 型高压氦气隔膜压缩机及其控制系统关键技术研究	江苏恒久机械有限公司
BE2013039	基于 Barracuda 软件的流化床颗粒硅沉积技术开发	江苏中能硅业科技发展有限公司
BE2013040	大吨位工程机械多挡位电控动力换档变速器	徐州良羽科技有限公司
BE2013041	高速重载作业混联搬运机器人关键技术研究	江苏省久祥汽车电器集团有限公司
BE2013042	超低排放非道路柴油机新型清洁燃烧关键技术研究	常柴股份有限公司
BE2013043	管式双电池型宽域氧传感器的研制	常州联德电子有限公司
BE2013044	新能源车辆刹车真空助力器用电子真空泵	常州市东南电器电机有限公司
BE2013045	EFT 电化学处理电镀废水技术研究	常州市武进天工机械制造有限公司
BE2013046	高速列车制动闸片用 C/C 骨架填充改性摩擦材料制备技术研究	常州南车铁马科技实业有限公司
BE2013047	网络电视数字媒体的移动云平台的开发和应用	常州网视领航网络科技有限公司
BE2013048	AC 系列微电机全自动连续生产线智能装备技术研发	常州新区金康精工机械有限公司
BE2013049	LED 灯具在线快速热稳态测试系统技术研发	光宝光电(常州)有限公司
BE2013050	无人直升机制造及加工关键技术研究	新誉集团有限公司
BE2013051	纺织品的超临界 CO_2 无水生态退浆前处理关键技术研发	苏州大学
BE2013052	基于电响应的超高密度信息存储有机材料设计合成及其纳米器件制备工艺研究	苏州大学

续表 3–5

项目编号	项 目 名 称	承 担 单 位
BE2013053	数字扬声器的芯片研发	苏州市上声电子有限公司
BE2013054	面向文化创意产业的在线创作服务平台关键技术研发	中国传媒大学苏州研究院
BE2013055	基于自主核心芯片和 IVI 技术的 IPv4/IPv6 互通设备的研发	盛科网络(苏州)有限公司
BE2013056	基于纳米制造的传感器件制备、检测技术研究与应用	中国科学院苏州纳米技术与纳米仿生研究所
BE2013057	基于电流体微喷技术的微纳生物功能器件 3D 打印装备与工艺开发	苏州工业园区新国大研究院
BE2013058	基于 Flexi 引擎开发	苏州市蜗牛电子有限公司
BE2013059	YDG 型土压平衡矩形盾构机的关键技术研究	江苏银旭隧道机械有限公司
BE2013060	报废汽车材料回收工艺及装备关键技术研究	常熟理工学院
BE2013061	新型清洁三氟氯乙烯工艺开发研究	常熟三爱富氟化工有限责任公司
BE2013062	玻璃模具等离子堆焊 Ti_3SiC_2 基高温耐磨耐蚀纳米复合材料制备及性能研究	苏州东方模具科技股份有限公司
BE2013063	TDB 2000–5000L 系列超大型中空成型机生产线的研发	苏州同大机械有限公司
BE2013064	基于激光烧结工艺的陶瓷粉末 3D 成形设备及工艺研发	江苏永年激光成形技术有限公司
BE2013065	可降解支架超快激光切割系统的研究与开发	昆山思拓机器有限公司
BE2013066	20W 级板条型紫外激光器的研发	苏州镭创光电技术有限公司
BE2013067	低功耗低速短距无线体域网核心技术研发	中科院微电子研究所昆山分所
BE2013068	高效太阳能选择吸收涂层及其热利用关键技术研究	江苏奥蓝工程玻璃有限公司
BE2013069	MW 级太阳能热发电新型蒸汽涡轮机研发	江苏金通灵流体机械科技股份有限公司
BE2013070	槽式太阳能 DSG 集热器系统集成与开发	南通河海大学海洋与近海工程研究院
BE2013071	基于有机 / 无机复合纳米纤维超滤膜制备及废水处理关键技术研究	南通水山环保设备有限公司
BE2013072	气流气泡纺制备纳米纤维及其机理研究	南通苏州大学纺织研究院
BE2013073	基于光电响应性半导体纳米材料的生物传感器的研制	南通明芯微电子有限公司
BE2013074	低成本二氧化碳捕获关键技术和装备的研发	江苏润丰环境工程有限公司
BE2013075	绿色水性涂料基料羧甲基纤维素硝酸酯工艺研发	南通泰利达化工有限公司
BE2013076	智能电视云服务系统研发	连云港伍江数码科技有限公司
BE2013077	兆瓦级风机叶片结构设计用国产原材料性能数据库开发	连云港中复连众复合材料集团有限公司
BE2013078	基于物联网的太阳能工程供热系统开发	日出东方太阳能股份有限公司
BE2013079	新型高效低成本多晶硅片的集成技术研究	晶海洋半导体材料(东海)有限公司
BE2013080	低成本高孔隙率凹土纳米纤维陶瓷微滤膜制备关键技术及在发酵液澄清中的应用开发	淮阴师范学院
BE2013081	生物医药用工业制备超临界流体色谱系统的开发	江苏汉邦科技有限公司
BE2013082	纳米凹土基电流变智能材料的关键技术研发	江苏汇丰矿业有限公司
BE2013083	改性凹凸棒土与纤维素共聚制备环境友好型絮凝剂的关键技术研究及中试示范	中科院广州能源所盱眙凹土研发中心
BE2013084	储能电池(钒电池)用复合全氟离子交换膜研发	淮安科润膜材料有限公司
BE2013085	钢渣吸附去除废水中重金属的技术研发	江苏中建材环保研究院有限公司
BE2013086	高压脉冲放电等离子体污水处理装置关键技术研究	中科天工电气科技有限公司
BE2013087	LED 矩阵照明器件与系统开发	江苏生辉光电科技有限公司
BE2013088	新型无线激光宽带传输成套设备与产品关键技术研发	江苏海虹电子有限公司
BE2013089	三网融合环境下数码识别多媒体互动系统的研究开发与应用	扬州广电网络有限公司
BE2013090	基于太阳能光热利用的金属掺杂气凝胶复合薄膜开发研究	扬州天辰精细化工有限公司
BE2013091	超(特)高压 GIS 用铠装式 SF6 气体绝缘成套试验系统的研发	江苏盛华电气有限公司
BE2013092	基于纳米材料的混凝–快滤一体化水处理关键技术与装备研发	江苏新天鸿集团有限公司
BE2013093	页岩气钻采新技术及配套自转式空气锤研制	江苏中油天工机械有限公司

续表 3–5

项目编号	项 目 名 称	承 担 单 位
BE2013094	新型 1500 米量级 MgB_2 高温超导材料及制备技术研发	宝胜集团有限公司
BE2013095	塑性成形轻质结构屏蔽泵的优化技术研究与开发	江苏大学
BE2013096	先进汽车新型蓄能悬架关键技术研究与开发	江苏大学
BE2013097	重复频率高能短脉冲激光冲击加工关键技术及其装备研制	江苏大学
BE2013098	超大反应器生产高纯度氯乙酸绿色工艺研究	江苏格林艾普化工股份有限公司
BE2013099	四维光电传感阵列 SOC 芯片开发及其应用	益海芯电子技术江苏有限公司
BE2013100	千瓦级高亮度连续光纤激光器及核心器件的研发	江苏天元激光科技有限公司
BE2013101	高效绿色纳米 SiC 新型催化材料技术研究与开发	江苏环太集团有限公司
BE2013102	新型柔性 OLED 油墨材料和印刷技术开发	江苏生美工业技术集团有限公司
BE2013103	面向变压器产业的系统设计云平台研发	江苏中电变压器制造有限公司
BE2013104	超级环保节能空调器的研发	江苏春兰制冷设备股份有限公司
BE2013105	用于淘汰替代 R22 的 CO_2 及 R32 制冷剂压缩机技术研究	江苏雪梅制冷设备有限公司
BE2013106	高性能薄壁镁合金离心精铸构件的制备及其关键技术研究	泰州海华机械制造有限公司
BE2013107	船舶高效智能化机器人激光电弧复合焊接技术与装备研发	泰州南京理工大学研究院
BE2013108	重金属污染监测分析关键技术的研究与应用	江苏江分电分析仪器有限公司
BE2013109	基于微晶砂轮的航空发动机关键部件高效精密磨削技术研究与应用	江苏苏北砂轮厂有限公司
BE2013110	大型智能化高压高效立式压滤装备及关键技术研究	江苏新宏大集团有限公司
BE2013111	增材制造(3D 打印)用高性能激光烧结金属粉末材料的研发	江苏星火特钢有限公司
BE2013112	面向半导体照明及显示器背光源产业的量子点负载的新型荧光材料的开发研究	江苏中丹化工技术有限公司
BE2013113	高分子材料智能生产装备与实时过程管理系统研究	正将自动化设备(江苏)有限公司
BE2013114	高强韧原位纳米颗粒增强铝合金复合汽车轮毂制造关键技术研发	江苏新创雄铝制品有限公司
BE2013115	江苏省页岩气储集系统精细表征与评价技术研发	南京大学
BE2013116	基于网络编码的云存储平台关键技术及应用	南京大学
BE2013117	创新型省份建设和创新型经济发展研究	南京大学
BE2013118	光电建筑中新型石墨烯–纳米晶光伏组件集成研究	东南大学
BE2013119	面向海洋工程的非传统水下光纤激光切割新技术与装备研究	东南大学
BE2013120	高精密数控机床用初级永磁直线电机系统关键技术研发	东南大学
BE2013121	太阳能与生物质能联产多级热利用技术研究及示范	东南大学
BE2013122	航空航天难加工材料孔高速高效珩磨关键技术研究	南京航空航天大学
BE2013123	基于超塑成形 / 扩散连接工艺的航空发动机宽弦空心风扇叶片制造技术研发	南京航空航天大学
BE2013124	耐海洋气候腐蚀隔音减震金属基复合材料的研制	南京航空航天大学
BE2013125	城市轨道交通运行图优化与能耗管理控制技术研究	南京理工大学
BE2013126	高性能杂原子掺杂石墨烯纳米复合电极材料的研制	南京理工大学
BE2013127	高湿污泥移动床高温催化裂解制高氢燃气技术与装备研制	南京工业大学
BE2013128	内衬增强型 MBR 专用 PVDF 膜管制备技术研究	南京工业大学
BE2013129	基于高效聚光与金属网基波纹管相变蓄热的太阳能锅炉节能成套技术研发	南京工业大学
BE2013130	基于磁共振的远距离无线充电关键技术研究与系统开发	南京邮电大学
BE2013131	光催化快速负载工艺在雾霾城市医院手术室及 ICU 空气净化中的应用研究	中国科技开发院江苏分院
BE2013301	优质高产抗黑条矮缩病水稻新品种选育	江苏明天种业科技有限公司
BE2013302	草莓高架集约化设施种植技术集成创新与示范	南京傅家边草莓科技开发有限公司
BE2013303	秸秆堆肥 CO_2 调控技术集成创新与关键装备示范	南京良华农业科技发展有限公司

续表 3–5

项目编号	项 目 名 称	承 担 单 位
BE2013304	横溪西瓜优质高效轻简栽培技术集成与示范	南京市江宁区横溪现代园艺科技示范园
BE2013305	食用菌培养瓶智能化清洗装备的研发	农业部南京农业机械化研究所
BE2013306	食(药)用菌功能成分高效制备及质量检控关键技术研究与新产品开发	南京老山营养保健品有限公司
BE2013307	益生全豆微乳生物制造技术研究及新产品开发	南京果果食品有限公司
BE2013308	红豆杉饲料添加剂功能研究与产品开发	南京黑玉特种家禽养殖专业合作社
BE2013309	黑莓、蓝莓新品种及高效栽培技术集成创新与示范	南京中植农业科技开发有限公司
BE2013310	农村科技服务超市高淳特种水产产业分店与便利店建设	南京福斯特牧业科技有限公司
BE2013311	低温方便米饭生产关键技术研究与产业化	江南大学
BE2013312	环境友好型富磷有机肥制备关键技术及应用示范	无锡清大绿丰科技发展有限公司
BE2013313	夏秋茶全程机械化生产及发酵茶新产品开发关键技术研究	无锡市茶叶品种研究所有限公司
BE2013314	用于畜禽生态养殖模式的新型芽孢杆菌制剂的研究及推广应用	无锡市南洋农畜业有限公司
BE2013315	黄鳝规模化生态繁殖及高效养殖技术的研究与示范	中国水产科学研究院淡水渔业研究中心
BE2013316	晚成熟大规格长江系河蟹良种高效选育	中国水产科学研究院淡水渔业研究中心
BE2013317	转人乳铁蛋白基因功能型奶牛新品种培育	无锡科捷诺生物科技有限责任公司
BE2013318	名特优果蔬冷藏保鲜关键技术及装备的研究与示范	宜兴市常福制冷设备有限公司
BE2013319	托佩克猪良种繁育和高效生态养殖技术示范推广	宜兴市科兴养猪专业合作社
BE2013320	邳州大蒜新品种引进及优质安全高效生产技术集成创新与示范	江苏开心农场农业发展有限公司
BE2013321	杏鲍菇品种选育及工厂化栽培技术集成示范	江苏鸿升食用菌有限公司
BE2013322	蛹虫草培养基中活性多糖绿色提取富集关键技术研究及新产品开发	徐州鸿宇农业科技有限公司
BE2013323	英国 PIC 配套系猪引繁及规模化生态健康养殖技术集成与示范	沛县龙固镇戊子养殖场
BE2013324	红掌自动化高效栽培系统开发与示范	常州家绿林果园艺有限公司
BE2013325	酶转化甜菊糖低值副产品的绿色精深加工技术与新产品开发	常州市牛塘化工厂有限公司
BE2013326	江苏农村科技服务超市武进特色畜禽分店、便利店建设	江苏立华牧业有限公司
BE2013327	优质无花果新品种引进与高效免农药栽培技术集成创新	常州市圣王果蔬有限公司
BE2013328	养殖水体与农村生活污水处理技术体系及关键设备研发	江苏金梓环境科技有限公司
BE2013329	“雪里红”等新品种脆肉型哈密瓜东南移标准化栽培与示范推广	江苏天目湖生态农业有限公司
BE2013330	优质特色果、叶两用桑品种选育及分子标记研究	溧阳市苏南蚕桑研究所
BE2013331	茶果间种与立体养殖复合生态模式建设及农业废弃物循环利用和装备技术研究开发	溧阳市欣龙生态农业发展有限公司
BE2013332	现代智能化生态种养殖循环模式集成创新与示范	江苏海之客农业发展有限公司
BE2013333	江苏农村科技服务超市金坛茶产业分店建设	江苏鑫品茶业有限公司
BE2013334	苏南平原种养系统物能高效循环技术集成创新与试点	江苏太湖地区农业科学研究所、太仓市农业技术推广中心、东林合作农场
BE2013335	“槎湾 3 号”碧螺春专用茶树新品种优质高效栽培技术集成创新与示范	苏州市东山吴依碧螺春茶叶专业合作社
BE2013336	生物发酵抑菌技术在水产品加工中的应用	苏州市多润多农业科技有限公司
BE2013337	黑叶香青菜提纯复壮及配套栽培技术集成创新与示范	苏州市吴中区东山雨花绿蔬菜专业合作社
BE2013338	基于物联网技术的设施农业智能高效施药喷灌系统研发	苏州博田自动化技术有限公司
BE2013339	食品生物防腐剂丙酸杆菌素的微生物发酵技术及关键基因的研究	常熟理工学院
BE2013340	江苏肉丝瓜新品种优质高效栽培技术集成创新与示范	常熟市董浜镇里睦蔬菜专业合作社
BE2013341	常熟设施蔬菜农村科技服务超市建设	常熟市新港农产品产销有限公司

续表 3–5

项目编号	项 目 名 称	承 担 单 位
BE2013342	集约化生态植物种植设备研究与示范	常熟小农人农业科技发展有限公司
BE2013343	江苏省农村科技服务超市张家港葡萄专业分店建设	张家港市神园葡萄科技有限公司
BE2013344	新型高效水产动物饲料用抗炎免疫蛋白关键技术研究	昆山贝瑞康生物科技有限公司
BE2013345	中梅山猪专门化母系选育及其与巴克夏猪杂交配套研	昆山市梅山猪保种有限公司
BE2013346	工厂化袋栽杏鲍菇(还原型)液体菌种选育及应用	昆山市正兴食用菌有限公司
BE2013347	生物诱导三眠蚕茧及超细纤度茧丝与新面料的开发研究	江苏华佳投资集团有限公司
BE2013348	盆栽非洲菊优良新品种培育及脱毒种苗快繁技术集成与示范	太仓戈林农业科技有限公司
BE2013349	大规格仿野生中华鳖生态养殖技术示范与推广	太仓市西湖川水产专业合作社
BE2013350	优质高产高油大豆种质创新与新品种选育	江苏沿江地区农业科学研究所
BE2013351	海滨锦葵新品种选育	江苏沿江地区农业科学研究所
BE2013352	以设施蚕豆为主体的农牧耦合生态农业模式技术集成创新与试点	江苏沿江地区农业科学研究所
BE2013353	丰产、优质、耐热杂交小白菜新品种选育	南通市蔬菜科学研究所
BE2013354	暗纹东方鲀大规模家系选育技术及优良品系培育	江苏中润农业发展有限公司
BE2013355	稻田生态种养复合系统物质能量大循环技术模式集成创新与应用	南通市百味食品有限公司
BE2013356	江苏省农村科技服务超市如东紫菜分店和便利店建设	南通海达水产食品有限公司
BE2013357	沿海滩涂高效生态经济造林与生态优化保护关键技术研发	江苏津启沿海生态环境研发有限公司
BE2013358	紫菜的酶解深加工技术及新产品研发	南通千鹤食品有限公司
BE2013359	特定分子量氨基多糖与微量元素络合制剂提高西瓜品质产量技术集成与示范	启东生物医药产业基地科技服务有限公司
BE2013360	基于农业废弃物增值利用的种养结合循环农业新模式的构建	南通华实生态农业科技发展有限公司
BE2013361	设施蔬菜水旱轮作生态种植模式研究与应用	如皋禾盛现代农业科技发展有限公司
BE2013362	农业生物质废弃物制备新型食品功能因子——纳米改性纤维素及其气凝胶关键技术研究	南通联海维景生物有限公司
BE2013363	脊尾白虾快速生长新品系选育	淮海工学院
BE2013364	农业废弃物在食用菌生产中的高效循环利用技术与关键装备研究示范	连云港国鑫食用菌成套设备有限公司
BE2013365	自走式叶类蔬菜智能收获机研发与集成示范	连云港元天农机研究所
BE2013366	新型高效复合抗菌微生物添加剂的关键技术研究与应用	南京大学连云港高新技术研究院
BE2013367	彩色马蹄莲高效栽培技术集成创新与示范	东海县花卉研究推广站
BE2013368	耐盐白榆等新品种引繁及海涂栽培技术集成创新与示范	赣榆县常青藤园林工程有限公司
BE2013369	银鲳高效养殖技术及活体保鲜远程运输技术集成创新示范	赣榆县华宏海珍品养殖有限公司
BE2013370	三疣梭子蟹优质高效养殖技术优化与活体运输技术集成示范	赣榆县佳信水产开发有限公司
BE2013371	紫山药种薯扩繁及轻简有机型栽培技术研究与示范推广	灌云县兴云生态农业有限公司
BE2013372	基于智能视觉物联网的名贵花卉生长环境测控系统研发和示范	连云港新春园艺有限公司
BE2013373	规模化肉羊养殖高效循环农业模式技术集成创新与示范	淮安绿地生态农业有限公司
BE2013374	出口露地蔬菜新种引进及优质安全高效生产技术集成与示范	淮安市天益食品有限公司
BE2013375	可替代抗生素的凹土基益生菌微胶囊饲料添加剂制备的关键技术研究	淮阴工学院
BE2013376	基于凹土对淮安红椒连作土壤自毒作用的修复剂的制备和关键技术	淮阴工学院
BE2013377	挤压处理原料高效生产酱油的技术研究与产业化	江苏苏美食品有限公司
BE2013378	基于天然饵料增殖与能量循环的克氏原螯虾养殖模式研究	江苏盱眙恒旭科技有限公司
BE2013379	地方特色露地豆类蔬菜抗病虫、耐盐碱材料挖掘与利用研究	江苏沿海地区农业科学研究所
BE2013380	优质高产抗病、虫棉花新品种(组合)选育	江苏沿海地区农业科学研究所、江苏省农业科学院经济作物研究所
BE2013381	新型酪酸菌等复合微生态菌的一步法高效混合发酵技术的开发及应用	江苏远山生物技术有限公司

续表 3–5

项目编号	项 目 名 称	承 担 单 位
BE2013382	集约化养猪场沼液高效、安全与持续利用的生态农业模式创新与试点	中粮肉食(江苏)有限公司
BE2013383	新型微生物杀菌剂——解淀粉芽孢杆菌可湿性粉剂的创制及产业化	江苏苏滨生物农化有限公司
BE2013384	基于防治水稻纹枯病的特效药——噻呋酰胺的新绿色合成工艺及制剂的研究	盐城利民农化有限公司
BE2013385	设施蔬菜土传病害生物拮抗种衣剂的研究与应用	江苏里下河地区农业科学研究所
BE2013386	高繁早熟优质肉鸡配套系的选育	江苏省家禽科学研究所
BE2013387	反刍动物氮素高效利用型巨大芽孢杆菌制剂的关键技术研究	扬州大学
BE2013388	特色水生蔬菜优质新品种选育及高效栽培技术研究	扬州大学、苏州市蔬菜研究所
BE2013389	芍药耐热新品种选育	扬州大学
BE2013390	高活性复合肉品发酵剂的研制与开发	扬州大学
BE2013391	奶牛结核防控新技术研究与应用	扬州大学
BE2013392	利用 GBLUP 技术选育冰鲜型优质鸡	扬州大学
BE2013393	安全环保型饲料生产关键技术在专业合作社模式中的集成与示范	扬州大学、常州鸿图生猪专业合作社、常州立华养鸡专业合作社
BE2013394	优质食味水稻机械化、标准化生产技术集成与示范	扬州大学、泰州富农农作物良种专业合作社
BE2013395	集约化设施种植环境要素智能控制关键技术研究与开发	江苏洁澜现代农业装备有限公司
BE2013396	分散型生活污水、养殖水体智能实时控制生物脱氮技术及配套装备研发	江苏清溢环保设备有限公司
BE2013397	江苏农村科技服务超市江都苗木花卉产业分店、便利店建设	扬州雅典娜园艺科技开发有限公司
BE2013398	江苏省农村科技服务超市仪征谢集经济林果产业便利店建设	仪征苏丰经济林果专业合作社
BE2013399	罗氏沼虾生态养殖(与加工)关键技术集成创新与示范	高邮市阳光特种水产专业合作社
BE2013400	基于秸秆等农业废弃物的高效新型生物饲料技术集成及产业化	江苏大学
BE2013401	智能化喷杆式精确变量高效静电施药机的研制	江苏大学
BE2013402	水产生态健康设施养殖信息管理技术系统研发	江苏大学
BE2013403	智能化半透膜微润灌溉技术及装备研发	江苏大学
BE2013404	葛根的多菌种混合发酵与新型醋饮料开发关键技术及产业化	江苏恒顺集团有限公司
BE2013405	基于微藻转化废蚕蛹的酶催化定向合成新型母乳脂肪替代品关键技术研究	江苏科技大学
BE2013406	耐菊酯类农药兼抗 BmNPV 的高产优质蚕品种选育	江苏科技大学
BE2013407	防治炭疽病菌(Glomerella spp.)生防制剂的研发	江苏丘陵地区镇江农业科学研究所
BE2013408	小麦谷朊蛋白多肽超声预处理酶膜耦合制备技术研究	镇江五棵松生物科技有限公司
BE2013409	榉树用材林优良家系选育	江苏农景生态建设有限公司
BE2013410	乔木型锦带花高效栽培技术创新与示范	句容市仑山花木场
BE2013411	猕猴桃新品种的引选及优质高效生态栽培技术集成创新与示范	镇江万山红遍农业园
BE2013412	农作物秸秆固化燃烧干燥高效循环利用技术及关键装备研发	江苏圆通农机科技有限公司
BE2013413	黑羽番鸭养殖全过程的信息化及生产技术集成	江苏丰达水禽育种场
BE2013414	盆栽小菊新品种及配套示范与推广	江苏腾龙园林绿化工程有限公司
BE2013415	鸭肝炎病毒样颗粒疫苗的研制和应用	江苏畜牧兽医职业技术学院
BE2013416	江苏农村科技服务超市姜堰设施蔬菜产业分店提档升级与建设	泰州市中艺农业生态园艺有限公司
BE2013417	兴化龙香芋商品种芋生产及优质丰产栽培技术的集成与示范	江苏圣润芦扬食品有限公司
BE2013418	江苏农村科技服务超市兴化高效蔬菜产业分店、便利店建设	兴化市绿禾食品有限公司、南京农业大学
BE2013419	泰兴香荷芋提纯复壮及优质安全高效生产技术集成创新与示范	江苏金辰农业科技有限公司
BE2013420	秸秆砖墙新型日光温室构建关键技术研究与示范	宿迁市宿城区嘉南蔬菜专业合作社

续表 3-5

项目编号	项 目 名 称	承 担 单 位
BE2013421	规模畜禽养殖与设施蔬菜循环农业模式技术集成示范应用	江苏华盛农业科技发展有限公司
BE2013422	食用菌多级生态循环种植及菌糠资源化高效利用技术研究与示范	江苏鸿丰果蔬食品有限公司
BE2013423	西南岗集约种、养产业间物质能量循环链构建与技术集成	泗洪富之源实业发展有限公司
BE2013424	江苏农村科技服务超市成果对接转化与业务培训	江苏省生产力促进中心
BE2013425	江苏省农村科技服务超市“网上展厅”信息化系统研发	东南大学
BE2013426	有机茶生产关键技术集成及产业化示范	南京农业大学、江苏吟春碧芽股份有限公司
BE2013427	拮抗放线菌生物有机肥创制及对草莓连作土传病害防控技术研究与应用	南京农业大学
BE2013428	高溶菌酶高蛋白酵母饲料关键技术研究	南京农业大学
BE2013429	优质高产抗病设施专用十字花科蔬菜新品种选育	南京农业大学
BE2013430	富含异硫氰酸酯的甘蓝健康食品加工技术研究	南京农业大学
BE2013431	优质抗霜霉病葡萄新品种选育	南京农业大学
BE2013432	小麦赤霉病流行预警及生物-化学协同防控技术研发	南京农业大学
BE2013433	猪链球菌、猪圆环病毒二价重组猪瘟活载体疫苗的研制	南京农业大学
BE2013434	密植高产饲用玉米新品种选育	江苏省农业科学院
BE2013435	优质、高产、抗病、高油油菜新品种选育	江苏省农业科学院
BE2013436	植物-微生物对污染水体的联合净化及资源化利用研究与示范	江苏省农业科学院
BE2013437	优质高产抗病粮饲兼用型甘薯新品种选育	江苏省农业科学院
BE2013438	江苏农村科技服务超市优质农产品网上营销体系建设与服务	江苏省农业科学院
BE2013439	优质高产专用抗赤霉病小麦新品种选育	江苏省农业科学院、里下河农科所、南京农业大学、江苏省种子站
BE2013440	无刺、早熟黑莓种质创新与品种选育	江苏省中科院植物研究所
BE2013441	河川沙塘鳢的种质与良种选育	南京师范大学
BE2013442	益生凝结芽孢杆菌 NJYHHWG 877005 应用于生物农药的关键技术研究与产业化开发	南京工业大学
BE2013443	沿海滩涂银杏用材林可持续性经营技术研究与示范	南京林业大学
BE2013444	粮食产后储藏期内水分调控关键技术研究与示范	南京财经大学
BE2013445	斑点叉尾鮰高产新品种育繁推关键技术研究与示范	江苏省淡水水产研究所
BE2013446	虾蟹塘套养沙塘鳢高效生态养殖模式研究与示范推广	江苏省淡水水产研究所
BE2013447	设施栽培小型电动拖拉机及智能控制技术与装备研发	农业部南京农业机械化研究所
BE2013448	微型月季新品种选育及盆花周年生产技术研究	江苏省林业科学研究院
BE2013449	耐盐高生物量灌木柳新品种选育及高效栽培技术研究	江苏省林业科学研究院
BE2013450	彩叶栾树新品种选育	江苏省林业科学研究院
BE2013451	稻田土壤肥力提升的生物固氮技术研究与应用	中国科学院南京土壤研究所
BE2013452	农垦沿海水稻节肥提质增效技术研究及应用示范	江苏省农垦农业发展股份有限公司
BE2013501	抗血液肿瘤 3.1 类新药盐酸苯达莫司汀原料及冻干粉技术标准的研究	江苏先声药业有限公司
BE2013502	光伏发电领域相关标准研究	江苏省光伏产业协会
BE2013503	中小功率生物质气发动机技术条件和试验方法行业标准的研究与制定	江苏常发实业集团有限公司
BE2013504	锂离子电池电解液标准研究	常州市高新技术企业协会
BE2013505	《橡胶塑料电磁加热节能系统通用技术条件》国家标准研究	常州兰喆仪器仪表有限公司
BE2013506	国家标准项目《防爆电梯制造与安装安全规范》	苏州东南电梯(集团)有限公司
BE2013507	儿童用品新型材料安全技术标准研究	好孩子儿童用品有限公司
BE2013508	ISO17905《船舶与海洋技术-船用集装箱系固装置》国际标准的制定	昆山吉海实业公司

续表 3–5

项目编号	项 目 名 称	承 担 单 位
BE2013509	液压式力标准机国家计量检定规程的研发	昆山市创新科技检测仪器有限公司
BE2013510	中华人民共和国建材行业标准《凹凸棒石黏土》研究制定	江苏省盱眙凹凸棒石粘土行业协会
BE2013511	《工业合成乙醇》国家标准制修订	江苏索普(集团)有限公司
BE2013512	知识产权管理标准体系研究	江苏大学
BE2013513	机器人用谐波齿轮减速器国家标准制订	泰兴市产品质量监督检验所
BE2013601	类风湿关节炎治疗性单克隆抗体 BD1002 临床前研究	江苏先声药业有限公司
BE2013602	基因修饰的抗 HBV 树突状细胞治疗型疫苗的研制	南京得康生物技术有限公司
BE2013603	重要和新发病毒性出血热现场筛查试剂的研制	南京军区军事医学研究所
BE2013604	基于“智慧城市”的安全生产监管技术平台建设	南京市安全生产监察支队
BE2013605	高分辨率生物层析显微成像系统开发及应用	南京市计量监督检测院
BE2013606	青奥背景下基于智能视频监控的平安社区示范工程	南京市建邺区信息中心
BE2013607	青奥村特色绿化景观构建技术集成创新与应用示范	南京市园林科学研究所
BE2013608	肾病靶位长效新药——地塞米松植入剂	南京四维药业有限责任公司
BE2013609	用于改善急性脑梗塞所致神经症状的国家一类新药复方依达拉奉注射液的临床前研究	南京优科制药有限公司
BE2013610	污水处理生物硅藻土悬浮床成套化设备技术研究与工程示范	江苏省嘉庆水务发展有限公司
BE2013611	食品中微生物毒素蛋白质组学图谱检测关键技术与应用研究	江南大学
BE2013612	微生物转化谷氨酸生产 α–酮戊二酸的关键技术研究	江南大学
BE2013613	以金磁微粒为核心的系列生化试剂开发及关键技术研究	江南大学
BE2013614	病理职业危害绿色替代品环保生物组织透明脱蜡液关键技术及应用研究	江苏省原子医学研究所(无锡市)
BE2013615	肿瘤显像剂氟[18F]–FMISO 及其配套试剂盒的研制	江苏省原子医学研究所(无锡市)
BE2013616	智能型足下垂病人助行器和治疗仪	无锡恒宇医疗器械有限公司
BE2013617	城市道路交通信息预警及服务应用示范工程	无锡市公安局
BE2013618	阳光城市花园社区智慧生活服务管理平台的应用示范	无锡市南长区金星街道办事处
BE2013619	儿童孤独症的阶段预后评估及预后影响因素在康复干预中的应用	无锡市人民医院
BE2013620	LIVE4 抗肿瘤肽[一类专利治疗药和预防药]	无锡力夫生物技术有限公司
BE2013621	毒性、毒理、药代的原代肝细胞检测系统	江阴齐氏生物科技有限公司
BE2013622	新型免疫抑制剂 SIT–0066	江阴斯奇医药科技有限公司
BE2013623	多靶点抗精神分裂候选化合物 CY100611–1 的成药性研究	江苏恩华药业股份有限公司
BE2013624	监狱重点区域防逃侦测技术研究与应用	江苏省徐州监狱
BE2013625	徐州市采煤塌陷区生物修复关键技术研究	徐州市九州生态园林工程有限公司
BE2013626	丰县古丰社区建设综合服务管理智慧生活项目	丰县中阳里办事处古丰社区
BE2013627	信息智能平安家园示范工程	沛县新城区管理委员会韩坝社区居民委员会
BE2013628	国产创新医疗器械产品评价应用与示范工程	常州市生物技术发展中心
BE2013629	智能化诊疗在区域医疗卫生服务中的综合应用	常州市钟楼区永红街道办事处
BE2013630	肿瘤疗效评价诊断药物研发	江苏靶标生物医药研究所有限公司
BE2013631	中药 5 类抗癌新药白头翁皂苷及其制剂的研发	苏州大学
BE2013632	川崎病冠状动脉损害的早期预警技术	苏州大学附属儿童医院
BE2013633	抗高血压药物–替米沙坦氨氯地平片项目研究	苏州东瑞制药有限公司
BE2013634	高效 DNA 检测关键技术的研发与集成应用示范	苏州市公安局刑事科学技术研究所
BE2013635	针刺手法针疗仪	苏州医疗用品厂有限公司
BE2013636	国产创新医疗器械产品应用推广示范与综合评价	苏州生物医学工程技术研究所
BE2013637	基于血型免疫学方法的自动化专用仪器关键技术研究及产业化	苏州生物医学工程技术研究所

续表 3–5

项目编号	项　目　名　称	承担单位
BE2013638	计算机辅助口腔手术导航系统的研发及产业化	苏州迪凯尔医疗科技有限公司
BE2013639	玉米芯渣应用精确控制热解技术气化供热联产活性炭项目	苏州格瑞展泰再生能源有限公司
BE2013640	基于快速自动分析技术的粪便检测仪的研发	苏州海路生物技术有限公司
BE2013641	治疗神经性病理疼痛新靶点 SNAP 结合蛋白 30(中文名:思普定 30)反义核酸药物的研究与开发	苏州晶奇生物纳米技术有限公司
BE2013642	抗抑郁中药新药悦喜胶囊的Ⅰ期临床及药物代谢研究	苏州颐华生物医药技术有限公司
BE2013643	以特异性适体和纳米金为基础的乳腺癌早期体外快速诊断试剂	苏州友林生物科技有限公司
BE2013644	用于治疗眼底病的全人源单克隆抗体	信达生物制药(苏州)有限公司
BE2013645	生态湿地工程滤床技术对工业污水厂尾水处理应用的科技示范工程	江苏高科技氟化学工业园管理委员会
BE2013646	基于营养元素的新型生物医用可吸收镁合金丝材及其在医疗器械中的应用	苏州奥芮济医疗科技有限公司
BE2013647	功能性甜味剂——双果糖酐Ⅲ的生物加工关键技术及产业化	江苏梁丰食品集团有限公司
BE2013648	利用稻麦秸秆生产可降解材料的关键技术应用研究	张家港柴能生物科技有限公司
BE2013649	载银抗菌敷料关键技术及其产业化研究	张家港耐尔纳米科技有限公司
BE2013650	张家港市低碳生态生活科技社区建设	张家港市金港镇人民政府
BE2013651	昆山花桥经济开发区花安社区——“三新”社区建设	江苏昆山花桥经济开发区花桥街道办事处
BE2013652	昆山市炎武社区“智慧、健康与和谐”科技示范区建设	昆山市千灯镇人民政府
BE2013653	基于无线物联网技术的径赛队员实时情况监察与记录系统平台	昆山鑫盛盟创科技有限公司
BE2013654	位点 DNA 产前检测技术在染色体遗传病筛查中的应用	赛业(苏州)生物信息技术有限公司
BE2013655	太仓市南区“饮用水安全保障技术及产品示范”社区建设	太仓市城厢镇南区社区居民委员会
BE2013656	海安县海安镇中心街道星海社区智慧社区平台示范	中国电信股份有限公司海安分公司
BE2013657	新生儿乙肝疫苗免疫对慢性肝病干预效果 30 年随访研究	启东肝癌防治研究所
BE2013658	基于“融媒”的知识普及模式在孔庙社区的应用与推广	如皋市如城镇孔庙社区居民委员会
BE2013659	孔望山环保型社区科技示范社区创建	海州区朐阳街道办事处
BE2013660	国家 1.1 类口服 DPP–IV 抑制剂托西酸贝格列汀临床研究	江苏豪森药业股份有限公司
BE2013661	骨性关节炎治疗药物–痛宁凝胶的临床研究与产业化	江苏康缘药业股份有限公司
BE2013662	新型海洋右旋糖苷酶规模化制备技术及其制品的研究	江苏省海洋资源开发研究院(连云港)
BE2013663	深水新型桶式基础设计关键技术研究	连云港港 30 万吨级航道建设指挥部
BE2013664	前列腺癌药物醋酸阿比特龙的研究开发	连云港润众制药有限公司
BE2013665	中置式高效沉淀池组合净水集成技术示范应用研究	连云港市自来水有限责任公司
BE2013666	基于群智感知的应急搜救关键技术研究及平台研发	南京理工大学连云港研究院
BE2013667	东海县桃林镇桃东村科技社区建设	东海县桃林镇人民政府
BE2013668	塞来昔布原料及制剂的产业化关键技术应用研究	江苏正大清江制药有限公司
BE2013669	高产油能源微藻藻种筛选和油脂提取的关键技术研究	中科院水生生物研究所淮安研究中心
BE2013670	基于微生物发酵法生产 γ–氨基丁酸的研究	江苏纳克生物工程有限公司
BE2013671	火灾视频检测技术及三级智能预警系统应用研究	江苏润仪仪表有限公司
BE2013672	基于网格化管理的智慧社区建设	江苏省盐城市亭湖区文峰街道办事处儒学社区
BE2013673	创建和谐平安绿色环保三新科技社区	东台市东台镇何垛桥社区居民委员会
BE2013674	替米沙坦氨氯地平片的研发	江苏亚邦爱普森药业有限公司
BE2013675	响水镇城东街道科技型生态社区建设	响水县响水镇城东街道办事处
BE2013676	高功能高灵敏度全自动早期肿瘤检测仪	昌和生物医学科技(扬州)有限公司
BE2013677	农村废弃稻麦秸秆无回收机械化肥料利用成套技术研究	江苏奥莱佳生物质能有限公司
BE2013678	夏热冬冷地区绿色住区建筑节能关键技术应用研究与集成示范	江苏能恒置业有限公司

续表 3-5

项目编号	项 目 名 称	承 担 单 位
BE2013679	新颖重组人纤溶酶原激活剂(rhPA)的分离、纯化及药理学试验	扬州大学
BE2013680	以马拉维若为先导体的含氟抗艾滋病新药的研发	扬州氟药科技有限公司
BE2013681	新型抗血小板药——苯磺酸普拉格雷原料及片剂	扬州市星斗药业有限公司
BE2013682	扬州市武塘社区“三新”科技示范社区建设	扬州市邗江区双桥街道办事处
BE2013683	江都“云峰”全民健康三新科技示范社区建设	江都区仙女镇云峰社区居委会
BE2013684	智能化多功能超效电气浮法水处理关键技术及其装置研发与工程化	扬州绿都环境工程设备有限公司
BE2013685	基于 web 的多平台社区综合信息管理系统	宝应县安宜镇铁桥社区居委会
BE2013686	高邮市新联社区科技社区建设	高邮市高邮镇新联社区
BE2013687	传统腌制蛋品安全监控与品质控制关键技术研究	高邮市秦邮蛋品有限公司
BE2013688	三维角膜像差分析仪的研究与实施	镇江仁健医疗设备有限公司
BE2013689	槐荫生态文明科技示范社区建设	镇江市丹徒区谷阳镇槐荫村村民委员会
BE2013690	江苏省扬中市金星社区科技示范社区建设	扬中市三茅街道金星社区居民委员会
BE2013691	城市污泥低温热解装置与资源化利用技术的研发	江苏中容环保有限公司
BE2013692	智慧、平安、绿色科技社区建设	句容市社区办东风社区
BE2013693	基于信息技术的“三新”社区研究与应用	丹阳市云阳镇云阳桥社区
BE2013694	基于江苏省名医名方的现代中药脂肝净颗粒的开发	扬子江药业集团有限公司
BE2013695	临床大品种丙泊酚二次开发研究	江苏华泰晨光药业有限公司
BE2013696	姜堰社区“一键通”居家养老服务应用示范	泰州市姜堰区姜堰镇人民政府
BE2013697	社区养老呼叫救助服务平台建设	兴化市城市社区工作委员会
BE2013698	新型示范科技实用社区建设	宿迁市宿豫区蔡集镇樊湾村居委会
BE2013699	基于 RFID 数字识别技术的汽车、电动车防盗社区的示范推广	沭阳县城北社区居委会
BE2013700	城镇小河川坡岸氮磷拦截的生态工程技术研究与应用	泗阳县众兴镇西康社区
BE2013701	阮庄信息化及绿色节能科技社区建设	泗洪县青阳镇阮庄社区居委会
BE2013702	InSAR 与 GPS 集成的苏南高速交通干线路基沉降变形监测研究	南京大学
BE2013703	CFBC 脱硫灰渣基地聚合物应用于安全固化处理危险废物的关键技术研究	南京大学环境学院
BE2013704	基于抗生素废水生物强化处理的高效复合菌剂制备关键技术	南京大学环境学院
BE2013705	生物质富氧高温气化制备城镇清洁能源的应用研究与示范	东南大学
BE2013706	基于微电子神经桥技术的偏瘫病人肢体康复系统研究与开发	东南大学
BE2013707	抗多重耐药菌一类新药诺卡沙星注射剂的临床前研究	中国药科大学
BE2013708	抗癌新药去氧鬼臼毒素及其注射剂的临床前研究(化药 1.1 类)	中国药科大学
BE2013709	重金属污染土壤的化学与生物联合修复机制与示范	南京农业大学
BE2013710	耐重金属根瘤菌修复剂及其强化能源植物生态修复的新技术	南京农业大学
BE2013711	重金属中重度污染农田土壤复合淋洗-植物吸取联合修复技术的研究与应用	南京农业大学
BE2013712	生物型 VSD 填充敷料及其临床应用研究	中国人民解放军南京军区南京总医院
BE2013713	经颅磁刺激在脑卒中后语言和运动功能康复中的应用研究	中国人民解放军南京军区南京总医院
BE2013714	无卤协同阻燃聚乳酸材料研究	南京理工大学
BE2013715	有色金属废料复合分选关键技术研究	南京航空航天大学
BE2013716	高强度功能性水凝胶及其在体育护理用品中的应用	南京师范大学
BE2013717	大跨公共建筑绿色屋面结构体系关键问题研究	南京工业大学
BE2013718	船机用高效、无毒 SCR 脱硝催化剂技术应用基础研究	南京工业大学
BE2013719	行政执法取证过程智能监控系统创新示范工程	江苏省廉政电教中心
BE2013720	区域重金属污染的健康风险监测与评估技术研究——以江苏省典型地区为例	江苏地调院

续表 3-5

项目编号	项 目 名 称	承 担 单 位
BE2013721	城市既有建筑屋顶绿色化改造、开发利用技术研究与示范	江苏省建筑科学研究院有限公司
BE2013722	基于虹吸技术对纸质文物清洗、脱酸、加固一体式保护应用及安全性研究	南京博物院
BE2013723	基于队列观察和数学模型的戊型肝炎疫苗中长期效果评价	江苏省疾病预防控制中心
BE2013724	有氧训练对阿尔茨海默病患者认知障碍的干预作用	江苏省人民医院
BE2013725	快速检测多种标志物诊断或排除急性心肌梗死(损伤)试剂盒的研制和转化	南京医科大学第二附属医院
BE2013726	正常成年人部分体力活动能耗的调查和研究	江苏省体育科学研究所
BE2013727	在用天然气加气站地下储气井检测关键技术应用研究	江苏省特种设备安全监督检验研究院
BE2013728	三维全闪电监测系统信息评估标校及应用研究	江苏省防雷中心
BE2013729	基于传感网的水位监测仪在城市暴雨积涝监测预警平台中的应用	江苏省气象科学研究所
BE2013730	分类强对流天气潜势预报技术与预警系统研发	江苏省气象科学研究所
BE2013731	村镇人居环境中生态敏感区植被构建关键技术应用研究	江苏省林业科学研究院
BE2013732	农产品与食品中真菌毒素三联快速检测试纸的关键技术开发及产业化示范	江苏出入境检验检疫局动植食中心
BE2013733	食源性致病弧菌特异性分子信标的研制及高通量快速检测与溯源体系建立	江苏出入境检验检疫局动植食中心
BE2013734	医用蚕丝蛋白材料产业链上游关键技术的研究和开发	江苏丝绸实业有限公司
BE2013735	高度戒备监狱重点目标智能管控及应急处置系统的研发与应用	江苏省镇江监狱
BE2013736	基础数据“云计算”综合应用平台	省国家安全厅信息中心
BE2013737	便携式低视力康复训练及生活辅助设备研究	江苏省残疾人辅助器具服务中心
BE2013801	离子型稀土矿冶炼工艺中膜分离技术应用开发	江苏久吾高科技股份有限公司
BE2013802	基于物联网应用的网络通讯模块研发	江苏沁恒股份有限公司
BE2013803	薄壁交联及乙丙橡胶低烟无卤舰船用电缆研发	南京全信传输科技股份有限公司
BE2013804	全生态 NALC 板节能房屋产业化生产施工关键技术研究	南京旭建新型建材股份有限公司
BE2013805	国 V 排放内燃机活塞环激光微织构加工成形关键技术研究	南京飞燕活塞环有限公司
BE2013806	双屏电子书包研发	无锡方圆环球显示技术股份有限公司
BE2013807	高速智能低能耗喷气织机研发	无锡精业丝普兰科技股份有限公司
BE2013808	SIL3 高性能钛材金属密封球阀的研制	无锡智能自控工程有限公司
BE2013809	四氯-2-氰基吡啶研制	江苏苏利精细化工股份有限公司
BE2013810	高纯度、高选择性高端封装用蚀刻液及其中试线的研制与设计	江阴润玛电子材料股份有限公司
BE2013811	港机轮胎吊用磁悬浮飞轮储能装备的研发	江阴市振江钢结构有限公司
BE2013812	特钢后道精整节能型智能化成套设备的研发	江阴东辰机械制造股份有限公司
BE2013813	RH 精炼关键部位用陶瓷基镁尖晶石超低锆共晶复合材料的研制	江苏诺明高温材料股份有限公司
BE2013814	海上 3MW 及以上风力发电塔架设计及关键技术研发	江苏宇杰钢机有限公司
BE2013815	新能源汽车电池用高稳定低电阻率高精宽幅镍基材料带、箔研发	江苏远航精密合金科技股份有限公司
BE2013816	污泥电渗透脱水及超高温好氧发酵资源化利用组合工艺及关键装备的研究与应用	鹏鹞环保股份有限公司
BE2013817	中厚板激光加工关键技术研究	徐州世通重工机械制造有限责任公司
BE2013818	辅助运输变频调速控制系统研发	徐州苏煤矿山设备制造有限公司
BE2013819	大功率磁流变调速装置的散热与速度控制关键技术研究	徐州五洋科技股份有限公司
BE2013820	基于热流道阀式浇注的塑料检查井高精密注塑成型关键技术研究及应用	常州市河马塑胶有限公司
BE2013821	有机化工废弃物焚烧处理余热发电和烟气净化处理关键技术研究	江苏福昌环保科技集团有限公司
BE2013822	高浓度难降解工业废水除盐回用技术及装备的研发	爱思特水务科技有限公司

续表 3-5

项目编号	项 目 名 称	承 担 单 位
BE2013823	超高分子量聚乙烯织物及制品的技术研发	常州市宏发纵横新材料科技股份有限公司
BE2013824	光伏逆变器用高效 IGBT 和 SiC 二极管混合封装技术研究	江苏宏微科技股份有限公司
BE2013825	基于 RFID、WIFI 定位等物联网技术的移动资产管理系统的研发	江苏世轩科技股份有限公司
BE2013826	铜带连铸热连轧短流程工艺及成套装备研发	江苏兴荣高新科技股份有限公司
BE2013827	新型一次性可吸收生物钉肛肠、胃肠吻合器的研发	常州华森医疗器械有限公司
BE2013828	多体位智能康复训练机器人的研制及应用	常州市钱璟康复器材有限公司
BE2013829	手动四(六)向滑道调角器总成	江苏力乐汽车部件股份有限公司
BE2013830	汽车发动机曲后油封总成的研发	常州朗博汽车零部件有限公司
BE2013831	新型除草安全剂双苯噁唑酸的研发	江苏省激素研究所股份有限公司
BE2013832	可再生能源终端供给断路器的研发	法泰电器(江苏)股份有限公司
BE2013833	高热导率低热膨胀系数铝/碳复合材料规模化制备与应用关键技术研究	苏州阿罗米科技有限公司
BE2013834	实景互动体验技术研发及应用	苏州创捷传媒展览股份有限公司
BE2013835	基于 MCU 核的低功耗无线射频传输集成电路设计	苏州华芯微电子股份有限公司
BE2013836	云视讯项目研发	苏州科达科技有限公司
BE2013837	高速低噪节能型电梯轿厢系统的研发	苏州市世嘉科技股份有限公司
BE2013838	可变激光全息定位数码烫印机及其新技术应用	苏州银河激光科技股份有限公司
BE2013839	敏捷云数据安全平台研发	江苏敏捷科技股份有限公司
BE2013840	脂质纳米材料培化磷脂酰乙醇胺研发	苏州东南药业股份有限公司
BE2013841	微生物酶促拆分技术在抗艾滋病药物制备中的应用研究	苏州开元民生科技股份有限公司
BE2013842	重症监护室物联网与远程重症监护会诊平台研发	苏州麦迪斯顿医疗科技股份有限公司
BE2013843	全铝车身电动汽车数字化设计开发平台的开发	苏州市奥杰汽车技术有限公司
BE2013844	浮动轴承矿用三牙轮钻头的研究和开发	苏州新锐工程工具有限公司
BE2013845	一段反应法制备双峰聚乙烯的高效绿色催化剂研发	苏州亚科化学试剂股份有限公司
BE2013846	基于 SaaS 模式的中小企业制造业信息化应用服务平台的研发	苏州亿阳值通科技发展股份有限公司
BE2013847	基于云架构的 Wi-Fi 虚拟网运营平台研发	苏州盈联智能科技股份有限公司
BE2013848	环保型纳米改性耐电晕绝缘系统的研发	苏州巨峰电气绝缘系统股份有限公司
BE2013849	低耗能轻量化瓶用精密玻璃模具关键技术研发	常熟建华模具科技股份有限公司
BE2013850	高效平板集热式太阳能冷暖空调器研发	江苏创兰太阳能空调有限公司
BE2013851	带主动散热功能的高频恒流控制的 LED 光电模组的研发	宝电电子(张家港)有限公司
BE2013852	基于商务智能的药品综合监管平台研发	江苏国泰智慧软件股份有限公司
BE2013853	大容量长寿命动力型锂电池含氟有机新材料的研究与开发	江苏华盛精化工股份有限公司
BE2013854	面向深井油田专用线缆制备的押出机生产线开发	江苏佳成机械有限公司
BE2013855	重大装备关键环类零件控形控性精密轧制技术研究	张家港海陆环形锻件有限公司
BE2013856	新型高速棉型精梳机的研发	江苏凯宫机械股份有限公司
BE2013857	LED 平面灯导光板制造与检测关键技术研究	昆山市诚泰电气股份有限公司
BE2013858	基于 MEMS 技术的智能(可编程)压力传感器研制	苏州中鉴传感股份有限公司
BE2013859	基于云技术的跨平台智能化称重系统的研究与开发	台衡精密测控(昆山)股份有限公司
BE2013860	笔头多工位机研发	真彩文具有限公司
BE2013861	早期断奶仔猪高免疫无抗生素饲料配制技术研究	安佑生物科技集团有限公司
BE2013862	山梨酸(钾)膜定向连续脱溶技术研究	江苏天成生化制品有限公司
BE2013863	大极弧稀土铁氧体磁瓦废弃料的高效回收再利用技术研究	南通万宝磁石制造有限公司
BE2013864	3G 通讯光纤涂层用高速固化聚氨酯十二丙烯酸酯的制备技术研究	江苏利田科技股份有限公司

续表 3-5

项目编号	项目名称	承担单位
BE2013865	航天微小型精密光学监视镜头高可靠性设计与制造技术研发	江苏宇迪光学股份有限公司
BE2013866	2500V/10A SiC 肖特基二极管制造技术研发	江苏捷捷微电子股份有限公司
BE2013867	面向晶硅切割废砂浆中锯屑硅粉的处置利用技术研发	江苏佳宇资源利用股份有限公司
BE2013868	光纤行业用石英玻璃把持棒关键技术研发	东海县太平洋石英制品有限公司
BE2013869	光纤光栅传感结构健康综合监测系统开发	江苏联通电缆有限公司
BE2013870	千瓦级高效低成本光伏调控微边界透平有机郎肯循环太阳能热发电系统研发	江苏省华扬太阳能有限公司
BE2013871	SIP-160 精密智能型伺服压力机关键技术研究与开发	江苏扬力集团有限公司
BE2013872	新型环保塑料燃油箱研发	亚普汽车部件股份有限公司
BE2013873	空心扭力梁液压成形技术在 MPV 车型中的应用研究	江苏九龙汽车制造有限公司
BE2013874	电气设备综合性能在线智能测控关键技术研究与装置开发	江苏宝胜电气股份有限公司
BE2013875	核电站用高等级钛合金管材研发	扬州华宇管件有限公司
BE2013876	类金刚石梯度镀层活塞环研发	仪征双环活塞环有限公司
BE2013877	分布式发电系统储能用磷酸铁锂电池模组技术研发	江苏华富储能新技术股份有限公司
BE2013878	多孔空心轨道交通型材挤压关键技术研发	江苏凯伦铝业有限公司
BE2013879	物联网条形码标签动态识别与安全传输关键技术研究	江苏唐邦机电有限公司
BE2013880	新能源汽车用多相冗余磁通切换电机系统研究	江苏微特利电机制造有限公司
BE2013881	汽车关键零部件多工位智能锻造自动化生产线开发	江苏飞船股份有限公司
BE2013882	基于相变技术的光热高效储能系统的研发	江苏迈能高科技有限公司
BE2013883	智能高压组合电器(IGIS)运行安全实时监测与预警综合系统研制	江苏精科智能电气股份有限公司
BE2013901	全绿色工艺合成聚乳酸系环境友好材料产业化	南京大学国家有机毒物污染控制与资源化工程技术研究中心
BE2013902	30 万吨煤炭微波干燥提质装备研发及产业化	南京三乐微波技术发展有限公司
BE2013903	非并网风电海水淡化关键技术研究	江苏丰海新能源淡化海水发展有限公司
BE2013904	海上大功率风电高承载结构高效低耗智能化制造技术研发及产业化	江苏神山风电设备制造有限公司
BE2013905	新型集成阳台高性能太阳能光热纳米涂层关键技术研发	江苏光芒新能源股份有限公司
BE2013906	基于相位角控制的向量磁流电机产业化开发	江苏飞马动力科技有限公司
BE2013907	远程射频识别用高性能柔性薄膜智能感知材料的研制与产业化	斯迪克新型材料(江苏)有限公司
BE2013911	糖皮质激素对 Nogo-A 基因启动子转录活性调控研究	江苏省苏北人民医院

表 3-6 江苏省 2013 年度新上科技成果转化专项资金项目

项目编号	项目名称	承担单位
BA2013001	标态干基紫外烟气分析技术国际合作研发及产业化	南京埃森环境技术有限公司
BA2013002	激光显示核心绿光芯片和模组国际合作研发及产业化	南京长青激光科技有限责任公司
BA2013003	高效冷凝式燃气余热回收装置国际合作研发及产业化	无锡锡州机械有限公司
BA2013004	航空级钛合金粉末和激光粉末床 3D 打印飞机构件国际合作研发及成果转化	飞而康快速制造科技有限责任公司
BA2013005	硅基圆片级 LED 封装技术国际合作研发及产业化	江阴长电先进封装有限公司
BA2013006	第三代低碳生态汽车内饰 PUD 材料国际合作研发及产业化	江苏国信合成革有限公司
BA2013007	工程机械关键零部件——新一代电控变速箱及湿式驱动桥国际合作研发及产业化	徐工集团工程机械股份有限公司
BA2013008	风力发电齿轮传动系统系列化国际合作研发及产业化	南车戚墅堰机车车辆工艺研究所有限公司
BA2013009	倒置立式系列数控机床国际合作研发及产业化	江苏金昇实业股份有限公司

续表 3-6

项目编号	项目名称	承担单位
BA2013010	新能源及节能装备用大容量高可靠薄膜电容器国际合作研发及产业化	南通新江海动力电子有限公司
BA2013011	一步成型玻璃纤维连续涡卷(CFSM)增强基材国际合作研发及产业化	江苏九鼎新材料股份有限公司
BA2013012	脑梗塞(恢复期)治疗药物龙血通胶囊的国际合作研发及产业化	江苏康缘药业股份有限公司
BA2013013	创新药物聚乙二醇重组人粒细胞刺激因子国际合作研发及产业化	江苏恒瑞医药股份有限公司
BA2013014	矿用大直径硬岩钻进钻具国际合作研发及产业化	江苏和信石油机械有限公司
BA2013015	正电子发射断层成像 / X 线计算机断层成像(PET / CT)设备核心技术研发及产业化	江苏中惠医疗科技股份有限公司
BA2013016	VM D700 系列柴油机国际合作研发及产业化	潍柴动力扬州柴油机有限责任公司
BA2013017	高精度位置服务系统研发及产业化	江苏北斗卫星应用产业研究院有限公司
BA2013018	高增益运动平台卫星通信系统研发及产业化	南京中网卫星通信股份有限公司
BA2013019	超低功耗蓝牙射频 SOC 研发及产业化	无锡中星微电子有限公司
BA2013020	基于标准 CMOS 工艺的超小型单芯片 MEMS 加速度传感器研发及产业化	美新半导体(无锡)有限公司
BA2013021	基于物联网和数字对讲机的无线专网核心芯片研发及产业化	无锡士康通讯技术有限公司
BA2013022	航空行李运输物联网系统研发及产业化	无锡儒安科技有限公司
BA2013023	基于磁敏节点的道路区域协同系统研发及产业化	感知技术无锡有限公司
BA2013024	中小城镇环沟型 A2/O 工艺系统及成套装备研发及产业化	江苏一环集团有限公司
BA2013025	高效难降解高盐分工业废水处理与恶臭治理耦合技术与装备研发及产业化	江苏三强环境工程有限公司
BA2013026	循环冷却水电化学除垢缓蚀杀菌成套装备的研发及产业化	江苏江华水处理设备有限公司
BA2013027	环境水质自动监控与分析决策物联网系统的研发及产业化	江苏卓易信息科技有限公司
BA2013028	高浓度工业废水处理标准化组合工艺与装备研发及产业化	鼎泽环境工程有限公司
BA2013029	电子部品精密锡焊机器人及自动化生产线的研发及产业化	常州快克锡焊股份有限公司
BA2013030	全成形智能化经编技术及装备研发及产业化	常州市五洋纺织机械有限公司
BA2013031	交互式情景训练智能康复机器人的研发及产业化	常州市钱璟康复器材有限公司
BA2013032	近终形薄带连铸生产线智能装备研发及产业化	常州宝菱重工机械有限公司
BA2013033	高精度全自动板带精整线研发及产业化	常州金安冶金设备有限公司
BA2013034	新型纳米多色激光模块研发及产业化	维林光电(苏州)有限公司
BA2013035	锂电池专用纳米碳材-磷酸盐复合材料的研发及产业化	恒正科技(苏州)有限公司
BA2013036	具有多层结构的含硅类金刚石(DLC-Si)涂层设备及工艺研发及产业化	星弧涂层科技(苏州工业园区)有限公司
BA2013037	高端中空纤维耐溶剂纳滤膜和精细超滤膜及其系统的研发及产业化	苏州信望膜技术有限公司
BA2013038	纳米磁微粒化学发光诊断试剂研发及产业化	苏州浩欧博生物医药有限公司
BA2013039	基于定向自标记生物纳米微球技术的快速诊断试剂研发及产业化	苏州德沃生物技术有限公司
BA2013040	基于纳米增强拉曼光谱法的食品安全快速检测系统研发及产业化	欧普图斯(苏州)光学纳米科技有限公司
BA2013041	聚乙烯醇栓塞微球的研发及产业化	苏州迦俐生生物医药科技有限公司
BA2013042	国内首创均相酶免疫临床检测试剂的研发及产业化	苏州博源医疗科技有限公司
BA2013043	数字 PET 医学影像设备的研发及产业化	苏州瑞派宁科技有限公司
BA2013044	全自动管式化学发光免疫测定仪的研发及产业化	苏州长光华医生物医学工程有限公司
BA2013045	丝氨酸蛋白酶抑制剂甲磺酸萘莫司他的研发及产业化	江苏杜瑞制药有限公司
BA2013046	利用新型核酸检测技术开发人乳头瘤病毒检测试剂盒研发及产业化	中生方政生物技术有限公司
BA2013047	大数据云存储产品研发和产业化	南京斯坦德通信股份有限公司
BA2013048	高产、优质、抗病稻(华粳 5 号、华粳 7 号)、麦(华麦 2 号、华麦 5 号)新品种的研发及产业化	江苏省大华种业集团有限公司
BA2013049	面向流程工业的实时数据库管理系统和套件的研发及产业化	江苏瑞中数据股份有限公司
BA2013050	治疗脑中风创新中药广升麻总甾酮胶囊的研发及产业化	江苏柯菲平医药股份有限公司

续表 3-6

项目编号	项 目 名 称	承 担 单 位
BA2013051	满足肉品安全、高品质需求的生猪屠宰自动化成套装备研发及产业化	南京卓润环保科技有限公司
BA2013052	基于自主核心部件的工业机器人及成套设备研发及产业化	南京埃斯顿自动化股份有限公司
BA2013053	海工装备复杂管道高效、自动化预制系统研发及产业化	南京奥特电气股份有限公司
BA2013054	全自动化学发光分析仪及配套试剂中试研发及产业化	南京裕隆生物医学发展有限公司
BA2013055	快速穿梭运输系统和密集仓储调度系统软件的研发与产业化	南京音飞储存设备股份有限公司
BA2013056	超细粉尘高效捕集技术及成套除尘装置的研发及产业化	南京龙源环保有限公司
BA2013057	有机化工废水新型催化降解成套技术装备研发及产业化	南京工大环境科技有限公司
BA2013058	彩色3D打印关键技术及设备研发及产业化	江苏紫金电子集团有限公司
BA2013059	透水型分子筛膜及渗透汽化成套装备的研发及产业化	江苏九天高科技股份有限公司
BA2013060	基于MEMS技术的物联网用力学量传感器研发及产业化	南京高华科技有限公司
BA2013061	静脉铁剂蔗糖铁的研发及产业化	南京恒生制药有限公司
BA2013062	智能电网大功率IGBT模块的研发及产业化	南京银茂微电子制造有限公司
BA2013063	用于海洋舰船等重大工程的静电植绒板材及其生产装备的研发及产业化	无锡新大中薄板有限公司
BA2013064	汽车总装用柔性随行滑板装配线研发及产业化	天奇自动化工程股份有限公司
BA2013065	高效能复合式物理处理船舶压载水处理装置的研发及产业化	无锡蓝天电子有限公司
BA2013066	全要素自动气象观测系统的研发及产业化	江苏省无线电科学研究所有限公司
BA2013067	AC群脑膜炎球菌多糖-b型流感嗜血杆菌结合疫苗研发及产业化	罗益(无锡)生物制药有限公司
BA2013068	车用柴油机共轨系统高压变量泵的研发及产业化	无锡威孚高科技集团股份有限公司
BA2013069	智能终端摄像模组精密驱动器的研发及产业化	宜兴市贵鑫磁电高科技有限公司
BA2013070	基于MIMO技术的新型移动通信天线研发及产业化	江苏亨鑫科技有限公司
BA2013071	多自由度高精密智能搅拌摩擦焊装备研发及产业化	江苏锐成机械有限公司
BA2013072	高性能低成本N型光伏准单晶硅锭、硅片先进制备技术研发及产业化	江苏协鑫硅材料科技有限公司
BA2013073	废橡胶复合微纤维再制造网架式免充气空心轮胎研发及产业化	江苏江昕轮胎有限公司
BA2013074	双动力智能型双臂手轮履复合抢险救援机械研发及产业化	江苏八达重工机械股份有限公司
BA2013075	中华绒螯蟹新品种“长江1号”研发及产业化	新沂市骆马湖水产品科技有限公司
BA2013076	超仿棉多异混纤丝的研发及产业化	徐州斯尔克纤维科技股份有限公司
BA2013077	高散热人工合成网状石墨导热膜的研发及产业化	常州碳元科技发展有限公司
BA2013078	工程机械液压系统核心高精密铸件的研发及产业化	江苏恒立高压油缸股份有限公司
BA2013079	基于异构图形超算云集群的3D渲染系统研发及产业化	赞奇科技发展有限公司
BA2013080	高效多功能中型轮式拖拉机的研发及产业化	常州东风农机集团有限公司
BA2013081	柔性特高压输变电成套设备的研发及产业化	常州博瑞电力自动化设备有限公司
BA2013082	全集成智能控制节能电机研发及产业化	常州祥明电机有限公司
BA2013083	超大规模集成电路用高纯钛(5N)的研发及产业化	金坛市六九钛业科技有限公司
BA2013084	环保型高性能氨基模塑颗粒料关键技术研发及产业化	常州乔尔塑料有限公司
BA2013085	AP1000用壳内电缆研发及产业化	江苏上上电缆集团有限公司
BA2013086	具有自主定位及导航功能的智能服务机器人的研究及产业化	科沃斯机器人科技(苏州)有限公司
BA2013087	基于物联网技术的药房智能物流系统的研发与产业化	苏州艾隆科技股份有限公司
BA2013088	北斗导航终端射频功率放大芯片研发与产业化	苏州英诺迅科技有限公司
BA2013089	高功率及皮秒激光装备制造与产业化	苏州天弘激光股份有限公司
BA2013090	动车组运行故障及运行环境动态图像监测系统研发及产业化	苏州华兴致远电子科技有限公司
BA2013091	高效背接触太阳能光伏电池技术研发及产业化	苏州阿特斯阳光电力科技有限公司
BA2013092	非常规天然气深冷液化技术及成套装备研发及产业化	张家港富瑞特种装备股份有限公司
BA2013093	高效节能型烧碱蒸发浓缩成套装备关键技术研发及产业化	张家港化工机械股份有限公司
BA2013094	环境友好型变性淀粉基生物降解材料的研发及产业化	苏州汉丰新材料股份有限公司

续表 3-6

项目编号	项 目 名 称	承 担 单 位
BA2013095	电子显示器件保护膜新材料的研发及产业化	昆山博益鑫成高分子材料有限公司
BA2013096	TSV 硅通孔技术在影像传感芯片封装的研发及产业化	昆山西钛微电子科技有限公司
BA2013097	宇航级高性能超细玻璃纤维研发及产业化	苏州维艾普新材料有限公司
BA2013098	基因工程蛋白药物重组人甲状旁腺素的研发及产业化	苏州金盟生物技术有限公司
BA2013099	海洋工程装备动力定位系统研发及产业化	上海振华重工集团(南通)传动机械有限公司
BA2013100	180 lm/W 大功率 LED 外延片、芯片研发及产业化	南通同方半导体有限公司
BA2013101	高效洁净螺旋式速冻装备研发及产业化	南通四方冷链装备股份有限公司
BA2013102	负压闪爆技术在纺织品功能性整理中的应用研发及产业化	紫罗兰家纺科技股份有限公司
BA2013103	变频电机用高内禀矫顽力高磁能积永磁铁氧体材料研发及产业化	南通万宝实业有限公司
BA2013104	复合筒型基础大型海上风机一体化安装平台研发及产业化	江苏道达海洋重工股份有限公司
BA2013105	高速宽幅造纸机用高性能成形网的研发及产业化	江苏金呢工程织物股份有限公司
BA2013106	新型复合输电杆塔的研发及产业化	江苏神马电力股份有限公司
BA2013107	大规模集成电路基板用绿色电子级超细 E-玻璃粉研发及产业化	连云港东海硅微粉有限责任公司
BA2013108	高温过滤及特种防护领域用聚酰亚胺高性能纤维研发及产业化	江苏奥神新材料有限责任公司
BA2013109	碳纤维复合芯导线的研发及产业化	中复碳芯电缆科技有限公司
BA2013110	连熔法半导体级高纯石英管研发及产业化	江苏太平洋石英股份有限公司
BA2013111	高速重载铁路用高性能特殊钢研发及产业化	江苏沙钢集团淮钢特钢股份有限公司
BA2013112	水泥窑 NOx 减排整体解决方案与成套装置的研发及产业化	江苏科行环保科技有限公司
BA2013113	超大型智能化水平定向钻机研发及产业化	江苏谷登工程机械装备有限公司
BA2013114	同步回转油气混输装备研发及产业化	大丰丰泰流体机械科技有限公司
BA2013115	全新一代等离子渗氮设备的研发及产业化	江苏丰东热技术股份有限公司
BA2013116	负载传感与压力补偿电液比例多路阀的研发及产业化	江苏国瑞液压机械有限公司
BA2013117	超高强高模杂环芳纶Ⅲ单体的关键技术研发及产业化	江苏尚莱特医药化工材料有限公司
BA2013118	活性蛋白在线吸附技术与乌司他丁、白蛋白联产工艺的研发及产业化	扬州艾迪生物科技有限公司
BA2013119	物联网用智能半导体激光夜视系统的研发及产业化	江苏精湛光电仪器有限公司
BA2013120	柔性配置电能质量监测-治理集成装置研发及产业化	江苏中凌高科技有限公司
BA2013121	超大型智能化食用油制取成套与关键装备的开发及产业化	江苏迈安德食品机械有限公司
BA2013122	FTTH 系统中新一代大功率高效率光纤放大器的研发及产业化	江苏西贝电子网络有限公司
BA2013123	海洋油气储运特种钢及大口径无缝管研发及产业化	扬州龙川钢管有限公司
BA2013124	分段进水深度脱氮除磷关键技术与成套设备研发及产业化	江苏天雨环保集团有限公司
BA2013125	高效三结砷化镓太阳能电池外延及芯片研发及产业化	扬州乾照光电有限公司
BA2013126	沥青路面高效环保智能化就地热再生施工机组的研发及产业化	江苏奥新科技有限公司
BA2013127	大型高效节能叶片泵关键技术研发及产业化	江苏航天水力设备有限公司
BA2013128	优质安全淡水鱼虾精深加工制品产业化开发及产业化	江苏戚伍水产发展股份有限公司
BA2013129	高功率密度复合转子节能电动机的研发及产业化	江苏利得尔电机有限公司
BA2013130	大型港口智能化船舶岸电系统的关键技术研发及产业化	江苏镇安电力设备有限公司
BA2013131	煤矿安全监控与灾害预警系统关键技术研发及产业化	镇江中煤电子有限公司
BA2013132	飞机状态监控与健康管理系统关键技术研发及产业化	江苏锐天信息科技有限公司
BA2013133	450~1200m^3 超大型智能好氧发酵装备关键技术研发及产业化	镇江东方生物工程设备技术有限责任公司
BA2013134	20 万吨/年废弃油脂炼制高品质生物柴油及其衍生产品关键技术研发及产业化	江苏恒顺达生物能源有限公司
BA2013135	数字化全科诊断健康云系统关键技术研发及产业化	江苏鱼跃医疗设备股份有限公司
BA2013136	辊轴熔覆增材-激光复合再制造关键技术研发及产业化	江苏新亚特钢锻造有限公司

续表 3-6

项目编号	项 目 名 称	承 担 单 位
BA2013137	优质草菇工厂化生产关键技术研发及产业化	江苏江南生物科技有限公司
BA2013138	高性能酚醛树脂绿色生产关键技术研发及产业化	江苏锋芒复合材料科技集团有限公司
BA2013139	旋壳式核电泵关键技术研发及产业化	江苏海狮泵业制造有限公司
BA2013140	自保护式全合金铸钢超高温冶金炉窑冷却系统研发及产业化	江苏联兴成套设备制造有限公司
BA2013141	锂电池级高活性球形四氧化三钴绿色制备关键技术研发及产业化	江苏凯力克钴业股份有限公司
BA2013142	海洋深水钻井管柱关键技术研发及产业化	江苏曙光华阳钻具有限公司
BA2013143	新型建材生产数字化成套装备研发及产业化	江苏腾宇机械制造有限公司
BA2013144	高温超低损耗高 Bs 软磁铁氧体材料研发及产业化	沭阳康顺磁性器材有限公司

表 3-7 江苏省 2013 年度新上科技基础设施建设计划项目

项目编号	项 目 名 称	承 担 单 位
BM2013001	江苏省食品先进制造装备技术重点实验室	江南大学
BM2013002	江苏省先进激光材料与器件重点实验室	江苏师范大学
BM2013003	江苏省重大神经精神疾病诊疗技术研究重点实验室	苏州大学
BM2013004	江苏省城市智能交通重点实验室	东南大学
BM2013005	江苏省航空动力系统重点实验室	南京航空航天大学
BM2013006	江苏省三维打印装备与制造重点实验室	南京师范大学
BM2013007	江苏省恶性肿瘤分子生物学及转化医学重点实验室	江苏省肿瘤防治研究所
BM2013008	江苏省国家绿色智能水运工程技术研究中心培育点	江苏省交通规划设计院股份有限公司
BM2013009	江苏省国家连铸连轧特殊钢工程技术研究中心培育点	江阴兴澄特种钢铁有限公司
BM2013010	江苏省国家煤炭智能开采装备工程技术研究中心培育点	中国矿业大学
BM2013011	江苏省国家挖掘机械工程技术研究中心培育点	三一重机有限公司
BM2013012	江苏省国家长江珍稀鱼类工程技术研究中心培育点	江苏中洋集团股份有限公司
BM2013013	江苏省国家疏浚与泥处理利用工程技术研究中心培育点	河海大学
BM2013014	江苏省国家新型化学建材工程技术研究中心培育点	江苏博特新材料有限公司
BM2013015	江苏省高端钢铁材料重点实验室	南京南钢产业发展有限公司
BM2013016	江苏省热工过程智能控制重点实验室	南京科远自动化集团股份有限公司
BM2013017	江苏省智能电网配用电关键技术研究重点实验室	常熟开关制造有限公司(原常熟开关厂)
BM2013018	江苏省多元胺醇材料技术重点实验室	江苏飞翔化工股份有限公司
BM2013019	江苏省新型特种光纤及光纤预制棒重点实验室	江苏亨通光电股份有限公司
BM2013020	江苏省生态染整技术重点实验室	江苏联发纺织股份有限公司
BM2013021	江苏省农药清洁生产技术重点实验室	江苏扬农化工股份有限公司
BM2013022	江苏省高性能纤维重点实验室	仪征化纤股份有限公司
BM2013023	江苏省船舶动力重点实验室	镇江中船设备有限公司
BM2013024	江苏省医疗诊断装备及技术重点实验室	江苏鱼跃医疗设备股份有限公司
BM2013025	江苏省建筑节能与绿色建筑研究重点实验室	江苏省建筑科学研究院有限公司
BM2013026	江苏省(国网电力)智能电网研究院	国网电力科学研究院
BM2013027	江苏省(好孩子)科学育儿用品研究院	好孩子儿童用品有限公司
BM2013028	江苏省(盛虹)纺织新材料研究院	盛虹集团有限公司
BM2013029	江苏省企业院士工作站	江苏省无线电科学研究所有限公司
BM2013030	江苏省企业院士工作站	元亮科技有限公司
BM2013031	江苏省企业院士工作站	徐州盛和木业有限公司
BM2013032	江苏省企业院士工作站	常州市润源经编机械有限公司
BM2013033	江苏省企业院士工作站	江苏世轩科技股份有限公司

续表 3–7

项目编号	项 目 名 称	承 担 单 位
BM2013034	江苏省企业院士工作站	方正国际软件有限公司
BM2013035	江苏省企业院士工作站	苏州斯迪克新材料科技股份有限公司
BM2013036	江苏省企业院士工作站	张家港市骏马钢帘线有限公司
BM2013037	江苏省企业院士工作站	江苏格美高科技发展有限公司
BM2013038	江苏省企业院士工作站	启东东岳药业有限公司
BM2013039	江苏省企业院士工作站	江苏如通石油机械股份有限公司
BM2013040	江苏省企业院士工作站	江苏核电有限公司
BM2013041	江苏省企业院士工作站	江苏神华药业有限公司
BM2013042	江苏省企业院士工作站	江苏正大丰海制药有限公司
BM2013043	江苏省企业院士工作站	长江(扬中)电脱盐设备有限公司
BM2013044	江苏省企业院士工作站	江苏呈飞精密合金股份有限公司
BM2013045	江苏省企业院士工作站	江苏兴海特钢有限公司
BM2013046	江苏省企业院士工作站	江苏固丰管桩集团有限公司
BM2013047	江苏省轨道交通研究设计院	江苏省城市轨道交通研究设计院股份有限公司
BM2013048	江苏数字信息研究院	江苏数字信息产业园发展有限公司
BM2013049	江苏省(宜兴)环保产业技术研究院	宜兴市环科园环保科技发展有限公司
BM2013050	江苏省(常州)新能源汽车产业技术研究院	常州新能源汽车研究院
BM2013051	江苏省(张家港)智能电力研究院	张家港智能电力研究院有限公司
BM2013052	江苏省(南通)家纺产业技术研究院	南通市通州区企业服务中心
BM2013053	江苏省(宿迁)苏北工业技术研究院	宿迁市工业技术研究院
BM2013054	江苏省知识产权公共服务平台网络	江苏佰腾科技有限公司
BM2013056	江苏省科技创业公共服务平台网络	江苏省高新技术创业服务中心
BM2013057	江苏省企业知识服务平台网络	江苏省科学技术情报研究所
BM2013058	江苏省优生优育公共服务平台网络	江苏省计划生育科学技术研究所
BM2013059	江苏省科技服务示范区——无锡(太湖)国际科技园	无锡(太湖)国际科技园管理委员会
BM2013060	江苏省科技服务示范区——南通高新区科技新城	江苏省南通高新技术产业开发区投资服务中心
BM2013061	江苏省科技服务示范区——扬州广陵新城	扬州市广陵新城管委会
BM2013062	江苏省水产种质创新与新品种选育研究特色业务建设	江苏省淡水水产研究所
BM2013063	江苏省河湖生态监测及健康评估特色业务建设	江苏省水利科学研究所
BM2013064	江苏省科技资源汇交特色业务建设	江苏省工程文献信息中心(江苏省科学技术情报研究所)
BM2013065	江苏省突发实验动物生物安全事件应急体系特色业务建设	江苏省实验动物管理委员会办公室(江苏省生产力促进中心)
BM2013066	江苏省天地一体化地面沉降动态监测特色业务建设	江苏省测绘研究所
BM2013067	江苏农业科技成果展示与转化中心建设	江苏省农业科学院
BM2013068	江苏省体质健康评价与运动干预服务特色业务建设	江苏省体育科学研究所
BM2013073	江苏省(苏州)纳米产业技术研究院	苏州纳米科技发展有限公司
BM2013074	江苏省光通信材料重点实验室	江苏通鼎光电股份有限公司
BM2013075	江苏省科技管理远程视频服务平台	江苏省科学技术情报研究所
BM2013601	江苏省柔性显示技术研发平台建设	昆山工研院平板显示技术中心有限公司
BM2013602	扬州市国际科技成果及技术转移中心建设	扬州市中小型企业生产力促进中心

表 3-8 江苏省 2013 年度新上国际科技合作计划项目

项目编号	项目名称	承担单位
BZ2013001	基于因特网的作物监控与管理系统	无锡龙坤物联网科技有限公司
BZ2013002	光伏电池金属电极激光转印系统印刷线技术合作开发项目	常州天合光能有限公司
BZ2013003	气道管理装置与呼吸机集成系统研发及产业化	苏州凯迪泰医学科技有限公司
BZ2013004	果蔬干雾生物工程保鲜技术研发和应用	苏州大福外贸食品有限公司
BZ2013005	研发一种全新的化学-酶法合成匹伐他汀和罗素伐他汀关键中间体	连云港宏业化工有限公司
BZ2013006	三维可视化智能路桥管理平台	南京论道软件科技有限公司
BZ2013007	原子级表面沉积技术(ALD)在光掩模清洗工艺上的应用	常州瑞择微电子科技有限公司
BZ2013008	分布式光伏发电远程监控控制系统	江苏东润光伏科技有限公司
BZ2013009	新型绿色纳米润滑材料及工艺技术的研发和产业化	苏州锦富新材料股份有限公司
BZ2013010	生物质材料的研发	华东理工常熟研究院有限公司
BZ2013011	造纸污泥焚烧系统关键设备国际合作研发与产业化	苏州海陆重工股份有限公司
BZ2013012	高效节能便携式建筑机械搅拌机技术的合作研发	苏州鼎铭精密机械模具有限公司
BZ2013013	原子层沉积技术在光伏及节能涂层的应用	江苏奥蓝工程玻璃有限公司
BZ2013014	用于绿色建筑的地热与太阳能智能化互补集成技术的研究及示范	扬州集福新能源科技有限公司
BZ2013015	能源链/燃料链管理监测系统平台的研发	中节能(宿迁)生物质能发电有限公司
BZ2013016	基于煤粉细度在线监测的制粉系统节能优化技术国际联合研发	南京吉纳波环境测控有限公司
BZ2013017	maxDNA 分散控制系统的引进吸收及消化创新	南京国电南自美卓控制系统有限公司
BZ2013018	面向大数据的网络信息服务平台	南京汇吉递特网络科技有限公司
BZ2013019	基于可调制的红外烟气[NDIR]分析系统	南京恒瑞分析仪器有限公司
BZ2013020	太阳能热电联产技术的研发与应用	南京溧马新能源科技有限公司
BZ2013021	GHz 高频、千 Pin 通道 SoC 测试技术国际合作	无锡中微腾芯电子有限公司
BZ2013022	数字化高效节能拉幅定型机关键技术与设备	江苏红旗印染机械有限公司
BZ2013023	高强度、高导电率节能铝合金导线的研发	无锡华能电缆有限公司
BZ2013024	热等静压净成形制造大型飞机的钛合金部件的联合研发	飞而康快速制造科技有限责任公司
BZ2013025	地下水污染防治可渗透反应墙技术的引进与开发	江苏菲力环保工程有限公司
BZ2013026	燃煤电厂湿法脱硫烟囱防腐 FRP 内筒的技术及制造设备研发	无锡利保科技发展有限公司
BZ2013027	多层共挤高阻隔全塑软管片材的开发与产业化	江阴升辉包装材料有限公司
BZ2013028	紫外光固化激光三维(3D)压印机与智能光栅产品	新沂崚峻光电科技有限公司
BZ2013029	RTM7000 大型变频调速多转子混砂机的研究开发	常州市通力机电设备制造有限公司
BZ2013030	颅内动脉血管瘤导流器新型装置的合作研发	常州奥斯特医疗器械有限公司
BZ2013031	医用胶原蛋白海绵的制备技术转移与新技术的联合开发	常州药物研究所有限公司
BZ2013032	西门子高效能电机铸件德国铸造技术	溧阳市华鹏电机配件有限公司
BZ2013033	海工领域特种电缆用高耐油耐高温低烟无卤阻燃护套材料开发	江苏上上电缆集团有限公司
BZ2013034	智能新型气体绝缘中压开关设备	苏州朗格电气有限公司
BZ2013035	2.8 英寸数字驱动 AMOLED 显示项目	昆山工研院新型平板显示技术中心有限公司
BZ2013036	新型 MO 源对氮化镓高功率器件性能提升的应用研究	江苏能华微电子科技发展有限公司
BZ2013037	VISION 商业轮转印刷机	如皋市中罗印刷机械有限公司
BZ2013038	城市生活垃圾焚烧处理关键技术的引进和开发	江苏天楹赛特环保能源集团有限公司
BZ2013039	脂肪胺三相高传质环路反应技术的引进与协作优化	益海(连云港)精细化学工业有限公司
BZ2013040	高性能 CNTs/PAN 复合纤维工程化制备关键技术、性能表征及应用研究	中复神鹰碳纤维有限责任公司
BZ2013041	中澳小麦联合育种技术平台的建立和利用	淮安市农业科技实业总公司
BZ2013042	引进机械热压缩蒸发节能技术应用于盐钙联产及其工程化应用研究	江苏井神盐化股份有限公司
BZ2013043	3.0MW 直驱式风机技术引进与再创新	上海电气风电设备东台有限公司

续表 3–8

项目编号	项 目 名 称	承 担 单 位
BZ2013044	藻蓝蛋白提取纯化新工艺研发	东台市赐百年生物工程有限公司
BZ2013045	丙硫硫胺合成新工艺研究	江苏兄弟维生素有限公司
BZ2013046	TDF 微型介质滤波器产业化开发	江苏江佳电子股份有限公司
BZ2013047	核级耐 DBA 水性防火涂料关键技术的研发及产业化	海龙核材科技(江苏)有限公司
BZ2013048	轻质高强铝复合轮毂制造技术的研发	诺德轮毂制造有限公司
BZ2013049	中压智能化真空断路器	镇江大全伊顿电器有限公司
BZ2013050	超高速电动–发电换能系统关键技术合作研究	江苏微特利电机制造有限公司
BZ2013051	垂直多关节桁架机械手系统项目的引进与开发	江苏恒义汽配制造有限公司
BZ2013052	中丹风能及智能电网创新中心	南京东山国际企业研发园开发有限公司
BZ2013053	中德精密机械部件设计制造国际技术转移中心	健雄职业技术学院
BZ2013054	中俄(无锡)技术转移中心	江苏省无锡江大大学科技园有限公司
BZ2013055	南京农业大学——康奈尔大学联合技术转移中心	南京农业大学
BZ2013056	加拿大西安大略大学(南京)国际技术转移中心能力提升	沃德世嘉(南京)国际技术转移中心有限公司
BZ2013057	无锡锡山麻省理工学院产业联盟国际技术转移中心能力提升	无锡市锡山区生产力促进中心
BZ2013058	中荷国际技术无锡转移中心能力提升	无锡践行中欧科技服务有限公司
BZ2013059	无锡力合国际技术转移中心能力提升	无锡力合科技孵化器股份有限公司
BZ2013060	牛津大学 ISIS(常州)国际技术转移中心能力提升	常州艾斯伊斯国际技术转移中心有限公司
BZ2013061	常州中英科技桥技术转移服务能力提升	常州中英科技桥国际科技合作有限公司
BZ2013063	联迪恒星软件日本研发中心	联迪恒星(南京)信息系统有限公司
BZ2013064	奥赛康美国生物医药研究所	江苏奥赛康药业股份有限公司
BZ2013065	远景能源丹麦创新研发中心	远景能源(江苏)有限公司
BZ2013066	常州长青交通科技股份有限公司(英国)海外研发中心	常州长青交通科技股份有限公司
BZ2013067	苏州奥润医疗科技有限公司瑞士研发中心	苏州奥润医疗科技有限公司
BZ2013068	水产养殖业信息化系统与物联网关键装备的研发	无锡江南大学科技园有限公司
BZ2013069	针对肿瘤细胞凋亡调控蛋白 Bcl–2 家族为靶点的新型抗癌药物的研发	常州隆赛医药科技有限公司
BZ2013070	以色列高产水培生菜温室技术创新与推广应用	江苏鑫田电子科技有限公司
BZ2013071	抗凝血药替卡格雷的合作开发	海门慧聚药业有限公司
BZ2013072	美国麻省理工学院创新资源引进及产业技术合作	江苏省对外科技交流中心

表 3–9 江苏省 2013 年度新上科技型企业技术创新资金项目

项目编号	项 目 名 称	承 担 单 位
BC2013001	基于云存储的高清智能视频监控系统	南京云创存储科技有限公司
BC2013002	基于云计算的在线智能英语阅读和教育系统	南京贝湾教育科技有限公司
BC2013003	大型光伏并网电站发电效率评估系统	南京东源电力科技有限公司
BC2013004	东屹讯网络流媒体云系统	南京东屹讯多媒体科技有限公司
BC2013005	气液固三相反应器模拟放大软件及测量仪器的研制	南京九章化工科技有限公司
BC2013006	基于云计算的下料作业系统研发	南京学思信息技术有限责任公司
BC2013007	关于新型 E 冷媒能源替代项目的研发	江苏福瑞至环保新材料有限责任公司
BC2013008	可穿戴式无线体感健康系统技术和终端产品的研发	南京中科盟联信息科技有限公司
BC2013009	信息系统代码安全分析评审软件的研发	南京讯优智超软件科技有限公司
BC2013010	高性能碘化钾的绿色制备技术研究	南京新化原纳米科技有限公司
BC2013011	基于纳米标记技术的创新诊断系统构建及产品研发	南京东纳生物科技有限公司

续表 3-9

项目编号	项 目 名 称	承 担 单 位
BC2013012	基于传感器网络的加密气象观测装备及系统研发	南京湘慧达电子科技有限公司
BC2013013	功能化链亲和素免疫纳米磁球的开发与应用	南京裕隆生物医学发展有限公司
BC2013014	智中流程性工业物联网智能监控系统	南京智中信息技术有限公司
BC2013015	松材线虫病害防控产品研发及生产	南京生兴有害生物防治技术有限公司
BC2013016	泛盈大数据分析移动电子商务聚合云服务系统	南京泛盈信息科技有限公司
BC2013017	高精度磁性位移传感器的研制	南京西巨电子技术有限公司
BC2013018	基于云计算的人脸智能识别预警系统	江苏清大维森科技有限责任公司
BC2013019	新型制剂辅料的研发与生产——生物可降解和生物相容性聚酯共聚物及嵌段共聚物材料	南京派立蒙材料科技有限公司
BC2013020	太阳能塑料的可重复性标准化生产的研发	南京欧纳壹有机光电有限公司
BC2013021	农业物联网四情监测调度系统	南京瀚之显电子科技有限公司
BC2013022	支持教育资源优化配置的教育信息化云服务系统	江苏三源教育实业有限公司
BC2013023	陆用拖曳式地震扫描仪的研制	吉思能源勘探江苏有限公司
BC2013024	潜伏期 1 型糖尿病诊断试剂盒的研发	南京新坤生物科技发展有限公司
BC2013025	300kW 大功率变频控制电源的研制和开发	南京思能电气有限公司
BC2013026	基于遥感资料分析的降水预测和雾霾监测的研发	南京信大高科技发展有限公司
BC2013027	一种基于 IPv6 的传感器系列节点研究	江苏南邮通信有限责任公司
BC2013028	双靶点抗老年痴呆项目的研发	江苏欧威医药有限公司
BC2013029	基于数据挖掘和云计算模式的智能农业综合信息服务系统	南京绿色科技研究院有限公司
BC2013030	新型抗癌药——PARP-1 抑制剂的研究与开发	南京英派药业有限公司
BC2013031	船舶导航雷达系统研制	南京信大电子科技有限公司
BC2013032	基于超声波技术的电站锅炉煤粉浓度在线测量装置的研制	南京中能瑞华电气有限公司
BC2013033	危险化学液体运输安全物联网系统	无锡定华传感网科技有限公司
BC2013034	新型药物纯化纳米介质微球材料的研发与生产	无锡百运纳米科技有限公司
BC2013035	基于云计算的朗奇 EBOSS 系统研发	无锡朗奇软件科技有限公司
BC2013036	DisplayPort 高清数字自适应收发器芯片设计开发	无锡芯骋微电子有限公司
BC2013037	基于云计算的危险废物物联网监控系统	无锡协讯科技有限公司
BC2013038	创新小分子药物的研发	无锡捷化医药科技有限公司
BC2013039	基于物联网技术的公共自行车智能管理系统研发	江苏宏溥科技有限公司
BC2013040	完全满足国际标准的电子海图引擎研发	无锡挪瑞电子技术有限公司
BC2013041	高精度光纤陀螺仪研发生产	无锡慧联信息科技有限公司
BC2013042	QL1005 新型气门杆部数控无心磨床的研发	无锡键禾数控机床有限公司
BC2013043	磁盘表面微缺陷检测和分析一体化设备的研发	无锡微焦科技有限公司
BC2013044	基于云计算的全程疫苗管理及电子监管系统	江苏哲勤科技有限公司
BC2013045	耐高温高凝聚型防水带、密封胶泥的研发	无锡昆成新材料科技有限公司
BC2013046	基于 RFID-北斗-3G 融合技术的智慧客运系统	江苏怡海科技发展有限公司
BC2013047	新型非核糖体肽类生物农药的研制	无锡亚克生物科技有限公司
BC2013048	基于 RFID 技术的电力设施智能巡检系统的开发	江苏锡恩智能工业科技股份有限公司
BC2013049	酶法油脂脱胶用磷脂酶 A1 的高效制备技术的研发	无锡江大百泰科技有限公司
BC2013050	基于多点触控和 LED 显示的车间数据智能交互云系统和终端的研发	江苏海宝软件股份有限公司
BC2013051	智慧物流云调度资源整合系统	无锡恺易物联网科技发展有限公司
BC2013052	面向物联网应用的分布式实时光纤传感器系统	无锡联河光子技术有限公司
BC2013053	SCR 脱硝催化剂纳米级新型材料技术开发	无锡迅德环保科技有限公司
BC2013054	实现全系统断电数据恢复的非易失性内存芯片控制器的研发	无锡云动科技发展有限公司
BC2013055	基于 HIS 系统和现代传感技术的数字智能配药机器人的研发	无锡兰桂联芳医疗科技有限公司
BC2013056	高清晰超节能 LED 智能显示屏的研发	无锡矽湾科技有限公司

续表 3–9

项目编号	项 目 名 称	承 担 单 位
BC2013057	面向新能源光伏及风能应用领域的高可靠 IGBT 研制	江苏中科君芯科技有限公司
BC2013058	基于 dq 数字锁相环的新型无功可调度光伏逆变器的研发	无锡美凯能源科技有限公司
BC2013059	支撑汽车动力系统电子控制(ECU)应用的 32 位微控制器 SOC 芯片的研发	无锡紫芯集成电路系统有限公司
BC2013060	基于无线传感网络的远程智能家居的研发	无锡讯泰科技有限公司
BC2013061	轮滑式罐壁快速检测与维护机器人研制	江苏基业信息技术有限公司
BC2013062	可溶性重组药靶蛋白高通量筛选技术系统的开发与应用	无锡佰翱得生物科学有限公司
BC2013063	透明纳米天然纤维复合材料显示屏膜的研发	江苏至柔高分子材料有限公司
BC2013064	高效智能化可调度式逆变器的研制	无锡盛莱得新能源科技有限公司
BC2013065	煤矿用全方位输送带在线智能检测与控制保护系统	江苏中科百易矿业科技有限公司
BC2013066	非培养微生物检测芯片的研发	江阴迪林生物电子技术有限公司
BC2013067	高效率、多功能激光散射表面微缺陷检测装备的研发	无锡迈福光学科技有限公司
BC2013068	高效率低发热大功率 LED 驱动器的研发	无锡绿博光电科技有限公司
BC2013069	高性能光电用聚酰亚胺薄膜的研发	江苏南方贝昇光电材料有限公司
BC2013070	智能电网电压在线监测仪电源模块的研发	江苏立为科技有限公司
BC2013071	水资源错峰调配管理系统	江苏哈宜卓易信息科技有限公司
BC2013072	智能节能插座的研究	宜兴市森维电子有限公司
BC2013073	基于云计算的煤矿生产经营管控系统	徐州中矿微星软件有限公司
BC2013074	矿用钢丝绳损伤检测装置的研发	徐州博联科技有限公司
BC2013075	用于高功率固体激光的 YAG 基透明激光陶瓷的研发	徐州德远光电科技有限公司
BC2013076	基于无线传感器网络的远程健康监护系统关键技术研究与示范应用	徐州纽尔物联网络科技有限公司
BC2013077	光功能陶瓷材料与器件研究	徐州市江苏师范大学激光科技有限公司
BC2013078	固体废物膏体充填采煤技术及设备的研发	徐州中矿大贝克福尔科技有限公司
BC2013079	带数据线的采煤机电缆的研发	江苏永达采煤机电缆制造有限公司
BC2013080	年产 4000 吨微米级集成电路用球形硅微粉的研究与开发	江苏中腾石英材料科技有限公司
BC2013081	高效节能型等离子无极灯的研究与开发	江苏高德莱照明科技有限公司
BC2013082	腰果酚改性胺环氧固化剂的研发	常州杰美新高分子科技有限公司
BC2013083	智能自诊断电力中压开关设备的研发	常州森隆电力科技有限公司
BC2013084	用于复合材料织机的新型无捻供纬装置的研制	常州瑞赛机电设备有限公司
BC2013085	木质素改性酚醛泡沫保温材料的应用研究	常州市乾翔新材料科技有限公司
BC2013086	智能分离式光伏发电微逆变系统	新豪博业科技江苏有限公司
BC2013087	国产高精密高速泵盖智能旋合封口机的研发	常州汇拓科技有限公司
BC2013088	多 boost 结构小功率光伏并网逆变器的研制	昆兰新能源技术常州有限公司
BC2013089	基于聚氨脂硬泡的隔热、阻燃、防水一体式饰材研发	江苏泰沃建筑新材料科技有限公司
BC2013090	基于 R45 产品自动化浇口切断及镜片检查系统的开发	常州纳乐科思光学有限公司
BC2013091	智能视频分析系统	常州蓝城信息科技有限公司
BC2013092	物联网感知层微米级层压压电陶瓷传感器的研制	常州波速传感器有限公司
BC2013093	微创消化内镜球囊扩张导管的研发	常州市久虹医疗器械有限公司
BC2013094	基于北斗的智慧物流云系统	常州镕汇物流信息科技有限公司
BC2013095	高比能大功率双极薄膜复合材料电池的研发	常州优特科新能源科技有限公司
BC2013096	金属氢化物储氢器的开发	常州春华新能源科技有限公司
BC2013097	印刷用 UV LED 高速高精度智能固化设备的研发	江苏固立得精密光电有限公司
BC2013098	基于人脸属性识别与体感虚实交互的视觉互动广告推介系统研究	卓谨信息科技(常州)有限公司
BC2013099	抗体药物用耐碱蛋白 A 仿生亲和纯化工艺中试放大及耐碱蛋白 A 介质制备技术研究	江苏中广生物医药科技有限公司

续表 3-9

项目编号	项 目 名 称	承 担 单 位
BC2013100	胃食管返流病动态监测系统	常州凯南迪克医疗科技有限公司
BC2013101	糖链靶向抗癌新药的研发与临床前研究	江苏众红生物工程创药研究院有限公司
BC2013102	电脑控制多圈高双面提花地毯簇绒机的研发	常州武鼎地毯机械有限公司
BC2013103	利用二维码做密签的电子促销信息闭环管理集成系统	常州惠宝信息科技有限公司
BC2013104	新型三维集热器与构件化太阳能光热板的研发	常州桑昊太阳能工程技术有限公司
BC2013105	改善机动车尾气排放的三元催化转化器清洗剂的研发	常州众洁新材料科技有限公司
BC2013106	基于离子液体催化的 PIR 新型高分子绝热材料的研发	江苏科泰绝热新材料有限公司
BC2013107	污染场地电动修复技术和装备研发	苏州中科慧盛生物科技有限公司
BC2013108	超重力法脱除含硫酸性气体技术研究	苏州海基环能科技有限公司
BC2013109	企业综合能耗监测管理智能化系统的研发	苏州吉联智能科技有限公司
BC2013110	高效率多模式地面数字广播电视激励器的研发	苏州威士达信息科技有限公司
BC2013111	高速(数字掩膜)曝光机装备的开发	苏州微影光电科技有限公司
BC2013112	用于发动机耐高温纳米陶瓷涂料的研发及其应用	苏州纳迪微电子有限公司
BC2013113	基于光通信 10GPON 的双面镀膜滤光片的研发	苏州鼎旺科技有限公司
BC2013114	可印刷无铅无卤素纳米导电油墨的研发	苏州牛剑新材料有限公司
BC2013115	一种基于糖基转移酶催化的三糖 Lewis X 及其类似物的高效低污染合成研究	苏州格兰斯生物科技有限公司
BC2013116	能源管理与决策系统开发	苏州睿洋科技有限公司
BC2013117	基于 SAAS 模式的企业碳排放计量监测管理系统	苏州碳阻迹环境技术服务有限公司
BC2013118	基于量子传输的高性能氢气传感器研制	苏州新锐博纳米科技有限公司
BC2013119	丝蛋白纳米仿生功能化真皮产品的开发	丝纳特(苏州)生物科技有限公司
BC2013120	新一代智能照明控制系统	苏州华祥信息科技有限公司
BC2013121	天然植物抗衰老微纳米载体材料的技术开发及规模制备	苏州纳康生物科技有限公司
BC2013122	用于移动互联网的人像卡通自动生成系统研发	苏州华漫信息服务有限公司
BC2013123	基于增强现实技术的高精度三维场景重建及实时交互系统的研究	苏州梦想人软件科技有限公司
BC2013124	移动电子商务图像购物搜索系统	苏州搜客信息技术有限公司
BC2013125	小型收发一体 40G 光通信器件的研制	苏州海光芯创光电科技有限公司
BC2013126	新一代超低功耗无线网络通信技术研究及 SOC 芯片开发	苏州英菲泰尔电子科技有限公司
BC2013127	针对恶性肿瘤(乳腺癌及肺癌)的靶向全人源抗体库的开发	天演药业(苏州)有限公司
BC2013128	全自动尿沉渣分析系统	苏州惠生电子科技有限公司
BC2013129	纳米自组装细胞芯片及高通量筛选技术开发	苏州吉诺瑞生物科技有限公司
BC2013130	智能化模具制造 RFID 管理系统开发	苏州易瑞得电子科技有限公司
BC2013131	基于 4f 相位成像技术的高精度纳米薄膜的折射率测量仪的研究	常熟微纳激光光子技术有限公司
BC2013132	全智能高压离心风机的研发	江苏乘帆压缩机有限公司
BC2013133	高性能 CMOS 图像传感器芯片的研发	江苏思特威电子科技有限公司
BC2013134	高能效双向柔性涡旋式制冷压缩机研发	苏州英华特涡旋技术有限公司
BC2013135	微孔聚氨酯汽车减震缓冲块的研发	江苏邦博聚氨酯新材料有限公司
BC2013136	复合吸附式水下船体清刷机器人的研发	张家港同宇智能机电科技有限公司
BC2013137	用于脊柱外科的新型超声手术设备的研发	江苏水木天蓬科技有限公司
BC2013138	针对移动终端高并发访问的云端融合中间件系统	苏州飞讯动力信息科技有限公司
BC2013139	防水密封型大功率锂电池系统	江苏索尔新能源科技有限公司
BC2013140	基于磷化铟异质结双极晶体管的射频与微波芯片的研发	苏州矩阵光电有限公司
BC2013141	经济型零部件表面修整机器人系统研发与应用	张家港诺信自动化设备有限公司
BC2013142	红外辐射纳米节能涂层及其在燃气热水器上的应用	苏州赛格瑞新材料有限公司
BC2013143	中大型压力机用新型节能半永久性液式动力耦合器的研发	昆山仰越机械技术有限公司

续表 3-9

项目编号	项 目 名 称	承 担 单 位
BC2013144	智能移动起升特种车的研发	江苏东迈重工机械有限公司
BC2013145	基于北斗的海洋环境监测数据实时传输技术的研究与开发	江苏北斗星宇电子科技有限公司
BC2013146	基于 OFDR 技术的分布式温度传感系统的研发	苏州恒知传感科技有限公司
BC2013147	RFID 技术一体化模组的开发	昆山睿翔讯通通信技术有限公司
BC2013148	面向轻量化材料的自冲摩擦铆焊机器人的研发	昆山福易雅自动化科技有限公司
BC2013149	高端智能高清图像处理芯片的研发	昆山杰得微电子有限公司
BC2013150	便携式电子耳镜的研制	江苏科沁光电科技有限公司
BC2013151	新型前馈功放模组研发	昆山美博通讯科技有限公司
BC2013152	针对游艇高速动力机械的节能与机内净化技术研发	苏州洪达世纪动力科技有限责任公司
BC2013153	大幅面 PBC 图像获取 AOI 自动光学智能检测仪的研制	昆山天导计算机有限公司
BC2013154	车用电子真空泵自动化组装检测控制系统	昆山佳铭自动化科技有限公司
BC2013155	低成本砷化镓晶体生产技术研发	昆山鼎晶镓业晶体材料有限公司
BC2013156	基于 XFACE 银联手机支付的移动电子商务应用开发	昆山科大宏威软件科技有限公司
BC2013157	超高速 USB3.0 接口技术的 1080P@60FPS 全高清无压缩摄像系统研发	昆山酷威微电子科技有限公司
BC2013158	车道偏离预警系统	苏州智华汽车电子有限公司
BC2013159	85 公斤级泡生法蓝宝石晶体生长装备的研发	苏州巍迩光电科技有限公司
BC2013160	基于无线物联网技术面向先进制造业的 Super Andon 系统	苏州凌犀物联网技术有限公司
BC2013161	基于北斗卫星导航的 3G 车联网系统	苏州柏奥通信科技有限公司
BC2013162	生物医药分离纯化用均一高分子微球填料的研发	苏州知益微球科技有限公司
BC2013163	全效高性能沥青混合料添加剂的研发	苏州拓博琳新材料科技有限公司
BC2013164	微电子用聚酰亚胺涂层胶的研发	倚顿新材料(苏州)有限公司
BC2013165	医用耐低温增韧高透明抗伽马抗冲击聚丙烯材料的研究	苏州晋圣博高分子材料科技有限公司
BC2013166	自供电无线开关系统	江苏博悦物联网技术有限公司
BC2013167	基于物联网的楼宇 LED 照明节能控制技术的研究与开发	南通天明光电科技有限公司
BC2013168	生态多功能数码印花真丝装饰绸清洁生产加工技术研究及产品开发	海安鑫缘环贸数码科技有限公司
BC2013169	双转子大扭矩高安全性永磁无齿同步曳引机的研发	圣三一电机科技南通有限公司
BC2013170	特高折射率高色散低软化点光学玻璃的研发	南通向阳光学元件有限公司
BC2013171	刷卡排污总量控制系统	江苏天泽环保科技有限公司
BC2013172	基于物联网的智能家居控制系统	南通通利智能化系统工程股份有限公司
BC2013173	物联网教学与培训系统	江苏昌盛感知信息科技有限公司
BC2013174	智能化精密凹凸毛割圈提花圆机的研发	连云港元丰机械制造有限公司
BC2013175	地西他滨原料药及制剂研究	连云港杰瑞药业有限公司
BC2013176	自恢复保险丝用直径 3mm 石英玻璃管的研发	连云港市盛昌照明电器有限公司
BC2013177	JFZ1815Z 节能型汽车交流发电机的研制	连云港博莱顿汽车电器有限公司
BC2013178	3-氯-2,4,5-三氟苯甲酸的研发	连云港威远精细化工有限公司
BC2013179	基于云计算的安全生产管理系统研发	江苏冲浪软件科技有限公司
BC2013180	基于供应链流程优化的物流园区 4PL 公共服务系统	淮安优拓网络服务有限公司
BC2013181	风光互补发电基站控制装备的研发	淮安昊锐科技发展有限公司
BC2013182	石油抽油机智能控制装置的研制	淮安精英电气科技有限公司
BC2013183	阳离子造纸专用矿物复合助留剂的制备及应用	盱眙中源新材料科技有限公司
BC2013184	摩托车节能离合器核心技术研发	江苏云飞机械有限公司
BC2013185	三色源菌剂控制农业面源污染技术研发	江苏三色源生物工程有限公司
BC2013186	同步自动机械换挡电动自行车的研发	上海鹊展大丰电动自行车制造有限公司
BC2013187	燃气调压站智能安全节能监控系统的开发与研究	大丰市丰泰机电有限公司
BC2013188	24″1500LB 固定式管道合金钢球阀的研发	大丰市奥凯流体机械有限公司

续表 3-9

项目编号	项 目 名 称	承 担 单 位
BC2013189	航模高速电机稀土磁钢的研发	盐城彤晖磁电有限公司
BC2013190	环保长寿型 UPS 锌镍电池的研发	东台天祥新能源有限公司
BC2013191	纳米硅胶体在储能蓄电池产品中的应用开发	江苏航虹电源有限公司
BC2013192	2-氨基噻唑-4-基乙酸盐酸盐的绿色合成工艺的研发	江苏华旭药业有限公司
BC2013193	基于环保驱动源的智能化独立车载空调系统研究	江苏科力普汽车部件有限公司
BC2013194	输送式油雾自动喷涂机研发	盐城新时代智能检测设备制造厂
BC2013195	基于 GIS 的综合治税共享分析系统	扬州紫竹软件有限公司
BC2013196	抽油机井节能潜力评价与设计管理系统	扬州江苏油田瑞达石油工程技术开发有限公司
BC2013197	医学信息与用户智能匹配系统	扬州睿医信息科技有限公司
BC2013198	超细径内窥镜的研发	江苏金视光电科技有限公司
BC2013199	防蓄电池组硫化的智能化不间断电源系统	扬州一为自动化设备有限公司
BC2013200	煤矿井下光通信系统的研发	江苏世杰光电有限公司
BC2013201	高能积大推力(1000N)永磁式振动台的研发	扬州英迈克测控技术有限公司
BC2013202	基于云计算、移动计算技术的建筑业企业综合集成管理信息系统	江苏万润软件科技有限公司
BC2013203	起重吊钩自发电无线视频监控防碰撞预警系统	蓝宝汽车电子(扬州)有限公司
BC2013204	基于物联网技术的蓄电池远程测试与评估系统	江苏中瀚通讯技术有限公司
BC2013205	膜树脂混合床技术制取高纯度荷叶黄酮开发	扬州浩宇生物科技有限公司
BC2013206	超薄吸波材料超高频电子标签的研发	江苏富纳电子科技有限公司
BC2013207	金融风险模型在线高速计算服务系统	江苏智软信息科技有限公司
BC2013208	利用导模法设备和技术直接生长 C 面蓝宝石衬底材料关键技术的研发	镇江和和蓝晶科技有限公司
BC2013209	海洋微生物高效合成分泌 ectoine 及生产关键技术的研究	镇江拜因诺生物科技有限公司
BC2013210	自动化智能三维转换系统	江苏刻维科技信息有限公司
BC2013211	远程平板会议系统	镇江为天下信息服务有限公司
BC2013212	基于 F1 赛车技术的发动机性能检测系统的研究与开发	镇江润欣科技信息有限公司
BC2013213	区域物流集配电子商务系统	镇江金山物流中心
BC2013214	玻璃纤维纺织专用金刚石剪刀片的研发	镇江大有硬质材料有限公司
BC2013215	高档数控机床专用新型高耐磨刀具的研发	江苏恒锋工具有限公司
BC2013216	蒸汽系统关键能效技术研发及合同能源管理节能服务	亿恒节能科技江苏有限公司
BC2013217	智能农网改造用集成控保装置的研发	江苏中金输配电设备有限公司
BC2013218	晶闸管型高压电机高转矩低谐波软起动器研发	扬中市丰顺电器有限公司
BC2013219	超薄结构泡沫铜及其电子热管理部件的研发与制造	江苏格业新材料科技有限公司
BC2013220	LH-G3 污泥深度脱水干化一体机的研发	泰州市蓝海环保科技有限公司
BC2013221	HBS-9702 型模块化微反加氢试验装置的研发	泰州环球仪器有限公司
BC2013222	组织工程活性人工皮肤研发	江苏华亿细胞组织工程有限公司
BC2013223	预防性重组人宫颈癌疫苗(汉逊酵母)的临床前研究	江苏瑞科生物技术有限公司
BC2013224	胆汁回收型胆道引流管路的研发	江苏爱源医疗科技有限公司
BC2013225	智能化大型数控剑杆织机的研发	江苏友诚数控科技有限公司
BC2013226	类机器人智能监护康复护理系统	江苏泰泉电子自动化设备有限公司
BC2013227	白酒糟固废发酵法生产高纯度丁二酸关键技术研究与开发	宿迁市爱维贝生物科技有限公司
BC2013228	多组分异型化新型蚕丝纤维的加工技术及抗皱真丝绸产品开发	宿迁市天缘丝绸家纺有限公司
BC2013229	高色牢度户外织物用功能聚酯母粒及纤维应用开发	泗阳宝源塑胶材料有限公司

表 3-10 江苏省 2013 年度新上苏北科技发展计划项目

项目编号	项 目 名 称	承 担 单 位
BC2013401	水蜜桃高效安全贮藏保鲜新技术研究及示范应用	徐州市宗庄水蜜桃开发有限公司
BC2013402	蘑菇菌柄增值利用关键技术与新产品产业化开发	徐州市坤元食品有限公司
BC2013403	大蒜系列干制品绿色杀菌关键技术研究及产业化	徐州绿健脱水菜公司
BC2013404	天荣智能急救系统研发及产业化	徐州天荣医疗通讯设备有限公司
BC2013405	农产品生产销售追溯系统的研发及应用	江苏润捷物联网络科技有限公司
BC2013406	柴油发动机低排放智能化控制系统	徐州康博智能控制仪表有限公司
BC2013407	金针菇保鲜技术研究与示范	江苏维维生物农业科技发展有限公司
BC2013408	杏鲍菇高效生产与加工技术研究及示范应用	徐州茂升菌业有限公司
BC2013409	牛蒡保鲜技术开发与产业化	徐州天马敬安食品有限公司
BC2013410	生态肉鸭高效屠宰与生鲜鸭肉品质控制关键技术开发	徐州鑫珂食品有限公司
BC2013411	鸭副产品高效利用关键技术研究及产品开发	沛县富乐康食品有限公司
BC2013412	畜禽养殖环境立体消毒系统的研究与开发	江苏三仪胜意药业有限公司
BC2013413	非石油路线合成碳酸丙烯酯的研究与开发	江苏晋煤恒盛化工股份有限公司
BC2013414	蒜皮膳食纤维超声辅助酶法制备技术研究及产业化	徐州清华蒜业有限公司
BC2013415	水禽深加工关键技术研究与新产品规模开发	徐州市惠农鸭业有限公司
BC2013416	牛肉制品非热力杀菌保藏关键技术研究及产业化	江苏彭润食品有限公司
BC2013417	鸡肉抗菌肽保鲜关键技术研究及其产业化	江苏太合食品有限公司
BC2013418	即食脱水蔬菜加工与品质提升新技术研发	连云港吉本多食品有限公司
BC2013419	添加海洋来源活性肽的新型泥鳅饲料的开发	江苏天福莱饲料发展有限公司
BC2013420	贝类海产品肉壳分离及烘干技术与设备的研发	连云港元帝农业装备科技有限公司
BC2013421	优质芦笋速冻关键技术开发及产业化	连云港百福来食品有限公司
BC2013422	环保抗菌多层实木复合地板基材关键技术及产业化	连云港华林木业有限公司
BC2013423	温室大棚节能环保型取暖供热系统装备开发与应用	连云港市锐远农业装备科技有限公司
BC2013424	稻秸秆还田与深松施肥播种复式机械的研发及产业化	连云港耘之都旋耕机械研发有限公司
BC2013425	新型阻燃层积板材的研发	连云港南方木业有限公司
BC2013426	新型复合 LVL 的关键技术研发与应用	连云港永益木业有限公司
BC2013427	新型风干腌腊禽制品的现代加工技术的产业化开发	淮安市新天地食品有限公司
BC2013428	水花专用高档膨化饲料生产线建设	江苏天参有限公司
BC2013429	中华鳖、黄鳝低鱼粉饲料开发与产业化	淮安新希望饲料有限公司
BC2013430	新型高分子半导电胶辊开发	淮安欣展高分子科技有限公司
BC2013431	有机硅氟共改性水性聚氨酯高分子材料处理剂研发	淮安凯悦科技开发有限公司
BC2013432	功能性电磁屏蔽复合板材关键技术研究与推广	淮安淮河木业有限公司
BC2013433	洪泽湖河蚬汤汁浓缩液产品开发	淮安市神州水产品有限公司
BC2013434	多功能缓释紫外线吸收剂的研制及产业化	江苏紫奇化工科技有限公司
BC2013435	海洋石油开采用、超高压、新型平板阀研发	江苏金石阀业有限公司
BC2013436	新型双管采油(气)整体组合阀式井口装置的研制与开发	江苏金石富源机械有限公司
BC2013437	生猪节能环保型饲料的研制与示范推广	淮安温氏畜牧有限公司
BC2013438	速冻熟制龙虾生产中微生物控制及物理减菌技术的研发与应用	盱眙泗州城农业开发有限公司
BC2013439	畜禽抗病饲料添加剂的研制与示范推广	盐城希望农业科技有限公司
BC2013440	新能源电动汽车智能充电站系统的研制与产业化	江苏玖宇实业有限公司
BC2013441	电动大客车电动液压助力转向器开发与产业化	盐城市步高汽配制造有限公司
BC2013442	超结构光矿化空气净化器的研发及产业化	中智环保科技江苏有限公司
BC2013443	化纤高分子聚合物真空热解清洗炉的研发及产业化	江苏都盛科技发展有限公司
BC2013444	汉麻黏胶/莫代尔 PTT 长丝 金银线 嵌入纺花色纱抗菌记忆产品的开发	响水天茗纺织服装有限公司
BC2013445	棉 / 木纤 / 羊绒 / 绢丝混色柔洁纺清洁化生产及其产品开发	响水县金汇纺织服饰有限公司

续表 3-10

项目编号	项 目 名 称	承 担 单 位
BC2013446	羟甲基苯基次膦酸生产技术开发及产业化	滨海锦翔化学助剂有限公司
BC2013447	聚四氟乙烯双膜复合过滤材料	江苏正大森源集团有限公司
BC2013448	海洋深水钻井隔水管研发及产业化	建湖县永维阀门钻件有限公司
BC2013449	全自动集成不锈钢多路阀研发及产业化	江苏环宇阀门制造有限公司
BC2013450	三防一阻经编童装面料的产业化开发	盐城市东纬纺织有限公司
BC2013451	微张力分条整经机研发与产业化	射阳县中意纺织机械制造有限公司
BC2013452	微波热风耦合干燥特种经济蔬菜关键技术开发与应用	江苏省翠源食品股份有限公司
BC2013453	高性能纤维增强船舶制动基材研究与开发	东台市华阳玻纤有限责任公司
BC2013454	回转曲面焊缝表面清理技术开发及应用	江苏龙城铸造机械科技有限公司
BC2013455	高番茄红素番茄汁关键技术研究及产业化	江苏神内食品有限公司
BC2013456	大米冷抛精加工技术研发及产业化	宿迁市丰源米业有限公司
BC2013457	冷冻淡水鱼糜和鱼糜制品开发利用	宿迁市新渔人水产科技有限公司
BC2013458	凤仙花有效成份的分离提取及应用的关键技术研发	江苏金鹰绢麻纺织有限公司
BC2013459	抗腐蚀预制混凝土方桩设计及制备关键技术	江苏固丰建材有限公司
BC2013460	高性能汽车前悬防倾杆的研发	江苏省宿迁市方圆机械有限公司
BC2013461	高转换率长寿命超白光伏玻璃开发	江苏金达新能源发展有限公司
BC2013462	半导体线切割用新型高品质碳化硅微粉的研发及产业化	江苏盛瑞特新材料科技有限公司
BC2013463	厚型杨木单板层积材制造技术与产业化	泗阳县泽杨木业有限公司
BC2013464	压缩炭化杨木三层实木复合地板的研发与产业化	江苏东佳木业有限公司
BC2013465	智能型光控感应高光效 LED 灯研发与产业化	江苏斯莱特电器有限公司
BC2013466	低值水产品生物加工技术开发及产业化应用	宿迁市成子湖食品有限公司
BC2013467	龙虾深加工技术与休闲产品开发	宿迁楠景水产食品有限公司
BN2013001	杨树新品种引进与高效栽培技术示范	徐州市富祥木业有限公司
BN2013002	低等级小径级速生杨木高效强化复合地板加工技术及产业化	徐州市宏达木业有限公司
BN2013003	轻质木塑复合家具构件制造关键技术及产业化	徐州天德利发集装箱板有限公司
BN2013004	高弹性木橡复合新材及在地板产业的应用	邳州市福申木业有限公司
BN2013005	小龙虾人工控制育苗技术研发与稻田养殖技术示范推广	新沂市成名水产养殖专业合作社
BN2013006	江苏农村科技服务超市新沂分店建设	新沂市华宇农业发展有限公司
BN2013007	河蟹、甲鱼高效生态混养模式示范	新沂市佳成生态养殖有限公司
BN2013008	福瑞鲤新品种引进及繁育养殖技术集成与示范	新沂市水产养殖场
BN2013009	肉羊规模化高效生态养殖技术及示范推广	江苏东海青松泉温泉度假有限公司
BN2013010	家畜养殖废弃物无害化处理技术示范	江苏马陵山畜禽生态养殖有限公司
BN2013011	高档肉牛快速育肥技术示范推广	连云港市亨得利畜牧养殖有限公司
BN2013012	无公害微生态猪配合饲料关键技术开发与产业化	连云港市金陵饲料有限公司
BN2013013	蟹池套养沙塘鳢高效养殖技术示范与推广	金湖县高邮湖水产专业合作社
BN2013014	籽莲新品种引进与示范推广	金湖县山水蔬菜专业合作社
BN2013015	水禽养殖废弃物资源化高效利用	金湖县双润禽业养殖有限公司
BN2013016	提高肉鸭种蛋受精率和孵化率的关键技术研究与运用	金湖县兴达禽业专业合作社
BN2013017	蚕丝羊绒复合股线色织提花针织面料研制与开发	东台市龙之梦服饰实业有限公司
BN2013018	新蚕品种“野三元”的示范推广技术研究与应用	江苏富安茧丝绸股份有限公司
BN2013019	绢丝加工新技术开发及产业化	江苏华信亚麻纺织有限公司
BN2013020	东台市茧丝绸产业农村科技服务超市社会化服务示范应用	江苏民星茧丝绸股份有限公司
BN2013021	虾、蟹新品种引进及规模化养殖推广	响水县东源水产养殖有限公司
BN2013022	名贵海水养殖新品种的苗种规模化繁育技术集成与示范	响水县金海育苗场
BN2013023	刺参池塘高效健康养殖技术集成与示范	响水县星辰水产专业合作社

续表 3-10

项目编号	项 目 名 称	承 担 单 位
BN2013024	江苏农村科技服务超市响水海水养殖产业分店建设	盐城绿丰农资有限公司
BN2013025	桃良种苗木繁育体系集成与示范	江苏大禾农业发展有限公司
BN2013026	泗阳设施果蔬产业科技服务超市分店建设	江苏国润农业科技有限公司
BN2013027	抗黄化曲叶病毒病番茄新品种引进与高效栽培技术集成示范	泗阳县百春锦蔬菜专业合作社
BN2013028	高品质设施专用番茄新品种引进与推广	泗阳县林丰蔬菜专业合作社
BN2013029	食(药)用菌珍稀品种引进及工厂化栽培技术示范	江苏西南岗食用菌有限公司
BN2013030	应时蔬菜保鲜技术的研究与应用	宿迁煲灌食品有限公司
BN2013031	设施蔬菜新品种引进及工厂化育苗技术推广与应用	泗洪县科园种苗中心
BN2013032	设施农业高效生物育苗基质的研究和开发应用	泗洪县瑞龙肥业有限公司
BN2013033	城市近郊设施蔬菜高效栽培模式创新与推广应用	江苏徐淮地区徐州农业科学研究所
BN2013034	猕猴桃新品种引进及示范推广	徐州盛丰农业科技有限公司
BN2013035	大蒜机械种植技术研发与应用	徐州鑫田农机研究所
BN2013036	生态猪产业链标准化和协同技术研发与应用	江苏汉霖农牧发展有限公司
BN2013037	畜禽浓缩饲料加工关键技术研发	徐州精艺成食品有限公司
BN2013038	奶牛高效健康养殖技术示范与推广	徐州万荷奶牛专业合作社
BN2013039	苹果专用肥料研发及示范应用	徐州盈丰佳园生物技术有限公司
BN2013040	传统鸡肉加工关键技术创新及产业化	徐州大屯李家畜禽专业合作社
BN2013041	樱桃谷鸭标准化生产技术集成创新与示范	江苏和康源樱桃谷种鸭有限公司
BN2013042	蟹味菇液体菌种发酵技术的开发与示范	连云港丰美达食用菌专业合作社
BN2013043	蛋鸽高效生产关键技术研究与示范	连云港市港兴畜禽养殖场
BN2013044	切花百合种球扦插繁育技术研究与产业化开发	连云港市农业科学院
BN2013045	浅海域深水抗风浪网箱养殖技术集成示范	连云港市渔业技术指导站
BN2013046	高产、耐高温条斑紫菜新品系诱变育种与栽培技术集成示范	赣榆县润心紫菜有限公司
BN2013047	中国对虾“黄海 2 号”繁育及健康养殖技术集成与示范	连云港市启明水产有限公司
BN2013048	脉红螺苗种繁育技术研发与推广示范	连云港仙忠水产养殖有限公司
BN2013049	设施蔬菜集约化育苗技术的集成与示范	灌云县迎辉蔬菜种苗专业合作社
BN2013050	设施蔬菜新品种引进及高品质栽培技术集成示范	连云港丰华种苗有限公司
BN2013051	设施栽培节本增效配套设备研发及应用	南京农业大学灌云现代农业装备研究院
BN2013052	食用菌加工技术开发及产业化	江苏裕灌现代农业科技有限公司
BN2013053	白灵菇工厂化高效栽培技术集成与推广	连云港参宝食用菌有限公司
BN2013054	滋补土鸡规模化养殖和调理加工的产业化开发	淮安市百欣食品有限公司
BN2013055	淮安设施蔬菜加工保鲜技术与产业化	淮安市佳美食品配料有限公司
BN2013056	印刷播种技术在机插水稻大壮苗育秧上的示范推广	淮安市农业科技实业总公司
BN2013057	设施农业物联网自动化管理技术集成与示范	淮安市农业科学研究院
BN2013058	蔬菜工厂化育苗技术示范与推广	淮安市中园园艺发展有限公司
BN2013059	规模猪场数字化养殖技术集成示范	江苏百顺农牧有限公司
BN2013060	泡蒲菜即食食品开发与产业化	外婆家食品股份有限公司
BN2013061	规模猪场主要污染物减量排放的营养调控技术集成与应用	淮安市顺好生猪养殖有限公司
BN2013062	优质抗病苏太猪高效饲养技术标准示范与推广	苏州苏太盱眙畜禽养殖有限公司
BN2013063	耐盐观赏地被植物新品种高效栽培技术集成创新与示范	江苏松阳园林建设有限公司
BN2013064	优质肉鸡规模化养殖技术示范	江苏悦达农业发展有限公司
BN2013065	特色观赏植物石蒜的新品种引进及快繁技术研发	盐城市盐都区汉勤果蔬专业合作社
BN2013066	设施丝瓜、茄子新品种引进及高效栽培技术集成示范	滨海望嘉元生态农业有限公司
BN2013067	设施蔬菜连作障碍控制技术的研发与应用	江苏国华蔬菜有限公司
BN2013068	废黄河堆堤设施蔬菜优质高产栽培技术集成示范与推广	阜宁县益生蔬菜种植专业合作社

续表 3-10

项目编号	项目名称	承担单位
BN2013069	药用菊花与夏枯草连作栽培模式建立与示范推广	射阳县天香菊花专业合作社
BN2013070	中药材土壤农药残留污染综合防控技术集成与示范	盐城博文菊花制品有限公司
BN2013071	滩涂风电、光电区池塘梭子蟹综合养殖技术开发与应用	大丰市昌海水产养殖专业合作社
BN2013072	沿海滩涂大宗淡水鱼清洁生产技术集成与示范	大丰市水产技术推广站
BN2013073	杏鲍菇工厂化高效栽培技术集成与示范	江苏天立生物科技有限公司
BN2013074	拱棚西瓜-水稻轮作栽培技术集成示范	宿迁市农业科学研究院
BN2013075	“猪沼菜”三位一体循环经济模式研究与应用	宿迁市宿城区农芙苑养殖专业合作社
BN2013076	河蟹泥鳅混养池塘水质调控技术开发及产业化	宿迁市宿豫区黄墩镇李甸稻麦专业合作社
BN2013077	新型复合基质生产与蔬菜基质育苗技术示范	宿迁沃绿宝有机农业开发有限公司
BN2013078	养生蔬菜速冻保鲜关键技术研发与应用	尧顺实业宿迁有限公司
BN2013079	红火球、红火箭等紫薇新品种的引种与高效培育	沭阳县七彩林园艺有限公司
BN2013080	观赏海棠新品种种苗产业化关键技术集成与示范	沭阳县三宝花卉苗木园艺场
BN2013081	容器苗产业化关键技术集成与产业化示范	沭阳县新河联合花木工程有限公司

表 3-11 江苏省 2013 年度新上软科学研究计划项目

项目编号	项目名称	承担单位
BR2013001	银行小微企业“第三方”信息验证机制的研究与应用	江苏银行
BR2013002	创新型领军企业牵头组建产业技术创新战略联盟的有效模式研究	金陵科技学院
BR2013003	构建江苏科技创新综合体的路径与对策研究-创新要素的视角	南京市建邺区发展与改革局
BR2013004	江苏战略性新兴产业技术创新能力提升机制研究——基于公共资本与私人资本协同创新的视角	江南大学
BR2013005	江苏省物联网技术协同创新平台与产业培育机制研究	江南大学
BR2013006	多元利益团体合作视角的公立医院补偿机制改革策略研究	江南大学
BR2013007	江苏战略性新兴产业规模化协同创新机制和对策研究	中共无锡市委党校
BR2013008	江苏省产学研协同创新基地建设路径及机制研究	江苏师范大学
BR2013009	江苏省高职院校为中小企业开展科技咨询的长效机制研究	徐州工业职业技术学院
BR2013010	基于契约安排的研究型大学技术转移模式比较与优化对策	中国矿业大学
BR2013011	现代生态农业企业评价体系研究	中国矿业大学
BR2013012	锂电池材料专利技术分析研究	常州储能材料与器件研究院
BR2013013	“创新驱动”导向下苏南科技企业加速器管理机制研究	常州大学
BR2013014	企业创新国际化中税收风险评估与控制研究——以技术寻求型海外并购为例	常州大学
BR2013015	苏南自主创新示范区跨国技术转移机制调查	常州大学
BR2013016	苏南地区创新驱动发展的路径选择与对策研究	常州工学院
BR2013017	生态化视角下江苏经济开发区创新转型的思路与对策研究	江苏理工学院
BR2013018	国有创投机构绩效评价研究——以苏州创投业为例	苏州博韬创业投资管理有限公司
BR2013019	促进我省农业实现现代化的财政政策研究	苏州大学
BR2013020	以文化科技融合促进江苏新兴文化产业发展的制度创新研究	苏州大学
BR2013021	高校院所科技专家为企业科技咨询长效机制研究	苏州大学
BR2013022	创业投资企业所得税政策实证研究	江苏省地方税务局
BR2013023	工业规划区产业集聚的影响因素及其提升对策——基于苏州城乡一体化试点经验的研究	苏州科技学院

续表 3-11

项目编号	项 目 名 称	承 担 单 位
BR2013024	科技创新促进江苏县域经济转型发展的政策工具研究	常熟理工学院
BR2013025	本地产业与科技人才融合发展问题研究——以张家港为例	张家港市科学技术局
BR2013026	江苏省战略性新兴产业融资模式研究	苏州大学应用技术学院
BR2013027	江苏高水平企业研发机构建设及评价研究——以苏州为例	健雄职业技术学院
BR2013028	创新型省份建设中政产学研用协同创新促进江苏科技型中小企业发展的动力机制研究	江苏省海洋资源开发研究院(连云港)
BR2013029	基于苏北区域合作视野下的示范区建设重点、难点与对策研究	江苏省社会科学院连云港分院
BR2013030	江苏流通业现代化推进模式、路径与策略研究	淮阴工学院
BR2013031	苏北家庭农场创新机制研究——以淮安市为例	中共淮安市委党校
BR2013032	江苏省产学研协同创新效率测度与评价研究	盐城工学院
BR2013033	江苏创新型领军企业的培育机制与路径研究	盐城工学院
BR2013034	面向战略性新兴产业的协同创新平台:运行机制与政策研究	盐城师范学院
BR2013035	江苏种植业结构变动、效率变化及影响因素研究	扬州大学
BR2013036	区域协同发展战略下江苏文化旅游的模式与对策研究	扬州大学
BR2013037	江苏省跨国技术转移协同运行机制研究	江苏科技大学
BR2013038	产业链视角下高新技术改造提升我省传统产业的路径研究——以镇江为例	镇江经济和信息化委员会
BR2013039	政府调控下的江苏省能源供需和价格体系演化及调控战略研究	南京师范大学泰州学院
BR2013040	江苏新医药产业协同创新模式与运行机制研究	泰州中国医药城中医药研究院
BR2013041	江苏民营企业知识产权运用、保护和管理体系的研究	江苏省高新技术创业服务中心
BR2013042	江苏省科技服务业示范区建设研究	江苏省科学技术情报研究所
BR2013043	科技创新政策落实评估与组织体系研究	江苏省科学技术情报研究所
BR2013044	新兴产业重点领域分析报告——石墨烯、3D 打印、生物医药产业分析研究	江苏省科学技术情报研究所
BR2013045	创新驱动战略中江苏高端咨询业发展研究	江苏省科技咨询协会
BR2013046	江苏民生科技发展现状与对策研究	江苏省科学技术发展战略研究院
BR2013047	江苏推进创新型省份建设研究及年度分析报告	江苏省科学技术发展战略研究院
BR2013048	江苏省科技服务业发展现状及对策研究	江苏省生产力促进中心
BR2013049	江苏省产业技术研究院组织模式及运行机制研究	江苏省生产力促进中心
BR2013050	江苏省大型科学仪器设备资源开放共享机制研究与政策建议	江苏省生产力促进中心
BR2013051	生物技术产业发展跟踪研究报告(2013)	江苏省生物技术协会
BR2013052	江苏省知识产权产业化战略研究	南京大学
BR2013053	国家数字出版基地发展模式研究——以江苏国家数字出版基地为例	南京大学
BR2013054	网络环境下服务供应链风险管理与协同决策研究——以江苏省为例	南京大学
BR2013055	农村新型科技服务体系的建设研究——以江苏省为例	南京大学
BR2013056	江苏科技金融发展的路径和对策研究	南京大学
BR2013057	江苏创新型县(市、区)建设路径及评价指标体系研究	东南大学
BR2013058	江苏软件和集成电路产业税收优惠政策实施成效实证研究	江苏省国税局
BR2013059	科技税收政策操作指南	江苏省国税局
BR2013060	江苏农业结构战略性调整的科技创新体系研究	南京农业大学
BR2013061	农村科技服务超市运行机制与发展对策研究	南京农业大学
BR2013062	基于 Android 平台的苏南农村科技信息低成本服务模式研究	江苏省农业科学院
BR2013063	江苏省政府研发投入机制及政策研究	河海大学
BR2013064	中国上市公司管理层股权激励政策机制的设计研究	河海大学
BR2013065	江苏企业创新国际化的路径与对策研究	南京财经大学

续表 3–11

项目编号	项　目　名　称	承 担 单 位
BR2013066	江苏高端产业发展报告	南京财经大学
BR2013067	泛半导体产业技术与市场发展趋势——基于技术路线图和专利地图集成的研究	南京工业大学
BR2013068	江苏省工业知识产权与农业知识产权运用、保护的比较研究	南京工业大学
BR2013069	江苏国家级科技园区创新网络演化路径及应用对策研究	南京工业大学
BR2013070	创新驱动下市、县、镇知识产权战略推进机制研究	南京工业大学
BR2013071	江苏省协同创新的技术转移路径和机制研究	南京工业大学
BR2013072	江苏科技资源共享的机制创新与对策研究	南京工业大学
BR2013073	区域生态化产学研合作机制及其优化对策研究	南京航空航天大学
BR2013074	江苏文化创意产业科技创新的驱动路径研究	南京航空航天大学
BR2013075	江苏创新型乡镇科技公共服务平台建设研究	航空航天大学
BR2013076	企业创新创业人才投资的动力机制与制度政策研究	南京理工大学
BR2013077	江苏省创新型产业集群的知识产权服务模式研究——以知识产权托管创新价值网的构建为例	南京理工大学
BR2013078	江苏省战略性新兴产业发展路径和政策研究	南京审计学院
BR2013079	江苏战略性新兴产业创新生态系统的群落互动机制研究——以生物医药产业为例	南京师范大学
BR2013080	政府引导规范下的科技咨询体系建设研究	南京师范大学
BR2013081	二级以上医院创新能力评估的模型研究	南京医科大学
BR2013082	江苏省生物医药产业布局优化研究	南京中医药大学
BR2013083	第三次工业革命对江苏产业发展的影响及对策	江苏省政府研究室
BR2013084	江苏推进人才国际化路径研究	江苏省中青年人才创业促进会
BR2013085	江苏企业商业模式创新与运营管理研究	中共江苏省委研究室
BR2013086	江苏省沼气产业化发展路径选择与对策研究	中共江苏省委研究室
BR2013087	江苏科技人才创新创业生态环境研究	江苏省政协科技委
BR2013088	江苏省企业国际化及对策分析	江苏省经济贸易委员会经济研究所
BR2013089	信息技术条件下养老服务产业的变革发展研究	江苏省老龄协会
BR2013090	新型农合组织构建中政府作用机制及对策研究	江苏省农业产业发展研究中心
BR2013091	生物样本库规范化体系建设的研究	江苏省人民医院
BR2013092	生态环境监控物联网标准体系及关键标准研究	江苏省标准化研究院
BR2013093	江苏创新驱动战略视角下的创新型乡镇建设研究	中共江苏省委党校
BR2013094	创新引领苏北县域经济转型发展研究	中共江苏省委党校
BR2013095	面向中小企业创新发展的专利资源增值运营模式研究	中共江苏省委党校
BR2013096	第三次工业革命诱发的居民消费升级对江苏产业转型的影响研究	中共江苏省委党校
BR2013097	江苏高新园区的转型发展研究	中共江苏省委党校
BR2013098	文化科技融合支撑新兴文化产业的培育和发展	江苏省社会科学院
BR2013099	科技信贷风险管理机制建立的探索	中国建设银行股份有限公司江苏省分行

表 3–12　江苏省 2013 年度新上产学研联合创新资金项目

项目编号	项　目　名　称	承 担 单 位
BY2013001–01	高性能锂 / 硫二次电池关键技术的研究与开发	南京师范大学
BY2013001–02	稀土钨热电子发射式高温静电除尘器研制	南京师范大学
BY2013001–03	L–茶氨酸工业化生产关键技术研究	南京师范大学

续表 3-12

项目编号	项目名称	承担单位
BY2013001-04	酮醇类化工废溶剂资源化再生利用关键技术的研发	南京师范大学
BY2013001-05	室内排风能量回收型全新风空气处理机组应用基础性研究	南京师范大学
BY2013002-01	新型地下水除氟技术及设备研发	河海大学
BY2013003-01	精密电子器件用低磁滞伸缩铁基纳米晶软磁薄带研究	南京航空航天大学
BY2013003-02	内置姿态模块的飞机多功能显示器研究	南京航空航天大学
BY2013003-03	高速移动无线通信电台装置的研究	南京航空航天大学
BY2013003-04	新型超硬磨料磨盘高效磨抛高强度钢的研究	南京航空航天大学
BY2013003-05	基于计算机视觉的前方车辆智能感知系统研究	南京航空航天大学
BY2013003-06	基于物联网的智慧车间关键技术研究	南京航空航天大学
BY2013003-07	新型船用强化传热原件及高效换热器研发	南京航空航天大学
BY2013003-08	基于液相方法的黑硅和 LPD 减反射膜技术的晶硅太阳电池研发	南京航空航天大学
BY2013003-09	新型非金属基柔性核辐射防护材料及防护装备研发	南京航空航天大学
BY2013003-10	面向电子产品装配与包装的少自由度并联机器人研发	南京航空航天大学
BY2013003-11	基于演化技术的 AES 加密协处理器研究与 SoC 原型设计	南京航空航天大学
BY2013003-12	参数异构的双目立体视觉技术的实现	南京航空航天大学
BY2013003-13	地效翼船大气数据与 MEMS 惯性 / 北斗卫星组合姿态测量系统研究	南京航空航天大学
BY2013003-14	基于多层钎焊金刚石薄壁钻头的工程陶瓷高效精密钻削技术的研究	南京航空航天大学
BY2013003-15	铝钛自蔓延反应制备多层金刚石雕刻磨头与高效精密加工新型陶瓷的研究	南京航空航天大学
BY2013004-01	轨道交通牵引系统谐波与回流干扰抑制技术研究	南京理工大学
BY2013004-02	由维生素 D 侧链结构修饰合成他卡西醇的新方法	南京理工大学
BY2013004-03	Boost-Full Bridge 单相光伏并网逆变器中电解电容的参数在线监测及寿命延长研究	南京理工大学
BY2013004-04	10kV 柱上型智能分界开关系统	南京理工大学
BY2013004-05	卡式自动售票机研究与开发	南京理工大学
BY2013005-01	新型环境友好型功能聚合物基站天线外罩异型材的研究	南京工业大学
BY2013005-02	多肽类抗生素恩拉霉素发酵过程研究与开发	南京工业大学
BY2013005-03	基于物联网技术的电梯运行、维保和市场分析一体化信息管理系统平台研发	南京工业大学
BY2013006-01	木材品质智能识别技术及产业化	南京林业大学
BY2013006-02	秸秆基纳米纤维素多功能化板材制品表面关键技术研究	南京林业大学
BY2013006-03	连续氢化氨化法制备端氨基聚醚工艺技术开发研究	南京林业大学
BY2013007-01	基于计算机视觉的活塞环无损伤检测设备的研发	南京信息工程大学
BY2013007-02	雷暴云定向测量系统	南京信息工程大学
BY2013007-03	焦炉煤气脱硫脱氰废液副产物硫代硫酸铵的资源化技术研究	南京信息工程大学
BY2013007-04	铝合金螺旋管 PMIG 焊过程流动态数值模拟技术开发	南京信息工程大学
BY2013007-05	电动汽车驱动控制及测试系统的研发	南京信息工程大学
BY2013008-01	消癥丸治疗乳腺增生的有效组分及其微丸的研制	南京中医药大学
BY2013009-01	SKT106 卧式数控多工位冷镦机的研发	南京工程学院
BY2013010	稻米绿色安全储藏保鲜技术开发	南京财经大学
BY2013011	移动终端智能引擎系统及产业化	南京邮电大学
BY2013012	红外热辐射技术在农产品加工中的应用与设备开发	农业部南京农业机械化研究所
BY2013013	甜菜机械化收获技术与装备研发	农业部南京农业机械化研究所
BY2013014	银杏叶渣生物饲料添加剂产业化关键技术	中国林业科学研究院林产化学工业研究所

续表 3-12

项目编号	项 目 名 称	承 担 单 位
BY2013015-01	低值海产蛋白的重组加工与高值化应用技术	江南大学
BY2013015-02	基于物联网的第三方智能物流仓储关键技术研究及软件研发	江南大学
BY2013015-03	改性瓜尔胶的开发及其产业化	江南大学
BY2013015-04	基于溯源称的蔬菜质量追溯系统关键技术开发与产业化	江南大学
BY2013015-05	经编无缝织物智能化生产关键技术及产业化	江南大学
BY2013015-06	PES 平板 MBR 膜及组件	江南大学
BY2013015-07	功能性黄酒高效安全酿造关键技术研究	江南大学
BY2013015-08	高性能纳米复合环氧树脂电子灌封材料	江南大学
BY2013015-09	高压共轨燃油喷射系统的喷射机理及性能分析研究	江南大学
BY2013015-10	新型高效催化剂的关键技术及其示范	江南大学
BY2013015-11	新型生物食品防腐剂 ε-聚赖氨酸高效提取关键技术与集成化研究	江南大学
BY2013015-12	新型饲用木聚糖酶的高效制备及产业化应用	江南大学
BY2013015-13	透平叶片数字化智能化设计制造关键技术研究	江南大学
BY2013015-14	经编提花毛巾生产关键技术研究及产业化	江南大学
BY2013015-15	基于智能手机的移动式医疗服务系统研发	江南大学
BY2013015-16	新型拉丝机控制系统开发	江南大学
BY2013015-17	高支、多元功能毛精纺面料生态加工关键技术研究	江南大学
BY2013015-18	生物法制备高性能接枝淀粉浆料的关键技术研究	江南大学
BY2013015-19	基于物联网技术的智能电网计量监测和通信网关设备的研制及关键技术研究	江南大学
BY2013015-20	再生聚酯 / 棉纤维混色混纺针织产品关键技术研究	江南大学
BY2013015-21	新型油烟传感器及油烟自动在线监控系统关键技术及产业化研究	江南大学
BY2013015-22	基于气味散发机理研究的果蔬微波干燥过程控制	江南大学
BY2013015-23	基于透明加密的移动终端数据安全关键技术及软件的研发	江南大学
BY2013015-24	车用阻燃涤麻纺织品开发关键技术研究	江南大学
BY2013015-25	单链抗体在水体毒素检测中的应用	江南大学
BY2013015-26	化工包装罐高性能制罐生产线关键技术与装备研发	江南大学
BY2013015-27	海洋鱼蛋白生产智能控制系统及工业物联网	江南大学
BY2013015-28	薄层化多折面及膜耦合硅片加工再生型切割液纯化技术与装置	江南大学
BY2013015-29	以地沟油为原料制备精细化学品原料的研究	江南大学
BY2013015-30	汽车新颖安全系统和自动化生产的研究	江南大学
BY2013015-31	高铁车体用中空夹芯复合材料的制备及关键技术研究	江南大学
BY2013015-32	变密度炭纤维预制体的开发及其结构设计优化研究	江南大学
BY2013015-33	能耗监管物联网络基础平台的关键技术产业化研究	江南大学
BY2013015-34	基于传热传质机理研究的节能闭式冷却塔研发	江南大学
BY2013015-35	基于多传感器信息融合的化工生产安全智能控制应用研究	江南大学
BY2013015-36	1T2F 模式下儿童智能安全服装的研发及产业化	江南大学
BY2013015-37	生物转化制备苯丙酮酸的关键技术	江南大学
BY2013015-38	涤纶超仿棉经编面料生产关键技术研究及产业化	江南大学
BY2013015-39	谷氨酰胺转氨酶发酵法生产集成优化控制的关键技术研究	江南大学
BY2013015-40	基于物联网技术的空巢老人监护平台研发	江南大学
BY2013015-41	基于物联网的环境智能分析与监测系统	江南大学
BY2013015-42	丝网专用纳米复合抗静电涤纶单丝制备技术	江南大学
BY2013015-43	现代化大型吊船机械关键技术的研究及产品开发	江南大学
BY2013016	基于物联网技术的双标签智能图书馆管理设备的开发应用	江苏信息职业技术学院

续表 3-12

项目编号	项 目 名 称	承 担 单 位
BY2013017	基于企业生产资源知识库的服装大规模定制系统的研发	江苏信息职业技术学院
BY2013018	下一代超高清电视(UHDTV)芯片内在架构模块、物理实现及性能评估关键技术的方法研究	北京大学软件与微电子学院无锡产学研合作教育基地
BY2013019-01	高速精密前混合磨料水射流切割系统研制	中国矿业大学
BY2013019-02	高可靠性恒功率超级电容充电系统研制	中国矿业大学
BY2013019-03	新型高水灰比建筑材料研制	中国矿业大学
BY2013019-04	基于 OpenCV 主板插件装配自动检测技术的研究	中国矿业大学
BY2013019-05	大型集中驱动式弛张筛的研制	中国矿业大学
BY2013019-06	矿井移动装备可视化主动预警关键技术研究及配套设备研制	中国矿业大学
BY2013019-07	低渗煤层瓦斯增产技术及装备关键技术研发	中国矿业大学
BY2013020	智能医护物联网的研究与应用	徐州工程学院
BY2013021	面向物联网的立体停车场先进适用技术的应用研究	徐州工程学院
BY2013022	智能型矿用悬浮式单体液压支柱的研究及产业化	徐州工程学院
BY2013023	基于 CCD 图像的火焰温度智能监测系统及可视化技术研究	徐州工程学院
BY2013024-01	核壳纳米结构热色效应及其节能玻璃应用研究	常州大学
BY2013024-02	非金属阻隔抑爆球与材料研发	常州大学
BY2013024-03	基于 SaaS 模式的危化品气瓶安全管理平台关键技术及应用研究	常州大学
BY2013024-04	高性能石墨烯 / 密胺树脂纳米复合材料的开发	常州大学
BY2013024-05	高固体含量涂料用基体树脂的研制与开发	常州大学
BY2013024-06	基于云计算的医疗信息个性化推荐技术及应用研究	常州大学
BY2013024-07	无卤阻燃节能保温聚氨酯墙体材料的关键制备技术	常州大学
BY2013024-08	结构型耐候、耐刮擦、高光泽车用 ABS 类树脂的制备	常州大学
BY2013024-09	抗紫外膨胀阻燃聚乙烯重型包装膜专用材料的研制	常州大学
BY2013024-10	硝酸异辛脂的微通道反应生产技术工艺开发	常州大学
BY2013024-11	高性能超高分子量聚乙烯柔性增强复合管的研发	常州大学
BY2013024-12	镍基高温合金无缝管制造关键技术研发	常州大学
BY2013024-13	氨基糖苷类抗生素新药依替米星合成新工艺研发	常州大学
BY2013024-14	高速电梯平衡补偿链智能化盘绕装备及其关键技术研发	常州大学
BY2013024-15	水陆两栖飞艇船体用超高分子量聚乙烯基复合材料及制备技术	常州大学
BY2013024-16	典型污染场地地下水中硝酸盐阻断与修复技术研究	常州大学
BY2013024-17	废弃混凝土制备透水性道路用高性能生态混凝土关键技术与工程应用研究	常州大学
BY2013024-18	基于无线传感网的智能变电站监控关键技术的应用与研究	常州大学
BY2013024-19	低能耗高效处理工业废水中氨氮技术与装置研发	常州大学
BY2013024-20	卡马西平中间体亚氨基芪合成新工艺的开发	常州大学
BY2013024-21	车用高抗冲可膨胀玻纤增强轻质复合材料制备的关键技术研究	常州大学
BY2013024-22	燃烧天然气的低温烟气余热深度利用技术和产品开发研究	常州大学
BY2013024-23	基于虚拟样机的超大型蒸压设备数字化设计及产业化应用	常州大学
BY2013025-01	600mm 直齿圆柱齿轮双峰脉冲电流电化学复合机械光整技术	江苏理工学院
BY2013025-02	定制电梯平衡链生产与包装一体化数控装备的研制	江苏理工学院
BY2013025-03	Stage Ensemble 数码电钢琴技术研究	江苏理工学院
BY2013025-04	铝合金表面钴盐化学转化膜的研究	江苏理工学院
BY2013025-05	汽车测试用并联机器人高精度实时 MIMO 控制系统研发	江苏理工学院
BY2013026	钨粉自动化生产线关键技术研究及系统研制	常州先进制造技术研究所
BY2013027	多机器人协调作业的温锻自动化生产线系统研制	常州先进制造技术研究所

续表 3–12

项目编号	项 目 名 称	承 担 单 位
BY2013028	无缝管穿孔顶头堆焊工艺关键技术研究与实现	常州数控技术研究所
BY2013029	锂离子电池隔膜用新型聚酰亚胺纳米纤维膜的微结构调控及关键制备技术研究	北京化工大学常州先进材料研究院
BY2013030-01	高效多晶黑硅电池技术开发	苏州大学
BY2013030-02	锂离子电池新型电解液系统的研制与开发	苏州大学
BY2013030-03	多头多形态多功能熔体直纺聚酯纤维产业化技术研究	苏州大学
BY2013030-04	高发射率远红外纳米复合材料的研发及其在真丝纤维功能改性上的应用	苏州大学
BY2013030-05	纳米碳化锆感应蓄热保温聚酯纤维研究	苏州大学
BY2013030-06	IPv6 无中心网络中基于可信保障的融合通信应用平台研发	苏州大学
BY2013030-07	Touch DNA 快速提取试剂盒的研制及法医学应用研究	苏州大学
BY2013030-08	智慧社区信息感知技术及应用平台研发	苏州大学
BY2013030-09	基于物联网的城市照明节能关键技术研究与产业化	苏州大学
BY2013030-10	PBO 高性能纤维工艺的开发	苏州大学
BY2013031	自由曲面光学元件数字化设计与数控加工研发	苏州科技学院
BY2013032	智能电子后视镜系统	清华大学苏州汽车研究院
BY2013033	高功率医用半导体激光器的高效能驱动与控制关键技术研究	苏州生物医学工程技术研究所
BY2013034	用于激光治疗的非接触式皮肤冷却技术与产品开发	苏州生物医学工程技术研究所
BY2013035	约束型紫外光三维打印技术及工艺研究	西安交通大学苏州研究院
BY2013036	全新谷物奶生产中液态部分营养素分离与富集工艺的研究与应用	西安交通大学苏州研究院
BY2013037	基于云计算与图像识别的作物病虫草害诊断关键技术	南京理工大学常熟研究院有限公司
BY2013038	智能化微型双电源断路器研究	南京理工大学常熟研究院有限公司
BY2013039	面向移动终端的泛在视频接入与点播技术研究	南京理工大学常熟研究院有限公司
BY2013040	能量回馈变频器	西工大常熟研究院有限公司
BY2013041	新辅酶吡咯喹啉醌(PQQ)的工业化研究	常熟理工学院
BY2013042-01	中高压铝电解电容器自动组立生产线研制	南通大学
BY2013042-02	混凝土增强用亲水高强聚烯烃异型单丝材料的研制与产业化	南通大学
BY2013042-03	高密度射频识别标签芯片晶圆检测技术开发	南通大学
BY2013042-04	高性能隔热涂层织物及其生产装备的研发	南通大学
BY2013042-05	低耗能低耗材数字化精密玻璃模具及其关键技术研发	南通大学
BY2013042-06	dsRNA 激活 TLR3 介导肝癌细胞凋亡的细胞靶位	南通大学
BY2013042-07	高星级酒店用多功能纺织品研发的关键技术集成与产业化	南通大学
BY2013042-08	基于铝散热器封装技术的 LED 车前灯设计	南通大学
BY2013043	聚己二酰己二胺(PA66)异形高强工业丝产业化关键技术研究	南通苏州大学纺织研究院
BY2013044	经济海水微藻种质资源平台与开发关键技术	南通中国科学院海洋研究所海洋科学与技术研究与发展中心
BY2013045	有机毒害工业废水三维电催化耦合厌氧处理技术研究	南京大学连云港高新技术研究院
BY2013046	新型机器人在线标定技术开发及应用	南京理工大学连云港研究院
BY2013047	大容量石英熔融电炉节能提质关键技术研究	南京理工大学连云港研究院
BY2013048	煤基碳素表面改性超细粉体制备关键技术研究	中国矿业大学徐圩新区高新技术研究院
BY2013049	超低温疗法脱除草莓病毒技术体系的创建及应用	中国农业科学院东海农业综合试验站
BY2013050	温室风幕式静电施药技术研究和装备研制	南京农业大学灌云现代农业装备研究院
BY2013051	设施农业用轻简型旋耕起垄施肥精量播种机研制	南京农业大学灌云现代农业装备研究院
BY2013052	调脂药苯扎贝特绿色合成工艺及产业化研究	淮阴工学院
BY2013053	绿色增塑剂生产工艺研究	淮阴师范学院

续表 3-12

项目编号	项 目 名 称	承 担 单 位
BY2013054	“苏淮猪”专用饲料开发与肉质控制研究	中国农科院淮安健康养殖与饲料研究中心
BY2013055	凹凸棒石杂化改性及在紫外光固化涂料中的应用	常州大学盱眙凹土研发中心
BY2013056	城市污泥生物梯级产氢-产甲烷关键技术与成套装备研发	江苏盐城环保产业工程研发服务中心
BY2013057-01	生化型涂装废水水处理剂的应用技术研究	盐城工学院
BY2013057-02	卤水 / 秸秆 / 粉煤灰新型自保温墙体材料的研制	盐城工学院
BY2013057-03	盐生植物海蓬子高值化利用新模式研究	盐城工学院
BY2013057-04	基于知识的垃圾车智能化设计系统研发技术研究	盐城工学院
BY2013057-05	纤维织物增强磷酸镁水泥基复合材料维修加固桥涵技术研究与应用	盐城工学院
BY2013057-06	木材智能化柔性加工技术研究	盐城工学院
BY2013058	超短细柔纤维聚绒纺关键技术前瞻性研究	盐城纺织职业技术学院
BY2013059	采用浆印工艺生产功能性家纺产品的前瞻研究	盐城纺织职业技术学院
BY2013060	离子液体无浆料生态印花技术的研究和应用	盐城纺织职业技术学院
BY2013061	基于树脂吸附的染料废水深度处理技术开发与应用	南京大学盐城环保技术与工程研究院
BY2013062	苏北沿海典型设施农区连作障碍消减技术模式研究与示范	中国科学院南京分院东台滩涂研究院
BY2013063-01	基于光伏建筑一体化可调度式并网电站的研究	扬州大学
BY2013063-02	列车走行部高耐磨减振降噪奥贝球铁轮对的研发	扬州大学
BY2013063-03	利用转基因技术创制梅山医用小型猪	扬州大学
BY2013063-04	基于矩阵变换器的电动机调速节能装置的研究	扬州大学
BY2013063-05	动力型铅蓄电池无镉化和铅减量化关键技术研发	扬州大学
BY2013063-06	优质肉鸡京海黄鸡高产抗病配套系选育研究	扬州大学
BY2013063-07	中药配方颗粒包装机关键技术开发与应用研究	扬州大学
BY2013063-08	基于物联网的 RFID 智能物流信息管理系统开发与应用	扬州大学
BY2013063-09	技术新成土的研究与应用	扬州大学
BY2013063-10	基于云计算的智能交通关键技术研究	扬州大学
BY2013063-11	大型多工位转台式自清洗真空过滤装备及关键技术研究	扬州大学
BY2013064	交通用新型高效直接固体碳燃料电池的研发	大连理工大学扬州能源研发中心
BY2013065-01	双频扫频发散式超声辅助提取 / 酶解工业化设备的研制及其应用	江苏大学
BY2013065-02	油气同轴喷射引燃式 LNG 船用发动机直喷燃烧系统关键技术	江苏大学
BY2013065-03	高效低噪无过载厚叶片排污泵的关键技术研究	江苏大学
BY2013065-04	设施栽培小型电动拖拉机研发	江苏大学
BY2013065-05	聚氨酯基自润滑耐磨涂层的开发	江苏大学
BY2013065-06	新型硬质合金堆焊材料的开发	江苏大学
BY2013065-07	面向云计算的设施农业物联网系统	江苏大学
BY2013066-01	海洋平台综合信息系统	江苏科技大学
BY2013066-02	异形管钢筋骨架自动变径高速滚焊机研发	江苏科技大学
BY2013066-03	大尺度海洋工程装备曲面板高精度快速三维测量及形状比对系统	江苏科技大学
BY2013066-04	基于并行的分布式渲染系统研发	江苏科技大学
BY2013066-05	隧道式连续洗涤机组关键部件检测及优化技术研发	江苏科技大学
BY2013066-06	维修母船海况自适应沉浮控制系统关键技术研究	江苏科技大学
BY2013066-07	高端摩托车减震器性能测试设备研发	江苏科技大学
BY2013066-08	深海锚泊定位系统关键技术研究	江苏科技大学
BY2013066-09	低能耗船舶空调系统关键技术集成研究与开发	江苏科技大学
BY2013066-10	基于多信息输入的室内外导盲机器人及导盲系统开发	江苏科技大学

续表 3-12

项目编号	项 目 名 称	承 担 单 位
BY2013066-11	金属基片 PVD 沉积钌等金属镀层的装备设计与工艺研发	江苏科技大学
BY2013066-12	处理钢铁表面锈层的关键材料与直接在锈层上涂装的涂料研制	江苏科技大学
BY2013066-13	加压循环流化床煤气化余热锅炉研发	江苏科技大学
BY2013067	面向智能电网的智能真空环网开关设备的研制	北京交通大学长三角研究院
BY2013068	基于 DSP 的光伏微型并网逆变器研制	北京交通大学长三角研究院
BY2013069	优质高产多抗广适小麦新品种选育	江苏丘陵地区镇江农业科学研究所
BY2013070	钛、锆等金属复合板及其装备智能焊接技术与成套设备	泰州南京理工大学研究院
BY2013071	蔬菜作物功能型育苗基质的研究与开发	宿迁市设施园艺研究院
BY2013072-01	应用于有机电子器件的可印刷电极材料的研发与产业化	南京大学
BY2013072-02	生物质气体湿式选择性脱硫技术研究	南京大学
BY2013072-03	电动汽车用动力锂离子二次电池高性能复合隔膜的研发	南京大学
BY2013072-04	面向三维动漫的民族舞蹈运动数据合成技术研究	南京大学
BY2013072-05	基于异构多核处理器的雷达信号处理关键模块研究	南京大学
BY2013072-06	动力锂电池纳米复合隔膜技术研究	南京大学
BY2013072-07	工业氮氧化物废气治理和资源化新工艺及相关配套设备研发	南京大学
BY2013073-01	面向电子商务的大数据存储与分析技术及其应用	东南大学
BY2013073-02	PLC 型波长 / 功分集成芯片技术研究	东南大学
BY2013073-03	先进铅酸电池的循环生产技术及其产业化	东南大学
BY2013073-04	MgB_2 超导线材及 50 千瓦超导电机技术研发	东南大学
BY2013073-05	高效能非晶合金变压器的主动噪声控制与装置	东南大学
BY2013073-06	甲苯选择性氯化制备对氯甲苯工艺研究	东南大学
BY2013073-07	大型火电机组自适应模糊预测控制方法研究	东南大学
BY2013073-08	超电小尺寸三维分形 Meta 滤波器理论及其在紧凑型多阵元微带天线阵列中的应用研究	东南大学
BY2013073-09	动态生物膜通量提升关键技术研究	东南大学
BY2013073-10	燃煤烟气高效脱汞技术及装置研发	东南大学
BY2013074-01	高效无抗生素微生物发酵饲料产业化关键技术研究	南京农业大学
BY2013074-02	抗黄萎病棉花新种质创造与新品种培育	南京农业大学
BY2013074-03	基于物联网的水产养殖智能投饲系统的研究	南京农业大学
BY2013075	金黄色葡萄球菌噬菌体溶菌酶 LysM9 的高效规模化制备及产品研发	江苏省农业科学院
BY2013076	金边杂种胡颓子产业化生产中离体快繁技术研发	江苏省中科院植物研究所
BY2013077	南京光电战略性新兴产业创新中心建设	南京南大光电工程研究院有限公司
BY2013078	中国科学院上海光学精密机械研究所南京先进激光技术研究院建设	南京中科神光科技有限公司
BY2013079	高技术玄武岩纤维材料产业产学研联合创新服务平台建设	南京新城科技园建设发展有限公司
BY2013080	清华大学无锡应用技术研究院建设	清华大学无锡应用技术研究院
BY2013081	物联网基础软件应用公共技术服务平台建设	无锡太湖创意产业投资发展有限公司
BY2013082	徐州中国矿大矿山安全技术与装备研发中心建设	徐州中国矿大矿山安全技术与装备研发中心
BY2013083	常州半导体照明产业产学研联合创新服务平台建设	常州滨湖建设发展集团有限公司
BY2013084	北京化工大学常州先进材料研究院建设	北京化工大学常州先进材料研究院
BY2013085	中国科学院常州科学与艺术融合技术研究中心建设	常州文化科技创意发展有限公司
BY2013086	常州储能材料与器件研究院建设	常州储能材料与器件研究院
BY2013087	浙江大学苏州工业技术研究院建设	浙江大学苏州工业技术研究院
BY2013088	复旦大学江苏大气污染防控技术研究中心	盐城复华环保产业开发有限公司
BY2013089	上海大学兴化特种不锈钢研究院建设	上海大学兴化特种不锈钢研究院

续表 3-12

项目编号	项 目 名 称	承 担 单 位
BY2013090	高效低碳燃气轮机实验装置建设预研	江苏中国科学院清洁能源动力研究中心
BY2013091	南海海防工程用高耐腐蚀与长寿命高强钢筋制备及应用技术	江苏沙钢集团有限公司
BY2013092	汽车轻质高强复合材料短流程成形成套装备开发	江苏莘翔机电有限公司
BY2013093	新型船用波浪补偿综合平台与系列化装置研制	江苏科技大学
BY2013094	大容量中压直流断路器和成套控制保护系统	大全集团有限公司
BY2013095	支持未来网络创新环境的关键技术研究与实证验证	江苏未来网络创新研究院

表 3-13 江苏省 2013 年度新上临床医学科技专项项目

项目编号	项 目 名 称	承 担 单 位
BL2013001	江苏省心血管疾病临床医学研究中心	南京市第一医院
BL2013002	重度牙周炎的规范化诊疗研究	南京市口腔医院
BL2013003	婴幼儿先天性心脏病的规范化诊疗研究	南京医科大学附属南京儿童医院
BL2013004	Galectin-3 作为重型肝炎/肝衰竭预后判断分子诊断指标和治疗靶点的研究	南京市第二医院
BL2013005	计算机辅助的精准正颌外科手术方法的研究	南京市口腔医院
BL2013006	神经内镜下经鼻微创治疗中线腹侧颅底病变的系列研究	无锡市第二人民医院
BL2013007	脑卒中后认知障碍康复评定与治疗方案的临床研究	徐州市中心医院
BL2013008	颌面部难治性静脉畸形及动静脉畸形的诊疗技术攻关	徐州市中心医院
BL2013009	小剂量多巴酚丁胺负荷超声心动图联合心脏磁共振显像评估冠心病患者存活心肌	徐州医学院
BL2013010	基于外显子捕获测序的急性髓系白血病微小残留病监测平台	徐州医学院
BL2013011	双管法 125I 放射性粒子支架植入治疗恶性气管、支气管狭窄的研究	徐州医学院附属医院
BL2013012	食管癌干细胞甲基化表型筛选与化疗耐药预测的临床应用研究	常州市肿瘤医院
BL2013013	肾移植风险评估及个体化治疗关键技术的建立与推广应用	苏州大学附属第一医院
BL2013014	儿童急性淋巴细胞白血病整体规范化个体化的诊疗研究	苏州大学附属儿童医院
BL2013015	发育性髋关节发育不良的早期诊断及个体化治疗	苏州大学附属儿童医院
BL2013016	血游离 DNA 突变定量分析在胃肠道恶性肿瘤分子诊断中的应用	苏州大学附属第二医院
BL2013017	以 POLA 和酵母重组新技术对我国 HIV-1 流行株新耐药突变位点的研究	苏州市传染病医院（苏州市第五人民医院）
BL2013018	精神分裂症的错误相关负电位与 N400 的相关性研究及其临床随访	苏州市广济医院
BL2013019	产前 / 产后高通量遗传学检测平台 CNVPlex 的开发与应用	苏州市立医院
BL2013020	江苏省肌腱、神经、骨组织修复重建整形临床医学研究中心	南通大学附属医院
BL2013021	体内靶向肝癌组织的 RNA 干扰试剂的研制	淮阴工学院
BL2013022	区域大医院指导下社区慢性心力衰竭远程规范防治循证医学研究	江苏省苏北人民医院
BL2013023	孤立性肺结节共享型诊疗数据库的建立与新型无损伤带钩定位装置的研制及其临床转化应用	扬州大学
BL2013024	基于转录组学和 LNC-GFP 双色网络对卵巢癌特异性 LncRNA 筛查、功能预测及在临床诊疗中的应用研究	江苏大学
BL2013025	江苏省神经内科临床医学研究中心	中国人民解放军南京军区南京总医院
BL2013026	肺癌规范化诊疗研究	中国人民解放军南京军区南京总医院
BL2013027	颅内动脉瘤治疗技术的规范化应用以及治疗相关问题的“转化”研究	中国人民解放军南京军区南京总医院

续表 3–13

项目编号	项 目 名 称	承 担 单 位
BL2013028	基于转化医学策略和代谢组学技术进行绝经后骨质疏松症早期诊断标志物的研究	南京工业大学
BL2013029	江苏省医学影像与介入放射诊疗临床医学研究中心	东南大学附属中大医院
BL2013030	急性呼吸窘迫综合征的规范化诊疗研究及示范应用	东南大学附属中大医院
BL2013031	椎间孔镜和椎间盘镜微创治疗腰椎间盘突出症的患者选择标准与疗效分析研究	东南大学附属中大医院
BL2013032	构建雄激素合成代谢通路基因 SNPs 芯片评估前列腺癌发病风险和预后	东南大学附属中大医院
BL2013033	富集骨髓有核细胞治疗早中期骨关节炎的研究	江苏省人民医院
BL2013034	类风湿关节炎分子分型诊断研究	江苏省人民医院
BL2013035	基于免疫分型的弥漫大 B 细胞淋巴瘤综合预后模型的构建及应用	江苏省肿瘤防治研究所
BL2013036	基于锁核酸修饰分子信标的乳腺癌血浆 UHRF1 DNA 分子诊断新技术研究	江苏省肿瘤防治研究所
BL2013037	慢性肾脏病相关心血管疾病的诊断及防治研究	南京医科大学第二附属医院
BL2013038	新型高效 EBV 相关恶性肿瘤 T 细胞治疗技术的研发和临床应用	南京医科大学第二附属医院
BL2013039	中医药诊治不孕症的规范化研究	江苏省中医院
BL2013040	甲状腺结节诊疗体系的规范及其关键技术的创新与应用	江苏省中医药研究院

项 目 指 南

Guideline of Projects

2014 年度江苏省基础研究计划(自然科学基金)项目申报要求

一、支持重点与申报条件

2014 年度省自然科学基金按照青年科技人才创新专项和面上项目 2 类组织申报。

(一)青年科技人才创新专项。分为省杰出青年基金项目和省青年基金项目两个层次。

1. 省杰出青年基金项目。以培养能进入国家杰出青年基金人选等高层次青年科技人才为目标，支持省内优秀青年科研人才面向江苏和国家需求开展创新研究，造就拔尖人才，培育创新团队，显著增强我省基础研究的影响力和若干重要科学领域的自主创新能力。省杰出青年基金项目每项省资助经费不超过 100 万元。

申报要求：在江苏境内注册的高校、院所和企业等各类单位在编的正式在职人员；具有博士学位或副高级及以上专业技术职称；年龄不超过 40 周岁[1974 年 1 月 1 日(含)以后出生];在其研究领域有明确的学术建树和国内外影响，并主持过省级或省级以上科技计划项目，具体指：科技部、国家自然科学基金委以及江苏省科技厅所有科技计划项目；已获国家杰出青年科学基金、973 青年科学家专题、国家优秀青年基金项目资助的不得申报该类项目。项目研究方向按申报代码框架要求填写(申报代码见省科技厅网站)。

2. 省青年基金项目。以培养造就青年科研骨干、建设高水平基础研究后备人才队伍为目标，鼓励支持青年科技人员积极投入创新活动、自由探索，在实施创新驱动战略、建设创新型省份中做出贡献。省青年基金项目每项省资助经费不超过 20 万元。

申报要求：在江苏境内注册的高校、院所和企业等各类单位在编的正式在职人员；具有博士学位或副高级及以上专业技术职称；男性年龄不超过 35 周岁[1979 年 1 月 1 日(含)以后出生],女性年龄不超过 38 周岁[1976 年 1 月 1 日(含)以后出生];未主持过省级及以上科技计划项目，具体指：科技部、国家自然科学基金委以及江苏省科技厅所有科技计划项目。项目研究方向按申报代码框架要求填写(申报代码见省科技厅网站)。

(二)面上项目。以获得基础研究创新成果为主要目的,着眼于总体布局,突出重点领域,凝聚优势力量,激励原始创新,提升我省基础研究整体水平。面上项目每项省资助经费不超过10万元。申报要求:在江苏境内注册的高校、院所和企业等各类单位在编的正式在职人员。项目研究方向按申报代码框架要求填写(申报代码见省科技厅网站)。

二、组织方式

项目由各市、县(市)科技局(科委)、国家和省级高新区管委会审查推荐申报,试行计划管理单列单位的项目由所在单位审查推荐,省属单位的项目由省主管部门审查推荐,部(省)属高校项目由所在单位审查推荐,经所在地省辖市科技主管部门备案后,直接报省。各县(市)、国家和省级高新区组织申报的项目,须先经省辖市科技局统筹协调后再单独直接报省。

(一)青年科技人才创新专项

1. 省杰出青年基金项目。采取限额推荐方式,限额数见附件。有国家重点实验室的单位增加3项,省辖市(含县市)企业申报省杰青项目总数不超过5项。

2. 省青年基金项目。采取自由申报方式,不限制推荐名额,但连续2年申报省青年基金项目未获资助的项目申报人,暂停1年青年基金项目申报资格(从2013年起)。

(二)面上项目(采取限额推荐方式)

各市、县以及国家和省级高新区科技主管部门所推荐各类项目中,医院项目不超过所报该类项目总数25%(部省属高校项目直接报省,不再计入总数)。

三、申报要求

1. 责任与义务。项目法人和项目主管部门对推荐的材料要认真审查,严格把关,在申报项目时须出具信用承诺。

2. 申报人必须是江苏境内企事业单位在编的正式在职人员,须从其实际工作、并有固定劳资关系的所在工作单位申报,不得通过兼职单位或挂靠单位申报。

3. 有本计划在研项目的负责人除申报杰出青年基金项目外,不得再申报本年度项目;一个项目负责人限报1个本计划项目,同时可参与申报1个本计划项目;同一申报人参与申报项目最多不超过2项;同一项目负责人已将研发内容相同的项目申报其他省科技计划的,不能同时申报本计划。

4. 有不良信用记录的单位和个人,不得申报本年度计划项目。在项目申报和立项过程中相关责任主体有弄虚作假、冒名顶替、侵犯他人知识产权等不良信用行为的,一经查实,将记入信用档案,并按《江苏省科技计划项目相关责任主体信用管理办法(试行)》做出相应处理。

2014年度江苏省科技成果转化专项资金项目指南

一、海外技术成果转化专项(A类)

以加快我省创新国际化步伐,在全球范围配置创新资源,突出技术创新前瞻性和集成性,努力在若干战略性前沿领域实现技术跨越为目标,引导企业与重点国别及其知名大学、研究机构或跨国公司,开展实质性联合研发和重大成果转移转化,形成具有自主知识产权的目标产品,促进我省产业国际竞争力提升。

1001 新一代信息技术领域的国际合作研发及产业化

1002 高端装备制造领域的国际合作研发及产业化

1003 生物技术与新医药领域的国际合作研发及产业化

1004 新材料领域的国际合作研发及产业化

1005 新能源与环保领域的国际合作研发及产业化

1006 其他新兴产业领域的国际合作研发及产业化

申报本类项目须具有良好的国际合作基础,拥有自主知识产权或能通过国际合作形成权属明晰的知识产权,并签订有实质性合作内容及法律效力正式文本,国外合作方知识产权权属应无法律争议。

二、产业联合招标项目(B类)

以引导产业创新提升和特色错位发展为宗旨,在国家高新区等创新基础好的地区,针对地方政府重点规划和着力培育的战略产业,采取省地联合招标方式,集中支持处于战略性新兴产业高端环节和关键节点的科技成果转化,促进产业向前端高端攀升。

2001 新一代通信和未来网络系统及终端关键技术研发及成果转化(与南京高新区、江宁无线谷联合招标)

2002 纳米科技关键技术研发及成果转化(与苏州工业园区联合招标)

2003 新型医疗器械研发及成果转化(与苏州高新区联合招标)

2004 物联网关键技术与核心产品研发及成果转化(与无锡高新区联合招标)

2005 智能制造关键技术及核心产品研发及成果转化(与常州高新区联合招标)

2006 生物医药关键技术研发及成果转化(与泰州医药高新区联合招标)

2007 机器人及精密装备关键技术研发及成果转化(与昆山高新区联合招标)

上述联合招标的标的内容将由省科技厅统一发布。地方资助与省拨款比例不低于1.5:1(泰州医药高新区不低于1:1)。

其他国家高新区,按照“成熟一个,启动一个”的原则,经充分论证、符合要求情况下,再安排省地产业联合招标。

三、面上项目(C类)

以竞争择优为基本形式,支持已经取得科技成果、经中试进入产业化开发,能显著提升相关产业技术水平和核心竞争力的重大科技成果转化项目,突出支持高附加值的核心单元、制约产业发展的关键材料、掌握核心技术的重大整机等目标产品,促进企业自主创新能力提升,为全省产业结构转型升级提供科技支撑。

(一)新材料

3011 电子信息材料:新一代半导体材料,光通信特种材料,高性能磁性材料,智能感知材料,信息存储材料,集成电路封装材料,新型电子陶瓷材料,高纯石英材料,大功率激光材料,超高纯电子化学品等。

3012 超导材料:高温超导材料,超导磁体及其医疗应用产品,超导电缆、超导变压器、超导限流器等电网应用产品,超导微波器件、超导天线等通信应用产品。

3013 生态环境材料:环境友好型生物可降解材料,绿色环保新型高分子材料,新型催化剂材料,可再生循环利用的仿生功能材料,有机氟、有机硅材料等。

3014 纳米材料:纳米结构材料、纳米光电材料、纳米生物材料、纳米能源材料及、纳米环境功能材料等及产品,微纳制造技术及产品,碳纳米管、石墨烯及应用产品等。

3015 新型膜材料:高通量纳滤、反渗透、MBR专用等高性能水处理膜材料,陶瓷纳滤、气体分离净化、渗透汽化等特种分离膜材料,全氟离子交换、扩散渗析等离子交换膜材料。

3016 高性能纤维材料:高强高模碳纤维及应用产品,高性能玻璃纤维、陶瓷纤维,碳纤维复合材料及制品等;芳纶纤维、超高分子量聚乙烯纤维等高性能特种纤维及应用产品,纤维增强陶瓷基复合材料等。

3017 高性能金属材料:用于超超临界火电机组、新一代核电、海洋工程、LNG等领域的各种高强、超厚、超低温特种金属材料,轻质高强合金、精密合金、高温合金,稀土功能材料等。

(二)生物技术和新医药

3021 生物技术药:人源或人源化治疗性单克隆抗体药物,用于肿瘤、心血管病、肝胆疾病等重大疾病治疗的新型基因工程蛋白质及多肽药物,以及核酸药物、干细胞、新型疫苗等。

3022 化学新药:新型分子靶向药物和先导化合物改构药物,新型抗肿瘤药物、心脑血管药物、神经退行性疾病药物、抗病毒药物及免疫疾病治疗药物,高效低毒大品种药物改造及二次开发等。

3023 现代中药:开发疗效明显、质量可控、剂型稳定、服用方便的现代中药,著名江苏医派名医名方的二次开发,中药提取精制、中药标准化控制、中药饮片炮制加工新技术及装备。

3024 生物试剂和芯片:人类基因检测、肿瘤标志物检测、药物作用靶点检测等生物试剂,蛋白质芯片、基因芯片、纳米生物芯片及其配套仪器等。

3025 医疗器械及材料:可替代进口的大型高端医疗装备,医用手术机器人,高性能人工关节,新型功能化组织修复材料,人工皮肤等医用材料。

3026 工业生物:生物醇、生物酯、生物塑料、生物纤维等生物基材料,高效生物催化剂,酶工程、发酵工程关键装备,乙二醇、丁醇、乙烯等生物法制造,海洋生物产品制备等。

(三)新一代信息技术

3031 移动互联与融合通信:移动互联开放业务平台、关键核心设备、智能终端等,B4G通信系统及其关键设备,高速光通信网核心传输、交换、接入设备,基于北斗系统的通信导航及应用产品,卫星通信产品,信息感知与融合通信产品等。

3032 物联网与云计算:无线传感网关键设备、新型传感器、核心芯片、系统集成产品等;物联网支撑平台、成套解决方案及在典型行业中的应用;高性能服务器,大数据搜索、存储、处理设备,云计算应用平台,云安全产品等。

3033 软件与集成电路:大型基础软件系统,海量数据处理软件,面向通信、电力等行业应用的高端软件;核心芯片设计,集成电路关键制造装备,封装测试自主成套装备等。

3034 新型显示:大尺寸有机发光OLED显示的关键材料、核心器件、成套工艺装备,高端配套的玻璃基板、光学膜、金属靶材等,3D立体显示、新型激光显示核心器件及应用产品等。

3035 文化科技创新:工业设计软件及产品,基于三维设计的动漫引擎及支撑软件,网络创意、数字媒体、数字影像等文化创意产品等。

(四)先进制造

3041 先进机器人:先进工业机器人、智能服务机器人、智能仿生机器人,高速重载机器人、极限作业机器人,人工智能、精密控制、伺服驱动、多机协调等机器人核心技术及部件。

3042 精密数控装备:高档数控系统,高可靠性数控装备,柔性成套生产线,智能化加工中心,精密多功能复合加工、复合成型装备,激光加工装备,高速高精度的核心功能部件等。

3043 船舶与海工装备:液化天然气(LNG)船等高技术船舶,深海石油钻井平台,深海载人潜航器,高技术船舶电子设备及控制系统,大型船用发动机,海工装备成套制造系统等。

3044 航空与轨道交通装备:航空配套的关键部件及电子系统,高铁列车整车及牵引系统、转向架、制动系统、减震器等关键部件,列车运行监测与安全预警系统等。

3045 智能化作业机械:智能化工程机械及液压控制系统,大型隧道盾构机及精准纠偏系统,大型港口作业装备及智能化控制系统,以及新型特种施工机械及核心功能部件等。

3046 重大科学仪器:高分辨的扫描、透射、隧道电子显微镜,高灵敏的大型色谱、质谱、光谱分析仪,高精密环境监测仪器,X光衍射等重大分析仪器。

3047 3D打印制造:基于激光成型、熔融堆积、分层叠加等技术的3D打印设备及材料,CAD/CAM、精密伺服驱动等关键软件,轻量化零部件、精密模具、异性构件等3D打印应用产品。

(五)新能源

3051 智能电网:高效转换的大容量功率器件,智能电网储能设备,柔性特高压输变电系统,新型复合绝缘输电装置,间歇式能源的集群控制调度系统,全复合变电站与智能配用电系统,大容量分布式移动能源系统等。

3052 新型光伏:基于新结构新原理的新型光伏电池,高效低成本太阳能电站及光伏建筑一体化,兆瓦级光伏发电并网设备,分布式电站控制与储能系统等。

3053 海上风电:海上风电机组及一体化安装平台,新型分散式低速风电机组,主轴、轴承等风电机组高性能核心部件,低电压穿越并网设备等。

3054 安全核能:第三代(AP1000)核电关键配套设备,新型核级阀泵装置,核废料回收利用系统,核岛用汽轮机涡轮叶片、核岛主设备大型锻件制造,核电用电缆、管道、安全壳及其关键材等。

3055 洁净燃烧:煤炭高效洁净燃烧与发电装置,煤炭直接液化、煤气化合成、煤制乙醇,煤多联产及整体煤气化联合循环发电,页岩气、天然气开采关键部件及成套设备等。

3056 新能源汽车:纯电动、混合动力、燃料电池等整车,大容量长续行动力电池,快速智能充放电装置,驱动电机及控制系统,电动汽车能源管理系统等。

(六)新型节能环保

3061 烟气治理装备:高效烟气脱硫脱硝装备,电袋复合除尘装备,气溶胶有害颗粒($PM_{2.5}$)监测设备及生态健康空气净化成套装备等。

3062 水处理装备:高效低成本城镇生活污水

处理成套装备,化工、制药等行业有毒工业废水处理成套装备与集成系统,污泥处理与资源化利用装备与系统,水环境监测设备与器件等。

3063 资源综合利用:大宗工业固废综合资源化处理,电子垃圾贵金属回收再利用,高分子材料绿色循环利用,土壤生态修复利用,特色资源深度开发利用,高能辐照设备及加工应用。

3064 重大节能环保装备:新型节能电机等工业节能关键装备,超超临界发电机组及配套设备,大型发电、钢铁、建材等余热利用成套装备,高效节能环保自动化成套装置。

3065 高效节能照明:高功率 LED 外延片、低功耗芯片、高效荧光粉,半导体材料制备核心设备,第四代节能照明 OLED,智能化灯光控制系统等。

(七)高科技农业

3071 农业优良品种种业:优质高产水稻、小麦新品种,特色林木、花卉新品种种苗,优质果蔬品种种籽种苗,高品质畜禽、水产新品种。

3072 高性能农业机械与设施装备:高产稻麦联合收割机械,智能化农机装备,生物能源制备装备,高性能植保机械,高效多功能现代农业种养业设施装备等。

3073 农林副产品精深加工关键技术装备:稻麦等主要粮食作物、特色蔬菜与果品、畜禽产品和特种水产品的贮藏、保鲜、加工、包装、冷链运输信息关键技术装备、新型林木加工技术装备等。

3074 新型农用生物制品及兽药:基因工程疫苗,生物肥料,饲料添加剂,植物生长调节剂,高效安全农兽药等。

(八)其他

3081 传统产业升级:制造业数字化装备,清洁生产成套工艺及装置,零排放技术与成套装置,新一代纺织材料及装备等。

2014 年度江苏省科技支撑计划(工业)项目指南

省科技支撑计划(工业)以加强战略高技术部署,引领前瞻性产业发展为宗旨,加强前沿先导技术、关键共性技术和重要技术标准研究,形成具有自主知识产权的核心技术,为江苏战略性新兴产业发展提供科技支撑。

一、前沿先导技术

本类项目支持对前瞻性产业培育具有较强带动性的前沿先导技术,提升产业技术原创能力,为未来发展提供技术先导。

1. 大数据与云计算

1011 分布式高速高可靠数据采集、高速数据全映像等大数据收集技术

1012 可靠分布式文件系统、能效优化存储、计算融入存储等大数据存储技术

1013 新型数据挖掘、处理、分析技术及核心设备与管理系统

1014 面向大数据的云操作系统及云公共服务与管理平台软件

2. 未来网络

1021 基于北斗系统的导航、通信关键技术、核心部件及系统

1022 第五代移动通信关键技术

1023 新型短距离无线通信及高精度无线定位技术

1024 异构网络融合关键技术

3. 三维打印

1031 大型金属结构件激光熔化成型技术

1032 面向复杂零部件模具制造的大型激光烧结成型技术

1033 三维打印用高性能成型材料及生产工艺优化技术

1034 面向三维打印的工艺设计软件、CAD 软件等软件系统

4. 纳米材料及器件

1041 新型纳米电子、光电器件、传感器等纳米信息材料与器件

1042 纳米超级电容器、高效纳米晶储能等纳米能源材料与器件

1043 高性能、多功能、低功耗微纳器件制造技术

1044 石墨烯等先进碳材料制备及在涂料、催化、导电、导热等领域的应用技术

5. 高性能膜材料

1051 面向海水或高盐工业废水脱盐的高性能反渗透膜

1052 面向能源清洁利用和环境减排的气体分离膜

1053 面向储能电池的离子交换膜

1054 面向过程工业的特种分离膜

6. 智能机器人

1061 标准化、模块化工业机器人执行机构、驱动部件与控制系统

1062 助老助残、医疗辅助等高端服务机器人关键技术

1063 面向公共安全及危险环境下的特种机器人关键技术

1064 仿生机器人关键技术

7. 新能源汽车

1071 新能源汽车整车集成设计与制造技术

1072 新一代动力电池、燃料电池及电池管理系统

1073 面向混合动力、纯电驱动的高性能电机及其传动系统

1074 面向新一代新能源汽车的电控技术

8. 智能电网

1081 高速大容量电能存储系统及并网技术

1082 基于分布式能源的智能微电网关键技术

1083 电动汽车充电设施与电网互动协调运行技术

1084 智能配用电高速双向通信关键技术及装置

9. 高效能源

1091 新型高转换率太阳能电池制备关键技术及工艺

1092 大容量、高效率、高可靠性、规模化储能系统关键技术

1093 新型高温超导材料制备及应用关键技术

1094 新型波浪能发电及利用关键技术

10. 高端装备制造

1101 面向高精高速制造工艺的电子设备关键技术

1102 面向离散、流程制造的数字化、自动化、智能化关键技术

1103 高性能大功率光纤激光器、大功率液压系统、精密机械传动系统等制造业装备基础核心部件设计与制造技术

1104 大型复杂装备产品全生命周期绿色制造技术

11. 其他前沿先导技术

1111 除上述所列技术方向外，其他前沿先导性技术。

二、关键共性技术

本类项目支持对产业发展具有较强带动性的共性技术，重点攻克高技术优势产业和新兴产业发展所需的关键共性技术，为产业创新发展提供技术支撑。

1. 先进能源

2011 远距离直流输电、特高压交流输电和互联电网技术

2012 大功率远端无线电力传输技术

2013 低风速风电机组及关键零部件设计制造技术

2014 基于热电冷联供的分布式能源技术

2015 超超临界机组大型配套部件制造关键技术

2016 核电站用高等级钛合金管材、核防护等关键技术

2. 电子信息

2021 高精度场景重建、环境实时感知等数字虚拟现实技术

2022 面向制造业的大型数据库、关键中间件和软件平台

2023 高性能、低成本、智能化传感器及芯片技术

2024 超深亚微米级集成电路先进设计制造与封装测试技术

2025 第四代移动通信设备与终端设计制造技术

2026 大容量网络数据传输光集成阵列及模块设计制作技术

2027 面向服务的网络终端自组重构技术

2028 宽带城域网、超高速无线局域网、移动宽带无线接入关键技术

2029 安全可靠的物联网系统与平台关键技术

3. 新材料

2031 高性能触控平板显示、柔性显示、超高分辨率显示等关键材料及器件

2032 新型超高密度存储与磁电子材料

2033 第三代半导体材料大尺寸、低成本、高质量衬底制备和外延技术

2034 高等级高性能纤维及复合材料

2035 航空、轨道交通等用高品质特殊钢及高性能合金材料

2036 稀土永磁、发光、储能、催化等高性能稀土功能材料和稀土资源高效综合利用技术

2037 金属基、陶瓷基复合材料

2038 环境友好型、资源节约型、可降解高分子材料

2039 海工用钢、混凝土、耐蚀防污涂料等先进海工材料

4. 先进制造

2041 重大产品优化与可靠性设计、寿命预测技术

2042 高精密模具设计制造及高精度、高性能机械核心基础件制造技术

2043 近成型、激光成型与焊接等特种加工新技术与新工艺

2044 面向航空、海洋工程的平台设计及制造技术

2045 高速、多轴联动高档数控系统关键技术

5. 节能减排技术专题

2051 工业废气高效洁净处理与资源化利用技术

2052 工业废水中有机毒害物与重金属污染物节能型消减与资源化利用技术

2053 低碳、低硫氮污染高效洁净燃烧技术

2054 面向资源再生的绿色循环制造技术

2055 大型机电装备高效传动节能技术

2056 半导体照明新技术

2057 新型余废热提质与规模化高效利用技术

2058 建筑节能关键技术与材料

2059 新一代高灵敏智能化环境监控与预警关键技术

6. 制造业信息化专题

2061 典型企业集团核心业务全球化协同的信息化整体解决方案与应用

2062 基于移动互联的制造企业经营管理集成应用

2063 基于云计算的中小企业集群信息化公共服务平台

2064 面向实时化智能管控的制造物联解决方案与应用示范

2065 基于商务智能和数据集中管控的信息化整体解决方案与应用

2066 典型行业关键业务专业化制造服务平台

2067 支撑科技金融结合"一站式服务"信息化技术及应用

7. 文化科技创新专题

2071 面向先进文化内容服务的融合网络及数字媒体技术研发及应用示范

2072 现代舞台成套技术集成与产品研发及应用示范

2073 现代数字化展示技术及应用示范

2074 三网融合环境下互动电视服务技术集成应用与示范

2075 基于 B2B 数字出版内容资源聚合与投送云服务技术与应用示范

8. 其他关键共性技术

2081 属于《江苏省"十二五"科技发展规划纲要》的其他关键技术难题方向,以推动优势产业向高端跨越,突破产业发展核心技术为目标,开展的产业关键技术、共性技术研发项目。

三、重要技术标准

本类项目支持优势产业和新兴产业的重大技术标准研发,提升产业创新发展的整体竞争力。

标准类项目支持产业技术创新战略联盟或创新型领军企业牵头,以突破发明专利为主的自主知识产权和产业核心技术为重点,联合开展产业级重要技术标准的研究。本类项目以产业技术创新战略联盟或创新型领军企业牵头申报,充分利用联盟成员共同力量以及国家和省重大科技计划项目研究成果,研发产业重要技术标准。所申报的项目原则上应已经或近期即将纳入国家标准主管部门立项计划。项目完成时须提交经国家标准主管部门批准正式发布的国家和行业重要技术标准或正式备案的标准草案,国际标准草案须经国际标准化工作组正式确认立项。

2014 年度江苏省科技支撑计划(农业)项目指南

标 * 项目为重点项目。

一、农业高新技术研发

1001 种质资源开发与育种材料创制

1002 主要农作物重要功能基因聚合育种技术研究

1003 设施园艺品种生物育种新技术与组培快繁种苗产业化技术研究

*1004 新型安全高效生物(微生物)农药及养殖水体生物处理剂研发

1005 动物重大疫病防控技术及安全高效基因工程疫苗、多价疫苗新产品开发

1006 安全高效饲料用微生物、抗菌肽及酶制剂关键技术及产品开发

1007 新型高效生物有机肥创制及不同土壤条件施用技术研发

1008 农副产品生物加工保鲜关键技术及新产品研发

1009 智能化农机与产地农产品节能冷贮保鲜技术及装备研发

*1010 基于信息化的设施水产生态健康养殖技术系统及装备研发

*1011 基于信息化的设施果蔬、花卉周年生态安全生产技术模式与装备研发

二、农业特色产业关键技术创新

*2001 经济林果产业关键技术集成创新

*2002 特色蔬菜(食用菌)产业关键技术集成创新

*2003 花卉苗木产业关键技术集成创新

*2004 桑蚕产业关键技术集成创新

*2005 优质畜禽产业关键技术集成创新

*2006 名特优水产产业关键技术集成创新

*2007 滩涂耐盐特色种养产业关键技术集成创新

2008 设施种养新品种、新技术、新装备组装配套与集成创新

2009 地方特色露地栽培蔬菜新品种及优质安全高效技术集成创新

2010 耐盐植物新品种及滩涂绿化技术集成创新

2011 新型农药、饲料等农用工业关键共性技术创新

三、农业优良品种培育

*3001 优质抗病超高产水稻新品种(组合)选育

*3002 优质高产多抗专用小麦新品种选育

3003 适合机械化生产的高产多抗玉米、甘薯、大麦等饲用作物新品种选育

3004 适合机械化生产的优质高产抗病高油油菜、花生、芝麻等油料作物新品种选育

3005 适合机械化收获的优质高产转基因抗病虫棉花新品种选育

3006 优质高产抗病蚕豆、赤豆、绿豆等特色小杂粮新品种选育

3007 适合机械化生产的洋葱、山药、芦笋等营养保健蔬菜新品种培育

3008 野生珍稀食(药)用菌驯化及新品种培育

*3009 优良特色枇杷、杨梅、蓝莓等常绿果树、桑树新品种选育

3010 优良特色花卉新品种选育

*3011 优质用材树(竹)及乡土特色树种新品种培育

*3012 地方特色土种猪、羊、兔(蚕)保种复壮与新品系(配套系)选育

*3013 地方特色水禽新品种(品系)选育

*3014 地方名贵淡(海)水水产种质保护与驯化培育

四、粮食丰产增收科技专项

*4001 稻麦高性能复式作业关键机械装备研发

*4002 有市场需求的稻麦精深加工与综合利用技术研究及产品开发

*4003 适合家庭农场使用的节能低成本谷物烘干机械设备研发

4004 粮食丰产科技工程技术成果转化与服务信息化体系建设

4005 稻麦新品种标准化繁制种及种子质量检测关键技术研发

五、农村科技服务

5001 支持省现代农业科技园内企业建设农村科技服务超市分店，提高运用信息化手段服务的能力;支持科教单位、新农村发展研究院深入超市为家庭农场、合作社等提供技术服务,开展职业农民培训。

5002 支持科技型农业专业合作社转化示范现代农业科技新成果,培育地方特色农产品品牌;支持科教单位为科技型农业专业合作社提供技术服务,带动乡村农业特色品牌产品发展。

2014年度江苏省科技支撑计划（社会发展）项目指南

一、民生领域

（一）科技示范工程

1101 大气污染防治科技示范工程

建立全省范围的大气多污染物、多污染源的高分辨源排放清单及数据库，研究开发大气环境管理空气质量监测预警技术，不断提升应急响应能力。开展基于新型分离材料的超高效 $PM_{2.5}$ 捕捉技术研究，选择典型工业企业开展同时除尘、脱硫与脱硝一体化技术的研究与应用示范，建立科技示范工程。

1102 节能降耗高效污水处理科技示范工程

落实科技部、省政府《共同推进中国宜兴环保科技工业园创新发展合作计划（2013—2015年）》的要求，鼓励和支持重大节能降耗高效污水处理设备的首台首用。主要针对污水处理高品质出水和工程节能降耗的需求，重点示范应用典型污水处理技术能耗评估与优化控制、污水总磷总氮深度脱除和高风险污染物水质安全净化、污水提标降耗节能精准控制等关键技术和设备，为提升我省污水处理综合技术水平，推动节能环保产业转型升级提供科技支撑。

1103 小城镇建设科技示范工程

按照《江苏省绿色建筑行动实施方案》的总体要求，以建制镇、乡为示范主体，围绕小城镇建设中的绿色建筑技术需求，开展既有建筑节能改造、可再生能源建筑应用、节水与水资源综合利用、绿色建材、环境质量控制、提高建筑物耐久性等关键共性技术研发与集成示范，建设一批低碳绿色建筑科技示范区，改善人居环境，提高小城镇建设质量。

1104 社会管理科技示范工程

针对提高社会治理能力的现实需求，开展基于虚拟化管理的云计算和数据挖掘等技术的研究与示范应用，探索建设社区特殊人群矫正、安置帮教等信息系统，将网络系统和移动终端有机糅合，构建高效、快速、通畅的司法行政一体化公共服务网络平台，实现特殊人群管理全覆盖，确保特殊人群在管在控，全面提升司法公共服务水平。

（二）科技社区建设

1201 科技社区建设

申报条件：科技社区需依托省民政厅认定的“江苏省和谐示范社区”，项目由示范社区所在街道办事处联合科研机构或企业共同申报，实施期不超过2年。

（三）关键技术应用研究

1. 生态环境

1311 土壤重金属污染控制和修复关键技术应用研究

1312 固体废弃物资源化利用关键技术应用研究

2. 公共安全

1321 社会治安打防管控关键技术应用及示范

1322 地震、地质、火灾、气象等灾害监测预警、防御及应急救助技术应用研究

1323 食品安全监控关键技术应用研究

1324 生产安全关键技术应用及示范

3. 其他社会事业

1331 全民健身和体育竞技关键技术应用研究

1332 文物保护与文化传承关键技术研究

二、生物技术和新医药领域

（一）医药

重点发展生物技术新药，加强药物临床新用途研究和大品种剂型改造，开展临床前研究，突破一批重大技术瓶颈，获得一批自主知识产权，支撑一批自主品牌。能在3年内完成相关研究工作，向省药监局申报药物或医疗器械临床研究批件并获省药监局受理。

1. 生物技术药

2111 防治重大疾病的治疗性抗体

2112 防控重大传染性疾病的新型疫苗

2113 小分子干扰核酸(siRNA)新药

2. 化学新药

2121 重大疾病防治新药开发

2122 新型释药系统新药的研究开发

3. 现代中药

2131 治疗重大疾病的现代中药研制

2132 海洋药物研究开发

4. 生物试剂

2141 重大疾病的早期、快速、灵敏、低成本诊断试剂

2142 临床需求大、进口依存度高的高端医疗设备配套试剂

2143 用于新药研发和临床研究的关键生物试剂

5. 医用材料

2151 面向组织和器官再造、神经修复等临床治疗需要的高技术医用生物材料

2152　可替代进口的高端医用敷料

6. 医疗器械

2161　可替代进口的高端数字化诊疗设备和人工器官

2162　适于基层医疗单位使用的多功能、小型化、智能化数字诊疗仪器设备

2163　残障人群生活保障辅具开发

(二)生物技术

以工业生物技术为重点，加快现代生物技术的产业化应用,培育形成生物技术新兴产业。

2211　高值精细化学品生物制备技术

2212　关键工业酶制剂规模化制备技术

2213　非粮生物质能源产业化制备关键技术

2214　面向生物治理的关键材料、菌剂产品开发

2014 年度江苏省科技基础设施建设计划项目申报要求

一、支持重点和申报条件

(一)重点实验室

按照《江苏省重点实验室管理办法》的管理规定和“稳定规模、优化布局、创新管理、提升能力”的总体思路,稳定规模总数,今年原则上暂停新建项目。完善年报制度,开展绩效评估,实施动态调整,淘汰不合格重点实验室,对评估期内运行优秀和良好的重点实验室分别给予每年不高于 300 万元和 200 万元的稳定支持。

(二)企业研发机构

根据“两促进、双提升”的总体要求,坚持“稳定规模、提升质量、创新机制”的工作思路,聚焦高水平企业研发机构建设,着力瓶颈突破,积极引导高层次人才等创新资源向企业集聚；着力管理创新,扎实推进“百千万”行动计划,即总规模万家、省级重点企业研发机构千家、国家级企业研发机构百家左右，为夯实企业技术创新主体地位提供坚强支撑。

1. 国家级企业研发机构培育点

以创建百家国家级研发机构（企业工程技术研究中心、企业重点实验室等)为目标,遴选 5~8 家竞争优势明显、运行绩效优良、符合国家布局的省级工程技术研究中心(企业重点实验室)进行培育。每个培育点省拨经费资助不超过 300 万元,依托单位按不低于 1:5 的比例给予配套经费建设。

申报条件：技术领域在国家工程技术研究中心、企业重点实验室总体规划布局中尚属空白领域。申报单位在创新优势、产业规模等方面处于国内行业前列,在全国具有明显竞争力,优先支持近三年绩效评估优良、具有争创国家级研发机构工作基础的企业研发机构。

2. 省级重点企业研发机构

以提升千家省级重点企业研发机构研发能力为目标，探索动态管理新机制并对绩效评估优良的省企业重点实验室、省工程技术研究中心给予每家不高于 50 万元的后补助,新布局部分省企业重点实验室,着力培育行业龙头企业的原创能力。

企业重点实验室

在入选的省级重点企业研发机构中，围绕培育行业龙头企业原创研究能力，面向战略性新兴产业和优势产业，重点建设 8 家左右省企业重点实验室，进一步加强前瞻性技术研究和竞争前技术研究,抢占行业技术制高点。每项企业重点实验室给予不超过 500 万元的省拨经费资助。

2014 年重点支持方向:新能源—新能源汽车、核电关键零部件制造、新光源;新材料—金属基复合材料,特种电缆材料;生物技术和新医药—生物基材及制品;节能环保—高效节能锅炉;物联网—传感器及系统设备；新一代信息技术—通信设备与网络、新型显示元器件及关键设备;高端装备制造—重大专用设备

申报条件：申报企业主导产品上年度销售额 10 亿元以上,R&D 投入占销售收入比例原则上不低于 3%,近三年连续盈利并有增长,拥有国内一流水平的专职创新团队和本领域 2 项以上核心技术发明专利等自主知识产权。实验室新增投入(不含转移资产)不低于 2000 万元,研发场所独立集中,面积不低于 3000 平方米。

企业院士工作站

面向入选的省级重点企业研发机构，引导省内外院士高端人才团队向江苏企业聚集，围绕新兴产业、优势产业的创新发展，重点开展核心技术攻关、成果转化、研发战略咨询、创新人才培养等，新建10家左右企业院士工作站，每项省拨经费资助不超过100万元。

申报条件：申报企业为上年度销售额1亿元以上的高新技术企业，有较完善的院士团队工作条件；引进院士团队专业方向应与企业主营业务一致，有一年以上的实质性研发合作基础，团队驻企年工作时间不少于300人日。

3. 万家企业研发机构

企业工程技术研究中心

继续推进万家企业研发机构建设，突出大中型工业企业和规模以上高新技术企业普遍建设研发机构，在市县级工程技术研究中心培育基础上，围绕新兴产业和优势产业，新建200家左右省工程技术研究中心，以地方支持为主，建设期不安排省拨经费。

申报条件：申报企业上年度销售收入不低于5000万元、R&D投入占销售收入比例原则上不低于2%，有场所、有人员、有装备、有投入、有特色业务，拥有自主知识产权。

企业研究生工作站

引导高校院所研究生在导师指导下到我省企业研发机构开展合作研发，会同省教育厅新建200项以企业为主体申报的企业研究生工作站。原则上向苏北倾斜，每站给予一定省拨经费扶持，补贴研究生的交通、生活等费用。

申报条件：优先支持省级重点企业研发机构。申报企业须建有企业研发机构，上年度R&D投入占销售收入比例不低于2%；有必要的研发与生活条件；与研究生所在高校院所有较好的合作基础。

(三)科技公共服务平台与载体

围绕完善科技服务体系，大力整合资源，引导重大的、专业性、网络化科技服务机构集聚发展，提升区域整体科技服务能力。

1. 科技服务示范区

依托省辖市主城区和高新区核心区的科教资源优势，面向区域产业特色和企业创新创业需求，发挥市场驱动和政府引导作用，针对产业创新各个环节构造科技服务链，集聚骨干服务机构，集成研发设计、检测验证、科技金融、规划咨询、人才培训等各类专业服务，培育建设1~2家以大型科技广场为核心的科技服务示范区，支撑区域产业提升。

组织条件：科技服务示范区建设应列入地方政府重点规划，发挥科技部门主导作用；具有明确的地理区域、专门的运行管理机构和管理专职团队；区域内集聚了一批科技服务机构基础，建立市场化运行机制，服务业绩不低于2000万元。科技服务示范区项目采取组织论证方式，成熟一个，启动一个。

2. 科技公共服务平台

按照《江苏省科技公共服务平台管理办法》管理规定，制定科技公共服务平台服务绩效评估体系，委托第三方社会机构对全省已建科技公共服务平台进行绩效评估，建立动态管理机制，淘汰绩效较差的不合格服务平台，对运行良好、对区域中小企业创新服务作用较大的科技公共服务平台给予绩效后补助。

3. 省属公益院所科研条件与能力建设

围绕增强省属公益院所持续创新能力，提升我省生命健康、生态农业、科技服务等民生领域的创新服务水平，根据公益院所科研仪器设备专项要求，今年拟支持省属公益院所更新和新购一批急需的大型科学仪器设备。获支持的公益院所每家省拨经费200万元左右。

申报条件：申报单位为省属公益院所；所需更新和新购仪器应围绕公益特色业务或新拓展业务所必需的，并结合原有仪器使用效率统筹评议。主管部门需给予一定配套。

4. 科教单位工程技术研究中心

围绕我省新兴产业和优势产业，依托省级以上优势学科，重点开展共性技术研究、工程化开发等工程技术研究与服务，新建5~8家省工程技术研究中心。不安排省拨经费。

申报条件：申报单位为部省属高校或市属以上科研院所(含转制院所)，有一定的工程化开发、试验及中试人员队伍和场地、设备，重点支持有硕士以上学位点的优势学科，近两年横向课题合同额不少于1000万元。

二、申报要求

1. 加强组织与会商。为进一步优化平台布局，请省辖市科技局(科委)加强所辖县区的统筹，围绕全省科技工作和地方经济建设的重点，加大重大项目组织,对企业重点实验室、国家级企业研发机构培育点、科技服务示范区等重大项目与省科技厅布局会商后,再由项目单位报送正式申报材料。

2. 限额申报。省企业重点实验室、企业院士工作站、国家级企业研发机构培育点、科技服务示范区等新建项目实行限额申报:各省辖市科技局(科委)2~3项,各县(市)科技局、国家高新区、省有关部门(未实质性承诺配套经费的不予受理)、省科技计划单列单位1~2项;企业研究生工作站各省辖市科技局(科委)限报8项、各县(市)科技局、国家高新区3项,苏北5市可增报5项。工程技术研究中心不限额,实行常年申报、集中评审。

3. 真实可信。项目法人及项目主管部门在申报项目时应出具信用承诺。项目主管部门要强化责任意识,认真审查申报单位的承担能力、资信状况、运行状况、申报材料可靠性与完整性等,并填写《申报项目审查意见表》。

有不良信用记录的单位和个人,不得申报本年度计划项目。在项目申报和立项过程中相关责任主体有弄虚作假、冒名顶替、侵犯他人知识产权等不良信用行为的,一经查实,将记入信用档案,并按《江苏省科技计划项目相关责任主体信用管理办法(试行)》作出相应处理。

申报企业应建有企业研发机构,原则上必须近三年享受研发费用加计扣除、高新技术企业税收减免等科技优惠政策(含研发项目已备案的企业),并附相关凭证;无法享受相关科技税收优惠政策的企业须出具相关情况说明。

2014年度江苏省国际科技合作计划项目申报要求

一、支持重点及组织方式

(一)国际技术转移及联合研发项目

1. 江苏与以色列、芬兰、麻省理工学院(MIT)产业研发合作专项

根据江苏省与以色列、芬兰签署的科技合作协议,重点支持企业申报以成果转化和实现产业化为目的,具有明确商业化前景和良好社会效益的江苏-以色列、江苏-芬兰产业研发合作项目(根据双边协议,江苏与以色列、芬兰合作项目申报另行通知)。

根据与美国麻省理工学院签署的产业技术合作协议,重点支持企业与麻省理工学院有关院系及创新团队开展的委托研发、联合研发、技术转移及商业化合作项目。

每项省资助经费不超过100万元。鼓励地方配套实施。

2. 重点国别企业对外技术合作引导项目

围绕江苏企业创新国际化需求,面向俄罗斯、美国、加拿大、德国、法国、英国、澳大利亚、韩国等全球产业技术创新能力强、与我省具有较好合作基础的国别或地区,引导企业开展国际技术转移或联合研发,建立合作关系。每项省资助经费不超过50万元。鼓励地方配套实施。

国际技术转移及联合研发项目必须以企业为主体申报,通过省辖市科技局、县(市)科技局、国家和省级高新区管委会等主管部门上报省科技厅。

(二)创新国际化服务体系项目

1. 国际技术转移服务机构能力提升项目

按照"省地共建、地方为主"的方式,支持已有稳定优质海外合作渠道的国际技术转移服务机构,开拓、深化与海外知名高校、研究机构、跨国公司、技术转移机构的合作关系,围绕全省产业技术创新重点需求加强公益服务,为企业寻求国际科技合作搭建交流与合作平台,为各地推进创新国际化工作营造环境氛围。每项省资助经费不超过50万元。

此类项目以国际技术转移服务机构为主体申报,通过省辖市科技局、县(市)科技局、国家和省级高新区管委会与省科技厅具体会商后推荐申报。地方配套经费不低于省拨经费。

2. 国际技术转移机构引进项目

按照"省地共建、地方为主"的方式,鼓励引进国外著名高校、研究机构、跨国公司以联合共建或独立建设的方式设立"国际技术转移机构",开展跨国技术转移业务,促进先进技术成果在我省实现高效转化。每项省资助经费不超过50万元。

此类项目以中方引进或建设单位为主体申报,并与外方已签订合作共建或引进协议;相应的国际技术转移机构应于2013年3月至2014年3月间完成相关批准或注册程序。

此类项目通过省辖市科技局、县(市)科技局、

国家和省级高新区管委会与省科技厅具体会商后推荐申报。地方配套经费不低于省拨经费。

3. 企业海外研发机构建设项目

鼓励省内有条件的企业在境外以收并购或直接投资等方式设立海外研发机构，直接利用境外高端人才、先进科研条件和创新环境等研发资源在当地开展研发活动，高效整合国际先进技术资源。每项省资助经费不超过50万元。

此类项目以企业为主体申报，通过省辖市科技局、县(市)科技局、国家和省级高新区管委会等主管部门上报省科技厅。

二、申报要求

1. 中外合作双方应具有良好的合作基础和交流实践,并就合作项目已签署合作协议或合作意向。

2. 优先支持国家级国际科技合作基地和国际创新园申报的项目、优先支持创新型示范县(市、区)申报的项目、优先支持创新型企业和高新技术企业申报的项目。

3. 重点国别企业对外技术合作引导项目实行限额申报。苏南省辖市每家推荐项目数不超过5项、其他省辖市每家推荐项目数不超过3项(不含国家级国际科技合作基地和国际创新园指标);县(市)每家推荐项目数不超过2项;示范型国际科技合作基地每家申报不超过1项，国际创新园每家申报不超过3项。

4. 各主管部门必须严格对照“申报限额、会商规定以及经费配套承诺”等相关要求,认真审查,严格把关。不按通知要求申报,一律不予受理。

5. 项目法人及项目主管部门在申报项目时须出具信用承诺。

6. 有不良信用记录的单位和个人，不得申报本年度计划项目。在项目申报和立项过程中相关责任主体有弄虚作假、冒名顶替、侵犯他人知识产权等不良信用行为的，一经查实，将记入信用档案,并按《江苏省科技计划项目相关责任主体信用管理办法(试行)》作相应处理。

2014年度江苏省软科学研究计划项目指南

01 全面深化科技体制改革

重点围绕健全技术创新市场导向机制；企业主导产业技术创新的体制机制；打破行政主导和部门分割，建立主要由市场决定技术创新项目和经费分配的机制;健全人才激励和评价机制;促进科技成果资本化、产业化的路径和模式;主要由市场评价技术创新成果的机制；科技资源开放共享等方面开展研究。

02 加快创新型省份和知识产权强省建设

重点围绕创新型城市、创新型县(市、区)、创新型乡镇建设路径、模式和评价体系;金融支持科技创新;创新国际化体制机制;优化科技创新政策体系和科技政策落实；苏南自主创新先导区增强原始创新能力和协同创新能力；苏北地区依靠科技进步实现跨越发展的路径；知识产权强省的评价体系；市场化知识产权运营机构建设等方面开展研究。

03 区域创新体系建设

重点围绕企业科技创新的动力机制；产学研协同创新机制及技术转移体系；建设高水平企业研发机构;市、县、高新区等区域创新能力的评价体系；新型产业技术研发机构管理体制与运行机制;大学科技园、科技创业园、科技产业园等科技园区建设；资源配置市场化条件下科技中介服务体系建设;科技服务示范区建设模式与运行机制;地方科技创新特色举措等方面开展研究。

04 科技支撑经济社会持续健康发展

重点围绕完善政府对战略性、前沿性、公益性科学研究和共性技术研究的支持机制；在产业转型升级的背景下科技支撑经济稳增长；科技支撑生态文明建设;科技支撑新型城镇化建设;战略性新兴产业发展的市场环境建设;生物医药、新材料等技术发展预测；江苏应对新一轮科技革命和产业变革的对策；上海自由贸易区对江苏的影响及对策研究;“十三五” 科技发展规划前瞻等方面开展研究。

2014年度江苏省产学研联合创新资金项目申报要求

一、支持重点和申报条件

(一)前瞻性联合研究项目

重点支持省内高校院所（含省内外高校院所与江苏各地政府(园区)共建的分支研究机构)的

科技人员,围绕《江苏省“十二五”科技发展规划》明确的、优先和鼓励发展的相关产业技术领域,面向企业需求开展的前瞻性联合研究项目。优先支持“第四届中国江苏产学研合作成果展示洽谈会”签约项目、中科院等重点科教单位与我省企业的合作项目等。

申报条件:以省内高校院所或省内外高校院所与江苏各地政府(园区)共建的分支研究机构(应为实体化运行的独立法人)为主体,联合江苏境内注册、非本单位科技人员创办的企业共同申报。项目为双方已有合作基础且正在实施的项目且企业在本项目前期支付给高校院所的研发经费不低于30万元(与苏南地区企业合作的前期投入不低于50万元)。

(二)技术转移中心建设项目

分为2类进行支持:

一是支持苏北地区新建技术转移中心。由苏北地区高校院所联合省外著名高校院所,共建专业从事技术、成果转移转化服务的实体化技术转移中心。

申报条件:申报主体为苏北高校院所;已与省外著名高校院所签订联合共建协议,有较强的技术成果来源;已建立专门的科技成果转化服务机构,具有满足经营要求的固定场所和办公设施条件;具有专门从事技术咨询、技术服务、成果转化与应用推广的人才团队;在服务性收入、技术转移项目成交数、合同成交额、组织大型技术交易活动数等方面有较好的业绩。

二是支持已建高校技术转移中心滚动运行。探索已建高校技术转移中心的绩效评价机制,鼓励建立科技人员定期为企业开展科技咨询的业务,积极探索服务地方重点产业的服务机制和开展国际技术转移、深化“校企联盟”建设等方面的工作。

此类项目无须申报,由省科技厅统一组织进行绩效考评,择优分档支持。

二、组织方式

1. 前瞻性联合研究项目,由申报单位所在地省辖市科技局(科委)或合作企业所在地省辖市科技局(科委)、县(市)科技局组织申报。

2. 技术转移中心新建项目,由省辖市科技局组织推荐。

三、申报要求

1. 前瞻性联合研究项目,项目组企业研发人员不低于团队人数的三分之一;联合申报单位必须建立“校企联盟”并有登记备案编号;有合作双方按照通用技术开发合同范本签订的、内容明确的、责权利清晰的技术开发合同或协议;企业前期投入原则上以2011年1月1日为限,之前投入不再计入。申请省拨经费原则上不高于企业前期投入的二分之一。

2. 有在研省科技计划项目的项目负责人一般不再申报本年度项目;同一项目负责人限报一个项目;同一单位或项目负责人已将研发内容相同的项目申报其他省科技计划的,不能同时申报本计划。

3. 有不良信用记录的单位和个人,不得申报本年度计划项目。在项目申报和立项过程中相关责任主体有弄虚作假、冒名顶替、侵犯他人知识产权等不良信用行为的,一经查实,将记入信用档案,并按《江苏省科技计划项目相关责任主体信用管理办法(试行)》做出相应处理。

2014年度江苏省临床医学科技专项项目指南

1001 江苏省临床医学研究中心

依托我省优势临床专科,立足现有人才优势、技术储备、临床和基础研究成果,突出临床医学导向,充分发挥中医药特色诊疗优势,建设一批临床医学研究中心,打造成为国内一流的临床研究平台。

(一)总体目标

1. 临床目标:在省内建立临床技术创新联盟,实现诊治信息的集成共享和分析统筹,打造跨学科、跨地域的专科临床协同研究网络。选择专科疾病3个以上,力争形成相关疾病诊疗国家级技术规范,并在协同网络内医院推广10家以上,单病种临床研究病例不少于500例;临床疗效指标评价全国领先;相关领域诊疗水平国内领先并有国际影响。

2. 团队目标:培养形成由首席临床专家领衔、国际一流的协同创新科研团队;专业结构和年龄结构合理;项目负责人在国际国内知名学术机构或权威杂志中担任重要职务;核心成员能够成为国家杰出青年基金获得者、国家重大项目主持人或首席科学家。

3. 平台目标：打造国内一流的临床诊疗和研究平台、杰出人才集聚平台和国际交流平台；参照国际知名医疗机构的管理模式，创新运行体制和机制，努力提升创新能力，迈入国家级创新平台序列。

（二）申报要求

1. 申报单位须是在江苏省注册的三级甲等医院，申报学科必须为省部级以上重点学科、重点专科；

2. 项目负责人为国内著名临床专家，学术造诣深、临床水平高、医德高尚、主持过国家级重点项目，组织协调能力强，能够保证项目顺利实施；

3. 突出临床转化，以临床为导向加强与高校、科研机构开展协同创新，加强多学科、跨领域的交叉融合，实现医学最新科研成果的临床应用，提高诊疗水平；

4. 鼓励与省内在相关领域有基础研究优势的单位联合申报，集中力量协同攻关；

5. 每所医院申报不超过1项；

6. 每个临床医学研究中心省资助经费不高于1500万元，所在医院按1∶1落实匹配经费；省资助经费使用结构采取三三制，即实验室建设、开放课题和临床技术研究与集成各占三分之一。项目申报单位须按照《江苏省省级科技专项资金管理暂行办法》（苏财规〔2013〕19号）的要求，编制项目预算书。预算书与项目申报书同时上报。

2001 重点病种的规范化诊疗研究

针对恶性肿瘤、心脑血管疾病、消化系统疾病、泌尿生殖系统疾病、内分泌与代谢性疾病等严重危害人民群众健康的重大疾病，以病种为对象，开发一批急需突破的临床诊疗关键技术，在科学评价的基础上形成一批规范化、个性化诊疗技术新方案，使我省相关疾病诊疗水平国内领先并有国际影响，在若干领域取得重大突破和自主创新优势。

（一）总体目标

1. 临床目标：研究建立疾病规范化、个性化诊疗技术新方案，并在5家以上省内二级以上医院推广，单病种临床研究病例不少于300例；临床疗效指标评价全国领先；相关领域诊疗水平国内领先。

2. 人才和团队目标：项目负责人能够成为相关领域学科带头人，在国内享有较高知名度；团队效应突出，具有推动相关临床学科发展的创新能力。

（二）申报条件

1. 申报单位必须为省内三级甲等医院；

2. 项目负责人在相关临床学科具有较好的研究基础和学术水平，是国家级科研项目第一承担人，有较强的组织协调能力，能够保证项目顺利实施；团队成员要体现基础与临床的结合；

3. 每所医院申报不超过4项；

4. 重点病种的规范化诊疗研究项目每项省资助经费不高于200万元，所在医院按1∶1落实匹配经费。经费预算使用方向须符合《江苏省省级科技专项资金管理暂行办法》要求。

3001 新型临床诊疗技术攻关

针对严重危害我省人民健康的常见病、多发病，重点开展分子诊断、免疫诊断、影像诊断、生物治疗、微创治疗、介入治疗等诊疗关键技术研究，创新临床诊疗技术方法并推广应用，大幅度提高相关疾病临床诊疗技术水平，形成我省相关临床领域的技术和人才新优势。

（一）总体目标

1. 临床目标：创新临床诊疗技术方法并推广应用，临床研究病例不少于300例，技术水平国内领先。

2. 人才目标：项目负责人能够成为相关领域学科带头人，在国内享有较高知名度。

（二）申报条件

1. 有条件的高校、科研机构、企业和医院均可申报。为体现临床应用导向，鼓励高校、科研机构、企业与技术应用的省内三级甲等医院联合申报；

2. 项目负责人在相关临床学科具有较好的研究基础和学术水平，有较强的组织协调能力，能够保证项目顺利实施；团队成员要体现基础与临床的结合；

3. 每个单位申报不超过3项；

4. 新型临床诊疗技术攻关项目每项省资助经费不高于50万元，所在单位按1∶1落实匹配经费。

4001 公共卫生关键技术应用研究

围绕重大传染病预防控制、妇女儿童保健、老年人保健、残疾人及慢性病患者康复等公共卫生重点领域，针对疾病的筛查、预测预警、早期干预技术和疾病治疗等关键环节，开展传染病防控、健康状态辨识和健康管理等相关关键技术应用研究，有效降低疾病的患病风险与发生率。

(一)总体目标

1. 研究目标：开展公共卫生关键技术应用研究并推广应用，研究病例不少于300例，技术水平国内领先。

2. 人才目标：项目负责人能够成为相关领域学科带头人，在国内享有较高知名度。

(二)申报条件

1. 疾病预防控制机构、高校、科研机构、企业和医院均可申报；

2. 项目负责人在相关临床学科具有较好的研究基础和学术水平，有较强的组织协调能力，能够保证项目顺利实施；团队成员要体现基础与临床的结合；

3. 每个单位申报不超过3项；

4. 新型临床诊疗技术攻关项目每项省资助经费不高于50万元，所在单位按1∶1落实匹配经费。

(三)申报方向

4011 重大突发传染病预防控制技术研究与应用示范

4012 妇女儿童保健关键技术应用研究

4013 老年人保健关键技术应用研究

4014 残疾人及慢病患者康复关键技术应用研究

2014年度江苏省科技型企业技术创新资金项目申报要求及支持的重点领域

一、支持重点和额度

2014年度省创新资金项目的组织，坚持“支持创新、鼓励创业、竞争择优、优化环境”的原则，围绕战略性新兴产业培育，支持省级以上科技创业园内高成长性科技型中小企业开发具有自主知识产权的创新产品，提升企业竞争力。此类项目分重点项目和面上项目，重点项目主要支持科技创业孵化链条建设试点、国际创业园和专业孵化器内的科技型小微企业。重点项目省资助经费不超过50万元，面上项目省资助经费不超过30万元。

二、申报条件

1. 申报2014年度省创新资金项目的科技型企业须在国家和省级高新技术创业服务中心、大学科技园、留学生创业园、软件园等科技创业园内注册经营。

2. 申报企业及项目需符合《江苏省科技型中小企业技术创新资金管理办法》规定的相关条件，项目所属技术领域原则上属于《江苏省科技型企业技术创新资金支持的重点领域》确定的范围。

3. 项目目标产品明确、具有自主品牌、技术含量高、竞争力强，在项目实施期结束后能进入中试阶段或小批量生产，并形成自主知识产权。

4. 优先支持战略性新兴产业、新兴业态科技型小微企业申报的研发设计、商业模式创新、文化科技创新、物联网服务、大数据、云计算等项目。

5. 优先支持有发明专利授权、R&D投入较高、成立时间不超过三年的科技型中小微企业申报的项目；优先支持入选国家“千人计划”、省“双创人才”计划等高端人才或创新团队牵头申报的项目；优先支持大学生科技创业、天使投资和创业投资支持的项目；优先支持高新技术企业申报的项目。

6. 优先支持获得2013年首届江苏科技创业大赛一、二、三等奖的初创组企业及创业团队的参赛项目，以及第四届产学研展洽会期间签约的项目。

7. 项目实施周期原则上不超过两年。

三、组织方式

1. 项目按属地化原则申报。县(市)辖区内企业申报的项目，经所在县(市)科技局、财政局审核后上报省科技厅、省财政厅；省辖市市辖区内企业申报的项目，经省辖市科技局、财政局审核后上报省科技厅、省财政厅；国家高新区内企业申报的项目，经高新区管委会科技局、财政局审核后上报省科技厅、省财政厅。

2. 实行限额申报。国家级科技创业园每家推荐的项目不超过4项，省级科技创业园每家推荐的项目不超过2项。获得2013年首届江苏科技创业大赛决赛一、二、三等奖的初创组企业及创业团队（获奖后6个月内在我省科技创业园注册成立企业）的参赛项目直接申报，不在科技创业园限额范围内。

四、申报要求

1. 各项目主管部门要强化责任意识，严格把关,认真对照申报材料原件进行审核,对申报项目单位的经营状况、资信风险、承担能力等方面进行全面审查，项目法人及项目主管部门在申报项目时需出具信用承诺。各省辖市、县(市)、高新区科技局、财政局要在认真总结2013年项目申报和管理工作的基础上,认真履行职责,加强统筹协调,做好2014年项目组织申报的指导和服务工作,保证项目组织质量和项目水平。

2. 有在研省科技计划、国家创新基金项目的项目负责人和企业一般不得再申报本年度项目；同一企业或项目负责人限报一个项目；同一企业或项目负责人已将研发内容相同的项目申报其他类省科技计划的,不能同时申报本计划。

3. 有不良信用记录的单位和个人，不得申报本年度计划项目。在项目申报和立项过程中相关责任主体有弄虚作假、冒名顶替、侵犯他人知识产权等不良信用行为的，一经查实，将记入信用档案,并按《江苏省科技计划项目相关责任主体信用管理办法(试行)》做出相应处理。

4. 项目第一负责人原则上应为第一申报单位的在职人员,并确保在职期间能完成项目任务。申报单位须提供必要保障条件和自筹资金，自筹资金与申请省资助经费比例为1∶1以上。

五、2014年江苏省科技型企业技术创新资金支持的重点领域

(一) 电子信息

1.软件产品

(1)基础软件

(2)支撑软件

(3)嵌入式软件

(4)计算机辅助工程管理/产品开发软件

(5)中文及多语种处理软件

(6)图形和图像软件

(7)地理信息系统

(8)电子商务软件

(9)电子政务软件

(10)企业信息化应用和企业管理软件

(11)电力系统应用软件产品

(12)医学网络信息系统与软件产品

(13)大数据与云计算

(14)物联网应用软件

2. 微电子技术

(1)集成电路设计工具开发

(2)集成电路产品设计开发

(3)集成电路封装技术

(4)集成电路测试

3. 计算机及网络产品

(1)计算机终端产品和外围设备及关键部件

(2)网络产品

(3)空间信息获取及综合应用集成系统

4. 通信产品技术

(1)光传输交换设备

(2)宽带移动通信设备

(3)宽带综合业务接入设备

(4)业务与运营支撑系统

(5)网络增值业务应用系统

5. 广播电视技术产品

(1)演播室与运营中心系统

(2)网络传输、监测与管理系统

(3)用户终端系统

6. 新型电子元器件

(1)半导体发光器件

(2)片式元件和集成无源元件

(3)片式半导体器件

(4)电力电子器件

(5)中高档机电组件

7. 信息安全产品

(1)安全测评和管理类产品

(2)安全基础类产品

(3)网络安全类产品

(4)专用安全类产品

8.智能交通产品

(1)先进的交通管理和控制系统

(2)交通基础信息采集、处理设备和软件系统

(3)先进的公共交通管理设备和系统

(4)城市轨道交通安全控制与综合调度产品

(二)生物技术和新医药

1. 医药生物技术与产品

(1)常见重大疾病防治用生物技术药物

(2)新型疫苗和生物诊断产品

(3)生物分离纯化技术与检测产品

(4)生物技术加工天然产物

2. 中药天然药物技术与产品

(1)中药创新药物

(2)中药新品种的开发
(3)中药资源可持续利用
(4)中药制药装备及其集成
3. 化学药技术与产品
(1)常见重大疾病治疗用新药
(2)药物合成新技术
(3)药物制剂新技术与新剂型
(4)药物制剂新辅料
(5)新型体外诊断技术与产品
4. 医疗仪器、设备
(1)医学影像技术与产品
(2)治疗、急救及康复技术与产品
(3)医学检测、检验、监护技术设备与产品
(4)康复治疗技术与产品
5. 医用敷料与器材
(1)手术专用器械及新型敷料
(2)组织工程材料
(3)介入治疗材料与产品
(4)其他生物医用材料
6. 轻化工生物技术及产品
(1)生物催化技术及产品
(2)微生物发酵新技术和新产品
(3)新型、高效工业酶制剂
(4)天然产物有效成分的分离提取及加工技术
(5)生物技术在食品安全和食品添加剂领域的应用
7. 生物医药高技术服务
(三)新材料
1. 金属材料
(1)钢铁冶金材料
(2)有色金属冶金材料及深加工产品
(3)稀土功能材料及电子信息金属功能材料
(4)特殊合金及粉末冶金新材料
(5)低成本、高性能金属基复合材料
2. 无机非金属材料
(1)高性能无机非金属结构材料
(2)高性能功能陶瓷
(3)人工晶体
(4)功能玻璃
(5)半导体材料
(6)超细、纳米粉体制备与加工技术
3. 高分子材料
(1)高分子结构材料
(2)新型功能高分子材料
(3)高分子材料的低成本化和高性能化
(4)新型橡胶材料
(5)新型纤维材料
(6)生态和环境友好高分子材料
(7)高分子材料的加工应用技术
4. 精细化学品
(1)电子化学品
(2)新型催化剂
(3)新型橡胶塑料助剂
(4)精细及功能化学品
(5)非石油路线制备专用和高附加值化学品
5. 新材料高技术服务
(四)高端装备
1. 工业生产过程控制系统
(1)现场总线、工业以太网及现场局域网技术产品
(2)可编程序控制器(PLC)产品
(3)基于PC的控制系统
(4)新型控制技术和产品的前端研究
2. 高性能、智能化仪器仪表
(1)新型自动化仪器仪表
(2)面向行业配套的传感器
(3)新型传感器和微系统
(4)科学分析仪器、检测仪器
(5)精确制造中的测控仪器
3. 先进制造技术
(1)先进制造系统
(2)数控系统及加工技术和装备
(3)机器人开发及应用
(4)激光加工技术及设备
(5)纺织行业专用设备
(6)轻工行业专用设备
4. 新型机械产品
(1)机械基础件
(2)通用机械
(3)专用机械
5. 电力与电工行业技术产品
(1)智能电网技术
(2)电力系统自动化技术
(3)电力电子技术和电工设备
6. 交通相关技术产品

(1)汽车发动机关键技术

(2)新型汽车关键零部件

(3)高铁与城市轨道交通机车关键零部件

7. 智能装备高技术服务

(五)环境与资源

1.水污染防治技术

(1)典型重金属工业废水污染控制与治理技术

(2)高浓度、难降解、有毒有害工业废水处理

(3)城市环保设施与二次污染处理及资源化技术

(4)中小城镇污水和面源污染控制与农村饮用水安全保障

2. 大气污染防治技术

(1)煤燃烧污染防治技术

(2)工业向大气排放有毒污染物防治技术及服务

(3)局部环境空气质量安全保护与污染防治技术

3. 固体废弃物的处理与综合利用技术

(1)危险固体废弃物的处置技术

(2)工业固体废弃物的资源综合利用技术及服务

(3)生活垃圾分类处理、处置与资源化技术

(4)有机固体废物的处理和资源化技术

(5)社会源有害固体废物处置和资源化技术

4. 环境监测、应急和预警技术

(1)在线连续自动监测系统

(2)环境应急与常规监测仪器设备

(3)环境应急处理处置技术与设备

(4)环境样品的采集与样品制备技术

5. 清洁生产与循环经济的关键技术

(1)重点行业污染减排和“低排放”关键技术

(2)水回用工艺技术和设备

(3)清洁生产关键技术

(4)清洁生产与循环经济高技术服务

6. 资源高效开发与综合利用技术

(1)提高资源回收利用率的开采技术与设备

(2)低品位资源综合利用和共、伴生矿产的分选提取技术

(六)新能源与高效节能

1. 可再生清洁能源技术及相关产品

(1)太阳能

(2)风能

(3)生物质能

(4)其他新能源

2. 新型高效能量转换与储存技术和相关产品

(1)高性能绿色电池(组)及其相关产品

(2)新型储能电池(组)及其相关产品

(3)燃料电池技术及其相关产品

(4)其他新型能量转换与储能技术与产品

3. 高效节能技术和相关产品

(1)生产过程余热、余压、余能的回收利用技术及相关产品

(2)建筑节能技术及相关产品

(3)分布式能源相关技术与装备

4. 新能源与节能高技术服务

(七)新能源汽车

1. 电动汽车动力系统平台关键技术

(1)纯电动汽车动力系统平台关键技术

(2)燃料电池汽车动力系统平台关键技术

(3)混合动力汽车(含插电式)动力系统平台关键技术

2. 电控相关技术与产品

(1)整车控制器及关键零部件控制器

(2)电控产品生产装备、开发及标定工具

(3)电控系统共性元器件技术与产品

3. 电池相关技术与产品

(1)车用动力电池/超级电容

(2)车用燃料电池

4. 电机驱动相关技术与产品

(1)电机及控制器技术与产品

(2)电驱动系统总成技术与产品

(3)电驱动系统开发与生产装备

5. 电动化底盘及车载信息系统

(1)电动化底盘及电动辅件系统

(2)电动汽车车载信息系统

6. 充电、加氢基础设施相关技术与产品

(1)电动汽车充电、加氢技术与装备

(2)电动汽车综合能源供给系统

7. 电动汽车技术开发与集成应用高技术服务

(1)电动汽车技术开发服务

(2)电动汽车商业模式创新及集成应用服务

科技奖励

Awards of Science & Technology

2013年度国家自然科学奖
(江苏省获奖项目)

Awards of 2013 National Natural Science (Jiangsu Province)

二 等 奖

有机半导体的设计原理、高效制备与光电器件(主持完成项目)

南京邮电大学

黄 维 赖文勇 解令海 范曲立 唐 超

该项目属于电子与信息科学技术中的半导体材料方向,围绕有机半导体的稳定化、功能化和高性能化为研究主线开展工作。以理性设计开发高性能有机半导体及其光电器件为目的,提出了有机半导体凝聚态结构调控原理,系统阐述了有机半导体分子拓扑结构螺旋化、多支化、多维化的分子设计思想,研制出一批具有产业化前景的高性能三基色有机半导体,成功地解决了有机蓝光半导体器件稳定性这一世界难题;发展了微波辅助有机合成法,实现了高性能有机半导体的快速高效可控制备;在此基础上,拓展了有机半导体在激光、传感和存储等方面的应用,丰富了有机光电子学的学科内涵。

成果产生了广泛的国际影响。高效有机蓝光半导体方面的设计原理成为国际上通行的解决方案;Nature(Asia Materials)专题评述认为相关技术对实现有机电泵浦激光器件具有"特别重要的意义";基于超分子有机半导体的存储器件,被 Nature Materials 列为研究亮点,开辟了有机半导体存储研究的新方向。在发展有机半导体理论、构建和完善有机光电子学科框架体系、实现有机半导体的高性能化与多功能化等方面做了富有开拓性、创新性和系统性的研究工作,对于推动有机光电子学科的形成和发展做出了重要贡献。

多源干扰系统的建模、分析与控制理论研究(主持完成项目)

东南大学

郭 雷 孙长银 李 涛

该项目针对鲁棒等控制方法的保守性和内模等控制方法对模型的脆弱性,首次系统地研究了多干扰系统控制问题,解决了多通道干扰的解耦分离和同时抑制抵消的难题,提出了一系列干扰观测、前馈补偿与反馈抑制相结合、具有复合分层结构的精细抗干扰控制理论与方法,并推广到故障诊断和容错控制领域,并在飞行器导航与控制等系统中得到成功验证和应用。该奖项是东南大学长期以来注重基础研究获得的阶段性成果,同时也为高技术创新奠定了重要基础。

基于不充分信息的机器学习理论与方法研究(主持完成项目)

南京大学

南京航空航天大学

周志华 陈松灿 张敏灵 黎 铭 谭晓阳

智能化是信息科学技术发展的主流趋势之一,而机器学习是实现智能化的关键,并在众多领域发挥日益重要的作用。该项目针对机器学习中信息不充分问题开展了研究,对采样、标记、关系、目标类等方面的不充分性,分别通过挖掘数据分布信息、利用未标记数据、利用邻域关系及度量学习、利用非目标类数据来展开研究,建立了多学习器集成的理论和方法、协同训练理论与方法、不平衡样本集的学习理论与方法,用标准测试集测试了这些理论和方法的可行性,并将提出的方法应用于医疗诊断、刑事侦查等领域,充分表明该项目构成了完整的体系,有重要发现与创新,推动了基于不充分信息的机器学习问题的研究,有重要的学术意义及实际应用价值。该项目的主要论文发表在国外著名期刊而且影响因子较高，学术思想和观点得到学术界的广泛认可。该项目获发明专利授权6项；研制的系统成功应用于国际电信公司用户分析，两次获PAKDD国际数据挖掘竞赛冠军。获Pattern Recognition 2006—2010年“Most Cited Article”等国际论文奖4项。两次获教育部自然科学一等奖(2005、2011年度)。应邀做国际学术会议特邀报告23次(上旨报告16次)。培养了中国计算机学会优博5篇;7名博士生获微软学者奖;第一完成人入选IEEE Pellow、IAPR Fellow，担任12种SCI(E)期刊副主编或编委。

荧光染料识别与响应调控的理论与应用基础研究(参与完成项目)

南京大学

白志平

该项目从染料母体结构、识别基团、作用机理3个方面，揭示了通过染料激发态调控、实现荧光比例发射与响应的理论规律，在染料对客体的专一性识别和荧光响应这一现代分子工程、生命科学和环境科学共同关注的重大课题上取得了突破性成就。

该成果解决了国际上该领域150多年来科研工作者未解决的一个重要问题——长波长菁染料大斯托克斯位移荧光双发射和比例荧光响应。目前，与这类染料母体结构相关的新型染料荧光探针在国内外涌现。截至2013年1月，全球先后发展起来的相关探针分子累计达到900余种。

另外，该获奖项目把理论研究成果运用于生命领域和环境领域，如在医学癌症诊断上，他们发明的荧光试剂靠裸眼就能在紫外灯下区别癌细胞和正常细胞。可望用于病灶组织的边界界定。与此同时，相关的探针分子同样适用于对复杂环境体系中镉、氰、汞等有毒物质的有效检测。针对氰危害，得到了选择性氰响应性染料，首次制得的氰离子试纸，实现了饮用水氰离子直接测定和预警。氨基取代的七甲川菁染料，已在五分类血液细胞仪中规模化应用，打破了该领域被国外长期垄断的局面。

热休克蛋白和DNA损伤修复基因在环境应激和疾病中的作用(参与完成项目)

南京医科大学

沈洪兵　胡志斌

该项目主要属于公共卫生与预防医学领域，涉及环境与健康研究相关的医学领域，包括预防医学、临床医学和基础医学。

随着我国社会经济的重大转型，国人工作和生活的环境正在发生显著的变化，如环境温度的升高、环境污染加重，严重威胁着国人的健康与生命安全，这些既是重要的公共卫生问题，更是经济发展的重大社会问题。因此，国务院颁布的国家中长期科学和技术发展规划纲要(2006—2020年)中已明确指出:“改善生态与环境是事关经济社会可持续发展和人民生活质量提高的重大问题”，“疾病防治重心前移，坚持预防为主、促进健康和防治疾病结合”，确立了以统筹人与自然和谐发展的战略方针。环境因素不仅引起机体一系列应答反应，而且导致各种早期健康危害(如:遗传损伤增加)和多种环境相关疾病发生增加(特别中暑、肺癌、冠心病等)。

自从20世纪90年代开始，该项目针对热休克蛋白和DNA损伤修复基因在环境应激和疾病中的作用和个体易感性的差异等这些关键科学问题，进行了系统地研究，取得了如下的科学发现:①发现了热休克蛋白和DNA损伤修复基因在环境应激与疾病发生和发展中的作用的新证据；②提出了热休克蛋白免疫异常在环境相关疾病发生中作用不同的假说；③热休克蛋白和DNA损伤修复基因等遗传变异作用和功能的新发现。

发表200多篇论文，其中，SCI收录论文100多篇，累计影响因子300以上;获发明专利授权5项，著作权2本。在该领域(国际细胞应激学会)权威杂志Cell Stress &Chaperones发表论文18篇，其中3篇为主体封面论文;2篇发表在被SCI收录的环境科学领域的最好杂志(Environ Health Perspect)上;2篇被美国医学杂志(Am J Med)刊用；在相关领域如心血管领域(Circulation、Arterioscler Thromb Vasc Biol等)和肿瘤领域(J Clin Invest、Cancer Res、Carcinogenesis)的国际权威杂志发表。

2013 年度国家科学技术发明奖
(江苏省获奖项目)
Awards of 2013 National Technological Invention (Jiangsu Province)

二等奖

污染物微生物净化增强技术新方法及应用(主持完成项目)

南京大学

江苏三强环境工程有限公司

任洪强　耿金菊　吕锡元　丁丽丽

日趋复杂的污染物抑制影响以及国家不断提高的环境管控标准，导致大批建成的生物治污工程面临着增效提标的巨大压力。该项目发明涵盖微生物活性、反应器效能、净化工艺等全程增效的微生物净化实用工程技术方法,在江苏、浙江等23个省(市)106个制药、化工、发酵等废/污水处理和低浓度恶臭气体净化的重要工程中成功应用,为实现我国污染物减排目标做出了重大贡献。同时,形成了工程设计、反应器制造、工程承包、技术服务的产业集群和产业技术创新链，引领了我国生物净化增强新技术的发展，带动了生物治污行业的技术进步。

该成果获授权有效核心发明专利36项(含美国发明专利2项)、授权有效实用新型专利10项,获国家或省环保优秀(示范)工程3项、国家重点环境保护实用技术4项，关键核心技术成果曾获教育部和省科学技术奖一等奖计3项等。

夏热冬冷地区建筑冷热湿一体化高效处理技术与装备(主持完成项目)

东南大学

张小松　殷勇高　梁彩华　李舒宏　徐国英

我国夏热冬冷地区经济发达、人口密集,城镇化水平高,建筑总量大,其夏季高温高湿、冬季阴冷潮湿的气候特征在世界上几乎独一无二。建筑供冷、供暖、湿处理和生活热水供应等需求量大、能效低，据权威数据显示其能耗高达建筑运行总能耗的50%~60%,但且不断攀升,仍不能满足人们日益增长的生活品质需求。现有系统功能相对单一,缺乏系统的、高效的供冷供热解决方案与装备,国外又无成熟技术经验可供借鉴。

该项目针对夏热冬冷地区湿热、湿冷的气候特征和建筑热湿环境控制的需求，在建筑高效一体化供冷供热与热湿处理、太阳能复合热源供冷供热等方面开展了10多年的研究,发明了热湿独立处理的新型一体化空调方法及技术、新型一体化冷热供应技术与高效热泵、基于复合热源的太阳能一体化供冷供热技术及其装备关键技术,初步形成了夏热冬冷地区新型高效建筑冷热湿一体化处理技术体系,研发了系列化的新系统与装备,解决了夏热冬冷地区夏季空调除湿要求高、能耗大的问题和单一太阳能间歇性导致的供热不稳定难题,实现了工程应用和产业化。

该项目已获授权国家发明专利31项,形成了较完整的自主知识产权体系，其中一核心发明专利获2012年日内瓦国际专利展金奖;在本学科国内外权威刊物发表学术论文100余篇，其中SCI收录30余篇,EI收录70余篇。研发成果已在珠海格力电器股份有限公司、江苏太阳雨太阳能有限公司、江苏风神空调集团等国内多家企业实现了产业化,并在典型建筑工程中推广应用,累计新增产值近10亿元,利税近亿元,经济和社会效益显著。

油菜联合收割机关键技术与装备(主持完成项目)

江苏大学

农业部南京农业机械化研究所

李耀明　徐　立　章陈进　李萍萍　易中懿　赵　湛

我国油菜种植面积约733万公顷,90%是分布在长江流域的冬油菜,具有植株分枝交错、含水率高、角果成熟度差异大、易炸荚等生物学特性。国产油菜联合收割机主要由稻麦单滚筒联合收割机改装而成,收获冬油菜时存在脱粒破损严重、清选筛孔堵塞、割台炸荚损失大、智能化水平低等瓶颈问题；进口的油菜联合收割机价格高，且水土不服,不适应国内冬油菜特性和小田块作业环境。

该项目在油菜脱粒、清选、割台和智能化核心难题上取得了原创性突破，解决了油菜机械化联合收获难题,团队研发的具有自主知识产权、适合我国长江流域冬油菜收获的联合收割机系列产品综合技术居国际先进水平，其中切纵流低损伤脱粒和非光滑仿生清选筛关键技术达到了国际领先水平。经检测，整机的总损失率5.9%，破碎率0.1%，含杂率3.2%，主要技术指标明显优于国内外同类产品。

该项目还授权发明专利13件，申请发明专利8件。发表SCI/EI收录相关论文45篇。项目成果获江苏省专利金奖、中国专利优秀奖、中国机械工业科学技术一等奖和国家金桥奖。

重大淀粉酶品的创制、绿色制造及其应用(主持完成项目)

江南大学

王正祥　石贵阳

该项目成果创制的淀粉酶品的酶学性质、发酵酶活以及其发酵过程、下游提取、产品制造等各项工艺技术，均达到或优于国际先进水平。自2009年1月起，该技术成果在合作企业应用并实现工业化生产，累计新增销售额38708万元，新增利税6792万元。2012年度中国淀粉酶品市场总额中，该成果产品市场占有率达15%以上，使国际同类产品售价降幅在17%~61%不等。

该技术进步带动了产品售价的降低，惠及下游用户，使多家生物、食品相关淀粉加工企业经济效益实现增长，产品在淀粉糖加工、饲料、果蔬加工、酒精和柠檬酸等行业中应用，达到国外同类酶制剂应用效果，显著降低了生产或使用成本。同时，该成果填补了淀粉酶品的国内空白，显著提升了我国淀粉酶品生产和应用水平，有力促进了我国酶制剂行业技术创新，打破了国际技术壁垒，改善了重大淀粉酶品国际依存度，节约了外汇支出，具有显著的经济和社会效益。

基于风味导向的固态发酵白酒生产新技术及应用(主持完成项目)

江南大学

江苏洋河酒厂股份有限公司

徐　岩　范文来　吴　群　周新虎

中国是蒸馏酒生产大国，白酒是具有优势的传统发酵食品，但是由于自然发酵、经验式操作造成发酵过程控制难、产品品质波动大、生产效率低，工业化程度低等问题。该项目在国家科技支撑计划、国家自然科学基金等国家及省部级项目资助下，以中国传统白酒的现代化改造为目标，针对白酒复杂生物发酵系统，提出了基于风味导向的固态发酵白酒新思路，发明了特征风味强化、不良风味消除、基酒组合控制等新技术，改进了白酒生产的制曲、酿造、勾兑3个关键工序，构建了我国白酒优质、高效、稳定生产的新体系。

该成果共形成项目授权国家发明专利14项，发表论文48篇，其中在Journal of Agricultural and Food Chemistry等国际著名期刊发表SCI论文12篇；应德国Springer、英国Woodhead和美国ACS邀请，参编英文学术专著3章；主编《酒类风味化学》专著1部；国际食品风味化学专家认为成果对推动高品质白酒生产的工业化进程有着非常重要的作用。

生物法生产富马酸及其衍生物的关键技术及应用(主持完成项目)

南京工业大学

南京国海生物工程有限公司

黄　和　李　霜　徐　晴　宋　萍　李云政
高　振

该项目采用生物基原料替代石油用来生产高附加值富马酸及其衍生物，使生物基富马酸具有了与石油基富马酸的竞争优势，在全球率先实现了生物基富马酸及其衍生物的批量生产，替代节省了石油资源。该成果已在企业中实现了产业化应用，并取得了良好的经济效益和社会效益。

现代混凝土流动性调控与超早强关键技术及应用(主持完成项目)

江苏省建筑科学研究院有限公司

江苏博特新材料有限公司

刘加平　冉千平　洪锦祥　缪昌文　杨　勇
周栋梁

该项目申请发明专利40件(PCT国际专利6件)，获授权25件。发明了接枝共聚物选择性吸附技术，有效解决了高石粉含量骨料、脱硫石膏调凝水泥导致混凝土初始流动性不足的问题；以及大掺量工业废渣(大于50%)混凝土、高强混凝土初始分散慢、黏度大的难题。发明了接枝共聚物缓控释技术，实现了混凝土流动性保持的分阶段、全过程调控，常温条件下5小时和40℃高温条件下3小时基本不损失，很好地满足了高温和长时间等严酷条件下混凝土的泵送需求。发明了接枝聚合物协同调控早期水化与流动性的新技术，解决了现代混凝土超早强与大流动之间的矛盾，实现了高强预应力(简称“PHC”)管桩的免蒸压和泵送布料，以及地铁管片等制品的免蒸养；取代德国超细水泥方案，制备出16小时抗压强度达54兆帕的混凝土轨道板。

研究成果已广泛应用于长江三峡、京沪高铁、田湾核电和苏通大桥等多项国家重大工程，首次实现了核岛混凝土外加剂的国产化，并出口到中东和南美等地区；成果对水泥混凝土及制品行业转型升级、工业废渣无害化处置、低品位骨料资源化利用意义重大。

大行程、高精度、快响应直线压电电机(主持完成项目)

南京航空航天大学

赵淳生　姚志远　时运来　金家楣　李华峰　黄卫清

该研究揭示了直线超声电机运动机理；提出了定子/动子接触动力学模型及运动模型，建立了直线超声电机优化设计理论和方法；攻克了定子结构、柔性铰链夹持等一体化设计和增大非共振型直线压电电机行程等关键技术，实现了我国直线压电电机的大行程、高精度、快响应。

目前,该成果已授权国家发明专利20项,出版专著2部,发表SCI和EI学术论文32篇,发明并研制成功15种拥有自主知识产权的直线压电电机及4种精密定位平台，实现了大行程（20~100毫米）、高位移分辨率（小于50纳米）、高定位精度(0.36微米)、高加速度(5~10克),达到国际同类产品先进水平,部分性能指标超过国际同类产品。

高性能二次电池新型电极、电解质材料与相关技术(参与完成项目)

江苏华盛精化工股份有限公司

张先林

该项目针对现有氟代碳酸乙烯酯制备工艺中存在的安全性差、工艺路线复杂、生产成本高等问题,创新性地开发出以碳酸乙烯酯为原料,经过氯化、氟代得到具有高安全性的氟代碳酸乙烯酯的制备新工艺,具有反应条件温和、安全易控、无毒、不需要复杂尾气处理系统等优点，并实现了规模化的生产,突破了国外的技术和产品垄断。经中国轻工业联合会组织召开的技术鉴定会鉴定，该技术成果达到了国际领先水平。

全结晶复合孔分子筛催化新材料的创制与工业应用(参与完成项目)

南京大学

丁维平

该项目基于对分子扩散与催化剂效率关联模数的理论研究，建立了多级复合孔催化材料合成技术平台，创制了具有原始创新的全结晶复合孔分子筛催化材料。以此为核心,开发具有自主知识产权的烯烃裂解成套工艺技术并实现工业化,总体技术处于国际领先水平，在国际上率先实现了全结晶复合孔催化新材料工业应用。

该项目已获中国发明专利授权51件,美国发明专利授权2件,在国内外发表论文21篇,出版专著1部,形成了包含催化剂、反应器及反应工艺等核心技术的完整的知识产权保护网络。

新型甲醇羰基化催化剂的结构设计及工业应用(参与完成项目)

该项目经多年努力在新型羰基合成催化剂的结构设计和制备方面取得突破性进展，50余项发明专利组成完整的知识产权体系。多种类催化剂的性能达到世界先进水平，其新型结构均被美国化学文摘赋予CAS登记号。项目催化剂在工业上得到广泛应用并首次技术转移到海外市场。近年来累计产醋酸708.7万吨,约占国内总产量的三分之一,销售额231.4亿元,利润19.8亿元,税收11.2亿元。

高精度微纳结构掩模制造核心技术（参与完成项目)

无锡华润微电子有限公司

卞福良

该项目属于信息领域，掩模是集成电路和微纳制造的“模具”和基准,是其发展和性能提升的重要基础。该项目在高精度/高效率兼顾的制造技术、多元化衬底上大高宽比纳米结构制造技术、复杂结构图形的高保真自动处理和移相掩模增强技术等方面取得多项突破,形成了掩模行业13项国家标准,授权发明专利36项,软件著作权2项。发表学术论文107篇,SCI他引287次。用户覆盖全国并出口到欧美等国家，为多项国家重大工程提供了核心元件。

新型自密实混凝土设计与制备技术及应用(参与完成项目)

江苏省建筑科学研究院有限公司

田　倩

自密实混凝土(self-consolidating concrete,以下简称"SCC")是一类仅依靠自重力作用就能浇筑密实成型的混凝土材料。日本于20世纪80年代末最早开始相关研究，但现有SCC技术存在施工质量不可控、易开裂、成本高等技术瓶颈,严重制约了SCC技术及其应用的发展。为解决现代复杂土木工程结构和高速铁路无砟轨道结构等的建造难题、满足高效低碳建设技术发展的重大需求,该项目组率先在国内开展新型SCC技术的研究，通过15年多的协同攻关,对新型SCC的技术原理、设计方法、质量检验评定及专用高性能外加剂等进行了一系列深入的理论和试验研究,发明了具有高稳健性、高抗裂特性的新型SCC制备方法及应用技术，形成了具有我国自主知识产权的新型SCC核心技术体系,并得到了规模化推广应用。

项目主要技术创新点:

1. 发明了基于浆体-骨料稳定性调控的新型SCC组成设计方法。揭示了物性差异显著的骨料、浆体混合共存的悬浮流体体系的静、动态稳定机制，建立了表征SCC中浆体与骨料构成的骨料间距模型，确立了新型SCC的最佳骨料和浆体组成计算的理论依据。

2. 发明了非吸附型增稠多功能外加剂技术，揭示了疏水主链与水分子氢键缔合作用机理,协同了接枝共聚物官能团的静电排斥、空间位阻效应及超细粉体的减水稠化效应，解决了SCC高流动性与抗离析性之间的根本矛盾，突破了低粉体材料用量条件下难以实现“自密实”等技术障碍,使SCC单方水泥用量与国外同比节省约30%。

3. 发明了基于动态充填性、抗离析性的SCC工作性测试方法和基于诱导开裂、实时跟踪的SCC抗裂性检测方法及检测装置，建立了SCC质量评定方法和控制技术体系，实现了拌合物工作性的快速有效评价，解决了裂缝位置和初裂时间随机的评价技术难题。

4. 发明了新型SCC制备技术,攻克了高速铁路无砟轨道结构充填层均匀充填密实成型的难题;提出了SCC材料性能与结构设计方法，发明了现浇混凝土构件与加固工程构件施工工艺;制定了我国第一本SCC设计与施工指南。

项目已授权发明专利14项、实用新型专利2项,制定国家行业标准2部(地方2部)、国家级工法1项(省级4项),发表论文70篇(其中SCI、EI收录30篇),出版国际学术论文集2本。研究成果的新颖性和创造性得到了2个国际权威学术机构(RILEM、ACI)SCC委员会主席的高度评价,并成功主办了第一届、第二届“SCC设计、性能与使用”国际会议。项目通过了由湖南省组织的鉴定委员会的鉴定,结论为:“自密实高性能混凝土技术创新性突出,整体达到国际先进水平”,获2007年湖南省科学技术进步一等奖。

项目研究成果在铁道工程、建筑工程、水利工程及公路工程等领域的数百个重大工程中得到广泛应用，并首次实现在高速铁路无砟轨道充填层中成功应用，解决了高平顺性高速铁路无砟轨道结构的施工难题，取得直接经济效益4.8亿元,技术经济效应显著,推广应用前景广阔,推动了混凝土工程技术的理论和技术进步，提升了我国土木工程行业科技水平和国际核心竞争力。

2013年度国家科学技术进步奖
(江苏省获奖项目)

Awards of 2013 National
Science & Technology Progress
(Jiangsu Province)

特等奖

两系法杂交水稻技术研究与应用(参与完成项目)

江苏省农业科学院

邹江石　吕川根　姚克敏

两系法杂交稻具有育性受核基因控制，没有恢保关系,配组自由;种子繁育程序简单,成本低;

稻种资源利用率高，选育出优良组合概率高等优点。该项目经过20多年的攻关,建立了光温敏不育系的两系法杂种优势有效利用的新途径,解决了三系法杂交稻的土要限制因素,使水稻杂种优势利用进入一个新阶段,在7个方面取得了创新与突破。

1. 建立了完善的杂交水稻育种体系，提出了育种方法从三系法→两系法→一系法，优势水平从品种间→亚种间→远缘杂种优势利用的杂交水稻育种战略;阐明了育性转换与光温变化的关系;探明了不育系温敏感时期和敏感部位的不育系光温作用机制。

2. 提出了不育起点温度低于23.5℃的实用光温敏不育系关键技术指标选育理论，研创了不育起点温度低于23.5℃的实用光温敏不育系选育与鉴定技术。

3. 建立了形态改良、亚种间杂种优势及远缘有利基因利用相结合的两系法超级杂交稻育种技术路线。运用该育种技术，分别于2000年、2004年、2012年先后实现了我国超级稻育种计划亩产700千克、800千克、900千克的三期育种目标,实现了超级杂交稻超高产、米质优、抗性强的有机结合。

4. 建立了两系杂交稻制种气象分析决策系统和高产制种技术体系,制订了制种技术规范,制种平均亩产可达210.6千克,比三系法增产16.5%。

5. 研创了低纬度海南冬繁、常温加冷水灌溉夏秋两季繁殖、高海拔自然低温夏繁等3套两系不育系高产稳产繁殖技术体系，繁殖平均亩产可达386.5千克,比三系法增产153.4%,成本减少了50%,解决了不育系繁殖困难的难题。

6. 阐明了光温敏不育起点温度遗传漂变的机理，创新了光温敏不育系核心种子和原种生产程序,有效防止了不育系育性起点温度的漂变,保证了制种的安全性。

7. 突破了两系杂交粳稻育种与种子生产技术瓶颈,促进了杂交粳稻的发展。目前,两系法杂交水稻推广区域遍布全国16个省，有20个两系杂交稻被农业部确认为超级稻主推品种。2005—2012年，两系法杂交稻连续8年蝉联杂交稻品种年推广面积第一,近3年,全国推广面积前3名的杂交稻均为两系杂交稻。安徽、湖南等省的两系法杂交稻种植面积超过了三系法。截至2012年,该项目组培育的两系法杂交稻已累计种植约3.33×10^7公顷,总产2358.2亿千克,增产稻谷110.99亿千克;总产值5777.59亿元,增收271.93亿元,为保障国家粮食安全提供新的科技途径。

两系法杂交水稻是国际首创的拥有自主知识产权的科技成果，为农作物遗传改良提供了新的理论和技术方法，确保了我国杂交水稻研究与应用的世界领先地位。借鉴两系法杂交稻的理论和经验,两系油菜、高粱、小麦相继研究成功,为难以实现三系法杂种优势利用的作物提供了新方法。

通过技术转让与合作，两系法杂交水稻技术已在美国推广应用，并较当地主栽品种增产20%以上。两系法杂交水稻为我国种业开拓国际市场，参与国际种业科技竞争提供了核心技术支撑。

一 等 奖

矮秆高产多抗广适小麦新品种矮抗58选育及应用(参与完成项目)

江苏省农产品质量检验测试中心
许学宏

该项目针对我国黄淮麦区小麦生产普遍存在的倒伏、冻害、旱害、病害等突出问题,开展了矮秆高产、多抗广适小麦新品种选育及应用研究。

1. 丰富和发展了小麦多性状聚合育种的理论和技术。创新小麦抗倒伏强度定量测定与评价方法,根系动态直观选择技术,强势籽粒品质稳定性选择技术,研究并提出小麦酸碱适应性鉴定方法。解决了小麦高产大群体易倒伏、矮秆品种易早衰、高产不优质、高产性与广适性难以结合的技术难题，是近三十年我国小麦育种取得的一项重大技术突破。

2. 育成矮秆高产、多抗广适、优质中筋小麦突破性品种“矮抗58”。①高产稳产。50亩攻关田连续4年亩产超过715千克;3万亩连片平均亩产611.6千克,创国内同等面积高产纪录。②矮秆抗倒不早衰。株高70厘米左右,茎秆质量好,抗倒能力强。后期叶功能好,籽粒灌浆充分。③综合抗性好,适应性广。抗冻,耐旱,综合抗病性好,适合黄淮麦区多省种植。④品质优良。农业部连续多年检测均达国家优质中筋质量标准;蒸煮品质好,2011年农业部小麦质量现场鉴评为面条小麦第一名。

3. 建立了“矮抗58”繁育、示范、推广一体化新模式,实现了快速推广应用和大面积均衡增产。自

2005年审定以来,“矮抗58”累计种植 1.24×10^7 公顷。截至2012年,累计增产小麦66.9亿千克,净增效益93.42亿元。2009年来连续五年被农业部列为全国主导品种。“矮抗58”已被60多家单位作为骨干亲本利用,育成国审品种2个,省审品种1个,正在参加国家和省级区域试验、生产试验的新品系89个。

罗布泊盐湖120万吨/年硫酸钾成套技术开发(参与完成项目)

中蓝连海设计研究院

李红星

我国是世界第二钾肥消费大国,但钾资源严重匮乏,约70%的耕地严重缺钾,开发罗布泊盐湖钾资源对保障国家粮食安全和改善农作物产品品质具有重大意义。

该项目经过近8年科技攻关,在工艺、设备等方面实现了重大技术创新:一是采用高效分散兑卤,改变卤水蒸发结晶路线,提高了含钾矿物品位;同时采用加水将多种含钾矿物转化为软钾镁矾,为浮选创造便利条件。二是通过对盐田钾盐析出路线进行创新性分级,得到生产氯化钾的光卤石原料,并开创性选用低镁饱和卤水分解光卤石,再浮选除去氯化钠,有效克服罗布泊淡水严重不足等不利条件。三是采用超单元及网格划分技术,对结晶器进行多层次建模和有限元分析,考察流场分布规律与特性,解决了两种物料易分层等难题,研制的结晶器具有产品粒度均匀、生产能力大等优点。四是研制出两栖式采盐船,首次实现钾盐镁矾硬矿的高效采收,并具有自行上岸检修、转弯灵活等特点,填补了国内外同类设备的空白。最后在卤水开采方面创造性采用“差异化布井,分区、分层采出”模式,首次实现天然饱和卤水地下大规模钻井开采,建成世界最大卤水开采井群。

该成套技术的开发,提升了我国硫酸钾产业的技术水平,经鉴定达到世界领先水平;应用该技术建成的世界最大硫酸钾生产装置运行稳定,2012年产品占世界硫酸钾总量26%左右,国内市场占有率78%以上,利税总额达31.4亿元,经济与社会效益十分显著,是发展民族工业的成功典范。

电网大范围冰冻灾害预防与治理关键技术及成套装备(参与完成项目)

国网电力科学研究院

吴维宁

冰灾是电网安全运行的天敌,2008年初我国电网因冰灾遭受了最严重的损害,倒塌70万余基,直接经济损失250亿元。1亿多人口停电停水,京广铁路停运7天,严重影响了正常的社会秩序。

该项目创建了电网覆冰预报技术。揭示了电网覆冰成因,提出了电网覆冰长、中、短期预报方法,开发了世界首套电网覆冰预报预警系统,准确的预测为抗冰赢得宝贵的时间。突破了输电线路覆冰自动监测技术,攻克了导线覆冰厚度自动识别难题,提供了清晰的实时现场覆冰信息。发明了系列高效直流融冰装备。提出了新型高效直流融冰拓扑原理,研制了低谐波、宽调压整流变压器。直流融冰装置性能与价格优越,融冰成功率达100%,有效防止了倒塔断线。发明了高可靠的防冰闪复合绝缘子,抗冰闪电压显著提高,攻克了电网防冰闪停电关键技术。

该项目已在我国南方8省易覆冰的1023条线路广泛应用。成功应对了2009年以来33次不同程度电网冰灾,保证了上千亿元电网财产安全,保障了大电网的安全运行和人民正常生产生活供电。

三索面三主桁公铁两用斜拉桥建造技术(参与完成项目)

东南大学

黄　卫

为了节约桥位和土地资源,满足交通需求,项目组开展了公路、高速铁路、一级干线铁路多通道共用桥梁建造理论和技术的系统研究,形成了五项自主创新技术:

1. 首创了三索面三主桁斜拉桥新结构,解决了桥梁跨度大、桥面宽、活载重、列车速度快带来的难题。

2. 首创了边跨公路混凝土桥面板与主桁结合、中跨公路面钢正交异性板与主桁结合共同受力的混合组合结构,提高了桥梁结构的竖向刚度以适应高速列车运行。

3. 首次采用钢桁梁整节段架设技术,开发了三主桁整节段空间三向匹配工法,实现了钢桁梁工厂化整体制造、工地大节段架设的突破。

4. 首创吊箱围堰锚墩定位及围堰随水位变化

带载升降技术，使大型深水围堰得以精确定位并提高其度汛能力。

5. 研制了 KTY4000 型全液压动力头钻机，把深水钻孔能力从直径 3 米提高至 4 米；研制了 700 吨架梁吊机，实现了整节段架设中的多点起吊和精确对位。

研究成果成功应用于武汉天兴洲公铁两用长江大桥，实现了公铁两用桥梁活载从 20.2 吨/米到 35.1 吨/米、跨度从 312 米到 504 米的飞跃。并推广应用于 10 余座大跨度桥梁建设中，取得了显著的社会、经济效益。

离岸深水港建设关键技术与工程应用（参与完成项目）

水利部交通运输部国家能源局南京水利科学研究院

陆采荣　左其华　梅国兴

该项目为《国家中长期科学和技术发展规划纲要》优先主题和交通运输部《公路水路交通“十一五”科技发展规划》重大专项，是交通部最大的水运建设技术开发类项目。

项目历经十年研究，企业牵头，院士领衔，产学研用协同攻关，在离岸深水港安全高效总体规划与运营、海工新型结构设计与新材料、外海快速环保施工成套装备与工艺、新的土体极限分析理论与计算方法和水下原位自动化监测等 4 个方面取得突破。在国际上率先形成了系统完备的离岸深水港建设核心技术，解决了外海恶劣自然条件下建设大型离岸深水港口的世界性难题，使中国具备了在外海建设港口和陆域基地的实力，对我国扩大海洋权益维护范围，提高海洋资源开发水平意义重大。

该项目包括以下 3 个原始性创新成果：攻克了深水大浪条件下，水下软黏土地基波浪动力软化评判标准的难题，开发了箱筒型基础防波堤施工工法，在传统建港禁区建成了世界最大的人工港；研制了集抛石、整平、检测于一体，供料母船和水下整平机分离的深水基床抛石整平船，缩短工期 4 倍以上，实现了深水区的安全环保快速施工；创立了新的土体广义极限平衡理论，并开发了相应的地基计算软件。

项目成果已在世界最大的矿石码头、海军某工程、卡塔尔多哈新港等 20 余项国内外重大工程中应用，并纳入 13 部国家和行业标准规范，且出版了英文版，显著提升了我国海事工程的国际影响力。

二 等 奖

长大跨桥梁结构状态评估关键技术与应用（主持完成项目）

东南大学

江苏省交通科学研究院股份有限公司

长安大学

中南大学

江西省交通科学研究院

江苏润扬大桥发展有限责任公司

江苏扬子大桥股份有限公司

李爱群　郭　彤　张宇峰　李兆霞　王春生

王　浩　何旭辉　江祥林　梁新政　王　莹

作为重要的交通枢纽，长大跨桥梁具有投资大、工作环境恶劣、服役周期长、灾变后果严重等特点；然而，传统的桥梁维护管理手段单一、自动化和科学化程度低，亟须在理论和实践上得到突破。项目组历时十年，在国家杰出青年基金、国家自然科学基金和 863 计划等 10 余项国家级科研项目及一批国家重点工程科研项目的支撑下，围绕长大跨桥梁状态评估中的若干关键科学技术问题，开展了系统、深入的研究和实践，形成如下创新性成果：

1. 长大跨桥梁结构健康监（检）测关键技术。针对当前桥梁养护管理自动化程度低、信息利用效果差的现状，首次建立了融合数据采集、在线模态分析和状态评估等功能的大型桥梁健康监测系统。结合自主开发的电磁超声导波检测系统，开展了缆索的长测距损伤检测方法研究，攻克了桥梁缆索腐蚀、断丝无损检测的难题。提出了多种异常数据识别、特征分离及数据异常特征库构建的方法，首次实现了对系统自身状态的有效评定。上述成果为后续的桥梁状态评估提供了硬件基础和数据支持。

2. 长大跨桥梁风特性及风致抖振精细分析方法。针对传统分析方法多限于频域、大量非线性特性难以得到体现的问题，通过多尺度的非平稳研究手段，创新性地提出了斜风作用下长大跨桥梁抖振响应的精细化时域计算方法。针对风谱模型中拐点的模拟问题，提出了紊流功率谱密度精细化模拟方法，并基于长期实测数据库建立了桥址区强/台风非平稳风速模型，提高了风致灾变模拟和评估的针对性和准确性。

3. 长大跨桥梁疲劳损伤演化模型与多尺度分析方法。针对现有的单尺度、线弹性疲劳损伤分析方法的局限性，基于连续损伤力学和多尺度理论，建立了桥梁疲劳损伤的非线性演化模型和疲劳寿命评估模型的更新方法。首次基于疲劳应力的在线监测和多尺度模拟计算，建立了疲劳损伤非线性累积过程的仿真策略，并提出了基于多因素、多目标同步优化的模型修正技术，从而真实地再现了疲劳裂纹萌生和扩展的全过程。

4. 长大跨桥梁的时变可靠度评估方法。针对评估中的大量随机因素，基于概率S-N曲线、断裂力学以及监测数据，提出了三种具有不同适用范围的钢桥疲劳可靠度评估方法，并用于在役桥梁的维护加固决策。针对应用广泛、病害普遍的大型预应力混凝土箱梁桥，创新性地提出了一套基于随机有限元的时变可靠度评估方法，准确地描述了桥梁在徐变、应力松弛、开裂、锈蚀等复杂因素耦合作用下的性能演化。面向大跨缆索支撑桥梁，提出了含损结构的体系可靠度数值模拟联合算法，显著地提高了计算的精度和效率。

已发表学术论文216篇(含SCI论文56篇)，撰写专著5部，主编/参编国家行业标准3部、省级规程3部。获国家发明专利授权13项和软件著作权11项。

研究成果已成功应用于润扬大桥、苏通大桥、江阴大桥、九江大桥、崇启大桥等10余座具有世界影响的大跨桥梁以及兰州黄河铁桥等国家级文物桥梁，创造经济效益逾2亿元，为确保长大跨桥梁的安全、耐久和实现科学化的养护管理提供了先进理论与系列技术。

心脑血管病关键CT技术的应用与创新(主持完成项目)

中国人民解放军南京军区南京总医院
中国医学科学院北京协和医院
首都医科大学附属北京安贞医院
卢光明　金征宇　张兆琪　张龙江　徐　磊
薛华丹　郑　玲　于　薇　王怡宁　黄　伟

心脑血管病是目前我国发病率、致残率和死亡率最高的疾病。流行病学调查显示，中国城市人群心脑血管病的标化发病率逐年上升，已成为严重公共卫生问题。《国家中长期科学和技术发展规划纲要》特别强调心脑血管病的早期诊断和治疗策略，有效治疗的关键是早期精准诊断。项目组进行了长达15年的技术创新和推广，攻克了多种心血管病CT关键技术，为广大病人提供了早期、无创、精准、便捷、全面诊断的技术平台；改变了一种诊断模式，利用无创性CT血管成像模式替代有创性常规血管造影(操作相关死亡率0.1%)的诊断功能；解决了重大心脑血管疾病的诊断问题，为正确治疗提供依据，为改善预后创造条件，且节省诊疗费用，降低辐射剂量，在保证我国居民健康方面发挥重要作用。

创新点1：冠状动脉疾病：(1)构建CT冠状动脉成像(CTCA)检查体系和胸痛诊治规范，参与制定了亚太和中国3份技术规范和指南。(2)开发了CTCA期相优选技术，规范了操作流程，解决了以往难以解决的复杂条件下(高心率、心律不齐等)CTCA的瓶颈问题。(3)提出低剂量CTCA理念，完善优化了多种降低剂量技术，进行了前瞻性心电门控CTCA的全国多中心研究，大大降低了CTCA的辐射剂量(15.4毫希沃特降至3毫希沃特)。(4)提出4D-CT新技术，揭示了心肌桥等冠状动脉先天异常导致心肌缺血的机制；近5万例CTCA研究阐明了国人冠状动脉先天性异常的分布规律；通过冠状动脉钙化积分、斑块成分分析、管腔狭窄及心肌活性的系列创新研究，将斑块成分分析、管腔狭窄量化和心肌活性评估融为一体，确立了CT作为冠心病一站式检查的地位。研究成果写入美国、亚太及中国CTCA专家共识中，在全世界推广应用。

创新点2：肺栓塞：(1)开发完善了双能量CT(DECT)肺灌注成像技术，规范了扫描方案、图像解释及应用范围。(2)系列实验研究证实DECT提高了外周肺栓塞的检出准确性，为该技术进入临床常规应用奠定了坚实基础。(3)优化了DECT肺灌注成像参数，提出新的简易肺栓塞严重性评价指标；(4)开发了钆增强DECT、雾化吸入碘对比剂DECT肺通气成像、肺动脉/肾静脉联合成像及DECT通气/灌注成像等新技术。积累病例1000余例，研究成果发表在放射学和心血管病专业国际顶级杂志Radiology、Circulation；发表论文数占国际同领域论文的五分之一。

创新点3：脑动脉病变：利用数字减影及DECT等多种新技术进行了颅内动脉瘤(国际最大宗病例,513例)、颅颈动脉斑块及其闭塞后脑血流动力学改变的研究；将小动脉瘤的检出敏感性从文献报道的38%提高到91%。研究成果刊发于放射学专业国际顶级杂志Radiology，并在本期要目中以数字减影CTA检测颅内动脉瘤优于3D-DSA为题重点介绍；研究成果被美国卒中协会指南推荐应用。

共接收、发表论文252篇，其中SCI论文53篇(总IF为206.45),IF高于5分者6篇,被引用541篇次。出版专著9部(包括八年制全国统编教材1部)。参与制定国内外3份技术规范和指南，研究成果写入美国和亚太CTCA及美国卒中协会指南中;应邀为国际专业杂志撰写综述3篇。获江苏省科技进步一等奖和军队医疗成果二等奖。该项目长达15年的积累和沉淀，仅2006—2012年行心脑血管CT病例10万余例；举办学习班23次。培养博硕士研究生46名。为全国各大省市培养专门技术人才1660人次。成果在全国百余家三级甲等医院推广应用，产生了巨大的社会及经济效益。

农林剩余物多途径热解气化联产炭材料关键技术开发(主持完成项目)

中国林业科学研究院林产化学工业研究所
华北电力大学
福建农林大学
合肥天焱绿色能源开发有限公司
福建元力活性炭股份有限公司
蒋剑春 应 浩 张 锴 黄 彪 邓先伦
刘 勇 卢元健 许 玉 孙 康 孙云娟

该项目主要以农林生物质为原料，采取富氧气化介质、催化剂等技术手段改变气化产物和产品质量,通过高温热解气化反应制备生物质燃气、生物质炭等能源产品，综合利用副产物生物质炭制备成型炭/活性炭产品，实现生物质能源与材料的综合利用,是国家“九五”攻关课题“生物质富氧催化气化研究”、国家“十五”攻关课题“160kW流化床生物质气化发电技术产业化研究”、国家“十一五”科技支撑课题“农林剩余物制备生物燃气关键技术研究”3个课题的系列研究所共同形成。

该项目首创了锥形流化床生物质气化技术与设备,研制出锥形结构流化床、锥体气体分布器、料封结构设备构件,使系统具有自排渣功能,密封性好,且运行稳定,操作弹性大;创新开发了生物质富氧气化技术与焦油裂解复合催化剂,较大幅度地提高了燃气热值。首次实现了利用生物质气化过程联产高碳含量固体炭产品的优化耦合生产技术,利用炭产品开发出炼钢工业保温剂、加工成型炭及制备高品质活性炭,提高了生物质气化技术应用的经济性,为生物质可再生能源转化综合利用开拓了新途径。研制的活性炭生产过程热能自循环工艺,替代燃煤供热,实现节能减排,同时有效防止煤灰和硫等杂质的干扰,提高了活性炭产品质量;创制了木质活性炭物理法—化学法一体化技术与装备,建立了世界上首套最大规模利用生物质燃气供热的5000吨化学法活性炭示范生产线。通过集成创新农林生物质热解气化技术与装备,实现成套装置出口到国外。建立的气化发电机组、气化供热和气化供气系统生产线进行了长期的示范运行,取得了显著的经济、社会和生态效益。

冷却肉品质控制关键技术及装备创新与应用(主持完成项目)

南京农业大学
江苏雨润肉类产业集团有限公司
江苏省食品集团有限公司
周光宏 祝义亮 徐幸莲 彭增起 李春保
徐宝才 张 楠 章建浩 高 峰 黄 明

该研究系统开展了冷却肉品质控制关键技术及装备的研发与应用，在冷却肉品质形成和变化规律、冷却肉品质控制关键工艺技术以及关键装备研发等方面,取得了重要进展。研究揭示了冷却肉保水性、色泽、嫩度的形成和变化规律,确定了冷却肉品质关键控制点，形成了冷却肉品质控制关键技术理论基础。同时,项目研究产生了诸多实用技术和优良设备。例如,在冷却肉品质控制关键工艺技术研发方面，该项目发明的高效间歇式喷淋冷却工艺技术和乳酸喷淋减菌工艺技术，使胴体冷却干耗从常规的2.5%下降到0.9%;在冷却肉加工关键装备研制方面，该项目在国内首创了用于冷却肉加工的高效雾化喷淋装置，实现了雾化喷淋的智能化控制。

我国冷却肉生产起步较晚，生产技术及工艺

落后,品质难以控制,冷却干耗大,货架期短,每年因异质肉和冷却干耗造成的损失巨大。该成果极大地改善了冷却肉品质控制问题，并有效延长了货架期，同时该项目还研发形成牛肉品质智能分级仪,分级准确率高,填补了国内空白,为国内冷却肉加工、保藏提供了重要的理论技术支持和设备保障。

功能吸附纤维的制备及其在工业有机废水处置中的关键技术(主持完成项目)

苏州大学
天津工业大学
苏州天立蓝环保科技有限公司
邯郸恒永防护洁净用品有限公司
肖长发 路建美 李 华 徐乃库 蒋 军
封 严 王丽华 程博闻 徐庆锋 杨竹强

该项目有4个明显的技术特点与创新点:首先,发明了甲基丙烯酸酯类单体聚合反应技术,合成出含潜交联结构的线性甲基丙烯酸酯系聚合物。突破了吸油树脂在合成过程中即产生三维网状化学交联结构的限制，使甲基丙烯酸酯系聚合物可纺丝成形制备纤维。

其次，首创了溶液纺丝—半互穿聚合物网络联用制备交联型聚甲基丙烯酸酯系有机物吸附功能纤维技术,并开发出无须溶剂、工艺过程简单的双螺杆增塑挤出纺丝(冻胶纺丝)和基于大分子之间氢键作用机制的超分子自组装后交联技术。解决了纺丝成形要求聚合物为线性结构、而纤维具有交联结构的关键性难题，显著提高了成品纤维的力学和吸附性能。

再次，发明了熔喷法吸附及吸附—过滤改性聚丙烯系纤维非织造布制备技术，开发出超细纤维吸油毡、吸油索、吸油枕、吸油围栏等多种形态非织造布产品。解决了常规聚丙烯纤维非织造布产品吸附量低、稳定性差、承压易二次漏溢等弊端，产品的饱和吸附量较常规聚丙烯纤维非织造布产品提高了30%左右。

最后，吸附树脂采用原位再生，操作工艺简单、成本低、处理效率高、可采用现有设备,有利于自主设备的推广与应用。

丝胶回收与综合利用关键技术及产业化(主持完成项目)

苏州大学
鑫缘茧丝绸集团股份有限公司
浙江理工大学
苏州膜华材料科技有限公司
湖州南方生物科技有限公司
湖州澳特丝生物科技有限公司
兴化市大地蓝绢纺有限公司
陈国强 邢铁玲 孙道权 洪耀良 张雨青
王祥荣 林俊雄 盛家镛 陈忠立 刘华平

该项目主要创新点:

1. 研究发明了等电点沉淀技术与超滤和纳滤处理技术相结合的一体化真丝脱胶废水处理和丝胶回收技术,实现了丝胶蛋白的高比例回收。首先利用丝胶蛋白的两性性质,通过调节溶液pH值为3.8~4.5,在等电点条件下使丝胶蛋白质沉淀分离,可回收脱胶废水中60%左右的丝胶；然后经中空纤维超滤和纳滤膜处理,丝胶的回收率高达99%,实现了丝胶蛋白的高比例回收。回收提纯后丝胶粉符合行业标准(SN/T 0448—2011),排出废水的COD为97.9毫克/升,实现了脱胶废水的高比例回用，减少了丝绸加工企业废水处理成本和对环境的污染,符合节能减排要求。

2. 研制了从脱胶废水中回收丝胶专用的关键装备，解决了回收过程中超滤膜污染与堵塞的技术难题,提高了丝胶回收的效率和自动化程度,实现了规模化生产。研制了回收丝胶的装备,在膜组件前引入酸析装置,可减轻膜的处理负荷,延长其运行周期和使用寿命,使操作稳定顺畅,解决了丝胶工业化回收中易引起膜堵塞的问题，实现了丝胶的工业化回收。研制的回收装备紧凑、占地少、自动化程度高、操作管理方便,便于在茧丝绸生产企业广泛推广应用。

3. 研究发明了多种以丝胶为原料的深加工产品,开发了产品的应用工艺技术,促进了丝胶产品的综合利用。发明了一种羊绒制品的丝胶后整理方法,采用自制的聚丙烯酸类低温交联剂,将提纯后的丝胶涂覆于羊绒制品，提高羊绒的吸放湿及保温性能。利用壳聚糖季铵盐溶液带正电荷,可与带负电荷的丝胶更好地结合的原理，有效解决了整理织物水洗后丝胶溶失率大的问题。研究开发的丝胶用于棉织物及羊绒的涂层整理工艺技术，实现了丝胶的产业化应用，涂层产品水洗后丝胶溶失率很低(小于0.2%)。此外,从脱胶废水中回收的丝胶浓缩液,可替代成本较高的鱼粉,制成丝胶复合饲料用于中华鲟和河豚的养殖。还开发了丝胶的多种用途,使宝贵的丝胶蛋白资源化废为宝。

该项目的技术成果已在鑫缘茧丝绸集团股份有限公司、兴化市大地蓝绢纺有限公司用于丝胶的回收和高纯度易溶性丝胶粉的制备。开发的产品在江苏新芳纺织集团有限公司和江苏中润农业发展有限公司用于羊绒织物的涂层整理和特种水产养殖(中华鲟、河豚)的饲料。几家主要应用企业已实现新增产值 1.44 亿元,新增利润 2413 万元、上缴税金 1148 万元、创汇 170 万美元。

混凝土裂缝分龄期防治新材料和新技术及其应用(主持完成项目)

东南大学
重庆大学
河海大学
西卡(中国)有限公司
科之杰新材料集团有限公司
山东省建筑科学研究院
南京派尼尔科技实业有限公司
钱春香 钱觉时 蒋亚清 孙 伟 麻秀星
王瑞兴 高桂波 郭景强 叶德平 李 敏

混凝土在不同龄期的体积变形是其开裂的主要诱因,该成果据此从防裂、抗裂与治裂,形成了混凝土裂缝分龄期防治成套技术,有效降低了工程裂缝产生的概率。团队先后提出了分层次、分龄期抗裂的设计思想,建立了混凝土开裂风险分析方法,系统形成了抗裂混凝土设计理论与制备技术,填补了国内外空白;发明了 4 类混凝土抗裂组分材料,用于抗裂混凝土的制备,性能优于国际同类产品;发明了 4 类混凝土表面养护防护材料,用于抗裂混凝土的施工、养护与服役期,技术指标国际领先。项目成果达到了国际领先水平,成套技术已用于 60 多项重大工程的裂缝防治,混凝土总用量 3000 万立方米,总体经济效益 36.3 亿元,促进了混凝土行业相关产品类型和功能升级及工程使用寿命的延长。

高混凝土面板堆石坝安全关键技术研究及工程应用(主持完成项目)

水利部交通运输部国家能源局南京水利科学研究院
中国水利水电科学研究院
中国水利水电建设股份有限公司
中国水电顾问集团西北勘测设计研究院
甘肃省水利水电勘测设计研究院
中国水利水电第七工程局有限公司
中国水利水电第十二工程局有限公司
贾金生 郦能惠 徐泽平 宗敦峰 李国英
郝巨涛 鲁一晖 王君利 吕生玺 米占宽

该项目在多项国家科技攻关和国际合作项目的支持下,针对高面板坝安全建设这一重大课题,提出了变形协调设计新理念、建立了变形协调准则和变形安全设计计算方法;通过数值分析和离心模型试验揭示了坝体、坝基与防渗体系以及高挡墙相互作用的机理,形成复杂地形地质条件下筑坝技术;开发了高面板坝新型监测仪器和高面板坝坝体和面板应力变形计算模型,形成了高面板坝安全监测成套技术。构建了高面板坝安全核心技术。项目成果应用于 25 座高坝工程,仅巴贡、吉林台一级、宜兴等 6 项工程的经济效益 14 亿元。提出的变形安全新理念和动态稳定止水新理念以及变形安全设计分析计算方法构成高面板堆石坝安全的重要基础,推动了水工结构学科和岩土工程学科特别是结构安全专业领域的发展。

抗肿瘤新药盐酸吉西他滨及制剂的研制和产业化(主持完成项目)

江苏豪森药业股份有限公司
中国科学院上海有机化学研究所
林国强 岑均达 吕爱锋 赵军军 吴羽岚
蒋昌盛 杨宝海 陈刚胜 胡春勇

该项目研发的盐酸吉西他滨是一种抗肿瘤新药,主要用于治疗非小细胞肺癌。2008 年原料药国内首家通过 FDA 认证,2012 年制剂(泽菲)国内唯一通过 FDA 认证。已累计治疗患者 30 余万人,销售 34.2 亿元,国内市场占有率近 65%。

多流态梯级强化浮选技术开发及应用(主持完成项目)

中国矿业大学
湖南柿竹园有色金属有限责任公司
本溪钢铁(集团)矿业有限责任公司
云浮广业硫铁矿集团有限公司
刘炯天 曹亦俊 李晓东 张海军 缪成印

李小兵 王 琦 马子龙

随着矿石日益贫化以及分选细度的越来越低,选矿流程长、效率低、经济性差的问题凸显。选矿是一个典型的流程工业,矿石颗粒在分选过程中呈现非线性的物性特征,而传统的选矿过程却是一个典型的均衡过程。矿石颗粒的非线性物性与选矿过程的均衡性构成一个突出矛盾,并成为贫杂难选矿石分选与微细粒分选效率提高的功能性障碍。

该项目从过程强化入手,提出了多流态梯级强化浮选理论及其过程设计方法;开发了基于微细粒的多流态梯级强化浮选柱式设备及其短流程分选(回路)工艺;开发了基于粗粒嵌布且具有广泛适用性的柱-机联合多流态梯级强化分选工艺系统;建立了典型矿石分选的中试或工业示范系统。初步形成了包括理论、设备、工艺、控制技术在内的多流态梯级强化浮选技术体系,在全国10余家典型矿山应用。项目申报专利23项,已授权发明专利4项,授权实用新型专利6项。主要技术突破有:

1. 多流态梯级强化浮选的理论创新及梯级强化的浮选过程设计。研究了矿石浮选过程的非线性特征,提出了典型矿石可浮性的非线性模型;解析了微细粒选矿过程的能量作用机制,提出了基于强能量场条件下的颗粒高效矿化模型;以上述两点认识为基础,建立了与非线性物性相适配的非均衡选矿过程模型,确立了在不同矿石条件下的过程状态与分选回收率的关系。提出了过程合理、状态合适、时间保障的多流态梯级强化浮选的过程设计方法,建立了基于实际生产的浮选过程设计实验系统。实现了硫化矿、氧化矿、磷铝类矿石的多流态梯级强化浮选过程设计,开辟了贫杂难选矿石高效分选的新途径。

2. 开发柱式粗扫选(或粗精选)设备等关键设备,实施两段式短流程浮选。它是以多流态梯级强化浮选过程设计为基础,针对不同类型矿石进行的设备与工艺开发。首先是高效矿化技术开发,主要包括筛板与蜂窝管高效充填技术、大直径旋流场的高效矿化以及协同分离技术、基于射流的高耐磨管流矿化技术等,然后是基于多流态梯级强化浮选过程的柱式设备构建开发技术,并形成了硫化矿、氧化矿、磷铝类矿石的柱式粗扫选(或粗精选)设备的系列化与大型化(目前最大直径5.5米);开发了硫化铜矿一粗一精、赤铁矿一粗一扫反浮选、铝土矿一粗一精等两段式柱式短流程浮选回路,简化了浮选工艺;开发了离心式泡沫输送,实现了柱分选泡沫的同平台输送;开发了柱分选的空气含量控制与离心泵液位控制技术,简化了浮选系统,实现了稳定控制,形成了新型的选矿系统与运行模式。其主要创新是:实现了柱式选矿的粗扫选,把三段式浮选回路变成两段。

3. 开发了基于粗粒嵌布且具有广泛适用性的柱-机联合多流态梯级强化分选工艺系统;它包括:(1)柱-机联合的分级浮选工艺,即槽式设备浮选粗颗粒,柱式浮选分选细颗粒的工艺技术;(2)以柱式两段式浮选回路为主体,联合槽式稳定性扫选的柱-机联合浮选技术与系统。其特点是通过柱、机等不同矿化方式的联合,既保证了颗粒的回收,又强化了微细粒分选。

4. 多流态梯级强化浮选示范工程与应用。开发的以一粗一精或一粗一扫为特征的柱式短流程浮选回路已应用于硫化铜、铁矿反浮选、钨浮选、铜铅锌混浮及分离,开发的柱-机联合流程广泛应用于硫、铁矿脱硫、金矿、铜钼、铜铅锌硫等粗粒级物料分选,实现了流程更新。建立了3600吨/日柱式短流程钨粗选(柿竹园有色金属矿)、3000吨/日赤铁矿柱式短流程反浮选(本溪钢铁公司)、4500吨/日黄铁矿柱/机短流程分选(云浮硫铁矿)、3500吨/日铜钼分选与分离柱/机短联合分选(新疆白银矿业公司)等示范工程。

多流态梯级强化浮选技术应用于柿竹园有色公司、本钢、中铝、云浮、紫金、新疆白银等10余家大型矿山企业,覆盖铜、铅、锌、硫、钼、钨、铁、镍、萤石等10余矿种,并在粉煤灰分选脱炭、油水分离等领域推广应用。年新增产值13亿元,年新增利税5亿元。多流态梯级强化浮选技术的应用为贫杂难选矿开发提供了技术支撑,促进了铜、铅锌、铁、铝土矿、镍等资源的开发,缓解了资源短缺的突出矛盾。形成了一种高效简约的选矿模式,整体推进选矿技术与产业的发展。

建鲤健康养殖的系统营养技术及其在淡水鱼上的应用(参与完成项目)

中国水产科学研究院淡水渔业研究中心
戈贤平

该成果在国家自然科学基金、国家农业科技

成果转化资金项目等42个项目的资助下,以我国主要淡水养殖鱼类——建鲤为研究对象,瞄准“养鱼安全、食品安全和行业发展安全”的关键问题,以“肠道健康、机体健康、养殖水体健康”为核心,历经15年系统深入的研究,建立了鱼的肠道健康、鱼体健康和水体健康的营养理论以及建鲤健康养殖的系统营养技术,并在淡水鱼健康养殖中大面积推广应用。

成果研究内容系统深入,方法先进,创新性突出,填补了国际上该领域的一些空白,整体达到国际先进水平,部分国际领先。项目研制了国家标准2项,申请国家发明专利8项,其中授权2项;获国家新产品证书1个、国家重点新产品证书1个,获无公害鱼产品证书3个;发表论文176篇,其中SCI论文42篇,出版专著4部,培养博士、硕士54人。

项目创新“三建三突破”的推广应用机制,成果在15个省市的200余家饲料企业推广应用,获经济效益53.69亿元,生态与社会效益显著。该成果的应用大幅度提高了鱼的成活率,生长速度提高15%以上,氮、磷排出降低15%以上,用药成本降低70%以上。成果为我国淡水鱼健康养殖、保证鱼产品安全提供了重要的理论和技术支撑,具有重大的学术价值和生产实践意义,对加快西部经济发展和全面建设小康社会做出了重大贡献。

发酵与代谢调控关键技术及产业化应用(参与完成项目)

江南大学

陆　健

该项目隶属于轻工食品技术领域。

针对我国大宗优势发酵制品生产中存在的关键技术和基础科学问题,进行了系统和深入地研究,获得了一整套发酵与代谢调控共性关键技术,通过技术集成应用于酱油、啤酒、酸奶、苏氨酸和核苷等产品的工业化生产,成功解决了这些发酵制品在生产过程中菌种发酵性能差、生产原料利用率低、发酵周期长、质量不稳定和档次低等多项技术难题,并取得了一系列创新性的技术成果:菌种选育与改造技术显著提高了功能性微生物的发酵性能,促发酵肽制备和应用技术缩短发酵周期、改善产品品质,发酵过程优化与代谢调控技术显著提高发酵效率和改善产品稳定性,分离与精制新技术提高产品品质,功能因子评价和鉴定技术提高发酵食品的功能性,发酵过程质量安全预测和控制技术大幅度提高产品的安全性,最终形成了系列高品质产品。

(1)该项目创新地提出运用促发酵肽促进微生物增殖、调控关键代谢酶活性和相关基因表达率、显著提高发酵效率的新方法,形成系列促发酵肽制备和应用调控技术,将其应用于食品发酵工业生产过程,显著提高了功能微生物的发酵性能,缩短了发酵周期,提高了产品品质。(2)运用现代工业微生物育种理论与技术获得了高产酸性蛋白酶的曲霉、高浓酿造啤酒酵母和高产苏氨酸的基因工程新菌株,并成功应用于三大类产品的工业化生产,在大幅提高发酵效率的同时,显著降低了相关产品的生产成本。(3)集成应用过程优化技术对发酵和精制过程进行优化与调控,建立了基于多尺度理论的发酵过程预测模型与调控技术,解决了自然发酵过程参数难以预测和控制、高浓酿造过程中酵母发酵滞缓和风味不稳定、酸奶储藏期间后酸化及活菌含量低、膜分离技术在复杂体系中应用的膜污染、膜通量恢复等多项技术难题,显著提高了发酵效率、产品质量和安全性,节能降耗显著。(4)运用多种柱分离方法结合核磁共振等鉴定手段,首次从酱油中分离鉴定出了多种具有显著生理活性的化合物,为功能保健型产品的开发奠定了基础;同时建立发酵食品生产过程中潜在危害物的分析与预测技术,通过集成发酵调控和优势菌干扰技术,显著降低了生物胺和DON等潜在危害物含量,提高了发酵食品中功能性成分含量和食用安全性。

该项目核心技术申请中国专利46件,其中36件获得授权。发表论文165篇,其中SCI(EI)收录69篇;主持和参与制定国家及行业标准8项,获得各级科技奖励12项。相关核心技术相继在佛山市海天调味食品股份有限公司、广东肇庆星湖生物科技股份有限公司、金星啤酒集团有限公司等8家大中型高新技术企业推广应用,建成10万吨级生产线6条,万吨级生产线4条。近三年累计实现新增销售额131.8亿元,新增利润16.0亿元,新增税收8.2亿元,新增出口1.8亿美元,节支总额4.0亿元,创造出了显著的经济效益。该项目也解决了大宗发酵制品生产过程中的多项共性关键技术难题,显著提高了我国发酵行业的生产技术水平,提升了相关行业产品的核心竞争能力，对促进产业结构调整与升级具有典型的示范意义。

土木工程用高性能纤维复合材料制备及应用关键技术(参与完成项目)

中材科技股份有限公司

东南大学

南京海拓复合材料有限责任公司

南京诺尔泰复合材料设备制造有限公司

张继文　薛忠民　吕志涛　张林文

高性能纤维复合材料（Fiber Reinforced Polymer,简称 FRP)是继钢材、混凝土后又一新型土木工程结构材料,具有轻质、高强、耐腐蚀、可设计等优点,可显著提高土木工程结构的性能、延长其使用寿命,对我国城镇化发展、防灾减灾、海洋开发等具有重大意义。

项目实施前，土木工程 FRP 的关键技术与装备被美、日等发达国家垄断,产品完全依赖进口,价格昂贵,我国没有国产产品、没有专用装备、没有技术标准。项目组历经十多年的产学研联合攻关,围绕 FRP 制品、生产装备、工程性能表征评价、应用技术等四大需求,攻克了十项关键核心技术,形成了国际上最完整的土木工程用 FRP 技术体系,实现了产业化。

主要创新性成果如下：

1. 针对土木工程 FRP 制品产业化的重大需求,攻克了高性能低成本 FRP 制造中筋/索加肋成绞、稀纬定纹织造和超薄超大拉挤等关键核心技术,自主开发了 FRP 筋/索、织物、板、型材和配套树脂五大类 FRP 制品，性能指标达到或超过欧美日同类产品水平。其中,CFRP 索的拉伸强度达到 2900 兆帕(国际上为 2600 兆帕);FRP 筋的生产速度提高了 4 倍,生产成本降低 30%。

2. 针对土木工程 FRP 制品生产装备的重大需求，国际首创了连续拉挤—缠绕—绞合一体化装备，攻克了多维多向机构耦合和纤维张力精细控制的技术难题,研制了三大系列数字化成套装备。其中,设备效率提高 3~5 倍,纤维张力控制在 0.08 牛（0.22~0.30 牛）范围内，国际上一般为 0.9 牛(0.1~1.0 牛)。

3. 针对土木工程 FRP 性能表征评价的重大需求，国际上首创了正拉黏结强度评价界面性能等检测方法，建立了基于强度和应变双准则的材料设计和工程应用理论，首次提出了土木工程 FRP 设计取值方法,构建了设计、测试和评价体系,部分成果被美国规范引用，得到行业组织和国际同行的高度评价。

4. 针对土木工程 FRP 应用技术的重大需求，在 FRP 结构安全裕度控制理论上取得重大突破，开发了 4 类既有结构的加固技术和 5 种 FRP 新型结构体系，创新性地完成了国内首座 CFRP 索斜拉桥、首座 CFRP 悬挂建筑、首座 FRP 桁架桥、首座万米级 FRP 工业平台等多项应用示范工程。

共获得授权发明专利 8 件、实用新型专利 27 件,主编国家标准 4 部、行业标准 6 部,出版专著 6 部,发表论文 316 篇,其中 SCI/EI 收录 57 篇,他引 4971 次,获得省部级特等奖 1 项、一等奖 2 项。研发出五大类 FRP 产品,替代进口并大量出口;研发出三大系列 6 个品种专用装备，约 25%出口欧美日等国;成果在国内外 3000 多项重要建筑、桥梁、隧道、港口码头、市政工程及抢险救灾中应用,取得可统计的直接经济效益 18.4 亿元，间接经济效益约 40 亿元,未统计到的经济效益更加巨大。成果带动并形成了 FRP 应用的新市场和新产业链，使我国成为国际土木工程应用 FRP 发展最快、数量最多、范围最广的国家,实现了土木工程 FRP 产业的跨越式发展。

特大电网一体化调度控制系统关键技术及规模化应用(参与完成项目)

国网电力科学研究院

翟明玉

该项目基于国产的软硬件,建立了支持调度业务“横向集成、纵向贯通”的一体化支撑平台,研发了多级调度联动的实时监控与综合告警、全网联合在线安全稳定分析、多周期发电计划滚动调整和多维度安全校核、纵深安全防护体系等关键技术,建成了目前世界上首套特大电网一体化调度控制系统,推动了调度技术的升级换代,实现了电网实时监测从稳态到动态、电网分析从离线到在线、电网控制从局部到全局、电网调度从单独到协同的重要技术进步。目前,该项目成果已成功应用于国家电网 32 个省级以上主调、9 个省级独立备调和多个地区调度，直接推动了国产软硬件的规模化应用，促进了可再生能源有效消纳，极大提升了电网安全、经济运行水平,具有显著的社会和经济效益。

项目由国家电网公司主持,南瑞集团公司、中国电力科学研究院等国网系统科研人员参与。国电南瑞参与了项目的总体方案制定、体系架构总体设计、功能规范及标准的编制,负责完成了一体化支撑平台、电网实时监控与智能预警、自动发电控制和调度计划等系统关键技术的研发和系统的工程实施。根据项目成果研发的国电南瑞 SG-OSS 智能电网调度技术支持系统软件获 2012 年江苏省优秀软件产品奖(金慧奖)。

项目形成 IEC 国际标准 2 项、国家标准 1 项、行业标准 7 项,获授权国际专利 3 项、国家发明专利 9 项,软件著作权 4 项,项目关键技术此前已获 2011 和 2012 年度中国电力科学技术奖一等奖、第十四届中国专利奖优秀发明奖等。

面向数字化采矿的软件关键技术及应用(参与完成项目)

中国矿业大学

夏士雄

该项目在数字化采矿软件自主核心技术上取得了重大创新与突破,完全从底层创建了具有自主知识产权的三维采矿 CAD/GIS 双功能平台,解决了国内外采矿软件一直无核心平台支撑的难题;在此基础上提出了系列数字化采矿专业模型和算法,并研发了相应软件,首次使数字化采矿成为现实,结束了采矿软件长期依赖国外核心技术的历史,改变了国内外圈矿长期依赖人工经验且误差很大的状况,在世界上首次使采矿设计从二维走向三维、从单一走向协同、从经验走向智能。

该项目于 2009 年被列入了国家"863 计划",实施 5 年来已取得专利 8 项、软件著作权 25 项;发表论文 65 篇,其中 SCI、EI 检索 45 篇;编制了全国首个《智慧矿山建设规范》;获省部级一等奖 4 项。

该成果已在山东招金集团有限公司建立了金属矿山示范矿,并在 400 多个矿山企业进行了应用,提高了矿山企业的抗灾能力,改善了生产环境,实现了矿山企业的精细化、自动化、智能化和透明化管控,取得了巨大的经济和社会效益。

长期循环动载下饱和软弱土地基灾变控制技术及应用(参与完成项目)

河海大学

高玉峰

我国沿海地区广泛分布的深厚饱和软弱土含水量高、压缩性大、强度低,软弱土地基上已建和在建大量高速公路、铁路、机场跑道等重大工程。除静荷载外,交通等动荷载长期循环往复作用引起地基土应变累积、强度降低,导致重大工程过大变形和失稳等灾变,造成巨大经济损失,而且威胁生命安全。因此,高速交通等重大工程长期服役性能亟须提升,迫切需要发展有效的软弱土地基灾变控制技术。

主要创新成果包括:①系统揭示了变围压与偏应力耦合作用、主应力轴循环旋转等复杂应力路径下正常与超固结饱和软弱土应变累积和强度衰减等循环软化规律;发现了软弱土灾变表征值:容许循环应力比,当循环应力比超过容许值时累积变形急剧增大;建立了长期循环荷载下软弱土应变累积与循环软化本构模型。②提出了循环应力比小于容许循环应力比的软弱土地基加固准则;建立了交通荷载下考虑循环软化的长期沉降计算方法,基于获得的超固结比与容许循环应力比的定量关系,研发了以超固结比为指标的超载预压长期沉降控制技术。③发明了水载-开放式真空预压工法,提高了真空度,缩短了工期,实现了无砂石料超载预压。

该项目获得授权发明专利 7 项,软件著作权 4 项;发表 SCI/EI 论文 132 篇,论文他引 882 次;出版专著 3 部,其中 Springer 出版英文专著 1 部。主参编规范 4 部;获批公路工程工法 1 项。成果在浙江、江苏、广东、福建、上海、湖北等软弱土地区的 58 项重要工程中的成功应用获得了交通系统和地方政府部门的高度肯定,取得了显著的经济和社会效益。

黄河小浪底工程关键技术与实践(参与完成项目)

水利部交通运输部国家能源局南京水利科学研究院

该项目系统对小浪底工程规划设计、建设和运行管理中取得的科技成果进行全面总结,集中提炼,丰富了多沙河流水利工程关键技术处理的经验。提出了可应用于高含沙水流模型试验的相似关系,据此理论建造了黄河小浪底枢纽 1∶80 的正态泥沙模型,研究了小浪底工程不同运用阶段的泥沙问题，特别是高含沙异重流和泄水建筑物的防淤堵问题；创新综合利用水利工程泥沙设计理论，形成了一整套多泥沙河流水工建筑物的设计技术和方法，为多泥沙河流“高坝大库”工程建设树立了成功典范；进行了黄河小浪底工程排沙洞偏心铰弧门震动、闸门水力学试验以及底位三级孔板洞减压模型空化试验研究，研究成果应用于工程实践；开展了黄河小浪底工程的抗磨蚀硅粉混凝土试验研究、地下水结构安全监控技术研究，并对小浪底水利枢纽工程蓄水前原观进行了质量整编分析；提出了大坝安全监测自动化系统鉴定流程、评价指标和分类标准，研发大坝安全监测系统鉴定程序，具有重大推广应用价值。

湖泊底泥污染控制理论技术与应用（参与完成项目）

中国科学院南京地理与湖泊研究所

河海大学

王沛芳　范成新　侯　俊

湖泊底泥是湖泊生态系统的重要组成部分，它与湖泊富营养化和水质安全直接相关。湖泊底泥污染控制理论技术一直是湖泊综合治理和环境保护工程建设的关键科技难题。针对我国湖泊污染的严峻形势及污染控制的突出问题，项目涉及我国20多个主要湖泊，以底泥污染过程认知—底泥原位治理/环保疏浚—基底重建—生态修复—水质改善为主线，开展了长期、系统和综合对比研究，取得了如下重要成果：

1. 自主研发了湖泊底泥/孔隙水/悬浮颗粒系列采样装置，形成了以湖泊底泥污染过程认知、污染治理与生态修复工程为主线的成套装置。

2. 提出了湖泊底泥污染控制理论体系，在底泥污染过程、精确计年、污染负荷估算和泥/水界面多介质循环机理等方面取得了重要突破。建立了湖泊底泥物理、化学与生物综合调查方法与规范，揭示了我国主要湖泊底泥污染过程和规律，为我国湖泊底泥污染控制提供了理论依据。

3. 发展和完善了湖泊底泥污染控制技术体系，研发和综合集成了底泥环保疏浚、生境改善和生态修复系列关键技术，为湖泊底泥综合治理和生态环境保护工程建设提供了技术支持。

4. 提出的不同类型湖泊底泥污染综合治理模式以及成套装备和理论技术在江苏、贵州和云南等地湖泊底泥治理工程中得到直接应用，并在多个部门、行业和地区得到了推广，取得了显著的社会、经济和环境效益，为我国湖泊底泥污染治理工程实施提供了经验，提升了湖泊污染防治科学技术水平和能力。

项目研发的成套装备和提出的湖泊底泥污染控制理论技术已成为我国流域水体污染控制技术体系中不可或缺的重要组成部分，在国内外得到了广泛的应用，同时在十多个地区得到了工程实践，相关成果为国家和地方湖泊环境保护管理标准、法规和政策提供重要科技支撑。相关核心成果已获国家授权发明专利10项，发表论文300余篇（SCI收录118篇，EI收录65篇）。

生活垃圾能源化与资源化关键技术及应用（参与完成项目）

南京大学

陈泽智

该项目主要是设计和应用了复合结构的人工水平防渗基本结构；应用了矿化垃圾、改性污泥用作日覆盖材料技术，解决了填埋场覆盖料紧缺问题；开发了生活垃圾渗滤液调节池加盖、厌氧发酵生物处理及其与膜处理、反渗透深度处理组合的技术。并将上述技术应用到了该院设计的厦门市东部固废处理中心卫生填埋场等在内的17座大型生活垃圾卫生填埋场和焚烧发电厂，为国家创造了显著的经济、环境和社会效益。

中国西北干旱气象灾害监测预警及减灾技术（参与完成项目）

南京信息工程大学

罗哲贤

该项目揭示了西北干旱形成的机理，提出了干旱发展和持续的新的物理机制；丰富和发展了西北干旱预测物理指标和干旱监测指标体系，研制了监测农田蒸散的大型称重式蒸渗计，有效提高了干旱监测、预测的准确度；提出了西北重要水资源涵养区——祁连山空中云水资源开发利用关键技术，发展了山地云物理气象学理论；揭示了干旱半干旱区陆面水分的输送特征和循环规律、气候暖干化对作物影响的变化特征和机理，提出了补充灌溉以及调整种植结构和播种期等适应技术；提出了干旱半干旱区最佳集雨面介质材料和集雨节灌的最佳气候适宜区域。

正电子发射断层扫描(PET)核医学装备系统的研制及产业化(参与完成项目)

无锡亿仁肿瘤医院

孙启银　曾　骏　刘小平　熊凤彬　张圈世　翟巧波　苏富勇

北京大基康明医疗设备有限公司独立自主研发生产的正电子发射断层扫描(PET)核医学装备系统是核医学功能成像诊断设备，属高档全身PET。

该系统突破性创新了基于多学科、多技术集成化的PET整机设计制造技术、PET高分辨快速图像迭代重建方法和完善的校正算法、临床应用软件系统、动态绝对定量分析方法、可扩展的多模态核医学影像诊断技术等五大类关键技术,攻克了技术难点，已获国家专利25项，其中发明专利5项,先后获得了CFDA证书、国家重点新产品、国家科技惠民计划先进成果、北京市科学技术奖二等奖、教育部科技进步奖二等奖、上海市科学技术奖。

自2005年该系统成功研发后，截至2011年年底,销售收入6.6亿元,利润3.9亿元,税收1亿元,带动其他销售收入10亿元,取得了显著的经济效益。

该系统的关键技术和整机系统的成功研制，打破了国外公司在国内PET市场的垄断，推动了国内原材料生产厂家的技术进步，培养了一批PET研发生产的复合型人才。近两年公司在PET市场占有率达到25%，取得了替代进口的可喜局面,为国家节约了大量的外汇;国内PET的应用也促使了临床检查费用的大幅度降低,检查价格由1万元降为7000元,下降30%,为解决看病贵、看病难起到了促进作用,PET的广泛应用为当地肿瘤、心血管疾病、脑神经系统疾病三大重大疾病的筛查、诊断起到了关键作用，提高了人民的生活水平,提高了癌症的5年生存率。为肿瘤患者和其他疾病患者带来新的希望，获得了良好的社会效益，推广应用前景广阔。

主要农业入侵生物的预警与监控技术（参与完成项目）

环境保护部南京环境科学研究所

徐海根

随着全球经济一体化的飞速发展，生物入侵防不胜防，已经成为国际社会面临的重大科技问题和严峻挑战,国际社会、各国政府纷纷制定管理策略和管理措施。我国是外来有害生物入侵最为严重的国家之一,呈现出种类多、分布广、危害重的发生局面与发展态势，生物入侵的形势十分严峻,主要表现在:(1)主要毁灭性入侵种扩散蔓延,暴发成灾;(2)危险性有害生物接连入侵,新的疫情不断突发;(3)口岸海关截获潜在入侵种的种类和频次急剧增加,威胁不断。生物入侵已经造成了巨大的经济损失、导致了严重的生态灾难、带来了可怕的健康威胁。而由于我国对生物入侵的研究起步晚、底子薄,对生物入侵实际情况不明、检测监测技术储备不足、根除扑灭与阻截控制技术缺位,生物入侵是我国亟待解决的重大科技需求。鉴于此,该项目自2002年起,通过10余年的系统研究,研发了系列关键预警、监控与阻截技术,主要创新成果有:

1. 确证了主要入侵生物及危险等级，创新了入侵生物定量风险分析技术。首次发现并鉴定了11种新入侵生物，确证了527种入侵生物及其分布危害区域,完成了入侵物种编目和安全性分析。构建了以路径仿真模拟、生态位模型比较、时空动态格局分析为主的风险评估技术,率先对99种重要入侵生物进行了定量风险分析,制定了63种高风险入侵生物的控制方案；根据风险分析所建议的扶桑绵粉蚧等9种入侵生物被列为全国农业检疫性有害生物。

2. 发展了重要入侵生物检测监测新技术,提高了对入侵生物野外跟踪监控能力。创新了69种入侵生物特异性快速分子检测技术，研发了检测试剂盒13套;首次建立了实蝇和蓟马2类195种入侵昆虫DNA条形码鉴定技术。攻克了入侵植物病菌难以鉴定到种以下水平、入侵昆虫幼体和残体无法准确鉴定的技术障碍。建立了入侵生物野外实时数据采集、远程传输和跟踪监控的技术体系。对82种重要入侵生物进行了监测,解决了疫情难以及早发现难题。创建了集物种数据信息、安全性评价、DNA条形码识别与诊断、远程监控等系统为一体的入侵生物早期预警与监控技术平台，提升了预警与监控的快速反应能力。

3. 集成创新了入侵生物阻截防控技术，实现了对重大入侵生物的区域联防联控。集成建立了有效阻截与扑灭的技术体系,制定了12种重大农业入侵生物区域治理技术方案。在21省市实施阻截扑灭与联防联控,抑制了重大入侵生物扩散与暴发,实现了整体防控。

项目研究成果共出版专著20部、发表论文295篇(SCI36篇),制定国际/国家/行业标准34项,软件著作权10项;省部级一二等奖3项;国家采纳建议14项。2010—2012年在21省区累计应用面积303.03万公顷次,增收节支104亿元,为农业经济增长、农产品安全及出口贸易做出了直接贡献;构筑的三道技术防线(预警、监控、阻截),为延缓疫区扩张、保护未发生区提供了科技支撑,将持续产生巨大经济、社会与生态效益。项目成果不仅为提高我国外来入侵生物预警、综合防控技术奠定了基础,也为保障国家粮食安全做出了重要贡献。

煤与瓦斯突出矿井深部动力灾害一体化预测与防治关键技术(参与完成项目)

中国矿业大学

窦林名

该项目主要针对瓦斯与冲击地压两种灾害在矿井深部开采中互为诱因、相互耦合,造成防治难度增大的问题进行研究,对矿井防治瓦斯突出、冲击地压灾害具有重要指导意义。该项技术通过对瓦斯与冲击地压两种灾害成因的研究和评价,划分出作业面的危险级别,从而有针对性地建立适时预警监督系统,大大降低了瓦斯与冲击地压两种灾害的治理成本,提高了生产效率,目前每年可产生经济效益1.5亿元。

0.6m~1.3m复杂薄煤层自动化综采成套技术与装备(参与完成项目)

中国矿业大学

江苏中机矿山设备有限公司

朱真才　杜长龙

我国1.3米以下薄煤层储量约占全国煤炭总储量的20%,85%以上煤矿均有薄煤层。长期以来,由于没有合适开采装备,国内薄煤层大多采用炮采或小功率机组开采,劳动强度大、安全状况差、效率低、效益差,薄煤层产量仅占全国煤炭总产量6%~7%,许多煤矿大量弃采薄煤层,造成资源浪费。

该项目突破了大功率矮机身采煤机、大运量矮槽帮刮板输送机、大伸缩比液压支架及工作面无人自动化控制关键技术,开发了“0.6m~1.3m复杂薄煤层自动化综采成套技术与装备”,实现了0.6米~1.3米薄煤层安全高效开采。

该项目发明了基于滚筒采煤机的薄煤层无人自动化开采模式、生产方法和自动化控制系统;发明了板式新结构、超大伸缩比薄煤层智能型液压支架;发明了适合不同煤岩硬度的滚筒式薄煤层截割装置、高效装煤装置及薄煤层边角煤开采装备;发明了薄煤层工作面刮板机新型电缆槽、扁平链、E型螺栓、矮型耐磨溜槽等关键结构和制造工艺。研制了世界首套最小机面高度580毫米的大功率滚筒采煤机综采自动化机组。

该项目创新成果已在全国68个煤矿推广应用,新增利税253亿元,创造了显著的经济和社会效益。

2013年度江苏省科学技术奖

Awards of Jiangsu Provincial Science & Technology in 2013

一等奖(20项)

特殊地基土的力学特性与高速公路控制变形成套技术

东南大学

河海大学

江苏省交通工程建设局

江苏省长江公路大桥建设指挥部

江苏省交通规划设计院股份有限公司

上海理工大学

缪林昌　李国维　石名磊　王　非　赵　偲　冯兆祥　林　飞　杨　涛　陈　功　张义贵　马在宏

该项目属土木建筑工程/路基工程与岩土工程领域。

软土和膨胀土两种特殊地基土条件下高速公路控制变形设计与实践是世界性难题。软土地区高速公路常常出现桥头跳车、路基沉降过大、路面开裂等病害,膨胀土地区路面则出现严重的结构性破损、开裂等问题。这些病害和问题致使高速公路“伤痕累累”,严重影响了高速公路的安全与正常运营,造成巨额经济损失。为此,项目组历经15余年的不懈努力,通过系统的理论研究与探索,进行了大量的室内外试验和工程实践,研究发明了高速公路建设中各个环节控制变形的关键技术,创立了特殊地基土高速公路控制变形的“准确计算—关键技术—设计方法—施工质保”的成套技术,成功解决了高速公路控制变形的世界难题。主要创新成果如下:

1. 提出了特殊地基土变形的准确计算理论与方法。建立了软土广义 Bingham 弹粘塑性流固耦合模型和软土结构性的本构模型,推导了一维非线性软土固结解析解,提出了膨胀土吸力强度双曲线模型和考虑膨胀土饱和度影响的本构模型,实现了准确计算软土和膨胀土等特殊地基土高速公路沉降的目标。

2. 发明了特殊地基土高速公路控制变形的关键技术。完成了 EPS 颗粒混合轻质土快速拌和与计量控制设备的发明和改造,首次彻底解决了 EPS 颗粒混合轻质土大规模工程应用的关键技术;发明了混凝土控制模量桩刚性复合地基加固技术与设备;提出了超载比定量预压控制工后沉降理论和减小膨胀土膨胀势与控制膨胀变形的新方法。

3. 创建了特殊地基土高速公路控制变形设计的技术体系与标准化设计方法。基于混凝土控制模量桩刚性桩复合地基、EPS 颗粒混合轻质路堤设计方法、超载比定量预压控制工后沉降理论、减小膨胀土膨胀势方法等关键技术,建立了综合考虑桩—桩帽—格栅—土相互作用高速公路软土地基控制变形功能设计方法和减小膨胀土地基土膨胀势联合路堤荷载的设计方法,构建成特殊地基高速公路控制变形设计的技术体系。

4. 制定了 EPS 颗粒混合轻质料和混凝土控制模量桩成桩工艺与质保体系。编制了 EPS 颗粒混合轻质料填筑、养护与质保技术规程和混凝土控制模量桩成桩工艺和质量控制规程,根据不同软土地基物理力学性状完善了水泥土搅拌桩的成桩工艺。

项目研究期间出版专著1部,发表SCI论文13篇(SCI论文的他引次数为50余次),EI论文57篇(EI论文的他引次数为1100余次);获授权发明专利14件,实用专利2项;培养博士10名、硕士20余名。项目的科研成果已在江苏、广东等地20余条高速公路建设中得到广泛应用,累计节约工程建设成本、创造经济效益超过12亿元人民币。

脑梗死血运重建的新策略及其机理研究

南京军区南京总医院
北京大学
香港中文大学
刘新峰　刘国庆　梁慧康　马敏敏　朱武生
徐格林　张仁良　刘文华　孙　芳　李　芸
殷　勤

脑血管病是我国城乡居民第一位的致残和致死原因,其中脑梗死占80%。目前治疗的手段主要关注于脑缺血损伤和神经保护,但往往难以逆转梗死的脑组织,且在缺乏充足血液供应的情况下,脑组织再修复率极低。因此,尽快实现脑梗死后的血运重建,对改善预后尤为重要。而现有的血运重建方法措施单一,且面临着评估偏差、治疗时间窗狭窄、适应征严苛等诸多问题,导致患者受益少、风险大、成功率低、复发率高等后果。

在32项国家级重点课题的支持下,该成果历时16年,在探索我国脑梗死的血管学病因特征及血运重建新策略的研究和应用上取得了一系列重要成果。主要科技创新成果如下:

1. 明确了中国脑梗死的血管学病因特征,提出了脑梗死血管学病因的分层诊断标准。建立了网络化、规范化和开放式的“中国卒中介入注册”和“南京卒中注册”数据库;明确了我国脑梗死血管学特征分布谱,其中动脉粥样硬化性狭窄是脑梗死致病和复发的首要因素;发现了我国脑梗死1年再发率为11.2%,显著高于西方水平(7.4%);提出了脑梗死血管学病因的分层诊断新理念,并建立了相应的标准,为脑梗死个体化治疗提供了依据。研究结果纳入美国心脏学会/美国卒中学会、欧洲卒中组织等颁布的9部脑卒中防治专业指南。

2. 建立了危重型脑梗死的血运重建评估及复合治疗方案,构建了规范化的血管内治疗体系。在国际率先引入压力导丝联合影像技术、血管内光学相干涉成像技术对血流动力学和血流储备进行综合评估,为血运重建的治疗方案选择、疗效评价及随访提供了新手段;建立了危重型脑梗死的血运重建复合治疗方案,手术成功率达98.7%,各种并发症总体发生率为2.3%,均优于国际平均水平

(手术成功率95.3%,并发症5%)。制定了中华医学会的《中国缺血性脑血管病血管内介入诊疗指南》,作为行业标准在全国推广应用。

提出并证实了血管再通后血管再狭窄/闭塞的发生新机制和干预靶点,显著提高了治疗效果。在国际上率先证实脂蛋白脂酶介导的脂蛋白在动脉壁沉积能促进动脉粥样硬化病变形成,是血管再狭窄/闭塞的重要因素;并发现3条血管再狭窄/闭塞机制的关键通路,为临床干预血管再狭窄/闭塞提供了新靶点;提出强化他汀预防和治疗颅内外动脉支架置入后再狭窄的新方法,再狭窄发生率由30%降至12%,显著提高了血运重建的疗效。该研究成果发表在Circulation Research等杂志上,受国家卫生计生委员会委托,主持制定了《中国脑卒中血脂管理指导规范》。

该成果已在全国102家医院推广应用,培训专科医生843名和国外神经介入医生34名。主编专著6部,发表中文论文396篇;SCI论文147篇,累计影响因子554.351分,其中包括New Engl J Med(letter),Neurology和Stroke等专业顶级杂志,7篇论文作为封面文章高度正面评价,他引2628次,SCI他引791次。主办了国际血管和介入神经病学学会会刊Interventional Neurology(Karger出版)。获得实用新型专利6项。该成果曾获得2013年江苏省科技进步一等奖、2011年教育部科技进步一等奖和5项省部级科技进步二等奖。

泌尿系肿瘤诊疗技术创新及关键技术应用

南京医科大学第一附属医院
南京医科大学
殷长军　张正东　顾　民　李　杰　邵鹏飞
王美林　唐立钧　徐　怡　秦　超　华立新
王增军

该项目组在腹腔镜下肾段动脉阻断肾部分切除、复杂性肾癌微创治疗等泌尿系肿瘤的诊疗方面进行深入研究和技术创新,并在临床进行广泛推广应用,取得了良好的社会效益,成果已在新加坡、中国香港及大陆23个省、自治区、直辖市139个医疗机构推广应用。

新型选择性催化还原(SCR)脱硝催化剂技术及产业化应用

南京工业大学
祝社民　沈岳松　沈树宝　丘　泰　金　江
眭国荣　李喜红　陶亚秋　杨　波　陈英文

该项目属于特种功能无机非金属材料、催化剂工程和大气污染防治工程科学技术领域。

脱硝是国家"十二五"大气污染治理的重点。目前我国脱硝技术核心催化剂主要是依靠引进技术、设备、原料进行"来料加工",其知识产权都是德、日、美、韩、丹麦、奥地利等国的。商用催化剂均是V_2O_5 $(WO_3)/TiO_2$体系,V_2O_5是一种剧毒物质,侵入人体会严重损害呼吸系统和皮肤,长期接触会引起支气管炎、视力障碍、肾损害等。不仅在生产中产生污染,废弃催化剂也会再次威胁环境。

在国家"十二五"科技支撑等10项国家及部省级项目资助下,该项目采用化学化工催化与材料学科协同创新,从SCR脱硝基本催化原理出发,研究了组分、结构与催化活性之间的关系,分析和归纳了催化活性组分之间及活性组分与支撑体之间的高效耦合规律、催化协同机理,发展和丰富了结构催化理论,研发出了新型高效、无毒SCR脱硝催化剂技术。发明了稀土掺入过渡金属复合氧化物脱硝催化剂新体系,替代剧毒的钒钛体系;发明了具有助催化脱硝功能的新型ATS多相蜂窝陶瓷支撑体;发明了催化剂高强度、高比表面、可控孔的制备技术。首次发现酸性强度决定SCR催化活性适宜温度,表面酸量决定SCR催化活性大小。实现了脱硝催化剂高效、无毒、国产、廉价。

新型工业尺寸蜂窝脱硝催化剂组分无毒、环境友好,脱硝率大于90%,活性温度窗口宽(250~450℃)。抗硫、碱、尘等中毒能力强,耐水防湿,SO_2转化率低(小于0.4%),强度高(高于15兆帕),机械寿命可达10年,失效后可再生利用。可与进口催化剂尺寸匹配,无须改变工艺和设备。价格是商用催化剂的80%,运行成本比商用催化剂低50%。废弃催化剂无二次污染,可制作保温砖或铺地渗水砖,有效实现废弃催化剂资源化利用。新型高效、无毒SCR脱硝催化剂技术通过中国建材联合会组织的科学技术成果鉴定,专家一致认为:该成果"填补了国内外烟气无毒脱硝催化剂技术的空白,技术性能达到了国际领先水平"。该项目共申请发明专利20项(其中PCT 1项,授权7项),发表学术论文40余篇,打破了SCR脱硝关键技术依赖国外进口的局面,取得我国脱硝催化剂完全自主知识产权。

该项目成果已在山东天璨环保科技股份有限公司成功投产，建成了年产12000立方米催化剂生产线，二期生产线正在建设中，建成后规模可达36000立方米。新型脱硝催化剂产品畅销于国华太仓电厂等单位，产生显著的经济和社会效益。新型脱硝催化剂已列入国家发改委重点推荐的环保产品目录。该项目脱硝催化剂技术不仅用于燃煤电厂，还可用于水泥、玻璃、钢铁、化工、交通等行业的脱硝。

若干重要药用植物的生物活性成分研究

中国药科大学

孔令义　罗建光　罗　俊　王小兵　汪俊松　杨鸣华　杨　蕾　张　耀　黄雪峰

该项目历经22年，对我国资源丰富的60余种药用植物的化学成分开展了系统研究，分析鉴定出3200余种化学成分，确定了40余种生物活性显著的化合物质，阐明了20种重要临床疗效的物质基础，制定了质量标准，并收录到中国药谱。在此基础上，对天然存在和新结构改造的单体化合物进行常药性开发，现有2个单体化合物接近完成临床前研究，有望创制出具有自主知识产权的新药。

高容量树脂型吸附材料研发及其在"油"污染废水中的可循环治理技术

苏州大学

路建美　徐庆锋　李　华　蒋　军　王丽华　李娜君　陈冬赟

功能性高分子聚氨基酸生物制备与产业化应用

南京工业大学

南京轩凯生物科技有限公司

徐　虹　冯小海　李　莎　梁金丰　迟　波　郭　凯

高产水稻飞虱的区域暴发机制与综合防控技术

江苏省农业科学院

南京农业大学

江苏省植物保护站

江苏丘陵地区镇江农业科学研究所

方继朝　刘泽文　刘向东　王利华　褚姝频　张月亮　郭慧芳　张谷丰　刘　栋　束兆林　刘宝生

创新点：研究发现高产单季稻区稻飞虱的暴发机制及抗药性机理，为发展准确监测和高效防控新技术，提供了重要依据；研究开拓基于Web的害虫监测预警系统、区域天敌增强利用技术、高抗性点突变精准检测技术、延缓抗性的增效药剂及促进杀虫剂创制的新烟碱-靶标受体分子高亲和性互作模型等系列新技术；集成创立以准确监测和互动预警为基础，防早防巧、治多治小的新技术规程，显著提升天敌作用和综合控害效果。近三年推广应用492万公顷，多挽回稻谷1.93×10^9千克，净增27.8亿元；率先破解高产水稻首要害虫测不准、控不及的技术难题；年均减少用药1~2次，保护生态环境，促进食品源头安全；对水稻高产稳产及害虫长效治理，发挥引领借鉴作用。

高钢级油气储运无缝管及关键技术

扬州龙川钢管有限公司

南京理工大学

陈　光　尤凤志　李永胜　史善森　刘　锦　徐宝顺　李　沛　夏　魁　吴世康　严世坦　郑　功

该项目来源于国家863计划重大专项课题、国家火炬计划项目以及双方产学研合作的"高钢级管线钢及大口径无缝油气储运管"的研发课题，主要核心技术为9项发明专利和5项实用新型专利。

该项目发明了低碳多元微合金高钢级管线钢及无缺陷受控凝固技术，开创了高温大变形控温快冷无缝管轧制成形与组织调控一体化技术，研制了高钢级大口径无缝管专用新技术装备，发展了高钢级无缝管规模化生产质量一致性控制技术，发明了多规格产品规模化柔性生产技术。利用该项目技术在国内首次实现了高钢级无缝管高效率规模化生产，满足了复杂条件下油气储运等国家重大工程的战略需求，实现了高钢级无缝管由完全依赖进口到替代进口并大量出口的巨大转变，极大提升了我国无缝管材料与制造以及应用领域整体水平和竞争力，获得了巨大的经济和社会效益。

土木结构隔减振若干新装置研究及应用

东南大学
隔而固(青岛)振动控制有限公司
无锡市弘谷振控技术有限公司
徐赵东 尹学军 韩玉林 费树岷 杨建刚
王鲁钧 郭迎庆 王建立 张香成 万春风

地震和风振是人类的两大自然灾害，它们以振动的形式导致土木结构的破坏、巨大经济财产损失、甚至人民的生命安全。尤其对于重大土木工程结构，事关国计民生且体系庞大复杂，对其灾变机理、抗灾变新方法的理论和应用研究是国际热点难题，意义重大。该项目以此为主题，研究了土木结构隔减振若干创新技术，并开展系统研究。取得的主要创新成果包括：

1. 提出了磁流变减振结构基于神经网络预测模型的模糊控制算法，解决了时滞问题和电流瞬时选择问题，提高了磁流变阻尼器减振的高效性和智能性；提出了磁流变减振结构的微粒群优化控制算法，解决了在极短振动步长内考虑多目标的参数快速优化问题；提出了应用于精密平台的磁流变-黏弹性混合减振方法，有效地解决了精密平台宽频域内精密减振问题；基于所提的创新控制算法研制了三代磁流变减振结构核心控制器。

2. 采用表面活化技术和碳包覆技术研发了轻质高稳定性、再分散性优良的新型磁流变液，解决了传统磁流变液的稳定性和再分散性差的难题；研制了具有变刚度特性和高损耗因子的高耗能磁流变弹性体，从材料层面上实现了智能隔振和耗能减振的双重功能耦合；基于研制的高稳定性磁流变液和磁流变弹性体，研制了多种智能阻尼器；提出了同时体现磁流变阻尼器磁饱和效应及非线性滞回性能的磁饱和力学模型。

3. 针对地震等振动的复杂多维激励特性，研制了大跨结构多维隔减震装置、建筑结构多维隔减震装置和多维弹簧阻尼隔振器，提出了多维隔减震装置的统一力学模型；对加入装置的结构进行了振动台和拟动力试验，提出了基于能量指标的优化分析方法，解决了这种新型减振结构考虑多方向的统一动力分析方法和优化方法的难题。

4. 针对低频减振要求，研发了高耗能黏弹性材料，其损耗因子在低频和常温下处于0.55~1.10之间(高于国内同类产品)，其耐老化性能达到60年；据此研发了高耗能黏弹性阻尼器、大阻尼竖向黏弹性隔减振装置等多种黏弹性隔减振装置，并进行了系统地试验和理论研究，提出了修正等效标准固体模型，能更合理反映温度、频率及应变幅值的影响效应。

5. 研制了弹簧刚度可调式TMD和阻尼比可调式TMD，实现了TMD固有频率和阻尼比的实时调整，并解决了传统TMD的密封、磨损和泄漏问题；针对大跨输电线结构传统防舞动TMD缺乏阻尼能力，研制了黏弹性防舞动TMD，增加了防舞动TMD的阻尼效应，并提出了加入黏弹性防舞动TMD结构的能量遗传优化分析方法。

项目组在ASCE、土木工程学报等国内外著名刊物上发表论文126篇，其中SCI收录50篇、EI收录78篇，SCI他引233篇次；出版专著2部，参编国家规范1部、国家行业标准2部；获得国家发明专利32项、实用新型专利19项。研究成果已成功应用到上海世界博览会开幕馆、崇启大桥、广州亚洲运动会综合馆、杭州湾跨海大桥观光塔、国家大剧院等具有世界影响力的重大工程中，还在千米级大跨桥梁、高层建筑等重要土木工程中得到大量推广应用，累计经济效益达4.02亿元，解决了诸多重大工程抗震难题，保障了人民的生命和财产安全。

复杂河网水力调控关键技术及实践

河海大学
浙江大学
江苏省水利勘测设计研究院有限公司
中水淮河规划设计研究有限公司
唐洪武 肖 洋 王船海 顾正华 王玲玲
吕升奇 马腾飞 袁赛瑜 何华松 汪迎春
戚晓明

该项目针对我国人口密集、经济发达的平原河网地区洪涝灾害频发和水生态环境恶化等问题严重制约区域社会经济可持续发展的现状，将水力调控作为保障河流安全的一种经济有效的非工程措施，利用天然水位差和闸坝泵工程快速改变天然来水来沙过程及河道水动力条件，从而降低洪涝灾害损失、提高水资源利用率、改善河道水质。项目组结合国家自然科学基金、国家863计划、“十一五”国家科技支撑计划等课题，开展了历时10年的系统研究和攻关，形成了多项创新成果，获省部级科技奖3项、国家专利5项。近3年来,成果已在淮河中下游、苏北里下河地区、太湖流域、珠江三角洲、上海浦东新区、鄱阳湖等多个流域及地区的30多个复杂河网中得到成功应用,节省工程投资及运行管理经费3亿多元,每年在防洪、供水、环境、生态和水资源利用等方面产生数十亿元的经济效益和巨大的社会效益,推广前景广阔。

埃迪卡拉纪"蓝田生物群"

中国科学院南京地质古生物研究所
西北大学
袁训来　周传明　陈　哲　李　军　尹磊明
曹瑞骥　华　洪　王　伟　万　斌　关成国

距今6.35亿~5.8亿年的埃迪卡拉纪"蓝田生物群"是地球上迄今最早的复杂宏体生物组合。生物多细胞化以后,才有细胞的分化,进一步实现器官的分化,生物体各种复杂功能和形态才能出现。因此,多细胞宏体生物的出现是地球生命进化史上极为重要的革新事件。该项目的研究表明在新元古代"雪球地球"事件结束后不久,形态多样化的宏体真核生物,包括海藻和后生动物就发生了快速辐射。"蓝田生物群"代表微体真核生物向体型结构复杂和形态多样性的宏体多细胞生物演化的重要环节,同时也表明,这个时期大气圈中的氧气含量有了明显的升高,较深部海水已经由"雪球地球"之前的还原状态转变成了间歇性的氧化状态。

PLC型1×8/16/32光功分器系列

东南大学
南京华脉科技有限公司
孙小菡　柏宁丰　蒋卫锋　刘　旭　于　兵
胥爱民　朱重北　赖龙斌

项目组针对PLC型光功分器仿真平台、优化设计、测试封装、加工工艺中的若干科学问题,开展了系统、深入的研究和实践,形成了如下成果:

1. 自主优化设计了PLC型1×8/16/32功分器芯片,保证了芯片结构紧凑、出射端口等距及功分均匀。成功制备了光功分器系列晶圆,主要性能与技术指标符合国家标准YD/T 2000.1,与国际代表性公司(日本NTT、韩国Fira)的产品相当。

2. 提出并建立了多种PLC波导分析模型与优化算法,研制出通用性强、易扩展、高效光波导有限元分析设计平台,为PLC型光功分器矢量、半矢量及标量模式分析、频域/时域传输分析以及优化设计提供了良好的手段。

3. 采用非线性渐变波导、渐变斜分和错位波导结构,有效抑制了大尺寸、低折射率差PLC光功分器芯片中的模式跳变与次低阶模,保证了器件的性能与稳定性;深入分析了硅基二氧化硅PLC光波导中由于结构与工艺过程产生的偏振相关损耗(PDL)的起因,解决了硅上二氧化硅裂纹引起PDL增加的问题,提出分步切割工艺,有效降低了PDL。

4. 利用国产工艺平台,探索了玻璃基二氧化硅(SoS)PLC光波导加工工艺,掌握了材料生长、退火、光刻、芯片掩模、刻蚀全套工艺参数,成功制作了8微米×8微米,波导间距1微米的SoS波导。

5. 研制出单镜头多角度高倍率波导芯片耦合封装平台,基于图像配准算法优化配准参数,实现三维图像重构,实现对PLC芯片与光纤耦合对准情况状况的观察;构建了PLC型1×8/16/32光功分器条状光子芯片测试平台,利用双观测系统快速观察测试,实现了对条状光子芯片阵列测试、选片。

6. 利用具有自主知识产权的PLC型光功分器版图,通过流片生产出功分器晶圆,进行后续切割、封装,形成批量产品。该系列产品经检测机构检测,达到了国家标准。产品已经进入中国电信、中国移动、中国联通产品采购目录,供应全国多地通信部门。经过2年多的实际使用,产品性能稳定,满足了客户需求。自2011年应用本技术以来,已累计完成销售额20076万元,实现新增利润7168万元,新增税收2917万元。

间充质干细胞在自身免疫病中的发病机制和临床应用

南京大学医学院附属鼓楼医院
首都医科大学
孙凌云　张华勇　王丹丹　梁　军　李　霞
王松灵

自2002年始,孙凌云教授带领研究团队,在国家自然科学基金等资助下,围绕间充质干细胞进行了基础和临床研究,取得了一系列原创性的研究成果。2007年开始,研究团队在国际上首先开展了异体骨髓MSC移植治疗重症难治性红斑狼疮患者以及其他自身免疫病,取得了较好的疗效。

该创新研究成果丰富了自身免疫病发病机制的基础理论，为重症难治性自身免疫病的治疗开辟了新的途径，解决了部分难治性患者常规药物治疗无效的难题，得到国内外同行高度评价，研究成果为全国风湿病学研究跻身于国际先进行列做出了重要贡献。

虾蟹新型疫病——螺原体病的研究及防控关键技术

南京师范大学
宝应县水生动物疫病预防控制中心
江苏水仙实业有限公司
南京市水产科学研究所
王　文　孟庆国　顾　伟　吴　霆　李文杰
尹绍武　杜开和　华伯仙　周国勤　胡亚丽
朱红阳

该项目确定了河蟹“颤抖病”的病原，分离并命名了病原微生物的新种，揭示了螺原体对虾蟹侵染的广泛性和重要性，开展了螺原体病原基因组学及分子致病机制的研究，发表论文46篇，SCI论文32篇，其中三分之一以上为同领域排名前十位(SCI-Top)期刊，获得国家发明专利5项。

关键零部件激光非传统制造控性控形技术与装备

东南大学
中国航空工业集团公司北京航空制造工程研究所
江苏大学
温州大学
常州轻工职业技术学院
张永康　鲁金忠　邹世坤　姜银方　罗开玉
薛　伟　倪中华　顾永玉　崔承云　杨兴华
戴峰泽

该项目属于“机械制造工艺与设备”领域。

意义与难点：强激光作用于金属表面形成的强冲击波具有高压、高能、高应变率和超快等鲜明特点，能显著提高零件疲劳寿命，并可拓展出激光冲击波成形等多个制造工艺，从而形成一种独特的激光非传统制造控性控形技术。大飞机和航空发动机列入国家重大专项，但传统的强化技术已经不能满足整体叶盘等关键零部件的服役寿命要求，其已经成为亟待解决的科学和技术难题。将激光非传统制造技术应用于航空制造业，打破国外技术封锁与设备禁运（美国将整体叶盘激光冲击波强化技术列为发动机制造的关键技术之一)，是国家的重大需求。项目组经过近20年的研究，取得如下成果：

主要发明点：(1)揭示了以位错运动和多方向机械孪晶细化表层原始粗晶为主的激光冲击波强化铝合金、不锈钢金属晶粒细化(纳米化)机制，以及超高应变率和双相多晶结构协同作用下激光冲击波强化钛合金机制，发明了激光冲击波成形等多个激光冲击波非传统制造工艺。(2)发明了六轴联动姿态控制的隐蔽面激光冲击强化技术，解决了整体叶盘大扭角和叶片间干涉复杂结构的光束可达性技术难题，发明了激光束整形五分透镜，解决了激光冲击强化叶片变形难题。激光强化叶片变形量小于等于0.2毫米；表面粗糙度小于等于Ra0.4微米，叶片强化区域与未强化区域过渡平缓；叶缘轮廓度小于等于0.07毫米；叶盘根部残余压应力：-100~-300兆帕，深度0.9~1.2毫米；叶盘疲劳寿命提高3~5倍。(3)研制了YAG和钕玻璃2个系列的航空发动机叶片和整体叶盘的激光冲击波强化成套装备，发明了激光冲击波强化质量在线监测方法，建立了我国第一条整体叶盘激光冲击波强化生产线，我国成为继美国之后第二个能够进行整体叶盘激光冲击波强化的国家。

技术水平：发表论文60篇，其中SCI/EI检索23/37篇，专著2部，主办国际会议6次，授权发明专利26件。制定激光冲击波强化工艺国家航空行业标准6项。整体技术水平处于国际先进水平，在激光冲击波微观强化机制研究方面居于国际领先水平。

经济效益：在沈阳黎明航空发动机(集团)有限责任公司、西安航空动力股份有限公司等单位得到应用与推广，产生了良好的经济效益和显著的社会效益。

行业影响：现任美国激光协会主席Y.F. Lu教授评价：“在国际上第一次揭示了激光冲击铝合金和奥氏体不锈钢晶粒细化机制和激光冲击面心立方金属抗疲劳延寿机理，在这个领域做出了重要贡献”。Acta Materialia杂志主编Subhash Mahajan评价：“形成一个完整的面心立方金属激光冲击波强化的微观机理，即使应用激光冲击波强化技术

10年以上的国际航空公司，诸如美国通用电气公司，还能够为其提供有用的科学信息”。中国航空工业集团公司沈阳发动机设计研究所评价：“在国内首次突破了风扇整体叶盘的激光冲击强化技术，成功研制整体叶盘激光冲击设备”。受到德国Spinger出版社邀请，出版英文专著1部。

中国农田温室气体排放与减排增汇研究

南京农业大学
中国科学院大气物理研究所
黄　耀　邹建文　张　稳　孙文娟　卢燕宇
蒋静艳

该项目系统开展了中国农田温室气体排放与减排增汇研究，在农田温室气体排放过程与规律、排放量的时空分布特征及固碳减排等方面取得了重要进展。

在农田温室气体排放研究方面，该项目自主研发和完善了适合多种水分管理方式的稻田 CH_4 排放模型 CH_4MOD，明确了我国稻田 CH_4 排放的时空分布特征；建立和完善了灌溉稻田 N_2O 排放系数估算模型和旱作农田 N_2O 排放系数估算模型，明确了我国农田 N_2O 排放的时空分布特征。

在农田温室气体减排与增汇研究方面，该项目明确了淹水-烤田-淹水是减缓稻田 CH_4 和 N_2O 排放综合温室效应的适宜水分管理方式，提出了平衡施肥实现水稻高产、养分高效利用及温室气体减排的协同效应；明确了我国农田碳汇功能及其时空分布特征；定量评估了我国农田土壤固碳潜力和 N_2O 减排潜力。

千万吨级矿井大型罐笼及其安全保障关键技术

中国矿业大学
徐州煤矿安全设备制造有限公司
中信重工机械股份有限公司
江苏中矿科汇矿业科技有限公司
洛阳中重自动化工程有限责任公司
朱真才　周公博　胡长华　曹国华　王继生
李　伟　陈国安　彭玉兴　张德坤　杜庆永
王重秋

大型罐笼用于特大型矿井地面与井下之间的人员和设备运输，是保证煤炭安全开发的重大技术装备，但国内50吨以上大型罐笼一直依靠国外进口，价格居高不下。该项目的实施打破了国外垄断，弥补了国家和行业的多项空白，价格仅为进口产品的50%~60%。

环境与遗传因素对男性生殖功能的影响

南京医科大学
浙江星博生物科技有限公司
王心如　沙家豪　夏彦恺　郭雪江　胡志斌
薛志刚　刘嘉茵　沈洪兵　周作民　顾爱华
祝　辉

该项目涉及公共卫生与预防医学、基础医学和临床医学的应用转化研究，在国内外具有极高的知名度和学术地位。目前已发表SCI论文162篇，获得专利4项，获得了13个医疗医械产品注册证书和2项软件著作权。

我国地方鸭种遗传资源的评价与创新利用

江苏省家禽科学研究所
江苏高邮鸭集团
江苏腾达源农牧有限公司
江苏省畜牧总站
李慧芳　吴桂余　陈宽维　朱文奇　宋卫涛
潘雨来　胡　艳　汤业朝　束婧婷　汤青萍
郭　苹

该项目以国家科技支撑计划、国家科技基础条件平台项目、国家自然科学基金等项目为基础，历时12年之久，首次建立了我国地方鸭种DNA资源库，系统评价了我国地方鸭种资源的遗传多样性和种质特性；突破传统养殖模式，发明了用于蛋鸭笼养的鸭笼装置和可调节家禽项用标识圈用于蛋鸭无水标准化育种测定，创制了蛋鸭配套系高效选育技术；采用经典育种结合分子辅助育种技术，培育了国内第一个蛋鸭新品种(配套系)—苏邮1号蛋鸭，其生产性能优异，市场竞争力较强；集成与示范了蛋鸭配套系生产关键技术，成果先后在江苏省十多个市县及安徽、江西、湖北等地推广应用，为我国特色蛋鸭产业的发展提供了优质种源，取得了显著的社会、经济效益。经国内外同行专家评价，该成果总体达到国际先进水平，部分研究达到国际领先水平。

项目实施期间，发表论文78篇，其中SCI收录7篇，核心期刊50篇；获实用新型专利5项，软件著作权2项；制订国家标准4套，出版专著2

部。培训技术人员1200人次,培养了大量专业人才和技术骨干,形成了蛋鸭良种繁育体系和产业化生产联盟,对产业发展的影响力显著。

二等奖(58项)

电磁场边值问题区域分解方法

东南大学
西安电子科技大学
洪　伟　李卫东　许　锋　周后型　吕志清
安　翔　孙连友　汪　杰

变换光学器件的设计

苏州大学
陈焕阳

矿产资源勘查信息化创新研究——“智慧勘探”系统工程建设及应用

江苏省有色金属华东地质勘查局
邵　毅　宋　震　倪平泽　吴龙华　曹　晗
顾德清　吴　彬　陈　剑　刘乃勇

变分迭代算法及其应用

苏州大学
东华大学
上海大学
何吉欢　徐　岚

高精度小型化石英晶体频率器件研发和产业化

南京中电熊猫晶体科技有限公司
梁生元　李冬强　谢科伟　吕　明　高志祥

空气触摸按键

江苏惠通集团有限责任公司
龙　涛　姚理觉　陶冬冬

新型镇静催眠药——右佐匹克隆片开发及产业化

江苏天士力帝益药业有限公司
刘金平　李步良　杨国军　王国成　林　玲
王　兰　丁爱忠　成良钰　黄　东

强效降脂药超级他汀(瑞舒伐他汀钙)的研发与产业化

常州制药厂有限公司
王　兵　殷学治　严　军　王笑梅　吴路新
赵聿秋　王小琴　唐　健

黄葵胶囊品质控制与产业化关键技术应用

江苏苏中药业集团股份有限公司
唐仁茂　徐柏颐　唐海涛　闵文林　周九兰
朱善意　马继梅　沈小林　丛旭东

利用面粉深加工废水发酵法生产丁醇绿色工艺的研发及产业化

江苏联海生物科技有限公司
江南大学
温志明　唐　波　余晓斌　王振京　徐西东
丁玉恒　陈玉和　仝志勇

微量掺锗铸造多晶硅及薄硅片的制备技术与产业化

镇江环太硅科技有限公司
浙江大学
杨德仁　王禄宝　余学功　陈董良　袁志钟
汪　雷　王海庆　施文周　张锦根

1.5MW风力发电机组研发及产业化

国电联合动力技术(连云港)有限公司
何　明　陈　波　陶生金　顾天涛　程　朗
魏庆强　邱明芝

5800m³高炉关键技术自主集成及应用

江苏沙钢集团有限公司
中冶南方工程技术有限公司
沈文荣　刘　俭　肖　白　施一新　方　音
臧中海　王卫东　周　强　张　灵

大功率Z源/准Z源光伏逆变装置及并网电能质量控制系统关键技术与应用

东南大学
江苏林洋电子股份有限公司
郑建勇　梅　军　胡　生　梅　飞　吴隆辉
倪　松

高性能大功率双三电平变频调速系统
徐州中矿大传动与自动化有限公司
中国矿业大学
谭国俊　何凤有　李　浩　张　晓　陈家兴
邓先明　吴轩钦　叶宗彬　张　辉

轨道交通车辆用磷酸铁锂动力电池关键技术开发及产业化
苏州星恒电源有限公司
黄学杰　白雪平　王　超　肖　斌　余国华
周建明　樊朝晖　陆文周　宋卫荣

调度大计划关键技术研究与应用
国电南瑞科技股份有限公司
国家电网公司华东分部
江苏省电力公司
国网电力科学研究院
胡江溢　戴则梅　励　刚　丁　恰　吴炳祥
谢丽荣　杨乐勇　管益斌　李利利

特大跨径悬索桥主缆用超高强度耐腐蚀钢丝关键制造技术研发及应用
宝钢集团南通线材制品有限公司
上海大学
江苏大学
钟庆东　肖　轶　花银群　周代义　顾力平
严　涛　张永东　周建华　沈爱国

面向工业过程中含缔合体系的传质分离过程强化技术开发及应用
南京工业大学
管国锋　万　辉　韩明娟　吴莉莉　畅伟贤
付振武

超薄新头型试验高速动车组前窗玻璃
江苏铁锚玻璃股份有限公司
江苏大学
吴贲华　杨　娟　王银茂　高丽娟　程晓农
吴贲连　王盘石　姜守进　仲　辉

高强韧性压铸镁合金汽车零部件关键技术研究与应用
南京航空航天大学
江苏中翼汽车新材料科技有限公司
刘子利　李　娟　刘希琴　李　健　王震东
周桂斌　吴　钿　朱洪岚　朱晓春

中等表面能等离子体改性四氟型太阳电池背膜研发与产业化
苏州中来光伏新材股份有限公司
上海交通大学
林建伟　夏文进　沈文忠　张育政　龙长铭

生物质替代有害原料制备聚氨酯节能保温材料关键技术开发
中国林业科学研究院林产化学工业研究所
江苏强林生物能源材料有限公司
周永红　蒋剑春　张　猛　许　彬　胡立红
徐俊明　李书龙　陈水根　陈玉湘

细菌纤维素微生物调控合成、杂化及其应用
南京理工大学
常州药物研究所有限公司
常州华联保健敷料有限公司
孙东平　杨加志　汪　信　唐卫华　何浩明
刘晓丽　朱　晶　王正权　姚　俊

多酶协同作用的羊毛制品生物法功能整理关键技术
江南大学
无锡协新毛纺织有限公司
范雪荣　王　强　王　平　崔　莉　袁久刚
朱华君　王树根　邱晓忠　吴建民

基于TSTGT技术的大尺寸LED蓝宝石衬底及其关键制造设备的研发及产业化
元亮科技有限公司
南京航空航天大学
柳祝平　黄小卫　裴广庆　姚正军

2000吨/年三氯蔗糖产业化
常州市牛塘化工厂有限公司
江南大学
南通市常海食品添加剂有限公司
蔡　亚　王立成　方　云　陈　凯　夏咏梅
闵志刚　任淑芝　高正兵　王　波

电能计量器具智能检定关键技术及成套装备

江苏省电力公司电力科学研究院
南京航空航天大学
江苏方天电力技术有限公司
南京电力自动化设备三厂有限公司
王忠东 楼佩煌 裘进浩 蔡奇新 刘 建
徐 晴 钱立军 李新家 范 洁

万吨级高效海水淡化高压泵设计开发与工程示范

江苏大学
叶晓琰 胡敬宁 石海峡 施卫东 张德胜
何玉杰 蒋小平 巫建波 李 伟

船舶高效节能电弧焊关键技术研究及应用

江苏科技大学
北京工业大学
杭州凯尔达电焊机有限公司
南通振康焊接机电有限公司
江苏科为焊业有限公司
中国长江航运集团南京金陵船厂
舜天造船(扬州)有限公司
方臣富 王加友 陈树君 吴铭方 侯润石
汤子康 时 振 殷树言 褚 华

CRH380A动车组齿轮箱驱动装置研制

南车戚墅堰机车车辆工艺研究所有限公司
周 平 王文涛 徐向明 吴 刚 田雪涛
万 捷 刘 升 林新海 李 枫

DTM439型自动络筒机

马佐里(东台)纺机有限公司
上海交通大学
江南大学
盐城工学院
朱 鹏 张 静 王 平 张亚欧 刘 军
高卫东 张建银 汤夕山 高 翔

精密高速数控冲压成形机床关键技术及其应用

南京理工大学
扬州锻压机床股份有限公司
孙 宇 王栓虎 丁武学 武 凯 彭斌彬
张庆飞 赵宏松 管爱春 周星源

18至22吨机械驱动单钢轮振动压路机平台研发及产业化

徐工集团工程机械股份有限公司
周保刚 亢 涛 刘邦辉 彭之晗 傅金平
夏磐夫 杨 洁 张 帅 宁海莲

海上风电工程起重装备关键技术及产业化

南通润邦重机有限公司
南京理工大学
南通大学
吴 建 石胜征 陆宝春 关德壮 朱龙彪
张宗初 莫柏生 玉艳军 刘 荣

面向节能减排的典型冶金过程先进控制与优化

东南大学
南京梅山冶金发展有限公司
江苏沙钢集团有限公司
李 奇 李世华 杨念亮 钱王平 王志生
陈夕松 薛来文 方仕雄 杨 俊

超长焦距超大口径平行光管

中科院南京天文仪器有限公司
无锡市创新化工设备有限公司
胡明勇 毕 勇 严庆伟 吕洪清 卢惠琴
汪德峰 汪贵林 郑锋华 孟志远

GMF系列高速高精齿轮式重切削龙门加工中心

南通国盛机电集团有限公司
南通大学
潘卫国 邱自学 刘传进 任 东 郭永海
崔德友 陈锦杰 徐新朋 缪 申

高瓦斯煤层群瓦斯动力灾害防治理论及煤与瓦斯高效共采关键技术

中国矿业大学
江苏省安全生产科学研究院
程远平 王 亮 刘彦伟 王海锋 刘海波
周红星 李 伟 刘洪永 蒋静宇

太湖水环境演化过程、驱动机制及生态效应

中国科学院南京地理与湖泊研究所

秦伯强　张运林　高　光　朱广伟　许　海

罗潋葱　汤祥明　龚志军

深井煤层群连续卸压开采关键技术及应用

中国矿业大学

张　农　阚甲广　李桂臣　韩昌良　赵一鸣

郑西贵　吴　海　季　明

模块式高效干法选煤关键技术

中国矿业大学

唐山市神州机械有限公司

赵跃民　李功民　骆振福　常士玖　段晨龙

唐忠良　贺靖峰　于晓东　杨旭亮

人工湿地污水处理理论及关键技术研究与应用

东南大学

盐城工学院

江苏省住房和城乡建设厅科技发展中心

王世和　黄　娟　鄢　璐　丁　成　路宏伟

雒维国　钟秋爽　徐　进　明劲松

大型燃煤电站锅炉湿法烟气脱硫脱硝一体化技术与示范

国电环境保护研究院

王小明　李忠华　薛建明　柏　源　张　荀

吴春华　管一明　许月阳　王宏亮

多场耦合多尺度岩石力学研究

河海大学

邵建富　朱其志　徐卫亚　王　伟　王环玲

江　涛　谢守益

太湖湖泛成因及防控关键技术与工程示范

河海大学

中国船舶重工集团公司第七〇二研究所

江苏省水文水资源勘测局

中科院南京地理与湖泊研究所

东南大学

无锡德林海藻水分离技术发展有限公司

陆桂华　翁震平　尹洪斌　吕锡武　胡明明

倪其军　张建华　逄　勇　马　倩

落羽杉属树木杂交新品种选育和推广

江苏省中国科学院植物研究所

靖江市园林苗圃

南京林业大学

常州天目中山杉培育中心

江苏省武进公路苗圃有限公司

江苏溯源农业科技发展有限公司

如东县海堤林业管理站

大丰市林场

殷云龙　陈永辉　於朝广　陆小清　徐建华

伍寿彭　王名金　施建中　李乃伟

以苏95–1为核心种质的高产、多抗玉米品种创新与应用

江苏省农业科学院

江苏明天种业科技有限公司

江苏省作物栽培技术指导站

扬州大学

袁建华　陈艳萍　王伟明　管晓春　俞春涛

陆卫平　侯本民　孟庆长　刘伯芹

家蚕二分浓核病毒和杆状病毒基因功能解析

江苏大学

姚　勤　陈克平　李国辉　胡朝阳　刘晓勇

郭忠建　陈慧卿　申红星　周　阳

桃优异资源发掘与创新利用

江苏省农业科学院

中国农业科学院郑州果树研究所

徐州市果树服务站

无锡市惠山区阳山水蜜桃桃农协会

俞明亮　马瑞娟　许建兰　王志强　沈志军

宋宏峰　朱守卫　杜　平　金唯新

自动导航无人机低空施药技术

农业部南京农业机械化研究所

中国人民解放军总参谋部第六十研究所

南京林业大学

珠海羽人飞行器有限公司

梁　建　薛新宇　周立新　常　春　孙　竹

张宋超　陈小兵　秦维彩　尚其龙

间隔缺损型心脏病介入治疗器械与技术创新研究

南京医科大学第一附属医院
先健科技(深圳)有限公司
孔祥清　杨　荣　盛燕辉　钱玲梅　孙　伟
张　浩　张德元　周　蕾　雍永宏

儿童急性白血病的基础与临床研究

苏州大学附属儿童医院
常州市第一人民医院
苏州大学附属第一医院
胡绍燕　潘　健　顾伟英　祁小飞　赵文理
冯　星　柴忆欢　何海龙　王　易

共刺激分子及其调节网络与免疫相关疾病的机制和检测

苏州大学附属第一医院
苏州大学
张学光　朱一蓓　居颂光　王　勤　孙　静
张光波　瞿秋霞　葛　彦　陈　成

氧化应激在慢性肾脏病的发生与进展中的作用及干预研究

南京医科大学附属南京儿童医院
南京医科大学
张爱华　黄松明　丁桂霞　朱春华　陈　颖
杨天新　陈秋霞　贾占军　赵三龙

骨关节软骨疾病的外科治疗

南京医科大学第一附属医院
南京军区南京总医院
苏州大学附属第一医院
范卫民　赵建宁　孙俊英　刘　锋　王　青
崔维顶　陈哲峰　郭敦明　周锦春

冠状动脉分叉病变介入诊疗技术的实验及临床研究

南京医科大学附属南京医院
中国人民解放军沈阳军区总医院
陈绍良　韩雅玲　叶　飞　张俊杰　张瑶俊
李　毅　邹建军　田乃亮　刘志忠

大型水利工程与气候变化对血吸虫病传播影响的研究

江苏省血吸虫病防治研究所
梁幼生　戴建荣　杨国静　孙乐平　汪　伟
洪青标　神学慧　吴荣凤　周　云

三等奖(121 项)

电信级统一身份认证和访问控制网关

华为软件技术有限公司
南京邮电大学
翟　勇　傅用成　潘　甦　杨　震　管红光
杨宜镇　王唯峰

矿井人员定位和广播、通信关键技术与装备

天地(常州)自动化股份有限公司
中煤科工集团常州自动化研究院
霍振龙　许　中　李玉魁　徐　炜　邵国强
顾义东　包建军

高密度凸点(BUMP)技术产品

南通富士通微电子股份有限公司
石　磊　缪小勇　施建根　王小江　高国华
李红雷　陶玉娟

基于云计算的海量物联网数据存储与处理关键技术与平台的研发与产业化

无锡众志和达存储技术股份有限公司
清华大学
张庆敏　张　衡　丁贵广　宋　君　郑志文
郭　栋　邢伟伟

高压高比容铝电极箔的关键技术与应用

南通海星电子有限公司
南京航空航天大学
严季新　王建中　张校刚　李　澄　孙新明
朱鸿伟　胡广军

高性能图像与视频超分辨支撑理论与应用技术

南京理工大学
肖　亮　韦志辉　张　军　吴泽彬　陆锦辉
钱　玲　孙玉宝

耐高压、高分断能力陶瓷基微型表面贴装熔断器

AEM科技(苏州)股份有限公司

李向明　张海明　邓学锋

智能燃气无线调压装置

特瑞斯能源装备股份有限公司

常州大学

郑安力　祝邵东　翟　军　包伯成　薛　庆
秦　艳　丁　胜

江苏省科技文献服务平台系统研建及其推广应用

江苏省科学技术情报研究所

北京世纪超星信息技术发展有限责任公司

夏太寿　周晓明　殷　铭　唐宝莲　王　飞
胡正强　宋峥嵘

异构网络中提升多媒体传输质量及用户体验的自适应控制体系

南京邮电大学

中兴通讯股份有限公司

刘　峰　罗圣美　唐贵进　董振江　董育宁
陆　平　邹玉龙

基于复杂事件处理的智慧城市管理系统

紫光软件(无锡)集团有限公司

无锡市人民政府新区管理委员会城市管理局

南京理工大学

杜　斌　王永利　王　浩　张功萱　周　晖
王海鹏　宋建华

新一代多功能、多业务、多网络智能支付系统及终端

江苏怡丰通信设备有限公司

南京邮电大学

张永正　张顺颐　殷安生　顾成太　蒋少锋
朱　银　陈　杨

江苏省场外核应急指挥信息化系统

江苏省核应急办公室

南京航空航天大学

江苏达科智能科技有限公司

苏振远　彭万清　陈　达　何秀根　耿　跃
陈伟时　凌永生

基于B2B电子商务运营信息的商情分析系统及应用

焦点科技股份有限公司

南京理工大学

姚瑞波　李　莉　黄建鹏　黄　谦　邹铁鹏
徐晓冬　翁　强

视频事件检测分析技术及应用

江苏大学

江苏科海智能系统有限公司

詹永照　毛启容　彭长生　宋雪桦　陈潇君
沈项军　柯　佳

三氯蔗糖中间体蔗糖-6-酯脂肪酶选择性催化合成方式的研究

盐城捷康三氯蔗糖制造有限公司

东南大学

盐城工学院

吴金山　沈　彬　朱国廷　丁振友　叶　波
王明亮　余晓红

长效止吐药盐酸帕洛诺司琼的国产化和临床应用拓展

正大天晴药业集团股份有限公司

夏春光　汪会霞　王艳霞　张来芳　高　勇
董　平　周　浩

基于纳米簇仿生功能界面的肿瘤相关生物检测与多模态成像方法

东南大学

南京大学

王雪梅　陈宝安　姜　晖　燕　红

抗乙肝新药恩替卡韦及其中间体合成新工艺

博瑞生物医药技术(苏州)有限公司

袁建栋　王征野　姜　桥　杭　帆　姜晓健
张　丽

用于肿瘤超早期诊断的新型 PET 试剂盒的开发及产业化

江苏华益科技有限公司
清华大学
徐志红　桂　媛　余兆钧　费维扬　金志明
高云虎　张思伟

蓝芩口服液治疗急性咽炎作用机制、临床疗效及产业化应用研究

扬子江药业集团有限公司
薛　明　郑　璐　姚仲青　曾海松　游　慧
沙　琦　石晶萍

国家一类新药来氟米特片的产业化

江苏亚邦爱普森药业有限公司
盐城工学院
王思清　陈再新　王　伟　祁　刚　王德才
杨绪跃　王新彬

代谢综合症炎症损伤的分子机理及黄酮类化合物干预研究

江苏师范大学
郑元林　陆　军　吴冬梅　张子峰　樊少华
单　群　胡　斌

微混电动车用卷绕式铅蓄电池

江苏双登集团有限公司
杨宝峰　佘沛亮　薛奎网　邵双喜　陆亚山
楼志强　孙中五

输电钢管塔设计及应用技术

中国电力科学研究院
江苏省电力公司
江苏省电力设计院
南京工业大学
中国电力工程顾问集团公司
李　正　杨靖波　李喜来　吴　威　安增军
陶青松　邢海军

高效冷凝式换热及烟气余热回收技术的研究与应用

无锡锡州机械有限公司
包建忠　吴剑锷　闵华军　司存信　胡道丛
殷万里　冯　铸

500KW光伏并网逆变电源

南京冠亚电源设备有限公司
张海波　孙邦伍　王兆明

75t/h～110t/h 国产化生物质直燃锅炉系列产品

无锡华光锅炉股份有限公司
东南大学
沈解忠　赵长遂　叶　雯　吴　新　徐德军
丁　虹　陈晓平

专用集成电路驱动的高可靠、长寿命节能灯研发及产业化

江苏豪迈照明科技有限公司
东南大学
盐城工学院
龚仕宏　沈克强　杨大伟　孙大有　陈　荣
龚　朴　陈宗烈

晶圆级 LED 白光芯片的研发及产业化

中国科学院苏州纳米技术与纳米仿生研究所
苏州新纳晶光电有限公司
王怀兵　吴　思　王　辉

节能与新能源汽车动力传动集成控制系统研发及产业化

南京汽车集团有限公司
张一京　陈旭东　张　涌　吴海啸　姜朋昌
刘同富　叶　进

1000MW 级特大型核电、火电机组继电保护系统的研制及应用

南京南瑞继保电气有限公司
严　伟　沈全荣　陈　俊　陈佳胜　张琦雪
李九虎　陈松林

大规模高铁牵引负荷友好接入电网技术及应用

江苏省电力公司电力科学研究院
西南交通大学
东南大学

国电南瑞科技股份有限公司
南京灿能电气自动化有限公司
思源清能电气电子有限公司
袁晓冬　李群湛　陈　兵　李　群　徐青山
顾　伟　袁宇波

光伏发电与建筑一体化关键技术研究及产业化

金陵科技学院
南京都宝实业有限公司
杨　忠　赵　晖　蒋洪初　司海飞　牟福元
鞠全勇　刘晨煜

隧道式连续大型洗涤机组关键技术研究及应用

江苏海狮机械集团有限公司
江苏科技大学
陈　宏　唐文献　张　建　施学成　李钦奉
陆亚琳　倪　祥

混合式有源电力滤波系统关键技术研究与应用

江苏大学
镇江市江大科技有限责任公司
刘国海　李自成　陈兆岭　刘　慧　廖志凌
沈　跃　梅从立

耐高温(Tg≥190℃)纤维增强树脂基复合材料芯棒的研制与产业化

远东复合技术有限公司
周　泽　汪传斌　徐　静　柳尧裕　李世霞
盛金伟　孟富强

全自动卧式燃油(气)冷凝式蒸汽锅炉

江苏双良锅炉有限公司
雷钦祥　潘聚峰　汪新球　吴　艳　许　清
丁　武　陆建旻

特高压输变电装备用大型复杂精密铝罐体的研发及产业化

南通爱尔思轻合金精密成型有限公司
翟春江　周素洪　陆卫华　翟　峰　许国海
刘　勇　俞志冲

2,6-二氯苯腈及其系列延伸产品的研制及产业化

扬州天辰精细化工有限公司
陈国云　王　瑛　刘润兴　王　晨　潘明生
沈忠诚　王正军

690~1100MPa级高强度结构用调质钢板的开发与应用

南京钢铁股份有限公司
东北大学
安徽工业大学
祝瑞荣　刘丽华　王丙兴　何宜柱　翟建勇
刘　涛　梁　川

半绝缘砷化镓和LED照明用7N级高纯砷研发及产业化

扬州高能新材料有限公司
王继荣　陈　琦　李显坪　姜　炜　王国华
刘乃权　潘　晋

TFT-LCD用高档液晶材料

江苏和成显示科技股份有限公司
谭玉东　游石基　陈昭远　陆建钢　于建安

恶劣气氛中炉衬复合耐火材料的开发及其产业化

东台市节能耐火材料厂
清华大学
盐城工学院
徐广平　何江荣　宋一华　侯贵华　罗旭东
刘鹏程　宋　扬

柔性可见光光催化空气净化材料关键技术研发及应用

江苏联发纺织股份有限公司
东华大学
黄长根　何瑾馨　唐文君　刘保江　姚金龙
向中林　于银军

连续氧化法生产偏苯三酸酐产品的关键技术及应用

江苏正丹化学工业股份有限公司
曹正国　荆晓平　姚科屏　任　伟　周伟林

钱勤华　王锁芳

高耐久型体外预应力体系关键技术及产业化

江阴法尔胜住电新材料有限公司
江苏法尔胜缆索有限公司
江苏法尔胜泓昇集团有限公司
金　平　费汉兵　单继安　王志刚　马伟杰
朱　峰　王　昀

环保节能型高效水基热处理介质关键技术的研发及产业化

南京科润工业介质股份有限公司
南京工程学院
聂晓霖　林天泉　巴志新　王章忠　左永平
王　涛　刘　昊

系列高性能防辐射涂覆材料的研制及应用研究

中海油常州涂料化工研究院
王留方　张保利　朱亚君　张　睿　刘志远
倪爱兵　赵宝华

高速重载铁路用高性能特殊钢开发及产业化

江苏沙钢集团淮钢特钢股份有限公司
铁道科学研究院
钢铁研究总院
王忠英　李培松　刘鑫贵　江惠中　杨忠民
包石磊　吴朝兵

菊酯中间体及其下游新农药品种的产业化

江苏优士化学有限公司
江苏扬农化工股份有限公司
王东朝　周景梅　李安明　姜友法　吴春中
陆东升　杨建文

高性能膨体弹力真丝及其制品

江苏华佳丝绸有限公司
苏州大学
俞金键　陈宇岳　林　红　徐海祥　陈冬良
吴伟英　吴丽珍

稀土超硬高速钢及工具产品的研制及产业化

江苏天工工具有限公司
东南大学
江苏天工工模具钢工程技术研究中心有限公司
朱旺龙　方　峰　周雪峰　徐辉霞　蒋建清
吴建忠　朱儒燕

载人电梯平衡补偿安全系统的制造技术

江苏兴华胶带股份有限公司
江苏理工学院
魏昌林　周　健　左健民　魏　伟　杨银忠
韩　阳　毛　亮

冰地轮胎操控性能技术的产业化

正新橡胶(中国)有限公司
罗才仁　张吉荣　方晓云　陶　巍　张　军
崔友明　文　辉

高效环保杀菌剂粉唑醇关键技术及环保剂型产业化项目

江苏七洲绿色化工股份有限公司
周耀德　周　炜　余　强　陶　伟　陶亚春
周　斌　胡春红

基于釜内合金技术开发聚丙烯汽车用新材料

中国石化扬子石油化工有限公司
徐振明　顾越峰　王振新　阚　林　姚小利
魏　峰　许造明

炼油催化剂专用高岭土关键制备技术研究

中国高岭土有限公司
李　勇　王　炜　陈丽昆　李心昌　张忠飞
邵晓秋　陈庆福

高端智能并联汽车喷涂机器人

江苏长虹汽车装备集团有限公司
清华大学
盐城工学院
仇云杰　刘辛军　王立平　屈益民　于学华
杨万宏　张成萍

XE215C液压挖掘机技术研究与应用

徐州徐工挖掘机械有限公司
蒋明忠　杨晓磊　费树辉　魏学平　刘　凯

陶仕甫　徐立明

大功率多功能深海石油平台支援船开发及产业化

江苏省镇江船厂(集团)有限公司
江苏科技大学
江苏现代造船技术有限公司
郭　琰　蒋志勇　张言才　管义锋　姚震球
刘　磊　邹耀明

大型清洁高效电站汽轮机空心叶片研发及产业化

无锡透平叶片有限公司
苏化冰　王烜烽　刘永骏　揭念柱　江　伟
匡逸强　贺　明

DMT-200型双电伺服数控转塔冲床

江苏金方圆数控机床有限公司
吴宏祥　叶敬春　陈曙光　李　强　徐长奎
王　雪　吕　振

高效节能电机多拓扑结构关键技术研究及应用

江苏微特利电机制造有限公司
北京交通大学
哈尔滨理工大学
李伟力　赵炳荣　曹君慈　李锦洲　沈稼丰
张金林　张晓晨

高效节能灯管高速自动生产线的开发及产业化

江苏浩明光电科技股份有限公司
高来明　何丽萍　环　靖　易处忠　陈德和
林　翔

面向高级量测体系的智能用电终端和系统关键技术

南京能瑞自动化设备股份有限公司
南京大学
周一心　王　健　刘国鹏　孙金良　李定胜
屈　战　夏玉宝

石油钻井井口智能动力钳及其工程应用

江苏如石机械有限公司
南京理工大学
刘志刚　陆宝春　陈　杰　沈　辉　仲建军
张登峰　张　卫

高性能低场核磁共振分析仪

苏州纽迈电子科技有限公司
杨培强　刘利荣　张英力　石志东

6300kVA特大容量智能化矿用隔爆型移动变电站

江苏中联电气股份有限公司
中国矿业大学
盐城工学院
苏成勇　耿乙文　陈　荣　陈定忠　仇成林
伍小杰　刘汉顺

炭材料先进制造技术及系列化成套加工装备

泰兴市晨光高新技术开发有限公司
陈善元　朱　强　戴爱国　严小林　梅建文
刘桂芝　张　明

超高速精密级进冲模关键技术的应用及产业化

昆山嘉华电子有限公司
周芝福　殷黎明　孙志浩

单缸柴油机关键技术与产品开发

常柴股份有限公司
江苏大学
江苏理工学院
孙建中　韩晓新　程用科　尹必峰　徐　毅
束卫兵　贾和坤

多根钢丝同时超音频感应加热镀铜生产线

无锡盛力达科技股份有限公司
张德刚　张德强　徐伟刚　黄立明　孙高健
邓　涛　邓建兴

新一代D系列旋挖钻机

徐州徐工基础工程机械有限公司
孔庆华　张忠海　张继光　吕伟祥　韩立华

孙　余　张　杰

360 度翻转小型四冲汽油机

江苏苏美达五金工具有限公司

蔡济波　刘　楷　吴玉华　赵兴国　王　敏　裴　勇　庄勇进

DH59 网络通讯多参数信号测试分析系统

江苏东华测试技术股份有限公司

刘士钢　陈　立　郝连奎　范一木　王翠荣　陈　云　陈　沂

5 兆瓦级以上海上风电机组轴承专用钢球

江苏力星通用钢球股份有限公司

施祥贵　王　嵘　苏银建　赵高明　周　勇　马　林　李薛俊

TY-1000 型液压自动压砖机

江苏腾宇机械制造有限公司

南京理工大学

田先春　陆宝春　蒋淮同　邵琳琳　徐亚军　余　峰　姚佳烽

VTM300 车铣复合加工中心关键技术研发及产业化

江苏恒力组合机床有限公司

盐城工学院

仲　秋　孙德洲　王　平　许兴旺　刘　卫　王　剑

基于传感网的机电装备智能监控诊断成套装置

江阴众和电力仪表有限公司

东南大学

张建春　刘桂兴　贾民平　许飞云　吴敏军　刘　俊　秦法涛

大型轧机牌坊高效自动化加工技术开发

常州宝菱重工机械有限公司

张永洁

气体水合物生成促进技术及在天然气采收工程中的应用

常州大学

常州能源设备总厂有限公司

王树立　周诗岽　李恩田　吴志敏　饶永超　金海鸥　赵会军

大气气溶胶理化特性及其对灰霾、云和降水影响研究

南京信息工程大学

中国气象局兰州干旱气象研究所

南京环境监测中心站

银　燕　韩永翔　魏玉香　朱　彬　于兴娜　陈　魁　杨素英

江苏油田叠前地震储层预测方法研究

中国石油化工股份有限公司江苏油田分公司

毛凤鸣　张雅君　朱立华　梁　兵　屠世杰　张春峰　鲍祥生

矿井泛在通信网络关键技术与装备

徐州中矿大华洋通信设备有限公司

中国矿业大学

徐州华讯科技有限公司

程德强　张剑英　盛文燕　赵培培　刘　海　梁　睿　赵　云

绿色建筑施工资源节约关键技术

江苏新源建筑工程有限公司

南通光华建筑工程有限公司

南通五建建设工程有限公司

江苏南通六建建设集团有限公司

浙江大学城市学院

葛政新　俞光武　丁小建　陈春来　葛加君　吴晓风　傅　明

污染源烟气水分监测关键技术研究与应用

南京埃森环境技术有限公司

南京信息工程大学

刘德允　张颖超　范黎锋　叶小岭　陈　莹　陈　清　李春红

苏州轨道交通一号线工程建设安全控制关键技术研究

苏州市轨道交通集团有限公司

东南大学

同济大学
北京交通大学
周明保　刘松玉　王占生　黄宏伟　陆　卫
袁大军　童立元

基于多类别重要目标防护的城市大型桥梁精确爆破技术

中国人民解放军理工大学
中国科学技术大学
核工业南京建设集团有限公司
南京交通工程有限公司
龙　源　季茂荣　金广谦　顾月兵　徐全军
温尊礼　刘　影

工业化全预制装配整体式(NPC)结构技术体系及连接节点技术创新研究

南通建筑工程总承包有限公司
侯海泉　董年才　郭正兴　张　军　陈耀钢
朱张峰　徐　兵

超大超深基坑用多排多向旋喷搅拌桩锚结构组合内支撑施工技术研发与应用

江苏江中集团有限公司
南通大学
南通纺织职业技术学院
成　军　江　林　田　俊　沈世祥　沈　锋
包　华　宗山尧

南京紫峰大厦超高层建筑施工关键技术研究

江苏建科建设监理有限公司
上海建工四建集团有限公司
苏州科技学院
陈　贵　张　明　刘学兵　杨红林　黄　轶
倪建新　谷志旺

梅种质资源研究与创新利用

南京农业大学
中山陵园管理局
南京傅家边科技园集团有限公司
浙江广播电视大学
无锡市梅园公园
南京中山园林梅花研究中心有限公司
房经贵　汪诗珊　高志红　章　镇　程晓建
李百健　董斌仁

中国牛科家畜遗传资源应用基础研究

扬州大学
盐城师范学院
徐州医学院
杨章平　常　洪　毛永江　孙　伟　冀德君
耿荣庆　武秀香

高强力生丝家蚕新品种的育成及产业化应用

苏州大学
南通市新丝路蚕业有限公司
西南大学
江苏新丝路丝业有限公司
如皋市蚕桑技术指导站
湖州市农业科学研究院
李　兵　沈卫德　周家华　鲁　成　汪　玲
严松俊　佘柳涛

外来灾害性林木有害生物检疫关键技术的研究与应用

中华人民共和国江苏出入境检验检疫局
安榆林　吴翠萍　顾建锋　廖太林　刘　勇
伏建国　钱　路

环糊精衍生物的酶法制备与应用基础研究

江南大学
徐学明　田耀旗　王金鹏　赵建伟　金征宇
谢正军　张　静

提高拮抗酵母对水果采后病害防治效力的途径及机制研究

江苏大学
浙江大学
张红印　郑晓冬　余　挺　董　英　张晓云
任晓锋　王　雷

转基因精准检测关键技术及应用

江南大学
盐城师范学院
中国检验检疫科学研究院
淮安出入境检验检疫局
崔　刚　黄　新　彭池方　陈秀金　冯　民

赵　媛　朱颖越

磷肥厂废渣磷石膏生产土壤改良剂与有机无机复混肥技术及其农业应用

南京信息工程大学
江苏省耕地质量保护站
南京宁粮生物工程有限公司
淮安柴米河农业科技发展有限公司
吴洪生　申双和　周晓冬　王绪奎　梁晓辉
景元书　王其传

江苏省现代农业信息服务全覆盖工程建设

江苏省农业信息中心
南京理工大学
吴建强　刘凤玉　王平涛　李　柱　顾　静
李千目　赵　霞

5S智能化农作物生产力遥感监测系统研发及应用

南京大学
扬州大学
江苏省作物栽培技术指导站
李建龙　孙成明　干晓宇　杜永林　葛自强
钱伟东　王科峰

克氏原螯虾养殖和深加工关键技术产业化研发

中国水产科学研究院淡水渔业研究中心
江苏宝龙集团有限公司
江南大学
周　鑫　徐增洪　王凤书　过世东　刘海英
赵朝阳　陈新伟

胎源性高血压机制与胎儿学中药评估技术平台重要成果

苏州大学附属第一医院
徐智策　茅彩萍　孙　淼　吕娟秀　夏　飞
张鹏杰　李凌君

妇科恶性肿瘤的临床与基础研究

南京医科大学第一附属医院
程文俊　刘劲松　姜　旖　万一聪　张　林
傅士龙

慢性HBV感染孕妇和婴儿的管理及母婴传播防治策略

南京市第二医院
韩国荣　江红秀　王翠敏　岳　欣　杨永峰
王根菊　赵　伟

生物活性材料对烧伤创面修复的调控机制及其应用研究

无锡市第三人民医院
苏州大学
吕国忠　吕　强　赵　朋　黄继人　朱宇刚
虞俊杰　李成万

肿瘤放化疗敏感性的基础与临床研究

南京医科大学第一附属医院
东南大学
中国人民解放军第八一医院
江苏省肿瘤医院
孙新臣　成红艳　陆祖宏　秦叔逵　曹远东
程　璐　冯继锋

肝癌相关通路关键信号分子活化及其靶向干预的临床价值

南通大学附属医院
宜兴市肿瘤医院
董志珍　龚伟达　姚　敏　陈　钟　袁咏梅
朱建伟　姚登福

食品安全关键检测技术研究与应用

无锡市疾病预防控制中心
江南大学
江苏省原子医学研究所
江苏省苏微微生物研究有限公司
张敬平　钮伟民　孙秀兰　黄　飚　吴家林
吴庆刚　肖　勇

儿童急性呼吸道感染多病原学监测及防治体系建设的研究

苏州大学附属儿童医院
季　伟　王宇清　汪　健　周卫芳　陈正荣
郭万亮　严永东

帕金森病的神经保护及自噬调控靶点

苏州大学附属第二医院

苏州大学

刘春风　梁中琴　杨亚萍　罗蔚锋　毛成洁

秦正红　王　芬

突变型 CD40L 联合 Klotho 基因治疗肺癌的研究

南京医科大学第一附属医院

吴剑卿　许　伟　赵卫红　陈　波　王　雁

李　燕　吴双双

血栓与出血性疾病相关抗体诊疗药物的研发及其临床应用

苏州大学

苏州苏大赛尔免疫生物技术有限公司

阮长耿　何　杨　江　森　赵益明　季顺东

杨剑峰　沈　飞

冠心病遗传学基础与早期风险评估

东南大学附属中大医院

南京医科大学第一附属医院

南京医科大学

陈　忠　王连生　谢芳艺　马根山　姚玉宇

严建军　唐建金

幽门螺杆菌感染与胃癌Ⅰ级预防的临床和基础研究

南京医科大学第一附属医院

江苏大学

张国新　邵世和　沈历宗　施瑞华　徐顺福

郝　波　潘晓林

糖尿病血管内皮功能异常和血管新生功能障碍的基础和临床研究

南京大学医学院附属鼓楼医院

徐　标　康丽娜　高　玲　李晓宏　丁　亮

陈　琴　董　莉

江苏地区妇女乳腺癌群体筛查及早期诊断关键技术的基础与临床研究

南京市妇幼保健院

南京医科大学

江苏省肿瘤医院

陆　澄　唐金海　王　婷　王凤良　殷　虹

付子毅　陈　飞

奥运会和全运会优势项目训练规律的多学科研究与应用

南京体育学院

张　雄　钱竞光　孙　飙　吕远远　戴剑松

沈鹤军　宋雅伟

肘部功能重建的基础与临床研究

南通大学附属医院

王友华　徐　华　徐水珠　刘　璠　阙纤沣

周振宇　徐大伟

抗磷脂抗体激活单核细胞表达 TF 及其信号转导机制研究

江苏大学附属医院

江苏大学心血管病研究所

江苏大学

周　红　严金川　王　婷　戴俏武　吴　莺

王美美　王海波

2013 年度江苏省企业技术创新奖

Awards of Jiangsu Provincial Enterprise Technology Innovation in 2013

2013 年度江苏省企业技术创新奖获奖企业名录(10 家)

1. 熊猫电子集团有限公司
2. 江苏豪森药业股份有限公司
3. 南车南京浦镇车辆有限公司
4. 鑫缘茧丝绸集团股份有限公司
5. 南京南瑞继保电气有限公司
6. 江苏奥赛康药业股份有限公司
7. 航天晨光股份有限公司
8. 瑞声光电科技(常州)有限公司
9. 南京莱斯信息技术股份有限公司
10. 无锡透平叶片有限公司

行 业 科 技

Industrial Science & Technology

经济与信息科技

Economy and Information Science & Technology

【概　况】 2013 年,省经济与信息化委员会(以下简称“省经信委”)坚持以科学发展观为指导,着力稳增长、调结构、抓创新、促转型,经济运行总体平稳,转型升级步伐加快,产业结构不断优化,发展后劲不断增强,多项工作走在前列。

【科技与质量工作】 2013 年,省经信委科技与质量工作把促进企业创新发展,加快产业结构调整和优化升级,提高经济发展的质量和效益作为工作的出发点和落脚点,围绕中心大局,扎实推动工作有效开展,取得了一定的进展成效。

一是完善企业技术创新体系。2013 年,全省拥有省级以上企业技术中心 1293 家,其中国家中心 75 家,省级中心 1217 家,省级中心中工业类 1058 家,物流类 55 家,软件类 52 家,建筑类 53 家。拥有市级企业技术中心 4050 家。累计已有国家技术创新示范企业 12 家,数量居全国前列。

二是加强新技术新产品推广应用。截至 2013 年年底,列入省重点推广应用目录的新技术新产品 522 个;组织实施 1390 项省重点新技术新产品开发项目;实现工业新产品产值 11742 亿元,比 2012 年同比增长 2.9%。

三是组织重点领域质量攻关。首批选择了 4 个数控板材加工设备主机产品和专用伺服电机、传动部件等 2 个关键配套件,形成 6 个攻关产品标的,进行了试点招标,通过招标确定 6 家中标企业;制定印发了《江苏省重点领域质量攻关招标项目组织实施方案》,确定 4 个方向作为 2014 年度的重点领域质量攻关课题。

四是夯实质量工作基础。工信部品牌培育试点企业总数累计达 46 家,其中示范企业 6 家;累计已有全国质量奖获奖企业 11 家,工信部认定的全国“质量标杆”企业 4 家;知识产权培育工程试点企业数达到 91 家;积极推进先进质量管理方法培训推广活动,组织了全国质量标杆经验交流、知识产权运用实务培训、制造业服务化分论坛等活动,开展了新一轮 TQM 普及教育活动,共培训 300 名骨干教师、培训超过 10000 人次,考试合格 5000 人。

【企业技术改造】 2013 年,全省投资总量平稳增长,全年完成工业投资 18387.5 亿元,同比增长 17.5%。

一是着眼顶层设计,系统推进技术改造。研究制订并由省政府出台了《关于进一步加强企业技术改造的意见》(苏政发〔2013〕163 号),有效引导广大企业走内涵式发展道路。编制《2013 年全省传统产业改造提升工作实施方案》并经省政府常务会议审议通过,扎实推进全省传统产业改造提升工作。制定江苏省 2013—2015 年工业强基专项行动实施方案,配合工信部共同开展“工业强基院士专家行”活动,着力加强全省工业基础能力建设。

二是立足规划引领,推动重点项目建设。实施“百项千亿”重点技改工程,编制《2013 年江苏省重点工业投资项目计划》,全力推进 436 项、总投资 5112 亿元重点技改项目建设,全年超额完成省政府年度重点工作百项考核指标中开工和竣工投产各 100 项重点技术改造项目的目标任务。编制以新技术、新工艺、新装备、新材料推广应用为主要内容的“四新”技改项目库,省级层面重点推进 352 项、总投资 3166 亿元的“四新”技改项目。编制 2013—2015 年传统产业改造提升项目库,着力推进 100 项、总投资 1726 亿元重点传统产业改造提升项目。充分发挥重点技改项目示范引领作用,制定《江苏省技术改造示范项目认定办法》，评选认定10项省技术改造示范项目。

三是深化银企协调，拓宽项目融资渠道。联合中国人民银行南京分行召开融资洽谈工作座谈会，面对面征求金融机构需求和意见，制定下发年度融资洽谈活动方案，指导各地组织开展形式多样、内容丰富的银企对接活动。全年有针对性地向金融机构推介了四批技术改造导向性项目566项，融资需求378.6亿元。联合中国人民银行南京分行召开2013年全省工业企业融资洽谈活动项目签约暨传统产业改造提升项目融资推介会，签约项目24项，发布传统产业改造提升项目329项。

【新兴产业发展】 2013年，省经信委认真贯彻落实省委、省政府加快发展新兴产业的各项决策部署，推动全省战略性新兴产业持续稳定发展。预计全年新兴产业实现销售收入同比增长18%，省经信委牵头的节能环保、新一代信息技术和软件、物联网和云计算、高端装备制造、海洋工程装备等5个产业发展态势良好，具体体现在以下几个方面。

一是产业持续快速增长。从全国情况看，全省节能环保、软件、物联网和云计算、海工装备等产业规模均居全国前列，新一代信息技术产业产值居全国第二，其中节能环保产业产值占全国比重达25%，海洋工程装备产业占全国市场份额超过30%。一批产品在全国具有较高的市场占有率。水处理设备占全国40%以上市场份额，全国污水处理设备10强制造企业中，江苏省占7席。机动车尾气后处理用催化剂、催化净化器核心技术已达世界先进水平，其产销规模位居全国第一。LED外延芯片占国内市场的四分之一，MO源在国际市场占有率达25%，国内市场占有率60%以上。

二是创新能力有效提升。2013年以来，新攻克了全集成智能控制节能电机、有机化工废水新型催化降解成套技术装备等多项关键技术并实现成果产业化。集成电路设计水平达到65纳米，制造工艺达到12英寸、30纳米，三维封装、晶圆级封装、芯片级封装等先进封装技术水平国际领先；掌握了大尺寸低水峰光纤预制棒、有机发光显示、高世代线液晶显示面板、LED核心设备等关键核心技术，新一代移动通信、下一代互联网、北斗卫星导航核心芯片和设备的研发取得明显进展。

三是龙头企业支撑有力。全省120家超百亿元工业企业（集团）中新兴产业企业超过半数。2013年，全省9家企业入选中国软件收入百强企业名单，其中南京联创科技集团股份有限公司、南京南瑞集团分列第5位和第6位；16家企业入围电子信息百强企业名单，入围企业数量居全国第二位。

四是产业集聚优势明显。新兴产业龙头骨干企业集聚国家和省级高新区、经济开发区的态势明显，南京市智能电网、盐城市风电装备、泰州市新型疫苗和特异性诊断试剂等3个产业列入国家首批新兴产业区域集聚发展试点。以无锡为核心，苏州和南京为支撑的“一体两翼”产业布局初步形成，区内产业规模占全省的比重达到75%以上。无锡国家传感网创新示范区产业链条逐步完善，物联网核心企业近700家，营业收入880亿元，部分技术、产品国内领先，达到国际先进水平。

五是人才建设卓有成效。开展了2013年软件人才“育鹰计划”培训工作，完成4期清华大学培训班和美国重点软件企业家培训班，共培训近300名软件企业高管。在硅谷举办江苏企业家与海外人才交流会，组织全省20家重点软件企业高管与来自硅谷及东部地区的200多位海外高层次人才进行交流恳谈，为全省软件行业吸引国际高端人才搭建平台。

（江苏省经济与信息化委员会 李 凯）

国土资源科技

Science & Technology of Land and Resources

【概　况】 2013年江苏省国土资源厅围绕中心工作，组织实施《江苏省国土资源“十二五”科技发展中长期发展规划》，较好地发挥了科技支撑作用。

【科技队伍】 截至2013年年底，江苏省国土资源厅机关、厅直属单位在职职工总数658人，其中科技人员450人，占职工总数的68.3%，具有高级技术职称的183人，占科技人员总数40.6%，中级技术职称175人，占科技人员总数38.8%，初级技术职称92人，占科技人员总数20.4 %。

【科技工作】 2013年省国土资源厅开展了面向全省国土资源系统科技项目立项工作,下发了《2013年度江苏省国土资源科技项目指南》。开展了省国土资源科技项目的立项工作，经专家论证，有40个项目通过论证被列入科技项目计划，其中指令性项目9项,指导性项目31项。

2013年省国土资源厅开展了2014年度国土资源公益性行业科研专项项目的推荐申报工作。目前有5个项目被国土资源部列入答辩项目,且已编制了项目实施方案及经费预算书。

2013年省国土资源厅重点完成《江苏省合理土地开发强度研究》课题。该课题是2013年省国土资源厅重要科技项目，在对土地开发强度的内涵、现状和变化进行分析的基础上,结合部分国家和地区以及国内相关省市的土地开发强度比较，利用定性定量相结合的方法，预测土地开发强度极限值,根据江苏实际,在极限值内再测算出江苏合理的土地开发强度。成果已经完成并报省委、省政府,为省委、省政府的决策提供了重要参考。

【科技成果验收评审】《既有遗迹边坡地质灾害预报方法研究》《基于遥感的淮安土地利用/覆被变化及生态效应研究》等17个科技项目通过了省国土资源厅组织的验收、评审。

【科技成果奖励】 根据国土资源部科学技术奖推荐申报要求,2013年省国土资源厅组织国土资源系统的申报工作，推荐申报6个项目，有1项获2013年度国土资源部科学技术奖一等奖第一名，获奖项目为“长江三角洲地面沉降防治关键技术研究与应用”,2项获二等奖,获奖项目为“长三角村镇土地规模利用研究”和“矿产资源勘查信息化创新研究——‘智慧勘探’系统工程建设及应用”。

根据江苏省科技厅科学技术奖申报要求,2013年省国土资源厅组织国土资源系统的申报工作,共推荐申报3个项目,有1项获2013年度江苏省科学技术奖二等奖,获奖项目为“矿产资源勘查信息化创新研究——‘智慧勘探’系统工程建设及应用”。

根据《江苏省国土资源科技创新奖奖励办法》的规定,省国土资源厅组织专家进行了2013年度省国土资源科技创新奖的评审工作。为充分发挥全省国土资源科技创新奖的引领作用，确保评奖工作的公正、公平、公开,对获得一等奖提名的6个项目进行了公开答辩。评审委员会成员在省国土资源厅科技委员会成员中产生，专家组成员来自南京大学、南京农业大学、河海大学、南京师范大学、中科院南京地理与湖泊研究所等单位,经专家现场打分投票,评选出3个一等奖和18个二等奖项目,评审结果在厅门户网站上进行了公示,无异议后进行了公布。

根据《江苏省土地、地质矿山环境整治项目科技创新奖评选办法》的规定,组织专家对申报2013年度省土地、矿山地质环境整治项目科技创新奖的项目进行了评审,评出了一等奖3项,二等奖12项,三等奖15项,评审结果在厅门户网站上进行了公示,无异议后进行了公布。

【科技管理】 根据《江苏省国土资源科技项目管理办法》,对系统内承担的国家级、部级的重点科技项目及省国土资源厅科技项目的完成情况及时跟踪管理,大部分项目实施情况良好,完成了预定的目标任务。《长江三角洲典型地面沉降区水土污染检测与防治技术研发与示范》等3个项目通过了国土资源部组织的中期检查，取得了阶段性成果。

【科技平台】 2013年8月15日,省国土资源厅组织“海岸带开发与保护重点实验室”“地裂缝地质灾害重点实验室”“土地实地调查监测技术重点实验室”3个重点实验室,“苏南土地整治-江苏金坛野外基地”“海岸带-江苏南通野外基地”“黄淮海采煤塌陷土地利用-江苏徐州野外基地”“耕地质量-江苏东海、宜兴野外基地”4个野外观测基地的主要负责人员召开了全省国土资源系统科技平台座谈会。通过交流加强合作、取长补短,整合发展,实现合作共赢。

【国土资源科普】 结合“世界地球日”“全国土地日”“全国科技活动周、省科普宣传周”等活动,大力宣传基本国情、基本国策和国土资源科学知识,有效地增强和提升了全社会的资源忧患意识和保护意识。

2013年4月22日是第44个“世界地球日”,宣传主题为“珍惜地球资源 转变发展方式——促进生态文明 共建美丽中国”。2013年4月22日,江苏省国土资源厅在南京地质博物馆举办了纪念第44个“世界地球日”主题报告会,邀请有关领导、专家,分别就转变经济发展方式、珍惜地球资源、地球极端灾害防治等方面做专题报告。报告会上,江苏省国土资源厅厅长李侃桢出席了报告会并做了重要讲话,中科院南京地理与湖泊研究所所长杨桂山做了题为《厉行节约与保护资源促进生态文明建设》的专题报告,省地质调查研究院总工程师张登明做了题为《江苏的地质资源和地质环境》的专题报告。同时举办多场科普知识讲座、广场咨询和便民服务等活动,联合南京大学地球科学与工程学院学生开展了主题为“保护地球资源 促进生态文明”的自行车队宣传活动。

江苏省国土资源科普基地的挂靠单位依据自身条件和优势,开展了培训班、主题讲座、科普进校园、科普进社区等系列活动。

【科技人才】 2013年,省国土资源厅推荐第一批国土资源高层次创新型科技人才。经部审查、遴选,最终江苏省徐州市国土资源局局长李钢入选第一批国土资源科技领军人才开发和培养计划;东南大学潘树国、南京农业大学陈会广、江苏省地质勘查技术院王波3人入选第一批国土资源杰出青年科技人才培养计划;江苏省土地勘测规划院“海岸带国土资源开发与保护科技创新团队”入选第一批国土资源科技创新团队培育计划。

2013年,省国土资源厅推荐江苏省“333高层次人才培养工程”。经江苏省人才工作领导小组审查、遴选,最终省国土资源厅省土地勘测规划院陆效平入选第四期第二层次培养对象,省地质调查研究院武健强、黄顺生、黄晓燕、陶芸、伍洲云5人入选第四期第三层次培养对象。

(江苏省国土资源厅 姜耀宇)

环境保护科技

Science & Technology of Enviromental Protection

【概　况】 2013年,全省上下认真贯彻党的十八大和十八届二中、三中全会精神,全力落实习近平总书记对江苏生态文明建设的新要求,科学划定生态保护红线,深入实施大气污染防治行动计划,系统推进水环境综合整治,持续强化环境执法监管,稳步开展环保制度改革,大力整治突出环境问题,圆满完成年度减排任务。全省环境质量总体保持稳定,环境安全得到有力保障,环境保护工作迈出新步伐。

【环境质量】 水环境。全省地表水环境质量总体处于轻度污染。列入国家地表水环境质量监测网83个国控断面中,主要水质指标高锰酸盐指数和氨氮年均浓度分别为4.2毫克/升和0.51毫克/升,符合Ⅲ类水质断面占45.8%,Ⅳ~Ⅴ类水质断面占51.8%,劣Ⅴ类水质断面占2.4%。与2012年相比,符合Ⅲ类水质断面比例上升2.4个百分点,主要水质指标年均浓度无明显变化。饮用水源:江苏省饮用水以集中式供水为主。2013年全省县级以上集中式饮用水水源地取水总量约47.50亿立方米,90个地表水水源地和4个地下水水源地取水量分别占98.5%和1.5%,其中,长江和太湖取水量分别占取水总量的60.5%和14.7%。依据《地表水环境质量标准》(GB 3838—2002)和《地下水质量标准》(GB/T 14848—1993)评价,全省集中式饮用水水源地水质达标率为99.98%。太湖流域:太湖湖体高锰酸盐指数和氨氮年均浓度均达到Ⅱ类水质标准,总磷年均浓度符合Ⅳ类标准,总氮年均浓度劣于Ⅴ类标准。与2012年相比,湖体总氮年均浓度下降1.4%;氨氮年均浓度基本持平;总磷和高锰酸盐指数浓度分别上升11.1%和8.1%。湖体综合营养状态指数为57.6,同比上升1.1,总体处于轻度富营养状态。15条主要入湖河流中,有6条河流水质符合Ⅲ类,占40%;其余9条河流水质为Ⅳ类,占60%。与2012年相比,水质符合Ⅲ类的河流增加2条,有5条河流水质改善了1个级别。淮河流域:江苏省淮河干流水质较好,4个断面水质均符合Ⅲ类标准。淮河流域主要支流水质总体处于轻度污染,符合Ⅲ类、Ⅳ~Ⅴ类和劣Ⅴ类水质断面分别占64.7%、25.2%和10.1%,影响水质的主要污染物为氨氮、总磷和高锰酸盐指数。与2012年相比,淮河干流和流域主要支流水质基本保持稳定。长江流域:江苏省长江干流水质较好,10个监测断面水质全部达到地表水Ⅲ类标准,与2012年相比水质保持稳定。主要入江支流水质总体处于轻度污染,41条主要入江支流的45个控制断面中,水质符合Ⅲ类、Ⅳ~Ⅴ类和劣Ⅴ类断面分别占63.6%、27.3%和9.1%，影响水质的主要污染物为氨氮和总磷；与2012年相比，符合Ⅲ类标准的水质断面比例上升1.4个百分点，劣Ⅴ类断面比例下降4.2个百分点。废水和主要污染物排放：2013年，全省废水排放总量59.20亿立方米，其中，工业废水排放占37.15%，生活污水排放占62.80%，垃圾和危险废物集中式治理设施废水排放占0.05%。废水中化学需氧量排放总量114.89万立方米，其中，工业污染源排放占18.21%，生活污染源排放占48.63%，农业污染源排放占32.74%，垃圾和危险废物集中式治理设施排放占0.43%。废水中氨氮排放总量14.74万立方米，其中，工业污染源排放占9.77%，生活污染源排放占63.91%，农业污染源排放占25.92%，垃圾和危险废物集中式治理设施排放占0.41%。与2012年相比，全省化学需氧量排放总量减少4.81万立方米，氨氮排放总量减少0.57万立方米。

空气环境。城市空气：全省环境空气中$PM_{2.5}$、PM_{10}、二氧化硫、二氧化氮年均浓度分别为73微克/立方米、115微克/立方米、35微克/立方米和41微克/立方米；一氧化碳和臭氧按年评价规定计算，浓度分别为2.1毫克/立方米和139微克/立方米。与2012年相比，全省二氧化硫和臭氧浓度基本持平，其他4项指标有所上升，升幅在10.8%~25.0%之间。按照《环境空气质量标准》(GB 3095—2012)二级标准限值进行年评价，13个省辖城市环境空气质量均未达标，主要超标污染物为$PM_{2.5}$、PM_{10}和二氧化氮。其中，13个省辖城市$PM_{2.5}$和PM_{10}均超标，7市二氧化氮超标，1市臭氧超标，二氧化硫和一氧化碳均达标。按日评价，全省空气质量达标率为60.3%，13个省辖城市达标率范围为53.6%~68.3%。酸雨：全省省辖城市酸雨平均发生率为26.7%，酸雨年均pH为4.64。沿江地区酸雨污染程度明显重于其他地区，常州、无锡和南通等7个城市监测到不同程度的酸雨污染，酸雨发生率处于23.0%~42.3%之间；徐州、连云港、淮安、盐城、泰州和宿迁6市未采集到酸雨样品。与2012年相比，全省酸雨污染总体格局变化不大，未发生酸雨城市数增加1个，酸雨平均发生率下降9.3个百分点，呈污染减轻态势。废气和主要污染物排放：2013年，全省废气中二氧化硫排放总量94.17万立方米，其中，工业污染源排放占96.72%，生活污染源排放占3.25%，垃圾和危险废物集中式治理设施排放占0.03%。氮氧化物排放总量133.80万立方米，其中，工业污染源排放占73.63%，生活污染源排放占0.46%，机动车排放占25.87%，垃圾和危险废物集中式治理设施排放占0.03%。烟(粉)尘排放总量42.52万立方米，其中，工业污染源排放占88.99%，生活污染源排放占4.56%，机动车排放占6.40%，垃圾和危险废物集中式治理设施排放占0.05%。与2012年相比，全省二氧化硫排放总量减少5.03万立方米，氮氧化物排放总量减少14.16万立方米。

声环境。全省城市声环境质量总体较好，昼间达标情况优于夜间，社会生活噪声和道路交通噪声是主要影响因素。区域环境噪声：区域环境噪声昼、夜平均等效声级分别为54.5dB(A)和46.1dB(A)，根据《环境噪声监测技术规范城市声环境常规监测》(HJ640-2012)评价，分别达城市区域环境噪声昼间二级和夜间三级水平。影响声环境质量的主要声源为社会生活噪声，所占比例为54.6%；其次为交通噪声、工业噪声和施工噪声，所占比例分别为21.9%、20.3%和3.2%。13个省辖城市中，南京、徐州、常州、苏州、连云港、淮安、盐城、扬州和宿迁9市昼间噪声达到二级水平；徐州、常州、连云港、盐城和扬州5市夜间噪声达到二级水平。功能区噪声：依据国家《声环境质量标准》(GB 3096—2008)评价，全省1~4(4a、4b)类功能区声环境昼间达标率分别为99.3%、97.8%、99.3%、98.8%和100%，夜间达标率分别为89.9%、93.3%、98.6%、73.2%和100%。城市交通干线两侧区域夜间噪声是影响功能区声环境质量的主要因素。全省环境噪声平均等效声级表现出与城市日常生产、生活和作息规律相似的变化特征，昼间8~18时平均等效声级维持在较高水平。道路交通噪声：全省城市道路交通昼、夜间声环境质量总体评价为好，平均等效声级分别为66.8dB(A)和55.7dB(A)，均达道路交通噪声强度等级一级。全省昼间超过70dB(A)(国家昼间标准限值)的路段长度占监测道路总长比例为14%，夜间超过60 dB(A)(国家夜间标准限值)的路段长度占比为20.5%。

生物环境。太湖、长江、京杭大运河等主要水体水生生物多样性调查结果显示，2013年全省水生生物环境总体保持稳定。主要河流底栖动物物种多样性评价等级为丰富的断面占4.4%，较丰富、一般、贫乏和极贫乏的断面分别占33.3%、31.9%、15.9%、8.7%，未采集到底栖动物物种的断面占5.8%。主要湖泊底栖动物多样性状况好于河流，物种丰富的测点占5.8%，较丰富、一般和贫乏的测点分别占55.8%、32.6%、5.8%。与2012年相比，主要河流底栖动物物种丰富和较丰富断面比例合计上升2.9个百分点，主要湖泊底栖动物物种丰富和较丰富测点比例合计下降3.1个百分点。

近岸海域。全省近岸海域24个海水水质测点中，符合或优于《海水水质标准》(GB 3097—1997)二类标准的测点比例为58.3%，三类标准的测点比例为41.7%，无四类海水。与2012年相比，二类测点比例下降4.2个百分点。12个近岸海域环境功能区中，有10个海水水质达标，达标率为83.3%，与2012年持平。31个主要入海河流监测断面中，水质符合《地表水环境质量标准》(GB 3838—2002)Ⅲ类标准的断面占35.5%，Ⅳ~Ⅴ类断面占51.6%，劣Ⅴ类断面占12.9%。与2012年相比，符合Ⅲ类标准的断面比例下降6.4个百分点，劣Ⅴ类断面比例降低9.7个百分点。

辐射环境。2013年，全省辐射环境34个国控点和272个省控点监测结果表明，辐射环境质量保持在天然放射性本底水平范围内。太湖、淮河、长江等重点流域水体中天然及人工放射性核素含量均在本底范围内；重点饮用水源地取水口水中放射性指标符合《生活饮用水卫生标准》(GB 5749—2006)要求；环境中电磁辐射监测结果均低于《电磁辐射防护规定》(GB 8702—1988)中公众导出限值的要求。田湾核电站外围辐射环境监控系统运行正常，6个实时在线自动监测站以及核电站外围30千米范围内陆地环境和海洋环境介质样品监测结果表明，核电站周围陆地伽马辐射空气吸收剂量率、环境中放射性核素含量均在本底水平统计涨落范围内。稀土冶炼加工及核技术应用等重点污染源企业周围辐射环境质量在江苏省天然本底水平范围内；广播电视发射台、移动通信基站、高压输变电工程等重点设施周围环境监测点电磁辐射水平满足相应环境标准的要求。

固体废物。2013年全省一般工业固体废物产生量11443.77万吨，综合利用量10651.66万吨，处置量745.39万吨，储存量83.05万吨。危险废物产生量214.99万吨，综合利用量105.97万吨，处置量107.44万吨，储存量3.77万吨。截至2013年年底，全省共有污水处理厂459座，实际处理污水量1041万吨/天，日产生污泥量7594吨。全省初步形成以焚烧处置方式为主，建材综合利用、填埋、堆肥和土地利用处置方式并存的污泥处置结构。

【生态文明建设工程】 全面部署生态文明建设工作。习近平总书记希望江苏在“率先”“带头”“先行”内涵中，把生态文明作为一个标杆，为建设美丽中国做出贡献。省委召开十二届五次全会，首次以全委会形式专题部署生态文明建设，成立由省委、省政府主要领导任组长的领导小组，成员单位扩大到51个。省委、省政府印发了《关于深入推进生态文明建设工程率先建成全国生态文明建设示范区的意见》，省政府出台了全国首个省级生态文明建设规划，明确以生态空间保护、经济绿色转型、环境质量改善、生态生活全民、生态文化传播、绿色科技支撑、生态制度创新“七大行动”为抓手，大力推进生态文明建设工程，并制定了“推进生态文明建设指标体系”，涵盖生态空间、生态经济、生态环境、生态生活、生态文化和生态制度、百姓满意度七大类20项46个指标，计划经过10年左右的不懈努力，实现生态省建设目标，率先建成全国生态文明建设示范区，实现“四个显著”——生态文明理念显著增强、绿色发展水平显著提升、污染排放总量显著下降、生态环境质量显著改善。

系统实施生态空间管控。在全国率先出台省级生态红线区域保护规划，按照“保护优先、合理布局、控管结合、分级保护、相对稳定”的原则，全省共划定15种类型、779块生态红线区域，总面积2.4万平方千米，其中红线区的陆域面积为2.28万平方公里，占全省面积的22.2%。省政府还相继出台了《江苏省生态补偿转移支付暂行办法》和《江苏省生态红线区域保护监督管理考核暂行办法》，对实施生态红线区域保护的地区给予生态补偿，2013年首次安排生态补偿转移支付资金10亿元，用于生态红线区域的环境保护和生态修复。

积极推进生态创建。全省坚持把生态创建作为推进生态文明建设的重要载体和有效抓手，累计建成国家生态市县22个，占全国总数的44%；15个地区生态市县建设通过环保部公示，即将命名；37个地区被环保部批准为全国生态文明建设试点。镇江被列为生态文明综合改革试点城市，扬州建成首个国家地级生态市。新增5个地区生态文明建设规划通过论证，全省所有市县生态建设规划实现全覆盖。新增157个省级以上生态乡镇，生态省建设基础不断夯实。

常州钟楼经济开发区和江阴高新技术产业开发区通过环保部、商务部、科技部组织的国家生态工业示范园区建设考核验收，吴江经济技术开发区等8家园区被批准建设国家生态工业示范园区。丹阳经济开发区等10家开发区被命名为省级生态工业园区。溧阳天目湖、姜堰溱湖景区建成国家生态旅游示范区，连云港市花果山景区等7家景区建成省级生态旅游示范区。

【污染减排】 完成年度污染减排任务。全省进一步加大落后产能的淘汰力度，不断优化产业结构，推进废水和废气污染物减排工程建设，全面完成主要污染物总量减排任务。2013年，全省化学需氧量、氨氮、二氧化硫和氮氧化物等4项主要污染物排放总量分别为114.89万立方米、14.74万立方米、94.17万立方米、133.80万立方米，较2012年分别降低了4.03%、3.73%、5.07%和9.57%，降低比例均达到2.8%、3.0%、4.0%、6.0%的年度减排目标要求。

全年完成水主要污染物减排项目1652个，新增城镇污水处理能力88万立方米/日，建设城镇污水收集主干管道3000千米，新增集中式污水处理设施覆盖建制镇80余个，建设企业深度治理和再生水回用工程59家。省财政投入畜禽养殖污染治理资金1884万元，建成规模化养殖场治污工程594家，新建规模畜禽场畜禽粪污无害化处理与资源化利用工程515处，改造发酵床养殖圈舍25万平方米。

完成大气主要污染物减排项目821个，省级财政共安排火电脱硝资金3亿元、脱硫资金1亿元、机动车淘汰资金1亿元、除尘和非电行业脱硝示范工程资金5000万元。关停小火电机组47万千瓦，完成燃煤机组脱硝设施建设60台(2450万千瓦)，拆除火电机组烟气旁路18个，升级改造脱硫设施8台，实现集中供热替代小锅炉项目13个，完成企业煤改天然气项目32个，建成新型干法熟料水泥窑脱硝设施15条，完成钢铁烧结机脱硫设施改造7台，淘汰老旧机动车7.3万辆。

严格环保准入。2013年，全省共审批建设项目环境影响报告书(表)36429个，总投资31436.6亿元；劝退否决160个不符合环保要求的项目，涉及投资超过90亿元。完成辐射建设项目环境影响评价审批1345份，辐射安全许可证审批1950份，放射源转让、转移等审批备案1329份。出台文件进一步调整下放建设项目环评审批权限，印发建设项目环境影响评价政府信息公开指南(试行)和工作规程，进一步提高审批效能，规范信息公开，推动公众参与。

【大气污染治理和联防联控】 制定严格的大气污染防治法规、标准。把改善空气质量作为最紧迫、最重要的民生工程，严格控制大气污染物排放，省人大常委会修订《机动车排气污染防治条例》，省政府颁布《江苏省大气颗粒物污染防治管理办法》。编制出台苏Ⅴ车用汽油污染物排放等地方标准，研究制订化工废气、表面涂装等重点行业大气污染物排放标准。

统筹实施大气污染防治工程。省大气污染防治联席会议办公室下达十大类900个大气污染治理重点工程项目，实际完成1173项。全省各市、县划定高污染燃料禁燃区总面积达5188平方千米，为建成区的1.2倍。出台全省燃煤锅炉整治方案，苏州完成国家燃煤锅炉整治一期试点。全省火电机组近60%装机容量完成除尘提标改造，落实钢铁、水泥等重点行业大气特别排放限值。加强挥发性有机污染物治理，推进9个省级化工园区整治试点，在19家大型化工企业推行泄漏检测与修复技术。

全面加强机动车尾气污染治理。全省共有机动车环保检验机构141家，覆盖全省各市县，拥有汽油车稳态工况法检测线333条，柴油车自由加速不透光烟度法检测线200条。全年共检测机动车459万辆，核发环保检验合格标志552万张。全省对新购和转入的轻型汽油车执行国Ⅳ标准，自2013年10月起，沿江8市全面供应国Ⅴ标准车用汽油，2013年年底前苏北5市供应国Ⅳ车用乙醇汽油。13个省辖市和部分县(市)划定了黄标车区域限行范围，南京市率先建成黄标车区域限行电子执法系统。全省共有3671个加油站、48座储油库、1071辆油罐车实施油气回收治理，治理完成率达94%。

不断加强施工扬尘治理。扩大《江苏省城市施工工地扬尘排污费征收管理试行办法》的试点范围,在南京市试点调整扬尘排污费征收标准,采取经济手段促进治尘措施落实。省住建、环保部门联合开展建筑扬尘、建筑垃圾和工程渣土运输处置督查，对防尘不力的工程项目及施工单位进行通报。

狠抓秸秆综合利用和禁烧。省政府出台《关于加快推进秸秆综合利用若干政策措施》,建立秸秆利用考核机制,安排3.4亿元专项补助资金,夏秋两季分别召开秸秆禁烧与综合利用工作会议。江苏省发展和改革委员会、江苏省农业委员会、江苏省环境保护厅、农业机械管理局开展联合督查,省人大常委会、省监察厅开展专项执法检查和效能监察,实行严厉的焚烧问责制。各地把秸秆禁烧和综合利用工作纳入政府政绩考核体系，建立五级禁烧网络,严格秸秆禁烧考核和责任追究,严肃查处“第一把火”。省环保厅完善卫星遥感、路面巡查和 $PM_{2.5}$ 自动监测“三位一体”的监管模式,对秸秆大面积焚烧的地区约谈政府负责同志，对工作不力的党政干部给予纪律处分。环保部卫星遥感监测显示2012年全省秸秆火点同比下降46.5%。

加强区域协作。推进长三角区域协作,强化亚青会期间苏皖省际合作，协同推进区域空气质量改善。加强监测预警能力建设,在全国率先实现县级 $PM_{2.5}$ 监测全覆盖,启动江苏省大气污染控制联合实验室建设。省环保、气象部门搭建监测信息交换与会商平台,开展大气质量预测预报工作,2013年9月起每月公布各市空气质量排名。发布大气重污染预警与应急方案，组织和推进省级和各地大气重污染应急预案编制,完善应对措施。开展全省大气污染源清单调查，推进南京及周边地区大气复合污染成因及对策研究。

【流域和区域污染防治】　积极推进太湖流域污染治理。落实“河长、断面长”责任,统筹推进控源截污等长效治理措施。密切监控太湖湖体、重点饮用水源地、重点河流水质和藻情变化,定期通报重点断面水质情况,深化水质异常波动调查处置机制,对问题突出的地方政府进行约谈。在持续高温、少雨等极端不利条件下,进一步强化监测预警、执法监管和应急防控，确保重点饮用水源地水质稳定达标,太湖连续第六年实现安全度夏,流域总体水质保持稳定。

加快淮河、长江流域治污规划实施。淮河流域规划项目建成投运的项目占比达45%，建立淮河流域断面长制,23个国家考核断面逐步确定地方党政负责人担任断面长；长江流域国家规划治污项目完成率超过序时进度要求，开展长江绿色生态廊道建设研究，省人大常委会组织对长江水污染防治条例实施情况开展执法检查。淮河、长江流域治污工作顺利通过国家考核。

加强南水北调沿线环境监管和水质监测预警。实施加密监测,强化应急防控,发布控制船舶污染公告,制定化学品限制清单,圆满完成南水北调东线通水试验,实现达标通水的预期目标,顺利通过国家南水北调治污规划实施情况评估。

强化集中式饮用水源地环境保护。开展国家城市集中式饮用水源地环境保护规划中期评估,完成34个乡镇饮用水源地保护区划分工作并经省政府批复实施,加强饮用水源地专项执法检查,推进饮用水源保护区规范整治。启动地下水基础环境调查工作,完成阶段性调查任务。

开展全省城市河道环境综合整治。出台全省城市河道环境综合整治工作指导意见，制定城市河道环境综合整治评估标准，城市河道整治取得阶段性成效。2013年全省累计投入资金37亿元左右，整治城市河道长度275千米,104条城市河道有70条河道整治达到评估标准要求。

加强重金属污染防治。编制重金属污染防治“十二五”规划2013年度实施方案,22个列入国家规划和232个列入省规划的重点工程项目分别完成了82%和76%。开展重金属污染综合防治“十二五”规划中期评估和重金属重点行业专项整治,基本完成太湖流域电镀行业专项整治工作。开展了全省涉重污染源试点调查与排污指标有偿使用基础调查。重金属污染防治工作在国家考核中名列首位。

加强化工园区整治管理。贯彻落实省政府关于切实加强化工园区(集中区)环境保护工作的要求,制定《江苏省化工园区环境保护体系建设标准(暂行)》。加强园区环境基础设施建设,全省58个化工园区中有55个化工园区全面实施了园区污水集中处理，污水处理厂日处理能力达到159万吨，铺设配套管网总长度达到1947千米;45个园区建成集中供热设施并投运;16个园区建成危险废物处置设施并投运。完善化工园区环境监测监控预警和应急处置体系建设,11个园区建成了空气自动监测预警网络,55 个园区完成企业应急预案编制,19 个园区基本完成环境防护距离范围内敏感目标搬迁。

加强农村和自然保护区环境管理。全面完成国家三年农村环境连片综合整治试点工作，集中推进省级太湖一、二级保护区连片整治示范。三年全省累计投入 23.1 亿元,在 21 个县(市、区)、217 个建制镇、3200 多个行政村开展整治工作,建成农村污水处理设施 982 套、生活垃圾转运站 132 座、畜禽粪便集中处置中心 11 座,铺设污水收集管网 4300 千米,近 900 万农民群众直接受益。加强自然保护区规范管理，实施盐城珍禽自然保护区退渔还湿和泗洪洪泽湖湿地自然保护区内养殖户转产搬迁工程。有序实施亚行贷款盐城湿地保护项目。加强生物多样性保护,编制《江苏省生物多样性保护战略与行动计划(2011—2030 年)》。

【环境执法监督管理】 严厉打击各类环境违法行为。环境执法力度持续加大,全省共出动环境执法人员 67.76 万人,检查企业 25.07 万家,立案查处违法企业 5403 起。开展整治违法排污企业、保障群众健康环保专项行动,组织开展化工园区、电镀企业、危险废物等专项检查。先后约谈了 7 个市(县、区)政府分管负责同志,对兴化市和戴南镇实施建设项目区域限批。全省征收排污费总额 21.01 亿元,连续 13 年位居全国第一,省本级征收 1.06 亿元。

积极推进环境执法联动。省政府组织召开全省环境执法联动工作推进会，建立由省政府副秘书长召集、公检法和环保部门参加的省级联席会议制度,司法联动取得实质性进展。省法院、检察院、环保厅、公安厅联合出台《关于建立实施环境执法联动工作机制的意见(试行)》。无锡、苏州、南京等地公安机关成立专门的环保案件侦办机构,无锡、常州、宿迁等地成立环保法庭,无锡滨湖区检察院成立环保案件办理机构。省环保厅制定涉嫌环境污染犯罪案件办理过程中环境监测数据认定、危险废物鉴定等工作程序。全年全省环保系统向公安机关移送涉嫌环境违法犯罪案件 44 起。

配合省监察厅、省政府法制办组织开展规范基层行政执法专项行动，配合省纪委举办全省执法监察驻点实战演练活动，组织环境监察专项稽查,开展环保执法案卷专项评查活动。省环保厅和南京、无锡、常州、苏州、南通等 5 市全面建成使用移动执法系统。省环保厅和 13 个省辖市均已在网站设置了污染源监管信息公开专栏，定期公布污染源监管和重点案件查处信息。

加强环境风险防控。印发《江苏省重点环境风险企业整治与防控方案》,全面推动全省 840 家重大及 1944 家较大等级环境风险企业开展环境安全达标建设。修编《江苏省突发环境事件应急预案》，完成对全省 313 家重点风险企业的预案编制、评估和备案工作。与山东省环保厅签订了《跨界环境污染纠纷处置工作机制》,组织沿江八市环保部门联合签署了《长江流域江苏段沿江八城市长江饮用水源地环境安全联动合作协议》。建成环境应急物资库南京基地，组织各地环保部门开展应急演练 12 次,参与政府演练 9 次,组织企业开展演练 243 次。

妥善处置环境突发事件和环境信访案件。全年接报突发环境事件相关信息 125 起，无重大及以上突发环境事件发生。省环保厅领导 12 人次参加接访,接待群众 11 批 19 人次,涉及 12 件环境信访问题；带案下访 28 件次，涉及 47 个信访问题。全省 113 个市、县(市、区)环保局领导干部参加接访 1562 人次,调处 689 件环境信访问题;带案下访 1346 人次,涉及 1384 件环境信访,解决了一批久拖不决的环境信访问题。全省环保部门共受理群众环境诉求 84822 件(次),排查出 601 件环境矛盾纠纷,已化解 555 件。

【环境监测预警与信息化】 进一步贯彻实施空气质量新标准，不断提升全省环境监测预警能力。2013 年系统改建了 53 个县(市、区)空气自动监测站,完成了 25 个国家县级模范城市空气自动站建设任务,在全国率先实现县域 $PM_{2.5}$ 监测能力全覆盖。启动了区域重污染天气监测预警系统建设,建立了与气象部门进行预警预报会商和信息发布机制。组织开展太湖蓝藻监测预警和枯水期应急监测工作，为连续 6 年实现太湖安全度夏提供了技术支持和决策依据。完成了 14 个南水北调水质自动站建设任务。

全面推进环境监测站标准化建设，在全国率先通过环保部组织的整体验收。通过监测站标准化建设,“十二五”期间全省监测机构新增编制超过 500 人,固定资产总值增长近两倍,基本仪器、应急装备补充较快。全省85家环境监测站全部通过了计量认证,80%以上通过实验室认可，省辖市站平均监测分析能力项目高达411项,其中11家具备饮用水监测指标全分析能力。

切实加强国控污染源监督性监测和企业自测,及时向社会发布监测信息,连续两年在全国主要污染物总量减排监测体系建设运行考核中位列第一。完成生态环境十年变化(2000—2010年)遥感调查和评估工作，为揭示全省生态环境变化规律奠定基础。

进一步完善全省生态环境监控系统（简称“1831”平台)。加强异常信息的预警和通报,深化江苏环保网站信息公开，推进环保行政权力在阳光下运行，实现环保行政权力事项网上运行全覆盖和网上行政监察全覆盖。网上运行160项在用权力,年度累计网上办件总数为1226件。江苏环保网站被评为“2013年度省级环保厅(局)优秀政府网站”,荣获2013年度“中国政务网站优秀奖”。

加快推进环境监测社会化试点。引导培育环境检测市场,印发了《关于开展江苏省社会环境检测机构监管试点工作的通知》,筛选了9家社会环境检测机构进入试点，积极探索环境监测工作改革与转型发展。

【政策科技改革创新】 全省环保系统进一步完善环境法制建设。《江苏省机动车排气污染防治条例》(修改)《江苏省大气污染防治条例》《江苏省洪泽湖水污染防治条例》《江苏省环境保护条例》(修改)《江苏省减少污染物排放条例》等5件立法项目列入省人大常委会2013—2017年立法规划,其中,省人大常委会已审议通过《江苏省机动车排气污染防治条例》(修订),于2014年3月1日起施行。

开展环保信用体系建设。出台《江苏省企业环保信用评价及信用管理暂行办法》和《江苏省企业环保信用评价标准和评价办法》，与省银监局、省信用办联合建立环保信用信息联动共享机制。2012年度国控重点污染源921家企业全部在“江苏省企业环保信用管理平台”中进行信用信息归集、初评、复核和终审。2012年、2013年连续两年被省信用办评为省级部门实施应用信用信息和信用产品示范工程总结验收一等奖。全省1720家环境风险企业投保环境污染责任险，承保责任限额27.07亿元,居全国前列。

加大科技创新力度。“十一五”期间国家重大科技水专项湖泊富营养化控制和监控预警两个主题在全省启动的19个课题全部通过验收,争取国家“十二五”水专项在全省立项18个课题,中央和地方财政共投入资金14.66亿元。设立省级环保科研课题69项,下达资助经费1900万元。全省有1项成果获国家环保科技二等奖,4项获三等奖,31项成果获江苏环保科技奖。开展《江苏省化工行业挥发性有机物排放标准》《在用压燃式发动机汽车排气污染物排放限值及测量方法（加载减速工况法)》《江苏省家具制造行业挥发性有机物排放标准》等3项地方污染物排放标准研究,以及《在用点燃式发动机轻型汽车稳态工况法排气污染物排放限值(DB 32/966—2006)》的标准修订工作。建立生态环境监控标准体系,分为9个大类31个二级分类,新建32条“1831”平台关键技术标准。

2013年11月6~8日,由省政府主办,省环保厅、发改委、经信委、科技厅、住建厅、商务厅、省外办联合承办的“第二届中国(南京)国际环保产业展示暨环境技术交流会”在南京召开。副省长许津荣、国家环保部总工程师万本太、全国人大环资委副主任委员,中国工程院院士、中国环境科学院院长孟伟,荷兰北布拉邦省副省长伯特保利、韩国忠清南道行政副知事宋锡斗等出席了开馆仪式并参观展会。此次展会共吸引包括美国、澳大利亚、丹麦、荷兰及中国台湾和香港在内的12个国家和地区的360余家企业、科研院所和相关机构参展。并同期举办了“洁净水行动国际技术交流会”“第三届江苏省蓝天工程国际技术交流会”,副省长许津荣、省政府副秘书长陆志鹏、环保厅厅长陈蒙蒙等出席。

2013年11月6日,中国(南京)国际环保产业展示暨环境技术交流会在南京开幕,副省长许津荣参观了展会。

【宣传教育与国际交流】 通过宣传教育推动全省生态文明建设不断走向深入。举办“生态江苏在行动”大型环保公益活动,向社会发布《江苏省生态文明行为规范》,组织开展首届全省环境宣传教育周活动,开展“2013 国际生物多样性年”主题宣传和“5·22”生物多样性日宣传活动,承办中国生物多样性伙伴关系和行动框架能力建设项目(CBPF项目)进展年度交流会,举办首届“生态文明·美丽江苏”大型摄影作品巡回展和 4 次“公众看环保”活动。召开新闻发布会(通气会、集中采访)40 场,江苏环保工作被主流媒体广泛报道。“@ 江苏环保”政务微博粉丝量达到 166.2 万,被人民网舆情监测室评为年度全国“十大环保机构微博”第一名。全年编制《每日环境舆情简报》323 期。成立全省环保社会组织联盟,开展城市河道环境综合整治公众监督活动。

2013 年 6 月 5 日,省环保厅、团省委、南京市人民政府共同在南京举行江苏省暨南京市纪念“六·五”世界环境日活动和“青春助力生态江苏”青少年生态环保行动启动仪式,副省长许津荣出席仪式并讲话。

认真履行与友好国家签署的合作协议,与德国巴符州能源与环境部、俄罗斯核动力康采恩股份有限公司、台湾土壤及地下水环境保护协会分别签署合作谅解备忘录及合作协议,在核与辐射、土壤及地下水防治等领域加强交流与合作。召开江苏–荷兰北布拉邦省土壤修复、中美大气环境污染预警等交流会,实施中日合作土壤污染防治技术项目、江苏–东约特兰省清洁生产审计项目。邀请美国、加拿大、澳大利亚等 12 个国家和地区 100 余家企业参加 2013 南京(国际)环保产业展示会,展示会期间分别与加拿大、澳大利亚等国举办了 7 场企业对接与环境行政交流活动,组织 200 多家中方企业与外方交流环保技术,促进双方实现优势互补和资源共享。全年共接待来自美国、荷兰、澳大利亚、瑞典、日本、韩国等国家 20 多个外国代表团来访。

深入推进“江苏省履行斯德哥尔摩公约能力建设项目”,完成新增持久性有机污染物(POPs)调查,召开 POPs 污染防治专题研讨会,开展 POPs 污染场地土壤修复技术评价体系研究,并在全国率先通过环保部组织的项目验收。

(江苏省环境保护厅　荆　琳)

建设科技
Construction Science & Technology

【概　况】 2013 年,江苏省建设科技工作紧紧围绕服务节约型城乡建设重点任务,积极贯彻落实科学发展观,以科技研发、成果推广、试点示范为抓手,推动建设事业科技进步;以建筑节能为核心,推动节约型城乡建设;以市场监管和诚信建设为重点,提高勘察设计质量和设计创新水平,圆满完成了既定的工作目标任务,取得了可喜的成绩。

【建设科技】 2013 年江苏省建设系统获国家批准立项的科技项目为 126 项,获“华夏奖”项目 14 项、获“全国绿色建筑创新奖”8 项、获“江苏省科学技术进步奖”7 项、获“江苏省建设科学技术奖”项目 22 项、获“江苏省绿色建筑创新奖”10 项、科技成果鉴定项目 69 项。

科技研究与示范。围绕节约型城乡建设十项重点工作展开科研攻关与示范,对历年科技项目完成情况进行了清理。各省辖市城市积极参与申报建设系统科技示范,项目确定后实施情况良好。

科技成果推广。发布建设领域科技成果推广项目 271 项。制定下发了《江苏省建设领域“十二五”推广应用新技术和限制、禁止使用落后技术目录》(第一批)(苏建设公告 204 号);与省公安厅共同下发了《关于印发《江苏省建筑外墙保温材料防火暂行规定》的通知》(苏公通〔2012〕671 号)。

工程建设标准化。编制发布《地源热泵系统性能检测技术规程》《装配整体式自保温混凝土建筑技术规程》等地方标准16项,《岩棉外墙外保温应用技术规程》等推荐性技术规程10项,《给水排水》《建筑物抗震构造》等标准设计9项。

推动建筑工业化和智慧城市创建。组织了长沙远大、宿迁元大等工业化技术应用论证会,推动工程试点。对"混凝土叠合楼(屋)板、预制楼梯"技术应用进行了规范,简化实施程序。制定了江苏省推广应用高强钢筋工作方案,明确推广应用500兆帕以上高强钢筋的目标任务,确定6个示范城市和9个示范工程,开展了高强钢筋关键技术研发。申报确立两批共19个智慧城市试点单位,组织专家到申报单位进行了专门指导,协助住房城乡建设部在南京召开华东地区智慧城市培训工作会议。组织试点单位共同开发公共信息平台,避免重复投资建设,与国家开发银行联系争取低息贷款,推进智慧城市建设进程。

【建筑节能】 建筑节能总体完成年度节能量目标,为超额完成"十二五"目标打下了良好基础。2013年,全省新增节能建筑15654万平方米(居住建筑11953万平方米、公共建筑3701万平方米)、建筑节能65%的项目有958万平方米、可再生能源建筑应用面积6046万平方米(太阳能光热5675万平方米、浅层地能371万平方米)、建筑节能改造项目面积588万平方米(居住建筑267万平方米、公共建筑321万平方米)。2013年度新增节能能力147万立方米标准煤、减少二氧化碳排放330万立方米。截至2013年年底,全省节能建筑总量达到109349万平方米,占城镇建筑总量的45%,比2012年末增长了4个百分点。

建筑节能管理。修订了《江苏省居住建筑热环境与节能设计标准》,将节能65%要求列为强制性条文。各市组织开展了建筑节能专项检查,省住房和城乡建设厅对省辖市和部分县市共90个项目进行了抽查,项目合格率96.7%。抓好新建建筑能效测评工作,全省共有529个项目通过建筑能效测评,超额完成了年度目标任务。苏州、无锡、泰州三市完成率较高。

建筑节能示范。省级财政进一步加大了对建筑节能与绿色建筑示范区的投入,2013年确立盐城、常州武进区、宜兴、太仓等4个市县区创建"省级绿色建筑示范城市(县、区)";确立泰州医药高新技术开发区、昆山花桥国际金融服务外包区、淮安生态新城等3个区域开展"绿色建筑和生态城区区域集成示范";在常州、扬州、连云港、宿迁、吴中等市新设立5个"省级建筑节能与绿色建筑示范区",区域示范合计安补助资金2.22亿元。国家太阳能光电建筑应用示范、国家可再生能源建筑应用城市示范和农村示范完成进度、质量全国最优;印发了示范区管理工作手册和验收评估办法,淮安生态新城、昆山花桥国际金融服务外包园、无锡中瑞生态城、苏州工业园区中新生态科技城、泰州医药高新技术产业开发区、南京紫东国际创意园等6个示范区通过了验收评估;启动"专项资金五年成果总结及示范项目授牌"工作。

建筑节能监管体系建设。印发了《2013年江苏省民用建筑能耗统计调查分析报告》,对7613栋建筑能耗进行了调查分析、对50栋建筑进行了能源审计。南京、无锡、常州、苏州、南通和镇江完成了市级数据中心建设。全省有625栋建筑实现了能耗数据实时上传(省属72项、高校271项、各市282项),南通、无锡、苏州超额完成了年度数据上传目标任务。印发了《公共建筑能耗限额管理、培育建筑节能服务市场试点工作实施方案》,推动常州、无锡与部科技发展促进中心合作,借助外部力量开展试点工作。常州市城乡建设局联合市旅游局、商务局、机关事务管理局等部门,对宾馆、商场、机关办公、医疗卫生和文化教育等391栋建筑进行了能耗调查、能源审计及能耗诊断,并已确定宾馆、机关办公建筑的能耗限额,制定了节能改造方案,试点工作率先取得进展。

建筑节能技术进步。一是组织引导科技项目研发和示范。126个研究项目获得住房城乡建设部立项,下达了101项省级建设科技项目和科技示范工程项目,补助研究示范经费442万元。二是建设科技成果丰硕。省建筑科学研究院有限公司科研成果——"混凝土裂缝分龄期防治新材料和新技术及其应用"获得国家科技进步二等奖;"南京市城乡规划用地管理决策支撑平台"等3个项目获得华夏建设科技奖二等奖,13个项目获得三等奖;"苏州工业园综合保税区综合保税大厦"等8个项目获全国绿色建筑创新奖;另有7个项目获得江苏省科学技术进步奖、69个项目通过省级科技成果鉴定;开展建设科技奖和绿色建筑创新奖评选工作,评选出"南京紫峰大厦超高层建筑施工关键技术研究"等21个建设科技奖项目和"凤凰谷”等10个绿色建筑创新奖项目。

【勘察设计】 2013年开展了勘察设计企业资质申报业绩核查工作，完成了140多家单位的业绩核查备案和住房城乡建设部交办的5批次143个项目业绩核查。加强对省外勘察设计单位的管理，办理了1704个项目的单项工程资质核验，审核通过43家省外企业的年度资质核验。为全省勘察设计企业办理了1485个出省(诚信)证明。提升行业管理信息化水平，启用了江苏省勘察设计行业管理信息系统。进一步简政放权，将进省单项工程资质核验工作下放至各省辖市住房城乡建设主管部门实施，并明确了权力下放后的监督检查、责任追究机制。

勘察设计行业监管。 强化工程勘察设计单位及专业技术人员的监管，规范市场秩序，开展了技术人员查重和全省工程勘察设计市场集中检查，注销了12家单位资质，责成相关市对67家单位和7名人员进行核查处理，通报批评了548家单位和8名人员，重新核查60家单位的资质。做好省外勘察设计单位资质核验工作，对省外勘察设计单位承接的2289个项目进行了单项工程资质核验，并审核通过了38家省外单位的年度资质核验。开发了“江苏省勘察设计行业管理信息系统”，提高管理信息化水平和监管效能。

施工图审查机构监管。 根据申报情况全年共审查认定了38家次审图机构。对审图人员的从业资格进行了核查，通过核查人员162名、注销人员40名。

勘察设计创新和技术进步。 开展了《推动江苏省建设领域创意设计产业发展政策研究》工作，对全省建设领域创意设计产业尤其是工程勘察设计行业的现状、制约因素等进行了分析，提出了推动行业转型升级的政策措施。组织开展了“2013年省城乡建设系统优秀勘察设计奖”评选，共有372个项目获奖。组织开展了“江苏省绿色建筑方案设计竞赛”，共有131家单位申报了255个设计方案，经过评审、公示，有105个设计方案获奖。组织开展了勘察设计注册人员继续教育，举办了4期注册建筑师、注册结构工程师继续教育、1期注册土木工程师(岩土)继续教育，共1500多人次参加。加强对审图人员的培训，组织1265名审图人员参加了施工图审查技术研讨会，对审图中发现的共性问题、疑难问题进行了讲解分析。

(江苏省住房和城乡建设厅 赵慧媛)

交通运输科技

Transport Science & Technology

【概　况】 2013年是实施“十二五”规划承前启后的一年，也是江苏交通运输转型发展、扎实推进现代化建设的关键一年。围绕交通运输发展主题主线，突出创新能力建设、重大科技专项研究、公路养护装备研发应用，加快“232畅通网”工程、船联网、多式联运等信息化建设，推进绿色循环低碳交通运输体系示范建设，全面完成了年初确定的各项目标任务，为交通运输现代化提供有力的支撑、服务和保障。

2013年全省交通运输科技创新与成果转化、信息化建设和节能减排成果丰硕，主要体现在1个行业研发中心通过交通运输部认定，厅智能交通工程技术中心成为交通运输部智能交通技术和设备行业研发中心；泰州大桥获2013年度全球享有盛誉的英国结构工程师学会最高奖项——卓越结构工程大奖(Structural Engineering Excellence)，该奖项是该学会1908年成立以来中国桥梁工程第一次获得的最高荣誉。2个大会成功召开，全国绿色循环低碳交通运输体系建设试点示范推进会、复杂条件建港技术国际学术交流会分别在无锡、南京成功举办。3个框架协议成功签署，交通运输部与江苏省人民政府签订了《共同推进江苏省绿色循环低碳交通运输发展框架协议》，江苏省被确定全国唯一绿色循环低碳交通运输示范省；江苏省交通运输厅与江苏海事局签订《信息资源共享合作框架协议》。江苏与上海浙江两省一市交通运输主管部门签订《长三角交通运输信息资源共享合作框架协议》。3个管理办法制定并实施，编制印发了《江苏省交通运输科技与成果转化项目管理办法》《江苏省交通运输信息化建设管理办法》《江苏省交通运输科技节能减排项目管理办法》。10项主要工作有力推进，成效显著：一是共获得国家、省科技进步奖、中国公路学会、航海学会科学技术奖共30项，推广新技术15项，获得授权专利14项，组织技术交流与培训4次；二是产学研用合作成果初现,开发的养护专用小型摊铺机、多功能养护车、温拌泡沫沥青发泡机等新型作业装备得到应用;三是公路养护技术与决策体系、桥梁健康监测与状态评估、城乡客运运营与评价技术、江苏沿海建港关键技术集成等重大专项研究取得一批阶段性成果并成功应用;四是国家科技支撑计划项目泰州大桥多塔连跨悬索桥研究顺利通过科技部和交通运输部的联合验收;五是“232畅通网”、船联网工程总体进展良好,内河船舶便捷过闸系统、高速公路综合管理与公共服务系统、交通行政权力网上公开透明运行三级联网工程、驾培智能化管理与服务系统、公众出行信息服务系统等项目已取得阶段性建设成果;六是“出租汽车电召服务关键技术与管理规范”和“江苏城市公交信息化工程建设技术指南”编制,为城市公交、出租车电召、手机招车的规范化管理与应用推广提供了重要参考;七是ETC苏通卡客户总数突破100万,非现金流量占全路网流量比例超过20%,苏通卡与道路运输证IC卡两卡融合试点成功;八是共有50个区域性主题性等节能减排项目获得交通运输部8700万元的专项资金支持;九是各有1个标准分别列入国家和交通运输部行业标准项目计划,1个标准列入国家和省服务业标准化试点项目,编制发布地方标准20项;十是交通运输行业QC活动覆盖面进一步扩大,共评选出128个优秀QC小组、7个质量信得过班组、5个质量管理小组活动优秀企业和6名质量管理小组活动卓越领导者。

【优化科技资源配置,推进创新能力建设】 加快创新体系建设。加快建立以企业为主体、市场为导向、平台为支撑,全行业参与的创新体系。结合全省交通运输发展需求,开展了年度科技与成果转化项目的指南编制发布、申报组织与评审工作。加大了对参与交通运输科研的企业、大专院校、科研院所的支持力度,广泛利用社会科技资源推进行业科技创新活动,建立了基础研究、应用研究、技术创新、成果转化协调发展的机制,落实与徐工集团签署的战略合作框架协议,研发和生产了沥青温拌泡沫发生装置、养护专用小型摊铺机、滑移多功能机等新型养护装备及相关材料,并在邳州一类工区配置到位,推进了养护现代化。

完善行业研发中心布局。新型道路材料国家工程实验室第一届专家委员会成立并确定了近期发展规划,制定了相应的运营管理办法和制度,并开始参与部重大科研课题。加强对公路桥梁工程技术研究中心、交通工程检测仪器计量技术研究中心、船舶工程技术研究中心、长大桥梁健康监测与诊断技术重点实验室等已建成科技平台的运行管理和业务指导,充分发挥其在科研攻关、技术推广、交流培训以及其他公益性服务方面的作用。水运工程技术研究中心全面参与连云港港、太仓港、长江南京以下12.5米深水航道等重大水运项目的规划、咨询、科研、检测。交通节能减排工程技术研究中心在节能减排相关政策研究制定、部省节能减排示范项目申报、技术交流、节能宣传周活动等方面做了大量的工作。智能交通工程技术研究中心已成为“232畅通网”工程的重要技术支持单位,在船联网、港口信息化、高速公路运营与服务智能化平台建设中发挥了重要作用,并被交通运输部认定为部级行业研发中心。

加强技术交流活动。整理、发布了年度科研成果和科技交流活动信息,编印了《江苏交通运输科技简讯》,及时提供有关科技动态、技术前沿、科研成果等信息。总结梳理了近两年来优秀科技成果,编印出版了《2011—2012年江苏省交通运输科技成果汇编》,分送各市局、厅有关单位以及相关单位,加强技术成果的交流和共享推广。组织开展了信息通信技术助力智慧交通发展研讨、复杂条件建港技术国际学术交流、公路三新技术推广等活动,推动了行业技术交流与合作。

【组织关键技术攻关,提升基础设施建养水平】 继续推进连云港港30万吨级深水航道建设关键技术等技术攻关。整合水运研究力量,围绕泥沙条件、航道回淤、航道开挖等淤泥质海岸建港技术难题,开展科技攻关和新材料、新技术、新工艺的示范应用,该课题的国家863计划部分(开敞海域淤泥质浅滩深水航道建设技术)已通过科技部的中期检查。做好泰州大桥多塔连跨悬索桥国家科技支撑计划项目研究组织协调工作,总结提炼了相关技术标准、施工技术、三塔两跨悬索桥设计技术等研究与应用成果,并顺利通过科技部和交通运输部的联合验收。

全面开展厅重大科技专项研究。整合省内优势资源,推进江苏沿海建港关键技术集成、公路养护技术与决策体系、桥梁健康监测与状态评估、城乡客运运营与评价技术4个重大专项研究工作，及时总结了12项阶段性成果并加强成果应用,研发了5项新材料,出台技术指南5部、管理办法3部。启动了内河养护成套技术、内河水上运输安全绿色技术、货运与现代物流业发展3个重大专项，确定了研究目标、内容架构、承担单位和实施方案,通过集成研究、工程示范等,形成相应的指导意见、指南和标准,并尽快形成一批拥有自主知识产权、技术水平国内领先、成果实用性强、经济效益显著的科研成果和科技产品。

加强成果转化与推广工作。开展科技示范工程建设,组织开展了“连云港绿色智能港口建设与运营”科技示范工程建设,对深水软基新型岸壁结构、淤泥质海岸疏浚土综合利用、高压变频数字化船用岸电等11项先进适用、效益良好的技术成果进行集成应用示范。依托宁高高速公路改造、芜申运河整治、省道237维修等工程,开展旧路面废料循环再生、温拌沥青路面、新型护岸结构以及综合交通枢纽智能化运行等技术示范应用,建立13个示范点，节约工程建设和养护费用1.1亿元以上，促进科技成果的集成应用和规模应用。

【加快信息化建设，服务交通运输现代化发展】 加快推进“232畅通网”工程和部信息化示范工程前期工作。“232畅通网”工程12个示范项目均已通过初步设计审查,内河船舶便捷过闸系统、高速公路综合管理与公共服务系统、交通行政权力网上公开透明运行三级联网工程、公众出行信息服务系统等项目已取得阶段性建设成果,项目实施总体进展良好;在无锡、盐城试点的基础上,组织开展了驾驶培训智能化管理与服务系统升级工程建设实施方案研究;组织完成“江苏省交通运输统计分析监测和投资计划管理信息系统”“南通市出租汽车服务管理信息系统”“公路水路建设与运输市场信用信息服务系统”3个部示范项目初步设计审查批复,“江苏省公路水路安全畅通和应急处置系统”已获交通运输部可行性研究批复,为后续项目实施奠定了良好的基础。

组织推进船联网相关工作的开展。内河船舶便捷过闸系统试点示范工程在周山河船闸建设和开通运行，大大提升过闸效率，有效降低船民负担,获得广泛好评。2014年将在京杭运河苏北段全线推进便捷过闸(水上ETC)系统建设;同时推进地方海事开展船舶电子签证和执法模式改革实施方案研究,服务便捷过闸系统推广应用。江苏省承担的船联网关键技术研究课题——“船舶运行环境感知与协同关键技术研究”和“水路交通运输监测预警系统研发及应用示范”进展顺利;同时组织完成内河船舶便捷过闸系统成果鉴定，开展推进基于智能自组网的船舶OBU研究,力争在关键技术研究方面取得新突破，完成船联网密钥申请并得到部科技司批复同意，为便捷过闸系统的推广以及船联网的实施创造了良好的条件。

多式联运信息化进一步推进。在省级铁水联运信息服务平台建成运行及连云港港集装箱、南京港散货件杂货铁水联运物联网应用成功试点的基础上,一方面加大成果完善与推广,组织开展与海关、国检部门信息交换研究与试点;完成南京港EDI中心二期工程放箱令和电子装箱单2个子系统的开发工作；徐州港铁水联运信息化工程正在加快推进,完成了总体建设方案设计;正在研究继续向镇江港、惠龙港等联运需求量较大的港口推进;另一方面积极拓展业务领域,组织开展了公铁联运、空铁联运信息化需求调研与相关课题研究,以及信息服务市场化营运方案研究，进一步梳理了多式联运信息化工作推进思路，拟充分利用省级平台既有资源与功能,选择有条件的货运企业,逐步推进“公铁水空”多式联运信息化业务试点与推广。

组织开展了全省交通运输系统总体设计预研究。结合“三解三促”活动开展,深入市、县基层一线开展调研，了解交通信息化存在的问题和发展需求;根据江苏交通运输信息化“十二五”发展规划和交通电子政务建设实施方案(2011—2013年),进行了信息化建设中期评估,对照规划目标和推进落实情况,结合基层业务调研,对规划执行效果、存在的问题、发展的新需求和新思路进行了系统梳理；在此基础上开展了信息化总体设计预研究，组织研究力量围绕薄弱环节与应用瓶颈分析、资源集约利用、利用云计算提高并发处理能力等内容进行了技术研讨,力求为江苏交通信息化、智能化的不断深入推进提供技术支撑。

加强交通运输信息化管理、协调和推广应用工作。编制印发了《江苏省交通运输信息化建设管理办法》,进一步规范交通运输信息化项目建设管理和资金管理;编制完成了《关于加快推进交通运输信息化智能化发展的意见》，服务行业转型升级，推动交通运输现代化发展；根据政府购买公共服务试点要求，开展了交通信息化科研项目立项招投标工作；编制印发了《江苏省交通视频监控系统联网技术要求》；积极组织开展推进长三角两省一市及与江苏海事、公安、国检、测绘等部门信息资源共享合作；组织完成了"出租汽车电召服务关键技术与管理规范"研究和"江苏城市公交信息化工程建设技术指南"编制，为城市公交、出租车电召、手机招车的规范化管理与应用推广提供了重要参考；根据业务开展需求，组织研究推进交通电子政务市县纵向网、县级横向网建设。还组织开展了《公共交通 IC 卡互联互通技术要求》等行业标准的意见征求与反馈以及信息安全检查工作。

【开展绿色循环低碳交通运输体系建设，支撑行业转型发展】 配合组织召开了绿色循环低碳交通运输体系建设试点示范推进会。2013 年 6 月，配合交通运输部在无锡召开了绿色循环低碳交通运输体系建设试点示范推进会，部、省领导出席了大会。在会上，交通运输部与江苏省人民政府签订了《共同推进江苏省绿色循环低碳交通运输发展框架协议》，确定江苏省为全国首个绿色循环低碳交通运输示范省份。

积极做好绿色循环低碳交通运输体系试点省份建设工作。根据部省协议的要求，积极组织开展绿色循环低碳交通运输体系试点省份建设，推进成立江苏省交通运输厅推进绿色低碳交通运输发展规划编制领导小组，编制了《江苏省加快推进绿色低碳交通运输发展规划(2013—2020 年)》和《江苏省绿色低碳交通运输发展区域性试点实施方案(2013—2017 年)》并报省政府和交通运输部审批实施。同时，积极推进无锡市低碳城市建设和宁宣高速公路改造工程、连云港低碳港口建设等交通运输节能减排专项资金区域性、主题性项目建设，督促项目实施主体按建设方案和计划稳步推进。

推进"千企行动""万家企业节能低碳行动"和部、省节能减排专项资金申报和奖励工作。按照国家相关部委的统一部署，积极配合省交通运输部、省经信委等部门开展"车、船、路、港"千家企业低碳交通运输专项行动和"万家企业低碳节能行动"，同时还不断丰富专项行动活动内容，引导交通运输企业积极开展节能减排、低碳运输工作，督促各参与企业完成预定的节能量任务。积极做好节能减排项目和成果的储备，利用这些项目为企业争取到更多的资金支持。2013 年，在交通运输部专项资金项目申报中，全省交通运输系统共有 48 个节能减排一般性项目争取到了 5000 多万元资金支持，2 个区域性、主题性项目共获补助 3700 多万元；同时，2013 年厅本级也扩大了节能减排专项资金规模达到 2500 万元，并制定了专项资金管理办法，安排近 1300 万元来补助中小型节能减排项目及省级区域性、主题性项目，这些资金补助对全省交通运输节能减排工作起到了巨大的促进和推动作用，充分调动了广大交通运输企事业节能减排工作积极性。

组织开展交通运输节能减排共性和关键技术的研究和技术示范工作。2013 年上半年，在节能减排技术需求调研的基础上，提出了 2013 年的节能减排科研选题指南，经过征集和专家评审，组织立项开展了"江苏省绿色低碳交通运输体系建设研究重大专项"等 3 个重大专项和 13 个一般性项目的研究，节能科研项目资金达到 730 万元。在加大技术攻关和积累的同时，积极推进技术示范工作，评选出十项江苏省交通运输行业首批节能减排示范项目，这些项目的技术应用情况代表了省内节能减排技术的最高水平，产生了良好的示范和推广作用。

完成交通运输行业结构性能耗强度调查，探索建立更科学的数据报送系统。根据《江苏省交通运输行业节能减排工作考核办法》及相关文件的工作要求，针对 2013 年部、省提出的节能目标，组织开展了 2013 年度针对公路营运客货车、水路货车、城市公交车、出租车以及港口生产的能源消耗调查监测工作。为了使数据报送更加科学、准确、及时，组织多家研究单位开展了"营运车船、港口能耗在线监测统计分析管理系统开发"重大专项研究，初步建立了营运客车、营运货车、内河营运船舶和港口的能耗数据自动检测和报送平台，配合厅能耗数据统计调查分析系统，在试点企业开展了试点工作。这些工作成果使目前全省交通运输行业的能耗监测和数据统计流程日趋完善，数据真实性和准确性大大提高，为节能减排工作效果评价提供了重要的基础数据支撑。

加强交通运输节能减排的宣传、学习和探索。在 2013 年 6 月的全国节能宣传周和低碳日期间，省交通运输厅联合江苏广电总台体育休闲频道等单位在南京举办了“绿色低碳交通伴我行”群众性公益宣传活动，组织广大市民参与体验公共交通和公共自行车出行的便利和好处，取得了良好的社会效益和宣传效果。

【加强技术基础工作，提升质量管理水平】 加强计量检定工作。制定下达了年度交通工程专用检测仪器检定校准、公路动态汽车衡计量检定等计划，保证了全省交通运输行业计量溯源合法化和准确性;协调省内各交通计量检定机构开展工作，做好检定项目参数计量授权建标申报工作，推动省汽车维修计量校准站建立工作,协调有关部门，组织开展省汽车维修计量校准试点工作。

推进标准编制修订和宣贯。组织对2012年度全省交通运输行业制定的《综合交通建设试验检测用表标准》等14个地方标准发布实施工作;结合标准发布，举办多期专题培训班，培训人员达6000多人次。组织国家服务标准试点项目、国家行业标准项目和省地方标准项目申报和制定,《综合交通建设试验检测用表标准》地方标准分别列入国家和省级标准试点项目计划,《车载式轮胎与路面噪声测试系统》和《交通试验检测电子表格》分别列入国家和交通运输部行业标准项目计划,《江苏省交通重点工程试验检测信息化标准》等20个标准列入江苏省地方标准制定计划。协助做好国家和地方有关技术标准、服务标准的宣传、实施和培训等工作。

开展质量管理工作。贯彻省政府名牌战略精神，组织全省交通运输行业施工企业和监理企业积极参加省政府“优秀质量奖”申报和评选,2个施工和监理单位分别进入省政府“优秀质量奖”系列。协助国家交通安全设施质量监督检验中心对全省部分公路在建项目所用的公路沥青等产品进行年度质量监督抽查。QC小组活动成果覆盖面进一步扩大,不仅解决了基层实际问题,而且提升了全省交通运输行业质量管理工作水平。共评选出128个优秀QC小组、7个质量信得过班组、5个质量管理小组活动优秀企业和6名质量管理小组活动卓越领导者。

（江苏省交通运输厅 郁海琛）

电力科技

Science & Technology of Electric Power

【概 况】 2013年,江苏省电力公司认真贯彻落实科学发展观，把科技创新作为服务地方社会经济、推进公司与电网发展方式转变的重要支撑,在国家电网公司“一流四大”(建设一流科技人才队伍、实施大科研、创出大成果、培育大产业、实现大推广)科技战略指引下,不断增强自主创新能力，努力提升核心竞争力,形成了良好的创新基础,取得了丰硕的创新成果。公司智能电网、新能源消纳、特高压施工检修等关键技术研究取得了重要进展。电能计量实验室成功晋级为国网公司重点实验室,GIS设备运维检修实验室获得国网公司授牌，江苏省电力公司已成为试验研究能力获总部授牌数量最多的省级电力公司。“变电站智能设备检测技术科技攻关团队”获得国网公司命名,成为为数不多的省级电力公司攻关团队。2012年,公司获得2012年度国家科技进步二等奖1项,获省部级奖励28项,其中国网公司科技进步奖10项、中国电力科学技术奖6项、国家能源科技进步奖3项、江苏省科学技术奖5项、国网公司专利奖4项。申请发明专利569件、国际专利16件,累计拥有专利突破2000项。公司科研创新能力在国家电网公司系统名列前茅。

2013年江苏省电力公司重视科技工作管理，主动适应“三集五大”深化完善及公司自身创新发展需要,对接国家电网公司科技创新体系,及时修编科技管理制度,公司创新体系得到完善,科技创新氛围日益浓厚,管理规范化水平不断提高。

【加强机制建设，多维度完善科技创新体系】 一是主动对接国家电网公司科技创新体系。结合“三集五大”体系深化完善及公司自身创新发展需要,编制发布了《关于加强公司科技创新体系建设的意见》,拟订了《科技支撑服务能力建设方案》,大力开展创新体系建设。二是及时修编科技管理制度。按要求开展国网公司通用制度标准应用试点工作,及时完成了科技项目立项导则修订,下发了“《江苏电机工程》期刊管理工作方案”及“2013年科技管理劳动奖赛实施方案”。三是推进内控机制及“五位一体”新机制建设。组织完成内控标准流程应用分析及穿行测试资料收集，开展内控流程差异性分析。完成“五位一体”流程优化及关联关系梳理。四是完善科技考核制度。完成了公司业绩考核和同业对标指标体系指标完善与分解，编制了公司重大科技创新成果业绩考核奖励细则。

【加强组织策划，多举措实施科技顶层设计】 一是召开了公司“三新”座谈会。精心策划会议方案，组织编制会议材料，努力丰富会议形式与内容，成功组织召开了“新技术、新工艺、新材料”应用座谈会。二是积极参与创新大会组织工作。评选出了先进单位、集体、个人，组织完成表态发言材料编制。落实大会精神，大力开展先进典型宣传，实施创新举措。三是制定实施科技创新三年行动计划。经广泛征集各单位、各部门创新建议，优化调整科研布局，编制发布了科技创新三年行动计划，以计划为指引，开展科技项目策划、安排。四是深入推进工作调研。开展科技创新体系建设运行及科技人才队伍建设情况调研，提交了调研报告。五是举办了“国际一流配电网和新能源发展”创新论坛，宣传公司创新发展理念，探索高效管理模式，寻求技术创新突破，为建设更加可靠、经济、高效、友好的智能配电网提供有力支撑。六是组织相关单位开展科技创新研究生工作站策划工作，形成了建站方案与建议。

【加强统筹整合，多手段提升科研立项水平】 一是不断完善立项评审流程。在立项过程中持续强化项目储备可研形式审查、情报检索，细化技术论证评价指标，选取技经专家以及技术专家探索实施项目经费审查，提高立项科学性。二是注重重大项目策划整合。项目储备过程中，结合公司技术优势在调度自动化、营销用电、柔性输电、分布式电源接入等方面开展重大项目整合策划，提高立项质量。三是积极组织参与总部指南项目策划申报。依托变电站智能化、电能计量等科技创新优势领域，努力将公司技术需求纳入指南。充分发挥国网公司系统内研究院所、知名高校等外部科技资源的互补与协同作用，组建优势攻关团队，成功申报总部指南项目10项，居省级电力公司首位。

【加强执行管控，多方面保障项目推进质量】 一是强化计划执行。及时下达了年度科技计划及任务书，及早完成了服务招标，大力推进经费执行。组织召开新立项项目启动会，明确项目分工、考核目标和工作机制。严格月报、季报制度，定期通报计划、指标完成情况，加强节点管控，提高研究质量。二是强化规范管理。以公司依法治企审计为契机，在做好依法治企审计有关问题梳理解释的同时，全面收集整理审计中出现的各种问题，分析其症结所在，主动沟通整改，规范项目管理。三是强化项目实施。顺利完成国家重大科技专项“面向智能电网的安全监控、输电效率、计量及用户交互的传感器网络研发与应用验证”现场实施，积极组织863课题“高渗透率间歇性能源的区域电网关键技术研究和示范”“智能配电网优化调度关键技术研究”“智能用电信息及通信支撑技术研究与开发”通过国家中期检查。严格执行月报与季度会议制度，开展总部项目季度执行情况检查与分析，及时协调存在问题，保障项目取得年度预期成果。

【加强验收考核，多途径培育重大科技成果】 一是严把项目验收关。严格执行国网公司总部项目预验收制度，认真组织好项目经费审计、验收材料审查。完成了“基于卫星遥感等多信息源的电网气象灾害预警及高级应用研究”等总部项目验收11项、公司管理项目验收38项。二是重视成果评审与奖励。经形式审查、专家网评、集中评议、科技委评定，评出公司2013年度科技进步奖38项，其中涉及新能源消纳技术3项、智能电网建设8项、一流配网技术4项，成果契合了公司“两个一流”建设对科技创新的迫切需求。三是加强重大成果整合。发布了《关于进一步提升科技项目成果水平的意见》，引导各单位积极开展成果整合提炼、包装策划，注重培育成果效益与影响力，向省政府、电力行业、国家能源局推荐了“电能计量器具智能检定与配送关键技术及成套设备”“大规模高铁牵引负荷友好接入电网技术及应用”等一批自主完成的创新程度高、影响范围大的成果，努力提升高等级科技奖励水平。四是努力促进科技成果推广应用。编制了《科技成果推广应用管理办法》，向国网总部新技术推广目录推荐了“电能质量监测装置一键式自动化检测平台”“遥控无人直升机展放初级导引绳的施工方法”等12项新技术。五是不断强化专利成果管理。推行发明专利优先、数量质量并举的方针,提高发明专利比重及授权数量。完成国网公司专利运营试点工作任务,探索建立专利成果转化机制,按期提交了《专利运营分析报告》,明确战略目标、重点及实施步骤,提升公司专利集中管控水平。

(江苏省电力公司 金 逸)

医学科技

Medical Science & Technology

【概 况】 召开全省卫生科教工作会议,明确全省卫生科教工作年度要点,布置全科医生培养、基层人才“百千万提升计划”、学科建设人才培养、适宜技术推广等重点工作。制定并印发《2013年全省卫生科技教育工作要点》。

【中国医学科学院江苏分院建设】 按照原卫生部和省政府签署的《促进江苏省卫生事业发展合作协议》要求,2013年3月12日中国医学科学院、江苏省卫生厅、江苏省科技厅在北京签署《关于共建共管中国医学科学院江苏分院的框架协议》。5月江苏省卫生厅、江苏省科技厅联合成立中国医学科学院江苏分院共建共管工作领导小组。10月底江苏分院的三家实体机构之一——苏州系统医学研究所共建协议书正式签订并建成开放运行。行文《省卫生厅关于组建江苏省医学科学院的请示》(苏卫科教〔2013〕16号)报请省政府批准组建江苏省医学科学院,提出设立医学科技创新专项资金、成立江苏省医学科学院筹建工作领导小组等事项。按照要求,省卫生厅行文《关于组建江苏省医学科学院的请示》(苏卫人〔2013〕45号)报请省机构编制委员会暂核江苏省医学科学院筹建期间全额拨款事业编制50名。

【学科建设和人才培养】 修订“科教兴卫十二五工程”建设培养对象现场考核评估指标体系。完成对“科教兴卫十二五工程”建设培养对象进行现场考核打分。“科教兴卫十二五工程”建设培养对象均能较好地按照建设培养年度计划完成建设培养任务,工程年度建设获得省部级科技进步奖60项、国家自然科学基金项目253项、发明专利108项、新药证书9张、发表论文SCI收录1899篇。根据专家现场考核结果,制定印发《关于公布2012年度“科教兴卫工程”考核结果的通知》(苏卫科教〔2013〕17号),并依据考核结果分等级制定下达2013年度补助资金4000万元。

受理南京医科大学第二附属医院《关于变更项目负责人的申请》(院发〔2013〕34号),经厅长办公会研究,取消王志梁江苏省“医学领军人才”资格,终止南京医科大学第二附属医院普外科“胰岛移植治疗糖尿病”创新团队资助合同,并责成南京医科大学第二附属医院全额追回已拨的65万元专项经费。

【项目与成果管理】 受理2013年度江苏省卫生厅科研课题项目申报290项。召开评审会议,评出122项,其中,卫生部项目10项、面上项目63项、青年项目10项、指导性项目19项、医改项目20项。按照《江苏省卫生厅医学新技术引进奖奖励办法》有关规定,受理2013年度江苏省卫生厅新技术引进奖申报606项。召开评审会议,评出210项,其中,一等奖51项,二等奖159项。

卫生部卫生行业科研专项。组织申报2014年度卫生部卫生行业科研专项,推荐省人民医院肾癌诊疗体系的创新和关键技术的应用等5个项目为2014年度卫生行业科研专项。

“艾滋病和病毒性肝炎等重大传染病防治”科技重大专项。召开“艾滋病和病毒性肝炎等重大传染病防治”科技重大专项课题启动会。推荐南京医科大学邓国民教授为卫生部“抗体技术重点实验室”主任。

江苏省国际科学技术合作奖。组织2013年度江苏省国际科学技术合作奖推荐工作。组织全省卫生系统申报省科技进步奖85项。推荐申报国家科技重大专项“十二五”实施计划2014年新增课题。

江苏预防医学科技奖。受理江苏省预防医学会申请,同意其向省科技厅申请设立“江苏预防医学科技奖”。

国家创新医疗器械产品应用示范工程。与省科技厅联合承办召开“国家创新医疗器械产品应用示范工程(江苏)启动会”。

生物医学伦理。按照国家卫计委要求,开展《涉及人的生物医学研究伦理审查办法(试行)》实施情况调查。

适宜卫生技术推广。组织推荐、筛选并公布“江苏省城乡基层适宜卫生技术项目资源库”项目名单(2013 年度)。要求将适宜技术推广工作列入省卫生厅对各地区、各单位的年度综合目标考核指标。凡推广的适宜技术培训项目,将列入当年的省级继续医学教育项目并授予相应学分。全省城乡基层适宜卫生技术推广应用工作被《健康报》以“江苏百项适宜技术下基层”为题进行报道。

【省级转化医学基地】 开展省级转化医学基地建设。制定印发《关于组织申报江苏省转化医学基地的通知》(苏卫科教〔2013〕19 号),经各市、各单位推荐、申报,资格审查,专家评审,公布了 19 家三甲医院为转化医学基地,下拨建设经费 127 万。

【生物安全管理】 应对禽流感防控形势,向卫生部申请紧急启用江苏省疾病预防控制中心生物安全三级实验室开展 H7N9 禽流感病毒实验活动。根据国务院《病原微生物实验室生物安全管理条例》和《江苏省病原微生物实验室生物安全管理规定》要求,组织制定《江苏省病原微生物一、二级生物安全实验室备案管理办法》并提交厅长办公会议讨论。制定印发《省卫生厅关于加强与人体健康有关的病原微生物实验室生物安全管理工作的通知》(苏卫科教〔2013〕21 号)。

(江苏省卫生厅科技教育处)

中医药科技

Science & Technology of Traditional Chinese Medicine

【概　况】 积极搭建各类科技平台,全力推进中医药科技创新。2013 年 6 月,中国中医科学院江苏分院在江苏省中医药研究院正式成立。9 月,国家中医临床(脾胃病)研究基地通过国家中医药管理局阶段评估。10 月,经省编委批复,江苏省中医临床研究院在江苏省中医院成立。继续加强中医药研究室、中医药实验室等科技平台建设,全年新增国家中医药管理局重点研究室 2 个,江苏中医药科技高水平平台建设初具规模。积极组织申报各类中医药科技项目。完成近年来的省中医药局科技项目摸底调研。完成 2013—2014 年度省中医药局科技项目申报和评审工作,最终立项 249 项。2013 年全省中医药系统共立项省部级以上课题 123 项,其中国家自然科学基金 81 项,省自然科学基金 26 项。发表论文 3214 篇,其中核心期刊 1604 篇,SCI106 篇,授权专利 65 项。创新中医药科技管理体制机制,启动省中医药局科技项目管理办法修订工作,做好省中医药局科技项目管理信息系统调研工作,筹备中医药传统知识保护技术研究项目、中药资源普查试点工作。

【科研人才培养】 推进中医药重点学科建设。召开了国家中医药管理局“十一五”重点学科中期推进会及“十二五”重点学科启动会,推动全省国家中医药管理局“十一五”(14 个)和“十二五”(21个)重点学科的建设。印发了《江苏省中医重点学科建设与管理办法》,启动了江苏省“十二五”中医药重点学科建设工作。共遴选 20 个省中医药重点学科建设单位和 12 个培育单位,给予一定的经费支持,在绩效考核中明确学科建设科研指标。力争通过 3 年的建设,使各学科医教研综合发展,进一步提升中医药学术水平,达到申报国家级中医药重点学科的标准。加强中医药人才培养。继续抓好第三批全国优秀中医临床人才研修项目、省中医药领军人才、第二批省中青年中医临床人才研修项目等重点中医药人才培养工作。继续举办西学中研究生课程进修班。在省级中医药人才培养项目中,给予配套课题,在加强中医药学术能力培养的同时提高重点人才的科技素养。

【中医药学术传承】 推进名老中医传承工作室和中医学术流派传承工作室建设。做好现有 33 个国家级和 30 个省级名老中医传承工作室建设工作,督促首批 10 个国家级工作室做好验收准备。开展名老中医传承工作室信息系统试点工作。首批 5 个全国中医学术流派工作室正式进入建设周期。2013 年新增 6 个全国名老中医药专家传承工作室。

做好各级老中医药学术经验继承工作。在总结第四批全国老中医药专家学术经验继承工作经验的基础上,全面做好第五批全国师承工作。经考核选拔,全省 80 名第五批全国师承学员中有 45

人被南京中医药大学录取,在职攻读专业学位,其中博士 15 名,硕士 30 名。2013 年度,全省共有 5 人入选全国中医药传承博士后导师,5 人入选博士后,已于 9 月份正式进站学习。完成首批省老中医药专家学术经验继承工作结业考核工作,经过三年的学习,除援疆、援外队员外,97 名继承人顺利出师。

出版《江苏当代名中医临证精萃》。汇集 90 余名省级以上老中医药专家学术经验继承工作指导老师的学术思想、诊疗经验和医案精华,结集出版了《江苏当代名中医临证精萃》,记录当代名老中医的学术经验,也是对江苏中医药学术传承工作的阶段总结。

【中医药服务能力提升】 提高中医药应对突发公共卫生事件能力。加强国家中医药管理局中医、中西医结合防治传染病临床基地建设,健全完善中医药应急和防治新发传染病工作机制。积极参与人感染 H7N9 禽流感防治工作,出台了全国第一个人感染 H7N9 禽流感中医药防治技术方案。

开展省级中医临床诊疗中心建设。制订《江苏省中医临床诊疗中心建设与管理办法》,启动第一批省中医诊疗中心申报工作,遴选确定诊疗中心 4 个。力争通过诊疗中心建设,进一步推进多专业一体化诊疗服务的开展,发挥中医综合诊疗的优势,打造一批在全国具有影响力和竞争力的重点学科、重点专科和重点病种,培养一批中医药领军型人才。

加强中医重点专科建设。制订《江苏省中医重点专科建设与管理办法》,启动省级中医重点专科期满复核工作,建立滚动淘汰机制,提高重点专科建设水平。组织申报国家重点临床专科(中医专业),9 个专科成功入选。5 个县级中医医院被列入 2013 年全国农村医疗机构中医特色优势重点专科建设项目。下发 2013 年病种中医临床路径试点工作方案,在重点专科内开展中医临床路径试点工作。

中医药预防保健服务积极开展。制定下发《江苏省 2013 年国家基本公共卫生服务中医药健康管理服务项目实施方案》,提出到 2013 年年底,以县(市、区)为单位,65 岁以上老年人和 0~3 岁儿童的中医药健康管理服务覆盖率要达到 35%。

加强中医预防保健服务平台和服务建设。要求二级及以上中医医疗机构都要设立预防保健科或"治未病"中心,构建和完善以中医医疗机构为主体的中医预防保健服务体系。目前全省二级以上中医医院都建立了中医预防保健科或"治未病"中心。下发中医膏方和穴位贴附等管理规范,组织开展"治未病"相关技术使用培训,加强中医药预防保健服务能力建设。

【中国中医科学院江苏分院成立】 2013 年 6 月 24 日,中国中医科学院江苏分院在南京正式成立。国家卫生和计划生育委员会副主任、国家中医药管理局局长王国强,省政府副省长毛伟明共同为中国中医科学院江苏分院揭牌。这是中国中医科学院在全国范围内设立的第一家分院,也是江苏省中医药系统第一个具有里程碑意义的"国家队"。建设中国中医科学院江苏分院,是落实国家中医药管理局和江苏省人民政府签订的《促进江苏省中医药事业发展合作协议》的重要工作。分院建设将以江苏省中医药研究院为依托,整合省内有关高校、科研院所、中药企业和医疗卫生机构资源,紧密合作,协同创新,不断推动中医药科技成果转化应用。

2013 年 6 月 24 日,中国中医科学院江苏分院在南京正式成立。国家卫生和计划生育委员会副主任、国家中医药管理局局长王国强,江苏省副省长毛伟明共同为中国中医科学院江苏分院揭牌。

【国家中医临床研究基地通过阶段评估】 江苏省中医院作为国家中医临床(脾胃病)基地建设依托单位,积极创新机制,不断更新观念,经过三年的努力,南院建设和门急诊楼改造顺利完成,科研信息共享系统投入使用,溃疡性结肠炎和胃癌 2 个重点病种研究取得突破,并于 2013 年 9 月顺利通过国家中医药管理局阶段评估。2013 年 10 月,江苏省机构编制委员会批复，江苏省中医院正式挂牌“江苏省中医临床研究院”。近5年来，江苏省中医院坚持以疗效为核心，围绕临床开展研究。以基地建设为抓手，以病种研究为重点，深化学科建设和高层次人才培养，医院学科发展和科学研究能力显著提升。“江苏省中医临床研究院”的成立，标志着该院由临床型医院开始向科研型医院转型。

（江苏省中医药局 毕 磊）

计划生育科技
Family Planning Science & Technology

【概 况】 计划生育科技服务以“避孕节育、优生优育”为重点，以“国家免费孕前优生项目”为引领，全面建立城乡统筹的免费孕前优生健康检查机制，着力提升计划生育技术服务水平，加快数字化服务站建设，计划生育科技服务信息化再上新台阶。

【免费孕前优生健康检查】 2013年江苏100个县(市、区)全部进入国家级试点，实现国家免费孕前优生健康检查项目全覆盖。全省共完成孕前优生健康检查654096人，提前、超额完成省政府下达的年度目标任务，建立了城乡统筹的免费孕前优生健康检查机制，筑实了出生缺陷干预的一级防线。一是落实经费保障，推进项目工作。年初，省人口计生委、省财政厅联合下发《关于全面推进国家免费孕前优生健康检查工作的通知》，及时下达中央和省财政专项经费，保障符合条件的农村、城市和流动人口计划怀孕夫妇接受孕前优生健康检查。年底前，省人口计生委追加项目设备经费，建立以奖代投激励机制，配发免费孕前优生项目工作先进县(市、区)，改善基层硬件装备条件。二是强化质量管理，提高项目水平。各地每月上报内质控数据，由省计生科研所临检中心分析评估，对存在的问题提出整改建议。2013年开展两次省级室间质评，对100个项目县(市、区)进行现场“双盲”抽检，结果真实反映临床检验水平。省计生科研所数据中心每月对各地上报数据进行汇总、分析，发现异常数据及时与各地反馈、研究。结合群众路线教育实践活动，赴街道、社区开展调研，查找问题、分析原因，寻求对策、整改措施、逐一落实。三是加强专题培训，提升服务能力。组织江苏省人民医院妇产科、泌尿外科、感染科等知名专家，连续举办三期风险评估与咨询指导培训班，培训技术骨干200多人，同时选送29人参加10个批次的国家级培训，提高了服务人员的技术水平，保证了项目运行质量。四是启动科技创新项目，打造“优生优育公共服务平台网络”。省计生科研所立项科技创新项目，发挥省人民医院、南京军区总院等4个单位的人才、技术资源，启动“江苏省优生优育公共服务平台网络”建设，形成计生服务机构、专业医疗机构、学术研究机构协同支撑的服务网络，将优生优育公共服务在基层计划生育服务机构普及，方便群众获得标准化的优质服务。

【避孕节育服务】 全省以开展优质的避孕节育服务为重点，做好计划生育技术服务，农村基层技术服务机构彰显计划生育特色。一是运用调研成果，抓好基层服务体系建设和避孕节育服务工作。组织专题调研活动，了解基层计划生育服务体系运行现状，重新划分职责，厘清职能定位，针对薄弱环节加以改进、完善，使其更加有利于基层工作网络的衔接，更加有利于服务质量的提升和群众满意度的提高。同时，对江苏免费宫内节育器质量状况、使用情况、管理现状及群众需求进行全面的了解，分析其在使用、管理中可能存在的问题以及可能导致不良反应/事件发生的影响因素，为推广IUD长效避孕方法提供了参考依据。二是做好药具不良反应监测，提升精细化技术服务水平。做专免费基本计划生育技术服务，规范避孕方法知情选择，推广以手动负压吸引+心语疏导、流产后关爱、规范化随访等适宜技术，重点加强避孕药具不良反应监测与防治，实现县域全覆盖，16个县(市、区)试点首诊登记制度，精细化技术服务使得优质服务的内涵不断拓展、延伸。三是探索机制创新，推进人口家庭公共服务中心建设。2013年争取国家卫生计生委、发展改革委服务体系建设项目立项，中央投资1000万元，改建南京高淳区等9个县级计划生育指导站。制定全省人口家庭公共服务体系建设指导意见和建设标准，规范功能布局和服务流程，加快县级人口和家庭公共服务体系建设步伐。四是打击非法行医，规范计划生育技术服务市场秩序。制定、下发《我省人口计生部门进一步整顿医疗秩序打击非法行医专项行动实施方案》,成立工作领导小组,明确职责分工和实施步骤,认真查处计划生育技术服务机构的违法违规行为,促进计划生育技术服务机构依法执业,切实保障人民群众生命安全和健康权益,维护社会稳定和谐。

【数字化服务站建设】 开发“江苏省人口和计划生育科技服务信息系统”,运用现代传媒和网络信息技术,分步推进数字化服务站建设。在沭阳、如皋、东台等12个首批试点成功实施,受到基层计划生育技术服务机构的普遍欢迎。系统以二代身份证号码为唯一识别码实现了身份证信息与全员人口数据库的无缝对接;计划生育服务站内避孕节育手术、临床体检、实验室检查以及药具服务等信息自动添加至系统的个案信息库,形成服务对象的生殖健康电子档案;集成传感网技术,服务各环节通过条形码识别服务对象身份并自动执行相关的服务指令;实现孕前优生检查数据向国家数据中心的自动传输。

(江苏省人口和计划生育委员会 蔡 隽)

防震减灾科技

Science & Technology of Quakeproof and Disaster Reduction

【概 况】 2013年,江苏省防震减灾工作在省委、省政府的坚强领导下,认真组织实施江苏省防震减灾“十二五”规划,强化地震监测预报、震灾预防、地震应急救援工作,及时快速、高效有序应对处置多次强有感地震,防震减灾社会管理和公共服务水平进一步提升,工作成效显著,为江苏经济发展和社会稳定发挥重要作用。

【震 情】 2013年,江苏省及其邻近海域(30.5°~36°N,116°~125°E)共发生M_L2.0级及以上地震126次,其中M_L3.0级及以上地震22次,M_L4.0级及以上地震1次,为4月21日南黄海海域M5.0级地震,该地震发生在南黄海北部坳陷南部边缘,因距陆地相对较远,沿海城市居民没有明显震感。2013年江苏陆地发生的最为显著的地震活动为1月19日江苏灌云M_L 3.9级地震,震中附近地区居民有明显震感,该地震发生在淮阴—响水口断裂附近,是继2012年7月20日高邮、宝应4.9级地震后全省陆地发生的最大震级地震。该地震发生后,灌云地区小震出现成丛活动,截至4月7日,共记录到小震25次,其中M_L 2.0级以下地震18次,M_L在2.0级至2.9级区间的地震5次,M_L 3.0级及以上地震2次,分别为2月3日发生的M_L 3.4级地震和3月3日发生的M_L 3.1级地震。11月20日在安徽广德、江苏宜兴与浙江长兴三省交界处(北纬31.1°,东经119.5°)发生M_L 3.6级地震,震中附近居民有明显震感。

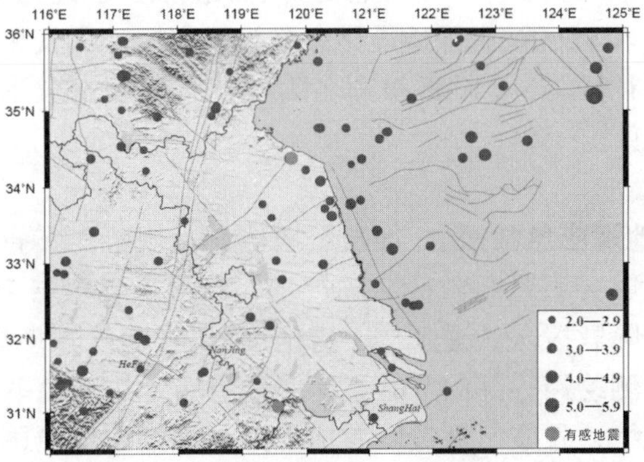

2013年江苏省及邻近海域M_L 2.0级及以上地震震中分布。

【地震监测预报和地震应对处置】 省地震局参加全国地震观测资料质量评比,有25项获前三名,其中7项获第一名,位列全国前列。省、市地震部门完善震情报送制度,成立应急值班室,全面实行24小时行政值班、震情值班、应急值班制度,确保地震发生后第一时间将震情信息和应急处置情况报送省委、省政府和中国地震局。省地震局印发实施地震预测意见管理办法,规范社会地震预测意见的管理。全省地震系统加强震情监视和预测预报工作,扎实做好重点时段和节假日期间的地震安全保障工作。地震速报均在1分钟内完成,省地震局和有关市县地震部门都在第一时间做好应急处置和震情趋势判定工作,及时高效、有力地维护社会稳定。密切监视网络舆情动态,推进建立由地震、宣传、公安等部门合作的地震谣传快速平息机制。对社会影响较大的爆破事件引起的震感,省地震局主动做好解释工作,及时发布公告信息,切实稳定社会秩序。4月20日四川芦山7.0级地震发生后,省地震局在震后第一时间及时派出现场工作队,快速、高效完成震灾评估等支援灾区抗震救灾任务。

【城乡震害防御】 3个省辖市新开工活断层探测工作,全省已有9个城市完成或正在开展活断层探测工作,数量在全国各省份中名列前茅。切实抓好安评市场管理,省安全性评定委员会评审通过的地震安评项目达328个,国家安全性评定委员会评审通过的项目12个。进一步加强对农村建房抗震设防工作的指导,总结典型农村民居地震安全示范村建设经验并进行推广,对农村工匠开展技术培训工作。加大地震安全示范社区创建力度,11个社区被中国地震局命名为国家级地震安全示范社区,73个社区被命名为江苏省地震安全示范社区。

【地震应急救援】 加强军地协调,规范3支省级地震灾害紧急救援队的管理,积极推动全省IEC国际救援队认证工作。省地震局、省通信管理局、省测绘局等部门联合组织多次省市地震应急联合演练,省应急救援队参加上海合作组织成员国联合救灾演练活动。开展新一轮地震预案修编工作,基本完成省和13个市级地震应急预案的修编工作。全省新建应急避难场所109个,其数量和质量均位于全国前列。

【防震减灾宣传】 新建并命名江苏省防震减灾科普示范学校36所,共建成省级示范学校213所。据统计,全省开展各类防震减灾宣传活动200多次,受众达百万人次。创新防震减灾宣传举措,成功举办全省防震减灾书画作品竞赛活动。12322防震减灾公益服务平台接受市民电话咨询4万多次,人工服务1200余次。江苏防震减灾网站改版正式上线。

【依法行政】 2013年1月17日,省政府召开省防震减灾工作联席会议,何权副省长部署年度防震减灾重点任务,并代表省政府与各市政府签订防震减灾工作目标管理责任书。省人大法制工作委员会、环境资源城乡建设委员会和省地震局联合组织编写《〈江苏省防震减灾条例条例〉释义》,由中国民主法制出版社出版。省级行政审批中心地震局窗口即将开通。修订印发《江苏省抗震设防要求行政许可管理规定》等文件,加强对重大建设工程地震安全性评价工作的管理。省、市地震部门继2011年、2012年后连续三年在全省范围组织开展对地震安全性评价结果在建设工程抗震设计中使用情况检查,取得良好效果。依法加强地震观测环境保护,保证全省地震监测工作正常开展。省地震局加强与省委宣传部的联系与沟通,要求新闻媒体依法切实做好防震减灾新闻工作,在保障公众知情权的同时,严防不实报道和过度炒作。

【地震科技】 进一步加大对中青年科技人员的培养,省地震局设立局长基金,增加了青年专项基金项目和经费额度。全省研制的地震速报软件、地震观测仪器“电磁波观测系统”“FHD-2型质子磁力仪”继续在全国地震观测领域得到较广泛的应用。省地震局获得中国地震局“三结合”、星火、青年重点项目以及省科技支撑计划等项目资助10多项。《防灾减灾工程学报》进入中科院“中国科学引文数据库”,在国内外防灾减灾科研领域的影响力不断扩大。“江苏省地震监测台站加密和应急系统扩建项目”和“地震背景场探测项目江苏部分”“国家地震社会服务工程”项目主体施工基本完成。省地震局组织完成“十二五”规划重点项目——江苏省防震减灾基础能力提升工程项目的可行性研究工作并报省发改委,积极推进省地震应急救援综合训练基地工程项目建设。

(江苏省地震局 朱庆和)

气象科技

Meteorological Science & Technology

【概　况】 2013年全省气象部门深入学习贯彻党的十八大和十八届三中全会精神,全面贯彻落实全国气象局长会议精神和全省经济工作会议、农村工作会议精神,紧紧围绕气象现代化建设的总目标,全省气象现代化建设取得了新的成就。省气象系统获得“江苏省文明行业”称号。

【天气气候】 2013年，全省年平均气温16.2℃，较常年同期(15.3℃)偏高0.9℃；南京市平均气温17.0℃，较常年同期(16.0℃)偏高1.0℃。全省年平均降水量为861.9毫米，较常年同期(1025.3毫米)偏少近2成，除冬季降水偏多外，其他时段基本持平或偏少；南京市降水量898.3毫米，较常年同期(1090.4毫米)偏少近2成。全省各站日照时数为1808.5小时(泗洪)~2534.2小时(大丰)，与常年同期相比，除泗洪、灌南偏少1~2成，其他大部分地区较常年持平或偏多1~3成；南京日照时数为2196.6小时，较常年同期偏多1成。

2012年冬季至2013年1月上旬冷空气频繁，次数之多为近年同期罕见，多阴雨寡照天气，湿冷特征明显；2月中旬末淮河以南出现2月最大暴雪；3月9日全省大部分站点日极端最高气温突破3月日极值；春末及盛夏期间出现两段干旱天气；6月下旬至7月上旬梅雨期偏短、梅雨量偏少；7月至8月中旬出现1961年来罕见大范围持续高温天气；10月出现历史同期降水最强台风。

【气象预报与服务】 加强气象观测与信息传输能力。新建泰州、淮安、宿迁风廓线雷达3部。完成国家级台站新型站升级改造，新(改)建区域自动站572套，交通气象站138套，投入业务运行$PM_{2.5}$观测站6个。实现区域站资料2分钟内到达应用桌面，全省雷达同步观测，基数据传输时效提高了8~10分钟。完成全国综合气象信息共享平台(CIMISS)年度建设任务。完成省级计量检定实验室及70米/秒风洞建设。

加强气象预报预测能力。集成自动站、雷达、数值模式产品建立了强天气综合报警平台，改进了强对流潜势预报和概率预报产品。建立了江苏精细化雾霾数值预报系统并投入业务试运行。制作定量降水预报(QPF)产品和基于雷达与自动站降水的定量降水估计(QPE)外推产品，实现了短临业务产品的实时检验和最优预报结果的智能推荐。开发了集自动化、图形化订正技术于一体的预报服务产品制作系统。建成了全省一体化预报业务平台初级版本，并在亚青会气象服务中发挥了核心平台作用。完成了极端天气气候事件监测业务系统的升级优化，实现了多模式集合预测系统(MODES)、动力与统计相结合预测系统(FODAS)等业务系统本地化业务应用，引进水资源评估模型(SWAT)开展定量气候影响评价。2013年全省晴雨预报质量为2005年以来最高水平。

加强公共气象服务能力。圆满完成春运气象服务，省气象台及多个市县气象局获得省春运办表彰。强化寒潮、雾霾、暴雨、台风等灾害性天气监测预警服务，全年共启动重大气象灾害Ⅲ级应急响应4次，升级应急响应1次。在2013年省政府召开的全省防汛防旱工作会议上，省防汛抗旱指挥部表彰了2012年度全省防汛防旱工作先进集体和先进个人，江苏省气象台获得“2012年全省防汛防旱先进集体”荣誉称号。以“智慧气象，精致服务”的理念，圆满完成了亚青会气象保障服务工作，得到南京市政府和亚青会组委会领导的肯定和表扬。制定了全省环境气象业务体系建设实施方案，初步建立了霾天气预报预警、空气污染气象条件等级预报和空气质量预报业务，省气象台与省环境监测中心签订了《大气污染预报预警会商细则》，实现了联合会商制度化、常态化，适时开展人工增雨净化空气工作。推进“两个体系”建设，完善为农服务平台，整编传统农业、特色农业指标80多个。中国天气网江苏站用户数从8655人增长至279万人，占全国的9%，日均页面浏览量约达76万人次，稳居全国前三，气象短彩信服务定制用户数462万。全省开通气象服务官方微博87个，省级微博拥有粉丝13万余人；苏州、盐城等市开通官方微信，开展微信气象服务。自建、联建气象信息服务站2264个；自建电子显示屏3682块，预警大喇叭2465个；利用外部门电子屏10984块，大喇叭12304个。

【气象现代化】 大力推进气象现代化建设。各省辖市政府印发了气象现代化建设实施方案(意见)和《气象灾害预警信息发布与传播管理办法》等相关文件，9个省辖市政府与省气象局签署了气象现代化建设合作协议。各省辖市、59个县(市、区)政府出台气象灾害专项应急预案，12个省辖市、57个县(市、区)政府主导建立气象灾害防御领导机构，10个省辖市、50个县(市、区)颁布实施本地区气象灾害防御规划，各省辖市、45个县(市、区)编制完成主要气象灾害风险区划，44个县(市、区)开展气象灾害应急准备认证。各省辖市将气象现代化等工作纳入政府工作考核。10个省辖市成立了以市政府领导为组长的气象现代化建设领导小组。54个县(市、区)、822个乡镇将“两个体系”建设工作列入政府考核。

省气象事业发展“十二五”六项重点工程“江苏省气象灾害监测预警与应急中心工程”“江苏气象为农服务体系建设工程”“江苏城市群及南京青奥会精细化气象服务工程”“江苏沿海发展战略气象保障工程”“江苏应对气候变化气象科技支撑工程”“江苏‘一流气象台站’基础建设工程”全部纳入省政府重点工程并立项。“苏州气象监测和公共服务数字化工程”等一批市县重点工程项目启动建设。

【科研开发】 2013年，省气象局共承担项目256项，其中国家级科技项目9项，省级科研项目5项,中国气象局科研项目7项。全省全年共获得科技成果45项,其中省部级科技成果8项。共发表国内核心期刊77篇,SCI/EI收录共7篇。获得专利3项,计算机软件著作权10项。省气象局组织制定了《交通气象科技发展规划》《雷达气象与强天气预警发展规划》《数值预报应用研究科技发展专项规划》。联合南京大学、南京信息工程大学、解放军理工大学召开了南京梅雨预报联合研究中心筹建会。

完成行业专项“交通运输高影响天气预警技术研究”,建立和优化了交通运输高影响天气预报模型，通过制定交通气象高影响天气预警和临近预报流程，试点省份对四类高影响天气的短时预警准确率达到93%以上，精度达到10千米路段。研制了“江苏省高速公路交通气象灾害监测预警服务系统”,实现了气象、交通和14家路(桥)公司等多部门的交通气象信息共享，能够为高速公路联网营运管理中心和14家路桥公司提供20多种交通气象服务产品。完成的“交通气象信息服务业务系统(TMISSV1.0)”已经在全国18个省(市、自治区)气象部门进行了推广培训和应用。针对强对流天气短期—甚短期业务预报,开发了“强对流潜势预报技术和业务系统”,建立了江苏省2000—2010年11年间的强对流天气分类、分月、分区历史个例资料库，建立了华东地区2000—2010年11年间逐日4次1°×1°的56种对流参数库，获取了华东地区2~9月各月和15天逐日滚动的各类对流参数气候分布特征，提出了定比接近度概念并设计了计算方法，实现了强对流天气客观化预报业务化，改进了天气学方法对强对流天气落区、强度、发生时间预报往往只能用不确定语言进行描述的现状。“SCGT与夏季东亚ISO相互作用研究及其在长江下游强降水延伸期预报中的应用”研究了延伸期强降水预报技术，建立了国内第一个集大气低频环流监测、低频振荡观测和理论分析、极端降水延伸预报产品等为一体的预报试验网站。完成了“江苏主要特色作物农业气象指标体系研究”,制作了《江苏主要特色作物农业气象服务指标集》,建立了特色农业气象服务指标集和减灾防灾对策库。加强技术攻关,引进并本地化污染扩散模式(CAPPS、NJUCAQPS),研发大气主要污染物浓度和空气质量指数(AQI)预报系统,开展霾预报预警、空气污染气象条件等级研究。

【科技人才】 制定了全省人才体系发展及干部教育培训规划。完善了科技创新团队管理、突出人才奖励、重大气象服务表彰、科技工作奖励、机关公务员公开选调等一系列政策。新增中国气象局首席预报员1名、首席服务专家1名、正研级专家2名。1人被列入省政府333人才第二层次培养对象,7人新增为第三层次培养对象。2013年,新录用毕业生博士研究生占9.6%，硕士研究生占59.6%,气象专业占79.1%。

加强科技创新团队建设，建立了精细化数值预报和强对流天气监测预警2个省级科技创新团队,筹建了雾霾预报预警技术团队。开展了高层次访问学者送培工作，选派3名技术骨干到中国气象局有关业务单位学习，选派2人赴美、2人赴韩国进行学术交流，选派7人赴北京大学参加关于科技创新的专项培训，邀请了国家气象中心等业务单位的专家10多人次到省气象局进行交流。围绕工作重点,先后开展了行政执法、农业气象、综合观测及装备保障等岗位培训工作，共计举办各类培训班12个,参培人员578人。

【气象科普】 围绕“3·23”世界气象日主题——“监视天气,保护生命和财产”,组织开展形式多样的纪念宣传活动。气象日期间,以新闻发布会、专家访谈、气象台站开放、广场科普宣传等多种形式全方位广泛宣传,组织气象科普宣传小组进社区、进学校、进乡镇,送书刊、送展览、送讲座。3月23日,中国北极阁气象博物馆全天对公众开放,接待参观市民5000余人次；镇江市政府应急办牵头，联合市气象局、市城管局、住建局、移动公司等单位在北固湾广场联合举行了“镇江市重大气象灾害预警信息发布承诺书签订仪式”,镇江市政府应急办把3月份确定为“气象科普知识宣传主题月”。3月22日,常州气象科普馆正式开馆,并首次向公众开放。3月22日,张家港市局向新农社区居民开放新建的气象科普体验馆。3月23日至24日,高淳生态·气候科学馆、气象台、观测场对公众开放，县青少年活动中心的160多名小记者也参与活动,开展气象知识普及。

高度重视“防灾减灾日”和“科技活动周”活动,利用网站、报纸、影视等渠道,精心制作有关宣传作品,宣传气象防灾减灾科普知识。省级短信发布平台共发布含有“5·12”防灾减灾内容的短信393024条。“江苏气象”微博共发布相关内容的微博43条,其中新浪微博22条,腾讯21条,微博粉丝数十万人。省气象局在中国天气网省级站制作发布“识别灾害风险,掌握减灾技能”天气专题。

深入开展气象科普校园行活动。3月21日,南京市局科普大篷车开进建邺区江心洲中心小学校园,为全校600多名师生上了一堂气象科普课。3月22日下午,镇江市政府应急办、市气象局以及市科协联合举办了全市青少年气象科普知识竞赛团体决赛，吸引了全市184所中小学的35503名学生广泛参与。3月22日下午,省气象局在南京聋校捐建了用于进行气象观测的百叶箱及相关气象设备和仪器,为同学们建立了一个可以亲自体验、实践的校园气象站，气象专家为200多位高年级的同学做了题为“监视天气、了解大气”的专题讲座。

【气象工作与政策支持】 省政府颁布了《江苏省气象灾害评估管理办法》，省政府办公厅印发了《江苏省突发事件预警信息发布管理办法》《关于进一步加强人工影响天气工作的实施意见》。省气象局成为省生态文明建设领导小组成员单位和大气污染防治、太湖水污染防治工作联席会议主要成员单位。省大气污染防治目标责任书明确了各市政府在环境气象监测基础设施建设、污染预报预警、应急联动、信息发布、制度建设等方面的考核指标。

(江苏省气象局 夏 瑛)

水利科技

Science & Technology of Water Conservancy

【概 况】 2013年,全省水利科技、对外合作和信息化工作以水利现代化为目标，紧紧围绕全省水利中心工作,积极践行可持续发展治水思路,取得了明显的进步和提高。

【科技工作】 推进重大课题研究。启动了江苏省水面率遥感监测方法、太湖浮游植物群落结构演替规律、城市雨水资源利用与管理技术等研究,继续推进了江苏沿海开发中的水利关键技术研究、气候变化对江苏水资源影响及对策研究等课题。

开展“江苏省水利科技推广示范基地”创建工作。为促进水利科技成果的转化应用,初步选择了水利信息化技术、农村饮水安全技术、水土保持技术等6个省水利科技推广示范区作为试点，以发挥辐射和带动作用,推动全省水利科技推广,加快水利科技成果的转化。

加强科技项目执行过程的跟踪管理。2013年经评审共立项科研项目95项,示范基地6项。项目执行过程中,规范项目申报、立项,加强在研项目中期指导,强调绩效评价,严把结题关。根据财政部的要求,进行了2012—2013年度立项的科技项目绩效情况调查。

组织科技奖申报及评审工作。全省共评出2013年省水利科技优秀成果奖62项,其中“江苏省水利现代化评价指标体系研究”等11项成果获省水利科技优秀成果一等奖,32项成果获二等奖,19项成果获三等奖。“太湖湖泛成因及防控关键技术与工程示范”成果获得省科学技术二等奖。“江苏省水利地理信息系统”等5项成果获得水利部大禹科学技术奖,其中“低扬程低水头水力机械节能关键技术研究与应用”成果荣获二等奖;“江苏省水利地理信息系统”“江苏省防汛防旱监测预警系统”“水工混凝土耐久性提升关键技术研究与应用”和“白马湖生态修复工程技术研究与应用”4项成果荣获三等奖。

建立水利部科技推广中心常熟董浜科技推广示范基地。基地建成后将成为精准灌溉、智能灌溉、水肥一体化等高效节水技术的集成推广示范基地,成为人才培养、基层技术人员与农民培训的平台,成为高效节水技术的国内外合作与交流窗口,对同类地区农村水利现代化建设具有较强的引领带动作用。

【科技成果】 2013年度大禹科技二等奖——“低扬程低水头水力机械节能关键技术研究与应用”项目,由河海大学、南水北调东线江苏水源有限责任公司、江苏省河道管理局等单位联合完成。该项目以南水北调东线一期工程及苏南、上海、华南等地区的大型低扬程立式轴流泵装置为研究背景,对大型低扬程泵装置水力性能、泵段与泵装置性能关系、泵站安全检测及诊断、原模型效率换算以及不规则流道流量测试等关键技术问题开展研究,并以三维湍流数值模拟技术与模型试验相结合的方法,开展立式轴流泵装置数值模拟研究和模型试验研究,以达到改善水流流态、提高水泵装置性能的目的,为工程的设计、运行与管理提供更为准确的参考依据,研究成果具有重要的理论意义与工程应用价值。

2013年度江苏省科技进步二等奖——“太湖湖泛成因及防控关键技术研究与工程示范”项,由河海大学、中国船舶重工集团公司第七〇二研究所、江苏省水文水资源勘测局、中科院南京地理与湖泊研究所、东南大学等单位联合完成。项目以湖泛成因为突破口,揭示了湖泛发生的机理,发现了影响湖泛形成的物质基础、特征污染物,提出了敏感预警指标,以此为基础,创建了浅水湖泊蓝藻机械化打捞处置成套技术和污染底泥无扰动生态清淤及淤泥处置成套技术,并在太湖得到成功应用后,实现了湖泛的早期预警和有效防控。项目累计获授权发明专利6项(还有4项已受理)、实用新型18项,国家重点新产品奖2项、出版专著2部、发表论文67篇(SCI、EI检索38篇)。研究成果也在滇池、巢湖等富营养化湖泊治理中得到推广应用。经过5年多的研究和工程应用,形成湖泛生成机理、早期准确预警、有效防控的理论、方法和技术,提升了富营养化湖泊的治理水平。

2013年度大禹科技三等奖——“江苏省水利地理信息系统”项目,由江苏省水利网络数据中心完成。该项目建设了全省信息共享、标准统一、服务方式规范的水利地理信息系统,实现了全省1套标准、1张图、1个库、1个平台的目标。编制的八大类技术规程,涵盖了水利地理信息系统建设、管理和服务的各个环节,系统采用高清晰影像和CORS定位的数据集成、分布式数据库和功能模块访问控制、面向服务的空间分析、专题图制作及发布、基于VR和Skyline的三维场景渲染等技术,建成了功能齐全、使用方便的数据维护、服务管理、信息发布的平台以及三维展示系统,处于国际先进水平。在防洪减灾工作及防汛会商中已多次使用了该系统及其数据。江苏省第一次全国水利普查、江苏省水文信息服务系统、江苏省水资源管理信息系统、江苏省太湖流域水环境自动监测系统等项目以及南京、宿迁、盐城等市水利局信息化项目,均应用了该系统的数据和平台功能,社会效益和经济效益显著。

2013年度大禹科技三等奖——“江苏省防汛防旱监测预警系统”项目,由江苏省防汛防旱指挥部办公室、河海大学联合完成。该项目结合当前先进的面向服务的体系结构为开发应用平台,应用.NET Framework平台、Web Service、PUSH技术、自适应实时数据扫描算法等先进技术,建成了一个自动化程度高、自适应能力强、实时性的、用于全省雨情、水情的综合监测预警系统。项目成果已在江苏省防办、南京市防办、无锡市防办推广应用,为防汛抗旱部门及时、准确、方便地提供各类重要的防汛抗旱预警信息,提高了防汛防旱抢险救灾应急指挥能力,具有显著的防汛抗洪、排涝和抗旱减灾效益,为保障和促进社会、经济的可持续健康发展,发挥了重要作用。

2013年度大禹科技三等奖——“水工混凝土耐久性提升关键技术研究与应用”项目,由江苏省水利科学研究院、南京航空航天大学、盐东水利工程管理处、常熟市水利局联合完成。该项目针对沿海水利工程耐久性问题,提出了从监测评估,到修复的技术集成系统,包括设计出一套基于Bragg光栅的钢筋腐蚀光栅传感器;建立了基于氯离子侵蚀及碳化快速测试方法的混凝土耐久性评估;提出了基于电迁移阻锈剂、混凝土表面强化、纤维混凝土以及大体积混凝土防裂技术,解决了沿海混凝土耐久性实时监测、钢筋腐蚀劣化修复等关键技术难题。项目成果已在连云港焦炭码头,常熟白茆闸、浒浦闸,连云港武障河闸、北六塘河闸、龙沟河闸,连云港义泽河闸等水利工程中成功应用,其中,白茆闸、浒浦闸节省投资100余万元,武障河闸、龙沟河闸等年维护经费节约 10 余万元,应用前景广阔。该项目共获得专利 4 项,其中发明专利 3 项;撰写专著 1 部;发表学术论文 20 余篇,其中 SCI 检索 3 篇,EI 检索 10 余篇。

2013 年度大禹科技三等奖——“白马湖生态修复工程技术研究与应用”项目,由淮安市水利规划办公室、淮安市水利局联合完成。该项目通过对淮安市白马湖进行退渔还湖、退圩还湖、生态清淤、尾水截流、沿湖近岸带生态修复等多项技术进行研究,集成运用于湖泊综合治理,通过工程和非工程措施,有效改善了白马湖水质,逐步恢复了湖泊的自然生态原貌,提升了湖泊的综合服务功能。

【技术标准】 在做好水利行业标准宣传和贯彻工作同时,组织开展部行业标准征求意见的回复。积极组织出台地方标准,《江苏沿海挡潮闸防淤减淤运行规程》等 4 项地方标准被省质量技术监督局批准发布实施。

【对外合作】 严格规范因公出国(境)管理,做好国际交流服务。2013 年共组织出访 6 批次,35 人次,对水行政管理、防汛防旱、水利工程建设、水资源与水生态等方面进行了考察。组织了赴新加坡参加淡马锡基金会水务领袖课程学习等四批次培训学习。12 月接待澳大利亚水环境技术代表团来访,并与澳大利亚驻沪总领馆合作举办中澳水行业交流。

【水利信息化建设】 加大了信息化建设推进力度。省水利厅信息化工作领导小组每年召开两次工作会议,对照目标,分析进度和存在问题,有效推进了全省水利信息化建设进程

重视项目前期工作。按照省政府批复的《江苏省水利信息化发展“十二五”规划》,协调推进前期工作。“省水利地理信息服务平台”和“国家防汛指挥系统二期工程”两项目的初步设计已经批复,即将实施。“省水利数据中心一期工程”可研报告已报发改委待批,“省水利工程和河湖资源管理系统”可研报告已经省水利厅咨询、正在修改完善,“省水土保持监督管理与综合治理信息系统”项目建议书已经完成待审查。

在建项目实施进展顺利。其中,“省水资源管理信息系统一期工程”等 4 项已经完成竣工验收或基本完成;“全省小型水库防汛通信预警系统”“省重点水利工程防汛视频监控系统扩建工程”“太湖流域水环境监测站网工程”“中小河流水文监测系统工程”等正在实施。

指导厅直单位和各市县水利信息化工作。印发“关于加强水利信息化工作的意见”,进一步完善了市县水利信息化考核指标,明确了 2013 年各市县水利信息化建设任务。组织相关人员对厅属 9 个管理处的信息化工作展开了调研,建议厅属管理处信息化建设需统一编制实施规划,以资源共享、标准统一为原则,以规划为基础,分期分类组织实施。

(江苏省水利厅 朱 敏)

农林科技

Agricultural & Forestry Science & Technology

【概 况】 实施 2013 年农业重大技术推广计划,加强农业科技集成创新,在全省建立一批农业科技应用平台,夯实农技推广服务基础,丰富为农服务内涵,培育科技示范户,加快农业科技成果推广应用。

【农业技术集成与推广】 以 30 个现代农业产业技术创新团队为平台,针对优质高效种养、设施农业、生态循环农业等领域产业发展制约瓶颈,开展技术集成与攻关,形成了一批农业科技成果。实施农业重大技术推广计划,推介发布 40 项农业重大技术。围绕水稻机插丰产精确栽培、设施蔬菜高效生产、生猪高效健康养殖、智能农业生产等方面,实施 382 个农业三新工程项目,滚动支持 48 个现代农业科技综合示范基地,组织开展“江苏现代农业科技集成创新与综合示范中心”认定,加快稻麦、蔬菜等主导产业转型升级。组建 18 个农业重大技术推广协作组,推进科技专家与基层生产的互动,提高农业重大技术推广的组织化、科学化、系统化水平,提高农业科技推广实效。制定生物农业示范基地认定办法,评定 20 个生物农业科技示范基地,建立新兴农业科技创新高地。促进江苏农

业科技进步贡献率达到63.2%,继续位列全国各省市首位。

【基层农技推广体系】 宣传贯彻《农业技术推广法》,在全省组织开展主题征文活动,获全国优秀组织奖。深化基层农技推广体系建设,完善基层农技推广信息管理系统,下达201个"五有"乡镇农技推广综合服务中心建设省级财政奖补资金4500万元,全省"五有"乡站全面建成。开展"寻找最美基层农技员"活动,通过各地农业系统和农民推荐,在新华日报、江苏电台等主流媒体宣传13名基层农技员先进事迹,在全省农技推广系统弘扬正气,树立典型,提高服务意识和效能。开展农技推广"百千万示范工程",加强"五有"乡站内涵建设,全面推行"全员聘用、推广责任、人员考评、知识更新、多元推广"5项制度,实行服务承诺,规范服务行为。跟踪督查"五有"乡站建设情况,及时处理个别乡镇变卖和侵占新建乡镇农技站的事件。2013年8月,农业部通报表扬2012年度延伸绩效管理试点工作,江苏基层农技推广体系建设名列第一名。依托村级集体经济组织或专业合作组织(基地)等,开展1000个建设村级规范化农业科技服务示范站,就地就便服务农民。以省政府农村实事工程和农业部基层农技推广体系改革与建设补助项目为抓手,开展基层农技人员大培训,全年培训农技人员16000多名。

【农业科技服务】 实施挂县强农富民工程,组织全省40家涉农科教推广单位与50个县(市、区)对接,选派300名农业科技专家驻村蹲点,培育一批"一村一品"特色村。把培育20万农业科技示范户作为2013年为农民办实事的具体举措,深化农业科技入户内涵,结合国家基层农技推广体系改革与建设示范县项目,全面推行"一村一名农技指导员"制度,强化服务效果,突出科技进村、入户入棚、入社入企,每名农技人员平均到村100天(次)以上,每个示范户接受现场指导和培训8次。开展超级稻选育与推广应用工作,全省共有16个品种通过农业部超级稻认定,数量居全国第一。加强农业信息服务,"江苏为农服务网"全年发布信息6000多条,举办15次省级专家在线技术咨询,实时开通专家视频诊断,向全省农业科技示范户编发《农家致富》手机报144期712版,促进农业科技快捷入户。

【农业转基因生物安全监管】 制定《2013年农业转基因生物安全管理项目实施方案》,加强农业转基因生物安全监管,坚持属地化管理,明确监管职责,突出重点环节,强化依法监管,确保全省未发生农业转基因生物安全事件。着力做好省内批准进入中间试验和环境释放等环节安全评价试验的76个点进行全程、动态监管,对省内所有水稻种植品种筛查抽样,对110个品种进行转基因成分检测;对100个稻米及稻米制品市场转基因成分抽查和监测;对加工企业进行跟踪监测,确保食品安全。

(江苏省农业委员会 黄银忠)

江苏省农业科学院

【概　况】 2013年,江苏省农业科学院在编职工2127人,在职一线科研人员1653人,其中院士1人,享受国务院特殊津贴专家138人,国家级、省级突出贡献专家96人。具有高级技术职称人员772人,博士350人。44名科技人员进入国家现代农业产业技术体系。建有41个基础研究和公共服务平台,其中国家级创新平台23个,省级创新平台18个。

【科技经费与项目】 2013年,江苏省农业科学院新上科研项目1015项,其中国家级科研项目120项;新增合同经费3.17亿元,到账科研经费3.24亿元。获国家自然科学基金项目资助53项,同比增长47%。"水生蔬菜产地加工技术集成基地建设项目"获农业部加工局批复,"江苏农业科技成果展示与转化中心建设"和"江苏省农业种质资源保护与利用平台"获得江苏省基础条件建设项目支持。

【重要科研进展】 "南粳9108"通过农业部组织的超级稻验收;"南粳5055""南粳49"连续2年通过超级稻测产验收,并报请国家超级稻品种认定。国内外首创了以鸭瘟病毒为载体的H5N1禽流感疫苗、以火鸡疱疹病毒为载体的H9N1禽流感疫苗等7项活疫苗。生物农药新产品解淀粉芽孢杆菌已申请农药临时登记。"鱼松饼"等2项产品获省级新产品认定。“连粳7号”列入2013年农业部主导品种,“南粳44”“苏玉29”等9个品种入选2013年江苏省主导品种;“基于稻草全量还田的稻茬麦高效生产技术”入选江苏省农委“四主推”技术并推荐列入农业部主推技术,“小麦机械条(匀)播高产栽培技术”等2项技术入选江苏省农业重大技术推广计划。

【重大成果产出】 2013年,江苏省农业科学院13项成果获省级以上政府奖励。其中,作为第三完成单位的“两系法杂交水稻技术研究与应用”获国家科技进步特等奖,省委书记罗志军亲自为成果主要完成人邹江石研究员颁发证书;作为主持单位的“高产水稻飞虱的区域暴发机制与综合防控技术”获江苏省科技进步一等奖,“桃优异资源发掘与创新利用”等2项成果获江苏省科技进步二等奖,“高淀粉多抗广适甘薯新品种徐薯22的选育和利用”和“水稻条纹叶枯病灾变规律与持续防控技术”分获中华农业科技一等奖和二等奖。

【知识产权】 江苏省农业科学院全年获植物新品种权18项;授权专利257项,同比增长32%;发表期刊论文1194篇,其中SCI(EI)收录112篇,同比增长47%。有78个品种通过国家或省级审(鉴)定,其中国家审定品种16个;有31项技术通过市级以上鉴定;获国家新兽药注册证书2项、新农药认证6项。全院新增品种权、专利技术许可合同56份。

【科技服务】 2013年,江苏省农业科学院积极实施科技帮扶整村推进、高效服务示范、挂县强农富民工程等项目,支撑产业成效明显。在全省65个县(市、区)建立100多个示范点,帮扶100个行政村,对接50家农业龙头企业和农民合作专业组织,技术支撑覆盖全省40%以上各级、各类现代农业园区,示范推广院自主创新的新品种70多个,新技术、新模式50多项;加工所速冻青毛豆、青玉米生产技术服务,帮助省内7家企业实现销售收入9000多万元;镇江所在句容市推广种植优良西、甜瓜品种,种植区亩效益近5万元;赵亚夫研究员带领戴庄村村民发展有机农业,显著带动农民增收增效,省委书记罗志军要求将“戴庄模式”在句容市、镇江市乃至全省推广。公益服务效益显著,种质资源保护与利用平台面向社会提供种质资源3098份次;动物疫病检测诊断中心全年接诊病例320余例,为200多家养殖场挽回直接经济损失2000万元以上。

【人才队伍建设】 2013年,江苏省农业科学院引进优秀学科带头人1人,有8个学科团队被列入“2013年省现代农业产业技术创新团队”。院本部新聘人员62人,其中,博士31人、硕士28人;农区所新聘博士5人,硕士31人。入选省“333高层次人才培养工程”第一层次培养对象1人,第二层次6人,第三层次30人。获得全国博士后管委会批准独立招收博士后,2013年招收博士后23人,在站博士后达到39人。与美国德州农工大学、美国密西西比州立大学、泰国农业大学联合招收3名博士后,自主招收2名外籍博士后。选派第三批12名优秀科技骨干赴美国多所大学进行合作研究与课程学习。聘请来自美国、肯尼亚等国的9名国外优秀科学家作为特聘研究员。

(江苏省农业科学院 周明月)

农业机械科技

Science & Technology of Agricultural Machinery

【概　　况】 2013年,全省农机部门认真贯彻中央和省委农村工作会议以及省委、省政府《关于实施农业现代化工程意见》精神,紧紧围绕年初制定的目标任务,突出重点,开拓创新,扎实工作,各项工作均取得了积极成效,呈现出投入大幅增长、水平全面提高、质量明显提升的良好局面,为推动现代农业建设做出了积极贡献。

【农机装备】 全省农机装备总量快速增长。农机总动力达到4413万千瓦,比2012年增加198万千瓦,增长4.7%。大中型拖拉机新增1.2万台,其中新增75马力以上拖拉机达到70%,总保有量达13.12万台。插秧机达到12.15万台,比2012年增加2.25万台。油菜联合收割机、直播机分别增加77台和2166台,保有量达到1349台和7704台。新推广各类高效设施农业机械近8万台套,投入使用的新型设施农业机械装备超过 50 万台套。

【农机作业】 全省农业生产综合机械化水平达 78%，其中：主要农作物综合机械化水平达到 84%,比 2012 年提高了 2 个百分点;高效设施农业主要生产环节机械化水平超过 48%。纯作玉米机播、机收水平分别达到 75%、68%以上,较 2012 年分别提高了 10 个、10.5 个百分点。高效设施农业主要生产环节机械化取得新成效,渔业、畜牧业机械化水平分别达到 60%、58%以上。

【水稻种植机械化】 2013 年水稻机械化插秧面积达到 1660 千公顷,机插率达到 70.8%,比 2012 年提高 9.9 个百分点。全省实现新增插秧机 22535 台,其中新增高速乘坐式插秧机 5315 台。全省已有 10 个省辖市、59 个县(市、区)基本实现了水稻生产机械化。

【秸秆还田机械化】 全省设立了 66 个秸秆机械化还田示范县、11 个秸秆机械化还田推进县,全省稻麦秸秆机械化还田面积 184.67 万公顷，超额完成省政府确定的还田率 38%的年度目标任务。麦秸秆机械化还田集成水稻机插秧面积达 93.33 万公顷,占机插秧总面积的 58%。

【玉米生产机械化】 全省新增玉米播种机 2210 台、玉米收割机 876 台;完成玉米机播 27.06 多万公顷，以纯作面积测算，机种水平达到 75%,较 2012 年提高了 10 个百分点；完成玉米机收 18.4 万公顷,以纯作面积计算,机收水平达 68%,增幅 10.5%。全省已有 1 个省辖市、13 个县(市、区)基本实现玉米生产机械化。

【农机科技计划项目】 农机科技入户工程项目继续在 35 个县实施,补助资金总额 840 万元;主推水稻生产机械化、玉米生产机械化、油菜生产机械化、秸秆还田机械化、高效设施农业机械化技术、农机深松整地作业技术 6 个方面的 18 种农机化适用技术。项目覆盖 363 镇 4385 村,遴选示范户 17535 个,辐射带动 31 万户。组织申报 2014 年度农业部财政项目 3 项；申报省农业科技支撑计划并获得立项 9 项,支持经费达到 840 万元;省农机三新工程项目立项 37 个，项目总经费投入 1810 万元。其中省级项目 590 万元,占 32.6%;市、县项目经费 1220 万元,占 67.4%。

【农机鉴定与农机行业标准化建设】 省农机局组织对 185 种农机新产品进行了小批试制投产鉴定。对农业部南京农机化研究所、盐城恒昌汽车配件有限公司等单位开发的多功能高地隙茶园管理机等 12 项农机科技成果进行了成果鉴定。对通过推广鉴定的农机产品发放推广鉴定证书 470 份，并全部向社会发布推广鉴定公告，产品范围涉及农林牧副渔业生产的耕、种、耙、收、脱、运输以及产后加工等多个环节。

省农机局与省财政厅、省发改委联合公布了《〈2013—2015 年江苏省支持推广的农业机械产品目录〉(2014 年度调整)申报指南》,受理省内外 154 家农机企业 338 个产品,十大类 347 个产品被列入省目录。向农业部《2013—2015 年国家支持推广的农业机械产品目录》(2014 年度调整）推荐了 330 个农机产品。

对《大棚卷帘机质量评价技术规范》等 19 项农机化地方标准进行审定并报通过国家质检总局审查。

【农机培训与职业技能鉴定】 全省组织培训各类农机人员 18 万人次,职业技能鉴定合格 34172 人次,其中有 27207 人享受了省财政奖励补助。全省有 5082 人次免费参加阳光工程农机培训鉴定。

【社会化服务】 全省农机合作社总数达到 4568 个，比 2012 年增加 1031 个；其中星级合作社达 858 个,四星级以上合作社达 257 个。入社成员 42 万人,资产总值 88 亿元,机具总数 45 万多台套。全省农机合作社耕、种、收、植保等作业服务面积,累计超过 666.67 万公顷,服务农户 408 万户,服务总收入超 74 亿元。全省共免费发放农机跨区《作业证》54655 张(其中联合收割机 48793 张,插秧机 5862 张)。参加跨区作业(含省内跨区)的联合收割机 9.7 万台次(夏季 5.47 万台,秋季 4.23 万台),作业面积 493.8 万公顷（夏季 229.93 万公顷，秋季 263.87 万公顷),农机社会化服务收入超过 250 亿元,跨区作业收入达到 48 亿元。

（江苏省农业机械管理局 高晋宇 薛艳凤）

粮食科技

Grain Science & Technology

【概　况】 2013年是贯彻落实党的十八大精神开局之年,也是实施江苏省粮食行业"十二五"规划的关键之年,全省粮食行业贯彻落实国家粮食安全战略,按照"江苏五粮"决策部署,谋划粮食流通业基本现代化思路,加大自主创新力度,强化粮食科技支撑作用,增强粮食有效供给能力。

【全面启动实施"粮安工程"】 全省粮食行业深化改革,积极启动实施"粮安工程",全面提升粮食收储和供应保障能力。一是加强顶层设计,细化完善全省规划,对项目布局、项目投资进一步充实。二是加强粮食仓储综合能力建设,加快推进粮食现代物流项目实施进度,抓紧打通"北粮南运"物流通道;抓好粮油加工业技改专项,促进产业优化升级;进一步完善粮油质量检验监测体系,加大质检仪器设备投入力度;大力推进粮食信息化建设,加快"粮食储运监管物联网示范工程";加速推进主食产业化,着力提升粮食行业"食""粮"并进的创新能力;在粮食流通各环节推广节粮减损新设施、新技术。

【深入推进粮库信息化建设】 作为国家粮食信息化建设试点示范省和国家物联网重大工程建设省,江苏在粮库管理信息化方面积极探索,明确了分类指导建设的工作思路,即:对大型现代化储备粮库,主要指省级储备粮库、市县中心粮库和省确认的物流产业园区(中心)粮库,建设以物联网技术为支撑的数字化粮库,确保地方储备粮数量真实、质量可靠、监控有力,促进粮食物流高效、管理智能、可视可控。对中小型一线收储粮库信息化建设,推进以收购、结算和仓储管理为主要内容的粮食收储动态信息化系统,优化业务流程、方便农民售粮、提升工作效能。建成物联网数字粮库30家。

【强化顶层设计规范建设标准】 江苏省粮食局与解放军理工大学联合开展粮食流通信息化标准规范课题研究,形成《粮库信息化建设规范》《粮食流通信息基础数据元规范》《储备粮可视化管理系统

2013年10月28日,全省秋粮收购暨"危仓老库"维修改造工作电视电话会议召开。徐鸣副省长做了重要讲话,会议强调加快推进国有粮库科技信息化建设步伐。

功能规范》3项地方标准,首次对数字粮库建设内容、储备粮可视化系统功能、粮食流通信息基础数据元提出了规范性要求,适应江苏粮食流通现代化发展的需要。制定《江苏省标准化粮库建设和维修设计技术市场导引》《江苏省粮食收储可视化信息系统技术导则》作为江苏危仓老库改造建设技术依据和实施标准。

【加大粮食科技开发和使用力度】 在粮食仓储方面,不断加大新能源、新材料、新技术推广使用,提高机械通风、粮情检测、环流熏蒸和低温准低温仓容占比。打造一批科学储粮升级版,总结和推广粮库仓顶建设太阳能光伏电站经验,常州城北粮库和洪泽湖物流中心均已并网发电;扩大水源低温储粮应用范围,省内多个储备粮库开展实践应用。在粮油加工业方面,坚持以科技带动产业发展,通过引导产学研合作,使企业在产品研发、生产工艺、品种控制等方面借力发展。其中,双兔米业公司和省农业科学研究院共同发起,联合省内12家水稻科研单位、2家种业公司、15家规模较大的稻米加工企业成立了"江苏省优质稻米产业技术创新战略联盟",聚集稻米行业研发、生产、销售优势资源。江苏宝宝国民生物科技有限公司研发新产品10余种,获得了良好的经济效益和社会效益。

【粮食"1210"信息化建设工程】 2013年完成江苏省粮食局"2013—2016年粮食信息化项目的技术方案"的编写并通过专家评审,加快推进粮食科技和信息化建设。进一步加强网络基础设施与网络

安全建设,粮食地理信息系统在一期的基础上,完成1000个粮食企业的地址标注,夏秋粮收购品质数据的GIS展示,以及洪泽湖库、新海库、无锡粮食物流中心的三维制作。建成并推广省级储备粮可视化系统,通过与GIS、中心数据平台、数字粮库、粮情测控、电子印章等系统的对接,实现省级储备粮业务中实物、流程、数据的可视化管理,为省储粮政务、业务提供综合的管理能力和决策分析支持。开发公众服务系统,初步建立粮食质量监管及溯源,搭建全省放心/精品粮油导购平台,试点建设全省粮食银行综合交易平台,保障群众用粮安全。江苏省粮食局拨专项经费对江苏粮网以及权力运行系统中的权力运行平台、数据交换平台、电子监察平台、法制监督平台等进行升级改造,提高电子政务工作效率。

【国家物联网重大示范工程】 根据“国家粮食储运监管物联网应用示范工程”项目实施方案,2013年江苏共建成数字粮库32家,将物联网技术、RFID应用技术、GPS技术和移动通信技术应用于粮食物流信息的采集、传输与追溯,逐步实现粮食收购、储运、统计、监测和调控为一体的粮食流通互联互通。

【国家重大科技项目】 由江苏省粮油信息中心、中科软科技股份有限公司、航天信息股份有限公司、北京大学等共同承担的国家科技支撑计划项目“数字化粮食物流关键技术研究与集成”中课题“数字化粮食应急调控技术研究”2013年正式启动,旨在构建粮食宏观调控应急一体化信息保障平台,为区域粮食宏观调控,应急保障做好技术准备和应用示范。

由航天信息股份有限公司牵头承担的国家科技支撑计划项目“数字化粮食物流关键技术研究与集成”中课题“粮食流通数字化集成技术研究与示范”,主要在粮食烘干、入仓质量检测、计量监控、成品粮追溯、信息化集成等关键技术进行研发。2013年完成江苏常州城北国家粮食储备库、盐城禾丰粮油储备有限公司的示范应用。

江苏省粮油信息中心与航天信息股份有限公司合作牵头承担的公益性行业科研专项项目“粮食库存质量在线监控物联网技术与设备研究”中的课题“基于云平台的常态化在线清仓查库技术集成研究与示范”在江苏进行示范应用,实现利用物联网技术采集粮库储粮信息、通过云计算技术实现在线常态化清仓查库。

【人才培育工作】 明确人才资源是粮食行业科技发展第一资源的工作思路,推进“人才兴粮行动”,为打造江苏五大粮食提供智力支撑。

加快推进行业人才发展。举办市县粮食局局长轮训班、学习研讨班,提高履职能力和领导水平;搭建平台,培养粮食经营管理人才服务;开展技能培训和鉴定,培育树立行业领军型人才,壮大高技能人才队伍。

首次尝试联合办学之路。2013年省粮食局与南京财经大学、江苏财经职业技术学院(原淮阴粮校)首次举办联合办学,设置粮食物流管理、粮食企业会计、粮食工程等专业,进一步提升江苏粮食行业干部职工知识结构和层次。

(江苏省粮食局 潘 迪)

海洋与渔业科技

Marine & Fishery Science & Technology

【概 况】 2013年,在江苏省海洋与渔业局在全面总结近几年海洋科技工作的基础上,进一步广泛开展调研,理清思路,紧紧抓住海洋高新技术研发、海洋科技平台与新兴产业园区建设等重点领域和关键环节着力推进,取得了显著成效。

围绕全省现代渔业建设发展目标,坚持创新思路,整合资源,优化管理,强化服务,狠抓科技创新、成果转化、服务培训等关键环节,全面提升了全省渔业科技自主创新能力和科技推广服务水平。

【海洋科技】 推进海洋高新技术研发。2013年,全省海洋高新技术研发工作在多个领域取得新进展。中国船舶重工集团公司第702研究所牵头的海洋公益专项水下滑翔器研制工作,成功组装完成深海水下滑翔器并顺利完成9天的千岛湖湖试,为2014年海试奠定了良好基础。南京大学牵头的海洋公益专项围填海技术研究,基本完成了强潮环境下以潮流脊为依托建设人工岛的技术方案,为全省沿海滩涂科学围垦提供了有力支撑。南京中医药大学牵头的贝类项目开局良好，研制出日产 30 吨的壳肉分离加工设备以及建设贝味素生产线一条。

强化科技平台建设。进一步推动“海洋装备”“海洋生物”2 个联盟日常运作常态化和机制化,省海洋与渔业局组织相关联盟理事长单位制定了全年工作计划,印发了联盟活动简报,开展了专家讲座等。指导和帮助海洋装备联盟就海洋调查两栖作业平台、海洋浮标研制等开展了有关对接和交流，支持海洋装备联盟申报科技部国家产业技术创新战略联盟试点。支持江苏省中科院植物研究所、淮海工学院等海洋生物联盟核心成员单位牵头申报“滨海盐碱地几种资源综合利用技术集成与示范”项目并获得国家立项。

支持新兴产业园区建设。省海洋与渔业局联系和鼓励高校、科研院所、企业等与大丰海洋生物产业园区开展产学研对接，支持该园区参与国家海洋公益专项项目实施，推动其发展滩涂耐盐植物综合利用产业并取得进展。该园区在 2013 年投资完成了海洋活性物质、固体制剂、耐盐苗木等多个项目,引进了一批科技人才。

【渔业科技】 渔业科技创新体系建设取得重要进展。省海洋与渔业局组织开展了省级渔业科技创新平台成立以来的第二次集中考核，连续两年的考核表明,通过 4 年多的重点培育和支持,平台建设成效进一步显现。2013 年,有关平台在基础应用与前沿技术研究等领域取得了重大进展。省河蟹产业技术研究开发中心的“长江 2 号”河蟹、省斑点叉尾鮰遗传育种中心的“中鮰 1 号”、省藻类遗传与种质创新重点实验室的“苏研 1 号”紫菜 3 个新品种通过国家水产原良种审定委员会审定。2013 年,47 个省级平台获得省部级奖项 7 项、市厅级奖项 48 项，发表论文共计 627 篇，其中 SCI 收录 94 篇，申请专利 105 项，制定地方标准 22 项,在研项目经费超过 1.5 亿元。依托省级渔业科技创新平台,通过推进省内跨地区、跨单位的大联合、大协作,围绕主导品种和关键技术分别建立了河蟹、青虾 2 个产业技术体系及长江特色鱼类、水生动物病害 2 个协同创新中心，明确了中长期建设方案以及可量化目标，成为全省推动渔业科技创新体系建设新的着力点和重要抓手。

渔业科技项目支撑产业发展能力显著增强。省海洋与渔业局建立了省水产三新工程项目管理新机制,对重大项目前期调研、项目选题、团队组建、任务分解以及方案优化、项目实施、现场检查、年度评议等实行了全过程跟踪监管，渔业科技项目在支撑产业发展方面取得明显实效。培育“长江 1 号”河蟹蟹苗 28 亿尾,建立蟹种培育基地 666.67 公顷,培育蟹种 1.6 亿只。建成“太湖 1 号”青虾苗种繁育基地 1753.33 公顷,亩繁苗种达 77 万尾,苗种自给率 100%,推广池塘主、混养面积 3.87 万公顷。泥鳅低密度、低投入生态养殖模式试验获得成功,亩均效益显著高于高密度、高投入养殖模式,项目实施对全省泥鳅养殖方式已经产生巨大影响,2013 年全省泥鳅养殖亩放种量大幅度下降,有近 50%的塘口亩放种量下降到 250~500 千克。黄颡鱼项目将夏花成活率从不足 30%提高到 70%以上,相关技术已在苏州、南京、淮安得到大面积应用,并向扬州、泰州、盐城等养殖大市辐射。培育四鳃鲈苗种 5 万尾，为该品种的保护和开发利用奠定了较好基础。沙塘鳢的推广面积达到 1546.67 公顷,沙塘鳢产业呈现井喷式发展。刀鱼在运输应激机理的基础研究方面、成鱼养殖方面取得新突破,通过活体饵料配套技术的突破，刀鱼商品鱼亩产量由亩均 10 千克提高到亩均 25 千克。海州湾渔业资源综合开发取得新进展，完成了抗风浪网箱制作安装工程技术、可靠固泊系统、船载吊车换箱试验,形成了黑鲪、黑鲷、海参等品种网箱健康养殖模式。大宗淡水鱼精深加工项目以鮰鱼为原料开发了沙粒鱼排和鮰鱼片等多个品种并投放快餐市场,为全省淡水鱼加工探索了新路子。太湖 2 号青虾新品种选育项目已确定青虾选育起始群体,构建了 50 个家系并且在育种技术方面取得较大进展。多品种主养模式研究开展了 13 种多品种主养模式的试验、技术熟化与示范推广工作,河蟹与南美白对虾、河蟹与罗氏沼虾双主养模式获得成功,在提高蟹池提高综合利用率、增强河蟹产业抗风险能力方面发挥了重要作用。生态型池塘工厂化养鱼系统分别在吴江和东海试验获得成功,为全省发展生态渔业、设施渔业创出了新路子。

渔业科技入户工程建设水平进一步提升。2013 年渔业科技入户工程继续保持了对省内水产养殖区域的全覆盖,72 个涉渔县(市、区)参与项目实施。全省共培育示范户和辐射户43.2万户,建立示范和辐射带动的健康、安全、高效养殖面积44.15万公顷,占全省水产养殖面积六成以上。全年渔业科技人员累计入户指导服务40余万次,举办各级各类培训班近5000期,培训养殖户27.87万人次,发放各类技术资料116.6万份。经过大范围电话随机调查,群众满意率达到98.8%。省海洋与渔业局改革了对各县(市、区)科技入户工作的考核方式,将原先按地域分组考核改为按上年度考核结果随机分组考核,大幅提高了被验收地区的竞争积极性,有效保障了考核工作的公平合理。在科技入户工程的实施过程中,各地涌现出了一批先进个人和单位。2013年,3名省、县级专家及1名示范户荣获农业部2011—2013丰收奖贡献奖,常熟市县级专家任丽珍获省有突出贡献的中青年专家、省三八红旗手称号,东台市渔业技术指导站被东台市人民政府评为2013年度"人民满意基层服务单位"。

创造性开展挂县强渔富民工程。2013年,省海洋与渔业局组织省内10家涉渔科研教学推广单位与10个县(市、区)挂钩对接,按照"整合资源、深化合作、提升内涵、放大效应"的原则,突破传统模式,创新组织形式,重点推进涉渔科研教学推广单位与地方、科技与产业对接,大力提升了挂县单位科技服务能力和成果转化水平,显著增强了对接县特色或优势主导产业核心竞争力和自我发展能力。10个挂县单位帮助引进对接县实际需求的优势品种及先进适用技术、模式30余项,建立科技示范乡镇10个、科技示范基地20个,通过示范推广和辐射带动显著促进了对接县渔业主导产业的发展。南京市水科所根据六合区渔业产业发展需求,将正在实施的黄颡鱼、"太湖1号"青虾项目引入当地示范推广,推广实施面积累计超过800公顷。江南大学协助外婆家食品有限公司申请获得"江苏省企业研究生工作站"和"江苏省淡水鱼精细加工工程技术研究中心"等。挂县强渔富民工程的实施真正实现了3个零距离:技术成果与渔农民的生产需求零距离,科研方向与产业需求零距离,科研过程与社会服务零距离。

加强渔业科技合作与人才培养。2013年,省海洋与渔业局、中国水产科学研究院联合签署了渔业科技合作备忘录,双方就共建渔业科技创新平台、加强渔业科技创新、加强科技推广与服务、加强人才交流与培养、建立长效合作机制等方面签署了合作协议,共同推进江苏渔业科技跨越式发展。省海洋与渔业局组织举办全省渔业高层次人才研修班,对来自全省各级渔业科研教学推广单位的35名渔业专家和科研骨干进行了为期3天的系统学习和研讨交流,取得了显著成效。进一步强化基层渔业实用人才队伍建设,2013年全省累计举办职业渔民培训班1035期,培训7.87万人次,发放职业渔民培训合格证书6.83万本。分省、市、县三级开展公益性渔技推广服务人员岗位培训和专业技能培训,全年累计培训各级渔技推广服务人员2260名。为进一步提升全省女渔业科技人员素质,充分发挥女性科技工作者在现代渔业建设中的重要作用,省海洋与渔业局会同省妇联举办了全省基层女水产科技工作者培训班,培训女性水产科技工作者70余名。组织制定了《全省渔业教育与培训定点机构申报与认定管理办法》,为今后各类培训项目的有效开展奠定了基础。

深入推进基层农技推广体系改革与建设补助项目。通过努力争取和积极协调,2013年推广体系渔业项目资金扩大至1386.8万元,全省58个涉渔县(市、区)参与项目实施,建设渔业科技试验示范基地30余个,通过两年来的建设,基层推广体系改革与建设补助项目正逐步呈现出与渔业科技入户工程相辅相成、相得益彰的良好局面。

【成果获奖情况】 2013年江苏省海洋与渔业系统获得国家海洋工程科学技术奖二等奖1项,海洋科学技术奖二等奖2项;全国农牧渔业丰收奖二等奖、三等奖各1项;2013年度江苏省科学技术奖的一等奖、三等奖各1项。其中南京师范大学等单位申报的"虾蟹新型疫病——螺原体病的研究及防控关键技术"获得江苏省科技成果一等奖,这是继2011年之后,全省渔业科技第二次斩获江苏省科技进步一等奖。省海洋与渔业局开展了第三届江苏省海洋与渔业科技创新奖申报评选工作,组织专家评定,集中表彰了36项海洋与渔业先进科技成果。

(江苏省海洋与渔业局科技教育处)

广播电视科技

Radio and TV Science & Technology

【概　况】 截至2013年年底，经国家新闻出版广电总局批准，江苏省共有广播电视播出机构85家，其中广播电台8家，电视台8家，广播电视台69家。全省共开办187套公共广播电视节目，其中广播节目121套，电视节目66套，高清晰度电视节目3套。

截至2013年年底，江苏省共有广播电视发射台和转播台133座；有线广播电视干线网达343702.26千米，全省有线电视用户达2249.43万户，其中数字电视用户1661.94万户、互动电视用户284.93万户、高清互动电视用户166.3万户，有线电视入户率达93.1%，有线数字电视整转率达到81.0%；全省广播、电视人口综合覆盖率分别为99.99%、99.88%。

2013年，江苏省广播电视总收入259.74亿元，其中实际创收收入244.84亿元，同比分别增长6.95%和7.8%。

截至2013年年底，江苏省广播电视从业人员52089人。其中：管理人员8220人、专业人员27643人、其他人员16226人。

【地面数字电视】 全省13个地级市地面数字电视单频网示范工程建设，已经全部完成，单频网建成后，面积覆盖率可达60%以上。

在开展省级单频网建设的同时，江苏省计划启动市级单频网建设，并在条件具备的县级开始模数转换。

【数字有线】 截至2013年年底，全省有线电视用户2171.8万户，其中数字电视用户1759.8万户、互动电视用户263.8万户、高清互动电视用户166.3万户，有线数字电视整转率达到81.0%；苏州、无锡、常州、南通和扬州等5市完成数字电视整转，实现城乡一体化。

【直播卫星】 2013年，在年初完成淮安市洪泽县1200户直播卫星试点建设任务后，下半年又在南京市六合区、盐城市射阳县新增直播卫星用户1189户。另外，经总局卫星直播管理中心批准，江苏省水利厅为全省水利部门一线员工工作场所(水电站等)以集团用户方式新增用户141户。预计到2014年上半年，江苏省直播卫星用户可发展到2700户，基本完成全省推进任务。

【科技创新】 2013年，由江苏省广播电影电视局完成的《江苏省数字电影流动放映监管系统》项目通过国家新闻出版广电总局专家鉴定。该项目按江苏省农村电影管理体制和职能部门职责设置多重管理权限，实现了省、市、县三级对农村流动放映的科学精准管理。监管系统覆盖江苏省所有乡镇，对全省1071套数字电影放映设备的放映信息进行实时、准确地采集、传输、处理和分析；综合无线通信GPRS、全球定位系统GPS、地理信息系统GIS和数据库管理等技术，对所有数字电影放映设备流动放映时的运动轨迹进行精确定位；采用照片指纹防伪处理技术、广告安全管理与授权播放机制和多级校时机制等技术，可监控每台数字电影流动放映终端的实时放映信息，可实现对农村流动放映的有效监管，监测精度高、监管功能强。

2012年10月，江苏省广播电视总台承担《立体电视内容聚合与智能检索系统研究》课题研究工作，该课题是国家科技支撑计划项目“立体影视内容产业关键系统研发集成与服务示范”中的重要课题(国家级课题)，也是全省广电技术历史上第一次牵头承担国家级研究课题。项目以立体视觉制作、传输系统和内容服务的协同发展为目标，研制和集成立体摄影、内容加工制作、内容传输等系统，构建立体内容收录管理、内容在线聚合、智能检索、产品包装、在线服务等平台，丰富立体文化内容资源，开展规模化技术应用与内容运营服务示范，促进立体视觉产业链的形成与发展。目前，项目组开展了课题调研，研究了3D内容平台的总体方案、架构模型与业务工艺流程，开展内容聚合与智能检索的关键技术研究，完成《立体电视内容聚合与智能检索平台》的技术研究报告，并已初步开展关键设备的研制。预计整个课题研究工作将于2015年12月完成。

江苏省广电有线信息网络公司“江苏有线电视营业厅建设与服务标准化试点”通过国家标准委评审，被列入2013年度国家级服务业标准化试点项目。

【省中波台迁建】 江苏省广播电视总台广播发射中心迁建项目是省委、省政府确定的重点工程项目,也是江苏省重大民生工程之一。整个项目由省财政拨款,占地55.27万平方米,建筑面积17000平方米,投资规模约3.4亿元。

2013年,江苏省广播电视总台广播发射中心迁建项目以技术工艺系统建设为主线,全面推进各项工作。年底前成功调试完成全部6套中短波广播发射系统。中短波发射系统工程复杂,施工难度大,科技含量高,包含多项国内首创。其中2副中波天线采用了技术先进的并馈,这2幅天线除了能够高效率地承担中波发射任务外,还可附加调频、电视发射和微波中继等其他业务,为未来业务发展留下拓展空间。

(江苏省广播电影电视局 黄 梅)

质量技术监督

Quality & Technical Supervision

【概 况】 2013年,全省质监系统按照省委、省政府"稳增长、调结构、抓创新、促改革、惠民生"的总体要求和国家质检总局"抓质量、保安全、促发展、强质检"的工作方针,围绕中心、服务大局,突出重点、全面履职,为全省经济社会发展"稳中有进、稳中向好"提供了可靠的质量保障。

【推进质量强省,促进转型发展】 深入推进质量强省。完善工作机制,深入贯彻落实国务院《质量工作考核办法》,出台《江苏省贯彻实施质量发展纲要2013年行动计划》,质监部门牵头作用有效发挥,齐抓共管的工作格局初步形成。拓展工作领域,积极顺应全省经济社会发展要求,将质量工作由产品质量拓展到服务、工程和环境质量,积极构建涵盖经济发展和经济生活质量、社会发展和社会生活质量、政府管理和政府服务质量的全面质量体系。找准工作重点,出台《江苏省质量强省绩效考核管理办法》以及质量强县(市、区)、强业、强企的指导意见,发布4期江苏产品质量分析报告,为党委政府宏观决策提供参考。树立工作标杆,无锡获批"全国质量强市示范城市",南通通过国家验收,南京、苏州通过省级预验收,4个组织入围"首届中国质量奖"提名奖,8个园区获批筹建"全国知名品牌创建示范区",5个组织获江苏省质量奖,917个品牌成为江苏名牌。

发挥质监工作的集成效应,促进全省产业转型升级。一是推动现代农业高效发展。实施200项农业地方标准,培育119个江苏名牌,新增23个省级、17个国家级农业标准化示范区、7个国家地理标志保护产品,全省农业标准化覆盖率同比提高2个百分点。二是推动传统制造业集约发展。新发布11项节能减排地方标准,新增10个循环经济标准化试点;加强高耗能特种设备节能管理,推广22项节能先进技术;开展油气回收能源改造计量服务,为1657家加油站免费检测4827台加油机,为55家企业免费测试700台重点设备能效,帮助企业节约标煤49.8×10^8千克;推动能源体系认证,推广节能、节水和环保产品认证,新增产品认证证书981张;促进传统产业集群提档升级,培育10个江苏省优质产品生产示范区。三是推动战略性新兴产业加快发展。实施60个技术标准专项,培育392个江苏名牌,助推新能源、节能环保、物联网、智能电网等战略性新兴产业发展。四是推动现代服务业跨越发展。发布14项服务业地方标准,新增27个省级、12个国家级服务业标准化试点,对10个服务行业开展用户满意度调查,评定75个江苏名牌,促进服务业发展提速、结构优化、质量提升。

【保障质量安全,促进利企惠民】 全省质量安全态势平稳,未发生区域性、系统性、行业性质量安全问题。监管体制改革过渡期食品生产安全形势稳定,重点工业产品监督抽查平均合格率达96.6%;严重特种设备安全隐患督促整改率达100%,特种设备万台事故率、死亡率分别为0.08%、0.08%,均大幅低于全国平均水平。一方面,特种设备安全稳中向好。深入宣贯《中华人民共和国特种设备安全法》,扎实开展安全大检查和隐患整治,全面落实企业安全主体责任,有效保障了南京亚洲青年运动会等重大活动期间的特种设备安全。高度重视电梯安全监管,推行电梯使用管理首负责任制,组织维保质量星级评定,实施老旧住宅电梯安全评价,开展电梯安全责任保险试点、电梯困人快速应急救援网络建设等工作,保障全省电梯安全运行。另一方面,重点产品质量稳中有升。

加强生产源头把关,从严发放生产许可证,推进分类分级监管,加严高、中风险企业监管,许可证管理的效果不断提高。优化监督抽查手段,完善评价方式,狠抓热点民生消费品、涉及安全产品的监督抽查。深入开展"双打""质检利剑"等专项执法行动,不断提高热点领域、重点产品的执法水平,累计查办各类案件6745起,查获假冒伪劣产品货值12亿余元。

把"质监为民"作为价值追求,努力把强企惠民的好事办实、好事办好。一方面,常规实事做"出彩"。切实做好权力网上透明运行、12365平台建设、标准信息服务平台建设、WTO/TBT应对平台建设、计量"两免费"检定、监督抽查"两公开"、老旧住宅电梯安全评价等常规性强企惠民实事,不断提高工作水平,增强工作实效,努力打造企业和群众认可的服务品牌。另一方面,结合实际求"出新"。坚持"群众有所呼,质监有所应""企业有所需,质监有所为",努力创新强企惠民举措。积极优化办事流程,生产许可证办理时限比法定时限缩短一半。加强民生计量服务,检测农贸市场计量器具20万台件、医用计量器具8.3万台件,免费检修1.7万台(件)血压计、人体秤、眼镜及水电气3表。联合省公安厅在全国率先建立校车安全技术检验管理制度,保障幼儿和中小学生人身安全。完善质量退出机制,对省内7家企业生产的8类儿童玩具实施缺陷产品召回。

【注重内涵发展,建设履职能力】 一是法制建设取得进展。《江苏省电梯安全监督管理办法》列入2013年度省政府立法计划,"依法行政模块化"管理在全省和全国质检系统推广。二是机构队伍建设有序推进。全省系统机构建设不断强化,事业单位分类改革和绩效工资改革务实推进,干部选拔任用更加规范,人才选拔培养力度进一步加大。三是党风廉政建设全面加强。认真贯彻落实中央、省委省政府关于改进工作作风、密切联系群众的相关规定,深入开展反浪费反奢侈专项整治活动。"廉洁质监"建设扎实推进,廉政文化示范点创建活动全面铺开,党风廉政教育深入开展。

注重内涵发展,提高质量监管与检验检测水平。一方面,增强质量监管能力。创新监管思路,由从"单兵推进"向联动监管转变,与农林、工商、卫生、食药等部门加强工作联系、资源共享,实现质量监管的联防、联动、联治;完善监管机制,闭环监管链条基本形成,监管制度更加健全,监管措施严格实施,工作透明度不断提高;优化监管方法,完善分类监管,加大监管力度、加严监管要求、加密监管频次,质量监管水平稳步提升。另一方面,提高检验检测能力。着眼"抓创新、创特色、争一流",狠抓技术机构建设。出台《省级产品质量监督抽查承检机构管理办法》《产品质量检验人员管理办法》,进一步加强检验机构和人员监管,规范检验检测行为。依托国家级及省级质检中心、重点实验室、博士后科研工作站等平台,引进16名领军人才和高层次人才,积极造就高层次的专家队伍。推动省市县检验检测机构错位发展,总局批准筹建化工设备、船舶材料、软件产品、射频识别等4个国家质检中心,省局批建9个省质检中心和计量中心,公共检测平台的规划布局进一步优化。不断添置仪器设备,加快检测仪器设备系统内共用共享,技术装备水平不断提高。

(江苏省质量技术监督局 龚一平)

表5-1 2013年度江苏省新颁布地方标准目录

序号	标准编号	地方标准名称
1	DB32/T 2154—2012	复混肥料中总汞的测定 原子荧光光谱法
2	DB32/T 2155—2012	复混肥料中总砷的测定 原子荧光光谱法
3	DB32/T 2156—2012	电梯能耗测试及能效分级
4	DB32/ 2157—2012	热电联产能效能耗限额标准及计算方法
5	DB32/ 2158—2012	建筑陶瓷单位产品能耗限额及计算方法
6	DB32/ 2159—2012	日用陶瓷单位产品能耗限额及计算方法
7	DB32/ 2162—2012	棉布单位产品可比综合电耗限额及计算方法
8	DB32/ 2163—2012	棉纱单位产品可比综合电耗限额及计算方法

续表 5-1

序号	标准编号	地方标准名称
9	DB32/ 2164—2012	纤维板单位产品综合能耗限额及计算方法
10	DB32/T 2165—2012	区县电子政务项目管理规范
11	DB32/T 2166—2012	区县电子政务综合平台建设技术规范
12	DB32/T 2167—2012	杨树四旁树覆盖面积折算标准
13	DB32/T 2168—2012	森林资源规划设计调查技术规程
14	DB32/T 2169.1—2012	食用农产品备案基地生产管理规范 基本要求
15	DB32/T 2169.2—2012	食用农产品备案基地生产管理规范 蔬菜
16	DB32/T 2169.3—2012	食用农产品备案基地生产管理规范 水产品
17	DB32/T 2169.4—2012	食用农产品备案基地生产管理规范 禽产品
18	DB32/T 2170—2012	低收缩低徐变桥梁高性能混凝土技术规程
19	DB32/T 2171—2012	石油化工码头安全生产标准化规范
20	DB32/T 2172—2012	公路桥梁橡胶支座病害评定技术标准
21	DB32/T 2173—2012	公路桥梁橡胶支座更换技术规程
22	DB32/T 2174—2012	内河航道养护工程预算编制办法及定额
23	DB32/T 2175—2012	太阳能电池用镀膜玻璃膜层耐久性要求
24	DB32/T 2177—2012	车用尿素溶液
25	DB32/T 2178—2012	淮麦 25
26	DB32/T 2179—2012	淮麦 25 栽培技术规程
27	DB32/T 2180—2012	淮麦 26 栽培技术规程
28	DB32/T 2181—2012	南粳 46 原种生产技术规程
29	DB32/T 2182—2012	粳稻品种 南粳 5055
30	DB32/T 2183—2012	南粳 5055 原种生产技术规程
31	DB32/T 2184—2012	南粳 5055 栽培技术规程
32	DB32/T 2185—2012	中农无籽 3 号西瓜栽培技术规程
33	DB32/T 2186—2012	中杂 9 号番茄大棚栽培技术规程
34	DB32/T 2187—2012	蔬菜标准园创建规范
35	DB32/T 2188—2012	春马铃薯生产技术规程
36	DB32/T 2189—2012	泰花 4 号花生品种
37	DB32/T 2190—2012	泰花 5 号花生品种
38	DB32/T 2191—2012	早春双膜覆盖菜用花生栽培技术规程
39	DB32/T 2192—2012	白花蛇舌草栽培技术规程
40	DB32/T 2193—2012	稻鸭萍共作 生产技术规程
41	DB32/T 2194—2012	虾、蟹、鳅混养技术规程
42	DB32/T 2195—2012	堤内池塘半流水养殖河蟹技术规程
43	DB32/T 2196—2012	在用尿素合成塔检验规则
44	DB32/T 2197—2012	江苏省水文自动测报系统数据传输规约
45	DB32/T 2198—2012	江苏沿海挡潮闸防淤减淤运行规程
46	DB32/T 2199—2012	食用菌清洁化生产技术规程
47	DB32/T 2200—2012	杏鲍菇全程工厂式生产技术规程
48	DB32/T 2201—2012	瓶栽金针菇工厂化生产技术规程
49	DB32/T 2202—2012	北美鹅掌楸容器苗生产技术规程

续表 5–1

序号	标准编号	地方标准名称
50	DB32/T 2203—2012	驱避剂中避蚊胺、驱蚊酯的测定 液相色谱法、气相色谱法
51	DB32/T 2204—2012	多菌灵原药中 2,3– 二氨基酚嗪、2– 氨基 –3– 羟基酚嗪的测定 液相色谱法
52	DB32/T 2205—2012	毒死蜱、三唑磷、二嗪磷中治螟磷成分的测定 气相色谱法
53	DB32/T 2206—2012	土壤中多氯联苯的测定 气相色谱法
54	DB32/T 2207—2012	红香芋生产技术规程
55	DB32/T 2208—2012	冬枣生产技术规程
56	DB32/T 2209—2012	姜曲海猪生产技术规程
57	DB32/T 2210—2012	鲜食夏大豆通豆 2006 栽培技术规程
58	DB32/T 2211—2012	镇稻 11 号品种
59	DB32/T 2212—2012	镇稻 11 号生产技术规程
60	DB32/T 2213—2012	镇稻 14 号品种
61	DB32/T 2214—2012	杂交籼稻镇籼优 184 栽培技术规程
62	DB32/T 2215—2012	立体草莓栽培技术规程
63	DB32/T 2216—2012	竹海金茗茶生产技术规程
64	DB32/T 2217—2012	红叶石楠扦插育苗技术规程
65	DB32/T 2218—2012	金花菜塑料大棚栽培技术规程
66	DB32/T 2219—2012	雪山鸡孵化技术规程
67	DB32/T 2220—2012	花木市场交易服务规范
68	DB32/T 2221—2012	“两系”杂交水稻机械制种技术规程
69	DB32/T 2222—2012	水稻扬两优 013 品种
70	DB32/T 2223—2012	“两系”杂交籼稻扬两优 013 制种技术规程
71	DB32/T 2224—2012	小麦扬麦 18 品种
72	DB32/T 2225—2012	小麦扬麦 20 品种
73	DB32/T 2226—2012	小麦扬糯麦 1 号品种
74	DB32/T 2227—2012	雪山鸡父母代种鸡饲养技术规程
75	DB32/T 2228—2012	第三方国际物流服务规范
76	DB32/T 2229—2012	观赏芍药栽培技术规程
77	DB32/T 2230—2012	江南牡丹盆花设施栽培技术规程
78	DB32/T 2231—2012	蓝藻打捞工作量计算规范
79	DB32/T 2232—2012	蓝藻机械打捞作业规程
80	DB32/T 2233—2012	二氯喹啉酸对水稻产生药害的诊断技术规程
81	DB32/T 2234—2012	小麦抗全蚀病鉴定方法与抗性评价技术规程
82	DB32/T 2235—2012	设施农业根结线虫病防治规程
83	DB32/T 2236—2012	农药对家蚕急性毒性测定方法 浸叶法
84	DB32/T 2237—2012	烟粉虱抗药性测定技术规程
85	DB32/T 2238—2012	观叶植物水培技术规程
86	DB32/T 2239—2012	观叶植物基质栽培技术规程
87	DB32/T 2240—2012	高山杜鹃“富丽金陵”
88	DB32/T 2241—2012	绿化用杜鹃苗木质量分级
89	DB32/T 2242—2012	翠冠梨连栋大棚促成栽培技术规程
90	DB32/T 2243-2012	有机鲜食葡萄生产技术规程

续表 5-1

序号	标准编号	地方标准名称
91	DB32/T 2244—2012	紫金红 1 号油桃生产技术规程
92	DB32/T 2245—2012	核果类果树种质资源收集技术规程
93	DB32/T 2246—2012	果园风送式喷雾技术规程
94	DB32/T 2247—2012	华瑞稻 1 号原种生产技术规程
95	DB32/T 2248—2012	镇稻 14 栽培技术规程
96	DB32/T 2249—2012	宁麦 13 种子生产技术规程
97	DB32/T 2250—2012	宁麦 14 种子生产技术规程
98	DB32/T 2251—2012	苏玉 29 制种技术规程
99	DB32/T 2252—2012	苏玉 29 栽培技术规程
100	DB32/T 2253—2012	甘薯品种苏薯 15 号生产技术规程
101	DB32/T 2254—2012	番茄工厂化育苗技术规程
102	DB32/T 2255—2012	番茄黄化曲叶病毒病综合防治技术规程
103	DB32/T 2256—2012	“金陵甜玉”樱桃番茄品种
104	DB32/T 2257—2012	“苏粉 12 号”番茄品种
105	DB32/T 2258—2012	“苏粉 13 号”番茄种子纯度 SRAP 分子标记鉴定方法
106	DB32/T 2259—2012	“玉雪”洋葱品种
107	DB32/T 2260—2012	甘蓝品种纯度及真实性 SSR 分子检测方法
108	DB32/T 2261—2012	“苏崎 3 号”茄子早春大棚生产技术规程
109	DB32/T 2262—2012	“早生翠美”甘蓝棚室栽培技术规程
110	DB32/T 2263—2012	荷兰豆速冻技术规程
111	DB32/T 2264—2012	桑黄栽培技术规范
112	DB32/T 2266—2012	鲜食蓝莓冷藏保鲜技术规程
113	DB32/T 2267—2012	南美白对虾速冻技术规程
114	DB32/T 2268—2012	棉花品种(系)苗期耐盐性鉴定与评价技术规程
115	DB32/T 2269—2012	棉籽油份含量无损测定 近红外光谱检测法
116	DB32/T 2270—2012	淮北农区高标准农田土壤肥力指标
117	DB32/T 2271—2012	太湖农区高标准农田土壤肥力指标
118	DB32/T 2272—2012	丘陵农区土壤有效磷、速效钾丰缺指标
119	DB32/T 2273—2012	里下河农区土壤有效磷、速效钾丰缺指标
120	DB32/T 2274—2012	设施大棚内沼气池使用技术规程
121	DB32/T 2275—2012	蓝藻高温堆肥技术操作规程
122	DB32/T 2276—2012	茄果类蔬菜沼液施用技术规程
123	DB32/T 2277—2012	生物可降解育苗容器技术要求
124	DB32/T 2278—2012	食用菌类辐照保鲜技术规范
125	DB32/T 2279—2012	果蔬干制品类辐照杀菌技术规范
126	DB32/T 2280—2012	洋葱辐照抑制发芽技术规范
127	DB32/T 2281—2012	农用辐照装置剂量监测规范
128	DB32/T 2282—2012	种猪繁育技术档案规范
129	DB32/T 2283—2012	公路工程水泥搅拌桩成桩质量检测规程
130	DB32/T 2284—2012	双组分环氧沥青钢桥面铺装施工技术规范
131	DB32/T 2285—2012	水泥混凝土桥面水性环氧沥青防水粘结层施工技术规范

续表 5–1

序号	标准编号	地方标准名称
132	DB32/T 2286—2012	湿法橡胶沥青路面施工技术规范
133	DB32/T 2287—2012	中华绒螯蟹池塘养殖智能监控技术规程
134	DB32/T 2290—2013	江苏省农村综合信息服务平台建设通则
135	DB32/T 2292—2013	苏玉 25 春季直播栽培技术规程
136	DB32/T 2293—2013	苏玉 10 号栽培技术规程
137	DB32/T 2294—2013	鲜食玉米 苏玉糯 18 品种
138	DB32/T 2295—2013	鲜食玉米 苏玉糯 18 栽培技术规程
139	DB32/T 2296—2013	鲜食蚕豆 通蚕 9 号品种
140	DB32/T 2297—2013	鲜食蚕豆 通蚕 9 号生产技术规程
141	DB32/T 2298—2013	食粒豌豆 苏豌 2 号品种
142	DB32/T 2299—2013	食粒豌豆 苏豌 2 号生产技术规程
143	DB32/T 2300—2013	绿豆 通绿 1 号品种
144	DB32/T 2301—2013	绿豆 通绿 1 号生产技术规程
145	DB32/T 2302—2013	克氏原螯虾池塘微孔增氧高效养殖技术操作规程
146	DB32/T 2303—2013	克氏原螯虾苗种土池繁育技术操作规程
147	DB32/T 2304—2013	克氏原螯虾稻田养殖技术操作规程
148	DB32/T 2305—2013	内陆水域鱼类资源调查规范
149	DB32/T 2306—2013	粗唇鮠人工繁殖技术规程
150	DB32/T 2307—2013	生态旅游示范区评定规范
151	DB32/T 2309—2013	发芽糙米通用规范
152	DB32/T 2310—2013	酥梨炭疽病综合防控技术规程
153	DB32/T 2313—2013	联盟标准管理通则
154	DB32/T 2315—2013	三塔两跨悬索桥设计指南
155	DB32/T 2316—2013	地理标志产品 邳州银杏
156	DB32/T 2317—2013	银杏播种育苗技术规程
157	DB32/T 2320—2013	超级稻武运粳 24 号机插精确定量栽培技术规程
158	DB32/T 2321—2013	水稻塑盘旱育精确抛秧 600kg/667m² 高产栽培技术规程
159	DB32/T 2322—2013	稻田套播小麦栽培技术规程
160	DB32/T 2323—2013	稻草全量还田免耕直播小麦栽培技术规程
161	DB32/T 2324—2013	稻茬免(少)耕机播小麦栽培技术规程
162	DB32/T 2325—2013	小麦苗情分类与促控技术规程
163	DB32/T 2326—2013	鲜食大豆“南农菜豆 6 号”生产技术规程
164	DB32/T 2327—2013	玉米机械化播收生产技术规程
165	DB32/T 2328—2013	双季鲜食玉米高产栽培技术规程
166	DB32/T 2329—2013	化学杀雄剂诱导棉花雄性不育的杂交棉种子生产技术
167	DB32/T 2330—2013	公路桥梁钢塔制造与安装指南
168	DB32/T 2331—2013	液压提升式跨缆吊机验收评定规程
169	DB32/T 2332—2013	重复使用的悬索桥猫道承重索钢丝绳检验和报废规程
170	DB32/T 2333-2013	水利工程混凝土耐久性技术规范
171	DB32/T 2334.1—2013	水利工程施工质量检验与评定规范 第 1 部分:基本规定
172	DB32/T 2334.2—2013	水利工程施工质量检验与评定规范 第 2 部分:建筑工程

续表 5-1

序号	标准编号	地方标准名称
173	DB32/T 2334.3—2013	水利工程施工质量检验与评定规范 第3部分:金属结构与水利机械
174	DB32/T 2334.4—2013	水利工程施工质量检验与评定规范 第4部分:电气设备与自动化
175	DB32/T 2335—2013	啤酒大麦 扬农啤8号
176	DB32/T 2336—2013	扬农啤8号啤酒大麦生产技术规程
177	DB32/T 2337—2013	克氏原螯虾—鲢鳙混养技术规程
178	DB32/T 2338—2013	克氏原螯虾—芡实共作技术规程
179	DB32/T 2339—2013	克氏原螯虾—水芹共作技术规程
180	DB32/T 2340—2013	克氏原螯虾—荷藕共作技术规程
181	DB32/T 2341—2013	中山杉造林技术规程
182	DB32/T 2342—2013	江苏省港口建设项目档案管理
183	DB32/T 2343—2013	地理标志产品 窑湾绿豆烧
184	DB32/T 2344.1—2013	起重机械质量管理 第1部分:制造单位质量管理规范
185	DB32/T 2344.2—2013	起重机械质量管理 第2部分:安装单位质量管理规范
186	DB32/T 2345—2013	个体防护装备配备规范
187	DB32/T 2346—2013	克氏原螯虾、水稻共作技术规程
188	DB32/T 2347—2013	罗氏沼虾与青虾混轮养技术操作规程
189	DB32/T 2348—2013	罗氏沼虾与水蕹菜立体种养技术操作规程
190	DB32/T 2349—2013	杨树一元材积表
191	DB32/T 2351—2013	琼花大苗培育技术规程
192	DB32/T 2352—2013	银杏大树移栽技术规程
193	DB32/T 2353—2013	银杏容器扦插育苗技术规程
194	DB32/T 2355—2013	综合交通建设实验检测用表标准
195	DB32/T 2356—2013	赛事志愿服务 招募
196	DB32/T 2357—2013	赛事志愿服务 志愿者形象礼仪
197	DB32/T 2358—2013	政府采购 公开招标
198	DB32/T 2359—2013	政府采购 代理机构服务规范
199	DB32/T 2361—2013	秦淮灯彩通用技术条件
200	DB32/T 2362—2013	苏淮猪饲养技术规程
201	DB32/T 2363—2013	淮麦26原种生产技术规程
202	DB32/T 2364—2013	淮麦28原种生产技术规程
203	DB32/T 2365—2013	淮麦28栽培技术规程
204	DB32/T 2366—2013	子莲栽培技术规程
205	DB32/T 2367—2013	淮安红椒生产技术规程
206	DB32/T 2368—2013	食用农产品质量安全追溯管理规范 基本要求
207	DB32/T 2369—2013	食用农产品质量安全追溯管理规范 种植业
208	DB32/T 2370—2013	苏署16号甘薯栽培技术规程
209	DB32/T 2371—2013	鳙鱼养殖技术规程
210	DB32/T 834—2013	南京湖南路商业街区服务与管理规范

煤炭科技

Coal Science & Technology

【概　况】 2013年,全省煤炭行业紧紧围绕企业的转型发展、安全发展、产业升级,推进大项目建设,着力构建科技创新平台,积极开展科研攻关与技术创新,解决一批技术重点、难点问题,为企业的持续、稳定发展提供强有力的科技支撑,并取得了一批较好的科技成果。

【技术进步与创新】 一是积极构建科技创新平台,提升科技创新能力。徐州矿务集团有限公司与中国矿业大学(北京)联合申报的"国家能源深部安全开采及灾害防治重点实验室",2013年2月获得国家能源局批准(国能科技〔2013〕60号)。申请的国家能源装备自主化中央预算资金"深井降温与热能利用示范工程"项目已通过国家能源局批复,获得1842万元资金资助。二是积极开展徐州矿区千米深井群支护难题开展技术攻关。中国矿业大学钱鸣高院士领衔的江苏省企业院士工作站针对徐州矿区千米深井群支护难题开展技术攻关,其中"煤矿深部峒室群工程稳定性控制关键技术""徐州矿区深部岩层稳定性控制关键技术及其应用研究"等成果,已在徐州矿区部分矿井推广应用,深部围岩变形得到有效控制,目前已完成了第一阶段的工作,2013年7月通过了省科技厅组织的课题验收。三是深入推进安全高效现代化矿井建设,认真做好高新设备推广。围绕装备自动化、智能化提档升级,认真研究综采工作面三机配套,推广大功率、高性能采煤机和运输机,使用高强度、大阻力、稳定性好的液压支架,提高工作面装备水平。煤巷半煤巷全面推广大功率掘进机,积极推广试用掘锚机、扒渣机、综合除尘装备等,加快提升运输系统装备技术升级。

【科技成果】 2013年,各煤矿企业充分利用国家能源深井安全开采重点实验室、企业院士工作站及省级技术中心载体,加强与科研院所的合作,围绕深部软岩支护、冲击地压防治、瓦斯及地温热害治理、"三下"压煤条带开采等重点难题,组织科研攻关,产生了一批较好的科技成果。

2013年,徐州矿务集团有有限公司82项科技成果通过了鉴定,其中19项成果通过了中国煤炭工业学会鉴定,63项成果分别通过了集团公司及市级鉴定,66项科技成果获得了集团公司科技进步奖励,其中一等奖6项,三等奖17项,三等奖43项。《循环流化床锅炉炉膛出口除氮技术的研究和应用》获得2013年度中国煤炭工业协会科技进步二等奖,《深部解放层开采矿压规律与被卸压巷道支护技术研究》等3项成果获得三等奖。2013年度专利申请18项,专利授权9项。

2013年,大屯煤电(集团)公司"大屯矿区井下紧急避险及皮带火灾事故灾害应急救援系统的研究与应用""综放俯采工作面顶板强补给含水层防治水技术的研究与应用""煤矿井下紧急避险系统空气再生技术与装置研究及工程示范"3项获中煤集团科技进步奖一等奖;"大屯矿区深部复杂地质安全高效综放开采工艺及装备的优化研究"等2项获中煤集团科技进步奖二等奖;"发电厂点检定修设备管理模式的研究与实践"等4项获中煤集团科技进步奖三等奖;"井下紧急避险系统研究与应用"获"神华杯"中国职业安全健康协会一等奖;"综放俯采工作面顶板强补给含水层防治水技术的研究与应用"等3项获中国煤炭工业协会科技进步奖三等奖;获国家授权专利31项、其中发明专利5项;公司被中煤集团公司命名创新工作室3个、被评为专利先进单位,公司被煤炭工业协会授予"第三届煤炭工业科技创新先进企业""第三届煤炭工业科技创新示范矿(单位)""第三届煤炭工业科技管理先进工作者"等荣誉称号。

(江苏省经济和信息化委员会 董伯林)

测绘科技

Surveying and Mapping Science & Technology

【概　况】 2013年,江苏省测绘地理信息工作保持平稳较快推进,在全国省级测绘地理信息行政主管部门贯彻落实科学发展观年度测绘地理信息工作考评中,江苏省测绘地理信息局位于前列,已连续四年被评为"优秀单位"。截至2013年年底,全省测绘地理信息行业共有13639人从事测绘生产,比2012年末增加863人,同比增长6.75%,其中高级技术人员 1423 人、中级技术人员 3442 人、初级技术人员 4328 人;全省测绘资质单位共完成服务总值 27.2 亿元,同比增长 15.25%。地理信息应用服务成效显著,全年对外提供测绘地理信息成果 18700 幅,编制省政区系列图、省领导工作用图、省"两会"工作用图等 161 幅(册)。天地图省市节点提供的各类应用服务近 70 个,其中有 5 个项目被国家相关部委在全国推广,有 9 个项目参加国家天地图应用大赛获奖,获奖总数列全国第二。人才队伍建设持续加强,与河海大学共建研究生培养基地,在与院校和科研机构的常态化交流中培养人才。先后承担了 2 项科技部国家科技支撑计划项目、2 项国家局项目、1 项江苏省科技厅项目和 1 项中国测绘科学研究院项目。举办"第三届全省测绘地理信息行业职业技能竞赛暨全国选拔赛"和"第二届江苏省海洋测绘技能比赛",优秀人才脱颖而出。

【基础测绘工作】 根据《江苏省"十二五"省级基础测绘规划》制定年度生产实施计划并落实经费。组织了宿迁、盐城、淮安、太湖测区 1∶10000DLG 更新等技术设计书评审。进一步完善省级现代测绘基准体系,完成 CORS 站点 4 个新建站点选址、埋石及已建站点的测量计算工作,实施部分二等水准点和 B、C 级 GPS 点普查,完成了 120 个 B 级 GPS 点及 1700 千米的二等水准复测,同步更新了基础控制数据库。组织更新全省遥感影像,获取了全省 2.5 米分辨率的卫星遥感影像(资源三号卫星),更新了省级遥感影像数据库。制定了《江苏省 2014、2015 年航空航天遥感影像需求计划》,完成全省"十二五"第二轮航摄招标工作。积极开展 1∶10000 基础地理信息及相关数据库的更新工作,2013 年内更新南京、宿迁、淮安、徐州等测区 1∶10000DLG3058 幅。同时更新基础地理信息数据库,入库 DLG1040 幅、DOM4131 幅。2013 年 12 月 20 日,江苏省"十二五"省级基础测绘成果(2011—2013)通过验收。积极推进 2000 国家大地坐标系(CGCS2000)使用,2013 年 6~8 月,国家测绘产品测试检测中心对江苏省 CGCS2000 转换成果进行了监督检查,根据国测质检函〔2013〕73 号文件,江苏省 2000 国家大地坐标系成果在生产单位合法性、数学基础符合性、数据内容符合性、生产过程符合性和成果精度检核等方面均满足要求。组织全省 1∶10000 数据库整合升级工作,完成了江苏省 1∶10000 数据库整合升级实施方案和专业设计的编写上报工作,于 7 月份通过了国家基础地理信息中心的审核,并按计划完成了全省 4131 幅 DOM 及部分 DEM、DLG 成果的转换、整理和入库工作。认真做好领导用图的保障工作,初步完成《江苏省领导工作用图》《长江三角洲地区地图集》(2014 年两会用图)《江苏省系列政区图》(1∶30 万、1∶50 万、1∶70 万、1∶100 万)的编制工作,为政府决策、区域开发等提供了地理信息数据服务。

各市、县进一步加大基础测绘投入,全省各地年度基础测绘经费总计超过 1 亿元,完成 1∶500、1∶1000、1∶2000 等各类成果累计超过 35700 平方千米。徐州市完善了市级连续运行卫星定位服务系统并纳入省级网体系,南通市完成了全市域基础控制网的同步构建。扬中、丹阳等县(市)实现了 1:1000 全覆盖,张家港、吴江、江阴等县(市)基本实现基础测绘常态化更新。全省的市县级基础测绘成果覆盖面、现势性进一步提高。

【测绘科技】 根据《江苏省测绘科研项目管理办法》,面向全省测绘行业,对有价值的测绘科研项目给予经费支持,鼓励行业进行科技创新。积极引导、鼓励全省测绘单位解决测绘生产和产业化过程中涉及的技术问题,明确赋予科技人员更大的经费自主权,鼓励全省测绘科技人员面向实际进行科技创新。

5 月,组织了 2013 年度江苏省测绘科研项目立项评审,多元信息融合在区域地表形变监测中的应用研究、面向位置服务的多传感器定位方法研究、地面三维激光点云数据辐射校准方法研究、基于矢量 CA 的近 30 年江苏省土地利用动态演化模拟、精密工程测量技术在数字化造船中的应用研究、城市空间信息服务协同模式研究与实践、城市地理空间参考框架的维护与服务关键技术的研究、基于三维 GIS 的城市地下空间信息系统技术方案研究、基于面向对象的标准地址库模型研究、时空信息云平台建设模式研究、PS-InSAR 技术在江苏省无锡市的形变监测研究、城市精细三维场景快速重建技术研发、时空数据变化检测技术在地理国情监测中的应用、区域对流层延迟改正的神经网络模型研究、三维技术在地下管线质检中的应用研究、车载移动测量技术在数字城市建设中的应用、城市地上地下三维一体化建设与应用、MDS数据编辑系统、数字城市多源数据的空间化集成方案研究、基于CorelDraw平台下专题图实时展现的研究、构建私有云GIS服务平台的方案设计与实践、初中级工程测量员技能鉴定改革的研究等22个测绘科研项目获准立项资助。

6月，与江苏省科学技术协会共同组织2013年度江苏省测绘科技进步奖的评选，共评选出获奖项目25项。江苏省交通地理信息服务平台、江苏省环境监控系统一期工程——空间数据中心建设子项目、江苏"数字海洋"信息基础框架构建、堤防工程安全监测综合处理系统、"天地图·常州"等5项成果获省测绘科技进步一等奖;南京城乡交通市政规划体系管理平台、江苏省交通道路实景影像地图应用研究、基于Oracle Spatial 11g的基础地形数据库建库、更新与管理关键技术研究、数字徐州地理空间框架建设及应用研究、徐州市现代空间基准建设、一种光电测距仪周期误差自动检定系统、古建筑测绘及GIS系统建设的一体化技术方案研究、南京夫子庙古建筑群保护性测绘等8项成果获省测绘科技进步二等奖;江宁区国土资源"一张图"工程、钢铁园区三维综合管网信息系统建设及应用研究、江苏省数字电影流动放映监管系统、里下河腹部地区湖泊湖荡管理与保护信息系统、三维激光扫描技术工业管线应用研究、城市地理区情监测服务平台、常州北部新城数字模型与规划辅助决策系统、连云港海域无人机遥感应用及三维立体监管平台建设研究与试验、基于单幅影像的群体建筑量测与建模方法研究、基于手持差分GPS与3G网络的地籍库快速更新技术研究、丰县第二次土地调查工程1:500城镇土地调查和1:500、1:1000基础测绘项目、如皋市政务地理信息平台及应用示范建设项目等12项成果获省测绘科技进步三等奖。

2013年,继续发挥强大的测绘科研力量优势,先后承担了科技部国家科技支撑计划项目(2011—2013):《国产测图卫星在太湖流域生态环境监测与评价中应用示范》《地理国情监测应用服务》,国家测绘地理信息局《全国1:10000基础地理信息数据库整合升级》《天地图同构》项目,江苏省科技厅《天地一体化的江苏省地面沉降动态监测业务化运行平台》项目,中国测绘科学研究院《集成稳定特征和先验知识的影像变化检测技术研究》项目等。多个项目获得国家及省部级科技奖项:《江苏省交通地理信息服务平台》获中国地理信息产业协会金奖,《海安县新农村建设测绘保障服务示范项目》获中国地理信息产业协会银奖,《建湖县1000村庄地籍调查及数据库建设》获中国地理信息产业协会银奖,《江苏海事局综合执法管理信息系统》获2013年中国地理信息产业优秀工程银奖,《江苏省环境监控系统一期工程空间数据中心建设子项目》获2013地理信息科技进步奖三等奖。

2013年所获专利:像控测量内外业一体化平台(2003SR000271),《地理空间框架数据库管理系统V1.0》著作权,《iCity移动地图》《NaviAcquisition导航数据采集》软件著作权等。

科研合作方面，与国家局卫星测绘应用中心联合成立了卫星测绘技术与应用国家测绘地理信息局重点实验室,于2013年9月23日正式挂牌。与南京大学合作，向省科技厅申报建立江苏省地理信息重点实验室。

【测绘质量管理】 完成全省甲、乙级测绘持证单位质量管理体系和测绘资料档案管理考核工作,各市、县测绘行政主管部门完成丙、丁级测绘持证单位质量管理体系和测绘资料档案管理考核工作。

开展全省"测绘地理信息质量巩固年"活动。活动分为动员部署阶段(2013年2月25日至3月20日)、组织实施阶段(2013年3月20日至10月31日)、总结考评阶段(2013年11月至12月)3个阶段进行。组织开展了2013年全省测绘成果质量监督检查,抽查了30家省内测绘单位和3家省外测绘单位2010—2012年间完成的共33个测绘项目,涵盖地形测量、竣工测量、地籍测量等32个专业。

组织开展了年度优秀测绘工程评选工作。根据《江苏省优秀测绘工程评选办法》,省优秀测绘工程评选专家委员会对98个申报2013年度江苏省优秀测绘工程奖的项目进行了评审，评审结果一等奖9个,二等奖25个,三等奖48个。

认真做好测绘单位质量保证体系考核工作。根据《关于开展2013年全国测绘地理信息成果质量监督检查的通知》,组织省1:10000地形图成果质量自查,并将自查工作情况报送国家局。

【测绘科技人才】 全省测绘持证单位拥有高级工程师(含研究员级)1423 人、工程师 3442 人。经省地质矿产工程高级专业技术资格评审委员会评审通过，省局系统有 4 人取得研究员级高级工程师资格,21 人取得高级工程师资格;经省地矿、测绘、国土工程高中级专业技术资格评审委员会评审通过,江苏省测绘地理信息局系统 12 人取得工程师资格。

江苏省测绘地理信息局与河海大学联合培养专业学位研究生,2013 年度共接受 16 名专业学位硕士研究生进入局系统联合培养基地进行联合培养。组织国家测绘地理信息局青年学术和技术带头人、省"333 高层次人才培养工程"入选培养对象申报专项课题,并获得课题资助。加大各类人才教育培训力度，举办了多期测绘地理信息业务和专业技术培训班,全年共计培训 1428 人次。重视技能人才队伍建设,全省 4159 人通过职业技能等级鉴定。组队参加第三届全国测绘地理信息行业职业技能竞赛,取得地籍测绘赛区团体第 3 名、个人第 1 名及第 15 名，地图制图赛区团体第 3 名、个人第 7 名及第 9 名的好成绩,4 名参赛选手均被国家测绘地理信息局授予"全国测绘地理信息技术能手"称号。组织举办第三届全省测绘地理信息行业职业技能竞赛暨全国竞赛江苏选拔赛，在选拔赛中取得一、二等奖的 6 名选手,以及参加第一届江苏省网络安全职业技能竞赛获得一等奖的 2 名选手，均被江苏省人力资源和社会保障厅授予"江苏省技术能手"荣誉称号。全省有 63 人获得注册测绘师资格。全省测绘地理信息队伍结构得到改善,人才资源持续增长。

【测绘交流、培训】 2013 年 4 月 9 日,江苏省测绘学会在南通召开了九届十次常务理事扩大会议。会议听取、讨论并通过了江苏省测绘学会 2013 年工作计划及各专业(工作)委员会 2013 年的活动安排。8 月 21 日,在镇江举办了九届十一次常务理事会，听取学会 2013 年主要工作汇报和换届事宜。9 月 20 日,召开九届理事会第七次会议,在理事会上总结了全年的工作并和理事商讨换届相关事项。9 月 21 日召开了第十次会员代表大会 2013 年学术年会，此次会议确定了江苏省测绘学会第十届理事会理事长及全体理事成员，通过了学会更名为江苏省测绘地理信息学会的决议，并通过了新一届理事会章程。江苏省测绘学会 2013 年学术年会与学会换届大会同期举办，会议邀请到了中国测绘科学研究院地理信息系统与地图工程研究所(GIS)所长李成名教授做《智慧城市时空信息云平台建设与实践》报告,并邀请杭州科澜信息技术有限公司首席技术官陈华做《科澜 3Dvp 三维数字城市建设方案》报告。

江苏省测绘学会地籍与房产测量专业委员会在张家港举办地籍与房产测量专业委员会会议；测绘教育与科普工作委员会举办了江苏省高校测绘本科生优秀毕业论文评选活动；工程测量专业委员会在南京承办了第六届全国交通工程测量学术研讨会；水下与海洋专业委员会在南京举办了 2013 年水下与海洋测量学术交流会；工程测量专委会在常州召开了 2013 年工作会议;新技术应用专业委员会在南京举办第四届江苏省高校测绘地理信息软件开发大赛；测绘仪器专业委员会在江苏省内举办了多项新技术新仪器发布会议。

2013 年,江苏省测绘学会、江苏省测绘与地理信息协会、江苏省测绘科技信息站共同主办的《现代测绘》杂志共收到稿件 1000 多篇，正式出版 6 期,增刊 2 期,刊登学术论文 400 多篇。

(江苏省测绘地理信息局 丁馥虹)

地 区 科 技

Regional Science & Technology

南 京 市

Nanjing City

【概　况】 2013年，南京市大力破除体制机制障碍，着力将科技、教育、人才优势转化为科技创新创业优势，加快建立以企业为主体、市场为导向、产学研相结合的区域技术创新体系。科技创新在优化经济结构、加速发展方式转变中，发挥了较好的带动和促进作用，对经济社会发展的引领作用显著增强。连续被评为全国科技进步先进市，同时还入选国家级文化和科技融合示范基地、下一代互联网示范城市和智慧城市(试点)。

企业自主创新能力得到提升。出台《关于推进科技成果向企业转移转化的实施意见》，为科技成果向企业转移转化营造了更加良好的政策环境。2013年，全市新增高新技术企业157家，累计共865家，实现高新技术产业产值6307亿元，同比增长12.6%。新培养科技创业家52名，累计列入培养的科技创业家达162人。2013年，全市有20个项目入选省重大科技成果转化项目，共获资助1.63亿元，入选项目数和经费数列全省第一。同时，努力破解科技企业融资难题，全市共有9家科技银行、2家科技保险公司和17家科技小额贷款公司，全年发放科技贷款763笔、贷款金额达37.7亿元。南京地区有32项重大科技成果荣获国家科学技术奖、92项成果获江苏省科学技术奖、6家企业获江苏省企业技术创新奖。

创新创业服务体系日趋健全。截至2013年年底，全市20个紫金科技创业特别社区累计建成载体面积433万平方米，孵化器、加速器、中试用房、人才公寓、总部基地等功能结构基本成型。围绕南京市确定发展的六大新兴产业，整合优势科教资源，加快建设产学研协同创新载体。2013年，无线(未来网络)谷列入部省共建国家级科教结合示范基地，全市共有国家级协同创新中心3家、省级24家，南京经济开发区等5家园区成为首批省级产业协同创新基地。2013年内新增国家级孵化器2家、省级孵化器11家、市级科技企业孵化器31家，新认定大学科技园12家、战略性新兴产业创新中心19家，全市累计共建有大学科技园29家、战略性新兴产业创新中心31家、市级以上科技企业孵化器122家。

科技改革试点稳步推进。2013年7月10日正式成立了“省市共建南京科技创业创新和产业化促进平台”。借助省市共建平台的常设协调机制，共同将南京的科教优势、人才优势尽快转化为创新优势、发展优势、竞争优势。2013年内出台《在宁高校与南京互动发展评估指标体系(试行)》，通过高校为南京的人才服务、科技服务、载体建设以及综合评价等方面，在全国率先给校地互动“打分”，年内完成了首次评估。同时，打造科技资源开放共享平台，最大限度实现科教资源共享，2013年新挂牌成立13家开放实验室，累计共26家。

科技惠民示范效应显著增强。2013年内加大对先进适用科技成果的应用、民生领域科技攻关和示范的支持。在城区，先后在生态环保、公共安全、医疗卫生等领域大力开展科技攻关与示范，破解资源、环境等瓶颈制约；在郊区，借助科技超市、专业合作社等新型载体，提高农民对科技的认知度和接受度，增加科技对农业农村的支持力度。2013年，全市科技“三项费”(科技“三项费”是指国家为支持科技事业发展而设立的新产品试制费、中间试验费和重大科研项目补助费）中用于民生科技投入达2300万元，比2012年增长1倍，进行的项目技术攻关和成果应用示范均取得较好的效果。

国内外研发机构进一步集聚。借助全球（南京)研发峰会及南京国际技术转移大会等平台，宣传南京，扩大城市国际影响力，吸引了一大批跨国企业研发机构落户南京，“大树移栽”效应显现。

2013年新引进国内外500强企业研发机构21家、累计共引进58家，其中世界500强39家、中国500强19家,涉及电子信息、软件、生物医药、新材料等新兴产业领域。通过“高端研发机构集聚计划”等政策鼓励,南京LG熊猫电器有限公司、东软集团南京有限公司等一批知名研发机构新增研发投入均超过亿元,带动研发投入共21.54亿元。

知识产权示范市建设扎实有效。探索知识产权管理和运营的创新，成立了市科技与专利行政执法支队和知识产权维权援助中心,出台了《南京市实施专利保险试点工作管理办法》。重点建设了一批知识产权密集型产业基地,中国(南京)软件谷被新认定为全国战略新兴产业集群知识产权管理试点园区。专利申请继续保持量质并升,2013年专利申请量和授权量分别达55094件和19484件,每万人有效发明专利拥有量已达21件,位居全国同类城市前列。

(王愿华)

【科技管理】 科技进步考核。科技部2013年11月15日发布：南京市本级和全部11个区均通过了2013年全国县市科技进步考核,其中南京市本级和江宁区、鼓楼区、玄武区、栖霞区、雨花台区、秦淮区、浦口区、高淳区获科技进步先进称号。南京市委靳道强副书记、市政府罗群副市长、市科委黄河主任等获先进个人称号。

(邵晓亮)

江苏省创新型试点县区、创新型试点乡镇。根据江苏省科技厅公布，高淳区入选第三批江苏省创新型试点县(市、区),江宁区东山街道、溧水区柘塘镇入选第三批江苏省创新型试点乡镇。

成立江苏省与南京市共建南京科技创业创新和产业化促进平台。2013年5月21日,江苏省政府办公厅回复南京市政府《省政府办公厅关于共建南京科技创业创新和产业化促进平台有关事项的函》,6月底南京市印发《关于印发江苏省和南京市共建南京科技创业创新和产业化促进平台组建方案的通知》,7月10日，平台启动仪式暨第一次会议在南京召开,平台正式成立。平台下设综合办公室和推进重大科技成果产业化、科技金融、人才、新技术新产品应用推广、政策、规划建设等6个工作组,年内人员已到位,相关工作有序展开。

2013年7月10日,“省市共建南京科技创业创新和产业化促进平台”在南京举行了启动仪式并召开第一次会议。

出台《在宁高校与南京互动发展评估指标体系（试行)》。2013年1月30日,《在宁高校与南京互动发展评估指标体系(试行)》由省科技厅、省人才办和市委、市政府联合印发。该体系旨在大力推进南京国家科技体制综合改革试点城市建设工作,加快在宁高校和南京形成互相促进、共同发展的共赢格局和长效机制。4月,此项工作课题组设计并发放了《在宁高校与南京互动发展评估指标调查表》和《在宁高校公众认可度问卷调查表》,对2012年在宁高校与南京互动发展情况开展了首次评估,42所在宁普通高等院校参加了评估,8月初正式发布首次评估结果。

(刘继青)

【科技成果】 2013年内,在宁高校、科研院所应用技术成果就地转化3505项,转化率达46.8%;与中科院签订了新一轮科技战略合作协议，南京市与中科院联合开展产学研合作项目170项，实现销售收入40.8亿元；获得省产学研联合创新资金项目71项,累计获得无偿资助6685万元。新启动建设9家大学科技园和13个战略性新兴产业创新中心。新获认定省级大学科技园2家、省级产学研产业协同创新基地5个、省级重大创新载体建设项目3个,省产业技术研究院预备研究所7个。全市共获得省科技成果转化专项资金项目20项，获得专项资金资助1.63亿元。新评选出52名南京科技创业家。

(金　淮)

省重大专项资金项目。2013年内,南京市“基于自主核心部件的工业机器人及成套设备研发和产业化”等20个项目列入省科技成果转化专项资金项目,获省经费资助1.63亿元;有14个项目获得省科技成果转化专项资金项目贷款贴息,共贴息1617万元。截至2013年年底,全市共承担省科技成果转化专项资金项目达166个,累计获省资助经费16.95亿元。

(贾尚斌)

【高新技术产业】 2013年南京市高新技术产业实现总产值6307.5亿元,同比增长12.6%,规模以上工业高新技术产业产值占规模以上工业总产值的比重达到47.1%;南京高新区“一区三园”实现技工贸总收入9638亿元,增加值1897.5亿元;实现工业总产值7940.8亿元,出口创汇160.8亿美元。民营科技企业实现总产值3890亿元,总收入4891亿元。全年新获认定高新技术企业157家,全市高新技术企业累计达到865家。高新技术产业自主创新步伐加快,已成为全市经济增长的主力军。8个国家火炬特色产业基地建设与发展情况良好,相应特色产业发展较为迅速,实现总销售收入1756.7亿元,对区域经济的支撑作用日益显著。

(何华英)

科技型中小企业技术创新基金管理。2013年内,获得国家创新基金创新项目22项(其中重点项目8项)、创投引导资金项目4项、平台项目5项,共获得资金支持2698万元;省创新资金立项32项,资助经费850万元;8家创业投资企业或创业投资管理企业获得省科技型中小企业创业投资引导资金补助,支持金额280.2万元。市创新基金(工业)立项59项,资助经费1655万元。

技术先进型服务企业认定与复审。2013年内,南京市科委会同市商务局、财政局、国税局、地税局、发改委继续开展技术先进型服务企业申报、认定及复审工作。经市技术先进型服务企业认定管理工作协调小组组织专家评审并公示,迪比信可信息技术服务(南京)有限公司等8家企业通过复审。全市28家企业保持了技术先进型服务企业资质。

(刘卫卫)

国家火炬计划特色产业基地。2013年12月,江宁生物医药特色产业基地通过科技部火炬中心认定,至此全市国家火炬特色产业基地已达8家。8家国家火炬特色产业基地,涉及生物医药、可再生能源、精细化工、智能电网、通信软件、移动互联等产业领域,已成为南京区域高新技术产业和战略性新兴产业发展的重要载体,在优化产业结构、加快科技成果转化、提升自主创新能力等方面发挥着越来越重要的作用。2013年内,8家基地实现总销售收入1756.7亿元,工业总产值876.7亿元,工业增加值202.9亿元,税收83.4亿元,出口创汇26.5亿美元。

(陆　璐)

【创新平台与载体】 国家和省重点实验室。2013年,在宁重点实验室继续围绕国家、省战略性新兴产业、高新技术产业重大需求,充分发挥在宁高校院所的智力资源、基础研究优势和行业骨干企业的投资资源和产业化优势,开展应用基础研究和竞争前共性技术研究,开发重大战略目标产品,抢占产业技术制高点,引领和带动行业技术进步。2013年首次启动江苏省企业重点实验室建设,当年3家企业获批建设。截至2013年年底,南京市共拥有重点实验室74家,其中国家级25家、省级49家。

(钱　新)

企业研发机构建设。2013年年内,南京市继续推进大中型工业企业和规模以上高新技术企业普遍建立研发机构。立项资助48个大中型工业企业和规模以上高新技术企业研发机构建设项目,资助资金总额415万元。获批准新建国家工程技术研究中心1家、江苏省工程技术研究中心43家、江苏省国家工程技术研究中心培育点2家,新组建市工程技术研究中心82家;33家企业入选第一批“江苏省重点企业研发机构”。验收认定48家市级工程技术研究中心,对绩效较好的29家给予后补助,补助资金总额450万元。对绩效评估优良的7家省工程技术研究中心给予后补助,补助资金总额210万元。

(姚建虎)

科技公共服务平台。2013年内,南京市制定《南京市公共技术服务平台运行考核指标体系评分标准》。新建4家市级重大科技公共技术服务平台,涵盖生物医药、软件信息、光电显示、数字影音四大产业领域。省、市科技公共服务平台共115家(其中省级90家、市级26家)。

(王　恺)

企业院士工作站。南京市企业院士工作站致力于引进和聚集院士高端人才团队服务于企业，开展核心技术攻关、科技成果转化、研发平台共建、创新人才培养，推动企业技术自主创新能力提高。2013年新增3家市级企业院士工作站，引进中科院院士1名，工程院士2名。截至2013年年底，全市共建省市企业院士工作站63家，其中，省级企业院士工作站42家，市级企业院士工作站21家，共集聚两院院士73名。

（钱　新）

科技创业特别社区。2013年5月16日，南京市委常委会集体调研科技创业特别社区建设，为科技创业特别社区下一步发展指明了方向。截至2013年年底，全市特区已累计投入建设资金281.8亿元，新建和改造载体开工面积844.5万平方米，建成433.4万平方米；集聚各类人才1137名，引进科技型企业2173家，毕业企业154家，培育高新技术企业88家，专利申请量5273件；搭建完成综合公共服务平台44个，科技金融服务平台33个，可使用的专业技术支撑平台62个。“特区集聚人才、人才引领创新、创新促进创业”的生动局面初步显现。

（尚祚进）

科技企业孵化器。2013年内，南京化学工业园新城科技创业中心和江苏软件园孵化器发展有限公司被认定为国家级科技企业孵化器。全市新增市级以上孵化器37家，新增孵化面积121.8万平方米，新增在孵企业2295家，新增毕业企业230家。截至2013年年底，全市市级以上科技企业孵化器共122家，其中国家级15家、省级37家；包括大学科技园13家、科技创业服务中心105家、软件园3家、留学生创业园1家。全市科技企业孵化器总孵化面积405万平方米，集聚科技型企业6750家，从业人员9.4万人，累计毕业企业1415家。科技创业特别社区建成孵化面积157万平方米，已有30家特区内的孵化器通过了市级以上认定。

（陈　健）

【科技经费与项目】 2013年内，南京市共实施各类科技计划1631项，其中国家级计划143项、省级计划258项、市级计划614项，区(县)级计划616项。其中市级应用技术研发与成果转化(知识产权)计划下达8个批次，内容涉及高新技术、现代农业、社会事业科技、知识产权战略、国际科技合作、软科学、科技创新服务体系建设等领域；市级科技公共服务平台计划下达4个批次，主要涉及科技公共技术服务平台、大学科技园建设、战略性新兴产业创新中心、500强研发机构建设、工程技术研究中心、开放实验室、重大研发机构建设等；科技创业特别社区计划下达2批次，重点支持特别社区建设和特区内孵化器的新型孵化服务体系和服务能力建设。

科技计划项目管理。南京市注重加强和规范市级科技计划项目的管理，重新制定了《南京市应用技术研发与成果转化资金管理办法》和《南京市知识产权战略专项资金管理办法》。为提高市级计划项目的管理，规范项目验收程序，优化管理流程，提高实施成效，重新制定了《南京市科技计划项目管理办法》《南京市科技计划项目验收管理办法》和《南京市科技计划项目验收工作行为规范》。2013年内对82个市级重大科技计划项目进行监理，被监理项目总投资14.53亿元，其中市级拨款为8250万元。

（舒培浩）

产学研合作创新载体建设。2013年，南京启动建设9个大学科技园和13个战略性新兴产业创新中心，下达扶持资助资金3750万元。启动2家省产学研联合创新资金重大载体建设，获得省拨经费3700万元。积极引入清华大学、北京大学、中国科学院、西安交通大学等国内重点科研合作单位优势科技创新资源落户南京，建设一批科技创新创业平台。东南大学生物电子学国家重点实验室等7个研究机构被确认为首批省产业技术研究院预备研究所。南京江宁开发区、南京高新区等5家园区获批建设省级产学研产业协同创新基地。建设了一批高校协同创新中心，先后获批3个国家级“2011协同创新中心”和24个省级协同创新中心。

（赵　翔）

开放实验室。2013年内，南京市制定《南京市开放实验室运行评审标准》，重点考核评估资源拥有方为企业服务的绩效。2013年新认定13家开放实验室，全市共26家。涉及生物医药、新材料、现代通信与信息、现代农业及其他领域。

（钱　新）

【科技惠民】 国家科技青奥计划。2013年8月科技部在南京召开了“十二五”国家科技支撑计划“南京青奥会支撑技术集成与应用示范”项目实施中期检查及座谈会，全面推进各项目标任务圆满完成。项目国家专项经费5184万元已全额拨付到位,自筹及配套资金已落实3亿元。项目取得初步成果，在2013年亚青会中得到了初步示范应用,共发表科技论文49篇,申请专利25项,其中申请发明专利21项，获得国内发明专利授权8项;研制完成1项国家标准和1项行业标准，获得省部级科技奖励2项。

江苏省科技青奥项目。科技青奥工作作为厅市(江苏省科技厅与南京市)会商重点工作,2013年内共获得江苏省科技青奥项目3项，资助金额300万元,包括“基于‘智慧城市’的安全生产监管技术平台建设”“青奥背景下基于智能视频监控的平安社区示范工程”“青奥村特色绿化景观构建技术集成创新与应用示范”。连续两年共获得江苏省科技青奥项目8项,获得经费1000万元。重点为2014年南京青奥会的举办提供技术支撑和环境保障,部分项目成果已在亚青会中得到应用。

南京市社会事业科技示范工程。针对南京市社会事业重大科技需求,在生态保护、绿色低碳、城市管理、公共安全、文化与科技融合等领域开展科技示范工程,与国家、省科技青奥计划形成一个整体,应用示范一批先进适用的技术成果,充分发挥科技对城市建设与管理的支撑和引领作用,推进科技成果服务百姓生活。在医疗卫生科技领域,重点在心脑血管、肿瘤、精神及代谢类等重大、常见、多发疾病的监测预警、疾病筛查、早期诊断以临床诊治研究等方面，实施市级医疗卫生科技计划项目48项,不断提高临床医疗水平,为全市人民的身心健康提供保障。

科技社区示范工程。2013年南京市实施科技社区项目8项，市拨款110万元。以创建智慧社区、平安社区、低碳社区为目标,统筹社区各类资源,推动先进适宜、成熟可靠科技成果在社区中的应用,让科技创新成果惠及广大城乡居民。一是推进低碳节能技术进社区,不断提高社区环境水平。二是推动信息网络技术进社区，不断提升社区安全和智能化水平。三是推进卫生科技进社区,不断提升社区健康医疗服务水平。

农村社会事业科技。2013年内,南京市农村社会事业科技计划在农村生态环境保护、农业生产废弃物综合利用、节能减排等方面支持下,共投入科技引导经费160万元,吸引各区县、各级总投入2000多万元,重点支持农村污水治理、垃圾分类收集处理、受污染河道生态修复、清洁能源应用、绿色社区和智慧社区建设，充分发挥科技对农村社会事业的支持和引导作用，在农村建设和管理中引入绿色、节能、环保、生态等科学理念,提升了乡镇管理水平。

(唐　庄)

科技帮促工作。2013年内,南京市组织实施城乡统筹帮扶项目4项，分别是六合区龙袍街道科技型中小企业孵化基地建设、溧水区晶桥镇海棠新品种引繁示范与推广项目、高淳区桠溪镇荆山村低收入农户帮扶项目,共资助金额250万元,项目取得了良好的社会效益和经济效益。对高淳区桠溪镇荆山村200名低收入农户，分别在资金帮扶、就业帮扶、创业帮扶、产业帮扶、就学帮扶、股权帮扶等方面将帮促工作落到实处。

送科技下乡。2013年内,南京市不断强化科技富民惠民工作,让科技走近百姓、服务百姓、惠及百姓,让科技常下乡、常在乡。共组织专家40余人次赴栖霞八卦洲、溧水洪蓝、六合龙袍集中送科技下乡,广场咨询、种养殖培训、答疑解惑、赠送物资等活动颇受好评。年内共赠送有机肥30吨,蔬菜种子20余箱,科技书籍资料1000余册,水体增氧剂10箱等,累计价值达9万元,受益群众达2000余人次。

(周娟娟)

【农村科技】 农业科技发展计划。2013年内,南京市围绕现代农业发展共性关键技术、培育优质高产动植物新品种、研究开发和推广优质、高效种植和养殖技术、农产品精深加工和农业新产品开发、推进农业产业化进程等方向,共组织实施了省部级农业科技创新项目11项,培育市级以上涉农类重点实验室和工程技术中心6个，使农业综合生产能力和产业效益显著提高，初步形成了以企业为主体,高校、科研院所、重点实验室、工程技术研究中心和企业技术中心为支撑的农业技术创新体系。

农业科技园区。2013年内,南京市引导全市8个农业科技园区在专业化、规模化、特色化、品牌化发展上下工夫。作为现代农业特色产业发展的基地，推进农业技术在园区的集成组装和应用示范，累计引进培育新品种超过256个，筛选示范推广高效新品种56个，推广新技术新模式89项。在园区转化和推广农业科技成果，建立技术培训与技术服务网络体系，园区已成为郊区农户增收致富发展的新平台。

农业科技推广服务体系。2013年内，南京市全力构建区域农业特色产业发展全程科技服务体系，加快新品种新技术新模式的推广和高效农业产发展关键技术和成果的转化，提高农民对科技的认知度和接受度，有效提升农业科技水平，推动特色农业的发展。重点建设5家农村科技超市，建成2000平方米的溧水经济林果产业分店、400平方米的江宁设施蔬菜产业分店以及800平方米的浦口苗木花卉产业分店；各超市分店拥有本土技术专家108人，其中高级职称40人、中级职称49人；建成农业科技成果展示区3万平方米、繁育区2万平方米、示范基地100万平方米，建成现代农业示范区1333.3万平方米，连片连栋大棚25万平方米。

(濮少杰)

【科技合作与交流】 国际科技合作计划。2013年内，南京市共组织实施各级各类国际科技合作计划47项，资助总额3307万元；其中5个项目争取到国家国际科技合作计划经费支持2367万元；10个项目争取到省级国际科技合作计划资助390万元；同时实施市级国际科技合作计划，安排经费550万元。这些项目的实施，对推动企业开展联合研究、消化吸收再创新先进技术、提升创新能力产生积极促进作用。

(陈为生)

引进国内外研发机构。2013年内，南京市继续实施“高端研发机构集聚计划”，大力引进世界和中国500强企业研发机构，全年共引进21家。有6家外资研发机构被认定为省级外资研发机构。对14家各项指标达到要求的高端研发机构兑现奖励政策，资助总额1350万元。引进的研发机构中，有80%与本市院所和企业开展了不同形式的产学研合作，在集聚国内外科技创新资源、促进科技成果转化、培养创新创业人才、提升研发创新能力方面发挥积极作用。

(何建峰)

设立海外研发机构。2013年内，南京支持和协助具有自主知识产权、掌握核心技术的联迪恒星信息系统有限公司、江苏奥赛康药业股份有限公司2家企业在拥有国内市场的同时，积极走出去，利用海外人才、科研设施等研发创新资源在境外设立研发机构。

(陈　澄)

国际科技合作基地建设。2013年内，先声药业集团研究院获批“创新药物研发国家国际科技合作基地”；南京财经大学电子商务实验室获批“电子商务信息处理国家国际联合研究中心”称号，“电子商务信息处理国际联合研究中心”是南京首次获批科技部国家国际联合研究中心。截至2013年年底，全市共有国家国际科技合作基地6家。

(陈为生)

国际企业研发园建设。截至2013年年底，南京市的东山、麒麟、江宁、溧水、浦口5个国际企业研发园控制性详细规划和城市设计规划全部通过市政府审批。5家园区边建设边招商，研发园集聚创新人才、创业企业和研发机构的功能初步显现，东山国际企业研发园开园。东山国际企业研发园成功加入IASP(国际科技园协会)，成为“中意企业创新孵化基地”成员单位，荣获“国家新型工业化产业示范基地”称号。

(陈　澄)

对口科技交流。2013年内，南京市坚持以实施科技项目为抓手，突出科技创新为主线，促进对口支援地区的人才培养和自我“造血”功能提升。2013年共安排科技对口交流计划项目12项，资金130万元。其中西藏墨竹工卡县40万元，新疆伊宁市20万元，重庆万州区40万元，淮安市30万元，带动项目总投资达2915万元。

(祁　勇)

【科技人才】 科技人才工作。2013年度，南京市确定科技创业家人才52名，引进领军型科技创业人才712名；截至2013年年底，共确定科技创业家培养人才162名，引进领军型科技创业人才2153名。南京市有43人入选江苏省高层次创新创业人才引进计划，其中自主创业(A类)36人，企业引进(B类)7人，共获得省专项资助36470万元。共有14个团队入选2013年度省“创新团队计划”，有34名博士入选企业博士集聚计划，共获引进人才资助金额 510 万元。

(贾尚斌 徐宁虹)

【科技服务】 科技服务业。2013 年内,南京市继续推动科技服务业创新发展,启动"科技中介创业创新联盟"。科技服务业规模不断扩大,共实现总收入 303.71 亿元,较 2012 年同期增加 42.78 亿元,增长 16.4%,保持在全省的前列。麒麟生态科技创新园被列为省级科技服务业示范区。科技服务机构在增强自身实力和提升开放服务能力方面取得明显进步,服务内容及服务范围逐年扩展。

(张建功)

企业技术开发项目认定。2013 年内,南京市组织 30 场企业技术开发费用税前加计扣除培训活动,受训企业达到 2500 家。做好企业技术开发费用税前加计扣除的审核认定,全年经市科委认定备案的技术开发项目共 8 个批次,项目数为 3379 项,项目总投资超过 136 亿元,其中 2013 年当年投入超过 80 亿元。

(舒培浩)

【科技金融】 2013 年内,南京市设立 2000 万元省天使投资引导资金地方配套资金,出台《南京市省天使投资引导资金配套资金管理办法》,对符合条件的省内创业投资机构投资科技型小微企业予以风险分担和损失补偿。杭州银行南京软件大道支行被市政府授牌成为南京市第 9 家科技银行,重点支持软件类科技创业企业。全年举办"银企对接"活动 7 场,网上共受理 834 家科技创业企业贷款申请,其中 763 家科技创业企业获得 9 家科技银行信贷支持 37.7 亿元,当年科技贷款余额 37.43 亿元。推进科技保险工作,全年共 63 家科技创业企业在 2 家专营的科技保险公司投保,累计保费收入 461.47 万元。推进"苏科贷"工作,全年为 33 家企业争取科技成果转化专项资金基准利率贷款 9980 万元。为交通银行、南京银行等 6 家机构申请并落实省科技贷款增长风险补偿奖励资金 1249.64 万元。2013 年新开业 5 家科技小贷公司,全市共 17 家,共为所在园区科技创业企业发放 2200 笔 63.74 亿元小额科技贷款。南京市联合产权(科技)交易所实现挂牌见证项目 120 个,与市产权中心签订股权托管业务委托协议,取得非上市公司股权托管的受托经营资格,完成首单 110 万元信托受益权产品交易的尝试,"融动紫金——中小微企业综合金融服务信息平台"正式上线试运行。2013 年内,市科技创新投资担保管理有限公司在保科技创业企业 55 家,在保笔数 74 笔,在保余额 3.37 亿元,2013 年担保发生额 3.6 亿元。

(陈志俊)

专利保险和质押融资工作。2013 年内,南京市制定《南京市开展专利保险试点工作方案》,成立专利保险试点工作组,出台《南京市实施专利保险试点工作的意见》,制定《南京市专利保险服务手册》,开展建设南京专利保险服务平台,先后召开 3 次专利保险需求对接会和培训会,参与企业 200 家,全年组织 35 家企业的 35 件发明专利投保了专利执行险,保费金额单件 3000 元,保障额度 10 万元。继续深入开展知识产权质押融资,联合北京银行南京分行等金融机构开展知识产权执业融资对接会,参与企业 120 家,全年开展以专利权、软件著作权等知识产权为单一质押方式融资金额 1.2 亿元,贷款笔数 40 项。

(郭玉明)

【知识产权】 2013 年内,南京市大力推进国家知识产权示范城市建设工作,继续实施"百千万"知识产权人才建设工程,开展企业家知识产权高层培训班、知识产权工程师培训班和知识产权总监培训班等多层次培训,300 名企业工程师、60 余家企业及中介机构骨干参加培训。出台《南京市实施专利保险试点工作的意见》。全市专利申请总量达 55094 件,同比增长 29%,其中发明专利申请达 22482 件,同比增长 37%,位居全国同类城市第四。专利授权总量 19484 件,同比增长 5%,其中,发明专利授权达 4729 件,同比增长 7%,位居全国同类城市第三,全省第一。每万人有效发明专利拥有量 21 件,位居全国同类城市前列。2013 年 7 月 30 日全国专利代理机构投资考察洽谈会在南京成功召开。

(柯飞帆)

中国(南京)软件谷获首批国家战略性新兴产业知识产权集群管理试点园区。2013 年内,中国(南京)软件谷以承担"通信软件和信息服务"知识产权集群管理项目成为国家首批 10 家承担战略性新兴产业知识产权集群管理试点园区之一,试点期内,软件谷将在建立完善知识产权集群管理机制、优化知识产权集群管理支撑平台、完善软件谷知识产权发展战略、全面实施软件谷知识产权战略、建立软件谷知识产权自我评价体系等方面进行积极探索。

省级实施知识产权战略试点区、示范区和试点园区。2013年内,南京市栖霞区、雨花台区、高淳区3个行政区被江苏省知识产权局确定为省级实施知识产权战略示范区,溧水区被江苏省知识产权局确定为省级实施知识产权战略试点区。南京经济技术开发区、南京溧水经济开发区、南京(江宁)大学科教创新园3个园区被江苏省商务厅、江苏省知识产权局确定为省级知识产权试点园区。

(郭玉明)

举办二期企业家知识产权高层研修班。2013年4月、11月,南京市共举办2期企业家知识产权高层研修班,南京恒朗科技有限公司、南京蓝深制泵(集团)股份有限公司等117位企业一把手及部分区知识产权局长参加培训。每期研修班跨度2个月,国家、省知识产权局、司法系统、高校等国内知识产权界专家结合国内外知识产权形势分8个专题为学员授课,参训企业家知识产权意识得到了进一步提升。

南京市第六期知识产权工程师培训班。2013年10月在南京理工大学举办南京市第六期知识产权工程师培训班,全市358位企事业单位从事技术和知识产权管理工作者参训。截至2013年年底,全市累计举办知识产权工程师培训班6期,1500多名学员结业,这些结业学员为全市企事业单位知识产权资产的运作、管理、专利技术信息的开发和利用发挥了积极作用。

国内专利资助情况。2013年,南京市专利申请人提交国内专利资助申请34091项,集成电路布图设计登记资助项目44项。年内完成对2013年度省、市两级专利申请资助经费2101.9725万元和市级集成电路布图设计登记资助经费8.8万元发放工作。

国外专利申请及资助情况。2013年,南京区域专利权人申报国家级、省级国外专利资助项目107项,获得两级财政资助经费合计505.6万,资金量较2012年增长39%。2013年,全市通过PCT渠道申请国外专利190件,占全省PCT国际专利申请总量的16%。

南京市万人有效发明专利拥有量达21件。截至2013年年底,南京市有效发明专利拥有量达17218件,同比增长24.5%,每万人有效发明专利拥有量已达21件,居全国同类城市前列。

(李　群)

专利奖。2013年内,南京市普爱射线影像设备有限公司获第15届中国专利奖金奖。国网电力科学研究院、南京聚隆科技股份有限公司、南京林业大学等14家单位获第15届中国专利优秀奖。南京绿叶思科药业有限公司获第8届江苏省专利项目金奖,南京圣和药业有限公司、南京聚隆科技股份有限公司、南京南瑞继保电气有限公司等18家单位获第8届江苏省专利项目优秀奖。

(夏云聪)

专利行政执法。2013年内,南京市制定《南京市2013年知识产权执法维权“护航”专项行动方案》,加强商贸监控,重点对鼓楼区湖南路商业街、建邺区万达广场、鼓楼区大观天地MALL、雨花台区虹悦城、高淳区通贤街和栖霞区金鹰奥莱城等进行严查整治。建立重点商业街区知识产权维权举报制度。市知识产权局采取省市区三级联动、市区二级联动与市局独立行动相结合方式,对涉嫌假冒专利的行为进行立案查处。全市累计出动专利行政执法人员120人次,全年假冒专利案件共立案148起,结案148起,同比增长20%;专利侵权纠纷立案13件,结案6件。

发布《2012年南京市知识产权保护状况》。2013年4月25日下午,南京市政府召开新闻发布会,南京市知识产权局副局长黄榕受市政府委托,向海内外公开发布《2012年南京市知识产权保护状况》白皮书。全文共分立法建制、审批登记、执法监管、机制建设、宣传咨询、教育培训、国际合作、青奥专项等八大部分,全面系统地反映2012年度南京市知识产权保护状况。

(杨正宁)

“正版正货”示范街区创建工作。2013年内,南京市印发《南京市“正版正货”承诺推进计划示范街区创建工作实施办法(试行)》,大力推进“正版正货”承诺推进计划。新认定栖霞区金鹰奥莱城、雨花台区虹悦城、秦淮区龙蟠国际珠宝交易中心、高淳区通贤街4个街区(商贸城)为市级“正版正货”承诺推进计划示范创建街区。鼓楼区大观天地MALL被评为江苏省“正版正货”示范创建街区。

(张文利)

【重大科技活动】 第二届全球(南京)研发峰会。2013年10月28日,第二届全球(南京)研发峰会暨2013南京国际技术转移大会在宁举行。本次峰会由国家科学技术部国际合作司、江苏省科技厅、南京市人民政府共同主办,南京市科学技术委员会、江宁区人民政府共同承办。200多位世界和中国500强企业、国内外著名高校、知名研发机构、外方驻华机构代表,以及来自美国、加拿大、丹麦、芬兰、德国、以色列等10多个国家的重点领域技术专家齐聚南京,围绕"世界经济重心东移与全球研发的机遇、协同创新与转型发展"等议题进行了交流研讨。会上促成了智能电网、新能源、新材料等领域的一批合作意向。

2013年10月28日,第二届全球(南京)研发峰会暨2013南京国际技术转移大会在宁举行。

2013南京国际技术转移大会。"2013南京国际技术转移大会"与"第二届全球(南京)研发峰会"同期召开,大会邀请了联合国亚太技术转移中心、以色列经济部首席科学家办公室、在宁重点高校技术转移机构、西班牙Tecnalia研发创新中心等负责人从多种视角,与江苏省创新驿站各站点人员及相关技术转移机构的从业人员交流研讨当今科技创新、技术研发和商品化的实践经验。

(许　磊)

海峡两岸知识产权合作研讨会。2013年11月6日海峡两岸知识产权合作研讨会在南京举行,来自海峡两岸的业界嘉宾和江苏省、南京市各区科技局(知识产权局)和企业代表近200人参加了研讨会。来自海峡两岸的知识产权专家围绕知识产权保护、推动两岸技术合作的问题与策略、现代企业知识产权保护等主题发表了精彩演讲。

(何建峰)

2013年南京大学生专利成果展。2013年4月26日至5月1日,2013年南京大学生专利成果展在南京科学会堂举办。来自东南大学、南京大学、南京航空航天大学等19所高校的近300项大学生优秀发明创造作品进行了集中展示,南京市知识产权局网站开辟专栏进行网络同步展示,内容涉及新一代信息技术、新能源、节能环保、高端装备制造、生物医药、新能源汽车等诸多技术领域。展会期间,主办方举办了"2013年南京大学生专利成果展大学生创业者联盟活动暨创业政策和知识产权保护宣讲沙龙"。全市20家专利代理机构为大学生全程提供知识产权现场咨询及专利代理服务。

第七届中国专利周南京分会场暨2013年通信与未来网络产业可转让专利交易会于2013年11月25日至27日在南京科学会堂举办,本届交易会以"专利导航产业发展、服务聚焦企业创新"为主题,全市涉及通信与未来网络产业近200项可转让专利技术成果参展,专交会期间,还举办了雨花(中兴通讯)专场、中科院专场、鼓楼专场等一系列活动,同时,南京市知识产权局网站、南京市知识产权公共服务平台开辟专交会专栏进行网络同步展示。

(李　群)

【2013年获国家、省计划项目支持情况】 2013年,南京地区企业争取到省级以上科技项目410项,获得科技经费支持47009.6万元,其中,获省科技厅计划项目共220项、争取经费17622万元(含省科技型中小企业创新基金项目32项,850万元);省重大科技成果转化资金项目22项、争取经费17900万元;省知识产权各类奖励资助89项,争取经费2331.6万元;国家创新基金项目34项,2888万元,国家农业科技成果转化资金项目16项,1000万元,科技支撑计划项目29项,5268万元。

(舒培浩)

【2013年获国家省、市、科技奖励情况】 2013年,南京地区有32项重大科技成果荣获国家科学技术奖,其中国家自然科学奖二等奖5项,国家技术发明奖(通用项目)二等奖8项,国家科学技术进步奖(通用项目)特等奖1项、一等奖4项、二等奖14项。获江苏省科学技术奖92项,其中一等奖18项、二等奖29项、三等奖45项。6家企业获江苏省企业技术创新奖。评出市科技进步奖94项,其中一等奖6项、二等奖26项、三等奖62项。

(徐宁虹)

无 锡 市

Wuxi City

【概　况】 2013年,无锡市认真贯彻落实党的十八大及省委市委总体部署,紧紧围绕“三个提升年”活动,坚定不移实施科技创新驱动发展战略,为加快打造“四个无锡”和“三地三中心”提供有力的科技支撑。无锡被福布斯评为2013年中国创新能力最强城市第二名;入选中国“十大创新城市”,连续十次获得全国科技进步先进市,入选国家知识产权示范城市。全社会研发费用占GDP比重达到2.7%;高新技术产业产值占规模以上工业总产值比重41%;全市企业研发经费占销售收入比达1.32%,全省第一。专利申请量和授权量分别达到80271件和39828件,万人有效发明专利拥有量达14.96件,分列全省第二;启动建设国家超级计算中心,无锡高新区智能传感系统产业集群被认定为省内唯一的国家级创新型产业集群;无锡被科技部和国家标委会认定首批20家“智慧城市”试点;数字电影产业园被中宣部、科技部认定为文化科技融合示范基地;累计建成高新技术特色产业基地18个,科技产业园20个。

【高新技术产业】 2013年高新技术产业实现产值6108亿元,同比增长7.8%;高新技术产业产值占规模以上工业总产值比重达41.02%。全市新兴产业实现营业收入8073.73亿元,同比增长14.1%。其中生物产业产值达385.72亿元,同比增长17.1%;扬子江生物医药加速器引进生物医药领域海外顶尖人才,分别建立了“科里生物医药中国(江阴)研究院”“江阴市本特塞缪森生命科学研究院有限公司”2家诺贝尔奖得主研究院;尚沃医疗电子股份有限公司荣获2013年第二届中国创新创业大赛全国初创组亚军。兰诺生物技术公司相继突破重组人第八、第七凝血因子转基因兔的关键技术。药明康德新药开发有限公司建成国内首个GMP条件下的动物细胞培养生产线和国内唯一引用转基因动物技术开发全人源单克隆抗体的技术平台。傲锐东源研发成功的病理诊断抗体系列产品成为目前全世界唯一一个拥有针对整个人类蛋白质组的特异性分析的诊断产品。工业设计产业产值达353.64亿元,同比增长29.1%;成功举办第十届中国(无锡)国际设计博览会,总投资7.9亿元的82个项目签约;江南大学开放创新设计研究院、工业设计园创意体验中心揭牌启动,2013年共认定129家设计中心,累计达247家。深入实施高新技术企业培育计划,自从2008年以来累计认定国家级高新技术企业1345家,全年新增217家,位居全省第二,其中国家创新型(试点)企业累计达到7家。深入推进科技型中小企业培育计划,883家企业进行入省科技型中小企业行列,240家企业列入省高新技术企业,35家企业列入省科技型企业上市培育计划后备库。

【企业创新】 2013年新增2家国家级工程技术研究中心,1家国家级工程技术研究中心培育点,75家省级工程技术研究中心,153家市级工程技术研究中心,争取国家、省科技经费支持1540万元,居全省第一;全市共有省级以上工程技术研究中心421家,其中国家级6家,继续位居全省前列;新增2家省级企业院士工作站,7家市级院士工作站,59家省级企业研究生工作站,争取省科技经费266万元;全市共有院士工作站98家,企业研究生工作站95家。2013年获批江苏省高新技术产品1030项,获批国家重点新产品计划项目24项,全省第二;确认市级新产品3000多项。

【人才强企战略】 2013年5月18日,成功举办美国硅谷“梦圆中国·选择无锡”推介会,美国南加州和旧金山2个科技与人才工作站顺利揭牌,2个海外工作站共推荐了147个科技人才项目,其中37个签约落户。“530”计划实施后累计引进1900多位领军人才,集聚研究生以上科技人才5000多名;全市“530”企业创业者获国家千人计划和省双创计划扶持分别有71名和181名,分别占全市国家千人计划和省双创人才的75%和80%;在全国率先引进6名诺贝尔奖得主和11名海外院士在无锡建立研究院。

【产学研合作】 2013年,全市开展各类产学研活动60多次,对接合作需求项目6000余项,新增科技合作项目700多项;新增校企联盟77个,累计总数713个;新建企、事业单位院士工作站9家,累计达到100家,集聚两院院士105名;共有28

2013年5月18日，由无锡市人民政府主办，清华北美创新创业中心、美国南加州无锡市科技和人才工作站、美国旧金山无锡市科技和人才工作站协办的“梦圆中国·选择无锡(硅谷)引进科技创新创业人才推介会”在美国旧金山市希尔顿酒店举行。

家高校院所在无锡设立35家产学研合作机构，清华大学、南京大学、复旦大学、哈尔滨工业大学、华中科技大学、东北大学、南京邮电大学、北京邮电大学、南京航空航天大学等高校共设立了14家无锡研究院。清华大学无锡应用技术研究院、无锡太湖创意产业投资发展有限公司2家单位申报的省重大创新载体项目正式获省科技厅批复立项；高新区生物医药产业园与法国瓦勒德瓦兹省生物医药园区正式签署成立中法生物医药产学研联盟。共有46个省产学研前瞻性项目立项，专项资金支持1635万元，占全省资金总额的22.95%，获批项目数和争取资金额均列全省第一。物联网、工业设计、环保、新材料、新能源等5个产业省产学研协同创新基地正式获批，全省第一。在L波段大功率工业辐照电子加速器、大功率纯电动车动力等方面关键技术获得突破。

【科技金融】 2013年出台了《无锡市开展专利保险试点工作实施意见》《无锡市专利保险保费补贴操作规程》《无锡市加快科技金融合作创新促进产业转型发展意见》《无锡市科技型中小企业贷款风险补偿资金池管理办法》《无锡市科技型中小企业风险补偿贷款操作细则》等一系列政策文件，进一步明确了加强科技与金融深度融合的系列政策，江阴高新区成功获批省第二批科技金融合作创新示范区，无锡高新区、江阴高新区列入全省首批12个省级科技金融服务中心，形成了市、区、部门联动推进科技金融结合创新的良好局面。2013年科技贷款累计放款超过30亿元，贷款余额13.5亿元。全年发放专利权质押贷款逾2.9亿元，“530”贴息贷款逾3.6亿元，均超过了该类贷款历年总额；共签约专利执行险保单68单，保障48家科技创新型企业在95件专利转化实施过程中的维权行为，保单保费14.82万元，保障金额296.4万元，并按照相关扶持政策，兑现保费资助7.41万元。

【“530”计划】 2013年，落户“530”项目85项，累计注册“530”企业1905家，“530”企业总计注册资本78.5亿元；全市产生销售的“530”企业共805家，实现销售138亿元，同比增长56.5%，实际缴纳税收超过5.32亿元。销售收入超过1亿元的“530”企业有17家，同比增长70%；超过1000万元的有163家，同比增长40.5%。

【国际合作】 2013年全市新增无锡国际技术转移中心、中国－澳大利亚轻金属联合研究中心(3D打印)、光响应功能分子材料国际联合研究中心3家国家级国际合作基地，累计认定7家国家级国际合作基地，总数位列全国地级市前列。2013年省级以上国际合作载体共推荐各类国际合作项目223个，举办各类推荐会、对接活动99次，共有30个项目已经签约落地，其中3个项目获得市级扶持资金，高清相机车辆牌照与其他特征识别软件、新型聚氨酯复合板保温材料等一批代表世界领先水平的科技项目和创新人才团队落户无锡。镇江市推荐的艾伦·牟俊达教授获2013年度国家国际科学技术合作奖；建立了无锡科技外交官调研基地，举办了“科技外交官无锡行”活动；共立项13个省级国际合作项目，全省第一。

【知识产权】 2013年宜兴市获批国家知识产权试点城市，锡山区列入国家知识产权强县工程，(太湖)国际科技园物联网产业领域知识产权集群管理列入首批国家级试点，宜兴经济开发区、传感网大学科技园获批省级知识产权试点园区。无锡市以地级市综合考评第二名的成绩入选国家知识产权示范城市，江阴市通过了国家知识产权试点城市验收并进入示范培育阶段，无锡高新区、工业设计园完成了国家知识产权示范园区创建工作，并作为江苏省仅有的2个园区，被省知识产权局推荐上报国家知识产权示范园区。

专利质量不断提升。全市大中型和规模以上工业企业专利覆盖率分别达到99.87%和74.20%;专利申请量和授权量分别达到80271件和39828件;发明专利申请量与授权量分别达到20959件和2713件;万人有效发明专利拥有量达到14.96件,均位居全省第二。1项专利获中国第15届专利奖,7项专利获得第8届江苏省专利奖,19项专利获市专利奖。

专利保护环境更趋优化。制定出台了《无锡市专利违法行为举报奖励办法(试行)》和《关于建立全市专利行政指导工作制度的实施意见》。全市知识产权护航行动专项执法检查31次,检查流通领域卖场58家,检查商品超过6000件;专利行政执法巡回审理庭获得省级立项支持;假冒专利立案量148个,结案158件,同比增长234%,结案率100%,假冒专利案件查处首次进入全省前列;纠纷立案1件,结案8件;推动建立"正版正货"市级培育机制,5家单位确定为首批市级"正版正货"示范培育单位;无锡市滨湖区被江苏省科技厅命名为第三批江苏省创新型试点县(市、区);江阴市新桥镇、锡山区东港镇、宜兴市万石镇、宜兴市周铁镇被江苏省科技厅命名为第三批江苏省创新型试点乡镇。开展知识产权工程师评审工作,全市评出22名知识产权工程师,4名知识产权助理工程师。

【农业科技】 2013年在全市组织实施了国家、省、市各级各类农业科技项目26项、争取国拨经费200万元、省拨经费500万元,投入市拨经费420万元,带动社会投入12460万元。在研项目实施期间,形成新技术21项,新工艺14项,各类新品种、新技术推广示范645.33公顷(9680亩),亩均增收9.6%。申请发明专利12项、实用新型17项在内共63项,授权发明专利7项、实用新型6项在内的专利32项。设立省、市标准6项。项目实施以来新增销售25430万元,新增利润3520万元。

【科技计划】 2013年全市列入江苏省中小企业技术创新资金项目40项,到位省资金1025万元;无锡市列入科技部中小企业技术创新基金创新项目、公共技术服务机构补助资金、中小企业创业投资引导基金项73项,对上争取国家资金共计5271万元;全市列入江苏省科技支撑计划(工业)项目25项(其中重点项目1项),获得省拨款经费2180万元;全市共获得省自然科学基金82项,经费1446万元;组织实施国家与省级社会发展科技项目11项,其中"智慧型农村水环境治理监管综合体系建设"列入国家科技惠民计划项目,获得国家专项资助经费951万元;46个项目获省科技厅产学研前瞻性联合研究立项,对上争取专项资金支持1635万元;江苏省金属新材料产业产学研协同创新基地(江阴高新区)、江苏省传感网产业产学研协同创新基地(无锡高新区)、江苏省工业设计产业产学研协同创新基地(滨湖区)、江苏省新能源电动车产业产学研协同创新基地(锡山区)、江苏省环保与装备产业产学研协同创新基地(宜兴环科园)等5家省产学研产业协同创新基地正式获批;全市列入省科技成果转化专项资金项目23项,获省专项资金17700万元。

向上争取经费达5.5亿元。无锡市2013年到位科技计划经费55097.44万元。国家计划项目经费到位24024万元,列全省第一,其中"02专项"到位国拨科技计划经费18946万元,占全省国家全部拨款的69.28%;省级项目立项数和到位经费数分别为277项和31073万元,位居全省前列。通过项目实施,迅速转化了一大批具有自主知识产权的重大创新成果,在微电子、传感网、生物制药、装备制造等领域攻克了一批制约产业发展的核心技术,涌现出了集成电路封装、IGBT芯片、MEMS磁性及微纳传感器、干细胞应用、发动机排放控制及汽车尾气净化处理、3D打印等一大批处于国际或国内领先水平的重大科技成果。

【文化科技产业园】 经江苏省科技厅、中共江苏省委宣传部、江苏省文化厅、江苏省广播电影电视局、江苏省新闻出版局等部门评审,无锡数字电影产业园、江阴文化创意科技产业园、无锡新区创新创意产业园入选首批江苏省文化科技产业园。各部门将加大对江苏省文化科技产业园的支持,加强产业发展规划,健全管理机构,促进文化科技产业集群发展。

【"三创"载体】 2013年全市"三创"载体累计建成面积551.72万平方米,已投入使用474.72万平方米,载体入驻率达77.61%;累计入驻科技企业5230家,其中"530"企业1063家,培育高新技术企业178家,上市辅导企业5家,上市企业1家,集聚了硕士以上高层次人才8000多名。全年新增入驻企业1168家,新办企业注册资本达到70亿元,实际到位资本达60亿元。全年实现营业额425.67亿元,比2012年同期增长38.77%,实现利税22.42亿元,累计毕业企业824家。新增2家国家级科技企业孵化器和2家省级科技企业孵化器,全市累计建有省级以上科技企业孵化器47家,其中国家级17家;累计建有2家省级科技企业加速器,2家国家级科技企业加速器;新增2家国家级“苗圃-孵化器-加速器”科技创业孵化链条,获批数量全省第一;全市累计载体管理人员676名,其中大专以上人员共649人,有一半以上人员取得孵化器从业人员资格证。

【科技创新平台】 2013年,江苏数字信息研究院和江苏省(宜兴)环保产业技术研究院顺利取得二期建设立项支持,获省科技经费扶持1200万元;启动建设了无锡海特新材料技术研究院,给予100万元市拨经费扶持;“江苏省食品先进制造装备技术重点实验室”获省科技厅立项,取得400万元省科技经费支持。截至2013年年底,全市已建有市级以上重点实验室13家,其中国家级1家,省级8家。无锡太湖国际科技园科技服务示范区获省科技厅立项,取得500万元经费支持。3个科技公共服务平台分别加入省服务平台网络;新建2家市级科技公共服务平台,给予支持经费100万元;对3家运行绩效良好的市级科技公共服务平台给予90万运行后补助。截至2013年年底,全市共有各类科技公共服务平台75家,其中省级36家。

【科技企业孵化器】 2013年全市新增“苗圃-孵化器-加速器”科技创业孵化链条建设示范单位2家,获批数量全省第一;此外,2013年全市新增2家国家级科技企业孵化器、2家省级科技企业孵化器。截至2013年年底,全市拥有省级以上科技企业孵化器达47家,其中国家级科技企业孵化器达17家,2家省级科技企业加速器,2家国家级科技企业加速器,国家级科技企业孵化器数列全省第二。

【技术市场】 2013年,无锡市技术市场呈现出健康快速发展的良好态势,研发创新与新兴产业高度融合,技术要素流动加快,电子信息技术、先进制造技术、生物医药、新能源、新材料和节能环保等战略产业技术交易快速发展,通过技术市场交易的技术合同项目数达2656项,成交金额近64亿元,成交总量与金额均位居全省前茅。

【第10届中国无锡国际设计博览会】 2013年5月24日,第10届中国无锡国际设计博览会在无锡开幕。本届博览会是由科技部、国家知识产权局、江苏省人民政府联合主办,中国工业设计协会、中国汽车工程学会、江苏省科学技术厅、江苏省知识产权局和无锡市人民政府共同承办的一次国家级的创新设计活动,是全国以“创新设计”为主题举办的规模最大、层次最高、概念最新、影响深远的国际性大型盛会。国家知识产权局局长田力普宣布开幕;江苏省政协副主席何权、国际设计联合会执委玛德琳·莱斯特、中国工业设计协会秘书长刘宁和无锡市人民政府市长汪泉、国家知识产权局国际合作司司长吴凯、国家知识产权局专利局外观专利审查部部长林笑跃、江苏省政府副秘书长朱步楼、江苏省知识产权局局长朱宇等出席了开幕式。本届博览会以“创新改变生活,设计成就未来”为主题,展示的国内企业达500余家,其中国外设计机构有近百家。展出面积31200平方米,参观人数达6万多人次。博览会上既有3D打印、3D显示、未来平面光源、新能源汽车等一系列高新技术产品,又有包括美国IDEA(工业设计优秀奖),澳大利亚GDA(国际设计奖),日本G-MARK(最佳设计奖)等国际优秀设计奖作品;还有现代家居、陶瓷艺术、生活用品等贴近百姓生活的设计精品。展示内容跳出了“工业设计”的传统领域,向更为广泛的“设计领域”延伸,将“创新改变生活,设计成就未来”的理念真正融入每个人心中。本次博览会上签约的科技招商项目和产学研项目共有82项,签约项目总投资7.9亿元,预计项目实施后新增年产值将超过30亿元。此外,还认定了129家“无锡市工业企业设计中心”。举行了第2届“太湖奖”设计大赛颁奖仪式,其中创意组有346个院校的2944件作品参赛,加上产品组本届博览会共收集到3200件参赛作品,比2012年翻一番。最终有46件作品获得三等奖,24件作品获得二等奖,9件作品获得一等奖。

【科技成果】 2013年,无锡市3个项目列入国家科技进步奖,4个项目列入国家技术发明奖。全市共79个项目获得市科学技术进步奖,其中一等奖5项,二等奖19项,三等奖55项。5个项目获得市腾飞奖。

(吴伟新 石秀臣)

表 6-1 2013年度无锡市科学技术进步奖一、二等奖项目情况

等级	序号	项目名称	完成单位
一等奖	1	大型清洁高效电站汽轮机空心叶片关键制造	无锡透平叶片有限公司
	2	贯穿网络化PES膜耦合高效微生物处理采油废水回注成套技术与装置	江南大学、江苏博大环保股份有限公司、无锡格瑞普尔膜科技有限公司
	3	纯电动客车关键技术研究及整车开发与应用	江苏常隆客车有限公司、江苏大学
	4	结构性心脏病介入治疗新方法系列研究	中国人民解放军第101医院
	5	全制式高清数字电视信号自适应解调SOC的研发及产业化	无锡市晶源微电子有限公司
二等奖	1	安全高效微生态缓释制剂研究与开发	江苏省苏微微生物研究有限公司
	2	食品中生物毒素及药物残留的高灵敏快速检测技术的应用研究	江苏省原子医学研究所江南大学
	3	下一代互联网规模商用现网试验	中国电信股份有限公司无锡分公司
	4	1400mm二十辊可逆式冷轧机组	无锡市桥联冶金机械有限公司
	5	多根钢丝同时超音频感应加热镀铜生产线	无锡盛力达科技股份有限公司
	6	气化连续一步法高性能不溶性硫磺的研制	无锡华盛橡胶新材料科技股份有限公司
	7	城市危机应急管理决策支援兵棋推演系统	江苏远望神州软件有限公司
	8	智能配网有源滤波装置	江苏方程电力科技有限公司
	9	腺苷酶活化蛋白激酶促抗肿瘤药物诱导细胞凋亡的机制研究	无锡市人民医院
	10	基于分子标志物的胃癌综合治疗疗效判断和预后研究	无锡市第四人民医院
	11	拇、手指软组织缺损的临床分型及系列研究	无锡市第九人民医院(手外科医院)
	12	南水北调东线工程对钉螺北移和血吸虫病传播影响及对策研究	江苏省血吸虫病防治研究所、国务院南水北调建设委员会办公室政策及技术研究中心、淮河流域水资源保护局淮河水资源保护科学研究所
	13	人行横道智能监测系统	无锡市公安局交巡警支队交通指挥中心
	14	智能化高产稻麦联合收割机关键技术的研发及产业化	无锡联合收割机有限公司、江苏大学
	15	大型高速电弧智能超细自动喷涂成套装备关键技术的研发创新与整机制造	无锡洲翔成套焊接设备有限公司
	16	超细晶孪晶纳米析出高强高导铜合金及其钎料研发与产业化	无锡日月合金材料有限公司
	17	数字化条件下医院客户服务体系构建策略研究与应用示范	无锡市中医医院、无锡曼陀罗软件有限公司
	18	厚重棉粘混纺双弹纱卡	宜兴新乐祺纺织印染有限公司
	19	额定电压35kV及以下光纤复合电缆	远东电缆有限公司

表 6-2 2013 年度无锡市腾飞奖项目情况

序号	项目名称	完成单位	所属地区
1	超(超)临界火电/核电装备用关键管材研制及产业化	江苏银环精密钢管股份有限公司	宜兴
2	锡绣界首位国家级中国工艺美术大师——赵红育	赵红育	北塘
3	棉织物染整前处理关键酶制剂的发酵生产和应用技术	江南大学	市属
4	构建人文医院发展体系 无锡市人民医院走向全国一流	无锡市人民医院	市属
5	强化公共服务体系 构建和谐幸福社区	无锡市新区江溪街道太湖花园第二社区	新区

徐 州 市

Xuzhou City

【概 况】 2013 年,徐州市科技工作在市委、市政府的正确领导下,全面贯彻党的十八大精神,深入实施创新驱动战略,大力推进科技创新工程,积极构建以企业为主体、市场为导向、产学研相结合的技术创新体系,重点推进七大工程,打造"科技创新提升年",科技支撑经济社会发展的能力显著增强。全市高新技术产业实现产值 3598 亿元;启动国家知识产权示范市创建工作,全市专利申请量达 22000 件、授权量达 11000 件;规模以上工业企业实现研发机构全覆盖;复旦大学技术转移中心徐州分中心、江苏省科技金融信息服务平台徐州分中心、徐州市科技企业孵化器协会等先后成立;科技项目争取工作再创历史新高,共获国家、省项目立项 464 项、拨款 2.5 亿元。

【高新技术与新兴产业】 以优化调整产业结构、转变经济发展方式为目标,跨越发展高新技术产业,加快培育壮大新兴产业。一是加强产业整体规划和政策创新。制定出台了《徐州市促进软件与服务外包产业加快发展若干政策》《徐州市科技型中小企业确认工作实施细则》等,以政策导向引领全市经济转型发展。二是加大高新技术企业培育扶持力度。全市组织实施国家、省各类工业项目 22 项,市级工业项目 42 项,获批省高新技术产品 485 个。全市高新技术列统企业较 2012 年同期增加 97 家,总数达 584 家。获批省科技型中小企业 329 家、省高新技术企业 41 家,培育科技上市后备企业 9 家,落实科技减免税额达 7.7 亿元。三是加大产业推进落实力度。制定全市《科技创新工作要点》和高新技术产业工作计划,排定重大项目,建立了周监测、月调度、季总结、年考核制度,确保各项工作顺利推进。2013 年,全市高新技术产业实现产值 3598 亿元,居全省第 6 位,占规模以上工业产值的比重达 34.2%。

【知识产权与科技成果转化】 全面提升知识产权创造、保护和管理能力,加快形成新的竞争优势。一是启动国家知识产权示范市创建工作。制定出台《国家知识产权示范市培育工作方案》,与省知识产权局签署合作共建协议,启动国家知识产权示范市创建工作。泉山区建成国家知识产权强县工程试点区,贾汪区获批省知识产权战略示范区,开发区获批省知识产权集群管理试点单位。组织 72 家企业实施知识产权贯标工作。二是专利产出大幅增加。2013 年,全市专利申请量 22000 件、授权量 11000 件,其中发明专利申请量 6014 件、授权量 567 件,同比增长均超过 30%,4 项专利入围省百件优质发明,专利结构进一步优化。三是专利产业化工作取得新成效。6 个产业化项目获省重大科技成果转化专项资金立项支持,获拨款 6100 万元。全市获国家科学技术奖 4 项、专利优秀奖 2 项,省科学技术奖 13 项、专利金奖 2 项,评选市级科学技术奖 114 项、市级专利金奖 8 项、优秀奖 20 项。四是知识产权保护力度不断加大。制定出台《知识产权执法维权"护航"专项行动实施方案》,与市公检法部门建立了执法衔接及诉调对接工作机制。开展"正版正货"示范创建工作,红星美凯龙获批省级"正版正货"示范街区。组织专利执法行动 20 余次,查处结案假冒专利案件 80 余件。

2013 年 8 月 22 日，江苏省知识产权局与徐州市人民政府在徐州市联合举行合作共建创新型城市签约仪式。

【农村科技】 2013 年深入贯彻中央 1 号文件，以项目实施推动现代农业发展。一是组织实施农业科技专项。推进优良品种引育示范工程，引育新品种 50 余个，6 个新品种通过国家及省鉴定，优良品种覆盖率超过 95%。获国家农业科技成果转化资金 2 项、国家星火计划 53 项、省科技计划资金 38 项。贾汪获批国家科技富民强县项目，新沂、邳州获省科技富民强县重点县立项。二是强化农业科技创新载体建设。积极培育农业科技型企业、科技型农业专业合作社。集聚农村科技服务超市、特派工作站等创新资源，加快现代农业科技园建设。新建科技超市分店 1 家、便利店 6 家，6 家超市分店、便利店获省厅考核优秀等级，7 家获省资金支持。科技部组织十大中央媒体来徐州市开展江苏农村科技服务超市采风宣传活动。三是推动民生领域科技创新。实施环境保护、社会安全、医药卫生等民生领域科技项目 180 项。“难治性高血压病因学评估及诊断治疗流程”等 5 项省级医学项目启动实施，各民生领域研究项目对全市社会环境和民生改善发挥了重要作用。

【科技创新】 一是加快推进创新型园区建设。培育徐州高新区申报创建科技部创新型产业集群试点，新沂工业园创建省级高新区。推动中国矿业大学国家大学科技园从孵化企业向培育产业转型升级，支持江苏师范大学科技园创建国家级大学科技园；徐州工业职业技术学院大学科技园正式通过江苏省大学科技园筹建认定。二是加快推进企业研发机构建设。组织开展企业研发机构运行评估工作，引导企业将研发机构建设纳入企业发展战略和发展规划，支持规模以上工业企业和高新技术企业普遍建立工程中心等各类研发机构。全市新增省级研发机构 43 家，总数达 211 家。新认定市级工程技术研究中心 447 家，总数达 3813 家，全市规模以上工业企业研发机构建设率达 100%。三是加快推进科技公共服务机构建设。培育建设各类科技服务平台和机构，加强技术转移转化机构建设，促进科技成果与企业需求对接，推动现有各类公共服务平台实现开放共享。2013 年，全市科技服务、物联网服务、云计算服务、工业设计等产业实现收入 40 亿元。

2013 年 12 月 26 日，徐州科技创新创业投融资对接会暨江苏省科技金融信息服务平台徐州分中心揭牌仪式在中国矿业大学国家大学科技园举行。

【产学研与科技合作】 一是大力推进产学研联合重大创新载体建设。将产学研联合创新载体纳入对县区的科技创新考核体系中，有力推动了各地政产学研合作。根据各地主导产业和特色产业，推动国内外一流高校院所在各地建立相关研究中心、研究院等服务载体，引进复旦大学、东南大学在徐州建立技术转移中心徐州分中心，浙江农科院、扬州大学、南京林业大学等在徐州建立研发中心，基本实现各县市区产学研联合创新载体全覆盖。二是组织举办各类产学研对接活动。开展“百所高校徐州行”“徐州企业高校行”活动，面向国内外组织重点高校院所、专家团队及投融资机构与全市相关企业开展全面深入的项目、技术、人才和资金的专业化产学研对接活动。共开展各类产学研对接活动 30 余次，80 余家高校院所与全市 150 余家企业建立了技术合作关系，达成合作意向 100 余项。三是强化人才招引和培育。会同市人才办举办 2013 南美专家徐州行、中国海外学子创业周、百所名校徐州行、徐州籍海外人才家乡行等。加大创新创业人才项目支持力度,19人进入省博士集聚计划公示,22人入选省"双创计划",4人获省"苏北创业领军人才奖",46人增选省"科技企业家"。

2013年12月7日,复旦大学技术转移中心徐州分中心揭牌暨校企合作签约仪式在徐州市举行。

【科技管理】 以完善科技项目监管为抓手,深化科技体制改革。一是强化项目绩效管理。制定《关于开展科技创新工程监督检查工作实施意见》,召开全市科技创新工程监督检查工作会,会同市纪委组织开展科技创新工程专项督查工作,重点对各类科技计划项目实施绩效及经费管理使用情况进行督察,切实提高财政科技经费使用效率。二是创新科技计划项目管理模式。加强科技项目的绩效管理和评价,进一步完善市科技计划项目合同管理,优化项目网上申报平台,简化申报流程,强化中期监管,全面清理应结而未结项目。三是深化科技金融结合。会同人民银行等制定《关于加快推进徐州科技金融合作创新示范区建设的指导意见》,召开全市科技创业投融资对接会,成立江苏省科技金融信息服务平台徐州分中心。会同财政局等出台《科技型中小企业贷款风险补偿资金池贷款企业推荐管理办法(试行)》,选定建设银行徐州分行为徐州市科技型中小企业贷款风险补偿资金池合作银行,与市人民银行、各商业银行等建立了联合工作机制。2012年,全市全社会研发(R&D)投入占GDP比重达1.61%。

【机关效能建设】 一是深入推进百姓办事"零障碍"工程。进一步查找和破除全局制约服务效能的办事障碍,结合科技系统开展四位一体评议政风行风创新行动,制定科技局服务承诺,大力优化科技政务环境。建立了新闻发言人和网络发言人制度,开通了科技政务微博和"二维码"科技平台,合计播发微博330余条,确保政务信息公开及时、全面。多次参加"两参一改"评议、"四位一体"行风政风电视集中评议和广播电台"行风热线"活动,认真梳理群众意见,积极回复群众诉求,努力打造阳光科技、诚信科技和效益科技。二是加强科技系统党建工作。积极开展学习型党组织创建活动,抓好机关基层党组织建设。组织科技系统广大干部职工参加科技夜校培训,提高职工服务科技创新工作能力和水平。三是抓好党风廉政建设。制定出台《关于改进工作作风、密切联系群众的十项规定》及具体办法,强化"习惯在监督的环境下工作、习惯在法制的轨道上用权"工作作风。扎实推进科技系统惩防体系建设,强化经费预算和财务管理,制定印发《公务卡使用管理暂行办法》,努力打造创新、务实、清廉、高效机关。

(刘家川)

常州市

Changzhou City

【概　况】 2013年,常州市深入实施创新驱动战略,开放整合创新资源,支持壮大创新主体,建设提升创新载体,高校技术产业和新兴产业发展实现新突破,国家创新型科技园区和创新型城市建设取得新成效。连续14年被评为全国科技进步先进市,在2013年《中国城市创新报告》全国地级市城市创新能力排名中列第7位。在2013年福布斯发布的《创新能力最强的25个中国大陆城市》中,常州名列第9位,较2012年上升了7位;在《中国大陆最佳商业城市排行榜》名列第13位,较2012年上升了4位。常州科教城在《创业邦》评选的2013年中国最佳创业园区中名列第二,并获评最具潜力的创业园区,西太湖科技产业园获批"国家医疗器械国际创新园",常州生物医药孵化器、金坛高新技术创业服务中心获批国家级孵化器,创意产业基地、武进区工业设计园获得省级文化科技产业园认定,常州列入省科技金融合作创新示范区。江苏中科院智能科学技术应用研究院成为院省共建的省级科研机构,中科院常州先进制造技术研究所、北京化工大学常州研究院入选江苏省产业技术研究院首批 14 个研究所，被省政协副主席、省政府党组成员徐南平院士誉为江苏省引进外来创新资源最成功、最有成效的 2 个创新平台。

2013 年 10 月 18 日，由中科院、江苏省和常州市院省市三方共建的江苏中科院智能科学技术应用研究院在常州正式揭牌成立。中科院副院长施尔畏，江苏省政协副主席、省政府党组成员、省科技厅厅长徐南平出席并讲话。

【创新园区】 国家创新型科技园区建设通过科技部中期考核，“一核八园”实现营业总收入超 1285 亿元；园区企业新增申请发明专利超 1352 件；开工建设项目 35 项，总投资 210 亿元，2013 年完成投资超 100 亿元。一是确立空间布局。2012 年 12 月 29 日召开的市委十一届四次全会明确提出在“一核八园”基础上努力打造全市科技产业园区的“升级版”，确立了“一核两区三园多基地”为重点的区域创新布局，奠定了园区作为苏南现代化示范区建设的重要载体地位。二是明确产业定位。2013 年 2 月 26 日，市委、市政府召开了全市科技创新推进会，根据宏观经济形势及全市产业发展的实际需求，出台了《关于优化完善常州国家创新型科技园区发展定位的指导意见》，建立了特色产业和入库企业动态调整机制。三是完善服务功能。重点推进“一平台三中心”建设，即公共技术服务平台、人才服务中心、科技金融中心和产学研合作中心。常州国家高新区启动建设 10 万平方米的常州科技金融中心。四是提升创新能力。全年新增入驻机构和孵化企业超过 400 家。中美科技园、中德创新中心落户武进国家高新区，上海交通大学、西安交通大学等 5 所高校首批入驻西太湖大学科技园。江南石墨烯研究院建设取得重大突破，全年争取上级项目经费 2220 万元，其孵化的常州二维碳素科技有限公司成功研制投产国内首条年产 3 万平方米石墨烯透明导电薄膜生产线，常州第六元素材料科技股份有限公司成功投产国内最大规模年产 100 吨石墨烯粉体生产线，常州碳元科技发展有限公司 2013 年销售收入和利润均比 2012 年翻一番，分别达到 2.5 亿元和 1 亿元。

2013 年 2 月 26 日，常州市委、市政府组织、召开全市科技创新推进会。

2013 年 7 月 11 日，常州市政府召开创新型科技园区建设推进会。

【科技项目】 2013 年申报省级以上各类科技项目 828 项，其中国家级 159 项、省级 669 项，争取国家、省级资金项目521 项、经费 5.08 亿元。一是协同推进项目实施。建立并发挥重大项目协同推进机制的作用，全年协同推进重大科技项目 101 项，共征集到企业需求 65 项，58 项得到解决并获得企业认可，其余 7 项已制定解决方案并在推进中。全年累计落实省级以上科技项目本级配套资金 1.2 亿元，帮助企业解决用地指标 31 万多平方米，其他有关融资、人才、用电等需求也得到缓解。二是推进“4+1”科技专项。围绕全市发展大局，实施智能装备制造、先进(碳)材料、科技文化融合、智慧城市、科技惠民4个产业发展专项和1个民生科技专项,争取国家、省科技项目280项,经费2.69亿元,实施市科技项目近200项,下达经费5000多万元,带动投入10亿元,突破关键技术70多项、开发新产品30余项、新建成产业化生产线10余条,当年新增销售50亿元以上,新增利税10亿元以上。三是加强项目监督管理。对科技项目立项全部实行网上申报、评审和公示,聘请省外专家,开展异地评审,严密工作程序。围绕项目审批、经费管理、成果鉴定等关键环节,建立科技项目责任追究制度,建立主动征求人大、政协及相关部门和企业意见的工作机制,完善科技经费管理办法,在市财政、审计等部门联合开展的财政资金绩效评估工作中名列第一。

【科技成果】 2013年,常州市14个项目获得江苏省科技进步奖,其中由东南大学、中航集团北京航空制造工程研究所和常州轻工职业技术学院等高校共同完成的"关键零部件激光非传统制造控性控形技术与装备"项目,获得了江苏省科技进步一等奖;由常州制药厂有限公司完成的强效降脂药超级他汀(瑞舒伐他汀钙)的研发与产业化、常柴股份有限公司联合高校开发的单缸柴油机关键技术与产品等13个项目分别获得二、三等奖;瑞舒伐他汀钙是常州制药厂有限公司自主研制的原料药,该药的研发历时7年,通过工艺改进与创新,实现了低成本、高质量的产业化,并获得2项国家发明专利,打破了国外巨头的技术垄断。瑞声光电科技(常州)有限公司获得企业创新奖。

表6-3 2013年度常州市科学技术进步奖名单

序号	项目名称	完成单位	主要参加人员
一等奖(7项)			
131-01	CRH380A动车组齿轮箱驱动装置研制	南车戚墅堰机车车辆工艺研究所有限公司	王文涛 徐向明 吴 刚 田雪涛 万 捷 刘 升 林新海 李 枫 丁仲奇
131-02	矿井人员定位和广播、通信关键技术与装备	天地(常州)自动化股份有限公司、中煤科工集团常州自动化研究院	霍振龙 许 中 李玉魁 徐 炜 邵国强 顾义东 包建军 王海波 王树强
131-03	环保型无溶剂超长效防腐涂料	冶建新材料股份有限公司	史优良 徐信棠 吴惠琪 史建群 赵秋平 管 伟 骆玉明 邓友东 张出波
131-04	垃圾渗滤液深度处理集成装备的研究	江苏维尔利环保科技股份有限公司	李月中 范茂军 浦燕新 周丽烨 朱卫兵 徐志刚 邵剑东 汤晓艳 王亚东
131-05	有机稻米生产标准技术和产加销一体化组织技术	金坛市江南春米业有限公司,金坛市作物栽培技术指导站,指前镇农业综合服务站,朱林镇农业综合服务站,薛埠镇农业综合服务站	单爱娟 蒋祖明 程 雪 史 斐 陈 彩 陆国平 沈新莲 张留斌 蒋爱平
131-06	肿瘤微环境对胃癌的预后及CIK细胞治疗影响的系列研究	常州市第一人民医院	吴昌平 蒋敬庭 吴 骏 裴红蕾 郑 晓 徐 斌 季 枚 鲁常青 周 颀
131-07	DOR对缺氧神经元钠钾离子紊乱抑制作用的机制研究	常州市第一人民医院、江苏省人民医院	杨伊林 何小舟 夏 萤 支 枫 王穗暖 夏锡伟 彭 亚 施益民 屈洪涛
二等奖(24项)			
132-01	小电流接地系统故障精确定位方法的开发研究	江苏省电力公司常州供电公司、思源电气股份有限公司、南京控安电力科技开发有限公司	朱 辉 吴鸿飞 许 箴 李 刚 金 峰 马振国 罗 晓
132-02	HXD1、HXD1C和HXD2系列大功率电力机车齿轮传动装置研制	南车戚墅堰机车车辆工艺研究所有限公司	刘忠伟 颜 力 戴如勇 徐向明 靳国忠 刘 升 文 超
132-03	TH578J型集聚纺自动落纱细纱机	常州市同和纺织机械制造有限公司	唐国新 毛阿平 陈祖英 胡文君 葛建荣 顾鸿奎 黄达华

续表 6-3

序号	项目名称	完成单位	主要参加人员
132-04	VGEVO16 曲轴国产化研制	南车戚墅堰机车有限公司	刘建民 仲怀清 刘德岭 黄向阳 刘修艳 杨雪莉 张玉玲
132-05	OSFSZ11-180000-220 智能型三相三绕组有载调压自耦变压器	江苏华鹏变压器有限公司	陈 琪 苏寿奎 李洪春 周国伟 刘文洲 唐 俊 张 月
132-06	500kV 直流电子式电流电压互感器	常州博瑞电力自动化设备有限公司	樊阳文 张广泰 田朝勃 罗苏南 潘 岗 姚东军 杨 波
132-07	RSJ43-1-24F 压纱型多梳电子提花经编机	常州市润源经编机械有限公司	王占洪 蒋高明 丛红莲 刘志刚 徐敏平 赵红霞 殷海燕
132-08	电池材料干燥机组	江苏先锋干燥工程有限公司	查协芳 谢洪清 夏吉春 李后春 刘 波 缪 勇 刘光伦
132-09	集成片式汽车氧传感器	常州联德电子有限公司	冯江涛 李 箭 杨世养 党桂彬 蒲 建 池 波 冯文超
132-10	智能燃气无线调压装置	特瑞斯能源装备股份有限公司、常州大学信息科学与工程学院	郑安力 祝邵东 翟 军 包伯成 薛 庆 秦 艳 朱孟举
132-11	26 英寸以上超宽轮辋深 Lip 运动车铝合金轮毂	江苏凯特汽车部件有限公司	李光宇 蒋小萍 邹云锋 徐启祥 李永成 赵香娟 何淑艳
132-12	车用电涡流缓速器强制散热关键技术研究及应用	江苏理工学院	刘成晔 袁传义 贝绍轶 张兰春 张 兵 李尚荣 蒋科军
132-13	超强滚子链条	溧阳市超强链条制造有限公司	蒋阿生 蒋俊波 冯 驰 随学民 蒋俊美 王荣虎 蒋国浩
132-14	第三代核电 1E 级中低压开关设备研究及产业化	江苏华冠电器集团有限公司、上海核工程研究设计院、同济大学	陈琴华 刘俊峰 张献高 李年利 赵 波 邵 林 段若凯
132-15	GS1550A 自助打印终端	江苏国光信息产业股份有限公司	李卫国 曹云峰 褚建民 袁建华 汤中皓 陈 敏 袁牡华
132-16	碳纤维多轴向经编增强材料	常州市宏发纵横新材料科技股份有限公司、北京航空航天大学、东华大学	谈昆伦 段跃新 陈南梁 何亚勤 刘黎明 季小强 吴红亚
132-17	MVR 母液回收盐硝联产新技术年产 100 万吨真空盐项目	中盐金坛盐化有限责任公司	管国兴 陈留平 刘剑飞 王 泰 夏 辉 谢卫炜 周国敏
132-18	低碳节水型牛仔纱线清洁染色关键技术研发	黑牡丹(集团)股份有限公司、常州大学	邓建军 纪俊玲 仇振华 王宗伟 贝嘉林 彭勇刚 郃文峰
132-19	耕地质量演变探究与地力提升技术集成示范	金坛市土壤肥料技术指导站、金坛市朱林镇农业综合服务站、金坛市金城镇农业综合服务站	邱淑芬 朱荣松 李 勇 储亚云 白洁瑞 朱彩云 李新宇
132-20	不同时间的缺血预处理对大鼠肝硬化或脂肪肝缺血再灌注损伤的保护作用	常州市第一人民医院	江 勇 孙冬林 吴宝强 远 博 汤建军 武传星 罗光华
132-21	CT、MRI 功能成像在腹部肿瘤诊治中的应用	常州市第一人民医院	邢 伟 陈 杰 丁玖乐 孙 军 邱建国 张永成 陈铜兵
132-22	医用碳/碳复合材料的表面改性及生物医学应用研究	常州市第二人民医院、南京航空航天大学	倪昕晔 顾卫东 周 栋 孙苏平 徐南伟 陈 达 林 涛
132-23	孟河医派名家学术思想与临床经验传承推广研究	常州市中医医院	张 琪 曹 震 费建平 徐贻珏 吴亚旭 王紫逸 陈建明

续表 6-3

序号	项目名称	完成单位	主要参加人员
132-24	蛋白组学平台筛选唐氏综合征母体差异蛋白的研究	常州市妇幼保健院	虞 斌 袁 珮 张 玢 王秋伟 王新红 张晓青 孙达成
		三等奖(48 项)	
133-01	出口沙特 SDD17 型内燃机车的研制	南车戚墅堰机车有限公司	李 亮 沈永平 仲怀清 芮孟寨 张少元
133-02	东风牌 DF254G3 型轮式拖拉机	常州东风农机集团有限公司、常州江苏大学工程技术研究院	昌茂宏 辛歌庄 熊吉林 张建华 钟晓垒
133-03	GE2286 双面成形提花经编机	常州市武进五洋纺织机械有限公司、常州大学	王敏其 王 水 周文进 程 凌 赵 启
133-04	粉尘浓度传感装置及其测试风洞系统	江苏三恒科技股份有限公司	蒋玉华 严 春 伏新征 陶德保 花 梅
133-05	高压临氢用大口径厚壁 N08825 合金无缝管	江苏武进不锈股份有限公司、常州大学	宋建新 胡 静 朱秋华 周志斌 魏 伟
133-06	高精度抗疲劳限动芯棒	宝钢轧辊科技有限责任公司	胡现龙 陈荣伟 徐 锟 占中杰 沈新群
133-07	制造高密度大张绝缘纸板的设备及方法	常州市英中电气有限公司	俞英忠 徐洪波 张 升 蒋志峰 王飞宇
133-08	JX-DOR 整体洁净数字化手术室系统	江苏久信医用净化工程有限公司、上海交通大学	龚雪峰 刘时海 邵才宝 王向坤 徐志荣
133-09	手动四(六)向滑道调角器总成	江苏力乐汽车部件股份有限公司	姜洪庚 马明越 张 毅 万玉涛 石阿明
133-10	HZN 型核级液压阻尼器	常州格林电力机械制造有限公司	卢 格 沈桢禧 钱亚鹏 倪 忠 汤柄新
133-11	非织造布高速热轧粘合机	常州市武进广宇花辊机械有限公司	余 克 王志忠 徐建华 周建军 吴志华
133-12	高效 P 型直喷式 RZ176 柴油机	金坛柴油机有限公司	赵新友 瞿 军 戴国平 强一帆 赵子林
133-13	五轴联动数控展成电解磨削技术	常州工学院、南京航空航天大学	干为民 吕正兵 褚辉生 赵建社 俞 庆
133-14	新型超高速单主机双面同步涂膜复膜机组	常州市永明机械制造有限公司	薛玉峰 吴建光 徐俊祥 胡春雷 章 雷
133-15	基于 BP 神经网络的激光微位移在线测控技术开发及设备研制	常州工学院	朱锡芳 徐安成 许清泉 陈 功 杨 辉
133-16	深冷处理高强度精密锻钢冷轧辊	常州宝隆冶金设备制造有限公司	崔发祥 陈继业 邹 键 杨荣强 金玲玲
133-17	超高强 7xxx 铝合金轻质薄壁壳体零件和管材的开发与应用	江苏理工学院、常州市蓝托金属制品有限公司	李小平 顾斌杰 孙顺平 王洪金 于 赟
133-18	轨道交通基础建设模具系统技术研究	江苏圣乐机械有限公司	汤德良 汤 健 段海宝 朱葛俊 薛 皎
133-19	基于 WSN 技术的高压开关设备智能诊断与智能控制装置	常州帕斯菲克自动化技术股份有限公司、河海大学常州校区	周骁威 陈善平 张金波 眭 敏 贾志刚
133-20	低压特种橡套电缆	江苏上上电缆集团有限公司	袁 杰 李 斌 梁福才 张东杰 王雪松

续表 6-3

序号	项目名称	完成单位	主要参加人员
133-22	"三合一"电子化评标系统	常州市建设工程招标投标办公室、常州信息职业技术学院、江苏国泰新点软件有限公司、常州聚智信息技术有限公司	张建峰 张国俊 朱 阳 曹东生 白聚核
133-23	扁平无引脚超薄超小 DFN1006-2 封装技术研究及产业化	常州银河世纪微电子有限公司	王岳云 曹燕军 庄校生 郭玉兵 孟 浪
133-24	常州市警用地理信息系统	常州市公安局、北京山海经纬信息技术有限公司	宫文飞 高 超 张 华 周大良 唐 昕
133-25	低成本高效率太阳能电池银浆	常州亿晶光电科技有限公司	孙铁囤 荀建华 姚伟忠 胡 琴 陈 琼
133-26	公共市政用一次注塑成型绿色环保检查井	常州市河马塑胶有限公司	周佰兴 周敏伟 周敏宏 周敏飞 吴恒立
133-27	建筑玻璃用隔热膜	常州山由帝杉防护材料制造有限公司	王舟浩 谭建岗 张迎春 王 磊 王兰芳
133-28	内河航道桥梁防撞保护及新材料应用技术研究	江苏省常州市航道管理处、南京工业大学、上海博泓低碳节能科技股份有限公司	朱红亮 刘伟庆 嵇旭红 顾 青 方 海
133-29	SCR 脱硝催化剂再生研究与工程实践	常州市肯创环境工程技术有限公司、华南理工大学	吴 凡 夏启斌 方忠华 史俊伟 方海峰 史伟伟
133-30	电子废弃物中铜米和铜粉的产业化研究	常州翔宇资源再生科技有限公司、江苏理工学院	尚通明 周全法 张仁俊 朱炳龙 王怀栋
133-31	基于生物有效性的化工搬迁场地土壤修复关键技术研发及综合示	常州大学、江苏上田环境修复有限公司	李定龙 杨 彦 唐晓声 姚 凯 周继海
133-32	农作物秸秆高效还田技术研究与推广应用	常州市园艺技术推广站(常州市蚕桑技术指导站)、常州大学、常州市科力农业资源科技有限公司	徐加宽 詹国勤 季美娣 徐 丹 陈 瑾
133-33	SZLH880X 虾料制粒机	江苏正昌粮机股份有限公司	郝 波 赵庚福 陆 敏 刘春华 周育东
133-34	干蚕蛹饲料及其制备方法和饲喂量	溧阳市长荡湖水产良种科技有限公司	潘洪强 潘 莉 潘文新 潘震新 潘伟新
133-35	新型植物生长调节剂噻苯隆原药及新剂型的产业化	江苏省激素研究所股份有限公司、江苏省农用激素工程技术研究中心	孔繁蕾 张旺庚 孙永辉 王智敏 史志兵
133-36	盐酸小檗碱新工艺的产业化	常州亚邦制药有限公司	陈再新 陶 峰 夏正君 马绍明 王思清
133-37	区域性大型活动公共卫生突发事件风险评估及防控对策研究	常州市卫生监督所、苏州大学、常州市疾病预防控制中心	谈立峰 郝东平 沈月平 孙樨陵 严旭东
133-38	肝细胞癌肿瘤相关基因 DNA 甲基化分子机制与临床研究	常州市肿瘤医院、上海东方肝胆外科医院	张长松 凌 扬 朱长太 刘永萍 朱 静
133-39	短串联序列的多态性与慢性髓细胞性白血病的关联性研究	常州市第一人民医院	王志林 曹祥山 姚玉华 顾伟英 凌 云
133-40	结核分枝杆菌核酸恒温扩增及临床应用研究	常州市第三人民医院	王永忠 张宏宇 叶春艳 芮冬妹 赵红霞
133-41	MCP-1 血清水平、A-2518G 多态性和 ACS 发病风险的相互关系	常州市武进人民医院	何国平 蔡高军 肖建强 肖 菁 戚传平

续表 6–3

序号	项目名称	完成单位	主要参加人员
133–42	人工神经网络在复方制剂含量测定及血药浓度预测中的应用	常州市第一人民医院	陈　荣 薛　晖 邹素兰 钱春艳 夏宗玲
133–43	“便携式瞬锋急救切割器乡村医师急救包急救箱”的研制及应用	常州市武进人民医院	岳茂兴 夏锡仪 何　东 李　瑛 秦国良
133–44	虹膜夹持型晶体在无晶体眼中的临床应用研究	常州市第三人民医院	邓国华 周　栋 周建强 孙　倬 张建东
133–45	新生儿病理性黄疸风险预测的临床研究	常州市妇幼保健院	王金秀 王　瑛 江　华 张　琳 刘　滢
133–46	地市级环境地理信息系统关键共性技术的研究开发于集成应用示范	常州市环境科学研究院、常州市测绘院、常州市环境信息中心	徐圃青 滕加泉 周　静 尹　勇 刘全海
133–47	可持续发展视阈下的江苏农业水资源利用效率研究	河海大学常州校区	马海良 黄德春 刘晓农 陈其勇 黄贤凤
133–48	常州市创新型建设白皮书——2011年度评价报告	江苏理工学院	陈晓雪 朱旭强 俞芬芬 陆玉梅 田泽永

表 6–4　2013 年度常州市科技进步先进企业名单

序号	企 业 名 称	地区	序号	企 业 名 称	地区
1	常州天合光能有限公司	新北区	6	常柴股份有限公司	钟楼区
2	瑞声光电科技(常州)有限公司	武进区	7	常州方圆制药有限公司	新北区
3	南车戚墅堰机车有限公司	戚区	8	华润包装材料有限公司	新北区
4	江苏上上电缆集团有限公司	溧阳	9	常州华日升反光材料股份有限公司	武进区
5	江苏常牵庞巴迪牵引系统有限公司	武进区	10	常州丰盛光电科技股份有限公司	新北区

【高新技术产业】 2013 年,常州市新增高新技术企业 136 家,累计 860 家;新增江苏省高新技术产品 750 只。新认定民营科技型企业超 1700 家,累计超 6800 家;规模以上高新技术产业产值 4138 亿元,占规上工业总产值 41.3%。大力培育创新型企业。实施“小升高”计划,集中集成科技资源,引导企业加大研发投入,提高选择创新方向和技术路线能力,加快企业技术研发、产品创新和科技成果转化。

【创新创业平台】 2013 年新建公共技术服务平台 3 家,累计 29 家;新增市级以上企业研发机构 198 家,其中省级以上 74 家;累计建成“两站三中心”914 家,其中国家级 30 家、省级 437 家,企业的省级工程技术研究中心绩效评估优秀项目列全省第一。大中型工业企业研发机构建有率 93.3%,列全省第四。省级外资研发机构累计达 78 家,列全省第二。新增市级孵化器、加速器 13 家,新增常州华冠高新技术创业服务中心、千人计划(常州)新能源汽车研究院科技企业孵化器等 2 家省级孵化器,新增常州生物医药科技产业园、金坛高新技术创业服务中心等 2 家国家级孵化器,新增孵化、加速面积超 100 万平方米,累计达 600 万平方米,培育科技企业近 4900 家。

【产学研合作】 举办第八届中国常州先进制造技术成果展示洽谈会,重点围绕“创新载体布局、产业协同创新、创新人才引领、创新环境优化”四大主题举办成果发布、对接洽谈等各类活动 68 场,达成合作意向项目 185 项,正式签约项目 30 项。组织参加第四届“苏洽会”,共有 206 家企业 310 名代表参会,通过网上预对接及现场洽谈,达成意向性合作项目共 148 项。全年围绕先进碳材料、智能装备等产业开展各类产学研对接活动 93 次,新增产学研合作项目 357 项。推进产学研重大载体和研发机构建设,建立在常研发机构联络员派驻制度,新认定省级产学研协同创新基地2家,市级产学研示范基地3家。

2013年4月8日,常州市委书记阎立率常州党政企代表团赴中国科学技术大学开展产学研对接,考察中国科学技术大学微尺度物质科学国家实验室。

【国际科技合作】 发挥国际技术转移平台作用,积极开展智能电网、机器人及智能制造等领域的国际技术交流会、中英科技桥开放创新研讨会等重点国际科技合作活动,促进企业在生物医药、新能源、输变电、智能制造等技术领域开展国际科技合作,牛津大学常州ISIS国际技术转移中心和常州中英科技桥再度获得省厅经费支持60万元。引导外资企业建设研发机构,支持与本地企业开展合作,推进技术溢出,新增省级外资研发机构7家,累计78家。

【科技惠民】 2013年,常州市争取国家科技惠民计划实现零突破,江苏三信环保设备有限公司生活(餐厨)垃圾和城市污泥综合处理技术示范与推广项目获科技部870万元资助。

农业科技。常州市现代农业科学院完善科研基础设施和科研条件,推进茶叶研究所、花木研究所等下属研究所的建设,提高了科研项目组织程度和水平。着重围绕常州市农业优势特色产业,开展新品种选育和引试、新产品开发、种养殖新模式开发和关键共性技术攻关、成果示范推广、国内外农业科技交流与合作、科技培训和人才培养等开展工作。继续建设常州市花木现代科技园等4家省级农业科技示范园,推动17家省农业科技型专业合作社、5家省农村科技超市的建设进程。市科技局、市农委共同组织召开2013年常州市农业产学研合作洽谈会,南京农业大学、扬州大学、江苏省中国科学院植物研究所、中国农业大学、中国农业科学院、北京林业大学等农业科研单位参会发布成果。

社会发展。围绕人民群众最为关心的安全、健康、环境、生态四大民生领域,以科技为先导,积极组织开展科技攻关,加强技术集成,组织示范工程。国产创新医疗器械产品评价应用与示范工程列入2013年省科技厅社会发展示范计划,利用常州医疗器械产业优势和卫生医疗系统进行结合,在市级层面利用国产创新医疗器械产品(尽可能采用常州本地产品),建立从三甲医院到社区医院的国产创新医疗器械产品的应用,明显降低医疗费用造福老百姓。组织城市暴雨内涝预警和防范技术研究及应用示范、常州市应急地理信息平台示范工程、常州城市灰霾天气机理研究及预报预警系统的研制、地下水中挥发性有机污染物强化自然衰减修复技术示范研究等一批市级科技惠民项目,使科技进步的成果惠及百姓。围绕智慧生活、平安生活、低碳生活,选择常州市钟楼区永红街道办事处为载体,开展智能化诊疗在区域医疗卫生服务中的综合应用等项目。

【创新创业人才】 2013年,配合实施第四、五两批"龙城英才计划",吸引2510个人才申报项目,签约项目478个。其中,引导基金跟进投资的领军人才创业重点项目56项,国家"千人计划"人才155名。服务高端创新人才,积极辅导、帮助落户高层次人才创办企业申报省人才计划,省科技创新团队获立项2个,省高层次创新创业人才计划(创新类)立项6项,省"企业博士集聚计划"项目立项18项。搭建创新创业人才服务平台,建立高层次人才创办企业信息数据库,集成科技、金融、财税等资源,为人才创办企业提供"定制"的一站式服务。培育科技型企业家。市科技局将全市高新技术企业、高层次人才创办企业主要经营管理者培训纳入全市企业家"323培训计划"(从2013年起用3年时间,对全市2000家以上重点企业的3000多名主要经营管理者进行专题培训,即"323培训计划"),通过管理、科技、文化、金融等相关教学及产学研对接活动,培养一批精通科学管理、视野宽、观念新的领军人物。全年组织科技企业家培训班6期,培训科技型企业家366名。

【科技金融】 通过各类科技计划支持科技型中小企业发展,为上市后备企业输送科技资源,全年新增省上市培育入库企业 27 家,累计 75 家。推进科技金融服务体系建设,累计建立科技支行 5 家,科技小贷公司 4 家,科教城科技金融服务中心累计引进成员单位 70 多家,注册各类创投机构 35 家,吸引基金规模近 60 亿元。

【知识产权】 2013 年,全市完成专利申请 41705 件,其中发明专利 11840 件;专利授权 18207 件;万人发明专利拥有量 10.21 件。知识产权战略区域试点示范完成全覆盖,武进区入选首批国家知识产权强县工程示范区。新增知识产权管理标准化示范创建单位 131 家、知识产权创新企业 20 家,新天地不夜城成为省级“正版正货”示范街区。商业银行等金融机构开展知识产权质押融资贷款业务,共为 6 家企业授信、发放贷款 3950 万元,质押专利 102 件,其中发明专利 9 件。开展知识产权执法维权“护航”专项行动,处理专利案件 387 件,其中调处专利侵权纠纷案件 70 件。

表 6-5 2013 年度常州市企业专利获奖清单

序号	企业名称	专利名称	专利号	所获奖项
1	常州润源经编机械有限公司	适用于经编机织物的卷取装置	ZL200910024404.3	第十五届中国专利优秀奖
2	常州华达科捷光电仪器有限公司	激光投线仪(LP106B)	ZL200930100593.9	第十五届中国外观设计专利优秀奖
3	江苏福昌环保科技集团有限公司	危险废物焚烧处理成套装置	ZL200510041181.3	第八届江苏省专利奖金奖
4	常州联力自动化科技有限公司	矿用组合开关	ZL200710022591.2	第八届江苏省专利奖金奖
5	南车戚墅堰机车有限公司	薄壁件四周磨削操作法	ZL200910027350.6	第八届江苏省专利奖优秀奖
6	常州市润源经编机械有限公司	多梳经编机压纱板运动装置	ZL201110174184.X	第八届江苏省专利奖优秀奖
7	常州制药厂有限公司	一种 3,5-二羟基庚-6-烯酸衍生物的制备方法	ZL200810110709.1	第八届江苏省专利奖优秀奖
8	南车戚墅堰机车车辆工艺研究所有限公司	城轨车辆齿轮箱密封结构	ZL201010596224.5	第八届江苏省专利奖优秀奖

全市 4 个项目荣获省装备制造业专利新产品金奖,分别是:常州市润源经编机械有限公司的“RSJ5/1 贾卡成圈型电子提花经编机”、常州宏发纵横新材料科技股份有限公司的“3 兆瓦以上风电叶片用玻璃纤维特种经编增强材料”、常柴股份有限公司的“EV80 柴油机”、常州宝菱重工机械有限公司的“卡罗塞尔卷取机”。

2 个项目获省装备制造业专利新产品优秀奖,分别是:常州市骠马涂装系统工程有限公司的“乘车用智能化柔性涂装生产线”和常州市第八纺织机械有限公司的“GE118 拷贝型高精度整经机”。

【创新环境】 2013 年全社会研发经费占地区生产总值比重 2.6%,列全省第四。坚持举办科技创新政策落实专题培训会,进一步宣传科技创新政策,解读高企、研发费用加计扣除等税收优惠政策在申报和落实过程中企业需要注重的一系列关键问题,重点联系企业 779 家,重点监测企业 10 家,全年举办培训班 148 个,政策宣讲 1316 次,辅导企业 1972 家。落实科技减免税政策。全市共有 1751 家企业享受科技减免税政策 21.62 亿元,同比增长 8%,享受科技减免税政策的企业数增长了 23%以上。

【科技活动】 2013 年 3 月 8 日,浙江大学与常州高新区签约共建浙江大学常州工业技术研究院。研究院专攻国家战略性新兴产业智能制造领域,设立智能汽车研究中心、智能工程机械、工业机器人与专用机器人、高铁装备等 10 个研究中心,引进包括两院院士在内的 10 个创新团队,建设公共平台服务、领军人才集聚、新兴企业孵化、高新技术转移、创新人才培养功能“五位一体”的新型研发机构。

2013年3月27日,常州市委书记阎立带领常州党政校企代表团赴成都,与电子科技大学、四川大学、西南交通大学进行产学研合作对接,并与电子科技大学签署全面合作协议。常州星海电子有限公司与电子科技大学微电子与固体电子学院签署高反压玻璃钝化半导体晶片项目合作研发协议。常州天晟新材料股份有限公司与四川大学高分子科学与工程学院签署共同组建研究中心的合作协议。

2013年7月29日,牛津大学ISIS科技创新有限公司总裁Thomas Hockaday,携亚洲区主管David Baghurst来常州考察交流。

2013年8月12日,常州西太湖大学科技园揭牌,四川大学、上海交通大学、西安交通大学、常州大学和上海理工大学首批签约入驻。常州西太湖大学科技园坐落于西太湖科技产业园,规划面积约35万平方米。该园以具有较强科研实力的大学为依托,将大学的综合智力资源优势与西太湖科技产业园的产业优势资源相结合,重点打造常州高科技成果转化及产学研高地。

2013年8月29日,常州市委书记阎立率党政企业代表团赴甘肃兰州,与兰州交通大学校长杨子江等进行座谈,全面深化与该校产学研合作。并与兰州交通大学签署了全面合作协议。戚墅堰机车车辆厂、常州宏发纵横新材料科技有限公司、常州长青交通科技股份有限公司、江苏凯特汽车部件有限公司、常州博瑞电力自动化设备有限公司等常州企业与该校教授团队深入洽谈,并签约了一批校企合作项目。

2013年9月27日,2013常州机器人及智能制造国际技术交流会在常州市金陵江南大饭店召开,主题为“自然和谐的人机交互技术”。浙江大学校长助理、中国自动化学会机器人专业委员会委员朱世强,香港城市大学教授孙东,北京航空航天大学教授丁希仑,瑞典耶夫勒大学教授Gurvinder S. Virk等一批国内外知名专家学者在大会国际论坛做专题演讲。与会政府领导、企业家代表、专家学者,通过相互交流,对护理、医用、桁架等不同类型、不同产业机器人的应用现状和技术发展趋势做了重点分析,并对机器人产业发展机遇、挑战和推动措施进行了深度讨论。

2013年10月30日,常州国家医疗器械国际创新园被科技部认定为国家国际科技合作基地,成为常州唯一一家国际创新园。常州国家医疗器械国际创新园以常州西太湖科技产业园为载体,规划面积5000万平方米,主要发展医疗器械相关产业,以对以色列科技合作为主要特色,主要包括以色列科技园、西太湖国际医疗产业园、西太湖国际智慧园等,旨在支持以色列高科技企业在中国的发展,促进以色列技术的转移。园区整体分为孵化器(8万平方米)、加速器(18万平方米)和产业园(33.33万平方米)综合配套区(6万平方米)四大功能板块。首期孵化器1.4万平方米、首期加速器4.8万平方米、综合配套区一期3.6万平方米均已投入使用。园区已有8家企业落户入驻,签约3家企业。

2013年11月15日,在北京举行的中国与荷兰深化合作签约仪式上,荷兰代尔夫特理工大学和常州市政府签订战略合作框架协议,常州市市委副书记、代市长费高云与荷兰代尔夫特理工大学校长范·登·贝尔赫分别代表双方上台签约。正在中国进行国事访问的荷兰首相马克·吕特、科技部副部长曹健林以及市委书记阎立见证签约。

(许红梅)

苏州市

Suzhou City

【概　况】 2013年,苏州市科技系统以学习贯彻党的十八大精神为动力,按照国家、省、市科创新大会要求和部署,紧紧围绕市委、市政府中心工作,聚焦“企业自主创新能力、社会创新成果转化能力、服务基层服务企业能力”三大提升,大胆解放思想,努力创新工作举措,切实加强形势分析和有针对性的工作部署,全市企业创新创业激情进一步迸发,科技工作成效进一步凸显。全社会研发投入占GDP比重达到2.6%,全市科技进步考核再次实现“满堂红”,连续7次荣获“全国科技进步先进市”称号,连续两年获得“福布斯中国大陆创新能力城市”排行榜第一名,科技创新为全市经济保持平稳较快增长和发展方式转变做出了积极贡献。

【高新技术产业】 深入组织实施高新技术产业倍增工程,提升产业层次,壮大产业规模。2013年高新技术产业产值达1.3万亿元,占规模以上工业总产值的43%,同比提高2个百分点。本土大中型工业企业研发机构建设基本实现全覆盖;新增创新先锋企业48家,通过复审40家,累计133家;新增高新技术企业645家,累计达2449家;新增省级民营科技企业1054家,累计达7814家;100家企业列入省科技上市企业入库培育企业,累计209家。以提升科技创新支撑水平为重点,着力加快重大研发载体建设,新建企业院士工作站3家,累计56家,苏州纳米所二期建成,"纳米真空互联实验站"大科学装置总体建设方案完成,氮化镓产业研究院启动建设,中国医学科学院系统医学研究所签约落户。

【科技投入】 2013年,全市财政科技投入76.37亿元,占财政预算支出的比例达到6.33%;全社会研发投入达350亿元,占GDP比重2.6%。通过送政策、送服务上门,2013年为2109家企业落实了研发费加计扣除政策,50%加计扣除金额达52.95亿元,同比增长25%;为全市高新技术企业落实企业所得税优惠政策减免税收金额45.42亿元。2013年,全市争取国家、省级科技项目1183项,经费达13.6亿元。

【科技人才】 进一步加强高层次人才队伍建设,全市20人入选第九批国家"千人计划",自主培育的千人计划专家累计达125人,其中创业类人才80人,约占全国总数的14%和全省总数的46%,首次在全国城市排名中与北京并列第一;新增省"双创"人才102名,占全省新增数的20%;新增姑苏创新创业领军人才127人,累计474人。进一步推进科技镇长团工作,第六批科技镇长团共选派105名教授和博士到县(市、区)的乡镇任职,实现大市范围全覆盖,有效提升了基层科技管理和服务能力。

【产学研合作】 进一步深化产学研合作,首都高校科技行、上海高校"科技行"活动、苏州大学首届科技开放日活动、东南大学-苏州市产学研对接会等产学研活动顺利开展。2013年,在全市科技系统的努力下,苏州纳米科技协同创新中心挂牌暨苏州纳米技术应用联盟成立,苏州地理信息与文化科技产业基地落户高新区,同济大学太仓高新技术研究院揭牌,中国医学科学院系统医学研究所落户园区,一批新的产学研创新载体在苏州生根发芽。2013年,全市新增合作高校院所27家,累计172家;新建各类产学研联合体195个,累计1060个;新增产学研合作项目1610项,累计8389项。

【科技服务业】 加强科技服务业发展的顶层设计,以重大科技服务机构的建设,引领全市科技服务业快速发展。2013年全市科技服务业(不含软件)收入达到130亿元,同比增长20%;新认定技术先进型服务企业20家,累计153家,占全省总数的65%。积极推动科技企业孵化器特色发展、提升发展,截至2013年年底,全市拥有省级以上科技企业孵化器71家,其中国家级科技企业孵化器达到27家,省级孵化器44家。全市纳入统计的孵化器孵化面积超过390万平方米,在孵企业超过5000家,在孵企业从业人员超10万人。科技中介服务取得新跨越,技术贸易快速增长。2013年全市技术合同登记2701份,技术合同交易额超过50亿元。

【科技金融】 深化科技金融结合,着力缓解企业融资难题。制定《苏州市科技型中小企业资格确认实施细则》《苏州市科技贷款贴息资金使用管理办法实施细则》等政策,进一步加大财政资金引导作用和操作规范。加快建设科技金融服务平台科技型企业库,目前已入库科技企业达6015家,为银行、创投、担保等金融机构开展科技金融业务提供了优质的客户源。大力支持科技金融机构建设,开发了"科贷通""千人计划集合信贷"等科技金融服务产品20余种,市本级"科贷通"资金池规模达3.5亿元。2013年,"科贷通"累计为988家科技型中小企业发放贷款80.9亿元,资金撬动比例超过1∶20。全市范围创投机构达270家,管理资金规模达880亿元,分别占到全国的10%和全省的50%左右。全年新增投资项目240个,累计达1680个;新增投资金额53亿元,累计达到314亿元。

【科技惠民惠农】 全市组织申报科技部星火计划面上项目61项;省农业科技项目16项,立项资金720万元；全市相继建成国家级农业科技示范园区1家、省级6家，国家级农口产业技术创新联盟2家、省级4家。按照省科技厅要求，2013年全市共从高校、科研机构选派了23名科技特派员，深入到镇、村、农业企业及合作社，努力构建“送科技下乡、促农民增收”长效机制。围绕节能减排与资源环境、公共安全、城市公共服务管理等民生科技的重点领域，组织实施重大民生科技示范项目23项，总投资达2.8亿元；深入推进创新医疗器械产品应用示范工程，已有超过6000万元的250多台套医疗器械产品进入示范应用，在双塔、留园等5个社区开展创新医疗器械产品进社区活动，受到广泛好评。

【重大科技活动】 全市科技局长工作会议召开。2013年1月10日，全市科技局长工作会议在苏州科技城召开，全市科技系统70余人参加会议，市政府浦荣皋副市长到会并做重要讲话。会议总结了2012年全市科技工作情况，表彰了2012年度苏州市科技系统先进集体以及先进个人，部署了2013年全市科技工作重点任务。2013年全市科技系统将紧紧围绕提升“企业自主创新能力、社会创新成果转化能力和服务企业服务基层能力”三大能力，切实推动科技工作再上新台阶。

2013年1月10日，全市科技局长工作会议在苏州科技城召开。

科技企业创新服务咨询会召开。2013年1月22日，由市科技服务中心、中科院上海生命科学信息中心共同举办的科技企业创新服务咨询会（生物医药专场）召开，共有130余名生物医药企业代表参加了此次会议。中科院院士赵国屏、中科院上海药物研究所研究员沈竞康等专家与现场企业代表进行了互动咨询，为企业创新提供技术指导。

科技创新大会召开。2013年2月20日，全市科技创新大会召开。会议表彰了2012年度苏州市创新创业市长奖、科技合作贡献奖、技术发明奖及科技进步奖获得者，为2012年苏州市创新先锋企业、2012年度姑苏领军人才授牌。三一重机有限公司、江苏通鼎光电股份有限公司、同程网络科技股份有限公司、苏州莱克电气股份有限公司等4家企业获2011年度创新先锋企业最高奖励500万元。

2013年2月20日，全市科技创新大会在苏州召开。

苏州自主创新广场建设暨科技成果转化网上对接现场会召开。2013年3月13日，苏州自主创新广场建设暨科技成果转化网上对接现场会召开。市委常委、市政府浦荣皋副市长、国家奖励办姚昆仑处长、国家成果网吴昌权主任，省科技厅领导及苏州市相关部门领导等出席了会议。会上，苏州科技成果转化服务平台——苏州科技成果网(http:/www.sztat.gov.cn/)正式启用，国家奖励办姚昆仑处长为“国家科技成果转化服务(苏州)示范基地”授牌。会前，浦荣皋副市长考察了苏州自主创新广场建设情况。

苏州市市委常委、组织部郭腊军部长一行考察全市科技人才工作。2013年3月27日，市委常委、组织部部长郭腊军到市科技局考察科技人才工作。期间，郭部长一行参观考察了苏州自主创新广场建设情况，听取了全市科技人才和科技镇长团工作情况汇报。郭部长充分肯定了近年来科技部门取得的成绩，并指出针对科技人才工作要集成科技资源和科技手段，注重品牌塑造，抓好服务，推动科技人才量质齐升，为全市自主创新和新兴产业发展提供强有力的人才支撑。

国家创新医疗器械产品应用示范工程启动会在苏州召开。2013年3月28日，国家创新医疗器械产品应用示范工程启动会在高新区科技城召开。国家、省、市相关部门领导,市内外80多家医疗器械企业代表,40家医疗机构代表共200人参加了会议。江苏省作为全国10个示范省份之一,确定在苏州率先启动实施十百千万工程,通过先行先试、典型引路、示范带动,进而在全省推广。会上,10家示范医疗机构与10家医疗器械企业进行了对接签约。

苏州市市委副书记、姑苏区委书记陈振一视察苏州自主创新广场。2013年5月7日,市委副书记、姑苏区委书记陈振一视察苏州自主创新广场。陈书记一行考察了建设现场,听取了建设情况汇报。陈书记对广场建设取得的阶段性成绩予以了充分肯定,并对下一步投运准备及二、三期建设规划等提出了要求。同时强调,姑苏区将一如既往地积极参与广场建设,共同推进各项工作。

苏州市市委常委、宣传部长蔡丽新视察苏州自主创新广场。2013年5月7日,市委常委、宣传部部长蔡丽新一行视察了苏州自主创新广场。在听取全市科技工作、苏州自主创新广场建设、文化科技融合工作推进情况汇报后,蔡部长对科技部门取得的成绩予以充分肯定,并表示宣传部门将配合做好即将开展的“自主创新服务月”活动的宣传推介,更好地为企业、为社会提供科技服务。同时,也希望依托苏州自主创新广场的各类科技服务平台,推进文化科技融合发展,为打造文化产业融合发展创新区奠定坚实基础。

举办首届苏州自主创新服务月活动。为大力推进服务型机关建设,进一步提高服务实效,市科技局组织全市科技系统于2013年6月份开展了首届“苏州自主创新服务月”活动。服务月紧紧围绕“提高科技服务能力,增强创新发展优势”主线,积极探索提高企业自主创新能力、科技成果转化能力和服务基层服务企业能力的长效机制。服务月期间,在成果对接、技术转让、科技咨询、科技投融资等领域举办各类活动66项,吸引900家企业逾5000人次参加,为企业的创新发展提供了较好的支撑。

举办“民生科技 服务民生—创新医疗器械产品进社区系列活动”。2013年6月4~9日,“民生科技 服务民生—创新医疗器械产品进社区系列活动”举办。活动紧扣“民生科技 服务民生”这一主题,通过开展创新医疗器械产品介绍、示范及捐赠,邀请专家为居民们讲解常见病和慢性病预防的相关知识等,切实推动科技成果惠及民生。活动为期5天,分别在双塔、润达、狮山、留园、通安镇卫生院等5个街道社区举办,苏州市医疗器械企业免费赠送了250套血糖仪、10套动态心电记录仪和工作站、70套血压计、50套止吐仪。

召开中小科技企业发展推进会。2013年6月26日,全市中小科技企业发展推进会召开,市委副书记、市长周乃翔就下一阶段工作进行部署。

市人大常委会视察全市科技创新工作。2013年6月28日,市人大常委会主任杜国玲带领市人大常委会视察组对苏州科技创新工作开展视察。视察组实地考察了科技企业,听取了全市科技创新情况汇报,并与部分科技部门、企业、研究院代表进行了座谈交流。视察组对全市科技工作给予肯定,并要求在更高水平上提升苏州科技创新的整体实力,进一步发挥政府在科技发展中的引导作用,切实提升基层科技创新整体水平。

全国政协副主席、科技部部长万钢来苏州调研。2013年6月29日,全国政协副主席、科技部部长万钢来苏州调研。省委常委、苏州市委书记蒋宏坤,省政协副主席、省政府党组成员、省科技厅厅长徐南平等陪同调研。在参观常熟国家大学科技园时,万钢表示,现在全国高校的创新创业的动力都很足,需要一些热土来给他们培育,希望能有更多的年轻人敢于创业、勇于创业、善于创业;国家将会以多种形式给予支持,推动江苏的科技创新和国家创新战略的实施。

“科技行—走进苏大”暨苏州大学首届科技开放日活动举行。2013年7月5日,“科技行—走进

2013年6月29日,全国政协副主席、科技部部长万钢到苏州调研。

苏大”暨苏州大学首届科技开放日活动举行。活动吸引了来自苏州地区280余家企业、高校和科研院所的500多名代表。活动中,苏州大学与苏州市科技局签约共建苏州创新发展战略研究中心、与苏州市知识产权局共建苏州大学—高新区知识产权研究院,并与3家企业签署了共建联合研发中心合作协议。苏州大学—常熟低碳应用技术研究院以及苏州大学与6家企业共建的联合研发中心也同时揭牌亮相。

“2013年国际精英周·海归创业沙龙”活动顺利举办。2013年7月10日,由苏州市人才办、市科技局主办,市科技服务中心、苏州市千人计划专家联合会承办的“2013苏州国际精英创业周·海归创业沙龙”举行。市科技局领导、市千人计划专家联合会领导,在苏专家、各界代表共计150余人参加了沙龙活动。本次海归创业沙龙充分发挥以才聚才、以才引才、以才揽智的作用,加深了本届精英周海外人才对苏州的创业环境、科技政策、政府服务的认识,提高了精英周品牌活动的影响力。

省政协副主席、省政府党组成员、省科技厅厅长徐南平调研苏州科技工作。2013年8月2日,省政协副主席、省政府党组成员、省科技厅厅长徐南平一行来苏州调研科技创新工作。徐南平副主席一行现场参观考察了昆山维信诺显示技术公司和苏州自主创新广场。在听取市科技局关于自主创新广场建设情况的专题汇报后,徐南平副主席充分肯定了苏州自主创新广场取得的成绩,并要求苏州自主创新广场要在现有基础上,顺势而为,打造全省科技服务品牌。

2013年8月2日,省政协副主席、省政府党组成员、省科技厅厅长徐南平一行到苏州调研科技创新工作。

2013首届江苏科技创业大赛在苏州举办。2013年8月28日,2013首届江苏科技创业大赛暨第二届中国创新创业大赛(江苏赛区)总决赛在苏州工业园区举办,来自全省35家企业及创业团队分获初创企业组、成长企业组、创业团队组的一、二、三等奖,其中包括14家苏州企业和团队,占了总数的三分之一强。省政协副主席、省政府党组成员、省科技厅厅长徐南平,苏州市委副书记、市长周乃翔,苏州市委常委、园区工委书记王翔等出席颁奖典礼。

全国技术预见学术研讨会在苏州举行。2013年10月17～19日,第八届全国技术预见学术研讨会在苏州召开。中国科技战略院常务副院长王元、副院长杨起全,省、市科技部门领导,以及全国各地120多名专家学者参加了研讨会。会上,王元副院长等专家做了主题演讲,与会代表进行了专题报告交流,分别就产业核心技术、前沿先导技术、产业化应用关键技术等方面开展预见。研讨会还对优秀论文进行了表彰。

苏州科技企业赴东南大学开展科技行活动。2013年11月14日,市政府徐美健副市长、市科技局黄戟局长等领导率苏州市360余家企业赴东南大学开展产学研对接活动。对接会上,参会企业家与高校专家教授进行了深入交流和洽谈,现场达成合作意向80余项。校地共建的“东南大学国家技术转移(苏州)中心”也在会上签约并揭牌。

科技行—走进两湖(长沙、武汉)产学研对接会成功举办。2013年12月19~21日,市政府徐美健副市长、焦亚飞副秘书长,市科技局黄戟局长等带领相关部门负责人及40余位企业家赴长沙、武汉开展产学研对接活动。本次“科技行”分别与湖南大学、中南大学、武汉大学举办了产学研对接会。会上,签署了湖南大学—苏州市战略合作框架协议,并为湖南大学苏州(相城)技术转移中心揭牌。

(张　彬)

表 6-6 2013 年度姑苏创新创业领军人才名单

序号	姓名	企业名称	序号	姓名	企业名称
1	张贵新	张家港智电电工高技术研究所有限公司	45	镇学初	雷克塞德(苏州)生物医药有限公司
2	张立勋	张家港市永发机器人科技有限公司	46	洪　健	安润医药科技(苏州)有限公司
3	江　晨	苏州五希通信科技有限公司	47	荣　宏	苏州云博信息技术有限公司
4	黄继颇	张家港凯思半导体有限公司	48	聂富强	苏州汶颢芯片科技有限公司
5	索来春	张家港安泽光电科技有限公司	49	刘　俊	苏州中盛纳米科技有限公司
6	JianKuShang	张家港格林台科环保设备有限公司	50	张浩然	苏州坤元微电子有限公司
7	王浪平	苏州格科特真空镀膜技术有限公司	51	刘　寅	苏州络湾电子科技有限公司
8	周建斌	江苏浦士达环保科技有限公司	52	章登义	博视联(苏州)信息科技有限公司
9	姜齐荣	张家港智电电力电子研究所有限公司	53	叶　松	江苏天源电子有限公司
10	陈文政	联优机械(常熟)有限公司	54	谢贤宁	苏州容电储能科技有限公司
11	谈顺毅	江苏慧光电子科技有限公司	55	潘克菲	苏州诺菲纳米科技有限公司
12	宋瑛林	常熟微纳激光光子技术有限公司	56	崔树庆	苏州成强换热器有限公司
13	史晓华	苏州光舵微纳科技有限公司	57	罗本东	苏州景新电气有限公司
14	徐　辰	江苏思特威电子科技有限公司	58	孙　伟	苏州奥索特新材料有限公司
15	陈　平	物联微电子(常熟)有限公司	59	钱　磊	苏州瑞晟太阳能科技有限公司
16	刘忠军	江苏云才材料有限公司	60	刘雪松	苏州泽达兴邦医药科技有限公司
17	王　慰	江苏畅微电子科技有限公司	61	崔　刚	苏州富宜康生物科技有限公司
18	孔　剑	苏州镭创光电技术有限公司	62	郭述文	苏州文智芯微系统技术有限公司
19	谢　干	昆山百敖软件有限公司	63	刘向明	苏州山石网络有限公司
20	邓庆平	优化科技(苏州)有限公司	64	李志前	苏州千视通信科技有限公司
21	吴翔虎	直觉系统科技(昆山)有限公司	65	陈耀武	苏州皓泰视频技术有限公司
22	廖奕坤	昆山德阳新材料科技有限公司	66	韩兴成	苏州聚元微电子有限公司
23	于文利	苏州世纪正源环保科技有限公司	67	郭丰亮	苏州企航新能源有限公司
24	李宗雨	苏州碧维信息科技有限公司	68	孙公权	江苏中科天霸新能源科技有限公司
25	安海谦	金普诺安生物科技(苏州)有限公司	69	韩　捷	苏州百康生物科技有限公司
26	姜淑忠	苏州泰铎电气有限公司	70	郭　毅	江苏奥斯佳材料科技有限公司
27	蔡鸿明	苏州鸿然信息科技有限公司	71	刘文华	张家港智电西威变流技术有限公司
28	陈照峰	苏州宏久航空防热材料科技有限公司	72	朱　忻	苏州矩阵光电有限公司
29	杨永喆	太仓富勒姆纳米新材料科技有限公司	73	胡　军	张家港智能电力研究院有限公司
30	李　磊	苏州绿控传动科技有限公司	74	张　珏	张家港市阿尔特空调科技有限公司
31	刘现军	苏州楚凯药业有限公司	75	陶建平	江苏宏云技术有限公司
32	任廷荣	苏州欧康泰压缩机科技有限责任公司	76	陈　奇	苏州优讯达信息咨询服务有限公司
33	陈　平	苏州景泓生物技术有限公司	77	汤雪飞	苏州瑞尚节能科技有限公司
34	吕少波	苏州四同医药科技有限公司	78	毛桂林	苏州紫光伟业激光科技有限公司
35	方　波	苏州舜唐新能源电控设备有限公司	79	戴志成	苏州保力瑞生物材料科技开发有限公司
36	凌　静	苏州维泰生物技术有限公司	80	王兴松	苏州欧米麦克机器人科技有限公司
37	范国平	苏州瑞奇生物医药科技有限公司	81	达国祖	苏州西脉记忆合金有限公司
38	郑文革	苏州市炽光新材料有限公司	82	董树荣	江苏艾伦摩尔微电子科技有限公司
39	项　安	苏州太易检测设备有限公司	83	朱　捷	昆山圣赛诺尔传感技术有限公司
40	刘　星	乐趣软件科技(苏州)股份有限公司	84	宋钢兵	江苏三川智能科技有限公司
41	席建忠	苏州吉诺瑞生物科技有限公司	85	于全文	苏州皓琪信息科技有限公司
42	MatthiasPeterVolk	苏州森思珍生物技术有限公司	86	金伟华	苏州格拉斯通绿色建材科技有限公司
43	文学军	苏州睿研纳米医学科技有限公司	87	金　浩	苏州求是真空电子有限公司
44	顾力栩	苏州迪凯尔医疗科技有限公司	88	程　洪	布法罗机器人科技(苏州)有限公司

续表 6-6

序号	姓名	企业名称	序号	姓名	企业名称
89	吕万革	依科赛生物科技(太仓)有限公司	109	王晓沁	苏州丝美特生物技术有限公司
90	李月娟	昭衍(苏州)新药研究中心有限公司	110	张克勤	苏州贝彩纳米科技有限公司
91	凌雪峰	苏州爱尔迪思生物科技有限公司	111	胡　源	苏州安鸿泰新材料有限公司
92	吴晨衍	太仓美诺恒康生物技术有限公司	112	龚　轶	苏州东微半导体有限公司
93	陈远帆	苏州晶特晶体科技有限公司	113	王祥忠	苏州旭创科技有限公司
94	仲　华	苏州惠林节能材料有限公司	114	应峥嵘	苏州波影医疗技术有限公司
95	李　俊	苏州方德门达新药开发有限公司	115	刘燕明	科纳技术(苏州)有限公司
96	杨　帆	苏州同拓光电科技有限公司	116	朱奇峰	苏州清睿信息技术有限公司
97	周聪颖	苏州药明康德新药开发有限公司	117	刘泽文	苏州希美微纳系统有限公司
98	刘小青	苏州佰通生物科技有限公司	118	曾　荣	苏州恒顿文化传媒有限公司
99	张海鹰	苏州西山中科实验动物有限公司	119	赵建刚	苏州奥宝杰电机科技有限公司
100	吴克利	苏州易和物联信息技术有限公司	120	梁　晋	苏州西博三维科技有限公司
101	宋保军	苏州优德通力电气有限公司	121	刘　成	苏州有色金属研究院有限公司
102	刘国钧	苏州金瑞晨科技有限公司	122	毛育红	盛科网络(苏州)有限公司
103	沈宇平	苏州博升科技有限公司	123	车团结	苏州百源基因技术有限公司
104	卫宏远	苏州欧拉工程技术有限公司	124	李晓林	苏州红亭信息科技有限公司
105	章　谦	苏州维登农业有限公司	125	吴卫平	苏州牛剑新材料有限公司
106	梁　龙	苏州博清高新材料有限公司	126	叶树明	苏州和迈精密仪器有限公司
107	钱雪明	迈博斯生物医药(苏州)有限公司	127	吴　鸿	苏州元禾医疗器械有限公司
108	袁于人	斯澳生物科技(苏州)有限公司			

表 6-7　2013 年度苏州市科技创新创业市长奖获奖名单

序号	姓名	单位
1	邬品芳	张家港富瑞特种装备股份有限公司
2	王保庆	苏州纽威阀门股份有限公司
3	刘　圣	苏州旭创科技有限公司
4	高安敏	江苏亨通光电股份有限公司
5	路建美	苏州大学
6	荀　标	昆山市工业技术研究院小核酸生物技术研究所有限责任公司

表 6-8　2013 年度苏州市科技合作贡献奖获奖名单

序号	姓名	单位
1	崔占峰	牛津大学
2	郑慧芬	国家知识产权专利局

南 通 市

Nantong City

【概 况】 2013年,南通市科技工作继续保持快速发展。扎实推进国家创新型试点城市建设,在全国科技进步考核中,再次实现全国先进市(县、区)"满堂红"。南通高新技术产业开发区正式晋升为国家级,实现了南通市国家级高新区"零"的突破。再次入选《福布斯》中国大陆城市创新能力25强,位列全国第10位,比2012年上升1位。全市高新技术产业产值达到4816.53亿元,占规模以上工业生产总值的比重达到42.43%。全市授权专利25927件,万人发明专利拥有量达到6.41件,同比增幅达到141.88%。成立南通产业技术研究院,引进清华控股共同组建南通创源科技园,南通家纺产业技术研究院被列为省产业技术研究院,实现南通市省级产业技术研究院"零"的突破。启东、海门被认定为省创新型试点县(市)区,4个镇被确定为省级创新型试点乡镇。新增南通国家现代服务业家纺研发设计产业化基地和国家火炬如皋软件特色产业基地。国家知识产权局批准在"南通家纺城"设立"中国南通(家纺)知识产权快速维权中心",通州、崇川、海安进入国家知识产权强县工程;如皋进入国家知识产权县级市试点建设,有5家开发区获批为省知识产权战略试点园区。南通高新区、如皋高新区分别被认定为江苏省科技金融合作创新示范区。全市23项科技成果获省级以上科技进步奖,获奖数创南通市历史新高,其中由鑫缘茧丝绸集团实施的《丝胶回收与综合利用关键技术及产业化》项目荣获2013年度国家科学技术进步二等奖。

【高新技术产业】 大力实施高新技术产业"双倍增"计划,制定有关考核办法,提升产业层次,壮大产业规模,全市高新技术产业保持高位增长、集聚发展、质态优化的良好发展态势,产业产值和占比实现双提升、双突破。2013年,全市高新技术产业产值达到4816.53亿元,占全省份额达9%以上,同比增幅21.6%;占规模以上工业产值比重达到42.43%;实现主营业务收入4712.77亿元,比2012年增长22.51%;出口交货值594.59亿元,比2012年增长25.97%;完成利税总额558.25亿元,比2012年增长23.2%。全年新增国家创新型试点企业2家;新增高新技术企业98家,总数达到477家;新增省级民营科技型企业598家,列统数5564家;新增国家重点新产品17个,省高新技术产品762个。

表6-9 2013年度南通市高新技术产业发展情况 单位:亿元

类别	全 市	崇川区	港闸区	开发区	海安县	如皋市	如东县	通州区	海门市	启东市
高新技术产业列统企业数(个)	1408	20	79	194	292	208	138	188	144	142
高新技术产业产值	4816.53	149.62	140.7	551.59	695.53	596.78	600.38	677.84	720	571.68
	3960.83	130.33	116.54	481.69	549.85	512.2	463.64	564.47	592.28	457.77
	21.6	14.8	20.73	14.51	26.49	16.51	29.49	20.08	21.56	24.88
	42.43	40.07	33.04	38.28	45.1	42.06	39.6	41.55	44	41.85
高新技术产业主营业务收入	4712.77	144.3	141.08	539.92	695.68	569.45	575	664.93	715.18	555.51
	3846.99	126.6	117.28	475.44	515.36	493.55	450.73	551.62	587.32	439.24
	22.51	13.98	20.29	13.56	34.99	15.38	27.57	20.54	21.77	26.47
出口交货值	594.59	62.29	25.57	66.46	58.88	40.36	51.31	148.65	16.81	89.84
	472.02	49.49	23.05	58.03	49.35	27.86	39.43	94.89	23.89	85.49
	25.97	25.86	10.93	14.53	19.31	44.87	30.13	56.66	-29.64	5.09
利税	558.25	29.71	9.26	49.97	86.31	50.59	69.98	78.75	113.6	56.14
	453.12	24.47	7.36	42.81	65.91	44.91	56.58	63.67	99.17	35.23
	23.2	21.41	25.82	16.73	30.95	12.65	23.68	23.68	14.55	59.35
规模以上工业产值	11351.54	373.36	425.89	1440.92	1542.34	1418.99	1516.29	1631.48	1636.4	1365.87

表 6-10 2013 年度南通市新增高新技术企业

序号	企业名称	序号	企业名称
1	江苏海建股份有限公司	50	南通康盛医疗器械有限公司
2	亚太轻合金(南通)科技有限公司	51	南通市飞宇精细化学品有限公司
3	南通天蓝环保能源成套设备有限公司	52	江苏吉星管业科技有限公司
4	中江机电科技江苏有限公司	53	江苏辰星海洋生物科技有限公司
5	江苏紫石机械制造有限公司	54	南通苏通分离工程科技有限公司
6	南通江中光电有限公司	55	南通柯瑞特机械制造有限公司
7	江苏亚星波纹管有限公司	56	江苏甬金金属科技有限公司
8	卡姆丹克太阳能(江苏)有限公司	57	南通亿华塑胶有限公司
9	南通太和机械集团有限公司	58	南通威尔电机有限公司
10	江苏浴普太阳能有限公司	59	广东鸿图南通压铸有限公司
11	百川化工(如皋)有限公司	60	南通耀龙金属制造有限公司
12	南通中技桩业有限公司	61	南通京通石墨设备有限公司
13	如皋市华阳铝制品有限公司	62	南通亿仕得医疗器械有限公司
14	南通百正电子新材料有限公司	63	南通红石科技发展有限公司
15	江苏瀚艺商用空调有限公司	64	南通紫鑫实业有限公司
16	如皋市凯凯电信器材有限公司	65	南通华特铝热传输材料有限公司
17	江苏中硅工程材料有限公司	66	南通金兰数码打印材料有限公司
18	东力(南通)化工有限公司	67	南通久盛新材料科技有限公司
19	江苏苏中电池科技发展有限公司	68	南通好的防腐装备有限公司
20	江苏天泽环保科技有限公司	69	南通东源互感器制造有限公司
21	南通功成精细化工有限公司	70	南通东南公路工程有限公司
22	南通高盟新材料有限公司	71	江苏海湾电气科技有限公司
23	南通市纳百园化工有限公司	72	南通钰成光电科技有限公司
24	赛立特(南通)安全用品有限公司	73	南通京源水工自动化设备有限公司
25	南通沃斯得医药化工有限公司	74	南通趣易信息技术有限公司
26	南通海迪化工有限公司	75	南通华冈计算机系统有限公司
27	南通和泰通讯器材有限公司	76	江苏中威科技软件系统有限公司
28	海门通能通讯科技有限公司	77	南通伊诺精密塑胶导管有限公司
29	海门市三鑫电子有限责任公司	78	南通斯恩特纺织科技有限公司
30	江苏海隆重机有限公司	79	江苏唐工纺实业有限公司
31	江苏亨通金天电子线缆有限公司	80	江苏道达海洋装备技术有限公司
32	金轮橡胶(海门)有限公司	81	江苏龙源振华海洋工程有限公司
33	海门瑞一医药科技有限公司	82	安客诚全球信息服务(南通)有限公司
34	南通海发水处理工程有限公司	83	南通普力马弹性体技术有限公司
35	江苏希诺实业有限公司	84	南通中远船务自动化有限公司
36	南通新兴特种金属材料有限公司	85	南通久信石墨科技开发限公司
37	江苏景越塑料科技有限公司	86	南通丰田化工限公司
38	南通亚浦照明电器制造有限公司	87	南通新洋环保板业有限公司
39	南通汇丰电子科技有限公司	88	南通山剑石墨设备有限公司
40	南通正拓气体有限公司	89	江苏政田重工股份有限公司
41	南通合硕电子有限公司	90	南通万德科技有限公司
42	开美化学科技(南通)有限公司	91	中天科技精密材料有限公司
43	江苏欧瑞防爆电气有限公司	92	南通江天化学品有限公司
44	江苏宏强船舶重工有限公司	93	上海振华重工集团(南通)传动机械有限公司
45	启东市海信机械有限公司	94	南通富来威农业装备有限公司
46	南通市煌埔机械制造有限公司	95	南通联亚药业有限公司
47	江苏碧松照明股份有限公司	96	南通中集大型储罐有限公司
48	江苏索利得电器有限公司	97	领新(南通)重工有限公司
49	启东凯雷达模具制造有限公司	98	南通众诚生物技术有限公司

表 6-11 2013 年度南通市新增国家创新型企业

序号	企业名称	序号	企业名称
1	中天科技股份有限公司	2	中远船务工程集团有限公司

【科技创新】 南通高新区"以建促升"工作取得圆满成功,经国务院批准,2013 年 12 月 26 日南通高新技术产业开发区正式晋升为国家级,全国 9 家,江苏 1 家,实现了南通市国家级高新区"零"的突破。南通高新区、如皋高新区被认定为江苏省科技金融合作创新示范区。9 人被评为"南通市科技兴市功臣"。制定并出台了《关于推进市级中心镇创建江苏省创新型试点乡镇的工作意见》,加强区域创新布点,启东、海门被认定为省创新型试点县(市)区;通州区平潮镇、海安县曲塘镇、启东市吕四港镇、如东县洋口镇和如皋市丁堰镇被确定为省级创新型试点乡镇。《科技日报》把南通市作为创新型城市建设典型,专题采访张国华市长。

表 6-12 2013 年度南通市科技兴市功臣

姓名	工作单位及职务	姓名	工作单位及职务
潘银根	江苏优创生物医学科技有限公司董事长	姚卫东	江苏现代电力科技股份有限公司高级项目经理
倪张根	江苏恒康家居科技股份有限公司董事长、总经理	王 嵘	江苏力星通用钢球股份有限公司总经理助理
江建军	南通醋酸纤维有限公司副总经理	何 松	南通市肿瘤医院科主任
吴赍华	江苏铁锚玻璃股份有限公司董事长	顾玉民	南通市种子管理站高级农艺师
吴 建	南通润邦重机有限公司执行董事、总经理		

【科技计划】 2013 年,市级科技计划项目申报、评审、立项全部实行网上管理。围绕南通市海洋工程、新能源、新材料等 3 个优势新兴产业和生物医药、智能装备、节能环保、软件与服务外包等四大成长型新兴产业的产业链延伸和关键核心技术突破,加强省以上科技项目争取工作,全年共获国家、省立项 2800 余项,获资助达 2.52 亿元,其中重大项目 18 项,获 1.46 亿元;获国家星火、火炬等计划项目立项 220 项。2013 年,市级科技计划立项 315 项,支持资金 8876 万元,其中市重大科技专项项目 15 项,扶持资金 4040 万元。实行企业研发费用税前扣除的优惠政策,2013 年全市落实科技税收减免 11.88 亿元,其中高新技术企业累计减免所得税 9.09 亿元;研发费用加计扣除减免所得税政策涉及相关企业 330 家,税收减免 2.55 亿元。科技资金使用重点向大项目、大企业倾斜。财政科技投入不断加大,有效带动社会投入向科技创新集聚。2013 年全市全社会研发投入占 GDP 的比重突破 2.3%。

表 6-13 2013 年度南通市获国家科技计划项目

序号	项目名称	承担单位
国家中小企业创新基金项目		
1	高功效卧式肘杆挤压机	江苏启力锻压机床有限公司
2	高精度多层液压多路阀铸造阀体	南通华东液压铸业有限公司
3	新能源智能全天候高效路面清扫车	南通明诺机械有限公司
4	环保型高效低温真空皮革干燥机	南通思瑞机器制造有限公司
5	三级主动关闭型联体式集装罐阀门	南通天时实业有限公司
6	WBB-400 型智能化卧式棒糖热封扭结包装设备	如皋市包装食品机械有限公司
7	全自动丝网印花机系统	如皋市天元服饰印业有限公司
8	环保型高强度螺旋纸质牵伸管	如东县太极化纤纺织器材有限公司
9	数控大幅面新型节能型激光切割机	南通金奥莱机电制造有限公司

续表 6–13

序号	项目名称	承担单位
10	便携式胰岛素静脉注药泵	南通市三和生物工程有限公司
11	年产 200 吨新型环保水基化生物农药控制释放微囊悬浮剂产业化	南通联农农药制剂研究开发有限公司
12	三疣梭子蟹保种、新品种培育与产业化	江苏裕丰林农业开发有限公司
13	高耐磨橡塑复合传动辊	南通迅达橡塑制造有限公司
14	高节能型稀土永磁辐射取向全自动净成型设备	南通国谊锻压机床有限公司
15	特高折射率高色散低软化点光学玻璃	南通向阳光学元件有限公司
16	节能环保型高速线绳浸渍干燥自动化生产线	南通辰丰自动化设备制造有限公司
17	生态多功能数码真丝装饰绸清洁生产加工技术研发及产品开发	海安鑫缘环贸数码科技有限公司
18	煤气管道自动锁气脱水装置	南通申东冶金机械有限公司
19	止咳药物右美沙芬制备新工艺	启东东岳药业有限公司
20	聚酯改性材料 1,4– 环己烷二甲醇的研究及产业化	江苏恒祥化工有限责任公司
21	环境友好型阻燃热塑性弹性体材料及产品开发	江苏兴华胶带股份有限公司
22	LED 专用电子化学品 5– 氨基四氮唑	南通市华峰化工有限责任公司
23	中小企业农产品深加工与育种技术创新服务平台	江苏沿江地区农业科学研究所
24	中小企业水基化农药及高效助剂技术创新服务平台	联合国南通农药剂型开发中心
25	如皋市中小企业公共服务平台建设	如皋市科技创业园
26	面向中小企业的技术转移服务平台	南通大学技术转移中心
27	面向国家火炬计划特色产业基地的技术转移服务及区域创新平台建设	海安县科技成果转化服务中心
国家火炬计划		
1	IGBT 封装技术开发及产业化	南通富士通微电子股份有限公司
2	采用弓形振子的移动通信基站一体化天线	江苏华灿电讯股份有限公司
3	160A 方片闸流晶体管	启东吉莱电子有限公司
4	门极灵敏触发单向晶闸管	江苏捷捷微电子股份有限公司
5	灵敏逻辑电平双向三极闸流晶体管	南通明芯微电子有限公司
6	药物活性成分血小板凝集抑制剂盐酸替罗非班	海门慧聚药业有限公司
7	干法整体成型各向异性多极永磁铁氧体磁环	南通万宝实业有限公司
8	镜面钛金不锈钢装饰板	海门市森达装饰材料有限公司
9	汽车热交换器用复合钎焊铝合金材料	南通恒秀铝热传输材料有限公司
10	HD 强耐水性高压电极箔	南通海星电子有限公司
11	24 英寸电弧石英坩埚的制备与表面处理技术	南通路博石英材料有限公司
12	环保型耐高温汽蒸高分子氨纶管	如东县太极化纤纺织器材有限公司
13	高吸收高密度钒氮合金制备关键技术研究	南通汉瑞实业有限公司
14	智能化多列步进式篦冷机液压传动系统	南通市南方润滑液压设备有限公司
15	高效精密粉体气力喷吹装置	启东市冶金机械有限公司
16	大型智能自变速堆取料机	南通奥普机械工程有限公司
17	一种膜盒式压力传感器自动化生产的血压计	鹿得医疗器械(南通)有限公司
18	大型数控定尺送料剪切一体机	江苏江海机床集团有限公司
19	数控门扇四边锯	南通跃通数控设备有限公司
20	氯碱专用免维护氟塑料全衬球阀	江苏金晟元特种阀门有限公司
21	闭式四点多连杆压力机	南通锻压设备股份有限公司
22	IX507 五联多路阀体系列铸件	南通华东油压科技有限公司
23	智能井下多分支水平钻孔完井系统的井下钻具	江苏华安科研仪器有限公司
24	新型自行式直臂型高空作业平台	美通(南通)重工有限公司
25	宽电压高可靠性三相智能电能表	江苏林洋电子股份有限公司

续表 6-13

序号	项目名称	承担单位
26	LW36-126/145(W)断路器	江苏省如高高压电器有限公司
27	LVB-330W3 型电流互感器	江苏思源赫兹互感器有限公司
28	145kV~550kV 气体绝缘复合套管	江苏神马电力股份有限公司
29	TDS 智能式 10kV 交流真空接触器	江苏现代电力科技股份有限公司
30	KD-T 高效节能铜箔涂胶干燥生产线	南通凯迪自动机械有限公司
31	ST 然气直燃式热辐射浸渍涂布干燥生产线	南通四通林业机械制造安装有限公司
32	4.5 米高产节能型 CPP 包装膜生产线	南通三信塑胶装备科技有限公司
33	高精度数控矫圆机	南通超力卷板机制造有限公司
34	数控智能化多辊卷板机	南通特力锻压机床有限公司
35	服装流水线全自动工位分配专用设备	南通丝乡丝绸有限公司
36	高效内分级式节能粉磨系统	江苏鹏飞集团股份有限公司
37	建材行业玻璃窑余热发电锅炉	南通万达锅炉有限公司
38	副产蒸汽组合式三合一盐酸合成炉	南通星球石墨设备有限公司
39	LNG-FSRU 再气化模块	南通太平洋海洋工程有限公司
40	高效节能复合肥(缓控释)成套设备	江苏瑞安特机械集团有限公司
41	低温充电型高安全电动工具用锂离子电池	江苏海四达电源股份有限公司
42	单元模块化大型生活垃圾焚烧炉	江苏天楹环保能源股份有限公司
国家农业科技成果转化项目		
1	国审高产优质玉米新品种苏玉 30 示范推广	江苏沿江地区农业科学研究所
国家自然科学基金计划项目		
1	弹性力学中鞍点问题的高效预处理方法与理论	南通大学
2	广义柯克曼方和 t-设计的构造及其应用研究	南通大学
3	发展半经典分子动力学框架下的二维光谱理论以解析盐溶液中离子团簇化机理	南通大学
4	一种用于氨基酸检测的配合物荧光探针的研究	南通大学
5	新型 PSII 电子传递抑制剂——氰基丙烯酸酯类化合物的合成与生物活性研究	南通大学
6	微流控系统中植物非生物逆境构建及信号分子原位电化学分析	南通大学
7	纸基微流控电致化学发光集成系统及其环境激素检测研究	南通大学
8	糖基齐聚物紫外线吸收剂设计合成及其构效关系研究	南通大学
9	低剂量 TCDD 通过 AhR 调节 Sirt1 诱导神经元和神经前体细胞衰老的机制研究	南通大学
10	酪蛋白激酶 1ε 在阿尔茨海默病 tau 病理改变中的作用	南通大学
11	NGF 在坐骨神经再生过程中的动态变化及其调控研究	南通大学
12	鱼藤酮影响溶酶体膜通透性引发 α-突触核蛋白自噬性降解障碍导致帕金森症的机制探讨	南通大学
13	SCYL1BP1/RhoA 信号通路在胎脑神经元迁移过程中的功能及其机制	南通大学
14	感觉和运动施万细胞分泌蛋白质的差异研究	南通大学
15	低氧下 miRNA 对铁调节蛋白(IRPs)的调控研究	南通大学
16	斯氏艾美耳球虫免疫蛋白组学及免疫机理研究	南通大学
17	GrgA 在衣原体生长发育过程中的基因转录调控机制的研究	南通大学
18	T2A 中 GalT I 和 V 对创伤性脑损伤的再生修复机制	南通大学
19	lncRNA BC098786 和 BC088259 调控坐骨神经再生的机制	南通大学
20	源于 FTD-PSEN 和 FTD-tau 患者的 hiNs 中病理性 tau 的表型及扩散机制研究	南通大学
21	趋化因子 CXCL13 在神经病理性疼痛中的作用和表达调控机制	南通大学

续表 6–13

序号	项目名称	承担单位
22	儿茶酚胺对类风湿性关节炎 Treg/Th17 失衡的作用及其受体信号转导机制	南通大学
23	分布式地图综合的服务链模型与动态组合研究	南通大学
24	江苏沿海地区生态足迹空间模拟及其与社会经济耦合关系研究	南通大学
25	PLLA 基形状记忆复合材料的制备及协同形状记忆机理研究	南通大学
26	平板电极微细电解加工金属表面微流道技术研究	南通大学
27	光电搜跟系统关键问题的研究	南通大学
28	汽车尾气二次气溶胶的识别表征及对大气 $PM_{2.5}$ 源解析研究	南通大学
29	前缘旋转风力机的风能吸收机理研究	南通大学
30	面向不完备电子病历的属性协同演化约简机理与模型研究	南通大学
31	毫米波基片集成波导滤波天线三维建模及应用研究	南通大学
32	含随机时滞、分布式时滞的分数阶非线性系统鲁棒稳定性及控制	南通大学
33	舰用钢板的激光电弧复合焊的智能检测关键技术研究	南通大学
34	系统级封装的电磁干扰分析与抑制方法研究	南通大学
35	基于去合金化技术的高活性多针孔 SERS 探针的可控制备及其在细胞分析中的应用	南通大学
36	认知中继网络中的物理层安全技术研究	南通大学
37	基于 OFDM 的认知无线网络机会频谱接入技术研究	南通大学
38	认知车载网络中基于协作频谱感知的安全信息快速传播机制研究	南通大学
39	通信受限下网络化广义切换系统的分析与综合	南通大学
40	TRPM7 在肾缺血再灌注损伤及新型促红素衍生肽肾脏保护中的作用和机制研究	南通大学
41	锌缺乏对嗅觉功能的影响和机制	南通大学
42	年龄相关性白内障患者晶状体组织 GST 基因的表达及表观遗传学改变	南通大学附属医院
43	脊髓中趋化因子 CXCL1 在骨癌性疼痛中的作用和机制	南通大学
44	关节突关节源性下腰痛发病过程中 GalT–I 和 SSeCKS 调控 TNF–α 自分泌的机制	南通市第一人民医院
45	PI3K 通路调节 tau 外显子 10 可变剪接与自闭症谱系障碍	南通大学
46	硫化氢对脑外伤后神经元损伤的保护作用及其机制研究	南通大学
47	骨髓神经嵴源细胞对受损周围神经修复作用的研究	南通大学
48	载脂蛋白 C3 在细胞炎症及渗出中的作用	南通大学附属医院
49	血循环miR–202 作为一种新的多发性骨髓瘤诊断生物标记物及其调控机制研究	南通大学附属医院
50	miR–351 靶向 TRAF6 调控失神经肌萎缩的机制研究	南通大学
51	酸敏感离子通道 1(ASIC1)介导细胞内 Ca^{2+} 水平在肝癌转移中的作用及机制	南通市第三人民医院
52	KIF2B 基因突变及失活在肝癌发生发展中的意义	南通大学附属医院
53	FOXJ2 调节 E–cadherin、Connexin–43 和 CCT theta 的基因转录对乳腺癌发生发展的影响	南通大学
54	钴铁纳米粒子细胞内磁热疗抗骨肉瘤作用及机制的研究	南通市肿瘤医院
55	PFOS 通过血睾屏障诱导雄性生殖损伤及机制研究	南通大学
56	雌激素受体在 PFOS 影响精子发生中的作用及机制研究	南通大学
57	具有多重活性的新型法尼基硫代水杨酸衍生物的合成、抗肿瘤活性及其机制研究	南通大学
58	含 TNF–α 抑制剂缓释系统神经移植物的制备及其修复大鼠坐骨神经 10mm 缺损的研究	南通大学
59	心室 CaMKII 信号转导通路调控慢性心衰室性心律失常的机制	南通大学附属医院
60	精氨酸加压素 1A 受体在心脏中的作用	南通大学
61	肝脏 γδT 细胞功能模式及其在 2 型自身免疫性肝炎中的意义	南通市第三人民医院

续表 6-13

序号	项目名称	承担单位
62	VEGF 在人脐带间充质干细胞修复受损子宫内膜中的作用及作用机制	南通大学附属医院
63	Bezafibrate 促进肉碱棕榈酰基转移酶Ⅱ缺陷症能量代谢的作用机制研究	南通大学
64	神经营养因子受体 p75 及凋亡相关因子 NIX 的相互作用对脑出血后神经元凋亡的影响	南通大学附属医院
65	MCM3-SYF2 复合物对 cyclin D1-CDKs 调节在星形胶质细胞炎症激活中的作用	南通大学附属医院
66	Triad1/UBE2Q1 经泛素-蛋白酶体途径对脑创伤后继发性神经损伤的影响及其网络调节机制	南通大学附属医院
67	施万细胞在周围神经趋化性生长中的作用机制研究	南通大学
68	基于功能电激励的脊髓运动功能定位与损伤评估	南通大学
69	生物材料表面弹性对周围神经再生的影响及其机制研究	南通大学
70	精确修复桡骨远端复杂骨折的影像学和动力学研究:CT 扫描动态 4D 重建、高频超声辅助和腕关节镜微创技术的应用	南通大学附属医院
71	内耳 AVP-V2R-AQP2 信号系统参与运动病作用与机制研究	南通大学
72	Numblike 对 β1 整合素的调节作用在非霍奇金淋巴瘤细胞黏附介导的耐药(CAM-DR)中的意义	南通市肿瘤医院
73	PPARγ 信号调制人前列腺癌细胞能量限制抑癌效应和自噬的分子机制	南通大学
74	中国 MSM 人群扩大检测和 ART 规模后艾滋病流行趋势预测及卫生经济学评价	南通大学
75	HSPA12B 对 I-kappa B alpha 及 NF-kappa B p50 调节在小胶质细胞极化中的作用及意义	南通大学
76	选择性咪唑啉 I2 受体配体的镇痛效应及滥用潜力研究	南通大学

【创新平台与载体】 按南通市政府工作报告建设南通产业技术研究院要求抓筹建,2013 年 9 月张国华市长为南通产业技术研究院揭牌，聘请清华科技园发展中心主任梅萌担任院长，努力打造引领南通市创新驱动的核心载体和示范平台。南通市产业技术研究院以应用型研发为导向、以科技成果产业化为关键、以加强技术与企业联合为手段,采取“研究机构、科技园区、产业基地”三位一体的合作模式,率先在全省建成政府主导、市场化运作并体现“有效市场”与“有为政府”结合的市级产业技术研究院。同时,在海工装备、生物医药、现代家纺等产业上,布局建设了 5 个研究院,南通家纺产业技术研究院被列为省产业技术研究院,实现南通市省级产业技术研究院“零”的突破。

2013 年 9 月 29 日,南通产业技术研究院成立大会在南通举行。

【科技金融】 研究出台了《关于促进科技金融创新扶持科技型中小企业发展的若干措施》和《南通市专利权质押融资管理办法》,科技信贷服务企业 172 家,发放资金 9.9 亿元;科技担保服务企业 220 家,担保金额 13.38 亿元;科技小贷服务企业 256 家,发放贷款 54.43 亿元,有效缓解科技型中小企业融资难问题。扎实开展省级科技金融合作创新示范区创建工作,继 2012 年年底南通被认定为苏中苏北唯一的省级科技金融合作创新示范区之后,2013 年南通高新区、如皋高新区被认定为江苏省科技金融合作创新示范区。

【农村和社会发展】 强化农业和社会事业发展。围绕服务民生，加强省以上农业和社会发展类科技项目申报工作，总计获国家、省科技项目立项 194 项,获资助 6865 万元,比 2012 年增长 18%,创历史新高。帮助南通大学附属医院申报的"现代基因工程组织工程技术促进手部肌腱神经和骨关节修复再生的研究"项目,获省1250万元资助;帮助通州区公安局申报的科技部惠民专项计划"科技创安惠民工程"项目,获国家资助750万元,省1:1配套,获省以上资助1500万元。积极开展"科技强农"系列送科技下乡活动,共发放资料5万多份,组织科技特派员和各类技术专家约20名,举办培训班5场,培训人员1万余人次,将"送科技下乡"活动与培育农业科技创新载体和项目相结合,全力打造"科技惠民"服务品牌,在全市营造制度化、实效化、经常化的送科技下乡、助农民增收致富的良好氛围,让科技成果实实在在地惠及农民百姓。南通市科技局被评为"省三下乡先进集体"。

【科技成果】 2013年,产学研工作围绕提升自主创新能力、产业竞争能力、区域持续创新能力,引导和支持企业与高校院所开展了卓有成效的合作,创新环境得到了新的提升。成功举办了"2013南通—天津大学产学研合作洽谈会""百镇百校牵手联姻产学研合作洽谈会""2013上海助推计划专场对接交流活动"和"南通西北地区产学研专场对接交流活动"等4次重大产学研活动,全市企业与高校科研院所签订产学研合作项目近410项,被省科技厅和中科院南京分院表彰为"院省合作先进单位"。10个研发与产业化项目获2013年度省科技成果转化专项资金项目立项,共获省经费支持9300万元;1个重大战略产品产学研联合攻关项目获省立项经费支持800万元。加强高层次科研院所引进培育,江苏格美高科技与天津大学邹竞院士团队合作,共同研究纳米银导电墨水及电子材料数码打印技术,并筹建"南通格美数字印制电子材料技术协同创新研究院";引进哈尔滨工业大学欧进平院士团队来南通市创建智能结构研究院。南京工业大学南通高技术研究院正式投入运行,首批6个科研团队签约入驻;南京大学海安高新技术研究院揭牌。"江苏省南通海洋工程装备产学研协同创新基地"被认定为省产学研产业协同创新基地。积极推进国际合作,组织与韩国企业代表在南通开展工业生产自动化领域合作对接活动。全市有3个国际合作项目获省厅立项,其中省"中国—芬兰"国际科技合作专项1项。

表6-14 2013年度南通市科技进步奖部分获奖项目

序号	项目名称	单位	完成人员
特等奖			
1	13360箱超大型集装箱船	南通中远川崎船舶工程有限公司 江苏科技大学	韩成敏 陈 弓 潘志远 龚江华 罗广恩 姚震球 莫中华 许维明 孙启荣
2	核安全级耐高压智能蝶阀	江苏神通阀门股份有限公司 南通大学	吴建新 张逸芳 张 磊 黄高扬 沈捷美 陆 平 姜 燕 徐翠翠 李建刚
3	超大弧度全景式CRH6型城际动车组前窗玻璃	江苏铁锚玻璃股份有限公司	吴赍华 王银茂 王盘石 吴赍连 柯德华 高国忠 姜守进 仲 辉 杨华军
一等奖			
1	FTTX用新一代R5超低弯曲损耗光纤	中天科技光纤有限公司	刘志忠 薛 驰 曹珊珊 徐海涛 张 帆 戴 杰 张 祥
2	脊髓损伤后炎性反应机制与干预措施的研究	南通市第一人民医院 南通大学	崔志明 沈爱国 贾连顺 徐冠华 刘永华 李卫东 保国锋
3	风电用高性能厚断面铁素体球铁件的铸造技术与应用	南通宏德机电有限公司 东南大学	杨金德 潘 冶 孙国雄 陈立新 周张松
4	肿瘤坏死因子超家族成员的基础与临床应用研究	南通大学附属医院	鞠少卿 王跃国 钱晶晶 褚少朋 申娴娟 沈爱国 刘振宗

续表 6-14

序号	项目名称	单位	完成人员
5	晶圆级封装(WLP)技术产品	南通富士通微电子股份有限公司	石　磊 高国华 缪小勇 王洪辉 张小丹 施建根 沈海军
6	CNCHK-7 数控振动刀海绵切割机	南通恒康数控机械有限公司	倪张根 韩　俊 吴晓宇 汪宏炜 袁海峰 刘海军 林长彬
7	发酵连续培养高产高核酵母制造核糖核酸	南通秋之友生物科技有限公司 中国药科大学	邱蔚然 周长林 邱志云 杜卫群 金　由 辛林忠 陆长德
8	新型复合催化剂连续制备乙酰乙酸甲酯关键技术开发与应用	江苏天成生化制品有限公司	陈　飞 崔惠忠 刘长兵 陶建峰 王小清 袁殷鹏
9	大粒蚕豆新品种通鲜 2 号选育及高效技术研究与应用	江苏沿江地区农业科学研究所	吴春芳 夏礼如 李　健 周　宇 刘伯琴 杨　娟 戴彩英

【知识产权】 深入实施《南通市知识产权战略纲要》,出台了《南通市专利资助实施细则》,进一步强化发明创造。国家知识产权局批准在“南通家纺城”设立“中国南通(家纺)知识产权快速维权中心”,是全国第二家针对单一行业设立的快速维权机构,全省唯一。通州、崇川、海安进入国家知识产权强县工程,如皋进入国家知识产权县级市试点建设,有 5 家开发区获批为省知识产权战略试点园区。全市共有 320 家企业列入省企业知识产权管理标准化示范创建单位,81 家创建期满企业参加了绩效评价,合格率达 96%,51 家被评为省管理标准化示范先进单位。积极开展省、市、县(市、区)多级多部门联合执法,全年共办理专利行政执法案件 297 件,其中调处专利侵权案件 88 件;南通市被国家知识产权局列入国家“5·26”专利执法推进工程单位。

表 6-15 2013 年度南通市各县(市、区)专利申请 / 授权量 单位:件

县(市)区	专利申请		专利授权	
	总数	发明专利	总数	发明专利
海安县	7115	1600	3559	33
如皋市	3549	1631	1471	135
如东县	620	265	315	45
启东市	4671	1104	2047	82
海门市	1700	674	992	40
通州区	7202	1111	5519	66
崇川区	7299	871	3997	200
港闸区	4506	310	2647	44
开发区	4109	463	1539	101
合计	40771	8029	22086	746

【科技服务】 2013 年,南通市科技服务业工作继续保持全省前列。全市新增科技服务机构 45 家,总数达到 319 家,实现科技服务业总收入 115 亿元,比 2012 年增长 25.0%。围绕沿海开发、陆海统筹,主持编写南通市《关于科技创新支持沿海开发工作计划(2013—2015 年)》。突出沿海开发中的科技园区和特色产业基地建设,新增南通国家现代服务业家纺研发设计产业化基地、国家火炬如皋软件特色产业基地。在新一轮全国科技进步考核中,市本级和 8 个县(市)区均获全国先进,再次实现全国先进“满堂红”,全国领先、全省唯一。

表 6–16 2013 年度南通市科技“三创”载体建设完成情况

单位:万平方米

<table>
<tr><th rowspan="2">地区</th><th rowspan="2">载体名称</th><th rowspan="2">规划面积</th><th colspan="5">载体面积</th></tr>
<tr><th>建成面积</th><th>新增面积</th><th>在建面积</th><th colspan="2">合计</th></tr>
<tr><td>市直</td><td>南通科技园</td><td>35</td><td></td><td></td><td></td><td colspan="2"></td></tr>
<tr><td>开发区</td><td>能达科创园</td><td>52.21</td><td>40.26</td><td>0</td><td>10.76</td><td colspan="2">51.02</td></tr>
<tr><td rowspan="2">海安</td><td>海安高科技创业园</td><td>45.4761</td><td>2.1186</td><td>6.3955</td><td>3.57</td><td>12.0841</td><td rowspan="2">31.2226</td></tr>
<tr><td>海安高新技术创业服务中心(软件园)</td><td>48.112</td><td>12.2743</td><td>4.0314</td><td>2.8328</td><td>19.1385</td></tr>
<tr><td>海门</td><td>海门生物医药科创园</td><td>32.1158</td><td>3.546</td><td>9.6284</td><td>6.5186</td><td colspan="2">19.693</td></tr>
<tr><td rowspan="2">港闸</td><td>天安数码城</td><td>39.819</td><td>0</td><td>10.4</td><td>1.827</td><td>12.227</td><td rowspan="2">18.087</td></tr>
<tr><td>长江智谷</td><td>42.6467</td><td>0</td><td>0</td><td>5.86</td><td>5.86</td></tr>
<tr><td>通州</td><td>高新区科技城</td><td>47.3443</td><td>0</td><td>0</td><td>13.53</td><td colspan="2">13.53</td></tr>
<tr><td>如皋</td><td>如皋科技城创业中心管理有限公司</td><td>32.3294</td><td>10.8795</td><td>0</td><td>1.2</td><td colspan="2">12.0795</td></tr>
<tr><td>崇川</td><td>崇川“三创”园区</td><td>44.2455</td><td>0</td><td>0</td><td>6.4469</td><td colspan="2">6.4469</td></tr>
<tr><td>启东</td><td>启东创新型经济园</td><td>44.9</td><td>0</td><td>0</td><td>6.22</td><td colspan="2">6.22</td></tr>
<tr><td>如东</td><td>如东科技城</td><td>45.44</td><td>2.4366</td><td>1.7861</td><td>1.572</td><td colspan="2">5.7947</td></tr>
<tr><td colspan="2">合计(不含市直)</td><td>474.6388</td><td>71.515</td><td>32.2414</td><td>60.3373</td><td colspan="2">164.0937</td></tr>
</table>

【科研机构】 2013 年,研究出台“研发机构建设提升年”工作方案,积极培育国家级研发机构,新增中天科技股份有限公司、联发纺织股份公司等 2 家国家级研发中心,中洋集团的长江珍稀鱼类工程技术研究中心被列为国家工程技术中心培育点,新增 3 家省级企业院士工作站。31 家市级工程技术研究中心晋升为省级,全力推进大中型企业研发机构建设全覆盖工程,目前覆盖率达到 97.2 %,获“全省推进企业研发机构建设工作优秀组织奖”。

(吴永峰)

表 6–17 2013 年度南通市新增国家级研发中心

序号	企业名称	企业技术中心名称
1	中天科技股份有限公司	江苏中天科技股份有限公司技术中心
2	联发纺织股份公司	江苏联发纺织股份公司技术中心

表 6–18 2013 年度南通市新增企业院士工作站

序号	名称	承担单位
1	江苏省格美高科技发展有限公司院士工作站	江苏格美高科技发展有限公司
2	江苏省东岳药业有限公司院士工作站	启东东岳药业有限公司
3	江苏省如通石油机械股份有限公司院士工作站	江苏如通石油机械股份有限公司

表 6–19 2013 年度南通市新增省级工程中心

序号	工程中心名称	承担单位
1	江苏省优质玉米工程技术研究中心	江苏沿江地区农业科学研究所
2	江苏省节能型空调设备工程技术研究中心	南通华信中央空调有限公司
3	江苏省海洋工程高端装备及关键配套件工程技术研究中心	上海振华重工集团(南通)传动机械有限公司
4	江苏省精密制造转向器工程技术研究中心	南通环球转向器制造有限公司
5	江苏省家用精密医学器械工程技术研究中心	鹿得医疗器械(南通)有限公司

续表 6-19

序号	工程中心名称	承担单位
6	江苏省(东英)手性药物工程技术研究中心	东英(江苏)药业有限公司
7	江苏省纳米抗体应用工程技术研究中心	南通市伊士生物技术有限责任公司
8	江苏省新型绿色食品添加剂工程技术研究中心	南通奥凯生物技术开发有限公司
9	江苏省半导体发光材料与器件工程技术研究中心	南通同方半导体有限公司
10	江苏省覆铜板设备工程技术研究中心	南通凯迪自动机械有限公司
11	江苏省罐式储运设备工程技术研究中心	南通四方罐式储运设备制造有限公司
12	江苏省空压机配件工程技术研究中心	南通市红星空压机配件制造有限公司
13	江苏省高性能环保型印花色浆工程技术中心	丽王化工(南通)有限公司
14	江苏省生态洁菌家纺工程技术研究中心	紫罗兰家纺科技股份有限公司
15	江苏省节能环保型铝电解电容器工程技术研发中心	南通一品机械电子有限公司
16	江苏省新型大功率电子元器件工程技术研究中心	启东吉莱电子有限公司
17	江苏省液压控制系统工程技术研究中心	海门市油威力液压工业有限责任公司
18	江苏省新型食品添加剂工程技术研究中心	南通市常海食品添加剂有限公司
19	江苏省石油装备及复合材料应用工程技术研究中心	江苏新象股份有限公司
20	江苏省功能性真丝面料产品工程技术研究中心	江苏苏通茧丝绸有限公司
21	江苏省特高压线路金具工程技术研究中心	江东金具设备有限公司
22	江苏省(FTTH)宽带网络工程技术研究中心	中天宽带技术有限公司
23	江苏省完全植物源性食品添加剂及植脂末工程技术研究中心	南通万通食品科技有限公司
24	江苏省除草剂类化工中间体及农药工程技术研究中心	迈克斯(如东)化工有限公司
25	江苏省核能流体控制工程技术研究中心	南通国电电站阀门有限公司
26	江苏省(大昌)半导体元器件工程技术研究中心	如皋市大昌电子有限公司
27	江苏省医药中间体及染料中间体工程技术研究中心	江苏天成生化制品有限公司
28	江苏省太阳能单晶硅片工艺工程技术研究中心	卡姆丹克太阳能(江苏)有限公司
29	江苏省锦纶纳米纤维系列工程技术研究中心	海安县中山合成纤维有限公司
30	江苏省破碎粉磨工程技术中心	江苏天鹏机电制造有限公司
31	江苏省(明芯)半导体功率器件工程技术研究中心	南通明芯微电子有限公司

连云港市

Lianyungang City

【概　况】 2013年,连云港市科技局以推进科技创新工程、加快国家创新型城市建设为中心,推进创新产业发展、创新主体培育、创新平台建设、创新成果转化,科技工作取得新进展。连云港市获批国家知识产权试点城市,连续第三次获得全国科技进步先进市称号,中蓝连海设计研究院、江苏豪森药业股份有限公司2家单位分获国家科技进步一等奖和二等奖;江苏恒瑞医药股份有限公司、江苏康缘药业股份有限公司双双荣获中国专利金奖,是江苏仅有的2家获奖单位。

【高新技术产业】 围绕"三新一高"战略性新兴产业关键技术研发和产业化,集中力量突破T700高强中模碳纤维、重大新药创制、IGCC关键技术及装备等一批关键核心技术,推进自主创新和科技成果转化,高新技术产业总量快速增长、质态不断提升、结构日趋优化。全市高新技术产业产值超过1600亿元,占规模以上工业的比重达到38%。

科技创新平台。市科技创业城加快建设,中科院能动中心部分装置投入实验,开展国家重大科技基础设施创建,江苏省海洋资源开发研究院建成海洋功能材料重点实验室。海州区获批建设国家火炬连云港装备制造特色产业基地,实现全市装备制造领域国家基地"零"的突破。东海获批建设首批省文化科技产业园。推进大学科技园、科技创业园建设,全市新增创新创业载体面积60万平方米。

科技金融服务。开展“科技金融推进年”活动，全市新设科技小额贷款公司2家，市开发区成立江苏首批、苏北首家省级科技金融服务中心和全市首家科技支行，市、县、区均设立科技成果转化风险补偿资金，资金池总额达2500万元。启动实施“苏科贷”试点，引导协议银行向21家科技型中小企业发放基准利率贷款4170万元。

【科技创新】 出台《市委市政府关于加快企业为主体市场为导向产学研相结合技术创新体系建设的实施意见》《市政府加快促进科技与金融结合的实施意见》。编制《连云港市沿海开发科技创新专项三年实施方案(2013—2015)》，完善《连云港市国家创新型城市建设动态监测指标体系》。市高新区、东海县获批省级科技金融合作创新示范区，获批苏北苏中首家省级科技金融服务中心。全市新增省级创新型县区、乡镇4个。

科技企业培育。新增国家高新技术企业30家、总数达102家，15家企业进入省科技企业上市培育库，309家企业经备案确认为省科技型中小企业。新增国家战略性创新产品2个，国家重点新产品11个；省重点新产品15个，省高新技术产品209个。建成国家级重点实验室、工程(技术)中心8个，新增国家、省级“三站三中心”(企业院士工作站、博士后科研工作站、企业研究生工作站；工程技术研究中心、企业技术中心、工程研究中心)41个，高新技术企业市级以上研发机构实现全覆盖。大中型企业研发机构建有率、有效发明专利等核心指标均处于全省先进、苏北领先水平。荣获省以上科技进步奖6项、省企业创新奖1项。中蓝连海设计研究院、江苏豪森药业股份有限公司分别获得国家科技进步一等奖和二等奖。

国家科技重大专项。新上新药创制国家科技重大专项2项，累计实施国家“重大新药创制”科技专项56项。

创新创业政策。新上国家和省级科技项目300余项，争取科技经费1.4亿元，企业落实科技减免税额达6.7亿元，市、县区和市开发区均建立科技成果转化风险补偿资金。

【科技富民惠民】 农村科技自主创新。组织申报省科技支撑项目40项，其中市区18项，获批10项，其中市区4项；苏北科技发展项目70项，其中市区30项，获批25项，其中市区7项。东海县优质稻麦新品种生产基地建设及产业化开发等55个科技惠民项目列入国家星火计划，其中面上项目53项，重点项目2项。

现代农业科技园和农业科技型企业培育。现有5个省级现代农业科技园，数量苏北最多，市级园区47个，主要集中在设施果蔬、林木花卉、水产养殖等三大领域。培育认定市级以上农业科技型企业80家，其中省级以上37家。

农村科技服务超市。落实省科技厅组织的科技服务超市万村行连云港站相关工作，科技服务超市建设工作受到省科技厅好评，其中2家分店、2家便利店被评为优秀，22家分店、便利店被评为合格，3家分店及所属便利店被列入省财政易购奖补助；完成科技部组织的中央媒体科技服务超市采风相关工作，10余家中央媒体对全市科技超市建设进行采风报道。

科技特派员工作。于2007年正式启动科技特派员工作，到目前已选派省、市、县三级科技特派员1125名。先后有70余名科技特派员获得了省、市表彰和科技项目的支持，激发了科技人员主动服务基层的积极性和到基层创业的成功率。

【科技成果转化】 国家级科技进步奖2项。由中蓝连海设计研究院作为第三单位完成的“罗布泊盐湖120万吨/年硫酸钾成套技术开发”成果获国家科技进步一等奖，由江苏豪森药业股份有限公司作为第一单位完成的“抗肿瘤新药盐酸吉西他滨及制剂的研制和产业化”获国家科技进步二等奖，该奖是全市第一家以第一完成单位获得的奖项。该成果是这次颁奖中唯一的水产类项目。通过多年试验示范，三疣梭子蟹池塘高效养殖技术迅速在江苏沿海得到推广应用。

省部级科技进步奖7项。由江苏恒瑞医药股份有限公司、中国科学院上海有机化学研究所、上海源力生物技术有限公司承担的“七氟烷原料药及制剂的研制和产业化”和由江苏豪森药业股份有限公司、上海医药工业研究院、中国药科大学完成的“新型抗精神类药物奥氮平及其制剂(欧兰宁)的研制和产业化”获得2013年中华工商业联合会科技进步一等奖；吉林大学、中国地质装备总公司、连云港黄海机械股份有限公司等单位完成的“高性能全液压地质钻机关键技术及钻机系列”获得2013年度国土资源部科学技术一等奖;神华神东煤炭集团有限责任公司、连云港天明装备有限公司完成的“智能化大功率变频刮板输送机”获煤炭工业协会一等奖。国电联合动力技术(连云港)有限公司完成的“1.5MW风力发电机组研发及产业化”获得江苏省科学技术奖二等奖,江苏正大天晴药业股份有限公司完成的“长效止吐药盐酸帕洛诺司琼的国产化和临床应用拓展”获得江苏省科学技术奖三等奖,江苏豪森药业股份有限公司获得江苏省企业技术创新奖。

4个项目列入省重大成果转化专项资金项目。江苏豪森药业股份有限公司“新一代靶向抗血癌创新药物甲磺酸氟马替尼的研发及产业化”项目、连云港金康医药科技有限公司“莫西沙星原料药及莫西小环中间体的研发与产业化”、国电联合动力技术(连云港)有限公司“6兆瓦海上风力发电机组研发及产业化”项目、东海晶澳太阳能科技有限公司“超大晶粒准单晶硅铸锭技术研发及产业化”获批2012年度省重大科技成果转化资金项目,获省资金3800万元。

科技成果鉴定。鉴定各类科技成果107项,77项科技成果达到国内先进水平,26项科技成果达到省内先进水平。全市共承担国家、省、市项目265项,合同成交额22.6亿元,其中技术交易额2.96亿元。

【产学研合作】 国内产学研合作。深入推进与北京大学、清华大学、中科院、中关村等高校院所及单位的合作,组织南航连云港科技成果对接洽谈会等20多场产学研专项对接活动。与南京药科大学、中电集团第十四所、中国科学院合肥物质科学研究院、北京师范大学、兰州大学等8所高校院所建立战略合作关系。校企联盟发展到703家,引进高层次人才150人,其中2个团队入选省创新团队,15人入选省“双创”计划,18人入选企业博士计划。东海硅材料产业进入省首批省产学研产业协同创新基地。

“抗肿瘤药物技术创新产学研联盟”通过验收。抗肿瘤药物技术创新产学研联盟以核心企业为主体,集成了14个国家和省部级工程中心和重点实验室,以抗肿瘤药物为目标,建立了具有明确战略发展思路和方向的产学研联盟,联盟内抗肿瘤药物的创新和产业化能力得到了较大的提升,在小分子化学药、有机铂类、单科隆抗体、ATC等多个领域开展了抗肿瘤药物研究,开发了创新药物品种,提高了我国抗肿瘤药物的自主创新和国际竞争力,促进抗肿瘤药物产业规模的扩大,联盟单位抗肿瘤药物在国际市场占有率超过20%,联盟单位自身研发投入平均达到年销售额的7%左右,并培养和引进了一批国内外高层次专业技术人才。

产学研合作平台。全市共建各类产学研创新载体30多个,其中受省资助的重大创新载体11个。各类载体共建设各类功能子单元50余个,涉及机械、化工、医药、物联网等覆盖全市产业的实验室和公共服务平台。推动市农科院与中科院合肥物质研究院签订共建离子束生物工程学重点实验室协议相关工作,双方共建“中国科学院离子束生物工程学重点实验室连云港实验室”和“连云港市离子束生物工程技术研究中心”。推进东华大学与连云港市战略合作及共建新材料研发基地,推动与中科院上海有机化学研究所对接科技成果转化基地相关事宜。

产学研恳谈会。2013年9月29日,连云港市推进新特产业技术创新联盟暨政产学研用合作恳谈会在南京举行。副省长曹卫星出席会议并致辞,南京大学党委书记、省社科联主席洪银兴,东南大学党委书记郭广银,省科协主席、中国工程院院士欧阳平凯分别发言。代市长赵晓江介绍了全市科技与人才合作情况。省有关部门、南京市、在宁高校及相关科研院所和企业的300余名嘉宾参加会议。达成合作项目150项。本次签约项目77项,分别为校市合作类5项、平台载体类30项、成果转化类16项、科技攻关类12项、人才合作类8项、科技咨询类6项。涉及连云港市单位58家,合作高校、科研院所36家。11月20日,中关村—连云港科技合作恳谈会在北京举行,与会双方围绕深入贯彻十八届三中全会精神,深化连云港与中关村合作,探索建立利益共享机制,以及构建区域合作与互动发展的新格局等内容进行友好磋商。中关村科技园区管委会主任郭洪等致辞,代市长赵晓江代表市政府与中关村科技园区管委会签订战略合作协议,市领导杨莉、关永健、王加培、吴以桥、董春科、陈岩松等出席会议并现场见签9个科技项目。

【知识产权】 知识产权宣传培训。开展“4·26”集中宣传咨询活动。市、县区通过广场文艺演出、图片展示、现场咨询、资料发放等形式,宣传知识产权法律法规知识,发放宣传资料3000余份(册),接受群众咨询1000余人次。开辟《连云港日报》知识产权专版,制作“4·26”电视公益广告和专利执法专题片,发送知识产权宣传手机短信,建立网站“4·26”专题宣传栏。组织第五期江苏省知识产权工程师(连云港)培训班。培训班参培人员创历史新高,达112人,其中91人通过结业考试。

知识产权执法检查。开展知识产权执法维权“护航”专项行动,共出动执法人员164人次,检查商业场所45次,检查商品件数1285件,发现涉嫌假冒专利商品37件,专利标识不规范商品7件,假冒专利行为案件立案30起,结案30起。开展省、市、县(区)知识产权联合执法7次。与市检察院、公安局、法院、工商局、版权局共建知识产权保护执法协作机制。

知识产权战略实施。连云港黄海机械股份有限公司、晶澳太阳能有限公司入围省知识产权战略推进计划,31家获批省企业知识产权管理标准化示范创建,4家通过贯标考核验收,连云港中复连众复合材料集团有限公司和连云港千樱医疗设备有限公司获评先进贯标单位。专利申请量9396件,授权量4410件。

第15届中国专利奖。江苏恒瑞医药股份有限公司的含有磺酰基吡咯烷酮化合物及其制法和药物用途、江苏康缘药业股份有限公司的一种用于清热解毒的药物及其制备方法包揽全省第15届中国专利奖2个发明专利金奖项目。江苏豪森药业股份有限公司的用于制造叶酸拮抗剂及其中间体的方法获第15届中国专利奖优秀奖。

【科技服务】 争取省以上科技经费。全市2013年研究开发经费(R&D)占GDP的比重约为1.5%。实施国家和省级科技计划项目超过300项,争取科技经费1.2亿元。

科技公共服务平台。市开发区、东海县获批省级科技金融示范区。水晶文化创意产业园获批省首批文化科技产业园。新增国家级产业技术服务公共平台1个、省级企业研发机构23个,高新技术企业市级以上研发机构实现全覆盖。

科技减免税额。企业通过科技政策兑现的税收减免额达6.7亿元,较2012年增长21.8%,科技减免税额占地方研发投入比重列全省首位。

【重大科技活动】 2013年3月25日,省政协副主席、省政府党组成员、省科技厅厅长徐南平一行来连云港,对中科院能源动力研究中心建设推进情况进行调研。市领导杨省世、关永健、吴以桥、陈岩松参加调研。

4月10日,东海县成功通过国家可持续发展实验区部门联席评审会评审,获批2013年度国家批准25个可持续发展实验区之一,成为全市唯一一家获此殊荣的县区。

5月17~19日,全国人大常委会原副委员长、农工党中央主席桑国卫率领国家科技重大专项验收组来连云港,对江苏恒瑞医药股份有限公司牵头的“抗肿瘤药物技术创新产学研联盟”国家科技重大专项课题进行现场验收。代市长赵晓江致欢迎辞。市领导关永健、郑平、吴以桥参加验收活动。

8月28日,连云港市天明装备有限公司获得江苏省首届科技创业大赛成长组三等奖,成为苏北唯一获得创业大赛成长组奖项的企业。

11月21日,在科技部公布的2011至2012年度国家科技部科技进步市考核中,连云港市获评全国科技进步考核先进市。东海县、赣榆县被评为全国科技进步考核先进县(市、区)。这是全市第三次获此殊荣。

12月12日,国家知识产权局新确定一批国家知识产权试点城市,连云港市位列其中,成为此次全国获批的6个地级城市之一。试点主题为知识产权服务业发展,试点时限自2013年12月至2016年11月。

(祁 锋)

表 6-20 2013 年度连云港市新增国家级高新技术企业

序号	企业名称	序号	企业名称
1	连云港正航电力节能技术有限公司	16	连云港步升机械有限公司
2	连云港福思特表业有限公司	17	连云港市兆昱新材料实业有限公司
3	益海(连云港)油化工业有限公司	18	连云港盛和生物科技有限公司
4	江苏省金青科技实业股份有限公司	19	江苏佳宇资源利用股份有限公司
5	连云港如年实业有限公司	20	连云港富安紫菜机械有限公司
6	江苏德威机械设备有限公司	21	连云港济源晶体元件有限公司
7	江苏新航电气有限公司	22	连云港奇晴光电照明有限公司
8	连云港杰瑞药业有限公司	23	连云港东渡碳化硅有限公司
9	连云港佑源医药设备制造有限公司	24	连云港市亚晖医药化工有限公司
10	连云港树人科创食品添加剂有限公司	25	连云港地浦化工有限公司
11	禧玛诺(连云港)实业有限公司	26	江苏杰孚特重工制造有限公司
12	江苏东浦管桩有限公司	27	江苏福邦药业有限公司
13	连云港德翔新材料有限公司	28	江苏中能化学有限公司
14	连云港升南化学有限公司	29	连云港市金囤农化有限公司
15	江苏力达宁化工有限公司	30	江苏皇马农化有限公司

表 6-21 2013 年度连云港市新增国家级重点新产品

序号	产品名称	承担单位
1	热毒宁注射液	江苏康缘药业股份有限公司
2	SYT45 高性能碳纤维	中复神鹰碳纤维有限责任公司
3	碘佛醇原料药及其制剂	江苏恒瑞医药股份有限公司
4	盐酸帕洛诺司琼原料及注射液	江苏正大天晴药业股份有限公司
5	新型头孢类抗菌药头孢地尼胶囊(0.1g×6 粒/盒、0.1g×10 粒/盒)	江苏豪森药业股份有限公司
6	吡格列酮二甲双胍片	江苏德源药业有限公司
7	SGZ1000/3×1000 大功率智能化变频综采刮板输送机成套设备	连云港天明装备有限公司
8	62 米-5.0MW 大型风轮叶片	连云港中复连众复合材料集团有限公司
9	液化天然气槽车装车设备 TE3(2)2C	连云港远洋流体装卸设备有限公司
10	高性能耐热型聚酰亚胺纤维	江苏奥神新材料有限责任公司
11	SME473N 单辊二次烫光机	连云港鹰游纺机有限责任公司

表 6-22 2013 年度连云港市国家中小企业创新基金项目

1	基于物联网的港口能耗智能监测与分析平台	连云港港口集团通信信息工程公司	连云区	2013—2015	80
2	内衬工业陶瓷的高耐磨橡胶管	连云港大华耐磨管道制造有限公司	海州区	2013—2015	80
3	稀土掺杂功能石英材料	东海县圣达石英制品有限公司	东海县	2013—2015	80
4	琥珀酸索利那新原料药及片剂的开发	江苏德源药业有限公司	开发区	2013—2015	70
5	高繁殖力大白猪的选育	江苏天兆实业有限公司	灌南县	2013—2015	80
6	江苏东海硅材料技术创新公共服务平台	东海县生产力促进中心	东海县	2013—2015	60
7	水溶性环保凹版油墨	江苏泰格油墨有限公司	海州区	2013—2015	70
8	正融城镇居民医疗保险信息系统	江苏正融科技有限公司	新浦区	2013—2015	18(科技部验收后补助)

表 6-23 2013 年度连云港市所获科学技术奖

颁奖机构	获奖等次	获奖项目名称	承担单位	主要完成人
煤炭工业协会	中国煤炭工业科学技术奖一等奖	智能化大功率变频刮板输送机	神华神东煤炭集团有限责任公司 连云港天明装备有限公司(第 2)	翟桂武 卢明立 王海军 蔡爱国 邵水才 董胜利 张增誉 杨庆洪 高小强 杨志明 高建辉 贺海涛 刘 利 陈士威 梁云峰 张 强 方中喜
国土资源部	国土资源科学技术奖一等奖	高性能全液压地质钻机关键技术及钻机系列	吉林大学 中国地质装备总公司 连云港黄海机械股份有限公司(第 3) 深圳市钻通工程机械股份有限公司 无锡金帆钻凿设备股份有限公司 吉林省地质矿产勘查开发局 中国核工业地质局 东北煤田地质局 吉林省有色金属地质勘查局 长春工程学院	孙友宏 赵大军 朱江龙 柳生林 贾绍宽 朱国平 于 萍 沙永柏 何 磊 文治国 齐长缨 王德龙 王清岩 郭 威 赵 研
中华全国工商业联合会	中华全国工商业联合会一等奖	七氟烷原料药及制剂的研制和产业化	江苏恒瑞医药股份有限公司(第 1) 中国科学院上海有机化学研究所 上海源力生物技术有限公司	孙飘扬 卿凤翎 陈永江 蒋素梅 吴玉霞 童达君
中华全国工商业联合会	中华全国工商业联合会一等奖	新型抗精神类药物奥氮平及其制剂(欧兰宁)的研制和产业化	江苏豪森药业股份有限公司(第 1) 上海医药工业研究院 中国药科大学	钟慧娟 岑均达 王广基 吕爱锋 洪文华 赵军军 孙长安 肖 军

表 6-24 2013 年度连云港市专利申请、授权情况 单位:件

县/区	申请量				授权量			
	合计	发明	新型	外观	合计	发明	新型	外观
东海县	2521	147	155	2219	510	21	154	335
赣榆县	1198	39	102	1057	1046	21	248	777
灌南县	930	52	40	838	611	12	33	566
灌云县	934	155	192	587	275	6	99	170
海州区	676	64	134	478	223	18	118	87
开发区	728	191	181	356	374	89	188	97
连云区	890	87	61	742	589	19	57	513
新浦区	1519	311	306	902	782	104	286	392
合计	9396	1046	1171	7179	4410	290	1183	2937

淮安市

Huai'an City

【概　况】 2013年,淮安市科技工作以党的十八大精神为指导,紧紧围绕省八大工程要求,大力实施创新驱动发展战略,着力加强企业自主创新能力建设,加快发展高新技术产业,深入推进科技招商与产学研合作,取得了显著成绩。全市全社会研发投入32亿元,占GDP1.5%;实现高新技术产业产值1175亿元,占规模以上工业总产值的24.47%。全市完成专利申请12075件,首次突破万件大关;获得专利授权4573件,同比增长45.64%,增幅居全省第二。

荣获全国科技进步考核先进市。2013年全国县(市)科技进步考核中,淮安市荣获全国(县)市科技进步考核先进市,这是淮安市连续第七次获得科技部授予此项荣誉。此外,全市所属8个县(区)参加了本次考核,并全部通过,盱眙县被评为先进县。

出台科技创新行动计划实施方案加快创新型城市建设。2013年2月21日,淮安市委、市政府制定并出台了《科技创新行动计划实施方案》。方案提出,要紧紧围绕加快淮安苏北重要中心城市建设的目标,以实施科教与人才兴市战略为核心,以加快转变经济发展方式为主线,以提高自主创新能力、发展创新型经济、推动块状经济向现代产业经济发展为主攻方向,大力组织实施科技创新行动计划,加快构建具有淮安特色的区域创新创业体系和现代产业体系,大幅度提升科技进步对经济增长的贡献率,努力把淮安打造成为创新创业体系不断健全、创新创业要素加速集聚、创新创业人才持续涌现、创新创业机制不断完善、创新创业成效显著提升、具有一定影响力和竞争力的创新型城市。方案同时明确了加强科技型企业梯队培育、加快创新发展步伐、加大高层次创新创业人才引进培养、完善科技创新创业体系、深化科技招商与产学研合作、实施自主知识产权战略等6项重点工作,深化产学研合作机制、健全科技公共平台管理运行机制、建立健全科技经费管理制度、建立科技人员创新创业激励机制等4项激励创新的动力机制,以及税收和奖励、科技计划、财政资金等支持科技创新创业的政策措施。

全市科技工作会议召开。2013年2月5日,淮安市召开全市科技工作会议,回顾总结2012年科技工作成就,安排部署2013年工作任务。市领导刘希平、陈涛、朱毅民等出席会议。时任淮安市副市长陈涛对2012年的全市科技工作给予肯定,对2013年的科技工作提出了要求。会议由淮安市政府副秘书长沈友松主持,时任市科技局局长俞士让做工作报告。

出台加快创建国家创新型试点城市的意见。2013年10月22日,淮安市委、市政府出台《关于加快创建国家创新型试点城市的意见》(以下简称《意见》),明确提出到2015年实现建成国家创新型试点城市的目标。《意见》提出从突出企业创新主体地位、加快创新创业平台建设、加强科技领军人才引进、打造科技成果转化基地、加快创新型园区建设、加强知识产权创造与保护、促进农业和社会发展领域科技创新7个方面加快国家创新型试点城市创建步伐。

制定28条政策加快推进国家创新型试点城市创建。2013年10月29日,淮安市政府印发《关于加快国家创新型试点城市创建的若干政策》,从加大政府科技创新投入、加快科技园区基地建设、支持创新创业平台建设、加速培育创新型企业、支持产学研合作与成果转化、强化科技人才支撑作用、加强知识产权创造与运用、加快发展科技金融产品、大力营造创新创业氛围等9个方面出台28条支持国家创新型试点城市创建的政策措施。

淮安市入选2013年中国城市创新百强。根据中国城市发展研究会发布的《中国城市创新报告(2013)》中显示,全省共有11个省辖市入选前100名,其中淮安市位列全国地级市第51名,在江苏13个省辖市中排名第八,苏北第一并超过泰州。

淮安市副市长赵洪权调研科技工作。2013年5月8日,淮安市副市长赵洪权到市科技局调研科技工作开展情况,淮安市政府副秘书长汤正明、市政府研究室副主任程永清陪同调研。时任淮安市科技局局长俞士让汇报了全市科技事业发展情况。市科技局部分领导班子成员和处室负责人补充汇报了工作想法和建议。听取汇报后,赵洪权以"很重要、亮点多、贡献大"对全市科技工作给予了充分肯定,并要求以更高的视野、在更宽广的领域来寻找不足、发现问题并解决问题,要在科技研发投入少、县区发展不均衡、投融资平台不足等薄弱环节方面寻求手段和突破口。

淮安市第三届大学生科技创业大赛圆满落幕。2013年1月11日,由淮安市科技局主办的第三届淮安大学生科技创业大赛在淮阴师范学院图书馆多功能厅举行了决赛暨颁奖典礼。此次大赛历时4个月,共有100多个项目参赛。经过校内选拔和初评,10个项目进入决赛。经过紧张激烈的比拼,淮阴师范学院推荐的"盆栽活体菌类产业化开发"项目荣获一等奖,江苏财经职业技术学院推荐的"无动力垃圾清扫机"等3个项目荣获二等奖,淮阴工学院推荐的"多功能电磁除垢系统"等6个项目荣获三等奖,分别获3万元、1.2万元和8千元的创业奖励。另有"智能无线移动电源产业化"等10个项目获得优秀奖,得到2000元的创业奖励。

宁淮新兴产业科技园揭牌成立。2013年6月17日,盱眙宁淮新兴产业科技园工作汇报会在南京农业大学召开,副省长缪瑞林,省政府副秘书长李明耀,南京市副市长陈刚,淮安市委书记姚晓东,淮安市委常委、组织部长张彤,淮安市副市长赵洪权等领导出席会议。省科技厅纪检组长陶静和淮安市政府副市长赵洪权共同为省级宁淮新兴产业科技园揭牌。宁淮新兴产业科技园由省科技厅、南京市人民政府与淮安市人民政府共同推进打造,是南京、淮安两市深化区域合作的重要载体。科技园将围绕盱眙特色优势资源开发利用,集聚优势科技资源和创新要素,着力打造以新能源、新材料、高端装备制造等为主的新兴产业和对接南京科研院所、高等院校的总部经济、服务外包等高端服务业,努力建设成创新型科技园区。

淮安市政府与省科技厅建立厅市工作会商制度。2013年12月16日,省科技厅与淮安市人民政府在淮举行第一次厅市工作会商,并签订厅市工作会商议定书。省政协副主席、省政府党组成员、省科技厅厅长徐南平,省科技厅常务副厅长、党组副书记王秦,省纪委驻省科技厅纪检组长陶静,淮安市委书记姚晓东,市委常委、组织部长张彤,副市长赵洪权等出席仪式。王秦、赵洪权分别代表双方在工作会商制度议定书上签字。

淮安市生产力促进中心荣获中国技术市场协会"金桥奖"先进集体奖。2013年4月15日,第六届"中国技术市场协会金桥奖"评审结果揭晓,市

2013年12月16日,省科技厅与淮安市人民政府在淮安举行第一次厅市工作会商,并签订厅市工作会商议定书。

生产力促进中心荣获"先进集体"奖,为江苏省仅有5家获奖单位之一。

淮安市大学科技园通过省级大学科技园验收。2013年9月27日,省教育厅副厅长殷翔文、科技厅高新处处长蒋洪组织南京大学、南京工业大学、南京理工大学大学科技园、苏州东大科技园、中国矿业大学国家大学科技园联合专家组,对淮安市大学科技园创建省级大学科技园工作进行验收。淮安市副市长王红红、市经济技术开发区党工委书记周毅、淮阴工学院副院长金叶玲等陪同验收。专家组实地考察了大学科技园的建设情况,走访了园区内一些入驻企业,听取了大学科技园管委会负责人的汇报,查阅了相关资料。经质询、讨论后,专家组一致认为:淮安大学科技园在办园思路、功能定位、配套服务等方面,已达到了江苏省大学科技园的认定条件,同意大学科技园通过江苏省级大学科技园认定验收。

金湖县跻身江苏省创新型试点县。2013年,金湖县被省科技厅命名为全省第三批创新型试点县(市、区),成为继盱眙县之后,淮安市第二家省创新型试点县。

5个乡镇被评为第三批江苏省创新型试点乡镇。2013年,淮安市淮阴区王营镇、洪泽县仁和镇、清浦区城南乡、金湖县黎城镇、盱眙县马坝镇被成功认定为省创新型试点乡镇。截至2013年年底,淮安市共有7个乡镇荣膺江苏省创新型试点乡镇。

【工业科技】 2013年,淮安市继续加大高新技术产业和产品群培育,全年高新技术产业实现产值

1175 亿元,占规模工业总产值的 24.47%。全市新开发和引进市级新产品 1065 项,143 个产品被认定为省高新技术产品,164 个产品被认定为市高新技术产品;全市通过认定国家级高新技术企业 57 家;新认定市级高新技术企业 58 家。

淮安市首个国家创新基金重点项目成功通过科技部验收。2013 年 4 月 19 日,江苏汉邦科技有限公司承担的创新基金重点项目生物医药用工业制备级液相色谱分离纯化系统(立项代码:10C26213204042)通过科技部验收。该项目是 2010 年获得的国家中小企业技术创新基金无偿资助重点项目,总资助额达 140 万元,是淮安市首次获得该类型项目。项目实施期间,企业资产规模达 7405.07 万元,新增就业 40 人,累计完成销售收入 2413.46 万元、净利润 298.77 万元、缴税 246.72 万元,获国家授权专利 3 项,其中实用新型专利 2 项,外观专利 1 项,申请 4 项国家发明专利。

江苏井神盐化股份有限公司一技术成果通过国家轻工业联合会鉴定。2013 年 7 月 9 日,中国轻工业联合会组织天津科技大学、中科院武汉岩土力学研究所、中国纯碱协会及氯化钙协会、中国盐业协会等单位行业知名专家,对江苏井神盐化股份有限公司和江苏省制盐工业研究所共同研发的"利用井矿盐的盐碱钙联合循环生产工艺及工程化应用"技术成果进行鉴定。该技术成果研究的液体盐制碱、碱渣注井、钙液采卤、盐碱钙联产循环工艺,将制盐、制碱中的废液注入盐腔转化利用,提高了资源利用率和岩盐回采率,提高了地质环境安全,解决了纯碱生产中废液、废渣处理的重大技术难题,实现了零排放,成为全国井矿盐的盐碱钙循环生产工程化的成功案例,为国内首创,技术达国际先进水平,具有较高的推广价值。项目历时 5 年研发,投入研发经费 5000 多万元,集成国内外先进技术多项,形成研究报告 30 多篇,工艺核心技术获授权发明专利 3 件,待授权发明专利 3 件。

第八届中国凹土高层论坛在盱眙隆重举行。2013 年 7 月 27~29 日,由盱眙县人民政府、江苏省科技厅、中科院南京分院联合主办的第八届中国凹土高层论坛在盱眙隆重举行。省科技厅、中科院南京分院、中科院兰州化学物理研究所、常州大学、中科院宁波材料所、中科院广州能源研究所等国内多所科研院所以及全国凹土行业的专家学者、企业、用户、投资客商代表等 300 余人参加活动。论坛上,全国非金属矿产品及制品标准化技术委员会淮安工作站、淮安市产品质量监督检验所与盱眙县共建凹土产品质量监督检验中心、中科院兰化所与国盛矿业、中科院宁波材料所与汇丰矿业、中科院广州能源所与澳特邦公司、常州大学与华源矿业、河北工业大学与恒信粘土科技、淮阴工学院与中源新材料、浙江大学与江苏领越科技公司等 9 个项目正式签约。开幕式后,来自河北工业大学的汤庆国教授、中南大学的杨华明教授分别以"凹土填料开发的关键技术及应用前景""凹土功能化设计"为题向与会代表做了主题报告。

淮安市启动实施创新券制度。2013 年 8 月 20 日,《淮安市科技创新券实施管理办法(暂行)》经市政府同意正式印发,正式启动实施科技创新券工作。创新券主要是鼓励和支持中小企业集聚创新资源、提升创新能力而设计发行的一种补助凭证,由政府向企业发放创新券,企业用创新券向高校科研院所购买科研服务或购置研发设备后,高校科研院所或企业持创新券到财政部门兑现。创新券资金来源于市科技创新专项资金以及县(区)财政配套资金。通过创新券政策,政府为中小企业降低了创新投入成本,在广大中小企业和科研院所、高校之间搭建了市场之桥,促进中小企业与科研院所开展深度合作。创新券制度集成市、县(区)财力共同支持企业技术创新,充分发挥了公共科技投入对中小企业创新的带动作用。创新券的投入和使用方式能够确保财政科技资金专款专用,提高了政府资金使用效率,避免了公共科技投入流失。2013 年 11 月 1 日,淮安市举行科技创新券首发仪式,为全市 835 家企业发放科技创新券 4175 万元。

2013 年 11 月 1 日,淮安市举办科技创新券首发仪式。

13 个项目获国家中小企业技术创新基金项目立项。2013 年，淮安市淮工深蓝软件有限公司的“基于 MRP 流程再造散状物料智能计量系统”等 13 个项目获国家中小企业技术创新基金项目立项，立项金额达 1014 万元。其中盱眙县生产力促进中心获得中小企业公共技术服务机构补助资金 50 万元；江苏蓝色动力投资管理有限公司等 4 家企业获得科技型中小企业创业投资引导基金共计 354 万元支持，立项数和支持金额均创历史新高。

最高防火级金属复合板数字化生产装备在淮安转化成功。2013 年，江苏协诚科技发展有限公司成功实现销售 1 套 A 级防火板生产线，销售额 1680 万元，获利税 299 万元，这标志着由江苏协诚科技发展有限公司实施转化的“最高防火级金属复合板数字化生产线的研发及产业化”项目初步取得成功。项目自 2012 年 1 月实施转化以来，已进行挤出搅拌新工艺、自动配料系统、生产线速度同步控制、生产在线控制等近 20 项工艺研发或升级工作，新申报发明专利 10 件、实用新型专利 32 件，制定企业标准 2 件，装备被江苏省经济和信息化委员会认定为“江苏省首台（套）重大装备产品”，被江苏省科技厅认定为“江苏省重点新产品”。

淮安市参加第二届中国创新创业大赛成绩优异。2013 年 11 月 20~21 日，第二届中国创新创业大赛总决赛在北京举行，来自全国的 30 个团队及企业展开角逐。全省有 9 个团队及企业晋级总决赛，其中淮安市的“微宁阵列激光器模块开发团队”是苏北唯一一支晋级总决赛的团队，并喜获大赛二等奖和大赛“优秀团队”称号。此外，淮安柴米河农业科技发展有限公司的“机插水稻专用育秧基质产业化与工厂化育秧示范”项目也成功晋级大赛成长组半决赛，并获得大赛“优秀企业”称号。

获批国家火炬计划盐化工特色产业基地。2013 年 12 月 30 日，国家科技部火炬中心正式行文，淮安市申报的国家火炬计划盐化工特色产业基地顺利获得认定。

【农业科技】 2013 年，全市农村科技工作以特色优势产业提档升级和高效农业产业化为主题，以四大农村科技载体建设为平台，以农业增效、农村富裕、农民增收为目标，切实加强科技计划的组织管理。一是实施各级农业科技计划项目，依托科技创新，促进产业提档升级。2013 年先后承担 3 项国家重点项目，27 项国家面上引导项目（星火计划），36 项省级项目，101 项市级项目。二是打造“四大载体”，完善科技体系，带动产业化示范。实施农业科技型企业、农业科技园、科技型农业专业合作社、农村科技服务超市四大载体建设。目前已建成国家级农业科技园区 1 家，省级农业科技园 4 个、农业科技型企业 31 家、科技型农业专业合作社 15 家、农村科技服务超市 19 家。2013 年新建市级农业科技园 7 个、农业科技型企业 17 家、科技型农业专业合作社 15 家。三是扩展农村科技特派员队伍覆盖范围，拓展服务领域，做好科技服务。已有省级农村科技特派员 660 人，市级科技特派员 1530 人，完成了淮安市所有行政村（居）的 100%覆盖。

开展地方蔬菜品种选育保护工作。2013 年 3 月 15 日，淮安市科技局牵头召开地方蔬菜品种选育保护工作座谈会，淮安市农业委员会、淮安市农业科学研究院、各有关高校分管领导、科研处长及部分蔬菜专业技术人员参加会议。会议通过座谈，初步掌握淮安市的地方特色蔬菜品种种类，并就成立地方蔬菜品种选育保护科技创新协作工作领导小组事宜进行了磋商。紫芽青萝卜、狮子头大白菜、淮安蒲菜等一批地方特色蔬菜品种有望成为淮安市首批列入保护选育的地方蔬菜品种。

广东省生产力促进中心来淮安市调研农村科技服务超市工作。2013 年 4 月 10 日，广东省生产力促进中心主任黄炳贺、党委书记陈金德一行来淮安市调研农村科技服务超市工作。江苏省生产力促进中心、淮安市科技局、清浦区科技局等相关人员陪同调研。

市领导率团考察国家级农业科技园区建设工作。2013 年 5 月 23~24 日，6 月 13~14 日，淮安市委副书记练月琴、时任淮安市副市长陈涛带领市科技局、农委及淮阴区主要负责人，先后赴陕西杨凌国家农业高新技术产业示范区、武汉国家农业科技园区和常熟市国家农业科技园区，考察学习农业科技园区建设工作，为淮安市台创园申创国家级农业科技园区、加快全市农业现代化发展步伐提供学习借鉴。考察团先后走进杨凌揉谷设施农业基地、秦宝牧业肉牛繁育基地、现代农业创新园和国际科技合作园、众兴菌业公司、西北农林科技大学以及武汉国家农业科技园、高农生物园、常熟现代农业产业园区,实地看规划、观项目、听介绍,交流座谈。从国家级农业科技园区申创的核心要素和具体流程,到园区管理模式、运营机制,再到发展历程和问题破解,考察组与三地进行了深入探讨和交流。

“淮安红椒”喜获国家科技富民强县项目234万元资金支持。2013年,淮安市清浦区申报的“‘淮安红椒’高效种植技术集成推广与产业化开发”国家科技富民强县项目获立项支持,拨款资金234万元,本年度拨款164万元。

获国家农业科技园区认定。2013年10月16日,科技部发文,淮安市淮阴农业科技园喜获“江苏淮安国家农业科技园区”认定。据悉,目前全省仅有南京、常熟和刚刚获批的淮安和盐城4个国家农业科技园区。

获批国家星火计划27项。2013年,淮安市“淮安红椒贮藏加工技术研究与产业化”“抗病、抗根结线虫、促生长育苗基质产业化开发”等27个项目获批国家星火计划。截至2013年年底,淮安市获国家星火计划项目累计达275个。

全省多所涉农高校献言淮安国家农业科技园区建设。2013年11月15日,省涉农高校支持淮安国家农业科技园区建设工作座谈会在淮安国信大酒店召开。淮安市委副书记练月琴、市委副秘书长吴苏、淮阴区副区长余刚以及市、区科技、农业等部门主要负责人参加会议。会议邀请南京农业大学、江南大学、扬州大学等高校专家教授为淮安市国家农业科技园区内的食品产业规划献计献策。座谈会上,与会专家结合自身的研究成果和淮安农业的特点,提出了很多有针对性、有实际操作意义的意见和建议。

【科技创新体系】 2013年,淮安市新建市级科技创新载体平台67个,其中研究院1个,重点实验室6个,科技公共服务平台12个,院士工作站4个,工程技术研究中心44个。新建省级科技创新载体平台20个,其中院士工作站1个,工程技术研究中心11个,研究生工作站8个。企业研发机构建设工作成效显著:全市大中型工业企业及高新技术企业研发机构建设达到动态全覆盖;列统企业研发机构建有率达到65%。

省政协领导在淮安调研凹土研发平台。2013年5月14日,江苏省政协主席张连珍和副主席、省政府党组成员、省科技厅厅长徐南平就如何加快结构调整、促进县域经济发展到盱眙县进行调研。在中国科学院兰州化学物理研究所盱眙凹土应用技术研发中心调研时,张连珍一行听取了兰州化学物理研究所王爱勤研究员关于凹土关键技术研发和应用情况介绍。据介绍,凹土是神奇奥妙的稀缺资源,盱眙凹土资源丰富,开发潜力巨大,目前取得的成绩令人欣慰。要借助像兰州化学物理研究所这样的科研院所的实力和影响力,在现有工作的基础上进一步提升竞争力,提高附加值,力争在凹土应用和产业化之路上取得重大突破。同时,要求盱眙县委和县政府要充分发挥政府的主导作用,依靠创新促进凹土产业结构转型升级,提高科技对经济的贡献率,利用区位优势,做大、做强、做优、做特盱眙凹土产业。在随后举行的座谈会上,省政协副主席徐南平强调盱眙县要将凹土产业作为科技发展的优先产业加以发展,加强凹土产业链上下游的结合,进一步延长产业链。江苏省政协秘书长吴洪彪,淮安市委书记姚晓东,市政协主席王维凯,市政协秘书长吉文海,盱眙县委书记、县人大常委会主任李森,县委副书记、县长贺宝祥,县政协主席赵长桂等省市县领导陪同调研。

省科技厅副厅长王秦来淮安市调研高新区建设情况。2013年4月2日,省科技厅副厅长王秦和省科技厅高新处处长蒋宏来淮安市调研高新区建设情况。时任淮安市副市长陈涛和市有关部门负责人陪同调研。王秦一行现场走访了盐碱科技产业园、国家盐化工产品质量监督检验中心、淮安软件园、南京大学淮安高新技术研究院、中科院水生生物研究所淮安研究院等园区和平台,实地察看了实联化工的生产现场,并与省级淮安高新区、盐化工业园区、淮安高教园区等相关单位的同志进行了座谈。座谈会上,王秦表示将积极支持淮安市高新区的建设,并对淮安市未来高新区的规划、定位和发展前景给予了合理建议。

中国工程院院士卢秉恒在淮安设立院士工作站。2013年5月21日,江苏旭升水射流科技有限公司企业院士工作站揭牌仪式在淮安经济技术开发区举行。该院士工作站由西安交通大学机械工程学院院长、中国工程院院士卢秉恒教授设立。淮安市副市长王红红、淮安经济技术开发区党工委书记周毅为企业院士工作站揭牌。

卫生系统首家“院士工作站”成立。2013年5月7日，淮安市第二人民医院和苏州大学附属第一医院合作组建的“血液病院士工作站”揭牌成立,为淮安市卫生系统首家院士工作站。市委书记姚晓东,中国工程院院士、苏州大学附属第一医院教授、博士生导师阮长耿为院士工作站揭牌。副市长王红红,苏州大学附属第一医院血液科主任、江苏省血液研究所副所长、博士生导师吴德沛等参加揭牌仪式。“血液病院士工作站”启动后,将在血液病诊治和研究方面与国际接轨；对危重疑难血液病例进行诊治；加强开展血液病相关基础和临床科研；参与苏州大学附属第一医院血液研究所重大课题；成为苏州大学临床医学研究院网络医院。“血液病院士工作站”的成立,标志着淮安市血液病学科建设跃上了一个新的台阶。

苏北5市企业研发机构建设座谈会在淮安召开。2013年6月15日,苏北5市企业研发机构建设座谈会在淮安召开，省科技厅条件处处长景茂主持会议，苏北5市科技局分管局长及有关企业代表参加座谈。与会企业代表与省科技厅主管处室负责人及省辖市主管部门进行了互动交流,就企业研发机构在企业创新发展中的主要作用和成效、提升企业研发机构水平存在的主要困难、原因及建议对策等畅所欲言。苏北5市科技局分管负责人就推进企业研发机构过程中有特色的做法及存在的主要问题进行了深入探讨。景茂在总结发言中指出,推进企业研发机构建设,必须紧紧围绕3个方面展开:一是必须充分调动企业“一把手”的科技创新意识；二是必须推进企业研发机构开展研发活动；三是必须推动企业大力开展产学研结合。

首获国家重大科学仪器设备开发专项项目。淮安市江苏汉邦科技有限公司牵头的“超临界流体色谱仪的研制与应用开发”成功获得科技部2013年度国家重大科学仪器设备开发专项项目立项支持，项目顺利实施后将累计获得国家财政2431万元资助。

淮安市在全国率先引进MIEX水处理技术。淮安市水处理工程技术研究中心引进澳大利亚MIEX水处理技术并成功应用于北京路水厂,对该水厂进行深度处理改造。通过MIEX磁性离子交换树脂工艺、絮凝、沉淀、过滤、消毒,大大降低了COD值,使COD值达到了新标准限值;消毒副产物三卤甲烷远低于标准限值；同时大幅度降低了絮凝剂的投加量,降低了运行费用。该项水处理技术的引进和利用，降低了水处理成本，提高了水质,保障了饮水安全,淮安市的水处理技术达到国内领先水平。

【产学研合作】 2013年,淮安市坚持创新驱动核心战略,立足“集聚科技资源,促进创新发展”的思路，加快推进产学研协同创新，全年组织北京大学、南京大学、东南大学、河海大学、兰州大学、重庆大学、华东理工大学、中科院南京分院、兰州化学物理研究所、软件研究所等60多场院校专题对接,全市新建创新载体14家,实现联合开发合作项目400多项,引进高层次人才900多人。

淮安科技合作推介会在北京举行。2013年1月8日,淮安市科技合作推介会在北京举行,会上成功签约淮安市与清华大学全面合作、北京大学等与淮安有关县区的战略合作等五大类34个项目。淮安市长曲福田在会上致辞,时任淮安市副市长陈涛参加了会议。国家科技部创新体系建设办公室主任包献华、省科技厅副巡视员姜民出席会议,北京大学常务副校长吴志攀、清华大学党委副书记史宗恺、中国钢研科技集团有限公司常务副总经理田志凌、中国科学院院士陈文新、中国工程院院士金涌等200余名首都高校、科研院所和大型企业的领导、专家以及淮安籍专家学者应邀参加了会议。

产学研科技创新示范企业总数达147家。为进一步推进淮安市产学研合作工作，发挥产学研合作企业的带动和示范作用，聚集国内知名研究院所、高等院校的优质科技资源为市经济发展提供有力支撑,不断增强企业的自主创新能力,淮安市科技局制定出台了《淮安市产学研科技创新示范企业认定和管理办法（试行)》(以下简称《办法》)。根据《办法》规定,通过组织企业申报、县(区)主管部门推荐和专家评审等程序,2013年,共有2批63家企业被认定为市级产学研科技创新示范企业,截至2013年年底,全市市级产学研科技创新示范企业累计达147家。

南京农业大学淮安研究院签约暨揭牌仪式在淮安举行。2013年2月7日,淮安市人民政府和南京农业大学共建“南京农业大学淮安研究院”签约暨揭牌仪式在淮安举行。省人大常委会副主任刘永忠，南京农业大学党委书记管恒禄共同出席签约仪式，并为研究院成立揭牌。淮安市市长曲福田、南京农业大学校长周光宏分别代表校地双方签署了协议。市委副书记练月琴主持仪式。淮安市副市长赵洪权，南京农业大学副校长丁艳峰参加了仪式。

与东南大学签订共建国家技术转移淮安中心协议书。2013 年 6 月 25 日，淮安市科技局与东南大学签署合作协议，共同组建“东南大学国家技术转移中心淮安中心”。该中心将充分发挥东南大学诸多学科领域的技术、信息和人才等方面的综合优势，在科技成果转化、人才交流与合作、研发机构和开发基地建设、科技决策及科技咨询交流等方面开展校地深度合作，提高淮安市企业自主创新能力，发展高新技术产业，促进地方经济结构调整和发展。

淮安市召开产学研联合重大载体建设工作会议。淮安市产学研联合重大创新载体建设工作会议于 2013 年 7 月 25 日和 30 日，分南、北片区召开。全市 11 家省、市两级产学研联合重大载体负责人参加会议。会议通过现场考察、查看台账资料、座谈交流等形式，对各载体建成以来的工作情况看成效、找问题。并通过现场观摩，各载体之间相互学习，取长补短。会议充分肯定了各载体在技术成果转化、人才培养、产学研等方面取得的成绩，分析当前存在的主要问题，要求各载体在下一阶段工作中，对照本次会议查找出的问题，及时整改，能够围绕地方产业和企业，组织专题对接活动，为省、市项目申报打好基础，同时做好下步工作计划，并规划好之后 3~5 年的发展目标，充分发挥好产学研载体在地方发展中集聚高端要素、服务产业发展的作用。

首次设立产学研协同创新项目。2013 年 10 月 17~18 日，淮安市科技局组织开展产学研协同创新项目评审，各位专家主要围绕“前瞻性”“协同性”“创新性”等方面对“低品位凹土在再生纸中应用产业化关键技术协同创新工程”“淮安市名特优蔬果产品综合利用协同创新工程”“教育装备产业升级协同创新工程”等 3 个协同创新项目和 20 个子课题进行了评审。产学研协同创新项目是淮安市 2013 年在市级产学研计划中新增加的一类科技项目，主要是引导高校院所、企业、行业协会等围绕产业升级、产品更新，整合市内外高端科教资源，协同开发应用适于产业进步的共性新技术和前瞻性新产品，旨在推动淮安市高校院所和企业打破地域界限和学科界限，探索一条产学研协同创新的新途径。

与武汉东湖新技术开发区开展全面合作。2013 年 9 月 6 日，“淮安市人民政府与武汉东湖新技术开发区管委会关于开展全面合作的框架协议”签约仪式在武汉举行。淮安市市长曲福田，市委副书记练月琴，副市长赵洪权；武汉市政协副主席、东湖新技术开发区管委会主任张文彤，东湖新技术开发区管委会副主任夏亚民、强小哲等出席签约仪式。曲福田在签约过程中指出，提高经济实力、实现创新发展，最便捷、最有效的路径就是加强科技交流与合作，积极借鉴、引进、吸收国内外一切先进创新成果，借助外部高端要素和资源实现跨越发展。与武汉东湖新技术开发区建立全方位、多层次的合作关系，是淮安开展科技交流与合作的优先发展方向。在今后的合作中，将坚持“优势互补、互利互惠、促进发展、合作共赢”的原则，依托淮安的区位、产业和平台基础，借助东湖新技术开发区的科技优势、人才优势和创新示范作用，推动双方在产业对接、项目攻关、成果转化、人才交流、园区管理等方面加强交流合作，进一步提升淮安的科技实力、放大东湖的科技优势，共筑创新发展之路。武汉市政协副主席、东湖新技术开发区管委会主任张文彤表示，东湖新技术开发区与淮安有很好的合作基础，在资源、生态、地理区位等方面有很多相似的地方，双方可以发挥各自的优势，取长补短，合作共赢。

钢铁研究总院华东分院揭牌仪式在淮安举行。2013 年 10 月 24 日，钢铁研究总院华东分院揭牌仪式在淮安举行，淮安市市长曲福田、中国工程院副院长干勇共同为钢铁研究总院华东分院揭牌。中国钢研科技集团总经理白忠泉出席活动，淮安市副市长赵洪权主持活动。曲福田在致辞中说，钢铁研究总院华东分院揭牌仪式的举行，标志着以钢铁研究总院的技术、人才为依托，具有研究、试验检测、仪器展示及中试车间等完整研究开发体系的独立研发机构在淮安正式成立，必将有力地推动钢铁研究总院的技术成果向淮安市集聚和转化，加快淮安市特钢千亿级主导产业的转型与发展，促进淮安加快打造全国重要的特钢研发生产基地，提升淮安作为苏北重要中心城市的产业辐射功能。中国钢研科技集团总经理白忠泉表示，钢铁研究总院华东分院将在体制、机制、人才创新方面进行大胆探索，为未来钢研总院在其他地方设立分院提供借鉴，更要为淮安地方经济的发展做出贡献。

2013年10月24日，钢铁研究总院华东分院揭牌仪式暨淮安市第五届学术年会及中国特殊钢"技术面对面"高层论坛在淮安举行，淮安市市长曲福田、中国工程院副院长干勇共同为钢铁研究总院华东分院揭牌。

与南京理工大学共建技术转移中心淮安分中心。2013年10月29日，淮安市科技局与南京理工大学签署了共建"南京理工大学技术转移中心淮安分中心"协议。"南京理工大学技术转移中心淮安分中心"是双方实现战略合作、共同进行协同创新的科技合作服务平台，中心建成后将实现南京理工大学优势学科与区域优势产业的深层次结合，通过校企联合加快产业技术升级，为优势产业的发展注入原动力。依托南京理工大学技术转移中心的科技情报检索团队、理工博士团队和高级专家团队，淮安分中心将在和当地企业深入合作的同时，为淮安市培养一支优秀的科技服务团队，不断为淮安市广大中小企业提供高频率、高效率的服务，并每年组织技术讲座5~10场，专家走进企业15~20家，培训企业人员150人次以上，为企业提供广泛的专项服务100次以上，并与淮安市20家以上的企业保持长期合同服务关系，每年孵化培育1家以上企业落地。

与扬州大学共建技术转移中心。2013年10月28日，淮安市科技局与扬州大学签订合作协议，共建扬州大学淮安技术转移中心。合作双方将依托技术转移中心这一载体，全面加强科技交流合作，在科技成果转化、人才交流与合作、研发机构和开发基地建设、科技决策及科技咨询交流等方面开展全方位的合作。中心将充分发挥扬州大学诸多学科领域的技术、信息和人才等方面的综合优势，根据淮安市产业特色和产业优势，重点在现代农业、军工、化学化工、先进装备制造、新材料等领域，积极为淮安提供一批可转化为现实生产力的科技成果；组织和支持企业积极与扬州大学开展各种形式的科技人才合作，积极构建各类技术研发和创新平台，提高淮安企业自主创新能力，促进淮安地方经济结构调整和发展，并为淮安引进和培养人才提供服务。

与中科院生物物理研究所签署合作协议共建淮安研究中心。2013年11月1日，淮安市人民政府与中国科学院生物物理研究所举行共建淮安研究中心签约仪式。淮安市市长曲福田出席签约仪式并讲话，中科院生物物理研究所副所长龚为民与淮安市副市长赵洪权在共建协议上签字。该中心制定的5年目标共包括：打造中国酶产业的品牌企业，建成生物酶产业的国家级工程技术中心，形成生物农业、食品安全、水环境安全监测标准体系的淮安品牌，力争5年内实现产值10亿元以上。

召开产学研协同创新推进会。2013年12月16日，淮安市产学研协同创新推进会隆重召开。省政协副主席、省政府党组成员、省科技厅厅长徐南平，省政协副主席、中科院南京分院院长周健民，南京大学党委书记洪银兴，东南大学校长易红，兰州大学校长王乘，省发改委、经信委、教育厅、农委相关领导出席会议，市领导姚晓东、曲福田、张彤、戚寿余、陈洪玉、唐道伦、赵洪权、王红红、朱毅民，

2013年12月16日，淮安市隆重召开产学研协同创新推进会。

淮安经济技术开发区党工委书记周毅、管委会主任陶光辉等出席会议。会议共有来自上海交通大学、兰州大学、南京大学、东南大学、钢铁研究总院等36家省内外高校院所的高层领导和30余家科技企业负责人参会。会上,淮安市副市长唐道伦代表市政府分别与东南大学、中国农业大学、南京理工大学、江南大学签订了全面科技合作协议;与南京工业大学签订了共建协同创新分中心暨研究院协议;与南京师范大学、西交利物浦大学签订了共建研究院协议;与西安交通大学签订了共建技术转移中心协议。

江苏华昌化工(涟水)有限公司企业院士工作站揭牌。2013年12月21日,江苏华昌化工(涟水)有限公司企业院士工作站揭牌仪式暨现代农业发展与肥料创新研讨会在涟水举行。中国科学院院士朱兆良、淮安市市长曲福田出席研讨会,并共同为企业院士工作站揭牌。中科院沈阳生态应用研究所副所长姬兰柱,中国氮肥工业协会名誉理事长刘淑兰,中国农业大学资源与环境学院主任陈新平,农业部全国农业技术推广服务中心处长高祥照,涟水县委副书记、县长吕春雷,副县长王成明和华昌化工董事长朱郁健、董事施仁兴等参加活动。

【知识产权】 2013年,淮安市完成专利申请12075件,首次突破万件大关;获得专利授权4573件,同比增长45.64%,增幅居全省第二。金湖县获批江苏省知识产权战略实施示范单位,淮安经济开发区、金湖经济开发区获批成为江苏省知识产权试点园区。全年共组织78家企业申报2013年度知识产权管理标准化示范创建,22家企业通过企业知识产权管理标准化示范创建合格验收,12家企业被评为先进单位。

中国(江苏)知识产权维权援助中心淮安分中心揭牌成立。2013年4月26日,中国(江苏)知识产权维权援助中心淮安分中心揭牌仪式在市知识产权局举行。江苏省知识产权局副局长黄志臻、淮安市人民政府副秘书长沈友松共同为分中心揭牌,维权援助热线051712330同时开通。国家知识产权局专利复审委副调研员孙学峰、江苏省知识产权局专利执法处处长陈苏宁、中国(江苏)知识产权维权援助中心主任吕阳红等领导出席仪式,市公安局、市人民检察院、市中级人民法院、市工商行政管理局、市版权局、市知识产权局及分中心、市知识产权维权援助专家等计70余人参加了揭牌仪式。中国(江苏)知识产权维权援助中心淮安分中心是依据国家知识产权局《关于开展知识产权维权援助工作的指导意见》精神而组建的社会公益性服务机构。分中心将在江苏省知识产权局和中国(江苏)知识产权维权援助中心的指导下,充分利用省内多家知识产权服务机构的资源,为全市辖区内企事业单位和知识产权权利人提供知识产权维权咨询服务,为重大的研发、经贸、投资和技术转移活动提供知识产权分析论证和知识产权预警服务,为因经济困难、不能支付知识产权纠纷处理和诉讼费用的辖区内公民与法人提供一定的经济援助。中国(江苏)知识产权维权援助中心淮安分中心的成立,标志着淮安市知识产权维权援助工作走上了法制化、规范化轨道,知识产权保护与服务工作迈上了新的台阶。

全省知识产权行政执法与维权援助工作会议在盱眙召开。2013年5月29日,为期3天的全省知识产权行政执法与维权援助工作会议在盱眙召开,来自全省各市知识产权局、维权援助中心负责知识产权维权援助和专利行政执法工作的共70余人参加会议,省知识产权局副局长黄至臻、专利执法处处长陈苏宁等出席会议。会议全面回顾了全省近几年来的专利行政执法工作情况,与会的各省辖市知识产权局分别结合各自工作实际,就知识产权执法维权专项行动、审理专利侵权、查处假冒专利等内容进行了深入交流,并对与日常专利行政执法工作密切相关的诸多课题进行了深入研讨。会议还对全年知识产权执法维权“护航”专项行动做了具体的工作部署。

举办知识产权工程师培训班。2013年6月17~23日,淮安市知识产权局举办2013年度知识产权工程师培训班。各县区知识产权局代表、全市数十家企业相关人员共80余人参加此次培训。江苏省知识产权局局长朱宇,副局长黄志臻、张春平,专利执法处处长陈苏宁、专利管理处处长曹江等领导专程赶来为学员授课,参与授课的还有市中级人民法院、专利代理机构等相关单位的专家。本次培训班针对专利申请文书撰写,专利的审批、复审与无效,专利文献检索与运用,知识产权评估与质押、许可与转让,专利权、商标权、著作权行政保护,知识产权司法保护,知识产权案例分析,企业知识产权战略实施，企业知识产权管理规范贯标培训等内容进行了集中学习。2013年的知识产权培训依然采用网络学习和现场授课相结合的方式，在现场授课前两个月全体学员进行网上学习，完成一定的网络学时并通过网上考试后方能参加现场授课。经过6天的现场学习后，全体学员参加了结业考试，考试合格者被授予知识产权工程师培训结业证书。

金湖县获批江苏省实施知识产权战略区域示范县。2013年8月20日，江苏省知识产权局公布最新一批省实施知识产权战略示范单位名单，淮安市金湖县榜上有名。至此，淮安市已拥有省实施知识产权战略示范县区3个，其他2家分别是盱眙县和淮阴区。

两市场创建省"正版正货"示范街区。淮安市锦绣装饰城、施河教育现代化装备城分别于2013年7月16日、9月6日举行创建江苏省"正版正货"示范街区活动启动仪式，省知识产权局、财政厅、工商局、版权局等有关负责人出席启动仪式。参与创建的知识产权联盟成员单位分别在仪式上郑重承诺，自愿在经营场所及经营活动中使用"正版正货"标识，主动接受社会监督，争做制售"正版正货"的表率。活动的开展，将会大力提升锦绣装饰城和施河教学具经营者的诚信度，全力构造好诚信守法经营的良好环境。

2013年度江苏省专利行政执法培训班在淮安举办。10月23~25日，由国家知识产权局主办，江苏省知识产权局承办的2013年度江苏省专利行政执法培训班在淮安市举办。国家知识产权局专利执法管理处处长赵梅生、江苏省知识产权局局长朱宇、副局长黄志臻、淮安市政府副秘书长秦浩等领导出席了开班仪式。省知识产权局局长朱宇代表承办单位在开班仪式上致辞。本次培训班共有来自江苏省市县3级的100多名专利行政执法人员参训，就专利法、专利行政执法规程、行政执法基本要求、专利侵权判定、行政诉讼应诉技巧等知识做了集中培训。

出台知识产权市场监管实施办法。2013年，淮安市知识产权局制定出台了《淮安市知识产权市场监管实施办法》(以下简称《办法》)。《办法》规定：发挥监管工作机制，设立知识产权维权援助举报投诉材料受理点，市知识产权维权援助权中心设立"12330"知识产权维权援助举报投诉热线；建立跨部门协同监管机制，注重行政权与司法权衔接，强化调诉对接机制，对假冒专利涉嫌犯罪的轻微刑事案件，淮安市知识产权局可以先予组织调解，及时将调解结果通知司法机关，由司法机关按需酌情处理；开展跨部门之间联合执法活动，市知识产权局联合市工商局、文广新局开展知识产权专项执法检查活动，加大对生产企业、商贸流通领域专业市场知识产权保护的整治力度。

【科技人才】 2013年，全市引进"千人计划"专家11人，省"双创计划"人才16人(其中创业人才4名，创新人才12名)，其他高层次人才897名(博士55名、硕士842)，其中已签约引进创新类急需人才877名。12名企业家入选江苏省第一期科技企业家拟增选培育对象；组织科技企业家清华高研班一期共40人。

重点科技创新平台百万年薪揽才。2013年，淮安市淮钢特钢研究院、盐化工新材料产业技术研究院、江苏省洪泽湖生态农业生物技术重点实验室、淮安工研院、淮安香精香料高新技术研究院等重点科技创新平台纷纷抛出百万年薪揽才计划，面向海内外招聘高层次人才10名。此次招聘的岗位均为各创新平台主要负责人或技术分管负责人，除了为高端人才提供广阔的事业平台之外，还提供百万年薪及相应的配套住房。此举将进一步提升淮安市重点科技创新平台的创新能力和高端引领能力，为苏北重要中心城市建设提供更加有力的科技创新平台和人才支撑。

开展百户企业引才引智竞赛活动。2013年，淮安市首次组织开展百户企业引才引智竞赛活动，在全市范围内筛选100户以上企业参加，各县区纷纷出台创新政策，掀起新一轮引才引智热潮。在具体实施过程中，淮安市提出"一解三提"的工作思路，即：以引才引智竞赛活动的扎实有效开展，解决企业技术难题，提高企业核心竞争力，提高区域人才总量，提升地方人才层次；做到"三个清楚"，即：难题表述清楚，解决意向清楚，提供待遇清楚；采取"三步走"的战略，一是对参赛企业需求进行分类汇总，二是组团打包寻求承接高校，三是重点需求组织针对性洽谈对接。通过这些举措，扎实推进企业引才引智工作，吸引更多的高层次人才向企业聚集，吸引更多的优秀人才来淮安创业。

启动首期市级科技企业家遴选工作。2013年，淮安市人才办、发改委等8部门联合下发文件，开展第一期科技企业家遴选工作。此次市级科技企业家遴选对象为淮安市高成长性创新型企业的主要负责人，按现代服务业、工业和信息化、现代农业、文化、国有企业、金融6个类别，遴选人数500名左右。已经由省委组织部、省科技厅遴选确定的省级科技企业家不再重复申报。在遴选对象上，重点突出盐化工、特钢、电子信息、食品四大主导产业和高端装备制造、新能源汽车及零部件两大战略性新兴产业等方面企业负责人。经组织申报、资格审查、专家评审、社会公示等环节，淮安市最终遴选胡荣军等116名同志为淮安市第一期市级科技企业家培育对象建议人选。

（朱小柱）

表6–25　2013年度淮安市新增国家高新技术企业(49家)

序号	企业名称	所属县区	序号	企业名称	所属县区
1	淮安市淮工深蓝软件有限公司	开发区	26	淮安中技建业有限公司	洪泽县
2	淮安市贝克铝热传输有限公司	开发区	27	洪泽银珠化工科技有限公司	洪泽县
3	淮安正昌饲料有限公司	开发区	28	洪泽金陵香料有限公司	洪泽县
4	江苏瑞洁塑料管材管件有限公司	开发区	29	江苏新源太阳能科技有限公司	洪泽县
5	淮安威博液压有限公司	开发区	30	江苏兰健药业有限公司	洪泽县
6	江苏大通机电有限公司	开发区	31	江苏宇天港玻新材料有限公司	洪泽县
7	淮安市胜杰液压机械有限公司	淮阴区	32	淮安柴米河农业科技发展有限公司	清浦区
8	淮安天驰科技有限公司	淮阴区	33	淮安市欣佳尼龙有限公司	清浦区
9	淮安欣展高分子科技有限公司	淮阴区	34	淮安市鼎盛太阳能有限公司	清浦区
10	淮安凯悦科技开发有限公司	淮阴区	35	盱眙新远光学科技有限公司	盱眙县
11	江苏卧尔康家居用品有限公司	淮阴区	36	江苏省华源矿业有限公司	盱眙县
12	淮安富泰革基布有限公司	淮阴区	37	盱眙白云照明有限公司	盱眙县
13	淮安市华东减速机制造有限公司	淮阴区	38	江苏嘉亦特液压件有限公司	盱眙县
14	江苏金淮减速机有限公司	淮阴区	39	淮安南江包装机械有限公司	盱眙县
15	淮安四方保温管有限公司	淮阴区	40	江苏天康光电缆仪表有限公司	盱眙县
16	江苏桑乐数字化太阳能有限公司	淮阴区	41	江苏佳力起重机械制造有限公司	盱眙县
17	申雅密封件(淮安)有限公司	淮阴区	42	江苏金加钻采设备有限公司	金湖县
18	淮安市天达医疗器械有限公司	淮阴区	43	金湖三木机械制造实业有限公司	金湖县
19	江苏施塔德电梯有限公司	淮安区	44	江苏金工科技集团有限公司	金湖县
20	江苏双环齿轮有限公司	淮安区	45	金湖卫东机械有限公司	金湖县
21	江苏井神盐化股份有限公司	淮安区	46	金湖县常盛动力机械配件有限公司	金湖县
22	江苏润邦药业有限公司	淮安区	47	江苏宇航特种线缆有限公司	金湖县
23	江苏安佑科技饲料有限公司	淮安区	48	江苏苏美食品有限公司	涟水县
24	江苏康乃馨织造有限公司	淮安区	49	淮安苏能电动车有限公司	清河区
25	淮安市建工尼龙制品有限公司	淮安区			

表6–26　2013年度淮安市获国家中小企业技术创新基金项目(13项)

序号	项目名称	企业名称	备注
1	基于MRP流程再造散状物料智能计量系统	淮安市淮工深蓝软件有限公司	科技型中小企业技术创新项目
2	低能耗高速高精度铝管焊接自动化生产线	淮安市贝克铝热传输有限公司	
3	全伺服护理裤智能化生产线研发及产业化	江苏金卫机械设备有限公司	
4	新型柴油发动机电控高压燃油系统用SC系列齿轮式输油泵开发	江苏金湖输油泵有限公司	
5	新型高安全、长寿命汽车连接盘研发与产业化	江苏超越橡塑有限公司	

续表 6–26

序号	项目名称	企业名称	备注
6	CaF_2 人工晶体材料中试及产业化推广应用	淮安红相光电科技有限公司	科技型中小企业技术创新项目
7	储能电池用复合全氟离子膜的研发和产业化	淮安科润膜材料有限公司	
8	双金属复合管技术研发及产业化	江苏三汇联发管业有限公司	
9	盱眙凹土产业公共技术服务平台	盱眙县生产力促进中心	中小企业公共技术服务机构补助资金
10		江苏蓝色动力投资管理有限公司	科技型中小企业创业投资引导基金
11		江苏楚淮软件科技开发有限公司	
12		江苏朗赛科技发展有限公司	
13		淮安乔氏建材发展有限公司	

表 6–27 2013 年度淮安市新增国家火炬计划特色产业基地(1 个)

序号	基地名称
1	国家火炬计划盐化工特色产业基地

表 6–28 2013 年度淮安市新增国家级农业科技园区(1 个)

序号	园区名称
1	江苏淮安市国家农业科技园

表 6–29 2013 年度淮安市获国家星火计划项目(27 项)

序号	项目名称	承担单位
1	淮安特色农产品淮山药综合加工关键技术研究及产业化	江苏食品职业技术学院
2	淮麦 19 富硒小麦苗种植、保鲜及深加工技术示范推广	江苏食品职业技术学院
3	薯类制品精深加工关键技术与应用研究	淮安市农之源薯类粉业有限公司
4	基于物联网平台的龙虾全生命周期管理	江苏盱眙龙虾股份有限公司
5	淮安红椒贮藏加工技术研究与产业化	淮安市宁淮农业科技发展有限公司
6	肉鸡深加工及下脚料综合利用技术开发与利用	江苏三森食品有限公司
7	抗病、抗根结线虫、促生长育苗基质产业化开发	淮安柴米河农业科技发展有限公司
8	冷鲜鸡肉复合保鲜技术示范与推广	盱眙县元润食品有限公司
9	年产 5000 吨荷藕罐头深加工技术示范	淮安市奥斯忒食品有限公司
10	电磁屏蔽胶合板研发	涟水县永恒木业包装厂
11	高卵黄免疫球蛋白鸡蛋生产的关键技术研究与产业化	金湖县永祥种鸡场
12	规模化蛋鸡场标准化养殖技术应用示范	金湖县安农生态农业发展有限公司
13	淡水鱼深加工休闲食品的产业化开发	金湖县老龙窝农副产品专业合作社
14	淮安市农业科技信息服务平台建设	淮安市科学技术情报研究所
15	河蟹雌雄分养高产高效养殖模式的示范与推广	淮阴师范学院
16	基于移动主体的设施农业多参数智能监控系统示范及推广	淮阴师范学院
17	传统酱醋类生物技术改造与应用	江苏苏美食品有限公司
18	草鱼健康养殖膨化饲料的开发与产业化	淮安天参农牧水产有限公司
19	基于 ZigBee 的生猪养殖监控与管理的示范与应用	淮安市淮信科技有限公司
20	蔬菜设施栽培技术集成	江苏联合职业技术学院淮安生物工程分院
21	温室“禽—菜”共生互补模式研究	江苏联合职业技术学院淮安生物工程分院
22	优质食味水稻新品种标准化生产技术集成及产业化	江苏省国营白马湖农场
23	道路声屏障用杨木单板层积材的研究与开发	淮阴工学院
24	便携式多指标沼气检测仪的开发及产业化	淮阴工学院
25	便携式植物生长状况与土壤肥力测定仪应用开发	淮阴工学院
26	一种适合农村集体规模化生产的环保材料生物浮岛的研发	淮安研博水资源科技发展有限公司
27	运用嫩化技术开发传统工艺生产的老侯野山鸡系列食品	江苏老侯珍禽食品有限公司

表 6-30 2013 年度淮安市获国家火炬计划项目(1 项)

序号	项目名称	企业名称
1	利用秸秆进行纤维素酶等产品的产业化生产	淮安市百麦绿色生物能源有限公司

表 6-31 2013 年度淮安市新增国家重点新产品计划项目(2 个)

序号	项目名称	企业名称
1	A2 级防火铝复合板连续化生产设备	江苏协诚科技发展有限公司
2	储能电池用高强度复合全氟离子膜	淮安科润膜材料有限公司

盐 城 市

Yancheng City

【概 况】 2013 年,盐城科技工作以增加企业自主创新能力为核心,以创新型城市和国家可持续发展实验区建设为抓手,扎实推进科技与经济紧密结合,全市科技工作取得显著成效。盐城市先后被国家科技部批准为“国家创新型试点城市”和“国家可持续发展实验区”,并再次获得国家“科技进步先进市”称号,并与上海张江高新区建立了战略合作关系。盐城市科技局获市委、市政府年度综合考核重大贡献奖,被评为市重点工作先进集体。

【科技管理】 出台激励中小企业创新政策。2013 年,出台《关于培育科技型中小企业、推动经济转型升级的政策意见》(盐政发〔2013〕251 号),从研发投入、科技成果转化、引进和培养人才、建立研发机构、知识产权、培育科技型中小企业集群等 6 个方面,激励科技型中小企业“二次创业”,促进经济转型升级。

科学技术奖励工作成效明显。为适应经济和社会发展形势的需要,与国家和省科技奖励相衔接,修订印发了《盐城市科学技术奖励办法》和《盐城市科学技术奖励办法实施细则》。根据办法和实施细则,组织申报了 2013 年度省科学技术奖,共有 13 个项目获奖,获奖数创历年之最。其中,省科学技术二等奖 3 项,三等奖 10 项。

【科技成果】 盐城市获批国家创新型试点城市。2013 年 4 月,盐城市获科技部国家创新型试点城市认定。

盐城市获批国家可持续发展实验区。2013 年 5 月,国家科技部批准了 25 个实验区为 2013 年度国家可持续发展实验区,盐城市位列其中,成为全国沿海面积最大的、以“沿海资源保护开发与区域发展协同推进”为主题的国家级实验区。

盐城市获批全国科技进步先进市。连续七年蝉联国家“科技进步先进市”称号,下辖大丰、建湖、滨海获批全国科技进步先进县(市),7 县 2 区全部通过全国科技进步考核,朱克江、魏国强、马成志、邹毅实被评为全国科技进步考核先进个人。

新增 1 家省级创新型县(市、区)。建湖县获省级创新型县(市、区)认定。

新增 6 家省级创新型乡镇。亭湖区南阳镇、东台市溱东镇、大丰市大中镇、建湖县建阳镇、射阳县合德镇、盐都区龙冈镇获批省级创新型乡镇。

7 个项目列为省重大成果转化专项资金项目。2013 年,全市 7 个项目获省重大成果转化专项资金项目立项,争取省科技经费 6500 万元,另海水淡化项目省里直接立项支持,共计 8 个项目,立项数苏北第一。据统计,8 个项目新增投资达 4.34 亿元,预计新增销售 16.89 亿元,纳税 1.65 亿元,净利润 2.44 亿元,创汇 1200 万元。

【高新技术产业】 2013 年全市高新技术产业实现产值 1774.36 亿元,占全省高新技术产业的比重为 3.42%。59 家企业被认定为 2013 年度国家级高新技术企业,11 家高企通过复审,96 家企业获省高新技术(后备)企业,157 家企业被认定为市高新技术企业。3 家企业被认定为国家火炬计划重点高新技术企业。448 家企业被认定为 2013 年省民营科技企业。盐城文化科技产业园获批首批省级文化科技产业园，江苏省阜宁新材料科技产业园被认定为省级科技产业园。

4家被认定为火炬特色产业基地。国家火炬计划阜宁环保滤料特色产业基地、国家火炬滨海新医药特色产业基地、国家火炬东台特种金属材料及制品特色产业基地、国家火炬大丰金属材料处理装备特色产业基地被认定为国家火炬特色产业基地。

新增2家科技企业孵化器。大丰市大中科技创业园获批省级科技企业孵化器，东方兴宇软件产业有限公司被认定为国家级科技企业孵化器。截至2013年年底，全市已有7家国家级科技企业孵化器，13家省级科技企业孵化器。

13家企业承担的项目获国家火炬计划立项。江苏省森创软件科技有限公司等13家企业承担的项目获国家火炬计划立项。

22项产品被列为省重点新产品。江苏丰东热技术股份有限公司等企业22项产品被列为省重点新产品。

21家企业承担国家创新基金支持项目。大丰市丰泰机电有限公司等21家企业承担的项目获国家科技型中小企业技术创新基金支持项目。

表6-32 2013年度盐城市新增国家高新技术企业

序号	企业名称	序号	企业名称
1	江苏鼎龙化工有限公司	31	江苏宇翔化工有限公司
2	滨海托球化工有限公司	32	江苏菲特滤料有限公司
3	江苏宏泰石化机械有限公司	33	阜宁县宏达石化机械有限公司
4	江苏国瑞液压机械有限公司	34	盐城市中液液压件有限公司
5	江苏诚赢照明电器有限公司	35	盐城市鑫源石化机械有限公司
6	江苏省芯盛半导体科技有限公司	36	盐城市恒星石油化学有限公司
7	江苏南车电机有限公司	37	阜宁澳洋科技有限责任公司
8	江苏兄弟维生素有限公司	38	江苏京冶海上风电轴承制造有限公司
9	江苏焕鑫高新材料科技有限公司	39	江苏金海新能源科技有限公司
10	盐城理研精密锻造有限公司	40	江苏阜升环保集团有限公司
11	江苏久工重型机械股份有限公司	41	江苏和鹰机电科技有限公司
12	江苏峰峰鸿运环保科技发展有限公司	42	江苏景中景工业涂装设备有限公司
13	东台市远洋不锈钢制造有限公司	43	江苏九阳生物制药有限公司
14	东方赛普物联网产业研究有限公司	44	江苏华稼食品科技有限公司
15	盐城东车科技有限公司	45	江苏金马油脂科技发展有限公司
16	盐城市爱菲尔钢结构有限公司	46	江苏丝丝缘纤维有限公司
17	盐城平安机械有限公司	47	江苏澳光电子有限公司
18	东风悦达起亚汽车有限公司	48	东台市赐百年生物工程有限公司
19	江苏立德照明产业有限公司	49	江苏万瑞达生物科技股份有限公司
20	盐城华亚石油机械制造有限公司	50	江苏星海生物科技有限公司
21	江苏恒悦机械有限公司	51	东台市港泰耐火材料有限公司
22	江苏名豪汽车零部件有限公司	52	东台市富安合成材料有限公司
23	江苏安捷汽车配件有限公司	53	江苏德赛化纤有限公司
24	江苏安必信环保设备有限公司	54	江苏派芬自动控制技术有限公司
25	江苏苏力机械有限公司	55	大丰市龙发铸造除锈设备有限公司
26	盐城市同力新型建材有限公司	56	盐城高周波热炼有限公司
27	江苏广盛源科技发展有限公司	57	江苏森威集团飞达股份有限公司
28	盐城华盛变压器制造有限公司	58	大丰万达纺织有限公司
29	滨海吉尔多肽有限公司	59	盐城丰东特种炉业有限公司
30	江苏康乐新材料科技有限公司		

表 6-33 2013 年度盐城市获国家火炬计划项目

序号	项目名称	承担单位
1	柔性云计算应用软件开发平台研发与产业化	江苏省森创软件科技有限公司
2	新一代基因测序个性化医疗数据综合分析平台	华生恒业(江苏)生物科技有限公司
3	年产 3000 吨高效低毒类杀菌剂咪鲜胺原药	江苏辉丰农化股份有限公司
4	高性能低残留绿色环保生态新型装饰革	东台市富安合成材料有限公司
5	深海油田钻探一体化加重钻杆	江苏和信石油机械有限公司
6	智能控制负压牵引材料成型机	盐城市华森机械有限公司
7	全自动纸箱糊折双片接技术研发与产业化	盐城宏景包装机械有限公司
8	8000kVA 智能型矿用隔爆型移动变电站	江苏中联电气股份有限公司
9	高强高模聚乙烯纤维生产线成套装备产业化	江苏六甲高分子材料有限公司
10	矿用智能型可移动式救生舱	盐城华盛变压器制造有限公司
11	高效可靠智能控制 LED 路灯产业化项目	江苏星峰光电科技有限公司
12	高效 KCG 系列干式矿用除尘器产业化项目	盐城市兰丰环境工程科技有限公司
13	东台新材料公共技术服务平台	东台市高科技术创业园有限公司

表 6-34 2013 年度盐城市获江苏省重点新产品计划项目

序号	项目名称	承担单位
1	ASPN 活性屏离子氮化炉	江苏丰东热技术股份有限公司
2	高热稳定性——三氯蔗糖 98.0~102.0	盐城捷康三氯蔗糖制造有限公司
3	三联齿轮轴 118-004	江苏创一精锻有限公司
4	FKDQ320-4 型智能感控石油钻采防喷井控装置	盐城三益石化机械有限公司
5	KSW430 型新型高性能环保汽车离合器总成	江苏名豪汽车零部件有限公司
6	抗侵蚀莫来石质陶瓷复合隔热材料	东台市节能耐火材料厂
7	6MW 直驱永磁同步风力发电机	江苏南车电机有限公司
8	单层石墨烯 cnano1-99	盐城纳新天地新材料科技有限公司
9	思昂英语学习平台 vHomeworkTM	盐城清语信息科技有限公司
10	深海高强度双密封双定位快速连接钻井隔水管	建湖县永维阀门钻件有限公司
11	AM7445 智能化优先纵剖圆锯机	江苏江佳机械有限公司
12	超结构光矿化空气净化器 zz-666	中智环保科技江苏有限公司
13	HX1432 型矿用大直径硬岩钻进钻具	江苏和信石油机械有限公司
14	LK10 PCB 数字化高速工业喷印机	江苏汉印机电科技发展有限公司
15	ECO 热解炭黑	江苏宏博恒星再生资源科技有限公司
16	输造式油雾自动喷涂机	盐城新时代智能检测设备制造厂
17	比例分流双感应、双阻尼压力补偿器	江苏国瑞液压机械有限公司
18	智能控制直线电机动态压力注水装置	盐城市华谊石油机械有限公司
19	智能环网柜	江苏国艾电气有限公司
20	新型智能化发酵罐 60m^3	江苏岭南发酵设备有限公司
21	联盟式远程鸡病诊断系统(动物疾病诊断专家系统 V1.0)	盐城天佑网络科技有限公司
22	世纪龙汽车故障诊断虚拟实训软件 V1.0	江苏世纪龙科技有限公司

表 6-35 2013 年度盐城市获国家科技型中小企业技术创新基金支持项目

序号	项目名称	承担单位
1	智能安全节能燃气调压站监控装置开发产业化	大丰市丰泰机电有限公司
2	悬链涂装线装卸机器人	江苏剑桥涂装工程有限公司
3	分级控制式永磁缓速器开发与产业化	盐城市步高汽配制造有限公司

续表 6-35

序号	项目名称	承担单位
4	高温深井螺杆钻具	江苏长城石油装备制造有限公司
5	海洋油气井隔水快速连接装置	建湖县永维阀门钻件有限公司
6	基于物联网技术的智能感控一体化石油钻采防喷系统	江苏亿德隆石油机械有限公司
7	平板型太阳能集热器异型材料激光焊接装备的研发	江苏金龙新能源设备科技实业有限公司
8	印制电子装备—PCB 字符喷印机产业化	江苏汉印机电科技发展有限公司
9	注射用重组人组织型纤溶酶原激活剂改构体(心脑血管抢救药"宜真通")研发与产业化	世贸天阶制药(江苏)有限责任公司
10	高速精密磨削陶瓷微晶 CBN 砂轮	江苏华东砂轮有限公司
11	高性能环保型陶瓷基刹车片的开发及产业化	江苏安捷汽车配件有限公司
12	航模高速电机稀土永磁体磁钢	盐城彤晖稀土永磁材料有限公司
13	平带式复合机	江苏闳业机械有限公司
14	自动分离全金属密封套管气恒压回收装置	盐城华跃石油机械制造有限公司
15	耐盐碱蔬菜产品加工技术与装备的研发与产业化	盐城绿苑盐土农业科技有限公司
16	电气工程用高导电、抗腐蚀、低成本金属基复合材料	江苏金合益复合新材料有限公司
17	聚四氟乙烯双膜复合过滤材料	江苏正大森源集团有限公司
18	新型微生物农药——解淀粉芽孢杆菌创制及产业化	江苏苏滨生物农化有限公司
19	盐城市海洋生物中小企业科技创新资源共享服务平台	南京工业大学大丰海洋产业研究院
20	有机固体废弃物资源化公共技术服务平台	江苏盐城环保产业工程研发服务中心
21	盐城市环保装备中小企业技术创新服务平台	盐城高新技术创业园有限公司

表 6-36　2013 年度盐城市新增省级以上科技企业孵化器

序号	单位名称	级别
1	射阳县高新科技创业园有限公司	国家级
2	建湖县民营科技创业园有限公司	国家级
3	东台市高新技术创业园有限公司	国家级
4	盐城高新技术创业园有限公司	国家级
5	盐城亭湖高新技术创业园	国家级
6	盐城中小企业创业投资实业有限公司	国家级
7	东方兴宇软件产业有限公司	国家级
8	响水灌江科技创业园	省级
9	响水县科技创业园	省级
10	滨海县科技创业园	省级
11	滨海沿海工业园生物医药科技创业园	省级
12	滨海沿海工业园新材料科技创业园	省级
13	阜宁县科技创业园	省级
14	射阳闽豪科技创业园	省级
15	大丰市科技创业园有限公司	省级
16	大丰常丰科技创业中心	省级
17	大丰高新技术创业服务中心	省级
18	盐城工学院大学科技园	省级
19	大丰市大中科技服务中心	省级
20	盐城环保科技产业园五星科技创业服务中心	省级

【创新平台与载体】 公共研发与服务平台建设。江苏省环保产业产学研协同创新基地和江苏省海洋生物产业产学研协同创新基地被列为江苏省首批产学研协同创新基地。复旦大学江苏大气污染防控技术研究中心被列为江苏省2013年度重大创新载体。

【科技经费与项目】 首次启动创新型城市建设专项资金。2013年大市区首次启动创新型城市建设专项资金,首批金额达160万元。

新增2家省级科技创新团队。盐城市江苏神龙药业有限公司秦勇团队,江苏氟美斯环保节能新材料有限公司杨传芳团队获省科技创新团队立项,每个团队获扶持资金300万元。

15个项目获省自然科学基金立项。青年基金项目9个,分别获20万元无偿资金,面上项目6个,分别获10万元无偿资金。

3个项目获省软科学资金扶持。盐城师范学院项目2个,盐城工学院项目1个,分别获3万元扶持资金。

2个项目获得国家级富民强县试点县项目。阜宁县承担的"生猪高效健康养殖及产品深加工关键技术集成与产业化"和大丰市承担的"沿海滩涂蔬菜耐盐抗逆栽培技术集成及产业化"项目分别获得国家富民强县试点县项目立项支持。

科技减税3.39亿元。2012年度,盐城市企业减免企业所得税3.39亿元,同比增长20.2%。其中125家高新技术企业税收减免额1.98亿元,同比增长10.6%。企业研发费用加计扣除减免额1.38亿元,同比增长33.98%,政策惠及企业417家。

【产学研合作】 在沪召开盐城第三届沿海发展人才峰会。2013年8月25~30日,中国盐城第三届沿海发展人才峰会(上海)在上海华亭宾馆召开。为保证峰会的顺利召开,邀请了22所上海著名高校和中科院系统的领导专家参会,组织60多家企业,会上签约项目37项。

成功召开高校科技成果交易洽谈会。2013年10月26日,盐城市科技局与盐城工学院联合主办的2013盐城工学院科技成果交易洽谈会在工学院希望大道校区风雨操场举行,省内130多家企业代表参会,现场33家单位签约,合同金额达925万元。

北京方向产学研工作。帮助江苏宏大集团、江苏恒力组合机床有限公司、江苏同和涂装机械有限公司等10多家企业与清华大学、北京航空航天大学、中科院等科研单位进行对接,组织对接会议2次,企业人员拜访专家20多次,组织科技人员到盐城访问4次,签订产学研协议3个,签订国际技术合作协议1个。

【科技惠民】 开展科技三下乡活动。2013年1月,在阜宁沟墩开展科技咨询活动,发放资料1500份,捐赠价值1万元的电脑,参加活动群众2000人。

"4·26"知识产权宣传周活动。2013年4月26日,在科技馆广场宣讲知识产权的重要性,进行图板展示、发放宣传资料及提供现场咨询等,共计发放宣传资料500余份,接待咨询50多人次。

【农村科技】 3家企业被认定为省农业科技型企业。盐城明天种业科技有限公司、江苏绿叶农化有限公司、江苏大丰盐土大地农业科技有限公司3家企业被认定为第六批农业科技型企业。

6家企业被认定为省级农业科技型专业合作社。

表6-37 盐城市省级农业科技型专业合作社名单

序号	合作社名称	省辖市	所在市(县、区)
1	盐城科特果蔬专业合作社	盐城市	市直
2	大丰市华辰渔业专业合作社	盐城市	大丰市
3	射阳县联农水产专业合作社	盐城市	射阳县
4	建湖县华盛河虾养殖专业合作社	盐城市	建湖县
5	阜宁县东升蔬果专业合作社	盐城市	阜宁县
6	响水县兴旺小杂粮农民专业合作社	盐城市	响水县

3个项目获得科技部国家农业科技成果转化资金项目立项支持。盐城明天种业科技有限公司的"国审高含油零芥酸油菜新品种盐油杂3号中试与示范"、江苏民星茧丝绸股份有限公司的"超长、超强茧丝蚕品种'苏秀×春丰'的中试与示范推广"、盐城冠华水产有限公司的"'太湖1号'青虾规模化繁育及养殖技术推广"等3个项目获得国家农业科技成果转化项目立项支持,各争取无偿资金60万元。

6个项目列入省级农业科技支撑计划项目。优质高产抗病、虫棉花新品种(组合)选育等6个项目被列为省级农业科技支撑计划项目,共争取经费350万元。

16个项目获得省科技型企业技术创新资金支持。22个项目列入省苏北富民强县项目。

表6-38 2013年度盐城市获省级农业科技支撑计划项目 单位:万元

序号	项目名称	承担单位	金额
1	优质高产抗病、虫棉花新品种(组合)选育	江苏沿海地区农业科学研究所	50
2	地方特色露地豆类蔬菜抗病虫、耐盐碱材料挖掘与利用研究	江苏沿海地区农业科学研究所	50
3	集约化养猪场沼液高效、安全与持续利用的生态农业模式创新与试点	中粮肉食(江苏)有限公司	100
4	新型酪酸菌等复合微生态菌的一步法高效混合发酵技术的开发及应用	江苏远山生物技术有限公司	50
5	新型微生物杀菌剂——解淀粉芽孢杆菌可湿性粉剂的创制及产业化	江苏苏滨生物农化有限公司	50
6	基于防治水稻纹枯病的特效药–噻呋酰胺的新绿色合成工艺及制剂的研究	盐城利民农化有限公司	50
合计			350

表6-39 2013年度盐城市获省科技型企业技术创新资金项目立项清单 单位:万元

序号	项目名称	承担单位	金额	地区
1	微波热风耦合干燥特种经济蔬菜关键技术开发与应用	江苏省翠源食品股份有限公司	30	东台
2	畜禽抗病饲料添加剂的研制与示范推广	盐城希望农业科技有限公司	30	城南新区
3	高性能纤维增强船舶制动基材研究与开发	东台市华阳玻纤有限责任公司	30	东台
4	三防一阻经编童装面料的产业化开发	盐城市东纬纺织有限公司	30	射阳
5	微张力分条整经机研发与产业化	射阳县中意纺织机械制造有限公司	30	射阳
6	聚四氟乙烯双膜复合过滤材料	江苏正大森源集团有限公司	30	阜宁
7	羟甲基苯基次膦酸生产技术开发及产业化	滨海锦翔化学助剂有限公司	30	滨海
8	汉麻粘胶/莫代尔 PTT长丝 金银线 嵌入纺花色纱抗菌记忆产品的开发	响水天茗纺织服装有限公司	30	响水
9	棉/木纤/羊绒/绢丝混色柔洁纺清洁化生产及其产品开发	响水县金汇纺织服饰有限公司	30	响水
10	新能源电动汽车智能充电站系统的研制与产业化	江苏玖宇实业有限公司	30	开发区
11	电动大客车电动液压助力转向器开发与产业化	盐城市步高汽配制造有限公司	30	盐都
12	超结构光矿化空气净化器的研发及产业化	中智环保科技江苏有限公司	30	城南新区
13	化纤高分子聚合物真空热解清洗炉的研发及产业化	江苏都盛科技发展有限公司	30	盐都
14	回转曲面焊缝表面清理技术开发及应用	江苏龙城铸造机械科技有限公司	30	大丰
15	海洋深水钻井隔水管研发及产业化	建湖县永维阀门钻件有限公司	30	建湖
16	全自动集成不锈钢多路阀研发及产业化	江苏环宇阀门制造有限公司	30	建湖
合计			480	

表6-40 盐城市入选2013年度省苏北富民强县项目 单位:万元

序号	项目名称	承担单位	金额	地区
1	设施丝瓜、茄子新品种引进及高效栽培技术集成示范	滨海望嘉元生态农业有限公司	25	滨海
2	设施蔬菜连作障碍控制技术的研发与应用	江苏国华蔬菜有限公司	25	滨海
3	废黄河堆堤设施蔬菜优质高产栽培技术集成示范与推广	阜宁县益生蔬菜种植专业合作社	25	阜宁
4	特色观赏植物石蒜的新品种引进及快繁技术研发	盐城市盐都区汉勤果蔬专业合作社	25	盐都
5	耐盐观赏地被植物新品种高效栽培技术集成创新与示范	江苏松阳园林建设有限公司	25	市直

续表 6-40

单位:万元

序号	项目名称	承担单位	金额	地区
6	优质肉鸡规模化养殖技术示范	江苏悦达农业发展有限公司	30	市直
7	东台市茧丝绸产业农村科技服务超市社会化服务示范应用	江苏民星茧丝绸股份有限公司	30	东台
8	绢丝加工新技术开发及产业化	江苏华信亚麻纺织有限公司	30	东台
9	蚕丝羊绒复合股线色织提花针织面料研制与开发	东台市龙之梦服饰实业有限公司	30	东台
10	新蚕品种"野三元"的示范推广技术研究与应用	江苏富安茧丝绸股份有限公司	30	东台
11	江苏农村科技服务超市响水海水养殖产业分店建设	盐城绿丰农资有限公司	30	响水
12	名贵海水养殖新品种的苗种规模化繁育技术集成与示范	响水县金海育苗场	30	响水
13	虾、蟹新品种引进及规模化养殖推广	响水县东源水产养殖有限公司	30	响水
14	刺参池塘高效健康养殖技术集成与示范	响水县星辰水产专业合作社	30	响水
15	滩涂风电、光电区池塘梭子蟹综合养殖技术开发与应用	大丰市昌海水产养殖专业合作社	30	大丰
16	沿海滩涂大宗淡水鱼清洁生产技术集成与示范	大丰市水产技术推广站	30	大丰
17	药用菊花与夏枯草连作栽培模式建立与示范推广	射阳县天香菊花专业合作社	30	射阳
18	中药材土壤农药残留污染综合防控技术集成与示范	盐城博文菊花制品有限公司	25	射阳
合 计			510	

【科技合作与交流】 省国际合作项目。2013 年盐城市共有 3 个省国际科技合作计划项目获得省科技厅立项支持,争取无偿资金 90 万元。分别为:上海电气风电设备东台有限公司与西门子(中国)有限公司合作的"3.0MW 直驱式风机技术引进与再创新"项目、东台市赐百年生物工程有限公司与美国 Algaen Institute of Algae Research 合作的"藻蓝蛋白提取纯化新工艺研发"、江苏兄弟维生素有限公司与德国 Senior Experten Service 合作的"丙硫硫胺合成新工艺研究"。

组织企业参加国际科技活动。组织企业参加 11 月 7 日省科技厅在南京举办的 2013 中国(南京)国际环保产业展示暨环境技术交流会——荷兰清洁技术企业对接会;11 月 15~16 日在北京由国家科技部和意大利大学科研部共同主办的"第四届中意创新论坛"。

【科技人才】 16 人列入省企业博士集聚创新类计划。盐城市共有 16 人获省企业博士集聚计划立项,分别是江苏广盛源科技发展有限公司张耀鹏,江苏都盛科技发展有限公司赵世田,江苏航天鸿鹏数控机械有限公司杨清海,盐城市兰丰环境工程科技有限公司金瑞奔,盐城市华鸥实业有限公司许剑光,盐城市成功机械制造有限公司付东兴,江苏奥玛德新材料科技有限公司郭海,盐城博尔福机电科技发展有限公司石秀勇,江苏舒适照明有限公司董晓慧,盐城市圣泰阀门有限公司姜晨,江苏名豪汽车零部件有限公司曾勇,盐城市殷氏饲料有限公司王爱民,盐城阜光工程新技术有限公司王成双,江苏东强股份有限公司鲍益东,建湖坤杰照明科技有限公司张传香,江苏丰山集团有限公司林辉,每人获扶持资金 15 万元。

【科技服务】 知识产权护航行动。2013 年 5~11 月,在全市开展知识产权执法维权"护航"专项行动,重点查处群体性专利侵权行为、反复侵权行为、假冒专利行为及专利诈骗行为,共有假冒专利立案 71 件,已全部结案。

"科技服务超市万村行"活动。2013 年 11 月,组织省级专家与分店专家共同开展科技咨询服务,对示范店建设进行专业指导,提升了科技为企业、产业服务的水平,在促进产业发展和带动农民增收起到积极作用。

"送政策、送培训、送服务"活动。2013 年 11~12 月,在全市、县(区),在企业中开展经济转型升级政策解读及科技与人才项目申报实务辅导讲座,推动企业转型升级座谈会等,切实帮助提升企业自主创新能力,用好用活国家、省、市扶持企业相关政策。

【科技金融】 科技金融服务。2013年,新增省科技成果转化风险补偿专项资金(苏科贷)项目175项,获省风补贷款支持3.48亿元。盐城高新区被确定为第二批省级科技金融合作创新示范区。

【知识产权】 专利申请及授权情况。全年共申请专利16689件,同比增长7.98%;其中发明专利申请3056件,占申请总量的18.31%;企业专利申请9132件,占申请总量的54.72%;专利授权4718件,其中发明专利授权283件,占授权量的6.00%;企业专利授权3614件,占授权量的76.60%。

知识产权工作受到省以上表彰。东台市、大丰市、盐都区知识产权局和经济技术开发区科技局分别被省科技厅和省知识产权局表彰为省知识产权工作先进集体;薛坚、孙海峰、陆伟、王正玉同志被省科技厅和省知识产权局评为省知识产权工作先进个人;盐城市、阜宁县、滨海县知识产权局和城南新区组织人事部被省知识产权局表彰为省知识产权宣传培训工作先进单位;东台市、大丰市知识产权局被省知识产权局表彰为省知识产权执法工作先进单位;陈瑞秀、周金洋同志被省知识产权局评为省专利行政执法先进个人。

2市被列为国家知识产权试点城市。大丰市、东台市被国家知识产权局列为县级国家知识产权试点城市。

2个开发区被列为省知识产权试点园区。东台、大丰经济开发区被列为省知识产权试点园区。

4家企业被认定为首批国家级知识产权示范、优势企业。江苏江淮动力股份有限公司被认定为首批"国家级知识产权示范企业",江苏东强股份有限公司、东飞马佐里纺机有限公司、江苏科行环境工程技术有限公司被认定为首批"国家级知识产权优势企业"。

4家企业被评为江苏省实施企业知识产权战略先进单位。江苏江淮动力股份有限公司、马恒达悦达(盐城)拖拉机有限公司、江苏科行环境工程技术有限公司和江苏东强股份有限公司被评为江苏省实施企业知识产权战略先进单位。

8家企业被评为省企业知识产权管理标准化示范创建工作先进单位。江苏伯乐达投资实业集团有限公司、盐城中马汽车零部件有限公司、江苏神泰科技发展有限公司、江苏华粮机械有限公司、江苏东阁不锈钢制品有限公司、东台市节能耐火材料厂、江苏丰山集团有限公司和江苏森威集团有限责任公司被评为2013年度江苏省企业知识产权管理标准化示范建工作先进单位。

5家企业被列入省企业知识产权战略推进计划。江苏丰东热技术股份有限公司、江苏天容集团股份有限公司、江苏华粮机械有限公司、江苏金秆农业装备有限公司和江苏伯乐达投资实业集团有限公司。

1件发明专利荣获第15届中国专利优秀奖。一种宠物包架发明专利荣获第15届中国专利优秀奖。

4件发明专利荣获第8届江苏省专利项目优秀奖。除草剂精噁唑禾草灵的制备方法、制备用作农药中间体的苯氧基醚的新方法、合成(Z)-2-(α-甲氧亚胺)呋喃乙酸铵的方法和抗侵蚀莫来石砖制备原料和制备方法4件发明专利荣获第8届江苏省专利项目优秀奖。

2件发明专利荣获2012年度江苏省百件优质发明专利。一种合成1,3-二苄基咪唑啉-2-酮-顺-4,5-二羧酸的方法、盐酸莫西沙星的制备方法2件发明专利荣获2012年度江苏省百件优质发明专利。

2项专利被列为省专利实施计划项目。江苏江佳机械有限公司的优选纵剖圆锯机的锯轴结构专利和江苏东阁不锈钢制品有限公司的高耐蚀性奥氏体不锈钢专利被列为省专利实施计划项目。

【重大科技活动】 举办江苏-韩国工业生产自动化技术合作洽谈会。10月17日,2013年江苏-韩国工业生产自动化技术合作洽谈会在盐城市成功举办。这是省科技厅首次在盐城市开展国际科技交流活动。大韩民国驻上海总领事馆、大韩贸易投资振兴公社、韩国机器人产业振兴院以及13家韩国企业代表参会。省科技厅国际合作处赵扬威处长、省跨国技术转移中心王宇行主任出席会议。洽谈会上安排了一对一对接活动,共有95家企业参加会议,洽谈对接142对,96对成功洽谈;全市共组织88家企业参加会议,安排76对洽谈,54对成功洽谈。

举办留日中国博士盐城行活动。2013年11月1~4日,近80名留日中国博士盐城行活动圆满举行。应市委市政府诚挚邀请,以全日本中国人博士协会会长腾劲兵、名誉会长李磊率领的近80人博士团来盐参观考察。在盐期间博士团先后参加了招待晚宴、启动仪式、参观考察、分头对接、博士年会等活动,市委书记朱克江出席。近80名博士中有30名博士与盐城市达成初步合作意向。其中:盐城师范学院特聘李磊会长为客座教授并初步达成共建博士生培训点意向;长崎大学国际联携研究战略本部研究主管蔡国喜有意与盐城市开展全面合作,特别是在水产业技术合作、水产品深加工、金枪鱼人工养殖项目;长城咨询株式会社张佶董事长与盐城工学院初步达成开展定向培养计划以及建立动漫院系的意向;三井造船株式会社技术研发部主任刘尊严与盐城市悦达拖拉机厂有意合作开发规模设施农业装备;国际工作机株式会社、常州纳乐科思光学有限公司董事长庞楠有意与盐城市恒力组合机床开展技术合作等。

【2013年度获国家计划项目支持情况统计】 2013年,盐城市97个科技项目获科技部立项,其中国家创新基金项目21个,国家火炬计划项目13个,国家星火计划项目59个,国家重点新产品计划项目4个。

(徐 晔)

扬 州 市

Yangzhou City

【概 况】 2013年,扬州市科技事业快速发展,先后获批成为国家创新型试点城市、国家智慧城市试点示范城市,连续十年5次获批全国科技进步先进市,实现了科技工作“三城同创”。全社会R&D投入占GDP比重达2.3%,大中型企业研发经费占主营业务收入比重达1.5%,全市高新技术产业投资总额达233.5亿元,同比增长38.2%,是同期工业投资增幅的2.6倍;高新技术产业开票销售1732.1亿元,占工业开票销售的46.4%;实现高新技术产业产值3513.93亿元,占规模以上工业总产值的比重达42.5%。建成科技产业综合体120万平方米,新增国家高新技术企业85家,培育省级上市入库企业43家,新增省民营科技企业1943家,科技上市培育企业——扬杰电子在深圳证券交易所成功上市;牧羊集团获批建立国家饲料加工装备工程技术研究中心。全市专利申请量首超2万件,专利授权量首超1万件,万人发明专利拥有量3.70件。科技创新工作迈上了新台阶,科技对经济社会发展的支撑作用日益显现。

2013年5月10日,全国政协副主席、科技部部长万钢到扬州调研考察。

【科技工作“三城同创”】 2013年,围绕“创新扬州”建设,扬州市委、市政府深入实施创新驱动战略,大力建设创新型城市,国家级城市创新品牌创建取得重大进展。

2013年3月20日,扬州市召开全市科技创新大会,出台了《关于推进科技创新工程建设创新型城市的实施意见》(扬发〔2013〕14号),成立了由市委书记谢正义担任组长的全市科技创新与科教合作领导小组。4月19日,科技部正式批复扬州成为国家创新型试点城市,李学勇省长专门为此批示“要以此为契机,更大力度实施创新驱动发展战略,奋力促进扬州创新发展、特色发展、融合发展”。8月,成立了由市长朱民阳担任组长的创新型城市建设工作领导小组(扬委〔2013〕181号)。9月3日,召开了全市创新型城市建设推进大会,制定颁布了《扬州市创新型城市建设推进计划(2013—2015)》(扬府发〔2013〕171号),明确了扬州市到2015年建成创新能力显著提升、创新体系日益完善和区域创新特色明显的国家创新型城市的总体目标。

2013年9月27日,科技部、国家标准委联合印发《关于开展智慧城市试点示范工作的通知》,扬州市与全国11个省(自治区)的20个城市一道成为首批国家智慧城市试点示范市,其中省会城市8个,副省级城市3个,地级城市9个,江苏省除扬州市外仅有南京市和无锡市入选。

2013年3月20日，扬州市召开全市科技创新大会。

2013年12月8日，扬州市连续10年5次获批“国家科技进步先进市”,6个县(市、区)全部通过了全国科技进步先进县(市、区)考核,其中邗江区、江都区、仪征市还荣获了全国科技先进县(市、区)。在中国城市发展研究会发布的《中国城市创新报告(2013)》中,扬州综合创新能力列地级市第19位,在省内仅次于苏州、无锡和常州,位列苏中、苏北地区第一名。

【高新技术产业】 扬州市以创新型企业、创新型园区、创新型产业链、创新型基地构建的“四位一体”区域创新体系建设为总抓手,以提高经济增长质量和效益为目标，着眼高端环节，突破高端技术,着力培育壮大高新技术产业规模,促进产业集群发展,全市高新技术产业发展呈现“增长较快、结构优化、创新明显”的发展态势,高新技术产业发展对经济转型升级推动作用明显增强。

2013年,全市实现高新技术产业产值3513亿元,占规模以上工业总产值的42.5%,占比位居全省第三位;高新技术产业开票销售1732.1亿元,占工业开票销售的46.4%;高新技术产业投资达379亿元,同比增长30.3%,是同期工业增幅的2.1倍。科技服务业税收同比增长120%,高于全市服务业25.9%的平均值。高新技术产业正呈现快速增长的良好势头,已经占据扬州工业经济的“半壁江山”,成为驱动扬州产业结构调整和经济转型升级的重要引擎。

从产业分布来看,2013年,扬州市纳入统计范围的高新技术产业主要有7类，分别为智能装备制造业、电子及通信设备制造业、新材料制造业、新能源制造业、仪器仪表制造业、医药制造业、软件业，其中，智能装备制造业共计完成高新产值1662.78亿元，占全市高新技术产业产值的比重达47.33%,位居各行业之首;新材料制造业共计完成高新产值608.65亿元,占全市高新技术产业产值的比重达17.32%,位居次席。从地区分布来看,2013年,江都区完成高新产值983.99亿元,占全市总额的28.01%,位列全市第一位;市经济开发区完成高新产值718.55亿元,占全市总额的20.45%,位居次席;广陵区、邗江区分列第三、四位。

【高新技术园区】 自2013年1月获批省级高新技术产业开发区以来，扬州高新区不断做大做强高新技术产业,改造提升传统行业,引导鼓励发展现代服务业,初步建成产业特色鲜明、比较优势突出的产业集聚地和创新集聚区。已形成以江苏扬力集团有限公司、扬州锻压机床股份有限公司、江苏金方圆数控机床有限公司为龙头，在全国有较大影响力和较强竞争力的数控金属板材加工设备产业,先后获得“国家火炬计划邗江数控金属板材加工设备产业基地”“江苏省机械装备制造之都”“江苏省金属板材加工设备出口基地”“江苏省邗江数控装备科技产业园”称号,逐步培植了以江苏华扬太阳能有限公司、扬州华鼎电器有限公司、扬州强凌电子有限公司、扬州德豪润达光电有限公司、扬州白云电器设备有限公司等为代表的新能源新光源与智能电网产业。2013年,高新区共入驻高新技术企业48家，实现工业总产值490亿元，增长率达18.36%,财政收入35.6亿元,入库税收15.83亿元,增长率达28.2%。目前,扬州高新区已完成整体及产业规划，正积极创建国家级高新技术产业开发区。

截至2013年年底,扬州共获批金属板材加工设备、汽车及零部件、半导体照明、绿色新能源、建材机械装备、硫资源利用装备、特种电缆、智能电网等8个国家级火炬计划特色产业基地，6个省级科技产业园。2013年,8个国家级火炬计划特色产业基地和6个省级科技产业园共实现工业总产值2038.18亿元,实现利税366.8亿元,共集聚高新技术企业280家,占全市高企总数的60%,高新技术产业正呈现集群集聚发展的良好态势。

【高新技术企业】 为加快高新技术产业发展,扬州市制定了《扬州市政府采购优先购置扬州市省级以上高新技术产品和软件产品的操作规程》,助推高新技术企业开拓市场。2013 年,全市共新增国家级高新技术企业 85 家,培育省级上市入库企业 43 家,新增省民营科技企业 1943 家,新增省高新技术产品 875 个。截至 2013 年年底,高新技术企业总数达到 412 家,其中民营企业占高新技术企业总数的 91%,实现高新技术产业产值 559.79 亿元,占全市高新技术企业产值的 65.81%;三资企业占高新技术企业总数的 4%,实现高新技术产业产值 236.21 亿元,占全市高新技术企业产值的 27.77%;国有企业占高新技术企业总数的 5%,实现高新技术产业产值 54.66 亿元,占全市高新技术企业产值的 6.42%。全市近 90%的高新技术企业集中分布在电子信息技术、生物与新医药技术、新材料技术、新能源及节能技术、高新技术改造传统产业五大产业领域,高新技术企业分布占比分别为 24.8%、16.7%、10.5%、8.7%、28.4%。

截至 2013 年年底,扬州累计建成省级以上"两站三中心"370 家,增幅为 18.7%,在全省排名第 6 位,其中国家级工程技术研究中心 1 家、省级工程中心 16 家、省级工程技术研究中心 168 家、省级企业技术中心 122 家,全部分布在扬州高新技术产业。新获批省级以上高新技术产品 875 个,居全省第五位,其中智能装备产业领域 350 个,电子信息产业领域 150 个,新材料产业领域 140 个,新能源产业 134 个,生物医药产业领域 57 个,其他产业领域 44 个,分别占高品认定总数的 40%、17.1%、16%、15.3%、6.5%、5%。全市高新技术产业累计吸纳博士以上高素质人才 1022 名,占吸纳人才总量的 42%。全市高新技术产业研发人员占企业总人数 28%,其中大专以上学历科技人员占 47%。建成省级企业院士工作站 19 家(市级 35 家)、省级以上企业博士后工作站 38 家,拥有 4 个省级科技创新团队。

【重大项目实施】 2013 年,扬州市共获批省重大科技成果转化专项资金项目 14 项,获批省财政专项资助资金 1.22 亿元,获批项目数和资金数再创历史最好水平,均列全省第二位,仅次于南京。这 14 个项目分别是:江苏奥新科技有限公司承担的"沥青路面高效环保智能化就地热再生施工机组的研发及产业化"项目,总投资 6000 万元;江苏航天水力设备有限公司承担的"大型高效节能叶片泵关键技术研发及产业化"项目,总投资 8800 万元;江苏戚伍水产发展股份有限公司承担的"优质安全淡水鱼虾精深加工制品产业化开发"项目,总投资 6000 万元;江苏利得尔电机有限公司承担的"高功率密度复合转子节能电动机的研发与产业化"项目,总投资 6000 万元;江苏中惠医疗科技股份有限公司承担"正电子发射断层成像/X 线计算机断层成像(PET/CT)设备核心技术研发与产业化"项目,总投资 18860 万元;扬州龙川钢管有限公司承担的"海洋油气储运特种钢及大口径无缝管研发与产业化"项目,总投资 21600 万元;江苏天雨环保集团有限公司承担的"分段进水深度脱氮除磷关键技术与成套设备研发和产业化"项目,总投资 6900 万元;江苏西贝电子网络有限公司承担的"FTTH 系统中新一代大功率高效率光纤放大器"项目,总投资 4200 万元;扬州艾迪生物科技有限公司承担的"活性蛋白在线吸附技术与乌司他丁、白蛋白联产工艺的研发和产业化"项目,总投资 4800 万元;江苏精湛光电仪器有限公司承担的"物联网用智能半导体激光夜视系统的研发及产业化"项目,总投资 6000 万元;江苏中凌高科技有限公司承担的"柔性配置电能质量监测——治理集成装置研发与产业化"项目,总投资 5000 万元;江苏迈安德食品机械有限公司承担的"超大型智能化食用油制取成套与关键装备的开发及产业化"项目,总投资 8000 万元;潍柴动力扬州柴油机有限责任公司承担的"VM D700 系列柴油机的研发和产业化"项目,总投资 28906 万元;扬州乾照光电有限公司承担的"高效三结砷化镓太阳能电池外延及芯片研发与产业化"项目,总投资 8150 万元。

2013 年立项的科技成果转化项目呈现出 4 个特点:

第一,投入产出比高。此次省重大科技成果转化项目的获批,将带动企业新增投资约 14 亿元,促进一大批原始创新、拥有自主知识产权的领先技术成果将在扬州市迅速产业化,比如:打破国外长期垄断的国内首台自主研发生产的医学影像重要诊断设备 PET/CT 将在扬州市诞生,填补国内空白的航天卫星、飞船等空间飞行器动力系统用光伏电池产业化基地将落户扬州市,亚洲最大的主要应用在南水北调等重点水利工程的混流水泵将在扬州市实现规模产业化,斥巨资从欧洲著名的柴油机研发和制造商意大利VM公司引进的具有世界领先水平的轻型柴油机将在扬州市开花结果,14个产业化项目预计三年内将累计新增销售收入38亿元。

第二,与产业结合紧密。14个科技项目中涉及汽车、机械、软件与信息服务业等基本产业领域的有5项,涉及新能源、节能环保、生物技术与新医药等战略新兴产业领域的有7项,通过关键技术实现产业化,将进一步完善扬州市重点产业创新链,有助于提升全市产业发展核心竞争力,促进扬州市基本产业结构调优、调高,带动新兴产业迅速做大做强。

第三,科教合作成效明显。14个科技项目转化的成果分别来自美国华盛顿大学、中科院、清华大学、西安交通大学等国内外知名高校院所,其中的8个项目是通过"科教合作新长征"活动所引进的成果,扬州市企业与高校院所的产学研合作热情空前高涨,"科技+教育(科研院所)+产业"的深度融合得到了充分体现,国内外的优秀成果、优秀人才向扬州市加速集聚,企业配置科技资源的能力得到有效提升。

第四,创新成果含金量高。扬州市2013年引进的14个科技成果均具有自主知识产权,在研发过程中已累计获得88项省部级以上科技计划支持,其中国家"863""973"等重大计划13项,获得国家级和省级科技奖励45项,累计申请专利258件,其中有115件发明专利已获得授权。在产业化阶段,预计还将申请专利200余件,其中约50%为发明专利,部分科技成果产业化后将有望打入国际市场。

截至2013年年底,扬州市已累计有76个重大科技项目获得专线资金立项支持,获得省专项资助7.69亿元,位列苏中苏北第一位。这些项目共攻克关键核心技术124项,申请专利1330件,其中发明专利672件,获得专利授权654件,其中发明专利近212件;制定技术标准82项,其中国家标准和行业标准28项。产业化新建或改建厂房130多万平方米,新建改建生产线270多条。形成目标产品528个,新增销售收入429亿元,新增就业7000多人。全市已有34个项目顺利验收,重大科技成果转化项目管理水平位居全省前列。通过这些项目的实施,扶持了一批创新骨干企业发展壮大,扬州亚威机床股份有限公司、扬州乾照光电有限公司、扬州扬杰电子有限公司、江苏长青农化股份有限公司等4家企业在项目实施期间成功上市,江苏金方圆数控机床有限公司、扬州诚德钢管有限公司、江苏扬农化工集团有限公司、宝胜集团有限公司、扬州威克生物工程有限公司等16家企业先后被国际国内资本看重,分别被德国通快集团、美国PPC集团、中化集团、中国航空工业集团、国药集团等世界500强和大型央企融资扩股。通过科技成果转化,加快了扬州市高新技术产业化发展,促进了科技与经济的紧密结合,产业竞争力和城市综合功能得到了明显提升。

【产学研合作】 为深入实施科技创新驱动发展战略,进一步加强扬州与高校、科研院所的政产学研合作,有效集聚国内外科教资源,2013年1月30日,扬州市成立了由市委书记谢正义、市长朱民阳任组长,科技局等18个部门为成员单位的科技创新与科教合作领导小组。3月20日,扬州市委、市政府印发《扬州市 "科教合作新长征" 行动计划》(扬发〔2013〕15号),"科教合作新长征"正式启动。

一年来,由市委、市政府主要领导率队,在西安、北京、上海、哈尔滨、武汉等地拜访高校院所,成功举办特色产学研专场活动10场,先后与中关村互访4次,科教合作成效显著。市政府分别与清华大学、上海交通大学、哈尔滨工业大学、中关村、中科院上海分院等签订了战略合作协议,形成了与全国排名前十的理工科院校,中科院、中关村两大科技高地建立紧密型合作的"10+2"模式。全年举办各类产学研专场活动62场,新签订产学研合作协议505项,推进企业实施协同创新项目394项,破解企业技术难题236项,实现关键技术突破138项,吸引社会投资80多亿元,预计达产后形成产值360亿元,形成新产品、新工艺和新技术757项。中关村—扬州科技成果产业化基地、启迪扬州科技新城等一批标志性、实体性科技项目相继落户建设。

2013年扬州"科教合作新长征"系列产学研活动回顾:

第一站:1月13日,扬州党政代表团赴陕西西安,就科教合作进行考察。代表团先后考察西安交通大学、西北工业大学、航天推进技术研究院、西安电子科技大学等西安著名高校、科研机构,拉开了扬州市“科教合作新长征”活动的大幕,西安也成为“科教合作新长征”系列活动的第一站。考察期间,市委书记谢正义与西安交通大学党委书记王建华、西北工业大学党委书记陈小筑、西安电子科技大学党委书记陈治亚、航天推进技术研究院院长谭永华等高校、院所领导班子和相关部门负责人进行座谈,就推进产学研深入合作交换意见,并达成共识。

第二站:3月18日,扬州市在清华大学举办了产学研座谈和签约活动。会上,市委书记谢正义与清华大学陈吉宁校长进行了深入洽谈,扬州市政府与清华大学签订了全面合作协议,另有10个项目参加集中签约。签约活动结束后,市领导还与部分扬州籍清华教师进行了交流,畅叙乡情、共话合作发展。

2013年3月18日,扬州市人民政府与清华大学在北京签订全面合作协议。

第三站:5月10~11日,在扬州国际展览中心举办了“2013年江苏省产学研专场对接洽谈会——智能制造装备技术成果专题洽谈暨扬州市科技合作展示洽谈会”,集中展示了34家高校院所的639项智能制造装备科技成果,吸引了来自全省各市的1300多家企业参加洽谈,与高校院所达成涉及技术攻关、成果转化、人才引进初步合作102项,其中现场签约28项。扬州市参展的7个功能区共有190家企业和118件实物参展,集中展现了扬州智能制造装备领域的最新科技合作成果。会议还邀请了机械研究总院副总工程师于革刚和中国科学院沈阳自动化研究所副所长赵明扬做主题报告。会上,扬州市与浙江大学、南京航空航天大学、合肥工业大学、南京邮电大学、扬州大学、南京工程学院、机械研究总院、北京机电研究所、重庆机电研究院、济南铸造锻压机械研究所签署了《科技合作扬州共识》。

第四站:5月14日,举办了2013中国扬州科技创新·产业合作(上海)推介会。会上,有20个科技创新项目、10个产业合作项目及10名博士人才引进项目参加集中签约。会前,市委书记谢正义率队考察了上海交通大学,参观了该校的部分重点实验室,并与该校党委书记马德秀、副校长吴旦等进行座谈交流,扬州市政府与上海交通大学签订了全面合作协议。谢正义一行还拜访了上海航天技术研究院,与副院长姜文正等进行座谈。

第五站:6月21日,举办了2013中国扬州科技创新·产业合作(哈尔滨)推介会。会上,有20个科技创新项目、10个产业合作项目及10名博士人才引进项目参加集中签约。会前,市委书记谢正义率党政代表团先后拜访了哈尔滨工业大学、哈尔滨理工大学以及哈尔滨工程大学,进一步推介扬州,促进产学研合作、推进科技创新。在哈尔滨工业大学,谢正义与该校党委书记王树权等进行座谈,参观了该校机器人技术与系统国家重点实验室,市政府还与哈尔滨工业大学签订了《全面合作协议》,在研发平台建设、科技成果转化、人才培养等方面开展全面合作。

第六站:9月29日,举办了2013中国扬州科技创新·产业合作(武汉)推介会。会上,有20个科技创新项目、10个产业合作项目及10名博士人才引进项目参加集中签约。会前,孔令俊副市长率队走访考察了华中科技大学、东湖高新技术开发区和武汉理工大学,并与相关单位领导进行了座谈交流。

第七站:10月8日,举办了扬州市政府与扬州大学签署全面合作协议签约仪式。市委书记谢正义、扬州大学党委书记夏锦文出席签约仪式并讲话。市长朱民阳、扬州大学校长焦新安代表双方签约。签约仪式前,市校双方领导实地考察了扬州大学实验农牧场、扬州文化科技产业园、扬力集团、扬州大学测试中心,并参观了扬州大学近年来服务扬州地方经济社会发展成果展和农科服务社会成果展。

此外,扬州市还与北京中关村、上海张江高新技术产业开发区、中科院上海分院建立了联系,协助中科院扬州中心承办了“2013中国科学院扬州科技成果发布洽谈会”。

中关村:6月18日,市委书记谢正义率领扬州市党政代表团赴中关村考察，参观了中关村国家自主创新示范区展示中心，并与北京市委常委陈刚，市委常委、宣传部部长李伟，市委副秘书长傅华和中关村管委会主任郭洪座谈交流。7月5日，北京市委副秘书长傅华、中关村管委会主任郭洪率队来扬州开展科技合作洽谈，市政府与全国第一个国家级高新技术产业开发区、第一个国家自主创新示范区中关村签订《战略合作框架协议》，并商定共同推进扬州中关村科技成果产业化基地建设；8月16日，市长朱民阳率队在北京对中关村进行"二次拜访"，寻求与中关村在更宽领域、更深层次上进行合作。10月15日，扬州市与中关村在北京举办"中关村—扬州"企业合作恳谈会，双方举行了交流座谈，12个合作项目在会上签约。会前，扬州市党政企代表团还集中参观了中关村国家自主创新示范区展示中心。

中科院：7月30~31日，市委书记谢正义率扬州市党政代表团拜访了张江高新技术产业开发区、浦东软件园和中科院上海分院，市政府与中科院上海分院签署了开展新一轮高层次、全方位合作协议。10月19日，市科技局协助中科院扬州中心承办了"2013中国科学院扬州科技成果发布洽谈会"，中科院20多家科研院所发布了263项科技成果，100多项科技成果进行了展示，20个科技人才项目进行了集中签约。

【科技创新载体建设】 进一步提升创新载体建设规模，提高设施配套和专业化服务水平，不断加强科技创新载体产业集聚、资源集成、人才汇聚的能力。完成扬州高新区争创国家级高新区的总体及产业规划方案，广陵(电子信息)高新技术创业服务中心创成国家级专业孵化器，扬州高新区成为省级科技金融合作创新示范区、省文化科技产业园区。全市8个国家级火炬计划特色产业基地实现技工贸收入1860亿元，高新技术产值占比达65%以上，7家省级科技产业园实现工业产值1175亿元，11家省级以上孵化器累计建成孵化面积70万平方米，在孵企业735家。各县(市、区)全面展开科技产业综合体建设，加强"建、管、用"同步推进，14个科技产业综合体累计投入建设资金20亿元，其中政府投入资金14亿元，竣工120万平方米，着力打造培育新兴产业、培植新的经济增长点、孵化小微企业、吸引高层次人才的重要载体。

【民生科技】 2013年，江苏东宝农药化工有限公司承担的"新型生物除草剂菌克阔中试"、扬州市扬大康源乳业有限公司承担的"多菌株益生菌发酵乳饮料加工关键技术集成中试与产业化"、扬州创日动物营养有限公司承担的"新型乳猪营养饲料及加工技术的中试与推广"、扬州大学承担的"隧道雾滴回收式高效施药关键技术集成及产业化开发"获国家农转资金项目立项，其中"新型生物除草剂菌克阔中试"为重点项目，全市共获拨款280万元，项目立项数、获批资金数均名列全省第一。

省农业科技支撑计划项目获得新丰收。全市重点围绕农林植物新品种选育与栽培技术、动物新品种选育与养殖技术、动植物重大病虫害综合防治技术、农产品精深加工技术、现代农业装备和农业信息化技术等领域申报2013年度省农业科技支撑计划项目57项，其中市直21项，宝应县5项，高邮市6项，江都市8项，仪征市9项，邗江区4项，广陵区4项。计划总投资29505万元，其中申请拨款3330万元。经江苏省科技厅组织评审，全市共有15个项目获批立项，获拨款770万元。其中扬州大学8项，江都区3项，仪征市和高邮市各1项，江苏省家禽研究所、江苏省里下河农科所各1项，项目立项数、获批资金数都名列13省辖市之首。

社会发展项目立项数获得历史性突破。共组织昌和生物医学科技、扬州氟药科技有限公司等公司申报50项省社会发展项目，其中"高功能高灵敏度全自动早期肿瘤检测仪""以马拉维若为先导体的含氟抗艾滋病新药的研发"等12个项目获批立项，获拨资金420万元，立项数名列全省第四。共组织5个项目申报省临床医学专项，其中苏北人民医院申报的"区域大医院指导下社区慢性心力衰竭远程规范防治循证医学研究"和扬州大学申报的"孤立性肺结节共享型诊疗数据库的建立与新型无损伤带钩定位装置的研制及其临床转化应用"分别获得200万元和50万元拨款，立项数和获拨资金数均名列全省第四。

全年获批国家自然科学基金120项，获拨款6777万元；公益性行业科研专项经费项目4个，获拨款3298万元；省自然科学基金46项，获拨款848万元。

【科技进步奖励】 江苏省科学技术奖。2013年，扬州市共有16个项目获得江苏省科学技术奖奖励,其中,一等奖4项,二等奖3项,三等奖9项,一等奖获奖数列全省第二位。

扬州市4个一等奖项目中,有2个项目是作为第一完成单位主持完成的。其中,扬州龙川钢管有限公司牵头完成的海洋油气储运大口径无缝管项目,是全省所有一等奖获奖项目中唯一由企业主持完成获奖的,也实现了扬州市近十年来由企业主持完成的项目获得省科学技术一等奖零的突破。2013年度省科学技术奖获奖项目中由企业牵头或合作完成的项目有13项,占到八成以上。获奖项目中涉及机械、软件和信息服务业等基本产业的有6项,涉及新光源、新材料等战略性新兴产业的有3项,涉及石化、船舶等基地型产业的有3项,涉及现代农业等特色产业的有4项,社会效益和经济效益十分明显。扬州龙川钢管有限公司的一等奖获奖项目"高钢级油气储运无缝管及关键技术",是国家"863"计划重大科技成果转化项目,在国内首次实现了高钢级无缝管高效率规模化生产,满足了复杂条件下油气储运等国家重大工程的战略需求,填补国内空白,大量替代进口,近三年实现直接经济效益73亿元。省家禽所和高邮鸭集团等单位的一等奖获奖项目"国家地方鸭种遗传资源的评价与创新利用",国内外首次开展我国地方鸭遗传资源调查和评价,建成了世界上第一个地方鸭品种DNA库和水禽资源共享平台,并且资源创新利用培育出全国第一个(至今唯一)国家级蛋鸭新品种"苏邮1号",成为国家农业主推品种,从2011年起已推广商品代2220万只,新增产值60.8亿元,已制定国家标准4项。

扬州市科学技术奖。根据《扬州市科学技术奖励办法》,2013年度,经各县(市)、区和市有关单位推荐,全市共收到申报奖励项目213项,近十年来首次突破200项。经过形式审查、专业评审、综合评审和网上公示等程序,共评出获奖项目81项,其中特等奖2项,一等奖10项,二等奖20项,三等奖49项,总授奖比例为38%。

2013年市科学技术奖继续突出了以应用为导向的原则,面向经济和社会发展需求,在重视技术创新水平的同时,进一步加强了科技成果对全市经济社会发展贡献份额的评价,一批对扬州市经济社会发展做出重要贡献的科技成果获奖,高校院所获奖的成果大多数也是面向实际应用的产学研合作项目。81个获奖项目中,面向应用的科技成果达72项,占全部获奖项目的88%以上,而且都是经过了一年以上的实践检验,在成果推广应用中取得了显著的经济和社会效益。

特等奖项目:(1)扬州电力设备修造厂完成的超(超)临界发电机组配套电动执行机构项目。该项目攻克了动力源、多微嵌入式、现场总线等多项行业技术难题,是各种阀门过程控制系统中温度、压力、流量控制的关键机电一体化设备,项目已授权发明专利5件,实用新型专利7件,软件著作权4项,主持或参与制定国家标准3项。曾获得国家能源自主创新中央预算内投资项目、国家火炬计划重点项目和省重大科技成果转化专项资金项目等的支持。项目技术水平达到国际先进,填补国内空白,打破了我国高端智能型电动执行机构长期由国外垄断的局面,已广泛应用于电力、石化、冶金、公用事业等过程控制领域,整体市场覆盖率达到15%,核电市场覆盖率高达85%,已新增销售近5亿元,为推进全国发电机组配套高端智能装备的国产化进程做出了重要贡献。

(2)江苏里下河地区农业科学研究所完成的高产优质多抗小麦新品种扬麦16项目。该项目创新培育出了具有高产稳产、大穗大粒、品质优异、综合抗性强等优点的扬麦16品种,获得了国家植物新品种权,已先后通过江苏省、上海市等品种审定,从2009年始一直被列为农业部和江苏省主导品种,曾刷新过全省淮南麦区小麦亩产最高纪录。目前,该小麦品种是全省近五年来年推广面积最大的小麦品种,并在上海、浙江、安徽等省市也得到了大面积推广。该品种自审定以来已累计在江苏省种植面积达217万公顷,增产粮食9.77亿千克,创造经济效益17.76亿元,为农业增产农民增收和企业增效发挥了巨大作用。

【知识产权】 2013年,全市专利产出继续保持较快增长,专利申请首次突破2万件,达22825件,同比增长13%;其中发明专利申请5159件,同比增长22%;授权专利11416件,同比增长41%;万人发明专利拥有量3.70件,同比增长27.15%。积极开展中小企业专利质押融资试点,10家企业获批授信额度总计7400万元。出台《扬州市2013年知识产权执法维权"护航"专项行动方案》,加大对侵犯知识产权行为的打击力度,联开展专项行动,立案查处假冒专利产品24件。邗江"数控成形机床”产业和开发区“半导体照明和太阳能光伏”产业获批全国“首批战略性新兴产业知识产权集群管理工作试点”。邗江区获批国家知识产权强县工程试点，广陵经济开发区获批省知识产权战略试点园区。

【科技信息平台建设】 2013年,扬州科技文献公共服务平台的单位用户数达2280家,共开办文献检索技术免费培训班69期,培训811人次,进一步加强了维普和万方的镜像站的资源维护，为用户提供更加流畅、完备的科技文献服务,每月文献全文下载量增加35万篇,累计文献全文下载量达660万篇。累计完成查新业务327项,其中,省级查新282项、市级查新45项,为江苏省水利机械有限公司等7家企业新建了行业数据库。全年共印发24期《科技情报参考》,针对扬州市汽车及零部件、机械装备、太阳能光伏、LED、智能电网等重点产业,对国内外的最新科技经济信息进行监测、收集、整理和分析,每期的发行量由原来的100多份增加到近3000份,发送对象覆盖到各县(市、区)主要科技企业。建立汽车及零部件行业动态信息推送平台，由专业情报人员对企业需要的行业动态信息进行长期跟踪、采集、分析和处理,定期编辑行业动态手机报，以为全市116家企业的管理人员和研发人员提供最新的科技情报参考。

(胡　军)

镇 江 市

Zhenjiang City

【概　况】 2013年，镇江市科技创新工作牢牢把握苏南现代化示范区建设新机遇，第九次蝉联“全国科技进步先进市”，科技创新对经济社会发展的支撑力全面提升。苏南现代化示范区建设科技创新5项指标均保持全省前五位。

创新创业行动计划顺利实施。作为牵头单位,采取“单月会议集中调度、双月项目现场抽查”、绘制形象进度表等方式,有序推进“创新创业行动计划”工作目标、重点任务和重点项目。100个科技创新重点项目累计投资41.8亿元;41个项目产生经济效益,累计销售43.8亿元,上缴税收3.3亿元。开展“科技政策宣传月”活动,重点宣传落实“科技创新20条”等惠企政策,举办政策培训班120多个,组织政策辅导服务2500多次,落实减免税收7.61亿元,科技创新创业环境进一步优化。

高新技术产业平稳发展。组织实施高新技术产业“双提升”计划,预计全年完成高新技术产业产值近3500亿元,占比达46%。认定高新技术企业100家,省级高新技术产品285项。入选国家火炬计划13项、国家重点新产品17项、国家重点高新技术企业9家。申报省级以上各类项目1800多项,立项572项,获国家和省级资助3.72亿元。组织企业(团队)参加首届江苏科技创业大赛,荣获二等奖1个、三等奖3个,赛绩列全省第二。江苏和成显示科技股份有限公司获第二届中国创新创业大赛二等奖。

平台载体建设内涵提升。强力推进国家级高新区争创,科技部专家组现场考评给予较高评价。实施“企业研发机构创新能力提升计划”,新增省级以上研发机构44家，高新技术企业和大中型工业企业省级以上研发机构同比增长近7个百分点。新增国家级科技型企业孵化器1家,省级科技型企业孵化器3家,全市孵化面积超280万平方米。“国家火炬镇江高性能材料特色产业基地”获批。

产学研合作不断深化。启动“镇江—中科院科技合作推进年”活动,与中科院科技合作效益继续保持全省第一。入选中科院首批“企业创新岗”试点企业10家,列全省第二。引进和新建研发检测机构11家。镇江航空产业园获批“江苏省航空配套产业产学研协同创新基地”。市生产力促进中心获批中国创新驿站江苏区域首批基层站点。

科技人才队伍继续壮大。配合组织实施各级各类人才计划,新增国家“千人计划”人才23名;新增省科技创新团队3个,位列全省第一;新增省双创计划人才(含创新团队)52个;新增市“331”计划领军人才(团队)104个。举办“镇江市科技型企业家高级研修班”,有力提升企业家创新创业素质。

科技惠民凸显成效。加快农业领域技术创新,成功召开润宇生物短稳杆菌生物农药推广会、全市示范园暨农村科技服务超市建设推进会。2个项目成功入围国家科技计划农村领域预备项目,入围数占全省的三分之一。镇江市科技局获评省“送科技下乡、促农民增收”科技富民突出贡献单位。新增槐荫生态文明科技示范社区等4个省级科技社区,数量居全省第一。

知识产权工作激发活力。深入开展“国家知识产权示范城市”建设,在全省率先设立专利密集型企业培育计划,成立全市首家专利运营公司。全年申请专利 28255 件,其中发明专利申请 9190 件,专利授权 9809 件。完成 132 件专利保险投保工作,投保数量和金额居全国专利保险试点市之首。新增 17 家省企业知识产权管理标准化示范先进单位,贯达标企业数及先进企业数保持全省第一。

投融资体系日趋完善。大力推进省科技金融合作创新示范区建设,成功举办全市科技金融对接洽谈会。61 家科技型中小企业获省科技风险补偿贷款超 1.5 亿元,立项数和放贷数居全省前列。科技支行和科技小额贷款公司累计放贷 8 亿元,其中市风险池基金累计贷款余额近 1.1 亿元。在全省率先推行“科技型中小企业履约保证保险贷款”,贷款余额达 4000 万元。大力引进和建设创业风险投资机构,创业投资规模达 50 亿元。镇江高新区科技金融服务中心获批首批“江苏省科技金融服务中心”。

2013 年 10 月 17 日,全市科技金融对接洽谈会在镇江市成功举办。

国家高新区创建。跟踪推进国家高新区创建工作,镇江高新区升级进入待批程序,总体规划和产业规划通过省科技厅评审,创建工作得到科技部专家实地考评肯定。市科技局推荐并协助高新区获批省第三批科技创新区、省第二批科技金融合作创新示范区和省知识产权试点区,并创成省首批科技金融服务中心。帮助高新区争取国家、省级项目及资金支持,同时在市级科技计划安排上向高新区倾斜,总计立项 45 个项目,获经费 2083 万元。

【高新技术产业】 2013 年,全市高新技术产业完成产值 3432.2 亿元,比 2012 年同期增长 20.32%,占全市规模工业产值的 46.8%,位居全省第一;其中民营企业实现高新技术产业产值 2246.7 亿元,占全市高新技术产业产值的 65.46%,三资企业实现高新技术产业产值 955.7 亿元,占全市高新技术产业产值的 27.85%,国有企业实现高新技术产业产值 229.8 亿元。2013 年全市高新技术产业实现销售收入 3332.1 亿元,比 2012 年同期增长 20.87%,占全市规模工业销售收入的 47.46%;完成利税 320.5 亿元,比 2012 年同期增长 21.0%,占全市规模工业利税的 47.63%。

江苏尚阳数字科技有限公司等 100 家企业被江苏省高新技术认定管理工作协调领导小组办公室按照新标准认定为高新技术企业。长江(扬中)电脱盐设备有限公司“1200 万吨/年高酸重质劣质原油智能响应控制电脱盐成套装备”等 17 个产品被国家科技部认定为国家重点新产品。“轨道交通牵引电机用耐高温少胶云母带”等 285 项产品获得认定,至此全市省级高新技术产品总数达到 2080 项。加大孵化器(加速器)建设力度,扬中市科技创业中心升格为国家级科技企业孵化器,江苏镇江京口工业园区高创中心、江苏东恒空港高新技术创业园、镇江市京口归国博士创业园成功升级为省级科技企业孵化器。截至 2013 年年底,全市共拥有 6 家国家级科技企业孵化器,17 家省级科技企业孵化器和 1 家省级科技企业加速器。全市孵化器总面积达到 287.10 万平方米。

表 6–41 2013 年度镇江市按新标准认定高新技术企业名单

序号	企业名称	所在地	序号	企业名称	所在地
1	江苏尚阳数字科技有限公司	丹阳市	6	江苏顺发电器有限公司	丹阳市
2	江苏同力机械有限公司	丹阳市	7	江苏迅驰汽车部件有限公司	丹阳市
3	双峰格雷斯海姆医药玻璃(丹阳)有限公司	丹阳市	8	江苏鼎泰工程材料有限公司	丹阳市
4	江苏鸿业重工有限公司	丹阳市	9	江苏新昌汽车部件有限公司	丹阳市
5	江苏天宏机械工业有限公司	丹阳市	10	丹阳利华电子有限公司	丹阳市

续表 6-41

序号	企业名称	所在地	序号	企业名称	所在地
11	丹阳假肢厂有限公司	丹阳市	56	江苏吉星新材料有限公司	扬中市
12	丹阳市新美龙汽车软饰件有限公司	丹阳市	57	江苏美科硅能源有限公司	扬中市
13	江苏华昌工具制造有限公司	丹阳市	58	江苏润弛太阳能材料科技有限公司	扬中市
14	江苏锋泰钻石工具制造有限公司	丹阳市	59	镇江维纳特气门有限公司	扬中市
15	江苏申阳电梯部件有限公司	丹阳市	60	镇江市长江机电设备厂	扬中市
16	丹阳市金晟医用橡塑制品有限公司	丹阳市	61	江苏昕宇药业有限公司	丹徒区
17	江苏昊泰气体设备科技有限公司	丹阳市	62	江苏亚希维医疗器械有限责任公司	丹徒区
18	丹阳市利普机械配件有限公司	丹阳市	63	镇江南方电子有限公司	丹徒区
19	江苏东方汽车装饰件总厂	丹阳市	64	上豪包装机械(镇江)有限公司	丹徒区
20	丹阳宏图激光科技有限公司	丹阳市	65	镇江市欧菱电气自动化系统设备有限公司	丹徒区
21	江苏精工特种材料有限公司	丹阳市	66	镇江银海铝业有限公司	丹徒区
22	江苏科博汽车部件有限公司	丹阳市	67	镇江利德尔复合材料有限公司	丹徒区
23	诺德轮毂制造有限公司	丹阳市	68	镇江英赛德铸造材料有限公司	丹徒区
24	丹阳市龙鑫合金有限公司	丹阳市	69	镇江市松协电器有限公司	京口区
25	江苏大力神科技股份有限公司	丹阳市	70	江苏长江环境科技工程有限公司	京口区
26	江苏万新光学有限公司	丹阳市	71	江苏科捷锂电池有限公司	京口区
27	江苏海伦隐形眼镜有限公司	丹阳市	72	江苏鼎盛重工有限公司	京口区
28	江苏彤明高科汽车电器有限公司	丹阳市	73	江苏瑞蚨通软件科技有限公司	京口区
29	丹阳市车船装饰件有限公司	丹阳市	74	江苏安德信超导加速器科技有限公司	京口区
30	江苏天工钛业科技有限公司	句容市	75	镇江市恒源汽车零部件有限公司	润州区
31	江苏金沃机械有限公司	句容市	76	镇江泰利丰电子有限公司	润州区
32	句容骏成电子有限公司	句容市	77	江苏大通重工有限公司	润州区
33	江苏兆鋆新材料科技有限公司	句容市	78	镇江奥立特机械制造有限公司	润州区
34	江苏丰源种业有限公司	句容市	79	镇江诺尼基智能技术有限公司	镇江新区
35	镇江北新建材有限公司	句容市	80	江苏凌创电气自动化股份有限公司	镇江新区
36	句容市华联特种设备制造有限公司	句容市	81	艾塔斯科技(镇江)有限公司	镇江新区
37	江苏建华新型墙材有限公司	句容市	82	江苏翰诺信息科技发展有限公司	镇江新区
38	句容益柯赛橡胶制品有限公司	句容市	83	镇江爱邦电子科技有限公司	镇江新区
39	江苏士林电气设备有限公司	扬中市	84	江苏运达精密零部件有限公司	镇江新区
40	江苏锋芒复合材料科技集团有限公司	扬中市	85	镇江华泰铝业股份有限公司	镇江新区
41	金海新源电气江苏有限公司	扬中市	86	镇江艾科半导体有限公司	镇江新区
42	江苏万丰光伏有限公司	扬中市	87	江苏超跃化学有限公司	镇江新区
43	江苏中源电力设备有限公司	扬中市	88	镇江艾康医疗器械有限公司	镇江新区
44	江苏裕兴电器有限公司	扬中市	89	江苏维赛科技生物发展有限公司	镇江新区
45	佳明新材料科技有限公司	扬中市	90	镇江冈山电子有限公司	镇江新区
46	江苏星鑫工程管道有限公司	扬中市	91	镇江光宁航海电子科技有限公司	镇江新区
47	江苏沪运制版有限公司	扬中市	92	镇江中安通信科技有限公司	镇江新区
48	江苏长凯机械设备有限公司	扬中市	93	江苏蓝烽新材料科技有限公司	镇江新区
49	镇江市江岛电器制造有限公司	扬中市	94	镇江威特药业有限责任公司	镇江新区
50	江苏大力城电气有限公司	扬中市	95	英科(镇江)机械有限公司	镇江新区
51	镇江奇佩支吊架有限公司	扬中市	96	江苏大秦光电科技有限公司	镇江新区
52	扬中市华能电力设备有限公司	扬中市	97	威凡智能电气高科技有限公司	镇江新区
53	镇江正汉泵业有限公司	扬中市	98	镇江新宇固体废物处置有限公司	镇江新区
54	江苏星河集团有限公司	扬中市	99	江苏航科复合材料科技有限公司	镇江新区
55	江苏航天惠利特环保科技有限公司	扬中市	100	镇江华坚电子有限公司	镇江新区

表 6-42 2013 年度镇江市新增国家重点新产品项目名单

序号	项目编号	项目名称	承担单位
1	2013GRC10012	LV 密集型母线槽	江苏威腾母线有限公司
2	2013GRC10026	CLG375A 滑移转向装载机	江苏柳工机械有限公司
3	2013GRC10039	破乳剂 NJ-BP2040	句容宁武高新技术发展有限公司
4	2013GRC10048	高倍率纳米磷酸铁锂电池正极材料	江苏乐能电池股份有限公司
5	2013GRC10056	1200 万吨/年高酸重质劣质原油智能响应控制电脱盐成套装备	长江(扬中)电脱盐设备有限公司
6	2013GRC10060	大拖力海洋平台多用途支持船	江苏省镇江船厂(集团)有限公司
7	2013GRC10064	大型智能成套发酵集成系统	镇江东方生物工程设备技术有限责任公司
8	2013GRC10067	HY-全数字化高速宽幅铝箔轧机	镇江市宏业科技有限公司
9	2013GRC10083	100 亿孢子/mL 短稳杆菌悬浮剂	镇江市润宇生物科技开发有限公司
10	2013GRC10096	BMR 系列高效摆线液压马达	镇江大力液压马达有限责任公司
11	2013GRC10102	超低输入扭矩全液压转向器	镇江液压件厂有限责任公司
12	2013GRC10103	高效闭式凝结水回收装置	扬中市华能电力设备有限公司
13	2013GRC10111	YDQK 智能化、信息化数字全科诊断集成系统	江苏鱼跃医疗设备股份有限公司
14	2013GRC10123	汽车整车匹配主模型	江苏申模数字化制造技术有限公司
15	2013GRC10127	L27/38 船用中速机主推进系统集成产品	镇江中船设备有限公司
16	2013GRC10134	纤维增强柔性复合管材	江苏金波新材料科技有限公司
17	2013GRC10139	核级防火硅酮橡胶 FS-H	海龙核材科技(江苏)有限公司

【科技计划】 2013 年,科技部门组织实施市级以上科技项目 2100 多项,其中获得国家级、省级资助的科技计划项目 572 项,共获上级科技拨款 3.72 亿元。获得立项的省级以上科技计划项目大多数来自于全市高端装备制造、新材料、新能源、生物技术及新医药、电子信息、现代农业、节能环保等新兴产业领域,项目数和拨款额占全市的比重均在 75%以上。其中高端装备制造 97 项,获拨款 8740 万元;新材料 76 项,获拨款 9679 万元;新能源 24 项,获拨款 2133 万元;生物与新医药 41 项,获拨款 4871 万元;现代农业 50 项,获拨款 2215 万元;电子信息 40 项,获拨款 2389 万元;节能环保 21 项,获拨款 965 万元。获得千万以上资助的项目数有 6 个,其中江苏恒神纤维材料有限公司承担的省战略性新兴产业项目获 5000 万元的资金扶持。

全年组织申报国家、省、市各类农业科技计划项目 260 余项,正式列入农业科技计划项目 178 个,经费总投入超 2.3 亿元。其中,省级以上农业科技计划立项 18 项,获资助 1955 万元,列省辖市第二位。市本级农业科技支撑计划立项 42 项,安排经费 725 万元,年度农业科技创新资金占全部财政科技创新资金比重超 20%。新增 2 项国家农业领域备选入库项目;44 个农业科技项目通过国家、省、市级验收和成果鉴定;获市科技进步一等奖 1 项,二等奖 2 项,三等奖 3 项。

2013 年,江苏镇安电力设备有限公司的“大型港口智能化船舶岸电系统的关键技术开发及产业化”项目等 9 个项目被列入省科技成果转化专项资金项目,共获省财政专项资助 8000 万元。9 个项目总投资额超过 8.54 亿元,项目实施期内,将申请发明专利 39 件,申请实用新型专利 44 件,累计实现销售收入 13.1 亿元,利税 2.6 亿元。

“食品、农产品无损检测研究”“高转矩密度永磁容错游标电机及其高效容错控制”等 107 个项目获省自然科学基金计划立项,获资助经费 1966 万元,立项数和经费数居全省第二,其中江苏大学获省青年基金项目 70 项,获资助经费 1380 万元,居全省高校第一,表明镇江市基础性研究处于全省领先水平。“飞秒激光光栅制备技术及其在耐磨涂层残余应力测试中的应用”“基于混杂系统理论的客车电控空气悬架系统动态特性机理与控制研究”等 180 个项目获国家自然科学基金计划立项、资助经费 8208 万元,其中江苏大学立项 142 项、经费 6386 万元,江苏科技大学 38 项、经费 1822 万元,立项数和经费数创历史新高。

表 6-43 2013 年度镇江市新增国家火炬计划项目名单

序号	项目编号	项目名称	承担单位
1	2013GH010248	船舶设计产品数据管理系统软件	江苏现代造船技术有限公司
2	2013GH010266	高端射频芯片测试技术及设备的开发及产业化	镇江艾科半导体有限公司
3	2013GH030296	超低温(-196℃)奥氏体不锈钢管件	江苏华阳管业股份有限公司
4	2013GH030301	机车制动电阻装置用反铁磁掺杂合金电阻带	丹阳市华龙特钢有限公司
5	2013GH030316	低过冷度铸轧技术生产高深冲性容器箔	镇江鼎胜铝业股份有限公司
6	2013GH030318	高剥强无渗胶 WF901 无粉基浆	江苏三泰轻工科技有限公司
7	2013GH030322	核级耐辐照阻火模块研发与产业化	海龙核材科技(江苏)有限公司
8	2013GH030332	聚醚多元醇 NJ-8348	句容宁武新材料发展有限公司
9	2013GH030352	高强度大口径 HDPE 双壁波纹管	江苏圣通环境工程有限公司
10	2013GH030381	80 吨新型铁道货车转向架用减振组件产业化	镇江铁科橡塑制品有限公司
11	2013GH040498	高速重载交流大功率电力机车用辅助压缩机组	江苏德厚机电有限公司
12	2013GH050525	高效制氢及氢燃料电池一体化研发与产业化	江苏中靖新能源科技有限公司
13	2013GH010247	金钛任务流目标管理软件智能版研发及产业化	镇江金钛软件有限公司

【科技管理】 2013 年,以建设“国家创新型试点城市”“苏南现代化示范区”和“九创全国科技进步先进市”为主线,以“创新创业行动计划”和“科技与人才工作目标责任制考核”为抓手,科技管理工作取得明显成效。2 月 28 日,市四套班子领导出席全市创新创业大会,发布全市科技工作意见,部署推进科技创新工作。加大科技统计工作投入,健全科技统计工作队伍,强化统计业务培训,完善科技统计运行机制,加强对八大工程、基本现代化、创新型试点城市等重点指标监测,提高科技统计的效率和质量。创新科技资金使用模式,发挥镇江高科创业风险投资公司作用,大力开展风险投资业务,探索后补助、科技保险等资助方式。完善科技计划“组评分离”项目评审模式,全年受理网上申报科技计划 478 项,立项 370 项,邀请市外专家 165 人次。优化“市科技计划项目管理信息系统”,项目全部实行网络化申报,部分项目实现网上评审,进一步确保行政权力运行的公开透明和公平公正。全社会 R&D 经费支出预计 73 亿元,占地区生产总值的比例达 2.45%。全市科技进步贡献率达 58.5%,科技进步综合实力继续保持全省前五。

2013 年,被评为“2011—2012 年度全国科技进步先进市”,连续第九次荣膺“全国科技进步先进市”称号。6 个辖市区全部通过 2011—2012 年度全国科技进步考核,丹阳市、扬中市、句容市获得“全国科技进步先进县(市)”荣誉称号。市委书记杨省世、市长朱晓明、副市长李世收、市科技局局长柏晓宏等 16 名同志被评为“全国科技进步考核先进个人”。

2013 年 2 月 28 日,镇江市召开“全市创新创业工作会议”。

科技与人才目标责任管理。遵循定量考核为主,定性考核为辅,绩效考核为重点的原则,将原有“双重”考核两套指标体系融于一体,提出包含组织领导、科技创新、人才建设与创新工作 4 方面 32 个指标的百分制考核体系。年初制定《镇江市 2013 年度辖市、区(部门)科技与人才工作目标责任制实施意见》,下发《2013 年全市科技与人才工作目标任务》;年中,对各地、各部门目标责任制执行情况进行中期检查,下发实施情况检查通报;年底,对辖市、区(部门)19 个单位,42 名领导干部进行考核,评选出科技进步目标管理先进集体一等奖 7 个、二等奖 8 个,科技与人才工作优秀领导干部 2 名,党政领导科技与人才工作目标责任制考核先进个人 14 名。

【科技合作】 2013 年,组织参加系列产学研活动 33 场,征集企业需求近 250 项,收集科技成果 3100 余项,签订产学研合作协议 310 多项,新增"校企联盟"93 家。以"镇江—中科院科技合作推进年"为主题,先后在全国各地举行 6 场与中科院系统的科技合作洽谈专场活动;组织参加"第四届中国江苏产学研合作成果展示洽谈会",利用大会的平台和资源,集聚吸纳一批国内外一流高校院所的科技成果来镇江转化。指导北京交通大学长三角研究院、镇江航空产业产学研联合创新平台建设,帮助镇江航空产业园成功申报"江苏省航空配套产业产学研协同创新基地";组织丹阳企业积极申请中科院企业创新岗试点,入选企业创新岗 10 个,数量占全省的四分之一。组织申报省产学研联合创新资金项目 37 项,比 2012 年增加 14 项,25 项获得立项;大全集团"大容量中压直流断路器和供电系统"和江苏科技科大学"新型船用波浪补偿综合平台与系列化装置研制" 2 个重大战略产品获省科技厅立项;获省产学研联合创新资金拨款 1685 万元,是 2012 年的 2 倍。组织申报科技部国际科技合作项目 6 项,为历年之最;组织申报省国际科技合作项目 16 项,立项 3 项,获拨经费 90 万元;精心组织市国际科技合作项目,共受理申报项目 23 项,其中 14 项列入支持,经费 350 万元;组织镇江科技新城与俄罗斯莫尔多瓦国立大学合作申报镇江中俄国际技术转移中心;指导"中—乌(江苏)船舶与海洋工程产业跨国技术转移中心"开展技术转移活动,创建国家级技术转移示范机构;组织 5 家外资企业申报省级外资研发机构,获批 3 家。

开展"镇江—中科院科技合作推进年"系列产学研活动。先后在沈阳、长春、北京、西安、兰州和上海举行 6 场与中科院有关分院及研究所的科技合作洽谈专场活动,120 家企业 230 多名代表、中科院 32 家研究所 60 多名专家和领导先后参加活动,收集中科院科技成果 504 项,发布企业技术需求近 300 项,并大力推介"人才特区"政策和科技创新政策。通过活动达成合作意向和在推进洽谈项目 48 个,其中签约 26 项。截至 2013 年年底,中科院所属的化学所、电工所、金属所、山西煤化所等单位与镇江市科技合作项目和效益超"双百",即合作项目达 103 项,销售收入 102.6 亿元,社会效益 165 多亿元。

参加"第四届中国江苏产学研合作成果展示洽谈会"成效显著。2013 年 11 月 15~16 日,省政府在南京国际展览中心举办"第四届中国江苏产学研合作成果展示洽谈会",全市 153 家企业、160 多位企业负责人及技术管理人员参加洽谈会。在筹备参会过程中,市科技局积极动员企业开展网上前期的科技成果与技术需求对接,181 家企业发布企业技术需求 167 项,对接科技成果 69 项、专家团队 54 次,成功 86 项次。参加现场洽谈企业 153 家,与来自全国各地 78 家高校院所 230 个专家团队和 310 名专家代表进行洽谈,对接科技成果 500 多项,现场签订合作意向协议 76 项。

受理市驻镇高校产学研合作项目奖申报项目 33 项,最终对 15 个项目授予奖项。"铸轧坯料生产 8A01D 合金铝箔毛料的关键技术研究"等 5 个项目获得一等奖,每项奖励 10 万元;"XY-JS 型节能灯自动弯脚机研制"等 10 个项目获得二等奖,每项奖励 5 万元。

【科技金融】 组织开展科技型企业融资需求情况调查和全市科技金融对接洽谈会,为科技型企业解决融资需求近 3 亿元;开展"江苏省科技成果转化风险补偿资金"贷款业务,为 78 家科技型企业发放贷款 19800 万元;镇江市风险池基金贷款累计为 39 家科技型企业发放贷款 10250 万元;推行科技型中小企业履约保证保险贷款,20 多家科技型企业获得履约保证保险贷款 4000 多万元;加快发展科技小额贷款业务,为科技型企业发放贷款 14153 万元。积极推进科技型企业上市,42 家企业被列入省科技企业上市培育计划,其中 8 家企业的研发项目获得省科技企业上市培育计划专项扶持资金共 480 万元。拥有 23 家创业风险投资机构,管理的创投资金规模达到 35.9 亿元。指导创投机构申请科技型中小企业创业投资引导资金,5 家创投机构共计获得省拨款 381.1 万元;中国银行镇江分行、江苏银行股份有限公司镇江分行等 5 家银行申请江苏省银行科技贷款增长风险补偿奖励资金共 1101.48 万元。

【科技成果】 2013 年,全市科技成果鉴定 107 项。全年获国家科学技术奖 2 项,其中国家技术发明奖二等奖1项,国家科技进步奖二等奖1项;获省科学技术奖21项,其中省科学技术一等奖2项,省科学技术二等奖7项,省科学技术三等奖11项;野崎宽(日本籍)获省国际科学技术合作奖。受理市科技进步奖申报项目119项,评出获奖项目68项,其中一等奖4项,二等奖11项,三等奖53项,获奖项目中农业项目5项,工业项目35项,社会发展事业项目28项。

全市技术合同成交金额再创新高。2013年全市签订技术合同768项,成交总金额25.06亿元,比2012年增长超过11%。技术开发合同成交金额25.01亿元,技术转让合同成交金额479万元。在成交合同中,涉及技术秘密、专利、计算机软件著作权等知识产权的技术合同计51项,成交金额1664.5万元。2013年进入技术市场进行交易的各级科技计划项目220项,成交金额达到22.55亿元。全市通过技术市场认定登记实现减免税的技术合同548项,合同成交总额2.51亿元,技术交易额2.46亿元,合计减免各类税收约1500万元。

2013年,4个人才团队(16名人才)入选省"创新团队计划",其中3个人才团队为科技类创新团队,1个人才团队为现代服务业类创新团队,共获得1200万元资助。20名引进博士列入"企业博士集聚计划",每人获得20万元资助。

启动实施"企业研发机构提升计划"。启动实施"企业研发机构创新能力提升计划",主要依托已通过验收的省、市级科技公共服务平台、重点实验室,省级工程技术研究中心等骨干科技创新平台,以创建国家级工程技术研究中心、省级企业重点实验室为目标,通过持续滚动支持,建设一批高水平的企业研发机构。"江苏省电气设备防护工程技术研究中心(提升项目)"等5个项目获立项支持,获经费240万元。"镇江市食醋生物技术研究院"等5家企业研究院获得立项支持,获经费400万元;"镇江科技新城知识产权公共服务平台"等3家科技公共服务平台获立项支持,获经费260万元。同时对2012年经省科技厅批准建设的"江苏省(大力)液压驱动与控制工程技术研究中心"等11家省级工程技术研究中心给予20万元/家的后补助。

省级企业研发机构建设取得新突破。镇江中船设备有限公司"江苏省船舶动力重点实验室"和江苏鱼跃医疗股份有限公司"江苏省医疗诊断设备及技术重点实验室"获批省级企业重点实验室,获省级资助各300万元。江苏呈飞精密合金股份有限公司和长江(扬中)电脱盐设备有限公司分别新增1家省级企业院士工作站,获省级资助各100万元。截至2013年年底,全市建有省级重点实验室5家、企业院士工作站19家。

7家企业入选省法人科技特派员。2013年,丹阳市青年人茶产业专业合作社、江苏康乐农牧有限公司、扬中市锦润农业科技有限公司、镇江三明生物工程有限公司、镇江希玛牧业有限责任公司、镇江市天成畜禽有限公司、镇江横塘湖生态农业开发有限公司等7家企业入选省法人科技特派员。全市法人科技特派员通过结对双方,根据产业发展需求,充分发挥企业法人特派员派出单位人才、项目、成果等优势,开展农业科技创业与服务,以创业促产业发展,以服务带农民增收致富,取得良好效果。

2家单位获评省"科技富民突出贡献单位"。省委农工办、省科学技术厅、省财政厅、省农委联合发文,表彰"送科技下乡、促农民增收"科技富民突出贡献单位,镇江市科学技术局、江苏丘陵地区镇江农业科学研究院等2家单位获此殊荣。全市有3人被评为省科技特派员创业先进个人,5人被评为省优秀科技特派员,1人被评为优秀联络员,2人被评为科技服务超市优秀店长。

【知识产权】 2013年,紧紧围绕省、市知识产权战略和创新驱动战略的实施,以"国家知识产权示范城市"建设为抓手,不断创新知识产权工作体制机制,增强知识产权管理和服务手段,大力提升知识产权的创造、运用、保护和管理能力,全市知识产权发展水平得到进一步提高。实施示范市"专利信息利用能力提升工程",组织"专利价值分析专题研讨""三江知识产权国际论坛"等活动,通过国家知识产权示范市年度考核,在全国地级示范市排名第4。加大经费投入力度,全年共安排专利专项经费1050万元,下达专利申请和授权资助经费443.82万元,争取国家和省专利资助资金292.5万元。设立市专利密集型企业培育计划,立项15项,下达资金300万元。获批省知识产权战略推进计划5项,省专利实施计划4项。通过政策引导带动,知识产权产出再创新高,全年专利申请总量为28255件,同比增长46.9%,其中发明专利申请

9190件,同比增长66.8%,专利授权总量9809件,其中发明专利授权874件,万人发明专利拥有量达9.69件。开展新兴产业知识产权集群管理试点,镇江软件园成功争创省级试点。组织江苏大学汇智公司开展专利收储与运营服务,推动高校院所的专利成果向企业转移。推进投融资服务试点市建设,解决创新型企业融资难问题,支持企业通过知识产权价值评估,运用知识产权开展投资、融资等经济活动。依托市生产力促进中心建设市专利交易市场和网上交易平台,提升知识产权变现能力。狠抓行政执法,加大知识产权保护力度,增挂"执法处(支队)"牌子,启动"专利执法日"活动,每月第二周的星期二全市同步开展执法检查。组织开展了第二轮"护航"专项行动,检查百货商场、超市、药店等200多家,共查处假冒专利行为235起,立案调处专利纠纷案件14件。在国家局开展的2012年度行政执法绩效考核中,镇江在89个地级(副省级)城市中排名第六。首次认定市级"正版正货"示范街区2个,为打造"诚信镇江"奠定良好的基础。招募60名知识产权维权志愿者,壮大了维权援助力量。先后组织企业知识产权工程师培训、"一企一训"、行业培训、专利行政执法培训等,全年举办各类培训104场次,培训人员超5000人次。广泛开展宣传普及活动,围绕"4·26"知识产权宣传周,充分利用知识产权联席会议平台,组织开展现场宣传咨询活动、图片展、知识产权进企业、大型宣讲等活动。推进企业管理标准的贯彻实施,全年共有114家企业列入省贯标计划,350余名企业内审员通过培训和考核,73家企业通过贯标认证,17家企业获得优秀称号。推进专利保险试点工作,全年完成101家企业132件专利的投保工作,投保数量和保障金额居全国25个专利保险试点城市之首。开展专利维权托管服务,完善专利维权托管服务信息平台,组建专利维权专家顾问团队,全年完成托管专利超200件,定期向企业发送专利预警维权建议书超700件。制定集聚区规划,推进全市知识产权服务业发展,以镇江科技新城为载体,加强国内优质服务机构的引进、聚集,争取建立国家级企业贯标实训基地,支持江苏大学与国家知识产权研究中心合作共建国家级知识产权发展研究基地。

镇江软件园的高端软件项目被列入国家知识产权局2013年战略性新兴产业知识产权集群管理试点项目,通过此试点项目,推动镇江软件园开展知识产权集群管理,提高园区的创新资源配置效率,形成知识产权比较优势。

受国家知识产权局委托,市知识产权局承担《2013年全国专利事业发展战略推进计划》2项重点任务,将在"专利运用支撑体系建设"和"专利助推企业转型"上开展研究与实践探索,推进国家知识产权示范城市建设。

镇江万新光学眼镜有限公司的"渐变式偏光液晶光阀及其制造方法"、普立思胜医疗技术(丹阳)有限公司的"压力测量中的自动误差检测方法和电子血压计"、江苏惠通集团有限责任公司的"触摸识别方法、触摸键结构及触摸装置"、江苏耘农化工有限公司的"2-苯并[c]呋喃酮的制备方法"、镇江市海通化工有限公司的"一种环保的傅克反应后处理方法"、江苏大学的"电化学—激光掩模聚焦微刻蚀加工方法及装置"共6项发明专利入选2012年度江苏省百件优质发明专利。

知识产权贯标工作继续保持全省领先。2013年全市74家企业全部通过省地方标准《企业知识产权管理规范》示范创建绩效评价,被确定为省知识产权标准化管理贯标合格单位,通过率和总数均继续保持全省第一。其中,17家企业被评为省知识产权标准化管理贯标先进单位,获省财政奖励90万元。目前全市共有省知识产权标准化管理贯标合格单位142家,省知识产权标准化管理贯标先进单位61家。

5家企业获省企业知识产权战略推进计划项目支持。2013年,镇江市江南矿山机电设备有限公司、江苏顺发电热材料有限公司、江苏堂皇集团有限公司、江苏奥雷光电有限公司、有能集团有限公司5家企业获江苏省企业知识产权战略推进计划项目立项支持,获得省财政资金170万元,立项数列全省第三位。

4个企业获省专利实施计划项目支持。江苏惠通集团有限责任公司发明专利"触摸识别方法、触摸键结构及触摸装置(专利号:ZL201010514991.7)"等4个专利获得江苏省企业专利实施计划项目支持,获省财政专项资金80万元,立项数居全省第二。4项发明专利均为各企业主营产品核心专利,拥有完全自主知识产权。

新增2家省知识产权试点园区。江苏镇江高新技术产业开发区、丹徒经济开发区2家单位被列为省级知识产权试点园区。截至2013年年底，全市省级知识产权试点园区达到6家。

设立企业专利突破奖励资金。12月3日，出台《镇江市企业专利突破奖励资金管理办法（试行）》，设立企业专利突破奖励资金，用于奖励企业创新团队和个人围绕关键技术，开展专利布局、优化专利结构，产出一批优质专利，以促进专利创造量质并举。该奖励每年评审奖励一次，由企业申报，直接奖励给企业的专利发明团队及个人，企业须安排不低于1∶1的配套奖励资金。

市专利执法支队批准成立。3月27日，市编办批复同意在镇江市知识产权局政策法规处增挂“专利执法支队”牌子。镇江市专利执法支队的批准成立，标志着镇江知识产权保护工作又迈出了新的一步。市专利执法支队主要职能有：接受市知识产权主管部门委托，依法行使专利行政执法职能；负责处理、调解专利纠纷案件，依法查处假冒专利行为；参加市知识产权联合执法、专项执法等工作，监督检查全市各类市场、展会的知识产权保护情况，完成上级交办的与知识产权保护相关的各项工作。

召开知识产权纠纷人民调解员座谈会。4月25日，组织召开知识产权纠纷人民调解员座谈会，研讨知识产权纠纷解决的新途径。市知识产权局、中级人民法院、司法局的有关领导出席座谈会，中国（镇江）知识产权维权援助中心有关负责人和知识产权纠纷人民调解员代表等近20人参加了座谈会。会上，市知识产权局介绍了全市知识产权工作的总体情况、面临的任务及专利行政执法现状。市中级人民法院有关负责人从知识产权司法保护的角度，介绍了开展知识产权纠纷“诉调对接”的背景和意义，强调了发挥人民调解员在知识产权案件诉调对接机制中作用的重要性。中国（镇江）知识产权维权援助中心向11位知识产权纠纷人民调解员颁发了聘书。

出台加强知识产权保护协作配合的意见。9月22日，市知识产权局、市人民检察院联合出台《关于加强知识产权保护协作配合的意见》（以下简称《意见》），为建立打击侵犯知识产权违法犯罪行为的行政、司法长效协作机制提出了指导性意见。《意见》提出，市知识产权局与市人民检察院建立合作机制，加强协作配合，共同开展知识产权保护工作。内容包括建立侵犯知识产权类犯罪线索、侵犯知识产权的刑事民事案件监督、审查批捕、审查起诉、民事行政等情况通报制度；知识产权管理部门对侵犯知识产权违法行为涉嫌犯罪的应及时向检察机关备案。同时，两部门发挥各自职能优势，为企业提供有关知识产权法律法规的宣传教育和辅导等服务，帮助企业建章立制，预防知识产权领域的违法犯罪，并为相关受害企业提供相应的法律援助。

设立本级“正版正货”示范街区项目。9月23日，确定首批本级“正版正货”示范街区项目承担单位2个，下达项目经费8万元。项目承担单位实施项目的目标任务主要包括：健全知识产权工作机制、组织街区知识产权宣传和培训工作、履行“正版正货”承诺、强化知识产权管理、争创省级“正版正货”示范街区等。本级项目的设立和实施，将进一步发挥“正版正货”示范街区的带头引导作用，为打造“诚信镇江”奠定良好的基础。

启动新一轮专利维权托管工作。9月26日，市知识产权局与中国（镇江）知识产权维权援助中心、江苏省知识产权研究中心签订《2013年度镇江市专利维权托管工作项目合同书》，标志着新一轮专利维权托管工作全面启动。根据合同约定，中国（镇江）知识产权维权援助中心和江苏省知识产权研究中心作为项目承担单位，负责完善专利维权托管服务信息平台，组建专利维权专家顾问团队，对托管专利开展检索分析，为企业托管专利进行包括专利风险分析、战略跟踪、涉外市场分析等内容的维权预警和纠纷应对辅导。项目实施期间，完成托管专利200件以上，定期向企业发送专利预警维权建议书700件以上。

开展专利行政执法护航专项行动。11月4~10日，市知识产权局与辖市（区）知识产权局联合组成专利行政执法组，针对辖区内商贸流通企业专利侵权行为开展专项检查。共检查百货商场、超市、药店等200多家，抽查各类商品5000余件，对检出的涉嫌假冒专利商品进行了取证和登记备案。检查过程中，执法人员还对被检查企业的负责人和员工进行了专利基本知识和标注规范的介绍与讲解。通过此次专项行动，严厉打击了专利侵权假冒行为，维护了公平有序的市场竞争秩序。

【重大科技活动】　举办2013镇江（深圳）科技合作交流会。2013年11月7日，2013镇江（深圳）科技合作交流会在深圳福田香格里拉酒店隆重举行,90多名客商应邀参加,神华风险投资、安科影像设备医疗器械、智能机器人等15个项目签约,投资总额41.2亿元。市委书记杨省世致辞,市长朱晓明介绍镇江经济社会发展概况,市领导李小平、童国祥、李卫平出席会议,副市长李世收主持。

2013年11月7日,镇江(深圳)科技合作交流会在深圳福田香格里拉酒店隆重举行。

"江苏省航空配套产业产学研协同创新基地"获批。2013年7月,镇江航空航天产业园正式获批"江苏省航空配套产业产学研协同创新基地"。基地已吸引包括航天科工三院的特种材料项目、南京航空航天大学通用飞行器、北京安翔高清航拍无人机等27个项目入驻,总投资超过170亿元,已落户航空产业园的所有项目中8个项目直接为国产大飞机C919作配套,实现"T800碳纤维关键技术研究""大飞机复合材料部件关键技术研究"等航空企业产学研合作项目15项。

江苏省PAN基碳纤维工程中心打破国外产业垄断。2013年12月,江苏省PAN基碳纤维工程技术研究中心创新团队成功突破国产PAN基碳纤维T300—700的产业化生产工艺和生产装置技术瓶颈,并用于产业化建设。该生产线已正式运行,首批产品已投入市场,经权威机构检测认定其生产的HF10/HF30碳纤维的综合性能指标与日本东丽等国外知名品牌的同类产品没有差别。

设立专利密集型企业培育计划项目。2013年5月3日,市知识产权局出台《镇江市专利密集型企业培育计划管理办法》,率先在全省设立专利密集型企业培育计划项目。该类计划项目旨在全市新兴产业、重点发展产业及高新技术产业中培育一批专利密集型企业,并尽快形成具有一定规模、拥有较多自主知识产权、市场竞争力较强的高新技术企业群,增强产业核心竞争力。

首家专利运营公司成立。2013年6月28日,首家专利运营公司即江苏汇智知识产权服务有限公司成立。江苏汇智知识产权服务有限公司为江苏大学独资公司,注册资本300万元,融合了江苏省知识产权研究中心、镇江江苏大学技术转移中心有限公司、镇江亿百特信息服务有限公司等的资源,建立从专利创造培育到专利实施应用的全链条专利技术转移服务模式。

(张 舒)

泰州市

Taizhou City

【概 况】 2013年,泰州市获批为"国家创新型试点城市""国家知识产权示范城市",实现"全国科技进步先进市"五连冠。所辖三市三区均通过全国科技进步考核,其中海陵区、高港区、泰兴市、靖江市被表彰为全国县(市)科技进步考核科技进步先进县(市)。

2013年11月5日,中纪委驻国家知识产权局纪检组长肖兴威、市委书记张雷共同为"国家知识产权示范城市"揭牌。

【科技体制】 实施了部门内部管理体制改革、科技计划项目评审制度改革、科技攻关项目组织方式改革、企业研发平台绩效评价改革、发明专利激励机制改革、重大经济科技活动知识产权评议机制改革等6项改革,进一步扫除影响科技创新能力提高的体制机制障碍,促进科技与经济的紧密结合。

【高新技术】　全市新增国家火炬计划重点高新技术企业3家、国家高新技术企业65家;新确认江苏省科技型中小企业138家、民营科技企业223家、第五批农业科技型企业8家,7家高成长性科技企业列入省科技企业上市培育库。获批国家火炬计划33项、国家星火计划39项、国家重点新产品9项、省重点新产品21项、省高新技术产品406项。在全市首次牵头组织并筛选形成80项"2013—2016年泰州市共性关键技术"指导目录,据此开展关键技术项目攻关,10项共性关键技术纳入市本级科技支撑计划支持。全年实现高新技术产业产值3349.61亿元,同比增长23.71%,比规模工业增幅高5.27个百分点;高新技术产业产值占规模工业总产值的比重为39.40%。航空航天制造业、电子计算机及办公设备制造业、仪器仪表制造业、新能源制造业等八大高新技术产业领域均保持20%以上的增速。

【科技管理】　兴化市大地蓝绢纺有限公司参与的"丝胶回收与综合利用关键技术及产业化"项目获2013年度国家科学技术进步奖二等奖。全市8项科技成果获2013年度江苏省科技进步奖,其中一等奖1项、二等奖2项、三等奖5项。86项科技成果获2013年度泰州市科技进步奖,其中一等奖6项,二等奖20项,三等奖60项。

【科技计划】　获批国家、省各类科技计划项目113项,获支持资金1.15亿元。其中,国家创新基金项目7项,资助金额580万元;省创新基金项目7项,资助金额175万元。国家科技支撑1项,资助金额827万元;省科技支撑计划13项,资助金额950万元;6家企业获2013年省科技成果转化资金项目,省拨经费共4700万元。获批国家星火计划项目39项、国家农业科技成果转化资金计划项目2项、国家富民强县计划1项、省农业科技支撑计划7项、省科技支撑社会发展项目4项、省自然基金项目3项,获国家农业科技资金支持250万元、省级农业科技资金支持350万元、省级社会发展和自然基金项目资金150万元。2013年全市下达双轮驱动战略奖励资金1100万元,奖补2012年获批的科技创新项目110项。

【产学研合作】　2013年9月24~25日,第九届中国泰州科技经贸洽谈会(以下简称"九洽会")成功举办。"九洽会"共签订科技合作正式协议项目数457项,签订正式协议34项,达成意向性协议172项。泰州市人民政府与东南大学共建技术转移中心全面合作协议签订。2013年5月3日,产学研合作项目发布对接会走进南京,30多家科技型中小企业与驻宁部分重点高校的专家教授面对面交流。组织召开中科院—泰州现代农业技术成果转化对接会,达成意向合作协议20多项。

2013年5月3日,产学研合作项目发布对接会走进南京,泰州市科技局组织30多家科技型中小企业与驻宁部分重点高校的专家教授面对面交流。

【研发机构】　大中型工业企业研发机构和规模以上高企研发机构建有率100%。新建产学研联合体147家,省级工程技术研究中心14家、市级67家,省级企业院士工作站1家、市级5家,市级重点实验室4家。新建省研究生工作站16家、省级外资研发机构4家。江苏省生物医药产业产学研协同创新基地、江苏省不锈钢产业产学研协同创新基地被确认为省首批产学研产业协同创新基地。

【农业科技】　推进超市市(区)全覆盖和示范店建设工程,2家超市分店被评为江苏农村科技服务超市优秀等级,4位店长被评为江苏农村科技服务超市优秀店长。组织开展"农村科技特派员在基层"专题活动,江苏农牧科技职业学院被评为"送科技下乡 促农民增收"活动科技富民突出贡献单位,24名省科技特派员领办的企业获批首批"江苏法人科技特派员"称号。

2013 年 12 月 3 日,来自上海水产大学、江苏省水产研究所、江南大学等单位的 35 名专家到姜堰设施蔬菜分店,开展农业科技成果对接活动,与泰州市农业企业签订 11 项技术支撑、基地合作协议。

【知识产权】 在全省率先出台《关于加强全市重大经济科技活动知识产权评议工作的意见（试行)》,在重大经济科技活动中引入知识产权评议制度。5 家企业被选为 2013 年度江苏省企业知识产权战略推进计划承担单位,14 家企业被评选为 2013 年度省贯标先进企业,新增 21 家市知识产权密集型企业。兴化特种合金材料及制品产业基地被列入 2013 年战略性新兴产业知识产权集群管理试点。靖江经济技术开发区获批为泰州市第 3 家江苏省知识产权试点园区。联合工商、版权、公安等部门,开展跨部门联合执法检查,立案查处侵权假冒专利案件 132 起。建立专利行政执法巡回审理庭,成立知识产权保护检察工作站,加强对辖区内专利侵权纠纷案件的调处。深入开展维权援助工作,在泰兴、姜堰、医药高新区筹备设立维权援助分支机构。全年专利申请 25626 件,其中发明专利申请 5496 件。专利授权 8309 件,其中发明专利授权 248 件。

【科技政策】 落实企业科技税收减免金额 5.61 亿元,其中高新技术企业税收减免政策落实减免金额 3.55 亿元,政策惠及企业 97 家;企业研发费用加计扣除减免所得税政策减免所得税 1.54 亿元,政策惠及企业 178 家。

【科技人才】 22 人被确定为 2013 年度省“双创计划”引进人才,12 人被确定为 2013 年度省“博士集聚计划”企业创新类资助人才。卓然(靖江)设备制造有限公司的王守国团队成功入选省科技创新团队。

【科技金融】 20 家企业成功与省内创投机构达成意向投资协议,3 家科技型企业与江苏银行成功签约。与科技银行开展银企对接,将 1.5 亿元的贷款规模全部发放给推荐的科技型企业。32 家科技型企业申请省重大成果风险补偿专项资金贷款项目,共获江苏银行 7550 万元信贷支持款。建立由市财政局出资 1000 万元、省财政厅配套 1000 万元的科技贷款“资金池”,选定泰州市农村商业银行为合作银行，完成市级科技型中小企业贷款风险补偿资金池支持企业名录库建设工作。全年为 52 家科技企业发放科技贷款 21558 万元。

【科技孵化器】 全市共有国家级科技企业孵化器 6 家、省级科技企业孵化器 4 家。中国石墨烯产业联盟标准化委员会在泰州成立，秘书处挂靠在泰州石墨烯研究及检测平台。泰州市高新技术创业服务中心全年引进入驻项目 28 个,入驻企业预计实现产值 1.7 亿元、利税 1806 万元。

【重大科技活动】 2013 年 1 月 6~7 日,科技部农村科技司司长陈传宏来泰州市调研，充分肯定泰州市农业科技成果转化工作。市委副书记杨峰、副市长苏钢强陪同调研。陈传宏一行重点走访了中国医药城、江苏农牧科技职业学院、泰州农业开发区及江苏农村科技服务超市溱潼设施蔬菜产业分店。

1 月 27 日，国家科技部组织 10 家中央媒体，专题来泰州市开展农村科技服务超市采风宣传活动。此次来泰州采风宣传的中央媒体包括经济日报、人民网、中央电视台、中国新闻社、新华社、光明日报、科技日报等。

1 月 29 日,泰州市出台《关于加强全市重大经济科技活动知识产权评议工作意见(试行)》的通知(以下简称《意见》),《意见》对加强全市重大经济活动项目科技活动知识产权评议对象提出了要求,明确了重大经济科技活动评议内容。

3 月 19 日，国家知识产权局在泰州召开座谈会,调研江苏苏中、苏北地区新兴产业知识产权集群管理试点工作。国家知识产权保护协调司副司长张志成、江苏省知识产权局副局长支苏平、泰州市人民政府政府副秘书长李龙根、泰州医药高新区党工委副书记张长平、泰州市科技局局长祝光等领导出席会议。

4月2日,国家科技部农村司陈传宏司长一行来到兴化市调研农业科技工作。省科技厅副厅长李奇陪同调研。陈传宏司长一行实地调研了兴化市双平禽业有限公司、颐鹤林果蔬苗木专业合作社。

4月16日，泰州市特殊钢产业技术创新与知识产权战略联盟在兴化市戴南镇挂牌成立，这是继无锡成立江苏省物联网知识产权联盟之后的全省第二家产业知识产权战略联盟。

5月10日，江苏省知识产权局与泰州市人民政府联合召开省市合作共建工作会议,签订《2013年省市知识产权合作共建计划》。市委副书记、市长徐郭平，省知识产权局局长朱宇出席会议并致辞,省知识产权局副局长支苏平、副市长杨杰签署省市合作共建计划。

6月7日,科技部农村中心成果转化处孙传范处长一行来泰州市，调研科技金融和国家农业成果转化项目实施情况。

9月18日,经国家知识产权局审核批准,泰州市被正式批准为国家知识产权示范城市，示范时限自2013年9月至2016年8月。泰兴市被批准为国家知识产权试点城市，试点主题为知识产权运用能力提高，试点时间自2013年9月至2016年8月。

9月24~25日,第九届中国泰州科技经贸洽谈会召开。市委副书记、市长徐郭平在开幕式上致辞并宣布开幕。中科院科技发展促进局副局长冯仁国，国防科技工业科技成果推广转化研究中心副主任赵钰辉，省级机关相关部门负责人，部分高校、科研院所专家教授,海内外客商代表,以及市领导王守法、倪斌、高纪明等出席,副市长杨杰主持开幕式。34个高科技合作项目签约,653家企业与专家一对一洽谈。

11月5日，泰州市举行高标准建设国家知识产权示范城市推进会议，中纪委驻国家知识产权局纪检组长肖兴威、市委书记张雷共同为“国家知识产权示范城市”揭牌。省知识产权局局长朱宇、副局长支书平出席会议,市委常委、宣传部长倪斌主持，副市长杨杰作知识产权示范城市建设工作报告。

12月3日，苏浙沪农科院科技兴农联合服务团专家来到泰州市江苏农村科技服务超市姜堰设施蔬菜分店开展农业科技成果对接活动,100多名农业龙头企业,合作社和种养大户代表参加会议。会上，三省农科院与泰州市农业企业签订技术支撑、基地合作等协议11项。

（刘月青　魏杰钢）

表6–44　2013年度泰州市高新技术企业名单

序号	企业名称	序号	企业名称
1	泰州市双宇电子有限公司	18	泰州市华诚钨钼制品有限公司
2	泰州市玉林动力机械有限公司	19	泰州蕙威照明电器有限公司
3	泰州市宏祥动力机械有限公司	20	兴化市振强不锈钢制品有限公司
4	泰州市金鼎电子有限公司	21	江苏春龙亚麻纺织有限公司
5	泰州市超人电子有限公司	22	靖江市春意空调制冷设备有限公司
6	泰州新源电工器材有限公司	23	靖江先锋半导体科技有限公司
7	江苏硕世生物科技有限公司	24	江苏久联冶金机械制造有限公司
8	江苏泰康生物医药有限公司	25	泰州康乾机械制造有限公司
9	江苏菲思特新能源有限公司	26	泰州进鑫机械有限公司
10	江苏红旗种业有限公司	27	江苏雪梅制冷设备有限公司
11	双登集团股份有限公司	28	泰州市赛福电子有限公司
12	江苏曙光华阳钻具有限公司	29	泰州市沪江特种设备有限公司
13	江苏双峰粉末冶金制品有限公司	30	江苏微特利电机制造有限公司
14	江苏晨光波纹管有限公司	31	江苏春兰清洁能源研究院有限公司
15	江苏诚天机械有限公司	32	江苏乐彩印刷材料有限公司
16	江苏兴亚船用阀门有限公司	33	泰州晟禾水处理设备制造有限公司
17	江苏亚光金属制品有限公司	34	泰州友润电子有限公司

续表 6-44

序号	企业名称	序号	企业名称
35	泰州市旺灵绝缘材料厂	51	江苏沙龙机电科技有限公司
36	江苏默乐生物科技有限公司	52	江苏江风氟合金泵阀制造有限公司
37	中生方政生物技术有限公司有限公司	53	江苏泰斯特电子设备制造有限公司
38	泰州雅美雨和新材料有限公司	54	江苏南山冶金机械制造有限公司
39	泰州市科诚汽车零配件有限公司	55	江苏华星重工机械有限公司
40	江苏晟芯微电子有限公司	56	江苏克劳斯重工股份有限公司
41	江苏丰东炉业股份有限公司	57	江苏华冶科技有限公司
42	泰州市旺鑫耐火材料有限公司	58	江苏兆胜科技有限公司
43	姜堰市化肥有限责任公司	59	兴化东华齿轮有限公司
44	泰州市姜堰区鑫汇来纺织机械有限公司	60	江苏新蕾麦芽有限公司
45	江苏纳特管业有限公司	61	泰州汇能不锈钢制品有限公司
46	泰州科世茂工程设备有限公司	62	江苏宏诚不锈钢制品有限公司
47	江苏永昊高强度螺栓有限公司	63	江苏瑞宇医疗用品有限公司
48	江苏耐尔冶电集团有限公司	64	江苏京生管业有限公司
49	江苏泽宇环境工程有限公司	65	江苏欣晖食品有限公司
50	江苏亚龙数码科技有限公司		

表 6-45 2013 年度泰州市国家火炬计划项目名单

序号	项目名称	承担单位
1	锡铈铋合金高频铝基电路板	泰州市博泰电子有限公司
2	基于物联网的多参数信号测试分析系统	江苏东华测试技术股份有限公司
3	高强度稀土铝合金半固态触变成形连杆	江苏万里活塞轴瓦有限公司
4	高强度高韧性高氮无镍超级双相不锈钢丝绳	江苏亚盛金属制品有限公司
5	高氮低镍经济型高性能新型双相不锈钢	江苏九胜特钢制品有限公司
6	超低碳高合金不锈钢焊丝	江苏兴海特钢有限公司
7	大型高效节能铸铜冷却器	江苏联兴成套设备制造有限公司
8	超高温强度抗蠕变制氢炉 KHR32C 集气管	江苏标新久保田工业有限公司
9	98%烯酰吗啉产业化示范项目	江苏常隆农化有限公司
10	少毛羽、低扭曲新型高档针织面料	江苏泰达纺织有限公司
11	三十一丝涂塑钢丝绳	江苏兴龙金属制品股份有限公司
12	高性能超高分子量聚乙烯钢骨架增强复合管	泰州申视塑料有限公司
13	KY-NMR 化纤含油率快速测定仪	姜堰市科苑电子仪器有限责任公司
14	CMCVs-HM 型便携式重金属分析仪	江苏江分电分析仪器有限公司
15	多功能电子式组合互感器	江苏靖江互感器厂有限公司
16	井下采区水处理及乳化液智能配比系统	泰州市兴东煤矿机械制造有限公司
17	石油钻机用数字式并车控制装置	泰州市宝锐石油设备制造有限公司
18	带安全阀装置转向器总成	江苏罡阳动力转向器厂
19	高效多功能花生大蒜联合收获机产业化	江苏宇成动力集团有限公司
20	高可靠性超大扭矩船用起重电动机	江苏世隆电机有限公司
21	GZJ 高效双级高真空净油机	泰州市宏泰电力设备有限公司
22	ZR6-75 储油高精汽车同步器	江苏追日汽车同步器有限公司
23	电动客车自动变速箱(AMT)操控系统	泰州市海博汽车科技有限公司
24	超大规格蓝宝石晶体生长关键技术及设备	江苏能建机电实业集团有限公司
25	新型微控油热辊筒烘干系统	泰州科世茂工程设备有限公司

续表 6–45

序号	项目名称	承担单位
26	新型 QTZ600 大吨位塔式起重机	泰州市腾达建筑工程机械有限公司
27	Y2F 系列风机专用三相异步电动机	江苏大中电机股份有限公司
28	智能化三相变频高速精密电机	江苏三江迪生电机有限公司
29	新型前减震器(MP3)	江苏明星减震器有限公司
30	大功率、高光效、高显色性 LED 灯	泰州市华强照明器材有限公司
31	DF 型燃油组合直流锅炉	格菱动力设备(中国)有限公司
32	通信用磷酸铁锂离子电池系统	双登集团股份有限公司
33	换热式一段转化炉	江苏双勤民生冶化设备制造有限公司

表 6–46　2013 年度泰州市国家星火计划项目名单

序号	项目名称	承担单位
1	导电铝箔胶带应用开发	江苏亚龙数码科技有限公司
2	EBC 衍生季铵盐——烷基二甲基乙基苄基氯化铵研发	靖江康爱特化工制造有限公司
3	生猪健康养殖与疫病防控关键技术研究与示范	泰州市佳旺种猪繁育专业合作社
4	鹌鹑健康养殖技术集成与推广	靖江市孤山畜牧兽医站
5	蛋鸡规模化健康养殖和产业化开发	泰州市鑫鼎畜牧业发展有限公司
6	纯白金针菇优良菌株筛选驯育研究与应用推广	泰州弘成食用菌农业合作社
7	常绿地中海荚蒾繁育技术及产业化开发	泰州市鑫鹏园林绿化专业合作社
8	养生鸡培育及产业化开发	泰州润庆农业科技有限公司
9	基于农业有机固废增值处理种养结合循环农业新模式	泰州市珠联种植专业合作联社
10	长江胭脂鱼人工繁育技术研究与推广应用	泰兴市天禄珍品水产有限公司
11	黑尾近红鲌健康养殖技术示范推广与产业化开发	泰兴市水产良种场
12	果园立体生态循环生产模式示范与推广	泰州市御庐园现代农业科技有限公司
13	沿江池塘半流水驯养长江刀鱼技术	靖江市滨江水产良种场
14	长江鳜鱼生态高效规模化养殖技术推广	靖江市良洪水产养殖场
15	设施蔬菜水肥一体化灌溉施肥栽培技术示范应用	泰兴市绿泰蔬菜专业合作社
16	休闲豆制品的研发与加工产业化	泰兴市天绿源食品有限公司
17	“内养外漂”高效健康养殖技术示范推广	泰兴市长江渔场
18	徐淮山羊异地健康养殖管理和疾病控制技术研究与示范	泰兴市元庄羊业专业合作社
19	年产 2 万吨花式挂面生产线研发	泰兴苏中制粉有限公司
20	大规格蟹苗培育及商品蟹生态养殖技术应用	兴化市梓里水产养殖专业合作社
21	银杏颗粒粉加工技术的开发及生产示范	泰州市润禾食品科技有限公司
22	长江下游良种林木繁育与推广	江苏腾龙园林绿化工程有限公司
23	农业蔬菜大棚专用铝型材应用开发	江苏宇马铝业有限公司
24	优质肉猪生态健康养殖技术与示范推广	泰州市城西生猪良种繁育养殖专业合作社
25	高附加值鸡蛋活性成分产业化开发	泰州苏鹏蛋业生物科技有限公司
26	稻麦秸秆基高密度成型生物炭技术产业化技术研究与推广	泰州市鑫鑫秸秆能源化利用有限公司
27	肉鸽规模化生态健康养殖技术集成与示范	姜堰市溱湖鸽业专业合作社
28	高档功能性植物源性咬胶类食品的研究与推广	江苏康贝宠物食品有限公司
29	优质水稻新品种“武运粳 24”高产栽培技术推广应用	兴化市兴润粮食专业合作社
30	水稻高产高效集成技术应用推广	兴化市竹泓镇田园植保专业合作社
31	营养配餐食品加工集成技术引进与应用	江苏圣润芦扬食品有限公司
32	番茄—水稻高效生态设施栽培模式推广应用	兴化市绿华果蔬专业合作社
33	优质草莓种苗遮阳避雨扩繁新技术的示范推广	兴化市建平果蔬专业合作社

续表 6-46

序号	项目名称	承担单位
34	家禽健康养殖关键技术示范推广	兴化市兴中罗曼蛋鸡养殖专业合作社
35	益生发酵乳制品开发及产业化	泰州卫岗乳品有限公司
36	高效节能组合式自吸泵应用开发	江苏滔海机械制造有限公司
37	蒸汽加热消音器应用开发	江苏开源环保技术工程有限公司
38	多层覆盖设施栽培特色蔬菜、瓜果	姜堰市丰源蔬菜种植专业合作社
39	IGSZ—220 / 280 型水田埋茬耕整机	泰州樱田农机制造有限公司

表 6-47 2013 年度泰州市国家创新基金项目名单

序号	项目名称	承担单位
1	水雾润滑电机后藏式高精度电主轴	江苏华雕机械有限公司
2	超高效隔爆型三相异步电动机	江苏环球特种电机有限公司
3	环保型高性能壁纸用水性油墨	泰州市美邦新材料有限公司
4	基于有机磷系纳米复合无卤阻燃 TPE 的开发	江苏鼎启钟华新型材料科技有限公司
5	资源节约型高氮低镍超级双相不锈钢合金材料	江苏九胜特钢制品有限公司
6	外挂式纸币全自动封包设备	江苏保力自动化科技有限公司
7	智能型节能节材石化流程冲压泵	江苏新泰泵阀制造有限公司

表 6-48 2013 年度泰州市国家重点新产品名单

序号	项目名称	承担单位
1	单舱万吨级重吊船	泰州口岸船舶有限公司
2	高铬镍五合金衬板	江苏双星特钢有限公司
3	致密法制备铁路电气化用硅青铜排	江苏鸿尔有色合金实业有限公司
4	超高纯甲烷氯化物	江苏梅兰化工有限公司
5	子午线轮胎专用超高强度新结构钢帘线	江苏兴达钢帘线股份有限公司
6	6DM 型大型波纹管式液压隔膜泵	江苏双达泵阀集团有限公司
7	高效节能水冷合金炉喉钢砖	江苏联兴成套设备制造有限公司
8	韧性铁铬铝铁素体电热合金材料	江苏星火特钢有限公司
9	ZDS—2000A 型荧光硫测定仪	姜堰市高科分析仪器有限公司

表 6-49 2013 年度泰州市科技进步奖获奖项目名单

序号	项目名称	完成单位	项目完成人
一等奖(6 项)			
1	DH59 网络通讯多参数信号测试分析系统	江苏东华测试技术股份有限公司	刘士钢 陈 立 郝连奎 范一木 王翠荣 陈 云 陈 沂 刘 明 崔灵云
2	1HP、1.5HP(R410A)环保型高能效全封闭转子式直流变频制冷压缩机的研制	江苏春兰动力制造有限公司	唐 星 翁 义 周 宁 卜明华 朱维荣 于章英 高亚琴 孙雪芳 黄慧琴
3	现代中药三拗片的物质基础研究及产业化	济川药业集团股份有限公司	曹龙祥 曹 飞 祝纪文 董自波 田 刚 赵 菁 李 超 邵建国
4	第三代核电用高强韧超低碳控氮奥氏体不锈钢	江苏星火特钢有限公司	董吉林 翟海平 翟素萍 翟世先 陶文明 徐 华 翟华平 翟益群 赵华东
5	动物疫苗新型免疫佐剂的研制应用	江苏农牧科技职业学院、江苏省兽用生物制药高技术研究重点实验室	朱善元 秦 枫 陈玉勇 于生兰 陈晓兰 孟 婷 唐现文 洪伟鸣 肖跃强
6	胰十二指肠切除术中贯穿缝合式胰肠吻合法的临床研究与应用	泰兴市人民医院	陈益君 朱学锋 秦裕东 朱永胜 黄建军 卜 剑 张文萍 吴 新

续表 6–49

序号	项目名称	完成单位	项目完成人
二等奖(20 项)			
1	冷温精密近净成形双离合器变速器齿轮制造技术开发与应用	江苏太平洋精锻科技股份有限公司	董义 徐骥 张艳伟 陶立平 苟文星 岳耀东 赵军华
2	热回收型风冷热水双效模块化机组	靖江市宝钢空调设备厂	夏晓宏 张宝平 肖靖东 邵小元 韩玉林 肖镧 季栋银
3	轴流泵非线性环量设计理论研究与工程应用	江苏亚太泵阀有限公司	张德胜 张成华 蒋文军 常静 周明 周琴 叶军
4	新型铝合金电力电缆	江苏双登电力科技有限公司	周友芝 杨德丰 黄宏林 胡凌飞 刘峥
5	BX305013W 超高温强度辊套式炉内辊	江苏标新久保田工业有限公司	赵亚军 黄正勇 王均亚 戴笔耘 陈刚
6	Y63 系列高铁用特种电连接器	泰兴市航联电连接器有限公司	叶学俊 徐继华 蒋绍臣 符红霞 崔青云 陈述 卢春兰
7	环境、食品中 SO_2 类物质快速检测关键技术与产业化应用	姜堰市高科分析仪器有限公司	朱明俊 王绍富 唐建美 秦蕴华 王进 李康祥 顾萍
8	混合动力轿车用宽温区镍氢动力电源系统研制	江苏春兰清洁能源研究院有限公司	曹广永 乔志鹏 袁婕 王兵 荣蓉 张玲 孙军华
9	高润滑性清洁型冷轧轧制油技术	靖江恒丰化工有限公司	任晓平 胡祺 赵洪 吴艳 夏翠娣
10	多振片式驻波型超声波电动机	江苏三江电器集团有限公司	唐震东 环敏 唐元兴 陆红林 卢童 李祥志
11	中药 6 类新药双花百合片	扬子江药业集团	薛明 郑璐 曾海松 吴革林 邵秋红 游慧 叶爽美
12	湖羊 Lrh–1 和 LHR 基因与繁殖机能相关性研究与应用	江苏农牧科技职业学院	王利红 王健 张伟 杨廷桂 高勤学 韩大勇 吉俊玲
13	高抗赤霉病优质高产弱筋小麦生选 6 号开发及产业化	江苏红旗种业有限公司	查联群 王亚松 刘晓雷 范琦 杨学明 翁明 张颖慧
14	黄鳝、黄颡鱼高效生态立体养殖示范与推广	江苏农牧科技职业学院	王权 王建国 熊良伟 朱光来 顾文婕 袁圣 陈小江
15	早期切痂减轻烧伤后胰岛素抵抗动物实验和临床研究	泰州市人民医院	陈新龙 黄俊星 林梅 卢泽慧 叶军 刘闪 焦宏波
16	转染 NDRG1 基因对宫颈癌细胞 COX–2、VEGF 表达及增殖的影响	泰州市人民医院	钱华 王华 袁冬兰 于鸿 肖蔚 林梅 何翠琴
17	我国华东地区人畜共患戊型肝炎病毒毒株遗传多样性研究	泰州市疾病预防控制中心、江苏大学	何义林 张翔 张文 咸建春 王华 移钱华 罗锋
18	隧道内镜的临床应用	泰兴市人民医院	成宏伟 戴晓荣 黄震 周瑞 马志兰 徐彩霞 唐娟
19	针刺曲池配合运动疗法治疗急性腰扭伤	泰州市中医院	邹勇 邱中 彭德熹 马丽 印宏琴 马星
20	泰州市 6~7 岁儿童口腔健康状况、行为及其影响因素的调查研究	泰州市口腔医院	贾春梅 段义峰 蔡桥银 燕小勤 马春凤

续表 6-49

序号	项目名称	完成单位	项目完成人
三等奖(60 项)			
1	节能型免维护耐高温耐高压防泄漏补偿器	江苏贝特管件有限公司	洪　亮 宋　进 尹明华 曹广金 朱爱春
2	强制式双卧轴混凝土搅拌机	江苏华星重工机械有限公司	陆建平 陆泽鹏 朱松清 陆　军
3	智能化多工位温锻冷精整复合近净成形出口美国通用 X23 汽车齿轮开发及产业化	江苏飞船股份有限公司、江苏飞船金属材料精密成形工程技术研究有限公司	黄廷波 葛晓明 陆小兵 李荫现 韩国生
4	智能化高真空强对流罩式炉	江苏凯特尔工业炉有限公司	耿　凯 倪志荣 夏红波 朱品亮
5	智能液压多功能双联动冲剪机	江苏金三力机械制造有限公司	丁　健 钱艳红 李　军 周　莹
6	GY70 轻型皮卡汽车动力转向器总成	江苏罡阳动力转向器有限公司	宋海兵 谢　军 王春宏 谭国强 凌志祥
7	双工位工作台上移式全自动立式拉床	江苏春兰机械制造有限公司	桂　容 蔡锦辉 王崇高 薛双宏 胡铁涛
8	应用 V 法铸造工艺铸造稀土钢工程桥壳	泰州市美鑫铸造有限公司	陈文美 易书新 陆江平 胡长春
9	多重密封低转速耐磨损四氯化钛专用液下泵	江苏飞翔泵业制造有限公司、江苏科技大学	季　锟 张　明 陈庆芳 季裕成 程　科
10	高效节能蒸馏精馏塔	江苏民生特种设备集团有限公司	倪加明 倪　飞 钱　春 刘兴亚 陆卫明
11	新型航空液压升降设备的研发与产业化	江苏江北液压机械制造有限公司	陈其根 孔令飞 徐伯前 高福春 唐其明
12	免冲洗 CTP 印刷版材	江苏乐彩印刷材料有限公司	刘华礼 柳东明 徐震龙 黄良平 田　鹏
13	建筑用印花金属板	江苏凯特尔新型复合饰材有限公司	耿　凯 赵　胜 夏红波 田　艳 恽　国
14	折叠式游艇	泰州神威新材料科技有限公司	王崇高 姜文军 华　飞 苏　和
15	微粉级抛光树脂精磨砂轮	江苏苏北砂轮厂有限公司	王立新 王卫国 唐健美 黄海平 王训扬
16	超大规格蓝宝石晶体生长关键技术及设备	江苏能建机电实业集团有限公司	郭余庆 孙曙光 胡　晖 王　军 杭　寅
17	耐环境圆形 Y11 系列电连接器稳性设计及关键制造技术	泰州市航宇电器有限公司	常小平 许桢英 王　匀 马世宏 叶留芳
18	4G 移动通信户外柜式一体化基站机房	江苏荣联科技发展股份有限公司	陈威一 张加兵 汪厚俊 钱爱华 刘　磊
19	配管优化技术在空调器上的推广应用	江苏春兰制冷设备股份有限公司	王冠新 孙立冬 王学友 卢　澄 吴颖琦
20	一种活性嫩黄染料及其合成工艺	泰兴市锦鸡染料有限公司、泰兴锦云染料有限公司	苏金奇 鞠苏华 张卫平 王国民 唐　炬
21	高效高塔造粒复合肥生产方法	汉枫缓释肥料(江苏)有限公司	李　辉 李天兵 毛海林 荆芬娣 伏　扬
22	肉桂多酚提取物研究开发项目	江苏九寿堂生物制品有限公司	徐开泉 徐开俊 沈梅和 吴领卫 徐开峰
23	恒转矩高速电主轴	江苏星晨高速电机有限公司	刘森钢 刘　钊 张玉昆 朱桂先 于振东
24	矿井及高尘、高湿、易爆等特种环境用移动式防爆制冷装置	江苏永昇空调有限公司	王建明 戴亚东 郁　兵 黄　飞 王爱明
25	工业自动化用伺服驱动装置及其系统	江苏上骐集团有限公司	印光宇 徐兆明 姚小华 刘　剑 周爱君
26	泰州长江大桥斜弧行电梯定期检验方法研究	江苏省特种设备安全监督检验研究院泰州分院	王家文 凌　峰 徐　锋 朱　明 陶　景

续表 6–49

序号	项目名称	完成单位	项目完成人
27	40 车 /680 客滚船 & 危险品滚装船	泰州口岸船舶有限公司	杨　春 戴益民 肖卿于 徐素兰 王正宇
28	猪精液超低温保存技术开发及应用	江苏农牧科技职业学院、无锡市生物农业科技服务推广总站	武彩红 赵旭庭 姚　静 张　斌 吴敏秋
29	骨保护素在蛋鸭钙代谢性骨病发生中的调控机理	江苏农牧科技职业学院	刘俊栋 顾建红 刘海霞 葛兆宏 唐现文
30	花生种衣剂应用技术研究及示范推广	泰兴市农业科学研究所、泰州市旱地作物研究所、泰州市作物栽培技术指导站、泰兴市利农物资有限公司、泰州市高港区农业农资综合服务中心	谢吉先 王书勤 孙　玉 谢建明 丁国祥
31	轻型栽培稻田杂草控制技术研究与应用	泰州市植保植检站、泰州苏中农业技术推广站连锁有限公司	王晓兵 景利民 高联义 黎　明 包志军
32	双低油菜直(套)播高效技术集成与推广	泰州市姜堰区农业技术推广中心、泰州市作物栽培技术指导站	吴茂平 李亚伟 丁桂珍 顾月萍 李　莲
33	克氏原螯虾产业化关键技术研究与规模化示范推广	泰州市水产技术指导站	费忠智 张国喜 陈克春 冯亚明 李荣春
34	银杏超小卷叶蛾监测预报新技术及防治应用	泰兴市森林植物病虫害防治检疫站	郭祝春 袁　觉 李金华 印福女 林飞虎
35	海量事件流预测的若干关键技术研究	泰州学院、复旦大学	朱辉生 沈荣鑫 王　鹏 汪　卫 刘来山
36	泰州市数字化城市管理信息系统	泰州市数字化城市管理办公室	常剑忠
37	腹腔镜下保留盆腔自主神经广泛子宫切除术的临床研究	泰兴市人民医院	杨纪实 周留林 周秋霞 王　君 印慧琴
38	复杂性食管癌的外科治疗	泰兴市人民医院	吕必宏 奚小祥 何光明 朱卫东 陈建忠
39	颅内前循环破裂动脉瘤早期治疗策略的研究	靖江市人民医院	车彦军 骆杰民 沈　燕 夏智源 周　珂
40	不同温度与持续时间射频热凝对半月神经节毁损的基础及临床研究	泰兴市人民医院	印红梅 余　健 周　萍 李安宝 程　震
41	MRI 对微波固化治疗肝癌疗效的评价	靖江市人民医院	刘　丽 冯志娟 王兴华 徐丽芳 陶春牡
42	星状神经节阻滞治疗经前期综合征的疗效观察	泰兴市第三人民医院、泰州市中医院	王宏伟 田斌斌 冯昌栋 刘　勇 顾卫华
43	脂肪变性技术处理标本对中低位直肠癌 TME 术后病理分期的影响	兴化市人民医院	陆新建 杨关根 裘建明 张秀峰 王　幸
44	不同血液透析年限患者对健康知识需求的调查及分层次健康教育的研究	泰州市人民医院	周丽娟 蔡　雷 杨静雯 包秀芹 蒋巧明
45	立体定向仪下软通道治疗高血压脑出血	泰兴市中医院	殷　俊 陈　磊 翟国锁 朱少锋 翁志伟
46	立体定向仪下软通道治疗高血压脑出血	靖江市中医院	张维娥 高倍松 邵雪梅 陆桥兰 刘奕君
47	喉罩通气全麻在全子宫切除中的应用	泰州普济医院有限公司	徐章寿 郜　鹏 李　成 王　君
48	B 超引导下斜仰卧位经皮肾造瘘钬激光碎石治疗上尿路结石	泰州市第四人民医院	唐志强 李达璟 张武锋 张玉华

续表 6–49

序号	项目名称	完成单位	项目完成人
49	人结直肠癌微小核糖核酸表达谱及其临床意义	泰州市人民医院	林茂松 陈卫昌 黄俊星 朱家沂 陈传俊
50	常规血清标志在慢性乙型肝炎临床诊断及抗病毒适应证筛选中的应用	泰州市人民医院	咸建春 徐洪涛 李　阳 肖　丽 孙鸿展
51	人脐带间充质干细胞体外培养安全性及诱导分化心肌细胞分子机制研究	泰州市人民医院	朱　莉 阮中宝 陈各才 殷屹岗 张宜生
52	三维适形放疗联合吉非替尼治疗局部晚期肺腺癌的临床观察	泰兴市人民医院	周绍兵 刘阳晨 高　飞 尹小祥 张　锐
53	不同B型利钠肽水平对慢性心力衰竭患者预后的影响	兴化市人民医院	邓新桃 石桂良 赵建祥 郑经国 洪　渊
54	心肌营养素-1与高血压左室肥厚的相关性及卡维地洛干预研究	泰州市高港人民医院	钱亚东 叶炳华 王大荣 李爱昀 王东兴
55	微柱凝集技术在新生儿溶血筛查和诊断中的价值研究	泰州市人民医院	陈亚宝 刘　玲 叶　军 张立新 李　忻
56	眼部中药熏蒸、睑板按摩治疗睑板腺功能异常	泰州市中医院	陈　鹏 王志军 宋　昱 陈定峰 殷小敏
57	缺血性心肌病心力衰竭中医诊疗优化方案的理论及临床研究	泰州市中医院	王晓洪 徐璐薇 谢桂香 蒋明华 王　靖
58	自拟降脂汤结合耳穴埋籽治疗非酒精性脂肪性肝病	泰州市中医药学会	潘建荣 袁成业 周　琴 王祖贤 王小兰
59	关于牙周病与糖尿病双向联系的临床研究	泰兴市第二人民医院	钱　晨 熊　莉 陈晓峰 鞠　镇 常久飞
60	国际专利药械合一创新产品"鼻可乐"产业化	江苏泰德医药有限公司	张丽欣 刘近周 左卫能 何超英 林继东

宿 迁 市

Suqian City

【概　况】 2013年,宿迁市按照"统筹三大发展,推进九比竞赛"活动的总体要求,紧紧围绕预定的重点工作目标,开拓创新,务实苦干,圆满完成了全年各项目标任务。全市全社会研发投入约20.76亿元,占GDP比重达1.2%,实现年初预定目标;高新技术产业产值达546亿元,占规模以上工业产值比重达19%;大中型工业企业和规模以上高新技术企业研发机构建设率达100%;市湖滨新区的宿迁薄膜材料特色产业基地被认定为国家级特色产业基地,实现"零"的突破;全市科技进步考核再次实现"满堂红",宿迁市和沭阳县分别被表彰为全国科技进步先进市和先进县。

【科技创新和科技平台】 创新载体和重大科技平台加快布局,实现三县两区全覆盖。宿迁高新区总体规划编制完成;宿迁科技城一期工程基本竣工,二期工程已启动建设。江苏省(宿迁)苏北工业技术研究院获省科技厅立项支持,获批资金1000万元。河海大学、南京航空航天大学2家高校分别与宿迁市政府签订研究院共建协议。南京工业大学(宿迁)新材料研究院已建成中试基地1个、专业实验室5个。南京农业大学(宿迁)设施园艺研究院联合16家龙头企业成立了宿迁市首个产业技术创新联盟,江南大学(宿迁)产业技术研究院启动建设,沭阳工业设计与创意产业研究院、泗阳杨木加工利用技术研究院等重大科技平台服务功能进一步完善。泗阳县获批为省创新型试点县,全市新增创新型试点乡镇3个,创新型试点县区(乡镇)总数达到7个。

2013 年 8 月 7 日,河海大学(宿迁)研究院签约暨揭牌仪式在宿迁市隆重举行。

【创新券与企业创新】 企业创新能力明显提升,技术创新主体地位进一步加强。通过深入实施创新券制度,大力推动企业加大研发投入,全年共向533 家企业、园区、服务机构发放科技创新券4747.4 万元,已为 279 个项目兑现科技创新券2577 万元,带动科技投入达 3.63 亿元。新增国家高新技术企业 36 家,总数达 84 家。新认定省级科技型中小企业 162 家,新增市级高新技术企业 56 家、总数达到 194 家。新增省级企业研发机构 43 个、总数达到 131 家。35 家企业落实科技减免税7569 万元,其中高新技术企业减免税 5249 万元,研发投入加计扣除减免税 2320 万元。新增省级以上重点新产品、高新技术产品超过 100 个,同比增幅近 50%。市政府表彰 2013 年度市科学技术突出贡献奖 2 名、一二三等奖 59 项。

表 6–50 2013 年度宿迁市新认定国家高新技术企业名单

序号	企业名称	序号	企业名称
1	江苏健谷化工有限公司	19	江苏德利恒棉业有限公司
2	江苏尤佳手套有限公司	20	宿迁市神龙家纺有限公司
3	宿迁亿泰自动化工程有限公司	21	江苏大未来信息科技有限公司
4	江苏宏益生化科技有限公司	22	江苏大红鹰恒顺药业有限公司
5	正将自动化设备(江苏)有限公司	23	江苏玺鑫维生素有限公司
6	宿迁恒达纺织有限公司	24	江苏苏讯新材料科技有限公司
7	江苏浩瀚汽车标准件有限公司	25	江苏康迪富尔饲料科技有限公司
8	泗阳县顺洋木业有限公司	26	绿雅(江苏)食用菌有限公司
9	江苏首义薄膜有限公司	27	江苏腾盛纺织科技集团有限公司
10	江苏六鑫洁净新材料有限公司	28	江苏华夏机电有限公司
11	宿迁洪祥饲料科技有限公司	29	江苏苏丝丝绸股份有限公司
12	江苏博迁新材料有限公司	30	江苏华绿生物科技股份有限公司
13	江苏北斗星通汽车电子有限公司	31	江苏同辉照明科技有限公司
14	江苏苏源杰瑞电表有限公司	32	泗阳瑞泰光伏材料有限公司
15	宿迁楚霸体育器械有限公司	33	江苏斯莱特电器有限公司
16	江苏杰盛手套有限公司	34	江苏永达电源股份有限公司
17	江苏科美新材料有限公司	35	泗洪新创源木业有限公司
18	宿迁大北农饲料有限责任公司	36	泗洪县原种场丰收种业有限公司

表 6–51 2013 年度宿迁市科学技术突出贡献奖名单

序号	姓名	职务	单位名称
1	陈之政	宿迁市农业技术综合服务中心副主任、推广研究员	宿迁市农业技术综合服务中心
2	周新虎	江苏洋河酒厂股份有限公司副总裁、总工程师	江苏洋河酒厂股份有限公司

表 6-52 2013 年度宿迁市科学技术奖部分获奖项目名单

序号	项目名称	完成单位
一等奖		
1	LW□-252/Y400-50 罐式断路器	江苏精科智能电气股份有限公司;东南大学
2	PBO-PET 共聚酯新型高性能纤维	江苏腾盛纺织科技集团有限公司
3	铃兰醛及中间体绿色工艺的研发及产业化	宿迁科思化学有限公司
二等奖		
1	他汀类医药及其中间体产业化项目	江苏阿尔法药业有限公司
2	混合动力汽车用铅炭电池	天能集团江苏科技有限公司
3	多种原料配方自动计量系统	正将自动化设备(江苏)有限公司
4	无切削镦挤成型高精度车用平顶六角螺栓	江苏浩瀚汽车标准件有限公司
5	大功率三钨丝节能灯	江苏省勇仕照明有限公司
6	软土深基坑变形性状的时空效应研究及应用	宿迁市建设工程造价管理处、宿迁市工程造价管理协会、宿迁学院、宿迁市市政工程有限公司
7	宿迁市耕地质量建设技术集成与应用	宿迁市农业技术综合服务中心
8	优质抗逆苗木新品种种苗繁育技术	江苏苏北花卉股份有限公司
9	寡核苷酸 Dbait 的乏氧辐射双靶向表达及其对人宫颈癌 Hela 细胞的乏氧辐射增敏研究	南京鼓楼医院集团宿迁市人民医院
10	GIT1 发夹结构对成骨细胞内局部黏附激酶的磷酸化和分布的影响	沭阳县人民医院
11	干预 CD137-CD137L 轴对 ApoE-/- 小鼠 NFATc1 表达的影响	泗洪县分金亭医院;江苏大学附属医院
12	三维适形放疗同步多西他赛治疗不宜手术的食管癌	泗阳县人民医院
13	腹腔镜肝癌肝切除术	沭阳仁慈医院
14	跟骨前部的解剖测量与多层螺旋 CT 测量的比较研究	南京鼓楼医院集团宿迁市人民医院;徐州医学院
15	髓内取骨法植骨结合锁定钢板内固定治疗闭合股、胫骨粉碎性骨折疗效分析	泗洪县人民医院
16	无骨折脱位型颈脊髓损伤的局麻手术策略研究	沭阳县人民医院
17	静脉滴注尼莫地平治疗高血压脑出血的疗效观察	沭阳县中医院
18	手足口病早期并发症的防治研究	泗洪儿童医院;复旦大学附属儿科医院
19	外伤性截瘫病人膀胱功能的分期康复护理研究	南京鼓楼医院集团宿迁市人民医院
20	自膨式金属支架植入术在晚期胆道恶性梗阻治疗中的意义	南京鼓楼医院集团宿迁市人民医院

【科技计划】 2013 年全市获批国家级科技计划项目 35 项,省级科技计划项目 97 项,其中国家星火计划、火炬计划 30 项、国家科技型中小企业创新基金项目 3 项、省科技成果转化专项资金项目 2 项,各计划立项数均实现倍增,这些项目的实施为全市产业结构优化起到较为重要的作用。

表 6-53 2013 年度宿迁市国家火炬计划项目名单

序号	项目名称	承担单位
1	三维虚拟试衣与服装定制项目技术研究开发	江苏豹子头服饰有限公司
2	气象云资源管理与数据处理平台开发	江苏奥普圣信息技术有限公司
3	远程射频识别用高性能薄膜材料研制与产业化	斯迪克新型材料(江苏)有限公司
4	三甲基乙氧基硅烷项目研发及产业化	新亚强硅化学江苏有限公司
5	防收缩 PET 镭射转移基膜研发及产业化	江苏双星彩塑新材料股份有限公司
6	动力锂离子电池纳米复合隔膜	江苏景宏新材料科技有限公司
7	多种原料配方自动计量磅秤研发与产业化	正将自动化设备(江苏)有限公司
8	宿迁软件人才培养公共服务平台	宿迁知远科技有限公司

表 6-54　2013 年度宿迁市国家重点新产品名单

序号	项目名称	承担单位
1	XYN1163F 基因高比活木聚糖酶	江苏奕农生物工程有限公司
2	TB200A8FL 高智能型平网磁棒印花机	江苏奇鹰家纺有限公司

表 6-55　2013 年度宿迁市国家科技型中小企业创新基金项目

序号	项目名称	承担单位
1	高精度光学胶触摸屏自动生产线核心设备	宿迁亿泰自动化工程有限公司
2	玉米一次性施肥用新型有机无机复混肥的研制	宿迁沃绿宝有机农业开发有限公司
3	MW 级光伏并网箱式发电站关键技术研发及产业化	江苏旭源科技有限公司

【产学研合作】　2013 年，宿迁市深化产学研合作，为科技各项工作开展打基础、作支撑，全面提升产学研合作工作的形象和地位。全社会协同创新意识显著增强，产学研合作进一步丰富。10 月 18 日，成功举办了以“协同创新、跨越发展”为主题的第二届江苏·宿迁生态科技博览会暨产学研合作洽谈会，达成重点签约项目 42 项，新增意向合作项目 52 项。积极组织 300 余家企业参加省第四届科洽会、省智能制造装备技术成果专题洽谈会等活动，组团赴中科院、北京大学、清华大学、中国农业大学等 20 余所高校院所开展产学研活动，邀请河海大学、江南大学、武汉理工大学等高校专家来宿深入企业现场对接近 30 次。全年全市新建立产学研合作关系 80 个，新增产学研合作项目达到 220 余项。全市新引进市级创新创业领军人才 60 名，新评选首批科技企业家 138 人，19 名人才入选省高层次创新创业人才引进计划，16 人入选省企业博士集聚计划。

【知识产权】　知识产权战略全面实施，专利申请授权取得重要突破。全市专利申请量达到 7551 件、同比增幅 72.40%，授权量达到 4488 件、同比增幅 114.22%，同比增速连续三年均保持全省第一。企业专利授权量和申请量分别从 2011 年的全省末位跃居苏北第 2 位和第 3 位。

根据国家和省知识产权执法维权“护航”专项行动要求，全年组织知识产权专项和联合执法 15 次，重点对大型商场、超市、集贸市场、商业街区等商品销售集散地进行执法检查，全市共检查商贸和制造类企业 600 余家，检查各类商品 20000 余件，对于查获的假冒伪劣产品，依法给予登记、封存，全年立案查处假冒专利案件超 52 件，结案 46 件。

2013 年新增“贯标”备案企业 55 家，并对 2012 年备案的 30 家企业进行绩效评价，绩效评价合格率达 80%以上。12 家企业获省级知识产权项目立项支持，680 项优秀专利获省专利资金资助，96 名企业知识产权管理人员通过知识产权工程师结业考核。

（李冬冬　张　旭）

科技人物

Personages of Science & Technology

2013年江苏省新当选中国科学院院士

New Academicians of the Chinese Academy of Sciences in Jiangsu Province in 2013

陈骏 地球化学家。南京大学教授。中国科学院院士。1980年毕业于南京大学，1982年和1985年先后获该校硕士和博士学位。现任南京大学校长。

长期从事表生地球化学和矿床地球化学研究。用矿物学和同位素地球化学方法揭示亚洲风尘潜在源区，发现中国黄土和北太平洋深海风尘沉积物质具二源性特征；通过对我国北方沙漠和黄土风化成壤过程中元素活动性研究，创建指示古季风气候变化的风尘地球化学指标，明确指出亚洲季风对大陆风化过程和全球变冷的重要影响；从20世纪80年代开始围绕华南含锡花岗岩的物源性质、演化程度、成矿能力和找矿标志开展研究，系统揭示华南锡矿成矿地球化学过程，提出华南最重要原生锡矿三阶段成矿模式和锡石-硫化物矿床找矿模型。曾获国家自然科学奖二等奖和省部级一等奖等奖项。

吕建 计算机软件专家。南京大学教授。中国科学院院士。1982年毕业于南京大学计算机系，1984年获该校硕士学位，1988年获该校博士学位。

主要从事软件方法学研究，在软件基础理论与方法、网构软件方法学和新型软件平台及其应用方面取得系列成果。提出了一种具有模型裂变能力的形式化开发方法，其数据分解新机制可用于大型程序开发的复杂性控制。研究了开放环境下软件系统的范型、方法与技术等问题，提出了基于Agent的网构软件方法学，探索了面向Internet软件方法学研究的新途径。发展了开放环境下的软件协同技术，主持研制了新型软件协同平台，可为开放、动态、多变环境下应用系统的开发与运行提供支撑。曾获教育部自然科学奖一等奖、教育部技术发明奖一等奖、国家科技进步奖二等奖等。

2013年江苏省新当选中国工程院院士

New Academicians of the Chinese Academy of Engineering in Jiangsu Province in 2013

王广基 药物代谢动力学专家。中国工程院院士。1977年毕业于中国药科大学药学院。1995年获新西兰奥塔哥大学博士学位。曾任中国药科大学副校长。现任江苏省药物代谢动力学重点实验室主任，兼任中国药学会应用药理专业委员会主任委员，中国药理学会制药工业专业委员会主任委员。为"863"重大专项"临床前药代动力学关键技术及平台研究"的全国牵头人和教育部药物代谢动力学博士学位授权点学科带头人。

建立了国际先进的临床前药代动力学技术平台，成为我国创新药物研发的重要支撑体系，促进了我国创新药的研发及产业化。创建了"靶细胞药代动力学-药效学结合研究"新理论及新模型，为靶点在细胞内药物及纳米制剂的评价与筛选提供了新方法。开拓了中药多成分药代动力学研究理论方法,解决多个关键技术难题,推动了中药新药研发与中药大品种升级改造与国际化研究。发表SCI论文254篇,SCI他引2339次;获授权发明专利20余项。获国家科学技术进步二等奖2项、部省级科技进步一等奖3项;获2012年何梁何利基金科学与技术进步奖。

徐芑南 深潜器技术专家。中国工程院院士。1958年毕业于上海交通大学造船系。现任中国船舶重工集团公司第七〇二研究所研究员。曾任中国船舶重工集团公司第七〇二研究所副总工程师。

担任5项水下潜器的总设计师,创造性地研制了多型载人深潜器和水下机器人。工作深度由300米、600米、1000米发展到6000米、7000米;其类型有载人、无人、有缆、无缆;其控制方式有载人手控、带缆遥控、无缆智能控制。2002年起,担任我国自行设计、自主集成研制的7000米载人潜水器"蛟龙号"的总设计师。先后获国家科技进步一、二等奖,中国科学院科技进步特等、一等奖,上海市科技进步一等奖、船舶总公司科技进步一、二等奖,光华奖、何梁何利科学进步奖等10多项奖励。并获江苏省、无锡市劳动模范、"863"先进个人和上海市科技功臣、2012年十佳全国优秀科技工作者等荣誉。

表彰和奖励人物

Winners of Praise & Award

【艾伦·牟俊达、许忠允荣获2013年度中华人民共和国国际科学技术合作奖】 根据《国家科学技术奖励条例》的规定,经国家科学技术奖励评审委员会评审,国家科学技术奖励委员会审定和科技部审核,国务院批准并报请国家主席习近平签署,授予8名外籍专家中华人民共和国国际科学技术合作奖。江苏省获奖名单如下:

艾伦·牟俊达(加拿大)	江南大学
许忠允(美国)	南京林业大学

【杨培东、野崎宽荣获2013年度江苏省国际科学技术合作奖】 根据《江苏省科学技术奖励办法》的规定,由江苏省科学技术奖评审委员会严格评审,江苏省科学技术厅审核,江苏省人民政府批准,授予2名外籍专家2013年度江苏省国际科学技术合作奖。获奖名单如下:

杨培东(美国)	中科院苏州纳米技术与纳米仿生研究所
野崎宽(日本)	江苏丘陵地区镇江农业科学研究所

【蒋军成等8人荣获江苏省2013年度国家"有突出贡献的中青年专家"称号】 国家百千万人才工程是人力资源社会保障部会同科技部、教育部、财政部、发展改革委、自然科学基金会、中国科协从1995年起组织实施的一项人才工程,旨在培养造就中青年学术技术带头人。截至2013年年底全国共有4500多人入选。2013年经推荐上报、专家评审等环节,全国有421人入选2013年国家百千万人才工程,并授予"有突出贡献中青年专家"荣誉称号。江苏省省属单位入选名单如下:

蒋军成	南京工业大学
史先信	徐工集团徐州重型机械有限公司
朱凤才	江苏省疾病预防控制中心
王永贵	南京师范大学
冉千平	江苏苏博新材料股份有限公司
汪联辉	南京邮电大学
刘　庄	苏州大学
刘国海	江苏大学

【王文梅等200人荣获2012年度江苏省"有突出贡献的中青年专家"称号】 根据《江苏省有突出贡献的中青年专家选拔和管理办法》有关规定,经专家评审委员会评审、省人才工作领导小组审核,省人民政府批准王文梅等200位同志为2012年度江苏省有突出贡献中青年专家,名单如下:

王文梅	南京市口腔医院
李晓南	南京市儿童医院
徐　运	南京市鼓楼医院
邹晓平	南京市鼓楼医院

顾葆华　中电熊猫液晶显示科技有限公司
万　谦　中国电子科技集团公司第二十八研究所
秦红祥　熊猫电子集团有限公司
马　刚　南京市国土资源信息中心
孙雁飞　南京雨花软件园发展有限公司
冯亚东　南京南瑞继保电气有限公司
余华武　国电南京自动化股份有限公司
程　光　南京绿叶思科药业有限公司
冉千平　江苏省建筑科学研究院有限公司
施伟斌　南京英达热再生有限公司
金雪莲　江苏华东工程设计有限公司
黎　庆　南京地铁建设有限责任公司
张建忠　南京市建筑设计研究院有限责任公司
杨卫东　江苏省交通规划设计院股份有限公司
秦林芳　南京晓庄学院
周国勤　南京市水产科学研究所
孔国顺　南京市土壤肥料站
高吉喜　环境保护部南京环境科学研究所
刘　标　环境保护部南京环境科学研究所
王南石　南京晨光集团有限责任公司
李国忠　江阴兴澄特种钢铁有限公司
李祥庆　江阴市向阳科技有限公司
葛　军　无锡市帅元紫砂艺苑有限公司
赵宪宇　无锡市教育科学研究院
吕国忠　无锡市第三人民医院
鲁晓杰　无锡市第二人民医院
司马灿　中国船舶重工集团公司第七〇二研究所
丁荣峥　中国电子科技集团公司第五十八研究所
傅洪拓　中国水产科学研究院淡水渔业研究所
张登馨　中国航空工业集团公司航空动力控制所
赵明祥　江苏沪宁钢机股份有限公司
刘　娟　徐州工程学院
张培影　徐州市中心医院
纵瑞收　徐州市种子站
杜庆永　徐州煤矿安全设备制造有限公司
秦晓华　徐州高级中学
侯友夫　徐州五洋科技股份有限公司
梁　军　徐州市中心医院
孟　维　徐工集团徐州重型机械有限公司
陈马良　常州市住房保障中心
李锦春　江苏安格特科技发展有限公司
姜汉军　常州科研试制中心有限公司
赖清云　常州市农业技术推广中心
史国生　金坛市锡剧团
范新华　常州四药制药有限公司
李忠玉　常州浩瀚新材料科技有限公司
乔　森　常州公路运输集团有限公司
王炯华　常熟开关制造有限公司
钱王平　江苏沙钢集团有限公司
张德强　昆山维信诺显示技术有限公司
崔根良　亨通集团有限公司
卜鉴民　苏州市档案(馆)局
贺风春　苏州园林设计院有限公司
高苏新　苏州市规划编制信息中心
葛惠男　苏州市中医医院
任丽珍　常熟市水产技术推广站
李立飞　张家港市国泰华荣化工新材料有限公司
江玉龙　昆山钞票纸业有限公司
倪　涛　南通中远船务工程有限公司
周新基　江苏九九久科技股份有限公司
陈忠立　鑫缘茧丝绸集团股份有限公司
陆建辉　江苏格美高科技发展有限公司
强福林　南通市肿瘤医院
薛　林　江苏沿江地区农科所
谢书鸿　江苏中天科技股份有限公司
顾玉萍　江苏京海禽业集团有限公司
张逸芳　江苏神通阀门股份有限公司
肖　轶　宝钢集团南通线材制品有限公司
肖云汉　江苏中国科学院能源动力研究中心
毕宇安　江苏康缘药业股份有限公司
陆岷峰　江苏银行连云港分行
杜　永　连云港市农作物新品种繁育中心
袁彩勇　江苏徐淮地区淮阴农业科学研究所
于　亮　淮安市第一人民医院
张　杰　淮安市农产品质量检验测试中心
戴　铜　淮安市实验小学
安礼如　江苏淮河化工有限公司
韩伯群　江苏丰东热技术股份有限公司
王兆平　江苏省东台中学
戴　俊　江苏南纬悦达纤维科技有限公司
姜仁杰　盐城市疾病预防控制中心
陆应铸　盐阜大众报报业集团
陈　澄　江苏省淮剧团
夏建林　盐城市盐海拖拉机制造有限公司
徐文华　江苏沿海地区农业科学研究所
陈伯余　东台嘉丽发绣厂

何灿焜　扬州锻压机床股份有限公司
马坤松　扬州宏远电子有限公司
何继刚　扬州大学附属中学
周　胜　扬州市职业大学
周寿斌　江苏华富储能新技术股份有限公司
刘歆农　扬州市第一人民医院
朱军成　宝应县华艺苑刺绣研究所
裴　军　大全集团有限公司
王浩静　江苏航科复合材料科技有限公司
朱禾勤　江苏省丹阳中学
马晓平　江苏现代造船技术有限公司
朱正斌　江苏太平洋精锻科技股份有限公司
徐斌海　江苏河海纳米科技股份有限公司
钱厚琴　江苏梅兰化工有限公司
刘　俊　姜堰市农业技术推广中心
封留才　江苏省口岸中学
温潘亚　泰州师范高等专科学校
费忠智　泰州市水产技术指导站
周新虎　江苏洋河酒厂股份有限公司
王　军　江苏省宿迁市林木有害生物检疫防治站
管小青　宿迁市人民医院
方标军　南京图书馆
李　啸　江苏省文联
张　艾　新华报业传媒集团
张晓东　新华日报传媒集团
苗成斌　群众杂志社
姜　建　江苏省社会科学院
陈　辉　江苏省广播电视总台(集团)
袁　楠　江苏译林出版社有限公司
薛留忠　江苏省广电有线信息网络股份有限公司
殷桂兰　江苏省演艺集团
方鹏鹏　江苏省演艺集团
陈传明　南京大学
闻海虎　南京大学
刘松玉　东南大学
聂　宏　南京航空航天大学
周　波　南京航空航天大学
王晓鸣　南京理工大学
程远平　中国矿业大学
唐洪武　河海大学
沈其荣　南京农业大学
蒋高明　江南大学
王永贵　南京师范大学
孙立宁　苏州大学
蒋军成　南京工业大学
岳　东　南京邮电大学
王　浩　南京林业大学
张正东　南京医科大学
周学平　南京中医药大学
刘伟冬　南京艺术学院
郭文善　扬州大学
刘国海　江苏大学
吴君民　江苏科技大学
吴国庆　南通大学
石　奇　南京财经大学
屠树江　江苏师范大学
王章忠　南京工程学院
王家军　江苏教育学院
谢忠秋　江苏理工学院
施　军　淮阴师范学院
孙建华　盐城工学院
陈炳和　常州工程职业技术学院
翟玮玮　江苏食品职业技术学院
解卫平　江苏省人民医院
孙倍成　江苏省人民医院
陆启滨　江苏省中医院
谭旭艳　江苏省肿瘤医院
王小宁　江苏省中医药研究院
侯建全　苏州大学附属第一医院
刘　红　南通大学附属医院
杨国静　江苏省血吸虫病防治研究所
陈祥生　中国医学科学院皮肤病研究所
胡义东　江苏省生产力促进中心
何　平　江苏省交通工程建设局
杨玉冬　江苏省长江公路大桥建设指挥部
陈小卉　江苏省城市规划设计研究院
汤　杰　江苏省建设工程设计施工图审核中心
李　冰　江苏省环境科学研究院
王惠中　江苏省环境应急与事故调查中心
夏爱军　江苏省淡水水产研究所
张永江　江苏省水产技术推广站
赵从国　徐州矿务集团有限公司
贾仲伟　江苏省苏豪控股集团有限公司
邹剑敏　江苏省家禽科学研究所
殷广德　江苏省耕地质量保护站
沈迎春　江苏省农药检定所

朱善元 江苏畜牧兽医职业技术学院
梁珍海 江苏省林业科学研究院
马鸿翔 江苏省农业科学院
邵国青 江苏省农业科学院
许学宁 南京体育学院
盛 蕾 江苏省体育科学研究所
孙文俊 江苏致邦律师事务所
邹 洁 江苏省产品质量监督检验研究院
黄瑞玲 中共江苏省委党校
刘力永 中共江苏省委党校
钟宜兴 南京炮兵学院
赵建宁 南京军区南京总医院
费建芳 解放军理工大学
王长军 南京军区军事医学研究所
刘 冰 63680部队
李 林 总装备部工程兵科研一所
张亚栋 解放军理工大学
沈寿林 南京陆军指挥学院
谷孝鸿 中国科学院南京分院
张甘霖 中国科学院南京土壤研究所
秦伯强 中国科学院南京地理与湖泊研究所
王永利 中国科学院国家天文台南京天文光学技术研究所
夏 冰 江苏省中国科学院植物研究所
周晓燕 扬州大学

【徐静娟荣获第10届中国青年女科学家奖】 为贯彻落实《国家中长期人才发展规划纲要(2010—2020年)》,大力实施人才强国战略,培养造就一大批高层次女性青年科技人才,激励广大女性科技工作者为建设创新型国家、构建社会主义和谐社会贡献力量,中华全国妇女联合会、中国科学技术协会、中国联合国教科文组织全国委员会、欧莱雅(中国)有限公司共同举办了第10届中国青年女科学家奖评选活动。来自全国6所高校和4所科学研究院的10位青年女科学家获此殊荣。江苏省获奖名单如下:

徐静娟 南京大学生命分析化学国家重点实验室教授

【冉千平等3人荣获第13届中国青年科技奖】 为深入贯彻落实国家中长期人才发展规划纲要,努力造就千百万青年科技英才,激励、引导广大青年科技工作者为建设创新型国家、实现“中国梦”做出新贡献,由中央组织部、人力资源社会保障部、中国科学技术协会共同举办了第13届中国青年科技奖评选活动,经推荐单位推荐和专家提名,中国青年科技奖领导工作委员会办公室资格审查,并经中国青年科技奖评审委员会评审,中国青年科技奖领导工作委员会审批,共99名优秀青年科技工作者获奖。江苏省获奖名单如下:(按姓氏笔画排序)

冉千平 江苏省建筑科学研究院有限公司(工作单位)
中国土木工程学会(推荐单位)
吴 俊(女) 南京农业大学园艺学院(工作单位)
教育部(推荐单位)
邹小波 江苏大学研究生院(工作单位)
中国农业工程学会(推荐单位)

【靳道强等268人被授予“2013年全国县(市)科技进步考核先进个人”称号】 根据《关于新形势下加强县(市)科技工作的意见》(国科发农〔2011〕309号)精神,按照《科技兴县(市)专项工作管理办法》(国科发农〔2007〕476号)有关规定和《关于开展2013年全国县市科技进步考核的通知》(国科发农〔2013〕393号)部署,科技部组织开展了2013年全国县(市)科技进步考核工作。

在地方考核、专家复核的基础上,经研究,确定北京市海淀区等1045个县(市、区、旗)为2013年全国县(市)科技进步考核科技进步先进县(市)。在各有关县(市)提名,各省、自治区、直辖市、计划单列市科技厅(委、局)和新疆生产建设兵团科技局审核、推荐基础上,经研究,确定孟景伟等4171名同志为2013年全国县(市)科技进步考核先进个人。经专家推荐、研究确定天津市等20个单位为2013年全国县(市)科技进步考核优秀组织单位。江苏省获奖名单如下:

2013年全国县(市)科技进步考核
科技进步先进县(市)名单

县(市、区、旗,含新疆生产建设兵团的团、场)

南京市江宁区	南京市鼓楼区	南京市玄武区
南京市栖霞区	南京市雨花台区	南京市秦淮区
南京市浦口区	南京市高淳区	苏州市虎丘区
苏州市吴江区	苏州市吴中区	无锡市锡山区
无锡市惠山区	无锡市滨湖区	常州市武进区

常州市新北区	常州市钟楼区	泰州市海陵区
泰州市高港区	南通市崇川区	南通市通州区
南通市港闸区	扬州市江都区	扬州市邗江区
徐州市泉山区	昆山市	张家港市
宜兴市	海安县	太仓市
常熟市	江阴市	启东市
溧阳市	如皋市	扬中市
海门市	如东县	泰兴市
滨海县	丹阳市	靖江市
金坛市	句容市	大丰市
东海县	睢宁县	沛　县
赣榆县	建湖县	仪征市
邳州市	沭阳县	盱眙县

地级市(地区、州、盟,含新疆生产建设兵团的师)

南京市	无锡市	徐州市
常州市	苏州市	南通市
连云港市	扬州市	镇江市
泰州市	盐城市	淮安市
宿迁市		

2013年全国县(市)科技进步考核优秀组织单位名单

江苏省科学技术厅

2013年全国县(市)科技进步考核先进个人名单

市、县(区)	先进个人			
南京市	靳道强	罗　群	黄　河	邵晓亮
无锡市	汪　泉	朱劲松	曹佳中	吴建亮
徐州市	曹新平	朱　民	孔海燕	王　琦
常州市	阎　立	费高云	王成斌	刘　斌
苏州市	周乃翔	徐美健	浦荣皋	吴伟澎
南通市	丁大卫	张国华	黄爱军	朱千波
连云港市	李　强	赵晓江	吴以桥	李　莉
淮安市	姚晓东	曲福田	赵洪权	俞士让
盐城市	朱克江	魏国强	马成志	邹毅实
扬州市	谢正义	朱民阳	孔令俊	杨　蓉
镇江市	杨省世	朱晓明	李世收	柏晓宏
泰州市	张　雷	徐郭平	杨　杰	祝　光
宿迁市	蓝绍敏	王天琦	冯　岩	罗　扬
南京市江宁区	周　谦	刘　玲	陈炳晖	王文娟
苏州市虎丘区	周旭东	钮跃鸣	李斌斌	施　荣
南京市鼓楼区	杨学鹏	周文中	向　卫	陈亚蕾
无锡市锡山区	陆志坚	高　佩	陈建清	程宇峰
南京市玄武区	储永宏	徐曙海	苏　郑	姬　智
常州市武进区	周　斌	臧建中	王明昌	尤霄峰
无锡市滨湖区	袁　飞	戴锁洪	徐月秋	马忠泽
苏州市吴江区	梁一波	夏晓阳	俞瑞雪	张　珏
泰州市海陵区	李卫国	陈锋剑	杨　臣	周建成
常州市新北区	张东海	吴晓东	许　峥	陈华鹏
南京市栖霞区	邢正军	毛银玲	朱　勇	管建国
泰州市高港区	王　建	肖志勇	孙　跃	周德明
无锡市惠山区	吴仲林	曹文彬	虞　洁	张丽萍
南通市崇川区	吴　旭	陈　俊	张一峰	许待平
南通市通州区	宋乐伟	陈永红	黄剑豪	张新建
苏州市吴中区	俞杏楠	金　洁	王卫星	沈玉宝
南京市雨花台区	张一新	江　磊	缪文新	韦　芸
扬州市江都区	蒋爱祥	马顺圣	魏　峰	徐　晖
徐州市泉山区	蔡成缓	张子仪	王　刚	闫　敏
常州市钟楼区	徐伟南	汤如军	朱希贤	陆　萍
南通市港闸区	沈红星	黄雅香	刘志刚	王佳佳
南京市秦淮区	胡　洪	张　敏	童泽民	李迎青
扬州市邗江区	张耀武	龚振志	林爱顺	孔庆春
南京市高淳区	吴卫国	沈剑荣	王国平	陈　斌
南京市浦口区	成玉祥	瞿为民	董　军	王　斌
昆山市	管爱国	党建兵	沈跃新	汤峰奎
张家港市	姚林荣	蔡炳锋	石锡贤	李秋菊
宜兴市	王中苏	张立军	周　斌	潘泉华
海安县	陆卫东	丁　锋	罗正锡	赵爱玲
太仓市	王剑锋	朱大丰	潘红忠	孙惠球
常熟市	惠建林	王　飚	陈惠良	王奇峰
江阴市	蒋洪亮	沈　建	费　平	赵志军
启东市	徐　锋	汤　雄	张卫生	蔡　兵
溧阳市	盛建良	苏江华	刘　敏	丁金荣
如皋市	姜永华	陆雪松	张亚鸾	沈德君
扬中市	孙乾贵	潘早云	朱　勇	曹　霞
海门市	姜　龙	杨曹明	储明星	许栋新
如东县	詹立风	潘建华	张栩龙	陈　洪
泰兴市	张育林	孙　云	焦国庆	戴国广
滨海县	李逸浩	钱武华	王立超	张生华
丹阳市	童国祥	李瑞扬	刘宏程	郭　蓓
靖江市	赵　叶	何卫东	邵剑平	王海庆
金坛市	范寿柏	丁荣余	谭子祥	陈　云
句容市	尹卫东	许　文	王先正	齐兴武

大丰市	倪　峰	陈　平	黄正桂	陈苏萍
东海县	朱国兵	葛延波	陈文军	谭琦刚
睢宁县	王　军	龚维芳	陈　良	王　军
沛　县	冯兴振	揭月华	韩　旭	张庆国
赣榆县	曹卫东	张永波	金　文	张　斌
建湖县	葛启发	苏　冬	孙海山	冯万龙
仪征市	张震宇	崔学锋	鲁晓东	徐　沧
邳州市	王　强	蒋越峰	王志刚	徐来龙
沭阳县	蒋建明	胡建军	谢红梅	金健吾
盱眙县	贺宝祥	杨志明	王佩华	汪成军

【李松等12人荣获农村科普带头人称号】 为贯彻党的十八大精神,落实《全民科学素质行动计划纲要(2006—2010—2020年)》(国发〔2006〕7号)和《国家中长期人才发展规划纲要(2010—2020年)》(中发〔2010〕6号),充分调动全社会深入基层、贴近实际、贴近生活、贴近群众开展科普工作的积极性和创造性,引领激发广大群众学科学、用科学的积极性和创造性,提高广大农民和社区居民的科学文化素质,让科普公共服务持续惠及广大基层群众,助力社会主义新农村建设和社会主义和谐社区建设,中国科协、财政部联合实施"基层科普行动计划",该计划由"科普惠农兴村计划"和"社区科普益民计划"两个子计划构成。经过推荐、评选,北京市平谷区果品产业协会等1000个农村专业技术协会、北京天润园草莓科普示范基地(昌平区)等386个农村科普示范基地、内蒙古自治区巴彦淖尔市少数民族科普工作队等5个少数民族科普工作队、北京市朝阳区来广营地区绣菊园社区等500个科普示范社区被评为2013年基层科普行动计划奖补单位,杨东生等406名农村科普带头人被评为2013年基层科普行动计划奖补个人。其中江苏先进单位有农村专业技术协会(13个),农村科普示范基地(8个),农村科普带头人(12名),科普示范社区(31个)。名单如下:

一、农村专业技术协会(13个)

江苏省苏州市相城区蔬菜协会

江苏省徐州市新沂市农作物种子协会

江苏省无锡市江阴市璜土镇葡萄协会

江苏省连云港市赣榆县沙河蔬菜专业协会

江苏省南通市通州区骑岸镇渡海亭桑茧专业技术协会

江苏省淮安市淮阴区双闸香瓜产业协会

江苏省南通市海安县杨树产业技术协会

江苏省扬州市宝应县夏集镇有机水果协会

江苏省淮安市洪泽县蔬菜协会

江苏省镇江市扬中市秧草协会

江苏省泰州市兴化市庄城蛋鸡协会

江苏省苏州市吴中区太湖大闸蟹行业协会

江苏省徐州市丰县食用菌协会

二、农村科普示范基地(8个)

江苏固城湖青松水产专业合作联社科普示范基地(南京市高淳区)

江苏省淮安红椒科普示范基地(清浦区)

江苏省苏州市常熟市董浜镇徐市蔬菜技术培训示范基地

江苏省常州市武进名优水产引繁推广中心

江苏省盐城市射阳县特庸镇王村村优质蚕桑生产基地

江苏省无锡市惠山区鳜鱼养殖基地

江苏省南通港兴循环生态农业园科普示范基地(海门市)

江苏省连云港市东海县平明稻米产业化科普示范基地

三、农村科普带头人(12名)

李　松	江苏省南京市溧水区洪蓝镇傅家边行政村
端木银熙	江苏省苏州市常熟市虞山镇大义小山村
黄冬梅(女)	江苏省南通市如皋市如城镇
李凤玉	江苏省徐州市贾汪区江庄镇关口村
伏广成	江苏省连云港市灌云县伊山镇
周志文	江苏省常州市天宁区青龙街道勤丰村
陈宝宽	江苏省盐城市东台市东亭南路
鲍荣静	江苏省镇江市句容市文昌东路
李　勇	江苏省宿迁市泗阳县众兴镇桃源村
师忠轩	江苏省徐州市丰县
于永军	江苏省无锡市锡山区羊尖镇南村
孙春梅(女)	江苏省南通市通州区东社镇新桥村

四、科普示范社区(31个)

江苏省南京市鼓楼区幕府山街道五塘新村一段社区

江苏省无锡市新区无锡江溪街道前进社区

江苏省苏州市姑苏区金阊街道彩虹社区

江苏省常州市新北区龙虎塘街道玲珑社区

江苏省南通市港闸区秦灶街道民安花苑社区

江苏省镇江市京口区民主新村社区

江苏省淮安市金湖县黎城镇新城社区

江苏省扬州市江都区云峰社区

江苏省盐城市亭湖区五星街道印汽社区

江苏省宿迁市宿城区幸福街道幸福社区

江苏省泰州市高港区许庄街道马厂社区

江苏省连云港市新浦区西苑社区

江苏省苏州市吴江区吴江经济技术开发区山湖花园社区

江苏省南京市秦淮区瑞金路办事处瑞金新村社区

江苏省南京市江宁区东山街道外港社区

江苏省南京市浦口区永宁镇侯冲社区

江苏省苏州市吴中区横泾街道尧南社区

江苏省苏州市昆山市同心街道紫藤社区

江苏省无锡市惠山区长安街道堰新社区

江苏省无锡市锡山区东亭街道东亭社区

江苏省徐州市云龙区骆驼山阳光社区

江苏省常州市金坛市华城社区

江苏省淮安市淮安区淮城镇河下社区

江苏省盐城市大丰市大中镇新德社区

江苏省扬州市广陵区新星社区

江苏省扬州市邗江区余林社区

江苏省镇江市润州区宝塔路街道润州花园社区

江苏省泰州市海陵区城北街道通姜社区

江苏省徐州市丰县中阳里办事处汇丰社区

江苏省南京市雨花台区梅山街道梅清苑社区

江苏省苏州市太仓市城厢镇南区社区

逝世知名人物

The Renowned Who Have Passed Away

【中国科学院院士高鸿逝世】 2013年6月14日，我国近代仪器分析学科奠基人之一，分析化学家、教育家，中国科学院资深院士，国家级有突出贡献专家，中国民主同盟盟员，西北大学和南京大学终身教授，陕西省政府决策咨询委员会特邀咨询委员高鸿院士因病医治无效，在江苏省南京市逝世，享年95岁。

高鸿院士1918年6月26日生于陕西泾阳，1943年毕业于原国立中央大学。1945年2月赴美国伊利诺大学专攻分析化学，因其优异表现而获两枚金钥匙。1947年获化学博士学位并留校工作。1948年他谢绝了导师的挽留，怀着一颗赤子之心毅然回到祖国，担任原国立中央大学化学系副教授。新中国成立后，他历任南京大学副教授、教授、终身教授，并被确定为全国首批博士生指导教师。1980年11月，他当选中国科学院化学部学部委员(院士)。1992年他回到故乡，受聘西北大学终身教授，并先后担任西北大学学位评定委员会主席、西北大学分析科学研究所名誉所长、陕西省电分析化学重点实验室主任等职。

高鸿院士高瞻远瞩，严谨治学，精心育才，始终致力于分析化学学科前沿领域研究，多次参加全国基础学科科学规划的制订工作，对我国分析化学学科建设做出了不可磨灭的贡献。早在20世纪50年代中期，应国家在分析化学人才和仪器分析教材之急需，高鸿院士潜心编写了我国第一部《仪器分析》教材，开创了我国仪器分析教育的先河。他编撰的《极谱电流理论》是我国第一部极谱理论专著，并于1988年获国家优秀图书一等奖；《示波极谱滴定》《示波滴定》和《示波药物分析》等是世界上示波分析领域的第一批专著，其中《示波滴定》获得高等教育优秀学术著作特等奖。他用辩证的观点思索“分析化学研究什么特殊矛盾”，并多次在国家科学规划会议和全国性学术会议上阐述分析化学学科的发展趋势，推动了我国分析化学学科的发展。在20世纪末，高鸿院士在分析化学前沿与教育座谈会上做了“分析化学现状与未来”的主题报告。该报告与其他20多个报告汇集成《分析化学前沿》一书，已成为我国分析化学界迎接21世纪挑战的指南。

高鸿院士为我国电化学和电分析化学的基础理论和应用研究做出了卓越贡献，享誉世界。他发表科学论文300余篇，其科研成果多次荣获国家自然科学奖，并荣获2002年“何梁何利基金科学与技术进步奖”。他圆满地解决了球形电极扩散电流公式的验证问题，解决了极谱分析中长期悬而未决的问题。他提出了球形汞齐电极的扩散电流公式，并进行了验证。他提出的一种测定金属在汞内扩散系数的新方法，并据此测定了16种金属在汞内的扩散系数，澄清了学术文献上数据混乱的情况。他推导出一系列极谱电流公式(特别是催化电流理论),并进行了验证,解决了近代极谱分析中的一些重要基础理论问题,近代极谱分析基础研究相关成果先后获1978年全国科学大会奖和1982年国家自然科学三等奖。他首创了新的电分析技术——示波分析,并将其开辟成一个新的分析领域。该技术推广应用于化学分析、药物分析等领域,取得了极大成功。示波滴定相关研究成果先后获1986年国家教委科技进步二等奖和1991年国家自然科学三等奖。

高鸿院士在国内外学术界享有崇高威望。他曾任国务院学位委员会学科评议组成员,国家自然科学基金委员会化学学科评议组成员兼分析化学组组长,国家自然科学奖励委员会学科评议组成员,国家科委化学学科组成员、民盟中央科技委员会委员等职务。历任前中央大学校友总会第一任会长、多个全国性学会的副理事长、常务理事,国际纯粹与应用化学联合会委员,国际分析化学杂志 Trends Anal. Chem.和《分析化学》《高等学校化学学报》《冶金分析》等多个国家级杂志的顾问编辑、常务编委、编委或顾问。

【中国科学院院士孙钟秀逝世】 2013年5月18日,中国科学院院士、我国著名计算机科学家、南京大学博士生导师、南京大学原副校长孙钟秀教授因病逝世,享年77岁。

孙钟秀院士原籍浙江余杭,1936年12月22日生于江苏南京。1957年毕业于南京大学数学系并留校工作,先后在数学系、计算机科学与技术系任教;1965—1967年在英国国际计算机公司进修,1979—1981年在美国威斯康星大学做访问学者;1986年被国家人事部授予"中青年有突出贡献专家"称号,1991年当选为中国科学院院士(学部委员),2000年被日本北海道信息大学授予名誉博士学位。

孙钟秀院士主持研制了国产系列计算机DJS200系列的DJS200/XT1和DJS200/XT1P等操作系统。在国内首次研制成功ZCZ分布式微型计算机系统。研究和开发了多个实用的分布式计算机系统,如分布式单板机系统和ZH分布式微型计算机系统,在国内首次应用于农业机械测试数据的实时处理等方面。研制了南京市政府局部网络系统和南京汽车制造厂的企业管理系统。主持研制了多个分布式系统软件,如在分布式程序设计语言方面提出和实现了CSM等3种语言。在分布式操作系统方面,设计和实现了ZCZOS和ZGL等操作系统。

孙钟秀院士长期工作在教学和科研第一线,取得了多项具有国际先进水平的研究成果,先后获国家和省部级科研成果奖12项,其中包括1985年国家科技进步二等奖,1996年国家科技进步三等奖。发表学术论文100余篇,著书5部,培养博士生和硕士生50余名,为我国计算机事业和南京大学计算机学科建设做出了重大贡献。

【中国工程院院士薛鸣球逝世】 2013年11月12日,著名光学专家、中国工程院院士、中国共产党党员、苏州大学江苏省现代光学技术重点实验室研究员,学术委员会主任。中国科学院西安光学精密机械研究所研究员所所长薛鸣球因病医治无效在苏州去世,享年84岁。

薛鸣球于1930年出生于江苏宜兴,1995年当选为中国工程院院士,长期从事光学仪器和光学系统设计研究工作,是我国光学设计与光学仪器的代表性人物。1958年研制了我国第一台高精度经纬仪,1959年研制了我国第一台大口径高倍率观察望远镜。1967年为我国第一代遥感卫星负责设计了高质量光学系统。在地对空的摄影光学系统中,研究并解决了高级色差的校正、减少中心遮拦和防止杂光、便于工艺实现等问题,促进了我国各种大型靶场光学测量装备顺利研制成功。主持过全国性的电影物镜与电视摄像镜头的设计工作,为我国摄影光学系统研究打下了坚实的基础。1985年获两次国家科技进步奖特等奖。2003年获中国载人航天工程总指挥颁发的"中国首次载人航天飞行任务纪念证书"。2005年,他负责研制的"神舟五号CCD相机及研制用配套设备"获得国家科学技术进步二等奖。

科技机构

Organizations of Science & Technology

机构名录

Name List of Organizations

江苏省科学技术厅

地址:南京市北京东路39号 邮编:210008
厅长、党组书记 徐南平
常务副厅长、党组副书记 王秦
副厅长、党组副书记 曹苏民
副厅长 夏冰 蒋跃建
党组成员 徐南平 王秦 曹苏民 陶静 夏冰 蒋跃建 朱宇
纪检组长 陶静
副巡视员 周贡生

办公室
主任 赵志强
副主任 李汉中 刘波 王铁山
电话 83362722

政策法规与体制改革处
处长 施蔚
副处长 罗扬 王建华 王志宏
电话 83215867

发展计划与财务处
处长 赵建国
副处长 徐浩 李子阳
电话 83370861

科技机构与条件处
处长 景茂
副处长 任志宏 李太生
电话 86635663

高新技术发展及产业化处
处长 蒋洪
副处长 倪菡忆 王建
电话 57715240

科技成果与技术市场处
处长 马圣源
副处长 张海进
电话 83359474

农村科技处
处长 陈洪强
副处长 吴翔 顾俊
电话 83350386

社会发展与基础研究处
处长 杨天和
副处长 蔡永兵 郦雅芳
电话 57712832

产学研合作处
处长 张少华
副处长 万发苗 卓辉
电话 83369311

国际科技合作处
处长 赵扬威
副处长 李春雨 郭红
电话 83363070

人事处
处长 李健民
副处长 王宝成
电话 86637541 83600402

直属机关党委

书 记 陶 静
副书记 王宝成 张晓兵
委 员 李 敏 吴莉莉 薛 飞 倪 刚
徐 晖 穆秀春
电 话 83600402

老干部处

处 长 赵又飞
副处长 薛平远
电 话 83604870

机关工会

主 席 王宝成
副主席 赵又飞
委 员 施 蔚 孙卫华 吴凤兵 刘爱武
邹文明

中共江苏省纪委驻省科技厅纪检组
江苏省监察厅驻省科技厅监察室

副组长、主任 徐 晖
副 组 长 周继跃
电 话 86637626

江苏省生产力促进中心

主 任 胡义东
书 记 倪 刚
副 主 任 倪 刚 秦 克 孟庆如
吴秋云
副 书 记 胡义东
副书记兼纪委书记 秦 克
电 话 85485986

江苏省科学技术情报研究所

所 长 夏太寿
书 记 薛 飞
副所长 薛 飞 孙 斌 周晓明 金福兰
副书记 夏太寿
电 话 85410374

江苏省高新技术创业服务中心

主 任 夏春阳
书 记 李 敏
副 主 任 李 敏 陈 凯 章 立 戴力新
副 书 记 夏春阳
电 话 83231518

江苏省知识产权局

地址:南京市中山北路49号 邮编:210008
局长、党组书记 朱 宇
副 局 长 支苏平 黄志臻 张春平
党 组 成 员 支苏平 黄志臻 张春平
丁荣余
纪 检 组 长 丁荣余
电 话 83279983

江苏省科学技术协会

地址:南京市北京西路30号 邮编:210024
主 席 欧阳平凯
党 组 书 记 陈惠娟
副 主 席 陈惠娟 施正荣(兼)
戎嘉余(兼) 刘志红(兼)
祝世宁(兼) 尤肖虎(兼)
严少华(兼) 陈 琪(兼)
宋永忠(兼) 肖云汉(兼)
杨 辉(兼) 孙飘扬(兼)
孙力斌(兼) 郁秋霞(兼)
任晋生(兼) 张铁恒
阮仁良 冯少东
党 组 成 员 张铁恒 阮仁良
冯少东 骆凤琴
纪 检 组 长 骆凤琴
副厅级巡视员 许 钧
秘 书 长 徐春生

中国科学院南京分院

地址:南京市北京东路39号 邮编:210008
院 长 周健民
党组书记、副院长 张兴中
副 院 长 肖云汉 谷孝鸿
电 话 83376846

表 8–1 市、县(市、区)科技局

机构名称	地址	局长(主任)	副局长(副主任)	电话	邮编
南京市				**区号 025**	
南京市科委	南京市江东中路 265 号新城大厦 B 座 7~10 楼	黄　河	刘小斌 （知识产权局局长） 陈丽君 （纪检组长） 周文海 于建宇 黄　榕 （知识产权局副局长） 蔡伯圣 蔡　艺 （地震局局长） 丁建华 （副巡视员） 梁晓沭 （副巡视员） 李　奇 （副巡视员）	68786213	210019
玄武区科技局	南京市珠江路 455 号玄武区政府 17 楼	胡建军	张玲玲 卢　洪 戚　军 周　正 杨　华 （科协副主席） 徐劲松 （调研员） 张瑞宏 （副调研员）	83682366	210018
秦淮区科技局	南京市秦虹路 1 号 8 楼	童泽民	孙钢钦 （知识产权局局长） 樊京京 （科协主席） 肖常青 刘建军 曾　涛 李迎青	84556755	210002

续表 8–1

机构名称	地址	局长	副局长	电话	邮编
建邺区科技局	南京市江东中路 269 号新城大厦南楼 11 楼	翟晓黎	顾武英 胡 颖 刘 煜 (副调研员) 夏泽华 (科协副主席) 李 圆	87778309	210017
鼓楼区科技局	南京市中山北路 540 号下关大厦 10 楼	向 卫	许安秀	89669154	210011
栖霞区科技局	南京市栖霞区甘家边东 108 号	朱 勇	许小萍 (调研员) 李智辉 宋振宇 洪东其 郑 浩 端 军 杜 敏 张雪男 (副调研员) 刘布克 (副调研员) 赵长河 (副调研员) 汤 立 (副调研员) 管建国 (科协主席) 田 刚 詹 阳 仲崇蔚 崔世海	85551352	210046
雨花台区科技局	南京市雨花南路 2 号	程道伟	蔡现军 (科协副主席) 缪文新 (党工委书记) 黄 蓓 (科协主席)	52883387	210012

续表 8–1

机构名称	地址	局长	副局长	电话	邮编
			俞巍蔚		
			巩广冉		
			(副调研员)		
江宁区科技局	南京市江宁区土山路 68 号	陈炳晖	徐　丽	52186493	211100
			张学强		
			刘海涛		
			董相超		
			(副调研员)		
			吴春华		
			(副调研员)		
			袁　莉		
			(副调研员)		
浦口区科技局	南京市浦口区江浦街道文德东路 18 号	王　斌	葛晓峰	58882214	211800
			彭静馨		
			高宗江		
			(副调研员)		
六合区科技局	南京市六合区雄州南路 268 号六合大厦 23 楼	许锡生	李　炜	57759554	211500
			(党组书记)		
			周志安		
			李　媛		
			韩传金		
			胡彩平		
			吕晓红		
			(副调研员)		
溧水区科技局	南京市溧水县中山西路 12 号	王　敏	代　军	57214533	211200
			陈敬瑞		
			(副调研员)		
高淳区科技局	南京市高淳县宝塔路 142 号	陈　斌	张　磊	57312196	211300
			(知识产权局局长)		
			马时洪		
			李求贵		
			毕　涛		
			(知识产权局副局长)		
			孙　伟		
无锡市				**区号 0510**	
无锡市科技局	新金匮路 1 号市民中心 5 号楼 6 楼	吴建亮	王　浩	81821861	214131

续表 8-1

机构名称	地址	局长	副局长	电话	邮编
			赵建平		
			黄晓珊		
			徐重远		
			侍　锋		
			（纪检组长）		
江阴市科技局	江阴市澄江中路 9 号	赵志军	吴自强	86861567	214431
			俞均彦		
			朱　彤		
宜兴市科技局	宜兴市陶都路 8 号	蒋国强	廖忠祥	87986279	214200
			张　静		
			周丽明		
			俞　军		
锡山区科技局	无锡市锡山区府北路 16 号	陈新宇	程宇峰	88208768	214101
			华红丹		
			赵又力		
惠山区科技局	无锡市文惠路 8 号	虞　洁	施丽萍	83598560	214174
			张丽萍		
			袁　杰		
			薛　野		
			（挂职）		
滨湖区科技局	无锡市金城西路 500 号	华兆哲	赵　新	81178531	214123
			马忠泽		
			祁　华		
			袁　珺		
			石　荣		
			（挂职）		
南长区科技局	无锡市永丰路 1 号	黄维恭	姚咏华	85020858	214021
			张　乐		
北塘区科技局	无锡市风宾路 58 号	赵　廉	陶其芳	83158726	214044
			祝振华		
			顾慧蕙		
崇安区科技局	无锡市解放南路 688 号 9 号楼	叶　强	过俊红	81011800	214011
			陈伟新		
			（局长助理）		
新区科技局	无锡新区和风路 28 号科技商务中心 902	桂　涛	张　科	81890903	214131
			（副调研员）		

续表 8-1

机构名称	地址	局长	副局长	电话	邮编
			李敏芸		
			朱中群		
			王　波		
			杨　凯		
			(局长助理)		
徐州市				**区号 0516**	
徐州市科技局	徐州市解放南路 187 号	王　琦	张学良	83842236	221009
			高存宝		
			谢德明		
			陈听兴		
			张福生		
			牟显军		
			于学海		
			季小超		
丰县科技局	丰县中央大道中段	秦加启	康　永	89259808	221700
			包正道		
			马德东		
			刘　健		
			史先红		
沛县科技局	沛县新城区行政中心主楼 6 楼	韩　旭	王　苏	68869621	221600
			王玉存		
			胡艳丽		
			张庆国		
			张铜成		
			亓桂华		
			张旭东		
			吴玉华		
			吴伟力		
			(挂职)		
睢宁县科技局	睢宁县经济开发区前进路 16 号	田　野	陈思志	68069696	221200
			李金中		
			王　波		
			赵　敏		
邳州市科技局	邳州市沙沟湖行政中心 16 号楼	徐来龙	单士红	86224127	221300
			杨志明		
			张德亮		

续表 8-1

机构名称	地址	局长	副局长	电话	邮编
新沂市科技局	新沂市市府路 37 号	闻高潮	王联宏 郑　超 顾学田 许鸿云 卢建民 丁　銮 蒋延丰（挂职）	88922569	221400
铜山区科技局	徐州市铜山区政府大院政协楼四楼	吴庆义	刘　峤 胡传志 肖开勇 李　健	83405179	221116
贾汪区科技局	徐州市贾汪区行政中心 4F 西首	陈　鸥	薛文庆 段绪国 王平议	66889378	221011
鼓楼区科技局	徐州市中山北路 253 号鼓楼区政府大楼 620 室	包建忠	冯秀玲 张振亚	87636220	221007
云龙区科技局	徐州市和平路东延长段庆丰路交叉路口	曾　华	王晓燕 王　松 黄　刚（挂职）	80803612	221004
泉山区科技局	徐州市解放南路延安段 26 号泉山区行政中心	孟庆礼	周莲芳 宋志政 臧千石 杨金勇（挂职）	85700105	221002
经济技术开发区科技局	徐州徐海路 9 号科技大厦	甄文庆	李晓东	87936177	221121
高新区科技局	徐州市铜山区北京北路 21 号	吴庆义	胡传志 滕文桦 李　彬	85030512	221116
常州市				**区号 0519**	
常州市科技局	常州市龙城大道 1280 号 行政中心 1 号楼 B 座 16 楼	刘　斌	杨伟红 吕卫明 张朝晖 蒋苏菁 蒋鹏举	85681500	213022

续表 8–1

机构名称	地址	局长	副局长	电话	邮编
金坛市科技局	金坛市南环一路 118 号	王洪祥	丁建芳 陈林风 陈　云 倪小平 许国清 许国海	82822319	213200
溧阳市科技局	溧阳市东大街 182 号	陆慧琦	吴　毅 周　希 丁金荣 陆建忠 汤　莉 陶　冶	87172800	213300
武进区科技局	武进区行政中心 5 号楼 4 楼	吴乐平	张献彬 胡国忠 尤霄峰 张志华 蒋　华 于建伟 戴兆华	86310226	213159
新北区科技局	常州市新北区衡山路 8 号	陈华鹏	张进伟 吴雪强 许　博 邢西哲 邹　莹 杨　非	85163137	213022
天宁区科技局	常州市关河东路 66 号九洲环 B1412	高　雄	魏伯福 邱荣伟	86663501	213000
钟楼区科技局	常州市钟楼区星港大道 88 号钟楼区政府内 7 楼	朱希贤	查建宏 徐　松 汤奕如 谢　剑	88890740	213023
戚墅堰区科技局	常州市戚墅堰区东方东路 168 号	殷宏伟	曹争鸣 周火男 胡延红 吴君铭	89863173	213025

续表 8-1

机构名称	地址	局长	副局长	电话	邮编
苏州市				区号 0512	
苏州市科技局	苏州市人民路 979 号	黄　戟	吴伟澎	65241084	215002
			蔡剑峰		
			潘华露		
			陶冠红		
			吴思勤 (纪检组长)		
			赵玮芳 (党组成员、科技服务中心主任)		
			景震强		
张家港市科技局	张家港市长安中路 344 号江南大厦	万资平	吴彦刚	58286120	215600
			董建刚		
			赵建华		
			李秋菊 (纪检组长)		
			王国楷		
			匡　荛		
常熟市科技局	常熟市海虞南路 85 号	潘　伟	陈新祥	52772104	215500
			朱立新		
			查银华		
			陈　岚		
太仓市科技局	县府东街 99 号行政中心 6 号楼 6 楼	潘红忠	徐永明	53537775	215400
			孙惠球		
			张耀良 (知识产权局副局长)		
			万芬奇		
			张荣海		
			许昱捷		
昆山市科技局	昆山市前进中路 350 号	沈跃新	陆　伟	57317682	215300
			吕建坤 (知识产权局局长)		
			包建龙		
			陆陈军		
			凌福明 (纪检组长)		

续表 8–1

机构名称	地址	局长	副局长	电话	邮编
吴江区科技局	吴江市人民路 1000 号吴江大厦 B 幢 18 楼	金祖辉	孙洪涛 (知识产权局副局长) 俞瑞雪 (知识产权局局长) 马明华 徐　刚 (知识产权局副局长)	63981879	215200
吴中区科技局	吴中开发区塔韵路苏街 198 号吴中商务中心 B 座 21 楼	沈玉宝	万　能 石燕华 张文华 (知识产权局局长) 王立勇	67682622	215104
相城区科技局	苏州市相城区阳澄湖东路行政中心 10 号楼	姚建敏	赵学福 夏钰林 钟礼涛 顾金炎 (知识产权局局长) 曹雪琴 金　燕 (科协副主席) 龚宏伟 (党组成员、科协副主席)	85182151	215131
姑苏区经济与科技局	苏州市平川路 510 号	曹　原	李红益 韩　玲	68727615	215031
苏州工业园区科技局	苏州工业园区现代大道 999 号	张东驰	许文清 (知识产权局局长) 虞吉强 肖诗涛 (科技招商中心主任) 徐　健 (中小企业服务中心副主任)	66680919	215028
苏州高新区科技局	高新区科普路 58 号科技大厦 15 楼	蒋建清	周　村 陈永明 孙培芳 韦纯清 李　艰	68251304	215011

续表 8-1

机构名称	地址	局长	副局长	电话	邮编
			顾　君 贺宇晨 （科技招商中心主任）		
南通市				**区号 0513**	
南通市科技局	南通市崇川路 58 号综合楼 1 号楼	朱千波	沈卫坚 季晓雷 程　翔 丁铁军 林　伟 范　咏 沈风雷 孙青山 张东捷	55018866	226019
海安县科技局	海安县长江中路 106 号	罗正锡	赵爱玲 （党组书记） 杭永明 卢克山 孙　祥 任　镇 马雪荣	88897206	226600
如皋市科技局	如皋市行政中心 B 座十四楼	张亚鸾	程龙泉 顾均林 沈德君 陈广建 陈久平 金义明	87655900	226500
如东县科技局	如东县掘港镇富春江中路 1 号行政中心 2 号楼 6 楼	缪雪明	高智勇 陈　洪 张　炜 于章宏 季炜东	84512676	226400
海门市科技局	海门市行政中心 2 楼	许栋新	赵建新 姜美平 陈　忠 徐林江 黄　玮	82212932	226100

续表 8-1

机构名称	地址	局长	副局长	电话	邮编
通州区科技局	南通市通州区行政中心主楼 12 楼	王钰华	徐林江 季旭东 施东飞 张晓卫 黄剑豪 蔡　陶 蔡志兵 黄东晓	86512516	226300
崇川区科技局	南通市青年东路 94 号	李　俊	顾志聪 何志明 王　兵 濮瑾瑾	85523230	226006
港闸区科技局	南通市城港路 58 号	刘志刚	蓝　青 秦云美 陈　越	85609772	226005
南通经济技术开发区经发局	南通开发区中央路 51 号	周爱群		85980198	226005
连云港市				**区号 0518**	
连云港市科技局 （连云港市知识产权局）	连云港市海连东路 28 号	李　莉	赵厚峰 刘海峰 孙礼国 吉士志 商显福 章云霓 郑　刚	85820628	222006
赣榆县科技局	赣榆县青口镇黄海东路新城行政中心 14 楼	夏新宇	侍述兵 金　文 王久瑜 仲法维 樊继续 李　玲	86231058	222100
东海县科技局	东海县牛山镇晶都大道政府行政中心	陈文军	钟　伟 朱方彦 谢晌春 何　林 谭琦刚 张吉磊	87776308	222300

续表 8-1

机构名称	地址	局长	副局长	电话	邮编
灌云县科技局	灌云县伊山镇县行政中心	张永竹	山文斌	88823506	222200
			戴志边		
			王统成		
			高庆亚		
			罗金岳		
			李 彩		
灌南县科技局	灌南县新安镇县行政中心	王美龙	赵井东	83968266	222500
			王 强		
新浦区科技局	连云港新浦民主路 177 号	胡庆林	蔡淑坤	85605928	222003
			仲其昌		
海州区科技局	连云港市海州区西南路 20 号	谢 艳	黄宝军	85215655	222023
连云区科技局	连云港市连云区中山路 26 号	丁以兰	张体洋	82329198	222042
开发区经济发展局	连云港经济技术开发区管委会	金 成	殷宪林	82342889	222047
盐城市				**区号 0515**	
盐城市科技局	盐城市开放大道 61 号	邹毅实	蔡建军	88242431	224005
		周晓棣	周 捷		
		(党组书记)	倪晓峰		
			郭九地		
			丁桂林		
			缪志伟		
			成守宇		
响水科技局	响水县双园路 188 号	汪明时	沈丛春	68878855	224600
			陆 伟		
			刘永光		
滨海科技局	滨海县迎宾西路县行政中心	王立超	张生华	84108553	224500
			汪洪贵		
			王建明		
			王祚广		
阜宁科技局	阜宁县射阳河南路 5 号	赵唯勤	董爱国	87212775	224400
			周军荣		
			刘学科		
			高文生		
建湖县科技局	建湖县人民路 8 号	曾崇高	徐其标	86212409	224700
		冯万龙	张峰梅		
		(党组书记)	徐银刚		
			吕忠东		

续表 8-1

机构名称	地址	局长	副局长	电话	邮编
射阳科技局	射阳县红旗路 32 号	陈立兆	张恒钊 朱文东 范金柱 周金洋	69688593	224300
亭湖区科技局	盐城市希望大道 59 号	施　江	丁建文 石荣山 徐长虹 石秋平 徐益清	89881213	224003
盐都区科技局	盐城市开发大道 618 号	陈　镖 肖刘蕊 (党组书记)	孙海峰 张宜甲 刘仰军 杭加林 陈瑞秀 吴卫红	88116058	224005
大丰市科技局	大丰市金丰南大街 6 号	陈苏萍	张玉荣 陆卫红 陈　彬 仇宏伟 陈　静 殷蓓蓓	87031586	224100
东台市科技局	东台市北海路 8 号人防中心大楼 13 层	杜剑锋	陈　茵 徐　毅 (党组副书记) 周治平 王　皓 姜仁俊 丁荣俊	85212365	224200
市开发区科技局	盐城市松江路 18 号	严俭渠	李　红	68821621	224007
城南新区	盐城市高职园区景观大道交通技师学院内	蔡保生		83082792	224005
淮安市				**区号 0517**	
淮安市科技局	淮安市大治西路 18 号	李太生	杨玮业 单宏业 顾海山 (纪检组长)	83665024	223001

续表 8-1

机构名称	地址	局长	副局长	电话	邮编
			杨建洪		
			朱海军		
			谢筱会		
			(副调研员)		
清河区科技局	淮安市清河新区飞耀路 1 号	王澎飞	郭新志	83789600	223001
			郭海航		
			(党组副书记)		
清浦区科技局	淮安市淮海南路 268 号	王劲松	沈　亮	83515187	223002
淮安区科技局	淮安区西长街 97 号	张东升	余德怀	85912510	223200
			张洪顺		
			(纪检组长)		
			徐文喜		
			汪桂根		
淮阴区科技局	淮阴区承德北路 606 号	刘晓红	邱连华	84997801	223300
			皇甫月东		
			孙梅梅		
涟水县科技局	涟水县红日大道 1 号	陈　涟	李　静	82662956	223400
			石从富		
			朱淮英		
洪泽县科技局	洪泽县东七街 3 号	赵劲松	赵卫东	87223105	223100
		朱翼强	张　丹		
		(党组书记)			
盱眙县科技局	盱眙县东方大道 3 号	王佩华	柏正基	80910919	211700
			朱志弘		
			郑茂松		
			李翠竹		
			马永浩		
			(挂职)		
金湖县科技局	金湖县健康路 13 号	杨红梅	潘九云	86882428	211600
			姚霞鹏		
			沈森林		
扬州市				**区号 0514**	
扬州市科技局	扬州市文昌中路 403 号	杨　蓉	何业栋	87347583	225001
			(党组成员、知识产权局副局长)		
			陈　星		

续表 8-1

机构名称	地址	局长	副局长	电话	邮编
			赵松林		
			魏德余		
			(党组成员、纪检组长)		
宝应县科技局	宝应县工农路 76 号科技大厦	徐生力	姜海峰	88276003	225800
			韩立清		
			姚立新		
			王荣华		
			刘　伟		
高邮市科技局	高邮市海潮东路城市商务大厦 15 楼	詹惜文	孙　刚	84612157	225600
		曹　勇	周弘心		
		(党组书记)	徐　光		
			蒋　娟		
仪征市科技局	仪征市真州东路 30 号	鲁晓东	施伟文	83581081	211400
			唐济学		
			杜益军		
			陈　霞		
			蒋天鹏		
江都区科技局	扬州市江都区龙川北路 1 号江都市行政中心	魏　峰	黄景禧	86299698	225200
			周粉兰		
			(纪检组长)		
			谈家宽		
			赵　娟		
邗江区科技局	邗江区委党校内新城西路邗上南街	林爱顺	顾　斌	87862094	225009
			俞正平		
			李祖泓		
			刘　虔		
			杨业龙		
			岳　锌		
			孔庆春		
			蔡建国		
广陵区科技局	扬州市解放北路 3 号	王一愚	陈克家	87259332	225003
			肖　翔		
			陈惠兵		
			阙玥娥		
扬州经济技术开发区科技局	扬州市维扬路 108 号	宋雪云	丁　杰	87962177	225009

续表 8-1

机构名称	地址	局长	副局长	电话	邮编
镇江市				区号 0511	
镇江市科技局	南徐大道 68 号	毛　健	潘国建	80822824	212004
			葛玉连		
			肖敬东		
			陈银芳（纪检组长）		
			唐圣洋（副调研员）		
丹阳市科技局	开发区兰陵路 8 号	刘宏程	严国平	86524539	212300
			张和荣		
			胡光生		
			王建方		
			王小南		
			郑志坚		
句容市科技局	句容市长江路 1 号	齐兴武	孙家义	87272670	212400
			熊晓燕		
			元彩武（纪检组长）		
			朱　燕		
			戴　俊		
扬中市科技局	扬中市中电大道 8 号	朱　勇	陈学兵	88322138	212200
			严生龙		
			施志刚		
			朱发平		
			马晓梅（纪检组长）		
丹徒区科技局	丹徒新城广场西路 161 号	魏志康	卢建军	80827160	212028
			陈正家		
			陈亚兴		
			邱德祥		
			龚恋淇（纪检组长）		
			丁海燕		
京口区科技局	京口区学府路 39 号二楼	薛　莲	贡　强	84499155	212002
			许红兵		
润州区科技局	镇江市润州路 5 号	刘　旭	吴建国	85623021	212005

续表 8-1

机构名称	地址	局长	副局长	电话	邮编
			李　忠		
			张　娟		
镇江新区经济发展局	镇江市新区大港金港大道 98 号	蒋红武	魏国华	83372324	212200
泰州市				**区号 0523**	
泰州市科技局	泰州市鼓楼南路 348 号	祝　光	冯广振	86399026	225300
			顾建忠		
			杨国华		
			王本富		
			葛树义		
			（纪检组长）		
			丁春华		
			季开桢		
			（生产力促进中心主任）		
			黄雨祥		
			（知识产权局局长）		
靖江市科技局	靖江市阳光大道 1 号行政中心主楼 14 层	郑企力	沈满松	89181423	214500
			王海庆		
泰兴市科技局	泰兴市中兴大道 218 号	李　飞	孙　平	87625038	225400
			陆爱平		
			戴国广		
兴化市科技局	兴化市英武路 43 号	陈万健	沈福海	83242968	225700
			裴马年		
			华正雄		
			陈立新		
			陈亚俊		
海陵区科技局	泰州市青年北路 26 号	杨　臣	王加兴	86225620	225300
			王　凯		
			周建成		
			汤　庆		
			（党组成员）		
高港区科技局	高港区口岸街道港城路 8 号	孙　跃	李　靖	86966860	225321
			周德明		
			常　宏		
			吴振中		
			（纪检组长）		
姜堰区科技局	姜堰市人民中路 261 号	胡建华	何　剑	88279308	225500

续表 8-1

机构名称	地址	局长	副局长	电话	邮编
			杨立军		
			钱忠喜		
宿迁市				**区号 0527**	
宿迁市科技局	宿城区洪泽湖路 130 号	罗　扬	陈必平	84358659	223800
			吴俊宁		
			单士敏		
			高海燕		
			杨　坚		
			李启旺		
			（纪检组长）		
沭阳县科技局	沭阳县行政中心 0619 房间	张　云	张　峰	83593080	223600
			李洪扬		
			冯中勇		
			龚军登		
			黄　剑		
			（纪检组长）		
泗阳县科技局	泗阳县众兴镇北京东路 9 号县党政办公大楼三楼	潘桂琴	穆武岳	85271036	223700
			（纪检组长）		
			葛家新		
			刘金阳		
			孟　凯		
泗洪县科技局	泗洪县新区总工会大楼 5 楼	朱福成	杨志祥	86225227	223900
			（纪检组长）		
			王修元		
			张　浩		
宿城区科技局	宿城区成子湖路 1 号宿城区政府办公大楼内	蔡绍勇	庄永武	82960287	223800
			颜　安		
宿豫区科技局	宿豫区农林大厦 308 室	赵　彦	袁冬梅	88032600	223800
			陆建全		
			（纪检组长）		

表 8-2 江苏省级学会名录

学会编码	学会名称	地址	挂靠单位
A001	江苏省数学学会	南京汉口路 22 号南京大学数学系 121 室	南京大学
A002	江苏省物理学会	南京汉口路 22 号南京大学物理学院	南京大学
A003	江苏省力学学会	南京西康路 1 号河海大学科技处	河海大学
A004	江苏省声学学会	南京市汉口路 22 号南京大学声学所声西楼 301 室	南京大学
A005	江苏省天文学会	南京市金银街 8 号苏富特大厦 215 室	南京大学
A006	江苏省气象学会	南京市玄武区昆仑路 16 号	江苏气象局
A007	江苏省地质学会	南京市珠江路 700 号地质大厦	江苏省国土资源厅
A008	江苏省地理学会	南京市北京东路 73 号地理所	中国科学院南京地理与湖泊研究所
A009	江苏省地球物理学会	南京市卫岗 21 号	中国石化南京石油物探研究所
A010	江苏省古生物学会	南京市北京东路 39 号古生物所	中国科学院南京地质古生物研究所
A011	江苏省海洋湖沼学会	南京市北京东路 73 号地理所	中国科学院南京地理湖泊研究所
A012	江苏省地震学会	南京市卫岗 3 号	江苏省地震局
A013	江苏省动物学会	南京师范大学生命科学学院	南师大生命科学院
A014	江苏省植物学会	南京市中山门外前湖后村 1 号植物所内	江苏省中国科学院植物研究所
A015	江苏省昆虫学会	南京市钟灵街 50 号植保所	江苏省农业科学院
A016	江苏省微生物学会	南京市栖霞区文苑路 1 号南京师范大学生科学院	南京师范大学
A017	省生物化学与分子生物学学会	南京市汉口路 22 号南京大学生命科学学院	南京大学生命科学学院
A018	江苏省植物生理学会	南京市玄武区钟灵街 50 号江苏省农业科学院	江苏省农业科学院农业生物技术研究所
A019	江苏省遗传学会	南京市卫岗 1 号南京农业大学农学院内	南京农业大学
A020	江苏省心理学会	南京宁海路 122 号南师大田家炳楼南楼 801 室	南京师范大学
A021	江苏省生态学会	南京林业大学森林资源与环境学院	南京林业大学
A022	江苏省环境科学学会	南京市凤凰西街 241 号	江苏省环境保护厅
A023	江苏省岩土力学与工程学会	南京市海福巷 1 号解放军理工大学工程兵工程学院	中国人民解放军理工大学工程兵工程学院
A024	江苏省野生动物保护协会	南京市定淮门大街 22 号江苏省林业局	江苏省野生动植物保护站
A025	江苏省系统工程学会	南京理工大学自动化学院 216 室	南京理工大学
A026	江苏省环境诱变剂学会	南京市丁家桥 87 号东南大学公共卫生学院	东南大学
A027	江苏省工业与应用数学学会	南京市玄武区四牌楼 2 号东南大学数学系	东南大学
A028	江苏省遥感与地理信息系统学会	南京市北京东路 73 号	中国科学院南京地理湖泊研究所
B001	江苏省机械工程学会	南京市鼓楼区二条巷 13 号 329 室	东南大学
B002	江苏省汽车工程学会	南京市中央路 331 号(芦席营 78 号)小二楼 210 室	南京汽车集团有限公司
B003	江苏省农业机械学会	南京市北京西路 24 号	江苏省农业机械管理局
B004	江苏省农业工程学会	南京市中山门外柳营 100 号	农业部南京农业机械化研究所
B005	江苏省电机工程学会	南京市北京西路 20 号	江苏省电力公司
B006	江苏省电工技术学会	东南大学动力楼 426	东南大学

续表 8-2

学会编码	学会名称	地址	挂靠单位
B007	江苏省水力发电工程学会	河海大学水利水电工程学院	河海大学
B008	江苏省水利学会	南京市上海路 5 号	江苏省水利厅
B009	江苏省内燃机学会	镇江市学府路 301 号江苏大学汽车与交通工程学院	江苏大学
B010	江苏省工程热物理学会	东南大学动力楼 312 室	东南大学
B011	江苏省制冷学会	南京市中山北路 101 号后楼 405 室	江苏省滩涂开发投资公司
B012	江苏省真空学会	南京市四牌楼 2 号东南大学电子科学与工程学院	东南大学
B013	江苏省自动化学会	南京市四牌楼 2 号东南大学自动化学院	东南大学
B014	江苏省仪器仪表学会	南京市四牌楼 2 号东南大学仪器科学与工程学院	东南大学仪器科学与工程学院
B015	江苏省计量测试学会	南京市石鼓路 227 号 10 楼	江苏省质量技术监督局
B016	江苏省标准化协会	南京市石鼓路 227 号 9 楼	江苏省质量技术监督局
B017	江苏省工程图学会	南京四牌楼2 号东南大学五五楼 410 室 CAD 培训中心	东南大学
B018	江苏省电子学会	南京市中山北路 285 号 801 室	江苏省经济和信息化委员会
B019	江苏省计算机学会	南京大学仙林校区机关 603 号信箱	南京大学
B020	江苏省通信学会	南京市中山北路 301 号	江苏省通信管理局
B021	江苏省测绘学会	南京市北京西路 75 号	江苏省测绘局
B022	江苏省造船学会	南京市虎踞关 1 号宇田大厦 610 室	江苏省地方海事局
B023	江苏省航海学会	南通经济技术开发区通盛大道 185 号	江苏省交通运输厅
B024	江苏省铁道学会	南京市玄武区龙蟠路 141 号铁路办事处大院	上海铁路局南京铁路办事处
B025	江苏省公路学会	南京市虎踞关 1 号宇田大厦 604 室	江苏省交通厅
B026	江苏省航空航天学会	南京航空航天大学 354 信箱	南京航空航天大学
B027	江苏省军工学会	南京市云南路 31–1 号苏建大厦 310 室	江苏省国防科工办
B028	江苏省金属学会	南京市长江路 88 号 1805 室	江苏省国信资产管理有限公司
B029	江苏省稀土学会	南京市长江路 88 号国信大厦 1704 室	江苏舜天国际集团有限公司
B030	江苏省化学化工学会	南京市江东北路 386 号 6 楼省盐业集团	江苏省纺织(集团)总公司
B031	江苏省核学会	苏州市姑苏区西环路 1788 号	苏州热工研究院有限公司
B032	江苏省石油学会	南京市锁金四村 6 号	中国石油化工股份有限公司金陵分公司
B033	江苏省煤炭学会	南京市北京西路 15–1 号	江苏煤矿安全监察局
B034	江苏省能源研究会	东南大学能源与环境学院	东南大学
B035	江苏省硅酸盐学会	南京市北京西路 12–1 号 2 楼	江苏省建筑科学研究院有限公司
B036	江苏省土木建筑学会	南京市北京西路 12 号	江苏省建筑科学研究院有限公司
B037	江苏省室内设计学会	南京市龙蟠路 159 号南林大艺术设计学院 A109 室	南京林业大学
B038	江苏省纺织工程学会	南京市中山东路 482 号大厦 2002 室	江苏省纺织集团总公司
B039	江苏省造纸学会	南京市龙蟠路 159 号南林大轻工学院 310 室	南京林业大学

续表 8-2

学会编码	学会名称	地址	挂靠单位
B040	江苏省食品科学与技术学会	无锡市蠡湖大道 1800 号江南大学食品学院	江南大学
B041	江苏省安全生产科学技术学会	南京市北京西路 15-1 号 1013 室	江苏省安全生产监督管理局
B042	江苏省烟草学会	南京市长江路 168 号 711 室	江苏省烟草专卖局(公司)、江苏中烟工业公司
B043	江苏省振动工程学会	东南大学测振中心 302 室	东南大学
B044	江苏省颗粒学会	南京市光华路 1 号南理工科技园孵化大厦 C 座 6 楼	南京理工大学
B045	江苏省照明学会	南京市下关区金川门外 5 号	南京工业大学电光源材料研究所
B046	江苏省复合材料学会	南京市御道街 29 号 C 楼 216 室	
B047	江苏省消防协会	南京市龙江小区月光广场 6 号	江苏省消防总队
B048	江苏省分析测试协会	南京市龙蟠路 189 号	江苏省生产力促进中心
B049	江苏省锅炉学会	南京市板仓街 78 号 56 号信箱南师大动力学院	南京师范大学
B050	江苏省光学学会	南京市四牌楼 2 号东南大学金陵院	东南大学
B051	江苏省轻工协会	南京市中山东路 532-2 号	南京工业职业技术学院
B052	江苏省微型电脑应用协会	南京市南瑞路 8 号 323 信箱	国网电力科学研究院
B053	江苏省低碳技术学会	南京市汉中门大街 301 号 15 楼	
C001	江苏省农学会	南京市玄武区钟灵街 50 号	江苏省农科院
C002	江苏省林学会	南京市定淮门大街 22 号省林业大厦	江苏省林业局
C003	江苏省土壤学会	南京市北京东路 71 号	中国科学院南京土壤研究所
C004	江苏省水产学会	南京市南湖茶亭东街 79 号	江苏省海洋与渔业局
C005	江苏省园艺学会	南京市玄武区钟灵街 50 号	江苏省农业科学院园艺研究所
C006	江苏省畜牧兽医学会	南京市玄武区钟灵街 50 号	江苏省农业科学院畜牧研究所
C007	江苏省植物病理学会	南京市玄武区钟灵街 50 号	江苏省农业科学院
C008	江苏省作物学会	南京市龙江小区江苏农林大厦 16 楼	江苏省农业委员会
C009	江苏省蚕桑学会	南京市软件大道 48 号	江苏省苏豪控股集团有限公司
C010	江苏省水土保持学会	南京市龙蟠路 159 号南林大森林资源与环境学院	南京林业大学
C011	江苏省茶叶学会	南京市龙江小区月光广场 8 号江苏农林大厦内	江苏省农林厅
C012	江苏省原子能农学会	南京市钟灵街 50 号省农科院设施与装备所	江苏省农业科学院原子能所
C013	江苏省农业资源与区划学会	南京市龙江小区月光广场 8 号	江苏省农林厅
C014	江苏省农业资源开发学会	南京市鼓楼区沅江路 62 号辰龙雅苑 2 幢 518 室	江苏省农业资源开发局
D001	江苏省医学会	南京市中央路 42 号	江苏省卫生厅
D002	江苏省中医药学会	南京市汉中路 282 号	江苏省卫生厅
D003	江苏省中西医结合学会	南京市汉中路 282 号	江苏省卫生厅
D004	江苏省药学会	南京市中山东路 448 号(南大门)6 楼	江苏省食品药品监督管理局
D005	江苏省护理学会	南京市中央路 42 号	江苏省卫生厅
D006	江苏省生理科学学会	南京市汉中路 140 号南京医科大学先知楼 1603 室	南京医科大学

续表 8–2

学会编码	学会名称	地址	挂靠单位
D007	江苏省解剖学会	南京市汉中路140号南京医科大学先知楼702室	南京医科大学
D008	江苏省生物医学工程学会	南京市中山北路53号鼓楼医院北院703病区	鼓楼医院
D009	江苏省病理生理学会	南京汉中路140号南京医科大学先知楼1009	南京医科大学
D010	江苏省营养学会	南京市江宁区天元东路818号公共卫学院	南京医科大学
D011	江苏省药理学会	江苏省中医院	中国药科大学
D012	江苏省针灸学会	南京市汉中路282号	江苏省卫生
D013	江苏省心理卫生协会	南京市广州路264号南京脑科医院门诊六楼	南京脑科医院
D014	江苏省抗癌协会	南京百子亭42号	江苏省肿瘤医院
D015	江苏省体育科学学会	南京市栖霞区仙林大道169号省体育科学研究所	江苏省体育局
D016	江苏省免疫学会	南京市汉中路140号南京医科大学微免学系	南京医科大学
D017	江苏省预防医学会	南京市江苏路172号	江苏省疾病预防控制中心
D018	江苏省计划生育研究会	江苏省南京市中央路42号	江苏省人口和计划生育委员会
D019	江苏省超声医学工程学会	南京广州路300号省人民医院超声医学科	南京医科大学第一附属医院（江苏省人民医院）
D020	江苏省发育生物学学会	南京市江宁区天元东路818号逸夫楼D209	东南大学
D021	江苏省抗衰老学会	南京市广州路300号	江苏省人民医院
E001	江苏省自然辩证法研究会	南京林业大学思政部	南京林业大学
E002	江苏省技术经济与管理现代化研究会	南京市北京西路70号22号楼	江苏省经济贸易委员会
E003	江苏省现场统计研究会	南京理工大学经济管理院	南京理工大学经济管理学院
E004	江苏省科技情报学会	南京市龙蟠路171号	江苏省科学技术情报研究所
E005	江苏省科学学与科研管理研究会	南京市汉口路22号南京大学科技处	南京大学
E006	江苏省工业设计学会	南京市孝陵卫南京理工大学设计与传媒学院	南京理工大学
E007	江苏省工艺美术学会	南京市山西路8号金山大厦B楼17层F座	江苏省工艺美术总公司
E008	江苏省科普作家协会	南京市湖北路85号8楼	江苏省科协
E009	江苏省青少年科技教育协会	南京市梦都大街50号省科技工作者活动中心418室	江苏省青少年科技中心
E010	江苏省科教电影电视协会	南京市梦都大街50号省科技工作者活动中心411室	江苏省科协
E011	江苏省科技期刊编辑学会	南京市童家巷24号中国药科大学期刊编辑部	中国药科大学
E012	江苏省土地学会	南京市水西门大街58号建邺大厦606室	江苏省国土资源厅
E013	江苏省老科技工作者协会	南京市中山北路101号	江苏省科技厅
E014	江苏省对外科学技术促进会	南京市广州路228号易发科技大厦1403室	江苏省科协
E015	江苏省公共关系协会	南京市虎踞南路36号翔宇大厦7楼	江苏舜天鸿泰公司
E016	江苏省人力资源学会	南京大学商学院安中大楼1307	南京大学商学院
E017	江苏省科普美术家协会	南京市北京西路74号南京艺术学院工艺设计学院	江苏省科学技术协会
E018	江苏省科技翻译协会	南京市龙蟠路171号	江苏省科技情报研究所
E019	江苏省企业发展工程协会	南京市鼎新路1号1幢203室(学会秘书处)	南京师范大学
F001	高校科协	南京市江宁区东南大学科研院	东南大学
E020	江苏省科技场馆协会	南京市北京西路30号2310室	江苏省科协科普部

表 8–3 江苏省科学研究与技术开发机构部属科研机构名录

序号	机构名称	机构地址	邮编
未转制机构			
1	中国科学院南京土壤研究所	南京市玄武区北京东路 71 号	210008
2	中国科学院南京地理与湖泊研究所	南京市北京东路 73 号	210008
3	中国科学院南京地质古生物研究所	南京市北京东路 39 号	210008
4	中国科学院紫金山天文台	南京市鼓楼区北京西路 2 号	210008
5	中科院苏州纳米技术与纳米仿生研究所	苏州市苏州工业园区独墅湖科教创新区若水路 398 号	215123
6	国家天文台南京天文光学技术研究所	南京市板仓街 188 号	210042
7	水利部南京水利水文自动化研究所	南京市雨花台区铁心桥大街 95 号	210012
8	国土资源部南京地质矿产研究所	南京市中山东路 534 号	210016
9	中华全国供销合作总社南京野生植物综合利用研究院	南京市蒋王庙街 4 号	210042
10	国家安全部 841 研究所	南京市鼓楼区四条巷 42 号	210008
11	中国医学科学院皮肤病研究所	南京市蒋王庙街 12 号	210042
12	中国林业科学研究院林产化学工业研究所	南京市锁金五村十六号	210042
13	公安部交通管理科学研究所	无锡市钱荣路 88 号	214151
14	公安部南京警犬研究所	南京市雨花台区安德门 130 号	210012
15	中国科学院苏州生物医学工程技术研究所	苏州市苏州高新区科技城科灵路 88 号	215163
16	水利部交通部电力工业部南京水利科学研究院	南京市广州路 223 号	210029
17	国家环境保护总局南京环境科学研究所	南京市蒋王庙街 8 号	210042
18	中国水产科学研究院淡水渔业研究中心	无锡市漆塘北村 1 号	214081
19	江苏省气象科学研究所	南京市北极阁 2 号	210008
转制机构(非军工)			
20	国网电力科学研究院	南京市鼓楼区南瑞路 8 号	210003
21	国电环境保护研究院	南京市浦口区浦东路 10 号	210031
22	南京玻璃纤维设计研究院(中材科技股份有限公司)	南京市雨花西路安德里 30 号	210012
23	农业部南京农业机械化研究所	南京市玄武区柳营 100 号	210014
24	煤炭科学研究总院南京研究所	南京市珠江路 370 号	210018
25	中国石化勘探开发研究院南京石油物探研究所	南京市卫岗 21 号	210014
26	南京工业大学电光源材料研究所	南京市下关区金川门外 5 号	210015
27	中石化股份公司石油勘探开发研究院无锡石油地质研究所	无锡市惠钱路 210 号	214151
28	无锡油泵油嘴研究所	无锡市钱荣路 15 号	214063
29	无锡纺织机械研究所	无锡市青山路 37 号	214062
30	国家粮食储备局无锡科学研究设计院	无锡市惠河路 186 号	214035
31	中国化工建设总公司常州涂料化工研究院	常州市龙江中路 22 号	213016
32	中国南车集团戚墅堰机车车辆工艺研究所	常州市戚墅堰区五一路 81 号	213011
33	苏州混凝土水泥制品研究院(苏州中材建筑建材设计研究院有限公司)	苏州市三香路 718 号	215004
34	煤炭科学研究总院常州自动化研究所	常州市清潭木梳路 1 号	213015

续表 8–3

序号	机构名称	机构地址	邮编
35	苏州电加工机床研究所	苏州市高新区金山路 180 号	215011
36	中国化学建筑材料公司苏州防水材料研究设计所	苏州市广济路 284 号	215008
37	苏州热工研究院有限公司	苏州市西环路 1788 号	215004
38	苏州非金属矿工业设计研究院	苏州市三香路 999 号	215006
39	苏州轻工业化学电源研究所(苏州大学)	苏州市莫邪路 688 号	222006
40	中蓝连海设计研究院	连云港市新浦朝阳西路 51 号	225001
41	中国农业科学院蚕业研究所	镇江市四摆渡	210012
42	中国农业科学院南京农业大学中国农业遗产研究室	南京市中山门外卫岗 1 号	210095
转制机构(军工):			
43	中国电子科技集团公司第五十八研究所	无锡市惠河路 5 号	214035
44	中国船舶重工集团公司第七〇二研究所	无锡市滨湖区山水东路 222 号	214082
45	中国船舶重工集团公司第七〇三研究所无锡分部	无锡市解放东路 888 号 530 大厦	214007
46	中航工业航空动力控制系统研究所(无锡 614 所)	无锡市梁溪路 104 号	214000
47	总参 56 所	无锡市湖滨路 8 号	214000
48	中国船舶重工集团公司第七一六研究所	连云港市海连东路 42 号	222006
49	中国船舶重工集团公司第七二三研究所	扬州市南河下 26 号	212018
50	中国电子科技集团公司第十四研究所	南京市雨花台区国睿路 8 号	210039
51	中国电子科技集团公司第二十八研究所	南京市苜蓿园东街 1 号	210007
52	中国电子科技集团公司第五十五研究所	南京市中山东路 524 号	210016
53	中国船舶重工集团公司第七二四研究所	南京市中山北路 346 号	210003
54	中国一航雷达与电子设备研究院	无锡市梁溪路 796 号	214063
55	中国航天航空科工集团南京电子设备研究所(8511 研究所)	南京市后标营 35 号	210016
56	中国航空研究院 609 所(南京机电液压工程研究中心)	南京市江宁开发区水各路 33 号	211102

表 8–4 江苏省科学研究与技术开发机构省属科研机构名录

序号	机构名称	机构地址	邮编
未转制机构			
1	江苏省林业科学研究院	南京市江宁区东善桥	211153
2	江苏省水利科学研究院	南京市南湖路 97 号	210017
3	江苏省测绘研究所	南京市北京西路 75 号	210013
4	江苏省安全生产科学研究院	江苏省南京市花园路 9 号	210042
5	江苏省体育科学研究所	江苏南京孝陵卫灵谷寺路 8–1 号	210014
6	江苏省计划生育科学技术研究所	南京市凤凰西街 277 号	210036
7	江苏省环境科学研究院	南京市凤凰西街 241 号	210036
8	江苏省中医药研究院	南京市红山路十字街 100 号	210028
9	江苏省科学技术情报研究所	南京市龙蟠路 171 号	210042
10	江苏省生产力促进中心	南京市龙蟠路 175 号	210042
11	江苏省淡水水产研究所	江苏省南京市建邺区茶亭东街 79 号	210017

续表 8-4

序号	机构名称	机构地址	邮编
12	江苏省原子医学研究所	无锡市钱荣路 20 号	214063
13	江苏省血吸虫病防治研究所	无锡市梅园杨巷 117 号	214064
14	江苏省电子信息产品质量监督检验研究院	无锡市滨湖区金水路 100 号	214073
15	江苏省海洋水产研究所	江苏省南通市教育路 31 号	226007
16	江苏省家禽科学研究所	扬州市邗江区仓颉路 58 号	225125
17	江苏省高新技术创业服务中心	南京市广州路 37 号	210008
18	江苏省中国科学院植物研究所	南京市中山门外前湖后村 1 号	210014
19	江苏省农业科学院	江苏省南京市孝陵卫钟灵街 50 号	210014
20	江苏丘陵地区南京市农业科学研究所	南京市仙林大学城仙隐南路 6 号	210046
21	连云港市农业科学院	新浦区海连东路 26 号	222006
22	江苏徐淮地区淮阴农业科学研究所	江苏省淮安市淮海北路 104 号	223001
23	江苏丘陵地区镇江农业科学研究所	江苏省句容市宁杭路 112 号	212400
24	江苏里下河地区农业科学研究所	扬州市扬子江北路 568 号	225007
25	江苏沿海地区农业科学研究所	江苏省盐城市开放大道 59 号	224002
26	江苏省农业科学院宿迁农科所	江苏省宿迁市宿城区宿支路 23 号	223800
27	江苏徐淮地区徐州农业科学研究所	江苏省徐州市徐海路高铁站北	221131
28	江苏太湖地区农业科学研究所	苏州相城区望亭北桥	215155
29	江苏沿江地区农业科学研究所	江苏省如皋市薛窑江苏沿江地区农科所	226541
30	江苏沿海地区农业科学研究所新洋试验站	盐城市东郊 35 公里	224331
31	江苏省计量科学研究院	南京市白下区光华东街 3 号	210007
32	江苏省产品质量监督检验研究院	南京市光华东街 5 号	210007
33	江苏省标准化研究院	南京市石鼓路 227 号	210029
34	江苏省地质调查研究院	南京市珠江路 700 号	210018
35	江苏地质矿产设计研究院(省煤炭地质勘探研究所)	江苏省徐州市纺织路 1 号	221006
36	江苏省公安科学技术研究所	南京市鼓楼区扬州路 1 号	210024
37	江苏省地震工程研究院	南京市玄武区卫岗 3 号地震工程研究院	210014
38	江苏省环境监测中心	南京市凤凰西街 241 号	210036
39	江苏省老年医学研究所(省级机关医院)	南京市珞珈路 30 号	210024
40	江苏省血液研究所(苏州大学)	苏州市十梓街 188 号	215006
41	江苏省肿瘤防治研究所(省肿瘤医院)	南京市玄武区百子亭 42 号	210009
42	江苏省医学生物制品研究所(省血液中心)	南京市龙蟠路 179 号	210042
43	江苏省公共卫生研究院(省疾病预防控制中心)	南京市江苏路 172 号	210009
44	江苏省临床医学研究院(省人民医院)	南京市广州路 300 号	210029
45	江苏省中医临床研究院(省中医院)	南京市建邺区汉中路 155 号	210029
46	江苏省检验检疫科学技术研究院 (省商检中心)	江苏省南京市白下区中华路 99 号 712 室	210001
47	江苏省质量安全工程研究院(南京财经大学)	南京市仙林大学城文苑路 3 号	210046

续表 8-4

序号	机构名称	机构地址	邮编
48	江苏省品牌(商标)研究院	南京市太平南路2号日月大厦18层C座	210002
49	江苏中国科学院能源动力研究中心	江苏省连云港经济技术开发区黄海大道56号	222047
50	江苏省物联网研究发展中心	无锡新区菱湖大道200号中国传感网国际创新园C座	214135
51	江苏省未来网络创新研究院	南京市江宁开发区将军大道37号	211100
52	江苏中科院智能科学技术应用研究院	常州市常武中路801号	213164
53	江苏省印刷科学技术研究所	南京市观音里1号	210009
54	江苏省沿海水利科学研究所	江苏省东台市广场路6号	224200
55	江苏省盐城农垦农业科学研究所	江苏省盐城市射阳县中兴桥新洋农场	224314
56	江苏省新曹天然香料研究所	东台市花舍天香路116号	224246
转制机构			
57	江苏省微生物研究所有限责任公司	江苏省无锡市钱荣路7号	214063
58	江苏省药物研究所有限公司	南京市鼓楼区中央路马家街26号	210009
59	南化集团研究院	南京市六合区大厂葛关路699号	210048
60	江苏省计算技术研究所有限责任公司	南京市龙蟠路173号	210042
61	江苏省冶金研究所有限公司	南京市大光路28号	210007
62	江苏省机械研究设计院有限责任公司	南京市长虹路445号	210012
63	江苏省轻工业科学研究设计院有限公司	南京市应天大街767号	210019
64	江苏省农业机械研究所有限公司	南京市上海路4号	210029
65	江苏省建筑科学研究院有限公司	江苏省南京市北京西路12号	210008
66	江苏省交通科学研究院股份有限公司	南京市水西门大街223号	210017
67	江苏省医药工业研究所有限公司	南京市玄武大道699-18号	210042
68	江苏省农药研究所股份有限公司	南京市栖霞区恒竞路31-1号	210047
69	江苏省化工研究所有限公司	南京经济技术开发区恒竞路1号	210046
70	江苏省化工机械研究所有限责任公司	南京市北京西路17号	210024
71	江苏省化工信息中心有限公司	南京市北京西路17号9楼	210024
72	江苏省建筑材料研究设计院有限公司	南京市马台街139号	210009
73	江苏省广播电视科学研究所有限公司	南京市白下路209号东楼	210001
74	江苏省粮食科学研究设计院有限公司	南京市建邺区应天大街765号	210019
75	江苏省宏图电子综合研究所有限公司	南京市中山北路285号电子大楼五层	210003
76	江苏省陶瓷研究所有限公司	江苏省宜兴市丁蜀镇丁山北路196号	214221
77	江苏省纺织研究所股份有限公司	江苏省无锡市金城桥西堍	214024
78	江苏省无线电科学研究所有限公司	江苏省无锡市滨湖区山水东路未名路向西100米	214073
79	江苏省煤矿研究所有限公司	徐州市淮海西路241号	221006
80	江苏省船舶设计研究所有限公司	江苏省镇江市正东路5号	212003
81	江苏省机电研究所有限公司	徐州市经济开发区螺山路19号	221004
82	中博信息技术研究院有限公司	江苏省南京市小行尤家凹08号	210012

表 8-5　江苏省重点实验室名录(100 家)

序号	重点实验室名称	依托单位	主管部门	实验室主任	建设年份
国家级重点实验室					
1	固体微结构物理国家重点实验室	南京大学	教育部	王　牧	1984
2	医药生物技术国家重点实验室	南京大学	教育部	华子春	1986
3	计算机软件新技术国家重点实验室	南京大学	教育部	吕　建	1987
4	现代配位化学国家重点实验室	南京大学	教育部	左景林	1988
5	内生金属矿床成矿机制研究国家重点实验室	南京大学	教育部	蒋少涌	1989
6	污染控制与资源化研究国家重点实验室	同济大学、南京大学	教育部	张伟贤	1991
7	毫米波国家重点实验室	东南大学	教育部	洪　伟	1991
8	移动通信国家重点实验室	东南大学	教育部	尤肖虎	1991
9	作物遗传与种质创新国家重点实验室	南京农业大学	教育部	丁艳锋	2001
10	现代古生物学和地层学国家重点实验室	中科院南京地质古生物研究所	中科院	沈树忠	2001
11	土壤与农业可持续发展国家重点实验室	中科院南京土壤研究所	中科院	沈仁芳	2003
12	生物电子学国家重点实验室	东南大学	教育部	顾忠泽	2004
13	水文水资源与水利工程科学国家重点实验室	河海大学	教育部	余钟波	2004
14	煤炭资源与安全开采国家重点实验室	中国矿业大学(北京、徐州)	教育部	彭苏萍	2006
15	材料化学工程国家重点实验室	南京工业大学	省科技厅	徐南平	2007
16	湖泊与环境国家重点实验室	中科院南京地理与湖泊研究所	中科院	沈　吉	2007
17	食品科学与技术国家重点实验室	江南大学、南昌大学	教育部	金征宇	2007
18	深部岩土力学与地下工程国家重点实验室	中国矿业大学(徐州、北京)	教育部	缪协兴	2007
19	生殖医学国家重点实验室	南京医科大学	省科技厅	沙家豪	2011
20	天然药物活性组分与药效国家重点实验室	中国药科大学	教育部	李　萍	2011
21	机械结构力学与控制国家重点实验室	南京航空航天大学	工信部	熊　克	2011
22	生命分析化学国家重点实验室	南京大学	教育部	鞠熀先	2011
23	食品质量安全研究重点实验室(省部共建)	省农业科学院	省科技厅	刘贤金	2007
24	有机电子与信息显示重点实验室(省部共建)	南京邮电大学	省科技厅	黄　维	2009
25	干细胞与医用材料研究重点实验室(省部共建)	苏州大学	省科技厅	张学光	2010
26	纳米器件重点实验室(省部共建)	中科院苏州纳米技术与纳米仿生研究所	省科技厅	杨　辉	2010
27	爆炸冲击防灾减灾国家重点实验室	中国人民解放军理工大学	–	–	2012
28	数学工程与先进计算国家重点实验室	总参谋部第五十六研究所	–	–	2012
省级重点实验室					
29	江苏省家禽遗传育种重点实验室	江苏省家禽科学研究所	省农委	陈宽维	1991
30	江苏省植物迁地保护重点实验室	江苏省·中科院植物研究所	省科技厅	李维林	1992
31	江苏省农业生物学重点实验室	江苏省农业科学院生物遗传生理研究所	省农业科学院	余文贵	1993
32	江苏省寄生虫分子生物学重点实验室	江苏省寄生虫病防治研究所	省卫生厅	高　琪	1996
33	江苏省环境工程重点实验室	江苏省环境科学研究院	省环保厅	王志良	1998

续表 8–5

序号	重点实验室名称	依托单位	主管部门	实验室主任	建设年份
34	江苏省药用植物研究重点实验室	江苏省·中科院植物研究所	省科技厅	冯　煦	2000
35	江苏省新药筛选重点实验室	中国药科大学	中国药科大学	张陆勇	2000
36	江苏省药代动力学研究重点实验室	中国药科大学	中国药科大学	王广基	2001
37	江苏省神经再生研究重点实验室	南通大学	南通市科技局	顾晓松	2001
38	江苏省纳米技术重点实验室	南京大学	南京大学	邹志刚	2002
39	江苏省人类功能基因组学重点实验室	南京医科大学	省教育厅	韩　晓	2002
40	江苏省网络与信息安全重点实验室	东南大学	东南大学	罗军舟	2003
41	江苏省光电信息功能材料重点实验室	南京大学	南京大学	张　荣	2003
42	江苏省信息农业重点实验室	南京农业大学	南京农业大学	曹卫星	2004
43	江苏省生物材料与器件重点实验室	东南大学	东南大学	顾　宁	2004
44	江苏省人兽共患病学重点实验室	扬州大学	扬州市科技局	焦新安	2006
45	江苏省精密与微细制造技术重点实验室	南京航空航天大学	省教育厅	朱　荻	2006
46	江苏省土木工程材料重点实验室	东南大学	东南大学	孙　伟	2006
47	江苏省高效园艺作物遗传改良重点实验室	省农业科学院	省农业科学院	常有宏	2006
48	江苏省工业装备数字制造及控制技术重点实验室	南京工业大学	省教育厅	巩建鸣	2007
49	江苏省先进光学制造技术重点实验室	苏州大学	苏州市科技局	王钦华	2007
50	江苏省固体有机废弃物资源化高技术研究重点实验室	南京农业大学、江苏新天地生物肥料工程中心有限公司	南京农业大学、宜兴市科技局	沈其荣	2007
51	江苏省先进金属材料高技术研究重点实验室	东南大学	东南大学	潘　冶	2007
52	江苏省医药超分子材料及应用重点实验室	南京师范大学	省教育厅	任　勇	2007
53	江苏省环洪泽湖生态农业生物技术重点实验室	淮阴师范学院	淮安市科技局	赵祥祥	2007
54	江苏省医学分子技术重点实验室	南京大学	南京大学	高　千	2007
55	江苏省分子核医学重点实验室	江苏省原子医学研究所	省卫生厅	罗世能	2008
56	江苏省微纳生物医疗器械设计与制造重点实验室	东南大学	东南大学	易　红	2008
57	江苏省中药药效与安全性评价重点实验室	南京中医药大学	省教育厅	陆　茵	2008
58	江苏省麻醉与镇痛应用技术重点实验室	徐州医学院	徐州市科技局	吴永平	2008
59	江苏省凹土资源利用重点实验室	淮阴工学院	淮安市科技局	王爱勤	2008
60	江苏省道路载运工具新技术应用重点实验室	江苏大学	镇江市科技局	陈　龙	2008
61	江苏省杨树种质创新与品种改良重点实验室	南京林业大学	省教育厅	王明庥	2008
62	江苏省兽用生物制药高技术研究重点实验室	江苏省农牧科技职业学院、江苏倍康药业有限公司	泰州市科技局	朱善元	2009
63	江苏省生物药物高技术研究重点实验室	东南大学、江苏豪森药业股份有限公司	东南大学	荀少华	2009
64	江苏省农业装备与智能化高技术研究重点实验室	江苏大学、江苏沃得农业机械有限公司、常州东风农机集团有限公司	镇江市科技局、常州市科技局	毛罕平	2009
65	江苏省输配电装备技术重点实验室	河海大学常州校区、常州市太平洋电力设备(集团)有限公司	常州市科技局	范新南	2009

续表 8-5

序号	重点实验室名称	依托单位	主管部门	实验室主任	建设年份
66	江苏省生物质能源与材料重点实验室	中国林业科学研究院林产化学工业研究所、江苏强林生物能源有限公司	南京市科委、溧阳市科技局	蒋剑春	2009
67	江苏省风力机设计高技术研究重点实验室	南京航空航天大学、江苏天奇物流系统工程股份有限公司	省教育厅、无锡市科技局	王同光	2009
68	江苏省碳基功能材料与器件高技术研究重点实验室	苏州大学、苏州彩虹集团	苏州市科技局	李述汤	2009
69	江苏省煤基 CO_2 捕集与地质储存重点实验室	中国矿业大学、徐州矿务集团	徐州市科技局	刘炯天	2010
70	江苏省锂离子电池材料重点实验室	张家港市国泰华荣化工新材料有限公司、苏州大学	张家港市科技局、苏州市科技局	郭　军、郑军伟	2010
71	江苏省介入医疗器械研究重点实验室	淮阴工学院	淮安市科技局	梁栋科	2010
72	江苏省新型环保装备重点实验室	盐城工学院、江苏科行环境工程技术有限公司	盐城市科技局	王保林、刘怀平	2010
73	江苏省新型动力电池重点实验室	江苏双登集团有限公司、南京师范大学	姜堰市科技局、省教育厅	蔡称心、佘沛亮	2010
74	江苏省机动车尾气污染控制重点实验室	南京大学、无锡威孚力达催化净化器有限责任公司	南京大学、无锡市科技局	董　林、欧建斌	2010
75	江苏省智能电网技术与装备重点实验室	东南大学、大全集团有限公司	东南大学、镇江市科技局、丹阳市科技局	黄学良、裴　军	2010
76	江苏省无线传感网高技术研究重点实验室	南京邮电大学、南京三宝科技集团公司	省教育厅、南京市科委	杨　震	2010
77	江苏省方剂高技术研究重点实验室	南京中医药大学、江苏康缘药业有限责任公司	省教育厅、连云港市科技局	段金廒	2010
78	江苏省大气环境监测与污染控制高技术研究重点实验室	南京信息工程大学、国电环保研究院	省教育厅、南京市科委	陈敏东、朱法华	2010
79	江苏省先进机器人技术重点实验室	苏州大学	苏州市科技局	孙立宁	2011
80	江苏省生物质能与酶技术重点实验室	淮阴师范学院	淮安市科技局	熊　鹏	2011
81	江苏省盐土生物资源研究重点实验室	盐城师范学院	盐城市科技局	唐伯平	2011
82	江苏省光谱成像与智能感知重点实验室	南京理工大学	省教育厅	陈　钱	2011
83	江苏省皮肤病与性病分子生物学重点实验室	中国医学科学院皮肤病研究所	南京市科委	王宝玺	2012
84	江苏省人体器官移植重点实验室	无锡市人民医院	无锡市科技局	陈静瑜	2012
85	江苏省绿色船舶技术重点实验室	中国船舶重工集团公司第七〇二研究所	无锡市科技局	颜　开	2012
86	江苏省绿色催化材料与技术重点实验室	常州大学	常州市科技局	陈　群	2012
87	江苏省激光医学技术重点实验室	中科院·苏州生物医学工程技术研究所	苏州市科技局	武晓东	2012
88	江苏省高端结构材料重点实验室	江苏大学	镇江市科技局	程晓农	2012
89	江苏省地理信息技术重点实验室	南京大学、江苏省测绘研究所	南京大学	李满春	2012
90	江苏省药物分子设计与成药性优化重点实验室	中国药科大学	中国药科大学	尤启冬	2012
91	江苏省公共安全图像与视频理解重点实验室	南京理工大学	省教育厅	唐振民	2012
92	江苏省异种器官移植重点实验室	南京医科大学	省教育厅	戴一凡	2012
93	江苏省危险化学品本质安全与控制技术重点实验室	南京工业大学	省教育厅	蒋军成	2012

续表 8-5

序号	重点实验室名称	依托单位	主管部门	实验室主任	建设年份
94	☆江苏省食品先进制造装备技术重点实验室	江南大学	无锡市科技局	卢立新	2013
95	☆江苏省先进激光材料与器件重点实验室	江苏师范大学	徐州市科技局	沈德元	2013
96	☆江苏省重大神经精神疾病诊疗技术研究重点实验室	苏州大学	苏州市科技局	镇学初	2013
97	☆江苏省城市智能交通重点实验室	东南大学	东南大学	王　炜	2013
98	☆江苏省航空动力系统重点实验室	南京航空航天大学	省教育厅	宣益民	2013
99	☆江苏省三维打印制造装备与成型技术重点实验室	南京师范大学	省教育厅	杨继全	2013
100	☆江苏省恶性肿瘤分子生物学及转化医学重点实验室	江苏省肿瘤防治研究所	省卫生厅	许　林	2013

备注:☆ 号为 2013 年新建重点实验室。

表 8-6 江苏省企业重点实验室(企业研究院)名录(47 家)

序号	企业重点实验室(企业研究院)名称	承担单位	地区	建设年份
国家级				
1	特种纤维复合材料国家重点实验室	中材科技股份有限公司	南京	2007
2	新型药物制剂技术国家重点实验室	扬子江药业集团	泰州	2007
3	高性能土木工程材料国家重点实验室	江苏省建筑科学研究院有限公司	南京	2009
4	肉品加工与质量控制国家重点实验室	江苏雨润食品产业集团有限公司	南京	2009
5	光伏科学与技术国家重点实验室	常州天合光能有限公司	常州	2009
6	中药制药过程新技术国家重点实验室	江苏康缘药业股份有限公司	连云港	2009
省　级				
7	江苏省建筑结构安全重点实验室	江苏省建筑科学研究院有限公司	南京	1991
8	江苏省公路运输工程试验室	江苏省交通科学研究院股份有限公司	南京	1995
9	江苏省(南汽)汽车工程研究院	南京汽车集团有限公司	南京	2006
10	江苏省(沙钢)钢铁研究院	江苏沙钢集团有限公司	张家港	2006
11	江苏省(春兰)清洁能源研究院	春兰(集团)公司	泰州	2006
12	江苏省(扬子江)新药研究院	扬子江药业集团	泰州	2006
13	江苏省(联创)软件研究院	南京联创科技集团股份有限公司	南京	2008
14	江苏省抗肿瘤分子靶向药物研究重点实验室	江苏省先声药业有限公司	南京	2008
15	江苏省(尚德)光伏技术研究院	无锡尚德太阳能电力有限公司	无锡	2008
16	江苏省(徐工)工程机械研究院	徐州工程机械集团有限公司	徐州	2008
17	江苏省(龙腾)平板显示技术研究院	昆山龙腾光电有限公司	昆山	2008
18	江苏省(熔盛)船舶工程研究设计院	江苏熔盛造船有限公司	如皋	2008
19	江苏省焊接自动化装备重点实验室	昆山华恒工程技术中心有限公司	昆山	2009
20	江苏省(洋河)生物酿酒技术研究院	江苏洋河酒厂股份有限公司	宿迁	2009
21	江苏省(今世缘)生物酿酒技术研究院	江苏今世缘酒业有限公司	涟水	2009

续表 8-6

序号	企业重点实验室(企业研究院)名称	承担单位	地区	建设年份
22	江苏省(中圣)工业节能技术研究院	江苏中圣高科技产业有限公司	南京	2010
23	江苏省(一环)水处理技术研究院	江苏一环集团有限公司	宜兴	2010
24	江苏省(中远船务)海洋工程装备研究院	南通中远船务工程有限公司	南通	2010
25	江苏省(神马)电力复合材料及装备研究院	南通神马电力科技有限公司	如皋	2010
26	江苏省(恒瑞)创新药物研究院	江苏恒瑞医药股份有限公司	连云港	2010
27	江苏省(华锐)海上风电研究院	华锐风电科技(江苏)有限公司	盐城	2010
28	江苏省精细功能高分子材料重点实验室	江苏中丹集团股份有限公司	泰兴	2010
29	江苏省(国网电力)智能电网研究院	国网电力科学研究院	南京	2011
30	江苏省(亿晶)光伏工程研究院	常州亿晶光电科技有限公司	金坛	2011
31	江苏省(好孩子)科学育儿用品研究院	好孩子儿童用品有限公司	昆山	2011
32	江苏省(盛虹)纺织新材料研究院	盛虹集团有限公司	吴江	2011
33	江苏省(中天科技)光电传输新技术研究院	江苏中天科技研究院有限公司	南通	2011
34	江苏省风力发电技术重点实验室	国电联合动力技术(连云港)有限公司	连云港	2011
35	江苏省(井神)盐化工循环经济技术研究院	江苏井神盐化股份有限公司	淮安	2011
36	江苏省建筑节能与绿色建筑研究重点实验室	江苏省建筑科学研究院有限公司	南京	2013
37	江苏省高端钢铁材料重点实验室	南京南钢产业发展有限公司	南京	2013
38	江苏省热工过程智能控制重点实验室	南京科远自动化集团股份有限公司	南京	2013
39	江苏省光通信材料重点实验室	江苏通鼎光电股份有限公司	吴江	2013
40	江苏省新型特种光纤及光纤预制棒重点实验室	江苏亨通光电股份有限公司	吴江	2013
41	江苏省智能电网配用电关键技术研究重点实验室	常熟开关制造有限公司(原常熟开关厂)	常熟	2013
42	江苏省多元胺醇材料技术重点实验室	江苏飞翔化工股份有限公司	张家港	2013
43	江苏省生态染整技术重点实验室	江苏联发纺织股份有限公司	海安	2013
44	江苏省农药清洁生产技术重点实验室	江苏扬农化工股份有限公司	扬州	2013
45	江苏省高性能纤维重点实验室	仪征化纤股份有限公司	仪征	2013
46	江苏省船舶动力重点实验室	镇江中船设备有限公司	镇江	2013
47	江苏省医疗诊断装备及技术重点实验室	江苏鱼跃医疗设备股份有限公司	丹阳	2013

表 8-7　江苏省工程技术研究中心名录(国家级 29 家)

序号	工程技术研究中心名称	承担单位	地区	建设年份
国家级				
1	国家专用集成电路系统工程技术研究中心	东南大学	南京	1992
2	国家电力自动化工程技术研究中心	国家电力公司电力自动化研究院(南京)	南京	1992
3	国家非金属矿深加工工程技术研究中心	苏州非金属矿工业设计研究院	苏州	1992
4	国家道路交通管理工程技术研究中心	公安部交通管理科学研究所(无锡)	无锡	1992
5	国家平板显示工程技术研究中心	中国电子科技集团公司第五十五研究所(南京)	南京	1993
6	国家林产化学工程技术研究中心	中国林科院林产化学工业研究所(南京)	南京	1993

续表 8–7

序号	企业重点实验室(企业研究院)名称	承担单位	地区	建设年份
7	国家移动卫星通信工程技术研究中心	熊猫电子集团公司(南京)	南京	1994
8	国家生化工程技术研究中心	南京工业大学	南京	1996
9	国家玻璃纤维及制品工程技术研究中心	南京玻璃纤维研究设计院	南京	1997
10	国家超细粉体工程技术研究中心	南京理工大学	南京	2002
11	国家涂料工程技术研究中心	中国化工建设总公司常州涂料化工研究院	常州	2003
12	国家毛纺新材料工程技术研究中心	江苏阳光股份有限公司(无锡)	江阴	2005
13	国家兽用生物制品工程技术研究中心	省农业科学院兽医研究所	南京	2006
14	国家肉品质量安全控制工程技术研究中心	南京农业大学、南京雨润集团有限公司	南京	2008
15	国家有机毒物污染控制与资源化工程技术研究中心	南京大学	南京	2009
16	国家桑蚕茧丝产业工程技术研究中心	鑫缘茧丝绸集团股份有限公司(南通)	南通	2009
17	国家传感网工程技术研究中心	中科院无锡高新微纳传感网工程技术研发中心	无锡	2009
18	国家金属线材制品工程技术研究中心	江苏法尔胜集团公司(无锡)	江阴	2009
19	国家射频识别(RFID)系统工程技术研究中心	南京三宝科技股份有限公司	南京	2010
20	国家核电厂安全及可靠性工程技术研究中心	苏州热工研究院有限公司	苏州	2010
21	国家水泵及系统工程技术研究中心	江苏大学	镇江	2010
22	国家预应力工程技术研究中心	东南大学	南京	2011
23	国家特种分离膜工程技术研究中心	南京工业大学	南京	2011
24	国家煤加工与洁净化工程技术研究中心	中国矿业大学	徐州	2011
25	国家靶向药物工程技术研究中心	江苏恒瑞医药股份有限公司	连云港	2011
26	国家短波通信工程技术研究中心	中国人民解放军理工大学、南京熊猫汉达科技有限公司	南京	2013
27	国家功能食品工程技术研究中心	江南大学	无锡	2013
28	国家有机类肥料工程技术研究中心	江苏新天地生物肥料工程中心有限公司、南京农业大学	宜兴	2013
29	国家饲料加工装备工程技术研究中心	江苏牧羊集团有限公司	扬州	2013

表 8–8 江苏省企业技术中心名录(国家级 75 家)

序号	企业技术中心名称	承担单位	地区	建设年份
国家级				
1	南京熊猫电子集团有限公司技术中心	南京熊猫电子集团有限公司	南京	2004 年前
2	中国石化集团南京化学工业有限公司技术中心	中国石化集团南京化学工业有限公司	南京	2004 年前
3	无锡威孚高科技股份有限公司技术中心	无锡威孚高科技股份有限公司	无锡	2004 年前
4	江苏双良集团有限公司技术中心	江苏双良集团有限公司	无锡	2004 年前
5	法尔胜集团公司技术中心	法尔胜集团公司	江阴	2004 年前
6	江苏阳光股份有限公司技术中心	江苏阳光股份有限公司	江阴	2004 年前
7	江苏小天鹅集团有限公司技术中心	江苏小天鹅集团有限公司	江阴	2004 年前

续表 8-8

序号	企业重点实验室(企业研究院)名称	承担单位	地区	建设年份
8	徐州工程机械集团公司技术中心	徐州工程机械集团公司	徐州	2004 年前
9	大屯煤电(集团)有限责任公司技术中心	大屯煤电(集团)有限责任公司	徐州	2004 年前
10	常柴股份有限公司技术中心	常柴股份有限公司	常州	2004 年前
11	常林股份有限公司技术中心	常林股份有限公司	常州	2004 年前
12	江苏恒瑞医药股份有限公司技术中心	江苏恒瑞医药股份有限公司	连云港	2004 年前
13	中国石化仪征化纤股份有限公司技术中心	中国石化仪征化纤股份有限公司	仪征	2004 年前
14	宝胜集团有限公司技术中心	宝胜集团有限公司	宝应	2004 年前
15	扬子江药业集团有限公司技术中心	扬子江药业集团有限公司	泰州	2004 年前
16	春兰(集团)公司技术中心	春兰(集团)公司	泰州	2004 年前
17	江阴兴澄特种钢铁有限公司技术中心	江阴兴澄特种钢铁有限公司	江阴	2004
18	南京南瑞集团公司技术中心	南京南瑞集团公司	南京	2006
19	江苏雨润食品产业集团有限公司技术中心	江苏雨润食品产业集团有限公司	南京	2006
20	江苏康缘药业股份有限公司技术中心	江苏康缘药业股份有限公司	连云港	2006
21	南京汽车集团有限公司技术中心	南京汽车集团有限公司	南京	2007
22	江苏亨通光电股份有限公司技术中心	江苏亨通光电股份有限公司	苏州	2007
23	江苏常铝铝业股份有限公司技术中心	江苏常铝铝业股份有限公司	常熟	2007
24	江苏沙钢集团有限公司技术中心	江苏沙钢集团有限公司	张家港	2007
25	大全集团有限公司(江苏长江电气)技术中心	大全集团有限公司(江苏长江电气)	镇江	2007
26	江苏双登集团有限公司技术中心	江苏双登集团有限公司	泰州	2007
27	中材科技股份有限公司技术中心	中材科技股份有限公司	南京	2008
28	无锡尚德太阳能电力有限公司技术中心	无锡尚德太阳能电力有限公司	无锡	2008
29	江苏白雪电器股份有限公司技术中心	江苏白雪电器股份有限公司	常熟	2008
30	江苏豪森药业股份有限公司技术中心	江苏豪森药业股份有限公司	连云港	2008
31	大亚科技集团有限公司技术中心	大亚科技集团有限公司	丹阳	2008
32	南京中船绿洲机器有限公司技术中心	南京中船绿洲机器有限公司	南京	2010
33	中国南车集团戚墅堰机车车辆厂技术中心	中国南车集团戚墅堰机车车辆厂	常州	2010
34	盛虹集团有限公司技术中心	盛虹集团有限公司	苏州	2010
35	江苏梦兰集团有限公司技术中心	江苏梦兰集团有限公司	常熟	2010
36	南通中远船务工程有限公司技术中心	南通中远船务工程有限公司	南通	2010
37	江苏兴达钢帘线股份有限公司技术中心	江苏兴达钢帘线股份有限公司	兴化	2010
38	江苏长电科技股份有限公司技术中心(新潮)	江苏长电科技股份有限公司(新潮)	江阴	2010
39	江苏星怡车灯股份有限公司技术中心	江苏星怡车灯股份有限公司	常州	2010
40	江苏上上电缆集团有限公司技术中心	江苏上上电缆集团有限公司	溧阳	2010
41	连云港中复连众复合材料集团有限公司技术中心	连云港中复连众复合材料集团有限公司	连云港	2010
42	江苏科行环境工程技术有限公司技术中心	江苏科行环境工程技术有限公司	盐城	2010
43	江苏林海动力机械集团公司技术中心	江苏林海动力机械集团公司	泰州	2010

续表 8-8

序号	企业重点实验室(企业研究院)名称	承担单位	地区	建设年份
44	国电南京自动化股份有限公司技术中心	国电南京自动化股份有限公司	南京	2011
45	远东电缆有限公司技术中心	远东电缆有限公司	宜兴	2011
46	江苏苏净集团有限公司技术中心	江苏苏净集团有限公司	苏州	2011
47	江苏通鼎光电股份有限公司技术中心	江苏通鼎光电股份有限公司	苏州	2011
48	康力电梯股份有限公司技术中心	康力电梯股份有限公司	苏州	2011
49	江苏江南高纤股份有限公司技术中心	江苏江南高纤股份有限公司	苏州	2011
50	常熟开关制造有限公司技术中心	常熟开关制造有限公司	常熟	2011
51	日出东方太阳能股份有限公司技术中心	日出东方太阳能股份有限公司	连云港	2011
52	江苏恒顺集团有限公司技术中心	江苏恒顺集团有限公司	镇江	2011
53	南京高精传动设备制造集团有限公司技术中心	南京高精传动设备制造集团有限公司	南京	2012
54	江苏博特新材料有限公司技术中心	江苏博特新材料有限公司	南京	2012
55	南车南京浦镇车辆有限公司技术中心	南车南京浦镇车辆有限公司	南京	2012
56	红豆集团有限公司技术中心	红豆集团有限公司	无锡	2012
57	江苏恩华药业股份有限公司技术中心	江苏恩华药业股份有限公司	徐州	2012
58	江南嘉捷电梯股份有限公司技术中心	江南嘉捷电梯股份有限公司	苏州	2012
59	江苏科林集团有限公司技术中心	江苏科林集团有限公司	苏州	2012
60	江苏恒力化纤股份有限公司技术中心	江苏恒力化纤股份有限公司	苏州	2012
61	江苏 AB 集团股份有限公司技术中心	江苏 AB 集团股份有限公司	昆山	2012
62	江苏正大天晴药业股份有限公司技术中心	江苏正大天晴药业股份有限公司	连云港	2012
63	盐城豪迈照明科技有限公司技术中心	盐城豪迈照明科技有限公司	建湖	2012
64	江苏扬农化工集团有限公司技术中心	江苏扬农化工集团有限公司	扬州	2012
65	镇江中船设备有限公司技术中心	镇江中船设备有限公司	镇江	2012
66	南京康尼机电股份有限公司技术中心	南京康尼机电股份有限公司	南京	2013
67	无锡透平叶片有限公司技术中心	无锡透平叶片有限公司	无锡	2013
68	江苏天奇物流系统工程股份有限公司技术中心	江苏天奇物流系统工程股份有限公司	无锡	2013
69	江苏春兴合金(集团)有限公司技术中心	江苏春兴合金(集团)有限公司	邳州	2013
70	江苏常发农业装备股份有限公司技术中心	江苏常发农业装备股份有限公司	常州	2013
71	南车戚墅堰机车车辆工艺研究所有限公司技术中心	南车戚墅堰机车车辆工艺研究所有限公司	常州	2013
72	好孩子儿童用品有限公司技术中心	好孩子儿童用品有限公司	昆山	2013
73	江苏中天科技股份有限公司技术中心	江苏中天科技股份有限公司	如东	2013
74	江苏联发纺织股份有限公司技术中心	江苏联发纺织股份有限公司	海安	2013
75	亚普汽车部件股份有限公司技术中心	亚普汽车部件股份有限公司	扬州	2013

表 8–9 江苏省企业工程研究中心名录(国家级和国地联合共 11 家)

序号	企业工程研究中心名称	承担单位	地区	建设年份
国家级				
1	视像音响数字化产品国家工程研究中心	熊猫电子集团	南京	2012
2	电力系统自动化系统控制及经济运行国家工程研究中心	国家电力公司电力自动化研究院——南瑞	南京	2012
3	中药制药工艺技术国家工程研究中心	南京海陵中药制药工艺技术研究有限责任公司(扬子江药业)	南京	2012
4	南京航空机电液压国家工程研究中心	金城集团	南京	2012
国地联合				
1	无机膜国家地方联合工程研究中心	江苏久吾高科技股份有限公司	南京	2011
2	硅材料加工设备国家地方联合工程研究中心	江苏华盛天龙光电设备股份有限公司	常州	2011
3	数码激光成像与显示国家地方联合工程研究中心	苏州苏大维格光电科技股份有限公司	苏州	2011
4	高效太阳能硅电池国家地方联合工程研究中心	奥特斯维能源(太仓)有限公司	太仓	2011
5	节能电光源国家地方联合工程研究中心	江苏日月照明电器有限公司	盐城	2011
6	高压电力电缆国家地方联合工程研究中心	宝胜集团有限公司	扬州	2011
7	先进硅材料制备技术国家地方联合工程研究中心	江苏中能硅业科技发展有限公司	徐州	2012
8	药用植物功能开发国家地方联合工程研究中心	徐州绿之野生物食品有限公司	徐州	2013
9	高压智能变压器国家地方联合工程研究中心	江苏华鹏变压器有限公司	常州	2012
10	高性能陶瓷纤维国家地方联合工程研究中心	苏州赛菲集团	苏州	2012
11	有机固体废弃物资源化国家地方联合工程研究中心	江苏同盐环保科技有限公司	盐城	2012

表 8–10 江苏省工程实验室名录(22 家)

序号	工程实验室名称	承担单位	地区	建设年份
国家级				
1	高密度集成电路封装技术国家工程实验室	江苏长电科技股份有限公司	江阴	2009
2	粮食加工机械装备国家工程实验室	国家粮食储备局无锡科学设计院	无锡	2011
3	新型道路材料国家工程实验室	江苏交通科学研究院	南京	2012
4	移动互联网系统与应用安全国家工程实验室	中国电信集团公司	南京	2013
省级				
5	江苏省细胞组织工程实验室	江苏华亿细胞组织工程有限公司	泰州	2010
6	江苏省桥梁安全防护工程实验室	江苏省交通科学研究院股份有限公司	南京	2011
7	江苏省公路养护装备工程实验室	英达热再生有限公司	南京	2011
8	江苏省现代绿色印刷数字化设计系统工程实验室	方正国际软件有限公司	苏州	2011
9	江苏省机器人自动化装备工程实验室	昆山华恒工程技术中心有限公司	昆山	2011
10	江苏省船舶表面改性专用强化丸体工程实验室	大丰市大奇金属磨料有限公司	大丰	2011
11	江苏省新能源汽车动力电源工程实验室	盐城市新能源化学储能与动力电源研究中心	盐城	2012
12	江苏省风电叶片检测技术工程实验室	上海玻璃钢研究院东台有限公司	东台	2012

续表 8-10

序号	工程实验室名称	承担单位	地区	建设年份
13	江苏省激光制造技术与加工工艺工程实验室	江苏省(扬州)数控机床研究院	扬州	2012
14	江苏省云计算关键技术及行业应用工程实验室	中云科技有限公司	镇江	2012
15	江苏省地下空间探测技术工程实验室	江苏省交通科学研究院股份有限公司	南京	2013
16	江苏省涡轮增压工程实验室	无锡威孚英特迈增压技术有限公司	无锡	2013
17	江苏省绿色环保阻燃新材料工程实验室	江苏雅克科技股份有限公司	宜兴	2013
18	江苏省湿地修复工程实验室	南大(常熟)研究院有限公司	常熟	2013
19	江苏省智能棉纺机械装备工程实验室	东飞马佐里纺机有限公司	东台	2013
20	江苏省6兆瓦及以上直驱永磁风力发电机工程实验室	江苏南车电机有限公司、南车株洲电机有限公司、南京航空航天大学	大丰	2013
21	江苏省绿色农药化学与技术工程实验室	江苏长青农化股份有限公司	扬州	2013
22	江苏省营养药物制备技术工程实验室	江苏盈科生物制药有限公司	泰州	2013

表 8-11　江苏省企业院士工作站名录(328 家)

序号	承担单位名称	签约院士	地区	建设年份
1	航天晨光股份有限公司	李鸿志,南京理工大学	南京	2009
2	南京九思高科技有限公司	何鸣元,华东师范大学	南京	2009
3	中材科技股份有限公司	张立同,西北工业大学	南京	2009
4	江苏中圣高科技产业有限公司	张耀明,东南大学;程国栋,中国科学院寒区旱区环境与工程研究所	南京	2009
5	江苏明天种业科技有限公司	李家洋,中国科学院遗传与发育生物学研究所	南京	2009
6	扬子江药业集团南京海陵药业有限公司	姚守拙,湖南师范大学;谢毓元、池志强,中国科学院上海药物研究所	南京	2009
7	江苏雨润食品产业集团有限公司	李宁,中国农业大学	南京	2009
8	南京蓝深制泵集团股份有限公司	周君亮,江苏省水利厅	南京	2009
9	南京新康达磁业有限公司	都有为,南京大学	南京	2009
10	江苏省交通科学研究院股份有限公司	吕志涛,东南大学	南京	2009
11	南京地铁集团有限公司(原南京地下铁道有限责任公司)	施仲衡,北京市城建设计研究院	南京	2009
12	南京大陆鸽高科技股份有限公司	王震西,中国科学院北京三环新材料高技术公司;陈立泉,中科院物理所	南京	2009
13	江苏先声药业有限公司	林国强,复旦大学	南京	2009
14	南京新模式软件集成有限公司	李伯虎,北京航空航天大学;陈达,南京航空航天大学	南京	2009
15	南京卓实电气有限责任公司	张淑仪,南京大学	南京	2009
16	南京聚隆科技股份有限公司(原南京聚隆化学实业有限责任公司)	张齐生,南京林业大学	南京	2009
17	江苏英特神斯科技有限公司	方家熊,中国科学院上海技术物理研究所	南京	2009
18	南京长澳医药科技有限公司	谢毓元、金国章,中国科学院上海药物研究所;宋湛谦,中国林业科学研究院	南京	2009

续表 8–11

序号	承担单位名称	签约院士	地区	建设年份
19	中环(中国)工程有限公司	徐旭常,清华大学;李圭白,哈尔滨工业大学;庄松林,上海理工大学	南京	2009
20	南京宝泰特种材料有限公司	李东英,中国有色金属工业协会钛锆分会	南京	2009
21	江苏航天信息有限公司	刘怡昕,炮兵学院南京分院	南京	2009
22	江苏省建筑科学研究院有限公司	唐明述,南京工业大学;孙伟,东南大学	南京	2009
23	江苏高淳陶瓷股份有限公司	魏可镁,福州大学	南京	2009
24	江苏晶石科技集团有限公司	陈立泉,中科院物理所	无锡	2009
25	无锡鑫圣慧龙纳米陶瓷技术有限公司	李龙土,清华大学	无锡	2009
26	无锡爱邦辐射技术有限公司	陈森玉,中国科学院高能物理研究所	无锡	2009
27	无锡机床股份有限公司	王立鼎,大连理工大学	无锡	2009
28	无锡透平叶片有限公司	徐大懋,中国广东核电集团公司	无锡	2009
29	江苏红豆杉生物科技有限公司	蒋有绪, 中国林业科学研究院森林生态与保护研究所	无锡	2009
30	无锡市好达电子有限公司	祝世宁,南京大学	无锡	2009
31	无锡华东重型机械有限公司	姜德生,武汉理工大学	无锡	2009
32	无锡汉神电气有限公司	林尚扬,哈尔滨焊接研究所	无锡	2009
33	江苏苏嘉集团有限公司	李鹤林,中国石油天然气集团公司管材研究所	无锡	2009
34	无锡新宏泰电器科技股份有限公司	雷清泉,哈尔滨理工大学	无锡	2009
35	江苏新日电动车股份有限公司	陈清泉,香港大学	无锡	2009
36	无锡双翼汽车环保科技有限公司	过增元,清华大学	无锡	2009
37	无锡华测电子系统有限公司	吴培亨,南京大学	无锡	2009
38	无锡西姆莱斯石油专用管制造有限公司	李鹤林,中国石油天然气集团公司管材研究所;罗平亚,西南石油大学	无锡	2009
39	江苏江达生态科技有限公司	张全兴,南京大学	无锡	2009
40	无锡威孚环保催化剂有限公司	张国成,北京有色金属研究总院;陈景,云南大学	无锡	2009
41	法尔胜集团公司	赵连城,哈尔滨工业大学	江阴	2009
42	江苏方程电力科技有限公司	李立浧,华北电力大学输配电系统研究所	江阴	2009
43	江苏苏利精细化工股份有限公司(原江阴市苏利精细化工有限公司)	张礼和,北京大学	江阴	2009
44	江阴市石油化工设备有限公司	张勇传,华中科技大学	江阴	2009
45	江苏远望神州软件有限公司	何新贵,北京大学	江阴	2009
46	江苏省芙蓉模具材料科技有限公司	陈蕴博,机械科学研究总院;李正邦,钢铁研究总院	宜兴	2009
47	远东控股集团有限公司	雷清泉,哈尔滨理工大学;姚熹,西安交通大学	宜兴	2009
48	江苏三木集团有限公司	黄志镗,中国科学院化学研究所	宜兴	2009
49	无锡江南电缆有限公司	雷清泉,哈尔滨理工大学;邱爱慈,西安交通大学;李德仁,武汉大学	宜兴	2009
50	徐州工程机械集团有限公司	冯纯伯,东南大学	徐州	2009
51	徐州矿务集团有限公司	钱鸣高,中国矿业大学	徐州	2009

续表 8-11

序号	承担单位名称	签约院士	地区	建设年份
52	徐州斯尔克差别化纤维科技有限公司	蒋士成,中石化仪征化纤股份有限公司	新沂	2009
53	常州华通焊丝有限公司	潘际銮,清华大学	常州	2009
54	今创集团有限公司	叶奇蓁,中国核工程公司	常州	2009
55	常州善美药物研究开发中心有限公司	陈凯先、唐希灿,中国科学院上海药物研究所;赵国屏,国家人类基因组南方研究中心	常州	2009
56	常州铭赛机器人科技有限公司	蔡鹤皋,哈尔滨工业大学	常州	2009
57	创生医疗器械(江苏)有限公司	胡壮麒,中国科学院金属研究所	常州	2009
58	江苏晨光涂料有限公司	程镕时,南京大学	常州	2009
59	常州华达科捷光电仪器有限公司	庄松林,上海理工大学	常州	2009
60	江苏先声卫科生物制药有限公司(原江苏延申生物科技股份有限公司)	俞永新,中国药品生物制品检定所	常州	2009
61	常州方圆制药有限公司	陈洪渊,南京大学	常州	2009
62	常州南车铁马科技实业有限公司(原常州市铁马科技实业有限公司)	黄伯云,中南大学	常州	2009
63	常州星宇车灯股份有限公司	吴浩青,复旦大学	常州	2009
64	常州天合光能有限公司	游效曾,南京大学	常州	2009
65	江苏宏微科技有限公司	陈星弼,电子科技大学	常州	2009
66	常茂生物化学工程股份有限公司	欧阳平凯,南京工业大学	常州	2009
67	常州兰翔机械总厂	陈懋章,北京航空航天大学	常州	2009
68	苏州苏大赛尔免疫生物技术有限公司	阮长耿,苏州大学	苏州	2009
69	苏州市创新净化有限公司	钱易,清华大学	苏州	2009
70	苏州科技学院设计研究院有限公司	叶可明,北京工业大学	苏州	2009
71	苏州大福外贸食品有限公司	盖钧镒,南京农业大学	苏州	2009
72	苏州武大影像信息工程研究院有限责任公司	张祖勋,武汉大学	苏州	2009
73	苏州苏大维格数码光学有限公司	薛鸣球,苏州大学	苏州	2009
74	苏州秉创科技有限公司	卢秉恒,西安交通大学	苏州	2009
75	江苏亨通光电股份有限公司	赵梓森,武汉邮电科学研究院	苏州	2009
76	吴江市苗圃集团有限公司	王明庥,南京林业大学	苏州	2009
77	江苏中科梦兰电子科技有限公司	李国杰,中国科学院计算技术研究所	常熟	2009
78	常熟三爱富中昊化工新材料有限公司	袁渭康,华东理工大学	常熟	2009
79	江苏理文化工有限公司	陈新滋,香港理工大学	常熟	2009
80	长江润发集团有限公司	高从堦,国家海洋局杭州水处理技术开发中心膜与膜过程实验室;吴澄,清华大学	张家港	2009
81	江苏华机环保设备有限责任公司	陈克复,华南理工大学	张家港	2009
82	保定天威集团(江苏)五洲变压器有限公司(原张家港五洲变压器有限公司)	朱英浩,沈阳工业大学	张家港	2009
83	江苏联冠科技发展有限公司	曹镛、王佛松,中国科学院化学所	张家港	2009
84	江苏华昌化工股份有限公司	周光耀,中国成达工程公司	张家港	2009

续表 8-11

序号	承担单位名称	签约院士	地区	建设年份
85	张家港迪克汽车化学品有限公司	洪茂椿、段雪,北京化工大学	张家港	2009
86	中化国际(苏州)新材料研发有限公司	陈庆云,中科院上海有机化学研究所	太仓	2009
87	南通万达锅炉有限公司（原南通万达锅炉股份有限公司）	岑可法,浙江大学	南通	2009
88	中天日立射频电缆有限公司	林为干,电子科技大学	南通	2009
89	江苏大生集团有限公司	姚穆,西安工程大学	南通	2009
90	南通市申通机械厂	闻雪友,中国船舶工业总公司第七研究院第七〇三研究所	南通	2009
91	南通秋之友生物科技有限公司	张友尚,中科院生物化学与细胞生物学研究所	启东	2009
92	江苏熔盛造船有限公司	徐玉如,哈尔滨工程大学	如皋	2009
93	如皋市大生线路器材有限公司	胡正寰,北京科技大学	如皋	2009
94	南通华盛新材料股份有限公司	王佛松,中国科学院长春应用化学所	南通	2009
95	海门慧聚药业有限公司	黄乃正,中国科学院上海有机化学研究所	海门	2009
96	中兴能源装备股份有限公司	陈达,南京航空航天大学	海门	2009
97	欧贝黎新能源科技股份有限公司	王占国,中国科学院半导体所	海安	2009
98	江苏豪森药业股份有限公司	周后元,上海医药工业研究院	连云港	2009
99	江苏春生超声电机有限公司	赵淳生,南京航空航天大学	赣榆	2009
100	江苏安邦电化有限公司	胡宏纹,南京大学	淮安	2009
101	江苏汉邦科技有限公司	张玉奎,中国科学院大连化学物理研究所	淮安	2009
102	淮安万邦香料工业有限公司	陈茹玉,南开大学	淮安	2009
103	江苏永丰机械有限责任公司	徐更光,北京理工大学;唐西生,解放军第二炮兵装备研究院第二研究所	盱眙	2009
104	江苏百斯特环境工程有限公司	吴承康,中国科学院力学研究所	盐城	2009
105	江苏闵业机械有限公司	梅自强,东华大学	盐城	2009
106	江苏东新能源科技有限公司	裴荣富,中国地质科学院矿产资源研究所	东台	2009
107	上海思恩电子技术(东台)有限公司	褚君浩,中国科学院上海技术物理研究所	东台	2009
108	江苏绿海有机食品发展有限公司	赵其国,中科院南京土壤研究所	东台	2009
109	江苏华阳重工科技股份有限公司	张炳炎,中国船舶工业总公司七院第七〇八研究所	东台	2009
110	江苏丰东热技术股份有限公司	潘健生,上海交通大学	大丰	2009
111	扬州优邦生物制药有限公司	刘秀梵,扬州大学	扬州	2009
112	中电科技扬州宝军电子有限公司	张光义,电子第十四研究所	扬州	2009
113	江苏华富控股集团有限公司	曹楚南,浙江大学	高邮	2009
114	江苏中欧材料研究院有限公司	柳百成,清华大学	镇江	2009
115	江苏申模数字化制造技术有限公司	阮雪榆,上海交通大学	镇江	2009
116	江苏巍华精密合金有限公司	李依依,中国科学院金属研究所	丹阳	2009
117	江苏吟春碧芽茶业有限公司	陈宗懋,中国农业科学院茶叶研究所	丹阳	2009
118	大全集团有限公司	马伟明,海军工程大学;孙家广,清华大学	扬中	2009

续表 8-11

序号	承担单位名称	签约院士	地区	建设年份
119	有能集团有限公司（原江苏南自通华电气集团有限公司）	韩英铎,清华大学	扬中	2009
120	华鹏集团公司	周尧和,上海交通大学	扬中	2009
121	江苏荣昌化工有限公司	柯伟,中国科学院金属研究所	扬中	2009
122	江苏倍康药业有限公司	夏咸柱,解放军军事医学科学院军事兽医研究所	泰州	2009
123	扬子江药业集团有限公司	陈凯先,上海中医药大学	泰州	2009
124	江苏冬庆数控机床有限公司	蔡鹤皋,哈尔滨工业大学机电工程学院；徐滨士,装甲兵工程学院；郭重庆,同济大学	泰州	2009
125	江苏楚龙面粉有限公司	程顺和,江苏里下河地区农科所	兴化	2009
126	江苏江山制药有限公司	伦世仪,江南大学	靖江	2009
127	江苏耐尔冶电集团有限公司	才鸿年,北京理工大学	靖江	2009
128	江苏江分电分析仪器有限公司	汪尔康、董绍俊,中国科学院长春应用化学研究所	姜堰	2009
129	江苏贝思特动力电源有限公司	杨裕生,解放军防化研究院第一研究所；顾国彪,中国科学院电工研究所	姜堰	2009
130	长江润发(江苏)薄板镀层有限公司	高从堦,国家海洋局杭州水处理技术开发中心	宿迁	2009
131	南京医药产业集团	陈洪渊,南京大学	南京	2010
132	江苏柯菲平医药有限公司	张生勇,第四军医大学	南京	2010
133	轻工业部南京电光源材料科学研究所	苏锵,中山大学	南京	2010
134	南京钢铁股份有限公司	王国栋,东北大学	南京	2010
135	南京润邦金属复合材料有限公司	冯叔瑜,中国铁道科学研究院	南京	2010
136	南京三邦金属复合材料有限公司	汪旭光,北京矿冶研究总院	南京	2010
137	南京锋晖复合材料有限公司	夏苏鲁,美国西北大学,河海大学	南京	2010
138	南京才华科技集团有限公司	于全,总参第六十一研究所	南京	2010
139	江苏华东地质建设集团有限公司	王颖,南京大学	南京	2010
140	南京中科天文仪器有限公司	潘君骅,中国科学院南京天文光学技术研究所	南京	2010
141	焦点科技股份有限公司	陆汝钤,复旦大学	南京	2010
142	无锡市宇寿医疗器械有限公司	林其谁, 上海生命科学研究院生物化学与细胞生物学研究所	无锡	2010
143	无锡马山永红换热器有限公司	徐建中,中国科学院工程热物理所	无锡	2010
144	无锡市锡容电力电器有限公司	潘垣,华中科技大学	无锡	2010
145	无锡兴达泡塑新材料有限公司	王泽山,南京理工大学	无锡	2010
146	无锡市明江保温材料有限公司	叶大年,中国科学院地质与地球物理研究所	无锡	2010
147	无锡中科超声技术有限公司	姚熹,同济大学	无锡	2010
148	江苏聚慧科技有限公司	张建云,南京水利科学研究院	无锡	2010
149	江苏红旗印染机械有限公司	周翔,东华大学；石碧,四川大学	无锡	2010
150	无锡市南方电器制造有限公司	关桥,北京航空制造工程研究所	无锡	2010
151	无锡华光锅炉股份有限公司	岳光溪,清华大学	无锡	2010
152	无锡银邦铝业有限公司	曾苏民,中南大学	无锡	2010

续表 8-11

序号	承担单位名称	签约院士	地区	建设年份
153	无锡锡通工程机械有限公司	苏哲子,中国兵器工业集团哈尔滨北方特种车辆制造有限公司	无锡	2010
154	江苏四环生物股份有限公司	曾毅,中国预防医学科学院病毒研究所	江阴	2010
155	江阴兴澄特种钢铁有限公司	翁宇庆,中国金属学会	江阴	2010
156	江阴市长兴钒氮新材料有限公司	张文海,中国瑞林工程技术有限公司	江阴	2010
157	宜兴市天鸟高新技术有限公司	王礼恒,中国航天科技集团公司;孙晋良,上海大学	宜兴	2010
158	江苏雅克科技股份有限公司	赵玉芬,清华大学	宜兴	2010
159	江苏亨鑫科技有限公司	刘韵洁,中国联合通信有限公司	宜兴	2010
160	徐州燃控科技股份有限公司	秦裕昆,哈尔滨工业大学	徐州	2010
161	徐州锻压机床厂集团有限公司	段正澄,华中科技大学	徐州	2010
162	徐州丰成盐化工有限公司	侯立安,第二炮兵工程设计研究院	丰县	2010
163	江苏凯达石英有限公司	余永富,长沙矿冶研究院	新沂	2010
164	常州博瑞电力自动化设备有限公司	沈国荣,国电自动化研究院、南瑞继保电气有限公司	常州	2010
165	江苏兰陵化工集团有限公司	许学彦,中国船舶工业总公司七院 708 所	常州	2010
166	江苏常宝钢管股份有限公司	殷国茂,成都无缝钢管厂	常州	2010
167	中天钢铁集团有限公司	干勇,中国钢研科技集团有限公司	常州	2010
168	常州无线电厂有限公司	朱中梁,西南电子电信技术研究所	常州	2010
169	南车戚墅堰机车车辆工艺研究所有限公司	周国治,北京科技大学	常州	2010
170	南车戚墅堰机车有限公司	沈志云,西南交通大学	常州	2010
171	常州减速机总厂有限公司	杨叔子,华中科技大学	常州	2010
172	江苏常发实业集团有限公司	蒋亦元,东北农业大学	常州	2010
173	江苏常武起动电机有限公司	饶芳权,上海交通大学	常州	2010
174	常州市立华畜禽有限公司	吴常信,中国农业大学	常州	2010
175	伟志电子(常州)有限公司	郑有炓,南京大学	常州	2010
176	常州丰盛光电科技股份有限公司	金国藩,清华大学	常州	2010
177	江苏凯特汽车部件有限公司	杜善义,哈尔滨工业大学	常州	2010
178	江苏华鹏变压器有限公司	梁维燕,哈尔滨动力设备股份有限公司;朱英浩,沈阳工业大学	溧阳	2010
179	江苏弘博新材料有限公司	吴云东,香港科技大学	溧阳	2010
180	苏州太湖美药业有限公司	俞梦孙,空军航空医学研究所航空医学工程研究中心	苏州	2010
181	苏州西山中科实验动物有限公司	刘昌孝,天津药物研究院新药评价研究中心	苏州	2010
182	苏州热工研究院有限公司	郑健超,中国广东核电集团公司;傅恒志,西北工业大学	苏州	2010
183	苏州市湘园特种精细化工有限公司	李俊贤,黎明化工研究院	苏州	2010
184	科沃斯机器人科技(苏州)有限公司(原泰怡凯电器(苏州)有限公司)	王子才,哈尔滨工业大学	苏州	2010
185	苏州江南航天机电工业公司	陈定昌,中国航天科工集团第二研究院	苏州	2010

续表 8-11

序号	承担单位名称	签约院士	地区	建设年份
186	苏州市相城区新时代特种水产养殖场	朱作言,中国科学院水生生物研究所	苏州	2010
187	苏州市康绿农产品发展有限公司	朱兆良,中国科学院南京土壤研究所	苏州	2010
188	江苏欧索软件有限公司	李德仁,武汉大学测绘遥感信息工程国家实验室	苏州	2010
189	苏州天华超净科技股份有限公司	刘尚合,中国人民解放军军械工程学院	苏州	2010
190	苏州市数字城市工程研究中心有限公司	王家耀,解放军信息工程大学	苏州	2010
191	苏州一光仪器有限公司	宁津生,武汉大学	苏州	2010
192	江苏中科智能工程有限公司	戴汝为,中国科学院自动化研究所	苏州	2010
193	康力电梯股份有限公司	谭建荣,浙江大学	苏州	2010
194	江苏隆力奇生物科技股份有限公司	江龙,中国科学院化学所	常熟	2010
195	江苏萃隆精密铜管股份有限公司	陶文铨,西安交通大学	常熟	2010
196	江苏华益科技有限公司(原常熟华益化工有限公司)	费维扬,清华大学	常熟	2010
197	苏州汉风科技发展有限公司	余贻鑫,天津大学;韩英铎,清华大学	张家港	2010
198	张家港富瑞特种装备股份有限公司	徐滨士,解放军装甲兵工程学院	张家港	2010
199	昆山锐芯微电子有限公司	姚建铨,天津大学激光与光电子研究所	昆山	2010
200	昆山国力真空电器有限公司	方守贤,北京正负电子对撞机国家实验室、中国科学院高能物理研究所	昆山	2010
201	南通江山农药化工股份有限公司	刘鸿亮,中国环境科学研究院	南通	2010
202	江苏辰星海洋生物科技有限公司	侯保荣,中国科学院海洋研究所	南通	2010
203	江苏力普电子科技有限公司	顾国彪,清华大学	南通	2010
204	南通醋酸化工股份有限公司	舒兴田,石油化工科学研究院;吴慰祖,总参谋部第五十五研究所	南通	2010
205	太平洋水处理工程有限公司	汤鸿霄,中国科学院生态环境研究中心	南通	2010
206	江苏联发纺织股份有限公司	周勤之,东华大学	海安	2010
207	江苏中洋集团股份有限公司	雷霁霖,中国水产科学研究院黄海水产研究所	海安	2010
208	江苏九九久科技股份有限公司	麻生明,中国科学院上海有机化学研究所	如东	2010
209	江苏宇迪光学股份有限公司	王之江,上海光学精密机械研究所; 潘君骅,中科院南京天文光学技术研究所	如东	2010
210	南通巴大饲料有限公司	林浩然,中山大学	如东	2010
211	韩华新能源(启东)有限公司(原江苏林洋新能源有限公司)	雷啸霖,上海交通大学	启东	2010
212	江苏海四达集团有限公司	钱逸泰,山东大学	启东	2010
213	江苏祥源电气设备有限公司	王锡凡,西安交通大学	如皋	2010
214	南通建筑工程总承包有限公司	沈祖炎,同济大学	海门	2010
215	江苏康缘药业股份有限公司	石学敏,天津中医药大学第一附属医院	连云港	2010
216	中材高新江苏硅材料有限公司	沈德忠,中材科技集团、清华大学	东海	2010
217	江苏亿隆新能源科技发展有限公司	陈予恕,天津大学	洪泽	2010
218	江苏健佳药业有限公司	周俊,中国科学院昆明植物研究所	东台	2010
219	江苏神龙药业有限公司	周宏灏,中南大学	东台	2010

续表 8–11

序号	承担单位名称	签约院士	地区	建设年份
220	江苏东林电子有限公司	侯洵,中国科学院西安光学精密机械研究所	建湖	2010
221	盐城三益石化机械有限公司	高庆狮,北京科技大学	建湖	2010
222	建湖县永维阀门钻件有限公司	金庆焕,广州海洋地质调查局	建湖	2010
223	扬州宏福铝业有限公司	涂铭旌,四川大学	扬州	2010
224	江苏荣能集团有限公司	徐德龙,西安建筑科技大学	扬州	2010
225	扬州万方电子技术有限责任公司	杨士中,重庆大学	扬州	2010
226	扬州庆松化工设备有限公司	金涌,清华大学	扬州	2010
227	江苏中惠医疗科技股份有限公司	陈亚珠,上海交通大学生物医学仪器研究所	扬州	2010
228	扬州腾飞电缆电器材料有限公司	崔崑,华中科技大学	宝应	2010
229	江苏绿科生物技术有限公司	任南琪,哈尔滨工业大学	高邮	2010
230	镇江中煤电子有限公司	吴澄,清华大学	镇江	2010
231	江苏锋芒复合材料科技集团有限公司	唐有祺,北京大学	扬中	2010
232	句容宁武高新技术发展有限公司(原句容市宁武化工有限公司)	黄卫,东南大学	句容	2010
233	江苏江南生物科技有限公司	李玉,吉林农业大学	丹阳	2010
234	江苏冰城电材股份有限公司	钱清泉,西南交通大学	丹阳	2010
235	泰州三福船舶工程有限公司	沈闻孙,大连新船重工有限责任公司	泰州	2010
236	江苏苏中药业集团股份有限公司	陈香美,中国人民解放军总医院;张运,山东大学	泰州	2010
237	江苏飞船股份有限公司	赵振业,北京航空材料研究院	姜堰	2010
238	江苏振华泵业制造有限公司	王玉明,清华大学	姜堰	2010
239	江苏星火特钢有限公司	陈国良,南京理工大学	兴化	2010
240	江苏靖江互感器厂有限公司	刘永坦,上海交通大学	靖江	2010
241	江苏双勤民生冶化设备制造有限公司	周远,中国科学院理化技术研究所	靖江	2010
242	江苏江神药物化学有限公司	李洪钟,中国科学院过程工程研究所	泰兴	2010
243	泰兴市航联电连接器有限公司	叶培建,中国空间技术研究院	泰兴	2010
244	江苏绿陵化工集团有限公司	张懿,中国科学院过程工程研究所	宿迁	2010
245	南京宝色股份公司	金展鹏,中南大学	南京	2011
246	南化集团研究院	曹湘洪,中国石油化工股份有限公司	南京	2011
247	国电南京自动化股份有限公司	孙才新,高电压与电工新技术教育部重点实验室(重庆大学)	南京	2011
248	南京优科生物医药研究有限公司	黎乐民,北京大学	南京	2011
249	南京新百药业有限公司	沈寅初,浙江工业大学	南京	2011
250	江苏长电科技股份有限公司	吴德馨,中国科学院微电子研究所	江阴	2011
251	江苏中能硅业科技发展有限公司	梁骏吾,中国科学院半导体研究所	徐州	2011
252	徐州浩通新材料科技股份有限公司	胡永康,中国石化集团公司抚顺石油化工研究院	徐州	2011
253	徐州雷奥医疗设备有限公司	赵淳生,南京航空航天大学	徐州	2011
254	江苏永冠给排水设备有限公司	李圭白,哈尔滨工业大学	徐州	2011

续表 8–11

序号	承担单位名称	签约院士	地区	建设年份
255	新沂市永诚化工有限公司	陈文新,中国农业大学	新沂	2011
256	常州博万达汽车安全设备有限公司	王正国,中国人民解放军第三军医大学野战外科研究所	常州	2011
257	常州市康辉医疗器械有限公司	戴尅戎,上海交通大学	常州	2011
258	苏州市阳澄湖现代农业发展有限公司	刘筠,湖南师范大学	苏州	2011
259	苏州市冯氏实验动物设备有限公司	沈荣显,中国农业科学院哈尔滨兽医研究所	苏州	2011
260	张家港市江南锅炉压力容器有限公司	林宗虎,西安交通大学	张家港	2011
261	天宇羊毛工业(张家港保税区)有限公司	刘守仁,新疆农垦科学院	张家港	2011
262	三一重机有限公司	谢友柏,上海交通大学	昆山	2011
263	江苏三维园艺有限公司	陈俊愉,北京林业大学	昆山	2011
264	太仓荣文合成纤维有限公司	郁铭芳,东华大学	太仓	2011
265	苏州雅本化学股份有限公司	戴立信,中国科学院上海有机化学研究所	太仓	2011
266	南通富士通微电子股份有限公司	王曦,中国科学院上海微系统与信息技术研究所	南通	2011
267	江苏奥蓝工程玻璃有限公司	沈学础,中科院上海技术物理研究所	南通	2011
268	南通市海鸥救生防护用品有限公司	封锡盛,中科院沈阳自动化研究所	南通	2011
269	江苏顺通建设集团有限公司(原江苏顺通建设工程有限公司)	王梦恕,铁道部隧道工程局	如东	2011
270	江苏快达农化股份有限公司	傅依备,中国工程物理研究院	如东	2011
271	启东道达重工有限公司	曹楚生,天津大学	启东	2011
272	南通锻压设备有限公司	王自强,中国科学院力学所	如皋	2011
273	江苏隆昌化工有限公司	郑兰荪,厦门大学	如皋	2011
274	江苏京海禽业集团有限公司	陈焕春,华中农业大学	海门	2011
275	江苏双鑫石油机械有限公司	沈忠厚,中国石油大学	建湖	2011
276	盐城神华机械制造有限公司	张钹,清华大学	建湖	2011
277	江苏峰峰钨钼制品股份有限公司	林尊琪,中科院上海光学精密机械研究所	东台	2011
278	江苏丰山集团有限公司	李正名,南开大学	大丰	2011
279	江苏腾龙生物药业有限公司	蔡道基,环境保护部南京环境科学研究所	大丰	2011
280	扬州华铁铁路配件有限公司	程耿东,大连理工大学	扬州	2011
281	江苏罗思韦尔电气有限公司	郭孔辉,吉林大学	扬州	2011
282	江苏中显集团有限公司	秦国刚,北京大学	扬州	2011
283	扬州龙川钢管有限公司	肖纪美,北京科技大学	扬州	2011
284	江苏峰业电力环保集团有限公司	任阵海,中国环境科学研究院	扬州	2011
285	仪征双环活塞环有限公司	薛群基,中国科学院兰州化学物理研究所	仪征	2011
286	江苏康能生物工程有限公司	麦康森,中国海洋大学	仪征	2011
287	扬州宏远电子有限公司	万立骏,中国科学院化学研究所	高邮	2011
288	海龙核材科技(江苏)有限公司	周邦新,上海大学	镇江	2011
289	江苏环太集团有限公司	包信和,中国科学院大连化学物理研究所	扬中	2011

续表 8-11

序号	承担单位名称	签约院士	地区	建设年份
290	江苏中泰桥梁钢构股份有限公司	徐祖耀,上海交通大学	靖江	2011
291	江苏永昇空调有限公司	王浚,北京航空航天大学	泰兴	2011
292	江苏凯力克钴业股份有限公司	邱定蕃,北京矿冶研究总院	泰兴	2011
293	江苏中江种业股份有限公司	谢华安,福建省农业科学院	南京	2012
294	南车南京浦镇车辆有限公司	翟婉明,西南交通大学	南京	2012
295	江苏华东地质调查集团有限公司	刘光鼎,中国科学院地质与地球物理研究所	南京	2012
296	宜兴市四通家电配件有限公司	衣宝廉,中国科学院大连化学物理研究所、新源动力股份有限公司	宜兴	2012
297	江苏恩华药业股份有限公司	李春岩,河北医科大学	徐州	2012
298	江苏八达重工机械有限公司	王天然,中国科学院沈阳自动化研究所	新沂	2012
299	江苏华盛天龙光电设备股份有限公司	陈创天,中国科学院理化技术研究所	金坛	2012
300	江苏吴中医药集团有限公司	沈倍奋,中国军事医学科学院	苏州	2012
301	苏州顶裕节能设备有限公司	刘新垣,中国科学院生化与细胞研究所	苏州	2012
302	昆山龙腾光电有限公司	黄维,南京工业大学	昆山	2012
303	昆山维信诺显示技术有限公司	张希,清华大学	昆山	2012
304	南通华达微电子集团有限公司	熊有伦,华中科技大学	南通	2012
305	江苏利田科技股份有限公司	颜德岳,上海交通大学	如东	2012
306	江苏德峰药业有限公司	万惠霖,厦门大学	如皋	2012
307	江苏双林海洋生物药业有限公司	候惠民,上海医药工业研究院、药物制剂国家工程研究中心	启东	2012
308	宝胜科技创新股份有限公司	黄崇祺,上海电缆研究所	宝应	2012
309	向荣集团有限公司	苏君红,中国兵器工业昆明物理研究所	扬中	2012
310	卓然(靖江)设备制造有限公司	沈保根,中国科学院物理研究所	靖江	2012
311	☆江苏省无线电科学研究所有限公司	石广玉,中国科学院大气物理研究所	无锡	2013
312	☆元亮科技有限公司	姜中宏,中国科学院上海光学精密机械研究所	无锡	2013
313	☆徐州盛和木业有限公司	李坚,东北林业大学	徐州	2013
314	☆常州市润源经编机械有限公司	薛永祺,中国科学院上海技术物理研究所	常州	2013
315	☆江苏世轩科技股份有限公司	蔡吉人,北京电子技术研究所	常州	2013
316	☆方正国际软件有限公司	王越,北京理工大学	苏州	2013
317	☆苏州斯迪克新材料科技股份有限公司	王广厚,南京大学	太仓	2013
318	☆张家港市骏马钢帘线有限公司	袁渭康,华东理工大学	张家港	2013
319	☆江苏格美高科技发展有限公司	邹竞,中国乐凯胶片集团公司	南通	2013
320	☆启东东岳药业有限公司	田禾,华东理工大学	启东	2013
321	☆江苏如通石油机械股份有限公司	苏义脑,中国石油集团钻井工程技术研究院、武汉科技大学	如东	2013
322	☆江苏核电有限公司	于俊崇,中国核动力研究设计院	连云港	2013
323	☆江苏神华药业有限公司	涂永强,兰州大学	金湖	2013
324	☆江苏正大丰海制药有限公司	廖万清,上海长征医院	大丰	2013

续表 8-11

序号	承担单位名称	签约院士	地区	建设年份
325	☆长江(扬中)电脱盐设备有限公司	杨启业,中国石化工程建设公司	扬中	2013
326	☆江苏呈飞精密合金股份有限公司	曹春晓,北京航空材料研究院	丹阳	2013
327	☆江苏兴海特钢有限公司	王海舟,中国钢研科技集团	兴化	2013
328	☆江苏固丰管桩集团有限公司	缪昌文,东南大学	宿迁	2013

备注:☆号为2013年新建企业院士工作站。

表 8-12 江苏省科技副总(企业创新岗)名录(40个)

序号	特聘专家	派出单位	聘任单位	聘任职位	建设年份
1	李晓拓	中科院宁波材料技术与工程研究所	南京华兴压力容器制造有限公司	副总工程师	2013
2	黄永东	中科院过程工程研究所	南京天邦生物科技有限公司	副总工程师	2013
3	关洪涛	中科院计算技术研究所	南京未来网络产业创新有限公司	技术副总监	2013
4	陶　慷	中科院宁波材料技术与工程研究所	江苏雅克科技股份有限公司	副总工程师	2013
5	李丽娟	中科院青海盐湖研究所	江苏艾特克阻燃材料有限公司	副总工程师	2013
6	陈国飞	中科院宁波材料技术与工程研究所	宜兴市高拓高分子材料有限公司	副总工程师	2013
7	侯得印	中科院生态环境研究中心	江苏金山环保科技股份有限公司	研发中心经理	2013
8	李　娟	中科院宁波材料技术与工程研究所	江苏中煤电缆有限公司	工程中心副主任	2013
9	于维强	中科院大连化学物理研究所	江苏三木化工股份有限公司	工程中心副主任	2013
10	李科达	中科院大连化学物理研究所	苏州飞翔新材料研究院有限公司	副总经理	2013
11	刘锐平	中科院生态环境研究中心	苏州苏净环保科技有限公司	副总工程师	2013
12	朱丹明	中科院生物物理研究所	苏州康宁杰瑞生物科技有限公司	技术总监	2013
13	曹　政	中科院计算技术研究所	苏州中科集成电路设计中心有限公司	技术副总经理	2013
14	周连生	中科院虚拟经济与数据科学研究中心	中科数据技术(苏州)有限公司	技术副总经理	2013
15	叶新新	中科院固体物理研究所	江苏恒智纳米科技有限公司	技术副总经理	2013
16	高锡章	中科院地理科学与资源研究所	苏州数字地图网络科技有限公司	研发副总经理	2013
17	张　珽	中科院苏州纳米技术与纳米仿生研究所	苏州泛普纳米科技有限公司	研发副总经理	2013
18	邱永鑫	中科院苏州纳米技术与纳米仿生研究所	苏州纳微生物科技有限公司	研发副总经理	2013
19	蔡　勇	中科院苏州纳米技术与纳米仿生研究所	苏州硅能半导体科技股份有限公司	研发中心主任	2013
20	蒋丹宇	中科院上海硅酸盐研究所	苏州创元新材料科技有限公司	技术副总经理	2013
21	王　敏	中科院沈阳自动化研究所	昆山华恒焊接股份有限公司	副总工程师	2013
22	王　鹏	中科院上海高等研究院	苏州中导光电设备有限公司	副总工程师	2013
23	贺绛峰	中科院自动化研究所	昆山张浦好山水动画有限公司	技术总监	2013
24	安　勇	中科院微电子研究所昆山分所	苏州摩多物联科技有限公司	技术副总经理	2013
25	董永军	中科院上海光学精密机械研究所	昆山开威电子有限公司	研发副总经理	2013
26	董显林	中科院上海硅酸盐研究所	江苏江佳电子股份有限公司	研发中心主任	2013
27	王　军	中科院生态环境研究中心	江苏新天鸿集团有限公司	研发中心副主任	2013
28	宋鸿武	中科院金属研究所	诺德轮毂制造有限公司	副总工程师	2013

续表 8-12

序号	特聘专家	派出单位	聘任单位	聘任职位	建设年份
29	刘　奎	中科院金属研究所	丹阳市精密合金厂有限公司	副总工程师	2013
30	范欣愉	中科院宁波材料技术与工程研究所	江苏奇一科技有限公司	副总工程师	2013
31	陈　彪	中科院电工研究所	江苏洪昌科技股份有限公司	副总工程师	2013
32	张计育	江苏省中科院植物研究所	江苏天禄茶林有限公司	技术副总工程师	2013
33	赵文武	中科院物理研究所	江苏元景锂粉工业有限公司	总工程师助理	2013
34	黄　伟	中科院苏州纳米技术与纳米仿生研究所	江苏省天元激光科技有限公司	总经理助理	2013
35	张庆礼	中科院合肥物质科学研究院	江苏森烽晶体科技有限公司	技术总监	2013
36	林学春	中科院半导体研究所	江苏中科四象激光科技有限公司	技术副总经理	2013
37	李　汛	中科院南京土壤研究所	江苏丹化煤制化学品工程技术有限公司	技术副总工程师	2013
38	杨晋安	中科院山西煤炭化学研究所	江苏宏大特种钢机械厂有限公司	副总工程师	2013
39	赵　玲	中科院南京土壤研究所	泰兴锦云染料有限公司	副总工程师	2013
40	徐宇兴	中科院过程工程研究所	江苏菲斯特新能源有限公司	副总工程师	2013

表 8-13　江苏省科技公共服务平台名录(302 家)

序号	项目名称	依托单位	主管部门	建设年份
(一)科技条件服务平台				
1	江苏省工程技术文献信息中心	江苏省科学技术情报研究所	省科技厅	2004
2	江苏省大型科学仪器设备共享服务平台	江苏省生产力促进中心等	省科技厅	2004
3	江苏省知识产权公共服务平台	江苏省专利信息中心	省知识产权局	2005,2008
4	江苏省实验动物管理服务平台	江苏省生产力促进中心	省科技厅	2008
5	江苏省高层次人才信息管理服务平台	江苏省人才工作领导小组办公室	省委组织部	2009
6	国家遗传工程小鼠资源库	南京大学	南京大学	2001
7	江苏省农业种质资源保护与利用平台	江苏省农业科学院	省农业科学院	2005
8	国家非人灵长类实验动物种子中心苏州分中心	苏州西山中科实验动物有限公司	苏州市科技局	2003
(二)技术创新服务平台				
9	江苏省(无锡洛社)风电装备产业公共服务中心	惠山区洛社镇科技创业中心	无锡市科技局	2011
10	江苏省(宜兴高塍)环保装备产业公共技术服务中心	江苏五洲环保服务有限公司	宜兴市科技局	2011
11	江苏省肿瘤生物治疗科技公共服务中心	徐州医学院附属医院	徐州市科技局	2011
12	江苏省半导体照明产品研发与检测公共技术服务中心	常州市产品质量监督检验所	常州市科技局	2011
13	江苏省创意产品设计与快速制造公共技术服务中心	常州晨凯快速制造技术有限公司	常州市科技局	2011
14	江苏省(常州西夏墅)精密工具产业公共技术创新服务中心	常州西夏墅工具产业创业服务中心	常州市科技局	2011
15	江苏省(溧阳溧城)风电装备公共技术服务中心	溧阳市生产力促进中心	溧阳市科技局	2011
16	江苏省节能环保材料测试与技术服务中心	苏州大学	苏州市科技局	2011

续表 8-13

序号	项目名称	依托单位	主管部门	建设年份
17	江苏省常熟特种纤维材料检测检验公共技术服务中心	苏州市纤维检验所	常熟市科技局	2011
18	江苏省苏州新药研发外包技术服务中心	昭衍(苏州)新药研究中心有限公司	太仓市科技局	2011
19	江苏省昆山小核酸技术科技公共服务中心	昆山市工业技术研究院小核酸生物技术研究所有限责任公司	昆山市科技局	2011
20	江苏省(昆山玉山)模具产业公共技术服务中心	昆山市工业技术研究院有限责任公司	昆山市科技局	2011
21	江苏省(吴江盛泽)丝绸产业信息化公共服务中心	吴江绸都盛泽电子商务信息有限公司	吴江市科技局	2011
22	江苏省电机能效定级及故障诊断服务中心	南通市产品质量监督检验所	南通市科技局	2011
23	江苏省(海安李堡)锻压机械公共技术检测服务中心	海安县锻压机械科技服务中心	海安县科技局	2011
24	江苏省如皋软件园信息公共技术服务中心	如皋高新技术园区开发有限公司	如皋市科技局	2011
25	江苏省新一代清洁煤能源动力科技服务中心	江苏中国科学院能源动力研究中心	连云港市科技局	2011
26	江苏省连云港高新技术开发区环境安全服务中心	中蓝连海设计研究院	连云港市科技局	2011
27	江苏省(东海牛山)硅材料科技服务中心	东海县晶润来工业集聚区开发有限公司	东海县科技局	2011
28	江苏省淮安教学具产业数字化公共技术服务中心	淮安信息职业技术学院	淮安市科技局	2011
29	江苏省(盐城大冈)制鞋机械科技公共技术服务中心	盐城市鞋业机械工程技术研究中心	盐城市科技局	2011
30	江苏省(大丰西团)金属表面处理装备科技创新公共服务中心	大丰市西团镇龙盛金属表面处理新技术服务中心	大丰市科技局	2011
31	江苏省东台新材料公共技术服务中心	东台市高科技术创业园有限公司	东台市科技局	2011
32	江苏省(东台富安)特种茧丝绸科技公共服务中心	东台市富安工业园科技服务有限公司	东台市科技局	2011
33	江苏省扬州绿色化工公共技术服务中心	南京大学扬州化学化工研究院	扬州市科技局	2011
34	江苏省江都软件公共技术服务中心	江苏浦江信息服务有限公司	江都市科技局	2011
35	江苏省(江都武坚)高压电气产业公共技术服务中心	江都市武坚镇生产力促进中心	江都市科技局	2011
36	江苏省镇江软件外包科技公共服务中心	镇江京江软件园有限公司	镇江市科技局	2011
37	江苏省(丹徒辛丰)轴承产业公共技术服务中心	镇江市丹徒区生产力促进中心	镇江市科技局	2011
38	江苏省泰兴清洁生产公共技术服务中心	泰兴市科技创业服务中心	泰兴市科技局	2011
39	江苏省(兴化戴南)不锈钢产业创新公共服务中心	江苏戴南不锈钢集团	兴化市科技局	2011
40	江苏省宿迁产业技术创新服务中心	宿迁市工业技术研究院	宿迁市科技局	2011
41	江苏省小额信贷科技公共服务中心	江苏金农信息股份有限公司	省政府金融办	2011
42	江苏省技术合同登记认定服务中心	江苏省高新技术创业服务中心	省科技厅	2011
43	江苏省抗糖尿病药物筛选技术服务中心	江苏省中科院植物所	省科技厅	2011
44	江苏省恶性肿瘤多学科联合诊治技术服务中心	江苏省肿瘤防治研究所	省卫生厅	2011
45	江苏省射频识别技术公共服务中心	江苏省标准化研究院	省质监局	2011

续表 8-13

序号	项目名称	依托单位	主管部门	建设年份
46	江苏省高效植保机械公共技术服务中心	农业部南京农业机械化研究所	省农业机械局	2011
47	江苏省生命科技创新园分析测试公共技术服务中心	江苏仙林生命科技创新园发展有限公司	南京市科委	2012
48	江苏省药物临床前毒理研究公共技术服务中心	江苏鼎泰药物研究有限公司	南京市科委	2012
49	江苏省物联网传感器性能检测与评价公共技术服务中心	无锡市计量测试中心	无锡市科技局	2012
50	江苏省国际干细胞联合研究和产业化公共技术服务中心	无锡博雅生物工程有限公司	无锡市科技局	2012
51	江苏省化学品安全评估与消费品化学风险控制公共技术服务中心	常州进出口工业及消费品安全检测中心	常州市科技局	2012
52	江苏省苏州工业园区科技金融服务中心	苏州工业园区中小企业服务中心	苏州市科技局	2012
53	江苏省(昆山周庄)传感器产业公共技术服务中心	中科昆山高科技创业服务中心	昆山市科技局	2012
54	江苏省家纺设计及新材料公共技术服务中心	江苏省南通高新技术产业开发区建设服务中心	南通市科技局	2012
55	江苏省沿海化工环保产业公共技术服务中心	连云港中新污水处理有限公司	灌南县科技局	2012
56	江苏省光电产品检测公共技术服务中心	扬州光电产品检测中心	扬州市科技局	2012
57	江苏省药品食品检验检测、筛选及预警公共技术服务中心	江苏华健检验检测有限公司	镇江市科技局	2012
58	江苏省区域性食品药品检验检测公共技术服务中心	泰州市食品药品检验所	泰州市科技局	2012
59	江苏省生物酿造(白酒)公共技术服务中心	江苏省宿迁市产品质量监督检验所	宿迁市科技局	2012
60	江苏省食品安全快速检测公共技术服务中心	南京工业大学	省教育厅	2012
61	江苏省软件测试服务中心	江苏中科现代软件工程技术有限公司	南京市科委	2005
62	江苏省制造业信息化公共技术服务平台	江苏省生产力促进中心	省科技厅	2007
63	江苏省部属科研院所产学研合作服务平台	江苏省部属科研院所联合会	省委统战部	2008
64	江苏省柔性显示技术研发平台建设	昆山工研院新型平板显示技术中心有限公司	昆山市科技局	2013
65	扬州市国际科技成果及技术转移中心建设	扬州市中小型企业生产力促进中心	扬州市科技局	2013
66	江苏省计算机系统工程测试研究中心	江苏省计量科学研究院	省质监局	2000
67	江苏省电子信息产品电磁兼容性能研究与检测服务中心	江苏省电子信息产品质量监督检验研究院	省经信委	2001
68	江苏省集成电路(苏州)创新服务平台	苏州中科集成电路设计中心有限公司	苏州市科技局	2005
69	江苏省集成电路设计(无锡)创业服务平台	无锡国家集成电路设计基地有限公司	无锡市科技局	2005
70	江苏省工业设计创业服务平台	无锡(国家)工业设计园创业服务中心	无锡市科技局	2005
71	江苏南京可扩展基本输入输出系统公共服务平台	南京百敖软件有限公司	南京市科委	2007
72	江苏无锡动漫公共技术服务平台	无锡广新影视动画技术有限公司	无锡市科技局	2007
73	江苏无锡光电子技术公共服务平台	无锡市高新技术创业服务中心	无锡市科技局	2007
74	江苏无锡集成电路快速封装服务平台	无锡中微高科电子有限公司	无锡市科技局	2007
75	江苏苏州电子信息产业质量与可靠性共性技术服务平台	信息产业部电子第五研究所华东分所	苏州市科技局	2007

续表 8–13

序号	项目名称	依托单位	主管部门	建设年份
76	江苏苏州软件技术公共服务平台	苏州市软件评测中心有限公司	苏州市科技局	2007
77	江苏常州动画影视制作公共技术服务平台	常州高新技术创业服务中心	常州市科技局	2007
78	江苏常州软件外包测试平台	常州软件园管理中心	常州市科技局	2007
79	江苏淮安贴片技术服务平台	淮安市高新技术创新中心	淮安市科技局	2007
80	江苏省南京软件公共技术服务中心	南京市科技信息研究所	南京市科委	2008
81	江苏省无线多媒体资讯公共技术服务中心	江苏广电移动新媒体有限公司	省广播电视局	2008
82	江苏省 3G 增值业务研发与测试技术服务中心	南京信息职业技术学院	省经信委	2008
83	中国矿业大学国家大学科技园公共技术服务中心	徐州中国矿业大学大学科技园有限公司	徐州市科技局	2008
84	江苏省常州工控软件新技术与智能监控技术服务中心	常州南京大学高新技术研究院	常州市科技局	2008
85	江苏省吴中消费电子产品有害物质检测与评价技术服务中心	江苏省优联产品技术服务有限公司	苏州市科技局	2008
86	江苏省苏州工业园区动漫产业公共技术服务中心	苏州工业园区科技发展有限公司	苏州市科技局	2008
87	江苏省淮安物流公用信息技术服务中心	淮安信息职业技术学院	淮安市科技局	2008
88	江苏省淮安设施农业智能化公共技术服务中心	淮安信息职业技术学院	淮安市科技局	2009
89	江苏省常熟服装产业公共技术服务中心	江苏盛世商朝信息产业有限公司	常熟市科技局	2009
90	江苏省连云港港口物流公共技术服务中心	连云港电子口岸信息发展有限公司	连云港市科技局	2009
91	江苏省南京金融信息处理公共技术服务中心	南京万得科技有限公司	南京市科委	2009
92	江苏省沭阳华军软件园公共技术服务中心	江苏省奥蓝德软件有限公司	沭阳县科技局	2009
93	江苏省南京软件外包接发包科技公共服务中心	江苏润和软件股份有限公司	南京市科委	2009
94	江苏省淮安软件测试及技术公共服务平台	淮安淮微软件技术有限公司	淮安市科技局	2009
95	江苏省南京“无线谷”电磁兼容公共技术服务中心	东南大学	东南大学	2009
96	江苏省沭阳软件信息处理公共技术服务中心	江苏省云端信息科技有限公司	沭阳县科技局	2010
97	江苏苏州环保科技公共服务中心	苏州国家环保产业园发展有限公司	苏州市科技局	2010
98	江苏常州微生物水处理研究开发服务平台	常州市生态技术应用研究所	常州市科技局	2010
99	华东地区(江苏)环境地质检测公共技术服务中心	南京地质矿产研究所	南京市科委	2010
100	江苏省宜兴环保科技公共技术服务中心	南京大学宜兴环保科技研发中心	宜兴市科技局	2006
101	江苏省常州精细化工清洁生产与工程技术服务中心	常州化学研究所	常州市科技局	2007
102	江苏省南通化学物检测及安全评价公共技术服务中心	南通通大化学物安全性评价中心有限公司	南通市科技局	2007
103	江苏省扬州农业环境安全技术服务中心	扬州大学	扬州市科技局	2008
104	江苏省污染减排公共技术服务中心	江苏省环境科学研究院	省环保厅	2008
105	江苏省盐城环保装备公共技术服务中心	盐城工学院大学科技园有限公司	盐城市科技局	2008

续表 8–13

序号	项目名称	依托单位	主管部门	建设年份
106	江苏省污水处理设施效率检测公共技术服务中心	江苏省环境监测协会	省环保厅	2008
107	江苏省南京机电产品绿色制造与能源效率检测技术服务中心	南京出入境检验检疫局技术中心	南京市科委	2008
108	江苏省海洋资源开发研究院	淮海工学院	连云港市科技局	2008
109	江苏省医药农药兽药安全性评价与研究中心	南京医科大学	省教育厅	2008
110	江苏省药物安全性评价中心	江苏省药物研究所	省药监局	2009
111	国家南方农药创制中心江苏基地生测部	江苏省农药研究所股份有限公司	省科技厅	2009
112	江苏省农药环境安全性评价与残留检测服务中心	国家环境保护总局南京环境科学研究所	南京市科委	2010
113	江苏省药效研究与评价服务中心	中国药科大学	中国药科大学	2007
114	江苏省生物医药创业服务平台	苏州高新技术创业服务中心	苏州市科技局	1999
115	江苏省药物与医疗器械临床研究和评价服务中心(原江苏省抗病毒药物临床试验服务中心)	江苏省人民医院	省卫生厅	1999
116	江苏省心血管药物临床试验服务中心	南京市第一医院	南京市科委	1996
117	江苏省抗肿瘤药物临床试验服务中心	江苏省肿瘤医院	省卫生厅	2006
118	江苏省生物兽药筛选服务中心	江苏省农业科学院	省农业科学院	2000
119	江苏省兽药代谢动力学研究服务中心	泰州市动物药品工程技术研究中心	泰州市科技局	2005
120	江苏扬州现代乳业加工服务中心	扬州大学	扬州市科技局	2005
121	江苏省生物医药材料测试服务平台	南京师范大学	省教育厅	2006
122	江苏苏州药物非临床研究及评价公共服务中心	苏州药明康德新药开发有限公司	苏州市科技局	2006
123	江苏省泰州兽药临床试验研究公共技术服务中心	江苏倍康药业有限公司	泰州市科技局	2006
124	江苏省无锡发酵工程公共技术服务中心	江苏省无锡江大大学科技园有限公司	无锡市科技局	2006
125	江苏省药物新制剂研究及工程化技术服务中心	南京工业大学	省教育厅	2006
126	江苏省苏州医疗器械临床前研究与评价公共技术服务中心	苏州大学	苏州市科技局	2007
127	江苏省纳米药物制备与生物学评价公共技术服务中心	中国药科大学	中国药科大学	2007
128	江苏省食品安全及功能性成份分析检测公共技术服务中心	江苏省微生物研究所有限责任公司	无锡市科技局	2007
129	江苏省无锡新药开发公共技术服务中心	无锡市马山生物医药工业园有限公司	无锡市科技局	2007
130	江苏省苏州生物与新医药公共技术服务中心	苏州工业园区生物纳米科技发展有限公司	苏州市科技局	2008
131	江苏省常州国家高新区生物产业公共技术服务中心	常州高新区三药技术创新服务中心	常州市科技局	2008
132	江苏省高新技术创业服务中心生物医药科技公共服务中心	江苏省高新技术创业服务中心	省科技厅	2008
133	江苏省新港创新药物成药性研究服务平台	南京长澳医药科技有限公司	南京市科委	2008
134	江苏省中西医结合临床肿瘤诊疗平台	江苏省中医院	省中医药局	2009

续表 8–13

序号	项目名称	依托单位	主管部门	建设年份
135	江苏省医药动物实验基地	南京医科大学	省教育厅	2009
136	江苏泰州医药科技公共服务平台	江苏华创医药研发平台管理有限公司	泰州市科技局	2009
137	江苏省无机材料专业测试服务中心	江苏省地质调查研究院	省国土资源厅	2009
138	江苏东海硅材料技术创新公共服务平台	东海县生产力促进中心、东海县科技情报研究所	东海县科技局	2009
139	江苏丹阳眼镜行业科技公共服务平台	丹阳市精通眼镜技术创新服务中心	丹阳市科技局	2009
140	江苏宜兴电线电缆产品质量安全测试服务中心	江苏省产品质量监督检验研究院	省质监局	2010
141	江苏常熟金属材料及制品分析测试技术服务中心	常熟检验检疫局综合技术服务中心	常熟市科技局	2010
142	江苏江阴金属材料检测与服务平台	法尔胜集团公司	江阴市科技局	2008
143	江苏省常州电子基础材料检测技术服务中心	常州电子产品质量监测所有限公司	常州市科技局	2007
144	江苏省常州环保涂料产业公共技术服务中心	中国化工建设总公司常州涂料化工研究院	常州市科技局	2004
145	江苏省苏州丝绸技术服务中心（国家纺织产业创新支撑平台）	苏州大学、江苏省纺织机械工程技术研究中心、国家毛纺新材料工程技术研究中心、江苏省纺织研究所	苏州市科技局	2007
146	江苏省兴化特种合金材料及制品试验检测公共技术服务中心	兴化市产品质量监督检验所	兴化市科技局	2007
147	江苏省淮安盐化工产品分析检测公共技术服务中心	淮安市产品质量监督检验所	淮安市科技局	2007
148	江苏省常州木地板公共技术服务中心	常州市新型装饰板材生产力促进中心	常州市科技局	2007
149	江苏省宜兴新型陶瓷材料公共技术服务中心	江苏省陶瓷研究所有限公司	宜兴市科技局	2007
150	江苏省扬州玩具与儿童用品公共技术服务中心	扬州进出口玩具检验所	扬州市科技局	2008
151	江苏省丹阳家纺创新设计公共技术服务中心	丹阳堂皇家纺技术创新服务中心有限公司	丹阳市科技局	2008
152	江苏省邳州木制家具及人造板质量检测公共技术服务中心	邳州市生产力促进中心	邳州市科技局	2008
153	江苏省张家港材种鉴定与木材检测公共技术服务中心	张家港出入境检验检疫局综合技术中心	张家港市科技局	2008
154	江苏扬州光电产品环境与可靠性试验检测中心	中国船舶重工集团公司第七二三研究所	扬州市科技局	2008
155	江苏无锡光伏产品公共服务平台	无锡市产品质量监督检验所	无锡市科技局	2009
156	江苏省建筑节能技术服务中心	江苏省建筑科学研究院有限公司	省住建厅	2009
157	江苏省太阳能热利用产品检测技术服务中心	江苏省产品质量监督检验研究院	省质监局	2009
158	江苏省苏州化学电源公共技术服务中心	轻工业化学电源研究所	苏州市科技局	2009
159	江苏省扬州 LED 新光源材料测试技术服务中心	扬州大学	扬州市科技局	2009
160	江苏省镇江 LED 封装与应用公共技术服务中心	江苏稳润光电有限公司	镇江市科技局	2009
161	江苏省苏州太阳能和风能发电设备检测公共技术服务中心	苏州电器科学研究院有限公司	苏州市科技局	2010
162	江苏机电产品节能环保检测服务中心	江苏检验检疫机电产品检测中心	无锡市科技局	2007
163	江苏省泗阳电光源公共技术服务中心	泗阳县生产力促进中心	泗阳县科技局	2007

续表 8–13

序号	项目名称	依托单位	主管部门	建设年份
164	江苏省船舶数字化设计制造技术中心	江苏现代造船技术有限公司	镇江市科技局	2008
165	江苏常州智能检测控制技术与数字化设计制造技术服务平台	常州机械电子工程研究所	常州市科技局	2008
166	江苏启东电动工具技术创新中心	启东市苏工电动工具技术创新中心	启东市科技局	2008
167	江苏仪征汽车及零部件技术公共服务平台	仪征市科技创业服务中心	仪征市科技局	2008
168	江苏省轨道交通电气牵引仿真设计公共技术服务中心	南京理工大学	省教育厅	2008
169	江苏省无锡船舶 CFD 技术服务中心	中国船舶重工集团公司第七〇二研究所	无锡市科技局	2009
170	江苏省锡山轻型多功能电动车公共技术服务中心	无锡市锡山区生产力促进中心	无锡市科技局	2009
171	江苏省纺织工业绿色制造与生态安全检测技术服务中心	江苏出入境检验检疫局纺织工业产品检测中心	无锡市科技局	2009
172	江苏省盐城纺织机械创新公共技术服务中心	盐城工学院	盐城市科技局	2009
173	江苏省镇江现代焊接技术服务中心	江苏科技大学	镇江市科技局	2007
174	江苏省扬中电力电器检测技术服务中心	大全集团有限公司	扬中市科技局	2007
175	江苏省湖塘色织产业公共技术服务中心	江苏湖塘纺织科技发展有限公司	常州市科技局	2007
176	江苏省无锡发动机节能减排公共技术服务中心	无锡油泵油嘴研究所	无锡市科技局	2007
177	江苏省溧阳输变电装备工程复合材料公共技术服务中心	江苏正平技术服务事务所有限公司	溧阳市科技局	2007
178	江苏省南通中小船舶及配套产业公共技术服务平台	江苏远东船舶工程技术服务有限公司	南通市科技局	2008
179	中国矿业大学国家大学科技园技术标准信息服务平台	徐州市技术监督情报信息中心	徐州市科技局	2008
180	江苏省产业知识产权公共技术服务中心	常州佰腾科技有限公司	常州市科技局	2008
181	江苏省企业管理咨询科技公共服务中心	南京蓝鲸咨询有限公司	南京市科委	2008
182	江苏省南京科技广场科技公共服务中心	南京市鼓楼区科技中心	南京市科委	2008
183	江苏省科技创业公共服务平台	江苏省高新技术创业服务中心苏北五市	省科技厅	2008
184	江苏省徐州科技创业服务中心	徐州高新技术创业服务中心	徐州市科技局	2008
185	江苏省连云港科技创业服务中心	连云港市科技创业服务中心	连云港市科技局	2008
186	江苏省宿迁科技创业服务中心	宿迁市科技创业服务中心	宿迁市科技局	2009
187	江苏省蔚蓝科技投融资公共服务中心	苏州蔚蓝投资管理有限公司	苏州市科技局	2009
188	江苏省中小企业科技投融资公共服务中心	苏州市吴中科技创业园管理有限公司	苏州市科技局	2009
189	江苏省跨国技术转移公共服务平台	江苏省生产力促进中心	省科技厅	2010
190	江苏省徐州市科技成果转化服务中心	徐州市生产力促进中心	徐州市科技局	2007
191	江苏省徐州市贾汪区科技成果转化服务中心	徐州市贾汪区高新技术创业服务中心	徐州市科技局	2008
192	江苏省睢宁县科技成果转化服务中心	睢宁县高新技术科技创业服务中心	睢宁县科技局	2009
193	江苏省铜山县科技成果转化服务中心	铜山县科技情报研究所(生产力促进中心)	铜山县科技局	2009
194	江苏省新沂市科技成果转化服务中心	新沂市高新技术科技创业服务中心	新沂市科技局	2005
195	江苏省邳州市科技成果转化服务中心	邳州市生产力促进中心	邳州市科技局	2005

续表 8-13

序号	项目名称	依托单位	主管部门	建设年份
196	江苏省连云港市科技成果转化服务中心	连云港市生产力促进局	连云港市科技局	2005
197	江苏省赣榆县科技成果转化服务中心	赣榆县生产力促进中心	赣榆县科技局	2005
198	江苏省东海县科技成果转化服务中心	东海县生产力促进中心	东海县科技局	2006
199	江苏省灌云县科技成果转化服务中心	灌云县生产力促进中心	灌云县科技局	2006
200	江苏省淮安市科技成果转化服务中心	淮安市生产力促进中心	淮安市科技局	2009
201	江苏省淮安市楚州区科技成果转化服务中心	淮安市科技开发促进中心	淮安市科技局	2009
202	江苏省淮安市淮阴区科技成果转化服务中心	淮安市淮阴区生产力促进中心	淮安市科技局	2009
203	江苏省盱眙县科技成果转化服务中心	盱眙县生产力促进中心	盱眙县科技局	2008
204	江苏省洪泽县科技成果转化服务中心	洪泽县科技创新中心	洪泽县科技局	2008
205	江苏省金湖县科技成果转化服务中心	金湖县生产力促进中心	金湖县科技局	2008
206	江苏省盐城市科技成果转化服务中心	盐城市科技成果转化服务中心	盐城市科技局	2008
207	江苏省盐城市盐都区科技成果转化服务中心	盐城市盐都区生产力促进中心	盐城市科技局	2008
208	江苏省阜宁县科技成果转化服务中心	阜宁县信息情报中心	阜宁县科技局	2008
209	江苏省射阳县科技成果转化服务中心	射阳县生产力促进中心	射阳县科技局	2008
210	江苏省建湖县科技成果转化服务中心	建湖县生产力促进中心	建湖县科技局	2008
211	江苏省大丰市科技成果转化服务中心	大丰市生产力促进中心	大丰市科技局	2008
212	江苏省宝应县科技成果转化服务中心	宝应县生产力促进中心	宝应县科技局	2008
213	江苏省宿迁市宿豫区科技成果转化服务中心	宿豫区生产力促进中心	宿迁市科技局	2008
214	江苏省沭阳县科技成果转化服务中心	沭阳县科技创业服务中心	沭阳县科技局	2008
215	江苏省泗阳县科技成果转化服务中心	泗阳县科技创业服务中心	泗阳县科技局	2008
216	江苏省泗洪县科技成果转化服务中心	泗洪县生产力促进中心	泗洪县科技局	2008
217	江苏省宿迁市科技成果转化服务中心	宿迁市科技创业服务中心	宿迁市科技局	2008
218	江苏省江都市科技成果转化服务中心	江都市高新技术创业服务中心	江都市科技局	2008
219	江苏省高邮市科技成果转化服务中心	高邮市生产力促进中心	高邮市科技局	2008
220	江苏省通州市科技成果转化服务中心	通州市生产力促进中心	通州市科技局	2008
221	江苏省兴化市科技成果转化服务中心	兴化市科技创业中心	兴化市科技局	2008
222	江苏省启东市科技成果转化服务中心	启东创业科技服务有限公司	启东市科技局	2008
223	江苏省如皋市科技成果转化服务中心	如皋市生产力促进中心	如皋市科技局	2008
224	江苏省靖江市科技成果转化服务中心	靖江市华信科技创业园有限公司	靖江市科技局	2008
225	江苏省姜堰市科技成果转化服务中心	姜堰市生产力促进中心	姜堰市科技局	2008
226	江苏省海安县科技成果转化服务中心	海安县生产力促进中心	海安县科技局	2008
227	江苏省仪征市科技成果转化服务中心	仪征市科技创业服务中心	仪征市科技局	2008
228	江苏省泰兴市科技成果转化服务中心	泰兴市生产力促进中心	泰兴市科技局	2008
229	江苏省如东县科技成果转化服务中心	如东县生产力促进中心	如东县科技局	2008
230	江苏省淮安科技创业服务中心	淮安市高新技术创业服务中心	淮安市科技局	2008
231	江苏省沛县科技成果转化服务中心	沛县科学技术信息研究所	沛县科技局	2008

续表 8–13

序号	项目名称	依托单位	主管部门	建设年份
232	江苏省江阴软件测试公共技术服务中心	南京大学江阴信息技术研究院	江阴市科技局	2008
233	江苏省泰州软件公共技术服务中心	江苏省泰州留学人员创业园	泰州市科技局	2008
234	江苏省南京集成电路设计公共服务平台	南京徐庄集成电路设计产业园有限公司	南京市科委	2008
235	江苏省环保(宜兴)创业服务平台	宜兴市科技创业服务中心	宜兴市科技局	2008
236	江苏省陈家港化工集中区化工公共技术服务中心	盐城市陈家港化工园区管委会	响水县科技局	2008
237	江苏省南京新药创业服务中心	南京科技创业服务中心	南京市科委	2008
238	江苏徐州医疗电子共性研发公共服务平台	徐州高新技术创业服务中心	徐州市科技局	2009
239	江苏省叠石桥家纺公共技术服务中心	叠石桥国际家纺城有限公司	海门市科技局	2009
240	江苏省仪征新光源公共技术服务中心	仪征市生产力促进中心	仪征市科技局	2009
241	江苏常州模具产业创新服务平台	江苏长三角模具城发展有限公司	常州市科技局	2009
242	江苏省张家港光机电一体化技术服务中心	沙洲职业工学院	张家港市科技局	2009
243	江苏无锡科技融资质押公共服务中心	无锡市生产力促进中心	无锡市科技局	2009
244	江苏省丰县科技成果转化服务中心	丰县科技开发服务总站	丰县科技局	2009
245	江苏省灌南县科技成果转化服务中心	灌南县生产力促进中心	连云港市科技局	2009
246	江苏省涟水县科技成果转化服务中心	涟水县生产力促进中心	淮安市科技局	2009
247	江苏省滨海县科技成果转化服务中心	滨海县新技术开发应用研究所	滨海县科技局	2009
248	江苏省响水县科技成果转化服务中心	响水县生产力促进中心	响水县科技局	2009
249	江苏省盐城科技创业服务中心	盐城市高新技术创业园有限公司	盐城市科技局	2009
250	江苏省道地药材种质资源库	江苏省中科院植物所	省科技厅	2006
251	江苏省水禽种质资源基因库	江苏畜牧兽医职业学院	泰州市科技局	2006
252	江苏省组织工作舆情快速响应平台	省委组织部	省委组织部	2010
253	江苏省宿迁市科技信息综合服务中心	宿迁市科技信息中心	宿迁市科技局	2011
254	江苏省产品质量安全信用评价服务中心	江苏省质量安全工程研究院	省教育厅	2011
255	紫金科技呼叫中心	江苏省科技创新协会	省科技厅	2011
256	江苏省沿海地区良种繁育与推广公共技术服务中心	江苏大中农场集团有限公司	省监狱管理局	2011
257	江苏省科技管理远程视频服务平台	江苏省科学技术情报研究所	省科技厅	2013
258	江苏省农村科技超市服务中心	江苏省生产力促进中心	省科技厅	2008
259	江苏省精密几何量计量检测公共技术服务中心	江苏省计量科学研究院	省质监局	2008
260	江苏省省级基础地理信息公共技术服务中心	江苏省测绘研究所	省国土资源厅	2004
261	江苏省食品营养与有毒有害物质检测中心	江苏省理化测试中心	省科技厅	2008
262	江苏省水利工程数值模拟应用技术服务中心	江苏省水利科学研究所	省水利厅	1999
263	国家避孕药具不良反应监测与防治中心	江苏省计划生育科学技术研究所	省计生委	2008
264	江苏省近岸海域生态环境研究评价服务中心	江苏省海洋水产研究所	省海洋与渔业局	2008
265	江苏省寄生虫病免疫诊断和预防技术服务中心	江苏省血吸虫病防治研究所	省卫生厅	2000

续表 8-13

序号	项目名称	依托单位	主管部门	建设年份
266	江苏省国民体质及竞技能力研究中心	江苏省体育科学研究所	省体育局	2008
267	江苏省水产品质量安全公共技术服务中心	江苏省淡水水产研究所	省海洋与渔业局	2000
268	江苏省重大危险源及隐患评估中心	江苏省安全生产科学研究院	省安监局	2008
269	江苏省公共气象科技服务平台	江苏省气象科技服务中心	省气象局	2008
270	孟河医派方药传承及开发研究服务中心	江苏省中医药研究院	省中医药局	2008
271	江苏省 microPET 新药研制中心	江苏省原子医学研究所	省卫生厅	2008
272	江苏省重大林业有害生物监测与预警服务中心	江苏省林业科学研究院	省林业局	2008
273	江苏水禽育种研究与品种检测公共技术服务中心	江苏省家禽科学研究所	省农林厅	2006
274	江苏省超级计算技术应用服务平台	无锡超级计算技术服务有限公司	无锡市科技局	2008
275	江苏省桥梁质量检测及营运安全评价公共技术服务中心	江苏省交通科学研究院有限公司	南京市科委	2008
276	江苏省突发疫情处置技术服务中心	江苏省疾病预防控制中心	省卫生厅	2007
277	江苏沭阳木材及其制品公共技术服务平台	沭阳县科技创业服务中心	沭阳县科技局	2008
278	江苏省植物病毒病诊断检测技术服务中心	省农业科学院	省农业科学院	2008
279	江苏省如东优质条斑紫菜育、养、加、销公共技术服务中心	如东县紫菜协会	南通市科技局	2008
280	江苏省茶业科技创新公共技术服务中心	江苏农林职业技术学院	镇江市科技局	2008
281	江苏省兴化脱水蔬菜行业发展公共技术服务中心	兴化市绿禾食品有限公司	兴化市科技局	2008
282	江苏省丘陵地区草莓产业公共技术服务中心	江苏丘陵地区镇江农业科学研究所	镇江市科技局	2008
283	江苏省无锡水蜜桃公共技术服务中心	无锡阳山水蜜桃有限公司	无锡市科技局	2008
284	江苏省粮油品质与安全控制公共技术服务中心	南京财经大学	省教育厅	2008
285	江苏省泰兴设施蔬果产业公共技术服务中心	泰兴市绿色经典蔬菜专业合作社	泰兴市科技局	2009
286	江苏省启东滩涂贝、虾、蟹高效生态增养殖及产品检测公共技术服务中心	启东市黄海滩涂开发有限公司	启东市科技局	2009
287	江苏省扬州规模猪场高效健康养殖公共技术服务中心	扬州大学	扬州市科技局	2009
288	江苏省淮安饲料安全公共技术服务中心	江苏财经职业技术学院	淮安市科技局	2009
289	江苏省特色经济林果产业公共技术服务中心	南京新世纪园艺研究所	溧水县科技局	2009
290	江苏省如皋花卉苗木公共技术服务中心	如皋市花木大世界有限公司	如皋市科技局	2009
291	江苏海安桑蚕茧丝质量检测服务中心	鑫缘茧丝绸集团股份有限公司	南通市科技局	2009
292	江苏省转基因安全评价公共技术服务中心	省农业科学院	省农业科学院	2009
293	江苏省溧水黑莓产业公共技术服务中心	南京新思维农业科技开发有限公司	南京市科委	2009
294	江苏省沛县禽类制品深加工共性技术服务中心	沛县肉制品加工协会	沛县科技局	2010
295	江苏省泗洪美洲黑杨种质资源开发利用公共技术服务中心	泗洪县陈圩林场	泗洪县科技局	2007
296	江苏省“农易搜”蔬菜购销服务中心	沛县农易搜服务中心	沛县科技局	2010

续表 8–13

序号	项目名称	依托单位	主管部门	建设年份
297	江苏省园林观赏植物标准化繁育与推广公共技术服务中心	南京天明园林科技有限公司	南京市科委	2011
(三)网络化服务平台				
298	江苏省知识产权公共服务平台网络	江苏佰腾科技有限公司等	常州市科技局	2013
299	江苏省科技咨询服务平台网络	江苏省生产力促进中心等	省科技厅	2013
300	江苏省科技创业公共服务平台网络	江苏省高新技术创业服务中心等	省科技厅	2013
301	江苏省企业知识服务平台网络	江苏省科学技术情报研究所等	省科技厅	2013
302	江苏省优生优育公共服务平台网络	江苏省计划生育科学技术研究所等	省卫计委	2013

表 8–14　江苏省科技服务示范区名录(5 家)

序号	项目名称	依托单位	主管部门	建设年份
1	南京市麒麟科技创新园	南京市麒麟科技创新园(生态科技城)开发建设指挥部	南京市科委	2012
2	苏州科技广场	宿州市科技服务中心	苏州市科技局	2012
3	无锡(太湖)国际科技园	无锡(太湖)国际科技园管理委员会	无锡市科技局	2013
4	南通高新区科技新城	江苏省南通高新技术产业开发区投资服务中心	南通市科技局	2013
5	扬州广陵新城	扬州市广陵新城管委会	扬州市科技局	2013

科学普及与科技团体

Popularization and Groups of Science & Technology

科普工作

Scientific Popularization

【广泛开展科学技术普及工作】 2013年,科普工作围绕年度工作目标和任务,通过大联合大协作,大力推进科普工作和全民科学素质工作重心下移,广泛动员社会各界开展各类科技教育、传播和普及活动,不断提升科普服务能力。一是积极组织开展各项全民科普活动。围绕科普工作主题,坚持“重心下移,面向基层”的活动导向,精心策划全国科技活动周,积极参与各项科普活动,营造“爱科学、讲科学、学科学、用科学”的浓厚氛围。二是深入实施《全民科学素质行动计划纲要实施方案(2011—2015年)》,积极尝试围绕政府科技计划项目开展科普工作,探索有效的科研成果转化为科普资源的运行模式。三是以科普能力建设为重点,以提高全民科学素质为目标,创新工作方式,推进社会化科普工作大格局,会同省各有关部门,积极参与对全民科学素质行动计划纲要实施情况进行督查的工作。四是会同省科协、省教育厅,共同组织省级科普教育基地命名认定工作;会同省环保厅组织申报国家级环保科普基地。五是积极开展2012年度科普工作统计调查,认真制定实施方案,统筹安排,圆满完成了江苏省科普统计工作,得到国家科技部等有关部门的高度赞誉。

(江苏省科学技术厅政策法规与体制改革处)

科技团体活动

Scientific & Technological Group Activities

【概　况】 江苏省科协由中华全国自然科学专门学会联合会江苏分会和江苏科学技术普及协会合并建立。1959年9月召开“一大”,主席谢克西(1959年9月—1966年5月),1966年因“文化大革命”而停止活动;1978年2月恢复组织,主席张仲良(1978年2月—1979年12月)、代主席华诚一(1980年1月—1981年4月);1981年4月召开“二大”,主席钱钟韩;1984年9月召开“三大”,主席冯端;1988年12月召开“四大”,主席孙钟秀;1993年5月召开“五大”,主席孙钟秀;1998年召开“六大”,主席曲钦岳;2005年2月召开“七大”,主席顾冠群;2008年12月在省科协七届四次全委会上,欧阳平凯当选为省科协主席;2010年6月召开“八大”,主席欧阳平凯。

截至2013年年底,全省共有137个省级学会,省辖市科协13个、市级学会798个,县(市、区)科协100个、县级学会2651个,高校科协73个、企业科协2811个,乡镇、街道科协组织1221个,行政村、社区科协组织17872个,农技协5236个;省科协机关工作机构设有7个部门,另有直属企事业单位13个。

【服务经济社会发展】 实施学会能力提升计划,服务科技创新。制定并组织实施提升学会服务科技创新能力计划,广泛宣传动员,共有122个单位申报了943个项目,省级学会参与率达76.3%、高校科协参与率达45%。评出省级综合示范学会30个,协同创新服务示范基地10个、科技思想库基地10个、科技服务站100个、首席专家(工程师)100个等一批服务科技创新项目,对学会服务地方经济社会发展起到了很好的引导作用。省科协获得中国科协引领地方学会能力提升项目激励。

创新学术交流活动,促进学科发展科技进步。举办第10次江苏科技论坛,围绕科技创新与转型升级主题各地学会举办25个分论坛,共同为江苏创新发展出谋划策。与“提升学会服务能力”紧密结合,举办第四届省自然科学学术活动月,分10个板块开展了300多场学术交流活动。各省级学会、高校科协围绕创新型经济和产业结构调整,就云计算、大数据等技术研发和应用情况,全年共举办国内国际性学术会议723次,参会代表8.97万人,交流论文2.92万篇。

开展企业科技信息服务,打造科技服务、成果转化平台。开展企业科技信息服务工作,推送600万余条发达国家科技信息,322家企业注册使用,形成典型案例35项,产生新发明专利26项。建立专家服务企业创新在线系统,帮助企业解决技术难题、开展联合攻关。截至2013年年底,该系统咨询专家达300余人,收集最新研究成果1000余项。

强化科技思想库建设,提升服务科学决策能力。向江苏省委、省政府报送《关于重视并扶持园区外化工生产企业发展的建议》等10篇建议。各省级学会、高校科协为各级党委政府提供决策咨询建议82篇,20篇得到领导批示。重点打造"江苏沿海石油和化工产业发展提升路径研究"等10个服务科学决策的重大软课题。着力培育学术影响力高的核心期刊,全年共印发科技期刊127.4万册,收录并发布论文6496篇。

承担政府转移职能工作。顺应政府职能转变要求,调查掌握省级学会承担职能现状,认真分析学会优势,向省委省政府及时汇报并报送有关工作建议,争取协调召开科技社团承接政府转移职能工作座谈会,呈请省政府出台《关于进一步加强省科协及所属科技社团服务职能的意见》,率先启动实施承接政府转移职能工作,中国科协高度肯定并向全国转发该文件。承办中国科协地方科协学会能力建设研讨会,江苏主题发言得到中国科协及与会同志的充分肯定。

【服务全民科学素质提高】 推动居民科学素质达标率纳入全省工作大局。向江苏省委省政府建议并获采纳,居民科学素质达标率分别纳入《江苏基本实现现代化指标体系》《苏南现代化建设示范区监测评价指标体系》和《创新型省份建设计划(2013—2015年)》。江苏省政府召开全民科学素质工作推进会,与各省辖市签订《加强公民科学素质建设目标责任书》。13个省辖市与所属各县(市、区)、63个县(市、区)与所属乡镇(街道)签订了目标责任书。江苏省本级和7个省辖市开展了公民科学素质调查。2013年,全省居民科学素质达标率为6.2%。

主题科普宣传覆盖面进一步扩大。围绕"科技创新·美好生活"主题,举办2013年全国科技活动周暨江苏省第25届科普宣传周,组织开展了百家科普场馆和教育基地向社会开放、百场科普报告会、千名科学使者进校园等1160多项系列活动,20多所高校开放了实验室。与省江苏教育厅、省环境保护厅联合举办2013年全国科普日江苏省主场活动,举办中美国际科普连线,主题宣传片在南京市新街口及南京地铁显示屏滚动播出,主场活动近20家企业、科教馆等带来了百余项新型科普产品展品,100多个学会参与并与公众开展互动活动。

科普惠民服务继续深化。实施新一轮"万名科技专家兴农富民工程",落实了2433个对接项目,新命名省级科普惠农服务站99个,其中20个省级优秀科普惠农服务站。29个农技协、27个农村科普示范基地、42名农村科普带头人和58个社区受国家和省基层科普行动计划表彰。

科普设施和资源建设取得新突破。联合省有关部门评选命名150家省级科普教育基地。组织开发两套流动科技馆,先后在南京、宿迁、泰州等5个市及所属县巡展,15万人次参观。连云港、泰州、宿迁、扬州等地科技馆建设取得新突破。制定《关于加快发展科普旅游的意见》,推出30条省级科普旅游线路。制定《关于加强科普志愿者队伍建设的意见》,注册科普志愿者达32万人。

【服务科技工作者】 加强海智工作载体和品牌建设。在张家港举办中国(江苏)国际科技交流与人才智力合作大会,集聚海外20多个科技团体资源,诺贝尔奖得主、美国国家工程院院士等220多名海外专家人才参加,并在淮安、扬州、徐州、常熟举办分会场活动,共达成81项合作意向,23个项目进入深度合作洽谈,已有6项合作落地。新创成淮安、泰州医药城2个国家级海智基地,创建18个省级海智工作基地。直接引进海外人才55人,推介项目528个,促使8个项目落地。

加强国际及港澳台地区民间科技交流合作。与加拿大信息技术专业人士协会等10个海外科技团体签署合作协议。建成中国(江苏)国际科技资源转移网。举办美国汽车工程师江苏行、海外高效农业技术推广培训、海外名家讲坛等活动。与欧洲最大的商业创新中心联盟EBN签署战略合作协议。与英国总领事馆合作举办科技咖啡馆活动6场。组织科技团组出访4批16人，组织8批117人赴台进行学术交流，接待国外及港澳台科技团组46批238人。

举荐、表彰、宣传优秀科技工作者。组织推荐第13届中国青年科技奖和第10届中国青年女科学家奖人选。曾当选省十大青年科技之星的冉千平、邹小波获得中国青年科技奖。评选表彰了100名省优秀科技辅导员。全年共宣传科技英才、创业精英、海归人才、科普惠农等人物98人。

多渠道服务科技工作者。组织开展科学道德和学风建设宣讲活动，举办各类宣教活动1604场，全省接受宣讲教育的研究生、本科生等人数达28.1万人。中国科协会员日期间策划优秀科技工作者表彰奖励、走访慰问、典型宣传等6类18项特色活动。徐州市科协创新打造“会员暖心卡”受到会员一致好评。3个老科学家学术成长资料顺利通过中国科协验收，20件资料入选中国科协等7部委主办的“科技梦、中国梦——中国现代科学家主题展”。设立省级科技工作者调查站点30个，征集建议21篇，提供有效信息151条、刊发12条。建设服务科技工作者超市网站。

【加强自身能力建设】 学习宣传贯彻十八大和十八届三中全会精神。把学习宣传贯彻十八大和十八届三中全会精神作为首要政治任务，结合学习习近平总书记系列重要讲话，邀请中国科协领导、省宣讲团成员做辅导报告，深化党员干部对全会精神的理解。结合调研月活动，党组成员分别在分工条线向省级学会、市县科协负责人广泛宣传中央和省委全会精神，指导各地结合实际，以改革创新的理念推动科协工作取得新突破，研究制定省科协系统贯彻落实中央和省委全会精神的意见。组织全省科协系统领导干部专题学习十八大精神培训班，分别组织了对学会秘书长、市县科协分管学会和科普工作领导的专题培训，提升其专业服务能力。

开展党的群众路线教育实践活动。领导带头、广泛发动，按要求完成各环节工作。征集意见110余条，深入剖析14类“四风”方面突出问题，研究制定36项整改措施。扩大教育实践活动成果，研究制定践行党的群众路线10项实事工程、11项制度意见，通过建章立制形成长效机制。

实施党建强会计划，推进学会创新发展。成立“科技社团党的工作领导小组”，推动124个学会建立了党的工作小组，覆盖率达92%，其中有7个学会建有党支部，14个学会建有联合支部。确定了省微生物学会等10家学会为首批专职秘书长试点学会。引导学会积极吸纳青年人才、优秀研究生大学生入会，增强学会活力和影响力。

加强制度机制建设。研究完善省级学会、市科协及机关部门、直属单位的目标责任制考核办法，激励争先进位、创先争优。召开“三服务一加强”工作现场会，研究制定实施学会创新发展等10项实事工程指导意见，总结全省科协工作先进典型和鲜活经验，动员各级科协进一步解放思想、开拓创新。开展市县科协工作创新案例征集活动，发现创新典型、推广创新经验。制定和完善《党组中心组理论学习制度》和《关于加强和改进省科协处以上干部学习的规定》，组织党组中心组学习12次，参加人员800多人次。

推进组织网络建设。会同省委组织部印发《关于加强以党建带动科协组织建设的意见》，新成立开发区(园区)、企业科协分别达30个、436个，高校科协11个。建立省科协系统组织信息库，及时动态掌握组织建设情况。

加强干部队伍建设。印发《关于进一步加强干部队伍建设的意见》《关于建立省科协处级干部年度考察制度的意见》。坚持干事创业的用人导向，建立干部竞岗与组织考察选用结合的机制，机关3名同志先后被选拔到新的工作岗位。制定《关于加强省科协直属单位人才队伍建设的意见》《关于实施直属单位事业创新发展工程的意见》，鼓励事业单位以市场化理念推进事业发展。面向社会公开招聘事业单位1名正处职、3名副处职干部；创新选人用人机制，面向全国公开招聘2个经营类事业单位人才。事业单位全面或超额完成年初预定目标。

【重大科技活动】 第28届全国青少年科技创新大赛。2013年8月3日，由中国科协、教育部、科技部等国家8部委和江苏省政府共同主办的第28届全国青少年科技创新大赛在南京市开幕。开幕式由中国科协副主席、党组副书记、书记处书记程东红主持。江苏省委副书记、省长李学勇宣布大赛开幕。全国妇联副主席、书记处书记赵东花，江苏省委常委、宣传部长王燕文分别致辞。国家自然科学基金委副主任高瑞平，江苏省政协副主席、省政府党组成员徐南平，中国科协书记处书记徐延豪等出席。教育部、科技部、环保部、国家体育总局、共青团中央有关司局，以及江苏省有关部门负责同志，参赛青少年选手和辅导员约1500人出席。大赛评选出优秀科技辅导员创新项目一等奖28项、二等奖66项、三等奖89项以及10项十佳科技辅导员奖；青少年创新项目一等奖65项、二等奖143项、三等奖152项。此外，还评选出由组委会、高校、基金会等单位设立的21类220项专项奖。中国人民大学附属中学辛琦、江苏省丹阳市第九中学韦威、福建省福安市逸夫小学钟正航等3名学生荣获本届大赛设置的最高奖项“中国科协主席奖”。大赛组织工作出色，国家副主席李源潮批示“第28届全国青少年科技创新大赛组织甚好”。江苏省选手取得优异成绩，入围参赛项目和人数同比提高30%以上；获大赛最高奖中国科协主席奖，22个青少年科技创新项目获奖，位居各省之首；18个科技辅导员创新项目获奖，位居全国第一。

2013年8月3日，江苏省委副书记、省长李学勇出席第28届全国青少年科技创新大赛开幕式并宣布大赛开幕。

地方科协学会能力建设研讨会。2013年12月19日，2013年地方科协学会能力建设研讨会在南京市召开。中国科协领导出席会议并讲话，江苏省政协副主席、省政府党组成员、中国工程院院士徐南平出席会议并致辞，中国科协党组成员沈爱民主持会议并在总结会上讲话。中国科协学会学术部和学会服务中心等相关部门，各省、自治区、直辖市、副省级城市科协及新疆生产建设兵团科协分管主席及学会部负责同志，约140人参加会议。

2013年12月19日，地方科协学会能力建设研讨会在南京召开。中国科协领导出席会议并讲话，江苏省政协副主席、省政府党组成员、中国工程院院士徐南平出席会议并致辞，中国科协党组成员沈爱民主持会议并在总结会上讲话。

2013年10月15日，中国科协八大江苏代表座谈会在南京召开。中国科协副主席、党组副书记、书记处书记程东红出席会议并讲话，省科协党组书记、副主席陈惠娟主持会议，中国科协办公厅副主任刘阳，部分中国科协八大在苏代表参加了座谈会。

中国科协八大江苏代表座谈会。2013年10月15日，中国科协八大江苏代表座谈会在南京召开。中国科协副主席、党组副书记、书记处书记程东红出席会议并讲话，省科协党组书记、副主席陈惠娟主持会议，中国科协办公厅副主任刘阳，部分中国科协八大在苏代表参加了座谈会。程东红在会上传达了中央领导关于科协工作的指示精神，并通报了中国科协今年来的有关工作情况。程东红希望，无论是科协组织还是各级学会，都要不断加强自身能力建设，积极发挥科技社团的科学自律功能，更好地承接政府转移职能。中国科协代表要在各自的岗位中,坚守科学道德和科学精神,持之以恒,抓住机遇,做出更大贡献,不负党和人民的期望。座谈会召开前夕,程东红还专程来到苏州走访看望了中科院纳米所所长杨辉、长江润发集团有限公司总裁郁霞秋、苏州市科协主席纪顺俊等3位在苏州工作的中国科协八大代表,并与他们亲切座谈。

中国(江苏)国际科技交流与人才智力合作大会。2013年9月12日,由中国科协海智办、江苏省科协、中国旅美科技协会主办,张家港市政府、中国旅美科技协会华盛顿分会承办的"中国(江苏)国际科技交流与人才智力合作大会"在江苏省张家港市开幕。诺贝尔物理学奖获得者江崎玲于奈,美国工程院院士、中国科学院外籍院士马佐平应邀出席开幕式并做大会报告。中国科协党组成员、书记处书记张勤出席大会并讲话。中国科协国际联络部部长、中国科协海智办主任张建生出席大会。江苏省科协党组书记、副主席陈惠娟在开幕式上致辞。张勤指出,此次大会实现了中国科协、江苏省科协、张家港市科协的上下海智工作联动,科协系统和地方党委政府的工作结合,国内科协和海外科协以及20多个海外科技团体的工作合一,国内科技需求和海外创新资源的有机对接,充分发挥了科协组织的桥梁纽带作用,强化了与海外科技团体及海外科技工作者的信息沟通、需求联系,搭建了国际科技交流与人才智力合作的服务平台,实现了人才、技术、项目、资本的碰撞融合,展示了科协集聚海内外高层次科技人才项目和全球创新资源的软实力,达到了海智工作拓展新空间、提升新层次、开创新局面的工作要求。开幕式上,江苏省科协发起筹建的江苏省海外智力服务协会正式成立;徐州市、盐城市、宿迁市等18家省级海智工作基地授牌;中国江苏国际科技资源转移网宣告建成并对外推介。大会共吸引参会海内外嘉宾220多人,其中115名海外高层次科技人才携项目参会。

江苏省科协与泰州市政府签署合作协议。2013年10月31日,江苏省科协与泰州市政府签署了《共同推进泰州转型升级综合改革试点合作协议》。江苏省科协党组书记、副主席陈惠娟与泰州市委副书记、市长徐郭平出席签约仪式并致辞,并代表合作双方签署协议。根据协议,江苏省科协将积极支持泰州加快发展科普文化产业,建设一批具有区域特色、行业特色的科普产品研发中心,培育一批成长性好、竞争力强的科普产品研发示范基地,支持泰州加强科技馆、基层科普设施等公共服务体系建设;推动泰州成为全省承接大型综合科技和科普活动的重要基地,支持泰州各类科普场馆创建全国科普教育基地。省科协将把泰州市作为创新发展的重要窗口,支持泰州在省级以上经济开发区建设院士专家工作站、院士专家服务中心、科技协同创新服务基地等各类科技创新载体建设,引导创新要素向企业集聚。省科协还将加强对泰州提升学会服务科技创新能力工作的指导支持,重点在科技成果社会化评价、知识产权评估与保护、科技奖励、人才评价举荐和奖励等方面加大支持力度,并支持泰州拓展对外民间科技交流合作渠道,协助泰州做好"凤城千人计划",加大对海智基地扶持力度,推动更多海外创新要素向泰州集聚。泰州市将按照省、市政府签订的责任书内容,做好相关工作,力争到2015年公民具备基本科学素质的比例超过7.5%,加大对科普经费的投入力度,进一步推动国家级科普示范市(区)创建,并积极承接省科协科技服务方面有关工作创新和制度创新的试点、实验项目等努力成为省级科协事业创新发展的先导区和示范区。泰州市还将充分发挥科技社团在创新活动中的重要作用,创造有利于科技社团发展的环境和条件,培育一批社会信誉好、发展能力强、内部管理规范、服务成效显著的示范性科技社团。

出台加强省科协及所属科技社团科技服务职能的意见。2013年12月16日,江苏省政府办公厅印发《关于进一步加强省科协及所属科技社团科技服务职能的意见》(苏政办发〔2013〕190号)(以下简称《意见》),就充分发挥省科协及所属科技社团在建设创新型省份、推进"两个率先"中的作用作出部署。《意见》提出,要充分认识新形势下加强江苏省科协及所属科技社团科技服务职能的重要性:是深化行政体制改革的内在要求,有利于深化行政体制改革、推动政府职能转变,有利于推进政府购买公共服务工作、改善公共服务和社会管理;是江苏创新型省份建设的迫切需要,可以为实施创新驱动战略提供深厚的社会基础,推动江苏省经济社会发展加快转到主要依靠科技进步、劳动者素质提高和管理创新上来。《意见》明确了加强科技服务职能的十个重点:一是科技奖项评审。支持省科协及所属科技社团向政府科技类奖励推荐项目,参与科技类奖项评审有关工作。支持省科协所属科技社团设立相关科技奖项。二是科技评价和技术鉴定。支持具备条件的科技社团承担行业技术标准和规范制定、科研项目评估、科技司法鉴定等职能,开展经济社会发展规划咨询论证工作,组织实施企业事业单位和人才科技水平评价、科技成果评价等事项。三是人才评价。支持具备条件的科技社团开展科技人员职称评审、执业资格认证等工作。四是专业技术人才培训和继续教育。支持具备条件的科技社团开展科技人员培训、继续教育等工作,并出具社会化第三方考核证明。将科技类社工人才、科普人才等人员的相关培训工作交由省科协承担。五是科技社团管理服务。省科协推进科技社团的建设发展、业务管理和服务经济社会发展能力评价考核等工作。《意见》还对科普基础设施建设、科普传播能力建设、科普产业发展、青少年科技教育、对外科技交流与合作等方面作了具体规定。《意见》还要求江苏省有关部门要努力为江苏省科协及所属科技社团加强科技服务职能创造良好条件。

(江苏省科学技术协会 唐荃金)

表 9-1 国家级海智基地名单

序号	基地名称	序号	基地名称
1	中国科协海智计划江苏(南京)工作基地	6	中国科协海智计划江苏(张家港)工作基地
2	中国科协海智计划江苏(常州)工作基地	7	中国科协海智计划江苏(扬州)工作基地
3	中国科协海智计划江苏(无锡)工作基地	8	中国科协海智计划江苏(淮安)工作基地
4	中国科协海智计划江苏(苏州)工作基地	9	江苏泰州(中国医药城)海智计划工作基地
5	中国科协海智计划江苏(南通)工作基地	10	中国科协海智计划江苏(镇江)现代农业工作基地

表 9-2 2013 年度江苏省科普产品研发基地名单

序号	基地名称
一、科普展品研发类	
1	无锡爱睿芯电子有限公司
2	中科院南京天文仪器有限公司
3	江苏普源机电实业有限公司
4	江苏省科普服务中心
二、新兴科普传媒类	
1	南京古生物博物馆
2	苏州市科普促进中心
3	南京师范大学美术学院
4	无锡羿飞科技有限公司
5	江苏漫通传媒有限公司

表 9-3 2013—2017 年度江苏省科普教育基地名单

序号	基地名称
1	南京师范大学珍稀动植物博物馆
2	南京大学计算机软件新技术国家重点实验室
3	江苏海事职业技术学院航海仿真训练中心
4	江苏省公共卫生研究院
5	江苏省疾病预防控制中心
6	江苏省理化测试中心
7	江苏南邮物联网科技园有限公司
8	南京信息工程大学气象科普教育基地
9	南京农业大学标本馆
10	中国科学院南京土壤研究所
11	江苏省农业种质资源保护与利用研究中心
12	南京方山森林公园
13	南京武家嘴农业科技园
14	南京市洪武北路小学防震减灾科普展览馆
15	南京市山西路小学南京少儿地震科普馆
16	江苏北斗卫星应用产业研究院有限公司
17	南京中认南信检测技术有限公司
18	南京云锦研究所股份有限公司
19	南京市蔬菜花卉科学研究所
20	板桥农业生态园
21	江苏省绿色建筑与生态智慧城区展示中心
22	南京帕偌特太阳能有限公司
23	无锡现代农业博览园有限公司
24	无锡市民防局民防科普教育体验馆
25	无锡国家数字电影产业园
26	无锡市疾病预防控制中心
27	江苏省无锡交通高等职业技术学校
28	远东国际电线电缆体验式博物馆
29	无锡中国乡镇企业博物馆
30	无锡(国家)工业设计园
31	无锡市鸿山遗址博物馆
32	无锡市南长区少年宫
33	江阴天华博物馆
34	江南大学民间服饰传习馆
35	无锡市国土资源博物馆
36	无锡爱睿芯电子有限公司
37	新沂市妇女儿童活动中心
38	徐州市植物园
39	徐州市大屯矿区第二中学
40	徐州市贾汪区潘安湖街道办事处马庄村
41	徐州市气象台
42	邳州市图书馆
43	丰县人民防空办公室人防馆
44	徐州市铜山区大许实验小学科普馆
45	新沂市马陵山风景名胜区
46	徐州市新城区绿地商务城社区消防体验中心
47	徐州市青少年宫
48	常州市武进区星河小学
49	常州市北郊高级中学
50	常州市防震减灾科普教育基地
51	常州新能源汽车研究院
52	常州市无线电管理监测站
53	常州市武进区博物馆
54	溧阳吴楚农耕文化园有限公司
55	常州市天宁区青山路社区居委会
56	常州久红农业生态观光园
57	常州市新北区百丈中心小学
58	溧阳市芳芝林生态园
59	常州市青枫植物科普馆
60	常州汇智金典教育咨询有限公司乐当家儿童职业体验馆
61	常州新北区罗溪寒英葡萄园
62	常州市中医医院
63	溧阳水务集团有限公司第二污水处理厂
64	常州机电职业技术学院农机应用技术教育实训中心
65	太仓市现代农业园
66	张家港市科技馆
67	苏州市吴中区西山地质博物馆
68	江苏华佳控股集团有限公司华佳丝博园
69	苏州新区实验小学
70	昆山大唐农业生态园有限公司
71	太仓市图书馆
72	江苏海星岛实业有限公司海星岛乐园
73	苏州太湖湿地世界旅游发展有限公司
74	苏州市公安消防支队工业园区大队消防教育馆
75	苏州沙家浜旅游发展有限公司沙家浜景区
76	深圳华强(南通)投资有限公司探险王国分公司
77	南通森蓝环保科技有限公司
78	江苏景瑞农业科技发展有限公司
79	中国家纺博物馆
80	如东县曹埠镇社区教育中心
81	南通市农业教育博物馆
82	如皋市科技展示馆
83	如皋市如城街道花园社区
84	启东青少年科技馆
85	海安县海安镇社区服务中心(海安镇文化站)
86	南通市十里坊小学
87	南通纺织职业技术学院文博馆
88	如皋市图书馆
89	海门市海南中学
90	赣榆县第一中学

续表 9-3

序号	基地名称	序号	基地名称
91	江苏省东海中等专业学校	121	扬中市梓阳园艺植物园
92	江苏海州经济开发区许庄校外辅导站	122	江苏天禾旅游发展有限公司(扬中)
93	灌南县科技馆	123	丹阳市青少年校外教育活动中心
94	连云港海州湾海洋乐园	124	丹阳市食用菌协会
95	连云港市海宁中学	125	镇江市丹徒区开心农场
96	连云港市建国路小学	126	丹阳市白龙寺生态园有限公司
97	江苏省海头高级中学	127	镇江市消防博物馆
98	连云港市墟沟中心小学	128	江苏润扬大桥发展有限责任公司
99	赣榆县柘汪镇第二中心小学	129	镇江中国醋文化博物馆
100	淮安中国城市化史馆	130	泰州市秋雪湖渔业有限公司
101	苏皖边区政府旧址纪念馆	131	江苏永兴生态农牧发展有限公司猪文化展示馆
102	洪泽湖博物馆	132	中国(泰州)医药博览馆
103	淮安市淮阴区青少年活动中心	133	泰州市姜堰区中艺农业生态园艺有限公司
104	东台市仙湖现代农业示范园有限公司	134	兴化市千垛菜花旅游服务有限公司
105	东方赛普物联网产业研究有限公司	135	江苏省渔业科技创新与成果转化平台
106	盐城现代农业示范园区	136	泰州高港区腾龙园林绿化工程有限公司
107	大丰风电产业研发展示中心	137	靖江市滨江学校
108	盐城市低碳社区体验展示中心	138	泰州市高港区青少年科普馆
109	盐城新能源汽车产业园	139	泰兴市中国乐器博览馆
110	大丰港海洋世界	140	沭阳县花木博物馆
111	仪征市博物馆	141	泗洪县第一实验学校
112	高邮市中国鸭文化博物馆	142	江苏省民防训练基地
113	中国牙刷博物馆	143	宿迁嬉戏谷动漫王国管理有限公司
114	扬州市广陵区现代农业展示中心	144	宿迁市中国粮食博物馆
115	镇江南山农艺有限公司	145	宿迁市气象台
116	丹阳市气象局	146	江苏省宿迁未成年人社会实践基地
117	镇江市青少年活动中心	147	宿迁市宿豫区青少年校外活动中心
118	镇江市京口区瑞京农业科技示范园	148	宿迁三台山省级森林公园
119	扬中市外国语小学	149	青岛啤酒(宿迁)有限公司
120	丹阳市云阳镇田园圣树专业合作社	150	沭阳县第二实验小学

表 9-4 省级海智工作基地名单

序号	基地名称	序号	基地名称
1	昆山市海智工作基地	10	连云港市海智工作基地
2	常熟市海智工作基地	11	宿迁市海智工作基地
3	苏州市吴江区海智工作基地	12	江宁海智工作基地
4	太仓市海智工作基地	13	江阴海智工作基地
5	无锡市新区海智工作基地	14	常州市钟楼海智工作基地
6	如皋市海智工作基地	15	海门海智工作基地
7	扬州市广陵区海智工作基地	16	启东海智工作基地
8	徐州市海智工作基地	17	靖江海智工作基地
9	盐城市海智工作基地	18	张家港市金港海智工作基地

2013 年中国科协、省级科协统计

表 9-5 组织、机构与人员

代码	指标名称	计量单位	本年实际	上年对照
甲	乙	丙	1	2
AK011	机构数	个	1	1
AK021	机关从业人员	人	65	67
AK02101	其中:女性从业人员	人	16	16
AK031	直属单位	个	12	13
AK032	直属单位从业人员	人	122	125
AK03201	其中:女性从业人员	人	52	30
AK041	学会数(学会、协会、研究会)	个	135	132
AK051	企业科协	个	0	0
KA05101	其中:高新技术开发区科协	个	0	0
AK05102	技术经济开发区科协	个	0	0
AK052	个人会员	人	0	0
AK061	高等院校科协	个	31	28
AK062	个人会员	人	19000	12325
AK071	街道科协(社区科协)	个	0	0
AK072	个人会员	人	0	0
AK081	乡镇科协	个	0	0
AK082	个人会员	人	0	0
AK091	农技协	个	0	0
AK09101	其中:民政部门注册	个	0	0
AK092	个人会员	人	0	0
AK101	基层科普员	人	0	0

表 9-6 学术交流活动

代码	指标名称	计量单位	合计		高端前沿学术会议	综合交叉学术会议	学术服务会议
			本年实际	上年对照			
甲	乙	丙	1	2	3	4	5
CKX011	国内学术会议	次	3	2	2	1	0
CKX01101	其中:学术年会	次	1	1	1	0	0
CKX012	参加人数	人次	1600	1500	1600	0	0
CKX01201	其中:企业科技工作者	人次	600	500	600	0	0
CKX013	交流论文	篇	20	50	0	20	0
CKX021	境内国际学术会议	次	0	1	0	0	0
CKX022	参加人数	人次	0	180	0	0	0
CKX02201	其中:企业科技工作者	人次	0	0	0	0	0
CKX02202	境外专家学者	人次	0	10	0	0	0
CKX023	交流论文	篇	0	42	0	0	0
CKX031	港澳台地区学术会议	次	0	0	0	0	0
CKX032	参加人数	人次	0	0	0	0	0
CKX03201	其中:企业科技工作者	人次	0	0	0	0	0
CKX033	交流论文	篇	0	0	0	0	0

表 9–7 科技期刊

代码	指标名称	计量单位	本年实际	上年对照
甲	乙	丙	1	2
DKX011	主办科技期刊种数	种	3	3
DKX01101	其中:中文学术期刊	种	0	0
DKX01102	科普期刊	种	3	3
DKX01103	技术期刊	种	0	0
DKX01104	英文学术期刊	种	0	0
DKX012	科技期刊总印数	册	3591262	3516900
DKX01201	其中:中文学术期刊	册	0	0
DKX01202	科普期刊	册	3591262	3516900
DKX01203	技术期刊	册	0	0
DKX01204	英文学术期刊	册	0	0
DKX013	科技期刊发表论文数	篇	1800	1800
DKX01301	其中:英文期刊发表论文数	篇	0	0

表 9–8 科学技术普及活动

代码	指标名称	计量单位	合计		科普日		科技周		日常		其他
			本年实际	上年对照	科技进村	科教进社区	科技进村	科教进社区	科技进村	科教进社区	
甲	乙	丙	1	2	3	4	5	6	7	8	9
EKX011	举办科普宣讲活动	次	250	258	0	61	0	61	0	77	51
EKX01101	其中:院士科普报告会	次	11	2	0	0	0	0	0	10	1
EKX01102	举办专题展览	次	10	0	0	1	0	5	0	4	0
EKX01103	流动科技馆巡展	次	55	52	0	0	0	6	0	10	39
EKX01104	开展科技咨询	次	33	40	0	1	0	4	0	17	11
EKX012	宣讲活动受众人数	人次	1643888	208840	0	410600	0	600750	0	504000	128538
EKX01201	其中:流动科技馆巡展受众人数	人次	197000	83840	0	0	0	35000	0	45000	117000
EKX021	播放科技广播、影视节目	分钟	50	0	0	0	0	0	0	0	50
EKX02101	其中:电台电视台播放科技节目	分钟	0	0	0	0	0	0	0	0	0
EKX031	举办实用技术培训	次	0	0	0	0	0	0	0	0	0
EKX032	实用技术培训人数	人次	0	0	0	0	0	0	0	0	0
EKX041	推广新技术、新品种	项	0	0	0	0	0	0	0	0	0
EKX051	参加活动科技人员总数	人次	25400	30436	0	11030	0	10022	0	2528	1820
EKX05101	其中:专家人数	人次	536	311	0	55	0	75	0	55	351
EKX061	参加活动的学会、协会、研究会	个次	67	4	0	30	0	30	0	2	5
EKX071	覆盖村	个	0	590	0		0		0		
EKX081	覆盖社区	个	838	580		221		501		116	

表 9-9 青少年科技教育

代码	指标名称	计量单位	本年实际	上年对照
甲	乙	丙	1	2
FKX011	举办青少年科普宣讲活动	次	19	0
FKX01101	其中:专家报告	次	16	0
FKX012	受众人数	人次	6308	0
FKX021	播放青少年广播、影视节目	分钟	0	0
FKX031	举办青少年科技竞赛	项	8	5
FKX032	参加人数	人次	1767702	335767
FKX033	获奖人数	人次	22602	14667
FKX041	青少年参加国际及港澳台科技交流活动	次	3	3
FKX042	参加人数	人次	4	5
FKX051	举办青少年科学营	次	1	1
FKX052	参加人数	人次	460	220
FKX061	编印青少年科技教育资料	种	0	0
FKX062	总印数	册	0	0
FKX071	举办青少年科技教育培训	次	19	21
FKX072	培训人数	人次	2280	1851

表 9-10 科普基础设施建设

代码	指标名称	计量单位	本年实际	上年对照
甲	乙	丙	1	2
GKX011	科技馆	个	0	0
GKX01101	其中:建筑面积 8000 平方米以上	个	0	0
GKX012	建筑面积	平方米	0	0
GKX013	展厅面积	平方米	0	0
GKX014	科技馆全年参观人数	人次	0	0
GKX01401	其中:少儿参观人数	人次	0	0
GKX021	科普活动站(中心、室)	个	0	0
GKX022	全年参加活动(培训)人数	人次	0	0
GKX031	科普画廊建筑面积(宣传栏、科技宣传橱窗)	平方米	0	0
GKX032	科普画廊展示面积	平方米	0	0
GKX041	科普大篷车数	辆	1	1
GKX04101	其中:省级	辆	1	1
GKX04102	地(市)级	辆	0	0
GKX04103	县(市)级	辆	0	0
GKX042	科普大篷车下乡次数	次	80	78
GKX043	受益人数	人次	145000	150000
GKX044	科普大篷车行驶里程	公里	12400	12000
GKX051	全国科普教育基地	个	5	5
GKX052	全年参观人数	人次	504000	535040
GKX061	省级科普教育基地	个	0	0
GKX062	全年参观人数	人次	0	0
GKX071	农村科普示范基地	个	0	0
GKX081	科普示范县(市、区)	个	28	89
GKX091	科普示范街道(乡镇)	个	58	0
GKX101	科普示范社区(村)	个	103	0
GKX102	科普示范户	个	0	0

表 9-11 科学技术传播

代码	指标名称	计量单位	本年实际	上年对照
甲	乙	丙	1	2
HKX011	编著科技图书种数	种	1	4
HKX012	科技图书总印数	册	70000	61000
HKX021	主办科技报纸种数	种	1	1
HKX022	报纸总印数	份	5100000	5000000
HKX031	制作科普挂图种数	种	1	11
HKX032	挂图总印数	张	6000	75500
HKX041	制作科技广播、影视节目套数	套	1	0
HKX042	制作节目播放时间	分钟	50	0
HKX051	制作科技光盘种数	种	16	4
HKX052	科技光盘张数	张	47000	43000
HKX061	制作科普动漫作品套数	套	0	0
HKX062	制作科普动漫播放时间	分钟	0	0
HKX071	主办科技网站	个	4	2
HKX072	浏览人数	人次	9030000	6000000

表 9-12 科技开放与交流

代码	指标名称	计量单位	本年实际	上年对照
甲	乙	丙	1	2
IKX011	加入国际民间科技组织	个	0	0
IKX012	任职专家	人	0	0
IKX021	参加国际科学计划	项	0	0
IKX031	促成科技合作项目	项	4	2
IKX03101	其中:引进优质科技资源	项	4	2
IKX041	参加国外科技活动人数	人次	4	2
IKX051	参加港澳台地区科技活动人数	人次	204	169
IKX061	接待国外专家学者	人次	400	117
IKX071	接待港澳台地区专家学者	人次	32	0

表 9-13 科技服务

代码	指标名称	计量单位	本年实际	上年对照
甲	乙	丙	1	2
JKX011	提供决策咨询报告	篇	0	4
JKX01101	其中:获上级领导批示报告	篇	0	3
JKX021	举办决策咨询活动	次	1	3
JKX022	参加活动专家数	人次	30	22
JKX031	科技评价	项	1	0
JKX032	科技人才评价	人	80	0
JKX03201	其中:专业技术职称评定	人	0	0
JKX041	社区益民计划表彰的示范社区	个	0	37
JKX051	科普惠农兴村奖补资金	元	3000000	2700000

续表 9-13

代码	指标名称	计量单位	本年实际	上年对照
甲	乙	丙	1	2
JKX05101	其中:中央财政	元	0	
JKX05102	省级财政	元	3000000	2700000
JKX05103	市(地)级财政	元	0	0
JKX05104	县级财政	元	0	0
JKX052	科普惠农兴村表彰的先进单位和个人	个/人	98	98
JKX05201	其中:农村专业技术协会	个	29	30
JKX05202	农村科普示范基地	个	27	26
JKX05203	农村科普带头人	人	42	42
JKX05204	少数民族科普工作队	个	0	0
JKX053	受表彰农村专业技术协会带动农户数	户	7400	7320
JKX054	受表彰农村科普示范基地带动农户数	户	6750	6890
JKX055	受表彰农村科普带头人带动农户数	户	7950	8130
JKX061	开展“讲、比”活动企业数	个	0	0
JKX06101	其中:国有企业	个	0	0
JKX062	参与“讲、比”活动的科技人员	人次	0	0
JKX063	“讲、比”活动中被采纳合理化建议	条	0	0
JKX071	专家工作站(服务中心)	个	100	303
JKX07101	其中:经济技术开发区	个	14	124
JKX07102	高新开发区	个	0	3
JKX072	专家进(站、中心)人数	人次	100	292
JKX081	专家服务团队	个	100	303
JKX082	参加服务团队专家人数	人次	100	918
为科技工作者服务				
KKX011	引进海外高层次人才	人	40	10
KKX021	反映科技工作者建议	条	12	1
KKX02101	其中:获上级领导批示的建议	条	10	0
KKX031	答复人大、政协代表(委员)提案	件	5	0
KKX041	走访看望(慰问)科技工作者	人次	0	47
KKX051	科学道德与学风建设宣讲活动	场次	1	0
KKX052	宣讲活动受众人数	人次	1200	0
KKX053	参加科学道德与学风建设宣讲专家数	人次	3	0
KKX054	编写科学道德教育读本	种	0	0
KKX061	技术创新方法培训班	场次	0	15
KKX071	继续教育培训班	场次	0	0
KKX072	培训结业人数	人次	0	0
KKX081	宣传科技工作者人数	人	38	42
KKX091	表彰奖励科技工作者	人次	2	120
KKX09101	其中:女性科技工作者	人次	1	29
KKX09102	40 岁以下科技工作者	人次	1	47

2013年中国副省级城市科协、地级科协、县级科协统计(副省级汇总)

表9–14 组织、机构与人员

代码	指标名称	计量单位	本年实际	上年对照
甲	乙	丙	1	2
AK011	机构数	个	1	1
AK021	机关从业人员	人	42	37
AK02101	其中:女性从业人员	人	13	12
AK031	直属单位	个	2	2
AK032	直属单位从业人员	人	118	122
AK03201	其中:女性从业人员	人	68	74
AK041	学会数(学会、协会、研究会)	个	89	89
AK051	企业科协	个	184	184
KA05101	其中:高新技术开发区科协	个	2	1
AK05102	技术经济开发区科协	个	9	1
AK052	个人会员	人	13200	13000
AK061	高等院校科协	个	0	0
AK062	个人会员	人	0	0
AK071	街道科协(社区科协)	个	0	0
AK072	个人会员	人	0	0
AK081	乡镇科协	个	0	0
AK082	个人会员	人	0	0
AK091	农技协	个	0	0
AK09101	其中:民政部门注册	个	0	0
AK092	个人会员	人	0	0
AK101	基层科普员	人	0	0

表9–15 学术交流活动

代码	指标名称	计量单位	合计		高端前沿学术会议	综合交叉学术会议	学术服务会议
			本年实际	上年对照			
甲	乙	丙	1	2	3	4	5
CKX011	国内学术会议	次	2	43	0	1	1
CKX01101	其中:学术年会	次	0	0	0	0	0
CKX012	参加人数	人次	10003	6744	0	10000	3
CKX01201	其中:企业科技工作者	人次	4000	740	0	4000	0
CKX013	交流论文	篇	453	423	0	450	3
CKX021	境内国际学术会议	次	1	3	1	0	0
CKX022	参加人数	人次	60	230	60	0	0
CKX02201	其中:企业科技工作者	人次	0	85	0	0	0
CKX02202	境外专家学者	人次	1	21	1	0	0
CKX023	交流论文	篇	16	37	16	0	0
CKX031	港澳台地区学术会议	次	0	1	0	0	0
CKX032	参加人数	人次	0	150	0	0	0
CKX03201	其中:企业科技工作者	人次	0	15	0	0	0
CKX033	交流论文	篇	0	18	0	0	0

表 9-16 科技期刊

代码	指标名称	计量单位	本年实际	上年对照
甲	乙	丙	1	2
DKX011	主办科技期刊种数	种	1	0
DKX01101	其中:中文学术期刊	种	0	0
DKX01102	科普期刊	种	1	0
DKX01103	技术期刊	种	0	0
DKX01104	英文学术期刊	种	0	0
DKX012	科技期刊总印数	册	6000	0
DKX01201	其中:中文学术期刊	册	0	0
DKX01202	科普期刊	册	6000	0
DKX01203	技术期刊	册	0	0
DKX01204	英文学术期刊	册	0	0
DKX013	科技期刊发表论文数	篇	7	0
DKX01301	其中:英文期刊发表论文数	篇	0	0

表 9-17 科学技术普及活动

代码	指标名称	计量单位	合计		科普日		科技周		日常		其他
			本年实际	上年对照	科技进村	科教进社区	科技进村	科教进社区	科技进村	科教进社区	
甲	乙	丙	1	2	3	4	5	6	7	8	9
EKX011	举办科普宣讲活动	次	160	147	5	9	8	21	8	22	87
EKX01101	其中:院士科普报告会	次	2	2	0	0	0	0	0	0	2
EKX01102	举办专题展览	次	19	5	1	1	1	1	1	1	13
EKX01103	流动科技馆巡展	次	30	17	1	1	1	2	1	3	21
EKX01104	开展科技咨询	次	8	7	1	1	2	3	0	0	1
EKX012	宣讲活动受众人数	人次	191400	96000	1200	2250	3500	10300	1850	11147	161153
EKX01201	其中:流动科技馆巡展受众人数	人次	89300	54000	500	800	2000	6800	300	8047	70853
EKX021	播放科技广播、影视节目	分钟	35	45	0	0	0	0	0	0	35
EKX02101	其中:电台电视台播放科技节目	分钟	0	20	0	0	0	0	0	0	0
EKX031	举办实用技术培训	次	681	752	100	70	150	90	110	80	81
EKX032	实用技术培训人数	人次	65304	67580	9600	6800	13400	8900	11250	7900	7454
EKX041	推广新技术、新品种	项	200	220	40	35	30	40	20	25	10
EKX051	参加活动科技人员总数	人次	10132	10266	1920	1030	2210	1540	1520	858	1054
EKX05101	其中:专家人数	人次	6980	7303	1110	930	1406	1320	1010	836	368
EKX061	参加活动的学会、协会、研究会	个次	222	256	17	30	46	57	28	31	13
EKX071	覆盖村	个	214	145	57		81		76		
EKX081	覆盖社区	个	666	816		144		305		217	

表 9–18 青少年科技教育

代码	指标名称	计量单位	本年实际	上年对照
甲	乙	丙	1	2
FKX011	举办青少年科普宣讲活动	次	19	7
FKX01101	其中:专家报告	次	2	4
FKX012	受众人数	人次	121371	10500
FKX021	播放青少年广播、影视节目	分钟	35	5
FKX031	举办青少年科技竞赛	项	8	8
FKX032	参加人数	人次	7502	6663
FKX033	获奖人数	人次	2450	2238
FKX041	青少年参加国际及港澳台科技交流活动	次	3	4
FKX042	参加人数	人次	730	563
FKX051	举办青少年科学营	次	3	2
FKX052	参加人数	人次	1396	1210
FKX061	编印青少年科技教育资料	种	0	1
FKX062	总印数	册	0	10000
FKX071	举办青少年科技教育培训	次	62	82
FKX072	培训人数	人次	833	819

表 9–19 科普基础设施建设

代码	指标名称	计量单位	本年实际	上年对照
甲	乙	丙	1	2
GKX011	科技馆	个	1	1
GKX01101	其中:建筑面积 8000 平方米以上	个	1	1
GKX012	建筑面积	平方米	30000	30000
GKX013	展厅面积	平方米	22000	22000
GKX014	科技馆全年参观人数	人次	521469	523000
GKX01401	其中:少儿参观人数	人次	267393	254000
GKX021	科普活动站(中心、室)	个	0	0
GKX022	全年参加活动(培训)人数	人次	0	0
GKX031	科普画廊建筑面积(宣传栏、科技宣传橱窗)	平方米	0	0
GKX032	科普画廊展示面积	平方米	0	0
GKX041	科普大篷车数	辆	1	2
GKX04101	其中:省级	辆	0	0
GKX04102	地(市)级	辆	1	2
GKX04103	县(市)级	辆	0	0
GKX042	科普大篷车下乡次数	次	24	12
GKX043	受益人数	人次	83400	19000
GKX044	科普大篷车行驶里程	公里	2010	1800
GKX051	全国科普教育基地	个	0	0
GKX052	全年参观人数	人次	0	0
GKX061	省级科普教育基地	个	0	0
GKX062	全年参观人数	人次	0	0
GKX071	农村科普示范基地	个	0	8
GKX081	科普示范县(市、区)	个	0	8
GKX091	科普示范街道(乡镇)	个	0	0
GKX101	科普示范社区(村)	个	5	0
GKX102	科普示范户	个	0	0

表 9-20 科学技术传播

代码	指标名称	计量单位	本年实际	上年对照
甲	乙	丙	1	2
HKX011	编著科技图书种数	种	3	3
HKX012	科技图书总印数	册	5700	23500
HKX021	主办科技报纸种数	种	0	0
HKX022	报纸总印数	份	0	0
HKX031	制作科普挂图种数	种	28	42
HKX032	挂图总印数	张	22040	32000
HKX041	制作科技广播、影视节目套数	套	2	2
HKX042	制作节目播放时间	分钟	35	20
HKX051	制作科技光盘种数	种	2	3
HKX052	科技光盘张数	张	670	2015
HKX061	制作科普动漫作品套数	套	0	0
HKX062	制作科普动漫播放时间	分钟	0	0
HKX071	主办科技网站	个	5	3
HKX072	浏览人数	人次	344432	150000

表 9-21 科技开放与交流

代码	指标名称	计量单位	本年实际	上年对照
甲	乙	丙	1	2
IKX011	加入国际民间科技组织	个	0	0
IKX012	任职专家	人	0	0
IKX021	参加国际科学计划	项	0	0
IKX031	促成科技合作项目	项	0	0
IKX03101	其中:引进优质科技资源	项	0	0
IKX041	参加国外科技活动人数	人次	20	8
IKX051	参加港澳台地区科技活动人数	人次	112	45
IKX061	接待国外专家学者	人次	20	61
IKX071	接待港澳台地区专家学者	人次	39	10

表 9-22 科技服务

代码	指标名称	计量单位	本年实际	上年对照
甲	乙	丙	1	2
JKX011	提供决策咨询报告	篇	7	6
JKX01101	其中:获上级领导批示报告	篇	0	0
JKX021	举办决策咨询活动	次	0	0
JKX022	参加活动专家数	人次	0	0
JKX031	科技评价	项	0	0
JKX032	科技人才评价	人	0	0
JKX03201	其中:专业技术职称评定	人	0	0
JKX041	社区益民计划表彰的示范社区	个	0	4
JKX051	科普惠农兴村奖补资金	元	300000	80000

续表 9-22

代码	指标名称	计量单位	本年实际	上年对照
甲	乙	丙	1	2
JKX05101	其中:中央财政	元	0	0
JKX05102	省级财政	元	0	0
JKX05103	市(地)级财政	元	300000	80000
JKX05104	县级财政	元	0	0
JKX052	科普惠农兴村表彰的先进单位和个人	个/人	25	12
JKX05201	其中:农村专业技术协会	个	0	0
JKX05202	农村科普示范基地	个	10	9
JKX05203	农村科普带头人	人	15	3
JKX05204	少数民族科普工作队	个	0	0
JKX053	受表彰农村专业技术协会带动农户数	户	0	0
JKX054	受表彰农村科普示范基地带动农户数	户	13200	12000
JKX055	受表彰农村科普带头人带动农户数	户	1230	320
JKX061	开展"讲、比"活动企业数	个	51	51
JKX06101	其中:国有企业	个	39	39
JKX062	参与"讲、比"活动的科技人员	人次	15600	17000
JKX063	"讲、比"活动中被采纳合理化建议	条	746	760
JKX071	专家工作站(服务中心)	个	12	14
JKX07101	其中:经济技术开发区	个	5	5
JKX07102	高新开发区	个	0	0
JKX072	专家进(站、中心)人数	人次	100	78
JKX081	专家服务团队	个	15	16
JKX082	参加服务团队专家人数	人次	367	245
为科技工作者服务				
KKX011	引进海外高层次人才	人	145	2
KKX021	反映科技工作者建议	条	2	10
KKX02101	其中:获上级领导批示的建议	条	0	1
KKX031	答复人大、政协代表(委员)提案	件	0	3
KKX041	走访看望(慰问)科技工作者	人次	49	182
KKX051	科学道德与学风建设宣讲活动	场次	0	0
KKX052	宣讲活动受众人数	人次	0	0
KKX053	参加科学道德与学风建设宣讲专家数	人次	0	0
KKX054	编写科学道德教育读本	种	0	0
KKX061	技术创新方法培训班	场次	0	0
KKX071	继续教育培训班	场次	14	14
KKX072	培训结业人数	人次	1470	1395
KKX081	宣传科技工作者人数	人	18	16
KKX091	表彰奖励科技工作者	人次	96	107
KKX09101	其中:女性科技工作者	人次	27	39
KKX09102	40岁以下科技工作者	人次	17	15

2013年中国副省级城市科协、地级科协、县级科协统计(地级汇总)

表9-23 组织、机构与人员

代码	指标名称	计量单位	本年实际	上年对照
甲	乙	丙	1	2
AK011	机构数	个	12	12
AK021	机关从业人员	人	208	217
AK02101	其中:女性从业人员	人	47	54
AK031	直属单位	个	22	23
AK032	直属单位从业人员	人	109	113
AK03201	其中:女性从业人员	人	38	59
AK041	学会数(学会、协会、研究会)	个	709	705
AK051	企业科协	个	580	540
KA05101	其中:高新技术开发区科协	个	27	30
AK05102	技术经济开发区科协	个	55	51
AK052	个人会员	人	128095	117646
AK061	高等院校科协	个	37	40
AK062	个人会员	人	74157	55167
AK071	街道科协(社区科协)	个	0	0
AK072	个人会员	人	0	0
AK081	乡镇科协	个	0	0
AK082	个人会员	人	0	0
AK091	农技协	个	246	0
AK09101	其中:民政部门注册	个	220	0
AK092	个人会员	人	60880	0
AK101	基层科普员	人	16339	0

表9-24 学术交流活动

代码	指标名称	计量单位	合计		高端前沿学术会议	综合交叉学术会议	学术服务会议
			本年实际	上年对照			
甲	乙	丙	1	2	3	4	5
CKX011	国内学术会议	次	437	1106	32	274	131
CKX01101	其中:学术年会	次	0	0	0	0	0
CKX012	参加人数	人次	60791	108285	7396	37670	15725
CKX01201	其中:企业科技工作者	人次	21057	56206	2674	13151	5232
CKX013	交流论文	篇	8975	10344	1050	4999	2926
CKX021	境内国际学术会议	次	26	41	11	15	0
CKX022	参加人数	人次	5345	7551	1740	3605	0
CKX02201	其中:企业科技工作者	人次	2460	3715	810	1650	0
CKX02202	境外专家学者	人次	1739	804	637	1102	0
CKX023	交流论文	篇	2410	2806	709	1701	0
CKX031	港澳台地区学术会议	次	1	0	1	0	0
CKX032	参加人数	人次	700	0	700	0	0
CKX03201	其中:企业科技工作者	人次	120	0	120	0	0
CKX033	交流论文	篇	430	0	430	0	0

表 9-25 科技期刊

代码	指标名称	计量单位	本年实际	上年对照
甲	乙	丙	1	2
DKX011	主办科技期刊种数	种	7	5
DKX01101	其中:中文学术期刊	种	1	0
DKX01102	科普期刊	种	6	5
DKX01103	技术期刊	种	0	0
DKX01104	英文学术期刊	种	0	0
DKX012	科技期刊总印数	册	89136	77528
DKX01201	其中:中文学术期刊	册	6000	0
DKX01202	科普期刊	册	83136	77528
DKX01203	技术期刊	册	0	0
DKX01204	英文学术期刊	册	0	0
DKX013	科技期刊发表论文数	篇	247	146
DKX01301	其中:英文期刊发表论文数	篇	0	0

表 9-26 科学技术普及活动

代码	指标名称	计量单位	合计		科普日		科技周		日常		其他
			本年实际	上年对照	科技进村	科教进社区	科技进村	科教进社区	科技进村	科教进社区	
甲	乙	丙	1	2	3	4	5	6	7	8	9
EKX011	举办科普宣讲活动	次	1611	1574	158	252	159	286	125	552	79
EKX01101	其中:院士科普报告会	次	34	51	0	10	0	2	0	0	22
EKX01102	举办专题展览	次	348	187	33	84	53	94	40	44	0
EKX01103	流动科技馆巡展	次	121	124	13	16	19	39	15	15	4
EKX01104	开展科技咨询	次	583	671	95	130	80	114	60	84	20
EKX012	宣讲活动受众人数	人次	4410580	2057734	482700	826820	703250	1234660	382700	653550	126900
EKX01201	其中:流动科技馆巡展受众人数	人次	182500	146200	10950	19900	10550	24100	12650	18350	86000
EKX021	播放科技广播、影视节目	分钟	88731	114211	11090	6530	4970	4290	17840	30280	13731
EKX02101	其中:电台电视台播放科技节目	分钟	68970	59538	10639	5767	4208	3309	17364	19883	7800
EKX031	举办实用技术培训	次	3730	4167	770	341	593	239	1093	454	240
EKX032	实用技术培训人数	人次	315100	391670	55940	34560	61370	30850	109080	22300	1000
EKX041	推广新技术、新品种	项	600	789	171	15	87	15	301	8	3
EKX051	参加活动科技人员总数	人次	85254	68224	14081	9042	14705	15227	14371	13521	4307
EKX05101	其中:专家人数	人次	3058	3245	398	377	619	590	432	544	98
EKX061	参加活动的学会、协会、研究会	个次	744	837	98	112	119	144	76	98	97
EKX071	覆盖村	个	1923	1942	413		525		985		
EKX081	覆盖社区	个	1598	1333		495		443		660	

表 9-27 青少年科技教育

代码	指标名称	计量单位	本年实际	上年对照
甲	乙	丙	1	2
FKX011	举办青少年科普宣讲活动	次	137	113
FKX01101	其中:专家报告	次	41	38
FKX012	受众人数	人次	219650	163730
FKX021	播放青少年广播、影视节目	分钟	4100	3860
FKX031	举办青少年科技竞赛	项	104	93
FKX032	参加人数	人次	771270	822353
FKX033	获奖人数	人次	18549	16449
FKX041	青少年参加国际及港澳台科技交流活动	次	2	14
FKX042	参加人数	人次	36	53
FKX051	举办青少年科学营	次	10	16
FKX052	参加人数	人次	383	994
FKX061	编印青少年科技教育资料	种	18	12
FKX062	总印数	册	111500	88000
FKX071	举办青少年科技教育培训	次	53	50
FKX072	培训人数	人次	20676	17289

表 9-28 科普基础设施建设

代码	指标名称	计量单位	本年实际	上年对照
甲	乙	丙	1	2
GKX011	科技馆	个	2	2
GKX01101	其中:建筑面积 8000 平方米以上	个	1	1
GKX012	建筑面积	平方米	21200	21200
GKX013	展厅面积	平方米	11000	11000
GKX014	科技馆全年参观人数	人次	1058000	960000
GKX01401	其中:少儿参观人数	人次	847000	740000
GKX021	科普活动站(中心、室)	个	909	187
GKX022	全年参加活动(培训)人数	人次	3685900	171000
GKX031	科普画廊建筑面积(宣传栏、科技宣传橱窗)	平方米	55605	26656
GKX032	科普画廊展示面积	平方米	72101	41656
GKX041	科普大篷车数	辆	1	2
GKX04101	其中:省级	辆	0	0
GKX04102	地(市)级	辆	1	2
GKX04103	县(市)级	辆	0	0
GKX042	科普大篷车下乡次数	次	63	90
GKX043	受益人数	人次	14500	39000
GKX044	科普大篷车行驶里程	公里	4500	7800
GKX051	全国科普教育基地	个	0	0
GKX052	全年参观人数	人次	0	0
GKX061	省级科普教育基地	个	43	0
GKX062	全年参观人数	人次	560000	0
GKX071	农村科普示范基地	个	658	381
GKX081	科普示范县(市、区)	个	36	63
GKX091	科普示范街道(乡镇)	个	270	304
GKX101	科普示范社区(村)	个	540	507
GKX102	科普示范户	个	6470	5590

表 9–29 科学技术传播

代码	指标名称	计量单位	本年实际	上年对照
甲	乙	丙	1	2
HKX011	编著科技图书种数	种	21	56
HKX012	科技图书总印数	册	71000	55000
HKX021	主办科技报纸种数	种	0	0
HKX022	报纸总印数	份	0	0
HKX031	制作科普挂图种数	种	32	32
HKX032	挂图总印数	张	35000	33200
HKX041	制作科技广播、影视节目套数	套	27	15
HKX042	制作节目播放时间	分钟	450	450
HKX051	制作科技光盘种数	种	0	1
HKX052	科技光盘张数	张	0	500
HKX061	制作科普动漫作品套数	套	69	21
HKX062	制作科普动漫播放时间	分钟	14065	163
HKX071	主办科技网站	个	13	12
HKX072	浏览人数	人次	3472525	3978412

表 9–30 科技开放与交流

代码	指标名称	计量单位	本年实际	上年对照
甲	乙	丙	1	2
IKX011	加入国际民间科技组织	个	1	0
IKX012	任职专家	人	0	0
IKX021	参加国际科学计划	项	9	1
IKX031	促成科技合作项目	项	22	39
IKX03101	其中：引进优质科技资源	项	16	11
IKX041	参加国外科技活动人数	人次	51	45
IKX051	参加港澳台地区科技活动人数	人次	17	29
IKX061	接待国外专家学者	人次	432	386
IKX071	接待港澳台地区专家学者	人次	5	28

表 9–31 科技服务

代码	指标名称	计量单位	本年实际	上年对照
甲	乙	丙	1	2
JKX011	提供决策咨询报告	篇	143	215
JKX01101	其中：获上级领导批示报告	篇	18	11
JKX021	举办决策咨询活动	次	21	76
JKX022	参加活动专家数	人次	208	405
JKX031	科技评价	项	5	6
JKX032	科技人才评价	人	20	0
JKX03201	其中：专业技术职称评定	人	0	0
JKX041	社区益民计划表彰的示范社区	个	134	110
JKX051	科普惠农兴村奖补资金	元	1650000	1556500

续表 9-31

代码	指标名称	计量单位	本年实际	上年对照
甲	乙	丙	1	2
JKX05101	其中:中央财政	元	0	0
JKX05102	省级财政	元	0	0
JKX05103	市(地)级财政	元	1650000	1556500
JKX05104	县级财政	元	0	0
JKX052	科普惠农兴村表彰的先进单位和个人	个/人	114	80
JKX05201	其中:农村专业技术协会	个	30	22
JKX05202	农村科普示范基地	个	40	28
JKX05203	农村科普带头人	人	44	30
JKX05204	少数民族科普工作队	个	0	0
JKX053	受表彰农村专业技术协会带动农户数	户	17117	19570
JKX054	受表彰农村科普示范基地带动农户数	户	73428	20840
JKX055	受表彰农村科普带头人带动农户数	户	72400	47530
JKX061	开展“讲、比”活动企业数	个	918	843
JKX06101	其中:国有企业	个	151	110
JKX062	参与“讲、比”活动的科技人员	人次	42374	43876
JKX063	“讲、比”活动中被采纳合理化建议	条	2708	3343
JKX071	专家工作站(服务中心)	个	72	24
JKX07101	其中:经济技术开发区	个	3	3
JKX07102	高新开发区	个	2	7
JKX072	专家进(站、中心)人数	人次	227	110
JKX081	专家服务团队	个	32	44
JKX082	参加服务团队专家人数	人次	779	998
为科技工作者服务				
KKX011	引进海外高层次人才	人	68	15
KKX021	反映科技工作者建议	条	291	506
KKX02101	其中:获上级领导批示的建议	条	31	34
KKX031	答复人大、政协代表(委员)提案	件	6	8
KKX041	走访看望(慰问)科技工作者	人次	700	687
KKX051	科学道德与学风建设宣讲活动	场次		0
KKX052	宣讲活动受众人数	人次		0
KKX053	参加科学道德与学风建设宣讲专家数	人次		0
KKX054	编写科学道德教育读本	种		0
KKX061	技术创新方法培训班	场次		0
KKX071	继续教育培训班	场次	255	206
KKX072	培训结业人数	人次	13260	12527
KKX081	宣传科技工作者人数	人	342	157
KKX091	表彰奖励科技工作者	人次	752	1256
KKX09101	其中:女性科技工作者	人次	152	207
KKX09102	40岁以下科技工作者	人次	298	324

2013年中国副省级城市科协、地级科协、县级科协统计(县级汇总)

表9-32 组织、机构与人员

代码	指标名称	计量单位	本年实际	上年对照
甲	乙	丙	1	2
AK011	机构数	个	100	102
AK021	机关从业人员	人	710	718
AK02101	其中:女性从业人员	人	184	179
AK031	直属单位	个	32	36
AK032	直属单位从业人员	人	128	131
AK03201	其中:女性从业人员	人	64	62
AK041	学会数(学会、协会、研究会)	个	2651	2605
AK051	企业科协	个	2047	1993
KA05101	其中:高新技术开发区科协	个	99	68
AK05102	技术经济开发区科协	个	125	55
AK052	个人会员	人	183501	150100
AK061	高等院校科协	个	5	5
AK062	个人会员	人	2360	1722
AK071	街道科协(社区科协)	个	302	297
AK072	个人会员	人	60374	57673
AK081	乡镇科协	个	919	965
AK082	个人会员	人	114524	112111
AK091	农技协	个	4990	5297
AK09101	其中:民政部门注册	个	1690	1513
AK092	个人会员	人	621976	482905
AK101	基层科普员	人	107450	69872

表9-33 学术交流活动

代码	指标名称	计量单位	合计		高端前沿学术会议	综合交叉学术会议	学术服务会议
			本年实际	上年对照			
甲	乙	丙	1	2	3	4	5
CKX011	国内学术会议	次	595	511	99	171	325
CKX01101	其中:学术年会	次	0	0	0	0	0
CKX012	参加人数	人次	39146	30999	6618	14466	18062
CKX01201	其中:企业科技工作者	人次	19158	17048	3066	4162	11930
CKX013	交流论文	篇	11263	8213	1880	4525	4858
CKX021	境内国际学术会议	次	21	16	15	3	3
CKX022	参加人数	人次	3215	3848	2600	150	465
CKX02201	其中:企业科技工作者	人次	2002	1752	1600	79	323
CKX02202	境外专家学者	人次	671	368	666	1	4
CKX023	交流论文	篇	385	418	364	13	8
CKX031	港澳台地区学术会议	次	0	1	0	0	0
CKX032	参加人数	人次	0	350	0	0	0
CKX03201	其中:企业科技工作者	人次	0	100	0	0	0
CKX033	交流论文	篇	0	50	0	0	0

表 9–34 科技期刊

代码	指标名称	计量单位	本年实际	上年对照
甲	乙	丙	1	2
DKX011	主办科技期刊种数	种	16	53
DKX01101	其中:中文学术期刊	种	2	7
DKX01102	科普期刊	种	11	35
DKX01103	技术期刊	种	3	11
DKX01104	英文学术期刊	种	0	0
DKX012	科技期刊总印数	册	173502	286780
DKX01201	其中:中文学术期刊	册	10000	12600
DKX01202	科普期刊	册	116502	229180
DKX01203	技术期刊	册	47000	45000
DKX01204	英文学术期刊	册	0	0
DKX013	科技期刊发表论文数	篇	1541	1706
DKX01301	其中:英文期刊发表论文数	篇	0	0

表 9–35 科学技术普及活动

代码	指标名称	计量单位	合计		科普日		科技周		日常		其他
			本年实际	上年对照	科技进村	科教进社区	科技进村	科教进社区	科技进村	科教进社区	
甲	乙	丙	1	2	3	4	5	6	7	8	9
EKX011	举办科普宣讲活动	次	9013	9656	829	1176	1230	1714	1556	2211	297
EKX01101	其中:院士科普报告会	次	65	97	7	11	14	16	4	7	6
EKX01102	举办专题展览	次	1096	928	103	177	144	260	156	239	17
EKX01103	流动科技馆巡展	次	457	336	45	52	63	79	88	82	48
EKX01104	开展科技咨询	次	4065	3845	405	517	616	868	609	978	72
EKX012	宣讲活动受众人数	人次	10163305	7720039	920555	1363465	1724242	2146833	1567512	1586076	854622
EKX01201	其中:流动科技馆巡展受众人数	人次	1055272	533970	135985	196605	90075	307930	84445	137886	102346
EKX021	播放科技广播、影视节目	分钟	222115	318858	13387	16763	29315	26667	43591	47622	44770
EKX02101	其中:电台电视台播放科技节目	分钟	109035	175853	5128	4543	12107	9610	26699	18606	32342
EKX031	举办实用技术培训	次	7706	7998	1010	579	1476	809	2219	1281	332
EKX032	实用技术培训人数	人次	1363177	1585917	198523	106697	329255	148215	358999	195549	25939
EKX041	推广新技术、新品种	项	2777	3191	413	135	714	177	1052	209	77
EKX051	参加活动科技人员总数	人次	110271	101684	12369	15097	14980	20043	26025	18362	3395
EKX05101	其中:专家人数	人次	27168	28758	2680	2512	3829	3233	9793	4430	691
EKX061	参加活动的学会、协会、研究会	个次	4983	5062	689	585	877	799	1064	772	197
EKX071	覆盖村	个	13722	14096	3209		5083		5430		
EKX081	覆盖社区	个	5702	5734		1583		2074		2045	

表 9-36 青少年科技教育

代码	指标名称	计量单位	本年实际	上年对照
甲	乙	丙	1	2
FKX011	举办青少年科普宣讲活动	次	1404	1452
FKX01101	其中:专家报告	次	510	527
FKX012	受众人数	人次	903737	758984
FKX021	播放青少年广播、影视节目	分钟	40904	107319
FKX031	举办青少年科技竞赛	项	706	919
FKX032	参加人数	人次	1369337	1535591
FKX033	获奖人数	人次	48829	41515
FKX041	青少年参加国际及港澳台科技交流活动	次	25	24
FKX042	参加人数	人次	799	1175
FKX051	举办青少年科学营	次	252	243
FKX052	参加人数	人次	25524	33399
FKX061	编印青少年科技教育资料	种	208	189
FKX062	总印数	册	1002580	913546
FKX071	举办青少年科技教育培训	次	896	825
FKX072	培训人数	人次	247214	324327

表 9-37 科普基础设施建设

代码	指标名称	计量单位	本年实际	上年对照
甲	乙	丙	1	2
GKX011	科技馆	个	41	44
GKX01101	其中:建筑面积 8000 平方米以上	个	4	3
GKX012	建筑面积	平方米	163959	164030
GKX013	展厅面积	平方米	72188	70010
GKX014	科技馆全年参观人数	人次	1347100	1260220
GKX01401	其中:少儿参观人数	人次	506480	548810
GKX021	科普活动站(中心、室)	个	8239	9665
GKX022	全年参加活动(培训)人数	人次	3980865	4560356
GKX031	科普画廊建筑面积(宣传栏、科技宣传橱窗)	平方米	126465	113581
GKX032	科普画廊展示面积	平方米	173323	140057
GKX041	科普大篷车数	辆	10	12
GKX04101	其中:省级	辆	0	0
GKX04102	地(市)级	辆	0	0
GKX04103	县(市)级	辆	10	12
GKX042	科普大篷车下乡次数	次	360	369
GKX043	受益人数	人次	271490	247430
GKX044	科普大篷车行驶里程	公里	46648	68926
GKX051	全国科普教育基地	个	68	64
GKX052	全年参观人数	人次	6727400	6848500
GKX061	省级科普教育基地	个	125	118
GKX062	全年参观人数	人次	4069751	3339562
GKX071	农村科普示范基地	个	1108	1003
GKX081	科普示范县(市、区)	个	0	0
GKX091	科普示范街道(乡镇)	个	469	533
GKX101	科普示范社区(村)	个	2634	2654
GKX102	科普示范户	个	100587	98133

表 9–38 科学技术传播

代码	指标名称	计量单位	本年实际	上年对照
甲	乙	丙	1	2
HKX011	编著科技图书种数	种	122	117
HKX012	科技图书总印数	册	348800	207000
HKX021	主办科技报纸种数	种	5	7
HKX022	报纸总印数	份	147000	34150
HKX031	制作科普挂图种数	种	79	152
HKX032	挂图总印数	张	68973	93868
HKX041	制作科技广播、影视节目套数	套	92	102
HKX042	制作节目播放时间	分钟	17475	19336
HKX051	制作科技光盘种数	种	46	141
HKX052	科技光盘张数	张	11374	6149
HKX061	制作科普动漫作品套数	套	5	6
HKX062	制作科普动漫播放时间	分钟	480	91
HKX071	主办科技网站	个	62	56
HKX072	浏览人数	人次	6803964	5729561

表 9–39 科技开放与交流

代码	指标名称	计量单位	本年实际	上年对照
甲	乙	丙	1	2
IKX011	加入国际民间科技组织	个	0	1
IKX012	任职专家	人	0	5
IKX021	参加国际科学计划	项	0	10
IKX031	促成科技合作项目	项	23	7
IKX03101	其中:引进优质科技资源	项	10	1
IKX041	参加国外科技活动人数	人次	104	400
IKX051	参加港澳台地区科技活动人数	人次	12	413
IKX061	接待国外专家学者	人次	1267	949
IKX071	接待港澳台地区专家学者	人次	110	128

表 9–40 科技服务

代码	指标名称	计量单位	本年实际	上年对照
甲	乙	丙	1	2
JKX011	提供决策咨询报告	篇	372	383
JKX01101	其中:获上级领导批示报告	篇	132	134
JKX021	举办决策咨询活动	次	93	77
JKX022	参加活动专家数	人次	716	671
JKX031	科技评价	项	4	2
JKX032	科技人才评价	人	54	41
JKX03201	其中:专业技术职称评定	人	2	41
JKX041	社区益民计划表彰的示范社区	个	251	163
JKX051	科普惠农兴村奖补资金	元	3731000	4822000

续表 9-40

代码	指标名称	计量单位	本年实际	上年对照
甲	乙	丙	1	2
JKX05101	其中:中央财政	元	0	0
JKX05102	省级财政	元	0	0
JKX05103	市(地)级财政	元	0	0
JKX05104	县级财政	元	3731000	4822000
JKX052	科普惠农兴村表彰的先进单位和个人	个/人	389	484
JKX05201	其中:农村专业技术协会	个	98	134
JKX05202	农村科普示范基地	个	119	156
JKX05203	农村科普带头人	人	163	182
JKX05204	少数民族科普工作队	个	1	6
JKX053	受表彰农村专业技术协会带动农户数	户	81637	51060
JKX054	受表彰农村科普示范基地带动农户数	户	56788	57646
JKX055	受表彰农村科普带头人带动农户数	户	34112	29118
JKX061	开展“讲、比”活动企业数	个	2516	2529
JKX06101	其中:国有企业	个	103	125
JKX062	参与“讲、比”活动的科技人员	人次	87390	61456
JKX063	“讲、比”活动中被采纳合理化建议	条	3726	5749
JKX071	专家工作站(服务中心)	个	184	275
JKX07101	其中:经济技术开发区	个	122	33
JKX07102	高新开发区	个	5	1
JKX072	专家进(站、中心)人数	人次	1575	5537
JKX081	专家服务团队	个	311	221
JKX082	参加服务团队专家人数	人次	4981	3946
为科技工作者服务				
KKX011	引进海外高层次人才	人	62	29
KKX021	反映科技工作者建议	条	976	1037
KKX02101	其中:获上级领导批示的建议	条	339	425
KKX031	答复人大、政协代表(委员)提案	件	92	114
KKX041	走访看望(慰问)科技工作者	人次	3192	2724
KKX051	科学道德与学风建设宣讲活动	场次		0
KKX052	宣讲活动受众人数	人次		0
KKX053	参加科学道德与学风建设宣讲专家数	人次		0
KKX054	编写科学道德教育读本	种		0
KKX061	技术创新方法培训班	场次		0
KKX071	继续教育培训班	场次		0
KKX072	培训结业人数	人次		0
KKX081	宣传科技工作者人数	人		0
KKX091	表彰奖励科技工作者	人次	3240	3561
KKX09101	其中:女性科技工作者	人次	945	997
KKX09102	40 岁以下科技工作者	人次	1471	1366

2013年江苏省省级学会、协会、研究会统计

表9-41 组织、机构与人员

代码	指标名称	计量单位	本年实际	上年对照
甲	乙	丙	1	2
AX011	理事会理事	人	7286	9612
AX01101	其中:常务理事	人	2942	3858
AX01102	女性理事	人	774	1119
AX021	专门工作委员会	个	411	532
AX031	所属分科学会	个	439	620
AX041	学会个人会员	人	182700	272691
AX04101	其中:女性会员	人	50973	106526
AX04102	高级(资深)会员	人	26874	25872
AX04103	学生会员	人	7400	9869
AX04104	外籍会员	人	3	39
AX04105	港、澳、台会员	人	2	28
AX04106	交纳会费会员	人	91720	107033
AX051	学会从业人员	人	415	541
AX05101	其中:女性从业人员	人	148	155
AX05102	社会聘用人员	人	124	134
AX061	学会团体会员	个	6572	7591

表9-42 学术交流活动

代码	指标名称	计量单位	合计		高端前沿学术会议	综合交叉学术会议	学术服务会议
			本年实际	上年对照			
甲	乙	丙	1	2	3	4	5
CKX011	国内学术会议	次	528	796	169	176	183
CKX01101	其中:学术年会	次	0	0	0	0	0
CKX012	参加人数	人次	78428	128359	25690	27197	25541
CKX01201	其中:企业科技工作者	人次	18613	21758	6793	5853	5967
CKX013	交流论文	篇	25871	45657	6722	11501	7648
CKX021	境内国际学术会议	次	186	242	59	37	90
CKX022	参加人数	人次	10865	23405	3375	2564	4926
CKX02201	其中:企业科技工作者	人次	2219	6819	754	196	1269
CKX02202	境外专家学者	人次	567	1056	375	94	98
CKX023	交流论文	篇	3198	8299	1328	816	1054
CKX031	港澳台地区学术会议	次	9	23	5	4	0
CKX032	参加人数	人次	384	1588	252	132	0
CKX03201	其中:企业科技工作者	人次	125	275	112	13	0
CKX033	交流论文	篇	127	466	58	69	0

表 9–43 科技期刊

代码	指标名称	计量单位	本年实际	上年对照
甲	乙	丙	1	2
DKX011	主办科技期刊种数	种	38	54
DKX01101	其中:中文学术期刊	种	18	28
DKX01102	科普期刊	种	5	7
DKX01103	技术期刊	种	15	19
DKX01104	英文学术期刊	种	0	0
DKX012	科技期刊总印数	册	1274010	1015860
DKX01201	其中:中文学术期刊	册	272360	419860
DKX01202	科普期刊	册	550000	139800
DKX01203	技术期刊	册	451650	456200
DKX01204	英文学术期刊	册	0	0
DKX013	科技期刊发表论文数	篇	6496	9920
DKX01301	其中:英文期刊发表论文数	篇	0	0

表 9–44 科学技术普及活动

代码	指标名称	计量单位	合计		科普日		科技周		日常		其他
			本年实际	上年对照	科技进村	科教进社区	科技进村	科教进社区	科技进村	科教进社区	
甲	乙	丙	1	2	3	4	5	6	7	8	9
EKX011	举办科普宣讲活动	次	6420	909	126	328	367	838	1041	3431	289
EKX01101	其中:院士科普报告会	次	18	45	0	2	0	4	0	6	6
EKX01102	举办专题展览	次	361	153	25	80	17	79	41	78	41
EKX01103	流动科技馆巡展	次	140	25	12	22	14	21	28	41	2
EKX01104	开展科技咨询	次	425	281	31	54	14	66	101	102	57
EKX012	宣讲活动受众人数	人次	598529	479444	11719	127595	37767	111586	211214	54269	44379
EKX01201	其中:流动科技馆巡展受众人数	人次	215392	26220	5354	6287	31572	4391	165671	717	1400
EKX021	播放科技广播、影视节目	分钟	4497	15394	176	442	124	426	483	1846	1000
EKX02101	其中:电台电视台播放科技节目	分钟	1877	1314	15	106	28	105	176	527	920
EKX031	举办实用技术培训	次	544	236	50	53	24	52	114	98	153
EKX032	实用技术培训人数	人次	66185	22925	2079	2414	1994	1324	35468	2523	20383
EKX041	推广新技术、新品种	项	159	363	9	15	2	7	44	39	43
EKX051	参加活动科技人员总数	人次	27995	26106	725	11285	379	3842	581	1313	9870
EKX05101	其中:专家人数	人次	2099	8047	156	281	63	229	210	207	953
EKX061	参加活动的学会、协会、研究会	个次	3840	3722	31	36	16	16	15	22	3704
EKX071	覆盖村	个	1997	1642	507	0	573	0	917	0	
EKX081	覆盖社区	个	1762	1440	0	384	0	487	0	891	

表 9–45 青少年科技教育

代码	指标名称	计量单位	本年实际	上年对照
甲	乙	丙	1	2
FKX011	举办青少年科普宣讲活动	次	178	130
FKX01101	其中:专家报告	次	82	90
FKX012	受众人数	人次	38413	28897
FKX021	播放青少年广播、影视节目	分钟	56	45
FKX031	举办青少年科技竞赛	项	90	88
FKX032	参加人数	人次	145149	140975
FKX033	获奖人数	人次	18101	15409
FKX041	青少年参加国际及港澳台科技交流活动	次	0	4
FKX042	参加人数	人次	0	215
FKX051	举办青少年科学营	次	637	11
FKX052	参加人数	人次	12950	6533
FKX061	编印青少年科技教育资料	种	10	15
FKX062	总印数	册	135580	27200
FKX071	举办青少年科技教育培训	次	70	31
FKX072	培训人数	人次	3548	2515

表 9–46 科学技术传播

代码	指标名称	计量单位	本年实际	上年对照
甲	乙	丙	1	2
HKX011	编著科技图书种数	种	18	35
HKX012	科技图书总印数	册	83320	123800
HKX021	主办科技报纸种数	种	4	13
HKX022	报纸总印数	份	255000	266766
HKX031	制作科普挂图种数	种	37	101
HKX032	挂图总印数	张	221592	104579
HKX041	制作科技广播、影视节目套数	套	38	11
HKX042	制作节目播放时间	分钟	670	800
HKX051	制作科技光盘种数	种	30	30
HKX052	科技光盘张数	张	14230	8582
HKX061	制作科普动漫作品套数	套	2	5
HKX062	制作科普动漫播放时间	分钟	17	618
HKX071	主办科技网站	个	30	35
HKX072	浏览人数	人次	895994	614991

表 9–47 科技开放与交流

代码	指标名称	计量单位	本年实际	上年对照
甲	乙	丙	1	2
IKX011	加入国际民间科技组织	个	7	6
IKX012	任职专家	人	11	7
IKX021	参加国际科学计划	项	12	5
IKX031	促成科技合作项目	项	28	8
IKX03101	其中:引进优质科技资源	项	12	3
IKX041	参加国外科技活动人数	人次	412	337
IKX051	参加港澳台地区科技活动人数	人次	254	429
IKX061	接待国外专家学者	人次	708	905
IKX071	接待港澳台地区专家学者	人次	202	203

表 9-48 科技服务

代码	指标名称	计量单位	本年实际	上年对照
甲	乙	丙	1	2
JKX011	提供决策咨询报告	篇	82	115
JKX01101	其中:获上级领导批示报告	篇	20	27
JKX021	举办决策咨询活动	次	87	103
JKX022	参加活动专家数	人次	483	587
JKX031	科技评价	项	58	63
JKX032	科技人才评价	人	629	648
JKX03201	其中:专业技术职称评定	人	542	425
JKX041	社区益民计划表彰的示范社区	个	0	0
JKX051	科普惠农兴村奖补资金	元	0	0
JKX05101	其中:中央财政	元	0	0
JKX05102	省级财政	元	0	0
JKX05103	市(地)级财政	元	0	0
JKX05104	县级财政	元	0	0
JKX052	科普惠农兴村表彰的先进单位和个人	个/人	0	0
JKX05201	其中:农村专业技术协会	个	0	0
JKX05202	农村科普示范基地	个	0	0
JKX05203	农村科普带头人	人	0	0
JKX05204	少数民族科普工作队	个	0	0
JKX053	受表彰农村专业技术协会带动农户数	户	0	0
JKX054	受表彰农村科普示范基地带动农户数	户	0	0
JKX055	受表彰农村科普带头人带动农户数	户	0	0
JKX061	开展“讲、比”活动企业数	个	0	0
JKX06101	其中:国有企业	个	0	0
JKX062	参与“讲、比”活动的科技人员	人次	0	0
JKX063	“讲、比”活动中被采纳合理化建议	条	0	0
JKX071	专家工作站(服务中心)	个	0	0
JKX07101	其中:经济技术开发区	个	0	0
JKX07102	高新开发区	个	0	0
JKX072	专家进(站、中心)人数	人次	0	0
JKX081	专家服务团队	个	0	0
JKX082	参加服务团队专家人数	人次	0	0
为科技工作者服务				
KKX011	引进海外高层次人才	人	27	11
KKX021	反映科技工作者建议	条	37	46
KKX02101	其中:获上级领导批示的建议	条	7	7
KKX031	答复人大、政协代表(委员)提案	件	1	7
KKX041	走访看望(慰问)科技工作者	人次	593	293
KKX051	科学道德与学风建设宣讲活动	场次		0
KKX052	宣讲活动受众人数	人次		0
KKX053	参加科学道德与学风建设宣讲专家数	人次		0
KKX054	编写科学道德教育读本	种		0
KKX061	技术创新方法培训班	场次		0
KKX071	继续教育培训班	场次	151	195

续表 9-48

代码	指标名称	计量单位	本年实际	上年对照
甲	乙	丙	1	2
KKX072	培训结业人数	人次	35462	22549
KKX081	宣传科技工作者人数	人	1186	1239
KKX091	表彰奖励科技工作者	人次	1226	2156
KKX09101	其中:女性科技工作者	人次	301	585
KKX09102	40岁以下科技工作者	人次	558	668

科技统计

Statistics of Science & Technology

2013年江苏省科技统计公报

2013 Annual Statistics Bulletin of Science & Technology of Jiangsu Province

江苏省科学技术厅　江苏省统计局

2013年,全省科技工作认真贯彻落实党的十八大精神和省委省政府关于科技创新的总体部署,深入实施创新驱动战略,大力推进科技创新工程,着力推动发展方式向主要依靠科技进步、劳动者素质提高、管理创新转变,促进经济结构调整与产业转型升级,科技进步对经济增长和社会发展的支撑引领作用进一步增强,全省科技进步贡献率达57.5%。

【科技队伍】 2013年,全省人才资源总量950.9万人。全省拥有院士92人,其中科学院院士42人,工程院院士50人,院士数居全国第三位。

全省从事科技活动人员108.08万人,其中研究与发展活动(R&D)人员62.69万人,占从事科技活动人员的58.0%。按实际工作时间计算的R&D人员全时当量46.62万人年,比上年增长16.0%。

【科技经费】 全省研究与发展活动经费占地区生产总值的比例进一步提高。2013年,全省科研机构、大学、企业和其他单位的研究与发展活动经费支出达1450亿元,同比增长12.58%。研究与发展活动经费占地区生产总值的2.45%,比上年提高0.07个百分点。

政府科技拨款302.59亿元,比上年增长17.63%,占地方财政支出的3.88%,比上年提高0.22个百分点。

全省工业企业研究与发展活动经费支出1239.57亿元,占工业销售收入的0.93%。

【科技成果】 科技创新成效显著。全省有48项重大成果获国家科技奖,其中:国家自然科学奖5项,国家技术发明奖13项,国家科技进步奖30项。省科学技术奖励数为199项。专利申请与授权数持续增长,全年共申请专利504500件,授权专利239645件,分别比上年增长6.7%和降低11.22%。全省发明专利申请量为141259件,比上年增长28.31%,发明专利授权量为16790件,比上年增长3.37%。

【科技服务与技术贸易】 科技服务业进一步发展。2013年全省科技服务业总收入达820.52亿元,比上年增加199.69亿元,同比增长32.16%。全省从事科技服务的单位共1690家,比上年同期增加72家,增长4.5%;机构平均收入4855.15万元。拥有从业人员18.95万人,平均每家机构112人。

技术市场较为活跃。全年共签订各类技术合同3.14万项,技术合同成交额585.56亿元,比上年增长10.08%。

【高新技术产业化】 高新技术产业化进程加快。2013年全省高新技术产业实现产值51899.10亿元,比上年增长15.23%,占规模以上工业企业总产值的38.54%,比上年提高1.05个百分点。全省经认定的高新技术企业6769家,190项产品被新认定为国家重点新产品,全年认定省高新技术产品8827项。

高新技术产业开发区快速发展。2013年,全省高新技术产业开发区实现总收入42503.14亿元、区内生产总值11827.22亿元、利税3306.87亿元、财政收入2516.27亿元、出口1161.31亿美元,技工贸总收入、区内生产总值、利税、财政收入、出口分别比上年增长18.89%、14.22%、20.94%、21.36%和5.38%。

高新技术产品的竞争力进一步增强。全省高

新技术产品出口额达1274亿美元，比上年下降2.7%，占全省出口总额的比重达38.7%。

【科技机构】 全省共有各类科技机构19335个，拥有研究与试验发展(R&D)人员37.67万人，其中县以上国有独立研究与开发机构143个，拥有研究与试验发展(R&D)人员2.34万人；高校科技机构801个，拥有研究与试验发展(R&D)人员1.20万人；规模以上工业企业技术开发机构17996个，拥有研究与试验发展(R&D)人员33.22万人。

全省县以上国有独立研究与开发机构全年总收入120.63亿元，研究与试验发展活动(R&D)经费支出101.88亿元；创办经济实体64个。

科技基础设施和基地建设取得进展。全省共建企业研究院47个，国家和省级重点实验室100个，国家和省级工程技术研究中心2480个，国家和省级科技公共服务平台302个，企业院士工作站328个，国家级高新技术特色产业基地121个。

截至2013年年末，全省各类科技企业孵化器达446家，国家级科技创业载体达107家，在孵企业24903家，累计毕业企业6496家。

(江苏省科学技术厅发展计划与财务处)

2013年各市科技进步统计监测综合评价结果

The Comprehensive Evaluation on 2013 Monitoring Statistics of Science & Technology Progress in Jiangsu Provincial Cities

为实施创新驱动战略，推进科技创新工程，加快建设创新型省份，促进全社会科技进步与自主创新，省科技厅、省统计局继续在全省开展了科技进步统计监测工作，每年对全省和各市的科技进步状况进行考核与评价，并公布其结果。

全省科技进步监测采取以科技指标为主，经济和社会发展指标为辅的方法，依据科技和统计部门，以及省人社厅、省财政厅、省教育厅、人民银行南京分行、省知识产权局等部门提供并认定的数据，从科技进步环境、科技投入、科技产出、科技促进可持续发展四个方面对全省和各市的科技进步状况进行系统评价。根据2013年的统计数据，省科技厅、省统计局对各市的科技进步状况进行了综合评价，其结果如下：

1. 苏州市 96.29分　2. 无锡市 95.88分
3. 南京市 90.39分　4. 常州市 88.62分
5. 镇江市 85.02分　6. 南通市 84.62分
7. 泰州市 77.67分　8. 扬州市 77.54分
9. 盐城市 75.39分　10. 徐州市 73.82分
11. 连云港市 72.90分　12. 淮安市 70.48分
13. 宿迁市 64.52分

(江苏省科学技术厅发展计划与财务处)

科技进步统计监测得分与排序

表10-1 一级指标得分与排序

	总分		科技进步环境		科技投入		科技产出		科技促进可持续发展	
	得分	序	得分	序	得分	序	得分	序	得分	序
南京市	90.39	3	11.00	1	27.56	3	27.40	4	24.43	1
无锡市	95.88	2	9.49	4	29.60	1	33.13	2	23.66	4
徐州市	73.82	10	6.76	11	22.20	9	23.47	9	21.40	9
常州市	88.62	4	9.64	3	28.51	2	27.54	3	22.92	6
苏州市	96.29	1	9.92	2	26.62	5	35.85	1	23.90	3
南通市	84.62	6	8.24	7	27.00	4	26.53	5	22.85	7
连云港市	72.90	11	6.91	10	22.88	8	22.68	12	20.43	11
淮安市	70.48	12	6.70	12	19.37	13	23.41	10	20.99	10

续表 10-1

	总分		科技进步环境		科技投入		科技产出		科技促进可持续发展	
	得分	序	得分	序	得分	序	得分	序	得分	序
盐城市	75.39	9	7.23	9	25.34	7	23.14	11	19.68	12
扬州市	77.54	8	8.29	6	21.91	10	24.55	8	22.79	8
镇江市	85.02	5	8.88	5	25.41	6	26.33	6	24.40	2
泰州市	77.67	7	7.75	8	21.72	11	24.56	7	23.63	5
宿迁市	64.52	13	6.06	13	20.31	13	21.18	13	16.97	13

表 10-2 二级指标得分与排序(1)

	科技进步环境		人力资源基础		信息环境	
	得分	序	得分	序	得分	序
南京市	11.00	1	6.60	1	4.40	1
无锡市	9.49	4	5.61	3	3.88	4
徐州市	6.76	11	4.19	11	2.57	11
常州市	9.64	3	5.66	2	3.98	3
苏州市	9.92	2	5.58	4	4.35	2
南通市	8.24	7	5.06	6	3.17	7
连云港市	6.91	10	4.04	12	2.88	9
淮安市	6.70	12	4.24	10	2.46	12
盐城市	7.23	9	4.64	9	2.59	10
扬州市	8.29	6	5.04	7	3.25	6
镇江市	8.88	5	5.42	5	3.46	5
泰州市	7.75	8	4.67	8	3.07	8
宿迁市	6.06	13	3.66	13	2.40	13

表 10-3 二级指标得分与排序(2)

	科技投入		人力投入		财力投入	
	得分	序	得分	序	得分	序
南京市	27.56	3	11.07	5	16.48	4
无锡市	29.60	1	11.59	2	18.01	1
徐州市	22.20	9	9.48	8	12.72	10
常州市	28.51	2	11.25	4	17.26	3
苏州市	26.62	5	9.20	9	17.42	2
南通市	27.00	4	11.60	1	15.40	6
连云港市	22.88	8	10.89	6	11.99	12
淮安市	19.37	13	7.73	12	11.64	13
盐城市	25.34	7	11.38	3	13.97	8
扬州市	21.91	10	7.70	13	14.21	7
镇江市	25.41	6	9.95	7	15.46	5
泰州市	21.72	11	8.31	10	13.42	9
宿迁市	20.31	12	7.99	11	12.32	11

表 10-4 二级指标得分与排序(3)

	科技产出		高新技术产业化		科技创新	
	得分	序	得分	序	得分	序
南京市	27.40	4	15.77	5	11.64	1
无锡市	33.13	2	19.71	2	13.42	2
徐州市	23.47	9	14.33	10	9.14	9
常州市	27.54	3	15.88	4	11.66	3
苏州市	35.85	1	21.61	1	14.24	1
南通市	26.53	5	16.13	3	10.41	6
连云港市	22.68	12	13.71	12	8.98	11
淮安市	23.41	10	14.41	9	9.00	10
盐城市	23.14	11	14.31	11	8.83	12
扬州市	24.55	8	14.44	8	10.11	7
镇江市	26.33	6	14.86	6	11.48	5
泰州市	24.56	7	14.74	7	9.82	8
宿迁市	21.18	13	12.66	13	8.52	13

表 10-5 二级指标得分与排序(4)

	科技促进可持续发展		经济增长		结构优化		效益提高		环境治理	
	得分	序	得分	序	得分	序	得分	序	得分	序
南京市	24.43	1	4.86	3	7.88	1	4.50	3	7.18	9
无锡市	23.66	4	3.88	13	7.05	4	4.74	1	8.00	1
徐州市	21.40	9	3.90	12	6.14	9	4.71	2	6.64	11
常州市	22.92	6	4.24	9	6.98	5	4.36	5	7.35	7
苏州市	23.90	3	4.87	2	7.22	2	4.28	7	7.54	5
南通市	22.85	7	4.25	8	6.58	6	4.12	9	7.91	4
连云港市	20.43	11	3.92	11	5.97	10	3.70	12	6.85	10
淮安市	20.99	10	4.53	5	5.26	11	4.00	10	7.20	8
盐城市	19.68	12	4.41	7	5.24	12	3.76	11	6.26	12
扬州市	22.79	8	4.53	6	6.51	7	4.25	8	7.50	6
镇江市	24.40	2	4.98	1	7.15	3	4.35	6	7.92	3
泰州市	23.63	5	4.77	4	6.38	8	4.49	4	8.00	2
宿迁市	16.97	13	4.12	10	4.50	13	3.42	13	4.93	13

表 10-6 三级指标得分与排序(人力资源基础)

	高中阶段教育毛入学率(%)			每万人口中大学本科及以上学历人数(人/万人)			每万从业人员中 R&D 人员数(人/万人)		
	统计值	得分	序	统计值	得分	序	统计值	得分	序
南京市	100	1.98	1	1054.92	1.98	1	247.03	2.64	1
无锡市	100	1.98	1	239.34	1.20	7	209.96	2.43	2
徐州市	97.2	1.38	11	214.66	1.18	8	66.66	1.64	8
常州市	100	1.98	1	308.61	1.27	3	207.12	2.42	3
苏州市	100	1.98	1	243.53	1.20	6	202.69	2.39	4
南通市	100	1.98	1	168.51	1.13	11	123.14	1.95	6
连云港市	96.94	1.32	12	181.99	1.14	9	54.88	1.57	11
淮安市	98.03	1.56	10	243.58	1.20	5	39.36	1.49	12
盐城市	100	1.98	1	115.36	1.08	13	56.41	1.58	10
扬州市	100	1.98	1	294.45	1.25	4	97.14	1.81	7
镇江市	100	1.98	1	331.88	1.29	2	159.81	2.16	5
泰州市	99.8	1.94	9	140.89	1.10	12	65.65	1.63	9
宿迁市	95.81	1.08	13	176.65	1.14	10	31.21	1.44	13

表 10-7 三级指标得分与排序(信息环境)

	每千人国际互联网用户数(户/千人)		
	统计值	得分	序
南京市	262.52	4.40	1
无锡市	221.68	3.88	4
徐州市	119.80	2.57	11
常州市	229.66	3.98	3
苏州市	258.46	4.35	2
南通市	166.85	3.17	7
连云港市	143.60	2.88	9
淮安市	111.09	2.46	12
盐城市	121.13	2.59	10
扬州市	172.80	3.25	6
镇江市	189.01	3.46	5
泰州市	159.11	3.07	8
宿迁市	106.51	2.40	13

表 10-8 三级指标得分与排序(人力投入)

	企业 R&D 活动人员占企业职工比重(%)			R&D 活动人员占科技活动人员比重(%)		
	统计值	得分	序	统计值	得分	序
南京市	7.15	6.60	1	54.05	4.47	8
无锡市	5.76	5.75	4	66.13	5.84	2
徐州市	3.30	4.26	10	60.67	5.22	5
常州市	6.47	6.19	2	59.30	5.06	6
苏州市	4.10	4.74	8	53.92	4.46	9
南通市	5.87	5.82	3	65.63	5.78	3
连云港市	5.17	5.39	5	63.10	5.49	4
淮安市	2.35	3.68	12	50.35	4.06	11
盐城市	4.16	4.78	7	72.92	6.60	1
扬州市	3.04	4.10	11	46.31	3.60	13
镇江市	5.04	5.31	6	55.49	4.64	7
泰州市	3.44	4.34	9	49.53	3.96	12
宿迁市	2.23	3.60	13	53.31	4.39	10

表 10-9 三级指标得分与排序(财力投入 1)

	全社会 R&D 支出占 GDP 的比例(%)			政府科技拨款占财政支出的比重(%)		
	统计值	得分	序	统计值	得分	序
南京市	2.95	4.95	1	4.72	6.52	4
无锡市	2.70	4.63	2	4.93	6.71	3
徐州市	1.68	3.33	9	2.43	4.49	11
常州市	2.57	4.46	4	5.29	7.03	2
苏州市	2.57	4.46	3	6.30	7.92	1
南通市	2.42	4.27	6	3.31	5.27	7
连云港市	1.53	3.13	11	2.45	4.50	10
淮安市	1.50	3.10	12	2.31	4.38	12
盐城市	1.65	3.29	10	3.56	5.49	6
扬州市	2.11	3.88	7	3.28	5.24	8
镇江市	2.43	4.29	5	3.74	5.65	5
泰州市	2.09	3.85	8	2.24	4.32	13
宿迁市	1.19	2.70	13	2.96	4.96	9

表 10–10　三级指标得分与排序(财力投入 2)

	企业 R&D 经费占销售收入的比例(%)			科技贷款占银行中长期贷款的比重(%)		
	统计值	得分	序	统计值	得分	序
南京市	1.04	3.94	4	3.09	1.08	13
无锡市	1.44	4.95	1	4.48	1.72	8
徐州市	0.66	2.95	10	4.98	1.95	2
常州市	1.05	3.95	3	4.68	1.82	5
苏州市	0.96	3.73	5	3.58	1.31	12
南通市	1.07	4.00	2	4.80	1.87	4
连云港市	0.64	2.91	12	3.89	1.45	11
淮安市	0.56	2.70	13	3.93	1.47	10
盐城市	0.84	3.42	7	4.58	1.77	6
扬州市	0.81	3.34	8	4.55	1.75	7
镇江市	0.89	3.54	6	5.04	1.98	1
泰州市	0.80	3.30	9	4.97	1.95	3
宿迁市	0.66	2.95	11	4.44	1.71	9

表 10–11　三级指标得分与排序(高新技术产业化)

	高新技术产业产值(亿元)			高新技术产业对工业产值增长的贡献率(%)			高新技术产业出口额占总产值比重(%)		
	统计值	得分	序	统计值	得分	序	统计值	得分	序
南京市	5260.00	6.61	3	41.90	6.01	7	17.33	3.15	4
无锡市	6108.00	6.89	2	113.35	9.24	1	27.44	3.58	3
徐州市	3598.00	6.05	6	36.21	5.76	10	2.78	2.52	13
常州市	4138.00	6.23	5	56.04	6.65	4	13.76	2.99	6
苏州市	13183.00	9.24	1	80.44	7.75	2	51.62	4.62	1
南通市	4655.00	6.41	4	58.46	6.76	3	13.00	2.96	7
连云港市	1429.00	5.33	11	36.58	5.77	9	4.64	2.60	10
淮安市	1175.00	5.25	12	24.50	5.23	12	35.60	3.93	2
盐城市	1774.00	5.45	10	47.64	6.27	6	4.37	2.59	11
扬州市	3417.00	5.99	7	26.95	5.34	11	16.51	3.11	5
镇江市	3311.00	5.96	8	47.78	6.28	5	5.12	2.62	9
泰州市	3306.00	5.96	9	40.56	5.95	8	10.04	2.83	8
宿迁市	545.00	5.04	13	20.37	5.04	13	4.09	2.58	12

表 10–12 三级指标得分与排序(科技创新)

	每十万人口专利申请数(件/10 万人)			每十万人口专利授权数(件/10 万人)			发明专利占专利授权数的比重(%)		
	统计值	得分	序	统计值	得分	序	统计值	得分	序
南京市	669.09	4.01	5	237.96	4.55	7	24.27	3.08	1
无锡市	1237.97	5.19	2	614.24	6.23	2	6.81	2.00	3
徐州市	273.22	3.18	9	123.93	4.04	9	5.33	1.91	9
常州市	888.83	4.46	4	388.04	5.22	3	6.44	1.98	5
苏州市	1333.59	5.39	1	771.99	6.93	1	5.40	1.92	8
南通市	558.68	3.78	6	302.64	4.84	5	3.38	1.79	11
连云港市	212.18	3.06	12	99.59	3.93	10	6.58	1.99	4
淮安市	250.16	3.13	10	94.74	3.91	11	6.08	1.96	6
盐城市	231.16	3.10	11	65.35	3.78	13	6.00	1.95	7
扬州市	510.63	3.68	8	255.39	4.63	6	3.56	1.80	10
镇江市	892.62	4.47	3	309.88	4.87	4	8.91	2.13	2
泰州市	553.00	3.77	7	179.31	4.29	8	2.98	1.77	12
宿迁市	156.69	2.94	13	93.13	3.90	12	1.56	1.68	13

表 10–13 三级指标得分与排序(经济增长)

	人均 GDP(元/人)			GDP 增长速度(%)			亿元投资新增 GDP(亿元)		
	统计值	得分	序	统计值	得分	序	统计值	得分	序
南京市	98011	1.66	3	11.25	1.77	7	0.16	1.43	6
无锡市	124640	1.93	1	6.63	1.05	13	0.13	0.90	13
徐州市	51714	1.21	9	10.44	1.64	10	0.14	1.05	11
常州市	92995	1.61	4	9.85	1.55	11	0.14	1.07	10
苏州市	123209	1.91	2	8.36	1.32	12	0.17	1.64	2
南通市	69049	1.38	7	10.53	1.66	9	0.15	1.21	8
连云港市	40416	1.10	12	11.35	1.79	4	0.13	1.04	12
淮安市	44774	1.14	11	12.23	1.93	1	0.16	1.47	4
盐城市	48150	1.17	10	11.39	1.79	3	0.16	1.45	5
扬州市	72775	1.42	6	10.87	1.71	8	0.16	1.40	7
镇江市	92633	1.61	5	11.29	1.78	6	0.17	1.59	3
泰州市	64917	1.34	8	11.30	1.78	5	0.17	1.65	1
宿迁市	35484	1.05	13	12.11	1.91	2	0.14	1.16	9

表 10-14 三级指标得分与排序(结构优化)

	第三产业增加值占 GDP 比重(%)			高新技术产业产值占规模以上工业产值比重(%)		
	统计值	得分	序	统计值	得分	序
南京市	54.38	3.30	1	41.59	4.58	3
无锡市	46.02	2.51	2	41.02	4.53	5
徐州市	42.50	2.18	6	34.19	3.96	10
常州市	45.22	2.44	4	41.10	4.54	4
苏州市	45.73	2.49	3	43.38	4.73	2
南通市	41.08	2.05	8	41.01	4.53	6
连云港市	40.26	1.97	11	34.60	3.99	9
淮安市	41.75	2.11	7	24.46	3.14	12
盐城市	38.85	1.84	12	27.48	3.40	11
扬州市	41.02	2.04	9	40.20	4.46	7
镇江市	42.66	2.20	5	46.00	4.95	1
泰州市	40.80	2.02	10	38.89	4.35	8
宿迁市	38.43	1.80	13	19.16	2.70	13

表 10-15 三级指标得分与排序(效益提高)

	劳动生产率(元/人)			工业资本金利税率(%)			单位 GDP 能耗下降率(%)		
	统计值	得分	序	统计值	得分	序	统计值	得分	序
南京市	177095.05	2.99	3	17.95	1.60	9	—	1.51	7
无锡市	207353.03	3.30	1	9.08	1.23	12	—	1.77	2
徐州市	92663.88	2.12	9	32.56	2.20	1	—	1.93	1
常州市	155248.66	2.76	4	12.68	1.38	11	—	1.65	4
苏州市	187222.38	3.09	2	8.32	1.20	13	—	1.46	9
南通市	107852.95	2.28	7	22.68	1.79	6	—	1.48	8
连云港市	71359.71	1.90	12	24.86	1.88	4	—	1.25	12
淮安市	76639.18	1.95	11	22.66	1.79	7	—	1.57	6
盐城市	77856.18	1.97	10	22.61	1.79	8	—	1.34	11
扬州市	122393.97	2.42	6	26.19	1.94	3	—	1.42	10
镇江市	152383.13	2.73	5	15.84	1.51	10	—	1.59	5
泰州市	105802.60	2.25	8	28.06	2.01	2	—	1.73	3
宿迁市	61732.11	1.80	13	24.56	1.87	5	—	1.05	13

表 10-16 三级指标得分与排序(环境治理)

	亿元 GDP 工业烟尘排放量(吨/亿元)			工业废物排放综合下降率(%)		
	统计值	得分	序	统计值	得分	序
南京市	8.14	4.51	8	-2.99	2.67	8
无锡市	5.49	4.87	4	7.28	3.12	3
徐州市	11.76	4.02	12	-4.11	2.62	9
常州市	8.06	4.53	7	0.48	2.82	6
苏州市	5.00	4.94	2	-4.68	2.59	10
南通市	6.74	4.71	5	9.11	3.20	2
连云港市	10.74	4.16	11	-2.56	2.69	7
淮安市	9.69	4.31	10	2.06	2.89	5
盐城市	8.55	4.46	9	-22.63	1.80	13
扬州市	4.94	4.95	1	-5.63	2.55	11
镇江市	7.34	4.62	6	11.27	3.30	1
泰州市	5.18	4.92	3	6.29	3.08	4
宿迁市	21.53	2.70	13	-12.89	2.23	12

2013年江苏省高新技术产业主要数据统计公报

2013 Annual Statistics Bulletin of Principal Data for High-Tech Industries of Jiangsu Province

江苏省科学技术厅 江苏省统计局

发展高新技术产业是落实科学发展观、促进产业结构优化升级和经济发展方式转变的必然选择。为了把握全省高新技术产业的发展状况和态势，为推进全省高新技术产业发展和产业结构调整提供决策依据，省科技厅和省统计局在全省开展了高新技术产业统计工作。现将2013年全省高新技术产业的主要数据公布如下：

【总体情况】 2013年全省高新技术产业实现产值51899.10亿元,比去年同期增长15.23%;完成出口交货值12316.73亿元,比去年同期增长7.47%。

【分行业发展状况】 全省高新技术产业中,航空航天制造业实现工业总产值263.65亿元,占高新技术产业总产值的0.51%;电子计算机及办公设备制造业实现工业总产值2548.86亿元,占4.91%;电子及通信设备制造业实现工业总产值12288.74亿元,占23.68%；医药制造业实现工业总产值3184.23亿元，占6.14%；仪器仪表制造业实现工业总产值1190.99亿元,占2.29%;智能装备制造业实现工业总产值15561.06亿元,占29.98%;新材料制造业实现工业总产值13602.31亿元,占26.21%;新能源制造业实现工业总产值3259.25亿元,占6.28%。

【分区域发展状况】 全省高新技术产业主要分布在苏南及沿江地区，苏南五市高新技术产业产值32000.07亿元,占全省的61.66%;苏中三市高新技术产业产值11376.94亿元,占全省的21.92%;苏北五市高新技术产业产值8522.09亿元,占全省的16.42%。

表 10-17 高新技术产业分区域发展情况

地区	产值(亿元)	占全省比重(%)
南京市	5259.95	10.13
无锡市	6108.05	11.77
徐州市	3598.27	6.93
常州市	4138.03	7.97
苏州市	13183.04	25.40
南通市	4654.54	8.97
连云港市	1428.77	2.75
淮安市	1175.27	2.26
盐城市	1774.36	3.42
扬州市	3416.50	6.58
镇江市	3311.00	6.38
泰州市	3305.90	6.37
宿迁市	545.42	1.05

（江苏省科学技术厅高新技术发展及产业化处）

2013年江苏省科学技术与研究开发机构统计年报

2013 Annual Statistics on Technological R&D Technological Organizations of Jiangsu Province

【江苏省科学技术与研究开发机构基本情况】 江苏省地域范围内，中央部门属研究与开发机构共有56家,其中未转制19家,已转制37家;与2012年相比,2013年部属未转制机构名单中新增1家单位,是“江苏省气象科学研究所”(科技部核定由省属未转制调入),部属转制机构名单中减少2家单位,分别是“南京中科天文仪器公司”及“中材国际南京水泥工业设计研究院”(科技部核减)。

省级部门属自然科学类研究与开发机构共有82家,其中未转制56家,已转制26家;与2012年相比,2013年省属未转制机构名单中新增4家单位:“江苏省品牌(商标)研究院”“江苏省未来网络创新研究院”“江苏省中医临床研究院”“江苏中科院智能科学技术应用研究院”(省编办、省科技厅批准设立);同时,在2012年名单基础上,减少1家单位,“江苏省气象科学研究所”(调入部属)。

在2013年度科研机构统计中，全省共有504家科学研究与技术开发机构上报数据。其中:42家中央部门属研究与开发机构上报数据（未转制19家，已转制23家）；未上报数据的部属单位为14家已转制的军工机构（军工单位不在科技厅机构统计范畴)。82家省级部门属研究与开发机构均已上报数据(未转制56家,已转制26家)。

146家市县属研究与开发机构上报数据,其中市属113家,包括未转制65家、已转制48家;与2012年相比,2013年市县属研究与开发机构名单中减少4家,分别是“镇江市水产科学研究所”“镇江市林特产科学研究所”“苏州市塑料研究所”“南京儿童心理卫生研究中心”(4家单位均已撤销或合并)。县属研究与开发机构未进行转制与未转制类型的区分,共有33家单位上报数据。

227家有R&D活动的非政府部门属研究与开发机构上报数据,比2012年新增6家单位。

有7家社会科学与人文科学机构上报数据。

【江苏省科学技术与研究开发机构科技活动情况】

总体情况 研发队伍情况。2013年,全省504家研究与开发机构共有从业人员65548人，其中科技活动人员36637人、大学本科及以上学历29302人、R&D人员24468人,占从业人员的比重分别为55.89%、44.70%及37.33%。

科技活动经费情况。2013年,全省研究与开发机构经费收入总额480.67亿元,其中,科技经费筹集额133.82亿元,政府拨款66.35亿元。经费支出总额424.13亿元,其中,科技经费支出115.56亿元,R&D经费内部支出76.54亿元。

创新活动情况。2013年,全省研究与开发机构共承担课题9258项,课题经费支出76.36亿元;课题投入24428人年；当年各类计划项目4835项，当年计划项目总经费为41.28亿元;当年承担横向课题5821项,获课题经费13.57亿元。

科技产出成果情况。2013年,全省研究与开发机构共发表论文12075篇，其中国外发表2377篇;出版科技著作224种。申请专利5126项,其中发明专利3381项;专利授权数2412项,其中发明专利1029项；机构共拥有有效发明专利数5589项。当年获省级以上奖励有466项;当年技术服务量为69396次,技术服务收入为42.03亿元;当年转化科技成果7839项，技术成果转化收入60.29亿元；当年科技合同数35373项，技术合同金额89.05亿元。

按地域情况 机构地域分布情况。2013年,全省共有科学研究与技术开发机构504家，其中苏南330家,苏中84家,苏北90家。南京、苏州、常州、南通及无锡机构数全省位列前5位，分别为140家、83家、45家、40家及36家。

人员地域分布情况。2013年,苏南、苏中及苏北科学研究与技术开发机构从业人员分别为55879人、5143人及4526人，科技活动人员数分别为31042人、2789人及2806人,R&D人员数分别为21060人、1835人及1573人，科技活动人员占从业人员的比重分别为55.55%、54.23%和62%,R&D人员占科技活动人员的比重分别为67.84%、65.79%及56.06%。从总量上看,从业人员数最多的5市分别为南京(27922人)、苏州(13898人)、常州(7308人)、无锡(3696人)及南通(3375人)；科技活动人员数最多的5市分别为南京(17657人)、苏州(6563人)、无锡(2750人)、常州

(2571 人)及南通(1642 人);R&D 人员最多的 5 市分别为南京(12573 人)、苏州(4032 人)、无锡(2066 人)、常州(1891 人)及南通(1311 人)。从相对量上看,科技活动人员占从业人员比重靠前的 5 市分别为无锡(74.40%)、徐州(71.13%)、泰州(67.77%)、南京(63.24%)及扬州(62.71%)。R&D 人员占科技活动人员的比重最高的 5 市分别为无锡(55.90%)、南京(45.03%)、徐州(41.04%)、泰州(40.16%)及南通(38.84%)。

经费地域分布情况。2013 年,苏南、苏中及苏北经费内部支出总额分别为 391.58 亿元、14.80 亿元及 17.75 亿元,科技经费内部支出分别为 100.04 亿元、9.52 亿元及 6 亿元,R&D 经费内部支出分别为 64.06 亿元、7.76 亿元及 4.71 亿元,经费收入总额分别为 438.15 亿元、22.50 亿元及 20.02 亿元,科技活动收入额分别为 120.68 亿元、6.79 亿元及 6.35 亿元,科技活动收入中的政府资金分别为 60.21 亿元、3.02 亿元及 3.11 亿元。其中,经费内部支出总额最多的 5 市分别为苏州(151.78 亿元)、南京(150.47 亿元)、常州(60.47 亿元)、无锡(23.16 亿元)及南通(10.53 亿元);科技经费内部支出最多的 5 市分别为南京(63.32 亿元)、苏州(19.86 亿元)、无锡(9.37 亿元)、南通 6.35 亿元)及常州(4.30 亿元);R&D 经费内部支出最多的 5 个市分别为南京(41.89 亿元)、苏州(11.57 亿元)、无锡 6.47 亿元)、南通(5.79 亿元)及常州(3.20 亿元)。经费收入总额最多的 5 个市分别是南京(177.53 亿元)、苏州(161.41 亿元)、常州(66.19 亿元)、无锡 26.71 亿元)及南通(17.96 亿元);科技活动收入最多的 5 个市是南京(86.15 亿元)、苏州(21.66 亿元)、无锡(8.10 亿元)、徐州(3.04 亿元)及南通(2.88 亿元);科技活动收入中政府资金最多的分别为南京(44.07 亿元)、苏州(9.22 亿元)、无锡(3.89 亿元)、镇江(1.60 亿元)及常州(1.42 亿元)。

课题地域分布情况。从承担课题的数目上看,2013 年,苏南、苏中及苏北分别承担 7958 项、606 项及 694 项课题,其中 R&D 课题数分别为 6149 项、440 项及 469 项;苏南、苏中及苏北当年新增各类计划项目分别为 4313 项、243 项及 279 项;苏南、苏中及苏北当年承担横向课题数分别为 5595 项、61 项及 165 项。承担课题最多的 5 个市为南京(5934 项)、苏州(1250 项)、无锡(394 项)、南通(295 项)及扬州(280 项);承担 R&D 课题最多的 5 个市为南京(4450 项)、苏州(1070 项)、无锡(363 项)、南通(242 项)及扬州(168 项);当年新增各类计划项目最多的 5 个市分别为南京(3431 项)、苏州(508 项)、无锡(227 项)、扬州(121 项)、连云港(118 项)及南通(114 项);当年成承担横向课题数最多的 5 个市为南京(4747 项)、苏州(720 项)、无锡(97 项)、连云港(80 项)及宿迁(44 项)。从经费上看,2013 年,苏南、苏中及苏北课题经费支出内部合计分别为 65.69 亿元、7.42 亿元及 3.25 亿元,其中 R&D 课题经费内部支出分别为 49.95 亿元、5.24 亿元及 2.65 亿元;苏南、苏中及苏北当年计划项目总经费分别为 37.85 亿元、1.87 亿元及 1.55 亿元;苏南、苏中及苏北当年获得横向课题经费分别为 13.13 亿元、0.07 亿元及 0.36 亿元。课题经费支出内部合计最多的 5 个市分别为南京(47.35 亿元)、苏州(10.06 亿元)、南通(5.65 亿元)、无锡(4.54 亿元)及常州(2.94 亿元);R&D 课题内部支出最多的 5 个市为南京(34.06 亿元)、苏州(8.53 亿元)、无锡(4.26 亿元)、南通(3.76 亿元)及常州(2.74 亿元);当年计划项目总经费最多的 5 市分别为南京(28.75 亿元)、苏州(5.70 亿元)、常州(1.36 亿元)、南通(1.31 亿元)及无锡(1.18 亿元);当年获得横向课题经费最多的 5 个市分别为南京(7.02 亿元)、苏州(5.90 亿元)、无锡(0.17 亿元)、淮安(0.16 亿元)及连云港(0.14 亿元)。

从人员上看,2013 年,苏南、苏中及苏北课题投入人员分别为 21074.1 人年、1727.1 人年及 1627.1 人年;苏南、苏中及苏北 R&D 课题人员投入分别为 16321.5 人年、1442.3 人年及 1280.8 人年。课题投入人员最多的 5 市分别为南京(12854.1 人年)、苏州(3721.8 人年)、无锡(2035.9 人年)、常州(1767 人年)及南通(1186.4 人年);R&D 课题人员投入最多的 5 个市分别为南京(9391.2 人年)、苏州(3002.8 人年)、无锡(1906.4 人年)、常州(1680 人年)及南通(1009.2 人年)。

科技产出地域分布情况。2013 年,苏南、苏中及苏北分别发表科技论文 10821 篇、541 篇及 713 篇;出版科技著作 187 本、7 本及 30 本;专利申请授理数 4339 件、279 件及 508 件;专利授权数 2066 件、140 件及 206 件;当年获得省级以上奖励 431 次、24 次及 11 次;当年制定标准 536 项、80 项及 52 项;当年技术服务量 63925 次、2542 次及 2929 次;当年技术服务收入 36.11 亿元、1.26 亿元及4.67亿元；当年技术成果转换数分别为7696项、86项及57项；当年科技对外签订合同数分别为14884项、18920项及1569项;当年合同金额分别为72.92亿元、2.54亿元及13.59亿元；机构拥有种类科技平台数分别为402个、51个及76个。其中，全省发表论文前5位的城市是南京(7791篇)、苏州(1574篇)、无锡(769篇)、常州(405篇)及镇江(282篇);出版科技著作前6位的城市是南京(160本)、淮安(15本)、苏州(14本)、无锡(12本)、连云港(5本)及盐城(5本);专利申请数最多的5市分别是南京(1643件)、苏州(1504件)、常州(532件)、无锡(487件)及连云港(240件);专利授权数前5位的城市是南京(941件)、苏州(458件)、无锡(301件)、常州(300件)及南通(118件);当年获得省级以上奖励前5位的城市分别是南京(285个)、苏州(85个)、无锡(47个)、南通(13个)及镇江(9个);当年制定标准前5位的城市分别为南京(296个)、常州(102个)、苏州(79个)、南通(53个)及无锡(51个)。

总体来说,从全省区域上看,南京市无论从机构数目、人员配备上,还是在科技活动支持、科技成果等方面在全省都是遥遥领先，同时表现突出的是苏州市、无锡市、常州市及南通市,据全省领先地位。

按领域情况 2013年，全省科研机构分布在13个行业,其中农林牧渔业(80家)、制造业(95家)和科学研究技术服务业(237家)三大行业科研机构分布最多。

农林牧渔业科研机构情况。农林牧渔业中从业人员有8981人,R&D人员有2809人、经费支出总额为54.22亿元、R&D经费支出为8.70亿元、经费收入总额为55.51亿元（其中政府资金为13.95亿元)；机构办经济实体有38个、发表科技论文2400篇、专利申请受理数为739件、专利授权数为450件、当年获省级以上奖励为56项;当年技术服务量为7256次、技术服务收入为3277万元、当年转化科技成果为129项、科技成果转化收入为8504.8万元;课题数为2482个、课题经费支出为8.52亿元；当年新增各类计划项目为1807项、获总经费为6.04亿元;当年承担横向课题470项,获经费8787.4万元。

制造业科研机构情况。制造业中从业人员有19433人、R&D人员有5543人、经费支出总额为196.36亿元、R&D经费支出为17.42亿元、经费收入总额为219.59亿元（其中政府资金为7.26亿元)；发表科技论文1366篇、专利申请受理数为1198件、专利授权数为658件、当年获省级以上奖励为39项;当年技术服务量为8713次、当年转化科技成果为171项;课题数为923个、课题经费支出为15.47亿元；当年新增各类计划项目为366项、获总经费为2.34亿元;当年承担横向课题184项,获经费4217.1万元。

科学研究技术服务业科研机构情况。科学研究技术服务业中从业人员有23102人、R&D人员有10924人、经费支出总额为96.69亿元、R&D经费支出为35.65亿元、经费收入总额为114.15亿元(其中政府资金为35.79亿元);机构办经济实体有91个、发表科技论文5211篇、专利申请受理数为2625件、专利授权数为919件、当年获省级以上奖励198项;当年技术服务量为44161次、技术服务收入为14.19亿元、当年科技成果转化数为279项、科技成果转化收入为25.16亿元;课题数为3632个、课题经费支出为35.81亿元;当年新增各类计划项目为1646项、获总经费为19.64亿元;当年承担横向课题3496项,获经费4.04亿元。

按隶属关系 2013年,国家机构调查中,全省共有124家部省级以上科学技术研究与开发机构(未转制75家,已转制49家)上报数据,共拥有从业人员27362人,其中科技活动人员18684人,大学本科及以上学历15557人,R&D人员有14147人。经费收入总额为182.80亿元,科技经费筹集额为70.61亿元,其中政府拨款46.10亿元。经费支出总额为162.49亿元,科技经费支出65.10亿元,其中R&D经费内部支出45.0亿元。共有课题7349项，课题经费支出44.40亿元，课题投入13188人年;当年新增各类计划项目4160项,当年计划项目总经费为35.01亿元;当年承担横向课题5393项，获课题经费12.35亿元。发表论文8543篇,其中国外发表1914篇,出版科技著作157种,申请专利2597项,其中发明专利1870项,专利授权数1501项,其中发明专利742项,机构总共拥有有效发明专利数3284项。当年获省级以上奖励有197项,当年技术服务量为34006次,当年转化科技成果7547项,转化收入为27.78亿元。

中央部门属科研机构情况。2013年,国家机构调查中,全省共有42家中央部门属科学技术研究与开发机构(未转制19家,已转制23家)上报数据,共拥有从业人员12899人,其中科技活动人员9269人,大学本科及以上学历7777人,R&D人员有8087人。经费收入总额为101.34亿元,科技经费筹集额为41.30亿元,其中政府拨款25.19亿元。经费支出总额为90.95亿元,科技经费支出39.06亿元,其中R&D经费内部支出28.89亿元。共有课题4184项,课题经费支出26.67亿元,课题投入6502人年;当年新增各类计划项目1928项,当年计划项目总经费为25.05亿元;当年承担横向课题4728项,获课题经费11.03亿元。发表论文4171篇,其中国外发表1358篇,出版科技著作79种,申请专利1508项,其中发明专利1072项,专利授权数842项,其中发明专利408项,机构总共拥有有效发明专利数1623项。当年获省级以上奖励有107项,当年技术服务量为12152次,当年转化科技成果7265项,转化收入为19.84亿元。

省级政府部门属科研机构情况。2013年,国家机构调查中,全省共有82家省级政府部门属科学技术研究与开发机构(未转制机构56家,已转制机构26家)上报数据,共拥有从业人员14463人,其中科技活动人员9415人,大学本科及以上学历7780人,R&D人员有6060人。经费收入总额为81.47亿元,科技经费筹集额为29.32亿元,其中政府拨款20.91亿元。经费支出总额为71.54亿元,科技经费支出26.05亿元,其中R&D经费内部支出16.11亿元。共有课题3165项,课题经费支出17.73亿元,课题投入6688人年;当年新增各类计划项目2232项,当年计划项目总经费为9.96亿元;当年承担横向课题665项,获课题经费1.32亿元。发表论文4372篇,其中国外发表556篇,出版科技著作78种,申请专利1089项,其中发明专利798项,专利授权数659项,其中发明专利334项,机构总共拥有有效发明专利数1661项。当年获省级以上奖励有90项,当年技术服务量为21854次,当年技术服务收入为6.78亿元,当年转化科技成果282项,转化收入为7.94亿元。

市县属科研机构情况。2013年,国家机构调查中,全省共有市县属研究与开发机构146家,其中市属113家(未转制机构65家,已转制机构48家),县属研究与开发机构33家(未进行转制与未转制类型的区分)上报数据,共拥有从业人员8469人,其中科技活动人员4733人,大学本科及以上学历2899人,R&D人员有1662人。经费收入总额为37.43亿元,科技经费筹集额为10.75亿元,其中政府拨款5.88亿元。经费支出总额为27.22亿元,科技经费支出10.41亿元,其中R&D经费内部支出4.13亿元。共有课题500项,课题经费支出3.64亿元,课题投入2055人年;当年新增各类计划项目166项,当年计划项目总经费为0.81亿元;当年承担横向课题46项,获课题经费0.09亿元。发表论文883篇,其中国外发表34篇,出版科技著作12种,申请专利196项,其中发明专利92项,专利授权数170项,其中发明专利35项,机构总共拥有有效发明专利数165项。当年获省级以上奖励有99项,当年技术服务量为12839次,当年技术服务收入为4.95亿元,当年转化科技成果36项,转化收入为1.34亿元。

社会科学与人文科学机构情况。2013年,国家机构调查中,全省共有7家社会科学与人文科学机构上报数据,共拥有从业人员428人,其中科技活动人员408人,大学本科及以上学历361人,R&D人员有235人。经费收入总额为1.74亿元,科技经费筹集额为1.21亿元,其中政府拨款0.99亿元。经费支出总额为1.69亿元,科技经费支出1.01亿元,其中R&D经费内部支出0.44亿元。共有课题91项,课题经费支出0.42亿元,课题投入168人年;当年新增各类计划项目39项,当年计划项目总经费为0.02亿元;当年承担横向课题110项,获课题经费0.09亿元。发表论文704篇,出版科技著作29种。当年获省级以上奖励有2项,当年技术服务量为10300次,当年技术服务收入为0.21亿元,当年转化科技成果11项。

【全省中央部门属科学技术与研究开发机构】 2013年,全省共有56家部属院所(未转制19家,转制37家),其中苏南53家、苏中1家、苏北2家;19家部属未转制机构均地处苏南;37家部属转制机构中,苏南34家、苏中1家及苏北2家。在本年度国家机构调查中,除14家军工单位,全省共有42家中央部门属科学技术研究与开发机构(未转制19家,已转制23家)上报数据,共拥有从业人员12899人,经费收入总额为101.34亿元,经费支出总额为90.95亿元。共有课题4184项,课题经费支出26.67亿元,课题投入6502人年;当年新增各类计划项目1928项,当年计划项目总经费为25.05

亿元；当年承担横向课题4728项，获课题经费11.03亿元。发表论文4171篇，申请专利1508项，专利授权数842项，机构总共拥有有效发明专利数1623项。当年获省级以上奖励有107项，当年技术服务量为12152次，当年转化科技成果7265项，转化收入为19.84亿元。

未转制科研机构总体情况 从总量上看，2013年，全省部属19家未转制科研机构拥有从业人员5501人，R&D人员5209人，经费支出总额为33.56亿元，R&D经费内部支出为19.62亿元，机构办经济实体有27家，经费收入总额为36.44亿元（其中政府资金为21.05亿元）；发表科技论文3229篇，专利申请受理数为865件，专利授权数为392件，当年获省级以上奖励为67项，当年技术服务量为6979次，技术服务收入为5.34亿元，当年转化科技成果461项，获收入1.57亿元；课题数为3695个，课题经费支出为17.99亿元，当年新增各类计划项目为1737项，总经费为19.55亿元；当年承担横向课题4099项，获经费4.88亿元。

从户均值上看，2013年，全省部属未转制科研机构拥有户均从业人员290人，户均R&D人员274.16人，户均经费支出总额为1.77亿元，户均R&D经费内部支出为1.03亿元，户均经费收入总额为1.92亿元(其中户均政府资金为1.11亿元)；户均发表科技论文169.95篇，户均专利申请受理数为45.53件，户均专利授权数为20.63件，户均当年技术服务量为367.32次，户均技术服务收入为0.281亿元，户均当年转化科技成果24.26项，获收入0.083亿元；户均课题数为194.47项，户均课题经费支出为0.95亿元，户均当年新增各类计划项目为91.42项，户均新增项目总经费为1.029亿元；户均当年承担横向课题215.74项，户均横向课题获收入0.26亿元。

与省属未转制科研机构相比，部属未转制机构由于个体规模大、人员多，科研实力雄厚，更易获得国家支持，故部属未转制机构的R&D经费内部支出、国外发表论文数、有效发明专利数、课题数、课题经费内部支出、R&D课题数及R&D课题内部支出等指标总量在省级以上未转制机构中的占比较大，户均值也较省属具有明显优势。

已转制科研机构总体情况 2013年，全省上报数据的部属转制科研机构共23家。全省部属转制科研机构拥有从业人员7398人，R&D人员2878人，经费支出总额为57.39亿元，R&D经费内部支出为9.27亿元，机构办经济实体有10家，机构经费收入总额为64.90亿元（其中政府资金为4.15亿元）；发表科技论文942篇，专利申请受理数为643件，专利授权数为450件，当年获省级以上奖励为40项，当年技术服务量为5173次；课题数为489个，课题经费支出为8.68亿元，当年新增各类计划项目为191项，总经费为5.50亿元；当年承担横向课题629项，获收入6.15亿元。

从户均值上看，2013年，全省部属转制科研机构拥有户均从业人员321.65人，户均R&D人员125.13人，户均经费支出总额为2.50亿元，户均R&D经费内部支出为0.40亿元，户均经费收入总额为2.82亿元(其中户均政府资金为0.18亿元)；户均发表科技论文40.96篇，户均专利申请受理数为27.96件，户均专利授权数为19.57件，户均当年技术服务量为224.91次，户均技术服务收入为0.51亿元；户均课题数为21.26个，户均课题经费支出为0.38亿元，户均当年新增各类计划项目为8.30项，户均新增项目总经费为0.24亿元；户均当年承担横向课题27.35项，户均横向课题获收入0.27亿元。

与省属转制科研机构相比，部属转制机构优势突出，从总量上看，从业人员、R&D人员、经费收支总额、R&D经费内部支出、发表论文数、专利申请及授权数、有效发明专利数、课题数、课题经费内部支出、R&D课题数及R&D课题内部支出等主要指标均占全省省级以上转制部门属的比重较大。从户均值上看，户均从业人员、户均R&D人员、户均经费支出总额、户均R&D经费内部支出、户均经费收入总额、户均政府资金支持、户均科技论文、户均专利申请受理数、户均专利授权数、户均课题数、户均课题经费支出及户均新增计划项目经费等指标都明显优于省属转制科研机构。

对比数据

1. 中央部门属未转制科研机构

与2012年相比，2013年部属未转制机构清单中新增1家单位，为“江苏省气象科学研究所”(由省属未转制调入)。

人员情况。与2012年相比，2013年部属未转制科研机构从业人员增长6.71%；R&D人员数增长2.62%；R&D人员占从业人员数的比重与上年基本持平。

从2009—2013年连续发展的5年看,随着部属未转制机构科研力量的不断增强,机构中R&D人员及R&D人员占从业人员的比重大幅提升。2013年,部属未转制机构从业人员数5501人,与2009年相比增长10.26%;R&D人员数5209人,约为2009年的1.54倍;R&D人员占从业人员的比重由2009年的67.93%提升至94.69%,共提升了26.76个百分点。

经费情况。与2012年相比,2013年部属未转制科研机构经费收入及支出、R&D经费内部支出额及政府资金有升有降。2013年部属未转制科研机构经费收入总额36.44亿元,同比增长6.81%;其中政府资金经费支出总额21.05亿元,同比增长5.82%;经费支出总额33.56亿元,同比下降1.39个百分点;R&D经费内部支出额19.62亿元,同比增长3.04%。

从2009—2013年连续发展的5年看,部属未转制科研机构经费投入支出总体呈现上升趋势,经费收入总额、政府资金、经费支出总额及R&D经费内部支出分别为2009年的1.70倍、1.52倍、1.55倍及2.06倍。

课题及产出情况。2013年,部属未转制科研机构共承担课题3695项,课题经费内部支出17.99亿元,同比2012年课题数增长6.58%,课题经费增长2.27%,两项指标分别为2009年的1.46倍及1.60倍。

2013年,部属未转制科研机构共发表论文3229篇,比上年增长10.96%;专利申请受理数865件、专利授权数392件,比2012年分别实现增幅31.45%及16.58%;以上3项指标值分别为是2009年的1.43倍、6.92倍及5.23倍。当年制定标准54项;当年技术服务量6979次,技术服务收入5.34亿元;当年技术成果转化数分别为461项,技术成果转化收入1.57亿元;当年科技对外签订合同数分别为4065项;当年合同金额分别为11.62亿元;机构拥有种类科技平台数分别为49个,平台当年获省级以上奖励40项。

2. 中央部门属转制科研机构

与2012年相比,2013年部属转制机构清单中减少2家单位,分别是"南京中科天文仪器公司"及"中材国际南京水泥工业设计研究院"。

人员情况。2013年部属转制科研机构从业人员、R&D人员数同比减少约5.19%及23.96%;R&D人员占从业人员数的比重同比下降约9.61个百分点。

从2009—2013年连续发展的5年看,部属转制科研机构从业人员数及R&D人员分别为7398人及2878人,两项指标虽有所降低,分别是2009年的57.16%及60.59%,但R&D人员占从业人员的比重由2009年的36.70%提升至2013年的38.90%,上升了2.2个百分点。

经费情况。与2012年相比,2013年,部属转制科研机构经费收入、总额经费支出总额及R&D经费内部支出与上年相比均有所下降,政府资金与上年相比有所上升。其中,经费收入总额达64.90亿元,同比上年下降8.20%;政府资金4.15亿元,同比上年上升20.23%;经费支出总额达57.39亿元,同比上年下降4.85%;R&D经费支出总额9.27亿元,同比上年下降54.70%。

从2009—2013年连续发展的5年看,部属转制机构经费投入均有所下降。2013年经费收入总额、政府资金、经费支出总额及R&D经费支出分别为2009年的53.63%、44.50%、50.59%、60.48%。

课题及产出情况。2013年,部属转制科研机构共承担课题489项,课题经费内部支出8.68亿元,同比2012年,两项指标均下降16.77%及71.74%,分别为2009年的54.94%及65.50%。

2013年,部属转制科研机构共发表论文942篇、专利申请受理数643件、专利授权数450件,同比2012年,发表论文下降28.47%,专利申请受理数和专利授权数上升19.36%及12.11%,三项指标分别是2009年的48.04%、1.11倍和1.81倍。当年制定标准205项;当年技术服务量5173次;当年技术成果转化数分别为6808项;机构拥有种类科技平台数分别为51个,平台当年获省级以上奖励313项。

【全省省属科学技术与研究开发机构】 2013年,全省共有82家省属院所(未转制56家,转制26家),其中,苏南65家、苏中4家、苏北13家;56家省属未转制机构中,苏南41家,苏中4家,苏北11家;26家省属转制机构中,苏南24家,苏北2家。在本年度国家机构调查中,全省共有82家省级政府部门属科学技术研究与开发机构(未转制机构56家,已转制机构26家)上报数据,共拥有从业人员14463人,其中科技活动人员9415人。经费收入总额为81.47亿元，经费支出总额为71.54亿元。共有课题3165项，当年新增各类计划项目2232项，当年承担横向课题665项。发表论文4372篇，出版科技著作78种，申请专利1089项，专利授权数659项，机构总共拥有有效发明专利数1661项。当年获省级以上奖励有90项，当年技术服务量为21854次，当年转化科技成果282项。

省属未转制科研机构总体情况 2013年，全省省属未转制科研机构拥有从业人员9919人，R&D人员4312人，经费支出总额为49.08亿元，R&D经费内部支出为12.43亿元，机构办经济实体有51家，经费收入总额为53.55亿元(其中政府资金为20.35亿元)；发表科技论文3876篇，专利申请受理数为789件，专利授权数为507件，当年获省级以上奖励为56项，当年技术服务量为17026次，技术服务收入为3.75亿元，当年转化科技成果104项，获收入0.48亿元；课题数为2841个，课题经费支出为13.83亿元，当年新增各类计划项目为2075项，总经费为6.67亿元；当年承担横向课题497项，获横向课题经费0.88亿元。

从户均值上看，2013年，全省省属未转制科研机构拥有户均从业人员177.13人，户均R&D人员77.0人，户均经费支出总额为0.88亿元，户均R&D经费内部支出为0.22亿元，户均经费收入总额为0.96亿元(其中户均政府资金为0.36亿元)；户均发表科技论文69.21篇，户均专利申请受理数为14.09件，户均专利授权数为9.05件，户均当年技术服务量为304.04次，户均技术服务收入为0.067亿元，户均当年转化科技成果1.86项，获收入0.0087亿元；户均课题数为50.73个，户均课题经费支出为0.25亿元，户均当年新增各类计划项目为37.05项，户均新增项目总经费为0.12亿元；户均当年承担横向课题8.88项，户均横向课题获收入0.015亿元。

与部属未转制科研机构相比，从总量上看，省属未转制科研机构由于家数多，其从业人员数、科技活动人员、经费内部支出总额、经费收入总额、科技活动收入、政府资金、发表科技论文、出版科技著作、专利申请数及专利授权数等指标均高于全省部属未转制机构。但从户均值上看，省属未转制科研机构各项指标均落后于部属院所，与部属院所的科研实力还存在较大差距。

省属已转制科研机构总体情况 2013年，全省上报数据的省属转制科研机构共26家。全省省属转制科研机构拥有从业人员4544人，R&D人员1748人，经费支出总额为22.46亿元，R&D经费内部支出为3.68亿元，机构办经济实体有7家，经费收入总额为27.92亿元（其中政府资金为0.55亿元)；发表科技论文496篇，专利申请受理数为300件，专利授权数为152件，当年获省级以上奖励为34项，当年技术服务量为4828次，技术服务收入为3.03亿元，当年转化科技成果178项，获收入7.46亿元；课题数为324个，课题经费支出为3.89亿元，当年新增各类计划项目为157项，总经费为3.29亿元；当年承担横向课题168项，获收入0.44亿元。

从户均值上看，2013年，全省省属转制科研机构拥有户均从业人员174.77人，户均R&D人员67.23人，户均经费支出总额为0.86亿元，户均R&D经费内部支出为0.14亿元，户均经费收入总额为1.07亿元（其中户均政府资金为0.021亿元)；户均发表科技论文19.08篇，户均专利申请受理数为11.54件，户均专利授权数为5.85件，户均当年技术服务量为185.69次，户均技术服务收入为0.12亿元；户均课题数为12.46个，户均课题经费支出为0.150亿元，户均当年新增各类计划项目为6.04项，户均新增项目总经费为0.13亿元；户均当年承担横向课题6.46项，户均横向课题获收入0.017亿元。

与部属转制科研机构相比，省属转制科研机构各项指标普遍偏弱。从总量上看，仅在生产经营活动人员、当年技术成果转化、当年技术成果转化收入等6项指标上占全省省级以上转制部门属的比重稍高。从户均值上看，仅在户均技术服务量、户均技术服务收入2项指标方面稍具优势。

对比数据

1. 省属未转制科研机构

与2012年相比，2013年省属未转制机构清单新增4家单位，分别为“江苏省品牌(商标)研究院”“江苏省未来网络创新研究院”“江苏省中医临床研究院”及“江苏中科院智能科学技术应用研究院”；同时，在2012年名单基础上，减少1家单位，“江苏省气象科学研究所”(调入部属未转制)。

人员情况。与2012年相比，2013年，省属未转制科研机构从业人员出现下降，但R&D人员及R&D人员占从业人员的比重均有所上升。2013

年，省属未转制机构从业人员 9919 人、R&D 人员 4312 人，比上年分别下降 5.47%及上升 0.68%；R&D 人员占从业人员的比重为 43.47%，与上年相比上升 2.65 个百分点。

从 2009—2013 年连续发展的 5 年看，省属未转制机构人员投入总体呈增长态势，前 4 年实现连续增长，2013 年出现一定幅度的下跌波动。2013 年从业人员数及 R&D 人员数分别是 2009 年的 1.17 倍、1.04 倍；R&D 人员占从业人员的比重由 2009 年的 48.79%提高至 2013 年的 43.47%，下降了 5.32 个百分点。

经费情况。与 2012 年相比，2013 年，省属未转制科研机构经费收入总额、政府资金、经费支出总额及 R&D 经费内部支出均呈增长趋势。其中，经费收入总额达 48.30 亿元，同比上年增长 15.89%；政府资金达 22.16 亿元，同比上年增长 16.64%；经费支出总额达 44.34 亿元，同比上年增加 24.13%；R&D 经费支出总额达 12.09 亿元，同比上年增加 34.14%。

从 2009—2013 年连续发展的 5 年看，省属未转制机构经费投入及支出均呈现增长趋势。2013 年经费收入总额、政府资金、经费支出总额及 R&D 经费支出分别为 2009 年的 1.95 倍、1.70 倍、1.91 倍及 2.81 倍。

课题及产出情况。2013 年，省属未转制科研机构共承担课题 2841 项，课题经费内部支出 13.83 亿元，同比 2012 年，课题数上升 8.19%，但课题经费下降 3.27 个百分点，两项指标分别为 2009 年的 1.37 倍及 1.80 倍。

2013 年，省属未转制科研机构共发表论文 3876 篇、专利申请受理数 789 件、专利授权数 507 件，同比 2012 年，发表论文下降 13.17 个百分点，其余两项指标分别实现增幅 2.20%及 32.03%，三项指标分别是 2009 年的 1.18 倍、2.87 倍、7.14 倍。当年技术服务量 17026 次；当年技术服务收入 3.75 亿元；当年技术成果转化数分别为 104 项；当年成果转化收入 0.48 亿元；当年科技对外签订合同数分别为 1359 项；当年合同金额分别为 4.32 亿元；机构拥有种类科技平台数分别为 117 个，平台当年获省级以上奖励 8 项。

2. 省属已转制科研机构

2013 年省属已转制机构名单与 2012 年相比，没有变化。

人员情况。与 2012 年相比，2013 年省属转制科研机构从业人员 4544 人，R&D 人员数 1748 人，与上年基本持平。

从 2009—2013 年连续发展的 5 年看，省属转制科研机构从业人员数有所下降，R&D 人员数有所提升，分别是 2009 年的 78.71%及 1.27 倍，R&D 人员占从业人员的比重所由 2009 年的 23.85%上涨至 2013 年的 38.47%，上升了近 14.62 个百分点。

经费情况。与 2012 年相比，2013 年，省属转制科研机构经费收入总额及 R&D 经费内部支出总额均呈增长态势，经费支出及政府资金出现下降态势。其中，经费收入总额达 27.91 亿元，同比上年增长 1.46%；政府资金达 0.55 亿元，比上年下降 44.44%；经费支出总额达 22.46 亿元，同比上年下降 0.9%，R&D 经费支出总额达 3.67 亿元，同比上年上升 21.63%。

从 2009—2013 年连续发展的 5 年看，省属转制机构经费投入及支出均呈现增长趋势。2013 年经费收入总额、政府资金、经费支出总额及 R&D 经费支出分别为 2009 年的 1.13 倍、0.63 倍、1.11 倍及 2.63 倍。

课题及产出情况。2013 年，省属转制科研机构共发表论文 496 篇，较 2012 年下降 12.21%；专利申请受理数为 300 件，专利授权数为 152 件，与 2012 年相比分别下降 1.32%及 20.42%；课题数为 324 个，与 2012 年相比增长 22.26%；课题经费支出为 3.89 亿元，与 2012 年相比增长 7.98%。当年制定标准 87 项；当年技术服务量 4828 次；当年技术服务收入 3.03 亿元；当年技术成果转换数分别为 178 项；当年科技对外签订合同数分别为 1802 项；当年合同金额分别为 17.98 亿元；机构拥有种类科技平台数分别为 27 个，平台当年获省级以上奖励 3 项。

【全省有 R&D 活动的其他研究与开发机构】

总体情况 2013 年，除部属和省属以外，全省上报数据的其他各类社会有 R&D 活动自然科学类单位共有 373 家。拥有从业人员 37758 人，R&D 人员 10086 人，经费支出总额为 259.95 亿元，R&D 经费内部支出为 31.10 亿元，发表科技论文 2828 篇，专利申请受理数为 2529 件，专利授权数为 911 件，当年获省级以上奖励为 267 项，当年技术服务量为35390次，技术服务收入18.16亿元，当年技术成果转化数292项，成果转化收入32.51亿元，当年签订技术合同24178项。合同成交额34.32亿元；新增各类计划项目为636项，总经费为6.25亿元；当年承担横向课题318项，获收入1.13亿元。

按机构类型情况　市属科技机构情况。全省上报数据的市属科技机构共113家，拥有从业人员7812人，R&D活动人员1519人，R&D经费支出总额为4.03亿元，承担各类课题424项，课题总经费3.50亿元。发表科技论文761篇。申请专利184件，授权专利166件。从2009年以来，市属科技机构发展比较平稳，从业人员数从6361人增加到2013年的7812人，R&D活动人员数从992人增加到1519人；R&D经费内部支出4.03亿元，比2012年增长10.17%；2013年承担各类课题424项，2009年以来一直保持400项以上，课题经费增长较快，从2009年的1.77亿元增加到3.50亿元，增加了49.43%。科技产出增加较快，2013年，专利申请184件，授权166件，发表各类论文761篇，分别比2009年增加了35.87%、30.72%和25.10%。

县属自然科学类研究与技术开发机构情况。全省上报数据的县属研究与技术开发机构共有33家，拥有从业人员657人，R&D人员143人，经费支出总额为0.93亿元，R&D经费内部支出为0.097亿元，发表科技论文122篇，专利申请受理数为12件，专利授权数为4件，当年签订技术合同8项，合同成交额397万元。从总体来看，县属自然科学类研究与技术开发机构情况不容乐观，人员流失严重，经费收入情况波动较大。

有R&D活动的非政府部门属研究与开发机构情况。全省上报数据的有R&D活动的非政府部门属研究与开发机构共有227家，拥有从业人员29289人，R&D人员8424人，经费支出总额为232.74亿元，R&D经费内部支出为26.97亿元，机构办经济实体48个，实现经济收入7.59亿元。发表科技论文1945篇，专利申请受理数为2333件，专利授权数为741件，当年获省级以上奖励为168项，当年技术服务量为22551次，技术服务收入13.22亿元，当年技术成果转化数256项，成果转化收入31.16亿元，当年签订技术合同22099项，合同成交额24.31亿元；新增各类计划项目为470项，总经费为5.44亿元；当年承担横向课题272项，获收入1.03亿元。

【全省社会科学与人文科学机构】　2013年，全省社会科学与人文科学机构有R&D活动单位共有7家。拥有从业人员428人，R&D人员235人，经费支出总额为1.69亿元，R&D经费内部支出为0.44亿元，发表科技论文704篇，当年获省级以上奖励为2项，当年新增各类计划项目为39项，总经费为183万元；当年承担横向课题110项，获经费875万元。近年来，全省社会科学与人文科学机构人员变化不大，经费总体趋势在增加，但科技成果波动起伏较大。

（江苏省科学技术厅科技机构与条件处）

表10-18　全部科研机构基本情况

		单位	合计	自然科学和技术研究与开发机构						科学技术信息和文献机构			县属	社会科学领域的研究与开发机构	非政府部门属的机构和有R&D活动事业单位	
				部属		省属		地市属		省属		地市属			省属	其他R&D活动单位
				未转制	转制	未转制	转制	未转制	转制	未转制	转制	未转制			未转制	
投入	机构数	个	504	19	23	48	24	54	48	2	2	11	33	7	6	227
	从业人员	人	65548	5501	7398	8765	4505	2324	5204	239	39	284	657	428	915	29289
	科技活动人员	人	36637	4735	4534	6222	2219	1651	2322	215	8	263	497	408	751	12812
	大学本科及以上学历	人	29302	4067	3710	5119	1791	1176	1300	167	7	197	226	361	696	10485

续表 10–18

		单位	合计	自然科学和技术研究与开发机构						科学技术信息和文献机构			县属	社会科学领域的研究与开发机构	非政府部门属的机构和有R&D活动事业单位	
				部属		省属		地市属		省属		地市属			省属	其他R&D活动单位
				未转制	转制	未转制	转制	未转制	转制	未转制	转制	未转制			未转制	
投入	生产经营活动人员	人	22231	182	2186	448	1956	405	2397	13	31	0	87	0	103	14423
	其他人员	人	6680	584	678	2095	330	268	485	11	0	21	73	20	61	2054
	R&D 人员	人	24468	5209	2878	3759	1748	424	1055	36	0	40	143	235	517	8424
	经费内部支出总额	千元	42412940	3355788	5738974	4136742	2220950	725828	1837171	111795	25195	65872	92741	169206	659105	23273573
	科技经费支出	千元	11555838	2610025	1295526	1885446	445636	456506	472107	78578	717	49637	62292	100716	194491	3904161
	生产经营支出	千元	26284195	249724	4255694	238300	1671333	111003	1318278	12833	19395	2255	7364	0	89740	18308276
	其他支出	千元	4572907	496039	187754	2012996	103981	158319	46786	20384	5083	13980	23085	68490	374874	1061136
	R&D 经费内部支出	千元	7653571	1962383	926597	1093898	367501	121910	278786	3976	0	2283	9687	44177	145215	2697158
	机构办经济实体个数	个	3047	27	10	25	7	2	2902	0	0	0	0	0	26	48
产出	经济实体实现收入	千元	4200565	353402	1658200	393639	128312	108	23362	0	0	0	0	0	884268	759274
	经费收入总额	千元	48067058	3644001	6489702	4959978	2766370	840177	2726278	126298	25375	67453	108639	173614	268702	25870471
	科技活动收入	千元	13382325	2899378	1230429	2285931	429986	447883	470357	107942	716	61645	94798	121281	107107	5124872
	政府资金	千元	6634750	2104758	414736	1879270	55321	408492	25031	81118	150	61027	93071	98927	74949	1337900
	生产经营收入	千元	30536114	310691	5095648	282244	2236489	283796	2029188	12899	19576	0	2367	3000	86560	20173656
	其他收入	千元	4148619	433932	163625	2391803	99895	108498	226733	5457	5083	5808	11474	49333	75035	571943
	发表科技论文	篇	12075	3229	942	3317	496	618	96	117	0	47	122	704	442	1945
	国外发表	篇	2377	1301	57	463	6	30	4	2	0	0	0	0	85	429
	出版科技著作	种	224	64	15	57	0	7	1	6	0	0	4	29	15	26
	专利申请受理数	件	5126	865	643	602	300	53	131	13	0	0	12	0	174	2333
	发明专利	件	3381	676	396	459	209	28	56	5	0	0	8	0	125	1419
	专利授权数	件	2412	392	450	401	152	33	133	7	0	0	4	0	99	741
	发明专利	件	1029	285	123	246	73	13	18	1	0	0	4	0	14	252
	有效发明专利总数	件	5589	941	682	875	530	76	83	1	0	0	6	0	255	2140
	当年获省级以上奖励	项	466	67	40	54	34	21	78	0	0	0	0	2	2	168
	当年引进高层次人才	人	384	55	30	39	46	4	46	0	0	0	0	0	3	161
	当年制定标准	项	668	54	205	232	87	17	27	4	0	0	4	0	5	33

续表 10–18

		单位	合计	自然科学和技术研究与开发机构						科学技术信息和文献机构			县属	社会科学领域的研究与开发机构	非政府部门属的机构和有R&D活动事业单位	
				部属		省属		地市属		省属		地市属			省属	其他R&D活动单位
				未转制	转制	未转制	转制	未转制	转制	未转制	转制	未转制			未转制	
产出	当年技术服务量	次	69396	6979	5173	5226	4828	10046	1863	1500	0	600	330	0	10300	22551
	当年技术服务收入	千元	4203394	533738	1175010	353756	303072	246742	247010	500	0	42	871	0	21145	1321508
	当年技术成果转化数	项	7839	461	6804	93	178	14	16	0	0	0	6	0	11	256
	当年科技成果转化收入	千元	6028613	156950	1826825	48323	745808	6380	125059	0	0	0	2955	0	1	3116312
	当年科技对外签订技术合同数	项	35373	4065	3969	1328	1802	746	1325	0	0	0	8	0	31	22099
	当年合同金额	千元	8905145	1161789	2081209	420427	1797904	159771	837367	0	0	0	3970	0	11775	2430933
	机构拥有种类科技平台数	个	529	49	51	105	27	12	30	1	0	4	4	0	11	235
	平台当年获得省级以上奖励	项	699	40	313	8	3	1	302	0	0	0	0	0	0	32
	平台当年获得收入	千元	1667019	323424	557164	97071	19256	2118	490350	0	0	0	0	0	7674	169962
课题	课题数	个	9258	3695	489	2743	324	212	190	21	0	22	76	91	77	1318
	课题经费支出内部合计	千元	7635555	1799027	868040	1221468	389357	105512	237006	39054	0	7149	14727	41602	122651	2789962
	课题投入人员	人年	24428	3575	2927	4206	1813	496	1236	139	0	66	257	168	530	9016
	R&D 人员	人年	19045	2821	2380	2802	1532	299	839	13	0	23	114	158	444	7620
	R&D 课题数	个	7058	2999	362	1931	245	122	124	7	0	5	43	87	63	1070
	R&D 课题经费内部支出	千元	5784177	1361412	623502	775696	338903	67402	200535	3692	0	2173	8964	37762	86848	2277289
	当年新增各类计划项目	项	4835	1737	191	2039	157	111	43	5	0	1	11	39	31	470
	承担国家和省部级计划项目	项	1913	894	98	631	87	25	4	3	0	0	6	18	21	126
	当年计划项目总经费	千元	4127643	1954722	550434	628554	329029	45011	29896	1720	0	720	5133	1828	36602	543994
	承担国家和省部级项目总经费	千元	2476154	1596068	103785	463002	135858	12924	800	340	0	0	2635	928	23412	136402
	当年承担横向课题数	项	5821	4099	629	449	167	31	9	15	0	0	6	110	33	272
	当年获得横向课题经费	千元	1356696	488018	615459	77663	43501	6830	1900	800	0	0	610	8750	9971	103194

表 10-19 全省科技机构按地域分布基本情况

	指标名称	单位	南京	无锡	徐州	常州	苏州	南通	连云港	淮安	盐城	扬州	镇江	泰州	宿迁
投入	机构数	个	140	36	24	45	83	40	28	13	17	16	26	28	8
	从业人员	人	27922	3696	1742	7308	13898	3375	1295	578	529	1011	3055	757	382
	科技活动人员	人	17657	2750	1239	2571	6563	1642	789	317	314	634	1501	513	147
	大学本科及以上学历	人	15156	2210	654	1843	5418	1018	665	247	186	428	1025	325	127
	生产经营活动人员	人	6385	767	388	4340	6212	1487	328	238	165	229	1265	199	228
	其他人员	人	3880	179	115	397	1123	246	178	23	50	148	289	45	7
	R&D 人员	人	12573	2066	715	1891	4032	1311	419	155	194	220	498	304	90
	经费内部支出总额	千元	15047006	2316386	914621	6047034	15177794	1052943	575215	163998	88797	267285	569665	159620	32576
	科技经费支出	千元	6332313	936910	282851	430483	1986483	634515	137229	90184	66619	166266	317939	151251	22795
	生产经营支出	千元	4935836	1115403	578569	5548977	13025034	358685	425418	4607	13353	66309	205967	3797	2240
	其他支出	千元	3778857	264073	53201	67574	166277	59743	12568	69207	8825	34710	45759	4572	7541
	R&D 经费内部支出	千元	4188506	647351	328408	320348	1157169	578881	69542	30998	31017	87255	93007	110106	10983
	机构办经济实体个数	个	48	37	0	13	2924	1	3	0	0	12	7	0	2
产出	经济实体实现收入	千元	864225	976778	0	1655620	160587	468080	502	0	0	41968	32762	0	43
	经费收入总额	千元	17753007	2671145	1079649	6619001	16140829	1795693	636301	183668	78123	283134	630631	171554	24323
	科技活动收入	千元	8614668	810014	304203	242115	2166371	287722	171715	87969	56085	228263	234838	162943	15419
	政府资金	千元	4407343	389446	112269	142386	922239	114536	68550	64868	52707	132072	159566	55712	13056
	生产经营收入	千元	5997082	1601619	729622	6289164	13606281	1453920	444309	6089	10352	30472	354143	5776	7285
	其他收入	千元	3141257	259512	45824	87722	368177	54051	20277	89610	11686	24399	41650	2835	1619
	发表科技论文	篇	7791	769	185	405	1574	191	208	66	184	277	282	73	70
	国外发表	篇	1564	147	1	83	417	1	20	17	0	40	43	22	22
	出版科技著作	种	160	12	4	0	14	2	5	15	4	3	1	2	2
	专利申请受理数	件	1643	487	51	532	1504	225	240	14	34	45	173	9	169
	发明专利	件	1083	363	23	303	1142	143	99	13	19	33	119	7	34
	专利授权数	件	941	301	69	300	458	118	51	7	17	21	66	1	62
	发明专利	件	478	83	15	55	242	67	21	7	5	13	29	1	13
	有效发明专利总数	件	2254	894	43	673	964	306	150	15	15	56	128	52	39
	当年获省级以上奖励	项	285	47	5	5	85	13	5	0	0	7	9	4	1
	当年引进高层次人才	人	155	19	1	32	109	4	28	0	4	14	7	1	10
	当年制定标准	项	296	51	5	102	79	53	31	2	2	27	8	0	12
	当年技术服务量	次	38695	3698	28	1764	17948	731	2291	0	135	1181	1820	630	475
	当年技术服务收入	千元	2029780	305733	100	19069	1071710	118764	465298	0	752	5983	184486	800	919

续表 10-19

	指标名称	单位	南京	无锡	徐州	常州	苏州	南通	连云港	淮安	盐城	扬州	镇江	泰州	宿迁
产出	当年技术成果转化数	项	7410	41	6	25	214	73	37	1	6	13	6	0	7
	当年科技成果转化收入	千元	963392	48968	121321	1464690	2456436	610508	347410	1033	3400	6461	4914	0	80
	当年科技对外签订技术合同数	项	10573	845	1033	196	2881	18846	488	0	2	66	389	8	46
	当年合同金额	千元	4761683	511017	559800	120815	1735173	214589	791580	0	2820	37958	163770	1000	4940
	机构拥有种类科技平台数	个	163	59	6	25	139	19	45	0	13	25	16	7	12
	平台当年获得省级以上奖励	项	33	318	2	4	336	1	2	0	0	2	0	1	0
	平台当年获得收入	千元	444800	36316	488460	129508	535401	1073	24448	0	788	1291	2434	2000	500
课题	课题数	个	5934	394	100	145	1250	295	208	145	197	280	235	31	44
	课题经费支出内部合计	千元	4734758	454065	160735	293514	1006468	564950	87462	50130	17899	66662	80513	110106	8293
	课题投入人员	人年	12854.1	2035.9	682	1767	3721.8	1186.4	480.6	173.2	214.4	262.7	695.3	278	76.9
	其中 R&D 人员	人年	9391.2	1906.4	594	1680	3002.8	1009.2	382	99.1	131.8	161.1	341.1	272	73.9
	R&D 课题数	个	4450	363	74	128	1070	242	142	80	133	168	138	30	40
	R&D 课题经费内部支出	千元	3406374	425536	153315	273554	853259.8	376372	63881	29615	10531	38224	35849	109768	7898
	当年新增各类计划项目	项	3431	227	11	54	508	114	118	51	77	121	93	8	22
	承担国家和省部级计划项目	项	1194	123	2	12	253	66	62	28	48	84	28	4	9
	当年计划项目总经费	千元	2874699	118104	2350	135697	570495	131498	40334	92424	15878	54134	86898	1400	3732
	承担国家和省部级项目总经费	千元	1972098	40479	1100	25748	243766	21551	8826	76430	11286	49216	22134	1300	2220
	当年承担横向课题数	项	4747	97	0	11	720	34	80	23	18	25	20	2	44
	当年获得横向课题经费	千元	701740	17054	0	3400	590171	4556	14092	16000	722	2923	930	400	4708

表 10-20　科研机构服务的行业领域分布情况——农、林、牧、渔业

	指标名称	单位	农、林、牧、渔业								
			合计	自然科学和技术研究与开发机构						县属	非政府部门属的机构和有 R&D 活动事业单位
				部属		省属		地市属			
				未转制	转制	未转制	转制	未转制	转制		
投入	机构数	个	80	2	3	16	2	15	4	31	7
	从业人员	人	8981	257	346	3130	178	373	129	619	3949
	科技活动人员	人	4056	210	305	2281	60	301	38	473	388
	大学本科及以上学历	人	2982	173	225	1901	39	174	20	210	240

续表 10-20

	指标名称	单位	农、林、牧、渔业								
			合计	自然科学和技术研究与开发机构						县属	非政府部门属的机构和有 R&D 活动事业单位
				部属		省属		地市属			
				未转制	转制	未转制	转制	未转制	转制		
投入	生产经营活动人员	人	4027	37	12	273	118	36	86	87	3378
	其他人员	人	898	10	29	576	0	36	5	59	183
	R&D 人员	人	2809	53	234	1889	41	100	14	143	335
	经费内部支出总额	千元	5421807	122612	146586	1110361	90003	95951	12395	84718	3759181
	科技经费支出	千元	1232952	68539	121823	816637	9756	67723	5851	60765	81858
	生产经营支出	千元	3800021	42378	1899	9851	80177	2114	5157	7364	3651081
	其他支出	千元	388834	11695	22864	283873	70	26114	1387	16589	26242
	R&D 经费内部支出	千元	870090	18401	100170	646054	5986	27522	4429	9687	57841
	机构办经济实体个数	个	38	8	2	23	3	2	0	0	0
产出	经济实体实现收入	千元	509880	45058	3630	390849	70235	108	0	0	0
	经费收入总额	千元	5551338	140170	146659	1313610	71065	110233	14697	97193	3657711
	科技活动收入	千元	1604976	93144	121984	1156367	9329	94777	3624	85672	40079
	政府资金	千元	1394479	83574	102863	999066	544	92848	2800	83945	28839
	生产经营收入	千元	3699566	43657	4019	9952	61536	1284	9686	2367	3567065
	其他收入	千元	246796	3369	20656	147291	200	14172	1387	9154	50567
	发表科技论文	篇	2400	241	154	1692	15	100	14	117	67
	国外发表	篇	245	46	15	177	0	2	0	0	5
	出版科技著作	种	68	9	11	41	0	1	0	4	2
	专利申请受理数	件	739	141	84	463	1	19	5	9	17
	发明专利	件	584	102	37	408	1	16	2	6	12
	专利授权数	件	450	74	79	276	2	11	2	4	2
	发明专利	件	290	48	29	198	2	8	1	4	0
	有效发明专利总数	件	1067	224	48	732	30	24	1	6	2
	当年获省级以上奖励	项	56	13	6	29	1	5	2	0	0
	当年引进高层次人才	人	16	5	0	11	0	0	0	0	0
	当年制定标准	项	247	13	4	208	0	14	3	4	1
	当年技术服务量	次	7256	26	2396	1857	1200	1218	200	330	29
	当年技术服务收入	千元	32770	408	5099	14380	8999	363	150	871	2500
	当年技术成果转化数	项	129	9	8	84	8	11	3	6	0
	当年科技成果转化收入	千元	85048	1200	2890	34693	38230	4880	200	2955	0
	当年科技对外签订技术合同数	项	242	21	58	124	6	23	2	8	0
	当年合同金额	千元	126789	659	16569	96549	7090	1802	150	3970	0
	机构拥有种类科技平台数	个	125	6	20	89	1	7	2	3	0
	平台当年获得省级以上奖励	项	315	10	0	5	0	0	300	0	0
	平台当年获得收入	千元	25968	0	0	25438	0	30	500	0	0
课题	课题数	个	2482	58	95	2122	17	86	14	69	21
	课题经费支出内部合计	千元	852163	22448	97786	607629.4	8346	43047	4697	11796.6	56413
	课题投入人员	人年	3181.2	133.2	298	2000.5	56	185.7	29	238	240.8
	其中 R&D 人员	人年	2134.2	47	216.3	1418.6	39	74.3	14	113.8	211.2
	R&D 课题数	个	1729	32	63	1520	14	29	11	43	17

续表 10-20

	指标名称	单位	农、林、牧、渔业								
			合计	自然科学和技术研究与开发机构						县属	非政府部门属的机构和有 R&D 活动事业单位
				部属		省属		地市属			
				未转制	转制	未转制	转制	未转制	转制		
课题	R&D 课题经费内部支出	千元	575111.7	9175	69599	409074.7	4546	19699	4195	8964	49859
	当年新增各类计划项目	项	1807	111	66	1581	1	25	9	11	3
	承担国家和省部级计划项目	项	708	89	66	529	1	13	1	6	3
	当年计划项目总经费	千元	604212	7385	117643	436148	8200	23120	3300	5133	3283
	承担国家和省部级项目总经费	千元	427176	6741	49910	352841	444	10981	800	2635	2824
	当年承担横向课题数	项	470	46	49	363	6	2	2	2	0
	当年获得横向课题经费	千元	87874	1842	15519	62863	7090	180	300	80	0

表 10-21 科研机构服务的行业领域分布情况——制造业

	指标名称	单位	制造业								
			合计	自然科学和技术研究与开发机构						科学技术信息和文献机构	非政府部门属的机构和有 R&D 活动事业单位
				部属		省属		地市属		省属	
				未转制	转制	未转制	转制	未转制	转制	转制	
投入	机构数	个	95	2	11	4	16	5	30	2	25
	从业人员	人	19433	430	3765	1405	1892	584	3148	39	8170
	科技活动人员	人	8264	389	2082	869	1149	359	1356	8	2052
	大学本科及以上学历	人	5831	353	1506	746	859	288	573	7	1499
	生产经营活动人员	人	9427	10	1265	4	586	204	1558	31	5769
	其他人员	人	1742	31	418	532	157	21	234	0	349
	R&D 人员	人	5543	375	1338	470	753	110	679	0	1818
	经费内部支出总额	千元	19636127	192549	3526047	640639	1095010	179080	858509	25195	13119098
	科技经费支出	千元	2284774	162557	498782	163419	290705	157929	202330	717	808335
	生产经营支出	千元	16622718	0	2991790	554	705746	11280	627913	19395	12266040
	其他支出	千元	728635	29992	35475	476666	98559	9871	28266	5083	44723
	R&D 经费内部支出	千元	1741665	154062	386251	47615	216205	63544	139564	0	734424
	机构办经济实体个数	个	2913	0	8	0	2	0	2900	0	3
产出	经济实体实现收入	千元	2193398	0	1654570	0	4706	0	2900	0	531222
	经费收入总额	千元	21959298	218710	3918952	726708	1258316	195037	1377628	25375	14238572
	科技活动收入	千元	1611407	214551	266396	181276	320770	167443	134389	716	325866
	政府资金	千元	726148	196723	131055	172060	25262	149136	18963	150	32799
	生产经营收入	千元	19573409	0	3608815	3977	849161	23323	1216443	19576	13852114
	其他收入	千元	774482	4159	43741	541455	88385	4271	26796	5083	60592
	发表科技论文	篇	1366	299	272	532	104	88	37	0	34
	国外发表	篇	239	97	27	101	1	5	4	0	4
	出版科技著作	种	11	0	0	4	0	6	1	0	0

续表 10-21

	指标名称	单位	制造业								
			合计	自然科学和技术研究与开发机构						科学技术信息和文献机构	非政府部门属的机构和有R&D活动事业单位
				部属		省属		地市属		省属	
				未转制	转制	未转制	转制	未转制	转制	转制	
产出	专利申请受理数	件	1198	283	301	19	179	11	92	0	313
	发明专利	件	734	209	139	13	127	2	37	0	207
	专利授权数	件	658	62	255	21	78	4	74	0	164
	发明专利	件	210	55	42	17	38	1	10	0	47
	有效发明专利总数	件	1385	243	276	52	259	24	49	0	482
	当年获省级以上奖励	项	39	2	15	2	3	7	5	0	5
	当年引进高层次人才	人	39	4	12	9	3	1		0	10
	当年制定标准	项	216	4	136	0	50	2	19	0	5
	当年技术服务量	次	8713	74	1158	24	3273	300	1318	0	2566
	当年技术服务收入	千元	430541	880	21111	1059	61532	42000	1474	0	302485
	当年技术成果转化数	项	171	0	34	0	55	3	10	0	69
	当年科技成果转化收入	千元	2291953	0	1478935	0	51141	1500	123105	0	637272
	当年合同金额	千元	872772	13713	127945	1059	77974	3100	39490	0	609491
	机构拥有种类科技平台数	个	82	9	26	0	11	0	23	0	13
	平台当年获得省级以上奖励	项	308	0	306	0	2	0	0	0	0
	平台当年获得收入	千元	156904	5804	128904	0	17256	0	1390	0	3550
课题	课题数	个	923	202	138	127	182	40	107	0	127
	课题经费支出内部合计	千元	1546958.2	113525	249444	44446	250181	23459	155904	0	709999.2
	课题投入人员	人年	5510.3	331.4	1283.7	297	873	97.7	879.1	0	1748.4
	其中 R&D 人员	人年	4646.6	272.3	1171.6	286.3	628.8	87	614.2	0	1586.4
	R&D 课题数	个	733	173	108	122	116	34	64	0	116
	R&D 课题经费内部支出	千元	1248849.2	95723	226440	42723	209307	22101	133773	0	518782.2
	当年新增各类计划项目	项	366	77	88	60	83	8	29	0	21
	承担国家和省部级计划项目	项	174	55	22	24	59	4	2	0	8
	当年计划项目总经费	千元	681953	73712	228739	10570	212273	7800	19096	0	129763
	承担国家和省部级项目总经费	千元	234446	52660	50054	6813	108669	1200	0	0	15050
	当年承担横向课题数	项	184	13	17	6	116	6	7	0	19
	当年获得横向课题经费	千元	42171	5228	8127	791	21285	600	1600	0	4540

表 10-22 科研机构服务的行业领域分布情况——电力、热力、燃气及水的生产和供应业

	指标名称	单位	电力、热力、燃气及水的生产和供应业				
			合计	自然科学和技术研究与开发机构			
				部属	省属	地市属	
				转制	未转制	未转制	转制
投入	机构数	个	7	3	1	2	1
	从业人员	人	2195	1805	42	33	315
	科技活动人员	人	1384	1133	42	30	179
	大学本科及以上学历	人	1255	1085	41	17	112

续表 10-22

	指标名称	单位	电力、热力、燃气及水的生产和供应业				
			合计	自然科学和技术研究与开发机构			
				部属	省属	地市属	
				转制	未转制	未转制	转制
投入	生产经营活动人员	人	696	590	0	0	106
	其他人员	人	115	82	0	3	30
	R&D 人员	人	856	661	35	0	160
	经费内部支出总额	千元	1451745	1059887	25800	4136	361922
	科技经费支出	千元	344878	244337	25800	4136	70605
	生产经营支出	千元	1010509	729422	0	0	281087
	其他支出	千元	96358	86128	0	0	10230
	R&D 经费内部支出	千元	284987	147066	21635	0	116286
	机构办经济实体个数	个	0	0	0	0	0
产出	经济实体实现收入	千元	0	0	0	0	0
	经费收入总额	千元	1789039	1270622	25800	4157	488460
	科技活动收入	千元	468674	342249	25800	4087	96538
	政府资金	千元	190481	158394	25800	4087	2200
	生产经营收入	千元	1245405	853483	0	0	391922
	其他收入	千元	74960	74890	0	70	0
	发表科技论文	篇	319	279	40	0	0
	国外发表	篇	15	5	10	0	0
	出版科技著作	种	0	0	0	0	0
	专利申请受理数	件	97	93	3	0	1
	发明专利	件	63	60	3	0	0
	专利授权数	件	73	50	2	0	21
	发明专利	件	24	19	2	0	3
	有效发明专利总数	件	252	205	32	0	15
	当年获省级以上奖励	项	7	6	0	0	1
	当年引进高层次人才	人	0	0	0	0	0
	当年制定标准	项	46	44	0	0	2
	当年技术服务量	次	1063	1063	0	0	0
	当年技术服务收入	千元	689332	689332	0	0	0
	当年技术成果转化数	项	0	0	0	0	0
	当年科技成果转化收入	千元	0	0	0	0	0
	当年科技对外签订技术合同数	项	2553	1520	0	0	1033
	当年合同金额	千元	1244660	684860	0	0	559800
	机构拥有种类科技平台数	个	7	2	0	0	5
	平台当年获得省级以上奖励	项	7	5	0	0	2
	平台当年获得收入	千元	904220	415760	0	0	488460
课题	课题数	个	118	86	20	0	12
	课题经费支出内部合计	千元	213625.7	143011.7	25800	0	44814
	课题投入人员	人年	793.8	611.8	42	0	140
	其中 R&D 人员	人年	663.1	488.1	35	0	140

续表 10-22

指标名称		单位	电力、热力、燃气及水的生产和供应业				
			合计	自然科学和技术研究与开发机构			
				部属	省属	地市属	
				转制	未转制	未转制	转制
课题	R&D 课题数	个	92	65	15	0	12
	R&D 课题经费内部支出	千元	186466.6	120017.6	21635	0	44814
	当年新增各类计划项目	项	8	8	0	0	0
	承担国家和省部级计划项目	项	6	6	0	0	0
	当年计划项目总经费	千元	8762	8762	0	0	0
	承担国家和省部级项目总经费	千元	2309	2309	0	0	0
	当年承担横向课题数	项	498	498	0	0	0
	当年获得横向课题经费	千元	498720	498720	0	0	0

表 10-23 科研机构服务的行业领域分布情况——建筑业

指标名称		单位	建筑业				
			合计	自然科学和技术研究与开发机构			非政府部门属的机构和有 R&D 活动事业单位
				省属	地市属		
				转制	未转制	转制	
投入	机构数	个	14	1	2	9	2
	从业人员	人	2235	432	135	1320	348
	科技活动人员	人	1299	406	135	672	86
	大学本科及以上学历	人	1073	384	90	518	81
	生产经营活动人员	人	848	0	0	610	238
	其他人员	人	88	26	0	38	24
	R&D 人员	人	621	398	0	202	21
	经费内部支出总额	千元	628176	47780	88155	430953	61288
	科技经费支出	千元	223942	46180	63675	101031	13056
	生产经营支出	千元	394586	0	23477	323019	48090
	其他支出	千元	9648	1600	1003	6903	142
	R&D 经费内部支出	千元	68787	48780	0	18507	1500
	机构办经济实体个数	个	2	0	0	2	0
产出	经济实体实现收入	千元	20462	0	0	20462	0
	经费收入总额	千元	845691	52272	122619	599396	71404
	科技活动收入	千元	299861	48780	18245	217056	15780
	政府资金	千元	22458	12990	8400	1068	0
	生产经营收入	千元	503788	0	104374	343790	55624
	其他收入	千元	42042	3492	0	38550	0
	发表科技论文	篇	374	312	17	45	0
	国外发表	篇	0	0	0	0	0
	出版科技著作	种	0	0	0	0	0
	专利申请受理数	件	99	66	0	33	0

续表 10–23

	指标名称	单位	建筑业				
			合计	自然科学和技术研究与开发机构			非政府部门属的机构和有 R&D 活动事业单位
				省属	地市属		
				转制	未转制	转制	
产出	发明专利	件	70	53	0	17	0
	专利授权数	件	74	46	0	28	0
	发明专利	件	32	28	0	4	0
	有效发明专利总数	件	156	138	0	18	0
	当年获省级以上奖励	项	69	2	5	60	2
	当年引进高层次人才	人	46	0	0	46	0
	当年制定标准	项	35	32	0	3	0
	当年技术服务量	次	517	0	132	217	168
	当年技术服务收入	千元	213940	0	112774	85386	15780
	当年技术成果转化数	项	3	0	0	3	0
	当年科技成果转化收入	千元	1754	0	0	1754	0
	当年科技对外签订技术合同数	项	18969	0	260	132	18577
	当年合同金额	千元	315270	0	130000	109927	75343
	机构拥有种类科技平台数	个	0	0	0	0	0
	平台当年获得省级以上奖励	项	0	0	0	0	0
	平台当年获得收入	千元	0	0	0	0	0
课题	课题数	个	111	51	2	57	1
	课题经费支出内部合计	千元	70906	37465	350	31591	1500
	课题投入人员	人年	542	328	6.4	187.6	20
	其中 R&D 人员	人年	410.5	320.1	0	70.4	20
	R&D 课题数	个	84	46	0	37	1
	R&D 课题经费内部支出	千元	55838	36585	0	17753	1500
	当年新增各类计划项目	项	28	23	0	5	0
	承担国家和省部级计划项目	项	19	18	0	1	0
	当年计划项目总经费	千元	34800	27300	0	7500	0
	承担国家和省部级项目总经费	千元	11130	11130	0	0	0
	当年承担横向课题数	项	0	0	0	0	0
	当年获得横向课题经费	千元	0	0	0	0	0

表 10–24 科研机构服务的行业领域分布情况——交通运输、仓储和邮政业

	指标名称	单位	交通运输、仓储和邮政业				
			合计	自然科学和技术研究与开发机构			非政府部门属的机构和有 R&D 活动事业单位
				部属	省属	地市属	
				未转制	转制	转制	
投入	机构数	个	4	1	1	1	1
	从业人员	人	1795	184	1418	79	114
	科技活动人员	人	577	153	375	0	49

续表 10–24

	指标名称	单位	交通运输、仓储和邮政业				
			合计	自然科学和技术研究与开发机构			非政府部门属的机构和有 R&D 活动事业单位
				部属	省属	地市属	
				未转制	转制	转制	
投入	大学本科及以上学历	人	514	142	335	0	37
	生产经营活动人员	人	934	11	909	14	
	其他人员	人	284	20	134	65	65
	R&D 人员	人	505	153	343	0	9
	经费内部支出总额	千元	1083255	324480	705563	46092	7120
	科技经费支出	千元	186373	114759	67001	0	4613
	生产经营支出	千元	877515	192861	638562	46092	0
	其他支出	千元	19367	16860	0	0	2507
	R&D 经费内部支出	千元	90153	22238	66660	0	1255
	机构办经济实体个数	个	3	1	2	0	0
产出	经济实体实现收入	千元	103941	50570	53371	0	0
	经费收入总额	千元	1487212	344859	1067573	67347	7433
	科技活动收入	千元	115420	75817	34603	0	5000
	政府资金	千元	44790	27072	12718	0	5000
	生产经营收入	千元	1348668	252284	1029037	67347	0
	其他收入	千元	23124	16758	3933	0	2433
	发表科技论文	篇	101	41	60	0	0
	国外发表	篇	4	0	4	0	0
	出版科技著作	种	0	0	0	0	0
	专利申请受理数	件	67	14	51	0	2
	发明专利	件	29	3	26	0	0
	专利授权数	件	38	12	24	0	2
	发明专利	件	7	2	5	0	0
	有效发明专利总数	件	129	25	102	0	2
	当年获省级以上奖励	项	31	4	27	0	0
	当年引进高层次人才	人	42	0	42	0	0
	当年制定标准	项	31	26	5	0	0
	当年技术服务量	次	271	0	271	0	0
	当年技术服务收入	千元	226660	0	226660	0	0
	当年技术成果转化数	项	112	0	112	0	0
	当年科技成果转化收入	千元	656075	0	656075	0	0
	当年科技对外签订技术合同数	项	1520	0	1520	0	0
	当年合同金额	千元	1707300	0	1707300	0	0
	机构拥有种类科技平台数	个	15	1	14	0	0
	平台当年获得省级以上奖励	项	5	4	1	0	0
	平台当年获得收入	千元	2000	0	2000	0	0
课题	课题数	个	80	10	69	0	1
	课题经费支出内部合计	千元	71027	4772	65000	0	1255

续表 10-24

指标名称		单位	交通运输、仓储和邮政业				
			合计	自然科学和技术研究与开发机构			非政府部门属的机构和有 R&D 活动事业单位
				部属	省属	地市属	
				未转制	转制	转制	
课题	课题投入人员	人年	475.9	119	347.9	0	9
	其中 R&D 人员	人年	464.1	119	336.1	0	9
	R&D 课题数	个	75	10	64	0	1
	R&D 课题经费内部支出	千元	66127	4772	60100	0	1255
	当年新增各类计划项目	项	76	29	47	0	0
	承担国家和省部级计划项目	项	11	5	6	0	0
	当年计划项目总经费	千元	57791	0	57791	0	0
	承担国家和省部级项目总经费	千元	11808	0	11808	0	0
	当年承担横向课题数	项	20	0	20	0	0
	当年获得横向课题经费	千元	2163	0	2163	0	0

表 10-25 科研机构服务的行业领域分布情况——信息传输、软件和信息技术服务业

指标名称		单位	信息传输、软件和信息技术服务业			
			合计	自然科学和技术研究与开发机构		非政府部门属的机构和有 R&D 活动事业单位
				省属	地市属	
				转制	未转制	
投入	机构数	个	11	3	4	4
	从业人员	人	911	568	11	332
	科技活动人员	人	563	229	10	324
	大学本科及以上学历	人	495	174	4	317
	生产经营活动人员	人	326	326	0	0
	其他人员	人	22	13	1	8
	R&D 人员	人	531	213	0	318
	经费内部支出总额	千元	389351	280134	981	108236
	科技经费支出	千元	130641	31994	981	97666
	生产经营支出	千元	256218	245648	0	10570
	其他支出	千元	2492	2492	0	0
	R&D 经费内部支出	千元	127536	29870	0	97666
	机构办经济实体个数	个	0	0	0	0
产出	经济实体实现收入	千元	0	0	0	0
	经费收入总额	千元	413084	315514	787	96783
	科技活动收入	千元	74874	16504	787	57583
	政府资金	千元	4506	3807	699	0
	生产经营收入	千元	335585	296385	0	39200
	其他收入	千元	2625	2625	0	0
	发表科技论文	篇	5	5	0	0
	国外发表	篇	1	1	0	0

续表 10-25

	指标名称	单位	信息传输、软件和信息技术服务业			
			合计	自然科学和技术研究与开发机构		非政府部门属的机构和有 R&D 活动事业单位
				省属	地市属	
				转制	未转制	
产出	出版科技著作	种	0	0	0	0
	专利申请受理数	件	5	3	0	2
	发明专利	件	4	2	0	2
	专利授权数	件	2	2	0	0
	# 发明专利	件	0	0	0	0
	有效发明专利总数	件	1	1	0	0
	当年获省级以上奖励	项	1	1	0	0
	当年引进高层次人才	人	1	1	0	0
	当年制定标准	项	0	0	0	0
	当年技术服务量	次	96	84	0	12
	当年技术服务收入	千元	63464	5881	0	57583
	当年技术成果转化数	项	3	3	0	0
	当年科技成果转化收入	千元	362	362	0	0
	当年科技对外签订技术合同数	项	63	62	0	1
	当年合同金额	千元	63123	5540	0	57583
	机构拥有种类科技平台数	个	1	1	0	0
	平台当年获得省级以上奖励	项	0	0	0	0
	平台当年获得收入	千元	88	0	88	0
课题	课题数	个	14	5	0	9
	课题经费支出内部合计	千元	126031	28365	0	97666
	课题投入人员	人年	526	208	0	318
	其中 R&D 人员	人年	526	208	0	318
	R&D 课题数	个	14	5	0	9
	R&D 课题经费内部支出	千元	126031	28365	0	97666
	当年新增各类计划项目	项	3	3	0	0
	承担国家和省部级计划项目	项	3	3	0	0
	当年计划项目总经费	千元	23465	23465	0	0
	承担国家和省部级项目总经费	千元	3807	3807	0	0
	当年承担横向课题数	项	26	26	0	0
	当年获得横向课题经费	千元	12963	12963	0	0

表 10-26 科研机构服务的行业领域分布情况——科学研究技术服务业

	指标名称	单位	科学研究技术服务业											
			合计	自然科学和技术研究与开发机构						科学技术信息和文献机构		县属	社会科学领域的研究与开发机构	非政府部门属的机构和有 R&D 活动事业单位
				部属		省属		地市属		省属	地市属			
				未转制	转制	未转制	转制	未转制	转制	未转制	未转制			
投入	机构数	个	237	11	1	20	1	7	2	2	11	1	2	179
	从业人员	人	23102	2924	238	1420	17	537	175	239	284	8	227	17033

续表 10–26

	指标名称	单位	科学研究技术服务业											
			合计	自然科学和技术研究与开发机构						科学技术信息和文献机构		县属	社会科学领域的研究与开发机构	非政府部门属的机构和有R&D活动事业单位
				部属		省属		地市属		省属	地市属			
				未转制	转制	未转制	转制	未转制	转制	未转制	未转制			
投入	科技活动人员	人	15711	2669	224	1245	0	391	50	215	263	6	220	10428
	大学本科及以上学历	人	13246	2395	192	922	0	247	50	167	197	6	198	8872
	生产经营活动人员	人	5359	40	0	45	17	85	20	13	0	0	0	5139
	其他人员	人	2032	215	14	130	0	61	105	11	21	2	7	1466
	R&D 人员	人	10924	3700	224	279	0	42		36	40		204	6399
	经费内部支出总额	千元	9668718	1720575	116059	763338	2460	150709	112000	111795	65872	1077	64871	6559962
	科技经费支出	千元	5444701	1521468	111200	398304		84310	80790	78578	49637	997	39470	3079947
	生产经营支出	千元	2656225	9820	0	164594	1200	12958	31210	12833	2255			2421355
	其他支出	千元	1567792	194146	0	200440	1260	53441	0	20384	13980	80	25401	1058660
	R&D 经费内部支出	千元	3565448	1321342	109180	140316	0	7375	0	3976	2283	0	33289	1947687
	机构办经济实体个数	个	91	18	0	2	0	0	0	0	0	0	0	71
产出	经济实体实现收入	千元	1372884	257774	0	2790	0	0	0	0	0	0	0	1112320
	经费收入总额	千元	11415482	1898718	114163	800203	1630	173171	160000	126298	67453	4500	69447	7999899
	科技活动收入	千元	7523369	1763281	108463	568134	0	82029	0	107942	61645	4500	42853	4784522
	政府资金	千元	3578596	1461617	16779	487430	0	79499	0	81118	61027	4500	42853	1343773
	生产经营收入	千元	3056778	9885	0	200419	370	84492	0	12899	0	0	3000	2745713
	其他收入	千元	835335	125552	5700	31650	1260	6650	160000	5457	5808	0	23594	469664
	发表科技论文	篇	5211	1996	56	260	0	107	0	117	47	1	620	2007
	国外发表	篇	1480	1008	2	7	0	0	0	2	0	0	0	461
	出版科技著作	种	100	41	2	1	0	0	0	6	0	0	25	25
	专利申请受理数	件	2625	371	27	35	0	5	0	13	0	3	0	2171
	发明专利	件	1694	330	25	6	0	4	0	5	0	2	0	1322
	专利授权数	件	919	198	4	26	0	6	8	7	0	0	0	670
	发明专利	件	386	156	3	5	0	3	0	1	0	0	0	218
	有效发明专利总数	件	2306	354	24	15	0	9	0	1	0	0	0	1903
	当年获省级以上奖励	项	198	20	0	5	0	0	10	0	0	0	0	163
	当年引进高层次人才	人	188	12	4	18	0	0	0	0	0	0	0	154
	当年制定标准	项	61	0	0	24	0	1	0	4	0	0	0	32
	当年技术服务量	次	44161	5865	0	2271	0	3721	128	1500	600	0	0	30076
	当年技术服务收入	千元	1418935	190334	0	78741	0	25013	160000	500	42	0	0	964305
	当年技术成果转化数	项	279	80	0	1	0	0	0	0	0	0	0	198
	当年科技成果转化收入	千元	2515921	35880	0	1000	0	0	0	0	0	0	0	2479041
	当年科技对外签订技术合同数	项	6982	2998	0	480	0	264	153	0	0	0	0	3087
	当年合同金额	千元	2315552	387888	0	88580	0	10793	128000	0	0	0	0	1700291
	机构拥有种类科技平台数	个	274	24	0	9	0	3	0	1	4	0	0	233
	平台当年获得省级以上奖励	项	39	6	0	0	0	1	0	0	0	0	0	32
	平台当年获得收入	千元	352427	133120	0	43221	0	2000	0	0	0	0	0	174086

续表 10-26

	指标名称	单位	科学研究技术服务业											
			合计	自然科学和技术研究与开发机构						科学技术信息和文献机构		县属	社会科学领域的研究与开发机构	非政府部门属的机构和有R&D活动事业单位
				部属		省属		地市属		省属	地市属			
				未转制	转制	未转制	转制	未转制	转制	未转制	未转制			
课题	课题数	个	3632	2065	85	125	0	13	0	21	22	3	70	1228
	课题经费支出内部合计	千元	3580817.7	1132937	111193	206443	0	10667	0	39054	7149	2400	27865	2043109.6
	课题投入人员	人年	10661.4	2122.5	224	734.9	0	57.5	0	138.5	66.4	6	136	7175.6
	其中 R&D 人员	人年	8336.9	1773.4	232	232.9	0	32	0	13	23.4	0	136	5894.2
	R&D 课题数	个	3098	1875	83	69	0	6	0	7	5	0	70	983
	R&D 课题经费内部支出	千元	2824739.4	895734.5	109180	85595	0	7375	0	3692	2173	0	27865	1693124.9
	当年新增各类计划项目	项	1646	755	0	322	0	47	0	5	1	0	39	477
	承担国家和省部级计划项目	项	707	506	0	38	0	6	0	3	0	0	18	136
	当年计划项目总经费	千元	1964025	1398328	0	105379	0	8500	0	1720	720	0	1828	447550
	承担国家和省部级项目总经费	千元	1414358	1232110	0	38340	0	700	0	340	0	0	928	141940
	当年承担横向课题数	项	3496	3030	0	50	0	5	0	15	0	0	110	286
	当年获得横向课题经费	千元	403955	278299	0	6181	0	1300	0	800	0	0	8750	108625

表 10-27 科研机构服务的行业领域分布情况——水利、环境和公共设施管理业

	指标名称	单位	水利、环境和公共设施管理业					
			合计	自然科学和技术研究与开发机构				非政府部门属的机构和有 R&D 活动事业单位
				部属	省属	地市属		
				未转制	未转制	未转制	转制	
投入	机构数	个	25	2	4	10	1	8
	从业人员	人	2226	1269	470	338	38	111
	科技活动人员	人	1859	1107	412	204	27	109
	大学本科及以上学历	人	1444	850	383	169	27	15
	生产经营活动人员	人	140	82	0	53	3	2
	其他人员	人	227	80	58	81	8	0
	R&D 人员	人	1094	827	191	76	0	0
	经费内部支出总额	千元	1107562	745453	213441	129111	15300	4257
	科技经费支出	千元	962701	699385	202593	45866	11500	3357
	生产经营支出	千元	66094	0	240	61174	3800	880
	其他支出	千元	78767	46068	10608	22071	0	20
	R&D 经费内部支出	千元	544418	433938	94378	16102	0	0
	机构办经济实体个数	个	0	0	0	0	0	0
产出	经济实体实现收入	千元	0	0	0	0	0	0
	经费收入总额	千元	1122602	754899	205656	140987	18750	2310
	科技活动收入	千元	992821	713037	200642	58911	18750	1481
	政府资金	千元	425094	298330	72934	53060	0	770
	生产经营收入	千元	64316	0	0	63816	0	500

续表 10-27

	指标名称	单位	水利、环境和公共设施管理业					
			合计	自然科学和技术研究与开发机构				非政府部门属的机构和有 R&D 活动事业单位
				部属	省属	地市属		
				未转制	未转制	未转制	转制	
产出	其他收入	千元	65465	41862	5014	18260	0	329
	发表科技论文	篇	703	481	191	31	0	0
	国外发表	篇	121	116	5	0	0	0
	出版科技著作	种	16	10	6	0	0	0
	专利申请受理数	件	89	56	20	13	0	0
	发明专利	件	47	32	13	2	0	0
	专利授权数	件	67	44	12	11	0	0
	发明专利	件	28	22	5	1	0	0
	有效发明专利总数	件	109	83	7	19	0	0
	当年获省级以上奖励	项	41	28	11	2	0	0
	当年引进高层次人才	人	36	34	0	2	0	0
	当年制定标准	项	11	11	0	0	0	0
	当年技术服务量	次	2153	993	905	255	0	0
	当年技术服务收入	千元	606650	340010	257220	9420	0	0
	当年技术成果转化数	项	373	372	1	0	0	0
	当年科技成果转化收入	千元	120370	119870	500	0	0	0
	当年科技对外签订技术合同数	项	1680	1015	606	59	0	0
	当年合同金额	千元	991935	759529	218330	14076	0	0
	机构拥有种类科技平台数	个	16	8	6	2	0	0
	平台当年获得省级以上奖励	项	20	20	0	0	0	0
	平台当年获得收入	千元	196150	184500	11650	0	0	0
课题	课题数	个	1501	1301	166	34	0	0
	课题经费支出内部合计	千元	707307	500928	182889	23490	0	0
	课题投入人员	人年	1241	804	353	85	0	0
	其中 R&D 人员	人年	766	558	164	44	0	0
	R&D 课题数	个	927	862	48	17	0	0
	R&D 课题经费内部支出	千元	451435	345638	91869	13928	0	0
	当年新增各类计划项目	项	792	731	34	27	0	0
	承担国家和省部级计划项目	项	236	229	7	0	0	0
	当年计划项目总经费	千元	537346	463187	69409	4750	0	0
	承担国家和省部级项目总经费	千元	354268	296277	57991	0	0	0
	当年承担横向课题数	项	1033	998	17	18	0	0
	当年获得横向课题经费	千元	211159	198819	7590	4750	0	0

表 10-28 科研机构服务的行业领域分布情况——卫生和社会工作

	指标名称	单位	卫生和社会工作				
			合计	自然科学和技术研究与开发机构			非政府部门属的机构和有 R&D 活动事业单位
				部属	省属	地市属	
				未转制	未转制	未转制	
投入	机构数	个	19	1	8	9	1
	从业人员	人	3153	437	2256	313	147

续表 10-28

	指标名称	单位	卫生和社会工作				
			合计	自然科学和技术研究与开发机构			非政府部门属的机构和有 R&D 活动事业单位
				部属	省属	地市属	
				未转制	未转制	未转制	
投入	科技活动人员	人	1887	207	1332	221	127
	大学本科及以上学历	人	1549	154	1088	187	120
	生产经营活动人员	人	155	2	126	27	0
	其他人员	人	1111	228	798	65	20
	R&D 人员	人	1133	101	895	96	41
	经费内部支出总额	千元	2001123	245260	1364622	77705	313536
	科技经费支出	千元	347963	43317	262940	31886	9820
	生产经营支出	千元	67726	4665	63061	0	0
	其他支出	千元	1585434	197278	1038621	45819	303716
	R&D 经费内部支出	千元	165669	12402	143900	7367	2000
	机构办经济实体个数	个	0	0	0	0	0
产出	经济实体实现收入	千元	0	0	0	0	0
	经费收入总额	千元	2305720	286645	1860828	93186	65061
	科技活动收入	千元	191247	39548	128427	21604	1668
	政府资金	千元	159223	37442	99350	20763	1668
	生产经营收入	千元	79268	4865	67896	6507	0
	其他收入	千元	2035205	242232	1664505	65075	63393
	发表科技论文	篇	1311	171	586	275	279
	国外发表	篇	264	34	163	23	44
	出版科技著作	种	23	4	5	0	14
	专利申请受理数	件	69	0	62	5	2
	发明专利	件	21	0	16	4	1
	专利授权数	件	69	2	64	1	2
	发明专利	件	22	2	19	0	1
	有效发明专利总数	件	55	12	37	0	6
	当年获省级以上奖励	项	9	0	7	2	0
	当年引进高层次人才	人	2	0	1	1	0
	当年制定标准	项	0	0	0	0	0
	当年技术服务量	次	4610	21	169	4420	0
	当年技术服务收入	千元	61634	2106	2356	57172	0
	当年技术成果转化数	项	7	0	7	0	0
	当年科技成果转化收入	千元	12130	0	12130	0	0
	当年科技对外签订技术合同数	项	94	0	94	0	0
	当年合同金额	千元	15909	0	15909	0	0
	机构拥有种类科技平台数	个	4	1	3	0	0
	平台当年获得省级以上奖励	项	3	0	3	0	0
	平台当年获得收入	千元	13762	0	13762	0	0

续表 10-28

指标名称		单位	卫生和社会工作				
			合计	自然科学和技术研究与开发机构			非政府部门属的机构和有 R&D 活动事业单位
				部属	省属	地市属	
				未转制	未转制	未转制	
课题	课题数	个	281	59	177	37	8
	课题经费支出内部合计	千元	180115	24417	148529	4499	2670
	课题投入人员	人年	927	65	764	63	35
	其中 R&D 人员	人年	803	51	666	61	25
	R&D 课题数	个	246	47	157	36	6
	R&D 课题经费内部支出	千元	141417	10369	124799	4299	1950
	当年新增各类计划项目	项	64	34	26	4	0
	承担国家和省部级计划项目	项	29	10	17	2	0
	当年计划项目总经费	千元	15564	12110	2613	841	0
	承担国家和省部级项目总经费	千元	10905	8280	2582	43	0
	当年承担横向课题数	项	25	12	13	0	0
	当年获得横向课题经费	千元	4068	3830	238	0	0

表 10-29 科研机构服务的行业领域分布情况——小行业汇总

指标名称		单位	采矿业	金融业	教育	文化、体育和娱乐业	
			自然科学和技术研究与开发机构	县属	社会科学领域的研究与开发机构	自然科学和技术研究与开发机构	社会科学领域的研究与开发机构
			部属			省属	
			转制			未转制	
投入	机构数	个	5	1	3	1	2
	从业人员	人	1244	30	151	42	50
	科技活动人员	人	790	18	146	41	42
	大学本科及以上学历	人	702	10	139	38	24
	生产经营活动人员	人	319	0	0	0	0
	其他人员	人	135	12	5	1	8
	R&D 人员	人	421	0	24	0	7
	经费内部支出总额	千元	895254	6946	84875	18541	19460
	科技经费支出	千元	319384	530	46846	15753	14400
	生产经营支出	千元	532583	0	0	0	0
	其他支出	千元	43287	6416	38029	2788	5060
	R&D 经费内部支出	千元	183930	0	8353	0	2535
	机构办经济实体个数	个	0	0	0	0	0
产出	经济实体实现收入	千元	0	0	0	0	0
	经费收入总额	千元	1039306	6946	79727	27173	24440
	科技活动收入	千元	391337	4626	59186	25285	19242
	政府资金	千元	5645	4626	36923	22630	19151
	生产经营收入	千元	629331	0	0	0	0
	其他收入	千元	18638	2320	20541	1888	5198

续表 10-29

	指标名称	单位	采矿业	金融业	教育	文化、体育和娱乐业	
			自然科学和技术研究与开发机构	县属	社会科学领域的研究与开发机构	自然科学和技术研究与开发机构	社会科学领域的研究与开发机构
			部属			省属	
			转制			未转制	
产出	发表科技论文	篇	181	4	56	16	28
	国外发表	篇	8	0	0	0	0
	出版科技著作	种	2	0	3	0	1
	专利申请受理数	件	138	0	0	0	0
	发明专利	件	135	0	0	0	0
	专利授权数	件	62	0	0	0	0
	发明专利	件	30	0	0	0	0
	有效发明专利总数	件	129	0	0	0	0
	当年获省级以上奖励	项	13	0	0	0	2
	当年引进高层次人才	人	14	0	0	0	0
	当年制定标准	项	21	0	0	0	0
	当年技术服务量	次	556	0	0	0	0
	当年技术服务收入	千元	459468	0	0	0	0
	当年技术成果转化数	项	6762	0	0	0	0
	当年科技成果转化收入	千元	345000	0	0	0	0
	当年科技对外签订技术合同数	项	511	0	0	0	0
	当年合同金额	千元	1251835	0	0	0	0
	机构拥有种类科技平台数	个	3	1	0	1	0
	平台当年获得省级以上奖励	项	2	0	0	0	0
	平台当年获得收入	千元	12500	0	0	3000	0
课题	课题数	个	85	4	13	6	8
	课题经费支出内部合计	千元	266605	530	7593	5732	6144
	课题投入人员	人年	509	13.3	16	15	16
	其中 R&D 人员	人年	272	0	16	0	6
	R&D 课题数	个	43	0	13	0	4
	R&D 课题经费内部支出	千元	98265	0	7593	0	2304
	当年新增各类计划项目	项	29	0	0	16	0
	承担国家和省部级计划项目	项	4	0	0	16	0
	当年计划项目总经费	千元	195290	0	0	4435	0
	承担国家和省部级项目总经费	千元	1512	0	0	4435	0
	当年承担横向课题数	项	65	4	0	0	0
	当年获得横向课题经费	千元	93093	530	0	0	0

表 10-30　省级以上政府部门属未转制机构情况

	指标名称	单位	合计	自然科学和技术研究与开发机构		科学技术信息和文献机构	非政府部门属的机构和有 R&D 活动事业单位
				部属	省属	省属	省属
投入	机构数	个	75	19	48	2	6
	从业人员	人	15420	5501	8765	239	915

续表 10–30

	指标名称	单位	合计	自然科学和技术研究与开发机构		科学技术信息和文献机构	非政府部门属的机构和有 R&D 活动事业单位
				部属	省属	省属	省属
投入	科技活动人员	人	11923	4735	6222	215	751
	大学本科及以上学历	人	10049	4067	5119	167	696
	生产经营活动人员	人	746	182	448	13	103
	其他人员	人	2751	584	2095	11	61
	R&D 人员	人	9521	5209	3759	36	517
	经费内部支出总额	千元	8263430	3355788	4136742	111795	659105
	科技经费支出	千元	4768540	2610025	1885446	78578	194491
	生产经营支出	千元	590597	249724	238300	12833	89740
	其他支出	千元	2904293	496039	2012996	20384	374874
	R&D 经费内部支出	千元	3205472	1962383	1093898	3976	145215
	机构办经济实体个数	个	78	27	25	0	26
产出	经济实体实现收入	千元	1631309	353402	393639	0	884268
	经费收入总额	千元	8998979	3644001	4959978	126298	268702
	科技活动收入	千元	5400358	2899378	2285931	107942	107107
	政府资金	千元	4140095	2104758	1879270	81118	74949
	生产经营收入	千元	692394	310691	282244	12899	86560
	其他收入	千元	2906227	433932	2391803	5457	75035
	发表科技论文	篇	7105	3229	3317	117	442
	国外发表	篇	1851	1301	463	2	85
	出版科技著作	种	142	64	57	6	15
	专利申请受理数	件	1654	865	602	13	174
	发明专利	件	1265	676	459	5	125
	专利授权数	件	899	392	401	7	99
	发明专利	件	546	285	246	1	14
	有效发明专利总数	件	2072	941	875	1	255
	当年获省级以上奖励	项	123	67	54	0	2
	当年引进高层次人才	人	97	55	39	0	3
	当年制定标准	项	295	54	232	4	5
	当年技术服务量	次	24005	6979	5226	1500	10300
	当年技术服务收入	千元	909139	533738	353756	500	21145
	当年技术成果转化数	项	565	461	93	0	11
	当年科技成果转化收入	千元	205274	156950	48323	0	1
	当年科技对外签订技术合同数	项	5424	4065	1328	0	31
	当年合同金额	千元	1593991	1161789	420427	0	11775
	机构拥有种类科技平台数	个	166	49	105	1	11
	平台当年获得省级以上奖励	项	48	40	8	0	0
	平台当年获得收入	千元	428169	323424	97071	0	7674
课题	课题数	个	6536	3695	2743	21	77
	课题经费支出内部合计	千元	3182201	1799027	1221468	39054	122651
	课题投入人员	人年	8449	3575	4206	139	530

续表 10-30

指标名称		单位	合计	自然科学和技术研究与开发机构		科学技术信息和文献机构	非政府部门属的机构和有 R&D 活动事业单位
				部属	省属	省属	省属
课题	R&D 人员	人年	6080	2821	2802	13	444
	R&D 课题数	个	5000	2999	1931	7	63
	R&D 课题经费内部支出	千元	2227647	1361412	775696	3692	86848
	当年新增各类计划项目	项	3812	1737	2039	5	31
	承担国家和省部级计划项目	项	1549	894	631	3	21
	当年计划项目总经费	千元	2621598	1954722	628554	1720	36602
	承担国家和省部级项目总经费	千元	2082822	1596068	463002	340	23412
	当年承担横向课题数	项	4596	4099	449	15	33
	当年获得横向课题经费	千元	576452	488018	77663	800	9971

表 10-31 省级以上政府部门属未转制机构历年情况(2009—2013 年)

指标名称	单位	自然科学和技术研究与开发机构					自然科学机构、文献机构及 R&D 活动单位机构				
		部属					省属				
		2009 年	2010 年	2011 年	2012 年	2013 年	2009 年	2010 年	2011 年	2012 年	2013 年
机构数	个	17	16	16	18	19	46	49	47	53	56
从业人员	人	4989	4371	4618	5155	5501	8461	8825	9105	10493	9919
R&D 人员	人	3389	4034	4553	5076	5209	4128	4234	4633	4283	4312
经费内部支出总额	千元	2164728	2012671	2393551	3403134	3355788	2869855	3230074	3571806	4433734	4907642
R&D 经费内部支出	千元	950822	1462481	1596573	1904565	1962383	779586	1063138	900967	1208588	1243089
机构办经济实体个数	个	14	15	17	23	27	43	28	34	48	51
经费收入总额	千元	2142342	2220165	2623819	3411735	3644001	3047209	3382317	4167594	4829909	5354978
政府资金	千元	1388428	1247629	1475460	1988907	2104758	1594364	1608082	1900049	2216192.4	2035337
发表科技论文	篇	2252	2430	2415	2875	3229	3274	3237	3512	4464	3876
专利申请受理数	件	125	255	431	593	865	275	324	440	772	789
专利授权数	件	75	110	170	327	392	71	113	199	384	507
课题数	个	2524	3167	3206	3452	3695	2067	2312	2243	2626	2841
课题经费支出内部合计	千元	1126236	918903.4	1237202	1758188.8	1799027	766802	572873.1	693293.7	1429941.7	1383173

表 10-32 省级以上政府部门属转制机构情况

指标名称		单位	合计	自然科学和技术研究与开发机构		科学技术信息和文献机构
				部属	省属	省属
投入	机构数	个	49	23	24	2
	从业人员	人	11942	7398	4505	39
	科技活动人员	人	6761	4534	2219	8
	大学本科及以上学历	人	5508	3710	1791	7
	生产经营活动人员	人	4173	2186	1956	31
	其他人员	人	1008	678	330	0
	R&D 人员	人	4626	2878	1748	0
	经费内部支出总额	千元	7985119	5738974	2220950	25195

续表 10–32

	指标名称	单位	合计	自然科学和技术研究与开发机构		科学技术信息和文献机构
				部属	省属	省属
投入	科技经费支出	千元	1741879	1295526	445636	717
	生产经营支出	千元	5946422	4255694	1671333	19395
	其他支出	千元	296818	187754	103981	5083
	R&D 经费内部支出	千元	1294098	926597	367501	0
	机构办经济实体个数	个	17	10	7	0
产出	经济实体实现收入	千元	1786512	1658200	128312	0
	经费收入总额	千元	9281447	6489702	2766370	25375
	科技活动收入	千元	1661131	1230429	429986	716
	政府资金	千元	470207	414736	55321	150
	生产经营收入	千元	7351713	5095648	2236489	19576
	其他收入	千元	268603	163625	99895	5083
	发表科技论文	篇	1438	942	496	0
	国外发表	篇	63	57	6	0
	出版科技著作	种	15	15	0	0
	专利申请受理数	件	943	643	300	0
	发明专利	件	605	396	209	0
	专利授权数	件	602	450	152	0
	发明专利	件	196	123	73	0
	有效发明专利总数	件	1212	682	530	0
	当年获省级以上奖励	项	74	40	34	0
	当年引进高层次人才	人	76	30	46	0
	当年制定标准	项	292	205	87	0
	当年技术服务量	次	10001	5173	4828	0
	当年技术服务收入	千元	1478082	1175010	303072	0
	当年技术成果转化数	项	6982	6804	178	0
	当年科技成果转化收入	千元	2572633	1826825	745808	0
	当年科技对外签订技术合同数	项	5771	3969	1802	0
	当年合同金额	千元	3879113	2081209	1797904	0
	机构拥有种类科技平台数	个	78	51	27	0
	平台当年获得省级以上奖励	项	316	313	3	0
	平台当年获得收入	千元	576420	557164	19256	0
课题	课题数	个	813	489	324	0
	课题经费支出内部合计	千元	1257397	868040	389357	0
	课题投入人员	人年	4739	2927	1813	0
	R&D 人员	人年	3912	2380	1532	0
	R&D 课题数	个	607	362	245	0
	R&D 课题经费内部支出	千元	962405	623502	338903	0
	当年新增各类计划项目	项	348	191	157	0
	承担国家和省部级计划项目	项	185	98	87	0
	当年计划项目总经费	千元	879463	550434	329029	0
	承担国家和省部级项目总经费	千元	239643	103785	135858	0
	当年承担横向课题数	项	797	629	168	0
	当年获得横向课题经费	千元	658960	615459	43501	0

表 10-33 省级以上政府部门属转制机构历年情况(2009—2013 年)

指标名称	单位	自然科学和技术研究与开发机构					自然科学机构、文献机构及 R&D 活动单位机构				
		部属					省属				
		2009 年	2010 年	2011 年	2012 年	2013 年	2009 年	2010 年	2011 年	2012 年	2013 年
机构数	个	32	26	26	25	24	26	24	28	26	26
从业人员	人	12942	8145	8727	7803	7398	5773	5756	6723	6541	4544
R&D 人员	人	4750	3046	3787	3785	2878	1377	892	1472	1746	1748
经费内部支出总额	千元	11344906	5395524	5388449	6017105	5738974	2030788	1490397	2038649	2266469	2246145
R&D 经费内部支出	千元	1532055	988143	1099687	1433463	926597	139495	225320	287358	302145	367501
机构办经济实体个数	个	27	21	24	9	10	232	2	7	7	7
经费收入总额	千元	12100331	6648071	6602385	7022104	6489702	2471291	1694903	2478275	2751441	2791745
政府资金	千元	932001	279689	811370	330851	414736	87576	33694	313365	99831	55471
发表科技论文	篇	1961	1177	1567	1317	942	465	429	708	565	496
专利申请受理数	件	581	548	692	558	643	124	171	196	304	300
专利授权数	件	248	284	388	341	450	55	77	125	191	152
课题数	个	890	508	456	571	489	217	207	253	265	324
课题经费支出内部合计	千元	1325309	708974.2	1097924	1490743.5	868040	133284	170769	263639.8	360591	389357

2013 年江苏省规模以上工业企业科技活动统计

2013 Statistics on Science and Technology Activities of Jiangsu Industrial Enterprises Above the Designated Size

【概 况】 2013 年，全省各地按照《中共江苏省委、江苏省人民政府关于实施创新驱动战略推进科技创新工程加快建设创新型省份的意见》的要求，深入实施创新驱动核心战略，以推进创新型省份试点建设为抓手，全面提升企业自主创新能力。2013 年全省规模以上工业企业科技年报数据表明：全省企业创新条件持续改善，科技活动更加活跃，工业企业的创新水平再上新台阶，有效地推动了全省科技创新的战略发展，促进科技与经济社会协调发展。

【企业经济效益稳步提升，创新基础条件持续改善】 企业经济效益稳步提升，创新动力大大增强。近年来，工业企业经济实力的不断提升，有力增强了企业创新活动的原始动力。2013 年，全省 48771 家规模以上工业企业，比上年增长 6.3%；拥有从业人员 1142.9 万人，比上年增长 1.5%；年末实现工业总产值 133954.6 亿元，比上年增长 11.5%；主营业务收入 133471.3 亿元，比上年增长 11.9%；资产总计 94072.9 亿元，比上年增长 11.3%。2013 年全省规上工业企业实现利润总额 8372.5 亿元，比上年增长 15.5%，经济效益明显好于上年，在效益提升的促动下，企业更有实力和动力开展各项技术创新活动。

基础条件持续改善，创新活动日益活跃。随着

表 10-34 2012—2013 年江苏省工业企业主要指标比较

指标名称	2012 年	2013 年	增长(%)
单位数(个)	45859	48771	6.3
有 R&D 活动单位数(个)	11133	12281	10.3
有科技机构单位数(个)	14660	15775	7.6
年末从业人员(万人)	1125.6	1142.9	1.5
工业总产值(亿元)	120124.6	133954.6	11.5
主营业务收入(亿元)	119286.8	133471.3	11.9
利润总额(亿元)	7250.2	8372.5	15.5
资产总计(亿元)	84550.4	94072.9	11.3
出口交货值(亿元)	23137.8	22827.4	-1.3

国际竞争的日趋激烈和创新省份建设工程的不断推进，全省企业越来越认识到创新活动是企业发展的立足点，不开展科技活动，企业将失去发展先机。2013年，全省规上工业企业中有科技机构的企业15775家，比上年增长7.6%；有研发(R&D)活动的企业12283家，比上年增长10.3%，占规上工业企业总数的25.2%，比上年提高0.8个百分点。在省委、省政府相关政策的激励下，全省工业企业普遍设立研发机构，截至2013年年底，全省企业办研发机构17996个，比上年增长9.6%。企业办科技机构人员53.2万人，比上年增长10.1%；机构经费支出1309.8亿元，增长10.4%，科技机构仪器和设备原价1005.3亿元，增长26.8%。企业科技机构条件的改善，为企业创新活动提供了坚实的基础保障。

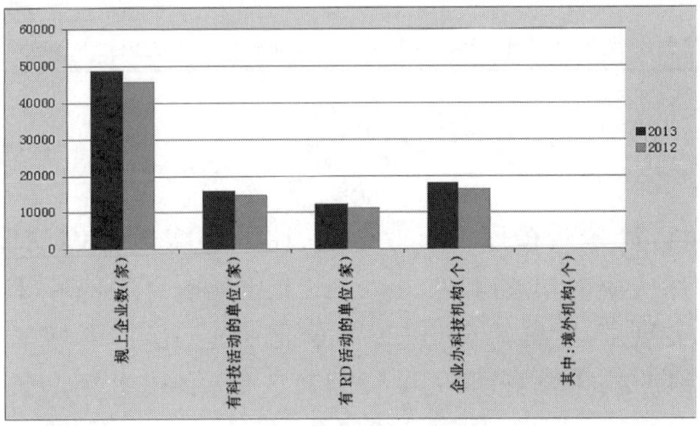

图10-1 2013年江苏省工业企业研发活动和机构建设情况(单位:家)

企业创新意识增强，内资企业仍是主力军。从登记注册类型看，内资企业开展科研活动的力度较以往大幅提高。2013年，全省37387家内资企业中，有研发(R&D)活动的8893家，比上年增长12.5%，占全部有研发(R&D)活动企业总数的72.4%，比上年提高1.3个百分点。港澳台、外商投资企业也逐渐将创新主阵地转移到国内。全省4017家港澳台投资企业，有研发活动的1285家，比上年增长5.4%，占全部有研发(R&D)活动企业总数的10.5%；外资企业7277家，有研发(R&D)活动的2105家，比上年增长4.9%，占全部有研发(R&D)活动企业总数的17.1%。港澳台投资企业拥有研发机构的企业是1649家，占港澳台投资企业总数的40.2%；外资企业拥有研发机构2665家，占外资企业总数的36.6%。

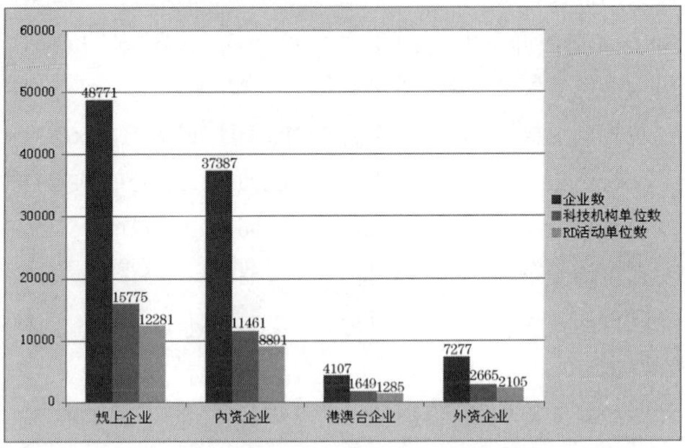

图10-2 2013年工业企业研发活动和机构建设情况(单位:家)

科技优惠政策力度加大，企业创新动力更足。企业研发费用加计扣除减免税以及高新技术企业享受减免税，是政府相关部门为落实有关政策、加快企业自主创新能力建设而制定的两项科技税收优惠政策。2013年全省规上企业R&D经费内部支出1239.6亿元，增长14.7%。当年企业享受研究开发费用加计扣除减免税41.7亿元，比上年增加了7.2亿元，增长20.7%，高于R&D经费内部支出增幅6个百分点；享受高新技术企业减免税95.2亿元，比上年增加了23.4亿元，增长了30.9%，高于R&D经费内部支出增幅16.2个百分点。2013年数据表明：企业研发费用加计扣除减免税、高新技术企业享受减免税的增速均高于R&D经费内部支出的增速，各地落实政府相关优惠政策方面取得了明显的成效，企业享受优惠政策更加充分，有力

表10-35 研发费用加计扣除减免税及高新技术企业减免税情况

企业规模	研究开发费用加计扣除减免税(万元)			高新技术企业减免税(万元)		
	2013年	2012年	增速(%)	2013年	2012年	增速(%)
规上企业	416901	345302	20.7	952164	727200	30.9
大型	180983	156083	16.0	448107	370595	20.9
中型	133363	107550	24.0	354630	233265	52.0
小型	102346	81368	25.8	149039	123340	20.8

地推动了全省创新活动能力的提高。

【企业创新要素水平明显提高,自主创新活动更加活跃】 R&D人员队伍继续壮大,素质不断提高。研发人员的数量和素质决定着企业创新活动的质量。2013年,全省规模以上工业企业R&D人员折合全时当量39.4万人年,比上年增长15.1%,占从业人员的比重为3.4%,比上年提高了0.3个百分点。全省企业科技机构人员53.2万人,其中:本科以上学历人员32.3万人,占60.6%;硕士以上学历人员5.2万人,占9.7%,比上年提高0.1个百分点;企业拥有博士学历的人员大幅增加,共9400人,比上年增长17.4%。分地区看,企业的研发人力投入仍然以苏南地区为主,苏南五市工业企业有R&D人员34.0万人,比上年增长11.3%,占全省比重为66.6%;苏中三市工业企业有R&D人员9.3万人,比上年增长24.8%,占全省比重为18.3%;苏中五市工业企业有R&D人员7.7万人,比上年增长13.7%,占全省比重为15.1%。

研发经费投入继续增长,增幅跑赢GDP。研发经费投入占GDP比重是国际通用的衡量地区研发水平的关键指标。2013年,全省规模以上工业企业研发(R&D)经费内部支出1239.6亿元,比上年增长14.7%,高于全省GDP增幅5.1个百分点,占企业主营业务收入的比重为0.9%,比上年提高0.03个百分点。研发(R&D)活动主要集中在试验发展领域,经费达1233.2亿元,比上年增长14.8%,占99.5%。从行业分组看:电气机械和器材制造业、计算机通信和其他电子设备制造业、化学原料和化学制品制造业、通用设备制造业四大类行业的R&D经费投入列前四位,均超过100亿元,分别为分别为191.1亿元、156.6亿元、149.3亿元和102.4亿元,四大类行业合计占全省规上企业R&D经费支出48.4%,接近全部企业R&D经费的五成。

企业研发机构建设工作有效推进,研发机构持续增多。2013年,全省规模以上工业企业共建设企业研发机构17996个,比上年增长9.6%。建有超过1000个研发机构的行业有6个,其中:电气机械和器材制造业2054个,通用设备制造业1737个,化学原料和化学制品制造业1656个,计算机通信和其他电子设备制造业1552个,专用设备制造业1494个、纺织制造业1230个。6个行业总计建设研发机构9723个,占全省工业企业研发机构数的54.0%。企业研发机构数超过1000个的省辖市分别为苏州市3463个,无锡市3205个,南通市1839个,常州市1552个,徐州市1397个,扬州市1265个和南京市1178个。这7个市研发机构总量为13899个,占全省77.2%。

表10-36 企业办科技机构人员情况

地区	机构人员合计(人)		其中:博士毕业(人)		硕士毕业(人)		本科毕业(人)	
	2013年	2012年	2013年	2012年	2013年	2012年	2013年	2012年
总计	532194	483205	9400	8020	42141	38376	271116	252293
苏南	349834	332549	4664	4026	25336	23815	174652	170284
苏中	103842	83354	2191	1919	6977	6013	55057	43440
苏北	78518	67302	2545	2075	9828	8548	41407	38569

企业研发项目自选项目为主,多数项目独立完成。2013年,全省规上企业共开展限额以上研究与试验发展(R&D)项目39389项,参加项目人员43.0万人,项目经费支出1081.7亿元,平均每个项目经费达274.5万元,比上年提高1.3%。从研发项

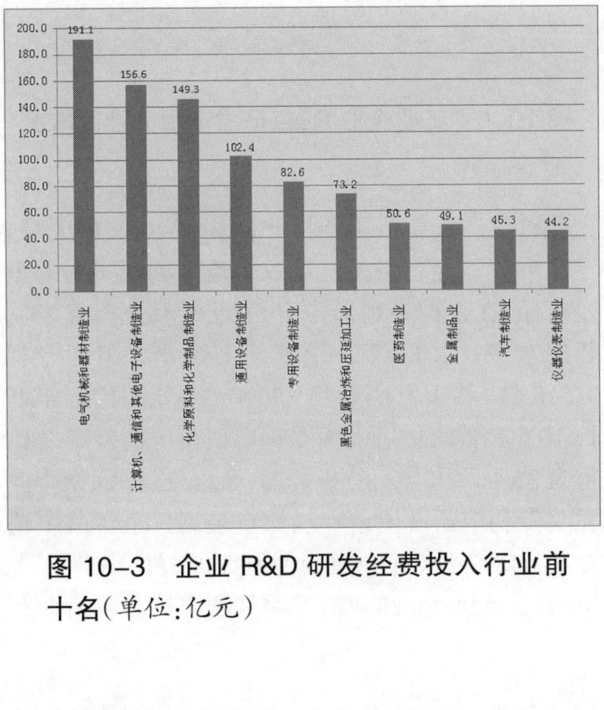

图10-3 企业R&D研发经费投入行业前十名(单位:亿元)

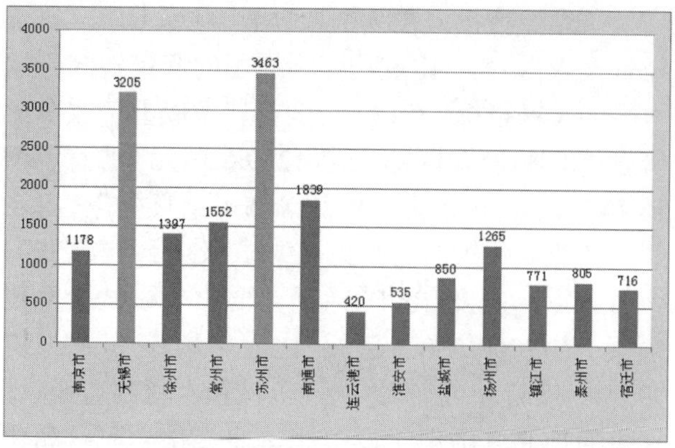

图 10-4 工业企业研发机构建设分地区情况
(单位:个)

目的来源看,有 35360 个项目来源于企业自选,占 89.7%;国家和地方的科技项目 2043 项,占 5.2%。从项目合作形式看,项目主要由企业独立完成,占 79.6%;其次是与国内高校合作完成,占 10.0%。从地区看,项目主要集中在苏南地区,项目数最多的是苏州 9214 项,其次是无锡 5963 项;苏南五市共开展研发项目 25584 项、苏中 7856 项、苏北 5983 项,分别占 64.9%、19.9%和 15.2%。

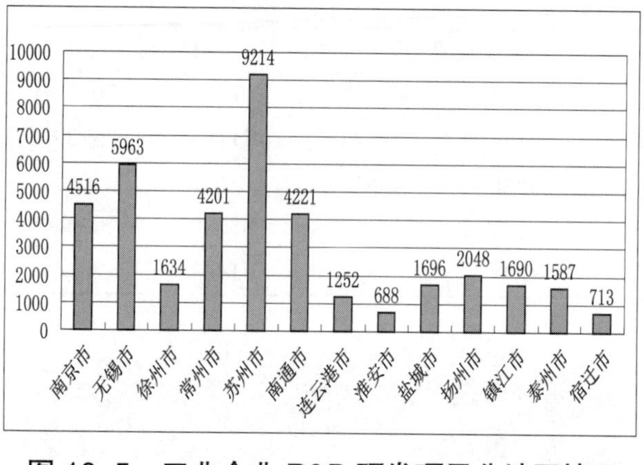

图 10-5 工业企业 R&D 研发项目分地区情况
(单位:项)

科技产出质量不断提升,发明专利比重更高。专利申请和拥有量是衡量一个地区创新实力的重要指标,在三种专利形式中,发明专利更能代表创新的水平。2013 年,全省规上企业共申请专利 93518 件,其中发明专利 33090 件,分别比上年增长 10.2%和 18.9%,发明专利申请占申请专利的比重为 35.4%,比上年提高了 2.6 个百分点。大型企业发明专利申请占申请专利比重最高,全年共申请专利 24827 件,其中发明专利 9192 件,分别比上年增长 14.9%和 28.9%,发明专利申请占申请专利的比重为 37.0%。企业拥有有效发明专利数 52718 件,比上年增长 16.8%,平均每家企业拥有 1.08 件;其中大型企业拥有有效发明专利数 16558 件,增长 17.1%,占全部企业拥有有效发明专利数的 31.4%,平均每家企业拥有 13.31 件,远高于企业平均水平。企业拥有注册商标 36200 件,比上年增长 5.8%,平均每家企业拥有 0.74 件;大型企业拥有注册商标 16014 件,比上年增长 2.2%,占全部企业注册商标的 44.2%,平均每家企业拥有 12.87 件。

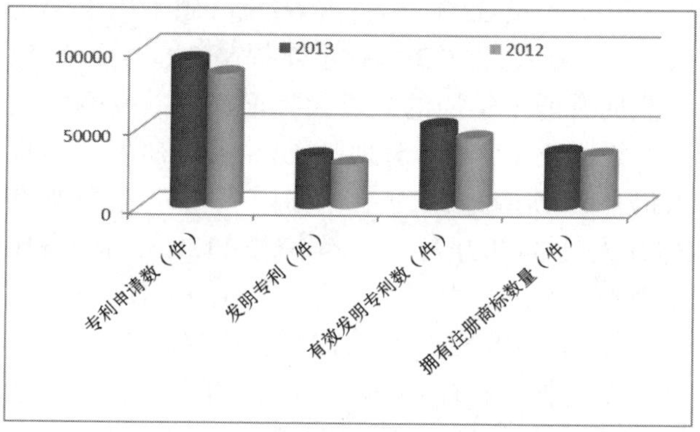

图 10-6 申请专利等科技产出情况

【企业科技创新活动存在的主要问题】 部分企业仍以生产加工型活动为主,创新意识有待提高。2013 年,全省没开展 R&D 活动的企业有 36490 家,占全部规上企业的 74.8%,仍有近四分之三的规模以上工业企业没有开展 R&D 活动。数据表明,全省建有研发机构的 15775 家规上工业企业中,有一些企业当年没有开展科研项目,有 4362 家建有机构的企业当年没有研发经费支出。内资企业中没有 R&D 活动的占 76.2%,其中集体企业、集体联营企业、私营独资企业超过了 80%没有

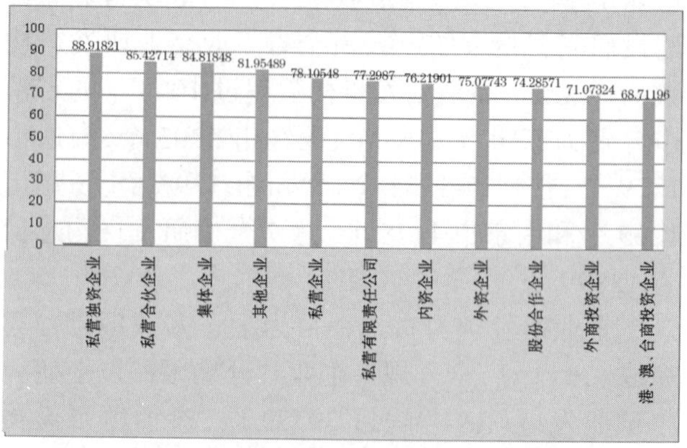

图 10-7 无 R&D 活动企业前十种注册类型占比情况

R&D 活动，私营独资企业没有研发活动的占比最高,达 88.9%;港、澳、台商投资企业没有 R&D 活动的占 68.7%；外商投资企业中独资企业没有 R&D 活动的占 71.1%。数据反映出大部分企业仍以生产加工型活动为主,对开展自主创新活动、实现技术储备的危机感不强,创新意识仍有待提高。

表 10-37　企业专利转让许可、注册商标和标准情况

指标名称	2013 年	2012 年	增长(%)
拥有有效发明(件)	52718	45120	16.8
有效发明专利境外授权(件)	1527	3560	–57.1
专利所有权转让及许可数(件)	2162	1546	39.8
专利转让许可收入(万元)	39479.5	40198.0	–1.8
发表科技论文(篇)	8911	9283	–4.0
拥有注册商标数量(件)	36200	34215	5.8
境外注册商标数量(件)	3730	4219	–11.6
形成国家或行业标准(项)	3389	3453	–1.9

部分科技产出数据出现下降，产出效率仍需提高。2013 年,全省规模以上企业引进国外技术经费支出 52.5 亿元,比上年减少 8.7%。其中,国有企业、私营独资企业、股份有限公司降幅较大,分别下降了 95.9%、95.4%和 59.8%。从分行业看,降幅超过 50%的有:石油加工、炼焦和核燃料、化学原料和化学制品制造业、农副食品加工业、印刷和记录媒介复制业等。规上企业形成国家或行业标准 3389 项，比上年减少 1.9%；发表科技论文数量 8911 篇,比上年下降 4.0%;在国外注册商标数量 3730 件,比上年减少 11.6%;虽然专利所有权转让及许可件数比上年增长了 39.8%,但转让许可收入仅 3.9 亿元,且比去年下降了 1.8%,尤其是大型企业专利转让许可收入下降 25.9%。由此可见,企业在科技产出效率方面还很薄弱,需要进一步加强。

政府资金投入偏少，影响企业的创新能力提升。2013 年全省规上企业 R&D 经费内部支出中政府资金 24.1 亿元,比上年增长 9.1%,但仍低于企业 R&D 经费内部支出增速 5.6 个百分点。企业使用来自政府部门的科技活动资金为 32.1 亿元,比上年减少了 5.7 亿元,下降 15.1%,从企业规模看,大型企业政府资金下降较快,下降 24.3%;从企业注册类型看,内资企业下降 13.6%,港、澳、台商投资企业下降 11.8%,外商投资企业下降 28.0%。企业使用来自政府部门的科技活动资金除了镇江、连云港、泰州三地增长外,其他都是负增长,其中苏州下降最大,下降了 47.4%,其次是扬州下降了 41.6%。降幅超过 10%的地区还有无锡、徐州、常州、淮安和宿迁 5 个地区。政府资金的减少,使企业在培育长远竞争力方面，又得不到有力的利益引导,会直接影响企业研发投入的积极性,进一步影响企业的创新能力提升。

新产品出口规模下降,值得关注。2013 年全省规模以上企业新产品开发 58353 项，比上年增长 8.1%;投入新产品开发经费支出 1669.3 亿元,增长 11.7%;新产品销售收入达到 19714.2 万亿元,增长 10.5%;但是新产品出口额 4319.9 亿元,比上年减少了 952.9 亿元,下降了 18.1%。新产品出口额的比重也由 2012 年的 29.5%，下降到 2013 年的 21.9%,下降了 7.6 个百分点。从企业规模看,出口额下降主要在大型企业,减少了 996.2 亿元,下降了 22.3%;从登记注册类型看,出口额下降主要是外商投资企业,下降了 28.4%;从行业类别看,出口

表 10-38　企业政府资金使用情况

地区	R&D 经费内部支出中的政府资金(万元)			企业来自政府部门的科技活动资金(万元)		
	2013 年	2012 年	增长(%)	2013 年	2012 年	增长(%)
全省	240670	220523	9.1	321387	378467	–15.1
苏南	158205	140512	70.0	211994	255915	–41.3
苏中	41832	40372	24.8	54815	62963	–27.5
苏北	40633	39639	14.5	54578	59589	–51.2

表 10-39　新产品生产销售情况

指标	2013 年	2012 年	增长(%)
新产品开发经费支出(亿元)	1669.3	1494.5	11.7
新产品产值(亿元)	19952.3	17958.7	11.1
新产品销售收入(亿元)	19714.2	17845.4	10.5
出口(亿元)	4319.9	5272.8	–18.1

额下降主要是纺织业,下降了51.5%;从分地区看,出口额下降主要是无锡市,下降了38.9%。

【完善体制促进企业科技创新】 企业是技术创新活动的生力军,其创新活动的普及和活跃程度对提升全省整体创新实力具有举足轻重的影响。江苏的科技实力要继续走在全国前列,必须大力加强企业的自主创新能力,加快科技进步,以推进经济结构的调整和增长方式的转变。

完善科技人才的引进激励政策,着力构筑创新人才高地。人才是第一资源,是企业创新活动的源泉。要突出科技人才培养,加强科技创新基地、科技平台和科技人才队伍建设,鼓励高端人才到江苏创新创业;加强科技创新团队、双创人才、企业博士等人才计划实施,实行科技计划和人才计划联动配套。进一步加强企业研究生工作站、博士后工作站等载体建设,集聚海内外高端人才和创新团队;企业要进一步贯彻落实技术要素参与收益分配的政策,完善人才激励机制,努力创造人尽其才、才尽其用的良好环境,以充分调动科技人员的积极性和创造性。

加大宣传监督力度,保证科技创新政策的有效实施。近年来,国家和全省相继制定和出台了一系列推动技术创新战略的政策,涉及技术创新发展的方方面面,但是,由于对这些政策有的力度还不够,减免程序又很复杂,很多企业不愿意或者认为不值得操办,就直接影响了政策的落实。政策落实不到位,就不能准确判断其科学性和正确性,影响实施效果,这正是许多企业家认为创新政策缺乏吸引力的主要原因。因此,要保证各项创新政策的落实和实施效果,就必须简化优惠措施审批程序,加大落实的宣传监督力度,并建立跟踪监测机制,以保证科技创新政策的有效实施。

开拓多元化融资渠道,增加政府资金投入。从国外一些创新型国家政府科技投入的经验中可以看出,企业是创新的主体,企业的研发投入在国家研发投入中所占比例已超过了政府的科技投入,但创新型国家一直在采取措施保障政府的科技投入并使其保持着稳定的增长,多数国家政府科技投入的增速均高于GDP的增速,有些国家政府研发投入强度(政府研发投入占GDP的比率)达到1%。2013年全省公共财政科技支出302.6亿元,占GDP的比重是0.5%,远低于国外发达国家水平。今后不但要逐步加大政府资金投入,还要确保政府引导性资金的稳定增长,并带动社会多元化资金投入的大幅度增长,建立适应科技创新需求的社会融资体系,确保企业主体性资金投入的持续增长;要提升企业创新能力,进一步完善政府配套资金政策。

促进产学研合作,提升企业创新实力。为加快推进国家自主创新能力,国外主要创新型国家普遍把促进产学研合作作为构建国家创新体系的重要内容,加强政策引导扶持,遵循市场规律,通过整合创新资源,建立起国家或区域创新集团优势,形成了各自鲜明的特色。如德国组成创新联合体,即创新联盟,以提高产业整体创新能力和国际竞争力;美国产学研各类机构互为补充,形成了一个有机整体。在国际市场的激烈竞争中,势单力薄的个体将难以拥有与强大竞争对手抗衡的全面技术优势,建立产学研紧密结合的创新联盟,建立完备的产学研合作创新体系,有利于实现产业技术创新的重点突破,形成国家或区域创新优势,有利于实现产学研各方的共同发展,在日趋激烈的国际竞争中立于不败之地。

加大新兴产业扶持力度,促进产业转型升级。要面向世界科技前沿,瞄准战略高新技术领域,实施前沿先导技术创新专项,加大对代表国际发展方向、对新兴产业的形成和发展具有引领作用的前沿先导技术研发支持力度,突破关键核心技术,抢占未来竞争制高点。借鉴国际经验,建立省级层面的产业技术研究院,加强顶层设计和战略规划研究,进一步统筹配置全省产业创新资源,建立健全产业研发创新体系,使之成为产业发展的战略智库、孵化高科技中小企业的摇篮和重大产业技术的策源地,努力赢取未来发展主动权。

重视科技创新统计监测,提高分析决策能力。在市场经济中,企业是科技创新活动的主体,是创新的主力这军,只有千千万万企业的自主创新能力得到提升,才能使全省整体创新能力得到增强。所以要加强对企业技术创新的统计监测,建立稳定的监测系统,对专项基金的使用情况、节能和排污情况以及省级有关促进企业技术创新政策的落实情况进行跟踪监测。要充分发挥统计数据在引导消化吸收再创新中的关键作用,为政府制定落实鼓励技术引进后消化吸收的政策提供支撑,以支持企业、高等院校和科研所参与消化吸收和再创新。

(江苏省统计局)

2013 年江苏省高校科技活动统计

2013 Annual Statistics on Scientific & Technological Activities of Universities in Jiangsu Province

2013 年，全省参加教育部科技统计年报的高等学校及附属医院共有 111 家，其中理工医农类本科院校 45 所，高职院校 64 所，附属医院 2 个。2013 年全省高校科技活动统计概述如下：

【科技人力情况】 2013 年，全省高校拥有科技人力资源 65116 人，其中科学家和工程师 64120 人。在 65116 人中，教师 44799 人(其中教授 7035 人，副教授 14475 人，讲师 19639 人，助教 3551 人，其他 99 人)，其他技术职务系列人员 20317 人(其中具有高级技术职务人员 4845 人，中级技术职务人员 9081 人，初级 5395 人，其他 256 人)，辅助人员 740 人。

【科技活动经费情况】 2013 年，全省高校通过各种渠道争取科技经费 133.95 亿元(其中 R&D 经费 94.06 亿元，占科技经费的 70.22%)，比上年增加 12.81 亿元，增幅 10.57%。其中科研事业费 5.53 亿元，主管部门专项费 20.84 亿元，国家发改委、科技部专项费 11.54 亿元，国家自然科学基金 13.98 亿元，国务院其他部门专项费 7.25 亿元，省专项费 9.08 亿元，企事业单位委托经费 57.53 亿元(占当年拨入科技经费总数的 42.95%)，当年学校科技活动经费 7.92 亿元。当年支出经费 126.93 亿元，转拨给外单位经费 13.04 亿元，内部支出经费 113.79 亿元。

【科技活动机构情况】 2013 年，全省高校共拥有上级主管部门批准的科技活动机构 643 个（其中 R& D 机构 557 个，其他机构 86 个)，比上年增长 17.55%。机构中从业人员 17610 人，科技活动人员(人年)8716 人，培养研究生 24092 人。机构当年共承担课题 16188 项，内部支出 43.89 亿元。固定资产原值 104.82 亿元，其中仪器设备 79.66 亿元。

【科技项目立项情况】 2013 年，全省高校从各种渠道取得立项科技项目 37596 项，比上年增长 12.26%，共投入科技人员(人年)21948 人，拨入经费 102.56 亿元，支出经费 82.72 亿元，参与课题的研究生 74162 人。

按照性质分，基础研究项目 12022 项，应用研究项目 12154 项，试验与发展项目 3189 项，R&D 成果应用项目 3891 项，其他科技服务项目 6340 项。

按照学科分，自然科学项目 6456 项，工程与技术项目 22602 项，医药科学项目 4923 项，农业科学项目 3615 项。

按照来源分，“973” 计划 536 项，投入经费 5.05 亿元；国家科技支撑计划 243 项，投入经费 1.69 亿元；“863”计划 279 项，投入经费 1.91 亿元；科技部重大专项 231 项，投入经费 2.98 亿元；国家自然科学基金项目 6320 项，投入经费 15.58 亿元；主管部门科技项目 2676 项，投入经费 7.60 亿元；国家部委其他项目 2081 项，投入经费 7.38 亿元；省级项目 5406 项，投入经费 9.40 亿元；企事业单位委托项目 16804 项，投入经费 49.40 亿元。

【技术转让及知识产权情况】 2013 年，全省高校共实现技术转让 1703 项（其中专利出售 429 项，其他知识产权出售 49 项)，合同金额 5.85 亿元，当年实际收入 3.83 亿元。向国有企业转让 368 项，向外资企业转让 76 项，向民营企业转让 1054 项，向其他企业转让 205 项。

2013 年，全省高校共申请专利 23473 项(申请国外专利 151 项，发明专利 13982 项，实用新型 7061 项，外观设计 2430 项)，比上年增加 3019 项，增长 14.76%；授权 14022 项（其中授权国外专利 62 项，发明专利 4956 项，实用新型 5850 项，外观设计 3216 项)，比上年增加 1224 项，增长 9.56%，其中发明专利申请量和授权量分别比上年增加 26.05%和 10.97%。其他知识产权授权 811 项(其中集成电路布图 44 项，植物新品种授权 2 项，国家或行业标准 30 项)。

【科技专著与论文情况】 2013 年全省高校全年出版科技著作 275 部，大专院校教科书 833 部，编著 173 部。发表学术论文 79321 篇，其中在国外学术刊物上发表 25998 篇，SCIE 收录论文 16414 篇，EI 收录 13479 篇，ISTP 收录 2408 篇。

【国家级项目验收、科技成果鉴定及成果获奖情况】 2013年,全省高校共有138个国家级项目通过验收(其中与其他单位合作完成45项),其中"973"计划28项、国家科技支撑计划19项、"863"计划25项、国家自然科学基金重点项目23项、军工项目43项。共鉴定科技成果547项,其中国际水平190项、国内首创36项、国内先进192项、其他129项。

全省高校获2013年度国家科学技术奖31项(含参与),其中主持完成16项,占全国高校主持完成获奖总数的13%,数量位居全国第二。16项主持完成的获奖项目中,国家自然科学奖3项、国家技术发明奖7项、国家科技进步奖6项,分别占全国高校获奖数的8%、19%和14%。

全省高校获2013年度高校科学研究优秀成果奖(科学技术)60项(含参与),占全国高校获奖总数的19%,名列全国第二。获奖成果中一等奖21项,占全国高校一等奖总数的18%。60项获奖成果中,自然科学奖23项(一等奖7项)、技术发明奖13项(一等奖5项)、科技进步奖24项(一等奖9项),分别占总奖数的19%、22%和19%。主持完成成果共53项,占60项获奖总数的88%。

全省高校获2013年度江苏省科学技术奖一、二等奖55项,占总数的70.5%,比上年度增长5个百分点。17项成果获一等奖(主持完成15项),占省一等奖总数的85%(主持占比75%)。

【科技交流情况】 2013年,全省高校合作研究共派遣3463人次,接受3803人次,分别比上年增长3.47%、1.98%;出席国际学术会议12001人次,交流论文10645篇,特邀报告2174篇,主办国际学术会议262次。

(江苏省教育厅)

2013年江苏省咨询业统计简报

2013 Annual Statistics on Consultative Services of Jiangsu Province

江苏省科技咨询协会对全省参加2013年度经营状况统计工作的228家信誉咨询企业和咨询研究机构(以下简称"咨询单位")进行了统计,现将统计结果简报如下:

【咨询单位】 在228家咨询单位中:企业性质有180家,占78%;其他(咨询机构)48家,占22%。

按经济性质分:在228家咨询单位中,国有经济性质的咨询单位共47家,非国有经济性质的咨询单位181家,占79.3%(上年为75.3%),其中:有限责任公司、股份制有限公司、集体企业等110家,私营企业60家,外商投资企业2家,其他9家。

【咨询从业人员】 228家咨询单位2013年末职工总数44643人,其中从事咨询业务的人员总数30959人(上年为28708人),占职工总数69%;具有大专以上学历人员总数29155人(上年为26447人),占职工总数65.3%。在从事咨询业务的人员中,具有高、中级职称的人员18738人,占职工总数的42%,其中获得博士学位的有884人,获硕士学位的有4945人。

【咨询业务】 2013年度228家咨询单位承担咨询项目的合同总金额124.1亿元。其中:政策咨询2.32亿元,占1.8%;技术咨询2.23亿元,占17.9%;管理咨询1.61亿元,占13%;工程咨询77.29亿元,占62.3%;其他咨询6.08亿元,占4.9%。共承担各类咨询项目143343项。其中:政策咨询33841项,占23%;技术咨询40482项,占28%;管理咨询12666项,占8%;工程咨询32685项,占22%;其他咨询23669项,占16%。

项目来源:政府部门委托20952项,占14.6%;国内客户委托101656项,占70.9%;涉外咨询9586项,占6.7%;其他11149项,占7.8%。

【经济效益】 2013年度228家咨询单位经营总收入为326.57亿元(上年为165.81亿元),其中:咨询收入111.01亿元(上年为95.44亿元)。

2013年度228家会员单位向国家缴纳税金18.23亿元(上年为16.49亿元)。

【经营规模】 在228家咨询单位中,2013年度咨询收入在亿元以上的有25家(上年为21家);5000万~1亿元的有22家(上年为18家);1000万~5000万元的有75家(上年为72家)。

平均每个咨询单位拥有咨询从业人员135人(上年为124人);年平均完成咨询项目628项(上年为590项);平均每个咨询单位年咨询收入4869万元(上年为4131万元);平均每个咨询项目合同完成后获得的咨询收入为8.65万元(上年为7.63万元)。

【社会效益】 在228家咨询单位2013年完成的全部咨询项目中有部分项目给客户带来直接经济效益,其中:有335141项完成后为委托方节省或核减投资额148.2亿元,而完成上述项目后委托方支付的咨询费用合计6.62亿元,咨询投入回报率为1:22.3;有8991项完成后为企业直接增加效益或降低成本的当年净值36.27亿元,而完成上述项目后委托方支付的咨询费用合计2.39亿元,咨询投入回报率为1:15.2。

(江苏省科技咨询协会)

2013年江苏省民营科技企业统计

2013 Annual Statistics on Non-Governmental Scientific & Technological Enterprises of Jiangsu Province

2013年,省科技厅紧紧围绕省委省政府实施创新驱动战略的决策部署,加快建设以企业为主体、市场为导向、产学研相结合的技术创新体系,加速集聚科技资源,持续优化创新创业环境,民营科技企业自主创新能力不断提升,企业整体水平和综合竞争力显著增强,成为全省发展创新型经济、加快经济转型升级的重要力量。民营科技企业发展呈现了以下特点:

【企业数量快速增长】 截至2013年年底,全省民营科技企业达73858家,同比增长37.6%。苏南、苏中、苏北地区民营科技企业数分别为36396家、17210家及20252家,分别占民营科技企业总数的49.3%、23.3%及27.4%。

【企业效益稳步提升】 截至2013年年底,全省民营科技企业全年实现总收入43061亿元,同比增长约18%;实现利润3014亿元,同比增长16.5%。根据全国工商联公布的“2013中国民营企业500家”榜单,全省上榜民营企业共有93家,其中民营科技企业71家,占江苏上榜民营企业的76.3%,总收入超过百亿元的企业达61家。2013年,全省民营科技企业获中国民营科技促进会评定的奖项44项,获奖总数及“优秀民营科技企业”“优秀民营科技企业家”2个单项奖数再居全国第一。

【自主创新能力显著增强】 2013年,全省民营科技企业研发投入约占全省企业研发投入的三分之二,近半数以上的民营科技企业建有独立研究开发机构,能自主开发新产品或新工艺。民营科技企业知识产权创造能力显著增强,全省民营科技企业2013年申请专利22.7万件,其中发明专利6.6万件;授权专利13.2万件,其中发明专利0.7万件。借助灵活的运行机制,民营科技企业加快集聚高素质创新人才,全省民营科技企业从业人员中,拥有博士和硕士学位的人员分别达1.7万人和10.7万人,同比增长54.5%和25.9%。

表10-40 2013年江苏省民营科技企业情况

地 区	企业数
南京市	7016
无锡市	7205
徐州市	6999
常州市	7000
苏州市	7814
南通市	7026
连云港	3150
淮安市	3160
盐城市	3850
扬州市	6331
镇江市	7361
泰州市	3853
宿迁市	3093
合 计	73858

(江苏省科学技术厅高新技术发展及产业化处)

2013 年江苏省科技成果登记统计分析报告

2013 Statistical Analysis Report of Scientific & Technological Achievements Registration of Jiangsu Province

2013 年全年共登记科技成果 733 项，企业完成 429 项，位列第一；第二是大专院校，完成 118 项；第三是医疗机构，110 项；独立科研机构完成 35 项，其他单位完成 41 项。

【2013 年江苏省科技成果概况】 成果评价方式。2013 年度江苏科技成果评价仍然以鉴定与验收为主，其中，鉴定项目 321 项，占总量的 44%；验收项目 239 项，占总量的 33%；评审项目 14 项，占总量的 2%；行业准入项目为 23 项，占 3%；评估项目为 55 项，占 7%；机构评价项目为 52 项，占 7%；结题项目 29 项，占 4%。从项目所占百分比变化情况来看，鉴定项目比 2012 年下降了 6%，验收项目比 2012 年上升了 5%，行业准入项目比 2012 年上升了 1%，评估项目比 2012 年下降了 3%，机构评价比 2012 年上升了 2%，结题项目数上升了 1%。

知识产权情况。2013 年登记的科技成果项目共拥有知识产权 5476 件，比 2012 年增长了 25%；其中发明专利为 2719 件，实用新型专利为 2289 件，外观设计专利为 185 件，软件著作权数为 170 件，其他 113 件。制定标准数共计 19 项，其中国际标准 2 项，国家标准 4 项，行业标准 4 项，企业标准 9 项。

成果类别分布。2013 年科技成果类别仍然以应用技术成果为主，共计 670 项，占 91%；基础理论成果 63 项，占 9%。2013 年没有软科学成果登记。

课题来源。2013 年江苏省登记的科技成果中，来源于国家科技计划项目的有 255 项，其中：科技重大专项 9 项，自然科学基金 61 项，重点基础研究发展计划 8 项，高技术研究发展计划 37 项，科技支撑计划 48 项，星火计划 2 项，火炬计划 26 项，国家重点新产品计划 17 项，国际科技合作专项 1 项，国家重点实验室 1 项，科技型中小企业技术创新基金 21 项，农业科技成果转化资金 1 项，科技富民强县专项行动计划 1 项，其他 22 项。课题来源除了国家科技计划外，部门计划 49 项，地方计划 128 项，部门基金 20 项，地方基金 31 项，民间基金 1 项，横向委托 10 项，自选 197 项，其他 33 项。

项目投资情况。2013 年江苏科技成果经费实际投入总额为 10424474 万元，其中，国家投入 304695 万元，占 3%；部门投入 143446 万元，占 2%；地方投入 417262 万元，占 4%；基金投入 38297 万元，占 0.3%；自有资金 9089789 万元，占 87%；银行贷款 305731 万元，占 3%；国外资金 86 万元；其他 125168 万元，占 1%。

成果完成人情况。2013 年江苏科技成果完成人的文化程度仍然以本科以上为主；大学本科 2359 人次，位居第一；硕士研究生 1644 人次，位居第二；博士研究生 1568 人次，位居第三；此外，大专 567 人次，中专 54 人次，其他 26 人次。

2013 年江苏科技成果完成人的年龄结构以 55 岁以下为主：35 岁以下（含 35 岁）2074 人次，占总数的 33%；36~45 岁 2085 人次，占总数的 34%；46~55 岁 1658 人次，占总数的 27%；56~65 岁 328 人次，占总数的 5%；65 岁以上的 73 人次，占总数的 1%。

2013 年江苏科技成果完成人的技术职称构成以中高级以上为主：院士 5 人次，正高 1552 人次，副高 1771 人次，中级 2091 人次，初级 463 人次，其他 336 人次。

【2013 年江苏应用技术成果概况】 成果属性。在 2013 年江苏应用技术成果登记的项目中，原始性创新成果 348 项，国外引进消化吸收创新 103 项，国内技术二次开发 214 项。

成果水平。2013 年江苏应用技术成果水平普遍较高，以国际先进与国内领先为主，其中，国际领先成果 75 项，国际先进成果 186 项，国内领先成果 273 项，国内先进成果 41 项，国内一般成果 5 项，未评价成果 90 项。

成果所处阶段。2013 年江苏应用技术成果以成熟应用阶段为主，共计 590 项，占总量的 88%，其次是处于中期阶段的 59 项，初期阶段的 21 项。

所属高新技术领域。2013 年江苏应用技术成果所属高新技术领域分布，电子信息 92 项，先进制造 94 项，航空航天 2 项，现代交通 19 项，生物医药与医疗器械90项,新材料74项,新能源与节能81项,环境保护37项,地球、空间与海洋11项,核应用技术3项,现代农业44项。

成果应用行业。2013年江苏科技成果应用行业涉及18个方面,农、林、牧、渔业73项,采矿业28项,制造业238项,电力、热力、燃气及水的生产和供应业59项,建筑业18项,批发和零售业1项,交通运输、仓储和邮政业30项,住宿和餐饮业2项,信息传输、软件和信息技术服务业47项,金融业2项,房地产业1项,科学研究和技术服务业20项,水利、环境和公共设施管理业34项,居民服务、修理和其他服务业2项,教育2项,卫生和社会工作97项,文化、体育和娱乐业3项,公共管理、社会保障和社会组织8项。

成果应用情况。2013年江苏科技成果应用情况较好,产业化应用项目数为536项,占51%;小批量或小范围应用项目数110项,占11%;试用项目数21项,占2%;未应用项目数为3项,其中资金问题1项,技术问题1项。2013年江苏科技成果已转化371项。

经济效益。2013年江苏登记的应用技术成果共有326项产生了经济效益,总产生总收入10516489万元,净利润1795063万元,实交税金613713万元,出口创汇14692518万元,节约资金1415222万元,合作转化收入9098800万元,其中技术入股股权折价11730万元,技术转让与许可收入39342万元,其中知识产权技术转让收入8756万元。

(江苏省科学技术厅科技成果与技术市场处)

科技政策与法规

Policies and Laws of Science & Technology

江苏省人民政府

省政府关于印发创新型省份建设推进计划(2013—2015年)的通知

苏政发〔2013〕110号

2013年8月27日

各市、县(市、区)人民政府,省各委办厅局,省各直属单位:

现将《创新型省份建设推进计划(2013—2015年)》印发给你们,请认真组织实施。

创新型省份建设推进计划

(2013—2015年)

为深入实施创新驱动战略,加快推进科技创新工程,大力建设创新型省份,按照《科技部关于同意江苏创新型省份建设试点方案的函》(国科函政〔2013〕64号)要求,结合我省实际,制定本推进计划。

一、总体要求

认真贯彻党的十八大精神,紧紧把握科学发展主题和加快转变经济发展方式主线,以科技创新工程为抓手,深入实施创新驱动核心战略和科教与人才强省基础战略,以国际视野推进重点领域和关键环节的改革创新,促进科技与经济紧密结合,着力在构建创新体系、支撑产业转型、打造企业集群、优化政策环境方面取得更大突破,进一步确立科技创新在发展全局中的核心位置,进一步营造有利于创新驱动发展的良好环境,进一步激发全社会创新创业的动力和活力,率先走出一条具有江苏特色的创新型省份建设路子,使科技创新更好地支撑引领经济社会发展,更好地服务于“五位一体”总体布局,更好地造福全省人民,并努力为创新型国家建设探索路径、积累经验。

二、主要目标

到2015年,科技创新能力显著提升,区域创新体系愈益完善,全社会研发投入占地区生产总值的比重达2.5%以上,每万名劳动力研发人员数超过80人年,万人发明专利拥有量达8件,科技进步贡献率达60%;经济综合实力显著增强,经济增长质量和效益明显提高,战略性新兴产业增加值占地区生产总值的比重达10%,高新技术产业产值占规模以上工业总产值的比重达40%以上,高新技术企业达1万家;社会发展水平显著提高,社会公益领域科技创新加快推进,居民科学素质达标率超过7%,现代教育发展水平达85%,信息化发展水平达83%,环境质量达省定小康标准,人均预期寿命达77岁;基本建成创新型省份,主要指标达到创新型国家和地区水平。

三、重点任务

(一)打造创新型企业集群。

1. 实施科技企业培育“百千万工程”。研究制定专门措施,支持行业骨干企业整合全球创新资源实现创新发展,培育100家创新型领军企业。实施科技企业上市培育计划,加大对处于上市关键期企业的扶持力度,开辟绿色通道,推动1000家科技型企业完成股份制改造并加快上市。开展高新技术后备企业(省级高新技术企业)认定工作,实行省市联动,强化地方责任,完善工作机制,培育1万家高新技术企业。(责任单位:省科技厅、发展改革委、经济和信息化委、财政厅、国税局、地税局,江苏证监局,各市人民政府)

2. 促进科技小微企业创新发展。优化科技小微企业融资环境,扩大省级天使投资引导资金规模,推动各市普遍建立种子资金或天使投资引导资金。逐步扩大省科技成果转化风险补偿专项资金规模,建立科技小微企业数据库,引导各地建立风险补偿资金池,激励银行增加对科技小微企业的信贷投放量。加大省科技型中小企业技术创新资金对企业的支持力度,进一步调动企业创新积极性。启动中小企业创新工程,实施科技小巨人培育计划,着力培育"专精特新"中小企业。推进科技企业孵化器建设,建立目标考核机制,提升专业化服务能力和水平,县(市、区)和各类开发区实现全覆盖。到2015年,建设400家面向中小企业的省级科技公共服务平台,新增孵化科技企业1万家以上,科技小巨人企业达2000家。(责任单位:省科技厅、财政厅、经济和信息化委,各市人民政府)

3. 支持企业建设高水平研发机构。按照"两推进、双提升"的要求,完善政策措施,支持骨干企业建设省级以上工程中心、技术中心、企业重点实验室等研发平台,加快建设企业院士工作站、博士后工作站、研究生工作站等人才工作载体。强化企业研发机构运行绩效评估和补助奖励,鼓励企业普遍设立研发准备金,引导企业建立研发管理标准体系,提升企业研发机构发展水平和支撑企业转型升级的能力。到2015年,力争大中型工业企业和规模以上高新技术企业普遍建有研发机构。(责任单位:省科技厅、发展改革委、经济和信息化委、教育厅、人力资源社会保障厅、财政厅、交通运输厅,各市人民政府)

4. 深化产学研合作。进一步加强与国内知名高校院所的合作,推进合作载体建设,建立一批产业技术创新战略联盟,组织攻克一批重大关键技术。强化省产学研联合创新资金目标导向,支持企业主动介入高校院所早期研发,建立健全产学研合作长效机制。加强企业与高校院所人才互动交流,扩大高校"产业教授"规模,与中科院等单位联合设立"企业创新岗"。鼓励高校院所建立科技人员定期为企业开展科技咨询服务的机制,加快建设企业博士后创新实践基地、大学生实训基地和重点产业专项公共实训基地等载体。到2015年,"校企联盟"超过1万个,年实施产学研合作项目1.5万项,服务企业的科技人员超过10万人。(责任单位:省科技厅、教育厅、财政厅、人才办、经济和信息化委、人力资源社会保障厅,各市人民政府)

5. 提升企业创新管理水平。深入实施万企升级行动计划,推动工业化和信息化深度融合,鼓励支持企业加大技术改造力度,实施品牌化发展战略,探索绿色生产方式,创新商业模式和运营管理机制,实现创新能力、技术装备层次、经营管理水平和规模效益提档升级。到2015年,利用信息技术开展生产、管理、创新活动企业占比超过60%,开展电子商务活动企业占比超过60%。(责任单位:省经济和信息化委、发展改革委、科技厅,各市人民政府)

(二)促进产业转型升级。

6. 做强战略性新兴产业。发挥省战略性新兴产业引导资金激励作用,加快形成50条技术含量高、特色鲜明的战略性新兴产业链,着力培育新能源、新材料、新一代信息技术和软件、高端装备制造等4个万亿级产业。依托国家科技重大专项和重大计划,建立以省辖市为责任主体的协同推进机制,重点加强环保装备与服务、智能电网、海工装备、碳纤维、物联网、光伏系统、智能机器人、半导体照明等创新型产业集群建设,努力培育若干世界级产业。加大省科技成果转化专项资金项目组织力度,集中力量推进300项重大产业技术研发和成果转化。引导各地从实际出发,凝练产业方向,形成错位发展、合理有序的产业格局。"十二五"期间,战略性新兴产业产值年均增长20%以上。(责任单位:省发展改革委、经济和信息化委、科技厅,各市人民政府)

7. 推动传统产业向高端攀升。围绕促进传统产业转型发展,大力开展共性关键技术攻关,着力突破核心装备、关键材料和核心器件等高附加值环节,加快利用高新技术、先进适用技术和信息技术改造提升传统产业。深入实施以新技术、新工艺、新装备、新材料推广应用为主要内容的传统产业“四新”技改工程,加大成套装备研发及产业化力度,推动传统产业加快转型升级。推进制造业信息化工作,培育一批工业化、信息化融合示范区和示范(试点)企业。(责任单位:省经济和信息化委、发展改革委、科技厅、环保厅、交通运输厅,各市人民政府)

8. 提高服务业创新发展水平。按照高端化、市场化、国际化要求,着力打造现代服务业高地。加强服务业领域的科技创新,实施“腾云计划”和“服务业科技行动计划”,以研发、创意设计、商业模式创新、现代物流和销售服务等为重点,加快发展高技术服务业,促进产业链向研发和服务两端延伸。推动生产服务业与先进制造业相互融合,加快提升电子商务产业规模。建设一批文化科技产业园,培育一批文化与科技融合发展示范区,促进文化产业加快发展。大力发展软件和生物医药等领域服务外包产业。(责任单位:省发展改革委、经济和信息化委、商务厅、科技厅、财政厅,有关市人民政府)

9. 加快农业现代化步伐。实施农业现代化工程,开展现代农业科技支撑行动,强化种子种苗、高效种养、农产品加工流通、食品安全、生态安全等重点领域的科技创新,扩大传感、通讯、计算机网络等现代信息技术应用,加快推进现代农业装备研发及产业化,大力发展高效设施农业,着力培育种源农业、生物农业、信息农业、生态农业等新兴产业,稳定粮食生产,促进农业增效、农民增收和农村发展。推进国家现代农业示范区建设,完善农村科技服务超市网络,发挥家庭农场、农民专业合作组织、农村专业技术协会等新型组织作用,为农业科技发展提供有力支撑。到2015年,农业全员劳动生产率达5万元/年,高效设施农业面积比重达16%,农业废弃物资源化利用率达90%。(责任单位:省农委、发展改革委、科技厅、科协,各市人民政府)

10. 加强前瞻性产业培育。面向国际科技前沿、江苏战略需求与未来产业发展,在纳米材料、石墨烯、大数据、未来网络、三维打印、北斗通讯、小核酸和抗体药物等十大重点高技术领域超前部署,组织实施100个重大前瞻性技术研发项目,取得一批具有自主知识产权的原始创新成果并加快产业化。建设一批支撑产业持续创新的重大科技平台,与科技部、教育部合作建设一批科教结合产业创新基地。到2015年,若干产业关键技术实现重要突破并达到国际先进水平,部分领域成为全国重要的产业研发创新高地。(责任单位:省科技厅、发展改革委、教育厅、食品药品监管局,各市人民政府)

(三)完善区域创新布局。

11. 纵深推进创新型城市建设。按照苏南创新提升、苏中创新跨越、苏北创新突破的要求,推动国家创新型试点城市以培育发展创新型经济为突破口,加快实现经济转型升级,进入国家创新型城市行列。支持徐州、淮安、宿迁创新发展,力争成为国家级创新型试点城市。推进创新型试点县(市、区)建设,并开展达标评价工作,命名一批创新型县(市、区)。支持有条件的县(市、区)围绕“一县一主导产业”,集聚创新资源,建设创新载体,培育创新企业。引导创新资源向基层集聚,提升乡镇科技创新能力和水平。到2015年,全省创新型试点县(市、区)超过50个,创新型试点乡镇达200个;“科技镇长团”达100个,年选派1000名左右高层次人才到基层任职。(责任单位:省科技厅、人才办、发展改革委、经济和信息化委,各市人民政府)

12. 统筹部署高校院所科技创新。探索建立高校分类体系,研究制定高校分类发展规划,引导高校科学定位、错位竞争、特色发展。大力推进“江苏高校优势学科建设工程”,建设一批新兴学科、重点学科和交叉学科。扩大省自然科学青年基金和杰出青年基金规模,加大对基础研究和原创性研究的支持力度,培育3000名青年科研骨干。深入实施省级协同创新专项计划,完善协同创新机制,建设50个省级以上协同创新中心。支持30家高校院所设立技术转移机构,加快科研成果转化及产业化。到2015年,江苏高校国家一级重点学科数量占全国总数的10%以上,高校院所ESI论文数超过7万篇。(责任单位:省教育厅、科技厅、财政厅)

13. 系统布局科技基础设施建设。瞄准科技发展前沿,建设100家特色鲜明的省级以上重点实验室,探索组建重点实验室联盟。健全科技资源共享机制,加大科技资源对全社会特别是中小企业的开放力度。积极争取国家重大科技基础设施落户我省,加快建设纳米真空互联实验站、超级计算中心等大科学装置,提升科技持续发展能力。建设省产业技术研究院，通过实行与国际接轨的项目经理制，组织产业重大关键技术攻关以及成果转化,努力打造战略性新兴产业发展策源地。实施科技服务业行动计划，建设10个科技服务示范区，集聚发展200个专业化、社会化、网络化的科技服务机构。到2015年,全省技术市场合同成交额超800亿元。(责任单位:省科技厅、经济和信息化委、财政厅,省编办,省发展改革委)

14. 切实抓好创新型园区建设。实施高新园区提升计划,明确高新园区新的发展定位,建立科学的考核导向，引导和推动高新园区加快步入创新驱动、内生增长的轨道。加强高新园区创新核心区建设,优先安排建设用地,促进科技资源、人才资源和金融资本向园区集聚。完善高新园区产业规划,按照“一区一战略性产业”的要求,有针对性地加大扶持力度,形成各具特色、错位发展的产业格局。进一步优化高新园区布局,支持符合条件的省级高新区申报建设国家级高新区，支持建设一批省级高新区。引导经济开发区向创新型园区转型,加快提升创新发展水平。统筹推进大学科技园、特色产业基地、留学人员创业园、科技产业园和科技创业园建设。到2015年,建设15家以上具有国际竞争力的创新型园区；全省高新园区高新技术产业产值占规模以上工业产值的比重超过50%。(责任单位:省科技厅、商务厅、发展改革委、经济和信息化委、教育厅、人力资源社会保障厅、国土资源厅、住房城乡建设厅,各市人民政府)

15. 打造苏南自主创新示范区。按照苏南现代化建设示范区规划部署，以国家创新型试点城市为重点,以高新园区为核心,推进苏南自主创新示范区建设,着力形成"三区五城多核"的创新格局,努力建成全球重要的产业科技创新中心和创新型经济发展高地。推进苏南区域创新一体化,促进创新要素在城市之间、园区之间、城乡之间的合理流动和高效组合,重点建设南京无线谷、无锡科技新城、常州科教城、苏州独墅湖科教创新区、苏州科技城、镇江知识城等，成为创新型省份建设先导区。到2015年,苏南地区高新技术产业产值占规模以上工业产值的比重提高到43%以上。(责任单位:省科技厅、发展改革委、经济和信息化委、教育厅、财政厅,苏南五市人民政府)

(四)优化创新环境。

16. 建立考核评价导向机制。强化科技创新在发展全局中的核心地位,完善市、县领导科技进步目标责任制，加快健全以科技进步与创新为主要内容的干部考核评价体系,推动“一把手抓第一生产力”落到实处。研究制定创新型省份建设评价指标,调整充实到“八项工程”监测统计体系中,并将监测统计延伸到县(市、区),加强年度检查考核。开展创新型省份建设评价分析，委托第三方定期发布区域创新指数报告。(责任单位:省统计局、科技厅)

17. 推进知识产权强省建设。按照“质量并重、以质为先”的要求,完善知识产权资助奖励政策,重点支持发明专利授权及PCT专利、国际注册商标的申请,加快提升知识产权产出的质量和水平。推行《企业知识产权管理规范》,组织实施150项技术标准专项,到2015年,力争大中型工业企业全部实现知识产权管理标准化并拥有发明专利,培育一批知识产权密集型企业。健全知识产权价值评估体系,鼓励地方、园区以及社会力量建立知识产权运营公司,开展专利投融资、价值分析等服务,促进知识产权实现市场价值。研究制定重点工程及重大项目知识产权评议和前置审查办法。进一步加强知识产权保护，构建知识产权行政执法体系,探索建立知识产权法院,推动企业办理知识产权海关保护备案。加强知识产权法律服务,设立知识产权维权基金,定期发布知识产权维权指引,支持企业积极应对境外知识产权纠纷诉讼。积极落实我省与美国专利商标局签署的知识产权保护合作谅解备忘录。到2015年,万人发明专利拥有量达8件,PCT专利数达1500件。(责任单位:省知识产权局,省法院,省司法厅、经济和信息化委、科技厅、教育厅、质监局,南京海关)

18. 构建多元化科技投入体系。不断增加各级财政对科技的投入，确保财政科技经费增幅高于财政经常性收入增幅。建设20家省级科技金融合作创新示范区,设立100家科技支行、科技小额贷款公司、科技保险支公司等新型科技金融专营机构,大力推广科技之星、科贷通、知识产权质押贷款、科技保险等新型科技金融产品。扩大创业投资规模，运用多层次资本市场开展非上市科技企业产权交易,建设10家市场化运作、专业化服务的省级科技金融服务中心。到2015年,创业投资规模占地区生产总值的比重达3%。(责任单位:省财政厅、科技厅、发展改革委、金融办,人民银行南京

分行,江苏银监局,江苏保监局,江苏证监局,各市人民政府)

19. 提高人力资源发展水平。加大《全民科学素质行动计划纲要》实施力度,突出重点人群,广泛开展群众性科普宣传活动,从事科普活动人员达到50万人。支持高校创新人才培养机制,加快培育高层次人才。大力发展现代职业教育,支持校企合作办学,全面提升劳动者职业技能,每万名劳动力中高技能人才达490人。加强国家“千人计划”“万人计划”,省“创新团队计划”和“双创计划”“333工程”,以及地方人才计划的集成联动,加快引进高端人才、拔尖人才和紧缺人才,高层次人才占人力资源总量的比重达5.1%。建立健全企业主导的引才用才机制,鼓励企业按不低于年销售收入的0.6%设立人才发展专项资金,支持企业建设人才工作平台。强化人才服务体系建设,对符合条件的海外高层次人才发放居住证(江苏绿卡),加快建设人才公寓;探索建立城市互联、发展互动、证书互认的人才服务机制,努力实现国内和国际人才市场的融通。到2015年,从事科技活动人员超过100万人,人才贡献率达43%。(责任单位:省人才办、人力资源社会保障厅、科技厅、教育厅、经济和信息化委、财政厅、科协,各市人民政府)

20. 强化科技体制改革和政策创新。深化南京国家科技体制综合改革试点,及时总结推广经验和做法。发挥市场配置资源的基础性作用,推进科技成果收益权和处置权改革,加大对创新创业的激励力度,充分调动科技人员积极性。完善新技术新产品首购首用、重大装备首台套示范应用等制度,进一步落实好高新技术企业税收优惠、企业研发费用税前加计扣除等重点政策。(责任单位:省科技厅、财政厅、经济和信息化委、人才办、国税局、地税局,江苏保监局,各市人民政府)

(五)深化国际科技交流与合作。

21. 加强与重点国家的创新合作。积极拓展与美国、欧盟、俄罗斯等的合作渠道,深入实施江苏–以色列产业研发合作计划和江苏–芬兰产业研发合作计划。推进与我省对外友好城市的科技交流,共建合作载体,组织联合研发。鼓励开展民间国际技术交流与合作。到2015年,与3~5个创新型国家建立起稳定的科技合作关系,组织实施100个国际创新合作项目。(责任单位:省科技厅、商务厅、外办、财政厅、科协)

22. 加快海外先进技术转移。围绕产业发展需求,加强国际技术转移转化机构建设,着力引进关键核心技术,加大消化吸收再创新力度,提升产业创新发展水平和国际竞争力。到2015年,面向海外知名大学、研发机构、跨国公司等,引进或共建30家以上国际技术转移转化机构。实施海外科技成果转化专项,每年集中转化30个重大科技成果项目,促进国际先进技术加快向高新技术产业和战略性新兴产业转移及产业化。(责任单位:省科技厅、商务厅、外办、财政厅)

23. 建设国际科技合作基地。依托科技园区,加快推进无锡中美科技创新园、太仓中德先进制造技术国际创新园、武进中以医疗器械国际创新园、苏州中芬纳米创新中心等国家级国际科技合作载体建设。实施海外高端研发机构集聚计划,鼓励支持海外知名大学、研发机构、跨国公司等在我省设立研发机构。到2015年,力争主要创新型国家均在江苏建有合作基地,建设30家区域性独立研发中心。(责任单位:省科技厅、商务厅、外办、财政厅)

24. 鼓励支持企业“走出去”。采取专门措施,每年支持10家以上创新型领军企业到海外建立或兼并研发机构,就地消化吸收国际先进技术,主动融入全球研发体系。积极争取国家驻外机构支持,充分发挥省驻外机构作用,引导推动有条件的地区或园区在发达国家或地区设立形式多样的驻外站点,不断拓展我省国际科技合作海外工作渠道,促进全球创新资源与江苏创新需求有效对接,为企业“走出去”创造良好条件。(责任单位:省科技厅、商务厅、发展改革委、经济和信息化委、外办)

(六)推进社会发展科技创新。

25. 强化生命健康领域的科技创新。实施省临床医学科技专项,以恶性肿瘤、心脑血管疾病、代谢性疾病等为重点,开展科技攻关和应用示范,建设20个国内一流、国际有影响的临床医学研究中心。推进科教兴卫工程,建设重大、新发传染病和突发流行性疾病防控科技平台,开展社区慢病管理与技术示范,健全农村急病救治与卫生适宜技术服务体系,提高妇幼保健技术支撑能力,强化食品药品监管体系与检验监测体系建设,使科技更好地保障生命健康。到2015年,重大疾病防治能力部分达到、整体接近中等发达国家水平。(责任

单位:省科技厅、卫生厅、食品药品监管局,各市人民政府)

26. 强化生态文明科技支撑。实施节能减排科技支撑行动,推进清洁生产,开发应用一批共性技术,提高节能减排科技水平。强化生态保护和修复,在污水深度处理、大气污染治理、重金属污染防治、工业园区生态化改造等方面,实施科技计划项目,组织开展科技攻关,突破关键技术,建设应用示范工程,切实提高人居环境质量,建设20个省级以上可持续发展实验区。到2015年,空气质量达到二级标准天数占比达50%,地表水好于Ⅲ类水质的占比达55%,城镇污水处理率达90%,规模以上工业单位增加值能耗比“十一五”末下降20%以上。(责任单位:省环保厅、发展改革委、经济和信息化委、住房城乡建设厅、农委、科技厅,各市人民政府)

27. 强化城镇化科技应用示范。强化互联网技术、可再生能源技术、数字化技术、新材料技术、节能环保技术等在推进城镇化中的应用,实施绿色建筑科技支撑工程和绿色循环低碳交通示范工程,建成10个低碳绿色建筑科技示范区、10个低碳绿色建筑技术中心、10个低碳绿色建筑产业化基地。围绕智慧生活、平安生活、低碳生活,加快建设以“新知识普及、新技术示范、新产品应用”为主要内容的科技社区,使之成为民生科技成果的展示区、先进适用技术的示范区和科技惠民的先行区,建成100个科技社区和100个科普示范标兵社区。到2015年,城镇化率达67%。(责任单位:省住房城乡建设厅、农委、发展改革委、环保厅、交通运输厅、科技厅、科协,各市人民政府)

28. 强化社会管理科技保障能力建设。推进智慧城市建设,构建协同共享的城市智能管控中心及综合信息平台,实现城市运行系统对各种需求的快速、智能化响应控制。围绕“平安江苏”建设,加强技术研发和转化运用,提高公共安全科技保障能力,实现公安派出所"科技强警"信息应用全覆盖。加强物联网、云计算等技术在资源环境、基础设施、产业园区等领域的推广应用,推进智慧交通畅通网工程建设,努力提升社会管理和公共服务的智能化水平。(责任单位:省住房城乡建设厅、交通运输厅、公安厅、经济和信息化委、科技厅、科协,各市人民政府)

四、保障措施

(一)加强组织领导。在部省推进创新型省份试点工作领导小组领导下,各地、各有关部门要按照职责分工,制定3年倒计时的具体落实计划,对重点工程实行专人负责的“工长制”,确保各项任务不折不扣落实到位。各地、各有关部门要定期向部省推进创新型省份试点工作领导小组报送工作进展情况。

(二)强化考核督查。省统计、科技部门要密切配合,加快研究制定创新型省份建设监测评价实施方案,动态掌握各地、各有关部门工作推进情况。进一步强化监测分析,定期发布监测报告,及时发现和解决存在的问题;适时组织开展现场考察评估,对达到创新型省份建设指标体系的地区和部门及时认定公布。

(三)营造良好氛围。大力弘扬“三创三先”新时期江苏精神,积极倡导尊重知识、崇尚创新、诚信守法,大力营造敢为人先、敢冒风险、勇于创新、宽容失败的浓厚氛围。发挥科技社团在科技创新中的作用,促进学术繁荣和科技进步。加强对重大科技成果、典型创新人物、创新型企业的宣传,努力营造有利于创新创业的良好舆论氛围,充分激发全社会的创新创造活力。

江苏省人民政府

省政府关于进一步加强企业技术改造的意见

苏政发〔2013〕163号

2013年12月26日

各市、县(市、区)人民政府,省各委办厅局,省各直属单位:

为深入贯彻落实党的十八届三中全会精神,充分发挥市场在资源配置中的决定性作用,加快转变政府职能,进一步强化企业投资主体地位,激发企业内涵式发展动力,更大力度推进企业技术改造,深化产业结构调整,促进产业转型升级,根据《国务院关于促进企业技术改造的指导意见》(国发〔2012〕44号)要求,现提出以下意见。

一、充分认识技术改造的重要意义

技术改造是企业采用新技术、新工艺、新设备、新材料对生产设施、工艺条件及生产服务等进行改造提升,淘汰落后产能,实现内涵式发展的投资活动,也是企业增强发展后劲、提升市场竞争力的内在要求,对培育发展战略性新兴产业、优化提升传统产业、提高经济发展质量和效益,具有重要作用。长期以来,我省广大企业大力实施技术改造,行业技术水平明显提升,产业结构调整成效显著,有力推动了江苏工业经济持续健康发展。当前,我省正处于全面建设更高水平小康社会、奋力开启基本实现现代化新征程的关键时期,面对市场竞争激烈、资源环境约束加剧、产业转型升级步伐亟待加快等状况,迫切需要进一步激发企业追求技术进步的内生动力,大规模实施技术改造。

二、总体要求

以邓小平理论、"三个代表"重要思想和科学发展观为指导,坚持主题主线,深化产业结构调整,加大有效投入,推动两化深度融合,提高技术装备水平,促进产品升级换代,实施绿色低碳制造,推进集约集聚发展,优化生产力布局,加快构建结构优化、技术先进、清洁安全、附加值高、吸纳就业能力强的现代产业体系,进一步提升工业经济发展质量和效益,形成参与国际经济合作竞争新优势,推动江苏由工业大省向工业强省跨越发展,着力打造江苏经济升级版。

加强企业技术改造,要以市场需求为导向,优化技术改造投资结构,坚持发展新兴产业与提升传统产业相结合,坚持技术创新与技术改造相结合,坚持改造提升与淘汰落后相结合,坚持产业转移与优化升级相结合,坚持壮大骨干企业与发展中小微企业相结合。促进技术改造逐步由单纯设备更新为主向应用新技术、新工艺、新装备、新材料转变,由生产制造环节改造向研发、设计、营销、服务等领域全流程改造转变,由单个企业改造向产业链协同改造转变,由受让、使用技术向自主研发、拥有关键核心技术转变。

今后5年,全省工业技术改造投资占工业投资比重明显提高,投资结构进一步优化,技术改造投入产出率、工业新产品产值率、全员劳动生产率、资源能源利用效率显著提高,企业技术装备、节能减排和信息化水平大幅提升,企业综合竞争力、江苏制造国际影响力稳步增强。

三、重点任务

(一)积极推进产业高端化。以技术超越为源头,改造提升为手段,坚持前沿引领、重点突破,促进战略性新兴产业规模发展。积极运用高新技术改造提升传统产业,探索服务型制造模式,推动我省优势传统产业向研发设计、创新制造和市场营销环节延伸,提高工艺装备水平,增强新产品开发、质量管理和品牌创建能力。组织开展先进制造业企业咨询诊断工作，针对薄弱环节加大技术改造力度，推进精益制造、柔性制造、数字制造和智能制造，提升重点装备智能化水平，推动制造业向产业链和价值链高端攀升。引导企业将淘汰落后产能与提档升级有机结合起来，促进产能结构优化，有效化解产能过剩矛盾。支持重点产业链延伸改造，鼓励企业通过兼并重组有效整合，促进上下游产业协同联动、配套改造，提高产业发展整体素质。

(二)加快创新成果产业化。健全技术创新市场导向机制，发挥市场在各类创新要素配置中的导向作用，强化企业在技术创新中的主体地位，让企业创新活力竞相迸发、创新源泉充分涌流。支持和鼓励企业推广应用新技术、新工艺、新装备、新材料，积极鼓励新技术、新产品首购首用，开展高端装备首台(套)试验示范。鼓励企业各类研发机构、科技重大基础设施等创新载体的改造提升，引导企业加大创新投入，加强公共技术服务平台建设，提升企业自主创新能力。针对关键领域和薄弱环节，着力突破一批关键共性技术，以发明专利、引进的先进高端技术成果、消化吸收再创新的技术成果等为重点，拓展技术改造项目源，加快科技成果产业化，实现规模化、标准化、规范化生产。实施技术标准战略，鼓励企业主导和参与国家及行业标准制定，积极采用国际标准或国外先进标准组织生产，提升产品技术质量水平。坚持“军民结合，寓军于民”的原则，充分发挥军工技术优势，加强与民用技术的转移对接，推动军民结合型产业发展。加大品牌创建力度和建设投入，提高产品美誉度和市场占有率。深入开展招才引智，着力引进一批海外领军人才、高层次创新创业人才，强化人才培训，为企业技术改造和产业升级培养一批优秀企业家、高层次专业人才和高技能人才。

(三)推动融合互动发展。加大信息技术改造投入力度，促进信息技术与企业设计研发、生产制造、营销管理的全面融合，实现设计数字化、装备智能化、生产自动化、管理网络化、商务电子化、服务定制化及全流程集成创新。推进信息技术在工业产品的嵌入式应用，提高工业产品智能化水平。鼓励企业实施一批两化融合技改示范工程，推进面向企业、区域和行业的信息服务平台建设。促进制造业与服务业的互动发展，以制造业改造提升拓展现代服务业的需求，以现代服务业的发展支撑制造业向价值链高端攀升，鼓励现代物流、工业设计、品牌会展等现代服务业加速发展。

(四)促进产业集约集聚。以各类开发区、产业集聚区和出口基地为载体，优化产业布局，引导企业、项目、要素向现有园区和工业集中区集中，积极推动产业集聚发展，优先支持国家和省级新型工业化产业示范基地、省级中小企业产业集聚示范区、省级特色产业基地的重点优质技改项目。支持地区间产业梯度转移与技术改造相结合，实现提档升级，拓展发展空间，促进区域共同发展。

(五)提升绿色制造水平。加快推广应用先进节能节水节材技术，对生产系统进行技术改造，不断提升绿色、循环、低碳发展水平。以源头减量化、废弃物资源化、机电产品再制造为重点，组织实施节能和循环经济改造工程，提高能源资源利用效率。综合运用经济和法律手段，加快淘汰落后产能，对高耗能、高污染行业实行等量或减量淘汰，主动和提前淘汰能耗高、污染重、安全隐患多的落后产能和低端产品制造能力，并防止应淘汰的生产工艺装备异地转移。开展清洁生产，提高先进适用清洁生产技术普及率。加大污染防治力度，严把项目环境影响评价关，严格实行项目建设“三同时”制度。加快安全生产关键技术装备升级换代，提高工业企业安全生产水平。

四、保障措施

(一)加强政策规划引导。严格执行国家产业政策和相关行业准入条件，发布技术改造投资指南，编制技术改造中长期发展规划和重点项目导向性计划，科学引导技术改造投向。引导企业树立科学用地理念，鼓励项目建设“零用地”、少用地、集约用地，鼓励企业采取对存量土地进行厂房改建、利用多层标准厂房等措施进行挖潜改造。对于企业利用已经依法取得国有土地使用权的原址进行技术改造，不再新增用地的，可减免城市基础设施配套费；对现有工业用地，在符合规划、不改变用途的前提下，提高土地利用率和增加容积率的，不再增收土地价款。加强重点技术改造项目用地保障，对列入省“百项千亿”重点技改工程的项目，符合“点供”条件的优先安排用地指标。

(二)加大税费优惠政策力度。进一步落实引进技术设备免征关税、重大技术装备进口关键原材料和零部件免征进口关税及进口环节增值税、企业购置机器设备抵扣增值税等鼓励企业技术改造相关优惠政策。更加有效地落实固定资产加速折旧，资源综合利用企业及产品免征或即征即退增值税，企业技术转让、技术开发业务和与之相关的技术咨询、技术服务免征增值税，企业技术转让所得免征或减半征收所得税等优惠政策。企业从政府部门取得的用于新技术、新产品发展的财政专项拨款，按政策规定可不征税的，不予征收企业所得税。对列入省"百项千亿"重点技改工程的项目，免征相关建设类行政事业性收费和政府性基金。

（三）发挥财政资金导向作用。省整合设立技术改造专项资金，不断加大省级财政对企业技术改造的支持力度，对经认定的省技术改造示范项目给予适当奖励。各地要加大对技术改造支持力度，重点支持工业基础能力加强、产业链薄弱环节改造、智能装备水平提升、绿色制造能力增强、安全生产水平提高等方面的技术改造。不断创新财政资金管理方式，建立有偿使用的技改资金使用方式，逐步增加有偿资金支持企业技术改造的比重，引进项目招标投标机制，充分发挥市场在项目评审、资金安排、绩效评价过程中的配置作用。加强专项资金监管和绩效考核，提高财政资金使用效益。

（四）拓宽融资渠道。组织开展形式多样的融资洽谈活动，建立新型政银企合作关系，不断优化政府、银行、企业互动合作的良好氛围。继续发挥信贷融资主渠道作用，加大对企业技术改造的信贷支持，全省先进制造业技术改造贷款增幅不小于全部贷款增幅。大力推进直接融资，支持企业境内外上市融资，鼓励企业发行短期融资券、中期票据、企业债券、中小企业私募债等各类债券，创新企业融资方式，加强对募集资金投向的引导和监督。大力发展科技保险，提高保险对企业技术改造的风险保障程度。进一步加强担保体系建设，加大财政对小微企业技术改造贷款的风险补偿支持，引导各类金融机构不断增加中小企业技术改造信贷投放规模。鼓励企业采用股权投资方式，拓宽技术改造融资渠道，以增量投入带动存量盘活，积极发展国有资本、集体资本、非公有资本等交叉持股、相互融合的混合所有制经济，推动企业改组改造相结合，优化所有制结构，促进企业做强做大、跨越发展。支持合资合作，引进外资嫁接改造，引导社会资金更多地投向技术水平高、经济效益好、带动作用强的技术改造项目。建立全省区域性股权交易市场，为非上市企业提供股权转让及融资服务。

（五）强化重点项目协调服务。加强项目储备，引导企业更加关注城乡发展一体化、扩大信息消费、长江经济带发展等国家一系列战略部署，围绕城镇化建设、生态环境保护、信息消费产品升级、产业梯度转移等领域，大力开拓项目源，完善全省技术改造重点项目库，建立动态跟踪、分级管理的重大前期项目储备制度。健全项目服务推进机制，建立重大项目绿色通道，实行首问负责制、序时督办制，简化办事程序，提高工作效率。各地、各部门要及时帮助解决重点项目实施过程中的问题，协调聚合投入要素，加快推进重点项目建设，加强项目建设管理和后评价，形成储备一批、开工一批、竣工一批、达效一批的良性循环，切实发挥重大项目支撑带动作用，积极培育一批省级技术改造新增长点。

（六）建立完善推进体系。加快修订完善《江苏省企业技术进步条例》，依法开展企业技术改造。深化投融资体制改革，切实转变政府职能，严格按照"谁投资、谁决策、谁收益、谁承担风险"的原则，进一步取消和减少行政审批事项，最大限度地缩小审批、核准和备案的范围，简化审批程序，加强事中、事后监管。建立省级层面推进技术改造的部门联动协调机制，各地要建立相应的推进机制，形成部门联动、上下互动的工作格局。建立科学考核评价机制，把企业技术改造纳入地方经济社会发展考核目标。建立完善统一的技术改造投资统计体系，加强企业技术改造投资监测、分析和信息发布工作。进一步发挥行业协会桥梁纽带作用，充分调动广大企业的积极性和主动性。

江苏省人民政府办公厅

省政府办公厅关于公布首批江苏高校协同创新中心的通知

苏政办发〔2013〕56号

2013年4月12日

各市、县(市、区)人民政府,省各委办厅局,省各直属单位:

根据《省政府办公厅关于转发省教育厅省财政厅江苏高等学校协同创新计划的通知》(苏政办发〔2012〕190号)有关要求,经学校申报、项目初审、专家评审、江苏高校协同创新计划领导小组研究审定并向社会公示,确定首批立项建设29个江苏高校协同创新中心、培育建设11个江苏高校协同创新中心,现予公布。

实施高校协同创新计划,是新时期推进创新驱动战略和科教与人才强省战略的重要举措,对进一步发挥高校创新源头作用、推动有特色高水平大学和创新型省份建设具有重要意义。各地、各有关部门和高校要切实增强协同意识与创新意识,致力于突破学科、学校、行业和地区等壁垒,积极构建协同创新的新模式、新机制,加快推动知识创新、技术创新、区域创新的战略融合,确保协同创新中心建设质量和水平,为又好又快推进"两个率先"做出新的贡献。

附件:1. 首批立项建设江苏高校协同创新中心名单

2. 首批培育建设江苏高校协同创新中心名单

首批立项建设江苏高校协同创新中心名单

(共29个)

序号	协同创新中心名称	申报高校
1	气候变化协同创新中心	南京大学
2	区域经济转型与管理变革协同创新中心	南京大学
3	固态照明与节能电子学协同创新中心	南京大学
4	先进土木工程材料协同创新中心	东南大学
5	现代城市交通技术协同创新中心	东南大学
6	航空航天先进制造技术协同创新中心	南京航空航天大学
7	先进微纳米材料及装备协同创新中心	南京理工大学
8	水安全与水科学协同创新中心	河海大学
9	沿海开发与保护协同创新中心	河海大学
10	有机固体废弃物资源化协同创新中心	南京农业大学
11	生物医药协同创新中心	中国药科大学
12	现代工业发酵协同创新中心	江南大学
13	矿山智能采掘装备协同创新中心	中国矿业大学
14	生物医药功能材料协同创新中心	南京师范大学
15	基础教育人才培养模式协同创新中心	南京师范大学
16	纳米科技协同创新中心	苏州大学
17	血液学协同创新中心	苏州大学

续表

序号	协同创新中心名称	申报高校
18	物联网技术与应用协同创新中心	南京邮电大学
19	南方现代林业协同创新中心	南京林业大学
20	气象灾害预报预警与评估协同创新中心	南京信息工程大学
21	先进生物制造协同创新中心	南京工业大学
22	膜材料与膜过程协同创新中心	南京工业大学
23	现代服务业协同创新中心	南京财经大学
24	心血管病转化医学协同创新中心	南京医科大学
25	中药资源产业化过程协同创新中心	南京中医药大学
26	先进激光技术与新兴产业协同创新中心	江苏师范大学
27	现代农业装备与技术协同创新中心	江苏大学
28	动物重要疫病与人兽共患病防控协同创新中心	扬州大学
29	光伏科学与工程协同创新中心	常州大学

首批培育建设江苏高校协同创新中心名单

(共11个)

序号	协同创新中心名称	申报高校
1	审计信息工程与技术协同创新中心	南京审计学院
2	配电网智能技术与装备协同创新中心	南京工程学院
3	海洋工程装备与高技术船舶协同创新中心	江苏科技大学
4	再生医学协同创新中心	南通大学
5	水处理技术与材料协同创新中心	苏州科技学院
6	滩涂生物农业协同创新中心	盐城师范学院
7	生态建材与环保装备协同创新中心	盐城工学院
8	区域现代农业与环境保护协同创新中心	淮阴师范学院
9	岩盐与凹土资源深度利用协同创新中心	淮阴工学院
10	海洋生物产业技术协同创新中心	淮海工学院
11	卫星通信与导航协同创新中心	解放军理工大学

江苏省人民政府办公厅

省政府办公厅关于印发实施江苏省知识产权战略纲要2013年行动计划的通知

苏政办发〔2013〕117号

2013年6月19日

各市、县(市、区)人民政府,省各委办厅局,省各直属单位:

《实施江苏省知识产权战略纲要2013年行动计划》已经省人民政府同意,现印发给你们,请认真组织实施。

实施江苏省知识产权战略纲要 2013年行动计划

为加快实施《江苏省知识产权战略纲要》,扎实推进知识产权强省建设,制定本行动计划。

一、推进知识产权创造

(一)继续实施知识产权创造与运用能力提升工程, 支持企事业单位提高知识产权综合管理能力,大力推动知识产权创造。(省知识产权局负责)

(二)促进专利产出量质提升,全省专利授权量达到27万件,发明专利申请量达到12万件,发明专利授权量达到2万件,国(境)外专利申请量达到1100件,万人发明专利拥有量达到7件。(省知识产权局负责)

(三)新增注册商标3万件以上、国际注册商标300件以上、集体商标和证明商标8件以上;新增驰名商标25件、省著名商标200件。(省工商局负责)

(四)强化农产品和地理标志商标注册工作,新申请农产品商标5000件以上,地理标志商标注册量比2012年增长50%。(省工商局负责)

(五)一般作品登记量和软件作品登记量均比2012年增长10%。(省版权局负责)

(六)推动"双软"(软件企业和软件作品)认定和软件著作权登记工作,"双软"认定数比2012年增长15%,软件著作权登记代理数增长15%。(省经济和信息化委负责)

(七)组织实施1500个重点技术创新项目,申请专利6000件;开发市级以上新产品2.5万个,申请专利2500件; 加强专精新特产品认定工作,认定100个中小企业专精新特产品。(省经济和信息化委负责)

(八)强化企业技术中心建设。(省经济和信息化委负责)

(九)继续实施农业新品种培育创新工程,确保植物新品种授权量位居全国前列。(省农委负责)

(十)将获取原创性知识产权成果作为申报认定和评价省重点实验室、工程(技术)研究中心等科研平台建设项目的重点内容之一。(省科技厅、经济和信息化委、教育厅负责)

(十一)将拥有自主知识产权的研究成果作为高校、科研院所专业技术职称评聘的重要依据。(省教育厅、科技厅负责)

(十二)进一步加强科技创新中的知识产权管理,将知识产权拥有情况纳入科技项目申请立项、过程实施和验收考核的评价指标体系。(省科技厅、经济和信息化委、卫生厅负责)

二、强化自主知识产权转化运用

(十三)各级各类科技计划继续加大对拥有自主知识产权专利技术转化和产业化的支持力度。(省科技厅负责)

(十四)继续将知识产权转移情况纳入高校、科研机构绩效评价和考核内容,鼓励高校、科研机构向企业转移知识产权, 推动知识产权转化和产业化。(省教育厅、科技厅负责)

(十五)加强软件园区建设,推动软件产业集聚发展, 软件产业销售收入比2012年增长15%。(省经济和信息化委负责)

(十六)深入推进地理标志、品牌培育基地和品牌国际化工程, 着力提升品牌建设对经济发展的贡献度。(省工商局、商务厅负责)

(十七)推动环保领域产学研紧密结合,办好第二届中国(南京)国际环保产业博览会。(省环保厅负责)

(十八)在省环境保护重大监管能力建设项目中, 鼓励使用企业自主研发的环保产品和设备。(省环保厅负责)

(十九)利用广播影视品牌、商标、专利等资源,开发音像制品、图书、报刊及相关衍生产品。(省广电局负责)

(二十)探索建立知识产权运营机制,研究制定《江苏省促进专利运营机构的发展意见》。(省知识产权局负责)

(二十一)研究制定《关于开展专利质押贷款工作的指导意见》和《关于开展专利保险工作的指导意见》,加快开发质押融资、专利证券、专利保险

等知识产权金融产品。(省知识产权局、财政厅、金融办负责)

三、加大知识产权保护力度

(二十二)建立健全打击侵犯知识产权和制售假冒伪劣商品行动长效机制，加大对违法犯罪行为的惩处力度。(省商务厅,省法院,省检察院,省公安厅、工商局、版权局、知识产权局、质监局、食品药品监管局、农委,南京海关负责)

(二十三)完善经济科技活动知识产权评议制度,研究制定《江苏省重大经济科技活动知识产权评议暂行办法》,做好重大科技项目立项、专利发明奖评选以及中小企业专利新产品认定等项目中的知识产权评议工作，防范和降低知识产权侵权风险。(省知识产权局、科技厅、经济和信息化委负责)

(二十四)加强展会知识产权监管,研究制定大型活动知识产权监管意见。(省知识产权局、工商局、版权局、商务厅,南京海关负责)

(二十五)将开展使用“正版正货”活动与推进知识产权区域试点示范工作结合起来,加大“正版正货”承诺工作推进力度,深化“正版正货”示范街区创建工作,提高“正版正货”品牌的社会认知度。(省知识产权局、工商局、版权局负责)

(二十六)加强知识产权维权援助工作,研究制定《知识产权维权援助机构调解知识产权纠纷案件实施办法》，健全知识产权案件诉调对接机制。(省知识产权局负责)

(二十七)完善商标保护日常巡查制度,加强对列入重点、热点行业商标印制企业和商标代理组织的巡查，努力从源头上防范商标侵权行为的发生。(省工商局负责)

(二十八)组织开展2013种子执法年活动和植物新品种市场监测活动,强化植物新品种保护,及时查处植物新品种侵权和假冒等违法行为。(省农委负责)

(二十九)发布《关于知识产权刑事法律适用若干问题的讨论纪要》,进一步提高知识产权司法保护水平。(省法院,省公安厅,省检察院负责)

(三十)研究制定《技术专家参与知识产权案件审理工作指南》,修订《侵害专利权纠纷案件审理指南》,做好知识产权案件审判工作。(省法院负责)

(三十一)加强知识产权刑事案件审查批捕、审查起诉和审判监督工作，做好知识产权民事行政申诉案件的受理、立案、审查和抗诉工作。(省检察院负责)

(三十二)强化对企业知识产权海外维权的指导、跟踪与服务,支持企业积极应对境外知识产权纠纷诉讼,帮助企业维护自身合法权益。(省商务厅、知识产权局、工商局负责)

(三十三)开展广播影视及视听新媒体领域的著作权、专利权、商标权等保护情况的调查研究。(省广电局、版权局、知识产权局、工商局负责)

(三十四)继续开展文化市场知识产权保护专项执法行动,重点打击网络游戏“私服”“外挂”,侵权盗版网络音乐，经营假冒盗用他人名义的美术品，以及擅自将影视作品等上传至网吧内局域网服务器供消费者浏览、下载、播放等违法行为。(省文化厅、版权局负责)

(三十五)进一步完善药品监管部门、公安机关、企业“三方联手”的打假保名牌工作体制,强化行政机关与司法机关联合打击涉药犯罪工作,保持药品打假高压态势。(省食品药品监管局、公安厅负责)

(三十六)继续对出入境侵权药品、食品、汽车配件、电子产品等进行整治。加大对自主知识产权和自有品牌的保护力度，支持帮助企业办理知识产权海关保护备案。(南京海关负责)

四、加强知识产权管理

(三十七)推进高校知识产权管理制度和能力建设。(省教育厅负责)

(三十八)进一步推动企业实施知识产权战略，遴选200家优秀企业实施知识产权战略推进计划,组织800家企业开展知识产权管理规范“贯标”工作。(省知识产权局负责)

(三十九)研究制定《江苏省知识产权密集型企业认定办法》,认定一批省级知识产权密集型企业。(省知识产权局、工商局、版权局负责)

(四十)大力推行《江苏省企业商标管理规范》,扎实开展驰名、著名商标企业商标使用管理专项检查，切实提高企业商标使用管理的规范化水平。(省工商局负责)

（四十一）继续推进软件正版化，确定一批推进正版化企业，进一步推动企业使用正版软件；建立健全作品著作权免费登记制度，促进版权产业发展，繁荣版权贸易。（省版权局负责）

（四十二）鼓励企业参加国际标准化活动，推动拥有专利技术的企业参加国际技术联盟、标准论坛以及专利联盟，并参与制（修）订国际标准。（省质监局、商务厅、知识产权局负责）

（四十三）积极培育文化产业园区，引导扶持特色文化产业集群建设，加快提高文化产业规模化、集约化发展水平。（省文化厅负责）

（四十四）研究制定深入实施知识产权战略、加快建设知识产权强省的意见，召开全省知识产权工作会议。（省政府知识产权联席会议办公室负责）

（四十五）研究制定《商业秘密保护指引》。（省知识产权局负责）

五、健全知识产权服务体系

（四十六）研究制定促进知识产权服务业发展的意见和《江苏省专利代理机构分支机构管理办法》，加强对知识产权服务机构的监督管理，推动知识产权服务业加快发展。（省知识产权局、发展改革委、财政厅负责）

（四十七）加强商标协会和商标中介机构建设，规范商标中介机构服务行为；组建实施商标战略专家顾问团，围绕商标战略实施等重大课题开展理论研究。（省工商局负责）

（四十八）加快推进国家知识产权局区域专利信息服务（南京）中心建设，协助国家知识产权局专利局专利审查协作江苏中心、国家专利战略推进与服务（泰州）中心和无锡（国家）外观设计专利信息中心做好各项建设工作。（省知识产权局负责）

（四十九）支持南京理工大学建立独立的知识产权学院；依托省知识产权研究中心争取建立国家知识产权发展研究江苏分中心；推进南京工业大学国家知识产权培训（江苏）基地、专利代理人教学研究（江苏）中心建设，争取设立全国专利代理人实务技能培训点。（省知识产权局负责）

（五十）强化省版权综合服务中心的信息平台建设，不断提升版权综合管理服务水平。（省版权局负责）

（五十一）进一步鼓励支持律师事务所、公证处等法律服务机构加强知识产权领域的专业化建设，努力向企业提供及时有效的知识产权法律服务。加强对律师知识产权案件代理工作的指导。（省司法厅负责）

六、促进知识产权区域协调发展

（五十二）认真总结实施知识产权战略示范省创建情况，积极筹备示范省评定工作，力争通过国家知识产权局验收，成为实施知识产权战略示范省。（省政府知识产权联席会议办公室负责）

（五十三）继续做好知识产权区域试点示范工作，重点引导试点示范区域在战略规划、机构建设、经费投入、制度建设及业务开展等方面先行先试、提供示范。（省知识产权局负责）

（五十四）研究制定商标战略示范县（市、区）、企业和品牌示范基地创建标准，认定一批示范县（市、区）和示范企业。开展商标国际注册与保护试点，提升品牌国际化水平。（省工商局负责）

（五十五）进一步落实《江苏省版权示范城市、示范单位和示范园区（基地）创建和管理办法》，深入开展相关创建活动。（省版权局负责）

（五十六）着力推进长江三角洲地区专利行政执法和海关知识产权执法协作机制建设，加快完善信息互通、协作办案等工作机制。（省知识产权局，南京海关负责）

（五十七）充分发挥江浙沪三地律师知识产权法律服务合作平台作用，进一步加强知识产权保护交流合作。（省司法厅负责）

（五十八）积极参加药品稽查协作联防“7+1”协作会议，推进药品稽查区域联防工作。（省食品药品监管局负责）

七、落实知识产权发展保障措施

（五十九）强化知识产权宣传，重点做好局省合作创建实施知识产权战略示范省、知识产权宣传周等宣传工作。（省知识产权局、工商局、版权局、商务厅，省法院，南京海关负责）

（六十）加大知识产权人才培训力度，做好专利代理人考前培训，知识产权行政管理人员、企业知识产权工程师、品牌管理师培训以及企业知识产权管理“贯标”培训工作。(省知识产权局、工商局、版权局,省法院,南京海关负责)

(六十一)鼓励有条件的高校在法学学科中增设知识产权研究方向,培养知识产权领域的硕士、博士研究生。(省教育厅负责)

(六十二)在县处级中青年干部培训班、县处级干部进修班和处级公务员任职培训班等开设知识产权课程。(省委党校负责)

(六十三)进一步完善知识产权工程师职称评定办法,认真做好年度知识产权工程师高、中级职称资格评审工作。(省人力资源社会保障厅、知识产权局负责)

(六十四)继续将知识产权高端人才纳入省“创新创业人才引进计划”“333高层次人才培养工程”“六大人才高峰”等,培养和引进一批高层次知识产权人才。(省委组织部,省人力资源社会保障厅、知识产权局负责)

(六十五)研究制定知识产权战略实施绩效评价指标,开展知识产权战略实施绩效评价,并发布相应评价报告。(省知识产权局负责)

(六十六)做好软件“金慧奖”评选工作,进一步引导激励企业开发拥有自主知识产权的软件产品。(省经济和信息化委负责)

(六十七)以第28届全国青少年科技创新大赛在我省举办为契机,认真开展青少年科技创新大赛、“金钥匙”中小学生科技竞赛以及职业教育创新大赛等活动,增强青少年科学素质,提高青少年的创新意识和本领。(省科协,省教育厅负责)

(六十八)积极开展与美国、德国、日本、韩国、以色列、俄罗斯等国家以及世界知识产权组织的交流合作,学习借鉴先进经验和做法,提高知识产权工作水平。(省政府知识产权联席会议办公室负责)

(六十九)加强对各部门和单位年度计划落实工作的督促检查,并将督查情况及时上报省人民政府。(省政府知识产权联席会议办公室负责)

江苏省人民政府办公厅

省政府办公厅关于加快推动科技资源向苏北集聚的意见

苏政办发〔2013〕188号

2013年11月28日

各市、县(市、区)人民政府,省各委办厅局,省各直属单位:

为认真贯彻党的十八大和十八届三中全会精神,全面落实省委十二届六次全会部署和《省政府关于支持苏北地区全面小康建设的意见》(苏政发〔2013〕90号)要求,大力推进科技进步与创新,不断提升自主创新能力和水平,使科技创新更好地支撑引领苏北经济社会发展和全面小康建设,现就加快推动科技资源向苏北集聚提出如下意见。

一、转化重大科技成果

(一)以科技支撑产业转型升级。强化高端引领,主攻高端技术,突破高端环节,发展高端产品,加大科技成果转化应用力度,加强重大创新产品应用示范,推动苏北战略性新兴产业规模、质量和效益同步提高。重点支持徐州高端装备制造与新材料、连云港新医药与新能源、盐城新能源汽车与环保装备、淮安高端装备制造与新能源汽车、宿迁光电产业与智能电网等新兴产业加快发展。坚持走新型工业化道路,积极运用新技术、新工艺、新装备、新材料改造提升传统产业,促进苏北传统产业向产业链高端攀升。着力推进纺织机械、矿山安全装备、盐化工、特钢、凹土、海洋等特色产业发展,支持苏北建设一批国家级特色产业基地。强化农业技术研发、应用和关键技术集成创新,着力培育种源农业、生物农业、信息农业、生态农业等新兴产业,健全农业技术服务体系,推动传统农业向现代农业转变。到2015年,苏北地区高新技术产业产值达1万亿元以上,培育形成一批五百亿级新兴产业、千亿级传统优势产业。

(二)推进重大技术研发和成果转化。围绕经济转型升级,以产学研合作创新为抓手,组织重点领域技术攻关,到2015年,支持苏北实施100个产业共性关键技术攻关项目。在苏北开展重大科技成果转化联合招标,创新成果转化机制,吸引海内外重大科技成果到苏北转化和产业化。2013—2015年,每年选择2个至3个重点产业,探索开展省、市协同推进产业技术创新。加强民生领域科技成果转化应用,支持苏北实施建筑节能、数字医疗、新能源汽车、金太阳等科技示范工程。

二、建设高水平创新型园区

(三)提升创新型园区建设发展水平。引导苏北地区完善高新园区产业规划,按照"一区一战略性产业"要求,有针对性地加大扶持力度,形成各具特色、错位发展的产业格局。支持符合条件的省级高新区申报建设国家级高新区,支持建设一批省级高新区,支持苏南、苏北共建高新区。统筹推进大学科技园、特色产业基地、留学人员创业园、科技产业园和科技创业园建设,加快提升中国矿业大学科技园、淮海工学院大学科技园、盐城工学院大学科技园、淮安市大学科技园等内生发展能力。推动盐城、大丰、东海、沭阳国家可持续发展实验区建设。支持苏北建设创新型城市、创新型县(市、区)和创新型乡镇,到2015年,力争苏北五市全部成为国家创新型试点城市。

(四)加快现代农业科技园区建设。以培育高科技农业产业为主线,集聚农业科技创新平台,完善创新创业服务体系,培育壮大农业科技型企业,大力推进邳州现代高效农业科技园、连云区海水养殖与海产品深加工科技园、白马湖农场种业科技园、大丰盐土高效农业科技园、沭阳苗木花卉科技园等省级现代农业科技园建设,支持淮安市、盐城市建设国家级农业科技园区。加快推进沿海海洋生物产业发展,在滩涂种养殖、海洋资源开发利用等领域布局建设一批以蓝色经济为主题的特色科技园区。

三、培育创新型企业

(五)加强企业研发机构建设。按照"两促进、双提升"的要求,支持苏北企业建设省级以上工程中心、技术中心、企业重点实验室等研发平台,加快建设企业院士工作站、博士后工作站、研究生工作站等人才工作载体。2013—2015年,年均支持苏北企业建设省级工程技术研究中心和企业研究生工作站100家以上。强化企业研发机构运行绩效评估和补助奖励,鼓励企业普遍设立研发准备金,引导企业建立研发管理标准体系,提升企业研发机构发展水平和支撑企业转型升级的能力。到2015年,力争苏北大中型工业企业和规模以上高新技术企业普遍建有研发机构。

(六)打造创新型企业集群。支持苏北实施科技企业培育"百千万工程",到2015年,形成以创新型领军企业、高新技术企业和民营科技企业为骨干的创新梯队。支持行业骨干企业整合全球创新资源实现创新发展,培育10家创新型领军企业;实施科技企业上市培育计划,加大对处于上市关键期企业的扶持力度,开辟绿色通道,推动60家科技型企业完成股份制改造并加快上市;开展高新技术后备企业(省级高新技术企业)认定工作,实行省、市联动,完善工作机制,培育600家高新技术企业;提升50家农业龙头企业创新能力,民营科技企业力争超过2万家。

(七)落实和完善支持企业创新的政策措施。进一步加大高新技术企业税收优惠和企业研发费用税前加计扣除等重点政策落实力度,切实做到应减则减、应免尽免,充分调动企业科技创新积极性,到2015年,苏北企业通过落实政策减免税收力争达30亿元以上。鼓励支持苏北各地加强政策创新,总结推广使用"科技创新券"等做法,强化对中小微科技企业技术创新的支持。

四、培养引进优秀创新创业人才

(八)建立人才引进平台。推进重大科技基础设施建设,引导国内外高端人才及创新团队向苏北集聚。支持中科院能源动力研究中心(连云港)等争取国家大科学工程和国家科技重大专项。引导苏北地方政府、科技园区、企业与国内外高校院所共建产学研创新载体,支持建设10个左右省级产学研协同创新基地。鼓励支持苏北高校与国内知名高校院所共建技术转移机构,加快人才引进,提升科技成果集聚和转化能力。支持在苏北设立“企业创新岗”,推动高校院所高层次人才到企业任职或兼职。

(九)优化人才创业服务。完善网络化创业服务体系，引导省级以上科技服务机构和创新服务平台到苏北设立分支机构，支持苏北各市建设1至2家区域性科技公共服务平台。强化对苏北科技成果转化中心建设的持续支持，引导拓展社会化服务功能,促进更多技术、人才、资金向苏北集聚。大力实施“挂县强农富民工程”“农业科技入户工程”,促进农民增收、农业增效。建立健全农村科技服务体系，到2015年，依托龙头企业建设150家农村科技服务超市分店、便利店,鼓励支持科技人员到苏北农村开展科技服务。推进科技与金融结合，支持加快发展天使投资、建设科技小贷公司、设立科技贷款风险补偿资金并扩大规模,为科技人才创新创业提供资金支持。

五、努力为科技资源向苏北集聚创造良好条件

(十)强化统筹协调。省有关部门和单位要将科技资源向苏北集聚工作摆在重要位置，按照部署要求,研究制定具体落实计划,有力有序有效加以推进,并加强协调配合,及时通报情况,形成工作合力。苏北地区要切实加强科技管理能力建设，推动县(市、区)健全科技计划体系,完善工作建制,加强乡镇科技管理队伍建设,为承接科技资源转移提供坚实保障。

(十一)加大扶持力度。扩大苏北科技专项资金规模,到2015年,达到1亿元。省科技基础设施建设计划、科技支撑计划、科技成果转化专项资金、产学研联合创新专项资金等,对苏北科技创新和产业发展给予倾斜。

(十二)抓好督促检查。在强化责任上下功夫，建立健全工作责任制,加强督促检查,使每项工作有部署、有要求、有检查。加强工作创新,以改革的思路和创新的办法,着力破解制约科技资源向苏北集聚的瓶颈。及时总结推广科技资源向苏北集聚工作中的经验做法,充分发挥示范带动作用,推动苏北科技进步与创新开创新局面、迈上新台阶。

江苏省人民政府办公厅

省政府办公厅关于进一步加强省科协及所属科技社团科技服务职能的意见

苏政办发〔2013〕190号

2013年12月17日

各市、县(市、区)人民政府,省各委办厅局,省各直属单位:

为认真贯彻党的十八大、十八届三中全会和省委十二届六次全会精神，充分发挥省科协及所属科技社团在建设创新型省份、推进“两个率先”中的作用，现就进一步加强省科协及所属科技社团的科技服务职能提出如下意见。

一、充分认识新形势下加强省科协及所属科技社团科技服务职能的重要性

(一)深化行政体制改革的内在要求。党的十八届三中全会强调,必须切实转变政府职能,深化行政体制改革,创新行政管理方式。《中共中央国务院关于地方政府职能转变和机构改革的意见》(中发〔2013〕9号)指出,机构改革的核心是转变政

府职能，更好地发挥社会组织在管理社会事务中的积极作用。《国务院办公厅关于政府向社会力量购买服务的指导意见》(国办发〔2013〕96号)要求，地方各级人民政府要因地制宜、积极稳妥地推进政府向社会力量购买服务工作，不断创新和完善公共服务供给模式。按照中央深化行政体制改革的部署要求，我省将逐步加大向社会力量购买服务的力度,把由公共财政资金安排、政府部门组织实施、市场主体较为成熟的公益性社会公共服务和管理事项,优先列为政府购买范围。加强省科协及所属科技社团科技服务职能，有利于深化行政体制改革、推动政府职能转变,有利于推进政府购买公共服务工作、改善公共服务和社会管理。

(二)江苏创新型省份建设的迫切需要。当前我省正在深入实施创新驱动战略、大力建设创新型省份、加快推动经济转型升级。实施创新驱动战略,既需要发挥科技工作者的重要作用,也有赖于全民科学素质的普遍提高。目前,我省具备基本科学素养的公民比例与发达国家和地区相比差距较大，公民科学素质不高仍然是制约发展的重要瓶颈。加强省科协及所属科技社团科技服务职能,强化科技动员和科学普及工作，激发全省科技工作者的积极性、创造性和全社会的创新创业热情,全面提升公民科学素养，可以为实施创新驱动战略提供深厚的社会基础，推动我省经济社会发展加快转到主要依靠科技进步、劳动者素质提高和管理创新上来。

(三)省科协及所属科技社团具有承接政府转移职能的良好条件。经过多年建设,我省科技社团不断发展壮大,在促进知识流动和技术转移、推动创新型省份建设方面发挥了重要作用。目前,我省拥有省级科技学会(协会、研究会)135个,建有46个高校科协。近年来,66个省级科技学会(协会、研究会）有序承接部分政府职能，涉及科研项目评估、科技成果评价、行业技术标准和规范制定、科技人才评价和公益性奖励等,提供了较好服务,得到政府部门肯定和社会认可，为进一步加强省科协及所属科技社团科技服务职能奠定了基础。

二、明确省科协及所属科技社团进一步加强科技服务职能的重点

(一)科技奖项评审。支持省科协及所属科技社团向政府科技类奖励推荐项目，参与科技类奖项评审有关工作。鼓励省科协所属科技社团设立相关科技奖项。

(二)科技评价和技术鉴定。支持具备条件的科技社团承担行业技术标准和规范制定、科研项目评估、科技司法鉴定等职能,开展经济社会发展规划咨询论证工作，组织实施企业事业单位和人才科技水平评价、科技成果评价等事项。

(三)人才评价。支持具备条件的科技社团开展科技人员职称评审、执业资格认证等工作。

(四)专业技术人才培训和继续教育。支持具备条件的科技社团开展科技人员培训、继续教育等工作,并出具社会化第三方考核证明。将科技类社工人才、科普人才等人员的相关培训工作交由省科协承担。

(五)科普基础设施建设。省科协研究制定科普基础设施建设规划，支持省科普场馆协会制定完善行业规范、行业准则和考核评价标准;推动高校院所开放科研设施，开展形式多样的科普教育活动。

(六)科普传播能力建设。省科协加强与媒体和文化企业的合作,构建广播电视、报刊杂志、互联网、手机报、微博微信等广泛参与的新型科普传播格局。

(七)科普产业发展。省科协研究制定重大科普作品选题规划,扶持原创性科普作品创作;建设科普产品(作品)研发创作基地,加大对科普产品资源整合、集成、配送力度,鼓励支持广大科技工作者更多更好地参与科普产品(作品)研发创作,提升科普产业发展水平。发挥省科普类专业协会作用,努力创作一批群众喜闻乐见的科普挂图、图书、影视、动漫作品。

(八)青少年科技教育。省科协负责省青少年科技创新“培源奖”评审工作,并推进中小学科技辅导员队伍建设，推动科技教育资源向中小学生开放,加快提升青少年科学素质。

(九)对外科技交流与合作。省科协负责江苏海外智力工作基地建设，推动更多海外高层次创新人才和团队向江苏集聚;加大对青年科学家、青少年后备人才参加境外国际性科技交流活动的支持力度。

(十)科技社团管理服务。省科协推进科技社团的建设发展、业务管理和服务经济社会发展能

力评价考核等工作。

三、努力为省科协及所属科技社团加强科技服务职能创造良好条件

（一）强化统筹协调。省有关部门要树立全局意识，按照部署要求，主动加强与省科协的沟通对接，对科技社团加强科技服务职能给予积极支持。省科协要采取切实措施，大力推进所属科技社团能力建设，促进科技社团明确权责、依法自治，提高公信力，建立健全相应的组织体制和运作机制，为有序承接政府转移职能提供坚实保障。

（二）稳妥有序推进。按照政府主导、科协主动、规则公开、严格监督的要求，稳妥有序地推动省科协及所属科技社团承接政府转移职能。坚持试点推进，选择一批具备资格条件和履职能力的科技社团先行试点，条件成熟后再逐步推开。把推进政府职能转变、购买公共服务与体制机制创新结合起来，及时总结实践经验，改革相关管理和服务模式，创新工作方法，加强绩效评估，促进省科协及所属科技社团不断提升科技服务的实效和影响力。

（三）加大支持力度。对省科协及所属科技社团加强科技服务职能所需的经费，财政部门按照政府购买公共服务的要求给予必要支持，并将实施科技社团服务能力提升计划所需经费列入财政预算。对科技社团从事非营利性技术咨询、转让、服务、开发等活动，省有关部门要落实好各项财税优惠政策。

（四）重视宣传引导。大力宣传政府向社会力量购买公共服务的重要意义，加强舆论引导，主动回应群众关切，充分调动各方参与的积极性，形成支持省科协及所属科技社团履职的良好氛围。

江苏省科学技术厅

关于印发《江苏省高新技术产品认定实施细则(2013年修订)》的通知

苏科高〔2013〕67号

2013年2月27日

各市、县(市)科技局(科委)，国家高新区管委会：

为进一步提升我省高新技术产品的综合竞争能力，优化我省产品结构和产业结构，促进经济转型升级，根据“十二五”期间我省高新技术产业发展的总体要求，我厅对《江苏省高新技术产品认定实施细则(2003年修订)》作了重新修订，现印发给你们，请遵照执行。

附件：江苏省高新技术产品认定实施细则(2013年修订)

江苏省高新技术产品认定实施细则

(2013年修订)

第一条 为深入实施创新驱动战略，加快我省高新技术及其产业的发展，从整体上提升我省高新技术产品的市场竞争力，优化产品结构和产业结构，根据国家和省的有关规定，特制定本实施细则。

第二条 本细则适用于江苏省范围内的高新技术产品认定。

第三条 高新技术产品是指在一定时间内，运用新发现、新发明、新创造的科学技术手段生产出来的具有较高技术含量的新产品。

第四条 根据国家和省高新技术产业发展现状,我省高新技术产品的认定主要支持符合《江苏省优先发展的高新技术产品参考目录》的产品(详见附件)。

第五条 《江苏省优先发展的高新技术产品参考目录》将根据国内外高新技术的不断发展定期进行补充和修订,由省科技厅发布。

第六条 申报江苏省高新技术产品必须具备下列基本条件:

1. 产品类别必须符合本细则第四条所规定的要求;

2. 申报产品应该是采用新技术原理、新设计构思,研制生产的全新型产品,或为省内首次生产的换代型产品,或为国内首次生产的改进型产品;

3. 符合国家产业政策、技术政策和相关的行业政策;

4. 产品应具有良好的经济效益和广阔的市场前景,申报的产品利税率不低于20%;

5. 产品应具有较高的技术含量,用于该产品的研究开发经费占产品的销售收入不低于10%;

6. 从事申报产品研制开发的大专以上科技人员占产品研制开发总人数不低于20%;

7. 没有与申报产品相关的知识产权纠纷。

第七条 优先支持下列范围内的高新技术产品:

1. 利用国家计划及省部级科技计划成果转化的新产品,特别是对国民经济基础产业、支柱产业能起重大促进作用的新产品;

2. 具有自主知识产权、创新性强、技术含量高、市场竞争力强,能形成自主品牌的新产品;

3. 采用国际标准或国外先进标准的新产品;

4. 我省重点发展的战略性新兴产业领域的新产品;

第八条 高新技术产品认定所需材料:

1.《江苏省高新技术产品认定申请表》、《产品技术及产业化分析报告》(在线填写并打印)。

2. 必备的附加材料:

(1)特殊行业许可证。对医药、医疗器械、农药、计量器具、压力容器、邮电通信等有特殊行业管理要求的新产品,申报时必须提交相关主管机构出具的批准证明(如:药品生产企业许可证、医药GMP认证证书、新药证书;食品生产许可证;农药生产许可证(或批准证书)、登记证;通信产品入网证;公共安全产品、计量器具生产许可证;属于国家强制认证产品需提交3C认证资质证明等);

(2)产品采标证明;

(3)可说明申报产品知识产权归属和授权使用的证明文件(如:专利证书、软件著作权、技术转让合同、技术诀窍说明等);

(4)企业法人营业执照(复印件);

(5)上年度企业财务报表(复印件);

(6)由省辖市以上(含)有资质的检验或检测机构出具的产品质量、性能检测(验)报告,重大产品需提供省级以上有资质的检验或检测机构出具的报告;

(7)由省(部)级以上(含)查新单位出具的查新报告;

(8)涉及环保的项目,需提交环保达标证明。

3. 其他辅助附加材料,由企业视情况提交。如:用户使用意见(报告)、产品图片(照片)、列入其他国家科技计划的批准证明、省级以上获奖证书、ISO质量体系认证证书、银行信用评价证明、国家核准的企业从事申报产品相关的专业资质证明等。

材料时效性:检测(验)报告原则要求在2年之内,重大技术装备类产品可放宽至3年;查新报告、用户意见原则要求在1年之内。

第九条 申报和认定程序。江苏省高新技术产品实行网上申报,凡申请认定江苏省高新技术产品的单位,可在产品小批试制阶段或批量生产之后,按要求向当地科技主管部门提出申请;申报材料除需在江苏省科技计划管理信息系统网(www.jskjjh.gov.cn)上填报外,还需报送由系统在线生成的纸质材料并附所需材料;各市、县、国家级高新技术产业开发区科技主管部门按本实施细则第六条规定的条件对申报产品及其材料进行审核后上报省科技厅;省科技厅定期组织专家咨询,对符合条件的产品给予认定,并颁发"江苏省高新技术产品认定证书"。

第十条 经认定的高新技术产品的有效期一般为3年,技术周期较长的高新技术产品可延长至5年。

第十一条 凡持有经省科技厅认定的江苏省高新技术产品证书的生产企业,若有下列情况之一者可向省科技厅申请变更江苏省高新技术产品承担单位或补发江苏省高新技术产品认定证书。

1. 企业改制、兼并、组建合资企业、成立新企业；

2. 认定证书遗失。

第十二条 申请变更高新技术产品承担单位的申报程序：

1. 由企业提出申请变更或补认定证书报告；

2. 经企业所在地科技主管部门审核后，统一上报省科技厅；

3. 各市、县、国家级高新技术产业开发区科技主管部门在每季度的第一个月内将符合变更或补认定证书条件的企业材料一式二份上报省科技厅；

4. 省科技厅受理各市、县、国家级高新技术产业开发区科技主管部门申报材料后，组织相关专家对申报材料进行审核或论证，对符合变更或补办条件的产品在每季度末的最后一个星期内统一打印新证书，并由各市、县、国家级高新技术产业开发区科技主管部门统一领取。

第十三条 申请变更高新技术产品承担单位的申报材料要求：

1. 凡属企业改制,需要提交以下材料：

(1)企业工商注册登记、认定证书原件、改制批文；

(2)企业提交申请变更承担单位的报告,若企业仅部分改制，原认定的高新技术产品生产单位需在申请变更承担单位企业提交的报告上签署意见；

(3)企业所在地科技主管部门签署的意见。

2. 凡属企业兼并的,需要提交以下材料：

(1)企业工商注册登记、认定证书原件；

(2)工商部门出具的被兼并企业的注销证明；

(3)企业提交申请变更承担单位的报告；

(4)企业兼并协议,包括对认定产品的知识产权归属的说明；

(5)企业所在地科技主管部门签署的意见。

3. 凡属组建合资企业,需要提交以下材料：

(1)企业工商注册登记、认定证书原件；

(2)合资企业章程；

(3)企业提交申请变更承担单位的报告,同时,原认定产品的生产单位需在申请变更承担单位企业提交的报告上签署意见；

(4)企业所在地科技主管部门签署的意见。

4. 凡属新成立公司,需要提交以下材料：

(1)企业工商注册登记、认定证书原件；

(2)企业提交申请变更承担单位的报告,同时,原认定产品的生产单位需在申请变更承担单位企业提交的报告上签署意见；

(3)企业所在地科技主管部门签署的意见。

5. 凡认定证书遗失,需要提交以下材料：

(1)企业在省级以上报纸刊登的证书遗失声明(包括:认定名称、承担单位、证书编号)；

(2)企业工商注册登记；

(3)企业所在地科技主管部门签署的意见。

第十四条 对于弄虚作假,骗取高新技术产品认定者,省科技厅将撤销认定,其生产单位在两年内不得再向省申请认定高新技术产品。

第十五条 本实施细则由江苏省科技厅负责解释。

附:江苏省优先发展的高新技术产品参考目录

江苏省优先发展的高新技术产品参考目录

一、电子与信息领域

(一)电子计算机

1. 超级计算机系统

2. 数据中心及相关产品

3. 高性能计算机

4. 高性能工作站

5. 高性能服务器

6. 便携式个人信息终端、平板电脑、移动计算机

7. 嵌入式计算机

8. 工业控制机(含集散系统)

9. 各种板卡类产品

(二)计算机外部设备和信息处理设备

1. 大容量光、磁存储器及其驱动器,网络存储器,移动存储器,固态硬盘(SSD)以及PB级海量存储管理集群系统及其部件，其他新型存储部件及

设备。

2. 大屏幕高端LED显示、TFT-LCD、PDP、OLED显示、场致发光显示(FED)、激光显示、电容式触摸屏、电子纸、3D显示等新型显示器件及其部件。

3. 新型打印装置(二维、三维激光打印技术产品等)

4. 高稳定抗干扰智能化电源

5. 自动扫描输入设备

6. 办公自动化设备与系统

7. 自动排版设备与系统

8. 激光照排设备与系统

9. 图形、图像处理设备

10. 文字、语音、图像处理设备

11. 光电信息处理设备

12. 印鉴、文字与图像鉴别系统

13. 生产过程控制系统

14. 激光全息照相系统

15. 激光高速摄影系统

16. 先进的扫描成像系统

17. 微光、红外及热成像装置

18. 数字投影机及其部件

19. 无线网卡

20. 模式识别输入设备

21. 生物特征识别及智能卡系统

22. 基于北斗、GPS的定位、导航设备和GIS系统

23. 各种信息终端和面向行业应用的专用终端

(三)计算机网络产品

1. 适用于下一代高速宽带信息网和三网融合应用的网络产品及系统解决方案

2. 支持IPv4/IPv6的交换机、路由器等网络设备和终端

3. 能够提供端到端服务质量(QoS)、支持多功能多业务、安全的网络技术及设备

4. IP多媒体子系统(IMS)设备

5. 流媒体系统设备

6. 无线局域网设备和终端

7. 无线宽带接入设备

8. 家庭网络与终端产品

9. 防火墙、网闸、入侵检测等网络安全设备

10. 网络检测设备

11. 网络系统互联及集成技术产品

(四)计算机软件产品

1. 系统软件(操作系统软件、数据库管理系统等)

2. 支持软件(软件开发和测试平台、中间件软件、网络及通信协议处理软件等)

3. 嵌入式软件(智能手机软件平台、信息家电软件平台、汽车电子软件平台等)

4. 中文信息处理平台(办公套件、中文的全文检索、内容管理、多媒体数据库以及检索系统等)

5. 面向行业或面向专业应用软件(电子政务信息系统、电子商务信息系统、金融信息化系统、社会信息化系统、企业信息化系统、工业软件,审计软件、重要行业管理和应用软件等)

6. 智能类软件(专家系统、模式识别、机器翻译、机器人等软件)

7. 辅助类工具软件(CAE、CAD等)

8. 图形图像软件(遥感图像处理软件、地理信息处理软件、语音处理与识别等多媒体软件)

9. 虚拟现实与平台、仿真及控制软件

10. 安全与保密软件(操作系统安全、数据库安全、网络安全等软件,防病毒和防攻击系统、内容安全防护系统,以及数据容灾系统等)

11. 网络应用软件(网络管理、监控、网络搜索引擎等)

(五)广播电视设备

1. 高清晰度数字电视(平板数字电视机、新型数字投影电视装置等)

2. 演播室数字视频服务器、数字视频切换控制台、数字音视频非线性编辑服务器

3. 媒体资产管理系统

4. 地面数字电视传输设备

5. 卫星直播及移动多媒体广播系统设备

6. 数字电视发射与转发设备

7. 广播电视监控系统及设备

8. 电台、电视台自动化设备、影视节目制作设备

9. 支持有线数字电视和卫星数字电视运营商的运营支撑系统

10. 以电子节目指南、综合信息发布、视频点播、数据广播,以及交互电视等构成的业务应用系统

11. 数字音视频编解码(AVS、DRA等)设备

12. 机卡分离的数字有线电视产品

13. 高清晰度数字电视接收设备
14. 卫星直播电视专用芯片及终端产品
15. 数字电影产品及设备
16. 高密度数字激光视盘机及关键部件
17. 数字摄录一体机及数码相机
18. 信息设备资源共享关联应用技术与产品
19. 高档数字音响系统等家庭信息终端
20. 网络电视
21. 手机电视
22. 交互式控制系统的服务端系统和设备
23. 新型有线电视系统设备
24. IPTV 系统和设备
25. 海量广播影视内容资源管理系统设备
26. 内容集成分发与节目信息交换系统设备
27. 与数字电视内容有关的数字版权管理、内容分发、安全保障等关键技术和设备
28. 4C(计算机、通信、消费电子、内容)融合产品等新型消费类电子产品

(六)通信设备

1. 软交换设备
2. 超大容量密集波分复用(DWDM)设备
3. 可重构的光分插复用器(ROADM)及其他光网络节点设备
4. 智能光网络传输设备(ASON)
5. 大容量光路由器设备
6. 新型光纤、光缆:光纤预制棒(含高纯石英管);用于接入的软光纤(带状)光缆、塑料光纤光缆、全波光纤光缆
7. 无源光网络(xPON)接入设备
8. FTT x 设备
9. 近距离无线通信(WLAN、LMDS、蓝牙、UWB 等)设备
10. 卫星通信系统及地球站设备
11. 数字集群通信设备
12. 车载通信(包括汽车、船舶等)智能信息处理设备
13. 电信业务(包括 ISP/ICP)运营支撑管理系统
14. 各类增值业务应用软件与平台
15. 基于 IP 多媒体、流媒体的系统设备
16. 基于 P2P 和 M2M 技术的应用系统设备
17. 应急通信系统
18. 数字保密电话机等保密终端设备
19. 智能移动通信手机
20. 民用雷达
21. 卫星移动通信系统设备
22. 同温层通信系统关键技术设备
23. 新型数字移动通信产品及配套设备
24. 新型通信终端

(七)微电子元器件及电子元件

1. 集成电路芯片及其设计制造、封装和测试等技术设备
2. 纳米级芯片设计平台(EDA 工具)及配套 IP 库
3. 中央处理器(CPU)及其系统级芯片
4. 移动通信配套集成电路
5. 网络与通信用集成电路
6. 厚、薄膜混合集成电路及消费类电路
7. 数字信号处理电路(DSP)
8. 新型机电元件,微机电系统(MEMS)芯片
9. 微波器件与电路
10. 高清晰度电视(HDTV)配套集成电路
11. 片式半导体器件
12. 片式电子元件
13. CATV 专用集成电路
14. 电力电子器件
15. 电源转换集成电路
16. 功率器件与功率集成电路
17. 高频器件与高频集成电路

(八)光电子元器件

1. 半导体激光器
2. 光电探测器
3. 高速宽带光收 / 发模块
4. 集成光学产品(滤波器、隔离器、耦合器等)
5. 大功率发光二极管
6. 非线性光电器件产品
7. 平面光波导器件产品
8. 全固态激光器产品
9. 光纤激光器产品
10. 全光纤器件产品
11. 光纤通信专用模块、子系统及系统,包括:激光器、新型光纤放大器、半导体光放大器(SOA),高速光调制器,波分复用 / 解复用器,光环形器,偏振控制器,光纤色散补偿器,波长转换器等。
12. 光子集成芯片(PIC)
13. 光电子集成芯片(OEIC)

(九)物联网与云计算

1. 高性能敏感元器件、传感器及关键芯片

2. 无线射频标识(RFID)芯片、标签、读写器、中间件等产品

3. 智能传感器及传感器网络节点、交换及终端设备

4. 与物联网有关的分布式感知、拓扑控制、信息资源调度、协同计算等关键设备和产品

5. 云计算系统软件(操作系统、数据库管理系统、资源管理软件、基础中间件等)

6. 云计算模式下的新型终端、新型云计算结点、网络存储及海量存储设备

7. 高性能服务器及配套软件

8. 云计算应用平台、云安全产品等

9. 基于云计算的海量数据管理软件、海量数据挖掘软件、大数据管理和分析软件等

10. 物联网安全产品

11. 物联网应用产品

二、生物技术与新医药领域

(一)农林牧渔

1. 新型兽用基因工程疫苗

2. 有害生物检测及疫病诊断试剂

3. 农业环境控制设备

4. 农业节水设备与设施

5. 无土栽培设施

6. 工厂化立体种植、养殖设备

7. 农林产品储藏、保鲜、流通与加工设备

8. 生物资源深度加工产品

9. 新型农作物生长病虫害防治产品

10. 新型兽用、水产品用生长及病虫害防治产品

11. 生物源农药及辅料

12. 新型高效生物饲料及食品添加剂

13. 新型植物生长调节剂

14. 新型兽药、农药中间体及助剂

15. 农兽药残留快速监测试剂、仪器和成套设备

16. 农业机械装备

(二)轻工生物技术产品

1. 食品加工用新型食品级酶制剂

2. 其他工业用新型酶制剂

3. 新型工具酶

4. 酶、辅酶的固定化技术和再生技术设备

5. 微生物次生代谢产物(维生素、氨基酸等)

6. 单细胞蛋白

7. 新型淀粉糖及其衍生物

8. 微生物多糖及多糖酯

9. 具有特殊性能的新型微生物的培养及制品

10. 絮凝性细胞连续发酵技术设备

11. 新型有机酸

12. 新型生活微生物及制品

13. 天然色素及高档香精香料

14. 新型、安全、高档食品添加剂

15. 食品安全检测试剂与试剂盒

(三)生物工程产品

1. 基因工程生产活性蛋白与多肽

2. 基因工程疫苗及新型疫苗

3. 重大疾病的基因治疗产品

4. 基因工程抗体药物

5. DNA 探针与基因诊断试剂

6. DNA 数据分析软件系统与平台

7. 单克隆抗体偶合类药物

8. 医用单抗诊断试剂与试剂盒

9. 药用动植物细胞工程产品

10. 酶诊断试剂及酶用试剂盒

11. 新型给药系统及装置

12. 生物药物新剂型

13. 各类新型生物反应器

14. 生物技术后处理中破碎、分离、纯化、提取

15. 高效分离纯化介质

16. 新型药用辅料

17. 生物传感器、生物芯片

18. 生物化工新产品

19. 环境治理用生物制品

20. 天然及生物表面活性剂及制品

21. 生物高分子缓蚀阻垢、絮凝剂及制品

(四)化学合成药物

1. 新型抗肿瘤药物

2. 新型心脑血管疾病药物

3. 新型地方病药物

4. 新型传染病防治药物

5. 新型精神神经系统药物

6. 新型抗感染药物

7. 新型代谢综合征防治药物

8. 新型老年病防治药物

9. 重大工艺创新的药物及药物中间体

10. 新型诊断用药物

11. 新型化学合成和半合成药物

12. 各类多发病、常见病的预防药(一、二类新药)

13. 药物新制剂

(五)现代中药

1. 濒危动物中药材生产及替代新产品

2. 濒危植物中药材生产及替代新产品

3. 去除中药材农药残留、重金属及硫化物的新技术及产品

4. 从中药、天然药物中提取的有效成分及其制剂

5. 新的中药材及其制剂

6. 中药材的代用品及其制剂

7. 中药材新的药用部位及其制剂

8. 从中药、天然药物中提取的有效部位或几种有效部位组合物及制剂

9. 基于中医药理论创新的临床有效中药复方制剂

10. 疗效确切的传统中药的二次开发以及速效、高效给药新技术及新产品

11. 中药配方颗粒新技术及新产品

12. 有毒中药饮片炮制(减毒增效)新技术及新产品

(六)医学工程产品

1. 临床检验分析仪器、相关试剂及关键部件

2. 医用X射线影像设备及关键部件(含DR、XCT等)

3. 医用核磁共振成像设备

4. 医用超声诊断、治疗设备

5. 医用光学仪器及设备

6. 生理信号检测、监护及医用传感器

7. 核医学成像装置

8. 物理治疗及康复设备

9. 人工器官(含脏器、骨、皮肤、关节等)及相关修复材料

10. 介入器材(含支架、导管、植入器具等)

11. 组织工程产品(含骨、软骨、肌腱等)

12. 口腔设备及装置

13. 医用专用网络环境下的软件产品(含医院管理、诊疗和培训的临床信息系统及数字化医学影像后处理软件系统等)

14. 急救用仪器、设备(含新型急救便携式呼吸机等)

15. 手术室设备及装备

16. 新型传统医学(中医)仪器

17. 医用消毒灭菌设备

18. 医用放射治疗设备

19. 计划生育与生殖健康器具及装备

(七)生物医学材料

1. 介入治疗器械材料

2. 心血管外科用新型生物材料

3. 骨科内置物

4. 牙和口腔材料

5. 新型手术器械材料

6. 生物可降解医用材料

7. 生物活性物质载体材料和药物控释系统用材料

8. 其他生物医用材料

三、新材料领域

(一)高性能金属材料

1. 高纯金属材料及化合物

2. 超细组织高性能、低成本金属结构材料

3. 新型金属箔材及异型材

4. 非晶微晶合金

5. 智能合金

6. 超导材料

7. 高效大功率储能材料

8. 特殊晶粒硬质合金及超硬材料

9. 特种粉末冶金材料及其制品

10. 稀土功能性材料

11. 稀贵金属及其代用材料

12. 大直径硅单晶及抛光片、砷化镓、磷化镓、磷化铟及氮化镓等新型半导体材料

13. 其他新型功能和结构金属材料

14. 高性能铝、镁、钛及其合金材料

15. 高温耐蚀及难熔金属材料

16. 高性能工模具材料

17. 金属纤维及微孔材料

18. 电磁屏蔽材料

19. 高效触媒材料

20. 电真空材料

21. 表面技术材料

22. 超精细加工技术产品

23. 热处理新技术产品

24. 新型高性能金属材料

25. 高效电池材料
26. 快速凝固技术产品及快凝材料
27. 新型焊接材料
28. 特种金属功能材料
29. 高性能和专用特种钢材

(二)先进非金属材料

1. 高纯超细陶瓷粉体材料及陶瓷蜂窝材料
2. 绿色高性能结构和功能性陶瓷
3. 高性能高强度陶瓷基复合纤维
4. 高性能玻璃纤维及连续玄武岩纤维等
5. 光学纤维
6. 光纤面板及微通道板
7. 超硬材料
8. 高性能隔热材料
9. 新型功能薄膜材料
10. 特殊玻璃及镀膜材料
11. 人工合成晶体及产品
12. 石墨制品及特种碳素材料,高性能碳纤维
13. 特种密封及摩擦材料
14. 新型建筑材料
15. 特种涂料、填料
16. 高效过滤材料
17. 车用安全气囊气体发生剂及制品
18. 环保型阻燃材料
19. 无机分离膜
20. 新型光源用发光材料等光电子材料
21. 光致变色防伪材料
22. 高效防水及耐火材料

(三)新型精细化工材料

1. 新型环境友好染料
2. 高耐晒牢度、高耐气候牢度环保有机颜料
3. 新型高效农药、化肥
4. 环境友好型新涂料
5. 新型电子化学品
6. 新型高效催化剂
7. 无卤新型阻燃灭火剂及制品
8. 新型表面活性剂
9. 新型精细化工中间体
10. 其他新型精细化学品

(四)新型有机高分子材料

1. 新型工程塑料、改性塑料、可降解塑料及塑料合金制品
2. 有机功能膜
3. 有机光电子材料
4. 含有机硅、有机氟等元素高性能新材料
5. 特种合成纤维材料
6. 特种橡胶及密封阻尼材料
7. 新型改性高分子材料
8. 工程子午胎及特种轮胎及其配套专用材料
9. 其他高性能、功能性特种专用合成树脂产品
10. 新型药物载体材料

(五)纺织新材料

1. 碳纤维、芳纶、芳砜纶、高强维纶、高强高模聚乙烯、聚苯硫醚(PPS)、聚苯并双□唑(PBO)等高性能纤维及制品
2. 新型聚酯纤维,PTT、PEN、碱溶性聚酯(COPET)、高收缩聚酯、聚丁二酸丁二酯(PBS)、聚对苯二甲酸环己烷二甲醇酯(PCT)等品种
3. 差别化纤维、功能性纤维及制品
4. 新型再生纤维、新型氨纶纤维、非棉天然纤维及制品
5. 新型产业用纺织材料及制品
6. 数字喷射印花等数码技术产品
7. 多元纤维、纱线复合技术制品
8. 高档出口创汇真丝复合新型质产品,高支轻薄、舒适、易护理棉、毛、麻针纺织品
9. 功能性整理技术产品
10. 高效环保型纺织、印染助剂
11. 利用废旧纺织品回收再利用技术生产出高附加值的差别化和功能性纤维

(六)复合材料

1. 金属基复合材料及制品
2. 树脂基复合材料及制品
3. 陶瓷基复合材料及制品
4. 增强体材料
5. 碳—碳复合材料及制品
6. 绿色玻璃钢—热塑性复合材料制品、输气管道、轴承、船舶、汽车覆盖件等专用玻璃钢

(七)纳米材料

1. 纳米钨粉及纳米硬质合金材料
2. 纳米膜材料
3. 纳米催化材料
4. 纳米晶金属材料
5. 纳米能源材料
6. 纳米生物医用材料
7. 纳米环境材料
8. 纳米多孔气凝胶材料

9. 纳米电子、光子、传感材料及器件

(八)环境友好材料

1. 绿色包装材料及其产品

2. 绿色建材及其产品

3. 环境降解材料及其产品

4. 不含有毒有害元素环保材料(铅、镉、汞、砷、六价铬、PBB、PBDE)

5. 高效空气、烟道气等过滤材料及制品

6. 汽车尾气净化及工业废气净化、空气与水净化用新型催化剂

7. 具有抗菌、释放红外线、防紫外线等功能的无机材料及制品

8. 生物质来源的高分子材料及制品

四、新能源与高效节能领域

(一)新能源

1. 太阳能利用技术产品

2. 高效生物质能利用新技术新产品

3. 风能技术产品

4. 地热能和海洋能技术产品

5. 民用核能应用技术产品

6. 小型水能利用技术产品

7. 氢能技术产品

8. 其他各种新型能源技术及产品

9. 风光互补综合利用技术(太阳能与风能结合互补)产品

(二)能量转换与储能装置

1. 锂离子电池及其应用新产品

2. 镍氢电池及其应用新产品

3. 直接醇燃料电池新产品

4. 新型太阳能电池新产品

5. 超级电容器和热电转换新产品

6. 分布式能源技术与产品

7. 其他新型高效能量转换与储能装置

(三)高效节能

1. 新型高效节能大吨位电弧炉

2. 新型高效节能变压器

3. 半导体照明与高效照明产品及高效智能照明系统

4. 节能电子产品

5. 新型高效电机调速装置

6. 节水、节油等节约资源型新技术装置

7. 节约燃料新产品

8. 新型高效节能炉窑产品

9. 节能型自动化控制设备(节能计量仪器仪表自控装置等)

10. 能源转换、输送、储存新产品

11. 节能新工艺产品

12. 新型余热、余压回收装置

13. 高效蒸汽管网设备

14. 节能型空气分离设备

15. 节能型空调器与空调机组

16. 热泵与高效制冷机

17. 新型高效节能冶金新产品

18. 新型高效建筑节能新产品

19. 热工新产品

20. 二氧化碳捕集与封存技术与产品

(四)智能电网

1. 新能源并网及控制设备

2. 智能电网储能设备

3. 智能输变电设备

4. 智能配用电设备

5. 智能调度通信系统

五、光机电一体化领域

(一)先进制造技术设备

1. 检测、传感元件及产品

2. 中高档数控系统及高性能伺服控制系统、功能部件

3. 工业机器人产品

4. 光电控制系统

5. 柔性制造单元(FMC)及柔性制造系统(FMS)

6. 高性能(高效、精密、复合)数控机床及成套设备

7. 超重型数控机床、铸锻设备、纳米及微细加工数控机床

8. 大型空分设备

9. 高性能材料表面处理及改性设备

10. 机械产品开发用先进计算机软硬件产品

11. 智能化的电器、电力设备及元器件

12. 大型精密模具设计、制造设备

13. 大型真空电子束焊设备

14. 可控气氛及真空热处理设备

15. 新型的激光加工设备

16. 等离子技术加工设备

17. 变频调速装置

18. 高效的物流系统

19. 三维成型等快速制造技术及设备

20. 精密高效成形设备

(二)机电一体化机械设备

1. 新型高速、大型塑料机械

2. 新型纺织机械

3、新型包装机械

4、新型高速印刷机械

5. 其他新型机电一体化的轻工机械设备

6. 新型的电力、石油、化工设备、合成材料加工设备

7. 特种行业专用车辆、专用设备

8. 新型轨道交通、船舶等先进交通运输设备

9. 高性能、安全、环保、节能类车辆用电子装置及汽车关键零部件

10. 新型纯电动、混合动力、清洁燃料车专用关键零部件及总成

11. 高性能的车辆行业用检验、检测设备

12. 机电一体化的工程机械设备

13. 高精度工程机构无损探测设备

14. 矿山安全保障关键设备与系统

(三)机电基础件

1. 高性能精密机械基础件

2. 高压、超高压交直流输变电设备、发电设备及电器

3. 新型大功率电源

4. 高速、超硬精密模具及新型量具、刃具

5. 核电、燃气输送用等新型专用泵、阀

6. 新型液压、密封、气动元器件

7. 新型电子式低压电器

8. 高强度异型紧固件

(四)仪器仪表

1. 新型工业自动化仪表

2. 高性能分析仪器

3. 高性能信号记录仪器

4. 新型高精度测量、计量仪器

5. 新型实验机与模拟仪器

6. 高精度新型传感器

7. 先进摄影器材及缩微系统

8. 微光夜视及热像仪

9. 电镜

10. 食品安全、特种设备安全检测设备

11. 食品、日用消费品快速筛查设备

(五)监控设备及控制系统

1. 高性能高档可编程序控制器

2. 集散控制系统

3. 高性能分布式控制系统

4. 工业生产过程自动控制系统

5. 在线自动测试系统

6. 安全检测及控制系统

7. 光电检测和控制技术设备

8. 智能化自动识别系统

六、环境与资源利用领域

(一)环境污染防治设备

1. 高效能防爆装置

2. 脱硫固体物回收利用装置

3. 高效有机工业废气净化回收装置

4. 汽车尾气高效净化装置

5. 城市污水低能耗处理、深度处理与回用设备

6. 工业废水处理与回用设备

7. 工业废水、垃圾处理沼气高效利用设备

8. 有毒、有害化学毒物、重金属废物处理设备

9. 饮用水安全保障与处理装置

10. 新型空气净化设备

11. 城市垃圾的分类收集、运输和处理设备

12. 危险废弃物的安全处理设备

13. 噪声和振动污染防治设备

14. 电磁辐射污染防治设备

15. 放射性污染防治设备

16. 使用清洁燃料的运输设备

17. 绿色制造及产品

18. 其他减少污染(清洁生产)及综合利用技术设备

19. 废弃物无害化处理、循环利用设备

20. 废弃电子电器产品、废旧汽车等回收利用资源化设备

21. 医疗废物安全处理设备

22. 雨水、海水、苦咸水利用技术设备

23. 高含盐污水处理设备

24. 污泥减量化、资源化、安全处置设备

(二)环保监测仪器

1. 空气质量和气体污染源监测仪器

2. 水环境质量和污染源水质监测仪器

3. 节能检测仪器和管网安全监测系统

4. 气体及颗粒物检测仪(小型便携式)

5. 有机毒物分析仪监测仪

6. 环境遥感监测仪器

7. 噪声振动、电磁辐射和放射性监测仪器

8. 环境污染应急和快速监测仪器

9. 环境污染在线监测仪器和系统

七、航空航天领域
(一)航空器
1. 客机
2. 运输机
3. 直升机
4. 轻型、超轻型飞机
(二)航空机械设备及地面装置
1. 航空发动机
2. 机上导航设备
3. 机上控制设备
4. 地面导航设备
5. 地面飞行训练装置
6. 航空仪表
7. 生命保障系统
(三)运载火箭
1. 运载火箭产品
2. 运载火箭结构系统及产品
3. 运载火箭动力装置、动力系统及产品
4. 运载火箭控制系统及产品
5. 运载火箭能源系统
6. 运载火箭测试设备、实验设备
7. 运载火箭地面测控与接收设备
8. 运载火箭发射与控制设备
(四)应用卫星
1. 应用卫星产品
2. 应用卫星结构系统产品
3. 应用卫星动力装置、动力系统及产品
4. 应用卫星控制系统及产品
5. 应用卫星能源系统及产品
6. 应用卫星温控系统及产品
7. 应用卫星测试设备、实验设备
8. 应用卫星地面测控与接收设备
(五)卫星应用
1. 卫星导航应用系统
2. 卫星通信应用系统
3. 对地观测卫星应用系统
(六)空间科学与深空探测
1. 月球探测产品
2. 日地环境探测产品
3. 火星探测产品
(七)临近空间飞行器
1. 系留气球及其地面设备
2. 平流层浮空器及其地面设备
(八)探测火箭及其发射装置
1. 探测火箭及其发射装置
(九)其他航空航天产品
1. 气象雷达
2. 航管雷达
3. 探测雷达
八、现代交通
(一)新能源汽车
1. 插电式混合动力汽车、纯电动汽车、燃料电池汽车、燃氢动力汽车等新能源汽车整车及重要部件
2. 动力电池、驱动电机和电子控制等关键零部件产品
3. 混合动力汽车动力总成
4. 智能充换电站关键技术设备
(二)汽车电子
1. 汽油机和柴油机电子控制系统
2. 自动变速控制系统
3. 电控动力转向系统
4. 主动和被动安全控制系统
5. 电子控制制动系统
6. 关键元器件和车用集成电路芯片
7. 关键车用传感器零件系统
8. 车用总线(CAN 总线)网络系统
9. 车辆维修诊断系统
10. 汽车性能检测设备
11. 车载信息服务系统(北斗卫星 GPS 等装备)
(三)汽车关键零部件
1. 自动变速器、电动转向装置、主动(半主动)悬架系统
2. 防抱死制动系统/牵引控制系统/电子稳定装置(ABS/TCS/ESP)/高性能低噪声轮胎
3. 安全气囊
4. 铝车身
5. 电动驻车制动系统
6. 双离合器变速器
7. 智能前灯和中央照明系统
8. 载重车用盘式制动器
9. 商用车与越野车用空气悬架
10. 电控悬模块
11. 高性能电涡流缓流器
12. 启动/发电机/飞轮一体电机
13. 驱动电机;42V 电源系统
14. 电控空调压缩机模块

15. 汽车零部件检测设备

(四)高技术船舶与海洋工程装备

1. 30万吨以上超大型矿砂船

2. 1万标准箱级超大型集装箱船

3. 液化石油气船

4. 液化天然气船

5. 化学品船

6. 滚装船

7. 大型疏浚船舶

8. 大型船用柴油机

9. 推进装置

10. 船用设备

11. 导航和自动化装置

12. 大型自升式钻井平台

13. 大型起重兼铺管船

14. 超大型浮式生产储油装置,液化天然气浮式生产储卸装置

15. 海上稠油及边际油田开发装置

16. 深水水下采收系统

17. 深水探测装备或系统

(五)轨道交通设备

1. 200km/h及以上动力分散式交流传动动车组

2. 200km/h交流传动客运电力机车

3. 160km/h大功率(轴功率1200kW及以上)交流传动货运电力机车

4. 大功率交流传动内燃机

5. 交流电传动及其控制系统

6. 机车、地铁网络控制及信号系统

7. 高速铁路通信信号、牵引供电及列车控制系统

8. 高速磁悬浮交通车辆(悬浮导向系统)牵引供电系统、运行控制系统

9. 中低速磁悬浮车辆等

10. 高速动车、城轨车辆整车和关键零部件

(六)重交道路沥青

1. 利用环烷基原油资源生产重交道路沥青

2. 用重油和含硫原油生产高质量的AH–70、AH–90等牌号的重交通道路沥青

3. 沥青材料改性剂

4. 高性能抗车辙材料

(七)高性能密封材料

轿车及中高档轻型车动力传动、减振、制动系统用密封材料

(八)子午线轮胎生产关键原材料

1. 天然橡胶专用胶及其生产技术和成套设备

2. 1万吨/年以上子午线轮胎用改性尼龙帘子布、高模低收缩聚酯帘线纤维

3. 单套生产能力达5000吨/年丁苯吡胶乳、3万吨/年硬质新工艺炭黑、3万吨/年软质新工艺炭黑、3万吨/年溶聚丁苯橡胶及丁基橡胶

4. 3000吨/年助剂新品种生产装备

5. 再生胶与胶粉新产品

6. 高模低伸聚酯长丝、高强度锦纶长丝、无碱低密度E–玻璃纤维、高强度钢丝

(九)高效节能内燃机

1. 满足国V排放和节能的汽车用柴油机、汽油机

2. 船舶、铁路机车、农业机械、工程机械等配套用新一代柴油机

3. 汽车配套用各种代用燃料发动机、混合动力车用发动机

4. 电控直列式喷油泵、电控高压共轨喷射系统、电控高压单体泵以及各种新型喷油器、喷油嘴

5. 机动车控制用高性能蜂窝载体、满足国V标准汽车净化器

(十)其他

1. 高档汽车用金属颜料,水性重防腐涂料

2. 卫星导航多模增强应用服务系统(含连续观测网络、实时通信网络、数据处理中心和公共服务平台)基于位置信息的综合服务系统及其应用服务终端(与无线通信网络结合的全球导航卫星系统技术和室内定位技术)具有导航、通信、视听等多种功能的车辆信息系统。

3. 路面再生利用装备及材料

4. 高性能、环保型混凝土表面防护材料

5. 桥梁安全监测传感器

6. 智能交通系统

7. 空中交通管制与地面支持设备及系统

九、地球、空间及海洋技术领域

1. 能源、矿产资源的勘探

2. 固体地球观测设备

3. 大气海洋观测实验仪器及监测系统

4. 空间环境要素探测设备及监测系统

5. 大型工程、海底设施基础稳定性勘探监测设备及系统

6. 遥测遥感技术及产品

7. 其他地球空间海洋工程

十、核应用技术领域

1. 核辐射产品
2. 同位素及应用产品
3. 核材料
4. 核物理、核化学实验仪器及设备
5. 核电子产品
6. 核反应堆及其配套产品
7. 核能及配套产品
8. 核三废处理技术及设备
9. 其他核应用新产品

江苏省科学技术厅
中共江苏省委宣传部
江苏省文化厅
江苏省广播电影电视局
江苏省新闻出版局

关于确认首批江苏省文化科技产业园的通知

苏科高〔2013〕148 号
2013 年 5 月 15 日

各省辖市科技局(委)、党委宣传部、文化广电新闻出版局,国家高新区管委会:

为贯彻落实《国家文化科技创新工程纲要》和《江苏省文化建设工程实施办法》精神,推进文化与科技融合,提高文化科技创新能力,发挥园区产业集聚、项目孵化和示范引导作用,加强文化科技产业集群建设,促进新兴文化产业跨越发展,省科技厅会同省委宣传部、省文化厅、省广电局、省新闻出版局决定启动建设江苏省文化科技产业园。经各地推荐、专家评审、部门审核,现确认南京紫东国际创意园等 18 家为首批江苏省文化科技产业园(具体名单见附件)。

希望你们根据《江苏省文化科技产业园管理办法》,进一步加大对江苏省文化科技产业园的支持,加强产业发展规划,健全独立管理机构,集聚各类文化和科技资源,提升创新服务能力,促进文化科技产业集群发展,将文化科技产业园建设成为具有鲜明文化与科技融合特征、创新能力和产业竞争力强的文化科技产业发展重要载体。

首批江苏省文化科技产业园名单

1. 江苏省南京紫东国际创意园
2. 江苏国家数字出版基地(南京园区)
3. 江苏省南京新城科技园
4. 江苏省南京软件园
5. 江苏省无锡数字电影产业园
6. 江苏省江阴文化创意科技产业园
7. 江苏省无锡新区创新创意产业园
8. 江苏省徐州高新区文化科技产业园
9. 江苏省常州创意产业基地
10. 江苏省武进工业设计园
11. 江苏省昆山动漫影视网络文化科技产业园
12. 江苏省天镜湖文化科技产业园
13. 江苏省苏州科技城文化科技产业园
14. 江苏省南通家纺创意设计文化科技产业园
15. 江苏省东海水晶文化创意产业园
16. 江苏省盐城市文化科技产业园
17. 江苏省邗江文化科技产业园
18. 江苏省镇江新区文化科技产业园

江苏省科学技术厅
江苏省人民政府金融工作办公室
中国人民银行南京分行
中国银行业监督管理委员会江苏监管局
中国证券监督管理委员会江苏监管局
中国保险监督管理委员会江苏监管局

关于确认首批江苏省科技金融服务中心的通知

苏科高〔2013〕176号
2013年6月21日

各有关省辖市科技局(科委)、高新区管委会,各市金融办,人民银行南京分行营业管理部、各市中心支行,各银监分局,各有关单位:

为全面推进国家促进科技和金融结合试点省建设,贯彻落实《省政府关于加快促进科技和金融结合的意见》(苏政发〔2012〕79号)精神,进一步集聚科技、金融中介服务资源,加快发展科技金融服务机构,完善科技金融服务体系,经各地推荐、专家评审,现确定南京市科技创新创业金融服务中心、南京高新区科技金融服务中心、南京江宁高新园投融资促进中心、无锡高新区科技金融服务中心、江阴高新区投资服务中心、常州市科技金融服务中心、常州高新区科技金融服务中心、苏州工业园区中小企业服务中心、苏州高新区科技金融服务中心、苏州市科技金融服务中心、连云港高新区科技金融服务中心、镇江高新区科技金融服务中心等12家单位为首批江苏省科技金融服务中心。

希望各地进一步加大对科技金融服务中心的支持力度,按照上报的建设方案,加快集聚科技和金融中介服务资源,提升专业化服务水平,建立规范化服务流程,推进信息和资源共享,建设一站式科技金融服务平台,打造区域科技金融服务品牌。

江苏省科学技术厅

省科技厅关于确认首批省产学研产业协同创新基地的通知

苏科合〔2013〕204号
2013年7月4日

各省辖市、县(市)科技局(科委),国家高新区管委会,各有关单位:

为引导各地围绕目标产业差别化集聚科技创新资源,错位发展,加快形成"一区一战略产业、一县一主导产业"的创新发展格局,经组织申报、专家评审和现场考察等程序,现确认"江苏省通信与网络产业产学研协同创新基地"等23家基地为首批江苏省产学研产业协同创新基地,并授予"江苏省××产业产学研协同创新基地"铭牌(名单详见附件)。

希望获得认定的基地进一步完善产业发展规划,明确产业发展技术路线图;进一步优化基地建设方案,明确核心区功能定位;进一步集聚优质科教资源,推动产学研共建载体和创新服务机构建设,提升产业创新发展的能力;进一步深化产学研合作,探索协同创新动力机制和组织模式,促进创新要素和产业要素的深度融合;进一步培育骨干创新企业,加快突破产业关键技术,增强市场竞争力和影响力。省科技厅将加强工作指导,集成有关政策和科技计划支持基地建设,定期进行考评,实施动态管理。同时,将基地作为"两部一省"科教结合产业创新基地的培育点,积极争取科技部、教育部的支持,推动国家级创新资源向基地集聚。各地要将基地的目标产业作为本地区实施创新驱动战略、推动经济转型升级的主要产业,加强组织领导,积极探索、充分发挥市场机制在要素配置中的基础性作用,加快集聚各类资源,把基地建设成为协同创新支撑产业发展的示范区。

附件:江苏省产学研产业协同创新基地名单

江苏省产学研产业协同创新基地名单

江苏省通信与网络产业产学研协同创新基地(南京江宁开发区)
江苏省光电产业产学研协同创新基地(南京新港开发区)
江苏省卫星应用产业产学研协同创新基地(南京高新区)
江苏省软件产业产学研协同创新基地(南京雨花台区)
江苏省现代农业产业产学研协同创新基地(江苏白马现代农业高新技术产业园区)
江苏省金属新材料产业产学研协同创新基地(江阴高新区)
江苏省传感网产业产学研协同创新基地(无锡高新区)
江苏省工业设计产业产学研协同创新基地(无锡滨湖区)
江苏省新能源电动车产业产学研协同创新基地(无锡锡山区)
江苏省环保与装备产业产学研协同创新基地(宜兴环科园)
江苏省安全科技产业产学研协同创新基地(徐州高新区)
江苏省半导体照明产业产学研协同创新基地(武进高新区)
江苏省面向先进制造的高端研发服务产业产学研协同创新基地(常州科教城)
江苏省纳米技术产业产学研协同创新基地(苏州工业园区)
江苏省数字文化与创意产业产学研协同创新基地(太仓市)
江苏省医疗器械产业产学研协同创新基地(苏州高新区)
江苏省海洋工程装备产业产学研协同创新基地(南通高新区)
江苏省硅材料产业产学研协同创新基地(东海县)
江苏省环保产业产学研协同创新基地(盐城亭湖区)
江苏省海洋生物产业产学研协同创新基地(大丰市)
江苏省航空配套产业产学研协同创新基地(镇江新区)
江苏省生物医药产业产学研协同创新基地(泰州国家医药高新区)
江苏省不锈钢产业产学研协同创新基地(兴化市)

江苏省科学技术厅
江苏省沿海地区发展办公室
关于印发《江苏省沿海地区科技创新三年实施方案(2013—2015年)》的通知

苏科计〔2013〕220号
2013年7月12日

省有关部门,沿海各市、县科技局、沿海办(发展改革委):

根据《江苏沿海地区发展规划》和省委、省政府《沿海开发五年推进计划》,省科技厅会同省沿海办编制了《江苏省沿海地区科技创新三年实施方案(2013—2015年)》,现印发给你们,请认真组织实施。

附件:江苏省沿海地区科技创新三年实施方案(2013—2015年)

江苏省沿海地区科技创新三年实施方案(2013—2015年)

为贯彻落实省委省政府《关于实施创新驱动战略推进科技创新工程加快建设创新型省份的意见》,充分发挥科技创新在沿海开发中的引领和支撑作用,加快提升沿海地区自主创新能力,根据《江苏沿海地区发展规划》和省沿海开发五年推进计划,制定江苏沿海地区科技创新2013—2015年实施方案。

一、发展现状

2010年以来,按照沿海开发总体任务部署和工作要求,在省市的共同努力下,沿海地区科技创新取得显著成效,全面完成了《江苏省沿海地区科技创新三年实施方案(2010—2012年)》确定的各项任务和工作目标。科技综合实力进一步增强。2012年,沿海地区研发投入超过160亿元,比2009年翻一番,占GDP的比例达到1.8%。申请专利超过7万件,是2009年的2.5倍,其中发明专利1.2万件。高新技术产业发展迅速。2012年沿海地区高新技术产业产值超过6000亿元,是2009年的2.2倍,占地区规模以上工业产值的比重达33.45%,高于目标值7个百分点。企业创新能力显著提升。康缘药业、中天科技等6家企业被认定为国家级创新型企业,省级创新型企业达304家,培育认定高新技术企业484家,民营科技企业10603家,大中型工业企业研发机构建有率超过75%,创新型企业集群初步形成。创新载体和平台建设进一步加强。南通、盐城、如皋、海安获批建设省级高新技术产业开发区。连云港、南通被认定为国家创新型试点城市,如皋、东台、海安、南通通州、大丰、东海等6个县(市、区)成为省级创新型试点城市。建有国家高新技术特色产业基地21家、各类科技服务平台506个,新建省级以上重点实验室、工程技术研究中心295家,建有各类科技企业孵化器61家,孵化面积达到397万平方米。

沿海地区科技创新步伐明显加快,但发展中仍存在一些迫切需要解决的突出问题,主要是企业技术创新主体地位尚未真正确立,缺乏创新型领军企业,自主创新能力较为薄弱,研发投入偏低,高层次人才不足,自主知识产权和自主品牌拥有量不多。

二、基本思路和主要目标

(一)基本思路

贯彻落实《江苏沿海地区发展规划》和省沿海开发五年推进计划,深入实施创新驱动战略,推进科技创新工程,以构建企业为主体的技术创新体系为突破口,以增强自主创新能力为核心,打造沿海科技走廊,着力加强创新载体建设,着力突破重大核心关键技术,着力培育创新型企业集群,着力创新体制机制,大幅度提高科技进步对沿海经济社会发展的贡献份额,充分发挥科技创新对重大工程建设及产业转型升级的重要支撑作用,努力将沿海地区建成创新驱动示范区。

(二)主要目标

到2015年,培育国家及省级高新技术企业1000家以上,沿海地区大中型工业企业和规模以上高新技术企业全面建有研发机构;高新技术产业产值力争突破10000亿元,占地区工业产值的比重提高到36%;专利申请量突破15万件,发明专利申请量突破24000件,发明专利授权量突破2500件;沿海地区研发投入占GDP的比例提高到2.2%,科技进步贡献率提高到55%以上,科技支撑沿海发展能力显著增强。

三、主要任务

围绕促进沿海地区新一轮发展,以推进科技创新工程为主抓手,按照突出重点、加强集成的原则,组织实施创新载体建设、重大科技平台提升、核心关键技术突破、创新型企业培育和创新环境优化等五大行动,显著增强沿海地区持续创新能力。

(一)创新载体建设行动

加快推进沿海地区创新型县(市、区)和创新型乡镇的布局建设,重点建设创新园区核心区,促进创新要素集聚,培育战略性新兴产业和主导产业,带动形成一批产学研协同创新基地和高技术产业化基地,打造创新主阵地。

推进高新区创新发展。按照“一区一战略性产业”的培育目标,引导创新要素向园区集聚,推进科教入园与协同创新,加快创新核心区建设,前瞻培育新兴产业,做强做大主导产业。支持连云港、南通高新区创建国家级高新区,支持有条件的地区创建省级高新区。南通高新区重点发展船舶海工装备、现代家纺、智能建筑等主导产业,加强空间布局、产业布局、载体平台等规划,积极创建国家级高新区,辐射带动南通十大省级科技产业园建设。连云港高新区加强园区发展规划,以核心区为中心,进一步加快园区扩容建设,重点培育发展生物医药、电子信息、新材料等战略性新兴产业,新建各类科技园集中纳入高新区规划建设。积极创建国家级高新区。盐城高新区重点推进电子信息、医药、新材料、新能源等战略性新兴产业发展,辐射带动节能电光源、环保装备、海上风电、绿色新能源等一批高技术特色产业基地。积极创建国家创新型城市。

提升园区科技服务水平,依托骨干企业建设一批重大产业技术创新平台。统筹推进各类科技创业园和科技产业园建设,进一步强化科技创新对全省陆海统筹发展的支撑引领作用,重点推进海安科技创业园、海州现代装备制造业科技产业园和盐城新材料产业园建设,支持南通创建国家陆海统筹综合配套改革试验区,推进南通大学、盐城工学院、淮海工学院大学科技园建设,科技创业园孵化面积达到600万平方米以上。

加快创新型县(市、区)建设。引领县域经济转型升级,布局建设5个左右创新型县(市、区),构建科技创新和产业发展优势突出、辐射带动作用强的创新区域。进一步加大对创新型县(市、区)的支持力度,着力推进创新核心区建设,转化一批重大产业技术成果,培育一批创新骨干企业,带动高新技术产业集聚、高端链条延伸。推进节能减排、科技社区、新农村建设等科技示范,营造良好的生态宜居环境。

推进创新型乡镇建设。坚持科技工作重心下移,推动创新要素向基层集聚。创新工作体制机制,加快提升基层科技进步与创新水平,进一步激发基层创新创业活力,着力构建高效的基层科技管理体系和基层科技服务体系。依托特色优势和禀赋条件,布局建设10个左右创新型乡镇,引导乡镇建设科技产业园,加强产学研合作推进特色产业技术创新,加快传统产业转型升级,形成主导产业相对集中、专业化配套协作程度较高的特色产业集群。

(二)重大科技平台提升行动

深入推进产学研结合,广泛吸纳国内外优质创新资源,提升建设和滚动支持一批重大创新平台,增强自主研发能力,加快科技成果转化。鼓励支持沿海地区加快引进国内外优势科教资源,新建一批重大创新平台。

1. 重大创新平台提升建设。在前三年布局启动建设的基础上,加强对省海洋资源开发研究院、中科院能源动力研究中心、(中远船务)海洋工程装备研究院、(恒瑞)创新药物研究院、大丰海洋产业研究院、(华锐)海上风电研究院等重大创新平台持续支持,通过组织项目验收考评,对运行质量较好、支撑作用突出的平台予以滚动支持,进一步提升其建设水平和服务能力。加快连云港国家靶向药物工程技术研究中心和中药制药新技术国家重点实验室建设,鼓励具备条件的省级重大创新平台创建国家工程技术研究中心和国家重点实验室等国家级科技创新平台。

2. 新建一批重大创新平台。围绕新兴产业和优势产业,依托行业产业龙头骨干企业,联合高校科研机构,在海洋生物、海工船舶装备、智能电网、新药创制等产业领域,布局建设一批企业重点实验室等省级重点企业研发机构,开展应用基础研究,开发重大战略目标产品,抢占产业技术制高点,提升企业与产业自主创新能力。支持高新区(园)等各类科技园区依托或引进国内外一流高校院所,新建一批产业特色鲜明的产学研联合创新载体,促进创新要素与产业要素紧密结合。

3. 提高科技公共服务平台服务能力。加强科技公共服务平台的布局优化和资源整合,依托省级公益类科研机构或科技服务机构,加快建设一批面向产业的共性技术创新服务平台和面向社会事业的资源共享型公益科技服务平台。加强科技公共服务平台网络建设规划,全面提升科技公共服务平台的能力和水平。培育建设科技服务示范区,以高新区和各类创新区为重点,支持专业从事技术转移、科技咨询、科技创业、科技金融、专业技术服务等骨干服务机构的特色业务培育和公共服务能力提升。

(三)核心关键技术突破行动

围绕沿海地区战略性新兴产业培育和优势产业发展,在前沿材料、电子信息、智能制造、生物技术、绿色能源等领域,前瞻部署重大基础研究和前沿技术研究,着力解决100项重大关键技术,并获取相应的知识产权。大力推进科技成果转化和专利技术转化,推进重大产业专项与沿海地区联合招标,鼓励沿海地区加大跨国技术转移力度,引进转化国内外重大科技成果,组织实施50个重大科技成果转化项目,加快推动产业高端化。

1. 培育发展战略性新兴产业。重点培育连云港生物医药、新材料、清洁能源,盐城风力发电、节能环保与新能源汽车,南通海洋工程装备与高技术船舶等战略性新兴产业,加快发展一批百亿级高技术特色产业基地,促进沿海地区产业转型升级。

新能源技术。围绕沿海地区陆地风电和海上风电工程建设,开展大功率海上风电机组一体化安装平台、风电机组关键部件研制、独立变桨设计等核心技术研发,研发淡化海水装置,规划建设淡化海水国家高技术产业化基地。开展工业用太阳能中温集热系统、大容量储能电池及其控制系统、大型智能输变电装置等关键技术研究。推进连云港清洁能源创新产业园建设,开展高效低碳燃气轮机试验装置研究,组织实施120万千瓦IGCC超清洁发电科技示范工程。开展秸秆高温快速裂变制油与固体燃料技术、发电用秸秆前期处理装备与技术等研究。

新医药技术。以发展生物新药、化学新药、现代中药和海洋药物为重点,研发自主创新药物,研发多肽类、核酸类、治疗心脑血管类药物关键中间体和抗肿瘤类原料药,促进生物催化技术在化工、食品、医药、能源和环境等行业的应用。开展海洋资源药物、微生物制药、重大疾病防治新药、环境友好型生物农药、生物源新兽药等的研发。支持沿海地区承担实施新药创制国家科技重大专项,推进自主品牌新药的研发与产业化。加快连云港国家新医药产业基地和启东国家生物医药产业基地建设。

新材料技术。研发新型绿色纤维材料、高性能特种纤维材料、飞机或高速列车用关键高性能材料、高温超导材料、纳米电子材料、第三代宽带隙半导体材料等新型材料,大力发展风力发电设备和汽车零部件用碳纤维增强复合材料、轻质金属基复合材料、特种金属材料。加快南通、海门、滨海、连云港等国家高新技术特色产业基地建设,培育具有高成长性和较强竞争优势的新材料产业创新集群。

新型环保技术。开展节能关键技术、废气排放控制与回收技术、固体废弃物无害化处理和综合利用技术、水体污染控制与修复技术、生态保护与环境修复技术研发,加快烟气控制与处理、固废物资源化、工业废水处理、清洁生产等技术工艺装备等关键技术的研发。加快盐城国家环保装备特色产业基地和启东节能环保装备及基础件特色产业基地建设,提升环保装备自主研发能力。

2. 推进优势主导产业发展壮大。围绕先进装备制造、电子信息等沿海地区优势主导产业,以提升主导产业核心竞争力为重点,加快突破制约产业发展的共性关键技术,着力提升核心部件、关键装备自主研发与制造能力,推进高新技术在优势主导产业中的应用,提升传统沿海地区优势主导产业发展水平。

先进装备制造技术。开展装备关键基础件和通用部件的优化设计、精密成型及加工技术、数字化智能化控制技术、绿色流程制造等研究,研发高性能船舶以及各类海工专用装备,研发超大型智能化非开挖水平定向钻机,同步回转油气混输装备等产品,增强装备制造技术集成与产业化能力。

电子信息技术。开展大规模集成电路设计、新一代低耗高能新型传感技术、物联网节点组网及系统集成技术、有机发光显示、超宽带无线接入系统、第四代移动通信(4G)等技术的研发和产业化。

3. 发展高科技农业。在沿海地区推进粮食科技丰产工程,重点加强农业新品种培育,大力发展农业生物技术和高性能农业装备技术,推进农业特色产业创新发展,推进科技服务超市建设,为现代高科技农业提供支撑引领作用。

新品种培育技术。围绕沿海滩涂的高效利用,加强新品种培育,开展耐盐树种、耐盐蔬菜、耐盐能源植物新品种培育,推广宜于沿海地区规模化种植的主要农作物及园艺新品种。

农业生物技术。加强农业生物技术的研究开发。重点支持分子标记、聚合育种等生物育种技术,研究开发良种繁育新技术,加快生物种业的发展。加强生物制品研发力度,利用生物技术手段研制新型生物农药、生物肥料、生物饲料、基因工程疫苗,提高农业产品安全性。

高性能农业装备技术。切实加大沿海地区设施农业与农业装备的研发力度,提升沿海农业的整体水平。加快研发适合沿海地区的设施农业装备。积极改进日光温室与大棚构型,研究开发设施农业配套的微滴灌、智能温控、高效施药、作业机具等集成化装备,重点研究开发智能化温室成套设备、高效安全的配套种养技术,进一步提高现代农业机械装备水平。

高效农业特色产业技术。重点支持特色果蔬和畜禽水产品的生产、贮藏、保鲜、加工技术和设备研发,提高精深加工产品的档次和质量。加快建设大丰盐土高效农业科技园、启东海洋生物科技园、连云港海水养殖与海产品深加工科技园、赣榆海洋资源综合利用科技园、海安苏台合作示范区等一批现代农业科技园。

(四)创新型企业培育行动

组织实施科技企业培育行动计划。以增强企业自主创新能力为目标,大力推进企业知识产权标准管理和战略实施,加快培育一批创新型领军企业、高新技术企业和民营科技企业,打造创新型企业集群。

培育创新型领军企业。重点培育南通中远船务、中天科技、盐城华锐、连云港康缘药业等产业龙头骨干企业成为创新型领军企业,支持其开放配置全球创新资源,研发一批重大前沿核心技术,转化一批重大科技成果,牵头组建一批产业技术创新战略联盟,创建一批企业科技园,使其研发实力与创新成果国际一流、产业规模与竞争能力位居前列。

培育高新技术企业。组织财税、法律、评估、咨询、知识产权等中介机构,加强为沿海地区培育高新技术企业开展全流程、专业化服务,加强企业核心自主知识产权培育,开展高新技术后备企业培育工作,加大沿海地区高新技术企业认定力度,培育国家及省级高新技术企业1000家以上。启动科技上市企业培育计划。针对沿海地区科技型中小企业创新发展需求,联合省证监局在沿海地区遴选80家科技型拟上市企业,加大在股份制改造和上市等关键成长期的支持力度,为沿海地区科技企业上市开辟绿色通道,推动沿海地区的高成长性科技企业上市融资。

培育民营科技企业。引导建立沿海地区民营科技企业培育体系，加快沿海地区高新技术创业中心等科技公共服务平台建设，服务中小企业发展，促进沿海地区高成长性民营科技企业持续涌现。到2015年，力争沿海地区民营科技企业达20000家。

加强企业研发机构建设。引导和支持沿海地区大中型工业企业和规模以上高新技术企业普遍建立研发机构。依托龙头骨干企业重点建设一批企业研究院、企业重点实验室以及工程技术研究中心等省级重点企业研发机构，提升企业自主创新能力。鼓励纺织、服装、机械、化工等传统产业领域工业企业加快建设技术中心、检测中心、设计中心等研发机构，促进企业转型升级。到2015年，沿海地区大中型工业企业和规模以上高新技术企业实现研发机构全覆盖，企业研发机构总数超过2000家。

(五)创新环境优化行动

推进科技和金融结合。加快推进沿海地区构建多渠道的科技投融资体系，加大天使投资以及科技成果转化风险补偿资金等对沿海地区的支持力度，引导沿海各地设立地方天使投资引导资金，鼓励创投资金和社会资本积极参与沿海地区的企业技术创新，促进技术、资本、人才等创新要素向沿海的科技企业、科技园区、新兴产业集聚。支持有条件的县(市)建设省级科技金融合作示范区，引导和推动银行、证券、保险、担保、再担保等金融资源向示范区集聚。

加大政策落实力度。健全政策落实协调机制，加强目标责任考核。面向沿海地区的创新型企业和创新型园区，开展“一企一策”“一园一策”服务，着力落实好企业研发费用加计扣除、高新技术企业和技术先进型服务企业税收优惠等政策。实施知识产权战略，在沿海地区积极推进专利技术实施，实施保护知识产权专项行动计划，加强知识产权保护管理，为沿海开发招商引资、招才引智提供良好的知识产权保护环境。

四、保障机制与政策措施

(一)加强组织领导。加大沿海科技工作领导力度，确保重大创新载体建设和重大项目顺利实施。建立沿海开发协调推进机制，与沿海三市建立厅市工作会商制度，定期就沿海开发重点工作进行会商，对符合沿海开发规划，战略意义大、带动作用强、创新水平高的重大项目给予优先支持。

(二)加大科技投入。推动落实市、县每年新增财政支出中科技支出的比例分别不低于3%、2%的投入政策。落实高新技术企业税收减免、研究开发费用加计抵扣等重点政策，引导企业加快研发投入。鼓励和支持沿海地区申报各类省级科技计划项目，对符合条件的予以优先支持。积极支持沿海地区骨干企业申报国家科技重大项目。到2015年，沿海地区研发投入总量超过300亿元。

(三)强化科技人才支撑。建设高层次科技人才队伍。围绕沿海开发对高层次人才的迫切需求，支持和引导国内外高层次人才特别是掌握自主知识产权和核心技术的领军人才到江苏沿海地区创新创业。依托沿海重点工程和重大项目建设，加快引进和培养一批科技型企业家、创新领军人才和创业团队。

(四)加强产学研合作。鼓励和支持沿海地区开展多种形式的产学研合作，鼓励沿海地区企业设立“企业创新岗”，推动高层次人才到企业任职或兼职，引导高校院所建立科技人员为企业开展咨询服务的机制。加强沿海地区“科技镇长团”选派工作，进一步推动高校院所科技人员服务基层、园区和企业。

(五)加强目标考核。分解落实沿海地区科技创新主要目标和重大任务，按年度进行跟踪考核和评估。加强对重大项目实施情况的跟踪分析与监督检查，建立绩效考核机制。

附：沿海地区科技创新领域重大项目表(2013—2015年)

沿海地区科技创新领域重大项目表(2013—2015年)

一、重大技术研发与产业化项目

领域	序号	项目名称	关键技术	实施主体	主管部门	总投入(万元)	2015年销售收入(万元)
新医药	1	抗肿瘤药物制剂研发及产业化	⑴新一代靶点抗肿瘤药物技术 ⑵抗肿瘤小分子化合物设计技术 ⑶抗肿瘤核酸类药物设计技术	江苏恒瑞医药股份有限公司、江苏豪森药业股份有限公司等	连云港市科技局、南通市科技局	45000	40000
新医药	2	注射用重组人组织型纤溶酶原激活剂改构体(心脑血管抢救用药“宜真通®”)研发与产业化	⑴人组织型纤溶酶原激活剂改构体分子结构重组技术 ⑵工程细胞株的构建技术 ⑶工程细胞高密度大规模灌流培养技术 ⑷蛋白高纯度大规模纯化技术 ⑸专有的冻干粉针制剂配方和工艺技术	世贸天阶制药(江苏)有限责任公司	盐城市科技局	16000	30000
新医药	3	桂枝茯苓美国FDA认证和产业化	⑴定量指纹图谱质控技术 ⑵中药标准组分/成分快速制备技术 ⑶基于药效物质基础的中药口服固体制剂质量控制关键技术	江苏康缘药业股份有限公司	连云港市科技局	18963	100000
新材料	4	碳纤维复合芯导线及超大型叶片研发及产业化	⑴复合芯棒的拉挤成型技术 ⑵风力机翼型造型方法及叶片气动外形设计 ⑶叶片铺层结构优化技术 ⑷碳纤维叶片模具的制作技术 ⑸碳纤维叶片制作技术	中复碳芯电缆科技有限公司、国电联合动力技术(连云港)有限公司	连云港市科技局	2400	400000
新材料	5	绿色环保阻燃功能高分子材料的研制及产业化	⑴绿色环保、高阻燃技术 ⑵热稳定技术 ⑶低应力、低烟雾毒性技术 ⑷分散均匀技术	连云港海水化工有限公司	连云港市科技局	6000	8000
新材料	6	高强高模聚乙烯纤维的研发及产业化	⑴纺丝浓度高 ⑵超长超宽萃取、牵伸设备 ⑶产品的强度和模量高	江苏六甲高分子材料有限公司	盐城市科技局	8000	10000
新材料	7	超大规模集成电路薄型封装用绿色环氧塑封料研究及产业化	⑴低应力、高粘接技术 ⑵低吸潮、低翘曲技术 ⑶绿色阻燃技术	江苏中鹏新材料股份有限公司	连云港市科技局	8500	15000
新材料	8	半导体级关键石英器件制备技术研发及产业化	⑴新型高温气化反应炉管设计技术 ⑵自动化石英坩埚加工车床技术 ⑶新型石英连熔炉技术	江苏太平洋石英股份有限公司、连云港福东正佑照明电器有限公司	连云港市科技局	14000	22000

续表

领域	序号	项目名称	关键技术	实施主体	主管部门	总投入(万元)	2015年销售收入(万元)
新能源	9	海上风机一体化安装平台研发及产业化	(1)整机系统集成技术 (2)机组控制系统与变桨系统技术 (3)复合筒型基础在复杂条件下的适应性优化技术 (4)海上风机一体化安装平台总装建造技术	江苏道达海洋重工股份有限公司、江苏神山风电设备制造有限公司、中材科技(阜宁)叶片有限公司、江苏力星通用钢球股份有限公司、江苏九鼎新材料股份有限公司等	南通市科技局、盐城市科技局	50000	900000
	10	太阳能光伏及风力发电用大容量储能系统研发产业化	(1)风力发电储能容量配比关键技术 (2)大容量储能电池关键技术 (3)大容量储能电池管理系统关键技术 (4)大容量储能的监控、保护和控制系统	江苏海四达电源股份有限公司、国家电网电力科学研究院	南通市科技局	10300	12000
	11	太阳能中温集热系统关键技术研发及产业化连云港120万千瓦IGCC	(1)适用于中温真空管集热器的选择性吸收涂层技术 (2) 玻璃-金属封接热管用金属条带中温镀膜技术 (3)玻璃-金属压封技术 (4)多腔高效增强型热管技术等	日出东方太阳能股份有限公司	连云港市科技局	7500	20000
	12	连云港120万千瓦IGCC	(1)粉煤加压密相输运床气化技术 (2)高效低污染中低热值燃气轮机燃烧室技术 (3)系统优化集成与设计技术 (4)系统运行优化及协调控制技术	徐圩新区、中科院(连云港)能源动力研究中心	连云港市科技局	1000000	
	13	新型风电海水淡化系统研发	(1)非并网风电海水淡化高效专用风机及电力变换系统技术 (2)非并网风电海水淡化耦合控制技术 (3)适应风电海水淡化系统的变工况优化控制 (4)基于物联网技术的风电海水淡化实时监控系统	江苏丰海新能源淡化海水发展有限公司	盐城市科技局	28000	20000
节能环保	14	高效矿用干式防爆除尘成套装备关键技术研发及产业化	(1)矿用防爆式除尘技术 (2)分岔脉冲喷吹技术 (3)新型粘聚酯纤维技术	盐城市兰丰环境工程科技有限公司	盐城市科技局	6650	15000
	15	烧结烟气新型高效复合除尘技术及成套装备的研发与产业化	(1)优化高聚物团聚剂配方及其添加工艺 (2)优化可变向阳极板结构及传动系统 (3)复合除尘系统集成优化技术	江苏瑞帆环保装备股份有限公司	南通市科技局	8100	18000
	16	生物质成型燃料制备与燃烧成套装置的研发及产业化	(1)生物质抗结焦添加剂制备技术 (2)生物质半气化燃烧技术 (3)BMF双层连锁投料技术	江苏东大热能机械制造有限公司	盐城市科技局	6350	11500

续表

领域	序号	项目名称	关键技术	实施主体	主管部门	总投入(万元)	2015年销售收入(万元)
节能环保	17	高盐工业废水的综合治理与回用技术及成套装置的研发及产业化	(1) 脱除难降解有机物的高效混凝剂、臭氧氧化催化剂制备技术 (2)离子膜配方及膜表面修饰工艺改进技术 (3)研发新型电膜盐水分离装置制造技术	江苏华晖环保科技有限公司	盐城市科技局	7000	25000
	18	高效生活污水再生处理成套装备的研发及产业化	(1)高浓氧曝气膜生物反应系统 (2)磁性颗粒生物反应单元 (3)自动控制系统的优化升级技术研发	东台市东方船舶装配有限公司	盐城市科技局	6150	18000
先进制造	19	超大吨位锻造装备研发与产业化	(1)超大吨位、超大台面、高精度、高刚度、多功能、多拉杆预紧方形立柱的组合框架结构的优化设计及其制造技术 (2) 超大吨位主油缸结构与密封设计，主缸制造技术 (3)滑块及多缸顶出的高精度电液同步控制技术 (4)高精度微速锻造的等速、等应变和变应变速度控制技术 (5)故障诊断系统、工艺参数优化专家系统及模具成形数据库等技术。	南通锻压设备有限公司	南通市科技局	10000	50000
	20	超大型智能化非开挖水平定向钻机研发与产业化	(1)超大回拖力下钻杆夹持与卸扣技术 (2)高可靠性保证技术 (3)高强度、窄宽度、分段式主梁设计技术 (4)钻机智能化控制技术	江苏谷登工程机械装备有限公司	盐城市科技局	8800	30000
	21	LNG 关键设备研发及产业化	(1)动力装置设计技术 (2)超大型分段精度建造、总组和船坞总装、船体焊接等技术 (3)绝缘箱制造技术 (4)LNG 海上浮式再气化装置建造技术 (5)紧急脱离装置建造技术	江苏熔盛重工有限公司、南通太平洋海洋工程有限公司、连云港远洋流体装卸设备有限公司	南通市科技局、连云港市科技局	100000	2000000
	22	高压交流变频刮板输送机成套设备产业化	(1)整机动力电控系统变频技术 (2)伸缩机尾系统自动紧张技术	连云港天明装备有限公司	连云港市科技局	15600	78000
	23	适用于恶劣环境的自动取件机械手	(1)交流伺服闭环控制技术 (2)四组压力喷嘴及清洗装置设计技术 (3)自动堆叠和码放控制技术 (4)远程监控机故障诊断系统控制技术	南通皋液液压机有限公司	南通市科技局	10000	20000

续表

领域	序号	项目名称	关键技术	实施主体	主管部门	总投入(万元)	2015年销售收入(万元)
电子信息	24	面向输电系统应用的高温超导限流器研制	(1)面向输电系统应用的高温超导限流器技术 (2)电阻型超导限流器的拓扑结构设计技术 (3)超导线圈的制备技术及其稳定化和失超恢复技术 (4)超导限流单元的均压技术	江苏中天科技股份有限公司	南通市科技局	5100	10000
	25	先进封装量产导入	(1)12 寸圆片 FC 封装技术 (2)FC BGA 的封装翘曲检测技术 (3)FC BGA 底填充技术 (4)不同类型凸点的 FC BGA 技术 (5)FC BGA 清洗检测技术	南通富士通微电子股份有限公司	南通市科技局	1000	6000
	26	移动智能终端芯片圆片级及铜线封装技术开发及产业化	(1)0.6mil 铜线的键合技术 (2)8KA 薄铝层的铜线键合技术 (3)不同成分压焊块的键合技术 (4)窄节距(40μm)铜线键合技术 (5)铜线失效的分析技术	南通富士通微电子股份有限公司	南通市科技局	4700	30000
	27	CDMA/GSM/WCDMA/LTE多网共用基站天线的研制及产业化	(1)多频双极化辐射单元之间的互耦优化技术 (2)多频双极化辐射单元的低频交叉极化电平优化技术 (3)宽频低互调微带移相器优化技术 (4)低微波损耗、高强度超薄天线外罩技术	江苏捷士通科技股份有限公司	盐城市科技局	6800	18000
现代农业	28	北沙参强耐抗盐新品种(系)筛选与滩涂种植示范耐盐植物与	(1)北沙参耐抗盐性表现和生理指标检测技术 (2)北沙参有效成分 HPLC 检测技术	东台瑞丰现代农业有限公司	盐城市科技局	700	10000
	29	沿海滩涂高效生态经济造林与生态优化保护关键技术研发	(1)滩涂适生高效生态绿化树种筛选 (2)滩涂生态造林绿化立地条件改良与治理技术 (3)滩涂生态绿化林优化栽植与管护技术 (4)滩涂生态绿化林建设优化集成技术	天津海林公司、中国科学院南京土壤研究所、江苏省林业科学研究院	南通市科技局	3000	5000
	30	沿海水产养殖与深加工关键技术集成创新与示范	(1)优质、高产、抗逆水产新品种培育 (2)条斑紫菜新种质示范栽培与推广技术 (3)鱼贝蟹虾藻类水产新品种优质高效养殖、保鲜及深加工技术 (4)高效、抗逆刺参新品种高效健康养殖技术	海安县兰波实业有限公司启东市金海岸水产研究所、启东黄海滩涂开发有限公司、南通千鹤食品有限公司、响水海辰农业发展有限公司等	南通市科技局、盐城市科技局	10000	55000

二、重大创新载体与平台

领域	序号	项目名称	总体思路	实施主体	主管部门	总投入(万元)	2015年实施目标	新建或在建
重大创新平台	1	江苏省海洋资源开发研究院	建设四大科技研发服务平台,建设江苏海洋生物产业技术合作联盟和交易中心,建成服务江苏海洋产业的人才集聚、科技研发、成果转化、科技服务、企业孵化、海洋新兴产业培育为一体的省级科技公共服务平台。	江苏省海洋资源开发研究院(连云港)、淮海工学院	连云港市科技局	4000	建成江苏海洋天然化合物资源中心与药物筛选公共服务平台、海洋生物产业技术交易中心。	在建
	2	中国科学院能源动力研究中心建设	建成并发展我国IGCC、联产及碳捕集封存技术系统研发平台,在能源动力技术领域形成国际领先优势,成为国家先进能源的研发中心、成果转化中心和人才培养中心,以及国家能源动力交流合作的重要平台与窗口。	中国科学院能源动力研究中心	连云港市科技局	160000	建成煤气化中试研发平台和燃气轮机燃烧室全温高压全尺寸试验装置,完成试验研究,推广煤气化和燃机燃烧室等IGCC关键技术,以此为基础积极争取国家重大科技基础设施和燃气轮机国家重大专项,申请专利10项以上。	在建
	3	连云港新医药产业园公共服务平台	分三期建设,一期工程占地124.3亩,计划总投资10亿元,将建设医药展示中心、研发楼、孵化器、商务酒店、海洋生物药物研发中心、研究生院、生物研究所及药检机构等,具有展示交易、研发孵化、商务办公、人才培训等功能,可为医药企业在医药研发、新药申报、新药生产及销售、技术转让、知识产权保护、国际交流等方面提供专业的公共服务,加快形成医药产业创新集群。	连云港医药科技产业园建设指挥部、江苏鑫科医药产业投资发展有限公司	连云港市科技局	100000	建成展示中心、研发楼、孵化楼、食品药品检测中心各一幢,总建筑面积9万多平方米。分公共服务区、商务办公区、研发中心、孵化器、交易展示区5个区域,具备会展交易、研发孵化、检验检测、金融服务、人才培训等功能。	新建
	4	南通产业技术研究院	围绕南通支柱产业和新兴产业发展,建成在国内外具有较高知名度、较强影响力、富有鲜明特色的产业技术创新中心和高端人才集聚载体,形成以产业技术研究院为核心,科技园区为支撑,成果转化基地为载体的“三位一体”的创新体系,成为长三角北翼的科技创新示范区。	南通产业技术研究院	南通市科技局	200000	完成产研院建设和南通清华创源科技园建设,成立研究所10家。新建10个公共技术服务平台,引进、培育10个国家“千人计划”资助对象,50个创新创业人才团队。培育500项自主知识产权。引进10家风投和10家天使基金投资公司。	新建

续表

领域	序号	项目名称	总体思路	实施主体	主管部门	总投入(万元)	2015年实施目标	新建或在建
重大创新平台	5	如皋绿色船舶海洋工程装备技术研究院	以哈尔滨工程大学、中船重工、上海交大等十多所高校科技院所为技术依托，全面加强如皋(江苏)绿色船舶及海洋工程装备技术研究院的建设与运营，着力提升如皋船舶及海工装备产业自主研发设计、专业化制造及设备配套能力，在市场经济体制下的船舶工业发展中抢占先机，实现如皋市船舶海工及配套产业的跨越式发展。	绿色船舶研究院	南通市科技局	6000	引进科研团队2个,引进双聘院士1人、船舶设计大师2人,培育省部级创新团队1~2个。引进、培养本土企业科技人员100名。建设绿色船舶和海洋工程装备科技成果转化中心、绿色船舶和海洋工程装备工程设计中心、绿色船舶和海洋工程装备技术咨询和检测评估中心、绿色船舶和海洋工程装备科技资源集聚中心。申请专利10项。	新建
产学研联合创新载体	6	大丰市海洋生物产业产学研联合重大创新载体	以国家生物产业发展重点领域为方向，以大丰海洋生物产业园为载体,以海洋生物食品、海洋生物医药、海洋生物化工、海洋生物能源、海洋生物材料为重点，加快海洋生物产业关键共性技术突破，加快海洋生物产业龙头企业培育，着力打造国家级海洋生物产业集聚区，促进海洋生物产业规模化、集约化、高端化、国际化发展。	大丰市蓝色海洋生物科技有限公司	盐城市科技局	30000	基本建成研发基地8栋专家工作室、人才公寓和科技孵化中心,海洋生物药物研发中心硬件配套到位,入驻各类海洋生物药物研发企业3~5家，孵化各类科技成果项目10~20个。吸引4家高校和科研院所的研发机构进驻重大创新载体,申请专利20件,海洋生物产业销售50亿元。	新建
	7	中科院过程所盐城环保研究中心	研发人员超过50人,承担国家级项目1项，转移成果转化1项,申请专利3~5项。	中科院过程所、盐城环保产业园	盐城市科技局	10000	实施示范工程3项以上,研发队伍超过50人，承担项目5项以上,申请专利20项以上,服务企业20家以上。	新建
	8	中建材环保研究院建设	通过自主研发和技术引进，掌握高温电除尘技术与装备国产化、中低温催化技术与生产等关键技术，为我国建材行业气体净化工程技术与装备的国产化奠定基础，并进一步加快余热回收利用与低碳经济、固体废物资源化与循环经济的步伐,实现可持续发展。通过自主研发和技术引进，掌握高温电除尘技术与装备国产化、中低温催化技术与生产等关键技术，为我国建材行业气体净化工程技术与装备的国产化奠定基础，并进一步加快余热回收利用与低碳经济、固体废物资源化与循环经济的步伐，实现可持续发展。	江苏中建材环保研究院有限公司	盐城市科技局	6000	完成5~6个科研团队组建;奠定各研发平台基础,为生产基地的建设做准备;开发新工艺3项;开发新产品2项;申请专利15项；面向企业提供服务,服务收入500万元;建成示范工程2项。	在建

续表

领域	序号	项目名称	总体思路	实施主体	主管部门	总投入(万元)	2015年实施目标	新建或在建
产学研联合创新载体	9	复旦大学江苏大气污染防控技术研究中心	聚焦“区域/城市温室气体与常规大气污染物排放协同治理”和“区域与城市复合型大气污染综合管控”两大领域，持续不断地将具有重要产业应用前景的科研成果进行研究开发，推动大气污染防控领域的科技进步和新兴产业的发展。为行业企业提供专业的技术支持和咨询服务，为大气污染防控领域培养高层次高质量的工程技术人才和高级管理人才，为大气污染防控提供先进实用的技术与产品。	盐城复华环保产业开发有限公司	盐城市科技局	6000	项目建设配套设施和相关功能全部到位；开展大气污染防控领域的国际国内合作与交流，成立交流中心；健全技术协作和成果转化网络，全面服务行业企业；突破20项以上关键技术；申请相关知识产权(包括专利、发明专利、软件著作权等)20项以上。	新建
	10	东南大学盐城新能源汽车研究院建设	建立完善新能源汽车电机、电驱、能量管理、车身设计、底盘优化等关键技术领域的研发平台；围绕新能源汽车构建相关研究中心，开展技术开发、成果转化。	东南大学盐城新能源汽车研究院	盐城市科技局	2200	力争开发实用性新技术/产品20项以上，申报发明专利20项以上；带动孵化高新技术企业5个以上，新增产值5亿元以上；初步建成集人才培养、研发、成果产业化、服务等功能于一体的研发中心、公共技术服务中心、成果转化及孵化的承载基地。	新建
企业重点研发机构	11	现代中药创新集群与数字制药技术平台	整合企业国家重点实验室以及与国内外领先研发机构建立的共建实验室，创新产学研机制，凝聚高层次创新团队，建立覆盖新药创制和制造技术链的“现代中药创新集群与数字制药技术平台”，创制、制造基于药效物质和质量均一的“精细中药”，打造中成药超大品种，推动大品种国际化，促进企业成长为百亿制药企业。	江苏康缘药业股份有限公司	连云港市科技局	37500	建成现代中药创制与技术提升平台、基于过程知识系统的数字化中药制药技术平台、现代中药创制基础支撑平台。研发创新中药20个以上，获新药证书3个以上，临床批件4~5个。	在建
	12	抗肿瘤及糖尿病新药创新综合平台	针对肿瘤和糖尿病等严重威胁人们生命健康的重大疾病，建立产学研创新综合平台，重点进行相关新靶点、新机理研究和新药开发等，加快新型抗肿瘤药物和糖尿病药物的研发和医药产业的结构调整。	江苏豪森药业股份有限公司	连云港市科技局	13500	开展国家1.1类抗肿瘤候选药物mTOR抑制剂HS-10181、国家1.1类抗肿瘤新药PLK-1抑制剂HS-10159I期临床研究，国家1.1类口服DPP IV抑制剂贝格列汀Ⅲ期临床研究。	在建

续表

领域	序号	项目名称	总体思路	实施主体	主管部门	总投入（万元）	2015年实施目标	新建或在建
企业重点研发机构	13	华锐海上风电研究院	13年研发人员、设备到位；14年有专利申请和新产品；15年实现预期目标。	江苏华锐风电有限公司	盐城市科技局	50000	申请发明专利10件，申请实用新型专利22 件。	在建
	14	国家智能热处理装备工程技术研究中心	构建基于智能热处理技术的成果评价、工程化开发、装备研制、样机检测和鉴定、专利申请和标准制定、成果产业化推广、合作各方的利益平衡、国内外高层次人才的交流与合作、行业急需人才的培训、常年专业技术和管理咨询服务等的国家级公共服务平台。	江苏丰东热技术股份有限公司	盐城市科技局	12000	完善中心运行机制；完成各研发子项目，包括各子项目工程技术研究成果、样机制作、小批量生产等；完成“信息检索及开放服务平台”及“培训中心”建设；开展新开发技术的中试及产业化研究。	在建
	15	国家风力发电工程技术研究中心海上分中心	联合国家风力发电工程技术研究中心及江苏省高校资源，在大丰风电产业园内建设国家风力发电工程技术研究中心海上分中心，重点开展6MW、10MW大型海上风电机组直驱永磁技术及关键零部件整体设计方案研究，建设大型风电机组仿真及测试平台，着力提升江苏省风电公共测试能力及大型风电机组整机制造水平。	江苏金风科技有限公司	盐城市科技局	33200	引进2~3家风电零部件配套企业，带动风电配套企业产值50亿；完成6MW直驱永磁风电机组小批量生产，进军英国北海风场；形成10MW海上风机整机设计方案报告、叶片初始设计报告、浮动基础初始设计报告等专业报告，申请国家发明专利3~5件，参加2~3件“海上机组”国家标准的制定。	在建
	16	海洋装备数字化制造国家工程技术研究中心	通过引进海洋工程领域领军人物，和海洋工程专业、船型研发专业、工程技术专业学科带头人，在海洋工程领域、船型研发领域和工程技术领域分别形成多个设计研究团队，开展半潜式钻井平台和超大型矿砂船的研究开发，力争实现海洋工程产品联合详细设计和新船型的自主研发，在海洋工程产品的联合详细设计能力和新船型的研发能力上达到国内造船企业先进水平。	江苏熔盛重工有限公司	南通市科技局	5000	整合国内外海洋装备设计、制造领域资源，重点围绕船舶与海洋工程等海洋装备产品的现代化造船模式下研发、设计、工艺技术和建造过程的标准化、数字化进行研究，将中心建成国际先进国内一流的海洋装备产品数字化制造技术公共服务平台。	在建

续表

领域	序号	项目名称	总体思路	实施主体	主管部门	总投入（万元）	2015年实施目标	新建或在建
企业重点研发机构	17	国家工程技术研究中心培育点	在省海缆工程技术研究中心的基础上，筹建国家级深海光电传输工程技术研究中心，进行深海资源开发光电传输融合技术的研发及工程实践。	中天科技集团有限公司	南通市科技局	11000	力争通过3年至5年的努力，突破相关深海关键技术，满足我国海洋资源开发、科学研究、环境保护、国防建设，对深海探测、观测网等海洋工程装备的迫切需求，有力提升我国相关深海技术和信息技术的能力。	在建
	18	滚动体国家工程技术研究中心	结合江苏省滚动体工程技术研究中心在滚动体领域的创新、研发、检测优势，构建"新产品研发—专业人才培养—原材料、产品检测"等一体化的工程研发中心，建成国内最先进的滚动体工程技术研究中心。	江苏力星通用钢球股份有限公司	南通市科技局	4500	新增投资4500万元，建设2500m²的工程研发中心，购置检测研发设备50台（套）；组建强大研发团队；提供"轴承用滚动体检测"技术服务；开展"大飞机发动机及起落架轴承专用钢球""高速列车轴承滚动体"等多项关键技术研发，形成自主知识产权，参与制定行业标准，培训专业技术人员。	在建

三、高新技术产业基地和园区

领域	序号	项目名称	总体思路	实施主体	主管部门	总投入（万元）	2015年建设目标	新建或在建
特色产业基地	1	国家火炬计划现代装备制造特色产业基地(筹)	通过发展现代装备制造业，实现产业规模快速扩张，创新能力明显提高，骨干企业不断壮大，产业布局更加合理的局面。	连云港海州开发区	连云港市科技局	100000	形成一批集工程设计、产品开发、设备制造、工程成套和技术服务为一体、具有较强竞争力的大型企业集团。营业收入过20亿元的企业达到5家，过10亿元的8家，成长型企业20家。	新建
	2	国家火炬计划大丰金属表面处理装备特色产业基地	整合大丰热处理行业和西团抛丸机行业资源，建立特色产业基地，拉长产业链。	大丰科技局	盐城市科技局	50000	基地内建成省级研发机构6家以上，年销售收入超过50亿元。	在建

续表

领域	序号	项目名称	总体思路	实施主体	主管部门	总投入(万元)	2015年建设目标	新建或在建
特色产业基地	3	国家火炬计划环保滤料特色产业基地	通过发展现代装备制造业，实现产业规模快速扩张，创新能力明显提高，骨干企业不断壮大，产业布局更加合理的局面。	阜宁县环保滤料中小企业园	盐城市科技局	30000	建成国家级的环保滤料特色产业基地。	在建
	4	国家火炬计划船舶与海工装备特色产业基地	整合大丰热处理行业和西团抛丸机行业资源，建立特色产业基地，拉长产业链。	启东海工船舶工业园	南通市科技局	3000000	构建“以海工配套产业为核心，海洋工程船为品牌，海工模块和海上浮式生产储气装置为拓展，海洋工程服务业为延伸”的综合海洋工程装备产业体系。力争建成3个省级研发中心，争取国家级船舶与海工装备基地挂牌。全市海工装备产业规模力争达到500亿元，培育超50亿元企业3家，超10亿元企业10家。	在建
	5	输变电特高压电力设备及配件产业基地	以东方滤袋、正大森源等龙头企业与东华大学产学研合作建设国际特色产业基地。	南通如城镇	南通市科技局	1000000	产值300亿元，利税52亿元，高新技术产品每年平均增长40%。	在建
	6	如皋液压机及配件特色产业基地	跟踪世界海洋工程装备产业发展前沿，以市场为导向，立足比较优势，坚持有所为与有所不为相结合，全力培育海洋工程优势产品，将启东建设成为省内一流、国内有重要影响的海洋工程装备产业基地。	如皋市科技局	南通市科技局	400000	到2015年实现工业产值150亿元。	新建
科技产业园	7	江苏海州经济开发区现代装备制造业科技产业园	海州经济开发区坚持以科学发展观统揽全局，加快实施“工业兴区”发展战略，着力推进主导产业高新化、产品高端化、高新产业规模化，充分发挥开发区现代装备制造业骨干企业的引领和带动作用。	连云港海州开发区	连云港市科技局	100000	重点骨干企业的研发投入占营业收入的比重达到6%以上，新产品产值率力争达到40%，主导产品升级换代，具有自主知识产权的技术和产品大幅增加。	在建

续表

领域	序号	项目名称	总体思路	实施主体	主管部门	总投入(万元)	2015年建设目标	新建或在建
科技产业园	8	江苏东海硅材料科技产业园	充分发挥东海硅材料产业现有的基础、技术优势和创新资源,以重点龙头企业为依托,以技术创新为核心,以重大项目为带动,不断壮大产业规模,提升产品档次,增强重点产业在国内外市场竞争力。搭建产业园投融资平台。努力把东海县硅材料科技产业园建设成为江苏乃至全国有影响的硅材料产业集聚区、科技创新的引领区、科学发展示范区。	东海县科技局	连云港市科技局	250000	完成产业园的基础设施和公共服务设施建设工作,园区成为国内外知名的硅材料产业园。进一步深化自主创新体制机制试验改革,加强技术创新、提升产业技术,延伸产业链条、打造产业集群,培育龙头企业、扩大产业规模,力争产业园销售收入突破150亿元。	在建
	9	高性能纤维产业园(研发基地)	建设集科技研发和产业化为一体,高新技术纤维材料及其复合材料和制品为方向的国家级高性能纤维产品质检中心,实行一园多区模式,规划建设核心产业园区、外围产业园区、科技创新服务区等三大功能区域,形成完善配套的技术研发、产业环境和配套服务体系。	江苏奥神集团有限责任公司	连云港市科技局	1300000	年实现销售收入240亿元,利润总额55亿元,新增就业11000人。	新建
	10	建湖节能电光源科技产业园	壮大龙头企业,创建品牌优势,利用现有基础和资源优势,以现有企业为依托,培育特色产业,拉长产业链条,着力培育区域特色经济。	建湖开发区管委会	盐城市科技局	10000	2014年通过认定。	新建
	11	南通滨海园区	围绕"国家综合性现代化港口集群区、国家规模高新产业示范区、江苏沿海开发开放领先区、国家生态旅游度假区"发展目标,规划和建设现代物流产业园、节能环保产业园、海洋科技产业园等科技创新载体,努力搭建大学生创业园、浙江大学现代物流研究中心、华电燃机修造中心、南京水科院通州湾物理模型基地等科技创新平台,大力培育和集聚海洋工程、新材料、智能装备、节能环保、航空装备等战略性新兴产业。集南通市之力打造成高水平、高能级的沿海开发大平台。	南通滨海园区	南通市科技局		力争建成国家战略性新兴产业合作区、海洋经济创新发展产业基地、国家规模高新产业示范区、国家综合性现代化港口集群区,力争将园区纳入到科技创新国家重点扶持区中。	在建

续表

领域	序号	项目名称	总体思路	实施主体	主管部门	总投入(万元)	2015年建设目标	新建或在建
科技创业园	12	连云港市科技创业城建设	围绕重点产业发展方向,加强硬件基础设施建设,建设各类科技创新服务平台,构建研发、创新和成果转化的服务链,逐步将科创城建成区域性科技研发和成果转化中心、科技人才创业创新中心、科技成果普及展示中心、科技公共服务中心和科技对外交流合作中心,着力构筑研发创新、人才集聚和成果转化的高地,打造连云港"创新之核"和国家创新型试点城市建设最重要的载体。	连云港市科技创业城管委会	连云港市科技局	500000	建成76万平方米建筑面积的科创载体;建成海洋资源开发研究、GLP实验室、化工技术公共分析测试、核应用技术研究测试等四大平台;建成省级科技服务示范区;建成国家级科技企业孵化器、国家级留创园、国家级大学科技园等。	在建

江苏省科学技术厅

省科技厅关于印发《江苏省科技企业孵化器认定和管理办法》的通知

苏科高〔2013〕260号

2013年9月2日

各省辖市科技局(科委),各国家高新区管委会:

为贯彻落实省委省政府《关于实施创新驱动战略推进科技创新工程加快建设创新型省份的意见》(苏发〔2011〕10号)、科技部《科技企业孵化器认定和管理办法》(国科发高〔2010〕680号),引导我省科技企业孵化器健康发展,提升其管理水平与创业孵化能力,进一步营造科技创业企业良好成长环境,培养科技创业人才,我厅结合全省科技企业孵化器发展实际,对原《江苏省高新技术创业服务中心管理办法》进行了修订,现印发给你们,请遵照执行。

附件:江苏省科技企业孵化器认定和管理办法

江苏省科技企业孵化器认定和管理办法

第一章 总则

第一条 为贯彻落实省委省政府《关于实施创新驱动战略推进科技创新工程加快建设创新型省份的意见》(苏发〔2011〕10号)、科技部《科技企业孵化器认定和管理办法》(国科发高〔2010〕680号),引导我省科技企业孵化器健康发展,提升其管理水平与创业孵化能力,进一步营造科技创业企业良好成长环境,培养科技创业人才,制定本办法。

第二条 科技企业孵化器(以下简称“孵化器”)是以促进科技成果转化、培养高新技术企业和企业家为宗旨的科技创业服务载体,是国家创新体系的重要组成部分,是创新创业人才培养基地,是江苏特色区域创新体系的重要内容。

第三条 省科技厅负责对全省孵化器进行宏观管理和业务指导,并负责省级孵化器的认定工作。各省辖市科技行政主管部门、国家高新技术产业开发区(以下简称“高新区”)管委会负责对所在地区内孵化器进行具体服务和工作指导。

第二章 功能与目标

第四条 孵化器的主要功能是以科技创业企业(以下简称在孵企业)为服务对象,通过开展创业培训、辅导、咨询,提供研发、试制、经营的场地和共享设施,以及政策、法律、财务、投融资、企业管理、人力资源、市场推广和加速成长等方面的服务,以降低创业风险和创业成本,提高企业的成活率和成长性,培养成功的科技企业和企业家。

第五条 孵化器的发展目标:

1. 落实创新驱动战略,营造适合科技创业的局部优化环境,培育高端的、前瞻的和具有带动作用的战略性新兴产业的早期企业,贡献于区域产业升级和经济结构调整,促进经济发展方式转变;

2. 落实科教与人才强省战略,以孵化器为载体,以培养科技创业人才为目标,构建并完善创业服务网络,持续培育、造就具有创新精神和创业能力的创业人才,吸引海内外科技创业者服务于创新型省份建设。

第六条 鼓励企业、科研机构等建立专业孵化器,形成专业技术、项目、人才和服务资源的集聚,促进产业技术升级和经济结构调整,提升行业竞争力。

专业孵化器是指围绕特定技术领域或特殊人群,在孵化对象、服务内容、运行模式和技术平台上实现专业化服务的孵化器。

第三章 认定与管理

第七条 申请认定省级孵化器,应具备以下条件:

1. 地方政府重视孵化器建设,已制订扶持孵化器发展的相关政策和措施,对孵化器建设有专项资金投入,拥有种子资金或孵化资金;

2. 管理团队得力,机构设置合理,管理人员具有大专以上学历的占80%以上;

3. 可自主支配的孵化场地使用面积达10000平方米以上(专业孵化器达5000平方米以上)。其中,在孵企业使用的场地(含公共服务场地)占2/3以上;

公共服务场地是指孵化器提供给在孵企业共享的活动场所,包括公共餐厅和接待室、会议室、展示室、活动室、技术检测室等非盈利性配套服务场地。

4. 可自主支配场地内的在孵企业达20家以上(专业孵化器的在孵企业应达15家以上);

5. 孵化器中的在孵企业应有30%以上已申请专利;

6. 在孵企业中的大专以上学历人数应占企业总人数的50%以上;

7. 孵化器的运营时间一般达1年以上,并按省科技厅要求,上报相关统计数据,且数据齐全、真实;

8. 形成了创业导师工作机制和服务体系,能够提供创业咨询、辅导和技术、金融、管理、商务、市场、国际合作等方面的服务,具有公共技术服务平台和专业化服务能力。

第八条 在孵企业应具备以下条件:

1. 企业注册地和主要研发、办公场所须在本孵化器场地内;

2. 申请进入孵化器的企业,成立时间一般不超过24个月;

3. 属迁入的企业,其产品(或服务)尚处于研发或试销阶段,上年营业收入不超过200万元人民币;

4. 在孵时限一般不超过42个月(从事生物医药、集成电路设计、现代农业等特殊领域的创业企业,一般不超过60个月);

5. 企业成立时的注册资金,扣除“知识产权出资”后,现金部分一般不超过300万元人民币(属生物医药、集成电路设计等特殊领域的创业企业,一般不超过1000万元人民币);

6. 单一在孵企业入驻时使用的孵化场地面积,一般不大于1000平方米(从事航空航天等特殊领域的在孵企业,一般不大于3000平方米);

7. 在孵企业从事研发、生产的主营项目(产品)，应符合国家战略性新兴产业的发展导向，并符合国家节能减排标准；

8. 在孵企业开发的项目(产品)，知识产权界定清晰，无纠纷；

9. 在孵企业团队具有开拓创新精神，对技术、市场、经营和管理有一定驾驭能力。留学生和大学生企业的团队主要管理者或技术带头人，由其本人担任。

第九条 进驻孵化器进行孵化的企业，具备一定发展基础和条件后应当毕业，毕业企业应具备以下条件之中至少两条：

1. 有自主知识产权；

2. 连续2年营业收入累计超过1000万；

3. 被兼并、收购或在国内外资本市场上市。

第十条 省级孵化器申报实行常年受理、分批认定的方法。申报省级孵化器，应首先向所在省辖市科技行政主管部门或国家高新区管委会提出申请，经审核同意后，报送省科技厅。省科技厅依据本办法对申报材料进行审核，对符合条件的孵化器，以文件形式认定为省级科技企业孵化器。

第十一条 被认定为省级孵化器的单位，其产权和隶属关系不变。

第十二条 经认定的省级孵化器，每年应按要求向省科技厅报送年度工作总结、统计报表及相关材料。

第十三条 各孵化器应坚持“服务为主”的方针，将做好企业服务、创造社会效益作为业务工作的基础，通过各种途径和手段完善服务功能，重点加强对孵化企业的投融资服务与技术公共服务，促进孵化企业健康快速发展。专业孵化器要着力提升公共技术服务功能，为孵化企业提供低成本、高品质的增值服务，形成鲜明的专业特色。

第十四条 鼓励孵化器探索“专业孵化+创业导师+天使投资”的孵化模式，形成持股孵化及市场化运行机制，推动全省孵化器创新发展。

第十五条 鼓励孵化器围绕大学生的创业就业工作，创建大学生科技创业实习基地，形成与大学和科研机构的战略合作关系，营造创业环境、完善孵化功能。

第十六条 鼓励孵化器开展预孵化，为创业者提供前期的创业培训咨询，提高孵化效率。鼓励各地建设科技企业加速器，为毕业企业建立加速成长机制，满足企业空间发展需求、促进企业做大做强，形成毕业企业的集聚地。

第十七条 完善对在孵企业的问诊和巡访制度，定期走访企业，掌握企业发展动态和需求，评价企业的成长速度、水平和潜力，及时采取对策，优化孵化资源配置，促进企业加速成长。

第十八条 孵化器应加强科技创业服务品牌建设，提升内生发展能力。鼓励有条件的孵化器进行品牌输出，加快全省科技企业孵化器的建设和发展。

第四章 扶持与促进措施

第十九条 各孵化器所在地政府及相关部门应根据当地实际情况，制订专门的扶持政策，在规划、用地、资金及税收优惠等方面加大对孵化器建设的支持力度。

第二十条 对省级孵化器，各级科技行政主管部门及国家高新区管委会在科技计划项目立项、人才引进及培养、科技公共服务平台及科技金融服务体系建设布局等方面给予积极支持。对运行高效、发展良好的省级孵化器，优先推荐申报国家级孵化器。

第二十一条 鼓励和支持有条件的市、县(市、区)政府、省级以上高新区等建立社会公益性孵化器，引导和推动地方创新体系建设。鼓励各类非政府组织、企业和个人创办企业科技园、国际创业园等多种形式的孵化器，并按市场化方向积极探索孵化器管理体制创新。

第二十二条 省科技厅推动全省科技创业孵化体系建设，规划建设全省科技创业公共服务平台，加强孵化器能力建设。省科技厅依法组建“江苏省科技企业孵化器协会”，指导并支持协会开展工作，组织孵化器之间的交流与合作，实现资源共享，提升全省孵化器的整体发展水平。

第二十三条 省科技厅对全省孵化器实行动态管理，不定期对孵化器的工作进行考评，并对在孵化器工作中做出突出贡献的单位和个人给予表彰。对连续两次达不到考核条件者，取消其省级孵化器资格。

第五章 附则

第二十四条 本办法由省科技厅负责解释。

第二十五条 本办法自发布之日起施行。原《江苏省高新技术创业服务中心管理办法》(苏科高〔2006〕362号)同时废止。

江苏省科学技术厅

省科技厅关于印发《江苏省科技计划项目相关责任主体信用管理办法(试行)》的通知

苏科计发〔2013〕297 号

2013 年 10 月 15 日

各市、县(市)科技局(科委),省有关部门:

为加强科技诚信建设,提高省科技计划项目相关责任主体的信用意识和信用水平,根据省委省政府《关于加快推进诚信江苏建设的意见》(苏发〔2007〕14 号)、《江苏省省级科技专项资 7 金管理暂行办法》(苏财规〔2013〕19 号)及全省信用体系建设的相关要求,省科技厅制定了《江苏省科技计划项目相关责任主体信用管理办法(试行)》,现印发给你们,请遵照执行。

江苏省科技计划项目相关责任主体信用管理办法(试行)

第一章　总　则

第一条　为加强科技诚信建设,提高省科技计划项目相关责任主体的信用意识与信用水平,根据省委省政府《关于加快推进诚信江苏建设的意见》(苏发〔2007〕14 号)、《江苏省省级科技专项资金管理暂行办法》(苏财规〔2013〕19 号)及全省信用体系建设的相关要求,制定本办法。

第二条　本办法适用于实施和参与省科技计划项目的相关责任主体,包括省科技计划项目承担单位、项目负责人、项目评审专家,以及接受省科技厅委托履行相关管理职能的项目主管部门。

第三条　省科技计划项目信用管理是指省科技厅对有关单位和个人在实施和参与省科技计划项目中践行承诺、履行义务、奉行准则的诚信程度进行客观记录、公正评价,并据此进行相关管理和决策的工作。

第二章　信用管理内容

第四条　省科技计划项目信用管理工作的主要内容包括以下五个方面:

1. 立项管理。对遵守项目申报有关规定、履行信用承诺、保证申报内容真实性和有效性等行为中的诚信状况,以及项目立项评审中的诚信状况进行记录和评价。

2. 经费管理。对编制项目经费预算、自筹经费筹集、经费匹配、财务情况报告,以及项目经费使用、核算等行为中的诚信状况进行记录和评价。

3. 实施管理。对项目组织开展、项目日常跟踪管理、中期检查、项目重大事项和进展报告等行为中的诚信状况进行记录和评价。

4. 验收管理。对项目总结、技术指标完成、项目经费决算、经济和社会效益证明等行为中的诚信情况,以及项目验收工作中的诚信状况进行记录和评价。

5. 其他。对省科技计划项目相关主体在实施和参与项目过程中与项目相关的其他诚信状况,以及纪律执行情况进行记录和评价。

第三章　信用记录与评价标准

第五条　省科技厅对相关责任主体的信用记录内容包括基本信息、良好信用及不良信用行为。

第六条　基本信息指相关责任主体的身份信息和与省科技计划项目相关的信息,如所参与省科技计划项目的计划类别、项目编号、项目名称与实施期限等。

第七条　良好信用记录的内容包括:

(一)守信行为。指相关责任主体从省科技计划项目立项、实施到验收(结题)的全过程遵守省科技计划管理有关办法、规定和项目合同,奉行科研行为准则和科技管理工作准则,如期较好完成省科技计划项目,履行相关承诺的行为。

(二)显著成效。指相关责任主体在参与省科技计划项目过程中获得与项目相关的国家、省科技进步奖励,以及对我省经济社会发展和科技进步做出重大贡献等客观事实。

第八条 不良信用记录的内容包括:

(一)失信行为,指相关责任主体主观故意地违反省科技计划项目管理规定要求、违反职业道德,以及违法违纪的行为,分为科研失信行为和管理失信行为。

1. 科研失信行为指违反省科技计划及经费管理要求的科研行为准则的行为,如在有关人员职称、简历以及研究基础等方面提供虚假信息,抄袭、剽窃他人科研成果,捏造或篡改科研数据、编报虚假预算或项目材料、单位财务数据,编报虚假项目验收材料、知识产权证明、项目决算绩效数据等。

2. 管理失信行为指违反科技管理工作规定的行为,如出具违反客观事实的项目评审意见,瞒报或谎报重大事项、恶意串通,截留、挤占、挪用、转移科技经费,未经批准擅自调整科技计划项目合同,以及违反国家相关法律法规和财经纪律等。

(二)组织实施过失,指由于省科技计划项目的承担单位及相关人员的预测失误、管理不力、监管不严、措施不当、不尽责等且造成不良后果的行为。

第九条 不良信用行为分为一般失信、较重失信、严重失信三个级别。

第十条 省科技厅依据不同责任主体参与省科技计划项目活动的情况,分别制定信用评价标准(详见附件1),对项目承担单位、项目负责人、评审专家和项目主管部门进行信用评价。

第十一条 省科技厅记录相关责任主体在实施和参与省科技计划项目中的信用情况,填写《江苏省科技计划管理相关责任主体信用记录表》(以下简称《信用记录表》,附件2),建立省科技计划项目信用数据库。

第十二条 相关责任主体信用管理方式如下:

(一)信用评级为优秀或良好的,省科技厅在省科技计划项目立项、组织申报国家科技计划项目以及高新技术企业认定、科技奖励评定时同等条件下予以优先。

(二)信用评级为一般失信和较重失信的,根据信用评价标准视情节轻重对相关责任主体采取警告、通报批评、适当提高立项标准、取消相关资格1~3年等方式进行处理。对信用评级为严重失信的,永久取消其承担省科技计划项目及获相关认定和奖励的资格。

第十三条 项目主管部门在职责范围内配合省科技厅开展科技信用情况的收集、记录和不良信用的调查处理。

第十四条 信用管理的依据包括项目合同、计划任务书与委托协议书、项目预算书、经费匹配等正式承诺、科技专项资金管理办法、科技计划相关管理制度与政策法规。

第十五条 省科技厅对相关责任主体的信用评级按年度进行更新管理,对良好与不良信用分别记录管理。对已确认的信用记录内容有异议的,可根据相关规定和程序进行申诉。

第十六条 省科技厅成立省科技计划项目信用管理工作小组,根据本办法制定相关工作细则,修订信用评价标准,记录评价相关责任主体的信用情况,并对不良信用行为提出处理建议。属于重大事项的,提交厅长办公会审议。

第四章 附则

第十七条 本办法自发布之日起试行。

第十八条 本办法由省科技厅负责解释。

附件:1. 相关责任主体信用评价标准

2. 江苏省科技计划管理相关责任主体信用记录表

附件 1：

相关责任主体信用评价标准

表 1-1　项目承担单位信用记录与评价标准

一级指标	二级指标	信用记录内容	量级标准	信用评级
良好信用	显著成效	在参与省科技计划项目过程中获得与项目相关的国家、省科技进步奖励，以及对我省经济社会发展和科技进步做出突出贡献等客观事实		信用优秀 A
	守信行为	1. 按要求落实项目经费，经费使用规范 2. 按要求报告项目年度执行情况和年度经费决算 3. 按项目合同要求通过验收 4. 按要求完成项目相关统计调查 5. 经费使用合规，审计无原则问题	同时具备	信用良好 B
不良信用	组织实施过失	1. 有应结未结项目 2. 未按规定报批即自行调整项目合同 3. 除不可抗原因外，由于组织管理不到位导致项目未按期完成或未通过验收 4. 绩效考评结果差 5. 有偿经费不按时归还或项目变动后不能按时退回余款	符合任一条件	一般失信 C
		1. 重大事项变动未按要求上报主管部门 2. 经费使用违规，造成重大损失 3. 有强制中止项目或被撤销项目	符合任一条件	较重失信 D
	失信行为	1. 超过项目合同规定的验收或结题之日 6 个月，仍不办理项目验收(结题)手续 2. 未按有关知识产权协议执行产生知识产权纠纷	符合任一条件	一般失信 C
		1. 瞒报或谎报重大事项，严重影响项目实施 2. 采取不正当手段获得项目立项 3. 违反经费管理有关规定	符合任一条件	较重失信 D
		1. 在省科技计划项目立项及实施管理中弄虚作假造成恶劣影响 2. 违反法律法规造成严重后果	符合任一条件	严重失信 E

表 1-2　项目负责人信用评价标准

一级指标	二级指标	信用记录内容	量级标准	信用评级
良好信用	显著成效	在参与省科技计划项目过程中获得与项目相关的国家、省科技进步奖励，以及对我省经济社会发展和科技进步做出突出贡献等客观事实		信用优秀 A
	守信行为	1. 按合同要求使用项目经费 2. 按要求填报项目年度执行情况和年度经费决算报表 3. 按合同要求完成项目并通过验收 4. 按要求填报项目的统计调查报表	同时具备	信用良好 B
不良信用	组织实施过失	1. 有应结未结项目 2. 未履行负责人的管理职责，在项目执行期间管理不到位	符合任一条件	一般失信 C
		1. 发现重大问题未及时上报造成严重后果 2. 未按合同要求使用项目经费 3. 有强制中止项目或被撤销项目	符合任一条件	较重失信 D

续表 1-2

一级指标	二级指标	信用记录内容	量级标准	信用评级
不良信用	失信行为	1. 超过项目合同规定的验收或结题之日 6 个月,仍不办理项目验收(结题)手续 2. 未履行有关知识产权协议产生知识产权纠纷	符合任一条件	一般失信 C
		1. 抄袭、剽窃他人科研成果,捏造或篡改科研数据等科研不端行为 2. 经费使用违反有关规定 3. 向咨询专家或科技计划管理相关人员行贿	符合任一条件	较重失信 D
		1. 在省科技计划项目的立项与实施过程中提供虚假信息或文件材料形成恶劣影响 2. 违反法律法规造成严重后果	符合任一条件	严重失信 E

表 1-3 评审专家信用评价标准

一级指标	二级指标	信用记录内容	量级标准	信用评级
良好信用	守信行为	1. 在咨询过程中认真负责 2. 能够结合项目实际情况提出建设性意见或建议	同时具备	信用良好 B
不良信用	失信行为	1. 不按要求提供项目评审结论 2. 未遵循回避原则	符合任一条件	一般失信 C
		1. 不如实评价或提供咨询建议 2. 违反保密原则	符合任一条件	较重失信 D
		1. 弄虚作假 2. 恶意串通或索贿受贿 3. 其他特别严重并形成恶劣影响的失信行为	符合任一条件	严重失信 E

表 1-4 项目主管部门信用评价标准

一级指标	二级指标	信用记录内容	量级标准	信用评级
良好信用	守信行为	1. 及时向省科技厅报告项目实施中出现的问题并提出整改建议等 2. 当年度无应结未结项目、暂缓暂停项目及强制中止项目 3. 协同省科技厅进行项目执行情况的检查或评估,协调项目的实施 4. 按要求报告项目年度执行情况和年度经费决算 5. 按要求协调实施项目统计调查	同时具备	信用良好 B
不良信用	失信行为	1. 当年度应结未结项目、暂缓项目、强制中止项目比例过高 2. 督促追回经费不力 3. 未按要求报告项目的执行情况或有关统计数据 4. 存在缓拨、截留、挪用项目经费现象 5. 瞒报或谎报重大事项,严重影响项目实施和管理	符合任一条件	一般失信 C
		1. 监督管理不到位、项目真实性核查存在重大疏漏或失职 2. 协助项目申报单位弄虚作假 3. 协助项目申报单位通过不正当手段获得项目立项 4. 其他违纪违规行为	符合任一条件	较重失信 D

附件2:

江苏省科技计划管理相关责任主体信用记录表

序号	责任主体			省科技计划项目				信用记录					
	名称	类别	身份识别信息	计划类别	项目编号	项目名称	实施期限	信用级别	信用类型	具体事项	时间	记录人	批准人

备注:1.“责任主体类别”包括项目承担单位、项目负责人、评审专家、项目主管部门等;

2.“责任主体身份识别信息”对项目承担单位和项目主管部门指机构代码,对项目负责人和评审专家指身份证号;

3.对项目承担单位或项目负责人,“信用记录类型”包括显著成效、守信行为、组织实施过失、失信行为等;对评审专家和项目主管部门,“信用记录类型”包括守信行为、失信行为等;

4.凡经省科技计划项目信用管理小组确认或省科技厅厅长办公会审议确认的信用记录,均应由各专项计划主管处室填入此表并报计划处备案,一经录入即长期有效。

大 事 记

Major Events

2013年大事记

1月

12日 省委、省政府在南京召开全省农村工作会议,强调把“三农”工作摆上更加突出的位置。省委书记罗志军在会上讲话,省委副书记、省长李学勇对做好今年“三农”工作提出要求。省委副书记石泰峰做工作部署。副省长徐鸣主持会议。

15日 省科技厅按照科技部等八部委联合发布的《关于深入开展科技特派员农村科技创业行动的意见》有关要求,深入推动省法人科技特派员工作,进一步推进全省农业农村科技创新和科技成果的转化与产业化,选派了“南京脆而爽蔬菜食品有限公司”等227家企业为法人科技特派员。

17日 省防震减灾工作联席会议在南京召开。副省长、省防震减灾工作联席会议主任何权出席并讲话。

18日 由奇瑞汽车股份有限公司与捷豹路虎方合作投资的高端汽车产业项目在常熟经济开发区奠基。省长李学勇,省委常委、苏州市委书记蒋宏坤及项目合作方高管共同为该项目培土奠基。李学勇在奠基仪式前会见了捷豹路虎控股方塔塔集团主席拉丹·塔塔。省政府秘书长毛伟明出席仪式。

28日 在江苏广播电视大学基础上建成的江苏开放大学在南京揭牌,副省长曹卫星为之揭牌。

30日 江苏省科协八届四次全委(扩大)会议在南京召开。省委常委、省委宣传部部长王燕文发表书面讲话,省科协主席欧阳平凯院士做常委会工作报告,省科协党组副书记、副主席陈惠娟传达中央书记处关于科协工作的指示和中国科协八届三次全委会议精神并做总结讲话。

2月

17日 副省长徐鸣主持召开专题会议,贯彻落实《省政府关于印发全省实施农业现代化工程十项行动计划的通知》(苏政发〔2013〕10号),研究部署农业现代化工程十项行动计划工作任务分工,明确相关部门工作责任,推进各项工作落实。

22日 省委、省政府在南京召开全省科学技术奖励大会,表彰2012年度国家和省科学技术奖获奖人员。省委书记罗志军为省科学技术突出贡献奖获得者颁奖,省长李学勇在大会上讲话。省领导张连珍、石泰峰、杨新力、张卫国出席会议。副省长、省政府秘书长毛伟明宣读《省政府关于2012年度江苏省科学技术奖励的决定》,省政协副主席、省政府党组成员、省科技厅厅长徐南平主持大会。

28日 副省长徐鸣出席在南京召开的全省测绘地理信息工作会议并讲话。

3月

12日 中国医学科学院与江苏省在北京签署中国医科院江苏分院共建协议。卫生部部长陈竺,江苏省省长李学勇出席签字仪式并讲话。副省长毛伟明,省政协副主席、省政府党组成员、省科技厅厅长徐南平,苏州、泰州市和省有关部门负责同志出席签字仪式。

19~20日 交通运输部副部长翁孟勇调研江苏省交通运输行业促进现代物流业发展情况,副省长史和平陪同调研。

25日 省政协副主席、省政府党组成员、省科技创新工作领导小组副组长、省科技厅厅长徐南平一行赴连云港,对中科院能源动力研究中心建设推进情况进行调研。

27日 科技部党组书记、副部长王志刚来江苏省就创新型省份建设进行调研,省政协副主席、省政府党组成员、省科技厅厅长徐南平汇报了江苏省推进创新型省份建设工作情况。

4月

2日 第28届全国青少年科技创新大赛江苏省筹委会在省政府会议室召开第一次工作会议。第28届全国青少年科技创新大赛江苏省筹委会主任、省委常委、省委宣传部部长王燕文出席并讲话,副省长许津荣主持会议。

9日 第7届中国(江苏)国际农业机械展览会在南京国际博览中心举行。省委副书记石泰峰、省人大常委会副主任刘永忠、省政府副省长徐鸣参观展览。

16日 省委书记罗志军、省长李学勇分别在无锡调研,要求坚持创新驱动发展,促进结构调整。省政府秘书长张敬华参加调研。

18~20日 中国科学技术发展战略研究院副院长郭铁成率调研组来江苏调研,了解地方创新政策发展,总结地方促进科技成果转化和产业化过程中的成功经验。江苏省科学技术发展战略研究院常务副院长夏太寿陪同调研。

20日 江苏国际人才交流周暨第7届长三角地区(江苏)外国专家供需见面会在南京开幕。人力资源和社会保障部副部长、国家外专局局长张建国出席开幕式并讲话。副省长毛伟明会见参会的部分代表,并在开幕式致辞。

23日 省长李学勇率团在浙江就城市建设管理和企业创新进行学习考察。浙江省委书记夏宝龙、省长李强会见考察团一行。副省长毛伟明,省政协副主席、省政府党组成员、省科技厅厅长徐南平,省政府秘书长张敬华及省有关部门负责同志参加考察。

25日 由美国爱励国际投资的爱励铝业(镇江)有限公司全面投产,副省长史和平参加投产仪式并讲话。

●两岸企业家峰会秘书处成立暨峰会筹备情况通报会在南京举行。中国国际经济交流中心理事长曾培炎、台湾两岸共同市场基金会荣誉董事长萧万长分别致信表示祝贺。副省长傅自应,中国国际经济交流中心副理事长兼秘书长魏建国,台湾华聚产业共同标准推动基金会董事长陈瑞隆分别致辞。

26日 省长李学勇主持召开省政府第6次常务会议,审议《关于贯彻落实〈苏南现代化建设示范区规划〉的实施意见(审议稿)》和《苏南现代化建设示范区三年推进计划(审议稿)》,听取关于丰富提升江苏省"两个率先"指标体系有关情况汇报。

●在第13个世界知识产权日之际,省版权局在南京艺术学院举行"版权保护校园行"活动,副省长曹卫星出席。

27日 省政府在南京召开全民科学素质工作推进会。省政协副主席、省政府党组成员、省科技厅厅长、省全民科学素质工作领导小组组长徐南平出席会议并讲话。

28日 无锡国家传感网创新示范区建设工作领导小组第一次扩大会议在无锡召开,省长、领导小组组长李学勇出席会议并讲话。省委常委、无锡市委书记黄莉新在会上致辞。副省长史和平主持会议,省政协副主席、省政府党组成员、省科技厅厅长徐南平,省政府秘书长张敬华、领导小组各成员单位负责同志出席会议。

5月

3~4日 省委、省政府召开苏南现代化建设示范区工作会议,省委书记罗志军、省长李学勇在会上讲话,省政协主席张连珍等出席会议,省委副书记石泰峰主持会议,省委常委、常务副省长李云峰就丰富完善提升江苏省"两个率先"指标体系有关情况做了说明并做会议小结。会议期间,与会同志先后在苏南五市进行参观考察。省委常委、副省长,省人大、省政协有关领导同志,省法院院长、省检察院检察长,省级机关各部门各单位主要负责同志,苏南五市及所辖各县(市、区)、开发区党政主要负责同志,苏中、苏北各市、县(市、区)党委或政府主要同志参加了会议。

4~6日 民盟省委主委、副省长曹卫星带领专家组赴盐城调研滩涂资源开发与利用情况。

6~11日 全国政协副主席、致公党中央主席万钢,全国政协常委、副秘书长,致公党中央常务副主席蒋作君，率致公党中央考察团在江苏省就“加快发展农业现代化”进行专题调研。省委书记罗志军、省长李学勇、省政协主席张连珍会见考察团一行。副省长徐鸣出席汇报会并向考察团介绍了江苏省农业现代化发展情况。罗一民、徐南平、麻建国陪同考察。省政协副主席、省政府党组成员、省科技厅厅长徐南平汇报江苏省有关工作情况。

8日 省长李学勇主持召开省推进战略性新兴产业工作领导小组会议。省委常委、常务副省长李云峰,省政协副主席、省政府党组成员、省科技厅厅长徐南平,省政府秘书长张敬华出席会议,领导小组各成员单位汇报了十大新兴产业发展情况。

●省政府召开试点城市新能源汽车推广应用推进会,省长李学勇出席会议并讲话,副省长史和平参加会议。

●省政协副主席、省政府党组成员、省科技创新工作领导小组副组长、省科技厅厅长徐南平一行赴宿迁市调研科技创新工作。宿迁市委书记蓝绍敏陪同调研。

8~9日 省委书记罗志军深入泰州科技园区和企业调研。

12日 在全国第5个“防灾减灾日”之际,省减灾委员会组织举办广场主题宣传活动。副省长许津荣参加活动。

17日 中国电信2013智慧城市创新发展大会在南京召开,正式发布全国智慧城市门户。副省长许津荣出席会议并讲话。

18日 2013第8届中国常州先进制造技术成果展示洽谈会开幕，副省长徐鸣出席并宣布展示洽谈会开幕。

18~19日 省政府在苏州召开全省教育现代化建设推进会。省委书记罗志军做出批示,教育部部长袁贵仁、省长李学勇出席会议并分别代表教育部与省政府签署共建教育现代化试验区协议,教育部副部长刘利民出席会议，副省长曹卫星主持会议并做总结讲话。

19日 以“科技创新·美好生活”为主题的2013年全国科技活动周暨江苏省第25届科普宣传周在南京开幕。省委常委、宣传部长王燕文,中国工程院院士、省科协主席欧阳平凯,南京工业大学党委书记王德明为本届科普周活动启幕。

20日 省长李学勇到位于无锡的中国船舶重工集团公司第702研究所进行调研，并代表省委、省政府向该所获得党中央、国务院授予“载人深潜英雄”称号的同志和参与蛟龙号载人深潜器7000米级海试的团队表示祝贺和慰问。

23日 江苏省科学技术厅下发了《省科技厅关于认定2013年江苏省第一批高新技术产品的通知》(苏科高〔2013〕152号),共认定2013年江苏省第一批高新技术产品1429个。

23~24日 全省南北共建园区工作推进会在宿迁召开,副省长、苏北发展协调小组副组长缪瑞林到会讲话。

24日 江苏高校协同创新计划推进会在南京召开,教育部副部长杜占元,省政府副省长曹卫星出席会议并讲话。

24~26日 第13届江苏省大学生课外学术科技作品竞赛暨“挑战杯”全国竞赛江苏省选拔赛决赛在常州大学举行，副省长曹卫星出席决赛展评仪式并讲话。

25日 小麦精确栽培技术现场交流会在铜山召开,副省长徐鸣、曹卫星等出席交流会。

30日 南水北调东线一期工程江苏段试通水现场会在江都水利枢纽举行，国务院南水北调办副主任张野、副省长徐鸣出席现场会并讲话。

6月

5日 由省科技厅与省委宣传部、省教育厅、省财政厅等共同举办的2013年首届江苏科技创业大赛推进会在南京召开。省科技厅副厅长王秦出席会议。大赛指导单位相关负责人，省创业中心、苏州工业园区管委会、省创新协会等大赛承办单位相关负责同志以及来自各省辖市科技局（科委）、国家级高新区相关负责同志等70余人参加会议。

6日 副省长傅自应在南京会见丰田汽车研发中心(中国)总经理山科忠一行。

●宜兴经济技术开发区百亿项目启动暨国家级园区建设动员大会举行,国家级园区同时揭牌。省委常委、无锡市委书记黄莉新,副省长傅自应出席大会并讲话。

7日　省光伏产业协会会员代表大会暨产业发展研讨会在南京召开，会议选出光伏产业协会新一届领导机构。省委常委、常务副省长李云峰到会讲话。国务院参事、中国可再生能源学会理事长石定寰做光伏行业创新发展的报告。

8日　“2013台商产业转型升级峰会”在南通开幕。国台办常务副主任郑立中、海基会董事长林中森、副省长傅自应出席并致辞，台湾经济部门前负责人施颜祥、全国台企联会长郭山辉以及两岸嘉宾出席开幕式。

10日　“蛟龙号”首个试验性应用航次起航。国家海洋局局长刘赐贵，省委常委、无锡市委书记黄莉新，副省长徐鸣出席欢送仪式。

17日　“宁淮新兴产业科技园工作汇报会”在南京举行，宁淮新兴产业科技园正式揭牌，副省长缪瑞林出席会议。

●江苏盱眙宁淮新兴产业科技园工作汇报会在南京农业大学召开。省纪委驻省科技厅纪检组长陶静出席会议并为宁淮新兴产业科技园揭牌。

18日　全国农业信息化工作会议在宜兴市召开，农业部副部长陈晓华、总经济师张玉香出席会议，副省长徐鸣致辞。

●交通运输部绿色循环低碳交通运输体系建设试点示范推进会在无锡举行，交通运输部和省政府正式签署《共同推进江苏省绿色循环低碳交通运输发展框架协议》。交通运输部副部长何建中、副省长史和平出席会议并讲话。交通运输部总工程师徐光出席会议。

24日　由江苏省与美国加利福尼亚州共同举办的“走进江苏”系列经贸人文交流活动在旧金山开幕，省长李学勇在开幕式上发表主旨讲话，并与加州参议院临时议长斯坦伯格、中国驻旧金山总领事袁南生共同启动系列活动。访问加州期间，李学勇还访问了加州大学伯克利分校，见证江苏省教育厅与该校合作协议的签字仪式；出席江苏企业家与海外人才交流会并为优尼苏思科技有限公司、江苏产业技术美国研究院、南京大学美国教育与科研中心、南京大学美国博士后工作基地揭牌；会见在江苏投资的10家美国知名跨国企业的高管并与他们进行了交流。

●农业部百名科教兴村杰出带头人2013年资助项目座谈会在江阴华西村举行，农业部副部长张桃林、副省长徐鸣出席并讲话。

●中国中医科学院江苏分院在宁成立。国家卫生计生委副主任、国家中医药管理局局长王国强，副省长毛伟明出席成立会议。

24~25日　省委书记罗志军在徐州调研，强调大力推进生态文明建设，创造良好生产生活环境。省领导樊金龙、徐鸣、许津荣随同调研。

25日　省长李学勇在旧金山会见加利福尼亚州州长杰瑞·布朗，双方就加强地方政府间交流、深化经贸、科技、人文交流等共同关心的话题交换意见，并就相关合作事项达成重要共识。中国驻旧金山总领事袁南生参加会见。

28日　第4届全国石油和化学工业节能技术交流及投融资大会在南京举行。十届全国人大常委会副委员长、中国石油和化工联合会名誉会长顾秀莲，中国石油和化工联合会会长李勇武，副省长史和平出席会议并讲话。

29日　中国汽车十强企业负责人相聚常熟，就进一步推动我国汽车产业发展及自主创新进行交流研讨。全国政协副主席、科技部部长万钢，工业和信息化部部长苗圩出席峰会。省委书记罗志军到会看望与会人士。峰会期间，万钢、苗圩考察常熟国家大学科技园和奇瑞观致常熟生产基地等企业。省委常委、秘书长樊金龙，副省长史和平，省政协副主席、省政府党组成员、省科技厅厅长徐南平等一同看望或陪同考察。

7月

2日　南京先声药业公司与美国百时美施贵宝公司在南京签署战略合作协议，副省长毛伟明出席签字仪式。

●江苏省科学技术厅下发了《省科技厅关于认定2013年江苏省第二批高新技术产品的通知》(苏科高〔2013〕199号)，共认定2013年江苏省第二批高新技术产品1317个。

3日　副省长傅自应赴南京市调研生态科技岛规划建设工作和开发区及开放型经济发展情况。

10日　省政府与交通运输部在京举行工作会商，就落实部省合作备忘录，共同推进江苏交通运输现代化、构建现代综合交通运输体系进行会商。

省长李学勇与交通运输部部长杨传堂共同主持会商会,副省长史和平参加会商。省政府秘书长张敬华及有关方面负责同志参加会商。

●2013年苏州国际精英创业周开幕。国家人社部副部长王晓初、国侨办副主任任启亮、团中央书记处书记周长奎、全国科协副主席刘玠,副省长毛伟明等出席开幕式。

16日 省委常委、常务副省长李云峰,副省长史和平主持会议,听取淮安市委、市政府发展盐化新材料产业情况汇报,研究落实支持措施。

●省政府召开全省软件和信息服务业发展推进会,工信部副部长杨学山介绍了中国产业发展最新动态,副省长史和平到会讲话。

18日 第28届全国青少年科技创新大赛江苏省筹委会举行第二次会议,筹委会主任、省政协副主席、省政府党组成员、省科技厅厅长徐南平出席会议并讲话。

25日 省委书记罗志军在连云港调研沿海地区发展情况,省委常委、常务副省长李云峰,省委常委、省委秘书长樊金龙,省政协副主席、省政府党组成员、省科技厅厅长徐南平等参加调研。

26日 省政府与国家开发银行签署开发性金融支持江苏经济结构调整和转型升级、支持苏南现代化建设示范区合作备忘录。省委书记罗志军、省长李学勇分别会见国开行董事长胡怀邦一行。李学勇与胡怀邦共同出席了双方的签约活动。省委常委、常务副省长李云峰,省政府秘书长张敬华参加会见。

28日 苏北发展协调小组第9次会议在盐城举行。省委书记罗志军作批示,省长、省苏北发展协调小组组长李学勇出席会议并讲话。常务副省长李云峰,副省长徐鸣、史和平、傅自应、毛伟明,省政协副主席、省政府党组成员、省科技厅厅长徐南平出席会议,副省长缪瑞林主持会议并做会议小结。会议表彰了苏北创业领军人才。

●省长李学勇在盐城主持召开专题会议,研究进一步推进盐城国家可持续发展实验区建设。副省长缪瑞林、省政府秘书长张敬华等出席会议。

●江苏省石墨烯产业技术创新战略联盟正式揭牌成立,省纪委驻省科技厅纪检组长陶静出席成立大会。

30日 全国专利代理机构投资考察洽谈会在南京举行,省政协副主席、省政府党组成员、省科技厅厅长徐南平,国家知识产权局副局长贺化出席并讲话。

8月

2日 省政协副主席、省政府党组成员、省科技厅厅长徐南平一行赴苏州调研科技创新工作。省政府办公厅副主任陈少军、省科技厅副厅长蒋跃建、苏州市政府副秘书长韩天伦、苏州市科技局局长黄戟陪同调研。

3日 由中国科协、教育部等国家八部委和省政府共同主办的第28届全国青少年科技创新大赛在南京开幕。省委副书记、省长李学勇宣布大赛开幕。中国科协副主席、党组副书记、书记处书记程东红主持开幕式。全国妇联副主席、书记处书记赵东花,省委常委、宣传部长王燕文分别致辞。国家自然科学基金委副主任高瑞平,省政协副主席、省政府党组成员、省科技厅厅长徐南平,中国科协书记处书记徐延豪,省政府秘书长张敬华出席开幕式。

6日 第28届全国青少年科技创新大赛颁奖典礼暨闭幕式在南京国际博览中心举行。江苏省委常委、常务副省长李云峰,省委常委、宣传部长王燕文,省政协副主席、省政府党组成员、省科技厅厅长徐南平,中国科协书记处书记徐延豪等出席闭幕式。

7日 北汽集团华东(镇江)生产基地合作框架协议签约仪式在南京举行。省委书记罗志军、省长李学勇分别会见北汽集团董事长徐和谊一行。省委常委、常务副省长李云峰参加会见并在签约活动上讲话,省政府秘书长张敬华,省有关部门和镇江市负责同志参加会见和签约。

7~8日 全省教育信息化工作研讨会在无锡市召开,省政府副省长曹卫星、教育部科技司司长王延觉出席会议并讲话。

8日 国内首个未来网络小规模试验设施在中国(南京)未来网络谷开通运行,江苏未来网络创新研究院揭牌。省政协副主席、省政府党组成员、省科技厅厅长徐南平等致辞。

13日 省政府在扬州召开全省重大项目调研推进座谈会,省委常委、常务副省长李云峰出席会议并讲话。座谈会前,实地考察了苏州、盐城、扬州等地重大项目建设情况。

15日 南水北调东线一期工程在徐州通过全线通水验收。国务院南水北调办副主任、验收委员会主任张野主持验收会议。副省长徐鸣出席会议并讲话。

17日 中共中央政治局委员、国务院副总理刘延东在省长李学勇等陪同下，深入南京的科技园区、科研机构及高新技术企业考察。

20日 创新型省份建设工作座谈会在南京召开。省长李学勇，科技部党组书记、副部长王志刚出席并讲话。省政协副主席、省政府党组成员、省科技厅厅长徐南平主持会议。负责科技部党的群众路线教育实践活动的中央第27督导组副组长、国家工商总局原副局长钟攸平做了讲话，科技部秘书长、党组成员李萌，省政府秘书长张敬华出席会议。

●副省长傅自应赴海关总署就跨境电子商务等工作拜会于广洲署长和吕滨副署长。

22日 省政协副主席、省政府党组成员、省科技厅厅长徐南平主持召开省科技成果转化专项资金管理协调小组会议。

● 科技部党组书记、副部长王志刚一行到盐城环保科技城调研科技创新工作。省政协副主席、省政府党组成员、省科技厅厅长徐南平、省政府副秘书长朱步楼、盐城市委书记朱克江、省科技厅副厅长夏冰等陪同调研。

23日 连云港·南京产业合作发展恳谈会在南京举行。省委常委、常务副省长李云峰，省人大常委会副主任许仲梓出席会议。

●副省长傅自应召开会议，研究跨境贸易电子商务服务试点准备工作。

24日 江苏省第6批科技镇长团赴乡镇一线，省政协副主席、省政府党组成员、省科技厅厅长徐南平出席科技镇长团团长培训会议并讲话。

26日 省长李学勇在常州调研当前经济工作，检查科技创新、产业升级、基层公共服务等情况。省政府秘书长张敬华，常州市负责同志参加调研。

28日 副省长、省苏北发展协调小组副组长缪瑞林主持召开会议，部署苏北全面小康建设重点课题研究工作。

●由省科技厅、省委宣传部、省教育厅等联手举办的首届江苏科技创业大赛在苏州落幕，省政协副主席、省政府党组成员、省科技厅厅长徐南平等为获奖代表颁奖。

●省政协副主席、省政府党组成员、省科技厅厅长徐南平赴华中科技大学无锡研究院调研。副厅长曹苏民，无锡市、区领导及市、区科技局负责人陪同调研。

30日 副省长傅自应赴徐州市睢宁县调研电子商务发展和农村商贸流通工作。

●在全国知识产权战略实施工作电视电话会议结束后，全省接着召开电视电话会议，对贯彻全国会议精神进行部署。省政协副主席、省政府党组成员、省科技厅厅长徐南平出席并讲话。

31日 省政协副主席、省政府党组成员、省科技厅厅长徐南平，在南京会见来江苏创办研究院的理查·罗伯茨爵士一行。

9月

2日 省长李学勇在南京会见美国专利商标局代局长特里萨·瑞亚，省政协副主席、省政府党组成员、省科技厅厅长徐南平参加会见。

5日 第9届中国软博会在南京举行。省长李学勇参观软博会现场并与参展企业家交流，副省长史和平参加调研。

6日 省政府与国家知识产权局在北京举行工作会商。省长李学勇、国家知识产权局局长田力普出席并讲话。工业和信息化部总工程师张峰，国家知识产权局副局长贺化，省政协副主席、省政府党组成员、省科技厅厅长徐南平签署共建南京理工大学知识产权学院合作协议。国家知识产权局副局长鲍红、省政府秘书长张敬华出席。

9日 省长李学勇在淮安调研并召开在淮高校和部分科技创新企业座谈会。在盱眙县，省长李学勇看望慰问教学一线的农村教师。省政协副主席、省政府党组成员、省科技厅厅长徐南平，省政府秘书长张敬华，淮安市党政负责同志分别参加调研和慰问活动。

12日 由中国科协海智办、江苏省科协、中国旅美科技协会主办，张家港市政府、中国旅美科技协会华盛顿分会承办的“中国(江苏)国际科技交流与人才智力合作大会”在张家港市开幕。诺贝尔物理学奖获得者江崎玲于奈,美国工程院院士、中国科学院外籍院士马佐平应邀出席开幕式并做报告。中国科协党组成员、书记处书记张勤出席大会并讲话。

13~14日 "生物多样性评估国际研讨会"在南京召开,副省长许津荣、出席开幕式并致辞。

14日 由省科协、省教育厅和省环保厅主办的2013江苏科普日开幕。此次科普日主题为"保护生态环境,建设美丽江苏"。省政协副主席、省政府党组成员、省科技厅厅长徐南平参观位于南京农业大学的主会场。

21日 南京理工大学迎来建校60周年校庆。副省长曹卫星、省政协副主席洪慧民等出席庆祝大会。

22日 工信部与省政府、南京无锡苏州3市政府举行部省市会商会,共同推动中国软件名城建设。工信部副部长杨学山、副省长史和平出席会议。

23~25日 2013中国化工学会年会在南京举行。中国化工学会李勇武理事长致开幕词,省政协副主席、省政府党组成员、省科技厅厅长徐南平等参加开幕式。

24日 "江苏省中医院夏桂成中医学术研究基金"正式设立,副省长毛伟明出席并讲话。

27日 省委常委、常务副省长李云峰和省政协副主席、省政府党组成员、省科技厅厅长徐南平召开省产业技术研究院建设工作领导小组第一次会议,听取研究院筹建工作情况汇报,讨论研究下一阶段任务。

●第15届江苏农业国际合作洽谈会在盐城开幕,农业部副部长于康震致辞、副省长徐鸣宣布开幕。副省长徐鸣在盐城会见了参加第15届江苏农洽会的外宾。

28日 长江南京以下深水航道建设工程领导小组第2次会议在南通召开。省长李学勇出席并讲话,交通运输部副部长翁孟勇、副省长史和平、省政府秘书长张敬华,省有关部门及沿江各市负责人出席会议。

29日 北汽集团华东(镇江)产业基地项目在镇江市丹徒区开工建设。省委常委、常务副省长李云峰,副省长史和平出席开工仪式。

●连云港推进新特产业技术创新联盟暨政产学研用合作恳谈会在宁举行,副省长曹卫星出席会议并致辞。

30日 江苏省科学技术厅下发了《省科技厅关于认定2013年江苏省第三批高新技术产品的通知》(苏科高〔2013〕283号),共认定2013年江苏省第三批高新技术产品2933个。

10月

8日 省长李学勇在徐州主持召开苏北片经济工作座谈会,听取苏北五市今年以来经济社会发展情况的汇报。省政府秘书长张敬华等参加座谈会。

●副省长曹卫星在南京会见毛里求斯共和国高等教育、科研和技术部长拉杰什瓦·吉达。

14日 第13届"挑战杯"全国大学生课外学术科技作品竞赛决赛在苏州开幕。团中央书记处书记傅振邦、副省长曹卫星等出席并致辞。

15日 国家科技部副部长曹健林在南通考察,重点调研指导南通高新区建设工作。省政府副秘书长朱步楼、省科技厅常务副厅长王秦等一同来南通考察。

16日 以"智慧生活、触动你我"为主题的第12届中国苏州电子信息博览会开幕。海协会会长陈德铭,工信部副部长杨学山,省委常委、苏州市委书记蒋宏坤,副省长史和平等共同为电博会揭幕。

17日 第8届泛太平洋地区木材解剖国际研讨会暨国际木材科学院2013年学术年会在宁举行。全国政协人口资源环境委员会副主任、国际竹藤组织董事会联合主席江泽慧出席会议,副省长徐鸣到会并致辞。

18日 由中国科学院和省政府共建的江苏中科院智能科学技术应用研究院在常州成立。中国科学院副院长施尔畏,省政协副主席、省政府党组成员、省科技厅厅长徐南平出席并讲话。

19日 2013年"凤凰创壹杯"全国职业院校信息化教学大赛在南京高等职业技术学校举行,教育部副部长鲁昕,副省长曹卫星出席开幕式。

23日 副省长徐鸣参加在宁召开的第30届中国气象学会年会并讲话。

23~25日 "第3届科技应对气候变化南南

合作国际研讨会暨技术培训”在南京举行,会议主题为水资源管理与有效利用。会议由科技部国际合作司、联合国开发计划署驻华代表处、环境规划署驻华代表处、教科文组织驻华代表处、江苏省科技厅共同主办,中国科技交流中心、中国科学院南京地理与湖泊研究所、同济大学、北京理工大学承办。科技部国际合作司陈霖豪副司长、联合国环境规划署驻华代表张世钢、教科文组织和江苏省科学技术厅有关负责人员出席开幕式并致辞,中国科技交流中心邢继俊副主任主持会议。来自20多个发展中国家和国际组织的约100名中外代表出席了会议。

24日 东南大学—蒙纳士大学苏州联合研究生院暨联合研究院在苏州举行成立仪式。全国政协常委梁保华、副省长曹卫星等出席仪式。

25日 省长李学勇在省政府会见美国福特汽车公司总裁兼首席执行官艾伦·穆拉利。省政协副主席、省政府党组成员、省科技厅厅长徐南平,省政府秘书长张敬华参加会见。

26日 省长李学勇在无锡考察调研生态环境保护工作,听取了无锡市和宜兴市负责同志关于生态红线保护工作的汇报。省委常委、无锡市委书记黄莉新,副省长许津荣,省政府秘书长张敬华等参加调研。

● 由科技部、省政府共同举办的首届中国环保技术与产业发展推进会在宜兴举行。省委常委、无锡市委书记黄莉新,省政协副主席、省政府党组成员、省科技厅厅长徐南平出席并讲话。

● 江阴市第23届科技节暨科技创新大会隆重举行。省科技厅党组副书记、常务副厅长王秦出席会议并做重要讲话。

● 以“科技开启梦想,人才促进发展”为主题的2013中国·启东科技节暨沿海开发经贸洽谈会开幕式隆重举行。江苏省委组织部副部长、省人才办主任、省国资委党委书记赵永贤,南通市委常委、组织部部长张兆江,江苏省科技厅副巡视员周贡生等出席开幕式。来自英国、新加坡、韩国及中国台湾等国家和地区的200多名中外客商,150多名大专院校、科研院所的专家教授参加了开幕式。

28日 省长李学勇到苏州调研科技创新工作,走访考察医学科研机构、协同创新基地、高科技企业和外资研发中心。省政府秘书长张敬华等参加调研。

29日 省长李学勇主持召开省政府第16次常务会议,审议《促进光伏产业健康发展实施办法》《江苏省加快船舶产业转型升级与海洋工程装备发展三年(2013—2015年)工作方案》《加快发展节能环保产业的实施意见》《江苏省生态补偿转移支付暂行办法》、关于加快推进秸秆综合利用的政策建议和《关于南通陆海统筹发展综合配套改革试验区总体方案》《关于推进扬州跨江融合发展综合改革试点的意见》等一系列推进结构调整、加强生态保护的政策措施。

30日 省科技厅与美国麻省理工学院产业技术合作签约仪式在北京举行,省政协副主席、省政府党组成员、省科技厅厅长徐南平出席签约仪式。

●“2013年长三角地区合作与发展联席会议”在南通召开。上海市委常委、副市长艾宝俊,江苏省委常委、常务副省长李云峰,安徽省委常委、常务副省长詹夏来等出席会议。

11月

2日 科技部组织以孟安明院士为组长的专家组在南京对生殖医学国家重点实验室建设项目进行了验收。科技部基础司、科技部基础研究管理中心、江苏省科技厅、江苏省教育厅等单位有关同志参加了会议。

3日 科技部与省政府在南京举行工作会商,就推动江苏深入实施创新驱动战略、加快创新型省份建设试点进行商谈。全国政协副主席、科技部部长万钢,省长李学勇出席并讲话。省政协副主席、省政府党组成员、省科技厅厅长徐南平,省政府秘书长张敬华等参加工作会商。

●省政府与国家电网公司在南京签署战略合作框架协议。省长李学勇会见国家电网公司董事长刘振亚一行,省委常委、常务副省长李云峰,副省长史和平,省政府秘书长张敬华参加会见和签约仪式。

●江苏省新兴产业投资基金在南京成立,省委常委、常务副省长李云峰出席新闻发布会。

●第25届“国际科学与和平周”活动启动仪式暨环境保护与生态文明建设报告会在南京举行。农工党中央副主席杨震、龚建明,“国际科学与和平周”中国组委会副主任杨森、陈继峰,副省长许津荣,省政协副主席何权、周健民等出席启动仪式。

4~5日 “中国发展论坛·2013”在南京举行。全国政协副主席、致公党中央主席、科技部部长万钢出席论坛开幕式并做主旨报告。副省长许津荣出席开幕式并致辞。全国政协常委、副秘书长,致公党中央常务副主席蒋作君主持论坛开幕式。全国人大常委、华侨委副主任,致公党中央副主席杨邦杰,省政协副主席、致公党省委主委麻建国,致公党中央秘书长曹鸿鸣,国家有关部委和中共江苏省委、省政府、省政协的有关同志,致公党各省市地方组织代表及有关专家学者参加开幕式。

6日 省委书记罗志军就深化科技体制改革主持召开调研座谈会。省委常委、秘书长樊金龙,省政协副主席、省政府党组成员徐南平等参加座谈。

7日 副省长曹卫星出席在泰州举行的江苏国家数字出版基地建设座谈会并讲话。

● 国家科学技术奖励工作座谈会在南京召开。科学技术部副部长陈小娅出席大会并讲话,省政协副主席、省政府党组成员、省科技厅厅长徐南平致辞,国家科学技术奖励工作办公室主任邹大挺做工作报告。

8日 “中国—太平洋岛国经济发展合作论坛”暨“2013中国国际绿色创新技术产品展”在广州举办。国务院副总理汪洋出席并致辞,副省长傅自应参加了相关活动。

● 以“加快创新成果转化,提升康健医疗水平”为主题的第4届中国(泰州)国际医药博览会在泰州开幕。十一届全国人大常委会副委员长桑国卫宣布开幕。科技部副部长陈小娅,国家卫生计生委副主任刘谦,国家食品药品监督管理总局副局长刘佩智,国家外国专家局副局长刘延国,省人大常委会副主任许仲梓、副省长毛伟明及国家有关部门负责人出席开幕式。

●泰州医药高新区建设联席会议第2次会议在泰州召开,科技部副部长陈小娅、国家卫生计生委副主任刘谦、国家食品药品监督管理总局副局长刘佩智、副省长毛伟明等出席会议。

11日 江苏省中青年人才创新创业座谈会在南京举行。省委常委、组织部长杨新力出席会议并讲话,省政协副主席、省政府党组成员、省科技厅厅长徐南平主持座谈。

14日 省政府在南京召开科技社团承接政府转移职能工作座谈会,省政协副主席、省政府党组成员、省科技厅厅长徐南平出席并讲话。

15日 全省职工技术创新工作经验交流会在江阴举行,会议表彰十大职工科技创新成果,副省长史和平出席并讲话。

● 第4届中国江苏产学研合作成果展示洽谈会在南京开幕,省政协副主席、省政府党组成员、省科技厅厅长徐南平出席开幕式并讲话。

22日 省政府与中国医药集团总公司在南京签署战略合作框架协议。省长李学勇出席签字仪式,副省长史和平代表省政府在协议上签字,省政府秘书长张敬华等参加会见和签字仪式。

27日 副省长傅自应到南京市江心洲调研生态科技岛项目建设推进情况。

●江苏省科学技术厅下发了《省科技厅关于认定2013年江苏省第四批高新技术产品的通知》(苏科高〔2013〕314号),共认定2013年江苏省第四批高新技术产品3148个。

28日 第3届两岸产业合作论坛在昆山开幕。论坛共同召集人、国家发改委副主任张晓强和台湾经济部门负责人杜紫军分别做主旨发言,海协会副会长孙亚夫,省委常委、常务副省长李云峰出席开幕式。

● 省科技厅党组学习中心组(扩大)会在南京召开。会议学习贯彻了党的十八届三中全会和省委十二届六次全会精神,研究讨论了下一步深化科技体制改革工作思路。省政协副主席、省政府党组成员、省科技厅厅长徐南平同志主持会议并做总结讲话。

29日 围绕“转型升级与创新驱动”主题,由江苏省科协等多家单位举办的第10次江苏科技论坛在南京开幕。省科协党组书记、副主席陈惠娟到会并致辞。省科协副主席张铁恒主持开幕式。中国科学院院士、南京大学物理系教授都有为,中国工程院院士、江苏省建筑科学研究院有限公司董事长缪昌文分别以“创新——社会发展的动力”“我的创新感悟”为题,为开幕式主论坛做报告。

12月

2日 省政府在南京大学举行苏北科技与人才支撑工程启动活动。省长李学勇到会讲话,并参观了苏北科技改革发展成就展以及高校院所支持苏北科技创新成果展。副省长曹卫星、缪瑞林,省政协副主席、省政府党组成员、省科技厅厅长徐南平,省政协副主席、中科院南京分院院长周健民,省政府秘书长张敬华等参加活动。

5日 副省长傅自应分别召开金融企业支持电子商务发展座谈会和电子商务企业座谈会。

6日 江苏省产业技术研究院成立大会在南京举行。省委书记、省人大常委会主任罗志军出席成立大会,并为研究院揭牌,向欧阳平凯院士颁发研究院院长聘书。省委副书记、省长李学勇在大会上讲话。省委常委、常务副省长李云峰主持会议。省政协副主席、省政府党组成员、省科技厅厅长徐南平,省政府秘书长张敬华等出席会议。

9~10日 省政协副主席、省政府党组成员、省科技厅厅长徐南平到南京大学、南京航空航天大学、南京理工大学、江苏大学,实地了解学校产业技术研发机构建设运营情况。

10日 国内单体面积最大、功能最完备的科技综合体——紫金(江宁)悠谷孵化器正式开园,一批未来网络项目以及高层次人才与科技创新合作集体签约。省科技厅常务副厅长、党组副书记王秦等出席开园仪式,并共同为江苏省创业中心江宁孵化基地揭牌。

12日 "太湖流域水环境综合治理技术成果展示洽谈会"在南京举行,副省长许津荣出席开幕式。

16日 省政协副主席、省政府党组成员、省科技厅厅长徐南平出席了淮安市产学研协同创新推进会和省科技厅与淮安市厅市会商会,并分别做重要讲话。

19日 2013年地方科协学会能力建设研讨会在南京召开。江苏省政协副主席、省政府党组成员、省科技厅厅长徐南平等到会致辞。

20日 全省经济工作会议在南京召开。省委书记罗志军,省委副书记、省长李学勇分别讲话。省委常委,省人大、省政府、省政协领导同志,省有关方面负责同志,各市、县(市、区)党政主要负责同志,部省属高校、企业、科研院所主要负责同志参加会议。

26日 中国科学技术发展战略研究院江苏分院在南京成立。省政协副主席、省政府党组成员、省科技厅厅长徐南平,中国科学技术发展战略研究院常务副院长王元共同为分院揭牌。

30日 江苏省产业技术研究院工作推进会在南京召开,省政协副主席、省政府党组成员、省科技厅厅长徐南平出席会议。

索 引

Index

说 明

一、本索引主体采用主题分析索引方法,按主题词首字的汉语拼音字母顺序排列(同音按声调),首字相同时,按第二个字的音序排列,依次类推。若以数字或字母开头时,排在最前面。

二、索引名称后的数字表示内容所在的页码,数字后的拉丁字母(a、b)分别表示所在页码的左、右栏。随文表格、图片分别在页码出处后标注"表""图"。

三、"特载""科技政策与法规""大事记"不列入索引范围。

A

B

C

D

H

J

K

L

M

N

Q

R

S

T

《江苏科技年鉴》通讯员
及协助提供资料人员名单

（按姓氏笔画为序）

丁馥虹	于学海	方　亮	王凤英	王京明	王京玲	王　斐
王愿华	付李红	石秀臣	仲建民	刘月青	刘　钦	刘家川
刘　涛	刘朝霞	孙宁生	孙　军	孙　彦	孙洪武	庄雪峰
朱小柱	朱飞飞	朱庆和	朱咏梅	朱爱仲	朱　敏	朱　慧
毕　磊	祁　锋	许红梅	阮孜炜	阮　波	何长征	余　强
吴三毛	吴宁轶	吴永峰	吴建亮	吴俊宁	吴新伟	张云霞
张东捷	张兆臣	张　帆	张　旭	张　岩	张洪钢	张胜亚
张　彬	张　舒	李卫明	李冬冬	李光军	李　凯	李　彬
李斌斌	沈睿智	沈慧峰	邹和成	邹　莹	闵一峰	陈为生
陈孝政	陈晓路	陈惠娟	陈　耀	周明月	周柏林	周景山
范伯仁	郁海琛	郑东明	郑　健	金　逸	侯树静	姜小国
姜雪忠	姜　辉	姜耀宇	施　伟	施红怡	胡　军	胡笑琪
荆　琳	赵　芳	赵松林	赵慧媛	唐釜金	夏　瑛	徐　华
徐春生	徐　晔	秦江涛	袁桂生	袁艳明	袁　磊	贾爱存
贾　敏	郭正东	郭　军	陶桂荣	顾冰芳	顾　逵	高　巍
高晋宇	巢　俊	曹晓雷	黄　梅	黄银忠	龚一平	曾光强
曾　敏	董伯林	董洪民	蒋振雄	谢冬梅	鲁　伟	虞昕琦
解令运	蔡　隽	潘国建	潘　迪	薛艳凤	魏杰钢	